2015

LISTED COMPANY LAWS AND REGULATIONS

中华人民共和国
上市公司法律法规全书

（含相关政策）

法律出版社
LAW PRESS·CHINA

编辑出版说明

改革开放以来，我国社会主义市场经济持续快速发展，依法治国的观念深入人心，各类公司在经济社会发展中发挥着越来越重要的作用。尤其是20世纪90年代资本市场开放以来，一批有竞争潜力的公司通过上市获得大量融资，提升了市场竞争力，也带来了客观的经济效益。但是同时我们也应该看到，资本市场的“游戏规则”并不简单，上市公司要想在激烈的市场竞争中取得长足发展，除了苦心经营、务实运作以外，还需要掌握资本市场的运作规则，了解公司上市的相关法律规定，如此才能远离纠纷和处罚，保护好既有的融资成果。为此，我们精心编辑出版了这本《中华人民共和国上市公司法律法规全书（含相关政策）》。本书具有以下特点：

一、收录全面，编排合理，查询方便

收录改革开放以来至2015年2月期间公布的现行有效的与上市公司及资本市场运作相关的重要法律、行政法规、司法解释、部门规章、相关政策规定。内容包括上市发行（包括首次发行、再融资、上市保荐、发行与承销等）、股权变动（包括并购重组、股权转让等）、信息披露（包括信息披露内容与格式准则、编报规则、规范问答等）、公司治理（包括治理准则、股东与股东大会、公司高管监管、股权激励、企业内部控制等）、境外上市公司、法律责任等。分类细致，内容全面，覆盖了上市公司在资本市场运作活动的方方面面。本书具有体系清晰、查询方便的特点。

二、特设导读、条旨，实用性强

全书各部分特设“导读”栏目，对本部分核心内容进行解读；对重点法律附加条旨，可指引读者迅速找到自己需要的条文。

三、特色服务，动态增补

为保持本书与新法的同步更新，特结合法律出版社法规中心的资源优势提供动态增补服务。读者可随时完整填写书末的“读者意见反馈表”并寄回出版社（或填写、拍照后传至指定电子邮箱），即可获得一次免费的法规增补服务（电子版），增补内容为本书下一年再版时新增加的法规文件，需待本书出版一年后提供此项服务。同时读者还可以优惠价选择常年的全面法规增补服务。

由于编者水平有限，还望读者在使用过程中不吝赐教，提出您的宝贵意见，以便本书继续修订完善。谢谢！

法律出版社法规中心

2015年3月

总 目 录

一、综合 ……………………………………………… (1)
1. 公司法 ……………………………………………… (3)
2. 证券法 ……………………………………………… (54)
3. 破产法 ……………………………………………… (92)
4. 国有资产法 ……………………………………… (116)
二、上市发行 ……………………………………… (129)
1. 首次发行 ………………………………………… (131)
2. 再融资 …………………………………………… (144)
3. 公司债券 ………………………………………… (154)
4. 上市保荐 ………………………………………… (168)
5. 发行与承销 ……………………………………… (177)
6. B股 ……………………………………………… (201)
7. 资金使用 ………………………………………… (210)
8. 退市 ……………………………………………… (217)
三、股权变动 ……………………………………… (223)
1. 增持与减持 ……………………………………… (225)
2. 国有股转让 ……………………………………… (230)
3. 并购重组 ………………………………………… (240)
4. 股权分置改革 …………………………………… (299)
四、信息披露 ……………………………………… (309)
1. 信息披露管理 …………………………………… (311)
2. 信息披露规则 …………………………………… (325)
(1)上市公司信息披露内容与格式准则 ……… (325)
(2)上市公司信息披露编报规则 ……………… (476)
(3)上市公司信息披露解释性公告/规范问答 ………………………………………………… (503)
(4)发行人信息披露指引 ……………………… (508)
五、公司治理 ……………………………………… (513)
1. 治理准则 ………………………………………… (515)
2. 股东与股东大会 ………………………………… (519)
3. 董事、监事和高级管理人员 …………………… (529)
4. 股权激励 ………………………………………… (533)
5. 企业内部控制 …………………………………… (543)
六、境外上市公司 ………………………………… (577)
七、上市公司监管 ………………………………… (611)
八、法律责任 ……………………………………… (637)
1. 民事责任 ………………………………………… (639)
2. 行政处罚 ………………………………………… (647)
3. 刑事责任 ………………………………………… (657)

目　录

一、综　合

1. 公司法

中华人民共和国公司法(1993.12.29)(2013.12.28 修正)[①] …… (3)

最高人民法院关于适用《中华人民共和国公司法》若干问题的规定(一)(2006.4.28)(2014.2.20 修正) …… (19)

最高人民法院关于适用《中华人民共和国公司法》若干问题的规定(二)(2008.5.12)(2014.2.20 修正) …… (20)

最高人民法院关于适用《中华人民共和国公司法》若干问题的规定(三)(2011.1.27)(2014.2.20 修正) …… (22)

中华人民共和国公司登记管理条例(1994.6.24)(2014.2.19 修订) …… (25)

企业信息公示暂行条例(2014.8.7) …… (31)

上市公司章程指引(2014 年修订)(2014.10.20) …… (33)

上市公司行业分类指引(2012 年修订)(2012.10.26) …… (48)

2. 证券法

中华人民共和国证券法(1998.12.29)(2014.8.31 修正) …… (54)

股票发行与交易管理暂行条例(1993.4.22) …… (72)

国务院关于推进资本市场改革开放和稳定发展的若干意见(2004.1.31) …… (79)

国务院批转证监会关于提高上市公司质量意见的通知(2005.10.19) …… (82)

国务院关于开展优先股试点的指导意见(2013.11.30) …… (85)

国务院办公厅关于进一步加强资本市场中小投资者合法权益保护工作的意见(2013.12.25) …… (87)

国务院关于进一步促进资本市场健康发展的若干意见(2014.5.8) …… (89)

3. 破产法

中华人民共和国企业破产法(2006.8.27) …… (92)

最高人民法院关于适用《中华人民共和国企业破产法》若干问题的规定(一)(2011.9.9) …… (102)

最高人民法院关于适用《中华人民共和国企业破产法》若干问题的规定(二)(2013.9.5) …… (103)

最高人民法院关于审理企业破产案件指定管理人的规定(2007.4.12) …… (107)

最高人民法院关于审理公司强制清算案件工作座谈会纪要(2009.11.4) …… (111)

最高人民法院关于审理上市公司破产重整案件工作座谈会纪要(2012.10.29) …… (115)

4. 国有资产法

中华人民共和国企业国有资产法(2008.10.28) …… (116)

国有资产评估管理办法(1991.11.16) …… (122)

企业国有资产监督管理暂行条例(2003.5.27)(2011.1.8 修订) …… (124)

二、上 市 发 行

1. 首次发行

首次公开发行股票并上市管理办法(2006.5.17) …… (131)

《首次公开发行股票并上市管理办法》第十二条"实际控制人没有发生变更"的理解和适用——证券期货法律适用意见第 1 号(2007.11.25) …… (135)

《首次公开发行股票并上市管理办法》第十二条发行人最近 3 年内主营业务没有发生重大变化的适用意见——证券期货法律适用意见第 3 号(2008.5.19) …… (136)

中国证券监督管理委员会关于首次公开发行股票公司招股说明书网上披露有关事宜的通知(2001.1.20) …… (137)

境内企业申请到香港创业板上市审批与监管指引(1999.9.21) …… (137)

---

① 考虑到近年来中央国家机关法规清理工作较为频繁，往往一次性地修改和废止大量文件，但修改的内容有时又只涉及每个文件的个别条文，此时只标注最近一次修改的时间难免让部分读者产生疑惑。因此，我们在本书目录中对有修改的文件，将其第一次公布的时间和最近一次修改的时间一并列出，在正文中收录的是最新修改后的文本。特此说明。

创业板市场投资者适当性管理暂行规定（2009.6.30）……（138）
首次公开发行股票并在创业板上市管理办法（2014.5.14）……（139）
首次公开发行股票时公司股东公开发售股份暂行规定（2013.12.2）（2014.3.21 修订）……（142）
2. 再融资
上市公司证券发行管理办法（2006.5.6）（2008.10.9 修订）……（144）
《上市公司证券发行管理办法》第三十九条"违规对外提供担保且尚未解除"的理解和适用——证券期货法律适用意见第 5 号（2009.7.9）……（149）
上市公司非公开发行股票实施细则（2007.9.17）（2011.8.1 修订）……（150）
3. 公司债券
企业债券管理条例（1993.8.2）（2011.1.8 修订）……（154）
公司债券发行与交易管理办法（2015.1.15）……（156）
上市公司股东发行可交换公司债券试行规定（2008.10.17）……（162）
国务院国有资产监督管理委员会关于规范上市公司国有股东发行可交换公司债券及国有控股上市公司发行证券有关事项的通知（2009.6.24）……（163）
中国证券监督管理委员会关于创业板上市公司非公开发行公司债券有关事项的公告（2011.10.20）……（165）
国家发展和改革委员会办公厅关于进一步改进企业债券发行工作的通知（2013.8.2）……（165）
4. 上市保荐
证券发行上市保荐业务管理办法（2008.10.17）（2009.5.13 修订）……（168）
证券发行上市保荐业务工作底稿指引（2009.3.27）……（175）
中国证券监督管理委员会关于进一步加强保荐业务监管有关问题的意见（2012.3.15）……（176）
5. 发行与承销
关于加强新股发行监管的措施（2014.1.12）……（177）
证券发行与承销管理办法（2013.12.13）（2014.3.21 修订）……（178）
优先股试点管理办法（2014.3.21）……（182）
创业板上市公司证券发行管理暂行办法（2014.5.14）……（187）
超额配售选择权试点意见（2001.9.3）……（192）
中国证券监督管理委员会关于缩短新股发行结束到上市所需时间有关事宜的通知（2001.11.21）……（193）
中国证券监督管理委员会关于进一步改革和完善新股发行体制的指导意见（2009.6.10）……（194）
中国证券监督管理委员会关于深化新股发行体制改革的指导意见（2010.10.11）……（195）
中国证券监督管理委员会关于进一步深化新股发行体制改革的指导意见（2012.4.28）……（195）
中国证监会关于进一步推进新股发行体制改革的意见（2013.11.30）……（198）
6. B 股
国务院关于股份有限公司境内上市外资股的规定（1995.12.25）……（201）
股份有限公司境内上市外资股规定的实施细则（1996.5.3）……（203）
申请发行境内上市外资股（B 股）公司报送材料标准格式（1999.3.25）……（206）
中国证券监督管理委员会关于企业发行 B 股有关问题的通知（1999.5.19）……（207）
中国证券监督管理委员会、国家外汇管理局关于境内居民个人投资境内上市外资股若干问题的通知（2001.2.21）……（208）
对外贸易经济合作部、中国证券监督管理委员会关于上市公司涉及外商投资有关问题的若干意见（2001.10.8）……（209）
7. 资金使用
中国证券监督管理委员会、国务院国有资产监督管理委员会关于规范上市公司与关联方资金往来及上市公司对外担保若干问题的通知（2003.8.28）……（210）
中国证券监督管理委员会关于集中解决上市公司资金被占用和违规担保问题的通知（2005.6.6）……（211）
中国证券监督管理委员会、中国银行业监督管理委员会关于规范上市公司对外担保行为的通知（2005.11.14）……（213）
中国证券监督管理委员会等关于进一步做好清理大股东占用上市公司资金工作的通知（2006.11.7）……（215）
国务院国有资产监督管理委员会、中国证券监督管理委员会关于推动国有股东与所控股上市公司解决同业竞争规范关联交易的指导意见（2013.8.20）……（216）

8. 退市

中国证券监督管理委员会关于改革完善并严格实施上市公司退市制度的若干意见(2014.10.15) …… (217)

三、股权变动

1. 增持与减持

上市公司回购社会公众股份管理办法(试行)(2005.6.16) …… (225)

关于上市公司以集中竞价交易方式回购股份的补充规定(2008.10.9) …… (227)

中国证券监督管理委员会关于上市公司控股股东在股权分置改革后增持社会公众股份有关问题的通知(2005.6.16) …… (228)

关于上市公司实施员工持股计划试点的指导意见(2014.6.20) …… (228)

2. 国有股转让

减持国有股筹集社会保障资金管理暂行办法(2001.6.6) …… (230)

国有单位受让上市公司股份管理暂行规定(2007.6.28) …… (231)

国有股东转让所持上市公司股份管理暂行办法(2007.6.30) …… (233)

上市公司国有股东标识管理暂行规定(2007.6.30) …… (237)

境内证券市场转持部分国有股充实全国社会保障基金实施办法(2009.6.19) …… (238)

财政部等关于豁免国有创业投资机构和国有创业投资引导基金国有股转持义务有关问题的通知(2010.10.13) …… (239)

3. 并购重组

国务院关于促进企业兼并重组的意见(2010.8.28) …… (240)

国务院关于进一步优化企业兼并重组市场环境的意见(2014.3.7) …… (242)

上市公司收购管理办法(2006.7.31)(2014.10.23修订) …… (245)

上市公司重大资产重组管理办法(2014.10.23) …… (256)

《上市公司收购管理办法》第六十二条及《上市公司重大资产重组管理办法》第四十三条有关限制股份转让的适用意见——证券期货法律适用意见第4号(2009.5.19) …… (264)

《上市公司收购管理办法》第六十二条有关上市公司严重财务困难的适用意见——证券期货法律适用意见第7号(2011.1.10) …… (264)

《上市公司收购管理办法》第六十二条、第六十三条有关要约豁免申请的条款发生竞合时的适用意见——证券期货法律适用意见第8号(2011.1.17) …… (265)

《上市公司收购管理办法》第七十四条有关通过集中竞价交易方式增持上市公司股份的收购完成时点认定的适用意见——证券期货法律适用意见第9号(2011.1.17) …… (265)

《上市公司重大资产重组管理办法》第三条有关拟购买资产存在资金占用问题的适用意见——证券期货法律适用意见第10号(2011.1.17) …… (265)

《上市公司重大资产重组管理办法》第十二条上市公司在12个月内连续购买、出售同一或者相关资产的有关比例计算的适用意见——证券期货法律适用意见第11号(2011.1.17) …… (265)

《上市公司重大资产重组管理办法》第十三条、第四十三条的适用意见——证券期货法律适用意见第12号(2011.8.1) …… (266)

中国证券监督管理委员会关于在借壳上市审核中严格执行首次公开发行股票上市标准的通知(2013.11.30) …… (266)

中国证券监督管理委员会关于在发行审核委员会中设立上市公司并购重组审核委员会的决定(2007.7.17) …… (267)

中国证券监督管理委员会上市公司并购重组审核委员会工作规程(2014年修订)(2014.4.20) …… (268)

关于规范上市公司重大资产重组若干问题的规定(2008.4.16) …… (273)

上市公司并购重组财务顾问业务管理办法(2008.6.3) …… (274)

关于加强与上市公司重大资产重组相关股票异常交易监管的暂行规定(2012.11.6) …… (279)

国务院国有资产监督管理委员会关于规范国有股东与上市公司进行资产重组有关事项的通知(2009.6.24) …… (281)

国家工商行政管理总局关于做好公司合并分立登记支持企业兼并重组的意见(2011.11.28) …… (282)

外商投资企业投资者股权变更的若干规定(1997.5.28) …… (285)

外国投资者对上市公司战略投资管理办法(2005.

12.31) …… (287)
关于外国投资者并购境内企业的规定(2006.8.8)(2009.6.22修订) …… (290)
国务院办公厅关于建立外国投资者并购境内企业安全审查制度的通知(2011.2.3) …… (296)
商务部实施外国投资者并购境内企业安全审查制度的规定(2011.8.25) …… (298)
4.股权分置改革
上市公司股权分置改革管理办法(2005.9.4) …… (299)
上市公司股权分置改革相关会计处理暂行规定(2005.11.14) …… (303)
中国证券监督管理委员会等关于上市公司股权分置改革的指导意见(2005.8.23) …… (304)
国务院国有资产监督管理委员会办公厅关于上市公司股权分置改革中国有股股权管理审核程序有关事项的通知(2005.9.17) …… (307)
商务部、中国证券监督管理委员会关于上市公司股权分置改革涉及外资管理有关问题的通知(2005.10.26) …… (307)
中国证券监督管理委员会关于已完成股权分置改革的上市公司原非流通股股份转让有关问题的通知(2006.8.2) …… (308)

四、信息披露

1.信息披露管理
上市公司信息披露管理办法(2007.1.30) …… (311)
关于前次募集资金使用情况报告的规定(2007.12.26) …… (316)
中国证券监督管理委员会关于进一步提高上市公司财务信息披露质量的通知(2004.1.6) …… (319)
中国证券监督管理委员会关于规范上市公司信息披露及相关各方行为的通知(2007.8.15) …… (321)
中国证券监督管理委员会关于进一步提高首次公开发行股票公司财务信息披露质量有关问题的意见(2012.5.23) …… (322)
2.信息披露规则
(1)上市公司信息披露内容与格式准则
公开发行证券的公司信息披露内容与格式准则第1号——招股说明书(2006年修订)(2006.5.18) …… (325)
公开发行证券的公司信息披露内容与格式准则第2号——年度报告的内容与格式(2014年修订)(2014.5.28) …… (338)
公开发行证券的公司信息披露内容与格式准则第3号——半年度报告的内容与格式(2014年修订)(2014.5.28) …… (350)
公开发行证券的公司信息披露内容与格式准则第5号——公司股份变动报告的内容与格式(2007年修订)(2007.6.28) …… (357)
公开发行证券的公司信息披露内容与格式准则第9号——首次公开发行股票并上市申请文件(2006年修订)(2006.5.18) …… (362)
公开发行证券的公司信息披露内容与格式准则第10号——上市公司公开发行证券申请文件(2006.5.8) …… (363)
公开发行证券的公司信息披露内容与格式准则第11号——上市公司公开发行证券募集说明书(2006.5.8) …… (365)
公开发行证券的公司信息披露内容与格式准则第15号——权益变动报告书(2014年修订)(2014.5.28) …… (372)
公开发行证券的公司信息披露内容与格式准则第16号——上市公司收购报告书(2014年修订)(2014.5.28) …… (380)
公开发行证券的公司信息披露内容与格式准则第17号——要约收购报告书(2014年修订)(2014.12.24) …… (387)
公开发行证券的公司信息披露内容与格式准则第18号——被收购公司董事会报告书(2006.8.4) …… (395)
公开发行证券的公司信息披露内容与格式准则第19号——豁免要约收购申请文件(2006.8.4) …… (397)
公开发行证券的公司信息披露内容与格式准则第23号——公开发行公司债券募集说明书(2015年修订)(2015.3.2) …… (399)
公开发行证券的公司信息披露内容与格式准则第24号——公开发行公司债券申请文件(2015年修订)(2015.3.2) …… (405)
公开发行证券的公司信息披露内容与格式准则第25号——上市公司非公开发行股票预案和发行情况报告书(2007.9.17) …… (406)
公开发行证券的公司信息披露内容与格式准则第26号——上市公司重大资产重组(2014年修订)(2014.12.24) …… (409)
公开发行证券的公司信息披露内容与格式准则第28号——创业板公司招股说明书(2014年修订)(2014.6.11) …… (422)
公开发行证券的公司信息披露内容与格式准则

第29号——首次公开发行股票并在创业板上市申请文件(2014年修订)(2014.6.11) …(433)
公开发行证券的公司信息披露内容与格式准则第30号——创业板上市公司年度报告的内容与格式(2012.12.14) ……(435)
公开发行证券的公司信息披露内容与格式准则第31号——创业板上市公司半年度报告的内容与格式(2013.6.28) ……(444)
公开发行证券的公司信息披露内容与格式准则第32号——发行优先股申请文件(2014.4.1) ……(452)
公开发行证券的公司信息披露内容与格式准则第33号——发行优先股预案和发行情况报告书(2014.4.1) ……(453)
公开发行证券的公司信息披露内容与格式准则第34号——发行优先股募集说明书(2014.4.1) ……(456)
公开发行证券的公司信息披露内容与格式准则第35号——创业板上市公司公开发行证券募集说明书(2014.6.11) ……(463)
公开发行证券的公司信息披露内容与格式准则第36号——创业板上市公司非公开发行股票预案和发行情况报告书(2014.6.11) ……(470)
公开发行证券的公司信息披露内容与格式准则第37号——创业板上市公司发行证券申请文件(2014.6.11) ……(474)
(2)上市公司信息披露编报规则
公开发行证券的公司信息披露编报规则第9号——净资产收益率和每股收益的计算及披露(2010年修订)(2010.1.11) ……(476)
公开发行证券的公司信息披露编报规则第10号——从事房地产开发业务的公司招股说明书内容与格式特别规定(2001.2.6) ……(477)
公开发行证券的公司信息披露编报规则第11号——从事房地产开发业务的公司财务报表附注特别规定(2001.2.6) ……(478)
公开发行证券的公司信息披露编报规则第12号——公开发行证券的法律意见书和律师工作报告(2001.3.1) ……(479)
公开发行证券的公司信息披露编报规则第13号——季度报告内容与格式特别规定(2014年修订)(2014.5.28) ……(484)
公开发行证券的公司信息披露编报规则第14号——非标准无保留审计意见及其涉及事项的处理(2001.12.22) ……(487)
公开发行证券的公司信息披露编报规则第15号——财务报告的一般规定(2014年修订)(2014.12.25) ……(487)
公开发行证券的公司信息披露编报规则第17号——外商投资股份有限公司招股说明书内容与格式特别规定(2002.3.19) ……(495)
公开发行证券的公司信息披露编报规则第19号——财务信息的更正及相关披露(2003.12.1) ……(496)
公开发行证券的公司信息披露编报规则第20号——创业板上市公司季度报告的内容与格式(2013年修订)(2013.3.25) ……(497)
公开发行证券的公司信息披露编报规则第21号——年度内部控制评价报告的一般规定(2014.1.3) ……(501)
(3)上市公司信息披露解释性公告/规范问答
公开发行证券的公司信息披露解释性公告第1号——非经常性损益(2008年修订)(2008.10.31) ……(503)
公开发行证券的公司信息披露解释性公告第2号——财务报表附注中政府补助相关信息的披露(2013.9.12) ……(504)
公开发行证券的公司信息披露解释性公告第3号——财务报表附注中可供出售金融资产减值的披露(2013.9.12) ……(505)
公开发行证券的公司信息披露解释性公告第4号——财务报表附注中分步实现企业合并相关信息的披露(2013.12.23) ……(506)
公开发行证券的公司信息披露解释性公告第5号——财务报表附注中分步处置对子公司投资至丧失控制权相关信息的披露(2013.12.23) ……(506)
公开发行证券的公司信息披露规范问答第3号——弥补累计亏损的来源、程序及信息披露(2006年修订)(2006.4.10) ……(507)
公开发行证券的公司信息披露规范问答第6号——支付会计师事务所报酬及其披露(2001.12.24) ……(507)
(4)发行人信息披露指引
关于首次公开发行股票并上市公司招股说明书财务报告审计截止日后主要财务信息及经营状况信息披露指引(2013.12.6) ……(508)
关于首次公开发行股票并上市公司招股说明书中与盈利能力相关的信息披露指引(2013.12.6) ……(509)

五、公司治理

1. 治理准则

上市公司治理准则(2002.1.7) …………………… (515)

2. 股东与股东大会

关于加强社会公众股股东权益保护的若干规定(2004.12.7)(2008.10.9修订) ……………… (519)

上市公司与投资者关系工作指引(2005.7.11) ……………………………………………… (521)

上市公司股东大会规则(2014年修订)(2014.10.20) ……………………………………… (523)

国务院国有资产监督管理委员会关于规范上市公司国有股东行为的若干意见(2006.6.16) ……………………………………………… (527)

中国证券监督管理委员会关于进一步落实上市公司现金分红有关事项的通知(2012.5.4) …… (528)

3. 董事、监事和高级管理人员

中国证券监督管理委员会关于上市公司总经理及高层管理人员不得在控股股东单位兼职的通知(1999.5.6) ………………………… (529)

中国证券监督管理委员会关于在上市公司建立独立董事制度的指导意见(2001.8.16) ……… (530)

上市公司董事、监事和高级管理人员所持本公司股份及其变动管理规则(2007.4.5) ……… (532)

4. 股权激励

上市公司股权激励管理办法(试行)(2005.12.31) ……………………………………… (533)

国务院国有资产监督管理委员会、财政部关于印发《国有控股上市公司(境内)实施股权激励试行办法》的通知(2006.9.30) …………… (537)

国有控股上市公司(境内)实施股权激励试行办法(2006.9.30) ………………………… (537)

国务院国有资产监督管理委员会、财政部关于规范国有控股上市公司实施股权激励制度有关问题的通知(2008.10.21) ………………… (541)

5. 企业内部控制

企业内部控制基本规范(2008.5.22) …………… (543)

财政部等关于印发企业内部控制配套指引的通知(2010.4.15) …………………………… (547)

企业内部控制应用指引第1号——组织架构(2010.4.15) ………………………………… (547)

企业内部控制应用指引第2号——发展战略(2010.4.15) ………………………………… (548)

企业内部控制应用指引第3号——人力资源(2010.4.15) ………………………………… (549)

企业内部控制应用指引第4号——社会责任(2010.4.15) ………………………………… (550)

企业内部控制应用指引第5号——企业文化(2010.4.15) ………………………………… (552)

企业内部控制应用指引第6号——资金活动(2010.4.15) ………………………………… (552)

企业内部控制应用指引第7号——采购业务(2010.4.15) ………………………………… (554)

企业内部控制应用指引第8号——资产管理(2010.4.15) ………………………………… (556)

企业内部控制应用指引第9号——销售业务(2010.4.15) ………………………………… (557)

企业内部控制应用指引第10号——研究与开发(2010.4.15) ………………………………… (558)

企业内部控制应用指引第11号——工程项目(2010.4.15) ………………………………… (559)

企业内部控制应用指引第12号——担保业务(2010.4.15) ………………………………… (561)

企业内部控制应用指引第13号——业务外包(2010.4.15) ………………………………… (563)

企业内部控制应用指引第14号——财务报告(2010.4.15) ………………………………… (564)

企业内部控制应用指引第15号——全面预算(2010.4.15) ………………………………… (565)

企业内部控制应用指引第16号——合同管理(2010.4.15) ………………………………… (566)

企业内部控制应用指引第17号——内部信息传递(2010.4.15) ……………………………… (567)

企业内部控制应用指引第18号——信息系统(2010.4.15) ………………………………… (568)

企业内部控制评价指引(2010.4.15) …………… (570)

企业内部控制审计指引(2010.4.15) …………… (572)

六、境外上市公司

国务院关于股份有限公司境外募集股份及上市的特别规定(1994.8.4) ………………… (579)

国务院关于进一步加强在境外发行股票和上市管理的通知(1997.6.20) ………………… (580)

国务院证券委员会关于批转证监会《关于境内企业到境外公开发行股票和上市存在的问题的报告》的通知(1993.4.9) ……………… (581)

国务院证券委员会、国家经济体制改革委员会关于执行《到境外上市公司章程必备条款》的通知(1994.8.27) …………………………… (582)

到境外上市公司章程必备条款(1994.8.27) …… (582)

中国证券监督管理委员会关于落实国务院《关于进一步加强在境外发行股票和上市管理的通知》若干问题的通知(1998.2.27) …………(596)
中国证券监督管理委员会关于境外上市公司进一步做好信息披露工作的若干意见(1999.3.26) ……………………………………(598)
国家经济贸易委员会、中国证券监督管理委员会关于进一步促进境外上市公司规范运作和深化改革的意见(1999.3.29) ………………(599)
境外上市公司董事会秘书工作指引(1999.4.8) ……………………………………………(601)
中国证券监督管理委员会关于规范境内上市公司所属企业到境外上市有关问题的通知(2004.7.21) ……………………………………(603)
中国证券监督管理委员会关于境外上市公司非境外上市股份集中登记存管有关事宜的通知(2007.3.28) ……………………………(604)
关于加强在境外发行证券与上市相关保密和档案管理工作的规定(2009.10.20) …………(604)
关于股份有限公司境外发行股票和上市申报文件及审核程序的监管指引(2012.12.20) ……(605)
国家外汇管理局关于境外上市外汇管理有关问题的通知(2013.1.28) ……………………(606)
国家外汇管理局关于境外上市外汇管理有关问题的通知(2014.12.26) …………………(608)

七、上市公司监管

上市公司现场检查办法(2010.4.13) ……………(613)
行政和解试点实施办法(2015.2.17) ……………(615)
上市公司董事长谈话制度实施办法(2001.3.19) ……………………………………………(617)
证券市场禁入规定(2006.6.7) ………………(618)
中国证券监督管理委员会限制证券买卖实施办法(2007.5.18) ……………………………(619)
中国证券监督管理委员会冻结、查封实施办法(2005.12.30)(2011.5.23修订) …………(620)
关于上市公司建立内幕信息知情人登记管理制度的规定(2011.10.25) ……………………(622)
上市公司监管指引第1号——上市公司实施重大资产重组后存在未弥补亏损情形的监管要求(2012.3.23) ……………………………(624)
上市公司监管指引第2号——上市公司募集资金管理和使用的监管要求(2012.12.19) ……(624)
上市公司监管指引第3号——上市公司现金分红(2013.11.30) ……………………………(626)
上市公司监管指引第4号——上市公司实际控制人、股东、关联方、收购人以及上市公司承诺及履行(2013.12.27) ……………………(627)
国务院批转国务院证券委、中国人民银行、国家经贸委《关于严禁国有企业和上市公司炒作股票的规定》的通知(1997.5.21) ……………(628)
国务院办公厅关于严厉打击以证券期货投资为名进行违法犯罪活动的通知(2001.8.31) ……(629)
国务院办公厅关于严厉打击非法发行股票和非法经营证券业务有关问题的通知(2006.12.12) ………………………………………(630)
国务院办公厅转发证监会等部门关于依法打击和防控资本市场内幕交易意见的通知(2010.11.16) ……………………………………(631)
中国证券监督管理委员会、中国人民银行关于查询、冻结从事证券交易当事人和与被调查事件有关的单位和个人在金融机构账户的通知(2005.12.30) …………………………(632)
中国证券监督管理委员会关于上市公司立案稽查及信息披露有关事项的通知(2007.8.13) ……(633)
最高人民法院等关于整治非法证券活动有关问题的通知(2008.1.2) ………………………(634)
国务院国有资产监督管理委员会关于加强上市公司国有股东内幕信息管理有关问题的通知(2011.10.28) ……………………………(635)

八、法 律 责 任

1.民事责任

最高人民法院关于受理证券市场因虚假陈述引发的民事侵权纠纷案件有关问题的通知(2002.1.15) ………………………………………(639)
最高人民法院关于冻结、拍卖上市公司国有股和社会法人股若干问题的规定(2001.9.21) ……(639)
最高人民法院关于审理与企业改制相关的民事纠纷案件若干问题的规定(2003.1.3) ………(640)
最高人民法院关于审理证券市场因虚假陈述引发的民事赔偿案件的若干规定(2003.1.9) ……………………………………………(642)
国务院法制办公室、中国证券监督管理委员会关于依法做好证券、期货合同纠纷仲裁工作的通知(2004.1.18) ……………………………(645)

2.行政处罚

中国证券监督管理委员会行政处罚听证规则(2007.4.18) ……………………………………(647)
中国证券监督管理委员会行政复议办法(2010.

5.4) …………………………………………… (648)
信息披露违法行为行政责任认定规则(2011.4.29) …………………………………………… (653)
最高人民法院关于审理证券行政处罚案件证据若干问题的座谈会纪要(2011.7.13) ………… (655)

3. 刑事责任

中华人民共和国刑法(节录)(1979.7.1)(2011.2.25修正)……………………………………… (657)
全国人民代表大会常务委员会关于《中华人民共和国刑法》第一百五十八条、第一百五十九条的解释(2014.4.24) ……………………… (663)
最高人民检察院、公安部关于公安机关管辖的刑事案件立案追诉标准的规定(二)(节录)(2010.5.7) …………………………………… (664)
最高人民法院关于审理非法集资刑事案件具体应用法律若干问题的解释(2010.12.13)……… (670)
最高人民法院、最高人民检察院关于办理内幕交易、泄露内幕信息刑事案件具体应用法律若干问题的解释(2012.3.29) …………………… (672)
最高人民法院等关于公安部证券犯罪侦查局直属分局办理经济犯罪案件适用刑事诉讼程序若干问题的通知(2009.11.4) …………………… (673)
最高人民法院等关于办理证券期货违法犯罪案件工作若干问题的意见(2011.4.27) ………… (674)
最高人民法院、最高人民检察院关于贯彻执行《关于办理证券期货违法犯罪案件工作若干问题的意见》有关问题的通知(2012.3.14) …… (675)

一、综　合

《中华人民共和国公司法》导读：

《中华人民共和国公司法》(以下简称《公司法》)于1993年12月29日由八届全国人大常委会第五次会议通过，自1994年7月1日起施行。《公司法》的公布施行对规范公司的组织和行为，保护公司、股东和债权人的合法权益，推动国有企业改制和经济体制改革，促进社会主义市场经济发展发挥了积极作用。但随着经济体制改革的不断深化和社会主义市场经济体制的建立与逐步完善，1993年《公司法》已经不能完全适应新形势的需要：一是公司设立门槛过高，难以满足社会资金的投资需求；二是公司治理结构不够完善，股东会、董事会、监事会、经理层的权利义务需要进一步明确；三是对股东尤其是中小股东合法权益的保护机制不够完善，对公司债权人、其他利害关系人和社会公众利益也缺乏有效的保护手段；四是关于股份发行、转让和上市的规定已经不能完全适应公司投融资活动的实际需要；五是对上市公司监管中出现的新情况、新问题缺乏有效的应对手段，不利于维护资本市场的秩序；六是缺少对公司以及董事、监事、高级管理人员诚信义务及其法律责任的规定，不能满足建立社会信用制度、维护交易安全的要求；等等。针对这些新情况、新问题，立法机关分别于1999年、2004年、2005年和2013年对《公司法》进行了四次修改，特别是2005年和2013年的修改对公司法律制度作了重大变动。这几次修改使《公司法》更加适应经济和社会发展的需要，为深化经济体制改革、促进经济社会全面发展提供了更坚实的法律保障。

一、2005年修订的《公司法》的主要内容

(一)关于公司的设立制度。为广泛吸引社会资金，促进经济发展和扩大就业，2005年《公司法》一是取消了1993年《公司法》按照公司经营内容区分最低注册资本额的规定；二是允许公司按照规定的比例在2年内分期缴清出资，其中，投资公司可以在5年内缴足；三是将有限责任公司的最低注册资本额降至人民币3万元；四是适当扩展出资方式。同时，考虑到无形资产的出资比例过高有可能影响公司债权人和其他利害关系人的利益，适当提高了无形资产的出资比例；五是在保护交易相对人的利益、维护交易安全的前提下，为便利公司的投融资活动，适当放宽了对公司对外投资的限制。

(二)关于公司法人治理结构。为健全内部监督制约机制，提高公司运作效率，2005年《公司法》主要从以下几方面作了规定：一是健全董事会制度，突出董事会集体决策作用，强化了对董事长权力的制约，同时细化了董事会会议制度和工作程序；二是强化监事会作用；三是进一步明确公司董事、监事、高级管理人员的法定义务，强化责任追究机制。

(三)关于股东合法权益和社会公共利益的保护机制。为健全股东合法权益和社会公共利益的保护机制，鼓励投资，2005年《公司法》一是完善了股东了解公司有关事务的措施和办法；二是健全了完善股东会召集程序和议事规则；三是完善了有关股东诉讼的规则；四是规定公司股东应当遵守法律、行政法规和公司章程，依法行使股东权利，不得滥用其有限责任损害社会公共利益、公司债权人利益或者其他利害关系人的利益。

(四)关于上市公司治理结构。为严格上市公司及其有关人员的法律义务与责任，推进资本市场的稳定健康发展，2005年《公司法》对独立董事、董事会秘书、董事、监事和高级管理人员的义务和责任、重大资产处置和担保、关联交易等制度作了详细规定。

(五)关于公司财务会计制度。为满足公司运营和监督管理的实际需要，2005年《公司法》取消了对公司提取公益金的强制性要求。同时规定公司聘用、解聘会计师事务所，必须由股东会作出决议。监事会、不设监事会的有限责任公司的监事发现公司经营情况异常，可以进行调查，必要时，可以聘请会计师事务所等协助其工作，费用由公司承担。

(六)关于公司的社会责任。为确立有关人员的诚信准则，促进社会信用制度建设，维护市场经济秩序和社会公共利益。2005年《公司法》规定：一是公司应当诚实守信，维护社会公共利益，履行社会责任；二是加强对上市公司董事、监事、高级管理人员的监管；三是规定公司解散，股东应当组织清算而未组织清算，或者公司清算结束后未到公司登记机关申请注销公司登记的，股东不得设立新的公司或者其他企业，由公司登记机关予以公布。

（七）关于职工利益的保护。为建立职工与公司管理层的沟通渠道，切实保护职工利益，2005 年《公司法》规定，监事会应当包括股东代表和适当比例的公司职工代表，其中，职工代表的比例不得低于 1/3。还规定，公司研究决定有关职工工资、福利、劳动安全卫生、保险等涉及职工切身利益的问题，以及制定重要的规章制度时，应当邀请公司工会或者职工代表列席有关会议，事先听取公司工会和职工的意见。公司研究决定改制、重组以及经营方面的重大问题时，应当听取公司工会的意见，并通过职工代表大会或者其他形式听取职工的意见和建议。此外，2005 年《公司法》强调，职工代表由公司职工通过职工代表大会、职工大会或者其他形式民主选举产生。国有独资公司董事会、监事会中的职工代表由公司职工代表大会选举产生。

（八）关于一人有限责任公司。为有利于社会资金投向经济领域，同时，为了更好地保护交易相对人的利益，降低交易风险，2005 年《公司法》对一人有限责任公司作了规定。

二、2013 年《公司法》修改涉及的内容

2013 年 12 月 28 日，第十二届全国人民代表大会常务委员会第六次会议通过了《关于修改〈中华人民共和国海洋环境保护法〉等七部法律的决定》，对《公司法》（为作区分，以下均称新《公司法》）作出以下修改：

（一）公司注册资本由实缴制改为认缴制。新《公司法》对公司的设立条件作出调整，根据第二十三条第二项的规定，设立有限责任公司，应当有符合公司章程规定的全体股东认缴的出资额。根据第七十六条第二项的规定，设立股份有限公司，应当有符合公司章程规定的全体发起人认购的股本总额或者募集的实收股本总额。与此同时，实收资本不再是公司登记的记载事项，公司设立也不再需要注册会计师出具的验资报告。但应注意的是，在施行认缴资本制度后，股东间订立的包括章程在内的认缴文件（主要是公司章程和股东间的约定等）是具有法律效力的；股东按照公司章程的约定缴纳出资，如果股东未依认缴文件的规定实际缴付注册资本，仍需要依法承担法律责任。

（二）取消法定最低注册资本制度。新《公司法》不再要求股东出资达到法定资本最低限额，根据以往的规定，有限责任公司注册资本的最低限额为 3 万元；股份有限公司注册资本的最低限额为 500 万。新《公司法》删除了上述规定。但是同时，新《公司法》也明确规定，法律、行政法规、国务院决定对公司注册资本实缴、注册资本最低限额另有规定的，从其规定。现行的法律、行政法规等规定了银行业金融机构、证券公司、期货公司、基金管理公司、保险公司、保险专业代理机构、保险经纪人、直销企业、对外劳务合作企业、融资性担保公司实行注册资本实缴登记制；同时，募集设立的股份有限公司、劳务派遣企业、典当行、小额贷款公司和保险资产管理公司等类型的法人也需要按照现行特别规定实行注册资本实缴登记制。

（三）取消首次出资比例、货币出资比例限制。新《公司法》不再规定以下事项：有限责任公司的全体股东的首次出资额不得低于注册资本的 20%，其余部分自公司成立之日起 2 年内缴足，全体股东的货币出资金额不得低于有限责任公司注册资本的 30%；股份有限公司全体发起人的首次出资额不得低于注册资本的 20%，其余部分自公司成立之日起 2 年内缴足。

（四）简化登记程序，公司登记时不再要求提交验资报告。

三、公司法司法解释的情况

2006 年 4 月 28 日，为贯彻实施新修订后的《公司法》，最高人民法院颁布了《关于适用〈中华人民共和国公司法〉若干问题的规定（一）》。

2008 年 5 月 12 日，最高人民法院颁布了《关于适用〈中华人民共和国公司法〉若干问题的规定（二）》，就法院审理公司解散和清算案件适用法律的问题作出了规定。

2011 年 1 月 27 日，最高人民法院颁布了《关于适用〈中华人民共和国公司法〉若干问题的规定（三）》（以下简称《公司法规定（三）》），对公司设立、出资、股东资格确认等问题作出了具体规定。

2014 年 2 月 20 日，最高人民法院《关于修改关于适用〈中华人民共和国公司法〉若干问题的规定的决定》对以上三个司法解释进行了修正，调整条文中所涉《公司法》的条文序号，并对《公司法规定（三）》个别条文进行修改。

1. 公司法

中华人民共和国公司法

1. 1993年12月29日第八届全国人民代表大会常务委员会第五次会议通过
2. 根据1999年12月25日第九届全国人民代表大会常务委员会第十三次会议《关于修改〈中华人民共和国公司法〉的决定》第一次修正
3. 根据2004年8月28日第十届全国人民代表大会常务委员会第十一次会议《关于修改〈中华人民共和国公司法〉的决定》第二次修正
4. 2005年10月27日第十届全国人民代表大会常务委员会第十八次会议修订
5. 根据2013年12月28日第十二届全国人民代表大会常务委员会第六次会议《关于修改〈中华人民共和国海洋环境保护法〉等七部法律的决定》第三次修正

目　　录

第一章　总　　则
第二章　有限责任公司的设立和组织机构
　第一节　设　　立
　第二节　组织机构
　第三节　一人有限责任公司的特别规定
　第四节　国有独资公司的特别规定
第三章　有限责任公司的股权转让
第四章　股份有限公司的设立和组织机构
　第一节　设　　立
　第二节　股东大会
　第三节　董事会、经理
　第四节　监 事 会
　第五节　上市公司组织机构的特别规定
第五章　股份有限公司的股份发行和转让
　第一节　股份发行
　第二节　股份转让
第六章　公司董事、监事、高级管理人员的资格和义务
第七章　公司债券
第八章　公司财务、会计
第九章　公司合并、分立、增资、减资
第十章　公司解散和清算
第十一章　外国公司的分支机构
第十二章　法律责任
第十三章　附　　则

第一章　总　　则

第一条　【立法目的】[1]为了规范公司的组织和行为，保护公司、股东和债权人的合法权益，维护社会经济秩序，促进社会主义市场经济的发展，制定本法。

第二条　【调整对象】本法所称公司是指依照本法在中国境内设立的有限责任公司和股份有限公司。

第三条　【公司的界定】公司是企业法人，有独立的法人财产，享有法人财产权。公司以其全部财产对公司的债务承担责任。

有限责任公司的股东以其认缴的出资额为限对公司承担责任；股份有限公司的股东以其认购的股份为限对公司承担责任。

第四条　【股东权利】公司股东依法享有资产收益、参与重大决策和选择管理者等权利。

第五条　【合法经营和合法权益受保护】公司从事经营活动，必须遵守法律、行政法规，遵守社会公德、商业道德，诚实守信，接受政府和社会公众的监督，承担社会责任。

公司的合法权益受法律保护，不受侵犯。

第六条　【公司设立的准则主义】设立公司，应当依法向公司登记机关申请设立登记。符合本法规定的设立条件的，由公司登记机关分别登记为有限责任公司或者股份有限公司；不符合本法规定的设立条件的，不得登记为有限责任公司或者股份有限公司。

法律、行政法规规定设立公司必须报经批准的，应当在公司登记前依法办理批准手续。

公众可以向公司登记机关申请查询公司登记事项，公司登记机关应当提供查询服务。

第七条　【公司营业执照】依法设立的公司，由公司登记机关发给公司营业执照。公司营业执照签发日期为公司成立日期。

公司营业执照应当载明公司的名称、住所、注册资本、经营范围、法定代表人姓名等事项。

公司营业执照记载的事项发生变更的，公司应当依法办理变更登记，由公司登记机关换发营业执照。

第八条　【公司的名称】依照本法设立的有限责任公司，必须在公司名称中标明有限责任公司或者有限公司字样。

依照本法设立的股份有限公司，必须在公司名称中标明股份有限公司或者股份公司字样。

第九条　【公司形式变更的准则主义与债权债务承继】有限责任公司变更为股份有限公司，应当符合本法规

① 条文主旨为编者所加，全书同。

定的股份有限公司的条件。股份有限公司变更为有限责任公司,应当符合本法规定的有限责任公司的条件。

有限责任公司变更为股份有限公司的,或者股份有限公司变更为有限责任公司的,公司变更前的债权、债务由变更后的公司承继。

第十条　【公司的住所】公司以其主要办事机构所在地为住所。

第十一条　【公司的章程】设立公司必须依法制定公司章程。公司章程对公司、股东、董事、监事、高级管理人员具有约束力。

第十二条　【公司的经营范围】公司的经营范围由公司章程规定,并依法登记。公司可以修改公司章程,改变经营范围,但是应当办理变更登记。

公司的经营范围中属于法律、行政法规规定须经批准的项目,应当依法经过批准。

第十三条　【公司法定代表人】公司法定代表人依照公司章程的规定,由董事长、执行董事或者经理担任,并依法登记。公司法定代表人变更,应当办理变更登记。

第十四条　【分公司与子公司】公司可以设立分公司。设立分公司,应当向公司登记机关申请登记,领取营业执照。分公司不具有法人资格,其民事责任由公司承担。

公司可以设立子公司,子公司具有法人资格,依法独立承担民事责任。

第十五条　【公司的转投资及其限制】公司可以向其他企业投资;但是,除法律另有规定外,不得成为对所投资企业的债务承担连带责任的出资人。

第十六条　【公司转投资及提供担保的程序规定】公司向其他企业投资或者为他人提供担保,依照公司章程的规定,由董事会或者股东会、股东大会决议;公司章程对投资或者担保的总额及单项投资或者担保的数额有限额规定的,不得超过规定的限额。

公司为公司股东或者实际控制人提供担保的,必须经股东会或者股东大会决议。

前款规定的股东或者受前款规定的实际控制人支配的股东,不得参加前款规定事项的表决。该项表决由出席会议的其他股东所持表决权的过半数通过。

第十七条　【公司的劳动保护等义务】公司必须保护职工的合法权益,依法与职工签订劳动合同,参加社会保险,加强劳动保护,实现安全生产。

公司应当采用多种形式,加强公司职工的职业教育和岗位培训,提高职工素质。

第十八条　【公司的工会及民主管理】公司职工依照《中华人民共和国工会法》组织工会,开展工会活动,维护职工合法权益。公司应当为本公司工会提供必要的活动条件。公司工会代表职工就职工的劳动报酬、工作时间、福利、保险和劳动安全卫生等事项依法与公司签订集体合同。

公司依照宪法和有关法律的规定,通过职工代表大会或者其他形式,实行民主管理。

公司研究决定改制以及经营方面的重大问题、制定重要的规章制度时,应当听取公司工会的意见,并通过职工代表大会或者其他形式听取职工的意见和建议。

第十九条　【公司中的中国共产党组织】在公司中,根据中国共产党章程的规定,设立中国共产党的组织,开展党的活动。公司应当为党组织的活动提供必要条件。

第二十条　【股东滥用权利的责任】公司股东应当遵守法律、行政法规和公司章程,依法行使股东权利,不得滥用股东权利损害公司或者其他股东的利益;不得滥用公司法人独立地位和股东有限责任损害公司债权人的利益。

公司股东滥用股东权利给公司或者其他股东造成损失的,应当依法承担赔偿责任。

公司股东滥用公司法人独立地位和股东有限责任,逃避债务,严重损害公司债权人利益的,应当对公司债务承担连带责任。

第二十一条　【禁止关联行为】公司的控股股东、实际控制人、董事、监事、高级管理人员不得利用其关联关系损害公司利益。

违反前款规定,给公司造成损失的,应当承担赔偿责任。

第二十二条　【无效决议及其法律后果】公司股东会或者股东大会、董事会的决议内容违反法律、行政法规的无效。

股东会或者股东大会、董事会的会议召集程序、表决方式违反法律、行政法规或者公司章程,或者决议内容违反公司章程的,股东可以自决议作出之日起六十日内,请求人民法院撤销。

股东依照前款规定提起诉讼的,人民法院可以应公司的请求,要求股东提供相应担保。

公司根据股东会或者股东大会、董事会决议已办理变更登记的,人民法院宣告该决议无效或者撤销该决议后,公司应当向公司登记机关申请撤销变更登记。

第二章　有限责任公司的设立和组织机构

第一节　设　立

第二十三条　【有限责任公司的设立条件】设立有限责任公司,应当具备下列条件:

（一）股东符合法定人数；

（二）有符合公司章程规定的全体股东认缴的出资额；

（三）股东共同制定公司章程；

（四）有公司名称，建立符合有限责任公司要求的组织机构；

（五）有公司住所。

第二十四条 【有限责任公司的股东人数限制】有限责任公司由五十个以下股东出资设立。

第二十五条 【有限责任公司章程的法定事项】有限责任公司章程应当载明下列事项：

（一）公司名称和住所；

（二）公司经营范围；

（三）公司注册资本；

（四）股东的姓名或者名称；

（五）股东的出资方式、出资额和出资时间；

（六）公司的机构及其产生办法、职权、议事规则；

（七）公司法定代表人；

（八）股东会会议认为需要规定的其他事项。

股东应当在公司章程上签名、盖章。

第二十六条 【有限责任公司的注册资本】有限责任公司的注册资本为在公司登记机关登记的全体股东认缴的出资额。

法律、行政法规以及国务院决定对有限责任公司注册资本实缴、注册资本最低限额另有规定的，从其规定。

第二十七条 【股东出资方式、出资评估】股东可以用货币出资，也可以用实物、知识产权、土地使用权等可以用货币估价并可以依法转让的非货币财产作价出资；但是，法律、行政法规规定不得作为出资的财产除外。

对作为出资的非货币财产应当评估作价，核实财产，不得高估或者低估作价。法律、行政法规对评估作价有规定的，从其规定。

第二十八条 【股东出资义务的履行和出资违约】股东应当按期足额缴纳公司章程中规定的各自所认缴的出资额。股东以货币出资的，应当将货币出资足额存入有限责任公司在银行开设的账户；以非货币财产出资的，应当依法办理其财产权的转移手续。

股东不按照前款规定缴纳出资的，除应当向公司足额缴纳外，还应当向已按期足额缴纳出资的股东承担违约责任。

第二十九条 【有限责任公司的设立登记】股东认足公司章程规定的出资后，由全体股东指定的代表或者共同委托的代理人向公司登记机关报送公司登记申请书、公司章程等文件，申请设立登记。

第三十条 【非货币财产出资违约责任】有限责任公司成立后，发现作为设立公司出资的非货币财产的实际价额显著低于公司章程所定价额的，应当由交付该出资的股东补足其差额；公司设立时的其他股东承担连带责任。

第三十一条 【股东出资证明书】有限责任公司成立后，应当向股东签发出资证明书。

出资证明书应当载明下列事项：

（一）公司名称；

（二）公司成立日期；

（三）公司注册资本；

（四）股东的姓名或者名称、缴纳的出资额和出资日期；

（五）出资证明书的编号和核发日期。

出资证明书由公司盖章。

第三十二条 【股东名册】有限责任公司应当置备股东名册，记载下列事项：

（一）股东的姓名或者名称及住所；

（二）股东的出资额；

（三）出资证明书编号。

记载于股东名册的股东，可以依股东名册主张行使股东权利。

公司应当将股东的姓名或者名称向公司登记机关登记；登记事项发生变更的，应当办理变更登记。未经登记或者变更登记的，不得对抗第三人。

第三十三条 【股东的查阅权】股东有权查阅、复制公司章程、股东会会议记录、董事会会议决议、监事会会议决议和财务会计报告。

股东可以要求查阅公司会计账簿。股东要求查阅公司会计账簿的，应当向公司提出书面请求，说明目的。公司有合理根据认为股东查阅会计账簿有不正当目的，可能损害公司合法利益的，可以拒绝提供查阅，并应当自股东提出书面请求之日起十五日内书面答复股东并说明理由。公司拒绝提供查阅的，股东可以请求人民法院要求公司提供查阅。

第三十四条 【股东分红权和优先认购权】股东按照实缴的出资比例分取红利；公司新增资本时，股东有权优先按照实缴的出资比例认缴出资。但是，全体股东约定不按照出资比例分取红利或者不按照出资比例优先认缴出资的除外。

第三十五条 【股东不得抽回出资】公司成立后，股东不得抽逃出资。

第二节 组织机构

第三十六条 【股东会】有限责任公司股东会由全体股

东组成。股东会是公司的权力机构,依照本法行使职权。

第三十七条 【股东会的职权】股东会行使下列职权:

(一)决定公司的经营方针和投资计划;

(二)选举和更换非由职工代表担任的董事、监事,决定有关董事、监事的报酬事项;

(三)审议批准董事会的报告;

(四)审议批准监事会或者监事的报告;

(五)审议批准公司的年度财务预算方案、决算方案;

(六)审议批准公司的利润分配方案和弥补亏损方案;

(七)对公司增加或者减少注册资本作出决议;

(八)对发行公司债券作出决议;

(九)对公司合并、分立、解散、清算或者变更公司形式作出决议;

(十)修改公司章程;

(十一)公司章程规定的其他职权。

对前款所列事项股东以书面形式一致表示同意的,可以不召开股东会会议,直接作出决定,并由全体股东在决定文件上签名、盖章。

第三十八条 【股东会的首次会议】首次股东会会议由出资最多的股东召集和主持,依照本法规定行使职权。

第三十九条 【股东会的会议制度】股东会会议分为定期会议和临时会议。

定期会议应当依照公司章程的规定按时召开。代表十分之一以上表决权的股东,三分之一以上的董事,监事会或者不设监事会的公司的监事提议召开临时会议的,应当召开临时会议。

第四十条 【股东会会议的召集与组织】有限责任公司设立董事会的,股东会会议由董事会召集,董事长主持;董事长不能履行职务或者不履行职务的,由副董事长主持;副董事长不能履行职务或者不履行职务的,由半数以上董事共同推举一名董事主持。

有限责任公司不设董事会的,股东会会议由执行董事召集和主持。

董事会或者执行董事不能履行或者不履行召集股东会会议职责的,由监事会或者不设监事会的公司的监事召集和主持;监事会或者监事不召集和主持的,代表十分之一以上表决权的股东可以自行召集和主持。

第四十一条 【股东会会议的通知期限和会议记录】召开股东会会议,应当于会议召开十五日前通知全体股东;但是,公司章程另有规定或者全体股东另有约定的除外。

股东会应当对所议事项的决定作成会议记录,出席会议的股东应当在会议记录上签名。

第四十二条 【股东的表决权】股东会会议由股东按照出资比例行使表决权;但是,公司章程另有规定的除外。

第四十三条 【股东会的议事方式和表决程序】股东会的议事方式和表决程序,除本法有规定的外,由公司章程规定。

股东会会议作出修改公司章程、增加或者减少注册资本的决议,以及公司合并、分立、解散或者变更公司形式的决议,必须经代表三分之二以上表决权的股东通过。

第四十四条 【董事会及其成员构成及董事长法律地位】有限责任公司设董事会,其成员为三人至十三人;但是,本法第五十条另有规定的除外。

两个以上的国有企业或者两个以上的其他国有投资主体投资设立的有限责任公司,其董事会成员中应当有公司职工代表;其他有限责任公司董事会成员中可以有公司职工代表。董事会中的职工代表由公司职工通过职工代表大会、职工大会或者其他形式民主选举产生。

董事会设董事长一人,可以设副董事长。董事长、副董事长的产生办法由公司章程规定。

第四十五条 【董事的任职期限】董事任期由公司章程规定,但每届任期不得超过三年。董事任期届满,连选可以连任。

董事任期届满未及时改选,或者董事在任期内辞职导致董事会成员低于法定人数的,在改选出的董事就任前,原董事仍应当依照法律、行政法规和公司章程的规定,履行董事职务。

第四十六条 【董事会的职权】董事会对股东会负责,行使下列职权:

(一)召集股东会会议,并向股东会报告工作;

(二)执行股东会的决议;

(三)决定公司的经营计划和投资方案;

(四)制订公司的年度财务预算方案、决算方案;

(五)制订公司的利润分配方案和弥补亏损方案;

(六)制订公司增加或者减少注册资本以及发行公司债券的方案;

(七)制订公司合并、分立、解散或者变更公司形式的方案;

(八)决定公司内部管理机构的设置;

(九)决定聘任或者解聘公司经理及其报酬事项,并根据经理的提名决定聘任或者解聘公司副经理、财务负责人及其报酬事项;

(十)制定公司的基本管理制度;

（十一）公司章程规定的其他职权。

第四十七条 【董事会会议的召集和主持】董事会会议由董事长召集和主持；董事长不能履行职务或者不履行职务的，由副董事长召集和主持；副董事长不能履行职务或者不履行职务的，由半数以上董事共同推举一名董事召集和主持。

第四十八条 【董事会的议事方式和表决程序】董事会的议事方式和表决程序，除本法有规定的外，由公司章程规定。

董事会应当对所议事项的决定作成会议记录，出席会议的董事应当在会议记录上签名。

董事会决议的表决，实行一人一票。

第四十九条 【经理的职权】有限责任公司可以设经理，由董事会决定聘任或者解聘。经理对董事会负责，行使下列职权：

（一）主持公司的生产经营管理工作，组织实施董事会决议；

（二）组织实施公司年度经营计划和投资方案；

（三）拟订公司内部管理机构设置方案；

（四）拟订公司的基本管理制度；

（五）制定公司的具体规章；

（六）提请聘任或者解聘公司副经理、财务负责人；

（七）决定聘任或者解聘除应由董事会决定聘任或者解聘以外的负责管理人员；

（八）董事会授予的其他职权。

公司章程对经理职权另有规定的，从其规定。

经理列席董事会会议。

第五十条 【执行董事】股东人数较少或者规模较小的有限责任公司，可以设一名执行董事，不设董事会。执行董事可以兼任公司经理。

执行董事的职权由公司章程规定。

第五十一条 【监事会和监事】有限责任公司设监事会，其成员不得少于三人。股东人数较少或者规模较小的有限责任公司，可以设一至二名监事，不设监事会。

监事会应当包括股东代表和适当比例的公司职工代表，其中职工代表的比例不得低于三分之一，具体比例由公司章程规定。监事会中的职工代表由公司职工通过职工代表大会、职工大会或者其他形式民主选举产生。

监事会设主席一人，由全体监事过半数选举产生。监事会主席召集和主持监事会会议；监事会主席不能履行职务或者不履行职务的，由半数以上监事共同推举一名监事召集和主持监事会会议。

董事、高级管理人员不得兼任监事。

第五十二条 【监事的任职期限】监事的任期每届为三年。监事任期届满，连选可以连任。

监事任期届满未及时改选，或者监事在任期内辞职导致监事会成员低于法定人数的，在改选出的监事就任前，原监事仍应当依照法律、行政法规和公司章程的规定，履行监事职务。

第五十三条 【监事会或监事的一般职权】监事会、不设监事会的公司的监事行使下列职权：

（一）检查公司财务；

（二）对董事、高级管理人员执行公司职务的行为进行监督，对违反法律、行政法规、公司章程或者股东会决议的董事、高级管理人员提出罢免的建议；

（三）当董事、高级管理人员的行为损害公司的利益时，要求董事、高级管理人员予以纠正；

（四）提议召开临时股东会会议，在董事会不履行本法规定的召集和主持股东会会议职责时召集和主持股东会会议；

（五）向股东会会议提出提案；

（六）依照本法第一百五十一条的规定，对董事、高级管理人员提起诉讼；

（七）公司章程规定的其他职权。

第五十四条 【监事的质询建议权与调查权】监事可以列席董事会会议，并对董事会决议事项提出质询或者建议。

监事会、不设监事会的公司的监事发现公司经营情况异常，可以进行调查；必要时，可以聘请会计师事务所等协助其工作，费用由公司承担。

第五十五条 【监事会会议】监事会每年度至少召开一次会议，监事可以提议召开临时监事会会议。

监事会的议事方式和表决程序，除本法有规定的外，由公司章程规定。

监事会决议应当经半数以上监事通过。

监事会应当对所议事项的决定作成会议记录，出席会议的监事应当在会议记录上签名。

第五十六条 【监事行使职权的费用承担】监事会、不设监事会的公司的监事行使职权所必需的费用，由公司承担。

第三节 一人有限责任公司的特别规定

第五十七条 【一人有限责任公司的定义、设立、组织机构】一人有限责任公司的设立和组织机构，适用本节规定；本节没有规定的，适用本章第一节、第二节的规定。

本法所称一人有限责任公司，是指只有一个自然人股东或者一个法人股东的有限责任公司。

第五十八条　【一人有限责任公司的投资限制】一个自然人只能投资设立一个一人有限责任公司。该一人有限责任公司不能投资设立新的一人有限责任公司。

第五十九条　【公司登记与营业执照中的投资者身份注明】一人有限责任公司应当在公司登记中注明自然人独资或者法人独资,并在公司营业执照中载明。

第六十条　【一人有限责任公司的章程】一人有限责任公司章程由股东制定。

第六十一条　【股东决定重大事项的书面形式要求】一人有限责任公司不设股东会。股东作出本法第三十七条第一款所列决定时,应当采用书面形式,并由股东签名后置备于公司。

第六十二条　【年度审计】一人有限责任公司应当在每一会计年度终了时编制财务会计报告,并经会计师事务所审计。

第六十三条　【股东对公司债务的连带责任】一人有限责任公司的股东不能证明公司财产独立于股东自己的财产的,应当对公司债务承担连带责任。

第四节　国有独资公司的特别规定

第六十四条　【国有独资公司的定义】国有独资公司的设立和组织机构,适用本节规定;本节没有规定的,适用本章第一节、第二节的规定。

本法所称国有独资公司,是指国家单独出资、由国务院或者地方人民政府授权本级人民政府国有资产监督管理机构履行出资人职责的有限责任公司。

第六十五条　【国有独资公司章程的制定或批准】国有独资公司章程由国有资产监督管理机构制定,或者由董事会制订报国有资产监督管理机构批准。

第六十六条　【国有独资公司重大事项的决定】国有独资公司不设股东会,由国有资产监督管理机构行使股东会职权。国有资产监督管理机构可以授权公司董事会行使股东会的部分职权,决定公司的重大事项,但公司的合并、分立、解散、增加或者减少注册资本和发行公司债券,必须由国有资产监督管理机构决定;其中,重要的国有独资公司合并、分立、解散、申请破产的,应当由国有资产监督管理机构审核后,报本级人民政府批准。

前款所称重要的国有独资公司,按照国务院的规定确定。

第六十七条　【国有独资公司的董事会】国有独资公司设董事会,依照本法第四十六条、第六十六条的规定行使职权。董事每届任期不得超过三年。董事会成员中应当有公司职工代表。

董事会成员由国有资产监督管理机构委派;但是,董事会成员中的职工代表由公司职工代表大会选举产生。

董事会设董事长一人,可以设副董事长。董事长、副董事长由国有资产监督管理机构从董事会成员中指定。

第六十八条　【国有独资公司经理】国有独资公司设经理,由董事会聘任或者解聘。经理依照本法第四十九条规定行使职权。

经国有资产监督管理机构同意,董事会成员可以兼任经理。

第六十九条　【高级职员的兼职禁止】国有独资公司的董事长、副董事长、董事、高级管理人员,未经国有资产监督管理机构同意,不得在其他有限责任公司、股份有限公司或者其他经济组织兼职。

第七十条　【国有独资公司的监事会】国有独资公司监事会成员不得少于五人,其中职工代表的比例不得低于三分之一,具体比例由公司章程规定。

监事会成员由国有资产监督管理机构委派;但是,监事会成员中的职工代表由公司职工代表大会选举产生。监事会主席由国有资产监督管理机构从监事会成员中指定。

监事会行使本法第五十三条第(一)项至第(三)项规定的职权和国务院规定的其他职权。

第三章　有限责任公司的股权转让

第七十一条　【股权转让的一般规定】有限责任公司的股东之间可以相互转让其全部或者部分股权。

股东向股东以外的人转让股权,应当经其他股东过半数同意。股东应就其股权转让事项书面通知其他股东征求同意,其他股东自接到书面通知之日起满三十日未答复的,视为同意转让。其他股东半数以上不同意转让的,不同意的股东应当购买该转让的股权;不购买的,视为同意转让。

经股东同意转让的股权,在同等条件下,其他股东有优先购买权。两个以上股东主张行使优先购买权的,协商确定各自的购买比例;协商不成的,按照转让时各自的出资比例行使优先购买权。

公司章程对股权转让另有规定的,从其规定。

第七十二条　【强制执行程序下的股权转让】人民法院依照法律规定的强制执行程序转让股东的股权时,应当通知公司及全体股东,其他股东在同等条件下有优先购买权。其他股东自人民法院通知之日起满二十日不行使优先购买权的,视为放弃优先购买权。

第七十三条　【股权转让对出资证明书、公司章程和股东名册的影响】依照本法第七十一条、第七十二条转让股权后，公司应当注销原股东的出资证明书，向新股东签发出资证明书，并相应修改公司章程和股东名册中有关股东及其出资额的记载。对公司章程的该项修改不需再由股东会表决。

第七十四条 【异议股东请求公司收购股权的情形】有下列情形之一的，对股东会该项决议投反对票的股东可以请求公司按照合理的价格收购其股权：

（一）公司连续五年不向股东分配利润，而公司该五年连续盈利，并且符合本法规定的分配利润条件的；

（二）公司合并、分立、转让主要财产的；

（三）公司章程规定的营业期限届满或者章程规定的其他解散事由出现，股东会会议通过决议修改章程使公司存续的。

自股东会会议决议通过之日起六十日内，股东与公司不能达成股权收购协议的，股东可以自股东会会议决议通过之日起九十日内向人民法院提起诉讼。

第七十五条 【股东资格的继承】自然人股东死亡后，其合法继承人可以继承股东资格；但是，公司章程另有规定的除外。

第四章 股份有限公司的设立和组织机构

第一节 设 立

第七十六条 【设立条件】设立股份有限公司，应当具备下列条件：

（一）发起人符合法定人数；

（二）有符合公司章程规定的全体发起人认购的股本总额或者募集的实收股本总额；

（三）股份发行、筹办事项符合法律规定；

（四）发起人制订公司章程，采用募集方式设立的经创立大会通过；

（五）有公司名称，建立符合股份有限公司要求的组织机构；

（六）有公司住所。

第七十七条 【设立方式】股份有限公司的设立，可以采取发起设立或者募集设立的方式。

发起设立，是指由发起人认购公司应发行的全部股份而设立公司。

募集设立，是指由发起人认购公司应发行股份的一部分，其余股份向社会公开募集或者向特定对象募集而设立公司。

第七十八条 【设立发起人的限制】设立股份有限公司，应当有二人以上二百人以下为发起人，其中须有半数以上的发起人在中国境内有住所。

第七十九条 【发起人筹办公司的义务】股份有限公司发起人承担公司筹办事务。

发起人应当签订发起人协议，明确各自在公司设立过程中的权利和义务。

第八十条 【注册资本的限定】股份有限公司采取发起设立方式设立的，注册资本为在公司登记机关登记的全体发起人认购的股本总额。在发起人认购的股份缴足前，不得向他人募集股份。

股份有限公司采取募集方式设立的，注册资本为在公司登记机关登记的实收股本总额。

法律、行政法规以及国务院决定对股份有限公司注册资本实缴、注册资本最低限额另有规定的，从其规定。

第八十一条 【股份有限公司章程的法定事项】股份有限公司章程应当载明下列事项：

（一）公司名称和住所；

（二）公司经营范围；

（三）公司设立方式；

（四）公司股份总数、每股金额和注册资本；

（五）发起人的姓名或者名称、认购的股份数、出资方式和出资时间；

（六）董事会的组成、职权和议事规则；

（七）公司法定代表人；

（八）监事会的组成、职权和议事规则；

（九）公司利润分配办法；

（十）公司的解散事由与清算办法；

（十一）公司的通知和公告办法；

（十二）股东大会会议认为需要规定的其他事项。

第八十二条 【发起人的出资方式要求】发起人的出资方式，适用本法第二十七条的规定。

第八十三条 【发起人出资义务的履行、出资违约及设立登记申请】以发起设立方式设立股份有限公司的，发起人应当书面认足公司章程规定其认购的股份，并按照公司章程规定缴纳出资。以非货币财产出资的，应当依法办理其财产权的转移手续。

发起人不依照前款规定缴纳出资的，应当按照发起人协议承担违约责任。

发起人认足公司章程规定的出资后，应当选举董事会和监事会，由董事会向公司登记机关报送公司章程以及法律、行政法规规定的其他文件，申请设立登记。

第八十四条 【对募集设立发起人认购股份的要求】以募集设立方式设立股份有限公司的，发起人认购的股份不得少于公司股份总数的百分之三十五；但是，法律、行政法规另有规定的，从其规定。

第八十五条 【募集股份公告和认股书内容】发起人向

社会公开募集股份,必须公告招股说明书,并制作认股书。认股书应当载明本法第八十六条所列事项,由认股人填写认购股数、金额、住所,并签名、盖章。认股人按照所认购股数缴纳股款。

第八十六条　【招股说明书的主要内容】招股说明书应当附有发起人制订的公司章程,并载明下列事项:

(一)发起人认购的股份数;

(二)每股的票面金额和发行价格;

(三)无记名股票的发行总数;

(四)募集资金的用途;

(五)认股人的权利、义务;

(六)本次募股的起止期限及逾期未募足时认股人可以撤回所认股份的说明。

第八十七条　【发起人向社会募集股份的方式】发起人向社会公开募集股份,应当由依法设立的证券公司承销,签订承销协议。

第八十八条　【缴纳股款方式】发起人向社会公开募集股份,应当同银行签订代收股款协议。

代收股款的银行应当按照协议代收和保存股款,向缴纳股款的认股人出具收款单据,并负有向有关部门出具收款证明的义务。

第八十九条　【发起人召开公司创立大会的义务】发行股份的股款缴足后,必须经依法设立的验资机构验资并出具证明。发起人应当自股款缴足之日起三十日内主持召开公司创立大会。创立大会由发起人、认股人组成。

发行的股份超过招股说明书规定的截止期限尚未募足的,或者发行股份的股款缴足后,发起人在三十日内未召开创立大会的,认股人可以按照所缴股款并加算银行同期存款利息,要求发起人返还。

第九十条　【创立大会的召集职权和表决程序】发起人应当在创立大会召开十五日前将会议日期通知各认股人或者予以公告。创立大会应有代表股份总数过半数的发起人、认股人出席,方可举行。

创立大会行使下列职权:

(一)审议发起人关于公司筹办情况的报告;

(二)通过公司章程;

(三)选举董事会成员;

(四)选举监事会成员;

(五)对公司的设立费用进行审核;

(六)对发起人用于抵作股款的财产的作价进行审核;

(七)发生不可抗力或者经营条件发生重大变化直接影响公司设立的,可以作出不设立公司的决议。

创立大会对前款所列事项作出决议,必须经出席会议的认股人所持表决权过半数通过。

第九十一条　【股本抽回的限制】发起人、认股人缴纳股款或者交付抵作股款的出资后,除未按期募足股份、发起人未按期召开创立大会或者创立大会决议不设立公司的情形外,不得抽回其股本。

第九十二条　【申请设立登记文件】董事会应于创立大会结束后三十日内,向公司登记机关报送下列文件,申请设立登记:

(一)公司登记申请书;

(二)创立大会的会议记录;

(三)公司章程;

(四)验资证明;

(五)法定代表人、董事、监事的任职文件及其身份证明;

(六)发起人的法人资格证明或者自然人身份证明;

(七)公司住所证明。

以募集方式设立股份有限公司公开发行股票的,还应当向公司登记机关报送国务院证券监督管理机构的核准文件。

第九十三条　【发起人的出资补缴责任】股份有限公司成立后,发起人未按照公司章程的规定缴足出资的,应当补缴;其他发起人承担连带责任。

股份有限公司成立后,发现作为设立公司出资的非货币财产的实际价额显著低于公司章程所定价额的,应当由交付该出资的发起人补足其差额;其他发起人承担连带责任。

第九十四条　【公司设立过程中的发起人责任】股份有限公司的发起人应当承担下列责任:

(一)公司不能成立时,对设立行为所产生的债务和费用负连带责任;

(二)公司不能成立时,对认股人已缴纳的股款,负返还股款并加算银行同期存款利息的连带责任;

(三)在公司设立过程中,由于发起人的过失致使公司利益受到损害的,应当对公司承担赔偿责任。

第九十五条　【有限责任公司变更为股份有限公司的资产额要求及募股要求】有限责任公司变更为股份有限公司时,折合的实收股本总额不得高于公司净资产额。有限责任公司变更为股份有限公司,为增加资本公开发行股份时,应当依法办理。

第九十六条　【重要资料的置备】股份有限公司应当将公司章程、股东名册、公司债券存根、股东大会会议记录、董事会会议记录、监事会会议记录、财务会计报告置备于本公司。

第九十七条　【股东的查阅权与建议质询权】股东有权

查阅公司章程、股东名册、公司债券存根、股东大会会议记录、董事会会议决议、监事会会议决议、财务会计报告,对公司的经营提出建议或者质询。

第二节 股东大会

第九十八条 【股东大会的地位与组成】股份有限公司股东大会由全体股东组成。股东大会是公司的权力机构,依照本法行使职权。

第九十九条 【股东大会的职权】本法第三十七条第一款关于有限责任公司股东会职权的规定,适用于股份有限公司股东大会。

第一百条 【股东大会及临时股东大会的召开】股东大会应当每年召开一次年会。有下列情形之一的,应当在两个月内召开临时股东大会:

(一)董事人数不足本法规定人数或者公司章程所定人数的三分之二时;

(二)公司未弥补的亏损达实收股本总额三分之一时;

(三)单独或者合计持有公司百分之十以上股份的股东请求时;

(四)董事会认为必要时;

(五)监事会提议召开时;

(六)公司章程规定的其他情形。

第一百零一条 【股东大会的召集】股东大会会议由董事会召集,董事长主持;董事长不能履行职务或者不履行职务的,由副董事长主持;副董事长不能履行职务或者不履行职务的,由半数以上董事共同推举一名董事主持。

董事会不能履行或者不履行召集股东大会会议职责的,监事会应当及时召集和主持;监事会不召集和主持的,连续九十日以上单独或者合计持有公司百分之十以上股份的股东可以自行召集和主持。

第一百零二条 【股东大会的通知期限、临时议案和股票交存制度】召开股东大会会议,应当将会议召开的时间、地点和审议的事项于会议召开二十日前通知各股东;临时股东大会应当于会议召开十五日前通知各股东;发行无记名股票的,应当于会议召开三十日前公告会议召开的时间、地点和审议事项。

单独或者合计持有公司百分之三以上股份的股东,可以在股东大会召开十日前提出临时提案并书面提交董事会;董事会应当在收到提案后二日内通知其他股东,并将该临时提案提交股东大会审议。临时提案的内容应当属于股东大会职权范围,并有明确议题和具体决议事项。

股东大会不得对前两款通知中未列明的事项作出决议。

无记名股票持有人出席股东大会会议的,应当于会议召开五日前至股东大会闭会时将股票交存于公司。

第一百零三条 【表决权与股东大会议事规则】股东出席股东大会会议,所持每一股份有一表决权。但是,公司持有的本公司股份没有表决权。

股东大会作出决议,必须经出席会议的股东所持表决权过半数通过。但是,股东大会作出修改公司章程、增加或者减少注册资本的决议,以及公司合并、分立、解散或者变更公司形式的决议,必须经出席会议的股东所持表决权的三分之二以上通过。

第一百零四条 【股东大会的法定召集及表决事项】本法和公司章程规定公司转让、受让重大资产或者对外提供担保等事项必须经股东大会作出决议的,董事会应当及时召集股东大会会议,由股东大会就上述事项进行表决。

第一百零五条 【累积投票制】股东大会选举董事、监事,可以依照公司章程的规定或者股东大会的决议,实行累积投票制。

本法所称累积投票制,是指股东大会选举董事或者监事时,每一股份拥有与应选董事或者监事人数相同的表决权,股东拥有的表决权可以集中使用。

第一百零六条 【表决权的代理行使】股东可以委托代理人出席股东大会会议,代理人应当向公司提交股东授权委托书,并在授权范围内行使表决权。

第一百零七条 【股东大会的会议记录】股东大会应当对所议事项的决定作成会议记录,主持人、出席会议的董事应当在会议记录上签名。会议记录应当与出席股东的签名册及代理出席的委托书一并保存。

第三节 董事会、经理

第一百零八条 【董事会设立及其职权】股份有限公司设董事会,其成员为五人至十九人。

董事会成员中可以有公司职工代表。董事会中的职工代表由公司职工通过职工代表大会、职工大会或者其他形式民主选举产生。

本法第四十五条关于有限责任公司董事任期的规定,适用于股份有限公司董事。

本法第四十六条关于有限责任公司董事会职权的规定,适用于股份有限公司董事会。

第一百零九条 【董事会的组成】董事会设董事长一人,可以设副董事长。董事长和副董事长由董事会以全体董事的过半数选举产生。

董事长召集和主持董事会会议,检查董事会决议的实施情况。副董事长协助董事长工作,董事长不能履行职务或者不履行职务的,由副董事长履行职务;副董事长不能履行职务或者不履行职务的,由半数以上董事共同推举一名董事履行职务。

第一百一十条　【董事会的召开】董事会每年度至少召开两次会议,每次会议应当于会议召开十日前通知全体董事和监事。

代表十分之一以上表决权的股东、三分之一以上董事或者监事会,可以提议召开董事会临时会议。董事长应当自接到提议后十日内,召集和主持董事会会议。

董事会召开临时会议,可以另定召集董事会的通知方式和通知时限。

第一百一十一条　【董事会的议事规则】董事会会议应有过半数的董事出席方可举行。董事会作出决议,必须经全体董事的过半数通过。

董事会决议的表决,实行一人一票。

第一百一十二条　【董事会的出席与代理出席、会议记录与责任承担】董事会会议,应由董事本人出席;董事因故不能出席,可以书面委托其他董事代为出席,委托书中应载明授权范围。

董事会应当对会议所议事项的决定作成会议记录,出席会议的董事应当在会议记录上签名。

董事应当对董事会的决议承担责任。董事会的决议违反法律、行政法规或者公司章程、股东大会决议,致使公司遭受严重损失的,参与决议的董事对公司负赔偿责任。但经证明在表决时曾表明异议并记载于会议记录的,该董事可以免除责任。

第一百一十三条　【经理及其职权】股份有限公司设经理,由董事会决定聘任或者解聘。

本法第四十九条关于有限责任公司经理职权的规定,适用于股份有限公司经理。

第一百一十四条　【董事会成员兼任经理】公司董事会可以决定由董事会成员兼任经理。

第一百一十五条　【禁止向高级职员提供借款】公司不得直接或者通过子公司向董事、监事、高级管理人员提供借款。

第一百一十六条　【定期披露高级职员报酬】公司应当定期向股东披露董事、监事、高级管理人员从公司获得报酬的情况。

第四节　监　事　会

第一百一十七条　【监事会的设立与组成】股份有限公司设监事会,其成员不得少于三人。

监事会应当包括股东代表和适当比例的公司职工代表,其中职工代表的比例不得低于三分之一,具体比例由公司章程规定。监事会中的职工代表由公司职工通过职工代表大会、职工大会或者其他形式民主选举产生。

监事会设主席一人,可以设副主席。监事会主席和副主席由全体监事过半数选举产生。监事会主席召集和主持监事会会议;监事会主席不能履行职务或者不履行职务的,由监事会副主席召集和主持监事会会议;监事会副主席不能履行职务或者不履行职务的,由半数以上监事共同推举一名监事召集和主持监事会会议。

董事、高级管理人员不得兼任监事。

本法第五十二条关于有限责任公司监事任期的规定,适用于股份有限公司监事。

第一百一十八条　【监事会的职权】本法第五十三条、第五十四条关于有限责任公司监事会职权的规定,适用于股份有限公司监事会。

监事会行使职权所必需的费用,由公司承担。

第一百一十九条　【监事会的会议制度】监事会每六个月至少召开一次会议。监事可以提议召开临时监事会会议。

监事会的议事方式和表决程序,除本法有规定的外,由公司章程规定。

监事会决议应当经半数以上监事通过。

监事会应当对所议事项的决定作成会议记录,出席会议的监事应当在会议记录上签名。

第五节　上市公司组织机构的特别规定

第一百二十条　【上市公司的定义】本法所称上市公司,是指其股票在证券交易所上市交易的股份有限公司。

第一百二十一条　【重大资产买卖与重要担保的议事规则】上市公司在一年内购买、出售重大资产或者担保金额超过公司资产总额百分之三十的,应当由股东大会作出决议,并经出席会议的股东所持表决权的三分之二以上通过。

第一百二十二条　【独立董事的设立】上市公司设独立董事,具体办法由国务院规定。

第一百二十三条　【董事会秘书的设立及其职权】上市公司设董事会秘书,负责公司股东大会和董事会会议的筹备、文件保管以及公司股东资料的管理,办理信息披露事务等事宜。

第一百二十四条　【关联关系董事回避与相关事项议事规则】上市公司董事与董事会会议决议事项所涉及的企业有关联关系的,不得对该项决议行使表决权,也不得代理其他董事行使表决权。该董事会会议由过半数的无关联关系董事出席即可举行，董事会会议所作决议须经无关联关系董事过半数通过。出席董事会的无关联关系董事人数不足三人的，应将该事项提交上市公司股东大会审议。

第五章　股份有限公司的股份发行和转让

第一节　股份发行

第一百二十五条　【股份有限公司的股份及其形式】股份有限公司的资本划分为股份，每一股的金额相等。

公司的股份采取股票的形式。股票是公司签发的证明股东所持股份的凭证。

第一百二十六条　【股份有限公司股份发行的原则】股份的发行，实行公平、公正的原则，同种类的每一股份应当具有同等权利。

同次发行的同种类股票，每股的发行条件和价格应当相同；任何单位或者个人所认购的股份，每股应当支付相同价额。

第一百二十七条　【股票发行的价格】股票发行价格可以按票面金额，也可以超过票面金额，但不得低于票面金额。

第一百二十八条　【股票形式与应载明的事项】股票采用纸面形式或者国务院证券监督管理机构规定的其他形式。

股票应当载明下列主要事项：

（一）公司名称；

（二）公司成立日期；

（三）股票种类、票面金额及代表的股份数；

（四）股票的编号。

股票由法定代表人签名，公司盖章。

发起人的股票，应当标明发起人股票字样。

第一百二十九条　【股票种类】公司发行的股票，可以为记名股票，也可以为无记名股票。

公司向发起人、法人发行的股票，应当为记名股票，并应当记载该发起人、法人的名称或者姓名，不得另立户名或者以代表人姓名记名。

第一百三十条　【股东名册的置备及内容】公司发行记名股票的，应当置备股东名册，记载下列事项：

（一）股东的姓名或者名称及住所；

（二）各股东所持股份数；

（三）各股东所持股票的编号；

（四）各股东取得股份的日期。

发行无记名股票的，公司应当记载其股票数量、编号及发行日期。

第一百三十一条　【其他种类股票】国务院可以对公司发行本法规定以外的其他种类的股份，另行作出规定。

第一百三十二条　【向股东交付股票的时间】股份有限公司成立后，即向股东正式交付股票。公司成立前不得向股东交付股票。

第一百三十三条　【发行新股的决议事项】公司发行新股，股东大会应当对下列事项作出决议：

（一）新股种类及数额；

（二）新股发行价格；

（三）新股发行的起止日期；

（四）向原有股东发行新股的种类及数额。

第一百三十四条　【新股发行公告、募股方式及缴纳股款方式】公司经国务院证券监督管理机构核准公开发行新股时，必须公告新股招股说明书和财务会计报告，并制作认股书。

本法第八十七条、第八十八条的规定适用于公司公开发行新股。

第一百三十五条　【新股作价方案的确定】公司发行新股，可以根据公司经营情况和财务状况，确定其作价方案。

第一百三十六条　【新股募足后的变更登记及公告】公司发行新股募足股款后，必须向公司登记机关办理变更登记，并公告。

第二节　股份转让

第一百三十七条　【股份可依法转让】股东持有的股份可以依法转让。

第一百三十八条　【转让股份的场所】股东转让其股份，应当在依法设立的证券交易场所进行或者按照国务院规定的其他方式进行。

第一百三十九条　【记名股票的转让】记名股票，由股东以背书方式或者法律、行政法规规定的其他方式转让；转让后由公司将受让人的姓名或者名称及住所记载于股东名册。

股东大会召开前二十日内或者公司决定分配股利的基准日前五日内，不得进行前款规定的股东名册的变更登记。但是，法律对上市公司股东名册变更登记另有规定的，从其规定。

第一百四十条　【无记名股票的转让】无记名股票的转让，由股东将该股票交付给受让人后即发生转让的效力。

第一百四十一条　【转让本公司股份的限制】发起人持有的本公司股份，自公司成立之日起一年内不得转让。公司公开发行股份前已发行的股份，自公司股票在证券交易所上市交易之日起一年内不得转让。

公司董事、监事、高级管理人员应当向公司申报所持有的本公司的股份及其变动情况,在任职期间每年转让的股份不得超过其所持有本公司股份总数的百分之二十五;所持本公司股份自公司股票上市交易之日起一年内不得转让。上述人员离职后半年内,不得转让其所持有的本公司股份。公司章程可以对公司董事、监事、高级管理人员转让其所持有的本公司股份作出其他限制性规定。

第一百四十二条　【禁止收购本公司股份及其例外】公司不得收购本公司股份。但是,有下列情形之一的除外:

(一)减少公司注册资本;

(二)与持有本公司股份的其他公司合并;

(三)将股份奖励给本公司职工;

(四)股东因对股东大会作出的公司合并、分立决议持异议,要求公司收购其股份的。

公司因前款第(一)项至第(三)项的原因收购本公司股份的,应当经股东大会决议。公司依照前款规定收购本公司股份后,属于第(一)项情形的,应当自收购之日起十日内注销;属于第(二)项、第(四)项情形的,应当在六个月内转让或者注销。

公司依照第一款第(三)项规定收购的本公司股份,不得超过本公司已发行股份总额的百分之五;用于收购的资金应当从公司的税后利润中支出;所收购的股份应当在一年内转让给职工。

公司不得接受本公司的股票作为质押权的标的。

第一百四十三条　【公示催告程序】记名股票被盗、遗失或者灭失,股东可以依照《中华人民共和国民事诉讼法》规定的公示催告程序,请求人民法院宣告该股票失效。人民法院宣告该股票失效后,股东可以向公司申请补发股票。

第一百四十四条　【上市公司的股票交易】上市公司的股票,依照有关法律、行政法规及证券交易所交易规则上市交易。

第一百四十五条　【上市公司的信息披露公开制度】上市公司必须依照法律、行政法规的规定,公开其财务状况、经营情况及重大诉讼,在每会计年度内半年公布一次财务会计报告。

第六章　公司董事、监事、高级管理人员的资格和义务

第一百四十六条　【不得担任高级职员的情形】有下列情形之一的,不得担任公司的董事、监事、高级管理人员:

(一)无民事行为能力或者限制民事行为能力;

(二)因贪污、贿赂、侵占财产、挪用财产或者破坏社会主义市场经济秩序,被判处刑罚,执行期满未逾五年,或者因犯罪被剥夺政治权利,执行期满未逾五年;

(三)担任破产清算的公司、企业的董事或者厂长、经理,对该公司、企业的破产负有个人责任的,自该公司、企业破产清算完结之日起未逾三年;

(四)担任因违法被吊销营业执照、责令关闭的公司、企业的法定代表人,并负有个人责任的,自该公司、企业被吊销营业执照之日起未逾三年;

(五)个人所负数额较大的债务到期未清偿。

公司违反前款规定选举、委派董事、监事或者聘任高级管理人员的,该选举、委派或者聘任无效。

董事、监事、高级管理人员在任职期间出现本条第一款所列情形的,公司应当解除其职务。

第一百四十七条　【高级职员的一般义务】董事、监事、高级管理人员应当遵守法律、行政法规和公司章程,对公司负有忠实义务和勤勉义务。

董事、监事、高级管理人员不得利用职权收受贿赂或者其他非法收入,不得侵占公司的财产。

第一百四十八条　【高级职员的禁止行为】董事、高级管理人员不得有下列行为:

(一)挪用公司资金;

(二)将公司资金以其个人名义或者以其他个人名义开立账户存储;

(三)违反公司章程的规定,未经股东会、股东大会或者董事会同意,将公司资金借贷给他人或者以公司财产为他人提供担保;

(四)违反公司章程的规定或者未经股东会、股东大会同意,与本公司订立合同或者进行交易;

(五)未经股东会或者股东大会同意,利用职务便利为自己或者他人谋取属于公司的商业机会,自营或者为他人经营与所任职公司同类的业务;

(六)接受他人与公司交易的佣金归为己有;

(七)擅自披露公司秘密;

(八)违反对公司忠实义务的其他行为。

董事、高级管理人员违反前款规定所得的收入应当归公司所有。

第一百四十九条　【高级职员对公司的赔偿责任】董事、监事、高级管理人员执行公司职务时违反法律、行政法规或者公司章程的规定,给公司造成损失的,应当承担赔偿责任。

第一百五十条　【高级职员对股东会及监事会行使知情权的配合】股东会或者股东大会要求董事、监事、高级管理人员列席会议的,董事、监事、高级管理人员应当列席并接受股东的质询。

董事、高级管理人员应当如实向监事会或者不设监事会的有限责任公司的监事提供有关情况和资料，不得妨碍监事会或者监事行使职权。

第一百五十一条 【股东维护公司利益的起诉权】董事、高级管理人员有本法第一百四十九条规定的情形的，有限责任公司的股东、股份有限公司连续一百八十日以上单独或者合计持有公司百分之一以上股份的股东，可以书面请求监事会或者不设监事会的有限责任公司的监事向人民法院提起诉讼；监事有本法第一百四十九条规定的情形的，前述股东可以书面请求董事会或者不设董事会的有限责任公司的执行董事向人民法院提起诉讼。

监事会、不设监事会的有限责任公司的监事，或者董事会、执行董事收到前款规定的股东书面请求后拒绝提起诉讼，或者自收到请求之日起三十日内未提起诉讼，或者情况紧急、不立即提起诉讼将会使公司利益受到难以弥补的损害的，前款规定的股东有权为了公司的利益以自己的名义直接向人民法院提起诉讼。

他人侵犯公司合法权益，给公司造成损失的，本条第一款规定的股东可以依照前两款的规定向人民法院提起诉讼。

第一百五十二条 【股东与监事维护个人利益的起诉权】董事、高级管理人员违反法律、行政法规或者公司章程的规定，损害股东利益的，股东可以向人民法院提起诉讼。

第七章 公司债券

第一百五十三条 【公司债券的定义及发行条件】本法所称公司债券，是指公司依照法定程序发行、约定在一定期限还本付息的有价证券。

公司发行公司债券应当符合《中华人民共和国证券法》规定的发行条件。

第一百五十四条 【公司债券募集的核准和公告】发行公司债券的申请经国务院授权的部门核准后，应当公告公司债券募集办法。

公司债券募集办法中应当载明下列主要事项：

（一）公司名称；

（二）债券募集资金的用途；

（三）债券总额和债券的票面金额；

（四）债券利率的确定方式；

（五）还本付息的期限和方式；

（六）债券担保情况；

（七）债券的发行价格、发行的起止日期；

（八）公司净资产额；

（九）已发行的尚未到期的公司债券总额；

（十）公司债券的承销机构。

第一百五十五条 【公司债券票面必须载明的事项】公司以实物券方式发行公司债券的，必须在债券上载明公司名称、债券票面金额、利率、偿还期限等事项，并由法定代表人签名，公司盖章。

第一百五十六条 【债券的种类】公司债券，可以为记名债券，也可以为无记名债券。

第一百五十七条 【债券存根簿的置备及其应载明的事项】公司发行公司债券应当置备公司债券存根簿。

发行记名公司债券的，应当在公司债券存根簿上载明下列事项：

（一）债券持有人的姓名或者名称及住所；

（二）债券持有人取得债券的日期及债券的编号；

（三）债券总额，债券的票面金额、利率、还本付息的期限和方式；

（四）债券的发行日期。

发行无记名公司债券的，应当在公司债券存根簿上载明债券总额、利率、偿还期限和方式、发行日期及债券的编号。

第一百五十八条 【债券登记结算机构的制度要求】记名公司债券的登记结算机构应当建立债券登记、存管、付息、兑付等相关制度。

第一百五十九条 【公司债券的转让场所与转让价格】公司债券可以转让，转让价格由转让人与受让人约定。

公司债券在证券交易所上市交易的，按照证券交易所的交易规则转让。

第一百六十条 【公司债券的转让方式】记名公司债券，由债券持有人以背书方式或者法律、行政法规规定的其他方式转让；转让后由公司将受让人的姓名或者名称及住所记载于公司债券存根簿。

无记名公司债券的转让，由债券持有人将该债券交付给受让人后即发生转让的效力。

第一百六十一条 【可转换债券的发行及载明事项】上市公司经股东大会决议可以发行可转换为股票的公司债券，并在公司债券募集办法中规定具体的转换办法。上市公司发行可转换为股票的公司债券，应当报国务院证券监督管理机构核准。

发行可转换为股票的公司债券，应当在债券上标明可转换公司债券字样，并在公司债券存根簿上载明可转换公司债券的数额。

第一百六十二条 【可转换债券的转换】发行可转换为股票的公司债券的，公司应当按照其转换办法向债券持有人换发股票，但债券持有人对转换股票或者不转换股票有选择权。

第八章　公司财务、会计

第一百六十三条　【公司财务、会计制度的建立】公司应当依照法律、行政法规和国务院财政部门的规定建立本公司的财务、会计制度。

第一百六十四条　【财务会计报告的制作和年审制】公司应当在每一会计年度终了时编制财务会计报告,并依法经会计师事务所审计。

财务会计报告应当依照法律、行政法规和国务院财政部门的规定制作。

第一百六十五条　【财务会计报告送交股东及公告】有限责任公司应当依照公司章程规定的期限将财务会计报告送交各股东。

股份有限公司的财务会计报告应当在召开股东大会年会的二十日前置备于本公司,供股东查阅;公开发行股票的股份有限公司必须公告其财务会计报告。

第一百六十六条　【公司税后利润的分配】公司分配当年税后利润时,应当提取利润的百分之十列入公司法定公积金。公司法定公积金累计额为公司注册资本的百分之五十以上的,可以不再提取。

公司的法定公积金不足以弥补以前年度亏损的,在依照前款规定提取法定公积金之前,应当先用当年利润弥补亏损。

公司从税后利润中提取法定公积金后,经股东会或者股东大会决议,还可以从税后利润中提取任意公积金。

公司弥补亏损和提取公积金后所余税后利润,有限责任公司依照本法第三十四条的规定分配;股份有限公司按照股东持有的股份比例分配,但股份有限公司章程规定不按持股比例分配的除外。

股东会、股东大会或者董事会违反前款规定,在公司弥补亏损和提取法定公积金之前向股东分配利润的,股东必须将违反规定分配的利润退还公司。

公司持有的本公司股份不得分配利润。

第一百六十七条　【资本公积金】股份有限公司以超过股票票面金额的发行价格发行股份所得的溢价款以及国务院财政部门规定列入资本公积金的其他收入,应当列为公司资本公积金。

第一百六十八条　【公积金的用途及限制】公司的公积金用于弥补公司的亏损、扩大公司生产经营或者转为增加公司资本。但是,资本公积金不得用于弥补公司的亏损。

法定公积金转为资本时,所留存的该项公积金不得少于转增前公司注册资本的百分之二十五。

第一百六十九条　【公司对会计师事务所的聘用及解聘】公司聘用、解聘承办公司审计业务的会计师事务所,依照公司章程的规定,由股东会、股东大会或者董事会决定。

公司股东会、股东大会或者董事会就解聘会计师事务所进行表决时,应当允许会计师事务所陈述意见。

第一百七十条　【公司对会计师事务所的诚实义务】公司应当向聘用的会计师事务所提供真实、完整的会计凭证、会计账簿、财务会计报告及其他会计资料,不得拒绝、隐匿、谎报。

第一百七十一条　【禁止另立账簿及开立个人账户】公司除法定的会计账簿外,不得另立会计账簿。

对公司资产,不得以任何个人名义开立账户存储。

第九章　公司合并、分立、增资、减资

第一百七十二条　【公司合并的种类】公司合并可以采取吸收合并或者新设合并。

一个公司吸收其他公司为吸收合并,被吸收的公司解散。两个以上公司合并设立一个新的公司为新设合并,合并各方解散。

第一百七十三条　【公司合并程序和债权人异议权】公司合并,应当由合并各方签订合并协议,并编制资产负债表及财产清单。公司应当自作出合并决议之日起十日内通知债权人,并于三十日内在报纸上公告。债权人自接到通知书之日起三十日内,未接到通知书的自公告之日起四十五日内,可以要求公司清偿债务或者提供相应的担保。

第一百七十四条　【公司合并的债权债务承继】公司合并时,合并各方的债权、债务,应当由合并后存续的公司或者新设的公司承继。

第一百七十五条　【公司分立的通知义务】公司分立,其财产作相应的分割。

公司分立,应当编制资产负债表及财产清单。公司应当自作出分立决议之日起十日内通知债权人,并于三十日内在报纸上公告。

第一百七十六条　【公司分立的债务承继】公司分立前的债务由分立后的公司承担连带责任。但是,公司在分立前与债权人就债务清偿达成的书面协议另有约定的除外。

第一百七十七条　【减少注册资本的程序要求】公司需要减少注册资本时,必须编制资产负债表及财产清单。

公司应当自作出减少注册资本决议之日起十日内通知债权人,并于三十日内在报纸上公告。债权人自接到通知书之日起三十日内,未接到通知书的自公告之日起四十五日内,有权要求公司清偿债务或者提供相应的担保。

第一百七十八条　【增加注册资本的规定】有限责任公

司增加注册资本时，股东认缴新增资本的出资，依照本法设立有限责任公司缴纳出资的有关规定执行。

股份有限公司为增加注册资本发行新股时，股东认购新股，依照本法设立股份有限公司缴纳股款的有关规定执行。

第一百七十九条 【公司合并、分立、增资、减资的登记要求】公司合并或者分立，登记事项发生变更的，应当依法向公司登记机关办理变更登记；公司解散的，应当依法办理公司注销登记；设立新公司的，应当依法办理公司设立登记。

公司增加或者减少注册资本，应当依法向公司登记机关办理变更登记。

第十章 公司解散和清算

第一百八十条 【公司解散的原因】公司因下列原因解散：

（一）公司章程规定的营业期限届满或者公司章程规定的其他解散事由出现；

（二）股东会或者股东大会决议解散；

（三）因公司合并或者分立需要解散；

（四）依法被吊销营业执照、责令关闭或者被撤销；

（五）人民法院依照本法第一百八十二条的规定予以解散。

第一百八十一条 【为使公司存续而修改章程的议事规则】公司有本法第一百八十条第（一）项情形的，可以通过修改公司章程而存续。

依照前款规定修改公司章程，有限责任公司须经持有三分之二以上表决权的股东通过，股份有限公司须经出席股东大会会议的股东所持表决权的三分之二以上通过。

第一百八十二条 【股东请求法院解散公司的情形】公司经营管理发生严重困难，继续存续会使股东利益受到重大损失，通过其他途径不能解决的，持有公司全部股东表决权百分之十以上的股东，可以请求人民法院解散公司。

第一百八十三条 【清算组的成立与组成】公司因本法第一百八十条第（一）项、第（二）项、第（四）项、第（五）项规定而解散的，应当在解散事由出现之日起十五日内成立清算组，开始清算。有限责任公司的清算组由股东组成，股份有限公司的清算组由董事或者股东大会确定的人员组成。逾期不成立清算组进行清算的，债权人可以申请人民法院指定有关人员组成清算组进行清算。人民法院应当受理该申请，并及时组织清算组进行清算。

第一百八十四条 【清算组的职权】清算组在清算期间行使下列职权：

（一）清理公司财产，分别编制资产负债表和财产清单；

（二）通知、公告债权人；

（三）处理与清算有关的公司未了结的业务；

（四）清缴所欠税款以及清算过程中产生的税款；

（五）清理债权、债务；

（六）处理公司清偿债务后的剩余财产；

（七）代表公司参与民事诉讼活动。

第一百八十五条 【清算期间的债权申报】清算组应当自成立之日起十日内通知债权人，并于六十日内在报纸上公告。债权人应当自接到通知书之日起三十日内，未接到通知书的自公告之日起四十五日内，向清算组申报其债权。

债权人申报债权，应当说明债权的有关事项，并提供证明材料。清算组应当对债权进行登记。

在申报债权期间，清算组不得对债权人进行清偿。

第一百八十六条 【清算方案的制定与公司财产的处理】清算组在清理公司财产、编制资产负债表和财产清单后，应当制定清算方案，并报股东会、股东大会或者人民法院确认。

公司财产在分别支付清算费用、职工的工资、社会保险费用和法定补偿金，缴纳所欠税款，清偿公司债务后的剩余财产，有限责任公司按照股东的出资比例分配，股份有限公司按照股东持有的股份比例分配。

清算期间，公司存续，但不得开展与清算无关的经营活动。公司财产在未依照前款规定清偿前，不得分配给股东。

第一百八十七条 【宣告破产】清算组在清理公司财产、编制资产负债表和财产清单后，发现公司财产不足清偿债务的，应当依法向人民法院申请宣告破产。

公司经人民法院裁定宣告破产后，清算组应当将清算事务移交给人民法院。

第一百八十八条 【清算报告的报送及公司注销登记】公司清算结束后，清算组应当制作清算报告，报股东会、股东大会或者人民法院确认，并报送公司登记机关，申请注销公司登记，公告公司终止。

第一百八十九条 【清算组成员的义务】清算组成员应当忠于职守，依法履行清算义务。

清算组成员不得利用职权收受贿赂或者其他非法收入，不得侵占公司财产。

清算组成员因故意或者重大过失给公司或者债权人造成损失的，应当承担赔偿责任。

第一百九十条 【破产清算的法律依据】公司被依法宣

告破产的,依照有关企业破产的法律实施破产清算。

第十一章　外国公司的分支机构

第一百九十一条　【外国公司的定义】本法所称外国公司是指依照外国法律在中国境外设立的公司。

第一百九十二条　【外国公司分支机构的设立申请及审批】外国公司在中国境内设立分支机构,必须向中国主管机关提出申请,并提交其公司章程、所属国的公司登记证书等有关文件,经批准后,向公司登记机关依法办理登记,领取营业执照。

外国公司分支机构的审批办法由国务院另行规定。

第一百九十三条　【外国公司分支机构的设立及资金要求】外国公司在中国境内设立分支机构,必须在中国境内指定负责该分支机构的代表人或者代理人,并向该分支机构拨付与其所从事的经营活动相适应的资金。

对外国公司分支机构的经营资金需要规定最低限额的,由国务院另行规定。

第一百九十四条　【外国公司分支机构的名称要求及章程置备】外国公司的分支机构应当在其名称中标明该外国公司的国籍及责任形式。

外国公司的分支机构应当在本机构中置备该外国公司章程。

第一百九十五条　【外国公司分支机构不具有中国法人资格】外国公司在中国境内设立的分支机构不具有中国法人资格。

外国公司对其分支机构在中国境内进行经营活动承担民事责任。

第一百九十六条　【外国公司分支机构的合法经营义务及合法权益的保护】经批准设立的外国公司分支机构,在中国境内从事业务活动,必须遵守中国的法律,不得损害中国的社会公共利益,其合法权益受中国法律保护。

第一百九十七条　【外国公司撤销分支机构的条件】外国公司撤销其在中国境内的分支机构时,必须依法清偿债务,依照本法有关公司清算程序的规定进行清算。未清偿债务之前,不得将其分支机构的财产移至中国境外。

第十二章　法 律 责 任

第一百九十八条　【公司登记违法的法律责任】违反本法规定,虚报注册资本、提交虚假材料或者采取其他欺诈手段隐瞒重要事实取得公司登记的,由公司登记机关责令改正,对虚报注册资本的公司,处以虚报注册资本金额百分之五以上百分之十五以下的罚款;对提交虚假材料或者采取其他欺诈手段隐瞒重要事实的公司,处以五万元以上五十万元以下的罚款;情节严重的,撤销公司登记或者吊销营业执照。

第一百九十九条　【公司的发起人、股东出资违法的法律责任】公司的发起人、股东虚假出资,未交付或者未按期交付作为出资的货币或者非货币财产的,由公司登记机关责令改正,处以虚假出资金额百分之五以上百分之十五以下的罚款。

第二百条　【公司的发起人、股东抽逃出资的法律责任】公司的发起人、股东在公司成立后,抽逃其出资的,由公司登记机关责令改正,处以所抽逃出资金额百分之五以上百分之十五以下的罚款。

第二百零一条　【公司另立会计账簿的法律责任】公司违反本法规定,在法定的会计账簿以外另立会计账簿的,由县级以上人民政府财政部门责令改正,处以五万元以上五十万元以下的罚款。

第二百零二条　【提交财务会计报告违法的法律责任】公司在依法向有关主管部门提供的财务会计报告等材料上作虚假记载或者隐瞒重要事实的,由有关主管部门对直接负责的主管人员和其他直接责任人员处以三万元以上三十万元以下的罚款。

第二百零三条　【违法提取法定公积金的法律责任】公司不依照本法规定提取法定公积金的,由县级以上人民政府财政部门责令如数补足应当提取的金额,可以对公司处以二十万元以下的罚款。

第二百零四条　【公司在合并、分立、减少注册资本和清算中的违法行为及其法律责任】公司在合并、分立、减少注册资本或者进行清算时,不依照本法规定通知或者公告债权人的,由公司登记机关责令改正,对公司处以一万元以上十万元以下的罚款。

公司在进行清算时,隐匿财产,对资产负债表或者财产清单作虚假记载或者在未清偿债务前分配公司财产的,由公司登记机关责令改正,对公司处以隐匿财产或者未清偿债务前分配公司财产金额百分之五以上百分之十以下的罚款;对直接负责的主管人员和其他直接责任人员处以一万元以上十万元以下的罚款。

第二百零五条　【公司在清算期间违法经营的法律责任】公司在清算期间开展与清算无关的经营活动的,由公司登记机关予以警告,没收违法所得。

第二百零六条　【清算组及其成立对其违法行为的法律责任】清算组不依照本法规定向公司登记机关报送清算报告,或者报送清算报告隐瞒重要事实或者有重大遗漏的,由公司登记机关责令改正。

清算组成员利用职权徇私舞弊、谋取非法收入或者侵占公司财产的,由公司登记机关责令退还公司财产,没收违法所得,并可以处以违法所得一倍以上五倍以下的罚款。

第二百零七条 【资产评估、验资或验证机构对其违法行为的法律责任】承担资产评估、验资或者验证的机构提供虚假材料的，由公司登记机关没收违法所得，处以违法所得一倍以上五倍以下的罚款，并可以由有关主管部门依法责令该机构停业、吊销直接责任人员的资格证书，吊销营业执照。

承担资产评估、验资或者验证的机构因过失提供有重大遗漏的报告的，由公司登记机关责令改正，情节较重的，处以所得收入一倍以上五倍以下的罚款，并可以由有关主管部门依法责令该机构停业、吊销直接责任人员的资格证书，吊销营业执照。

承担资产评估、验资或者验证的机构因其出具的评估结果、验资或者验证证明不实，给公司债权人造成损失的，除能够证明自己没有过错的外，在其评估或者证明不实的金额范围内承担赔偿责任。

第二百零八条 【登记机关违法行为的法律责任】公司登记机关对不符合本法规定条件的登记申请予以登记，或者对符合本法规定条件的登记申请不予登记的，对直接负责的主管人员和其他直接责任人员，依法给予行政处分。

第二百零九条 【登记机关上级部门违法行为的法律责任】公司登记机关的上级部门强令公司登记机关对不符合本法规定条件的登记申请予以登记，或者对符合本法规定条件的登记申请不予登记的，或者对违法登记进行包庇的，对直接负责的主管人员和其他直接责任人员依法给予行政处分。

第二百一十条 【假冒公司的违法行为及其法律责任】未依法登记为有限责任公司或者股份有限公司，而冒用有限责任公司或者股份有限公司名义的，或者未依法登记为有限责任公司或者股份有限公司的分公司，而冒用有限责任公司或者股份有限公司的分公司名义的，由公司登记机关责令改正或者予以取缔，可以并处十万元以下的罚款。

第二百一十一条 【不当停业及不依法办理变更登记的法律责任】公司成立后无正当理由超过六个月未开业的，或者开业后自行停业连续六个月以上的，可以由公司登记机关吊销营业执照。

公司登记事项发生变更时，未依照本法规定办理有关变更登记的，由公司登记机关责令限期登记；逾期不登记的，处以一万元以上十万元以下的罚款。

第二百一十二条 【外国公司擅自在中国境内设立分支机构的法律责任】外国公司违反本法规定，擅自在中国境内设立分支机构的，由公司登记机关责令改正或者关闭，可以并处五万元以上二十万元以下的罚款。

第二百一十三条 【危害国家安全与社会公共利益的法律责任】利用公司名义从事危害国家安全、社会公共利益的严重违法行为的，吊销营业执照。

第二百一十四条 【民事赔偿优先原则】公司违反本法规定，应当承担民事赔偿责任和缴纳罚款、罚金的，其财产不足以支付时，先承担民事赔偿责任。

第二百一十五条 【刑事责任的追究】违反本法规定，构成犯罪的，依法追究刑事责任。

第十三章 附 则

第二百一十六条 【本法所涉相关用语的含义】本法下列用语的含义：

（一）高级管理人员，是指公司的经理、副经理、财务负责人，上市公司董事会秘书和公司章程规定的其他人员。

（二）控股股东，是指其出资额占有限责任公司资本总额百分之五十以上或者其持有的股份占股份有限公司股本总额百分之五十以上的股东；出资额或者持有股份的比例虽然不足百分之五十，但依其出资额或者持有的股份所享有的表决权已足以对股东会、股东大会的决议产生重大影响的股东。

（三）实际控制人，是指虽不是公司的股东，但通过投资关系、协议或者其他安排，能够实际支配公司行为的人。

（四）关联关系，是指公司控股股东、实际控制人、董事、监事、高级管理人员与其直接或者间接控制的企业之间的关系，以及可能导致公司利益转移的其他关系。但是，国家控股的企业之间不仅因为同受国家控股而具有关联关系。

第二百一十七条 【本法在外商投资领域的适用及例外】外商投资的有限责任公司和股份有限公司适用本法；有关外商投资的法律另有规定的，适用其规定。

第二百一十八条 【生效施行日期】本法自2006年1月1日起施行。

最高人民法院关于适用《中华人民共和国公司法》若干问题的规定（一）

1. 2006年3月27日最高人民法院审判委员会第1382次会议通过
2. 2006年4月28日公布
3. 法释〔2006〕3号
4. 根据2014年2月20日最高人民法院《关于修改关于适用〈中华人民共和国公司法〉若干问题的规定的决定》（法释〔2014〕2号）修正

为正确适用2005年10月27日十届全国人大常

委会第十八次会议修订的《中华人民共和国公司法》,对人民法院在审理相关的民事纠纷案件中,具体适用公司法的有关问题规定如下:

第一条　公司法实施后,人民法院尚未审结的和新受理的民事案件,其民事行为或事件发生在公司法实施以前的,适用当时的法律法规和司法解释。

第二条　因公司法实施前有关民事行为或者事件发生纠纷起诉到人民法院的,如当时的法律法规和司法解释没有明确规定时,可参照适用公司法的有关规定。

第三条　原告以公司法第二十二条第二款、第七十四条第二款规定事由,向人民法院提起诉讼时,超过公司法规定期限的,人民法院不予受理。

第四条　公司法第一百五十一条规定的180日以上连续持股期间,应为股东向人民法院提起诉讼时,已期满的持股时间;规定的合计持有公司百分之一以上股份,是指两个以上股东持股份额的合计。

第五条　人民法院对公司法实施前已经终审的案件依法进行再审时,不适用公司法的规定。

第六条　本规定自公布之日起实施。

最高人民法院关于适用《中华人民共和国公司法》若干问题的规定(二)

1. 2008年5月5日最高人民法院审判委员会第1447次会议通过

2. 2008年5月12日公布

3. 法释〔2008〕6号

4. 根据2014年2月20日最高人民法院《关于修改关于适用〈中华人民共和国公司法〉若干问题的规定的决定》(法释〔2014〕2号)修正

为正确适用《中华人民共和国公司法》,结合审判实践,就人民法院审理公司解散和清算案件适用法律问题作出如下规定。

第一条　单独或者合计持有公司全部股东表决权百分之十以上的股东,以下列事由之一提起解散公司诉讼,并符合公司法第一百八十二条规定的,人民法院应予受理:

(一)公司持续两年以上无法召开股东会或者股东大会,公司经营管理发生严重困难的;

(二)股东表决时无法达到法定或者公司章程规定的比例,持续两年以上不能做出有效的股东会或者股东大会决议,公司经营管理发生严重困难的;

(三)公司董事长期冲突,且无法通过股东会或者股东大会解决,公司经营管理发生严重困难的;

(四)经营管理发生其他严重困难,公司继续存续会使股东利益受到重大损失的情形。

股东以知情权、利润分配请求权等权益受到损害,或者公司亏损、财产不足以偿还全部债务,以及公司被吊销企业法人营业执照未进行清算等为由,提起解散公司诉讼的,人民法院不予受理。

第二条　股东提起解散公司诉讼,同时又申请人民法院对公司进行清算的,人民法院对其提出的清算申请不予受理。人民法院可以告知原告,在人民法院判决解散公司后,依据公司法第一百八十三条和本规定第七条的规定,自行组织清算或者另行申请人民法院对公司进行清算。

第三条　股东提起解散公司诉讼时,向人民法院申请财产保全或者证据保全的,在股东提供担保且不影响公司正常经营的情形下,人民法院可予以保全。

第四条　股东提起解散公司诉讼应当以公司为被告。

原告以其他股东为被告一并提起诉讼的,人民法院应当告知原告将其他股东变更为第三人;原告坚持不予变更的,人民法院应当驳回原告对其他股东的起诉。

原告提起解散公司诉讼应当告知其他股东,或者由人民法院通知其参加诉讼。其他股东或者有关利害关系人申请以共同原告或者第三人身份参加诉讼的,人民法院应予准许。

第五条　人民法院审理解散公司诉讼案件,应当注重调解。当事人协商同意由公司或者股东收购股份,或者以减资等方式使公司存续,且不违反法律、行政法规强制性规定的,人民法院应予支持。当事人不能协商一致使公司存续的,人民法院应当及时判决。

经人民法院调解公司收购原告股份的,公司应当自调解书生效之日起六个月内将股份转让或者注销。股份转让或者注销之前,原告不得以公司收购其股份为由对抗公司债权人。

第六条　人民法院关于解散公司诉讼作出的判决,对公司全体股东具有法律约束力。

人民法院判决驳回解散公司诉讼请求后,提起该诉讼的股东或者其他股东又以同一事实和理由提起解散公司诉讼的,人民法院不予受理。

第七条　公司应当依照公司法第一百八十三条的规定,在解散事由出现之日起十五日内成立清算组,开始自行清算。

有下列情形之一,债权人申请人民法院指定清算组进行清算的,人民法院应予受理:

(一)公司解散逾期不成立清算组进行清算的;

(二)虽然成立清算组但故意拖延清算的;

(三)违法清算可能严重损害债权人或者股东利

益的。

具有本条第二款所列情形，而债权人未提起清算申请，公司股东申请人民法院指定清算组对公司进行清算的，人民法院应予受理。

第八条 人民法院受理公司清算案件，应当及时指定有关人员组成清算组。

清算组成员可以从下列人员或者机构中产生：

（一）公司股东、董事、监事、高级管理人员；

（二）依法设立的律师事务所、会计师事务所、破产清算事务所等社会中介机构；

（三）依法设立的律师事务所、会计师事务所、破产清算事务所等社会中介机构中具备相关专业知识并取得执业资格的人员。

第九条 人民法院[redacted]的清算组成员有下列情形之一的，人民法院可以[redacted]的申请，或者依职权更换清算组成员：

（一）有违反法律或者行政法规的行为；

（二）丧失执业能力或者民事行为能力；

（三）有严重损害公司或者债权人利益的行为。

第十条 公司依法清算结束并办理注销登记前，有关公司的民事诉讼，应当以公司的名义进行。

公司成立清算组的，由清算组负责人代表公司参加诉讼；尚未成立清算组的，由原法定代表人代表公司参加诉讼。

第十一条 公司清算时，清算组应当按照公司法第一百八十五条的规定，将公司解散清算事宜书面通知全体已知债权人，并根据公司规模和营业地域范围在全国或者公司注册登记地省级有影响的报纸上进行公告。

清算组未按照前款规定履行通知和公告义务，导致债权人未及时申报债权而未获清偿，债权人主张清算组成员对因此造成的损失承担赔偿责任的，人民法院应依法予以支持。

第十二条 公司清算时，债权人对清算组核定的债权有异议的，可以要求清算组重新核定。清算组不予重新核定，或者债权人对重新核定的债权仍有异议，债权人以公司为被告向人民法院提起诉讼请求确认的，人民法院应予受理。

第十三条 债权人在规定的期限内未申报债权，在公司清算程序终结前补充申报的，清算组应予登记。

公司清算程序终结，是指清算报告经股东会、股东大会或者人民法院确认完毕。

第十四条 债权人补充申报的债权，可以在公司尚未分配财产中依法清偿。公司尚未分配财产不能全额清偿，债权人主张股东以其在剩余财产分配中已经取得的财产予以清偿的，人民法院应予支持；但债权人因重大过错未在规定期限内申报债权的除外。

债权人或者清算组，以公司尚未分配财产和股东在剩余财产分配中已经取得的财产，不能全额清偿补充申报的债权为由，向人民法院提出破产清算申请的，人民法院不予受理。

第十五条 公司自行清算的，清算方案应当报股东会或者股东大会决议确认；人民法院组织清算的，清算方案应当报人民法院确认。未经确认的清算方案，清算组不得执行。

执行未经确认的清算方案给公司或者债权人造成损失，公司、股东或者债权人主张清算组成员承担赔偿责任的，人民法院应依法予以支持。

第十六条 人民法院组织清算的，清算组应当自成立之日起六个月内清算完毕。

因特殊情况无法在六个月内完成清算的，清算组应当向人民法院申请延长。

第十七条 人民法院指定的清算组在清理公司财产、编制资产负债表和财产清单时，发现公司财产不足清偿债务的，可以与债权人协商制作有关债务清偿方案。

债务清偿方案经全体债权人确认且不损害其他利害关系人利益的，人民法院可依清算组的申请裁定予以认可。清算组依据该清偿方案清偿债务后，应当向人民法院申请裁定终结清算程序。

债权人对债务清偿方案不予确认或者人民法院不予认可的，清算组应当依法向人民法院申请宣告破产。

第十八条 有限责任公司的股东、股份有限公司的董事和控股股东未在法定期限内成立清算组开始清算，导致公司财产贬值、流失、毁损或者灭失，债权人主张其在造成损失范围内对公司债务承担赔偿责任的，人民法院应依法予以支持。

有限责任公司的股东、股份有限公司的董事和控股股东因怠于履行义务，导致公司主要财产、账册、重要文件等灭失，无法进行清算，债权人主张其对公司债务承担连带清偿责任的，人民法院应依法予以支持。

上述情形系实际控制人原因造成，债权人主张实际控制人对公司债务承担相应民事责任的，人民法院应依法予以支持。

第十九条 有限责任公司的股东、股份有限公司的董事和控股股东，以及公司的实际控制人在公司解散后，恶意处置公司财产给债权人造成损失，或者未经依法清算，以虚假的清算报告骗取公司登记机关办理法人注销登记，债权人主张其对公司债务承担相应赔偿责任的，人民法院应依法予以支持。

第二十条 公司解散应当在依法清算完毕后，申请办理注销登记。公司未经清算即办理注销登记,导致公司无法进行清算,债权人主张有限责任公司的股东、股份有限公司的董事和控股股东,以及公司的实际控制人对公司债务承担清偿责任的,人民法院应依法予以支持。

公司未经依法清算即办理注销登记,股东或者第三人在公司登记机关办理注销登记时承诺对公司债务承担责任,债权人主张其对公司债务承担相应民事责任的,人民法院应依法予以支持。

第二十一条 有限责任公司的股东、股份有限公司的董事和控股股东,以及公司的实际控制人为二人以上的,其中一人或者数人按照本规定第十八条和第二十条第一款的规定承担民事责任后,主张其他人员按照过错大小分担责任的,人民法院应依法予以支持。

第二十二条 公司解散时,股东尚未缴纳的出资均应作为清算财产。股东尚未缴纳的出资,包括到期应缴未缴的出资,以及依照公司法第二十六条和第八十条的规定分期缴纳尚未届满缴纳期限的出资。

公司财产不足以清偿债务时,债权人主张未缴出资股东,以及公司设立时的其他股东或者发起人在未缴出资范围内对公司债务承担连带清偿责任的,人民法院应依法予以支持。

第二十三条 清算组成员从事清算事务时,违反法律、行政法规或者公司章程给公司或者债权人造成损失,公司或者债权人主张其承担赔偿责任的,人民法院应依法予以支持。

有限责任公司的股东、股份有限公司连续一百八十日以上单独或者合计持有公司百分之一以上股份的股东,依据公司法第一百五十一条第三款的规定,以清算组成员有前款所述行为为由向人民法院提起诉讼的,人民法院应予受理。

公司已经清算完毕注销,上述股东参照公司法第一百五十一条第三款的规定,直接以清算组成员为被告、其他股东为第三人向人民法院提起诉讼的,人民法院应予受理。

第二十四条 解散公司诉讼案件和公司清算案件由公司住所地人民法院管辖。公司住所地是指公司主要办事机构所在地。公司办事机构所在地不明确的,由其注册地人民法院管辖。

基层人民法院管辖县、县级市或者区的公司登记机关核准登记公司的解散诉讼案件和公司清算案件;中级人民法院管辖地区、地级市以上的公司登记机关核准登记公司的解散诉讼案件和公司清算案件。

最高人民法院关于适用《中华人民共和国公司法》若干问题的规定(三)

1. 2010年12月6日最高人民法院审判委员会第1504次会议通过
2. 2011年1月27日公布
3. 法释〔2011〕3号
4. 根据2014年2月20日最高人民法院《关于修改关于适用〈中华人民共和国公司法〉若干问题的规定的决定》(法释〔2014〕2号)修正

为正确适用《中华人民共和国公司法》,结合审判实践,就人民法院审理公司设立、出资、股权确认等纠纷案件适用法律问题作出如下[redacted]。

第一条 为设立[redacted]程、向公司认购出资或者股份并履行公司设立职责的人,应当认定为公司的发起人,包括有限责任公司设立时的股东。

第二条 发起人为设立公司以自己名义对外签订合同,合同相对人请求该发起人承担合同责任的,人民法院应予支持。

公司成立后对前款规定的合同予以确认,或者已经实际享有合同权利或者履行合同义务,合同相对人请求公司承担合同责任的,人民法院应予支持。

第三条 发起人以设立中公司名义对外签订合同,公司成立后合同相对人请求公司承担合同责任的,人民法院应予支持。

公司成立后有证据证明发起人利用设立中公司的名义为自己的利益与相对人签订合同,公司以此为由主张不承担合同责任的,人民法院应予支持,但相对人为善意的除外。

第四条 公司因故未成立,债权人请求全体或者部分发起人对设立公司行为所产生的费用和债务承担连带清偿责任的,人民法院应予支持。

部分发起人依照前款规定承担责任后,请求其他发起人分担的,人民法院应当判令其他发起人按照约定的责任承担比例分担责任;没有约定责任承担比例的,按照约定的出资比例分担责任;没有约定出资比例的,按照均等份额分担责任。

因部分发起人的过错导致公司未成立,其他发起人主张其承担设立行为所产生的费用和债务的,人民法院应当根据过错情况,确定过错一方的责任范围。

第五条 发起人因履行公司设立职责造成他人损害,公司成立后受害人请求公司承担侵权赔偿责任的,人民法院应予支持;公司未成立,受害人请求全体发起人承担连带赔偿责任的,人民法院应予支持。

公司或者无过错的发起人承担赔偿责任后，可以向有过错的发起人追偿。

第六条 股份有限公司的认股人未按期缴纳所认股份的股款，经公司发起人催缴后在合理期间内仍未缴纳，公司发起人对该股份另行募集的，人民法院应当认定该募集行为有效。认股人延期缴纳股款给公司造成损失，公司请求该认股人承担赔偿责任的，人民法院应予支持。

第七条 出资人以不享有处分权的财产出资，当事人之间对于出资行为效力产生争议的，人民法院可以参照物权法第一百零六条的规定予以认定。

以贪污、受贿、侵占、挪用等违法犯罪所得的货币出资后取得股权的，对违法犯罪行为予以追究、处罚时，应当采取拍卖或者变卖的方式处置其股权。

第八条 出资人以划拨土地使用权出资，或者以设定权利负担的土地使用权出资，公司、其他股东或者公司债权人主张认定出资人未履行出资义务的，人民法院应当责令当事人在指定的合理期间内办理土地变更手续或者解除权利负担；逾期未办理或者未解除的，人民法院应当认定出资人未依法全面履行出资义务。

第九条 出资人以非货币财产出资，未依法评估作价，公司、其他股东或者公司债权人请求认定出资人未履行出资义务的，人民法院应当委托具有合法资格的评估机构对该财产评估作价。评估确定的价额显著低于公司章程所定价额的，人民法院应当认定出资人未依法全面履行出资义务。

第十条 出资人以房屋、土地使用权或者需要办理权属登记的知识产权等财产出资，已经交付公司使用但未办理权属变更手续，公司、其他股东或者公司债权人主张认定出资人未履行出资义务的，人民法院应当责令当事人在指定的合理期间内办理权属变更手续；在前述期间内办理了权属变更手续的，人民法院应当认定其已经履行了出资义务；出资人主张自其实际交付财产给公司使用时享有相应股东权利的，人民法院应予支持。

出资人以前款规定的财产出资，已经办理权属变更手续但未交付给公司使用，公司或者其他股东主张其向公司交付、并在实际交付之前不享有相应股东权利的，人民法院应予支持。

第十一条 出资人以其他公司股权出资，符合下列条件的，人民法院应当认定出资人已履行出资义务：

（一）出资的股权由出资人合法持有并依法可以转让；

（二）出资的股权无权利瑕疵或者权利负担；

（三）出资人已履行关于股权转让的法定手续；

（四）出资的股权已依法进行了价值评估。

股权出资不符合前款第（一）、（二）、（三）项的规定，公司、其他股东或者公司债权人请求认定出资人未履行出资义务的，人民法院应当责令该出资人在指定的合理期间内采取补正措施，以符合上述条件；逾期未补正的，人民法院应当认定其未依法全面履行出资义务。

股权出资不符合本条第一款第（四）项的规定，公司、其他股东或者公司债权人请求认定出资人未履行出资义务的，人民法院应当按照本规定第九条的规定处理。

第十二条 公司成立后，公司、股东或者公司债权人以相关股东的行为符合下列情形之一且损害公司权益为由，请求认定该股东抽逃出资的，人民法院应予支持：

（一）制作虚假财务会计报表虚增利润进行分配；

（二）通过虚构债权债务关系将其出资转出；

（三）利用关联交易将出资转出；

（四）其他未经法定程序将出资抽回的行为。

第十三条 股东未履行或者未全面履行出资义务，公司或者其他股东请求其向公司依法全面履行出资义务的，人民法院应予支持。

公司债权人请求未履行或者未全面履行出资义务的股东在未出资本息范围内对公司债务不能清偿的部分承担补充赔偿责任的，人民法院应予支持；未履行或者未全面履行出资义务的股东已经承担上述责任，其他债权人提出相同请求的，人民法院不予支持。

股东在公司设立时未履行或者未全面履行出资义务，依照本条第一款或者第二款提起诉讼的原告，请求公司的发起人与被告股东承担连带责任的，人民法院应予支持；公司的发起人承担责任后，可以向被告股东追偿。

股东在公司增资时未履行或者未全面履行出资义务，依照本条第一款或者第二款提起诉讼的原告，请求未尽公司法第一百四十七条第一款规定的义务而使出资未缴足的董事、高级管理人员承担相应责任的，人民法院应予支持；董事、高级管理人员承担责任后，可以向被告股东追偿。

第十四条 股东抽逃出资，公司或者其他股东请求其向公司返还出资本息、协助抽逃出资的其他股东、董事、高级管理人员或者实际控制人对此承担连带责任的，人民法院应予支持。

公司债权人请求抽逃出资的股东在抽逃出资本息范围内对公司债务不能清偿的部分承担补充赔偿责任、协助抽逃出资的其他股东、董事、高级管理人员或者实际控制人对此承担连带责任的，人民法院应予支持;抽逃出资的股东已经承担上述责任,其他债权人提出相同请求的,人民法院不予支持。

第十五条 出资人以符合法定条件的非货币财产出资后,因市场变化或者其他客观因素导致出资财产贬值,公司、其他股东或者公司债权人请求该出资人承担补足出资责任的,人民法院不予支持。但是,当事人另有约定的除外。

第十六条 股东未履行或者未全面履行出资义务或者抽逃出资,公司根据公司章程或者股东会决议对其利润分配请求权、新股优先认购权、剩余财产分配请求权等股东权利作出相应的合理限制,该股东请求认定该限制无效的,人民法院不予支持。

第十七条 有限责任公司的股东未履行出资义务或者抽逃全部出资,经公司催告缴纳或者返还,其在合理期间内仍未缴纳或者返还出资,公司以股东会决议解除该股东的股东资格,该股东请求确认该解除行为无效的,人民法院不予支持。

在前款规定的情形下,人民法院在判决时应当释明,公司应当及时办理法定减资程序或者由其他股东或者第三人缴纳相应的出资。在办理法定减资程序或者其他股东或者第三人缴纳相应的出资之前,公司债权人依照本规定第十三条或者第十四条请求相关当事人承担相应责任的,人民法院应予支持。

第十八条 有限责任公司的股东未履行或者未全面履行出资义务即转让股权,受让人对此知道或者应当知道,公司请求该股东履行出资义务、受让人对此承担连带责任的,人民法院应予支持;公司债权人依照本规定第十三条第二款向该股东提起诉讼,同时请求前述受让人对此承担连带责任的,人民法院应予支持。

受让人根据前款规定承担责任后,向该未履行或者未全面履行出资义务的股东追偿的,人民法院应予支持。但是,当事人另有约定的除外。

第十九条 公司股东未履行或者未全面履行出资义务或者抽逃出资,公司或者其他股东请求其向公司全面履行出资义务或者返还出资,被告股东以诉讼时效为由进行抗辩的,人民法院不予支持。

公司债权人的债权未过诉讼时效期间,其依照本规定第十三条第二款、第十四条第二款的规定请求未履行或者未全面履行出资义务或者抽逃出资的股东承担赔偿责任,被告股东以出资义务或者返还出资义务超过诉讼时效期间为由进行抗辩的,人民法院不予支持。

第二十条 当事人之间对是否已履行出资义务发生争议,原告提供对股东履行出资义务产生合理怀疑证据的,被告股东应当就其已履行出资义务承担举证责任。

第二十一条 当事人向人民法院起诉请求确认其股东资格的,应当以公司为被告,与案件争议股权有利害关系的人作为第三人参加诉讼。

第二十二条 当事人之间对股权归属发生争议,一方请求人民法院确认其享有股权的,应当证明以下事实之一:

(一)已经依法向公司出资或者认缴出资,且不违反法律法规强制性规定;

(二)已经受让或者以其他形式继受公司股权,且不违反法律法规强制性规定。

第二十三条 当事人依法履行出资义务或者依法继受取得股权后,公司未根据公司法第三十一条、第三十二条的规定签发出资证明书、记载于股东名册并办理公司登记机关登记,当事人请求公司履行上述义务的,人民法院应予支持。

第二十四条 有限责任公司的实际出资人与名义出资人订立合同,约定由实际出资人出资并享有投资权益,以名义出资人为名义股东,实际出资人与名义股东对该合同效力发生争议的,如无合同法第五十二条规定的情形,人民法院应当认定该合同有效。

前款规定的实际出资人与名义股东因投资权益的归属发生争议,实际出资人以其实际履行了出资义务为由向名义股东主张权利的,人民法院应予支持。名义股东以公司股东名册记载、公司登记机关登记为由否认实际出资人权利的,人民法院不予支持。

实际出资人未经公司其他股东半数以上同意,请求公司变更股东、签发出资证明书、记载于股东名册、记载于公司章程并办理公司登记机关登记的,人民法院不予支持。

第二十五条 名义股东将登记于其名下的股权转让、质押或者以其他方式处分,实际出资人以其对于股权享有实际权利为由,请求认定处分股权行为无效的,人民法院可以参照物权法第一百零六条的规定处理。

名义股东处分股权造成实际出资人损失,实际出资人请求名义股东承担赔偿责任的,人民法院应予支持。

第二十六条 公司债权人以登记于公司登记机关的股东未履行出资义务为由,请求其对公司债务不能清偿的部分在未出资本息范围内承担补充赔偿责任,股东以其仅为名义股东而非实际出资人为由进行抗辩的,人民法院不予支持。

名义股东根据前款规定承担赔偿责任后,向实际出资人追偿的,人民法院应予支持。

第二十七条 股权转让后尚未向公司登记机关办理变更登记,原股东将仍登记于其名下的股权转让、质押或者以其他方式处分,受让股东以其对于股权享有实际权利为由,请求认定处分股权行为无效的,人民法院可以参照物权法第一百零六条的规定处理。

原股东处分股权造成受让股东损失,受让股东请求原股东承担赔偿责任、对于未及时办理变更登记有过错的董事、高级管理人员或者实际控制人承担相应责任的,人民法院应予支持;受让股东对于未及时办理变更登记也有过错的,可以适当减轻上述董事、高级管理人员或者实际控制人的责任。

第二十八条 冒用他人名义出资并将该他人作为股东在公司登记机关登记的,冒名登记行为人应当承担相应责任;公司、其他股东或者公司债权人以未履行出资义务为由,请求被冒名登记为股东的承担补足出资责任或者对公司债务不能清偿部分的赔偿责任的,人民法院不予支持。

中华人民共和国公司登记管理条例

1. 1994年6月24日国务院令第156号公布

2. 根据2005年12月18日国务院令第451号《关于修改〈中华人民共和国公司登记管理条例〉的决定》第一次修订

3. 根据2014年2月19日国务院令648号《关于废止和修改部分行政法规的决定》第二次修订

第一章 总 则

第一条 为了确认公司的企业法人资格,规范公司登记行为,依据《中华人民共和国公司法》(以下简称《公司法》),制定本条例。

第二条 有限责任公司和股份有限公司(以下统称公司)设立、变更、终止,应当依照本条例办理公司登记。

申请办理公司登记,申请人应当对申请文件、材料的真实性负责。

第三条 公司经公司登记机关依法登记,领取《企业法人营业执照》,方取得企业法人资格。

自本条例施行之日起设立公司,未经公司登记机关登记的,不得以公司名义从事经营活动。

第四条 工商行政管理机关是公司登记机关。

下级公司登记机关在上级公司登记机关的领导下开展公司登记工作。

公司登记机关依法履行职责,不受非法干预。

第五条 国家工商行政管理总局主管全国的公司登记工作。

第二章 登 记 管 辖

第六条 国家工商行政管理总局负责下列公司的登记:

(一)国务院国有资产监督管理机构履行出资人职责的公司以及该公司投资设立并持有50%以上股份的公司;

(二)外商投资的公司;

(三)依照法律、行政法规或者国务院决定的规定,应当由国家工商行政管理总局登记的公司;

(四)国家工商行政管理总局规定应当由其登记的其他公司。

第七条 省、自治区、直辖市工商行政管理局负责本辖区内下列公司的登记:

(一)省、自治区、直辖市人民政府国有资产监督管理机构履行出资人职责的公司以及该公司投资设立并持有50%以上股份的公司;

(二)省、自治区、直辖市工商行政管理局规定由其登记的自然人投资设立的公司;

(三)依照法律、行政法规或者国务院决定的规定,应当由省、自治区、直辖市工商行政管理局登记的公司;

(四)国家工商行政管理总局授权登记的其他公司。

第八条 设区的市(地区)工商行政管理局、县工商行政管理局,以及直辖市的工商行政管理分局、设区的市工商行政管理局的区分局,负责本辖区内下列公司的登记:

(一)本条例第六条和第七条所列公司以外的其他公司;

(二)国家工商行政管理总局和省、自治区、直辖市工商行政管理局授权登记的公司。

前款规定的具体登记管辖由省、自治区、直辖市工商行政管理局规定。但是,其中的股份有限公司由设区的市(地区)工商行政管理局负责登记。

第三章 登 记 事 项

第九条 公司的登记事项包括:

(一)名称;

(二)住所;

(三)法定代表人姓名;

(四)注册资本;

(五)公司类型;

(六)经营范围;

(七)营业期限;

(八)有限责任公司股东或者股份有限公司发起人的姓名或者名称。

第十条 公司的登记事项应当符合法律、行政法规的规定。不符合法律、行政法规规定的,公司登记机关不予登记。

第十一条　公司名称应当符合国家有关规定。公司只能使用一个名称。经公司登记机关核准登记的公司名称受法律保护。

第十二条　公司的住所是公司主要办事机构所在地。经公司登记机关登记的公司的住所只能有一个。公司的住所应当在其公司登记机关辖区内。

第十三条　公司的注册资本应当以人民币表示,法律、行政法规另有规定的除外。

第十四条　股东的出资方式应当符合《公司法》第二十七条的规定,但是,股东不得以劳务、信用、自然人姓名、商誉、特许经营权或者设定担保的财产等作价出资。

第十五条　公司的经营范围由公司章程规定,并依法登记。

公司的经营范围用语应当参照国民经济行业分类标准。

第十六条　公司类型包括有限责任公司和股份有限公司。

一人有限责任公司应当在公司登记中注明自然人独资或者法人独资,并在公司营业执照中载明。

第四章　设立登记

第十七条　设立公司应当申请名称预先核准。

法律、行政法规或者国务院决定规定设立公司必须报经批准,或者公司经营范围中属于法律、行政法规或者国务院决定规定在登记前须经批准的项目的,应当在报送批准前办理公司名称预先核准,并以公司登记机关核准的公司名称报送批准。

第十八条　设立有限责任公司,应当由全体股东指定的代表或者共同委托的代理人向公司登记机关申请名称预先核准;设立股份有限公司,应当由全体发起人指定的代表或者共同委托的代理人向公司登记机关申请名称预先核准。

申请名称预先核准,应当提交下列文件:

(一)有限责任公司的全体股东或者股份有限公司的全体发起人签署的公司名称预先核准申请书;

(二)全体股东或者发起人指定代表或者共同委托代理人的证明;

(三)国家工商行政管理总局规定要求提交的其他文件。

第十九条　预先核准的公司名称保留期为6个月。预先核准的公司名称在保留期内,不得用于从事经营活动,不得转让。

第二十条　设立有限责任公司,应当由全体股东指定的代表或者共同委托的代理人向公司登记机关申请设立登记。设立国有独资公司,应当由国务院或者地方人民政府授权的本级人民政府国有资产监督管理机构作为申请人,申请设立登记。法律、行政法规或者国务院决定规定设立有限责任公司必须报经批准的,应当自批准之日起90日内向公司登记机关申请设立登记;逾期申请设立登记的,申请人应当报批准机关确认原批准文件的效力或者另行报批。

申请设立有限责任公司,应当向公司登记机关提交下列文件:

(一)公司法定代表人签署的设立登记申请书;

(二)全体股东指定代表或者共同委托代理人的证明;

(三)公司章程;

(四)股东的主体资格证明或者自然人身份证明;

(五)载明公司董事、监事、经理的姓名、住所的文件以及有关委派、选举或者聘用的证明;

(六)公司法定代表人任职文件和身份证明;

(七)企业名称预先核准通知书;

(八)公司住所证明;

(九)国家工商行政管理总局规定要求提交的其他文件。

法律、行政法规或者国务院决定规定设立有限责任公司必须报经批准的,还应当提交有关批准文件。

第二十一条　设立股份有限公司,应当由董事会向公司登记机关申请设立登记。以募集方式设立股份有限公司的,应当于创立大会结束后30日内向公司登记机关申请设立登记。

申请设立股份有限公司,应当向公司登记机关提交下列文件:

(一)公司法定代表人签署的设立登记申请书;

(二)董事会指定代表或者共同委托代理人的证明;

(三)公司章程;

(四)发起人的主体资格证明或者自然人身份证明;

(五)载明公司董事、监事、经理姓名、住所的文件以及有关委派、选举或者聘用的证明;

(六)公司法定代表人任职文件和身份证明;

(七)企业名称预先核准通知书;

(八)公司住所证明;

(九)国家工商行政管理总局规定要求提交的其他文件。

以募集方式设立股份有限公司的,还应当提交创立大会的会议记录以及依法设立的验资机构出具的验资证明;以募集方式设立股份有限公司公开发行股票的,还应当提交国务院证券监督管理机构的核准文件。

法律、行政法规或者国务院决定规定设立股份有限公司必须报经批准的，还应当提交有关批准文件。

第二十二条 公司申请登记的经营范围中属于法律、行政法规或者国务院决定规定在登记前须经批准的项目的，应当在申请登记前报经国家有关部门批准，并向公司登记机关提交有关批准文件。

第二十三条 公司章程有违反法律、行政法规的内容的，公司登记机关有权要求公司作相应修改。

第二十四条 公司住所证明是指能够证明公司对其住所享有使用权的文件。

第二十五条 依法设立的公司，由公司登记机关发给《企业法人营业执照》。公司营业执照签发日期为公司成立日期。公司凭公司登记机关核发的《企业法人营业执照》刻制印章，开立银行账户，申请纳税登记。

第五章 变 更 登 记

第二十六条 公司变更登记事项，应当向原公司登记机关申请变更登记。

未经变更登记，公司不得擅自改变登记事项。

第二十七条 公司申请变更登记，应当向公司登记机关提交下列文件：

（一）公司法定代表人签署的变更登记申请书；

（二）依照《公司法》作出的变更决议或者决定；

（三）国家工商行政管理总局规定要求提交的其他文件。

公司变更登记事项涉及修改公司章程的，应当提交由公司法定代表人签署的修改后的公司章程或者公司章程修正案。

变更登记事项依照法律、行政法规或者国务院决定规定在登记前须经批准的，还应当向公司登记机关提交有关批准文件。

第二十八条 公司变更名称的，应当自变更决议或者决定作出之日起30日内申请变更登记。

第二十九条 公司变更住所的，应当在迁入新住所前申请变更登记，并提交新住所使用证明。

公司变更住所跨公司登记机关辖区的，应当在迁入新住所前向迁入地公司登记机关申请变更登记；迁入地公司登记机关受理的，由原公司登记机关将公司登记档案移送迁入地公司登记机关。

第三十条 公司变更法定代表人的，应当自变更决议或者决定作出之日起30日内申请变更登记。

第三十一条 公司增加注册资本的，应当自变更决议或者决定作出之日起30日内申请变更登记。

公司减少注册资本的，应当自公告之日起45日后申请变更登记，并应当提交公司在报纸上登载公司减少注册资本公告的有关证明和公司债务清偿或者债务担保情况的说明。

第三十二条 公司变更经营范围的，应当自变更决议或者决定作出之日起30日内申请变更登记；变更经营范围涉及法律、行政法规或者国务院决定规定在登记前须经批准的项目的，应当自国家有关部门批准之日起30日内申请变更登记。

公司的经营范围中属于法律、行政法规或者国务院决定规定须经批准的项目被吊销、撤销许可证或者其他批准文件，或者许可证、其他批准文件有效期届满的，应当自吊销、撤销许可证、其他批准文件或者许可证、其他批准文件有效期届满之日起30日内申请变更登记或者依照本条例第六章的规定办理注销登记。

第三十三条 公司变更类型的，应当按照拟变更的公司类型的设立条件，在规定的期限内向公司登记机关申请变更登记，并提交有关文件。

第三十四条 有限责任公司变更股东的，应当自变更之日起30日内申请变更登记，并应当提交新股东的主体资格证明或者自然人身份证明。

有限责任公司的自然人股东死亡后，其合法继承人继承股东资格的，公司应当依照前款规定申请变更登记。

有限责任公司的股东或者股份有限公司的发起人改变姓名或者名称的，应当自改变姓名或者名称之日起30日内申请变更登记。

第三十五条 公司登记事项变更涉及分公司登记事项变更的，应当自公司变更登记之日起30日内申请分公司变更登记。

第三十六条 公司章程修改未涉及登记事项的，公司应当将修改后的公司章程或者公司章程修正案送原公司登记机关备案。

第三十七条 公司董事、监事、经理发生变动的，应当向原公司登记机关备案。

第三十八条 因合并、分立而存续的公司，其登记事项发生变化的，应当申请变更登记；因合并、分立而解散的公司，应当申请注销登记；因合并、分立而新设立的公司，应当申请设立登记。

公司合并、分立的，应当自公告之日起45日后申请登记，提交合并协议和合并、分立决议或者决定以及公司在报纸上登载公司合并、分立公告的有关证明和债务清偿或者债务担保情况的说明。法律、行政法规或者国务院决定规定公司合并、分立必须报经批准的，还应当提交有关批准文件。

第三十九条 变更登记事项涉及《企业法人营业执照》载明事项的，公司登记机关应当换发营业执照。

第四十条 公司依照《公司法》第二十二条规定向公司

登记机关申请撤销变更登记的,应当提交下列文件:

(一)公司法定代表人签署的申请书;

(二)人民法院的裁判文书。

第六章　注销登记

第四十一条　公司解散,依法应当清算的,清算组应当自成立之日起10日内将清算组成员、清算组负责人名单向公司登记机关备案。

第四十二条　有下列情形之一的,公司清算组应当自公司清算结束之日起30日内向原公司登记机关申请注销登记:

(一)公司被依法宣告破产;

(二)公司章程规定的营业期限届满或者公司章程规定的其他解散事由出现,但公司通过修改公司章程而存续的除外;

(三)股东会、股东大会决议解散或者一人有限责任公司的股东、外商投资的公司董事会决议解散;

(四)依法被吊销营业执照、责令关闭或者被撤销;

(五)人民法院依法予以解散;

(六)法律、行政法规规定的其他解散情形。

第四十三条　公司申请注销登记,应当提交下列文件:

(一)公司清算组负责人签署的注销登记申请书;

(二)人民法院的破产裁定、解散裁判文书,公司依照《公司法》作出的决议或者决定,行政机关责令关闭或者公司被撤销的文件;

(三)股东会、股东大会、一人有限责任公司的股东、外商投资的公司董事会或者人民法院、公司批准机关备案、确认的清算报告;

(四)《企业法人营业执照》;

(五)法律、行政法规规定应当提交的其他文件。

国有独资公司申请注销登记,还应当提交国有资产监督管理机构的决定,其中,国务院确定的重要的国有独资公司,还应当提交本级人民政府的批准文件。

有分公司的公司申请注销登记,还应当提交分公司的注销登记证明。

第四十四条　经公司登记机关注销登记,公司终止。

第七章　分公司的登记

第四十五条　分公司是指公司在其住所以外设立的从事经营活动的机构。分公司不具有企业法人资格。

第四十六条　分公司的登记事项包括:名称、营业场所、负责人、经营范围。

分公司的名称应当符合国家有关规定。

分公司的经营范围不得超出公司的经营范围。

第四十七条　公司设立分公司的,应当自决定作出之日起30日内向分公司所在地的公司登记机关申请登记;法律、行政法规或者国务院决定规定必须报经有关部门批准的,应当自批准之日起30日内向公司登记机关申请登记。

设立分公司,应当向公司登记机关提交下列文件:

(一)公司法定代表人签署的设立分公司的登记申请书;

(二)公司章程以及加盖公司印章的《企业法人营业执照》复印件;

(三)营业场所使用证明;

(四)分公司负责人任职文件和身份证明;

(五)国家工商行政管理总局规定要求提交的其他文件。

法律、行政法规或者国务院决定规定设立分公司必须报经批准,或者分公司经营范围中属于法律、行政法规或者国务院决定规定在登记前须经批准的项目的,还应当提交有关批准文件。

分公司的公司登记机关准予登记的,发给《营业执照》。公司应当自分公司登记之日起30日内,持分公司的《营业执照》到公司登记机关办理备案。

第四十八条　分公司变更登记事项的,应当向公司登记机关申请变更登记。

申请变更登记,应当提交公司法定代表人签署的变更登记申请书。变更名称、经营范围的,应当提交加盖公司印章的《企业法人营业执照》复印件,分公司经营范围中属于法律、行政法规或者国务院决定规定在登记前须经批准的项目的,还应当提交有关批准文件。变更营业场所的,应当提交新的营业场所使用证明。变更负责人的,应当提交公司的任免文件以及其身份证明。

公司登记机关准予变更登记的,换发《营业执照》。

第四十九条　分公司被公司撤销、依法责令关闭、吊销营业执照的,公司应当自决定作出之日起30日内向该分公司的公司登记机关申请注销登记。申请注销登记应当提交公司法定代表人签署的注销登记申请书和分公司的《营业执照》。公司登记机关准予注销登记后,应当收缴分公司的《营业执照》。

第八章　登记程序

第五十条　申请公司、分公司登记,申请人可以到公司登记机关提交申请,也可以通过信函、电报、电传、传真、电子数据交换和电子邮件等方式提出申请。

通过电报、电传、传真、电子数据交换和电子邮件等方式提出申请的,应当提供申请人的联系方式以及通讯地址。

第五十一条 公司登记机关应当根据下列情况分别作出是否受理的决定：

（一）申请文件、材料齐全，符合法定形式的，或者申请人按照公司登记机关的要求提交全部补正申请文件、材料的，应当决定予以受理。

（二）申请文件、材料齐全，符合法定形式，但公司登记机关认为申请文件、材料需要核实的，应当决定予以受理，同时书面告知申请人需要核实的事项、理由以及时间。

（三）申请文件、材料存在可以当场更正的错误的，应当允许申请人当场予以更正，由申请人在更正处签名或者盖章，注明更正日期；经确认申请文件、材料齐全，符合法定形式的，应当决定予以受理。

（四）申请文件、材料不齐全或者不符合法定形式的，应当当场或者在5日内一次告知申请人需要补正的全部内容；当场告知时，应当将申请文件、材料退回申请人；属于5日内告知的，应当收取申请文件、材料并出具收到申请文件、材料的凭据，逾期不告知的，自收到申请文件、材料之日起即为受理。

（五）不属于公司登记范畴或者不属于本机关登记管辖范围的事项，应当即时决定不予受理，并告知申请人向有关行政机关申请。

公司登记机关对通过信函、电报、电传、传真、电子数据交换和电子邮件等方式提出申请的，应当自收到申请文件、材料之日起5日内作出是否受理的决定。

第五十二条 除依照本条例第五十四条第一款第（一）项作出准予登记决定的外，公司登记机关决定予以受理的，应当出具《受理通知书》；决定不予受理的，应当出具《不予受理通知书》，说明不予受理的理由，并告知申请人享有依法申请行政复议或者提起行政诉讼的权利。

第五十三条 公司登记机关对决定予以受理的登记申请，应当分别情况在规定的期限内作出是否准予登记的决定：

（一）对申请人到公司登记机关提出的申请予以受理的，应当当场作出准予登记的决定。

（二）对申请人通过信函方式提交的申请予以受理的，应当自受理之日起15日内作出准予登记的决定。

（三）通过电报、电传、传真、电子数据交换和电子邮件等方式提交申请的，申请人应当自收到《受理通知书》之日起15日内，提交与电报、电传、传真、电子数据交换和电子邮件等内容一致并符合法定形式的申请文件、材料原件；申请人到公司登记机关提交申请文件、材料原件的，应当当场作出准予登记的决定；申请人通过信函方式提交申请文件、材料原件的，应当自受理之日起15日内作出准予登记的决定。

（四）公司登记机关自发出《受理通知书》之日起60日内，未收到申请文件、材料原件，或者申请文件、材料原件与公司登记机关所受理的申请文件、材料不一致的，应当作出不予登记的决定。

公司登记机关需要对申请文件、材料核实的，应当自受理之日起15日内作出是否准予登记的决定。

第五十四条 公司登记机关作出准予公司名称预先核准决定的，应当出具《企业名称预先核准通知书》；作出准予公司设立登记决定的，应当出具《准予设立登记通知书》，告知申请人自决定之日起10日内，领取营业执照；作出准予公司变更登记决定的，应当出具《准予变更登记通知书》，告知申请人自决定之日起10日内，换发营业执照；作出准予公司注销登记决定的，应当出具《准予注销登记通知书》，收缴营业执照。

公司登记机关作出不予名称预先核准、不予登记决定的，应当出具《企业名称驳回通知书》、《登记驳回通知书》，说明不予核准、登记的理由，并告知申请人享有依法申请行政复议或者提起行政诉讼的权利。

第五十五条 公司办理设立登记、变更登记，应当按照规定向公司登记机关缴纳登记费。

领取《企业法人营业执照》的，设立登记费按注册资本总额的0.8‰缴纳；注册资本超过1000万元的，超过部分按0.4‰缴纳；注册资本超过1亿元的，超过部分不再缴纳。

领取《营业执照》的，设立登记费为300元。

变更登记事项的，变更登记费为100元。

第五十六条 公司登记机关应当将公司登记、备案信息通过企业信用信息公示系统向社会公示。

第五十七条 吊销《企业法人营业执照》和《营业执照》的公告由公司登记机关发布。

第九章 年度报告公示、证照和档案管理

第五十八条 公司应当于每年1月1日至6月30日，通过企业信用信息公示系统向公司登记机关报送上一年度年度报告，并向社会公示。

年度报告公示的内容以及监督检查办法由国务院制定。

第五十九条 《企业法人营业执照》、《营业执照》分为正本和副本，正本和副本具有同等法律效力。

国家推行电子营业执照。电子营业执照与纸质营业执照具有同等法律效力。

《企业法人营业执照》正本或者《营业执照》正本应当置于公司住所或者分公司营业场所的醒目位置。

公司可以根据业务需要向公司登记机关申请核发

营业执照若干副本。

第六十条 任何单位和个人不得伪造、涂改、出租、出借、转让营业执照。

营业执照遗失或者毁坏的,公司应当在公司登记机关指定的报刊上声明作废,申请补领。

公司登记机关依法作出变更登记、注销登记、撤销变更登记决定,公司拒不缴回或者无法缴回营业执照的,由公司登记机关公告营业执照作废。

第六十一条 公司登记机关对需要认定的营业执照,可以临时扣留,扣留期限不得超过10天。

第六十二条 借阅、抄录、携带、复制公司登记档案资料的,应当按照规定的权限和程序办理。

任何单位和个人不得修改、涂抹、标注、损毁公司登记档案资料。

第六十三条 营业执照正本、副本样式,电子营业执照标准以及公司登记的有关重要文书格式或者表式,由国家工商行政管理总局统一制定。

第十章 法律责任

第六十四条 虚报注册资本,取得公司登记的,由公司登记机关责令改正,处以虚报注册资本金额5%以上15%以下的罚款;情节严重的,撤销公司登记或者吊销营业执照。

第六十五条 提交虚假材料或者采取其他欺诈手段隐瞒重要事实,取得公司登记的,由公司登记机关责令改正,处以5万元以上50万元以下的罚款;情节严重的,撤销公司登记或者吊销营业执照。

第六十六条 公司的发起人、股东虚假出资,未交付或者未按期交付作为出资的货币或者非货币财产的,由公司登记机关责令改正,处以虚假出资金额5%以上15%以下的罚款。

第六十七条 公司的发起人、股东在公司成立后,抽逃出资的,由公司登记机关责令改正,处以所抽逃出资金额5%以上15%以下的罚款。

第六十八条 公司成立后无正当理由超过6个月未开业的,或者开业后自行停业连续6个月以上的,可以由公司登记机关吊销营业执照。

第六十九条 公司登记事项发生变更时,未依照本条例规定办理有关变更登记的,由公司登记机关责令限期登记;逾期不登记的,处以1万元以上10万元以下的罚款。其中,变更经营范围涉及法律、行政法规或者国务院决定规定须经批准的项目而未取得批准,擅自从事相关经营活动,情节严重的,吊销营业执照。

公司未依照本条例规定办理有关备案的,由公司登记机关责令限期办理;逾期未办理的,处以3万元以下的罚款。

第七十条 公司在合并、分立、减少注册资本或者进行清算时,不按照规定通知或者公告债权人的,由公司登记机关责令改正,处以1万元以上10万元以下的罚款。

公司在进行清算时,隐匿财产,对资产负债表或者财产清单作虚假记载或者在未清偿债务前分配公司财产的,由公司登记机关责令改正,对公司处以隐匿财产或者未清偿债务前分配公司财产金额5%以上10%以下的罚款;对直接负责的主管人员和其他直接责任人员处以1万元以上10万元以下的罚款。

公司在清算期间开展与清算无关的经营活动的,由公司登记机关予以警告,没收违法所得。

第七十一条 清算组不按照规定向公司登记机关报送清算报告,或者报送清算报告隐瞒重要事实或者有重大遗漏的,由公司登记机关责令改正。

清算组成员利用职权徇私舞弊、谋取非法收入或者侵占公司财产的,由公司登记机关责令退还公司财产,没收违法所得,并可以处以违法所得1倍以上5倍以下的罚款。

第七十二条 伪造、涂改、出租、出借、转让营业执照的,由公司登记机关处以1万元以上10万元以下的罚款;情节严重的,吊销营业执照。

第七十三条 未将营业执照置于住所或者营业场所醒目位置的,由公司登记机关责令改正;拒不改正的,处以1000元以上5000元以下的罚款。

第七十四条 承担资产评估、验资或者验证的机构提供虚假材料的,由公司登记机关没收违法所得,处以违法所得1倍以上5倍以下的罚款,并可以由有关主管部门依法责令该机构停业、吊销直接责任人员的资格证书,吊销营业执照。

承担资产评估、验资或者验证的机构因过失提供有重大遗漏的报告的,由公司登记机关责令改正,情节较重的,处以所得收入1倍以上5倍以下的罚款,并可以由有关主管部门依法责令该机构停业、吊销直接责任人员的资格证书,吊销营业执照。

第七十五条 未依法登记为有限责任公司或者股份有限公司,而冒用有限责任公司或者股份有限公司名义的,或者未依法登记为有限责任公司或者股份有限公司的分公司,而冒用有限责任公司或者股份有限公司的分公司名义的,由公司登记机关责令改正或者予以取缔,可以并处10万元以下的罚款。

第七十六条 公司登记机关对不符合规定条件的公司登记申请予以登记,或者对符合规定条件的登记申请不予登记的,对直接负责的主管人员和其他直接责任人员,依法给予行政处分。

第七十七条　公司登记机关的上级部门强令公司登记机关对不符合规定条件的登记申请予以登记，或者对符合规定条件的登记申请不予登记的，或者对违法登记进行包庇的，对直接负责的主管人员和其他直接责任人员依法给予行政处分。

第七十八条　外国公司违反《公司法》规定，擅自在中国境内设立分支机构的，由公司登记机关责令改正或者关闭，可以并处5万元以上20万元以下的罚款。

第七十九条　利用公司名义从事危害国家安全、社会公共利益的严重违法行为的，吊销营业执照。

第八十条　分公司有本章规定的违法行为的，适用本章规定。

第八十一条　违反本条例规定，构成犯罪的，依法追究刑事责任。

第十一章　附　　则

第八十二条　外商投资的公司的登记适用本条例。有关外商投资企业的法律对其登记另有规定的，适用其规定。

第八十三条　法律、行政法规或者国务院决定规定设立公司必须报经批准，或者公司经营范围中属于法律、行政法规或者国务院决定规定在登记前须经批准的项目的，由国家工商行政管理总局依照法律、行政法规或者国务院决定规定编制企业登记前置行政许可目录并公布。

第八十四条　本条例自1994年7月1日起施行。

企业信息公示暂行条例

1. 2014年8月7日国务院令第654号公布
2. 自2014年10月1日起施行

第一条　为了保障公平竞争，促进企业诚信自律，规范企业信息公示，强化企业信用约束，维护交易安全，提高政府监管效能，扩大社会监督，制定本条例。

第二条　本条例所称企业信息，是指在工商行政管理部门登记的企业从事生产经营活动过程中形成的信息，以及政府部门在履行职责过程中产生的能够反映企业状况的信息。

第三条　企业信息公示应当真实、及时。公示的企业信息涉及国家秘密、国家安全或者社会公共利益的，应当报请主管的保密行政管理部门或者国家安全机关批准。县级以上地方人民政府有关部门公示的企业信息涉及企业商业秘密或者个人隐私的，应当报请上级主管部门批准。

第四条　省、自治区、直辖市人民政府领导本行政区域的企业信息公示工作，按照国家社会信用信息平台建设的总体要求，推动本行政区域企业信用信息公示系统的建设。

第五条　国务院工商行政管理部门推进、监督企业信息公示工作，组织企业信用信息公示系统的建设。国务院其他有关部门依照本条例规定做好企业信息公示相关工作。

县级以上地方人民政府有关部门依照本条例规定做好企业信息公示工作。

第六条　工商行政管理部门应当通过企业信用信息公示系统，公示其在履行职责过程中产生的下列企业信息：

（一）注册登记、备案信息；

（二）动产抵押登记信息；

（三）股权出质登记信息；

（四）行政处罚信息；

（五）其他依法应当公示的信息。

前款规定的企业信息应当自产生之日起20个工作日内予以公示。

第七条　工商行政管理部门以外的其他政府部门（以下简称其他政府部门）应当公示其在履行职责过程中产生的下列企业信息：

（一）行政许可准予、变更、延续信息；

（二）行政处罚信息；

（三）其他依法应当公示的信息。

其他政府部门可以通过企业信用信息公示系统，也可以通过其他系统公示前款规定的企业信息。工商行政管理部门和其他政府部门应当按照国家社会信用信息平台建设的总体要求，实现企业信息的互联共享。

第八条　企业应当于每年1月1日至6月30日，通过企业信用信息公示系统向工商行政管理部门报送上一年度年度报告，并向社会公示。

当年设立登记的企业，自下一年起报送并公示年度报告。

第九条　企业年度报告内容包括：

（一）企业通信地址、邮政编码、联系电话、电子邮箱等信息；

（二）企业开业、歇业、清算等存续状态信息；

（三）企业投资设立企业、购买股权信息；

（四）企业为有限责任公司或者股份有限公司的，其股东或者发起人认缴和实缴的出资额、出资时间、出资方式等信息；

（五）有限责任公司股东股权转让等股权变更信息；

（六）企业网站以及从事网络经营的网店的名称、

网址等信息；

（七）企业从业人数、资产总额、负债总额、对外提供保证担保、所有者权益合计、营业总收入、主营业务收入、利润总额、净利润、纳税总额信息。

前款第一项至第六项规定的信息应当向社会公示，第七项规定的信息由企业选择是否向社会公示。

经企业同意，公民、法人或者其他组织可以查询企业选择不公示的信息。

第十条　企业应当自下列信息形成之日起 20 个工作日内通过企业信用信息公示系统向社会公示：

（一）有限责任公司股东或者股份有限公司发起人认缴和实缴的出资额、出资时间、出资方式等信息；

（二）有限责任公司股东股权转让等股权变更信息；

（三）行政许可取得、变更、延续信息；

（四）知识产权出质登记信息；

（五）受到行政处罚的信息；

（六）其他依法应当公示的信息。

工商行政管理部门发现企业未依照前款规定履行公示义务的，应当责令其限期履行。

第十一条　政府部门和企业分别对其公示信息的真实性、及时性负责。

第十二条　政府部门发现其公示的信息不准确的，应当及时更正。公民、法人或者其他组织有证据证明政府部门公示的信息不准确的，有权要求该政府部门予以更正。

企业发现其公示的信息不准确的，应当及时更正；但是，企业年度报告公示信息的更正应当在每年 6 月 30 日之前完成。更正前后的信息应当同时公示。

第十三条　公民、法人或者其他组织发现企业公示的信息虚假的，可以向工商行政管理部门举报，接到举报的工商行政管理部门应当自接到举报材料之日起 20 个工作日内进行核查，予以处理，并将处理情况书面告知举报人。

公民、法人或者其他组织对依照本条例规定公示的企业信息有疑问的，可以向政府部门申请查询，收到查询申请的政府部门应当自收到申请之日起 20 个工作日内书面答复申请人。

第十四条　国务院工商行政管理部门和省、自治区、直辖市人民政府工商行政管理部门应当按照公平规范的要求，根据企业注册号等随机摇号，确定抽查的企业，组织对企业公示信息的情况进行检查。

工商行政管理部门抽查企业公示的信息，可以采取书面检查、实地核查、网络监测等方式。工商行政管理部门抽查企业公示的信息，可以委托会计师事务所、税务师事务所、律师事务所等专业机构开展相关工作，并依法利用其他政府部门作出的检查、核查结果或者专业机构作出的专业结论。

抽查结果由工商行政管理部门通过企业信用信息公示系统向社会公布。

第十五条　工商行政管理部门对企业公示的信息依法开展抽查或者根据举报进行核查，企业应当配合，接受询问调查，如实反映情况，提供相关材料。

对不予配合情节严重的企业，工商行政管理部门应当通过企业信用信息公示系统公示。

第十六条　任何公民、法人或者其他组织不得非法修改公示的企业信息，不得非法获取企业信息。

第十七条　有下列情形之一的，由县级以上工商行政管理部门列入经营异常名录，通过企业信用信息公示系统向社会公示，提醒其履行公示义务；情节严重的，由有关主管部门依照有关法律、行政法规规定给予行政处罚；造成他人损失的，依法承担赔偿责任；构成犯罪的，依法追究刑事责任：

（一）企业未按照本条例规定的期限公示年度报告或者未按照工商行政管理部门责令的期限公示有关企业信息的；

（二）企业公示信息隐瞒真实情况、弄虚作假的。

被列入经营异常名录的企业依照本条例规定履行公示义务的，由县级以上工商行政管理部门移出经营异常名录；满 3 年未依照本条例规定履行公示义务的，由国务院工商行政管理部门或者省、自治区、直辖市人民政府工商行政管理部门列入严重违法企业名单，并通过企业信用信息公示系统向社会公示。被列入严重违法企业名单的企业的法定代表人、负责人，3 年内不得担任其他企业的法定代表人、负责人。

企业自被列入严重违法企业名单之日起满 5 年未再发生第一款规定情形的，由国务院工商行政管理部门或者省、自治区、直辖市人民政府工商行政管理部门移出严重违法企业名单。

第十八条　县级以上地方人民政府及其有关部门应当建立健全信用约束机制，在政府采购、工程招投标、国有土地出让、授予荣誉称号等工作中，将企业信息作为重要考量因素，对被列入经营异常名录或者严重违法企业名单的企业依法予以限制或者禁入。

第十九条　政府部门未依照本条例规定履行职责的，由监察机关、上一级政府部门责令改正；情节严重的，对负有责任的主管人员和其他直接责任人员依法给予处分；构成犯罪的，依法追究刑事责任。

第二十条　非法修改公示的企业信息，或者非法获取企业信息的，依照有关法律、行政法规规定追究法律责任。

第二十一条 公民、法人或者其他组织认为政府部门在企业信息公示工作中的具体行政行为侵犯其合法权益的，可以依法申请行政复议或者提起行政诉讼。

第二十二条 企业依照本条例规定公示信息，不免除其依照其他有关法律、行政法规规定公示信息的义务。

第二十三条 法律、法规授权的具有管理公共事务职能的组织公示企业信息适用本条例关于政府部门公示企业信息的规定。

第二十四条 国务院工商行政管理部门负责制定企业信用信息公示系统的技术规范。

个体工商户、农民专业合作社信息公示的具体办法由国务院工商行政管理部门另行制定。

第二十五条 本条例自2014年10月1日起施行。

上市公司章程指引(2014年修订)

2014年10月20日中国证券监督管理委员会公告〔2014〕47号公布施行

第一章　总　　则

第一条 为维护公司、股东和债权人的合法权益，规范公司的组织和行为，根据《中华人民共和国公司法》(以下简称《公司法》)、《中华人民共和国证券法》(以下简称《证券法》)和其他有关规定，制订本章程。

第二条 公司系依照【法规名称】和其他有关规定成立的股份有限公司(以下简称公司)。

公司【设立方式】设立；在【公司登记机关所在地名】工商行政管理局注册登记，取得营业执照，营业执照号【营业执照号码】。

注释：依法律、行政法规规定，公司设立必须报经批准的，应当说明批准机关和批准文件名称。

第三条 公司于【批/核准日期】经【批/核准机关全称】批/核准，首次向社会公众发行人民币普通股【股份数额】股，于【上市日期】在【证券交易所全称】上市。公司于【批/核准日期】经【批/核准机关全称】批/核准，发行优先股【股份数额】股，于【上市日期】在【证券交易所全称】上市。公司向境外投资人发行的以外币认购并且在境内上市的境内上市外资股为【股份数额】，于【上市日期】在【证券交易所全称】上市。

注释：本指引所称优先股，是指依照《公司法》，在一般规定的普通种类股份之外，另行规定的其他种类股份，其股份持有人优先于普通股股东分配公司利润和剩余财产，但参与公司决策管理等权利受到限制。

没有发行(或拟发行)优先股或者境内上市外资股的公司，无需就本条有关优先股或者境内上市外资股的内容作出说明。以下同。

第四条 公司注册名称：【中文全称】【英文全称】

第五条 公司住所：【公司住所地址全称，邮政编码】。

第六条 公司注册资本为人民币【注册资本数额】元。

注释：公司因增加或者减少注册资本而导致注册资本总额变更的，可以在股东大会通过同意增加或减少注册资本的决议后，再就因此而需要修改公司章程的事项通过一项决议，并说明授权董事会具体办理注册资本的变更登记手续。

第七条 公司营业期限为【年数】或者【公司为永久存续的股份有限公司】。

第八条 【董事长或经理】为公司的法定代表人。

第九条 公司全部资产分为等额股份，股东以其认购的股份为限对公司承担责任，公司以其全部资产对公司的债务承担责任。

第十条 本公司章程自生效之日起，即成为规范公司的组织与行为、公司与股东、股东与股东之间权利义务关系的具有法律约束力的文件，对公司、股东、董事、监事、高级管理人员具有法律约束力的文件。依据本章程，股东可以起诉股东，股东可以起诉公司董事、监事、经理和其他高级管理人员，股东可以起诉公司，公司可以起诉股东、董事、监事、经理和其他高级管理人员。

第十一条 本章程所称其他高级管理人员是指公司的副经理、董事会秘书、财务负责人。

注释：公司可以根据实际情况，在章程中确定属于公司高级管理人员的人员。

第二章　经营宗旨和范围

第十二条 公司的经营宗旨：【宗旨内容】

第十三条 经依法登记，公司的经营范围：【经营范围内容】

注释：公司的经营范围中属于法律、行政法规规定须经批准的项目，应当依法经过批准。

第三章　股　　份

第一节　股份发行

第十四条 公司的股份采取股票的形式。

第十五条 公司股份的发行，实行公开、公平、公正的原则，同种类的每一股份应当具有同等权利。

同次发行的同种类股票，每股的发行条件和价格应当相同；任何单位或者个人所认购的股份，每股应当支付相同价额。

注释：发行优先股的公司，应当在章程中明确以下事项：(1)优先股股息率采用固定股息率或浮动股息率，并相应明确固定股息率水平或浮动股息率的计算方法;(2)公司在有可分配税后利润的情况下是否必须分配利润;(3)如果公司因本会计年度可分配利润不足而未向优先股股东足额派发股息,差额部分是否累积到下一会计年度;(4)优先股股东按照约定的股息率分配股息后,是否有权同普通股股东一起参加剩余利润分配,以及参与剩余利润分配的比例、条件等事项;(5)其他涉及优先股股东参与公司利润分配的事项;(6)除利润分配和剩余财产分配外,优先股是否在其他条款上具有不同的设置;(7)优先股表决权恢复时,每股优先股股份享有表决权的具体计算方法。

其中,公开发行优先股的,应当在公司章程中明确:(1)采取固定股息率;(2)在有可分配税后利润的情况下必须向优先股股东分配股息;(3)未向优先股股东足额派发股息的差额部分应当累积到下一会计年度;(4)优先股股东按照约定的股息率分配股息后,不再同普通股股东一起参加剩余利润分配。商业银行发行优先股补充资本的,可就第(2)项和第(3)项事项另作规定。

第十六条　公司发行的股票,以人民币标明面值。

第十七条　公司发行的股份,在【证券登记机构名称】集中存管。

第十八条　公司发起人为【各发起人姓名或者名称】、认购的股份数分别为【股份数量】、出资方式和出资时间为【具体方式和时间】。

注释:已成立1年或1年以上的公司,发起人已将所持股份转让的,无需填入发起人的持股数额。

第十九条　公司股份总数为【股份数额】,公司的股本结构为:普通股【数额】股,其他种类股【数额】股。

注释:公司发行优先股等其他种类股份的,应作出说明。

第二十条　公司或公司的子公司(包括公司的附属企业)不以赠与、垫资、担保、补偿或贷款等形式,对购买或者拟购买公司股份的人提供任何资助。

第二节　股份增减和回购

第二十一条　公司根据经营和发展的需要,依照法律、法规的规定,经股东大会分别作出决议,可以采用下列方式增加资本:

(一)公开发行股份;

(二)非公开发行股份;

(三)向现有股东派送红股;

(四)以公积金转增股本;

(五)法律、行政法规规定以及中国证监会批准的其他方式。

注释:发行优先股的公司,应当在章程中对发行优先股的以下事项作出规定:公司已发行的优先股不得超过公司普通股股份总数的百分之五十,且筹资金额不得超过发行前净资产的百分之五十,已回购、转换的优先股不纳入计算。

公司不得发行可转换为普通股的优先股。但商业银行可以根据商业银行资本监管规定,非公开发行触发事件发生时强制转换为普通股的优先股,并遵守有关规定。

发行可转换公司债的公司,还应当在章程中对可转换公司债的发行、转股程序和安排以及转股所导致的公司股本变更等事项作出具体规定。

第二十二条　公司可以减少注册资本。公司减少注册资本,应当按照《公司法》以及其他有关规定和本章程规定的程序办理。

第二十三条　公司在下列情况下,可以依照法律、行政法规、部门规章和本章程的规定,收购本公司的股份:

(一)减少公司注册资本;

(二)与持有本公司股票的其他公司合并;

(三)将股份奖励给本公司职工;

(四)股东因对股东大会作出的公司合并、分立决议持异议,要求公司收购其股份的。

除上述情形外,公司不进行买卖本公司股份的活动。

注释:发行优先股的公司,还应当在公司章程中对回购优先股的选择权由发行人或股东行使、回购的条件、价格和比例等作出具体规定。发行人按章程规定要求回购优先股的,必须完全支付所欠股息,但商业银行发行优先股补充资本的除外。

第二十四条　公司收购本公司股份,可以选择下列方式之一进行:

(一)证券交易所集中竞价交易方式;

(二)要约方式;

(三)中国证监会认可的其他方式。

第二十五条　公司因本章程第二十三条第(一)项至第(三)项的原因收购本公司股份的,应当经股东大会决议。公司依照第二十三条规定收购本公司股份后,属于第(一)项情形的,应当自收购之日起10日内注销;属于第(二)项、第(四)项情形的,应当在6个月内转让或者注销。

公司依照第二十三条第(三)项规定收购的本公司股份,将不超过本公司已发行股份总额的5%;用于收购的资金应当从公司的税后利润中支出;所收购的股份应当1年内转让给职工。

注释:公司按本条规定回购优先股后,应当相应减记发行在外的优先股股份总数。

第三节 股份转让

第二十六条 公司的股份可以依法转让。

第二十七条 公司不接受本公司的股票作为质押权的标的。

第二十八条 发起人持有的本公司股份，自公司成立之日起1年内不得转让。公司公开发行股份前已发行的股份，自公司股票在证券交易所上市交易之日起1年内不得转让。

公司董事、监事、高级管理人员应当向公司申报所持有的本公司的股份（含优先股股份）及其变动情况，在任职期间每年转让的股份不得超过其所持有本公司同一种类股份总数的25%；所持本公司股份自公司股票上市交易之日起1年内不得转让。上述人员离职后半年内，不得转让其所持有的本公司股份。

注释：若公司章程对公司董事、监事、高级管理人员转让其所持有的本公司股份（含优先股股份）作出其他限制性规定的，应当进行说明。

第二十九条 公司董事、监事、高级管理人员、持有本公司股份5%以上的股东，将其持有的本公司股票在买入后6个月内卖出，或者在卖出后6个月内又买入，由此所得收益归本公司所有，本公司董事会将收回其所得收益。但是，证券公司因包销购入售后剩余股票而持有5%以上股份的，卖出该股票不受6个月时间限制。

公司董事会不按照前款规定执行的，股东有权要求董事会在30日内执行。公司董事会未在上述期限内执行的，股东有权为了公司的利益以自己的名义直接向人民法院提起诉讼。

公司董事会不按照第一款的规定执行的，负有责任的董事依法承担连带责任。

第四章 股东和股东大会

第一节 股东

第三十条 公司依据证券登记机构提供的凭证建立股东名册，股东名册是证明股东持有公司股份的充分证据。股东按其所持有股份的种类享有权利，承担义务；持有同一种类股份的股东，享有同等权利，承担同种义务。

注释：公司应当与证券登记机构签订股份保管协议，定期查询主要股东资料以及主要股东的持股变更（包括股权的出质）情况，及时掌握公司的股权结构。

第三十一条 公司召开股东大会、分配股利、清算及从事其他需要确认股东身份的行为时，由董事会或股东大会召集人确定股权登记日，股权登记日收市后登记在册的股东为享有相关权益的股东。

第三十二条 公司股东享有下列权利：

（一）依照其所持有的股份份额获得股利和其他形式的利益分配；

（二）依法请求、召集、主持、参加或者委派股东代理人参加股东大会，并行使相应的表决权；

（三）对公司的经营进行监督，提出建议或者质询；

（四）依照法律、行政法规及本章程的规定转让、赠与或质押其所持有的股份；

（五）查阅本章程、股东名册、公司债券存根、股东大会会议记录、董事会会议决议、监事会会议决议、财务会计报告；

（六）公司终止或者清算时，按其所持有的股份份额参加公司剩余财产的分配；

（七）对股东大会作出的公司合并、分立决议持异议的股东，要求公司收购其股份；

（八）法律、行政法规、部门规章或本章程规定的其他权利。

注释：发行优先股的公司，应当在章程中明确优先股股东不出席股东大会会议，所持股份没有表决权，但以下情况除外：(1)修改公司章程中与优先股相关的内容；(2)一次或累计减少公司注册资本超过10%；(3)公司合并、分立、解散或变更公司形式；(4)发行优先股；(5)公司章程规定的其他情形。

发行优先股的公司，还应当在章程中明确规定：公司累计3个会计年度或者连续2个会计年度未按约定支付优先股股息的，优先股股东有权出席股东大会，每股优先股股份享有公司章程规定的表决权。对于股息可以累积到下一会计年度的优先股，表决权恢复直至公司全额支付所欠股息。对于股息不可累积的优先股，表决权恢复直至公司全额支付当年股息。公司章程可以规定优先股表决权恢复的其他情形。

第三十三条 股东提出查阅前条所述有关信息或者索取资料的，应当向公司提供证明其持有公司股份的种类以及持股数量的书面文件，公司经核实股东身份后按照股东的要求予以提供。

第三十四条 公司股东大会、董事会决议内容违反法律、行政法规的，股东有权请求人民法院认定无效。

股东大会、董事会的会议召集程序、表决方式违反法律、行政法规或者本章程，或者决议内容违反本章程的，股东有权自决议作出之日起60日内，请求人民法院撤销。

第三十五条 董事、高级管理人员执行公司职务时违反法律、行政法规或者本章程的规定，给公司造成损失的，连续180日以上单独或合并持有公司1%以上股份的股东有权书面请求监事会向人民法院提起诉讼；

监事会执行公司职务时违反法律、行政法规或者本章程的规定,给公司造成损失的,股东可以书面请求董事会向人民法院提起诉讼。

监事会、董事会收到前款规定的股东书面请求后拒绝提起诉讼,或者自收到请求之日起30日内未提起诉讼,或者情况紧急、不立即提起诉讼将会使公司利益受到难以弥补的损害的,前款规定的股东有权为了公司的利益以自己的名义直接向人民法院提起诉讼。

他人侵犯公司合法权益,给公司造成损失的,本条第一款规定的股东可以依照前两款的规定向人民法院提起诉讼。

第三十六条　董事、高级管理人员违反法律、行政法规或者本章程的规定,损害股东利益的,股东可以向人民法院提起诉讼。

第三十七条　公司股东承担下列义务:

(一)遵守法律、行政法规和本章程;

(二)依其所认购的股份和入股方式缴纳股金;

(三)除法律、法规规定的情形外,不得退股;

(四)不得滥用股东权利损害公司或者其他股东的利益;不得滥用公司法人独立地位和股东有限责任损害公司债权人的利益;

公司股东滥用股东权利给公司或者其他股东造成损失的,应当依法承担赔偿责任。

公司股东滥用公司法人独立地位和股东有限责任,逃避债务,严重损害公司债权人利益的,应当对公司债务承担连带责任。

(五)法律、行政法规及本章程规定应当承担的其他义务。

第三十八条　持有公司5%以上有表决权股份的股东,将其持有的股份进行质押的,应当自该事实发生当日,向公司作出书面报告。

第三十九条　公司的控股股东、实际控制人不得利用其关联关系损害公司利益。违反规定的,给公司造成损失的,应当承担赔偿责任。

公司控股股东及实际控制人对公司和公司社会公众股股东负有诚信义务。控股股东应严格依法行使出资人的权利,控股股东不得利用利润分配、资产重组、对外投资、资金占用、借款担保等方式损害公司和社会公众股股东的合法权益,不得利用其控制地位损害公司和社会公众股股东的利益。

第二节　股东大会的一般规定

第四十条　股东大会是公司的权力机构,依法行使下列职权:

(一)决定公司的经营方针和投资计划;

(二)选举和更换非由职工代表担任的董事、监事,决定有关董事、监事的报酬事项;

(三)审议批准董事会的报告;

(四)审议批准监事会报告;

(五)审议批准公司的年度财务预算方案、决算方案;

(六)审议批准公司的利润分配方案和弥补亏损方案;

(七)对公司增加或者减少注册资本作出决议;

(八)对发行公司债券作出决议;

(九)对公司合并、分立、解散、清算或者变更公司形式作出决议;

(十)修改本章程;

(十一)对公司聘用、解聘会计师事务所作出决议;

(十二)审议批准第四十一条规定的担保事项;

(十三)审议公司在一年内购买、出售重大资产超过公司最近一期经审计总资产30%的事项;

(十四)审议批准变更募集资金用途事项;

(十五)审议股权激励计划;

(十六)审议法律、行政法规、部门规章或本章程规定应当由股东大会决定的其他事项。

注释:上述股东大会的职权不得通过授权的形式由董事会或其他机构和个人代为行使。

第四十一条　公司下列对外担保行为,须经股东大会审议通过。

(一)本公司及本公司控股子公司的对外担保总额,达到或超过最近一期经审计净资产的50%以后提供的任何担保;

(二)公司的对外担保总额,达到或超过最近一期经审计总资产的30%以后提供的任何担保;

(三)为资产负债率超过70%的担保对象提供的担保;

(四)单笔担保额超过最近一期经审计净资产10%的担保;

(五)对股东、实际控制人及其关联方提供的担保。

第四十二条　股东大会分为年度股东大会和临时股东大会。年度股东大会每年召开1次,应当于上一会计年度结束后的6个月内举行。

第四十三条　有下列情形之一的,公司在事实发生之日起2个月以内召开临时股东大会:

(一)董事人数不足《公司法》规定人数或者本章程所定人数的2/3时;

(二)公司未弥补的亏损达实收股本总额1/3时;

（三）单独或者合计持有公司10%以上股份的股东请求时；

（四）董事会认为必要时；

（五）监事会提议召开时；

（六）法律、行政法规、部门规章或本章程规定的其他情形。

注释：公司应当在章程中确定本条第（一）项的具体人数。计算本条第（三）项所称持股比例时，仅计算普通股和表决权恢复的优先股。

第四十四条 本公司召开股东大会的地点为：【具体地点】。

股东大会将设置会场，以现场会议形式召开。公司还将提供【网络或其他方式】为股东参加股东大会提供便利。股东通过上述方式参加股东大会的，视为出席。

注释：公司章程可以规定召开股东大会的地点为公司住所地或其他明确地点。召开股东大会公司采用其他参加股东大会方式的，必须在公司章程中予以明确，并明确合法有效的股东身份确认方式。

第四十五条 本公司召开股东大会时将聘请律师对以下问题出具法律意见并公告：

（一）会议的召集、召开程序是否符合法律、行政法规、本章程；

（二）出席会议人员的资格、召集人资格是否合法有效；

（三）会议的表决程序、表决结果是否合法有效；

（四）应本公司要求对其他有关问题出具的法律意见。

第三节 股东大会的召集

第四十六条 独立董事有权向董事会提议召开临时股东大会。对独立董事要求召开临时股东大会的提议，董事会应当根据法律、行政法规和本章程的规定，在收到提议后10日内提出同意或不同意召开临时股东大会的书面反馈意见。董事会同意召开临时股东大会的，将在作出董事会决议后的5日内发出召开股东大会的通知；董事会不同意召开临时股东大会的，将说明理由并公告。

第四十七条 监事会有权向董事会提议召开临时股东大会，并应当以书面形式向董事会提出。董事会应当根据法律、行政法规和本章程的规定，在收到提案后10日内提出同意或不同意召开临时股东大会的书面反馈意见。

董事会同意召开临时股东大会的，将在作出董事会决议后的5日内发出召开股东大会的通知，通知中对原提议的变更，应征得监事会的同意。

董事会不同意召开临时股东大会，或者在收到提案后10日内未作出反馈的，视为董事会不能履行或者不履行召集股东大会会议职责，监事会可以自行召集和主持。

第四十八条 单独或者合计持有公司10%以上股份的股东有权向董事会请求召开临时股东大会，并应当以书面形式向董事会提出。董事会应当根据法律、行政法规和本章程的规定，在收到请求后10日内提出同意或不同意召开临时股东大会的书面反馈意见。

董事会同意召开临时股东大会的，应当在作出董事会决议后的5日内发出召开股东大会的通知，通知中对原请求的变更，应当征得相关股东的同意。

董事会不同意召开临时股东大会，或者在收到请求后10日内未作出反馈的，单独或者合计持有公司10%以上股份的股东有权向监事会提议召开临时股东大会，并应当以书面形式向监事会提出请求。

监事会同意召开临时股东大会的，应在收到请求5日内发出召开股东大会的通知，通知中对原提案的变更，应当征得相关股东的同意。

监事会未在规定期限内发出股东大会通知的，视为监事会不召集和主持股东大会，连续90日以上单独或者合计持有公司10%以上股份的股东可以自行召集和主持。

注释：计算本条所称持股比例时，仅计算普通股和表决权恢复的优先股。

第四十九条 监事会或股东决定自行召集股东大会的，须书面通知董事会，同时向公司所在地中国证监会派出机构和证券交易所备案。

在股东大会决议公告前，召集股东持股比例不得低于10%。

召集股东应在发出股东大会通知及股东大会决议公告时，向公司所在地中国证监会派出机构和证券交易所提交有关证明材料。

注释：计算本条所称持股比例时，仅计算普通股和表决权恢复的优先股。

第五十条 对于监事会或股东自行召集的股东大会，董事会和董事会秘书将予配合。董事会应当提供股权登记日的股东名册。

第五十一条 监事会或股东自行召集的股东大会，会议所必需的费用由本公司承担。

第四节 股东大会的提案与通知

第五十二条 提案的内容应当属于股东大会职权范围，有明确议题和具体决议事项，并且符合法律、行政法规和本章程的有关规定。

第五十三条 公司召开股东大会,董事会、监事会以及单独或者合并持有公司3%以上股份的股东,有权向公司提出提案。

单独或者合计持有公司3%以上股份的股东,可以在股东大会召开10日前提出临时提案并书面提交召集人。召集人应当在收到提案后2日内发出股东大会补充通知,公告临时提案的内容。

除前款规定的情形外,召集人在发出股东大会通知公告后,不得修改股东大会通知中已列明的提案或增加新的提案。

股东大会通知中未列明或不符合本章程第五十二条规定的提案,股东大会不得进行表决并作出决议。

注释:计算本条所称持股比例时,仅计算普通股和表决权恢复的优先股。

第五十四条 召集人将在年度股东大会召开20日前以公告方式通知各股东,临时股东大会将于会议召开15日前以公告方式通知各股东。

注释:公司在计算起始期限时,不应当包括会议召开当日。

公司可以根据实际情况,决定是否在章程中规定催告程序。

第五十五条 股东大会的通知包括以下内容:

(一)会议的时间、地点和会议期限;

(二)提交会议审议的事项和提案;

(三)以明显的文字说明:全体普通股股东(含表决权恢复的优先股股东)均有权出席股东大会,并可以书面委托代理人出席会议和参加表决,该股东代理人不必是公司的股东;

(四)有权出席股东大会股东的股权登记日;

(五)会务常设联系人姓名,电话号码。

注释:1. 股东大会通知和补充通知中应当充分、完整披露所有提案的全部具体内容。拟讨论的事项需要独立董事发表意见的,发布股东大会通知或补充通知时将同时披露独立董事的意见及理由。

2. 股东大会采用网络或其他方式的,应当在股东大会通知中明确载明网络或其他方式的表决时间及表决程序。股东大会网络或其他方式投票的开始时间,不得早于现场股东大会召开前一日下午3:00,并不得迟于现场股东大会召开当日上午9:30,其结束时间不得早于现场股东大会结束当日下午3:00。

3. 股权登记日与会议日期之间的间隔应当不多于7个工作日。股权登记日一旦确认,不得变更。

第五十六条 股东大会拟讨论董事、监事选举事项的,股东大会通知中将充分披露董事、监事候选人的详细资料,至少包括以下内容:

(一)教育背景、工作经历、兼职等个人情况;

(二)与本公司或本公司的控股股东及实际控制人是否存在关联关系;

(三)披露持有本公司股份数量;

(四)是否受过中国证监会及其他有关部门的处罚和证券交易所惩戒。

除采取累积投票制选举董事、监事外,每位董事、监事候选人应当以单项提案提出。

第五十七条 发出股东大会通知后,无正当理由,股东大会不应延期或取消,股东大会通知中列明的提案不应取消。一旦出现延期或取消的情形,召集人应当在原定召开日前至少2个工作日公告并说明原因。

第五节 股东大会的召开

第五十八条 本公司董事会和其他召集人将采取必要措施,保证股东大会的正常秩序。对于干扰股东大会、寻衅滋事和侵犯股东合法权益的行为,将采取措施加以制止并及时报告有关部门查处。

第五十九条 股权登记日登记在册的所有普通股股东(含表决权恢复的优先股股东)或其代理人,均有权出席股东大会。并依照有关法律、法规及本章程行使表决权。

股东可以亲自出席股东大会,也可以委托代理人代为出席和表决。

第六十条 个人股东亲自出席会议的,应出示本人身份证或其他能够表明其身份的有效证件或证明、股票账户卡;委托代理他人出席会议的,应出示本人有效身份证件、股东授权委托书。

法人股东应由法定代表人或者法定代表人委托的代理人出席会议。法定代表人出席会议的,应出示本人身份证、能证明其具有法定代表人资格的有效证明;委托代理人出席会议的,代理人应出示本人身份证、法人股东单位的法定代表人依法出具的书面授权委托书。

第六十一条 股东出具的委托他人出席股东大会的授权委托书应当载明下列内容:

(一)代理人的姓名;

(二)是否具有表决权;

(三)分别对列入股东大会议程的每一审议事项投赞成、反对或弃权票的指示;

(四)委托书签发日期和有效期限;

(五)委托人签名(或盖章)。委托人为法人股东的,应加盖法人单位印章。

第六十二条 委托书应当注明如果股东不作具体指示,

股东代理人是否可以按自己的意思表决。

第六十三条 代理投票授权委托书由委托人授权他人签署的,授权签署的授权书或者其他授权文件应当经过公证。经公证的授权书或者其他授权文件,和投票代理委托书均需备置于公司住所或者召集会议的通知中指定的其他地方。

委托人为法人的,由其法定代表人或者董事会、其他决策机构决议授权的人作为代表出席公司的股东大会。

第六十四条 出席会议人员的会议登记册由公司负责制作。会议登记册载明参加会议人员姓名(或单位名称)、身份证号码、住所地址、持有或者代表有表决权的股份数额、被代理人姓名(或单位名称)等事项。

第六十五条 召集人和公司聘请的律师将依据证券登记结算机构提供的股东名册共同对股东资格的合法性进行验证,并登记股东姓名(或名称)及其所持有表决权的股份数。在会议主持人宣布现场出席会议的股东和代理人人数及所持有表决权的股份总数之前,会议登记应当终止。

第六十六条 股东大会召开时,本公司全体董事、监事和董事会秘书应当出席会议,经理和其他高级管理人员应当列席会议。

第六十七条 股东大会由董事长主持。董事长不能履行职务或不履行职务时,由副董事长(公司有两位或两位以上副董事长的,由半数以上董事共同推举的副董事长主持)主持,副董事长不能履行职务或者不履行职务时,由半数以上董事共同推举的一名董事主持。

监事会自行召集的股东大会,由监事会主席主持。监事会主席不能履行职务或不履行职务时,由监事会副主席主持,监事会副主席不能履行职务或者不履行职务时,由半数以上监事共同推举的一名监事主持。

股东自行召集的股东大会,由召集人推举代表主持。

召开股东大会时,会议主持人违反议事规则使股东大会无法继续进行的,经现场出席股东大会有表决权过半数的股东同意,股东大会可推举一人担任会议主持人,继续开会。

第六十八条 公司制定股东大会议事规则,详细规定股东大会的召开和表决程序,包括通知、登记、提案的审议、投票、计票、表决结果的宣布、会议决议的形成、会议记录及其签署、公告等内容,以及股东大会对董事会的授权原则,授权内容应明确具体。股东大会议事规则应作为章程的附件,由董事会拟定,股东大会批准。

第六十九条 在年度股东大会上,董事会、监事会应当就其过去一年的工作向股东大会作出报告。每名独立董事也应作出述职报告。

第七十条 董事、监事、高级管理人员在股东大会上就股东的质询和建议作出解释和说明。

第七十一条 会议主持人应当在表决前宣布现场出席会议的股东和代理人人数及所持有表决权的股份总数,现场出席会议的股东和代理人人数及所持有表决权的股份总数以会议登记为准。

第七十二条 股东大会应有会议记录,由董事会秘书负责。会议记录记载以下内容:

(一)会议时间、地点、议程和召集人姓名或名称;

(二)会议主持人以及出席或列席会议的董事、监事、经理和其他高级管理人员姓名;

(三)出席会议的股东和代理人人数、所持有表决权的股份总数及占公司股份总数的比例;

(四)对每一提案的审议经过、发言要点和表决结果;

(五)股东的质询意见或建议以及相应的答复或说明;

(六)律师及计票人、监票人姓名;

(七)本章程规定应当载入会议记录的其他内容。

注释:既发行内资股又发行境内上市外资股的公司,会议记录的内容还应当包括:(1)出席股东大会的内资股股东(包括股东代理人)和境内上市外资股股东(包括股东代理人)所持有表决权的股份数,各占公司总股份的比例;(2)在记载表决结果时,还应当记载内资股股东和境内上市外资股股东对每一决议事项的表决情况。

未完成股权分置改革的公司,会议记录还应该包括:(1)出席股东大会的流通股股东(包括股东代理人)和非流通股股东(包括股东代理人)所持有表决权的股份数,各占公司总股份的比例;(2)在记载表决结果时,还应当记载流通股股东和非流通股股东对每一决议事项的表决情况。

公司应当根据实际情况,在章程中规定股东大会会议记录需要记载的其他内容。

第七十三条 召集人应当保证会议记录内容真实、准确和完整。出席会议的董事、监事、董事会秘书、召集人或其代表、会议主持人应当在会议记录上签名。会议记录应当与现场出席股东的签名册及代理出席的委托书、网络及其他方式表决情况的有效资料一并保存,保存期限不少于10年。

注释:公司应当根据具体情况,在章程中规定股东大会会议记录的保管期限。

第七十四条 召集人应当保证股东大会连续举行,直至形成最终决议。因不可抗力等特殊原因导致股东大会中止或不能作出决议的,应采取必要措施尽快恢复召开股东大会或直接终止本次股东大会,并及时公告。同时,召集人应向公司所在地中国证监会派出机构及证券交易所报告。

第六节　股东大会的表决和决议

第七十五条　股东大会决议分为普通决议和特别决议。

股东大会作出普通决议,应当由出席股东大会的股东(包括股东代理人)所持表决权的1/2以上通过。

股东大会作出特别决议,应当由出席股东大会的股东(包括股东代理人)所持表决权的2/3以上通过。

第七十六条　下列事项由股东大会以普通决议通过:

(一)董事会和监事会的工作报告;

(二)董事会拟定的利润分配方案和弥补亏损方案;

(三)董事会和监事会成员的任免及其报酬和支付方法;

(四)公司年度预算方案、决算方案;

(五)公司年度报告;

(六)除法律、行政法规规定或者本章程规定应当以特别决议通过以外的其他事项。

第七十七条　下列事项由股东大会以特别决议通过:

(一)公司增加或者减少注册资本;

(二)公司的分立、合并、解散和清算;

(三)本章程的修改;

(四)公司在一年内购买、出售重大资产或者担保金额超过公司最近一期经审计总资产30%的;

(五)股权激励计划;

(六)法律、行政法规或本章程规定的,以及股东大会以普通决议认定会对公司产生重大影响的、需要以特别决议通过的其他事项。

注释:股东大会就以下事项作出特别决议,除须经出席会议的普通股股东(含表决权恢复的优先股股东,包括股东代理人)所持表决权的2/3以上通过之外,还须经出席会议的优先股股东(不含表决权恢复的优先股股东,包括股东代理人)所持表决权的2/3以上通过:(1)修改公司章程中与优先股相关的内容;(2)一次或累计减少公司注册资本超过10%;(3)公司合并、分立、解散或变更公司形式;(4)发行优先股;(5)公司章程规定的其他情形。

第七十八条　股东(包括股东代理人)以其所代表的有表决权的股份数额行使表决权,每一股份享有一票表决权。

股东大会审议影响中小投资者利益的重大事项时,对中小投资者表决应当单独计票。单独计票结果应当及时公开披露。

公司持有的本公司股份没有表决权,且该部分股份不计入出席股东大会有表决权的股份总数。

公司董事会、独立董事和符合相关规定条件的股东可以公开征集股东投票权。征集股东投票权应当向被征集人充分披露具体投票意向等信息。禁止以有偿或者变相有偿的方式征集股东投票权。公司不得对征集投票权提出最低持股比例限制。

注释:若公司有发行在外的其他股份,应当说明是否享有表决权。优先股表决权恢复的,应当根据章程规定的具体计算方法确定每股优先股股份享有的表决权。

第七十九条　股东大会审议有关关联交易事项时,关联股东不应当参与投票表决,其所代表的有表决权的股份数不计入有效表决总数;股东大会决议的公告应当充分披露非关联股东的表决情况。

注释:公司应当根据具体情况,在章程中制订有关联关系股东的回避和表决程序。

第八十条　公司应在保证股东大会合法、有效的前提下,通过各种方式和途径,优先提供网络形式的投票平台等现代信息技术手段,为股东参加股东大会提供便利。

注释:公司就发行优先股事项召开股东大会的,应当提供网络投票,并可以通过中国证监会认可的其他方式为股东参加股东大会提供便利。

第八十一条　除公司处于危机等特殊情况外,非经股东大会以特别决议批准,公司将不与董事、经理和其它高级管理人员以外的人订立将公司全部或者重要业务的管理交予该人负责的合同。

第八十二条　董事、监事候选人名单以提案的方式提请股东大会表决。

股东大会就选举董事、监事进行表决时,根据本章程的规定或者股东大会的决议,可以实行累积投票制。

前款所称累积投票制是指股东大会选举董事或者监事时,每一股份拥有与应选董事或者监事人数相同的表决权,股东拥有的表决权可以集中使用。董事会应当向股东公告候选董事、监事的简历和基本情况。

注释:公司应当在章程中规定董事、监事提名的方式和程序,以及累积投票制的相关事宜。

第八十三条　除累积投票制外,股东大会将对所有提案进行逐项表决,对同一事项有不同提案的,将按提案提出的时间顺序进行表决。除因不可抗力等特殊原因导致股东大会中止或不能作出决议外,股东大会将不会对提案进行搁置或不予表决。

第八十四条　股东大会审议提案时,不会对提案进行修改,否则,有关变更应当被视为一个新的提案,不能在本次股东大会上进行表决。

第八十五条 同一表决权只能选择现场、网络或其他表决方式中的一种。同一表决权出现重复表决的以第一次投票结果为准。

第八十六条 股东大会采取记名方式投票表决。

第八十七条 股东大会对提案进行表决前,应当推举两名股东代表参加计票和监票。审议事项与股东有利害关系的,相关股东及代理人不得参加计票、监票。

股东大会对提案进行表决时,应当由律师、股东代表与监事代表共同负责计票、监票,并当场公布表决结果,决议的表决结果载入会议记录。

通过网络或其他方式投票的公司股东或其代理人,有权通过相应的投票系统查验自己的投票结果。

第八十八条 股东大会现场结束时间不得早于网络或其他方式,会议主持人应当宣布每一提案的表决情况和结果,并根据表决结果宣布提案是否通过。

在正式公布表决结果前,股东大会现场、网络及其他表决方式中所涉及的公司、计票人、监票人、主要股东、网络服务方等相关各方对表决情况均负有保密义务。

第八十九条 出席股东大会的股东,应当对提交表决的提案发表以下意见之一:同意、反对或弃权。证券登记结算机构作为沪港通股票的名义持有人,按照实际持有人意思表示进行申报的除外。

未填、错填、字迹无法辨认的表决票、未投的表决票均视为投票人放弃表决权利,其所持股份数的表决结果应计为"弃权"。

第九十条 会议主持人如果对提交表决的决议结果有任何怀疑,可以对所投票数组织点票;如果会议主持人未进行点票,出席会议的股东或者股东代理人对会议主持人宣布结果有异议的,有权在宣布表决结果后立即要求点票,会议主持人应当立即组织点票。

第九十一条 股东大会决议应当及时公告,公告中应列明出席会议的股东和代理人人数、所持有表决权的股份总数及占公司有表决权股份总数的比例、表决方式、每项提案的表决结果和通过的各项决议的详细内容。

注释:发行境内上市外资股的公司,应当对内资股股东和外资股股东出席会议及表决情况分别统计并公告。

第九十二条 提案未获通过,或者本次股东大会变更前次股东大会决议的,应当在股东大会决议公告中作特别提示。

第九十三条 股东大会通过有关董事、监事选举提案的,新任董事、监事就任时间在【就任时间】。

注释:新任董事、监事就任时间确认方式应在公司章程中予以明确。

第九十四条 股东大会通过有关派现、送股或资本公积转增股本提案的,公司将在股东大会结束后 2 个月内实施具体方案。

第五章 董 事 会

第一节 董 事

第九十五条 公司董事为自然人,有下列情形之一的,不能担任公司的董事:

(一)无民事行为能力或者限制民事行为能力;

(二)因贪污、贿赂、侵占财产、挪用财产或者破坏社会主义市场经济秩序,被判处刑罚,执行期满未逾 5 年,或者因犯罪被剥夺政治权利,执行期满未逾 5 年;

(三)担任破产清算的公司、企业的董事或者厂长、经理,对该公司、企业的破产负有个人责任的,自该公司、企业破产清算完结之日起未逾 3 年;

(四)担任因违法被吊销营业执照、责令关闭的公司、企业的法定代表人,并负有个人责任的,自该公司、企业被吊销营业执照之日起未逾 3 年;

(五)个人所负数额较大的债务到期未清偿;

(六)被中国证监会处以证券市场禁入处罚,期限未满的;

(七)法律、行政法规或部门规章规定的其他内容。

违反本条规定选举、委派董事的,该选举、委派或者聘任无效。董事在任职期间出现本条情形的,公司解除其职务。

第九十六条 董事由股东大会选举或更换,任期【年数】。董事任期届满,可连选连任。董事在任期届满以前,股东大会不能无故解除其职务。

董事任期从就任之日起计算,至本届董事会任期届满时为止。董事任期届满未及时改选,在改选出的董事就任前,原董事仍应当依照法律、行政法规、部门规章和本章程的规定,履行董事职务。

董事可以由经理或者其他高级管理人员兼任,但兼任经理或者其他高级管理人员职务的董事以及由职工代表担任的董事,总计不得超过公司董事总数的 1/2。

注释:公司章程应规定规范、透明的董事选聘程序。董事会成员中可以有公司职工代表,公司章程应明确本公司董事会是否可以由职工代表担任董事,以及职工代表担任董事的名额。董事会中的职工代表由公司职工通过职工代表大会、职工大会或者其他形式民主选举产生后,直接进入董事会。

第九十七条 董事应当遵守法律、行政法规和本章程,对

公司负有下列忠实义务:

(一)不得利用职权收受贿赂或者其他非法收入,不得侵占公司的财产;

(二)不得挪用公司资金;

(三)不得将公司资产或者资金以其个人名义或者其他个人名义开立账户存储;

(四)不得违反本章程的规定,未经股东大会或董事会同意,将公司资金借贷给他人或者以公司财产为他人提供担保;

(五)不得违反本章程的规定或未经股东大会同意,与本公司订立合同或者进行交易;

(六)未经股东大会同意,不得利用职务便利,为自己或他人谋取本应属于公司的商业机会,自营或者为他人经营与本公司同类的业务;

(七)不得接受与公司交易的佣金归为己有;

(八)不得擅自披露公司秘密;

(九)不得利用其关联关系损害公司利益;

(十)法律、行政法规、部门规章及本章程规定的其他忠实义务。

董事违反本条规定所得的收入,应当归公司所有;给公司造成损失的,应当承担赔偿责任。

注释:除以上各项义务要求外,公司可以根据具体情况,在章程中增加对本公司董事其他义务的要求。

第九十八条 董事应当遵守法律、行政法规和本章程,对公司负有下列勤勉义务:

(一)应谨慎、认真、勤勉地行使公司赋予的权利,以保证公司的商业行为符合国家法律、行政法规以及国家各项经济政策的要求,商业活动不超过营业执照规定的业务范围;

(二)应公平对待所有股东;

(三)及时了解公司业务经营管理状况;

(四)应当对公司定期报告签署书面确认意见。保证公司所披露的信息真实、准确、完整;

(五)应当如实向监事会提供有关情况和资料,不得妨碍监事会或者监事行使职权;

(六)法律、行政法规、部门规章及本章程规定的其他勤勉义务。

注释:公司可以根据具体情况,在章程中增加对本公司董事勤勉义务的要求。

第九十九条 董事连续两次未能亲自出席,也不委托其他董事出席董事会会议,视为不能履行职责,董事会应当建议股东大会予以撤换。

第一百条 董事可以在任期届满以前提出辞职。董事辞职应向董事会提交书面辞职报告。董事会将在2日内披露有关情况。

如因董事的辞职导致公司董事会低于法定最低人数时,在改选出的董事就任前,原董事仍应当依照法律、行政法规、部门规章和本章程规定,履行董事职务。

除前款所列情形外,董事辞职自辞职报告送达董事会时生效。

第一百零一条 董事辞职生效或者任期届满,应向董事会办妥所有移交手续,其对公司和股东承担的忠实义务,在任期结束后并不当然解除,在本章程规定的合理期限内仍然有效。

注释:公司章程应规定董事辞职生效或者任期届满后承担忠实义务的具体期限。

第一百零二条 未经本章程规定或者董事会的合法授权,任何董事不得以个人名义代表公司或者董事会行事。董事以其个人名义行事时,在第三方会合理地认为该董事在代表公司或者董事会行事的情况下,该董事应当事先声明其立场和身份。

第一百零三条 董事执行公司职务时违反法律、行政法规、部门规章或本章程的规定,给公司造成损失的,应当承担赔偿责任。

第一百零四条 独立董事应按照法律、行政法规及部门规章的有关规定执行。

第二节 董 事 会

第一百零五条 公司设董事会,对股东大会负责。

第一百零六条 董事会由【人数】名董事组成,设董事长1人,副董事长【人数】人。

注释:公司应当在章程中确定董事会人数。

第一百零七条 董事会行使下列职权:

(一)召集股东大会,并向股东大会报告工作;

(二)执行股东大会的决议;

(三)决定公司的经营计划和投资方案;

(四)制订公司的年度财务预算方案、决算方案;

(五)制订公司的利润分配方案和弥补亏损方案;

(六)制订公司增加或者减少注册资本、发行债券或其他证券及上市方案;

(七)拟订公司重大收购、收购本公司股票或者合并、分立、解散及变更公司形式的方案;

(八)在股东大会授权范围内,决定公司对外投资、收购出售资产、资产抵押、对外担保事项、委托理财、关联交易等事项;

(九)决定公司内部管理机构的设置;

(十)聘任或者解聘公司经理、董事会秘书;根据经理的提名,聘任或者解聘公司副经理、财务负责人等高级管理人员,并决定其报酬事项和奖惩事项;

(十一)制订公司的基本管理制度;

（十二）制订本章程的修改方案；

（十三）管理公司信息披露事项；

（十四）向股东大会提请聘请或更换为公司审计的会计师事务所；

（十五）听取公司经理的工作汇报并检查经理的工作；

（十六）法律、行政法规、部门规章或本章程授予的其他职权。

注释：公司股东大会可以授权公司董事会按照公司章程的约定向优先股股东支付股息。

超过股东大会授权范围的事项，应当提交股东大会审议。

第一百零八条 公司董事会应当就注册会计师对公司财务报告出具的非标准审计意见向股东大会作出说明。

第一百零九条 董事会制定董事会议事规则，以确保董事会落实股东大会决议，提高工作效率，保证科学决策。

注释：该规则规定董事会的召开和表决程序，董事会议事规则应列入公司章程或作为章程的附件，由董事会拟定，股东大会批准。

第一百一十条 董事会应当确定对外投资、收购出售资产、资产抵押、对外担保事项、委托理财、关联交易的权限，建立严格的审查和决策程序；重大投资项目应当组织有关专家、专业人员进行评审，并报股东大会批准。

注释：公司董事会应当根据相关的法律、法规及公司实际情况，在章程中确定符合公司具体要求的权限范围，以及涉及资金占公司资产的具体比例。

第一百一十一条 董事会设董事长1人，可以设副董事长。董事长和副董事长由董事会以全体董事的过半数选举产生。

第一百一十二条 董事长行使下列职权：

（一）主持股东大会和召集、主持董事会会议；

（二）督促、检查董事会决议的执行；

（三）董事会授予的其他职权。

注释：董事会应谨慎授予董事长职权，例行或长期授权须在章程中明确规定。

第一百一十三条 公司副董事长协助董事长工作，董事长不能履行职务或者不履行职务的，由副董事长履行职务（公司有两位或两位以上副董事长的，由半数以上董事共同推举的副董事长履行职务）；副董事长不能履行职务或者不履行职务的，由半数以上董事共同推举一名董事履行职务。

第一百一十四条 董事会每年至少召开两次会议，由董事长召集，于会议召开10日以前书面通知全体董事和监事。

第一百一十五条 代表1/10以上表决权的股东、1/3以上董事或者监事会，可以提议召开董事会临时会议。董事长应当自接到提议后10日内，召集和主持董事会会议。

第一百一十六条 董事会召开临时董事会会议的通知方式为：【具体通知方式】；通知时限为：【具体通知时限】。

第一百一十七条 董事会会议通知包括以下内容：

（一）会议日期和地点；

（二）会议期限；

（三）事由及议题；

（四）发出通知的日期。

第一百一十八条 董事会会议应有过半数的董事出席方可举行。董事会作出决议，必须经全体董事的过半数通过。

董事会决议的表决，实行一人一票。

第一百一十九条 董事与董事会会议决议事项所涉及的企业有关联关系的，不得对该项决议行使表决权，也不得代理其他董事行使表决权。该董事会会议由过半数的无关联关系董事出席即可举行，董事会会议所作决议须经无关联关系董事过半数通过。出席董事会的无关联董事人数不足3人的，应将该事项提交股东大会审议。

第一百二十条 董事会决议表决方式为：【具体表决方式】。

董事会临时会议在保障董事充分表达意见的前提下，可以用【其他方式】进行并作出决议，并由参会董事签字。

注释：此项为选择性条款，公司可自行决定是否在其章程中予以采纳。

第一百二十一条 董事会会议，应由董事本人出席；董事因故不能出席，可以书面委托其他董事代为出席，委托书中应载明代理人的姓名，代理事项、授权范围和有效期限，并由委托人签名或盖章。代为出席会议的董事应当在授权范围内行使董事的权利。董事未出席董事会会议，亦未委托代表出席的，视为放弃在该次会议上的投票权。

第一百二十二条 董事会应当对会议所议事项的决定做成会议记录，出席会议的董事应当在会议记录上签名。

董事会会议记录作为公司档案保存，保存期限不少于10年。

注释：公司应当根据具体情况，在章程中规定会议记录的保管期限。

第一百二十三条 董事会会议记录包括以下内容：

（一）会议召开的日期、地点和召集人姓名；

(二)出席董事的姓名以及受他人委托出席董事会的董事(代理人)姓名;

(三)会议议程;

(四)董事发言要点;

(五)每一决议事项的表决方式和结果(表决结果应载明赞成、反对或弃权的票数)。

第六章　经理及其他高级管理人员

第一百二十四条　公司设经理1名,由董事会聘任或解聘。

公司设副经理【人数】名,由董事会聘任或解聘。

公司经理、副经理、财务负责人、董事会秘书和【职务】为公司高级管理人员。

注释:公司可以根据具体情况,在章程中规定属于公司高级管理人员的其他人选。

第一百二十五条　本章程第九十五条关于不得担任董事的情形、同时适用于高级管理人员。

本章程第九十七条关于董事的忠实义务和第九十八条(四)~(六)关于勤勉义务的规定,同时适用于高级管理人员。

第一百二十六条　在公司控股股东、实际控制人单位担任除董事以外其他职务的人员,不得担任公司的高级管理人员。

第一百二十七条　经理每届任期【年数】年,经理连聘可以连任。

第一百二十八条　经理对董事会负责,行使下列职权:

(一)主持公司的生产经营管理工作,组织实施董事会决议,并向董事会报告工作;

(二)组织实施公司年度经营计划和投资方案;

(三)拟订公司内部管理机构设置方案;

(四)拟订公司的基本管理制度;

(五)制定公司的具体规章;

(六)提请董事会聘任或者解聘公司副经理、财务负责人;

(七)决定聘任或者解聘除应由董事会决定聘任或者解聘以外的负责管理人员;

(八)本章程或董事会授予的其他职权。

经理列席董事会会议。

注释:公司应当根据自身情况,在章程中制订符合公司实际要求的经理的职权和具体实施办法。

第一百二十九条　经理应制订经理工作细则,报董事会批准后实施。

第一百三十条　经理工作细则包括下列内容:

(一)经理会议召开的条件、程序和参加的人员;

(二)经理及其他高级管理人员各自具体的职责及其分工;

(三)公司资金、资产运用,签订重大合同的权限,以及向董事会、监事会的报告制度;

(四)董事会认为必要的其他事项。

第一百三十一条　经理可以在任期届满以前提出辞职。有关经理辞职的具体程序和办法由经理与公司之间的劳务合同规定。

第一百三十二条　公司根据自身情况,在章程中应当规定副经理的任免程序、副经理与经理的关系,并可以规定副经理的职权。

第一百三十三条　公司设董事会秘书,负责公司股东大会和董事会会议的筹备、文件保管以及公司股东资料管理,办理信息披露事务等事宜。

董事会秘书应遵守法律、行政法规、部门规章及本章程的有关规定。

第一百三十四条　高级管理人员执行公司职务时违反法律、行政法规、部门规章或本章程的规定,给公司造成损失的,应当承担赔偿责任。

第七章　监　事　会

第一节　监　　事

第一百三十五条　本章程第九十五条关于不得担任董事的情形、同时适用于监事。

董事、经理和其他高级管理人员不得兼任监事。

第一百三十六条　监事应当遵守法律、行政法规和本章程,对公司负有忠实义务和勤勉义务,不得利用职权收受贿赂或者其他非法收入,不得侵占公司的财产。

第一百三十七条　监事的任期每届为3年。监事任期届满,连选可以连任。

第一百三十八条　监事任期届满未及时改选,或者监事在任期内辞职导致监事会成员低于法定人数的,在改选出的监事就任前,原监事仍应当依照法律、行政法规和本章程的规定,履行监事职务。

第一百三十九条　监事应当保证公司披露的信息真实、准确、完整。

第一百四十条　监事可以列席董事会会议,并对董事会决议事项提出质询或者建议。

第一百四十一条　监事不得利用其关联关系损害公司利益,若给公司造成损失的,应当承担赔偿责任。

第一百四十二条　监事执行公司职务时违反法律、行政法规、部门规章或本章程的规定,给公司造成损失的,应当承担赔偿责任。

第二节　监　事　会

第一百四十三条　公司设监事会。监事会由【人数】名监事组成,监事会设主席1人,可以设副主席。监事会主席和副主席由全体监事过半数选举产生。监事会主席召集和主持监事会会议;监事会主席不能履行职务或者不履行职务的,由监事会副主席召集和主持监事会会议;监事会副主席不能履行职务或者不履行职务的,由半数以上监事共同推举一名监事召集和主持监事会会议。

监事会应当包括股东代表和适当比例的公司职工代表,其中职工代表的比例不低于1/3。监事会中的职工代表由公司职工通过职工代表大会、职工大会或者其他形式民主选举产生。

注释:监事会成员不得少于3人。公司章程应规定职工代表在监事会中的具体比例。

第一百四十四条　监事会行使下列职权:

(一)应当对董事会编制的公司定期报告进行审核并提出书面审核意见;

(二)检查公司财务;

(三)对董事、高级管理人员执行公司职务的行为进行监督,对违反法律、行政法规、本章程或者股东大会决议的董事、高级管理人员提出罢免的建议;

(四)当董事、高级管理人员的行为损害公司的利益时,要求董事、高级管理人员予以纠正;

(五)提议召开临时股东大会,在董事会不履行《公司法》规定的召集和主持股东大会职责时召集和主持股东大会;

(六)向股东大会提出提案;

(七)依照《公司法》第一百五十一条的规定,对董事、高级管理人员提起诉讼;

(八)发现公司经营情况异常,可以进行调查;必要时,可以聘请会计师事务所、律师事务所等专业机构协助其工作,费用由公司承担。

注释:公司章程可以规定监事的其他职权。

第一百四十五条　监事会每6个月至少召开一次会议。监事可以提议召开临时监事会会议。

监事会决议应当经半数以上监事通过。

第一百四十六条　监事会制定监事会议事规则,明确监事会的议事方式和表决程序,以确保监事会的工作效率和科学决策。

注释:监事会议事规则规定监事会的召开和表决程序。监事会议事规则应列入公司章程或作为章程的附件,由监事会拟定,股东大会批准。

第一百四十七条　监事会应当将所议事项的决定做成会议记录,出席会议的监事应当在会议记录上签名。

监事有权要求在记录上对其在会议上的发言作出某种说明性记载。监事会会议记录作为公司档案至少保存10年。

注释:公司应当根据具体情况,在章程中规定会议记录的保管期限。

第一百四十八条　监事会会议通知包括以下内容:

(一)举行会议的日期、地点和会议期限;

(二)事由及议题;

(三)发出通知的日期。

第八章　财务会计制度、利润分配和审计

第一节　财务会计制度

第一百四十九条　公司依照法律、行政法规和国家有关部门的规定,制定公司的财务会计制度。

第一百五十条　公司在每一会计年度结束之日起4个月内向中国证监会和证券交易所报送年度财务会计报告,在每一会计年度前6个月结束之日起2个月内向中国证监会派出机构和证券交易所报送半年度财务会计报告,在每一会计年度前3个月和前9个月结束之日起的1个月内向中国证监会派出机构和证券交易所报送季度财务会计报告。

上述财务会计报告按照有关法律、行政法规及部门规章的规定进行编制。

第一百五十一条　公司除法定的会计账簿外,将不另立会计账簿。公司的资产,不以任何个人名义开立账户存储。

第一百五十二条　公司分配当年税后利润时,应当提取利润的10%列入公司法定公积金。公司法定公积金累计额为公司注册资本的50%以上的,可以不再提取。

公司的法定公积金不足以弥补以前年度亏损的,在依照前款规定提取法定公积金之前,应当先用当年利润弥补亏损。

公司从税后利润中提取法定公积金后,经股东大会决议,还可以从税后利润中提取任意公积金。

公司弥补亏损和提取公积金后所余税后利润,按照股东持有的股份比例分配,但本章程规定不按持股比例分配的除外。

股东大会违反前款规定,在公司弥补亏损和提取法定公积金之前向股东分配利润的,股东必须将违反规定分配的利润退还公司。

公司持有的本公司股份不参与分配利润。

公司应当在公司章程中明确现金分红相对于股票股利在利润分配方式中的优先顺序,并载明以下内容:

(一)公司董事会、股东大会对利润分配尤其是现金分红事项的决策程序和机制,对既定利润分配政策尤其是现金分红政策作出调整的具体条件、决策程序和机制,以及为充分听取独立董事和中小股东意见所

采取的措施。

(二)公司的利润分配政策尤其是现金分红政策的具体内容,利润分配的形式,利润分配尤其是现金分红的期间间隔,现金分红的具体条件,发放股票股利的条件,各期现金分红最低金额或比例(如有)等。

注释:公司应当以现金的形式向优先股股东支付股息,在完全支付约定的股息之前,不得向普通股股东分配利润。

第一百五十三条 公司的公积金用于弥补公司的亏损、扩大公司生产经营或者转为增加公司资本。但是,资本公积金将不用于弥补公司的亏损。

法定公积金转为资本时,所留存的该项公积金将不少于转增前公司注册资本的25%。

第一百五十四条 公司股东大会对利润分配方案作出决议后,公司董事会须在股东大会召开后2个月内完成股利(或股份)的派发事项。

第一百五十五条 公司利润分配政策为【具体政策】。

注释:发行境内上市外资股的公司应当按照《境内上市外资股规定实施细则》中的有关规定补充本节的内容。

第二节 内部审计

第一百五十六条 公司实行内部审计制度,配备专职审计人员,对公司财务收支和经济活动进行内部审计监督。

第一百五十七条 公司内部审计制度和审计人员的职责,应当经董事会批准后实施。审计负责人向董事会负责并报告工作。

第三节 会计师事务所的聘任

第一百五十八条 公司聘用取得"从事证券相关业务资格"的会计师事务所进行会计报表审计、净资产验证及其他相关的咨询服务等业务,聘期1年,可以续聘。

第一百五十九条 公司聘用会计师事务所必须由股东大会决定,董事会不得在股东大会决定前委任会计师事务所。

第一百六十条 公司保证向聘用的会计师事务所提供真实、完整的会计凭证、会计账簿、财务会计报告及其他会计资料,不得拒绝、隐匿、谎报。

第一百六十一条 会计师事务所的审计费用由股东大会决定。

第一百六十二条 公司解聘或者不再续聘会计师事务所时,提前【天数】天事先通知会计师事务所,公司股东大会就解聘会计师事务所进行表决时,允许会计师事务所陈述意见。

会计师事务所提出辞聘的,应当向股东大会说明公司有无不当情形。

第九章 通知和公告

第一节 通 知

第一百六十三条 公司的通知以下列形式发出:

(一)以专人送出;

(二)以邮件方式送出;

(三)以公告方式进行;

(四)本章程规定的其他形式。

第一百六十四条 公司发出的通知,以公告方式进行的,一经公告,视为所有相关人员收到通知。

第一百六十五条 公司召开股东大会的会议通知,以【具体通知方式】进行。

第一百六十六条 公司召开董事会的会议通知,以【具体通知方式】进行。

第一百六十七条 公司召开监事会的会议通知,以【具体通知方式】进行。

注释:公司应当根据实际情况,在章程中确定公司各种会议的具体通知方式。

第一百六十八条 公司通知以专人送出的,由被送达人在送达回执上签名(或盖章),被送达人签收日期为送达日期;公司通知以邮件送出的,自交付邮局之日起第【天数】个工作日为送达日期;公司通知以公告方式送出的,第一次公告刊登日为送达日期。

第一百六十九条 因意外遗漏未向某有权得到通知的人送出会议通知或者该等人没有收到会议通知,会议及会议作出的决议并不因此无效。

第二节 公 告

第一百七十条 公司指定【媒体名称】为刊登公司公告和其他需要披露信息的媒体。

注释:公司应当在中国证监会指定的媒体范围内,在章程中确定一份或者多份报纸和一个网站作为公司披露信息的媒体。

第十章 合并、分立、增资、减资、解散和清算

第一节 合并、分立、增资和减资

第一百七十一条 公司合并可以采取吸收合并或者新设合并。

一个公司吸收其他公司为吸收合并,被吸收的公司解散。两个以上公司合并设立一个新的公司为新设合并,合并各方解散。

第一百七十二条 公司合并,应当由合并各方签订合并协议,并编制资产负债表及财产清单。公司应当自作出合并决议之日起10日内通知债权人,并于30日内在【报纸名称】上公告。债权人自接到通知书之日起

30日内，未接到通知书的自公告之日起45日内，可以要求公司清偿债务或者提供相应的担保。

第一百七十三条 公司合并时，合并各方的债权、债务，由合并后存续的公司或者新设的公司承继。

第一百七十四条 公司分立，其财产作相应的分割。

公司分立，应当编制资产负债表及财产清单。公司应当自作出分立决议之日起10日内通知债权人，并于30日内在【报纸名称】上公告。

第一百七十五条 公司分立前的债务由分立后的公司承担连带责任。但是，公司在分立前与债权人就债务清偿达成的书面协议另有约定的除外。

第一百七十六条 公司需要减少注册资本时，必须编制资产负债表及财产清单。

公司应当自作出减少注册资本决议之日起10日内通知债权人，并于30日内在【报纸名称】上公告。债权人自接到通知书之日起30日内，未接到通知书的自公告之日起45日内，有权要求公司清偿债务或者提供相应的担保。

公司减资后的注册资本将不低于法定的最低限额。

第一百七十七条 公司合并或者分立，登记事项发生变更的，应当依法向公司登记机关办理变更登记；公司解散的，应当依法办理公司注销登记；设立新公司的，应当依法办理公司设立登记。

公司增加或者减少注册资本，应当依法向公司登记机关办理变更登记。

第二节 解散和清算

第一百七十八条 公司因下列原因解散：

（一）本章程规定的营业期限届满或者本章程规定的其他解散事由出现；

（二）股东大会决议解散；

（三）因公司合并或者分立需要解散；

（四）依法被吊销营业执照、责令关闭或者被撤销；

（五）公司经营管理发生严重困难，继续存续会使股东利益受到重大损失，通过其他途径不能解决的，持有公司全部股东表决权10%以上的股东，可以请求人民法院解散公司。

第一百七十九条 公司有本章程第一百七十八条第（一）项情形的，可以通过修改本章程而存续。

依照前款规定修改本章程，须经出席股东大会会议的股东所持表决权的2/3以上通过。

第一百八十条 公司因本章程第一百七十八条第（一）项、第（二）项、第（四）项、第（五）项规定而解散的，应当在解散事由出现之日起15日内成立清算组，开始清算。清算组由董事或者股东大会确定的人员组成。逾期不成立清算组进行清算的，债权人可以申请人民法院指定有关人员组成清算组进行清算。

第一百八十一条 清算组在清算期间行使下列职权：

（一）清理公司财产，分别编制资产负债表和财产清单；

（二）通知、公告债权人；

（三）处理与清算有关的公司未了结的业务；

（四）清缴所欠税款以及清算过程中产生的税款；

（五）清理债权、债务；

（六）处理公司清偿债务后的剩余财产；

（七）代表公司参与民事诉讼活动。

第一百八十二条 清算组应当自成立之日起10日内通知债权人，并于60日内在【报纸名称】上公告。债权人应当自接到通知书之日起30日内，未接到通知书的自公告之日起45日内，向清算组申报其债权。

债权人申报债权，应当说明债权的有关事项，并提供证明材料。清算组应当对债权进行登记。

在申报债权期间，清算组不得对债权人进行清偿。

第一百八十三条 清算组在清理公司财产、编制资产负债表和财产清单后，应当制定清算方案，并报股东大会或者人民法院确认。

公司财产在分别支付清算费用、职工的工资、社会保险费用和法定补偿金，缴纳所欠税款，清偿公司债务后的剩余财产，公司按照股东持有的股份比例分配。

清算期间，公司存续，但不能开展与清算无关的经营活动。公司财产在未按前款规定清偿前，将不会分配给股东。

注释：已发行优先股的公司因解散、破产等原因进行清算时，公司财产在按照公司法和破产法有关规定进行清偿后的剩余财产，应当优先向优先股股东支付未派发的股息和公司章程约定的清算金额，不足以全额支付的，按照优先股股东持股比例分配。

第一百八十四条 清算组在清理公司财产、编制资产负债表和财产清单后，发现公司财产不足清偿债务的，应当依法向人民法院申请宣告破产。

公司经人民法院裁定宣告破产后，清算组应当将清算事务移交给人民法院。

第一百八十五条 公司清算结束后，清算组应当制作清算报告，报股东大会或者人民法院确认，并报送公司登记机关，申请注销公司登记，公告公司终止。

第一百八十六条 清算组成员应当忠于职守，依法履行清算义务。

清算组成员不得利用职权收受贿赂或者其他非法

收入，不得侵占公司财产。

清算组成员因故意或者重大过失给公司或者债权人造成损失的，应当承担赔偿责任。

第一百八十七条　公司被依法宣告破产的，依照有关企业破产的法律实施破产清算。

第十一章　修　改　章　程

第一百八十八条　有下列情形之一的，公司应当修改章程：

（一）《公司法》或有关法律、行政法规修改后，章程规定的事项与修改后的法律、行政法规的规定相抵触；

（二）公司的情况发生变化，与章程记载的事项不一致；

（三）股东大会决定修改章程。

第一百八十九条　股东大会决议通过的章程修改事项应经主管机关审批的，须报主管机关批准；涉及公司登记事项的，依法办理变更登记。

第一百九十条　董事会依照股东大会修改章程的决议和有关主管机关的审批意见修改本章程。

第一百九十一条　章程修改事项属于法律、法规要求披露的信息，按规定予以公告。

第十二章　附　　则

第一百九十二条　释义

（一）控股股东，是指其持有的普通股（含表决权恢复的优先股）占公司股本总额50%以上的股东；持有股份的比例虽然不足50%，但依其持有的股份所享有的表决权已足以对股东大会的决议产生重大影响的股东。

（二）实际控制人，是指虽不是公司的股东，但通过投资关系、协议或者其他安排，能够实际支配公司行为的人。

（三）关联关系，是指公司控股股东、实际控制人、董事、监事、高级管理人员与其直接或者间接控制的企业之间的关系，以及可能导致公司利益转移的其他关系。但是，国家控股的企业之间不仅因为同受国家控股而具有关联关系。

第一百九十三条　董事会可依照章程的规定，制订章程细则。章程细则不得与章程的规定相抵触。

第一百九十四条　本章程以中文书写，其他任何语种或不同版本的章程与本章程有歧义时，以在【公司登记机关全称】最近一次核准登记后的中文版章程为准。

第一百九十五条　本章程所称“以上”、“以内”、“以下”，都含本数；“以外”、“低于”、“多于”不含本数。

第一百九十六条　本章程由公司董事会负责解释。

第一百九十七条　本章程附件包括股东大会议事规则、董事会议事规则和监事会议事规则。

第一百九十八条　国家对优先股另有规定的，从其规定。

第一百九十九条　本章程自公布之日起施行。《上市公司章程指引（2014年修订）》（证监会公告〔2014〕19号）同时废止。

上市公司行业分类指引
（2012年修订）

2012年10月26日中国证券监督管理委员会公告〔2012〕31号公布施行

为规范上市公司行业分类工作，根据《中华人民共和国统计法》、《证券期货市场统计管理办法》、《国民经济行业分类》等法律法规和相关规定，制定《上市公司行业分类指引》（以下简称《指引》）。

本《指引》自公布之日起施行。2001年中国证监会公布的《上市公司行业分类指引》同时废止。

1. 分类对象与适用范围

1.1　《指引》以在中国境内证券交易所挂牌交易的上市公司为基本分类对象。

1.2　《指引》适用于证券期货监管系统对上市公司行业分类信息进行统计、评价、分析及其他相关工作。中国证监会另有规定的，适用其规定。

1.3　各证券期货交易所、中国证券登记结算公司、中国证监会派出机构以及其他相关机构，向中国证监会报送统计数据所涉及的上市公司行业分类应符合《指引》的规定。

1.4　市场机构基于投资分析目的所使用的上市公司行业分类可参照《指引》规定的行业类别，但非强制适用。

2. 分类原则与方法

2.1　以上市公司营业收入等财务数据为主要分类标准和依据，所采用财务数据为经过会计师事务所审计并已公开披露的合并报表数据。

2.2　当上市公司某类业务的营业收入比重大于或等于50%，则将其划入该业务相对应的行业。

2.3　当上市公司没有一类业务的营业收入比重大于或等于50%，但某类业务的收入和利润均在所有业务中最高，而且均占到公司总收入和总利润的30%以上（包含本数），则该公司归属该业务对应的行业类别。

2.4　不能按照上述分类方法确定行业归属的，由上市公司行业分类专家委员会根据公司实际经营状况判断公司行业归属；归属不明确的，划为综合类。

3. 编 码 方 法

3.1 本《指引》参照《国民经济行业分类》(GB T4754—2011),将上市公司的经济活动分为门类、大类两级。与此对应,门类代码用一位拉丁字母表示,即用字母A、B、C……依次代表不同门类;大类代码用两位阿拉伯数字表示,从01开始按顺序依次编码。

4. 管理机构及其职责

4.1 中国证监会统筹指导上市公司行业分类工作,负责制定、修改和完善《指引》,对《指引》及相关制度进行解释,对外发布上市公司行业分类结果。

4.2 中国上市公司协会负责按照《指引》组织对上市公司进行行业分类,向中国证监会报送上市公司行业分类结果,并向证券交易所、中证指数公司等相关机构通报上市公司行业分类结果。

4.3 中国上市公司协会建立上市公司行业分类专家委员会(以下简称专家委员会),由有关部委、证券期货监管系统和证券经营机构的专家组成。专家委员会负责就上市公司行业分类制度的修订提出意见和建议;依据专业判断,确定上市公司行业分类结果。

5. 沟通反馈机制

5.1 中国上市公司协会应当建立与上市公司的日常沟通机制,就行业类别划分及变更情况征求上市公司意见;上市公司提出不同意见的,应提请专家委员会讨论作出最终判断。

6. 行业分类流程

6.1 上市公司行业分类按季度进行。每年3月20日、6月10日、9月20日和12月20日为当季行业分类工作起始日;原则上应于季度末完成当季上市公司行业分类工作。

6.2 行业分类包括初次分类和定期调整。

6.2.1 初次分类是对新上市公司的行业分类,依据公司《招股说明书》进行。公司上市首日在每季度行业分类工作起始日(不含当日)之前的,纳入当季行业分类;上市首日在行业分类工作起始日至季末之间的,转入下一季度进行行业分类。

6.2.2 定期调整是对已上市公司行业分类结果的重新确认或变更。原则上未发生重大资产重组的公司,每年依据上市公司年报调整一次,纳入第二季度的行业分类工作;完成重大资产重组的公司,依据重大资产重组相关公告,纳入最近季度的上市公司行业分类。

6.3 行业分类的初评、沟通、确认和结果公布。

中国上市公司协会在行业分类工作起始日当日召开上市公司行业分类专家委员会会议,形成行业分类初评结果;从起始日开始(不含当日),7日内完成与上市公司沟通工作,并形成由专家委员会确认的分类结果;从起始日开始(不含当日)第8日将上市公司行业分类最终结果报送中国证监会。

中国证监会于每季度末公布上市公司行业分类结果。

遇节假日或重大事项,上市公司行业分类工作进程可相应后延。

7. 分类结构与代码

代码		类别名称	说明
门类	大类		
A		农、林、牧、渔业	本门类包括01~05大类
	01	农业	指对各种农作物的种植
	02	林业	
	03	畜牧业	指为了获得各种畜禽产品而从事的动物饲养、捕捉活动
	04	渔业	
	05	农、林、牧、渔服务业	
		采矿业	本门类包括06~12大类,采矿业指对固体(如煤和矿物)、液体(如原油)或气体(如天然气)等自然产生的矿物的采掘;包括地下或地上采掘、矿井的运行,以及一般在矿址或矿址附近从事的旨在加工原材料的所有辅助性工作,例如碾磨、选矿和处理,均属本类活动;还包括使原料得以销售所需的准备工作;不包括水的蓄集、净化和分配,以及地质勘查、建筑工程活动
	06	煤炭开采和洗选业	指对各种煤炭的开采、洗选、分级等生产活动;不包括煤制品的生产和煤炭勘探活动

续表

代码		类别名称	说　　明
门类	大类		
B	07	石油和天然气开采业	指在陆地或海洋,对天然原油、液态或气态天然气的开采,对煤矿瓦斯气(煤层气)的开采;为运输目的所进行的天然气液化和从天然气田气体中生产液化烃的活动,还包括对含沥青的页岩或油母页岩矿的开采,以及对焦油沙矿进行的同类作业
	08	黑色金属矿采选业	
	09	有色金属矿采选业	指对常用有色金属矿、贵金属矿,以及稀有稀土金属矿的开采、选矿活动
	10	非金属矿采选业	
	11	开采辅助活动	指为煤炭、石油和天然气等矿物开采提供的服务
	12	其他采矿业	
C		制造业	本门类包括13～43大类,指经物理变化或化学变化后成为新的产品,不论是动力机械制造,还是手工制作;也不论产品是批发销售,还是零售,均视为制造 建筑物中的各种制成品、零部件的生产应视为制造,但在建筑预制品工地,把主要部件组装成桥梁、仓库设备、铁路与高架公路、升降机与电梯、管道设备、喷水设备、暖气设备、通风设备与空调设备,照明与安装电线等组装活动,以及建筑物的装置,均列为建筑活动 本门类包括机电产品的再制造,指将废旧汽车零部件、工程机械、机床等进行专业化修复的批量化生产过程,再制造的产品达到与原有新产品相同的质量和性能
	13	农副食品加工业	指直接以农、林、牧、渔业产品为原料进行的谷物磨制、饲料加工、植物油和制糖加工、屠宰及肉类加工、水产品加工,以及蔬菜、水果和坚果等食品的加工
	14	食品制造业	
	15	酒、饮料和精制茶制造业	
	16	烟草制品业	
	17	纺织业	
	18	纺织服装、服饰业	
	19	皮革、毛皮、羽毛及其制品和制鞋业	
	20	木材加工和木、竹、藤、棕、草制品业	
	21	家具制造业	指用木材、金属、塑料、竹、藤等材料制作的,具有坐卧、凭倚、储藏、间隔等功能,可用于住宅、旅馆、办公室、学校、餐馆、医院、剧场、公园、船舰、飞机、机动车等任何场所的各种家具的制造
	22	造纸和纸制品业	
	23	印刷和记录媒介复制业	
	24	文教、工美、体育和娱乐用品制造业	
	25	石油加工、炼焦和核燃料加工业	
	26	化学原料和化学制品制造业	
	27	医药制造业	
	28	化学纤维制造业	

续表

代码		类别名称	说　明
门类	大类		
C	29	橡胶和塑料制品业	
	30	非金属矿物制品业	
	31	黑色金属冶炼和压延加工业	
	32	有色金属冶炼和压延加工业	
	33	金属制品业	
	34	通用设备制造业	
	35	专用设备制造业	
	36	汽车制造业	
	37	铁路、船舶、航空航天和其他运输设备制造业	
	38	电气机械和器材制造业	
	39	计算机、通信和其他电子设备制造业	
	40	仪器仪表制造业	
	41	其他制造业	
	42	废弃资源综合利用业	指废弃资源和废旧材料回收加工
	43	金属制品、机械和设备修理业	
D		电力、热力、燃气及水生产和供应业	本门类包括44~46大类
	44	电力、热力生产和供应业	
	45	燃气生产和供应业	
	46	水的生产和供应业	
E		建筑业	本门类包括47~50大类
	47	房屋建筑业	
	48	土木工程建筑业	指土木工程主体的施工活动;不包括施工前的工程准备活动
	49	建筑安装业	指建筑物主体工程竣工后,建筑物内各种设备的安装活动,以及施工中的线路敷设和管道安装活动;不包括工程收尾的装饰,如对墙面、地板、天花板、门窗等处理活动
	50	建筑装饰和其他建筑业	
F		批发和零售业	本门类包括51和52大类,指商品在流通环节中的批发活动和零售活动
	51	批发业	指向其他批发或零售单位(含个体经营者)及其他企事业单位、机关团体等批量销售生活用品、生产资料的活动,以及从事进出口贸易和贸易经纪与代理的活动,包括拥有货物所有权,并以本单位(公司)的名义进行交易活动,也包括不拥有货物的所有权,收取佣金的商品代理、商品代售活动;本类还包括各类商品批发市场中固定摊位的批发活动,以及以销售为目的的收购活动

续表

代码 门类	代码 大类	类别名称	说　明
F	52	零售业	指百货商店、超级市场、专门零售商店、品牌专卖店、售货摊等主要面向最终消费者(如居民等)的销售活动,以互联网、邮政、电话、售货机等方式的销售活动,还包括在同一地点,后面加工生产,前面销售的店铺(如面包房);谷物、种子、饲料、牲畜、矿产品、生产用原料、化工原料、农用化工产品、机械设备(乘用车、计算机及通信设备除外)等生产资料的销售不作为零售活动;多数零售商对其销售的货物拥有所有权,但有些则是充当委托人的代理人,进行委托销售或以收取佣金的方式进行销售
G		交通运输、仓储和邮政业	本门类包括53～60大类
	53	铁路运输业	指铁路客运、货运及相关的调度、信号、机车、车辆、检修、工务等活动;不包括铁路系统所属的机车、车辆及信号通信设备的制造厂(公司)、建筑工程公司、商店、学校、科研所、医院等活动
	54	道路运输业	
	55	水上运输业	
	56	航空运输业	
	57	管道运输业	
	58	装卸搬运和运输代理业	
	59	仓储业	指专门从事货物仓储、货物运输中转仓储,以及以仓储为主的货物送配活动,还包括以仓储为目的的收购活动
	60	邮政业	
H		住宿和餐饮业	本门类包括61和62大类
	61	住宿业	指为旅行者提供短期留宿场所的活动,有些单位只提供住宿,也有些单位提供住宿、饮食、商务、娱乐一体的服务,本类不包括主要按月或按年长期出租房屋住所的活动
	62	餐饮业	指通过即时制作加工、商业销售和服务性劳动等,向消费者提供食品和消费场所及设施的服务
I		信息传输、软件和信息技术服务业	本门类包括63～65大类
	63	电信、广播电视和卫星传输服务	
	64	互联网和相关服务	
	65	软件和信息技术服务业	指对信息传输、信息制作、信息提供和信息接收过程中产生的技术问题或技术需求所提供的服务
J		金融业	本门类包括66～69大类
	66	货币金融服务	
	67	资本市场服务	
	68	保险业	
	69	其他金融业	

续表

代码		类别名称	说明
门类	大类		
K		房地产业	本门类包括70大类
	70	房地产业	
L		租赁和商务服务业	本门类包括71和72大类
	71	租赁业	
	72	商务服务业	
M		科学研究和技术服务业	本门类包括73～75大类
	73	研究和试验发展	指为了增加知识(包括有关自然、工程、人类、文化和社会的知识),以及运用这些知识创造新的应用,所进行的系统的、创造性的活动;该活动仅限于对新发现、新理论的研究,新技术、新产品、新工艺的研制研究与试验发展,包括基础研究、应用研究和试验发展
	74	专业技术服务业	
	75	科技推广和应用服务业	
N		水利、环境和公共设施管理业	本门类包括76～78大类
	76	水利管理业	
	77	生态保护和环境治理业	
	78	公共设施管理业	
O		居民服务、修理和其他服务业	本门类包括79～81大类
	79	居民服务业	
	80	机动车、电子产品和日用产品修理业	
	81	其他服务业	
P		教育	本门类包括82大类
	82	教育	
Q		卫生和社会工作	本门类包括83和84大类
	83	卫生	
	84	社会工作	指提供慈善、救助、福利、护理、帮助等社会工作的活动
R		文化、体育和娱乐业	本门类包括85～89大类
	85	新闻和出版业	
	86	广播、电视、电影和影视录音制作业	指对广播、电视、电影、影视录音内容的制作、编导、主持、播出、放映等活动;不包括广播电视信号的传输和接收活动
	87	文化艺术业	
	88	体育	
	89	娱乐业	
S		综合	本门类包括90大类
	90	综合	

2. 证券法

中华人民共和国证券法

1. 1998年12月29日第九届全国人民代表大会常务委员会第六次会议通过
2. 根据2004年8月28日第十届全国人民代表大会常务委员会第十一次会议《关于修改〈中华人民共和国证券法〉的决定》第一次修正
3. 2005年10月27日第十届全国人民代表大会常务委员会第十八次会议修订
4. 根据2013年6月29日第十二届全国人民代表大会常务委员会第三次会议《关于修改〈中华人民共和国文物保护法〉等十二部法律的决定》第二次修正
5. 根据2014年8月31日第十二届全国人民代表大会常务委员会第十次会议《关于修改〈中华人民共和国保险法〉等五部法律的决定》第三次修正

目　录

第一章　总　　则
第二章　证券发行
第三章　证券交易
　第一节　一般规定
　第二节　证券上市
　第三节　持续信息公开
　第四节　禁止的交易行为
第四章　上市公司的收购
第五章　证券交易所
第六章　证券公司
第七章　证券登记结算机构
第八章　证券服务机构
第九章　证券业协会
第十章　证券监督管理机构
第十一章　法律责任
第十二章　附　　则

第一章　总　　则

第一条　【立法宗旨】为了规范证券发行和交易行为，保护投资者的合法权益，维护社会经济秩序和社会公共利益，促进社会主义市场经济的发展，制定本法。

第二条　【法律适用】在中华人民共和国境内，股票、公司债券和国务院依法认定的其他证券的发行和交易，适用本法；本法未规定的，适用《中华人民共和国公司法》和其他法律、行政法规的规定。

政府债券、证券投资基金份额的上市交易，适用本法；其他法律、行政法规另有规定的，适用其规定。

证券衍生品种发行、交易的管理办法，由国务院依照本法的原则规定。

第三条　【公开、公平、公正原则】证券的发行、交易活动，必须实行公开、公平、公正的原则。

第四条　【自愿、有偿、诚实信用原则】证券发行、交易活动的当事人具有平等的法律地位，应当遵守自愿、有偿、诚实信用的原则。

第五条　【守法原则】证券的发行、交易活动，必须遵守法律、行政法规；禁止欺诈、内幕交易和操纵证券市场的行为。

第六条　【分业经营管理】证券业和银行业、信托业、保险业实行分业经营、分业管理，证券公司与银行、信托、保险业务机构分别设立。国家另有规定的除外。

第七条　【监督管理机构】国务院证券监督管理机构依法对全国证券市场实行集中统一监督管理。

国务院证券监督管理机构根据需要可以设立派出机构，按照授权履行监督管理职责。

第八条　【自律性管理】在国家对证券发行、交易活动实行集中统一监督管理的前提下，依法设立证券业协会，实行自律性管理。

第九条　【审计监督】国家审计机关依法对证券交易所、证券公司、证券登记结算机构、证券监督管理机构进行审计监督。

第二章　证 券 发 行

第十条　【公开发行证券条件】公开发行证券，必须符合法律、行政法规规定的条件，并依法报经国务院证券监督管理机构或者国务院授权的部门核准；未经依法核准，任何单位和个人不得公开发行证券。

有下列情形之一的，为公开发行：

（一）向不特定对象发行证券的；

（二）向特定对象发行证券累计超过二百人的；

（三）法律、行政法规规定的其他发行行为。

非公开发行证券，不得采用广告、公开劝诱和变相公开方式。

第十一条　【保荐人】发行人申请公开发行股票、可转换为股票的公司债券，依法采取承销方式的，或者公开发行法律、行政法规规定实行保荐制度的其他证券的，应当聘请具有保荐资格的机构担任保荐人。

保荐人应当遵守业务规则和行业规范，诚实守信，勤勉尽责，对发行人的申请文件和信息披露资料进行审慎核查，督导发行人规范运作。

保荐人的资格及其管理办法由国务院证券监督管

理机构规定。

第十二条 【募股申请】设立股份有限公司公开发行股票,应当符合《中华人民共和国公司法》规定的条件和经国务院批准的国务院证券监督管理机构规定的其他条件,向国务院证券监督管理机构报送募股申请和下列文件:

(一)公司章程;

(二)发起人协议;

(三)发起人姓名或者名称,发起人认购的股份数、出资种类及验资证明;

(四)招股说明书;

(五)代收股款银行的名称及地址;

(六)承销机构名称及有关的协议。

依照本法规定聘请保荐人的,还应当报送保荐人出具的发行保荐书。

法律、行政法规规定设立公司必须报经批准的,还应当提交相应的批准文件。

第十三条 【公开发行新股条件】公司公开发行新股,应当符合下列条件:

(一)具备健全且运行良好的组织机构;

(二)具有持续盈利能力,财务状况良好;

(三)最近三年财务会计文件无虚假记载,无其他重大违法行为;

(四)经国务院批准的国务院证券监督管理机构规定的其他条件。

上市公司非公开发行新股,应当符合经国务院批准的国务院证券监督管理机构规定的条件,并报国务院证券监督管理机构核准。

第十四条 【发行新股需报送的文件】公司公开发行新股,应当向国务院证券监督管理机构报送募股申请和下列文件:

(一)公司营业执照;

(二)公司章程;

(三)股东大会决议;

(四)招股说明书;

(五)财务会计报告;

(六)代收股款银行的名称及地址;

(七)承销机构名称及有关的协议。

依照本法规定聘请保荐人的,还应当报送保荐人出具的发行保荐书。

第十五条 【募集资金】公司对公开发行股票所募集资金,必须按照招股说明书所列资金用途使用。改变招股说明书所列资金用途,必须经股东大会作出决议。擅自改变用途而未作纠正的,或者未经股东大会认可的,不得公开发行新股。

第十六条 【发行公司债券条件】公开发行公司债券,应当符合下列条件:

(一)股份有限公司的净资产不低于人民币三千万元,有限责任公司的净资产不低于人民币六千万元;

(二)累计债券余额不超过公司净资产的百分之四十;

(三)最近三年平均可分配利润足以支付公司债券一年的利息;

(四)筹集的资金投向符合国家产业政策;

(五)债券的利率不超过国务院限定的利率水平;

(六)国务院规定的其他条件。

公开发行公司债券筹集的资金,必须用于核准的用途,不得用于弥补亏损和非生产性支出。

上市公司发行可转换为股票的公司债券,除应当符合第一款规定的条件外,还应当符合本法关于公开发行股票的条件,并报国务院证券监督管理机构核准。

第十七条 【公开发行公司债券报送文件】申请公开发行公司债券,应当向国务院授权的部门或者国务院证券监督管理机构报送下列文件:

(一)公司营业执照;

(二)公司章程;

(三)公司债券募集办法;

(四)资产评估报告和验资报告;

(五)国务院授权的部门或者国务院证券监督管理机构规定的其他文件。

依照本法规定聘请保荐人的,还应当报送保荐人出具的发行保荐书。

第十八条 【再次公开发行公司债券的禁止条件】有下列情形之一的,不得再次公开发行公司债券:

(一)前一次公开发行的公司债券尚未募足;

(二)对已公开发行的公司债券或者其他债务有违约或者延迟支付本息的事实,仍处于继续状态;

(三)违反本法规定,改变公开发行公司债券所募资金的用途。

第十九条 【申请文件的格式和报送方式】发行人依法申请核准发行证券所报送的申请文件的格式、报送方式,由依法负责核准的机构或者部门规定。

第二十条 【申请文件真实、准确、完整】发行人向国务院证券监督管理机构或者国务院授权的部门报送的证券发行申请文件,必须真实、准确、完整。

为证券发行出具有关文件的证券服务机构和人员,必须严格履行法定职责,保证其所出具文件的真实性、准确性和完整性。

第二十一条 【预先披露】发行人申请首次公开发行股票的,在提交申请文件后,应当按照国务院证券监督管理机构的规定预先披露有关申请文件。

第二十二条 【发行审核委员会】国务院证券监督管理机构设发行审核委员会,依法审核股票发行申请。

发行审核委员会由国务院证券监督管理机构的专业人员和所聘请的该机构外的有关专家组成,以投票方式对股票发行申请进行表决,提出审核意见。

发行审核委员会的具体组成办法、组成人员任期、工作程序,由国务院证券监督管理机构规定。

第二十三条 【核准股票发行申请】国务院证券监督管理机构依照法定条件负责核准股票发行申请。核准程序应当公开,依法接受监督。

参与审核和核准股票发行申请的人员,不得与发行申请人有利害关系,不得直接或者间接接受发行申请人的馈赠,不得持有所核准的发行申请的股票,不得私下与发行申请人进行接触。

国务院授权的部门对公司债券发行申请的核准,参照前两款的规定执行。

第二十四条 【股票发行核准】国务院证券监督管理机构或者国务院授权的部门应当自受理证券发行申请文件之日起三个月内,依照法定条件和法定程序作出予以核准或者不予核准的决定,发行人根据要求补充、修改发行申请文件的时间不计算在内;不予核准的,应当说明理由。

第二十五条 【证券发行公告】证券发行申请经核准,发行人应当依照法律、行政法规的规定,在证券公开发行前,公告公开发行募集文件,并将该文件置备于指定场所供公众查阅。

发行证券的信息依法公开前,任何知情人不得公开或者泄露该信息。

发行人不得在公告公开发行募集文件前发行证券。

第二十六条 【法律责任】国务院证券监督管理机构或者国务院授权的部门对已作出的核准证券发行的决定,发现不符合法定条件或者法定程序,尚未发行证券的,应当予以撤销,停止发行。已经发行尚未上市的,撤销发行核准决定,发行人应当按照发行价并加算银行同期存款利息返还证券持有人;保荐人应当与发行人承担连带责任,但是能够证明自己没有过错的除外;发行人的控股股东、实际控制人有过错的,应当与发行人承担连带责任。

第二十七条 【责任承担】股票依法发行后,发行人经营与收益的变化,由发行人自行负责;由此变化引致的投资风险,由投资者自行负责。

第二十八条 【证券承销】发行人向不特定对象发行的证券,法律、行政法规规定应当由证券公司承销的,发行人应当同证券公司签订承销协议。证券承销业务采取代销或者包销方式。

证券代销是指证券公司代发行人发售证券,在承销期结束时,将未售出的证券全部退还给发行人的承销方式。

证券包销是指证券公司将发行人的证券按照协议全部购入或者在承销期结束时将售后剩余证券全部自行购入的承销方式。

第二十九条 【发行人权利】公开发行证券的发行人有权依法自主选择承销的证券公司。证券公司不得以不正当竞争手段招揽证券承销业务。

第三十条 【包销协议载明事项】证券公司承销证券,应当同发行人签订代销或者包销协议,载明下列事项:

(一)当事人的名称、住所及法定代表人姓名;

(二)代销、包销证券的种类、数量、金额及发行价格;

(三)代销、包销的期限及起止日期;

(四)代销、包销的付款方式及日期;

(五)代销、包销的费用和结算办法;

(六)违约责任;

(七)国务院证券监督管理机构规定的其他事项。

第三十一条 【文件检查】证券公司承销证券,应当对公开发行募集文件的真实性、准确性、完整性进行核查;发现有虚假记载、误导性陈述或者重大遗漏的,不得进行销售活动;已经销售的,必须立即停止销售活动,并采取纠正措施。

第三十二条 【承销团承销】向不特定对象发行的证券票面总值超过人民币五千万元的,应当由承销团承销。承销团应当由主承销和参与承销的证券公司组成。

第三十三条 【代销、包销最长期限】证券的代销、包销期限最长不得超过九十日。

证券公司在代销、包销期内,对所代销、包销的证券应当保证先行出售给认购人,证券公司不得为本公司预留所代销的证券和预先购入并留存所包销的证券。

第三十四条 【溢价发行】股票发行采取溢价发行的,其发行价格由发行人与承销的证券公司协商确定。

第三十五条 【发行失败】股票发行采用代销方式,代销期限届满,向投资者出售的股票数量未达到拟公开发行股票数量百分之七十的,为发行失败。发行人应当按照发行价并加算银行同期存款利息返还股票认购人。

第三十六条 【备案制】公开发行股票,代销、包销期限届满,发行人应当在规定的期限内将股票发行情况报国务院证券监督管理机构备案。

第三章 证券交易

第一节 一般规定

第三十七条 【依法买卖证券】证券交易当事人依法买卖的证券，必须是依法发行并交付的证券。

非依法发行的证券，不得买卖。

第三十八条 【转让期限】依法发行的股票、公司债券及其他证券，法律对其转让期限有限制性规定的，在限定的期限内不得买卖。

第三十九条 【交易场所】依法公开发行的股票、公司债券及其他证券，应当在依法设立的证券交易所上市交易或者在国务院批准的其他证券交易场所转让。

第四十条 【上市交易方式】证券在证券交易所上市交易，应当采用公开的集中交易方式或者国务院证券监督管理机构批准的其他方式。

第四十一条 【买卖形式】证券交易当事人买卖的证券可以采用纸面形式或者国务院证券监督管理机构规定的其他形式。

第四十二条 【交易方式】证券交易以现货和国务院规定的其他方式进行交易。

第四十三条 【从业人员职责】证券交易所、证券公司和证券登记结算机构的从业人员、证券监督管理机构的工作人员以及法律、行政法规禁止参与股票交易的其他人员，在任期或者法定限期内，不得直接或者以化名、借他人名义持有、买卖股票，也不得收受他人赠送的股票。

任何人在成为前款所列人员时，其原已持有的股票，必须依法转让。

第四十四条 【账户保密】证券交易所、证券公司、证券登记结算机构必须依法为客户开立的账户保密。

第四十五条 【买卖禁止】为股票发行出具审计报告、资产评估报告或者法律意见书等文件的证券服务机构和人员，在该股票承销期内和期满后六个月内，不得买卖该种股票。

除前款规定外，为上市公司出具审计报告、资产评估报告或者法律意见书等文件的证券服务机构和人员，自接受上市公司委托之日起至上述文件公开后五日内，不得买卖该种股票。

第四十六条 【证券交易的收费】证券交易的收费必须合理，并公开收费项目、收费标准和收费办法。

证券交易的收费项目、收费标准和管理办法由国务院有关主管部门统一规定。

第四十七条 【股票买卖】上市公司董事、监事、高级管理人员、持有上市公司股份百分之五以上的股东，将其持有的该公司的股票在买入后六个月内卖出，或者在卖出后六个月内又买入，由此所得收益归该公司所有，公司董事会应当收回其所得收益。但是，证券公司因包销购入售后剩余股票而持有百分之五以上股份的，卖出该股票不受六个月时间限制。

公司董事会不按照前款规定执行的，股东有权要求董事会在三十日内执行。公司董事会未在上述期限内执行的，股东有权为了公司的利益以自己的名义直接向人民法院提起诉讼。

公司董事会不按照第一款的规定执行的，负有责任的董事依法承担连带责任。

第二节 证券上市

第四十八条 【上市交易申请】申请证券上市交易，应当向证券交易所提出申请，由证券交易所依法审核同意，并由双方签订上市协议。

证券交易所根据国务院授权的部门的决定安排政府债券上市交易。

第四十九条 【保荐人】申请股票、可转换为股票的公司债券或者法律、行政法规规定实行保荐制度的其他证券上市交易，应当聘请具有保荐资格的机构担任保荐人。

本法第十一条第二款、第三款的规定适用于上市保荐人。

第五十条 【上市申请条件】股份有限公司申请股票上市，应当符合下列条件：

（一）股票经国务院证券监督管理机构核准已公开发行；

（二）公司股本总额不少于人民币三千万元；

（三）公开发行的股份达到公司股份总数的百分之二十五以上；公司股本总额超过人民币四亿元的，公开发行股份的比例为百分之十以上；

（四）公司最近三年无重大违法行为，财务会计报告无虚假记载。

证券交易所可以规定高于前款规定的上市条件，并报国务院证券监督管理机构批准。

第五十一条 【股票上市交易】国家鼓励符合产业政策并符合上市条件的公司股票上市交易。

第五十二条 【上市申报文件】申请股票上市交易，应当向证券交易所报送下列文件：

（一）上市报告书；

（二）申请股票上市的股东大会决议；

（三）公司章程；

（四）公司营业执照；

（五）依法经会计师事务所审计的公司最近三年的财务会计报告；

（六）法律意见书和上市保荐书；

（七）最近一次的招股说明书；

（八）证券交易所上市规则规定的其他文件。

第五十三条 【上市公告】股票上市交易申请经证券交易所审核同意后，签订上市协议的公司应当在规定的期限内公告股票上市的有关文件，并将该文件置备于指定场所供公众查阅。

第五十四条 【公告事项】签订上市协议的公司除公告前条规定的文件外，还应当公告下列事项：

（一）股票获准在证券交易所交易的日期；

（二）持有公司股份最多的前十名股东的名单和持股数额；

（三）公司的实际控制人；

（四）董事、监事、高级管理人员的姓名及其持有本公司股票和债券的情况。

第五十五条 【股票的暂停上市】上市公司有下列情形之一的，由证券交易所决定暂停其股票上市交易：

（一）公司股本总额、股权分布等发生变化不再具备上市条件；

（二）公司不按照规定公开其财务状况，或者对财务会计报告作虚假记载，可能误导投资者；

（三）公司有重大违法行为；

（四）公司最近三年连续亏损；

（五）证券交易所上市规则规定的其他情形。

第五十六条 【股票的终止上市】上市公司有下列情形之一的，由证券交易所决定终止其股票上市交易：

（一）公司股本总额、股权分布等发生变化不再具备上市条件，在证券交易所规定的期限内仍不能达到上市条件；

（二）公司不按照规定公开其财务状况，或者对财务会计报告作虚假记载，且拒绝纠正；

（三）公司最近三年连续亏损，在其后一个年度内未能恢复盈利；

（四）公司解散或者被宣告破产；

（五）证券交易所上市规则规定的其他情形。

第五十七条 【债券上市条件】公司申请公司债券上市交易，应当符合下列条件：

（一）公司债券的期限为一年以上；

（二）公司债券实际发行额不少于人民币五千万元；

（三）公司申请债券上市时仍符合法定的公司债券发行条件。

第五十八条 【债券上市报送的文件】申请公司债券上市交易，应当向证券交易所报送下列文件：

（一）上市报告书；

（二）申请公司债券上市的董事会决议；

（三）公司章程；

（四）公司营业执照；

（五）公司债券募集办法；

（六）公司债券的实际发行数额；

（七）证券交易所上市规则规定的其他文件。

申请可转换为股票的公司债券上市交易，还应当报送保荐人出具的上市保荐书。

第五十九条 【债券上市文件公告】公司债券上市交易申请经证券交易所审核同意后，签订上市协议的公司应当在规定的期限内公告公司债券上市文件及有关文件，并将其申请文件置备于指定场所供公众查阅。

第六十条 【债券的暂停上市】公司债券上市交易后，公司有下列情形之一的，由证券交易所决定暂停其公司债券上市交易：

（一）公司有重大违法行为；

（二）公司情况发生重大变化不符合公司债券上市条件；

（三）发行公司债券所募集的资金不按照核准的用途使用；

（四）未按照公司债券募集办法履行义务；

（五）公司最近二年连续亏损。

第六十一条 【债券的终止上市】公司有前条第（一）项、第（四）项所列情形之一经查实后果严重的，或者有前条第（二）项、第（三）项、第（五）项所列情形之一，在限期内未能消除的，由证券交易所决定终止其公司债券上市交易。

公司解散或者被宣告破产的，由证券交易所终止其公司债券上市交易。

第六十二条 【复核申请】对证券交易所作出的不予上市、暂停上市、终止上市决定不服的，可以向证券交易所设立的复核机构申请复核。

第三节 持续信息公开

第六十三条 【真实披露义务】发行人、上市公司依法披露的信息，必须真实、准确、完整，不得有虚假记载、误导性陈述或者重大遗漏。

第六十四条 【公开发行公告】经国务院证券监督管理机构核准依法公开发行股票，或者经国务院授权的部门核准依法公开发行公司债券，应当公告招股说明书、公司债券募集办法。依法公开发行新股或者公司债券的，还应当公告财务会计报告。

第六十五条 【中期报告】上市公司和公司债券上市交易的公司，应当在每一会计年度的上半年结束之日起二个月内，向国务院证券监督管理机构和证券交易所报送记载以下内容的中期报告，并予公告：

（一）公司财务会计报告和经营情况；

（二）涉及公司的重大诉讼事项；

（三）已发行的股票、公司债券变动情况；

（四）提交股东大会审议的重要事项；

（五）国务院证券监督管理机构规定的其他事项。

第六十六条 【年度报告】上市公司和公司债券上市交易的公司，应当在每一会计年度结束之日起四个月内，向国务院证券监督管理机构和证券交易所报送记载以下内容的年度报告，并予公告：

（一）公司概况；

（二）公司财务会计报告和经营情况；

（三）董事、监事、高级管理人员简介及其持股情况；

（四）已发行的股票、公司债券情况，包括持有公司股份最多的前十名股东的名单和持股数额；

（五）公司的实际控制人；

（六）国务院证券监督管理机构规定的其他事项。

第六十七条 【临时报告制度】发生可能对上市公司股票交易价格产生较大影响的重大事件，投资者尚未得知时，上市公司应当立即将有关该重大事件的情况向国务院证券监督管理机构和证券交易所报送临时报告，并予公告，说明事件的起因、目前的状态和可能产生的法律后果。

下列情况为前款所称重大事件：

（一）公司的经营方针和经营范围的重大变化；

（二）公司的重大投资行为和重大的购置财产的决定；

（三）公司订立重要合同，可能对公司的资产、负债、权益和经营成果产生重要影响；

（四）公司发生重大债务和未能清偿到期重大债务的违约情况；

（五）公司发生重大亏损或者重大损失；

（六）公司生产经营的外部条件发生的重大变化；

（七）公司的董事、三分之一以上监事或者经理发生变动；

（八）持有公司百分之五以上股份的股东或者实际控制人，其持有股份或者控制公司的情况发生较大变化；

（九）公司减资、合并、分立、解散及申请破产的决定；

（十）涉及公司的重大诉讼，股东大会、董事会决议被依法撤销或者宣告无效；

（十一）公司涉嫌犯罪被司法机关立案调查，公司董事、监事、高级管理人员涉嫌犯罪被司法机关采取强制措施；

（十二）国务院证券监督管理机构规定的其他事项。

第六十八条 【公司领导签署报告意见】上市公司董事、高级管理人员应当对公司定期报告签署书面确认意见。

上市公司监事会应当对董事会编制的公司定期报告进行审核并提出书面审核意见。

上市公司董事、监事、高级管理人员应当保证上市公司所披露的信息真实、准确、完整。

第六十九条 【违反信息披露义务的法律责任】发行人、上市公司公告的招股说明书、公司债券募集办法、财务会计报告、上市报告文件、年度报告、中期报告、临时报告以及其他信息披露资料，有虚假记载、误导性陈述或者重大遗漏，致使投资者在证券交易中遭受损失的，发行人、上市公司应当承担赔偿责任；发行人、上市公司的董事、监事、高级管理人员和其他直接责任人员以及保荐人、承销的证券公司，应当与发行人、上市公司承担连带赔偿责任，但是能够证明自己没有过错的除外；发行人、上市公司的控股股东、实际控制人有过错的，应当与发行人、上市公司承担连带赔偿责任。

第七十条 【信息披露方式】依法必须披露的信息，应当在国务院证券监督管理机构指定的媒体发布，同时将其置备于公司住所、证券交易所，供社会公众查阅。

第七十一条 【对信息披露的监督】国务院证券监督管理机构对上市公司年度报告、中期报告、临时报告以及公告的情况进行监督，对上市公司分派或者配售新股的情况进行监督，对上市公司控股股东和信息披露义务人的行为进行监督。

证券监督管理机构、证券交易所、保荐人、承销的证券公司及有关人员，对公司依照法律、行政法规规定必须作出的公告，在公告前不得泄露其内容。

第七十二条 【暂停、终止上市的公告、备案】证券交易所决定暂停或者终止证券上市交易的，应当及时公告，并报国务院证券监督管理机构备案。

第四节 禁止的交易行为

第七十三条 【内幕交易的禁止】禁止证券交易内幕信息的知情人和非法获取内幕信息的人利用内幕信息从事证券交易活动。

第七十四条 【知情人】证券交易内幕信息的知情人包括：

（一）发行人的董事、监事、高级管理人员；

（二）持有公司百分之五以上股份的股东及其董事、监事、高级管理人员，公司的实际控制人及其董事、

监事、高级管理人员;

(三)发行人控股的公司及其董事、监事、高级管理人员;

(四)由于所任公司职务可以获取公司有关内幕信息的人员;

(五)证券监督管理机构工作人员以及由于法定职责对证券的发行、交易进行管理的其他人员;

(六)保荐人、承销的证券公司、证券交易所、证券登记结算机构、证券服务机构的有关人员;

(七)国务院证券监督管理机构规定的其他人。

第七十五条　【内幕信息】证券交易活动中,涉及公司的经营、财务或者对该公司证券的市场价格有重大影响的尚未公开的信息,为内幕信息。

下列信息皆属内幕信息:

(一)本法第六十七条第二款所列重大事件;

(二)公司分配股利或者增资的计划;

(三)公司股权结构的重大变化;

(四)公司债务担保的重大变更;

(五)公司营业用主要资产的抵押、出售或者报废一次超过该资产的百分之三十;

(六)公司的董事、监事、高级管理人员的行为可能依法承担重大损害赔偿责任;

(七)上市公司收购的有关方案;

(八)国务院证券监督管理机构认定的对证券交易价格有显著影响的其他重要信息。

第七十六条　【禁止利用内幕信息】证券交易内幕信息的知情人和非法获取内幕信息的人,在内幕信息公开前,不得买卖该公司的证券,或者泄露该信息,或者建议他人买卖该证券。

持有或者通过协议、其他安排与他人共同持有公司百分之五以上股份的自然人、法人、其他组织收购上市公司的股份,本法另有规定的,适用其规定。

内幕交易行为给投资者造成损失的,行为人应当依法承担赔偿责任。

第七十七条　【禁止操纵证券市场】禁止任何人以下列手段操纵证券市场:

(一)单独或者通过合谋,集中资金优势、持股优势或者利用信息优势联合或者连续买卖,操纵证券交易价格或者证券交易量;

(二)与他人串通,以事先约定的时间、价格和方式相互进行证券交易,影响证券交易价格或者证券交易量;

(三)在自己实际控制的账户之间进行证券交易,影响证券交易价格或者证券交易量;

(四)以其他手段操纵证券市场。

操纵证券市场行为给投资者造成损失的,行为人应当依法承担赔偿责任。

第七十八条　【禁止编造、传播虚假信息】禁止国家工作人员、传播媒介从业人员和有关人员编造、传播虚假信息,扰乱证券市场。

禁止证券交易所、证券公司、证券登记结算机构、证券服务机构及其从业人员,证券业协会、证券监督管理机构及其工作人员,在证券交易活动中作出虚假陈述或者信息误导。

各种传播媒介传播证券市场信息必须真实、客观,禁止误导。

第七十九条　【禁止欺诈行为】禁止证券公司及其从业人员从事下列损害客户利益的欺诈行为:

(一)违背客户的委托为其买卖证券;

(二)不在规定时间内向客户提供交易的书面确认文件;

(三)挪用客户所委托买卖的证券或者客户账户上的资金;

(四)未经客户的委托,擅自为客户买卖证券,或者假借客户的名义买卖证券;

(五)为牟取佣金收入,诱使客户进行不必要的证券买卖;

(六)利用传播媒介或者通过其他方式提供、传播虚假或者误导投资者的信息;

(七)其他违背客户真实意思表示,损害客户利益的行为。

欺诈客户行为给客户造成损失的,行为人应当依法承担赔偿责任。

第八十条　【禁止法人从事证券交易】禁止法人非法利用他人账户从事证券交易;禁止法人出借自己或者他人的证券账户。

第八十一条　【禁止违规资金入市】依法拓宽资金入市渠道,禁止资金违规流入股市。

第八十二条　【禁止挪用公款买卖证券】禁止任何人挪用公款买卖证券。

第八十三条　【国有或国有控股企业买卖股票】国有企业和国有资产控股的企业买卖上市交易的股票,必须遵守国家有关规定。

第八十四条　【报告禁止交易行为】证券交易所、证券公司、证券登记结算机构、证券服务机构及其从业人员对证券交易中发现的禁止的交易行为,应当及时向证券监督管理机构报告。

第四章　上市公司的收购

第八十五条　【收购方式】投资者可以采取要约收购、协议收购及其他合法方式收购上市公司。

第八十六条 【书面报告和公告】通过证券交易所的证券交易，投资者持有或者通过协议、其他安排与他人共同持有一个上市公司已发行的股份达到百分之五时，应当在该事实发生之日起三日内，向国务院证券监督管理机构、证券交易所作出书面报告，通知该上市公司，并予公告；在上述期限内，不得再行买卖该上市公司的股票。

投资者持有或者通过协议、其他安排与他人共同持有一个上市公司已发行的股份达到百分之五后，其所持该上市公司已发行的股份比例每增加或者减少百分之五，应当依照前款规定进行报告和公告。在报告期限内和作出报告、公告后二日内，不得再行买卖该上市公司的股票。

第八十七条 【报告、公告内容】依照前条规定所作的书面报告和公告，应当包括下列内容：

（一）持股人的名称、住所；

（二）持有的股票的名称、数额；

（三）持股达到法定比例或者持股增减变化达到法定比例的日期。

第八十八条 【收购要约】通过证券交易所的证券交易，投资者持有或者通过协议、其他安排与他人共同持有一个上市公司已发行的股份达到百分之三十时，继续进行收购的，应当依法向该上市公司所有股东发出收购上市公司全部或者部分股份的要约。

收购上市公司部分股份的收购要约应当约定，被收购公司股东承诺出售的股份数额超过预定收购的股份数额的，收购人按比例进行收购。

第八十九条 【收购报告书的内容】依照前条规定发出收购要约，收购人必须公告上市公司收购报告书，并载明下列事项：

（一）收购人的名称、住所；

（二）收购人关于收购的决定；

（三）被收购的上市公司名称；

（四）收购目的；

（五）收购股份的详细名称和预定收购的股份数额；

（六）收购期限、收购价格；

（七）收购所需资金额及资金保证；

（八）公告上市公司收购报告书时持有被收购公司股份数占该公司已发行的股份总数的比例。

第九十条 【收购期限】收购要约约定的收购期限不得少于三十日，并不得超过六十日。

第九十一条 【撤销禁止】在收购要约确定的承诺期限内，收购人不得撤销其收购要约。收购人需要变更收购要约的，必须及时公告，载明具体变更事项。

第九十二条 【适用条件】收购要约提出的各项收购条件，适用于被收购公司的所有股东。

第九十三条 【要约收购的限制】采取要约收购方式的，收购人在收购期限内，不得卖出被收购公司的股票，也不得采取要约规定以外的形式和超出要约的条件买入被收购公司的股票。

第九十四条 【协议收购】采取协议收购方式的，收购人可以依照法律、行政法规的规定同被收购公司的股东以协议方式进行股份转让。

以协议方式收购上市公司时，达成协议后，收购人必须在三日内将该收购协议向国务院证券监督管理机构及证券交易所作出书面报告，并予公告。

在公告前不得履行收购协议。

第九十五条 【临时托管】采取协议收购方式的，协议双方可以临时委托证券登记结算机构保管协议转让的股票，并将资金存放于指定的银行。

第九十六条 【收购要约】采取协议收购方式的，收购人收购或者通过协议、其他安排与他人共同收购一个上市公司已发行的股份达到百分之三十时，继续进行收购的，应当向该上市公司所有股东发出收购上市公司全部或者部分股份的要约。但是，经国务院证券监督管理机构免除发出要约的除外。

收购人依照前款规定以要约方式收购上市公司股份，应当遵守本法第八十九条至第九十三条的规定。

第九十七条 【终止上市】收购期限届满，被收购公司股权分布不符合上市条件的，该上市公司的股票应当由证券交易所依法终止上市交易；其余仍持有被收购公司股票的股东，有权向收购人以收购要约的同等条件出售其股票，收购人应当收购。

收购行为完成后，被收购公司不再具备股份有限公司条件的，应当依法变更企业形式。

第九十八条 【股票转让禁止】在上市公司收购中，收购人持有的被收购的上市公司的股票，在收购行为完成后的十二个月内不得转让。

第九十九条 【公司收购的股票后果】收购行为完成后，收购人与被收购公司合并，并将该公司解散的，被解散公司的原有股票由收购人依法更换。

第一百条 【收购报告和公告】收购行为完成后，收购人应当在十五日内将收购情况报告国务院证券监督管理机构和证券交易所，并予公告。

第一百零一条 【收购办法】收购上市公司中由国家授权投资的机构持有的股份，应当按照国务院的规定，经有关主管部门批准。

国务院证券监督管理机构应当依照本法的原则制

定上市公司收购的具体办法。

第五章 证券交易所

第一百零二条 【定义】证券交易所是为证券集中交易提供场所和设施,组织和监督证券交易,实行自律管理的法人。

证券交易所的设立和解散,由国务院决定。

第一百零三条 【章程制定】设立证券交易所必须制定章程。

证券交易所章程的制定和修改,必须经国务院证券监督管理机构批准。

第一百零四条 【名称要求】证券交易所必须在其名称中标明证券交易所字样。其他任何单位或者个人不得使用证券交易所或者近似的名称。

第一百零五条 【费用支配】证券交易所可以自行支配的各项费用收入,应当首先用于保证其证券交易场所和设施的正常运行并逐步改善。

实行会员制的证券交易所的财产积累归会员所有,其权益由会员共同享有,在其存续期间,不得将其财产积累分配给会员。

第一百零六条 【理事会】证券交易所设理事会。

第一百零七条 【总经理】证券交易所设总经理一人,由国务院证券监督管理机构任免。

第一百零八条 【负责人的任职禁止性要求】有《中华人民共和国公司法》第一百四十六条规定的情形或者下列情形之一的,不得担任证券交易所的负责人:

(一)因违法行为或者违纪行为被解除职务的证券交易所、证券登记结算机构的负责人或者证券公司的董事、监事、高级管理人员,自被解除职务之日起未逾五年;

(二)因违法行为或者违纪行为被撤销资格的律师、注册会计师或者投资咨询机构、财务顾问机构、资信评级机构、资产评估机构、验证机构的专业人员,自被撤销资格之日起未逾五年。

第一百零九条 【从业人员的禁止性要求】因违法行为或者违纪行为被开除的证券交易所、证券登记结算机构、证券服务机构、证券公司的从业人员和被开除的国家机关工作人员,不得招聘为证券交易所的从业人员。

第一百一十条 【会员资格】进入证券交易所参与集中交易的,必须是证券交易所的会员。

第一百一十一条 【委托交易方式】投资者应当与证券公司签订证券交易委托协议,并在证券公司开立证券交易账户,以书面、电话以及其他方式,委托该证券公司代其买卖证券。

第一百一十二条 【交易申报和清算】证券公司根据投资者的委托,按照证券交易规则提出交易申报,参与证券交易所场内的集中交易,并根据成交结果承担相应的清算交收责任;证券登记结算机构根据成交结果,按照清算交收规则,与证券公司进行证券和资金的清算交收,并为证券公司客户办理证券的登记过户手续。

第一百一十三条 【即时行情的公布】证券交易所应当为组织公平的集中交易提供保障,公布证券交易即时行情,并按交易日制作证券市场行情表,予以公布。

未经证券交易所许可,任何单位和个人不得发布证券交易即时行情。

第一百一十四条 【技术性停牌和临时停市】因突发性事件而影响证券交易的正常进行时,证券交易所可以采取技术性停牌的措施;因不可抗力的突发性事件或者为维护证券交易的正常秩序,证券交易所可以决定临时停市。

证券交易所采取技术性停牌或者决定临时停市,必须及时报告国务院证券监督管理机构。

第一百一十五条 【监控报告】证券交易所对证券交易实行实时监控,并按照国务院证券监督管理机构的要求,对异常的交易情况提出报告。

证券交易所应当对上市公司及相关信息披露义务人披露信息进行监督,督促其依法及时、准确地披露信息。

证券交易所根据需要,可以对出现重大异常交易情况的证券账户限制交易,并报国务院证券监督管理机构备案。

第一百一十六条 【风险基金】证券交易所应当从其收取的交易费用和会员费、席位费中提取一定比例的金额设立风险基金。风险基金由证券交易所理事会管理。

风险基金提取的具体比例和使用办法,由国务院证券监督管理机构会同国务院财政部门规定。

第一百一十七条 【不得擅用风险基金】证券交易所应当将收存的风险基金存入开户银行专门账户,不得擅自使用。

第一百一十八条 【规则报批】证券交易所依照证券法律、行政法规制定上市规则、交易规则、会员管理规则和其他有关规则,并报国务院证券监督管理机构批准。

第一百一十九条 【回避原则】证券交易所的负责人和其他从业人员在执行与证券交易有关的职务时,与其本人或者其亲属有利害关系的,应当回避。

第一百二十条 【交易结果的保护】按照依法制定的交易规则进行的交易,不得改变其交易结果。对交易中违规交易者应负的民事责任不得免除;在违规交易中所获利益,依照有关规定处理。

第一百二十一条 【违规处罚】在证券交易所内从事证券交易的人员，违反证券交易所有关交易规则的，由证券交易所给予纪律处分；对情节严重的，撤销其资格，禁止其入场进行证券交易。

第六章 证 券 公 司

第一百二十二条 【设立审批】设立证券公司，必须经国务院证券监督管理机构审查批准。未经国务院证券监督管理机构批准，任何单位和个人不得经营证券业务。

第一百二十三条 【定义】本法所称证券公司是指依照《中华人民共和国公司法》和本法规定设立的经营证券业务的有限责任公司或者股份有限公司。

第一百二十四条 【设立条件】设立证券公司，应当具备下列条件：

（一）有符合法律、行政法规规定的公司章程；

（二）主要股东具有持续盈利能力，信誉良好，最近三年无重大违法违规记录，净资产不低于人民币二亿元；

（三）有符合本法规定的注册资本；

（四）董事、监事、高级管理人员具备任职资格，从业人员具有证券从业资格；

（五）有完善的风险管理与内部控制制度；

（六）有合格的经营场所和业务设施；

（七）法律、行政法规规定的和经国务院批准的国务院证券监督管理机构规定的其他条件。

第一百二十五条 【业务范围】经国务院证券监督管理机构批准，证券公司可以经营下列部分或者全部业务：

（一）证券经纪；

（二）证券投资咨询；

（三）与证券交易、证券投资活动有关的财务顾问；

（四）证券承销与保荐；

（五）证券自营；

（六）证券资产管理；

（七）其他证券业务。

第一百二十六条 【名称规定】证券公司必须在其名称中标明证券有限责任公司或者证券股份有限公司字样。

第一百二十七条 【最低注册资本】证券公司经营本法第一百二十五条第（一）项至第（三）项业务的，注册资本最低限额为人民币五千万元；经营第（四）项至第（七）项业务之一的，注册资本最低限额为人民币一亿元；经营第（四）项至第（七）项业务中两项以上的，注册资本最低限额为人民币五亿元。证券公司的注册资本应当是实缴资本。

国务院证券监督管理机构根据审慎监管原则和各项业务的风险程度，可以调整注册资本最低限额，但不得少于前款规定的限额。

第一百二十八条 【申请受理】国务院证券监督管理机构应当自受理证券公司设立申请之日起六个月内，依照法定条件和法定程序并根据审慎监管原则进行审查，作出批准或者不予批准的决定，并通知申请人；不予批准的，应当说明理由。

证券公司设立申请获得批准的，申请人应当在规定的期限内向公司登记机关申请设立登记，领取营业执照。

证券公司应当自领取营业执照之日起十五日内，向国务院证券监督管理机构申请经营证券业务许可证。未取得经营证券业务许可证，证券公司不得经营证券业务。

第一百二十九条 【变更批准】证券公司设立、收购或者撤销分支机构，变更业务范围，增加注册资本且股权结构发生重大调整，减少注册资本，变更持有百分之五以上股权的股东、实际控制人，变更公司章程中的重要条款，合并、分立、停业、解散、破产，必须经国务院证券监督管理机构批准。

证券公司在境外设立、收购或者参股证券经营机构，必须经国务院证券监督管理机构批准。

第一百三十条 【风险控制指标】国务院证券监督管理机构应当对证券公司的净资本，净资本与负债的比例，净资本与净资产的比例，净资本与自营、承销、资产管理等业务规模的比例，负债与净资产的比例，以及流动资产与流动负债的比例等风险控制指标作出规定。

证券公司不得为其股东或者股东的关联人提供融资或者担保。

第一百三十一条 【任职资格】证券公司的董事、监事、高级管理人员，应当正直诚实，品行良好，熟悉证券法律、行政法规，具有履行职责所需的经营管理能力，并在任职前取得国务院证券监督管理机构核准的任职资格。

有《中华人民共和国公司法》第一百四十六条规定的情形或者下列情形之一的，不得担任证券公司的董事、监事、高级管理人员：

（一）因违法行为或者违纪行为被解除职务的证券交易所、证券登记结算机构的负责人或者证券公司的董事、监事、高级管理人员，自被解除职务之日起未逾五年；

（二）因违法行为或者违纪行为被撤销资格的律师、注册会计师或者投资咨询机构、财务顾问机构、资信评级机构、资产评估机构、验证机构的专业人员，自被撤销资格之日起未逾五年。

第一百三十二条　【招聘的限制条件】因违法行为或者违纪行为被开除的证券交易所、证券登记结算机构、证券服务机构、证券公司的从业人员和被开除的国家机关工作人员,不得招聘为证券公司的从业人员。

第一百三十三条　【兼职禁止】国家机关工作人员和法律、行政法规规定的禁止在公司中兼职的其他人员,不得在证券公司中兼任职务。

第一百三十四条　【证券投资者保护基金】国家设立证券投资者保护基金。证券投资者保护基金由证券公司缴纳的资金及其他依法筹集的资金组成,其筹集、管理和使用的具体办法由国务院规定。

第一百三十五条　【交易风险准备金】证券公司从每年的税后利润中提取交易风险准备金,用于弥补证券交易的损失,其提取的具体比例由国务院证券监督管理机构规定。

第一百三十六条　【内部控制制度】证券公司应当建立健全内部控制制度,采取有效隔离措施,防范公司与客户之间、不同客户之间的利益冲突。

证券公司必须将其证券经纪业务、证券承销业务、证券自营业务和证券资产管理业务分开办理,不得混合操作。

第一百三十七条　【自营业务】证券公司的自营业务必须以自己的名义进行,不得假借他人名义或者以个人名义进行。

证券公司的自营业务必须使用自有资金和依法筹集的资金。

证券公司不得将其自营账户借给他人使用。

第一百三十八条　【自主经营权】证券公司依法享有自主经营的权利,其合法经营不受干涉。

第一百三十九条　【交易结算资金】证券公司客户的交易结算资金应当存放在商业银行,以每个客户的名义单独立户管理。具体办法和实施步骤由国务院规定。

证券公司不得将客户的交易结算资金和证券归入其自有财产。禁止任何单位或者个人以任何形式挪用客户的交易结算资金和证券。证券公司破产或者清算时,客户的交易结算资金和证券不属于其破产财产或者清算财产。非因客户本身的债务或者法律规定的其他情形,不得查封、冻结、扣划或者强制执行客户的交易结算资金和证券。

第一百四十条　【证券买卖委托书】证券公司办理经纪业务,应当置备统一制定的证券买卖委托书,供委托人使用。采取其他委托方式的,必须作出委托记录。

客户的证券买卖委托,不论是否成交,其委托记录应当按照规定的期限,保存于证券公司。

第一百四十一条　【证券代理买卖】证券公司接受证券买卖的委托,应当根据委托书载明的证券名称、买卖数量、出价方式、价格幅度等,按照交易规则代理买卖证券,如实进行交易记录;买卖成交后,应当按照规定制作买卖成交报告单交付客户。

证券交易中确认交易行为及其交易结果的对账单必须真实,并由交易经办人员以外的审核人员逐笔审核,保证账面证券余额与实际持有的证券相一致。

第一百四十二条　【融资融券服务】证券公司为客户买卖证券提供融资融券服务,应当按照国务院的规定并经国务院证券监督管理机构批准。

第一百四十三条　【全权委托禁止】证券公司办理经纪业务,不得接受客户的全权委托而决定证券买卖、选择证券种类、决定买卖数量或者买卖价格。

第一百四十四条　【承诺禁止】证券公司不得以任何方式对客户证券买卖的收益或者赔偿证券买卖的损失作出承诺。

第一百四十五条　【私下接受委托禁止】证券公司及其从业人员不得未经过其依法设立的营业场所私下接受客户委托买卖证券。

第一百四十六条　【职务行为责任承担】证券公司的从业人员在证券交易活动中,执行所属的证券公司的指令或者利用职务违反交易规则的,由所属的证券公司承担全部责任。

第一百四十七条　【资料保存】证券公司应当妥善保存客户开户资料、委托记录、交易记录和与内部管理、业务经营有关的各项资料,任何人不得隐匿、伪造、篡改或者毁损。上述资料的保存期限不得少于二十年。

第一百四十八条　【信息、资料报送要求】证券公司应当按照规定向国务院证券监督管理机构报送业务、财务等经营管理信息和资料。国务院证券监督管理机构有权要求证券公司及其股东、实际控制人在指定的期限内提供有关信息、资料。

证券公司及其股东、实际控制人向国务院证券监督管理机构报送或者提供的信息、资料,必须真实、准确、完整。

第一百四十九条　【审计评估】国务院证券监督管理机构认为有必要时,可以委托会计师事务所、资产评估机构对证券公司的财务状况、内部控制状况、资产价值进行审计或者评估。具体办法由国务院证券监督管理机构会同有关主管部门制定。

第一百五十条　【违规处罚措施】证券公司的净资本或者其他风险控制指标不符合规定的,国务院证券监督管理机构应当责令其限期改正;逾期未改正,或者其行为严重危及该证券公司的稳健运行、损害客户合法权

益的,国务院证券监督管理机构可以区别情形,对其采取下列措施:

(一)限制业务活动,责令暂停部分业务,停止批准新业务;

(二)停止批准增设、收购营业性分支机构;

(三)限制分配红利,限制向董事、监事、高级管理人员支付报酬、提供福利;

(四)限制转让财产或者在财产上设定其他权利;

(五)责令更换董事、监事、高级管理人员或者限制其权利;

(六)责令控股股东转让股权或者限制有关股东行使股东权利;

(七)撤销有关业务许可。

证券公司整改后,应当向国务院证券监督管理机构提交报告。国务院证券监督管理机构经验收,符合有关风险控制指标的,应当自验收完毕之日起三日内解除对其采取的前款规定的有关措施。

第一百五十一条 【对虚假、抽逃出资的处罚】证券公司的股东有虚假出资、抽逃出资行为的,国务院证券监督管理机构应当责令其限期改正,并可责令其转让所持证券公司的股权。

在前款规定的股东按照要求改正违法行为、转让所持证券公司的股权前,国务院证券监督管理机构可以限制其股东权利。

第一百五十二条 【领导责任承担】证券公司的董事、监事、高级管理人员未能勤勉尽责,致使证券公司存在重大违法违规行为或者重大风险的,国务院证券监督管理机构可以撤销其任职资格,并责令公司予以更换。

第一百五十三条 【公司责任承担】证券公司违法经营或者出现重大风险,严重危害证券市场秩序、损害投资者利益的,国务院证券监督管理机构可以对该证券公司采取责令停业整顿、指定其他机构托管、接管或者撤销等监管措施。

第一百五十四条 【对直接责任人的措施】在证券公司被责令停业整顿、被依法指定托管、接管或者清算期间,或者出现重大风险时,经国务院证券监督管理机构批准,可以对该证券公司直接负责的董事、监事、高级管理人员和其他直接责任人员采取以下措施:

(一)通知出境管理机关依法阻止其出境;

(二)申请司法机关禁止其转移、转让或者以其他方式处分财产,或者在财产上设定其他权利。

第七章 证券登记结算机构

第一百五十五条 【定义和设立批准】证券登记结算机构是为证券交易提供集中登记、存管与结算服务,不以营利为目的的法人。

设立证券登记结算机构必须经国务院证券监督管理机构批准。

第一百五十六条 【设立条件】设立证券登记结算机构,应当具备下列条件:

(一)自有资金不少于人民币二亿元;

(二)具有证券登记、存管和结算服务所必须的场所和设施;

(三)主要管理人员和从业人员必须具有证券从业资格;

(四)国务院证券监督管理机构规定的其他条件。

证券登记结算机构的名称中应当标明证券登记结算字样。

第一百五十七条 【职能】证券登记结算机构履行下列职能:

(一)证券账户、结算账户的设立;

(二)证券的存管和过户;

(三)证券持有人名册登记;

(四)证券交易所上市证券交易的清算和交收;

(五)受发行人的委托派发证券权益;

(六)办理与上述业务有关的查询;

(七)国务院证券监督管理机构批准的其他业务。

第一百五十八条 【运营方式和章程、业务规则的报批】证券登记结算采取全国集中统一的运营方式。

证券登记结算机构章程、业务规则应当依法制定,并经国务院证券监督管理机构批准。

第一百五十九条 【证券的存管】证券持有人持有的证券,在上市交易时,应当全部存管在证券登记结算机构。

证券登记结算机构不得挪用客户的证券。

第一百六十条 【义务】证券登记结算机构应当向证券发行人提供证券持有人名册及其有关资料。

证券登记结算机构应当根据证券登记结算的结果,确认证券持有人持有证券的事实,提供证券持有人登记资料。

证券登记结算机构应当保证证券持有人名册和登记过户记录真实、准确、完整,不得隐匿、伪造、篡改或者毁损。

第一百六十一条 【保障措施】证券登记结算机构应当采取下列措施保证业务的正常进行:

(一)具有必备的服务设备和完善的数据安全保护措施;

(二)建立完善的业务、财务和安全防范等管理制度;

(三)建立完善的风险管理系统。

第一百六十二条　【文件资料保存】证券登记结算机构应当妥善保存登记、存管和结算的原始凭证及有关文件和资料。其保存期限不得少于二十年。

第一百六十三条　【结算风险基金】证券登记结算机构应当设立证券结算风险基金，用于垫付或者弥补因违约交收、技术故障、操作失误、不可抗力造成的证券登记结算机构的损失。

证券结算风险基金从证券登记结算机构的业务收入和收益中提取，并可以由结算参与人按照证券交易业务量的一定比例缴纳。

证券结算风险基金的筹集、管理办法，由国务院证券监督管理机构会同国务院财政部门规定。

第一百六十四条　【基金保管】证券结算风险基金应当存入指定银行的专门账户，实行专项管理。

证券登记结算机构以证券结算风险基金赔偿后，应当向有关责任人追偿。

第一百六十五条　【解散】证券登记结算机构申请解散，应当经国务院证券监督管理机构批准。

第一百六十六条　【证券账户的设立】投资者委托证券公司进行证券交易，应当申请开立证券账户。证券登记结算机构应当按照规定以投资者本人的名义为投资者开立证券账户。

投资者申请开立账户，必须持有证明中国公民身份或者中国法人资格的合法证件。国家另有规定的除外。

第一百六十七条　【交收义务】证券登记结算机构为证券交易提供净额结算服务时，应当要求结算参与人按照货银对付的原则，足额交付证券和资金，并提供交收担保。

在交收完成之前，任何人不得动用用于交收的证券、资金和担保物。

结算参与人未按时履行交收义务的，证券登记结算机构有权按照业务规则处理前款所述财产。

第一百六十八条　【清算】证券登记结算机构按照业务规则收取的各类结算资金和证券，必须存放于专门的清算交收账户，只能按业务规则用于已成交的证券交易的清算交收，不得被强制执行。

第八章　证券服务机构

第一百六十九条　【业务批准】投资咨询机构、财务顾问机构、资信评级机构、资产评估机构、会计师事务所从事证券服务业务，必须经国务院证券监督管理机构和有关主管部门批准。

投资咨询机构、财务顾问机构、资信评级机构、资产评估机构、会计师事务所从事证券服务业务的审批管理办法，由国务院证券监督管理机构和有关主管部门制定。

第一百七十条　【从业资格】投资咨询机构、财务顾问机构、资信评级机构从事证券服务业务的人员，必须具备证券专业知识和从事证券业务或者证券服务业务二年以上经验。认定其证券从业资格的标准和管理办法，由国务院证券监督管理机构制定。

第一百七十一条　【禁止行为】投资咨询机构及其从业人员从事证券服务业务不得有下列行为：

（一）代理委托人从事证券投资；

（二）与委托人约定分享证券投资收益或者分担证券投资损失；

（三）买卖本咨询机构提供服务的上市公司股票；

（四）利用传播媒介或者通过其他方式提供、传播虚假或者误导投资者的信息；

（五）法律、行政法规禁止的其他行为。

有前款所列行为之一，给投资者造成损失的，依法承担赔偿责任。

第一百七十二条　【服务费用】从事证券服务业务的投资咨询机构和资信评级机构，应当按照国务院有关主管部门规定的标准或者收费办法收取服务费用。

第一百七十三条　【文件出具义务】证券服务机构为证券的发行、上市、交易等证券业务活动制作、出具审计报告、资产评估报告、财务顾问报告、资信评级报告或者法律意见书等文件，应当勤勉尽责，对所依据的文件资料内容的真实性、准确性、完整性进行核查和验证。其制作、出具的文件有虚假记载、误导性陈述或者重大遗漏，给他人造成损失的，应当与发行人、上市公司承担连带赔偿责任，但是能够证明自己没有过错的除外。

第九章　证券业协会

第一百七十四条　【性质】证券业协会是证券业的自律性组织，是社会团体法人。

证券公司应当加入证券业协会。

证券业协会的权力机构为全体会员组成的会员大会。

第一百七十五条　【协会章程】证券业协会章程由会员大会制定，并报国务院证券监督管理机构备案。

第一百七十六条　【职责履行】证券业协会履行下列职责：

（一）教育和组织会员遵守证券法律、行政法规；

（二）依法维护会员的合法权益，向证券监督管理机构反映会员的建议和要求；

（三）收集整理证券信息，为会员提供服务；

（四）制定会员应遵守的规则，组织会员单位的从业人员的业务培训，开展会员间的业务交流；

（五）对会员之间、会员与客户之间发生的证券业务纠纷进行调解；

（六）组织会员就证券业的发展、运作及有关内容进行研究；

（七）监督、检查会员行为，对违反法律、行政法规或者协会章程的，按照规定给予纪律处分；

（八）证券业协会章程规定的其他职责。

第一百七十七条 【理事会】证券业协会设理事会。理事会成员依章程的规定由选举产生。

第十章 证券监督管理机构

第一百七十八条 【设立目的】国务院证券监督管理机构依法对证券市场实行监督管理，维护证券市场秩序，保障其合法运行。

第一百七十九条 【职责】国务院证券监督管理机构在对证券市场实施监督管理中履行下列职责：

（一）依法制定有关证券市场监督管理的规章、规则，并依法行使审批或者核准权；

（二）依法对证券的发行、上市、交易、登记、存管、结算，进行监督管理；

（三）依法对证券发行人、上市公司、证券公司、证券投资基金管理公司、证券服务机构、证券交易所、证券登记结算机构的证券业务活动，进行监督管理；

（四）依法制定从事证券业务人员的资格标准和行为准则，并监督实施；

（五）依法监督检查证券发行、上市和交易的信息公开情况；

（六）依法对证券业协会的活动进行指导和监督；

（七）依法对违反证券市场监督管理法律、行政法规的行为进行查处；

（八）法律、行政法规规定的其他职责。

国务院证券监督管理机构可以和其他国家或者地区的证券监督管理机构建立监督管理合作机制，实施跨境监督管理。

第一百八十条 【权力】国务院证券监督管理机构依法履行职责，有权采取下列措施：

（一）对证券发行人、上市公司、证券公司、证券投资基金管理公司、证券服务机构、证券交易所、证券登记结算机构进行现场检查；

（二）进入涉嫌违法行为发生场所调查取证；

（三）询问当事人和与被调查事件有关的单位和个人，要求其对与被调查事件有关的事项作出说明；

（四）查阅、复制与被调查事件有关的财产权登记、通讯记录等资料；

（五）查阅、复制当事人和与被调查事件有关的单位和个人的证券交易记录、登记过户记录、财务会计资料及其他相关文件和资料；对可能被转移、隐匿或者毁损的文件和资料，可以予以封存；

（六）查询当事人和与被调查事件有关的单位和个人的资金账户、证券账户和银行账户；对有证据证明已经或者可能转移或者隐匿违法资金、证券等涉案财产或者隐匿、伪造、毁损重要证据的，经国务院证券监督管理机构主要负责人批准，可以冻结或者查封；

（七）在调查操纵证券市场、内幕交易等重大证券违法行为时，经国务院证券监督管理机构主要负责人批准，可以限制被调查事件当事人的证券买卖，但限制的期限不得超过十五个交易日；案情复杂的，可以延长十五个交易日。

第一百八十一条 【监督程序】国务院证券监督管理机构依法履行职责，进行监督检查或者调查，其监督检查、调查的人员不得少于二人，并应当出示合法证件和监督检查、调查通知书。监督检查、调查的人员少于二人或者未出示合法证件和监督检查、调查通知书的，被检查、调查的单位有权拒绝。

第一百八十二条 【职责履行】国务院证券监督管理机构工作人员必须忠于职守，依法办事，公正廉洁，不得利用职务便利牟取不正当利益，不得泄露所知悉的有关单位和个人的商业秘密。

第一百八十三条 【协助义务】国务院证券监督管理机构依法履行职责，被检查、调查的单位和个人应当配合，如实提供有关文件和资料，不得拒绝、阻碍和隐瞒。

第一百八十四条 【制度公开】国务院证券监督管理机构依法制定的规章、规则和监督管理工作制度应当公开。

国务院证券监督管理机构依据调查结果，对证券违法行为作出的处罚决定，应当公开。

第一百八十五条 【信息共享机制】国务院证券监督管理机构应当与国务院其他金融监督管理机构建立监督管理信息共享机制。

国务院证券监督管理机构依法履行职责，进行监督检查或者调查时，有关部门应当予以配合。

第一百八十六条 【涉嫌犯罪的移送】国务院证券监督管理机构依法履行职责，发现证券违法行为涉嫌犯罪的，应当将案件移送司法机关处理。

第一百八十七条 【任职禁止】国务院证券监督管理机构的人员不得在被监管的机构中任职。

第十一章 法律责任

第一百八十八条 【擅自发行证券责任】未经法定机关

核准,擅自公开或者变相公开发行证券的,责令停止发行,退还所募资金并加算银行同期存款利息,处以非法所募资金金额百分之一以上百分之五以下的罚款;对擅自公开或者变相公开发行证券设立的公司,由依法履行监督管理职责的机构或者部门会同县级以上地方人民政府予以取缔。对直接负责的主管人员和其他直接责任人员给予警告,并处以三万元以上三十万元以下的罚款。

第一百八十九条 【骗取发行核准的责任】发行人不符合发行条件,以欺骗手段骗取发行核准,尚未发行证券的,处以三十万元以上六十万元以下的罚款;已经发行证券的,处以非法所募资金金额百分之一以上百分之五以下的罚款。对直接负责的主管人员和其他直接责任人员处以三万元以上三十万元以下的罚款。

发行人的控股股东、实际控制人指使从事前款违法行为的,依照前款的规定处罚。

第一百九十条 【承销或者代理买卖未经核准的证券的责任】证券公司承销或者代理买卖未经核准擅自公开发行的证券的,责令停止承销或者代理买卖,没收违法所得,并处以违法所得一倍以上五倍以下的罚款;没有违法所得或者违法所得不足三十万元的,处以三十万元以上六十万元以下的罚款。给投资者造成损失的,应当与发行人承担连带赔偿责任。对直接负责的主管人员和其他直接责任人员给予警告,撤销任职资格或者证券从业资格,并处以三万元以上三十万元以下的罚款。

第一百九十一条 【证券公司违反承销业务规定的责任】证券公司承销证券,有下列行为之一的,责令改正,给予警告,没收违法所得,可以并处三十万元以上六十万元以下的罚款;情节严重的,暂停或者撤销相关业务许可。给其他证券承销机构或者投资者造成损失的,依法承担赔偿责任。对直接负责的主管人员和其他直接责任人员给予警告,可以并处三万元以上三十万元以下的罚款;情节严重的,撤销任职资格或者证券从业资格:

(一)进行虚假的或者误导投资者的广告或者其他宣传推介活动;

(二)以不正当竞争手段招揽承销业务;

(三)其他违反证券承销业务规定的行为。

第一百九十二条 【保荐人责任】保荐人出具有虚假记载、误导性陈述或者重大遗漏的保荐书,或者不履行其他法定职责的,责令改正,给予警告,没收业务收入,并处以业务收入一倍以上五倍以下的罚款;情节严重的,暂停或者撤销相关业务许可。对直接负责的主管人员和其他直接责任人员给予警告,并处以三万元以上三十万元以下的罚款;情节严重的,撤销任职资格或者证券从业资格。

第一百九十三条 【违反披露义务的处罚】发行人、上市公司或者其他信息披露义务人未按照规定披露信息,或者所披露的信息有虚假记载、误导性陈述或者重大遗漏的,责令改正,给予警告,并处以三十万元以上六十万元以下的罚款。对直接负责的主管人员和其他直接责任人员给予警告,并处以三万元以上三十万元以下的罚款。

发行人、上市公司或者其他信息披露义务人未按照规定报送有关报告,或者报送的报告有虚假记载、误导性陈述或者重大遗漏的,责令改正,给予警告,并处以三十万元以上六十万元以下的罚款。对直接负责的主管人员和其他直接责任人员给予警告,并处以三万元以上三十万元以下的罚款。

发行人、上市公司或者其他信息披露义务人的控股股东、实际控制人指使从事前两款违法行为的,依照前两款的规定处罚。

第一百九十四条 【擅自改变募集资金用途的处罚】发行人、上市公司擅自改变公开发行证券所募集资金的用途的,责令改正,对直接负责的主管人员和其他直接责任人员给予警告,并处以三万元以上三十万元以下的罚款。

发行人、上市公司的控股股东、实际控制人指使从事前款违法行为的,给予警告,并处以三十万元以上六十万元以下的罚款。对直接负责的主管人员和其他直接责任人员依照前款的规定处罚。

第一百九十五条 【高管人员违法买卖证券的处罚】上市公司的董事、监事、高级管理人员、持有上市公司股份百分之五以上的股东,违反本法第四十七条的规定买卖本公司股票的,给予警告,可以并处三万元以上十万元以下的罚款。

第一百九十六条 【非法开设证交场的处罚】非法开设证券交易场所的,由县级以上人民政府予以取缔,没收违法所得,并处以违法所得一倍以上五倍以下的罚款;没有违法所得或者违法所得不足十万元的,处以十万元以上五十万元以下的罚款。对直接负责的主管人员和其他直接责任人员给予警告,并处以三万元以上三十万元以下的罚款。

第一百九十七条 【擅自设立证券公司的处罚】未经批准,擅自设立证券公司或者非法经营证券业务的,由证券监督管理机构予以取缔,没收违法所得,并处以违法所得一倍以上五倍以下的罚款;没有违法所得或者违法所得不足三十万元的,处以三十万元以上六十万元以下的罚款。对直接负责的主管人员和其他直接责任人员给予警告，并处以三万元以上三十万元以下的罚款。

第一百九十八条 【违法聘任证券从业人员的处罚】违反本法规定，聘任不具有任职资格、证券从业资格的人员的，由证券监督管理机构责令改正，给予警告，可以并处十万元以上三十万元以下的罚款；对直接负责的主管人员给予警告，可以并处三万元以上十万元以下的罚款。

第一百九十九条 【非法持有股票的处罚】法律、行政法规规定禁止参与股票交易的人员，直接或者以化名、借他人名义持有、买卖股票的，责令依法处理非法持有的股票，没收违法所得，并处以买卖股票等值以下的罚款；属于国家工作人员的，还应当依法给予行政处分。

第二百条 【故意提供虚假资料的处罚】证券交易所、证券公司、证券登记结算机构、证券服务机构的从业人员或者证券业协会的工作人员，故意提供虚假资料，隐匿、伪造、篡改或者毁损交易记录，诱骗投资者买卖证券的，撤销证券从业资格，并处以三万元以上十万元以下的罚款；属于国家工作人员的，还应当依法给予行政处分。

第二百零一条 【中介机构从业人员违法买卖股票的处罚】为股票的发行、上市、交易出具审计报告、资产评估报告或者法律意见书等文件的证券服务机构和人员，违反本法第四十五条的规定买卖股票的，责令依法处理非法持有的股票，没收违法所得，并处以买卖股票等值以下的罚款。

第二百零二条 【非法获取内幕信息的处罚】证券交易内幕信息的知情人或者非法获取内幕信息的人，在涉及证券的发行、交易或者其他对证券的价格有重大影响的信息公开前，买卖该证券，或者泄露该信息，或者建议他人买卖该证券的，责令依法处理非法持有的证券，没收违法所得，并处以违法所得一倍以上五倍以下的罚款；没有违法所得或者违法所得不足三万元的，处以三万元以上六十万元以下的罚款。单位从事内幕交易的，还应当对直接负责的主管人员和其他直接责任人员给予警告，并处以三万元以上三十万元以下的罚款。证券监督管理机构工作人员进行内幕交易的，从重处罚。

第二百零三条 【非法操纵证券市场的处罚】违反本法规定，操纵证券市场的，责令依法处理非法持有的证券，没收违法所得，并处以违法所得一倍以上五倍以下的罚款；没有违法所得或者违法所得不足三十万元的，处以三十万元以上三百万元以下的罚款。单位操纵证券市场的，还应当对直接负责的主管人员和其他直接责任人员给予警告，并处以十万元以上六十万元以下的罚款。

第二百零四条 【在限制转让期限内买卖证券的处罚】违反法律规定，在限制转让期限内买卖证券的，责令改正，给予警告，并处以买卖证券等值以下的罚款。对直接负责的主管人员和其他直接责任人员给予警告，并处以三万元以上三十万元以下的罚款。

第二百零五条 【违法融资融券的处罚】证券公司违反本法规定，为客户买卖证券提供融资融券的，没收违法所得，暂停或者撤销相关业务许可，并处以非法融资融券等值以下的罚款。对直接负责的主管人员和其他直接责任人员给予警告，撤销任职资格或者证券从业资格，并处以三万元以上三十万元以下的罚款。

第二百零六条 【扰乱证券市场的处罚】违反本法第七十八条第一款、第三款的规定，扰乱证券市场的，由证券监督管理机构责令改正，没收违法所得，并处以违法所得一倍以上五倍以下的罚款；没有违法所得或者违法所得不足三万元的，处以三万元以上二十万元以下的罚款。

第二百零七条 【虚假陈述的处罚】违反本法第七十八条第二款的规定，在证券交易活动中作出虚假陈述或者信息误导的，责令改正，处以三万元以上二十万元以下的罚款；属于国家工作人员的，还应当依法给予行政处分。

第二百零八条 【法人以他人名义买卖证券的处罚】违反本法规定，法人以他人名义设立账户或者利用他人账户买卖证券的，责令改正，没收违法所得，并处以违法所得一倍以上五倍以下的罚款；没有违法所得或者违法所得不足三万元的，处以三万元以上三十万元以下的罚款。对直接负责的主管人员和其他直接责任人员给予警告，并处以三万元以上十万元以下的罚款。

证券公司为前款规定的违法行为提供自己或者他人的证券交易账户的，除依照前款的规定处罚外，还应当撤销直接负责的主管人员和其他直接责任人员的任职资格或者证券从业资格。

第二百零九条 【非法从事证券自营业务的处罚】证券公司违反本法规定，假借他人名义或者以个人名义从事证券自营业务的，责令改正，没收违法所得，并处以违法所得一倍以上五倍以下的罚款；没有违法所得或者违法所得不足三十万元的，处以三十万元以上六十万元以下的罚款；情节严重的，暂停或者撤销证券自营业务许可。对直接负责的主管人员和其他直接责任人员给予警告，撤销任职资格或者证券从业资格，并处以三万元以上十万元以下的罚款。

第二百一十条 【违背客户的委托买卖证券、办理交易的处罚】证券公司违背客户的委托买卖证券、办理交易事项，或者违背客户真实意思表示，办理交易以外的其他事项的，责令改正，处以一万元以上十万元以下的罚款。给客户造成损失的，依法承担赔偿责任。

第二百一十一条　【挪用客户资金或者证券的处罚】证券公司、证券登记结算机构挪用客户的资金或者证券，或者未经客户的委托，擅自为客户买卖证券的，责令改正，没收违法所得，并处以违法所得一倍以上五倍以下的罚款；没有违法所得或者违法所得不足十万元的，处以十万元以上六十万元以下的罚款；情节严重的，责令关闭或者撤销相关业务许可。对直接负责的主管人员和其他直接责任人员给予警告，撤销任职资格或者证券从业资格，并处以三万元以上三十万元以下的罚款。

第二百一十二条　【经纪业务违规行为责任】证券公司办理经纪业务，接受客户的全权委托买卖证券的，或者证券公司对客户买卖证券的收益或者赔偿证券买卖的损失作出承诺的，责令改正，没收违法所得，并处以五万元以上二十万元以下的罚款，可以暂停或者撤销相关业务许可。对直接负责的主管人员和其他直接责任人员给予警告，并处以三万元以上十万元以下的罚款，可以撤销任职资格或者证券从业资格。

第二百一十三条　【收购人违规责任】收购人未按照本法规定履行上市公司收购的公告、发出收购要约等义务的，责令改正，给予警告，并处以十万元以上三十万元以下的罚款；在改正前，收购人对其收购或者通过协议、其他安排与他人共同收购的股份不得行使表决权。对直接负责的主管人员和其他直接责任人员给予警告，并处以三万元以上三十万元以下的罚款。

第二百一十四条　【损害被收购公司及其股东合法权益的处罚】收购人或者收购人的控股股东，利用上市公司收购，损害被收购公司及其股东的合法权益的，责令改正，给予警告；情节严重的，并处以十万元以上六十万元以下的罚款。给被收购公司及其股东造成损失的，依法承担赔偿责任。对直接负责的主管人员和其他直接责任人员给予警告，并处以三万元以上三十万元以下的罚款。

第二百一十五条　【私下接受委托买卖证券的处罚】证券公司及其从业人员违反本法规定，私下接受客户委托买卖证券的，责令改正，给予警告，没收违法所得，并处以违法所得一倍以上五倍以下的罚款；没有违法所得或者违法所得不足十万元的，处以十万元以上三十万元以下的罚款。

第二百一十六条　【违规经营非上市证券交易的处罚】证券公司违反规定，未经批准经营非上市证券的交易的，责令改正，没收违法所得，并处以违法所得一倍以上五倍以下的罚款。

第二百一十七条　【不正常营业的处罚】证券公司成立后，无正当理由超过三个月未开始营业的，或者开业后自行停业连续三个月以上的，由公司登记机关吊销其公司营业执照。

第二百一十八条　【擅自设立分支机构和经营机构的处罚】证券公司违反本法第一百二十九条的规定，擅自设立、收购、撤销分支机构，或者合并、分立、停业、解散、破产，或者在境外设立、收购、参股证券经营机构的，责令改正，没收违法所得，并处以违法所得一倍以上五倍以下的罚款；没有违法所得或者违法所得不足十万元的，处以十万元以上六十万元以下的罚款。对直接负责的主管人员给予警告，并处以三万元以上十万元以下的罚款。

证券公司违反本法第一百二十九条的规定，擅自变更有关事项的，责令改正，并处以十万元以上三十万元以下的罚款。对直接负责的主管人员给予警告，并处以五万元以下的罚款。

第二百一十九条　【超出业务许可范围经营证券业务的处罚】证券公司违反本法规定，超出业务许可范围经营证券业务的，责令改正，没收违法所得，并处以违法所得一倍以上五倍以下的罚款；没有违法所得或者违法所得不足三十万元的，处以三十万元以上六十万元以下罚款；情节严重的，责令关闭。对直接负责的主管人员和其他直接责任人员给予警告，撤销任职资格或者证券从业资格，并处以三万元以上十万元以下的罚款。

第二百二十条　【混合业务操作的处罚】证券公司对其证券经纪业务、证券承销业务、证券自营业务、证券资产管理业务，不依法分开办理，混合操作的，责令改正，没收违法所得，并处以三十万元以上六十万元以下的罚款；情节严重的，撤销相关业务许可。对直接负责的主管人员和其他直接责任人员给予警告，并处以三万元以上十万元以下的罚款；情节严重的，撤销任职资格或者证券从业资格。

第二百二十一条　【骗取证券业务许可的法律责任】提交虚假证明文件或者采取其他欺诈手段隐瞒重要事实骗取证券业务许可的，或者证券公司在证券交易中有严重违法行为，不再具备经营资格的，由证券监督管理机构撤销证券业务许可。

第二百二十二条　【欺诈责任】证券公司或者其股东、实际控制人违反规定，拒不向证券监督管理机构报送或者提供经营管理信息和资料，或者报送、提供的经营管理信息和资料有虚假记载、误导性陈述或者重大遗漏的，责令改正，给予警告，并处以三万元以上三十万元以下的罚款，可以暂停或者撤销证券公司相关业务许可。对直接负责的主管人员和其他直接责任人员,给予警告,并处以三万元以下的罚款,可以撤销任职资格或者证券从业资格。

证券公司为其股东或者股东的关联人提供融资或者担保的,责令改正,给予警告,并处以十万元以上三十万元以下的罚款。对直接负责的主管人员和其他直接责任人员,处以三万元以上十万元以下的罚款。股东有过错的,在按照要求改正前,国务院证券监督管理机构可以限制其股东权利;拒不改正的,可以责令其转让所持证券公司股权。

第二百二十三条 【证券服务机构的失职责任】证券服务机构未勤勉尽责,所制作、出具的文件有虚假记载、误导性陈述或者重大遗漏的,责令改正,没收业务收入,暂停或者撤销证券服务业务许可,并处以业务收入一倍以上五倍以下的罚款。对直接负责的主管人员和其他直接责任人员给予警告,撤销证券从业资格,并处以三万元以上十万元以下的罚款。

第二百二十四条 【违规发行、承销公司债券的责任】违反本法规定,发行、承销公司债券的,由国务院授权的部门依照本法有关规定予以处罚。

第二百二十五条 【资料保管不善的责任】上市公司、证券公司、证券交易所、证券登记结算机构、证券服务机构,未按照有关规定保存有关文件和资料的,责令改正,给予警告,并处以三万元以上三十万元以下的罚款;隐匿、伪造、篡改或者毁损有关文件和资料的,给予警告,并处以三十万元以上六十万元以下的罚款。

第二百二十六条 【擅自设立证券登记结算机构的责任】未经国务院证券监督管理机构批准,擅自设立证券登记结算机构的,由证券监督管理机构予以取缔,没收违法所得,并处以违法所得一倍以上五倍以下的罚款。

投资咨询机构、财务顾问机构、资信评级机构、资产评估机构、会计师事务所未经批准,擅自从事证券服务业务的,责令改正,没收违法所得,并处以违法所得一倍以上五倍以下的罚款。

证券登记结算机构、证券服务机构违反本法规定或者依法制定的业务规则的,由证券监督管理机构责令改正,没收违法所得,并处以违法所得一倍以上五倍以下的罚款;没有违法所得或者违法所得不足十万元的,处以十万元以上三十万元以下的罚款;情节严重的,责令关闭或者撤销证券服务业务许可。

第二百二十七条 【行政处罚情形】国务院证券监督管理机构或者国务院授权的部门有下列情形之一的,对直接负责的主管人员和其他直接责任人员,依法给予行政处分:

(一)对不符合本法规定的发行证券、设立证券公司等申请予以核准、批准的;

(二)违反规定采取本法第一百八十条规定的现场检查、调查取证、查询、冻结或者查封等措施的;

(三)违反规定对有关机构和人员实施行政处罚的;

(四)其他不依法履行职责的行为。

第二百二十八条 【监管失职的责任】证券监督管理机构的工作人员和发行审核委员会的组成人员,不履行本法规定的职责,滥用职权、玩忽职守,利用职务便利牟取不正当利益,或者泄露所知悉的有关单位和个人的商业秘密的,依法追究法律责任。

第二百二十九条 【违法核准上市责任】证券交易所对不符合本法规定条件的证券上市申请予以审核同意的,给予警告,没收业务收入,并处以业务收入一倍以上五倍以下的罚款。对直接负责的主管人员和其他直接责任人员给予警告,并处以三万元以上三十万元以下的罚款。

第二百三十条 【阻碍监管的治安处罚】拒绝、阻碍证券监督管理机构及其工作人员依法行使监督检查、调查职权未使用暴力、威胁方法的,依法给予治安管理处罚。

第二百三十一条 【刑事责任】违反本法规定,构成犯罪的,依法追究刑事责任。

第二百三十二条 【民事赔偿责任】违反本法规定,应当承担民事赔偿责任和缴纳罚款、罚金,其财产不足以同时支付时,先承担民事赔偿责任。

第二百三十三条 【市场禁入制度】违反法律、行政法规或者国务院证券监督管理机构的有关规定,情节严重的,国务院证券监督管理机构可以对有关责任人员采取证券市场禁入的措施。

前款所称证券市场禁入,是指在一定期限内直至终身不得从事证券业务或者不得担任上市公司董事、监事、高级管理人员的制度。

第二百三十四条 【罚款上缴国库】依照本法收缴的罚款和没收的违法所得,全部上缴国库。

第二百三十五条 【不服处罚决定的救济】当事人对证券监督管理机构或者国务院授权的部门的处罚决定不服的,可以依法申请行政复议,或者依法直接向人民法院提起诉讼。

第十二章 附 则

第二百三十六条 【与旧法的衔接】本法施行前依照行政法规已批准在证券交易所上市交易的证券继续依法进行交易。

本法施行前依照行政法规和国务院金融行政管理部门的规定经批准设立的证券经营机构,不完全符合本法规定的,应当在规定的限期内达到本法规定的要求。具体实施办法,由国务院另行规定。

第二百三十七条　【审核费用】发行人申请核准公开发行股票、公司债券,应当按照规定缴纳审核费用。

第二百三十八条　【境外上市交易】境内企业直接或者间接到境外发行证券或者将其证券在境外上市交易,必须经国务院证券监督管理机构依照国务院的规定批准。

第二百三十九条　【外币交易】境内公司股票以外币认购和交易的,具体办法由国务院另行规定。

第二百四十条　【施行日期】本法自 2006 年 1 月 1 日起施行。

股票发行与交易管理暂行条例

1993 年 4 月 22 日国务院令第 112 号公布施行

第一章　总　　则

第一条　为了适应发展社会主义市场经济的需要,建立和发展全国统一、高效的股票市场,保护投资者的合法权益和社会公共利益,促进国民经济的发展,制定本条例。

第二条　在中华人民共和国境内从事股票发行、交易及其相关活动,必须遵守本条例。

本条例关于股票的规定适用于具有股票性质、功能的证券。

第三条　股票的发行与交易,应当遵循公开、公平和诚实信用的原则。

第四条　股票的发行与交易,应当维护社会主义公有制的主体地位,保障国有资产不受侵害。

第五条　国务院证券委员会(以下简称"证券委")是全国证券市场的主管机构,依照法律、法规的规定对全国证券市场进行统一管理。中国证券监督管理委员会(以下简称"证监会")是证券委的监督管理执行机构,依照法律、法规的规定对证券发行与交易的具体活动进行管理和监督。

第六条　人民币特种股票发行与交易的具体办法另行制定。

境内企业直接或者间接到境外发行股票、将其股票在境外交易,必须经证券委审批,具体办法另行制定。

第二章　股票的发行

第七条　股票发行人必须是具有股票发行资格的股份有限公司。

前款所称股份有限公司,包括已经成立的股份有限公司和经批准拟成立的股份有限公司。

第八条　设立股份有限公司申请公开发行股票,应当符合下列条件:

(一)其生产经营符合国家产业政策;

(二)其发行的普通股限于一种,同股同权;

(三)发起人认购的股本数额不少于公司拟发行的股本总额的 35%;

(四)在公司拟发行的股本总额中,发起人认购的部分不少于人民币三千万元,但是国家另有规定的除外;

(五)向社会公众发行的部分不少于公司拟发行的股本总额的 25%,其中公司职工认购的股本数额不得超过拟向社会公众发行的股本总额的 10%;公司拟发行的股本总额超过人民币四亿元的,证监会按照规定可以酌情降低向社会公众发行的部分的比例,但是最低不少于公司拟发行的股本总额的 10%;

(六)发起人在近 3 年内没有重大违法行为;

(七)证券委规定的其他条件。

第九条　原有企业改组设立股份有限公司申请公开发行股票,除应当符合本条例第八条所列条件外,还应当符合下列条件:

(一)发行前一年末,净资产在总资产中所占比例不低于 30%,无形资产在净资产中所占比例不高于 20%,但是证券委另有规定的除外;

(二)近三年连续盈利。

国有企业改组设立股份有限公司公开发行股票的,国家拥有的股份在公司拟发行的股本总额中所占的比例由国务院或者国务院授权的部门规定。

第十条　股份有限公司增资申请公开发行股票,除应当符合本条例第八条和第九条所列条件外,还应当符合下列条件:

(一)前一次公开发行股票所得资金的使用与其招股说明书所述的用途相符,并且资金使用效益良好;

(二)距前一次公开发行股票的时间不少于十二个月;

(三)从前一次公开发行股票到本次申请期间没有重大违法行为;

(四)证券委规定的其他条件。

第十一条　定向募集公司申请公开发行股票,除应当符合本条例第八条和第九条所列条件外,还应当符合下列条件:

(一)定向募集所得资金的使用与其招股说明书所述的用途相符,并且资金使用效益良好;

（二）距最近一次定向募集股份的时间不少于十二个月；

（三）从最近一次定向募集到本次公开发行期间没有重大违法行为；

（四）内部职工股权证按照规定范围发放，并且已交国家指定的证券机构集中托管；

（五）证券委规定的其他条件。

第十二条 申请公开发行股票，按照下列程序办理：

（一）申请人聘请会计师事务所、资产评估机构、律师事务所等专业性机构，对其资信、资产、财务状况进行审定、评估和就有关事项出具法律意见书后，按照隶属关系，分别向省、自治区、直辖市、计划单列市人民政府（以下简称“地方政府”）或者中央企业主管部门提出公开发行股票的申请；

（二）在国家下达的发行规模内，地方政府对地方企业的发行申请进行审批，中央企业主管部门在与申请人所在地地方政府协商后对中央企业的发行申请进行审批；地方政府、中央企业主管部门应当自收到发行申请之日起30个工作日内作出审批决定，并抄报证券委；

（三）被批准的发行申请，送证监会复审；证监会应当自收到复审申请之日起20个工作日内出具复审意见书，并将复审意见书抄报证券委；经证监会复审同意的，申请人应当向证券交易所上市委员会提出申请，经上市委员会同意接受上市，方可发行股票。

第十三条 申请公开发行股票，应当向地方政府或者中央企业主管部门报送下列文件：

（一）申请报告；

（二）发起人会议或者股东大会同意公开发行股票的决议；

（三）批准设立股份有限公司的文件；

（四）工商行政管理部门颁发的股份有限公司营业执照或者股份有限公司筹建登记证明；

（五）公司章程或者公司章程草案；

（六）招股说明书；

（七）资金运用的可行性报告；需要国家提供资金或者其他条件的固定资产投资项目，还应当提供国家有关部门同意固定资产投资立项的批准文件；

（八）经会计师事务所审计的公司近3年或者成立以来的财务报告和由二名以上注册会计师及其所在事务所签字、盖章的审计报告；

（九）经二名以上律师及其所在事务所就有关事项签字、盖章的法律意见书；

（十）经二名以上专业评估人员及其所在机构签字、盖章的资产评估报告，经二名以上注册会计师及其所在事务所签字、盖章的验资报告；涉及国有资产的，还应当提供国有资产管理部门出具的确认文件；

（十一）股票发行承销方案和承销协议；

（十二）地方政府或者中央企业主管部门要求报送的其他文件。

第十四条 被批准的发行申请送证监会复审时，除应当报送本条例第十三条所列文件外，还应当报送下列文件：

（一）地方政府或者中央企业主管部门批准发行申请的文件；

（二）证监会要求报送的其他文件。

第十五条 本条例第十三条所称招股说明书应当按照证监会规定的格式制作，并载明下列事项：

（一）公司的名称、住所；

（二）发起人、发行人简况；

（三）筹资的目的；

（四）公司现有股本总额，本次发行的股票种类、总额，每股的面值、售价，发行前的每股净资产值和发行结束后每股预期净资产值，发行费用和佣金；

（五）初次发行的发起人认购股本的情况、股权结构及验资证明；

（六）承销机构的名称、承销方式与承销数量；

（七）发行的对象、时间、地点及股票认购和股款缴纳的方式；

（八）所筹资金的运用计划及收益、风险预测；

（九）公司近期发展规划和经注册会计师审核并出具审核意见的公司下一年的盈利预测文件；

（十）重要的合同；

（十一）涉及公司的重大诉讼事项；

（十二）公司董事、监事名单及其简历；

（十三）近三年或者成立以来的生产经营状况和有关业务发展的基本情况；

（十四）经会计师事务所审计的公司近3年或者成立以来的财务报告和由二名以上注册会计师及其所在事务所签字、盖章的审计报告；

（十五）增资发行的公司前次公开发行股票所筹资金的运用情况；

（十六）证监会要求载明的其他事项。

第十六条 招股说明书的封面应当载明：“发行人保证招股说明书的内容真实、准确、完整。政府及国家证券管理部门对本次发行所作出的任何决定，均不表明其对发行人所发行的股票的价值或者投资人的收益作出实质性判断或者保证。”

第十七条 全体发起人或者董事以及主承销商应当在招股说明书上签字，保证招股说明书没有虚假、严重误导性陈述或者重大遗漏,并保证对其承担连带责任。

第十八条　为发行人出具文件的注册会计师及其所在事务所、专业评估人员及其所在机构、律师及其所在事务所,在履行职责时,应当按照本行业公认的业务标准和道德规范,对其出具文件内容的真实性、准确性、完整性进行核查和验证。

第十九条　在获准公开发行股票前,任何人不得以任何形式泄露招股说明书的内容。在获准公开发行股票后,发行人应当在承销期开始前二个至五个工作日期间公布招股说明书。

发行人应当向认购人提供招股说明书。证券承销机构应当将招股说明书备置于营业场所,并有义务提醒认购人阅读招股说明书。

招股说明书的有效期为6个月,自招股说明书签署完毕之日起计算。招股说明书失效后,股票发行必须立即停止。

第二十条　公开发行的股票应当由证券经营机构承销。承销包括包销和代销两种方式。

发行人应当与证券经营机构签署承销协议。承销协议应当载明下列事项:

(一)当事人的名称、住所及法定代表人的姓名;

(二)承销方式;

(三)承销股票的种类、数量、金额及发行价格;

(四)承销期及起止日期;

(五)承销付款的日期及方式;

(六)承销费用的计算、支付方式和日期;

(七)违约责任;

(八)其他需要约定的事项。

证券经营机构收取承销费用的原则,由证监会确定。

第二十一条　证券经营机构承销股票,应当对招股说明书和其他有关宣传材料的真实性、准确性、完整性进行核查;发现含有虚假、严重误导性陈述或者重大遗漏的,不得发出要约邀请或者要约;已经发出的,应当立即停止销售活动,并采取相应的补救措施。

第二十二条　拟公开发行股票的面值总额超过人民币3000万元或者预期销售总金额超过人民币5000万元的,应当由承销团承销。

承销团由二个以上承销机构组成。主承销商由发行人按照公平竞争的原则,通过竞标或者协商的方式确定。主承销商应当与其他承销商签署承销团协议。

第二十三条　拟公开发行股票的面值总额超过人民币1亿元或者预期销售总金额超过人民币1亿5000万元的,承销团中的外地承销机构的数目以及总承销量中在外地销售的数量,应当占合理的比例。

前款所称外地是指发行人所在的省、自治区、直辖市以外的地区。

第二十四条　承销期不得少于10日,不得超过90日。

在承销期内,承销机构应当尽力向认购人出售其所承销的股票,不得为本机构保留所承销的股票。

承销期满后,尚未售出的股票按照承销协议约定的包销或者代销方式分别处理。

第二十五条　承销机构或者其委托机构向社会发放股票认购申请表,不得收取高于认购申请表印制和发放成本的费用,并不得限制认购申请表发放数量。

认购数量超过拟公开发行的总量时,承销机构应当按照公平原则,采用按比例配售、按比例累退配售或者抽签等方式销售股票。采用抽签方式时,承销机构应当在规定的日期,在公证机关监督下,按照规定的程序,对所有股票认购申请表进行公开抽签,并对中签者销售股票。

除承销机构或者其委托机构外,任何单位和个人不得发放、转售股票认购申请表。

第二十六条　承销机构应当在承销期满后的十五个工作日内向证监会提交承销情况的书面报告。

第二十七条　证券经营机构在承销期结束后,将其持有的发行人的股票向发行人以外的社会公众作出要约邀请、要约或者销售,应当经证监会批准,按照规定的程序办理。

第二十八条　发行人用新股票换回其已经发行在外的股票,并且这种交换无直接或者间接的费用发生的,不适用本章规定。

第三章　股票的交易

第二十九条　股票交易必须在经证券委批准可以进行股票交易的证券交易场所进行。

第三十条　股份有限公司申请其股票在证券交易所交易,应当符合下列条件:

(一)其股票已经公开发行;

(二)发行后的股本总额不少于人民币5000万元;

(三)持有面值人民币1000元以上的个人股东人数不少于1000人,个人持有的股票面值总额不少于人民币1000万元;

(四)公司有最近三年连续盈利的记录;原有企业改组设立股份有限公司的,原企业有最近三年连续盈利的记录,但是新设立的股份有限公司除外;

(五)证券委规定的其他条件。

第三十一条　公开发行股票符合前条规定条件的股份有限公司,申请其股票在证券交易所交易,应当向证券交易所的上市委员会提出申请；上市委员会应当自收到申请之日起20个工作日内作出审批，确定具体上市时间。审批文件报证监会备案，并抄报证券委。

第三十二条 股份有限公司申请其股票在证券交易所交易，应当向证券交易所的上市委员会送交下列文件：

（一）申请书；

（二）公司登记注册文件；

（三）股票公开发行的批准文件；

（四）经会计师事务所审计的公司近三年或者成立以来的财务报告和由二名以上的注册会计师及其所在事务所签字、盖章的审计报告；

（五）证券交易所会员的推荐书；

（六）最近一次的招股说明书；

（七）证券交易所要求的其他文件。

第三十三条 股票获准在证券交易所交易后，上市公司应当公布上市公告并将本条例第三十二条所列文件予以公布。

第三十四条 上市公告的内容，除应当包括本条例第十五条规定的招股说明书的主要内容外，还应当包括下列事项：

（一）股票获准在证券交易所交易的日期和批准文号；

（二）股票发行情况、股权结构和最大的十名股东的名单及持股数额；

（三）公司创立大会或者股东大会同意公司股票在证券交易所交易的决议；

（四）董事、监事和高级管理人员简历及其持有本公司证券的情况；

（五）公司近3年或者成立以来的经营业绩和财务状况以及下一年的盈利预测文件；

（六）证券交易所要求载明的其他事项。

第三十五条 为上市公司出具文件的注册会计师及其所在事务所、专业评估人员及其所在机构、律师及其所在事务所，在履行职责时，应当按照本行业公认的业务标准和道德规范，对其出具文件内容的真实性、准确性、完整性进行核查和验证。

第三十六条 国家拥有的股份的转让必须经国家有关部门批准，具体办法另行规定。

国家拥有的股份的转让，不得损害国家拥有的股份的权益。

第三十七条 证券交易场所，证券保管、清算、过户、登记机构和证券经营机构，应当保证外地委托人与本地委托人享有同等待遇，不得歧视或者限制外地委托人。

第三十八条 股份有限公司的董事、监事、高级管理人员和持有公司5%以上有表决权股份的法人股东，将其所持有的公司股票在买入后6个月内卖出或者在卖出后6个月内买入，由此获得的利润归公司所有。

前款规定适用于持有公司5%以上有表决权股份的法人股东的董事、监事和高级管理人员。

第三十九条 证券业从业人员、证券业管理人员和国家规定禁止买卖股票的其他人员，不得直接或者间接持有、买卖股票，但是买卖经批准发行的投资基金证券除外。

第四十条 为股票发行出具审计报告、资产评估报告、法律意见书等文件的有关专业人员，在该股票承销期内和期满后6个月内，不得购买或者持有该股票。

为上市公司出具审计报告、资产评估报告、法律意见书等文件的有关专业人员，在其审计报告、资产评估报告、法律意见书等文件成为公开信息前，不得购买或者持有该公司的股票；成为公开信息后的5个工作日内，也不得购买该公司的股票。

第四十一条 未依照国家有关规定经过批准，股份有限公司不得购回其发行在外的股票。

第四十二条 未经证券委批准，任何人不得对股票及其指数的期权、期货进行交易。

第四十三条 任何金融机构不得为股票交易提供贷款。

第四十四条 证券经营机构不得将客户的股票借与他人或者作为担保物。

第四十五条 经批准从事证券自营、代理和投资基金管理业务中二项以上业务的证券经营机构，应当将不同业务的经营人员、资金、账目分开。

第四章 上市公司的收购

第四十六条 任何个人不得持有一个上市公司5‰以上的发行在外的普通股；超过的部分，由公司在征得证监会同意后，按照原买入价格和市场价格中较低的一种价格收购。但是，因公司发行在外的普通股总量减少，致使个人持有该公司5‰以上发行在外的普通股的，超过的部分在合理期限内不予收购。

外国和香港、澳门、台湾地区的个人持有的公司发行的人民币特种股票和在境外发行的股票，不受前款规定的5‰的限制。

第四十七条 任何法人直接或者间接持有一个上市公司发行在外的普通股达到5%时，应当自该事实发生之日起3个工作日内，向该公司、证券交易场所和证监会作出书面报告并公告。但是，因公司发行在外的普通股总量减少，致使法人持有该公司5%以上发行在外的普通股的，在合理期限内不受上述限制。

任何法人持有一个上市公司5%以上的发行在外的普通股后，其持有该种股票的增减变化每达到该种股票发行在外总额的2%时,应当自该事实发生之日起3个工作日内,向该公司、证券交易场所和证监会作出书面报告并公告。

法人在依照前两款规定作出报告并公告之日起2个工作日内和作出报告前,不得再行直接或者间接买入或者卖出该种股票。

第四十八条　发起人以外的任何法人直接或者间接持有一个上市公司发行在外的普通股达到30%时,应当自该事实发生之日起45个工作日内,向该公司所有股票持有人发出收购要约,按照下列价格中较高的一种价格,以货币付款方式购买股票:

(一)在收购要约发出前12个月内收购要约人购买该种股票所支付的最高价格;

(二)在收购要约发出前30个工作日内该种股票的平均市场价格。

前款持有人发出收购要约前,不得再行购买该种股票。

第四十九条　收购要约人在发出收购要约前应当向证监会作出有关收购的书面报告;在发出收购要约的同时应当向受要约人、证券交易场所提供本身情况的说明和与该要约有关的全部信息,并保证材料真实、准确、完整,不产生误导。

收购要约的有效期不得少于30个工作日,自收购要约发出之日起计算。自收购要约发出之日起30个工作日内,收购要约人不得撤回其收购要约。

第五十条　收购要约的全部条件适用于同种股票的所有持有人。

第五十一条　收购要约期满,收购要约人持有的普通股未达到该公司发行在外的普通股总数的50%的,为收购失败;收购要约人除发出新的收购要约外,其以后每年购买的该公司发行在外的普通股,不得超过该公司发行在外的普通股总数的5%。

收购要约期满,收购要约人持有的普通股达到该公司发行在外的普通股总数的75%以上的,该公司应当在证券交易所终止交易。

收购要约人要约购买股票的总数低于预受要约的总数时,收购要约人应当按照比例从所有预受收购要约的受要约人中购买该股票。

收购要约期满,收购要约人持有的股票达到该公司股票总数的90%时,其余股东有权以同等条件向收购要约人强制出售其股票。

第五十二条　收购要约发出后,主要要约条件改变的,收购要约人应当立即通知所有受要约人。通知可以采用新闻发布会、登报或者其他传播形式。

收购要约人在要约期内及要约期满后30个工作日内,不得以要约规定以外的任何条件购买该种股票。

预受收购要约的受要约人有权在收购要约失效前撤回对该要约的预受。

第五章　保管、清算和过户

第五十三条　股票发行采取记名式。发行人可以发行簿记券式股票,也可以发行实物券式股票。簿记券式股票名册应当由证监会指定的机构保管。实物券式股票集中保管的,也应当由证监会指定的机构保管。

第五十四条　未经股票持有人的书面同意,股票保管机构不得将该持有人的股票借与他人或者作为担保物。

第五十五条　证券清算机构应当根据方便、安全、公平的原则,制定股票清算、交割的业务规则和内部管理规则。

证券清算机构应当按照公平的原则接纳会员。

第五十六条　证券保管、清算、过户、登记机构应当接受证监会监管。

第六章　上市公司的信息披露

第五十七条　上市公司应当向证监会、证券交易场所提供下列文件:

(一)在每个会计年度的前6个月结束后60日内提交中期报告;

(二)在每个会计年度结束后120日内提交经注册会计师审计的年度报告。

中期报告和年度报告应当符合国家的会计制度和证监会的有关规定,由上市公司授权的董事或者经理签字,并由上市公司盖章。

第五十八条　本条例第五十七条所列中期报告应当包括下列内容:

(一)公司财务报告;

(二)公司管理部门对公司财务状况和经营成果的分析;

(三)涉及公司的重大诉讼事项;

(四)公司发行在外股票的变动情况;

(五)公司提交给有表决权的股东审议的重要事项;

(六)证监会要求载明的其他内容。

第五十九条　本条例第五十七条所列年度报告应当包括下列内容:

(一)公司简况;

(二)公司的主要产品或者主要服务项目简况;

(三)公司所在行业简况;

(四)公司所拥有的重要的工厂、矿山、房地产等财产简况;

(五)公司发行在外股票的情况,包括持有公司

5%以上发行在外普通股的股东的名单及前十名最大的股东的名单；

（六）公司股东数量；

（七）公司董事、监事和高级管理人员简况、持股情况和报酬；

（八）公司及其关联人一览表和简况；

（九）公司近3年或者成立以来的财务信息摘要；

（十）公司管理部门对公司财务状况和经营成果的分析；

（十一）公司发行在外债券的变动情况；

（十二）涉及公司的重大诉讼事项；

（十三）经注册会计师审计的公司最近两个年度的比较财务报告及其附表、注释；该上市公司为控股公司的，还应当包括最近两个年度的比较合并财务报告；

（十四）证监会要求载明的其他内容。

第六十条 发生可能对上市公司股票的市场价格产生较大影响、而投资人尚未得知的重大事件时，上市公司应当立即将有关该重大事件的报告提交证券交易场所和证监会，并向社会公布，说明事件的实质。但是，上市公司有充分理由认为向社会公布该重大事件会损害上市公司的利益，且不公布也不会导致股票市场价格重大变动的，经证券交易场所同意，可以不予公布。

前款所称重大事件包括下列情况：

（一）公司订立重要合同，该合同可能对公司的资产、负债、权益和经营成果中的一项或者多项产生显著影响；

（二）公司的经营政策或者经营项目发生重大变化；

（三）公司发生重大的投资行为或者购置金额较大的长期资产的行为；

（四）公司发生重大债务；

（五）公司未能归还到期重大债务的违约情况；

（六）公司发生重大经营性或者非经营性亏损；

（七）公司资产遭受重大损失；

（八）公司生产经营环境发生重要变化；

（九）新颁布的法律、法规、政策、规章等，可能对公司的经营有显著影响；

（十）董事长、30%以上的董事或者总经理发生变动；

（十一）持有公司5%以上的发行在外的普通股的股东，其持有该种股票的增减变化每达到该种股票发行在外总额的2%以上的事实；

（十二）涉及公司的重大诉讼事项；

（十三）公司进入清算、破产状态。

第六十一条 在任何公共传播媒介中出现的消息可能对上市公司股票的市场价格产生误导性影响时，该公司知悉后应当立即对该消息作出公开澄清。

第六十二条 上市公司的董事、监事和高级管理人员持有该公司普通股的，应当向证监会、证券交易场所和该公司报告其持股情况；持股情况发生变化的，应当自该变化发生之日起10个工作日内向证监会、证券交易场所和该公司作出报告。

前款所列人员在辞职或者离职后6个月内负有依照本条规定作出报告的义务。

第六十三条 上市公司应当将要求公布的信息刊登在证监会指定的全国性报刊上。

上市公司在依照前款规定公布信息的同时，可以在证券交易场所指定的地方报刊上公布有关信息。

第六十四条 证监会应当将上市公司及其董事、监事、高级管理人员和持有公司5%以上的发行在外的普通股的股东所提交的报告、公告及其他文件及时向社会公开，供投资人查阅。

证监会要求披露的全部信息均为公开信息，但是下列信息除外：

（一）法律、法规予以保护并允许不予披露的商业秘密；

（二）证监会在调查违法行为过程中获得的非公开信息和文件；

（三）根据有关法律、法规规定可以不予披露的其他信息和文件。

第六十五条 股票持有人可以授权他人代理行使其同意权或者投票权。但是，任何人在征集25人以上的同意权或者投票权时，应当遵守证监会有关信息披露和作出报告的规定。

第六十六条 上市公司除应当向证监会、证券交易场所提交本章规定的报告、公告、信息及文件外，还应当按照证券交易场所的规定提交有关报告、公告、信息及文件，并向所有股东公开。

第六十七条 本条例第五十七条至第六十五条的规定，适用于已经公开发行股票，其股票并未在证券交易场所交易的股份有限公司。

第七章 调查和处罚

第六十八条 对违反本条例规定的单位和个人，证监会有权进行调查或者会同国家有关部门进行调查；重大的案件，由证券委组织调查。

第六十九条 证监会可以对证券经营机构的业务活动进行检查。

第七十条 股份有限公司违反本条例规定，有下列行为之一的，根据不同情况，单处或者并处警告、责令退还

非法所筹股款、没收非法所得、罚款;情节严重的,停止其发行股票资格:

(一)未经批准发行或者变相发行股票的;

(二)以欺骗或者其他不正当手段获准发行股票或者获准其股票在证券交易场所交易的;

(三)未按照规定方式、范围发行股票,或者在招股说明书失效后销售股票的;

(四)未经批准购回其发行在外的股票的。

对前款所列行为负有直接责任的股份有限公司的董事、监事和高级管理人员,给予警告或者处以3万元以上30万元以下的罚款。

第七十一条　证券经营机构违反本条例规定,有下列行为之一的,根据不同情况,单处或者并处警告、没收非法获取的股票和其他非法所得、罚款;情节严重的,限制、暂停其证券经营业务或者撤销其证券经营业务许可:

(一)未按照规定的时间、程序、方式承销股票的;

(二)未按照规定发放股票认购申请表的;

(三)将客户的股票借与他人或者作为担保物的;

(四)收取不合理的佣金和其他费用的;

(五)以客户的名义为本机构买卖股票的;

(六)挪用客户保证金的;

(七)在代理客户买卖股票活动中,与客户分享股票交易的利润或者分担股票交易的损失,或者向客户提供避免损失的保证的;

(八)为股票交易提供融资的。

对前款所列行为负有责任的证券经营机构的主管人员和直接责任人员,给予警告或者处以3万元以上30万元以下的罚款。

第七十二条　内幕人员和以不正当手段获取内幕信息的其他人员违反本条例规定,泄露内幕信息、根据内幕信息买卖股票或者向他人提出买卖股票的建议的,根据不同情况,没收非法获取的股票和其他非法所得,并处以5万元以上50万元以下的罚款。

证券业从业人员、证券业管理人员和国家规定禁止买卖股票的其他人员违反本条例规定,直接或者间接持有、买卖股票的,除责令限期出售其持有的股票外,根据不同情况,单处或者并处警告、没收非法所得、5000元以上50000元以下的罚款。

第七十三条　会计师事务所、资产评估机构和律师事务所违反本条例规定,出具的文件有虚假、严重误导性内容或者有重大遗漏的,根据不同情况,单处或者并处警告、没收非法所得、罚款;情节严重的,暂停其从事证券业务或者撤销其从事证券业务许可。

对前款所列行为负有直接责任的注册会计师、专业评估人员和律师,给予警告或者处以3万元以上30万元以下的罚款;情节严重的,撤销其从事证券业务的资格。

第七十四条　任何单位和个人违反本条例规定,有下列行为之一的,根据不同情况,单处或者并处警告、没收非法获取的股票和其他非法所得、罚款:

(一)在证券委批准可以进行股票交易的证券交易场所之外进行股票交易的;

(二)在股票发行、交易过程中,作出虚假、严重误导性陈述或者遗漏重大信息的;

(三)通过合谋或者集中资金操纵股票市场价格,或者以散布谣言等手段影响股票发行、交易的;

(四)为制造股票的虚假价格与他人串通,不转移股票的所有权或者实际控制,虚买虚卖的;

(五)出售或者要约出售其并不持有的股票,扰乱股票市场秩序的;

(六)利用职权或者其他不正当手段,索取或者强行买卖股票,或者协助他人买卖股票的;

(七)未经批准对股票及其指数的期权、期货进行交易的;

(八)未按照规定履行有关文件和信息的报告、公开、公布义务的;

(九)伪造、篡改或者销毁与股票发行、交易有关的业务记录、财务账簿等文件的;

(十)其他非法从事股票发行、交易及其相关活动的。

股份有限公司有前款所列行为,情节严重的,可以停止其发行股票的资格;证券经营机构有前款所列行为,情节严重的,可以限制、暂停其证券经营业务或者撤销其证券经营业务许可。

第七十五条　本条例第七十条、第七十一条、第七十二条、第七十四条规定的处罚,由证券委指定的机构决定;重大的案件的处罚,报证券委决定。本条例第七十三条规定的处罚,由有关部门在各自的职权范围内决定。

第七十六条　上市公司和证券交易所或者其他证券业自律性管理组织的会员及其工作人员违反本条例规定,除依照本条例规定给予行政处罚外,由证券交易所或者其他证券业自律性管理组织根据章程或者自律准则给予制裁。

第七十七条　违反本条例规定,给他人造成损失的,应当依法承担民事赔偿责任。

第七十八条　违反本条例规定,构成犯罪的,依法追究刑事责任。

第八章 争议的仲裁

第七十九条 与股票的发行或者交易有关的争议，当事人可以按照协议的约定向仲裁机构申请调解、仲裁。

第八十条 证券经营机构之间以及证券经营机构与证券交易场所之间因股票的发行或者交易引起的争议，应当由证券委批准设立或者指定的仲裁机构调解、仲裁。

第九章 附 则

第八十一条 本条例下列用语的含义：

（一）“股票”是指股份有限公司发行的、表示其股东按其持有的股份享受权益和承担义务的可转让的书面凭证。

“簿记券式股票”是指发行人按照证监会规定的统一格式制作的、记载股东权益的书面名册。

“实物券式股票”是指发行人在证监会指定的印制机构统一印制的书面股票。

（二）“发行在外的普通股”是指公司库存以外的普通股。

（三）“公开发行”是指发行人通过证券经营机构向发行人以外的社会公众就发行人的股票作出的要约邀请、要约或者销售行为。

（四）“承销”是指证券经营机构依照协议包销或者代销发行人所发行股票的行为。

（五）“承销机构”是指以包销或者代销方式为发行人销售股票的证券经营机构。

（六）“包销”是指承销机构在发行期结束后将未售出的股票全部买下的承销方式。

（七）“代销”是指承销机构代理发售股票，在发行期结束后，将未售出的股票全部退还给发行人或者包销人的承销方式。

（八）“公布”是指将本条例规定应当予以披露的文件刊载在证监会指定的报刊上的行为。

（九）“公开”是指将本条例规定应当予以披露的文件备置于发行人及其证券承销机构的营业地和证监会，供投资人查阅的行为。

（十）“要约”是指向特定人或者非特定人发出购买或者销售某种股票的口头的或者书面的意思表示。

（十一）“要约邀请”是指建议他人向自己发出要约的意思表示。

（十二）“预受”是指受要约人同意接受要约的初步意思表示，在要约期满前不构成承诺。

（十三）“上市公司”是指其股票获准在证券交易场所交易的股份有限公司。

（十四）“内幕人员”是指任何由于持有发行人的股票，或者在发行人或者与发行人有密切联系的企业中担任董事、监事、高级管理人员，或者由于其会员地位、管理地位、监督地位和职业地位，或者作为雇员、专业顾问履行职务，能够接触或者获取内幕信息的人员。

（十五）“内幕信息”是指有关发行人、证券经营机构、有收购意图的法人、证券监督管理机构、证券业自律性管理组织以及与其有密切联系的人员所知悉的尚未公开的可能影响股票市场价格的重大信息。

（十六）“证券交易场所”是指经批准设立的、进行证券交易的证券交易所和证券交易报价系统。

（十七）“证券业管理人员”是指证券管理部门和证券业自律性管理组织的工作人员。

（十八）“证券业从业人员”是指从事证券发行、交易及其他相关业务的机构的工作人员。

第八十二条 证券经营机构和证券交易所的管理规定，另行制定。

公司内部职工持股不适用本条例。

第八十三条 本条例由证券委负责解释。

第八十四条 本条例自发布之日起施行。

国务院关于推进资本市场改革开放和稳定发展的若干意见

1. 2004年1月31日
2. 国发〔2004〕3号

各省、自治区、直辖市人民政府，国务院各部委、各直属机构：

《国务院关于进一步加强证券市场宏观管理的通知》（国发〔1992〕68号）下发以来，我国资本市场发展迅速，取得了举世瞩目的成就。资本市场初具规模，市场基础设施不断改善，法律法规体系逐步健全，市场规范化程度进一步提高，已经成为社会主义市场经济体系的重要组成部分，为国有企业、金融市场改革和发展，优化资源配置，促进经济结构调整和经济发展，作出了重要贡献。为贯彻落实党的十六大和十六届三中全会精神，围绕全面建设小康社会的战略目标，积极推进资本市场改革开放和稳定发展，现提出如下意见。

一、充分认识大力发展资本市场的重要意义

大力发展资本市场是一项重要的战略任务，对我国实现本世纪头20年国民经济翻两番的战略目标具有重要意义。一是有利于完善社会主义市场经济体制，更大程度地发挥资本市场优化资源配置的功能，将社会资金有效转化为长期投资。二是有利于国有经济的结构调整和战略性改组，加快非国有经济发展。三是有利于提高直接融资比例，完善金融市场结构，提高金融市场效率,维护金融安全。

我国资本市场是伴随着经济体制改革的进程逐步发展起来的。由于建立初期改革不配套和制度设计上的局限,资本市场还存在一些深层次问题和结构性矛盾,制约了市场功能的有效发挥。这些问题是资本市场发展中遇到的问题,也只有在发展中逐步加以解决。党的十六大提出了全面建设小康社会的战略目标,十六届三中全会通过了《中共中央关于完善社会主义市场经济体制若干问题的决定》,对资本市场发展作出了部署,为我国资本市场改革开放和稳定发展指明了方向。要认清形势,抓住机遇,转变观念,大力发展资本市场,提高直接融资比例,创造和培育良好的投资环境,充分发挥资本市场在促进资本形成、优化资源配置、推动经济结构调整、完善公司治理结构等方面的作用,为国民经济持续快速协调健康发展和全面建设小康社会作出新的贡献。

二、推进资本市场改革开放和稳定发展的指导思想和任务

推进资本市场改革开放和稳定发展的指导思想是:以邓小平理论和"三个代表"重要思想为指导,全面落实党的十六大和十六届三中全会精神,遵循"公开、公平、公正"原则和"法制、监管、自律、规范"的方针,坚持服务于国民经济全局,实现与国民经济协调发展;坚持依法治市,保护投资者特别是社会公众投资者的合法权益;坚持资本市场改革的市场化取向,充分发挥市场机制的作用;坚持改革的力度、发展的速度与市场可承受程度的统一,处理好改革、发展、稳定的关系;坚持用发展的办法解决前进中的问题,处理好加快资本市场发展与防范市场风险的关系;坚持循序渐进,不断提高对外开放水平。

推进资本市场改革开放和稳定发展的任务是:以扩大直接融资、完善现代市场体系、更大程度地发挥市场在资源配置中的基础性作用为目标,建设透明高效、结构合理、机制健全、功能完善、运行安全的资本市场。要围绕这一目标,建立有利于各类企业筹集资金、满足多种投资需求和富有效率的资本市场体系;完善以市场为主导的产品创新机制,形成价格发现和风险管理并举、股票融资与债券融资相协调的资本市场产品结构;培育诚实守信、运作规范、治理机制健全的上市公司和市场中介群体,强化市场主体约束和优胜劣汰机制;健全职责定位明确、风险控制有效、协调配合到位的市场监管体制,切实保护投资者合法权益。

三、进一步完善相关政策,促进资本市场稳定发展

资本市场的稳定发展需要相应的政策引导和支持。各部门要进一步完善相关政策,为资本市场稳定发展营造良好环境。

*完善证券发行上市核准制度。*健全有利于各类优质企业平等利用资本市场的机制,提高资源配置效率。

*重视资本市场的投资回报。*要采取切实措施,改变部分上市公司重上市、轻转制、重筹资、轻回报的状况,提高上市公司的整体质量,为投资者提供分享经济增长成果、增加财富的机会。

*鼓励合规资金入市。*继续大力发展证券投资基金。支持保险资金以多种方式直接投资资本市场,逐步提高社会保障基金、企业补充养老基金、商业保险资金等投入资本市场的资金比例。要培养一批诚信、守法、专业的机构投资者,使基金管理公司和保险公司为主的机构投资者成为资本市场的主导力量。

*拓宽证券公司融资渠道。*继续支持符合条件的证券公司公开发行股票或发行债券筹集长期资金。完善证券公司质押贷款及进入银行间同业市场管理办法,制定证券公司收购兼并和证券承销业务贷款的审核标准,在健全风险控制机制的前提下,为证券公司使用贷款融通资金创造有利条件。稳步开展基金管理公司融资试点。

*积极稳妥解决股权分置问题。*规范上市公司非流通股份的转让行为,防止国有资产流失。稳步解决目前上市公司股份中尚不能上市流通股份的流通问题。在解决这一问题时要尊重市场规律,有利于市场的稳定和发展,切实保护投资者特别是公众投资者的合法权益。

*完善资本市场税收政策。*研究制定鼓励社会公众投资的税收政策,完善证券、期货公司的流转税和所得税征收管理办法,对具备条件的证券、期货公司实行所得税集中征管。

四、健全资本市场体系,丰富证券投资品种

*建立多层次股票市场体系。*在统筹考虑资本市场合理布局和功能定位的基础上,逐步建立满足不同类型企业融资需求的多层次资本市场体系,研究提出相应的证券发行上市条件并建立配套的公司选择机制。继续规范和发展主板市场,逐步改善主板市场上市公司结构。分步推进创业板市场建设,完善风险投资机制,拓展中小企业融资渠道。积极探索和完善统一监管下的股份转让制度。

*积极稳妥发展债券市场。*在严格控制风险的基础上,鼓励符合条件的企业通过发行公司债券筹集资金,改变债券融资发展相对滞后的状况,丰富债券市场品种,促进资本市场协调发展。制定和完善公司债券发行、交易、信息披露、信用评级等规章制度,建立健全资产抵押、信用担保等偿债保障机制。逐步建立集中监管、统一互联的债券市场。

稳步发展期货市场。在严格控制风险的前提下，逐步推出为大宗商品生产者和消费者提供发现价格和套期保值功能的商品期货品种。

建立以市场为主导的品种创新机制。研究开发与股票和债券相关的新品种及其衍生产品。加大风险较低的固定收益类证券产品的开发力度，为投资者提供储蓄替代型证券投资品种。积极探索并开发资产证券化品种。

五、进一步提高上市公司质量，推进上市公司规范运作

提高上市公司质量。上市公司的质量是证券市场投资价值的源泉。上市公司董事和高级管理人员要把股东利益最大化和不断提高盈利水平作为工作的出发点和落脚点。要进一步完善股票发行管理体制，推行证券发行上市保荐制度，支持竞争力强、运作规范、效益良好的公司发行上市，从源头上提高上市公司质量。鼓励已上市公司进行以市场为主导的、有利于公司持续发展的并购重组。进一步完善再融资政策，支持优质上市公司利用资本市场加快发展，做优做强。

规范上市公司运作。完善上市公司法人治理结构，按照现代企业制度要求，真正形成权力机构、决策机构、监督机构和经营管理者之间的制衡机制。强化董事和高管人员的诚信责任，进一步完善独立董事制度。规范控股股东行为，对损害上市公司和中小股东利益的控股股东进行责任追究。强化上市公司及其他信息披露义务人的责任，切实保证信息披露的真实性、准确性、完整性和及时性。建立健全上市公司高管人员的激励约束机制。

完善市场退出机制。要采取有效措施，结合多层次市场体系建设，进一步完善市场退出机制。在实现上市公司优胜劣汰的同时，建立对退市公司高管人员失职的责任追究机制，切实保护投资者的合法权益。

六、促进资本市场中介服务机构规范发展，提高执业水平

把证券、期货公司建设成为具有竞争力的现代金融企业。根据审慎监管原则，健全证券、期货公司的市场准入制度。督促证券、期货公司完善治理结构，规范其股东行为，强化董事会和经理人员的诚信责任。改革证券、期货客户交易结算资金管理制度，研究健全客户交易结算资金存管机制。严禁挪用客户资产，切实维护投资者合法权益。证券、期货公司要完善内控机制，加强对分支机构的集中统一管理。完善以净资本为核心的风险监控指标体系，督促证券、期货公司实施稳健的财务政策。鼓励证券、期货公司通过兼并重组、优化整合做优做强。建立健全证券、期货公司市场退出机制。

加强对其他中介服务机构的管理。规范发展证券期货投资咨询机构、证券资信评级机构，加强对会计师事务所、律师事务所和资产评估机构的管理，提高中介机构的专业化服务水平。

七、加强法制和诚信建设，提高资本市场监管水平

健全资本市场法规体系，加强诚信建设。按照大力发展资本市场的总体部署，健全有利于资本市场稳定发展和投资者权益保护的法规体系。要清理阻碍市场发展的行政法规、地方性法规、部门规章以及政策性文件，为大力发展资本市场创建良好的法制环境。要按照健全现代市场经济社会信用体系的要求，制定资本市场诚信准则，维护诚信秩序，对严重违法违规、严重失信的机构和个人坚决实施市场禁入措施。

推进依法行政，加强资本市场监管。按照深化行政审批制度改革和贯彻实施《行政许可法》的要求，提高执法人员的自身素质和执法水平。树立与时俱进的监管理念，建立健全与资本市场发展阶段相适应的监管方式，完善监管手段，提高监管效率。进一步充实监管力量，整合监管资源，培养一支政治素质和专业素质过硬的监管队伍。通过实施有效的市场监管，努力提高市场的公正性、透明度和效率，降低市场系统风险，保障市场参与者的合法权益。

发挥行业自律和舆论监督作用。要发挥证券期货交易所、登记结算公司、证券期货业协会、律师、会计师、资产评估等行业协会的自律管理作用。要引导和加强新闻媒体对证券期货市场的宣传和监督。

八、加强协调配合，防范和化解市场风险

营造良好的资本市场发展环境。资本市场的风险防范关系到国家的金融安全和国民经济的健康发展。各地区、各部门都要关心和支持资本市场的规范发展，在出台涉及资本市场的政策措施时，要充分考虑资本市场的敏感性、复杂性和特殊性，并建立信息共享、沟通便捷、职责明确的协调配合机制，为市场稳定发展创造良好的环境和条件。

共同防范和化解市场风险。各地区、各部门要切实履行《公司法》等有关法律法规规定的职责，采取有效措施防止和及时纠正发起人虚假出资、大股东或实际控制人侵占上市公司资产的行为各地区和有关主管部门要依法加强对退市公司的管理，确保退市工作平稳顺利。对有重大经营风险必须退出资本市场或采取其他行政处置措施的证券、期货公司，地方人民政府、金融监管部门以及公安、司法等部门，要加强协调配合，按照法律法规和有关政策规定，采取积极有效措施做好风险处置工作。各地区、各部门必须建立应对资本市场突发事件的快速反应机制和防范化解风险的长效机制。

严厉打击证券期货市场违法活动。各地区要贯彻落实国务院关于整顿和规范市场经济秩序的有关精神,严格禁止本地区非法发行证券、非法设立证券期货经营机构、非法代理证券期货买卖、非法或变相设立证券期货交易场所及其他证券期货违法活动。财政、公安、审计、工商等政府部门和国有资产监督管理机构要加强协调配合,加大打击力度,维护资本市场秩序。

九、认真总结经验,积极稳妥地推进对外开放

严格履行我国加入世贸组织关于证券服务业对外开放的承诺。鼓励具备条件的境外证券机构参股证券公司和基金管理公司,继续试行合格的境外机构投资者制度。

积极利用境外资本市场。遵循市场规律和国际惯例,支持符合条件的内地企业到境外发行证券并上市。支持符合条件的内地机构和人员到境外从事与资本市场投资相关的服务业务和期货套期保值业务。认真研究合格的境内机构投资者制度。

加强交流与合作。落实与香港、澳门更紧密经贸合作安排。进一步加强与相关国际组织及境外证券监管机构的联系与合作。

大力发展资本市场是党中央、国务院从全局和战略出发作出的重要决策,各地区、各部门务必高度重视,树立全局观念,充分认识发展资本市场的重要性,坚定信心、抓住机遇、开拓创新,共同为资本市场发展创造条件,积极推动我国资本市场的改革开放和稳定发展,为实现全面建设小康社会的宏伟目标作出贡献。

国务院批转证监会关于提高上市公司质量意见的通知

1. *2005年10月19日*
2. *国发〔2005〕34号*

各省、自治区、直辖市人民政府,国务院各部委、各直属机构:

国务院同意证监会《关于提高上市公司质量的意见》,现转发给你们,请认真贯彻执行。

上市公司是资本市场发展的基石。提高上市公司质量是提高资本市场投资价值的源泉,对于增强资本市场的吸引力和活力,充分发挥资本市场优化资源配置功能,保护投资者特别是中小投资者的合法权益,促进我国资本市场健康稳定发展,具有十分重要的意义。十多年来,我国上市公司不断发展壮大,已成为推动企业改革和带动行业成长的中坚力量。但由于受体制、机制、环境等因素影响,相当一批上市公司法人治理结构不完善、运作不规范、质量不高,严重影响了投资者的信心,制约了资本市场健康稳定发展。贯彻落实《国务院关于推进资本市场改革开放和稳定发展的若干意见》(国发〔2004〕3号),提高上市公司质量,是摆在我们面前的一项十分重要而紧迫的任务。

地方各级人民政府要承担起处置本地区上市公司风险的责任,有效防范和化解上市公司风险,必要时可对陷入危机、可能对社会稳定造成重大影响的上市公司组织实施托管。证券监管部门要强化对上市公司的监管,及时查处违法违规行为,对负有责任的人员,视情节轻重,责成上市公司予以撤换或实行市场禁入,涉嫌犯罪的,及时移交公安、司法机关。各有关部门要统一思想,提高认识,密切配合,建立高效、灵活的协作机制和信息共享机制,加大工作力度,综合运用经济、法律和必要的行政手段,营造有利于上市公司规范发展的环境,支持和督促上市公司全面提高质量,为资本市场的健康稳定发展奠定良好的基础。

关于提高上市公司质量的意见

为全面深入贯彻落实《国务院关于推进资本市场改革开放和稳定发展的若干意见》(国发〔2004〕3号),切实保护投资者的合法权益,促进资本市场持续健康发展,现就提高上市公司质量有关问题提出以下意见:

一、提高认识,高度重视提高上市公司质量工作

(一)充分认识提高上市公司质量的重要意义。上市公司是我国经济运行中最具发展优势的群体,是资本市场投资价值的源泉。提高上市公司质量,是强化上市公司竞争优势,实现可持续发展的内在要求;是夯实资本市场基础,促进资本市场健康稳定发展的根本;是增强资本市场吸引力和活力,充分发挥资本市场优化资源配置功能的关键。提高上市公司质量,就是要立足于全体股东利益的最大化,不断提高公司治理和经营管理水平,不断提高诚信度和透明度,不断提高公司盈利能力和持续发展能力。

(二)提高上市公司质量是推进资本市场改革发展的一项重要任务。经过十多年的培育,上市公司不断发展壮大、运作日趋规范、质量逐步提高,已经成为推动企业改革和带动行业成长的中坚力量。但是,由于受体制、机制、环境等多种因素的影响,相当一批上市公司在法人治理结构、规范运作等方面还存在一些问题,盈利能力不强,对投资者回报不高,严重影响了投资者的信心,制约了资本市场的健康稳定发展。随着社会主义市场经济体制的不断完善和资本市场改革的不断深入，提高上市公司质量已经成为当前和今后一个时期推进资本市场健康发展的一项重要任务。提高上市公司质量，关键在于公司董事会、监事会和经理层要诚实守信、勤勉尽责，努力提高公司竞争能力、盈利能力和规范运作水平；同时，各有关方面要营造有利于上市公司规范发展的环境，支持和督促上市公司全面提高质量。通过切实的努力，使上市公司法人治理结构更加完善，内部控制制度合理健全，激励约束机制规范有效，公司透明度、竞争力和盈利能力显著提高。

二、完善公司治理，提高上市公司经营管理和规范运作水平

（三）完善法人治理结构。上市公司要严格按照《公司法》、外商投资相关法律法规和现代企业制度的要求，完善股东大会、董事会、监事会制度，形成权力机构、决策机构、监督机构与经理层之间权责分明、各司其职、有效制衡、科学决策、协调运作的法人治理结构。股东大会要认真行使法定职权，严格遵守表决事项和表决程序的有关规定，科学民主决策，维护上市公司和股东的合法权益。董事会要对全体股东负责，严格按照法律和公司章程的规定履行职责，把好决策关，加强对公司经理层的激励、监督和约束。要设立以独立董事为主的审计委员会、薪酬与考核委员会并充分发挥其作用。公司全体董事必须勤勉尽责，依法行使职权。监事会要认真发挥好对董事会和经理层的监督作用。经理层要严格执行股东大会和董事会的决定，不断提高公司管理水平和经营业绩。

（四）建立健全公司内部控制制度。上市公司要加强内部控制制度建设，强化内部管理，对内部控制制度的完整性、合理性及其实施的有效性进行定期检查和评估，同时要通过外部审计对公司的内部控制制度以及公司的自我评估报告进行核实评价，并披露相关信息。通过自查和外部审计，及时发现内部控制制度的薄弱环节，认真整改，堵塞漏洞，有效提高风险防范能力。

（五）提高公司运营的透明度。上市公司要切实履行作为公众公司的信息披露义务，严格遵守信息披露规则，保证信息披露内容的真实性、准确性、完整性和及时性，增强信息披露的有效性。要制定并严格执行信息披露管理制度和重要信息的内部报告制度，明确公司及相关人员的信息披露职责和保密责任，保障投资者平等获取信息的权利。公司股东及其他信息披露义务人，要积极配合和协助上市公司履行相应的信息披露义务。上市公司要积极做好投资者关系管理工作，拓宽与投资者的沟通渠道，培育有利于上市公司健康发展的股权文化。

（六）加强对高级管理人员及员工的激励和约束。上市公司要探索并规范激励机制，通过股权激励等多种方式，充分调动上市公司高级管理人员及员工的积极性。要强化上市公司高级管理人员、公司股东之间的共同利益基础，提高上市公司经营业绩。要健全上市公司高级管理人员的工作绩效考核和优胜劣汰机制，强化责任目标约束，不断提高上市公司高级管理人员的进取精神和责任意识。

（七）增强上市公司核心竞争力和盈利能力。上市公司要优化产品结构，努力提高创新能力，提升技术优势和人才优势，不断提高企业竞争力。要大力提高管理效率和管理水平，努力开拓市场，不断增强盈利能力。上市公司要高度重视对股东的现金分红，努力为股东提供良好的投资回报。

三、注重标本兼治，着力解决影响上市公司质量的突出问题

（八）切实维护上市公司的独立性。上市公司必须做到机构独立、业务独立，与股东特别是控股股东在人员、资产、财务方面全面分开。控股股东要依法行使出资人权利，不得侵犯上市公司享有的由全体股东出资形成的法人财产权。控股股东或实际控制人不得利用控制权，违反上市公司规范运作程序，插手上市公司内部管理，干预上市公司经营决策，损害上市公司和其他股东的合法权益。

（九）规范募集资金的运用。上市公司要加强对募集资金的管理。对募集资金投资项目必须进行认真的可行性分析，有效防范投资风险，提高募集资金使用效益。经由股东大会决定的投资项目，公司董事会或经理层不得随意变更。确需变更募集资金用途的，投资项目应符合国家产业政策和固定资产投资管理的有关规定，并经股东大会审议批准后公开披露。

（十）严禁侵占上市公司资金。控股股东或实际控制人不得以向上市公司借款、由上市公司提供担保、代偿债务、代垫款项等各种名目侵占上市公司资金。对已经侵占的资金，控股股东尤其是国有控股股东或实际控制人要针对不同情况，采取现金清偿、红利抵债、以股抵债、以资抵债等方式，加快偿还速度，务必在2006年底前偿还完毕。

（十一）坚决遏制违规对外担保。上市公司要根据有关法规明确对外担保的审批权限，严格执行对外担保审议程序。上市公司任何人员不得违背公司章程规定，未经董事会或股东大会批准或授权，以上市公司名义对外提供担保。上市公司要认真履行对外担保情况的信息披露义务，严格控制对外担保风险，采取有效措施化解已形成的违规担保、连环担保风险。

（十二）规范关联交易行为。上市公司在履行关联交易的决策程序时要严格执行关联方回避制度，并履行相应的信息披露义务，保证关联交易的公允性和交易行为的透明度。要充分发挥独立董事在关联交易决策和信息披露程序中的职责和作用。公司董事、监事和高级管理人员不得通过隐瞒甚至虚假披露关联方信息等手段，规避关联交易决策程序和信息披露要求。对因非公允关联交易造成上市公司利益损失的，上市公司有关人员应承担责任。

（十三）禁止编报虚假财务会计信息。上市公司应严格执行有关会计法规、会计准则和会计制度，加强会计核算和会计监督，真实、公允地反映公司的财务状况、经营成果及现金流量。不得伪造会计凭证等会计资料、提供虚假财务报表；不得利用会计政策、会计估计变更和会计差错更正等手段粉饰资产、收入、成本、利润等财务指标；不得阻碍审计机构正常开展工作，限制其审计范围；不得要求审计机构出具失真或不当的审计报告。上市公司董事会及其董事、总经理、财务负责人对公司财务报告的真实性、完整性承担主要责任。

四、采取有效措施，支持上市公司做优做强

（十四）支持优质企业利用资本市场做优做强。地方政府要积极支持优质企业改制上市，推动国有企业依托资本市场进行改组改制，使优质资源向上市公司集中，支持具备条件的优质大型企业实现整体上市。有关部门要优化公司股票发行上市制度，规范企业改制行为，支持优质大型企业和高成长的中小企业在证券市场融资，逐步改善上市公司整体结构。积极推出市场化创新工具，支持上市公司通过多样化的支付手段进行收购兼并，提升公司的核心竞争力，实现可持续发展。

（十五）提高上市公司再融资效率。要进一步调整和完善上市公司再融资的相关制度，增加融资品种，简化核准程序，充分发挥市场发现价格和合理配置资源的功能，提高上市公司再融资效率。积极培育公司债券市场，制订和完善公司债券发行、交易、信息披露和信用评级等规章制度。鼓励符合条件的上市公司发行公司债券。

（十六）建立多层次市场体系。在加强主板市场建设的同时，积极推动中小企业板块制度创新，为适时推出创业板创造条件。要进一步完善股份代办转让系统，健全多层次资本市场体系和不同层次市场间的准入、退出机制，发挥资本市场优胜劣汰功能，满足不同企业的融资需求。

（十七）积极稳妥地推进股权分置改革。通过股权分置改革消除非流通股和流通股的流通制度差异，有利于形成流通股股东和非流通股股东的共同利益基础，对提高上市公司质量具有重要作用。有关方面要按照总体安排、分类指导、完善制度的要求，加强对改革的组织领导，积极稳妥地推进股权分置改革。

五、完善上市公司监督管理机制，强化监管协作

（十八）强化上市公司监管。有关部门要完善相关法律法规体系，抓紧制订上市公司监管条例，积极推进相关法律的修改，为广大投资者维护自身权益和上市公司规范运作提供法律保障。要进一步加强上市公司监管制度建设，建立累积投票制度和征集投票权制度，完善股东大会网络投票制度、独立董事制度及信息披露相关规则，规范上市公司运作。要落实和完善监管责任制，不断改进监管方式和监管手段，完善上市公司风险监控体系。进一步健全证券监督管理机构与公安、司法部门的协作机制，及时将涉嫌犯罪人员移送公安、司法机关，严肃查处违法犯罪行为，增强上市公司监管的威慑力，提高监管的有效性和权威性，切实维护市场和社会稳定。

（十九）加强上市公司诚信建设。有关部门要建立上市公司及其控股股东或实际控制人的信贷、担保、信用证、商业票据等信用信息及监管信息的共享机制；完善上市公司控股股东、实际控制人、上市公司及其高级管理人员的监管信息系统，对严重失信和违规者予以公开曝光；督促商业银行严格审查上市公司董事会或股东大会批准对外担保的文件和信息披露资料，严格审查上市公司对外担保的合规性和担保能力，切实防范上市公司违规对外担保的风险。

（二十）规范上市公司控股股东或实际控制人的行为。有关方面要督促控股股东或实际控制人加快偿还侵占上市公司的资金，国有控股股东限期内未偿清或出现新增侵占上市公司资金问题的，对相关负责人和直接责任人要给予纪律处分，直至撤销职务；非国有控股股东或实际控制人限期内未偿清或出现新增侵占上市公司资金问题的，有关部门对其融资活动应依法进行必要的限制。要依法查处上市公司股东、实际控制人利用非公允的关联交易侵占上市公司利益、掏空上市公司的行为。加大对侵犯上市公司利益的控股股东或实际控制人的责任追究力度，对构成犯罪的，依法追究刑事责任。

（二十一）加强对上市公司高级管理人员的监管。要制定上市公司高级管理人员行为准则，对违背行为准则并被证券监督管理机构认定为不适当人选的上市公司高级管理人员，要责成上市公司及时按照法定程序予以撤换。对严重违规的上市公司高级管理人员，要实行严格的市场禁入；对构成犯罪的，依法追究刑事责任。

（二十二）加强对证券经营中介机构的监管。要严格保荐机构、保荐代表人的资质管理，督促其忠实履行尽职推荐、持续督导的职责。有关部门要加强对会计师事务所、资产评估机构、律师事务所等中介机构执业行为的监管，完善执业标准体系，督促其勤勉尽责，规范执业行为，提高执业质量。要建立和完善市场禁入制度，加大对中介机构及其责任人违法违规行为的责任追究力度，及时公布其失信和违规记录，强化社会监督。

（二十三）充分发挥自律监管的作用。充分发挥自律组织在促进上市公司提高公司治理、规范运作水平等方面的积极作用。加强对上市公司高级管理人员的培训和持续教育，培养诚信文化，提高高级管理人员的法制意识、责任意识和诚信意识，增强上市公司高级管理人员规范经营的自觉性。

六、加强组织领导，营造促进上市公司健康发展的良好环境

（二十四）加强对提高上市公司质量工作的组织领导。各省（区、市）人民政府要加强组织领导，建立有效的协调机制，统筹研究解决工作中遇到的重大问题，切实采取有效措施，促进上市公司质量全面提高。当前，要着重督促和帮助上市公司切实解决控股股东或实际控制人侵占资金、违规担保等突出问题，研究建立上市公司突发重大风险的处置机制，积极稳妥地推进上市公司股权分置改革。

（二十五）防范和化解上市公司风险。地方各级人民政府要切实承担起处置本地区上市公司风险的责任，建立健全上市公司风险处置应急机制，及时采取有效措施，维护上市公司的经营秩序、财产安全和社会稳定，必要时可对陷入危机、可能对社会稳定造成重大影响的上市公司组织实施托管。支持绩差上市公司特别是国有控股上市公司按照市场化原则进行资产重组和债务重组，改善经营状况。要做好退市公司的风险防范工作，依法追究因严重违法违规行为导致上市公司退市的相关责任人的责任。

（二十六）营造有利于上市公司规范发展的舆论氛围。有关方面要加强对涉及上市公司新闻报道的管理，引导媒体客观、真实、全面地报道上市公司情况，切实防范并及时纠正对上市公司的失实报道，严肃惩处违背事实、蓄意美化或诋毁上市公司的行为，避免误导投资者。切实发挥好媒体的舆论引导和监督作用。

国务院关于开展优先股试点的指导意见

1. 2013年11月30日
2. 国发〔2013〕46号

各省、自治区、直辖市人民政府，国务院各部委、各直属机构：

为贯彻落实党的十八大、十八届三中全会精神，深化金融体制改革，支持实体经济发展，依照公司法、证券法相关规定，国务院决定开展优先股试点。开展优先股试点，有利于进一步深化企业股份制改革，为发行人提供灵活的直接融资工具，优化企业财务结构，推动企业兼并重组；有利于丰富证券品种，为投资者提供多元化的投资渠道，提高直接融资比重，促进资本市场稳定发展。为稳妥有序开展优先股试点，现提出如下指导意见。

一、优先股股东的权利与义务

（一）优先股的含义。优先股是指依照公司法，在一般规定的普通种类股份之外，另行规定的其他种类股份，其股份持有人优先于普通股股东分配公司利润和剩余财产，但参与公司决策管理等权利受到限制。

除本指导意见另有规定以外，优先股股东的权利、义务以及优先股股份的管理应当符合公司法的规定。试点期间不允许发行在股息分配和剩余财产分配上具有不同优先顺序的优先股，但允许发行在其他条款上具有不同设置的优先股。

（二）优先分配利润。优先股股东按照约定的票面股息率，优先于普通股股东分配公司利润。公司应当以现金的形式向优先股股东支付股息，在完全支付约定的股息之前，不得向普通股股东分配利润。

公司应当在公司章程中明确以下事项：（1）优先股股息率是采用固定股息率还是浮动股息率，并相应明确固定股息率水平或浮动股息率计算方法。（2）公司在有可分配税后利润的情况下是否必须分配利润。（3）如果公司因本会计年度可分配利润不足而未向优先股股东足额派发股息，差额部分是否累积到下一会计年度。（4）优先股股东按照约定的股息率分配股息后，是否有权同普通股股东一起参加剩余利润分配。（5）优先股利润分配涉及的其他事项。

（三）优先分配剩余财产。公司因解散、破产等原因进行清算时，公司财产在按照公司法和破产法有关规定进行清偿后的剩余财产，应当优先向优先股股东支付未派发的股息和公司章程约定的清算金额，不足以支付的按照优先股股东持股比例分配。

(四)优先股转换和回购。公司可以在公司章程中规定优先股转换为普通股、发行人回购优先股的条件、价格和比例。转换选择权或回购选择权可规定由发行人或优先股股东行使。发行人要求回购优先股的,必须完全支付所欠股息,但商业银行发行优先股补充资本的除外。优先股回购后相应减记发行在外的优先股股份总数。

(五)表决权限制。除以下情况外,优先股股东不出席股东大会会议,所持股份没有表决权:(1)修改公司章程中与优先股相关的内容;(2)一次或累计减少公司注册资本超过百分之十;(3)公司合并、分立、解散或变更公司形式;(4)发行优先股;(5)公司章程规定的其他情形。上述事项的决议,除须经出席会议的普通股股东(含表决权恢复的优先股股东)所持表决权的三分之二以上通过之外,还须经出席会议的优先股股东(不含表决权恢复的优先股股东)所持表决权的三分之二以上通过。

(六)表决权恢复。公司累计3个会计年度或连续2个会计年度未按约定支付优先股股息的,优先股股东有权出席股东大会,每股优先股股份享有公司章程规定的表决权。对于股息可累积到下一会计年度的优先股,表决权恢复直至公司全额支付所欠股息。对于股息不可累积的优先股,表决权恢复直至公司全额支付当年股息。公司章程可规定优先股表决权恢复的其他情形。

(七)与股份种类相关的计算。以下事项计算持股比例时,仅计算普通股和表决权恢复的优先股:(1)根据公司法第一百零一条,请求召开临时股东大会;(2)根据公司法第一百零二条,召集和主持股东大会;(3)根据公司法第一百零三条,提交股东大会临时提案;(4)根据公司法第二百一十七条,认定控股股东。

二、优先股发行与交易

(八)发行人范围。公开发行优先股的发行人限于证监会规定的上市公司,非公开发行优先股的发行人限于上市公司(含注册地在境内的境外上市公司)和非上市公众公司。

(九)发行条件。公司已发行的优先股不得超过公司普通股股份总数的百分之五十,且筹资金额不得超过发行前净资产的百分之五十,已回购、转换的优先股不纳入计算。公司公开发行优先股以及上市公司非公开发行优先股的其他条件适用证券法的规定。非上市公众公司非公开发行优先股的条件由证监会另行规定。

(十)公开发行。公司公开发行优先股的,应当在公司章程中规定以下事项:(1)采取固定股息率;(2)在有可分配税后利润的情况下必须向优先股股东分配股息;(3)未向优先股股东足额派发股息的差额部分应当累积到下一会计年度;(4)优先股股东按照约定的股息率分配股息后,不再同普通股股东一起参加剩余利润分配。商业银行发行优先股补充资本的,可就第(2)项和第(3)项事项另行规定。

(十一)交易转让及登记存管。优先股应当在证券交易所、全国中小企业股份转让系统或者在国务院批准的其他证券交易场所交易或转让。优先股应当在中国证券登记结算公司集中登记存管。优先股交易或转让环节的投资者适当性标准应当与发行环节一致。

(十二)信息披露。公司应当在发行文件中详尽说明优先股股东的权利义务,充分揭示风险。同时,应按规定真实、准确、完整、及时、公平地披露或者提供信息,不得有虚假记载、误导性陈述或重大遗漏。

(十三)公司收购。优先股可以作为并购重组支付手段。上市公司收购要约适用于被收购公司的所有股东,但可以针对优先股股东和普通股股东提出不同的收购条件。根据证券法第八十六条计算收购人持有上市公司已发行股份比例,以及根据证券法第八十八条和第九十六条计算触发要约收购义务时,表决权未恢复的优先股不计入持股数额和股本总额。

(十四)与持股数额相关的计算。以下事项计算持股数额时,仅计算普通股和表决权恢复的优先股:(1)根据证券法第五十四条和第六十六条,认定持有公司股份最多的前十名股东的名单和持股数额;(2)根据证券法第四十七条、第六十七条和第七十四条,认定持有公司百分之五以上股份的股东。

三、组织管理和配套政策

(十五)加强组织管理。证监会应加强与有关部门的协调配合,积极稳妥地组织开展优先股试点工作。证监会应当根据公司法、证券法和本指导意见,制定并发布优先股试点的具体规定,指导证券自律组织完善相关业务规则。

证监会应当加强市场监管,督促公司认真履行信息披露义务,督促中介机构诚实守信、勤勉尽责,依法查处违法违规行为,切实保护投资者合法权益。

(十六)完善配套政策。优先股相关会计处理和财务报告,应当遵循财政部发布的企业会计准则及其他相关会计标准。企业投资优先股获得的股息、红利等投资收益,符合税法规定条件的,可以作为企业所得税免税收入。全国社会保障基金、企业年金投资优先股的比例不受现行证券品种投资比例的限制,具体政策由国务院主管部门制定。外资行业准入管理中外资持股比例优先股与普通股合并计算。试点中需要配套制定的其他政策事项,由证监会根据试点进展情况提出,商有关部门办理,重大事项报告国务院。

国务院办公厅关于进一步加强资本市场中小投资者合法权益保护工作的意见

1. *2013年12月25日*
2. *国办发〔2013〕110号*

各省、自治区、直辖市人民政府,国务院各部委、各直属机构:

中小投资者是我国现阶段资本市场的主要参与群体,但处于信息弱势地位,抗风险能力和自我保护能力较弱,合法权益容易受到侵害。维护中小投资者合法权益是证券期货监管工作的重中之重,关系广大人民群众切身利益,是资本市场持续健康发展的基础。近年来,我国中小投资者保护工作取得了积极成效,但与维护市场"公开、公平、公正"和保护广大投资者合法权益的要求相比还有较大差距。为贯彻落实党的十八大、十八届三中全会精神和国务院有关要求,进一步加强资本市场中小投资者合法权益保护工作,经国务院同意,现提出如下意见。

一、健全投资者适当性制度

*制定完善中小投资者分类标准。*根据我国资本市场实际情况,制定并公开中小投资者分类标准及依据,并进行动态评估和调整。进一步规范不同层次市场及交易品种的投资者适当性制度安排,明确适合投资者参与的范围和方式。

*科学划分风险等级。*证券期货经营机构和中介机构应当对产品或者服务的风险进行评估并划分风险等级。推荐与投资者风险承受和识别能力相适应的产品或者服务,向投资者充分说明可能影响其权利的信息,不得误导、欺诈客户。

*进一步完善规章制度和市场服务规则。*证券期货经营机构和中介机构应当建立执业规范和内部问责机制,销售人员不得以个人名义接受客户委托从事交易;明确提示投资者如实提供资料信息,对收集的个人信息要严格保密、确保安全,不得出售或者非法提供给他人。严格落实投资者适当性制度并强化监管,违反适当性管理规定给中小投资者造成损失的,要依法追究责任。

二、优化投资回报机制

*引导和支持上市公司增强持续回报能力。*上市公司应当完善公司治理,提高盈利能力,主动积极回报投资者。公司首次公开发行股票、上市公司再融资或者并购重组摊薄即期回报的,应当承诺并兑现填补回报的具体措施。

*完善利润分配制度。*上市公司应当披露利润分配政策尤其是现金分红政策的具体安排和承诺。对不履行分红承诺的上市公司,要记入诚信档案,未达到整改要求的不得进行再融资。独立董事及相关中介机构应当对利润分配政策是否损害中小投资者合法权益发表明确意见。

*建立多元化投资回报体系。*完善股份回购制度,引导上市公司承诺在出现股价低于每股净资产等情形时回购股份。研究建立"以股代息"制度,丰富股利分配方式。对现金分红持续稳定的上市公司,在监管政策上给予扶持。制定差异化的分红引导政策。完善除权除息制度安排。

*发展服务中小投资者的专业化中介机构。*鼓励开发适合中小投资者的产品。鼓励中小投资者通过机构投资者参与市场。基金管理人应当切实履行分红承诺,并努力创造良好投资回报。鼓励基金管理费率结构及水平多样化,形成基金管理人与基金份额持有人利益一致的费用模式。

三、保障中小投资者知情权

*增强信息披露的针对性。*有关主体应当真实、准确、完整、及时地披露对投资决策有重大影响的信息,披露内容做到简明易懂,充分揭示风险,方便中小投资者查阅。健全内部信息披露制度和流程,强化董事会秘书等相关人员职责。制定自愿性和简明化的信息披露规则。

*提高市场透明度。*对显著影响证券期货交易价格的信息,交易场所和有关主体要及时履行报告、信息披露和提示风险的义务。建立统一的信息披露平台。健全跨市场交易产品及突发事件信息披露机制。健全信息披露异常情形问责机制,加大对上市公司发生敏感事件时信息披露的动态监管力度。

*切实履行信息披露职责。*上市公司依法公开披露信息前,不得非法对他人提供相关信息。上市公司控股股东、实际控制人在信息披露文件中的承诺须具体可操作,特别是应当就赔偿或者补偿责任作出明确承诺并切实履行。上市公司应当明确接受投资者问询的时间和方式,健全舆论反应机制。

四、健全中小投资者投票机制

*完善中小投资者投票等机制。*引导上市公司股东

大会全面采用网络投票方式。积极推行累积投票制选举董事、监事。上市公司不得对征集投票权提出最低持股比例限制。完善上市公司股东大会投票表决第三方见证制度。研究完善中小投资者提出罢免公司董事提案的制度。自律组织应当健全独立董事备案和履职评价制度。

建立中小投资者单独计票机制。上市公司股东大会审议影响中小投资者利益的重大事项时,对中小投资者表决应当单独计票。单独计票结果应当及时公开披露,并报送证券监管部门。

保障中小投资者依法行使权利。健全利益冲突回避、杜绝同业竞争和关联交易公平处理制度。上市公司控股股东、实际控制人不得限制或者阻挠中小投资者行使合法权利,不得损害公司和中小投资者的权益。健全公开发行公司债券持有人会议制度和受托管理制度。基金管理人须为基金份额持有人行使投票权提供便利,鼓励中小投资者参加持有人大会。

五、建立多元化纠纷解决机制

完善纠纷解决机制。上市公司及证券期货经营机构等应当承担投资者投诉处理的首要责任,完善投诉处理机制并公开处理流程和办理情况。证券监管部门要健全登记备案制度,将投诉处理情况作为衡量相关主体合规管理水平的依据。支持投资者与市场经营主体协商解决争议或者达成和解协议。

发挥第三方机构作用。支持自律组织、市场机构独立或者联合依法开展证券期货专业调解,为中小投资者提供免费服务。开展证券期货仲裁服务,培养专业仲裁力量。建立调解与仲裁、诉讼的对接机制。

加强协调配合。有关部门配合司法机关完善相关侵权行为民事诉讼制度。优化中小投资者依法维权程序,降低维权成本。健全适应资本市场中小投资者民事侵权赔偿特点的救济维权工作机制。推动完善破产清偿中保护投资者的措施。

六、健全中小投资者赔偿机制

督促违规或者涉案当事人主动赔偿投资者。对上市公司违法行为负有责任的控股股东及实际控制人,应当主动、依法将其持有的公司股权及其他资产用于赔偿中小投资者。招股说明书虚假记载、误导性陈述或者重大遗漏致使投资者遭受损失的,责任主体须依法赔偿投资者,中介机构也应当承担相应责任。基金管理人、托管人等未能履行勤勉尽责义务造成基金份额持有人财产损失的,应当依法赔偿。

建立上市公司退市风险应对机制。因违法违规而存在退市风险的上市公司,在定期报告中应当对退市风险作专项评估,并提出应对预案。研究建立公开发行公司债券的偿债基金制度。上市公司退市引入保险机制,在有关责任保险中增加退市保险附加条款。健全证券中介机构职业保险制度。

完善风险救助机制。证券期货经营机构和基金管理人应当在现有政策框架下,利用计提的风险准备金完善自主救济机制,依法赔偿投资者损失。研究实行证券发行保荐质保金制度和上市公司违规风险准备金制度。探索建立证券期货领域行政和解制度,开展行政和解试点。研究扩大证券投资者保护基金和期货投资者保障基金使用范围和来源。

七、加大监管和打击力度

完善监管政策。证券监管部门应当把维护中小投资者合法权益贯穿监管工作始终,落实到各个环节。对纳入行政许可、注册或者备案管理的证券期货行为,证券监管部门应当建立起相应的投资者合法权益保护安排。建立限售股股东减持计划预披露制度,在披露之前有关股东不得转让股票。鼓励限售股股东主动延长锁定期。建立覆盖全市场的诚信记录数据库,并实现部门之间共享。健全中小投资者查询市场经营主体诚信状况的机制。建立守信激励和失信惩戒机制。

坚决查处损害中小投资者合法权益的违法行为。严肃查处上市公司不当更正盈利预测报告、未披露导致股价异动事项、先于指定媒体发布信息、以新闻发布替代应履行公告义务、编造或传播虚假信息误导投资者,以及进行内幕交易和操纵市场等行为。坚决打击上市公司控股股东、实际控制人直接或者间接转移、侵占上市公司资产。建立证券期货违法案件举报奖励制度。

强化执法协作。各地区、各部门要统一认识,密切配合,严厉打击各类证券期货违法犯罪活动,及时纠正各类损害中小投资者合法权益的行为。建立侵害中小投资者合法权益事件的快速反应和处置机制,制定和完善应对突发性群体事件预案,做好相关事件处理和维护稳定工作。证券监管部门、公安机关应当不断强化执法协作,完善工作机制,加大提前介入力度。有关部门要配合公安、司法机关完善证券期货犯罪行为的追诉标准及相关司法解释。

八、强化中小投资者教育

加大普及证券期货知识力度。将投资者教育逐步纳入国民教育体系,有条件的地区可以先行试点。充分发挥媒体的舆论引导和宣传教育功能。证券期货经营机构应当承担各项产品和服务的投资者教育义务,保障费用支出和人员配备,将投资者教育纳入各业务环节。

提高投资者风险防范意识。自律组织应当强化投资者教育功能,健全会员投资者教育服务自律规则。

中小投资者应当树立理性投资意识，依法行使权利和履行义务，养成良好投资习惯，不听信传言，不盲目跟风，提高风险防范意识和自我保护能力。

九、完善投资者保护组织体系

构建综合保护体系。加快形成法律保护、监管保护、自律保护、市场保护、自我保护的综合保护体系，实现中小投资者保护工作常态化、规范化和制度化。证券监管部门、自律组织以及市场经营主体应当健全组织机构和工作制度，加大资源投入，完善基础设施，畅通与中小投资者的沟通渠道。证券监管部门建立中小投资者合法权益保障检查制度与评估评价体系，并将其作为日常监管和行政许可申请审核的重要依据。

完善组织体系。探索建立中小投资者自律组织和公益性维权组织，向中小投资者提供救济援助，丰富和解、调解、仲裁、诉讼等维权内容和方式。充分发挥证券期货专业律师的作用，鼓励和支持律师为中小投资者提供公益性法律援助。

优化政策环境。证券监管部门要进一步完善政策措施，提高保护中小投资者合法权益的水平。上市公司国有大股东或者实际控制人应当依法行使权利，支持市场经营主体履行法定义务。财政、税收、证券监管部门应当完善交易和分红等相关税费制度，优化投资环境。国务院有关部门和地方人民政府要求上市公司提供未公开信息的，应当遵循法律法规相关规定。有关部门要完善数据采集发布工作机制，加强信息共享，形成投资者合法权益保护的协调沟通机制。强化国际监管合作与交流，实现投资者合法权益的跨境监管和保护。

国务院关于进一步促进资本市场健康发展的若干意见

1. *2014年5月8日*
2. *国发〔2014〕17号*

各省、自治区、直辖市人民政府，国务院各部委、各直属机构：

进一步促进资本市场健康发展，健全多层次资本市场体系，对于加快完善现代市场体系、拓宽企业和居民投融资渠道、优化资源配置、促进经济转型升级具有重要意义。20多年来，我国资本市场快速发展，初步形成了涵盖股票、债券、期货的市场体系，为促进改革开放和经济社会发展作出了重要贡献。但总体上看，我国资本市场仍不成熟，一些体制机制性问题依然存在，新情况新问题不断出现。为深入贯彻党的十八大和十八届二中、三中全会精神，认真落实党中央和国务院的决策部署，实现资本市场健康发展，现提出以下意见。

一、总体要求

（一）指导思想。

高举中国特色社会主义伟大旗帜，以邓小平理论、“三个代表”重要思想、科学发展观为指导，贯彻党中央和国务院的决策部署，解放思想，改革创新，开拓进取。坚持市场化和法治化取向，维护公开、公平、公正的市场秩序，维护投资者特别是中小投资者合法权益。紧紧围绕促进实体经济发展，激发市场创新活力，拓展市场广度深度，扩大市场双向开放，促进直接融资与间接融资协调发展，提高直接融资比重，防范和分散金融风险。推动混合所有制经济发展，完善现代企业制度和公司治理结构，提高企业竞争能力，促进资本形成和股权流转，更好发挥资本市场优化资源配置的作用，促进创新创业、结构调整和经济社会持续健康发展。

（二）基本原则。

资本市场改革发展要从我国国情出发，积极借鉴国际经验，遵循以下原则：

一是处理好市场与政府的关系。尊重市场规律，依据市场规则、市场价格、市场竞争实现效益最大化和效率最优化，使市场在资源配置中起决定性作用。同时，更好发挥政府作用，履行好政府监管职能，实施科学监管、适度监管，创造公平竞争的市场环境，保护投资者合法权益，有效维护市场秩序。

二是处理好创新发展与防范风险的关系。以市场为导向、以提高市场服务能力和效率为目的，积极鼓励和引导资本市场创新。同时，强化风险防范，始终把风险监测、预警和处置贯穿于市场创新发展全过程，牢牢守住不发生系统性、区域性金融风险的底线。

三是处理好风险自担与强化投资者保护的关系。加强投资者教育，引导投资者培育理性投资理念，自担风险、自负盈亏，提高风险意识和自我保护能力。同时，健全投资者特别是中小投资者权益保护制度，保障投资者的知情权、参与权、求偿权和监督权，切实维护投资者合法权益。

四是处理好积极推进与稳步实施的关系。立足全局、着眼长远，坚定不移地积极推进改革。同时，加强市场顶层设计，增强改革措施的系统性、针对性、协同性，把握好改革的力度、节奏和市场承受程度，稳步实施各项政策措施，着力维护资本市场平稳发展。

（三）主要任务。

加快建设多渠道、广覆盖、严监管、高效率的股权市场，规范发展债券市场，拓展期货市场，着力优化市场体系结构、运行机制、基础设施和外部环境，实现发行交易方式多样、投融资工具丰富、风险管理功能完备、场内场外和公募私募协调发展。到2020年，基本形成结构合理、功能完善、规范透明、稳健高效、开放包容的多层次资本市场体系。

二、发展多层次股票市场

（四）积极稳妥推进股票发行注册制改革。建立和完善以信息披露为中心的股票发行制度。发行人是信息披露第一责任人，必须做到言行与信息披露的内容一致。发行人、中介机构对信息披露的真实性、准确性、完整性、充分性和及时性承担法律责任。投资者自行判断发行人的盈利能力和投资价值，自担投资风险。逐步探索符合我国实际的股票发行条件、上市标准和审核方式。证券监管部门依法监管发行和上市活动，严厉查处违法违规行为。

（五）加快多层次股权市场建设。强化证券交易所市场的主导地位，充分发挥证券交易所的自律监管职能。壮大主板、中小企业板市场，创新交易机制，丰富交易品种。加快创业板市场改革，健全适合创新型、成长型企业发展的制度安排。增加证券交易所市场内部层次。加快完善全国中小企业股份转让系统，建立小额、便捷、灵活、多元的投融资机制。在清理整顿的基础上，将区域性股权市场纳入多层次资本市场体系。完善集中统一的登记结算制度。

（六）提高上市公司质量。引导上市公司通过资本市场完善现代企业制度，建立健全市场化经营机制，规范经营决策。督促上市公司以投资者需求为导向，履行好信息披露义务，严格执行企业会计准则和财务报告制度，提高财务信息的可比性，增强信息披露的有效性。促进上市公司提高效益，增强持续回报投资者能力，为股东创造更多价值。规范上市公司控股股东、实际控制人行为，保障公司独立主体地位，维护各类股东的平等权利。鼓励上市公司建立市值管理制度。完善上市公司股权激励制度，允许上市公司按规定通过多种形式开展员工持股计划。

（七）鼓励市场化并购重组。充分发挥资本市场在企业并购重组过程中的主渠道作用，强化资本市场的产权定价和交易功能，拓宽并购融资渠道，丰富并购支付方式。尊重企业自主决策，鼓励各类资本公平参与并购，破除市场壁垒和行业分割，实现公司产权和控制权跨地区、跨所有制顺畅转让。

（八）完善退市制度。构建符合我国实际并有利于投资者保护的退市制度，建立健全市场化、多元化退市指标体系并严格执行。支持上市公司根据自身发展战略，在确保公众投资者权益的前提下以吸收合并、股东收购、转板等形式实施主动退市。对欺诈发行的上市公司实行强制退市。明确退市公司重新上市的标准和程序。逐步形成公司进退有序、市场转板顺畅的良性循环机制。

三、规范发展债券市场

（九）积极发展债券市场。完善公司债券公开发行制度。发展适合不同投资者群体的多样化债券品种。建立健全地方政府债券制度。丰富适合中小微企业的债券品种。统筹推进符合条件的资产证券化发展。支持和规范商业银行、证券经营机构、保险资产管理机构等合格机构依法开展债券承销业务。

（十）强化债券市场信用约束。规范发展债券市场信用评级服务。完善发行人信息披露制度，提高投资者风险识别能力，减少对外部评级的依赖。建立债券发行人信息共享机制。探索发展债券信用保险。完善债券增信机制，规范发展债券增信业务。强化发行人和投资者的责任约束，健全债券违约监测和处置机制，支持债券持有人会议维护债权人整体利益，切实防范道德风险。

（十一）深化债券市场互联互通。在符合投资者适当性管理要求的前提下，完善债券品种在不同市场的交叉挂牌及自主转托管机制，促进债券跨市场顺畅流转。鼓励债券交易场所合理分工、发挥各自优势。促进债券登记结算机构信息共享、顺畅连接，加强互联互通。提高债券市场信息系统、市场监察系统的运行效率，逐步强化对债券登记结算体系的统一管理，防范系统性风险。

（十二）加强债券市场监管协调。充分发挥公司信用类债券部际协调机制作用，各相关部门按照法律法规赋予的职责，各司其职，加强对债券市场准入、信息披露和资信评级的监管，建立投资者保护制度，加大查处债券市场虚假陈述、内幕交易、价格操纵等各类违法违规行为的力度。

四、培育私募市场

（十三）建立健全私募发行制度。建立合格投资者标准体系，明确各类产品私募发行的投资者适当性要求和面向同一类投资者的私募发行信息披露要求，规范募集行为。对私募发行不设行政审批，允许各类发行主体在依法合规的基础上，向累计不超过法律规定特定数量的投资者发行股票、债券、基金等产品。积极发挥证券中介机构、资产管理机构和有关市场组织的作用，建立健全私募产品发行监管制度，切实强化事中事后监管。建立促进经营机构规范开展私募业务的风险控制和自律管理制度安排，以及各类私募产品的统一监测系统。

（十四）发展私募投资基金。按照功能监管、适度监管的原则，完善股权投资基金、私募资产管理计划、私募集合理财产品、集合资金信托计划等各类私募投资产品的监管标准。依法严厉打击以私募为名的各类非法集资活动。完善扶持创业投资发展的政策体系，鼓励和引导创业投资基金支持中小微企业。研究制定保险资金投资创业投资基金的相关政策。完善围绕创新链需要的科技金融服务体系，创新科技金融产品和服务，促进战略性新兴产业发展。

五、推进期货市场建设

（十五）发展商品期货市场。以提升产业服务能力和配合资源性产品价格形成机制改革为重点，继续推出大宗资源性产品期货品种，发展商品期权、商品指数、碳排放权等交易工具，充分发挥期货市场价格发现和风险管理功能，增强期货市场服务实体经济的能力。允许符合条件的机构投资者以对冲风险为目的使用期货衍生品工具，清理取消对企业运用风险管理工具的不必要限制。

（十六）建设金融期货市场。配合利率市场化和人民币汇率形成机制改革，适应资本市场风险管理需要，平稳有序发展金融衍生产品。逐步丰富股指期货、股指期权和股票期权品种。逐步发展国债期货，进一步健全反映市场供求关系的国债收益率曲线。

六、提高证券期货服务业竞争力

（十七）放宽业务准入。实施公开透明、进退有序的证券期货业务牌照管理制度，研究证券公司、基金管理公司、期货公司、证券投资咨询公司等交叉持牌，支持符合条件的其他金融机构在风险隔离基础上申请证券期货业务牌照。积极支持民营资本进入证券期货服务业。支持证券期货经营机构与其他金融机构在风险可控前提下以相互控股、参股的方式探索综合经营。

（十八）促进中介机构创新发展。推动证券经营机构实施差异化、专业化、特色化发展，促进形成若干具有国际竞争力、品牌影响力和系统重要性的现代投资银行。促进证券投资基金管理公司向现代资产管理机构转型，提高财富管理水平。推动期货经营机构并购重组，提高行业集中度。支持证券期货经营机构拓宽融资渠道，扩大业务范围。在风险可控前提下，优化客户交易结算资金存管模式。支持证券期货经营机构、各类资产管理机构围绕风险管理、资本中介、投资融资等业务自主创设产品。规范发展证券期货经营机构柜台业务。对会计师事务所、资产评估机构、评级增信机构、法律服务机构开展证券期货相关服务强化监督，提升证券期货服务机构执业质量和公信力，打造功能齐备、分工专业、服务优质的金融服务产业。

（十九）壮大专业机构投资者。支持全国社会保障基金积极参与资本市场投资，支持社会保险基金、企业年金、职业年金、商业保险资金、境外长期资金等机构投资者资金逐步扩大资本市场投资范围和规模。推动商业银行、保险公司等设立基金管理公司，大力发展证券投资基金。

（二十）引导证券期货互联网业务有序发展。建立健全证券期货互联网业务监管规则。支持证券期货服务业、各类资产管理机构利用网络信息技术创新产品、业务和交易方式。支持有条件的互联网企业参与资本市场，促进互联网金融健康发展，扩大资本市场服务的覆盖面。

七、扩大资本市场开放

（二十一）便利境内外主体跨境投融资。扩大合格境外机构投资者、合格境内机构投资者的范围，提高投资额度与上限。稳步开放境外个人直接投资境内资本市场，有序推进境内个人直接投资境外资本市场。建立健全个人跨境投融资权益保护制度。在符合外商投资产业政策的范围内，逐步放宽外资持有上市公司股份的限制，完善对收购兼并行为的国家安全审查和反垄断审查制度。

（二十二）逐步提高证券期货行业对外开放水平。适时扩大外资参股或控股的境内证券期货经营机构的经营范围。鼓励境内证券期货经营机构实施“走出去”战略，增强国际竞争力。推动境内外交易所市场的连接，研究推进境内外基金互认和证券交易所产品互认。稳步探索B股市场改革。

（二十三）加强跨境监管合作。完善跨境监管合作机制，加大跨境执法协查力度，形成适应开放型资本市场体系的跨境监管制度。深化与香港、澳门特别行政区和台湾地区的监管合作。加强与国际证券期货监管组织的合作，积极参与国际证券期货监管规则制定。

八、防范和化解金融风险

（二十四）完善系统性风险监测预警和评估处置机制。建立健全宏观审慎管理制度。逐步建立覆盖各类金融市场、机构、产品、工具和交易结算行为的风险监测监控平台。完善风险管理措施，及时化解重大风险隐患。加强涵盖资本市场、货币市场、信托理财等领域的跨行业、跨市场、跨境风险监管。

（二十五）健全市场稳定机制。资本市场稳定关系经济发展和社会稳定大局。各地区、各部门在出台政策时要充分考虑资本市场的敏感性，做好新闻宣传和舆论引导工作。完善市场交易机制，丰富市场风险管理工具。建立健全金融市场突发事件快速反应和处置机制。健全稳定市场预期机制。

(二十六)从严查处证券期货违法违规行为。加强违法违规线索监测,提升执法反应能力。严厉打击证券期货违法犯罪行为。完善证券期货行政执法与刑事司法的衔接机制,深化证券期货监管部门与公安司法机关的合作。进一步加强执法能力,丰富行政调查手段,大幅改进执法效率,提高违法违规成本,切实提升执法效果。

(二十七)推进证券期货监管转型。加强全国集中统一的证券期货监管体系建设,依法规范监管权力运行,减少审批、核准、备案事项,强化事中事后监管,提高监管能力和透明度。支持市场自律组织履行职能。加强社会信用体系建设,完善资本市场诚信监管制度,强化守信激励、失信惩戒机制。

九、营造资本市场良好发展环境

(二十八)健全法规制度。推进证券法修订和期货法制定工作。出台上市公司监管、私募基金监管等行政法规。建立健全结构合理、内容科学、层级适当的法律实施规范体系,整合清理现行规章、规范性文件,完善监管执法实体和程序规则。重点围绕调查与审理分离、日常监管与稽查处罚协同等关键环节,积极探索完善监管执法体制和机制。配合完善民事赔偿法律制度,健全操纵市场等犯罪认定标准。

(二十九)坚决保护投资者特别是中小投资者合法权益。健全投资者适当性制度,严格投资者适当性管理。完善公众公司中小投资者投票和表决机制,优化投资者回报机制,健全多元化纠纷解决和投资者损害赔偿救济机制。督促证券投资基金等机构投资者参加上市公司业绩发布会,代表公众投资者行使权利。

(三十)完善资本市场税收政策。按照宏观调控政策和税制改革的总体方向,统筹研究有利于进一步促进资本市场健康发展的税收政策。

(三十一)完善市场基础设施。加强登记、结算、托管等公共基础设施建设。实现资本市场监管数据信息共享。推进资本市场信息系统建设,提高防范网络攻击、应对重大灾难与技术故障的能力。

(三十二)加强协调配合。健全跨部门监管协作机制。加强中小投资者保护工作的协调合作。各地区、各部门要加强与证券期货监管部门的信息共享与协同配合。出台支持资本市场扩大对外开放的外汇、海关监管政策。地方人民政府要规范各类区域性交易场所,打击各种非法证券期货活动,做好区域内金融风险防范和处置工作。

(三十三)规范资本市场信息传播秩序。各地区、各部门要严格管理涉及资本市场的内幕信息,确保信息发布公开公正、准确透明。健全资本市场政策发布和解读机制,创新舆论回应与引导方式。综合运用法律、行政、行业自律等方式,完善资本市场信息传播管理制度。依法严肃查处造谣、传谣以及炒作不实信息误导投资者和影响社会稳定的机构、个人。

3. 破产法

中华人民共和国企业破产法

1. 2006年8月27日第十届全国人民代表大会常务委员会第二十三次会议通过
2. 2006年8月27日中华人民共和国主席令第54号公布
3. 自2007年6月1日起施行

目　录

第一章　总　　则
第二章　申请和受理
　第一节　申　　请
　第二节　受　　理
第三章　管 理 人
第四章　债务人财产
第五章　破产费用和共益债务
第六章　债权申报
第七章　债权人会议
　第一节　一般规定
　第二节　债权人委员会
第八章　重　　整
　第一节　重整申请和重整期间
　第二节　重整计划的制定和批准
　第三节　重整计划的执行
第九章　和　　解
第十章　破产清算
　第一节　破产宣告
　第二节　变价和分配
　第三节　破产程序的终结
第十一章　法律责任
第十二章　附　　则

第一章　总　　则

第一条　【立法目的】为规范企业破产程序,公平清理债权债务,保护债权人和债务人的合法权益,维护社会主义市场经济秩序,制定本法。

第二条　【适用范围】企业法人不能清偿到期债务,并且资产不足以清偿全部债务或者明显缺乏清偿能力的，依照本法规定清理债务。

企业法人有前款规定情形，或者有明显丧失清偿能力可能的，可以依照本法规定进行重整。

第三条 【案件管辖】破产案件由债务人住所地人民法院管辖。

第四条 【审理程序】破产案件审理程序，本法没有规定的，适用民事诉讼法的有关规定。

第五条 【涉外破产的效力】依照本法开始的破产程序，对债务人在中华人民共和国领域外的财产发生效力。

对外国法院作出的发生法律效力的破产案件的判决、裁定，涉及债务人在中华人民共和国领域内的财产，申请或者请求人民法院承认和执行的，人民法院依照中华人民共和国缔结或者参加的国际条约，或者按照互惠原则进行审查，认为不违反中华人民共和国法律的基本原则，不损害国家主权、安全和社会公共利益，不损害中华人民共和国领域内债权人的合法权益的，裁定承认和执行。

第六条 【权益保障与责任追究】人民法院审理破产案件，应当依法保障企业职工的合法权益，依法追究破产企业经营管理人员的法律责任。

第二章 申请和受理

第一节 申 请

第七条 【申请破产清算的情形】债务人有本法第二条规定的情形，可以向人民法院提出重整、和解或者破产清算申请。

债务人不能清偿到期债务，债权人可以向人民法院提出对债务人进行重整或者破产清算的申请。

企业法人已解散但未清算或者未清算完毕，资产不足以清偿债务的，依法负有清算责任的人应当向人民法院申请破产清算。

第八条 【破产申请书】向人民法院提出破产申请，应当提交破产申请书和有关证据。

破产申请书应当载明下列事项：

（一）申请人、被申请人的基本情况；

（二）申请目的；

（三）申请的事实和理由；

（四）人民法院认为应当载明的其他事项。

债务人提出申请的，还应当向人民法院提交财产状况说明、债务清册、债权清册、有关财务会计报告、职工安置预案以及职工工资的支付和社会保险费用的缴纳情况。

第九条 【申请的撤回】人民法院受理破产申请前，申请人可以请求撤回申请。

第二节 受 理

第十条 【受理期限】债权人提出破产申请的，人民法院应当自收到申请之日起五日内通知债务人。债务人对申请有异议的，应当自收到人民法院的通知之日起七日内向人民法院提出。人民法院应当自异议期满之日起十日内裁定是否受理。

除前款规定的情形外，人民法院应当自收到破产申请之日起十五日内裁定是否受理。

有特殊情况需要延长前两款规定的裁定受理期限的，经上一级人民法院批准，可以延长十五日。

第十一条 【送达期限与送达后的材料提交】人民法院受理破产申请的，应当自裁定作出之日起五日内送达申请人。

债权人提出申请的，人民法院应当自裁定作出之日起五日内送达债务人。债务人应当自裁定送达之日起十五日内，向人民法院提交财产状况说明、债务清册、债权清册、有关财务会计报告以及职工工资的支付和社会保险费用的缴纳情况。

第十二条 【不受理申请与驳回申请】人民法院裁定不受理破产申请的，应当自裁定作出之日起五日内送达申请人并说明理由。申请人对裁定不服的，可以自裁定送达之日起十日内向上一级人民法院提起上诉。

人民法院受理破产申请后至破产宣告前，经审查发现债务人不符合本法第二条规定情形的，可以裁定驳回申请。申请人对裁定不服的，可以自裁定送达之日起十日内向上一级人民法院提起上诉。

第十三条 【指定管理人】人民法院裁定受理破产申请的，应当同时指定管理人。

第十四条 【通知与公告】人民法院应当自裁定受理破产申请之日起二十五日内通知已知债权人，并予以公告。

通知和公告应当载明下列事项：

（一）申请人、被申请人的名称或者姓名；

（二）人民法院受理破产申请的时间；

（三）申报债权的期限、地点和注意事项；

（四）管理人的名称或者姓名及其处理事务的地址；

（五）债务人的债务人或者财产持有人应当向管理人清偿债务或者交付财产的要求；

（六）第一次债权人会议召开的时间和地点；

（七）人民法院认为应当通知和公告的其他事项。

第十五条 【债务人义务】自人民法院受理破产申请的裁定送达债务人之日起至破产程序终结之日，债务人的有关人员承担下列义务：

（一）妥善保管其占有和管理的财产、印章和账

簿、文书等资料;

(二)根据人民法院、管理人的要求进行工作,并如实回答询问;

(三)列席债权人会议并如实回答债权人的询问;

(四)未经人民法院许可,不得离开住所地;

(五)不得新任其他企业的董事、监事、高级管理人员。

前款所称有关人员,是指企业的法定代表人;经人民法院决定,可以包括企业的财务管理人员和其他经营管理人员。

第十六条　【个别清偿无效】人民法院受理破产申请后,债务人对个别债权人的债务清偿无效。

第十七条　【向管理人清偿债务或交付财产】人民法院受理破产申请后,债务人的债务人或者财产持有人应当向管理人清偿债务或者交付财产。

债务人的债务人或者财产持有人故意违反前款规定向债务人清偿债务或者交付财产,使债权人受到损失的,不免除其清偿债务或者交付财产的义务。

第十八条　【对破产申请受理前未履行完毕的合同的处理】人民法院受理破产申请后,管理人对破产申请受理前成立而债务人和对方当事人均未履行完毕的合同有权决定解除或者继续履行,并通知对方当事人。管理人自破产申请受理之日起二个月内未通知对方当事人,或者自收到对方当事人催告之日起三十日内未答复的,视为解除合同。

管理人决定继续履行合同的,对方当事人应当履行;但是,对方当事人有权要求管理人提供担保。管理人不提供担保的,视为解除合同。

第十九条　【保全解除与执行中止】人民法院受理破产申请后,有关债务人财产的保全措施应当解除,执行程序应当中止。

第二十条　【诉讼或仲裁的中止与继续进行】人民法院受理破产申请后,已经开始而尚未终结的有关债务人的民事诉讼或者仲裁应当中止;在管理人接管债务人的财产后,该诉讼或者仲裁继续进行。

第二十一条　【管辖恒定】人民法院受理破产申请后,有关债务人的民事诉讼,只能向受理破产申请的人民法院提起。

第三章　管　理　人

第二十二条　【管理人的指定与更换】管理人由人民法院指定。

债权人会议认为管理人不能依法、公正执行职务或者有其他不能胜任职务情形的,可以申请人民法院予以更换。

指定管理人和确定管理人报酬的办法,由最高人民法院规定。

第二十三条　【管理人义务】管理人依照本法规定执行职务,向人民法院报告工作,并接受债权人会议和债权人委员会的监督。

管理人应当列席债权人会议,向债权人会议报告职务执行情况,并回答询问。

第二十四条　【管理人资格】管理人可以由有关部门、机构的人员组成的清算组或者依法设立的律师事务所、会计师事务所、破产清算事务所等社会中介机构担任。

人民法院根据债务人的实际情况,可以在征询有关社会中介机构的意见后,指定该机构具备相关专业知识并取得执业资格的人员担任管理人。

有下列情形之一的,不得担任管理人:

(一)因故意犯罪受过刑事处罚;

(二)曾被吊销相关专业执业证书;

(三)与本案有利害关系;

(四)人民法院认为不宜担任管理人的其他情形。

个人担任管理人的,应当参加执业责任保险。

第二十五条　【管理人职责】管理人履行下列职责:

(一)接管债务人的财产、印章和账簿、文书等资料;

(二)调查债务人财产状况,制作财产状况报告;

(三)决定债务人的内部管理事务;

(四)决定债务人的日常开支和其他必要开支;

(五)在第一次债权人会议召开之前,决定继续或者停止债务人的营业;

(六)管理和处分债务人的财产;

(七)代表债务人参加诉讼、仲裁或者其他法律程序;

(八)提议召开债权人会议;

(九)人民法院认为管理人应当履行的其他职责。

本法对管理人的职责另有规定的,适用其规定。

第二十六条　【管理人须经法院许可的行为】在第一次债权人会议召开之前,管理人决定继续或者停止债务人的营业或者有本法第六十九条规定行为之一的,应当经人民法院许可。

第二十七条　【管理人职业道德】管理人应当勤勉尽责,忠实执行职务。

第二十八条　【管理人的报酬与工作人员】管理人经人民法院许可,可以聘用必要的工作人员。

管理人的报酬由人民法院确定。债权人会议对管理人的报酬有异议的,有权向人民法院提出。

第二十九条　【管理人辞职限制】管理人没有正当理由不得辞去职务。管理人辞去职务应当经人民法院许可。

第四章 债务人财产

第三十条 【债务人财产范围】破产申请受理时属于债务人的全部财产，以及破产申请受理后至破产程序终结前债务人取得的财产，为债务人财产。

第三十一条 【可撤销的债务人行为之一】人民法院受理破产申请前一年内，涉及债务人财产的下列行为，管理人有权请求人民法院予以撤销：

（一）无偿转让财产的；

（二）以明显不合理的价格进行交易的；

（三）对没有财产担保的债务提供财产担保的；

（四）对未到期的债务提前清偿的；

（五）放弃债权的。

第三十二条 【可撤销的债务人行为之二】人民法院受理破产申请前六个月内，债务人有本法第二条第一款规定的情形，仍对个别债权人进行清偿的，管理人有权请求人民法院予以撤销。但是，个别清偿使债务人财产受益的除外。

第三十三条 【无效的债务人行为】涉及债务人财产的下列行为无效：

（一）为逃避债务而隐匿、转移财产的；

（二）虚构债务或者承认不真实的债务的。

第三十四条 【可追回的债务人财产】因本法第三十一条、第三十二条或者第三十三条规定的行为而取得的债务人的财产，管理人有权追回。

第三十五条 【出资的追缴】人民法院受理破产申请后，债务人的出资人尚未完全履行出资义务的，管理人应当要求该出资人缴纳所认缴的出资，而不受出资期限的限制。

第三十六条 【非正常收入和被侵占财产的追回】债务人的董事、监事和高级管理人员利用职权从企业获取的非正常收入和侵占的企业财产，管理人应当追回。

第三十七条 【清偿债务与替代担保】人民法院受理破产申请后，管理人可以通过清偿债务或者提供为债权人接受的担保，取回质物、留置物。

前款规定的债务清偿或者替代担保，在质物或者留置物的价值低于被担保的债权额时，以该质物或者留置物当时的市场价值为限。

第三十八条 【非债务人财产的取回】人民法院受理破产申请后，债务人占有的不属于债务人的财产，该财产的权利人可以通过管理人取回。但是，本法另有规定的除外。

第三十九条 【在途标的物的取回】人民法院受理破产申请时，出卖人已将买卖标的物向作为买受人的债务人发运，债务人尚未收到且未付清全部价款的，出卖人可以取回在运途中的标的物。但是，管理人可以支付全部价款，请求出卖人交付标的物。

第四十条 【抵销条件及其限制】债权人在破产申请受理前对债务人负有债务的，可以向管理人主张抵销。但是，有下列情形之一的，不得抵销：

（一）债务人的债务人在破产申请受理后取得他人对债务人的债权的；

（二）债权人已知债务人有不能清偿到期债务或者破产申请的事实，对债务人负担债务的；但是，债权人因为法律规定或者有破产申请一年前所发生的原因而负担债务的除外；

（三）债务人的债务人已知债务人有不能清偿到期债务或者破产申请的事实，对债务人取得债权的；但是，债务人的债务人因为法律规定或者有破产申请一年前所发生的原因而取得债权的除外。

第五章 破产费用和共益债务

第四十一条 【破产费用的范围】人民法院受理破产申请后发生的下列费用，为破产费用：

（一）破产案件的诉讼费用；

（二）管理、变价和分配债务人财产的费用；

（三）管理人执行职务的费用、报酬和聘用工作人员的费用。

第四十二条 【共益债务的内容】人民法院受理破产申请后发生的下列债务，为共益债务：

（一）因管理人或者债务人请求对方当事人履行双方均未履行完毕的合同所产生的债务；

（二）债务人财产受无因管理所产生的债务；

（三）因债务人不当得利所产生的债务；

（四）为债务人继续营业而应支付的劳动报酬和社会保险费用以及由此产生的其他债务；

（五）管理人或者相关人员执行职务致人损害所产生的债务；

（六）债务人财产致人损害所产生的债务。

第四十三条 【清偿顺序与破产程序终结】破产费用和共益债务由债务人财产随时清偿。

债务人财产不足以清偿所有破产费用和共益债务的，先行清偿破产费用。

债务人财产不足以清偿所有破产费用或者共益债务的，按照比例清偿。

债务人财产不足以清偿破产费用的，管理人应当提请人民法院终结破产程序。人民法院应当自收到请求之日起十五日内裁定终结破产程序，并予以公告。

第六章　债权申报

第四十四条　【债权人】人民法院受理破产申请时对债务人享有债权的债权人，依照本法规定的程序行使权利。

第四十五条　【债权申报期限】人民法院受理破产申请后，应当确定债权人申报债权的期限。债权申报期限自人民法院发布受理破产申请公告之日起计算，最短不得少于三十日，最长不得超过三个月。

第四十六条　【未到期与附利息债权】未到期的债权，在破产申请受理时视为到期。

附利息的债权自破产申请受理时起停止计息。

第四十七条　【附条件、附期限与诉讼、仲裁未决债权】附条件、附期限的债权和诉讼、仲裁未决的债权，债权人可以申报。

第四十八条　【不必申报的债权与职工权利】债权人应当在人民法院确定的债权申报期限内向管理人申报债权。

债务人所欠职工的工资和医疗、伤残补助、抚恤费用，所欠的应当划入职工个人账户的基本养老保险、基本医疗保险费用，以及法律、行政法规规定应当支付给职工的补偿金，不必申报，由管理人调查后列出清单并予以公示。职工对清单记载有异议的，可以要求管理人更正；管理人不予更正的，职工可以向人民法院提起诉讼。

第四十九条　【债权说明】债权人申报债权时，应当书面说明债权的数额和有无财产担保，并提交有关证据。申报的债权是连带债权的，应当说明。

第五十条　【连带债权的申报】连带债权人可以由其中一人代表全体连带债权人申报债权，也可以共同申报债权。

第五十一条　【保证人或其他连带债务人的债权申报】债务人的保证人或者其他连带债务人已经代替债务人清偿债务的，以其对债务人的求偿权申报债权。

债务人的保证人或者其他连带债务人尚未代替债务人清偿债务的，以其对债务人的将来求偿权申报债权。但是，债权人已经向管理人申报全部债权的除外。

第五十二条　【连带债务人数人的债权申报】连带债务人数人被裁定适用本法规定的程序的，其债权人有权就全部债权分别在各破产案件中申报债权。

第五十三条　【解除合同后的债权申报】管理人或者债务人依照本法规定解除合同的，对方当事人以因合同解除所产生的损害赔偿请求权申报债权。

第五十四条　【受托人的债权申报】债务人是委托合同的委托人，被裁定适用本法规定的程序，受托人不知该事实，继续处理委托事务的，受托人以由此产生的请求权申报债权。

第五十五条　【票据付款人的债权申报】债务人是票据的出票人，被裁定适用本法规定的程序，该票据的付款人继续付款或者承兑的，付款人以由此产生的请求权申报债权。

第五十六条　【补充申报；未申报】在人民法院确定的债权申报期限内，债权人未申报债权的，可以在破产财产最后分配前补充申报；但是，此前已进行的分配，不再对其补充分配。为审查和确认补充申报债权的费用，由补充申报人承担。

债权人未依照本法规定申报债权的，不得依照本法规定的程序行使权利。

第五十七条　【债权表保存】管理人收到债权申报材料后，应当登记造册，对申报的债权进行审查，并编制债权表。

债权表和债权申报材料由管理人保存，供利害关系人查阅。

第五十八条　【债权表的核查及异议】依照本法第五十七条规定编制的债权表，应当提交第一次债权人会议核查。

债务人、债权人对债权表记载的债权无异议的，由人民法院裁定确认。

债务人、债权人对债权表记载的债权有异议的，可以向受理破产申请的人民法院提起诉讼。

第七章　债权人会议

第一节　一般规定

第五十九条　【债权人的表决权；职工和工会代表的发表意见权】依法申报债权的债权人为债权人会议的成员，有权参加债权人会议，享有表决权。

债权尚未确定的债权人，除人民法院能够为其行使表决权而临时确定债权额的外，不得行使表决权。

对债务人的特定财产享有担保权的债权人，未放弃优先受偿权利的，对于本法第六十一条第一款第七项、第十项规定的事项不享有表决权。

债权人可以委托代理人出席债权人会议，行使表决权。代理人出席债权人会议，应当向人民法院或者债权人会议主席提交债权人的授权委托书。

债权人会议应当有债务人的职工和工会的代表参加，对有关事项发表意见。

第六十条　【债权人会议主席】债权人会议设主席一人，由人民法院从有表决权的债权人中指定。

债权人会议主席主持债权人会议。

第六十一条　【债权人会议职权】债权人会议行使下列职权：

（一）核查债权；

（二）申请人民法院更换管理人，审查管理人的费用和报酬；

（三）监督管理人；

（四）选任和更换债权人委员会成员；

（五）决定继续或者停止债务人的营业；

（六）通过重整计划；

（七）通过和解协议；

（八）通过债务人财产的管理方案；

（九）通过破产财产的变价方案；

（十）通过破产财产的分配方案；

（十一）人民法院认为应当由债权人会议行使的其他职权。

债权人会议应当对所议事项的决议作成会议记录。

第六十二条 【债权人会议的召集与召开】第一次债权人会议由人民法院召集，自债权申报期限届满之日起十五日内召开。

以后的债权人会议，在人民法院认为必要时，或者管理人、债权人委员会、占债权总额四分之一以上的债权人向债权人会议主席提议时召开。

第六十三条 【召开债权人会议的提前通知】召开债权人会议，管理人应当提前十五日通知已知的债权人。

第六十四条 【债权人会议的决议】债权人会议的决议，由出席会议的有表决权的债权人过半数通过，并且其所代表的债权额占无财产担保债权总额的二分之一以上。但是，本法另有规定的除外。

债权人认为债权人会议的决议违反法律规定，损害其利益的，可以自债权人会议作出决议之日起十五日内，请求人民法院裁定撤销该决议，责令债权人会议依法重新作出决议。

债权人会议的决议，对于全体债权人均有约束力。

第六十五条 【由人民法院裁定的表决未通过事项】本法第六十一条第一款第八项、第九项所列事项，经债权人会议表决未通过的，由人民法院裁定。

本法第六十一条第一款第十项所列事项，经债权人会议二次表决仍未通过的，由人民法院裁定。

对前两款规定的裁定，人民法院可以在债权人会议上宣布或者另行通知债权人。

第六十六条 【对裁定不服的复议】债权人对人民法院依照本法第六十五条第一款作出的裁定不服的，债权额占无财产担保债权总额二分之一以上的债权人对人民法院依照本法第六十五条第二款作出的裁定不服的，可以自裁定宣布之日或者收到通知之日起十五日内向该人民法院申请复议。复议期间不停止裁定的执行。

第二节 债权人委员会

第六十七条 【债权人委员会的组成】债权人会议可以决定设立债权人委员会。债权人委员会由债权人会议选任的债权人代表和一名债务人的职工代表或者工会代表组成。债权人委员会成员不得超过九人。

债权人委员会成员应当经人民法院书面决定认可。

第六十八条 【债权人委员会职权】债权人委员会行使下列职权：

（一）监督债务人财产的管理和处分；

（二）监督破产财产分配；

（三）提议召开债权人会议；

（四）债权人会议委托的其他职权。

债权人委员会执行职务时，有权要求管理人、债务人的有关人员对其职权范围内的事务作出说明或者提供有关文件。

管理人、债务人的有关人员违反本法规定拒绝接受监督的，债权人委员会有权就监督事项请求人民法院作出决定；人民法院应当在五日内作出决定。

第六十九条 【管理人应当及时报告债权人委员会的行为】管理人实施下列行为，应当及时报告债权人委员会：

（一）涉及土地、房屋等不动产权益的转让；

（二）探矿权、采矿权、知识产权等财产权的转让；

（三）全部库存或者营业的转让；

（四）借款；

（五）设定财产担保；

（六）债权和有价证券的转让；

（七）履行债务人和对方当事人均未履行完毕的合同；

（八）放弃权利；

（九）担保物的取回；

（十）对债权人利益有重大影响的其他财产处分行为。

未设立债权人委员会的，管理人实施前款规定的行为应当及时报告人民法院。

第八章 重　　整

第一节 重整申请和重整期间

第七十条 【重整申请人】债务人或者债权人可以依照本法规定，直接向人民法院申请对债务人进行重整。

债权人申请对债务人进行破产清算的，在人民法院受理破产申请后、宣告债务人破产前，债务人或者出资额占债务人注册资本十分之一以上的出资人，可以向人民法院申请重整。

第七十一条 【对重整申请的审查与公告】人民法院经审查认为重整申请符合本法规定的,应当裁定债务人重整,并予以公告。

第七十二条 【重整期间】自人民法院裁定债务人重整之日起至重整程序终止,为重整期间。

第七十三条 【债务人自行管理事务】在重整期间,经债务人申请,人民法院批准,债务人可以在管理人的监督下自行管理财产和营业事务。

有前款规定情形的,依照本法规定已接管债务人财产和营业事务的管理人应当向债务人移交财产和营业事务,本法规定的管理人的职权由债务人行使。

第七十四条 【聘任债务人的经管人员负责营业】管理人负责管理财产和营业事务的,可以聘任债务人的经营管理人员负责营业事务。

第七十五条 【担保权的暂停行使及恢复】在重整期间,对债务人的特定财产享有的担保权暂停行使。但是,担保物有损坏或者价值明显减少的可能,足以危害担保权人权利的,担保权人可以向人民法院请求恢复行使担保权。

在重整期间,债务人或者管理人为继续营业而借款的,可以为该借款设定担保。

第七十六条 【按约定取回债务人合法占有的财产】债务人合法占有的他人财产,该财产的权利人在重整期间要求取回的,应当符合事先约定的条件。

第七十七条 【重整期间对相关人员的限制】在重整期间,债务人的出资人不得请求投资收益分配。

在重整期间,债务人的董事、监事、高级管理人员不得向第三人转让其持有的债务人的股权。但是,经人民法院同意的除外。

第七十八条 【终止重整并宣告破产的情形】在重整期间,有下列情形之一的,经管理人或者利害关系人请求,人民法院应当裁定终止重整程序,并宣告债务人破产:

(一)债务人的经营状况和财产状况继续恶化,缺乏挽救的可能性;

(二)债务人有欺诈、恶意减少债务人财产或者其他显著不利于债权人的行为;

(三)由于债务人的行为致使管理人无法执行职务。

第二节 重整计划的制定和批准

第七十九条 【提交重整计划草案的期限与不提交的后果】债务人或者管理人应当自人民法院裁定债务人重整之日起六个月内,同时向人民法院和债权人会议提交重整计划草案。

前款规定的期限届满,经债务人或者管理人请求,有正当理由的,人民法院可以裁定延期三个月。

债务人或者管理人未按期提出重整计划草案的,人民法院应当裁定终止重整程序,并宣告债务人破产。

第八十条 【债务人可制作重整计划草案】债务人自行管理财产和营业事务的,由债务人制作重整计划草案。

管理人负责管理财产和营业事务的,由管理人制作重整计划草案。

第八十一条 【重整计划草案的内容】重整计划草案应当包括下列内容:

(一)债务人的经营方案;

(二)债权分类;

(三)债权调整方案;

(四)债权受偿方案;

(五)重整计划的执行期限;

(六)重整计划执行的监督期限;

(七)有利于债务人重整的其他方案。

第八十二条 【债权人会议对重整计划草案的分组表决】下列各类债权的债权人参加讨论重整计划草案的债权人会议,依照下列债权分类,分组对重整计划草案进行表决:

(一)对债务人的特定财产享有担保权的债权;

(二)债务人所欠职工的工资和医疗、伤残补助、抚恤费用,所欠的应当划入职工个人账户的基本养老保险、基本医疗保险费用,以及法律、行政法规规定应当支付给职工的补偿金;

(三)债务人所欠税款;

(四)普通债权。

人民法院在必要时可以决定在普通债权组中设小额债权组对重整计划草案进行表决。

第八十三条 【重整计划中的禁止性规定】重整计划不得规定减免债务人欠缴的本法第八十二条第一款第二项规定以外的社会保险费用;该项费用的债权人不参加重整计划草案的表决。

第八十四条 【法院召开的债权人会议对重整计划草案的表决】人民法院应当自收到重整计划草案之日起三十日内召开债权人会议,对重整计划草案进行表决。

出席会议的同一表决组的债权人过半数同意重整计划草案,并且其所代表的债权额占该组债权总额的三分之二以上的,即为该组通过重整计划草案。

债务人或者管理人应当向债权人会议就重整计划草案作出说明,并回答询问。

第八十五条 【债务人的出资人对重整计划草案的表决】债务人的出资人代表可以列席讨论重整计划草案

的债权人会议。

重整计划草案涉及出资人权益调整事项的，应当设出资人组，对该事项进行表决。

第八十六条　【重整计划的通过和批准】各表决组均通过重整计划草案时，重整计划即为通过。

自重整计划通过之日起十日内，债务人或者管理人应当向人民法院提出批准重整计划的申请。人民法院经审查认为符合本法规定的，应当自收到申请之日起三十日内裁定批准，终止重整程序，并予以公告。

第八十七条　【对部分表决组未通过重整计划草案的处理；申请法院批准重整计划草案的情形】部分表决组未通过重整计划草案的，债务人或者管理人可以同未通过重整计划草案的表决组协商。该表决组可以在协商后再表决一次。双方协商的结果不得损害其他表决组的利益。

未通过重整计划草案的表决组拒绝再次表决或者再次表决仍未通过重整计划草案，但重整计划草案符合下列条件的，债务人或者管理人可以申请人民法院批准重整计划草案：

（一）按照重整计划草案，本法第八十二条第一款第一项所列债权就该特定财产将获得全额清偿，其因延期清偿所受的损失将得到公平补偿，并且其担保权未受到实质性损害，或者该表决组已经通过重整计划草案；

（二）按照重整计划草案，本法第八十二条第一款第二项、第三项所列债权将获得全额清偿，或者相应表决组已经通过重整计划草案；

（三）按照重整计划草案，普通债权所获得的清偿比例，不低于其在重整计划草案被提请批准时依照破产清算程序所能获得的清偿比例，或者该表决组已经通过重整计划草案；

（四）重整计划草案对出资人权益的调整公平、公正，或者出资人组已经通过重整计划草案；

（五）重整计划草案公平对待同一表决组的成员，并且所规定的债权清偿顺序不违反本法第一百一十三条的规定；

（六）债务人的经营方案具有可行性。

人民法院经审查认为重整计划草案符合前款规定的，应当自收到申请之日起三十日内裁定批准，终止重整程序，并予以公告。

第八十八条　【终止重整并宣告破产】重整计划草案未获得通过且未依照本法第八十七条的规定获得批准，或者已通过的重整计划未获得批准的，人民法院应当裁定终止重整程序，并宣告债务人破产。

第三节　重整计划的执行

第八十九条　【重整计划的执行人】重整计划由债务人负责执行。

人民法院裁定批准重整计划后，已接管财产和营业事务的管理人应当向债务人移交财产和营业事务。

第九十条　【重整计划的监督人】自人民法院裁定批准重整计划之日起，在重整计划规定的监督期内，由管理人监督重整计划的执行。

在监督期内，债务人应当向管理人报告重整计划执行情况和债务人财务状况。

第九十一条　【监督报告的提交；监督期限的延长】监督期届满时，管理人应当向人民法院提交监督报告。自监督报告提交之日起，管理人的监督职责终止。

管理人向人民法院提交的监督报告，重整计划的利害关系人有权查阅。

经管理人申请，人民法院可以裁定延长重整计划执行的监督期限。

第九十二条　【经法院裁定批准的重整计划的效力】经人民法院裁定批准的重整计划，对债务人和全体债权人均有约束力。

债权人未依照本法规定申报债权的，在重整计划执行期间不得行使权利；在重整计划执行完毕后，可以按照重整计划规定的同类债权的清偿条件行使权利。

债权人对债务人的保证人和其他连带债务人所享有的权利，不受重整计划的影响。

第九十三条　【重整计划的中止执行】债务人不能执行或者不执行重整计划的，人民法院经管理人或者利害关系人请求，应当裁定终止重整计划的执行，并宣告债务人破产。

人民法院裁定终止重整计划执行的，债权人在重整计划中作出的债权调整的承诺失去效力。债权人因执行重整计划所受的清偿仍然有效，债权未受清偿的部分作为破产债权。

前款规定的债权人，只有在其他同顺位债权人同自己所受的清偿达到同一比例时，才能继续接受分配。

有本条第一款规定情形的，为重整计划的执行提供的担保继续有效。

第九十四条　【因重整计划减免的债务的清偿免除】按照重整计划减免的债务，自重整计划执行完毕时起，债务人不再承担清偿责任。

第九章　和　　解

第九十五条　【申请和解的条件】债务人可以依照本法规定，直接向人民法院申请和解；也可以在人民法院受理破产申请后、宣告债务人破产前，向人民法院申请和解。

债务人申请和解,应当提出和解协议草案。

第九十六条　【裁定和解】人民法院经审查认为和解申请符合本法规定的,应当裁定和解,予以公告,并召集债权人会议讨论和解协议草案。

对债务人的特定财产享有担保权的权利人,自人民法院裁定和解之日起可以行使权利。

第九十七条　【通过和解协议的条件】债权人会议通过和解协议的决议,由出席会议的有表决权的债权人过半数同意,并且其所代表的债权额占无财产担保债权总额的三分之二以上。

第九十八条　【通过和解协议的后果】债权人会议通过和解协议的,由人民法院裁定认可,终止和解程序,并予以公告。管理人应当向债务人移交财产和营业事务,并向人民法院提交执行职务的报告。

第九十九条　【和解协议草案未获通过的后果】和解协议草案经债权人会议表决未获得通过,或者已经债权人会议通过的和解协议未获得人民法院认可的,人民法院应当裁定终止和解程序,并宣告债务人破产。

第一百条　【经人民法院裁定认可的和解协议的效力】经人民法院裁定认可的和解协议,对债务人和全体和解债权人均有约束力。

和解债权人是指人民法院受理破产申请时对债务人享有无财产担保债权的人。

和解债权人未依照本法规定申报债权的,在和解协议执行期间不得行使权利;在和解协议执行完毕后,可以按照和解协议规定的清偿条件行使权利。

第一百零一条　【不受和解协议影响的人员】和解债权人对债务人的保证人和其他连带债务人所享有的权利,不受和解协议的影响。

第一百零二条　【按照和解协议清偿债务】债务人应当按照和解协议规定的条件清偿债务。

第一百零三条　【和解协议无效的情形及后果】因债务人的欺诈或者其他违法行为而成立的和解协议,人民法院应当裁定无效,并宣告债务人破产。

有前款规定情形的,和解债权人因执行和解协议所受的清偿,在其他债权人所受清偿同等比例的范围内,不予返还。

第一百零四条　【终止和解协议执行的情形及后果】债务人不能执行或者不执行和解协议的,人民法院经和解债权人请求,应当裁定终止和解协议的执行,并宣告债务人破产。

人民法院裁定终止和解协议执行的,和解债权人在和解协议中作出的债权调整的承诺失去效力。和解债权人因执行和解协议所受的清偿仍然有效,和解债权未受清偿的部分作为破产债权。

前款规定的债权人,只有在其他债权人同自己所受的清偿达到同一比例时,才能继续接受分配。

有本条第一款规定情形的,为和解协议的执行提供的担保继续有效。

第一百零五条　【因自行达成协议的破产终结】人民法院受理破产申请后,债务人与全体债权人就债权债务的处理自行达成协议的,可以请求人民法院裁定认可,并终结破产程序。

第一百零六条　【因和解协议减免的债务的清偿免除】按照和解协议减免的债务,自和解协议执行完毕时起,债务人不再承担清偿责任。

第十章　破产清算

第一节　破产宣告

第一百零七条　【破产宣告的后果】人民法院依照本法规定宣告债务人破产的,应当自裁定作出之日起五日内送达债务人和管理人,自裁定作出之日起十日内通知已知债权人,并予以公告。

债务人被宣告破产后,债务人称为破产人,债务人财产称为破产财产,人民法院受理破产申请时对债务人享有的债权称为破产债权。

第一百零八条　【破产宣告前裁定终结程序的情形】破产宣告前,有下列情形之一的,人民法院应当裁定终结破产程序,并予以公告:

(一)第三人为债务人提供足额担保或者为债务人清偿全部到期债务的;

(二)债务人已清偿全部到期债务的。

第一百零九条　【担保权人的优先受偿权】对破产人的特定财产享有担保权的权利人,对该特定财产享有优先受偿的权利。

第一百一十条　【优先受偿权与普通债权】享有本法第一百零九条规定权利的债权人行使优先受偿权利未能完全受偿的,其未受偿的债权作为普通债权;放弃优先受偿权利的,其债权作为普通债权。

第二节　变价和分配

第一百一十一条　【破产财产变价方案】管理人应当及时拟订破产财产变价方案,提交债权人会议讨论。

管理人应当按照债权人会议通过的或者人民法院依照本法第六十五条第一款规定裁定的破产财产变价方案,适时变价出售破产财产。

第一百一十二条　【变价出售破产财产】变价出售破产财产应当通过拍卖进行。但是,债权人会议另有决议的除外。

破产企业可以全部或者部分变价出售。企业变价出售时,可以将其中的无形资产和其他财产单独变价出售。

按照国家规定不能拍卖或者限制转让的财产,应当按照国家规定的方式处理。

第一百一十三条 【破产财产的清偿顺序】破产财产在优先清偿破产费用和共益债务后,依照下列顺序清偿:

(一)破产人所欠职工的工资和医疗、伤残补助、抚恤费用,所欠的应当划入职工个人账户的基本养老保险、基本医疗保险费用,以及法律、行政法规规定应当支付给职工的补偿金;

(二)破产人欠缴的除前项规定以外的社会保险费用和破产人所欠税款;

(三)普通破产债权。

破产财产不足以清偿同一顺序的清偿要求的,按照比例分配。

破产企业的董事、监事和高级管理人员的工资按照该企业职工的平均工资计算。

第一百一十四条 【破产财产的分配方式】破产财产的分配应当以货币分配方式进行。但是,债权人会议另有决议的除外。

第一百一十五条 【破产财产分配方案】管理人应当及时拟订破产财产分配方案,提交债权人会议讨论。

破产财产分配方案应当载明下列事项:

(一)参加破产财产分配的债权人名称或者姓名、住所;

(二)参加破产财产分配的债权额;

(三)可供分配的破产财产数额;

(四)破产财产分配的顺序、比例及数额;

(五)实施破产财产分配的方法。

债权人会议通过破产财产分配方案后,由管理人将该方案提请人民法院裁定认可。

第一百一十六条 【对破产财产分配方案的执行】破产财产分配方案经人民法院裁定认可后,由管理人执行。

管理人按照破产财产分配方案实施多次分配的,应当公告本次分配的财产额和债权额。管理人实施最后分配的,应当在公告中指明,并载明本法第一百一十七条第二款规定的事项。

第一百一十七条 【对附条件债权分配额的提存】对于附生效条件或者解除条件的债权,管理人应当将其分配额提存。

管理人依照前款规定提存的分配额,在最后分配公告日,生效条件未成就或者解除条件成就的,应当分配给其他债权人;在最后分配公告日,生效条件成就或者解除条件未成就的,应当交付给债权人。

第一百一十八条 【对债权人未受领分配额的提存】债权人未受领的破产财产分配额,管理人应当提存。债权人自最后分配公告之日起满二个月仍不领取的,视为放弃受领分配的权利,管理人或者人民法院应当将提存的分配额分配给其他债权人。

第一百一十九条 【对诉讼或仲裁未决债权分配额的提存】破产财产分配时,对于诉讼或者仲裁未决的债权,管理人应当将其分配额提存。自破产程序终结之日起满二年仍不能受领分配的,人民法院应当将提存的分配额分配给其他债权人。

第三节 破产程序的终结

第一百二十条 【破产程序的终结情形】破产人无财产可供分配的,管理人应当请求人民法院裁定终结破产程序。

管理人在最后分配完结后,应当及时向人民法院提交破产财产分配报告,并提请人民法院裁定终结破产程序。

人民法院应当自收到管理人终结破产程序的请求之日起十五日内作出是否终结破产程序的裁定。裁定终结的,应当予以公告。

第一百二十一条 【注销登记】管理人应当自破产程序终结之日起十日内,持人民法院终结破产程序的裁定,向破产人的原登记机关办理注销登记。

第一百二十二条 【管理人执行职务的终止】管理人于办理注销登记完毕的次日终止执行职务。但是,存在诉讼或者仲裁未决情况的除外。

第一百二十三条 【破产终结后的追加分配】自破产程序依照本法第四十三条第四款或者第一百二十条的规定终结之日起二年内,有下列情形之一的,债权人可以请求人民法院按照破产财产分配方案进行追加分配:

(一)发现有依照本法第三十一条、第三十二条、第三十三条、第三十六条规定应当追回的财产的;

(二)发现破产人有应当供分配的其他财产的。

有前款规定情形,但财产数量不足以支付分配费用的,不再进行追加分配,由人民法院将其上交国库。

第一百二十四条 【破产终结后的继续清偿责任】破产人的保证人和其他连带债务人,在破产程序终结后,对债权人依照破产清算程序未受清偿的债权,依法继续承担清偿责任。

第十一章 法律责任

第一百二十五条 【董事、监事或者高级管理人员致使企业破产的责任追究】企业董事、监事或者高级管理人员违反忠实义务、勤勉义务,致使所在企业破产的,依法承担民事责任。

有前款规定情形的人员,自破产程序终结之日起三年内不得担任任何企业的董事、监事、高级管理人员。

第一百二十六条　【债务人不列席债权人会议或不真实表述的法律责任】有义务列席债权人会议的债务人的有关人员,经人民法院传唤,无正当理由拒不列席债权人会议的,人民法院可以拘传,并依法处以罚款。债务人的有关人员违反本法规定,拒不陈述、回答,或者作虚假陈述、回答的,人民法院可以依法处以罚款。

第一百二十七条　【债务人不提交或不移交相关材料的法律责任】债务人违反本法规定,拒不向人民法院提交或者提交不真实的财产状况说明、债务清册、债权清册、有关财务会计报告以及职工工资的支付情况和社会保险费用的缴纳情况的,人民法院可以对直接责任人员依法处以罚款。

债务人违反本法规定,拒不向管理人移交财产、印章和账簿、文书等资料的,或者伪造、销毁有关财产证据材料而使财产状况不明的,人民法院可以对直接责任人员依法处以罚款。

第一百二十八条　【债务人可撤销或无效行为的法律责任】债务人有本法第三十一条、第三十二条、第三十三条规定的行为,损害债权人利益的,债务人的法定代表人和其他直接责任人员依法承担赔偿责任。

第一百二十九条　【债务人擅自离开住所地的法律责任】债务人的有关人员违反本法规定,擅自离开住所地的,人民法院可以予以训诫、拘留,可以依法并处罚款。

第一百三十条　【管理人未忠实执行职务的法律责任】管理人未依照本法规定勤勉尽责,忠实执行职务的,人民法院可以依法处以罚款;给债权人、债务人或者第三人造成损失的,依法承担赔偿责任。

第一百三十一条　【刑事责任】违反本法规定,构成犯罪的,依法追究刑事责任。

第十二章　附　　则

第一百三十二条　【优先于担保权人受偿的费用】本法施行后,破产人在本法公布之日前所欠职工的工资和医疗、伤残补助、抚恤费用,所欠的应当划入职工个人账户的基本养老保险、基本医疗保险费用,以及法律、行政法规规定应当支付给职工的补偿金,依照本法第一百一十三条的规定清偿后不足以清偿的部分,以本法第一百零九条规定的特定财产优先于对该特定财产享有担保权的权利人受偿。

第一百三十三条　【本法施行前国有企业破产的法律适用】在本法施行前国务院规定的期限和范围内的国有企业实施破产的特殊事宜,按照国务院有关规定办理。

第一百三十四条　【金融机构破产的法律适用】商业银行、证券公司、保险公司等金融机构有本法第二条规定情形的,国务院金融监督管理机构可以向人民法院提出对该金融机构进行重整或者破产清算的申请。国务院金融监督管理机构依法对出现重大经营风险的金融机构采取接管、托管等措施的,可以向人民法院申请中止以该金融机构为被告或者被执行人的民事诉讼程序或者执行程序。

金融机构实施破产的,国务院可以依据本法和其他有关法律的规定制定实施办法。

第一百三十五条　【企业法人以外的组织的参照适用】其他法律规定企业法人以外的组织的清算,属于破产清算的,参照适用本法规定的程序。

第一百三十六条　【施行日期】本法自2007年6月1日起施行,《中华人民共和国企业破产法(试行)》同时废止。

最高人民法院关于适用《中华人民共和国企业破产法》若干问题的规定(一)

1. 2011年8月29日最高人民法院审判委员会第1527次会议通过
2. 2011年9月9日公布
3. 法释〔2011〕22号
4. 自2011年9月26日起施行

为正确适用《中华人民共和国企业破产法》,结合审判实践,就人民法院依法受理企业破产案件适用法律问题作出如下规定。

第一条　债务人不能清偿到期债务并且具有下列情形之一的,人民法院应当认定其具备破产原因:

(一)资产不足以清偿全部债务;

(二)明显缺乏清偿能力。

相关当事人以对债务人的债务负有连带责任的人未丧失清偿能力为由,主张债务人不具备破产原因的,人民法院应不予支持。

第二条　下列情形同时存在的,人民法院应当认定债务人不能清偿到期债务:

(一)债权债务关系依法成立;

(二)债务履行期限已经届满;

(三)债务人未完全清偿债务。

第三条　债务人的资产负债表,或者审计报告、资产评估报告等显示其全部资产不足以偿付全部负债的,人民法院应当认定债务人资产不足以清偿全部债务,但有相反证据足以证明债务人资产能够偿付全部负债的除外。

第四条　债务人账面资产虽大于负债，但存在下列情形之一的，人民法院应当认定其明显缺乏清偿能力：

（一）因资金严重不足或者财产不能变现等原因，无法清偿债务；

（二）法定代表人下落不明且无其他人员负责管理财产，无法清偿债务；

（三）经人民法院强制执行，无法清偿债务；

（四）长期亏损且经营扭亏困难，无法清偿债务；

（五）导致债务人丧失清偿能力的其他情形。

第五条　企业法人已解散但未清算或者未在合理期限内清算完毕，债权人申请债务人破产清算的，除债务人在法定异议期限内举证证明其未出现破产原因外，人民法院应当受理。

第六条　债权人申请债务人破产的，应当提交债务人不能清偿到期债务的有关证据。债务人对债权人的申请未在法定期限内向人民法院提出异议，或者异议不成立的，人民法院应当依法裁定受理破产申请。

受理破产申请后，人民法院应当责令债务人依法提交其财产状况说明、债务清册、债权清册、财务会计报告等有关材料，债务人拒不提交的，人民法院可以对债务人的直接责任人员采取罚款等强制措施。

第七条　人民法院收到破产申请时，应当向申请人出具收到申请及所附证据的书面凭证。

人民法院收到破产申请后应当及时对申请人的主体资格、债务人的主体资格和破产原因，以及有关材料和证据等进行审查，并依据企业破产法第十条的规定作出是否受理的裁定。

人民法院认为申请人应当补充、补正相关材料的，应当自收到破产申请之日起五日内告知申请人。当事人补充、补正相关材料的期间不计入企业破产法第十条规定的期限。

第八条　破产案件的诉讼费用，应根据企业破产法第四十三条的规定，从债务人财产中拨付。相关当事人以申请人未预先交纳诉讼费用为由，对破产申请提出异议的，人民法院不予支持。

第九条　申请人向人民法院提出破产申请，人民法院未接收其申请，或者未按本规定第七条执行的，申请人可以向上一级人民法院提出破产申请。

上一级人民法院接到破产申请后，应当责令下级法院依法审查并及时作出是否受理的裁定；下级法院仍不作出是否受理裁定的，上一级人民法院可以径行作出裁定。

上一级人民法院裁定受理破产申请的，可以同时指令下级人民法院审理该案件。

最高人民法院关于适用《中华人民共和国企业破产法》若干问题的规定（二）

1. 2013年7月29日最高人民法院审判委员会第1586次会议通过
2. 2013年9月5日公布
3. 法释〔2013〕22号
4. 自2013年9月16日起施行

根据《中华人民共和国企业破产法》《中华人民共和国物权法》《中华人民共和国合同法》等相关法律，结合审判实践，就人民法院审理企业破产案件中认定债务人财产相关的法律适用问题，制定本规定。

第一条　除债务人所有的货币、实物外，债务人依法享有的可以用货币估价并可以依法转让的债权、股权、知识产权、用益物权等财产和财产权益，人民法院均应认定为债务人财产。

第二条　下列财产不应认定为债务人财产：

（一）债务人基于仓储、保管、承揽、代销、借用、寄存、租赁等合同或者其他法律关系占有、使用的他人财产；

（二）债务人在所有权保留买卖中尚未取得所有权的财产；

（三）所有权专属于国家且不得转让的财产；

（四）其他依照法律、行政法规不属于债务人的财产。

第三条　债务人已依法设定担保物权的特定财产，人民法院应当认定为债务人财产。

对债务人的特定财产在担保物权消灭或者实现担保物权后的剩余部分，在破产程序中可用以清偿破产费用、共益债务和其他破产债权。

第四条　债务人对按份享有所有权的共有财产的相关份额，或者共同享有所有权的共有财产的相应财产权利，以及依法分割共有财产所得部分，人民法院均应认定为债务人财产。

人民法院宣告债务人破产清算，属于共有财产分割的法定事由。人民法院裁定债务人重整或者和解的，共有财产的分割应当依据物权法第九十九条的规定进行；基于重整或者和解的需要必须分割共有财产，管理人请求分割的，人民法院应予准许。

因分割共有财产导致其他共有人损害产生的债务，其他共有人请求作为共益债务清偿的，人民法院应予支持。

第五条　破产申请受理后，有关债务人财产的执行程序未依照企业破产法第十九条的规定中止的，采取执行措施的相关单位应当依法予以纠正。依法执行回转的财产,人民法院应当认定为债务人财产。

第六条 破产申请受理后,对于可能因有关利益相关人的行为或者其他原因,影响破产程序依法进行的,受理破产申请的人民法院可以根据管理人的申请或者依职权,对债务人的全部或者部分财产采取保全措施。

第七条 对债务人财产已采取保全措施的相关单位,在知悉人民法院已裁定受理有关债务人的破产申请后,应当依照企业破产法第十九条的规定及时解除对债务人财产的保全措施。

第八条 人民法院受理破产申请后至破产宣告前裁定驳回破产申请,或者依据企业破产法第一百零八条的规定裁定终结破产程序的,应当及时通知原已采取保全措施并已依法解除保全措施的单位按照原保全顺位恢复相关保全措施。

在已依法解除保全的单位恢复保全措施或者表示不再恢复之前,受理破产申请的人民法院不得解除对债务人财产的保全措施。

第九条 管理人依据企业破产法第三十一条和第三十二条的规定提起诉讼,请求撤销涉及债务人财产的相关行为并由相对人返还债务人财产的,人民法院应予支持。

管理人因过错未依法行使撤销权导致债务人财产不当减损,债权人提起诉讼主张管理人对其损失承担相应赔偿责任的,人民法院应予支持。

第十条 债务人经过行政清理程序转入破产程序的,企业破产法第三十一条和第三十二条规定的可撤销行为的起算点,为行政监管机构作出撤销决定之日。

债务人经过强制清算程序转入破产程序的,企业破产法第三十一条和第三十二条规定的可撤销行为的起算点,为人民法院裁定受理强制清算申请之日。

第十一条 人民法院根据管理人的请求撤销涉及债务人财产的以明显不合理价格进行的交易的,买卖双方应当依法返还从对方获取的财产或者价款。

因撤销该交易,对于债务人应返还受让人已支付价款所产生的债务,受让人请求作为共益债务清偿的,人民法院应予支持。

第十二条 破产申请受理前一年内债务人提前清偿的未到期债务,在破产申请受理前已经到期,管理人请求撤销该清偿行为的,人民法院不予支持。但是,该清偿行为发生在破产申请受理前六个月内且债务人有企业破产法第二条第一款规定情形的除外。

第十三条 破产申请受理后,管理人未依据企业破产法第三十一条的规定请求撤销债务人无偿转让财产、以明显不合理价格交易、放弃债权行为的,债权人依据合同法第七十四条等规定提起诉讼,请求撤销债务人上述行为并将因此追回的财产归入债务人财产的,人民法院应予受理。

相对人以债权人行使撤销权的范围超出债权人的债权抗辩的,人民法院不予支持。

第十四条 债务人对以自有财产设定担保物权的债权进行的个别清偿,管理人依据企业破产法第三十二条的规定请求撤销的,人民法院不予支持。但是,债务清偿时担保财产的价值低于债权额的除外。

第十五条 债务人经诉讼、仲裁、执行程序对债权人进行的个别清偿,管理人依据企业破产法第三十二条的规定请求撤销的,人民法院不予支持。但是,债务人与债权人恶意串通损害其他债权人利益的除外。

第十六条 债务人对债权人进行的以下个别清偿,管理人依据企业破产法第三十二条的规定请求撤销的,人民法院不予支持:

(一)债务人为维系基本生产需要而支付水费、电费等的;

(二)债务人支付劳动报酬、人身损害赔偿金的;

(三)使债务人财产受益的其他个别清偿。

第十七条 管理人依据企业破产法第三十三条的规定提起诉讼,主张被隐匿、转移财产的实际占有人返还债务人财产,或者主张债务人虚构债务或者承认不真实债务的行为无效并返还债务人财产的,人民法院应予支持。

第十八条 管理人代表债务人依据企业破产法第一百二十八条的规定,以债务人的法定代表人和其他直接责任人员对所涉债务人财产的相关行为存在故意或者重大过失,造成债务人财产损失为由提起诉讼,主张上述责任人员承担相应赔偿责任的,人民法院应予支持。

第十九条 债务人对外享有债权的诉讼时效,自人民法院受理破产申请之日起中断。

债务人无正当理由未对其到期债权及时行使权利,导致其对外债权在破产申请受理前一年内超过诉讼时效期间的,人民法院受理破产申请之日起重新计算上述债权的诉讼时效期间。

第二十条 管理人代表债务人提起诉讼,主张出资人向债务人依法缴付未履行的出资或者返还抽逃的出资本息,出资人以认缴出资尚未届至公司章程规定的缴纳期限或者违反出资义务已经超过诉讼时效为由抗辩的,人民法院不予支持。

管理人依据公司法的相关规定代表债务人提起诉讼,主张公司的发起人和负有监督股东履行出资义务的董事、高级管理人员,或者协助抽逃出资的其他股东、董事、高级管理人员、实际控制人等,对股东违反出资义务或者抽逃出资承担相应责任，并将财产归入债务人财产的，人民法院应予支持。

第二十一条 破产申请受理前，债权人就债务人财产提起下列诉讼，破产申请受理时案件尚未审结的，人民法院应当中止审理：

（一）主张次债务人代替债务人直接向其偿还债务的；

（二）主张债务人的出资人、发起人和负有监督股东履行出资义务的董事、高级管理人员，或者协助抽逃出资的其他股东、董事、高级管理人员、实际控制人等直接向其承担出资不实或者抽逃出资责任的；

（三）以债务人的股东与债务人法人人格严重混同为由，主张债务人的股东直接向其偿还债务人对其所负债务的；

（四）其他就债务人财产提起的个别清偿诉讼。

债务人破产宣告后，人民法院应当依照企业破产法第四十四条的规定判决驳回债权人的诉讼请求。但是，债权人一审中变更其诉讼请求为追收的相关财产归入债务人财产的除外。

债务人破产宣告前，人民法院依据企业破产法第十二条或者第一百零八条的规定裁定驳回破产申请或者终结破产程序的，上述中止审理的案件应当依法恢复审理。

第二十二条 破产申请受理前，债权人就债务人财产向人民法院提起本规定第二十一条第一款所列诉讼，人民法院已经作出生效民事判决书或者调解书但尚未执行完毕的，破产申请受理后，相关执行行为应当依据企业破产法第十九条的规定中止，债权人应当依法向管理人申报相关债权。

第二十三条 破产申请受理后，债权人就债务人财产向人民法院提起本规定第二十一条第一款所列诉讼的，人民法院不予受理。

债权人通过债权人会议或者债权人委员会，要求管理人依法向次债务人、债务人的出资人等追收债务人财产，管理人无正当理由拒绝追收，债权人会议依据企业破产法第二十二条的规定，申请人民法院更换管理人的，人民法院应予支持。

管理人不予追收，个别债权人代表全体债权人提起相关诉讼，主张次债务人或者债务人的出资人等向债务人清偿或者返还债务人财产，或者依法申请合并破产的，人民法院应予受理。

第二十四条 债务人有企业破产法第二条第一款规定的情形时，债务人的董事、监事和高级管理人员利用职权获取的以下收入，人民法院应当认定为企业破产法第三十六条规定的非正常收入：

（一）绩效奖金；

（二）普遍拖欠职工工资情况下获取的工资性收入；

（三）其他非正常收入。

债务人的董事、监事和高级管理人员拒不向管理人返还上述债务人财产，管理人主张上述人员予以返还的，人民法院应予支持。

债务人的董事、监事和高级管理人员因返还第一款第（一）项、第（三）项非正常收入形成的债权，可以作为普通破产债权清偿。因返还第一款第（二）项非正常收入形成的债权，依据企业破产法第一百一十三条第三款的规定，按照该企业职工平均工资计算的部分作为拖欠职工工资清偿；高出该企业职工平均工资计算的部分，可以作为普通破产债权清偿。

第二十五条 管理人拟通过清偿债务或者提供担保取回质物、留置物，或者与质权人、留置权人协议以质物、留置物折价清偿债务等方式，进行对债权人利益有重大影响的财产处分行为的，应当及时报告债权人委员会。未设立债权人委员会的，管理人应当及时报告人民法院。

第二十六条 权利人依据企业破产法第三十八条的规定行使取回权，应当在破产财产变价方案或者和解协议、重整计划草案提交债权人会议表决前向管理人提出。权利人在上述期限后主张取回相关财产的，应当承担延迟行使取回权增加的相关费用。

第二十七条 权利人依据企业破产法第三十八条的规定向管理人主张取回相关财产，管理人不予认可，权利人以债务人为被告向人民法院提起诉讼请求行使取回权的，人民法院应予受理。

权利人依据人民法院或者仲裁机关的相关生效法律文书向管理人主张取回所涉争议财产，管理人以生效法律文书错误为由拒绝其行使取回权的，人民法院不予支持。

第二十八条 权利人行使取回权时未依法向管理人支付相关的加工费、保管费、托运费、委托费、代销费等费用，管理人拒绝其取回相关财产的，人民法院应予支持。

第二十九条 对债务人占有的权属不清的鲜活易腐等不易保管的财产或者不及时变现价值将严重贬损的财产，管理人及时变价并提存变价款后，有关权利人就该变价款行使取回权的，人民法院应予支持。

第三十条 债务人占有的他人财产被违法转让给第三人，依据物权法第一百零六条的规定第三人已善意取得财产所有权，原权利人无法取回该财产的，人民法院应当按照以下规定处理：

(一)转让行为发生在破产申请受理前的,原权利人因财产损失形成的债权,作为普通破产债权清偿;

(二)转让行为发生在破产申请受理后的,因管理人或者相关人员执行职务导致原权利人损害产生的债务,作为共益债务清偿。

第三十一条　债务人占有的他人财产被违法转让给第三人,第三人已向债务人支付了转让价款,但依据物权法第一百零六条的规定未取得财产所有权,原权利人依法追回转让财产的,对因第三人已支付对价而产生的债务,人民法院应当按照以下规定处理:

(一)转让行为发生在破产申请受理前的,作为普通破产债权清偿;

(二)转让行为发生在破产申请受理后的,作为共益债务清偿。

第三十二条　债务人占有的他人财产毁损、灭失,因此获得的保险金、赔偿金、代偿物尚未交付给债务人,或者代偿物虽已交付给债务人但能与债务人财产予以区分的,权利人主张取回就此获得的保险金、赔偿金、代偿物的,人民法院应予支持。

保险金、赔偿金已经交付给债务人,或者代偿物已经交付给债务人且不能与债务人财产予以区分的,人民法院应当按照以下规定处理:

(一)财产毁损、灭失发生在破产申请受理前的,权利人因财产损失形成的债权,作为普通破产债权清偿;

(二)财产毁损、灭失发生在破产申请受理后的,因管理人或者相关人员执行职务导致权利人损害产生的债务,作为共益债务清偿。

债务人占有的他人财产毁损、灭失,没有获得相应的保险金、赔偿金、代偿物,或者保险金、赔偿物、代偿物不足以弥补其损失的部分,人民法院应当按照本条第二款的规定处理。

第三十三条　管理人或者相关人员在执行职务过程中,因故意或者重大过失不当转让他人财产或者造成他人财产毁损、灭失,导致他人损害产生的债务作为共益债务,由债务人财产随时清偿不足弥补损失,权利人向管理人或者相关人员主张承担补充赔偿责任的,人民法院应予支持。

上述债务作为共益债务由债务人财产随时清偿后,债权人以管理人或者相关人员执行职务不当导致债务人财产减少给其造成损失为由提起诉讼,主张管理人或者相关人员承担相应赔偿责任的,人民法院应予支持。

第三十四条　买卖合同双方当事人在合同中约定标的物所有权保留,在标的物所有权未依法转移给买受人前,一方当事人破产的,该买卖合同属于双方均未履行完毕的合同,管理人有权依据企业破产法第十八条的规定决定解除或者继续履行合同。

第三十五条　出卖人破产,其管理人决定继续履行所有权保留买卖合同的,买受人应当按照原买卖合同的约定支付价款或者履行其他义务。

买受人未依约支付价款或者履行完毕其他义务,或者将标的物出卖、出质或者作出其他不当处分,给出卖人造成损害,出卖人管理人依法主张取回标的物的,人民法院应予支持。但是,买受人已经支付标的物总价款百分之七十五以上或者第三人善意取得标的物所有权或者其他物权的除外。

因本条第二款规定未能取回标的物,出卖人管理人依法主张买受人继续支付价款、履行完毕其他义务,以及承担相应赔偿责任的,人民法院应予支持。

第三十六条　出卖人破产,其管理人决定解除所有权保留买卖合同,并依据企业破产法第十七条的规定要求买受人向其交付买卖标的物的,人民法院应予支持。

买受人以其不存在未依约支付价款或者履行完毕其他义务,或者将标的物出卖、出质或者作出其他不当处分情形抗辩的,人民法院不予支持。

买受人依法履行合同义务并依据本条第一款将买卖标的物交付出卖人管理人后,买受人已支付价款损失形成的债权作为共益债务清偿。但是,买受人违反合同约定,出卖人管理人主张上述债权作为普通破产债权清偿的,人民法院应予支持。

第三十七条　买受人破产,其管理人决定继续履行所有权保留买卖合同的,原买卖合同中约定的买受人支付价款或者履行其他义务的期限在破产申请受理时视为到期,买受人管理人应当及时向出卖人支付价款或者履行其他义务。

买受人管理人无正当理由未及时支付价款或者履行完毕其他义务,或者将标的物出卖、出质或者作出其他不当处分,给出卖人造成损害,出卖人依据合同法第一百三十四条等规定主张取回标的物的,人民法院应予支持。但是,买受人已支付标的物总价款百分之七十五以上或者第三人善意取得标的物所有权或者其他物权的除外。

因本条第二款规定未能取回标的物,出卖人依法主张买受人继续支付价款、履行完毕其他义务,以及承担相应赔偿责任的,人民法院应予支持。对因买受人未支付价款或者未履行完毕其他义务,以及买受人管理人将标的物出卖、出质或者作出其他不当处分导致出卖人损害产生的债务,出卖人主张作为共益债务清偿的,人民法院应予支持。

第三十八条 买受人破产,其管理人决定解除所有权保留买卖合同,出卖人依据企业破产法第三十八条的规定主张取回买卖标的物的,人民法院应予支持。

出卖人取回买卖标的物,买受人管理人主张出卖人返还已支付价款的,人民法院应予支持。取回的标的物价值明显减少给出卖人造成损失的,出卖人可从买受人已支付价款中优先予以抵扣后,将剩余部分返还给买受人;对买受人已支付价款不足以弥补出卖人标的物价值减损损失形成的债权,出卖人主张作为共益债务清偿的,人民法院应予支持。

第三十九条 出卖人依据企业破产法第三十九条的规定,通过通知承运人或者实际占有人中止运输、返还货物、变更到达地,或者将货物交给其他收货人等方式,对在运途中标的物主张了取回权但未能实现,或者在货物未达管理人前已向管理人主张取回在运途中标的物,在买卖标的物到达管理人后,出卖人向管理人主张取回的,管理人应予准许。

出卖人对在运途中标的物未及时行使取回权,在买卖标的物到达管理人后向管理人行使在运途中标的物取回权的,管理人不应准许。

第四十条 债务人重整期间,权利人要求取回债务人合法占有的权利人的财产,不符合双方事先约定条件的,人民法院不予支持。但是,因管理人或者自行管理的债务人违反约定,可能导致取回物被转让、毁损、灭失或者价值明显减少的除外。

第四十一条 债权人依据企业破产法第四十条的规定行使抵销权,应当向管理人提出抵销主张。

管理人不得主动抵销债务人与债权人的互负债务,但抵销使债务人财产受益的除外。

第四十二条 管理人收到债权人提出的主张债务抵销的通知后,经审查无异议的,抵销自管理人收到通知之日起生效。

管理人对抵销主张有异议的,应当在约定的异议期限内或者自收到主张债务抵销的通知之日起三个月内向人民法院提起诉讼。无正当理由逾期提起的,人民法院不予支持。

人民法院判决驳回管理人提起的抵销无效诉讼请求的,该抵销自管理人收到主张债务抵销的通知之日起生效。

第四十三条 债权人主张抵销,管理人以下列理由提出异议的,人民法院不予支持:

(一)破产申请受理时,债务人对债权人负有的债务尚未到期;

(二)破产申请受理时,债权人对债务人负有的债务尚未到期;

(三)双方互负债务标的物种类、品质不同。

第四十四条 破产申请受理前六个月内,债务人有企业破产法第二条第一款规定的情形,债务人与个别债权人以抵销方式对个别债权人清偿,其抵销的债权债务属于企业破产法第四十条第(二)、(三)项规定的情形之一,管理人在破产申请受理之日起三个月内向人民法院提起诉讼,主张该抵销无效的,人民法院应予支持。

第四十五条 企业破产法第四十条所列不得抵销情形的债权人,主张以其对债务人特定财产享有优先受偿权的债权,与债务人对其不享有优先受偿权的债权抵销,债务人管理人以抵销存在企业破产法第四十条规定的情形提出异议的,人民法院不予支持。但是,用以抵销的债权大于债权人享有优先受偿权财产价值的除外。

第四十六条 债务人的股东主张以下列债务与债务人对其负有的债务抵销,债务人管理人提出异议的,人民法院应予支持:

(一)债务人股东因欠缴债务人的出资或者抽逃出资对债务人所负的债务;

(二)债务人股东滥用股东权利或者关联关系损害公司利益对债务人所负的债务。

第四十七条 人民法院受理破产申请后,当事人提起的有关债务人的民事诉讼案件,应当依据企业破产法第二十一条的规定,由受理破产申请的人民法院管辖。

受理破产申请的人民法院管辖的有关债务人的第一审民事案件,可以依据民事诉讼法第三十八条的规定,由上级人民法院提审,或者报请上级人民法院批准后交下级人民法院审理。

受理破产申请的人民法院,如对有关债务人的海事纠纷、专利纠纷、证券市场因虚假陈述引发的民事赔偿纠纷等案件不能行使管辖权的,可以依据民事诉讼法第三十七条的规定,由上级人民法院指定管辖。

第四十八条 本规定施行前本院发布的有关企业破产的司法解释,与本规定相抵触的,自本规定施行之日起不再适用。

最高人民法院关于审理企业破产案件指定管理人的规定

1. 2007年4月4日最高人民法院审判委员会第1422次会议通过
2. 2007年4月12日公布
3. 法释〔2007〕8号
4. 自2007年6月1日起施行

为公平、公正审理企业破产案件,保证破产审判工作依法顺利进行,促进管理人制度的完善和发展,根据《中华人民共和国企业破产法》的规定,制定本规定。

一、管理人名册的编制

第一条　人民法院审理企业破产案件应当指定管理人。除企业破产法和本规定另有规定外,管理人应当从管理人名册中指定。

第二条　高级人民法院应当根据本辖区律师事务所、会计师事务所、破产清算事务所等社会中介机构及专职从业人员数量和企业破产案件数量,确定由本院或者所辖中级人民法院编制管理人名册。

人民法院应当分别编制社会中介机构管理人名册和个人管理人名册。由直辖市以外的高级人民法院编制的管理人名册中,应当注明社会中介机构和个人所属中级人民法院辖区。

第三条　符合企业破产法规定条件的社会中介机构及其具备相关专业知识并取得执业资格的人员,均可申请编入管理人名册。已被编入机构管理人名册的社会中介机构中,具备相关专业知识并取得执业资格的人员,可以申请编入个人管理人名册。

第四条　社会中介机构及个人申请编入管理人名册的,应当向所在地区编制管理人名册的人民法院提出,由该人民法院予以审定。

人民法院不受理异地申请,但异地社会中介机构在本辖区内设立的分支机构提出申请的除外。

第五条　人民法院应当通过本辖区有影响的媒体就编制管理人名册的有关事项进行公告。公告应当包括以下内容:

(一)管理人申报条件;

(二)应当提交的材料;

(三)评定标准、程序;

(四)管理人的职责以及相应的法律责任;

(五)提交申报材料的截止时间;

(六)人民法院认为应当公告的其他事项。

第六条　律师事务所、会计师事务所申请编入管理人名册的,应当提供下列材料:

(一)执业证书、依法批准设立文件或者营业执照;

(二)章程;

(三)本单位专职从业人员名单及其执业资格证书复印件;

(四)业务和业绩材料;

(五)行业自律组织对所提供材料真实性以及有无被行政处罚或者纪律处分情况的证明;

(六)人民法院要求的其他材料。

第七条　破产清算事务所申请编入管理人名册的,应当提供以下材料:

(一)营业执照或者依法批准设立的文件;

(二)本单位专职从业人员的法律或者注册会计师资格证书,或者经营管理经历的证明材料;

(三)业务和业绩材料;

(四)能够独立承担民事责任的证明材料;

(五)行业自律组织对所提供材料真实性以及有无被行政处罚或者纪律处分情况的证明,或者申请人就上述情况所作的真实性声明;

(六)人民法院要求的其他材料。

第八条　个人申请编入管理人名册的,应当提供下列材料:

(一)律师或者注册会计师执业证书复印件以及执业年限证明;

(二)所在社会中介机构同意其担任管理人的函件;

(三)业务专长及相关业绩材料;

(四)执业责任保险证明;

(五)行业自律组织对所提供材料真实性以及有无被行政处罚或者纪律处分情况的证明;

(六)人民法院要求的其他材料。

第九条　社会中介机构及个人具有下列情形之一的,人民法院可以适用企业破产法第二十四条第三款第四项的规定:

(一)因执业、经营中故意或者重大过失行为,受到行政机关、监管机构或者行业自律组织行政处罚或者纪律处分之日起未逾三年;

(二)因涉嫌违法行为正被相关部门调查;

(三)因不适当履行职务或者拒绝接受人民法院指定等原因,被人民法院从管理人名册除名之日起未逾三年;

(四)缺乏担任管理人所应具备的专业能力;

(五)缺乏承担民事责任的能力;

(六)人民法院认为可能影响履行管理人职责的其他情形。

第十条　编制管理人名册的人民法院应当组成专门的评审委员会,决定编入管理人名册的社会中介机构和个人名单。评审委员会成员应不少于七人。

人民法院应当根据本辖区社会中介机构以及社会中介机构中个人的实际情况,结合其执业业绩、能力、专业水准、社会中介机构的规模、办理企业破产案件的经验等因素制定管理人评定标准,由评审委员会根据申报人的具体情况评定其综合分数。

人民法院根据评审委员会评审结果,确定管理人初审名册。

第十一条 人民法院应当将管理人初审名册通过本辖区有影响的媒体进行公示，公示期为十日。

对于针对编入初审名册的社会中介机构和个人提出的异议，人民法院应当进行审查。异议成立、申请人确不宜担任管理人的，人民法院应将该社会中介机构或者个人从管理人初审名册中删除。

第十二条 公示期满后，人民法院应审定管理人名册，并通过全国有影响的媒体公布，同时逐级报最高人民法院备案。

第十三条 人民法院可以根据本辖区的实际情况，分批确定编入管理人名册的社会中介机构及个人。

编制管理人名册的全部资料应当建立档案备查。

第十四条 人民法院可以根据企业破产案件受理情况、管理人履行职务以及管理人资格变化等因素，对管理人名册适时进行调整。新编入管理人名册的社会中介机构和个人应当按照本规定的程序办理。

人民法院发现社会中介机构或者个人有企业破产法第二十四条第三款规定情形的，应当将其从管理人名册中除名。

二、管理人的指定

第十五条 受理企业破产案件的人民法院指定管理人，一般应从本地管理人名册中指定。

对于商业银行、证券公司、保险公司等金融机构以及在全国范围内有重大影响、法律关系复杂、债务人财产分散的企业破产案件，人民法院可以从所在地区高级人民法院编制的管理人名册列明的其他地区管理人或者异地人民法院编制的管理人名册中指定管理人。

第十六条 受理企业破产案件的人民法院，一般应指定管理人名册中的社会中介机构担任管理人。

第十七条 对于事实清楚、债权债务关系简单、债务人财产相对集中的企业破产案件，人民法院可以指定管理人名册中的个人为管理人。

第十八条 企业破产案件有下列情形之一的，人民法院可以指定清算组为管理人：

（一）破产申请受理前，根据有关规定已经成立清算组，人民法院认为符合本规定第十九条的规定；

（二）审理企业破产法第一百三十三条规定的案件；

（三）有关法律规定企业破产时成立清算组；

（四）人民法院认为可以指定清算组为管理人的其他情形。

第十九条 清算组为管理人的，人民法院可以从政府有关部门、编入管理人名册的社会中介机构、金融资产管理公司中指定清算组成员，人民银行及金融监督管理机构可以按照有关法律和行政法规的规定派人参加清算组。

第二十条 人民法院一般应当按照管理人名册所列名单采取轮候、抽签、摇号等随机方式公开指定管理人。

第二十一条 对于商业银行、证券公司、保险公司等金融机构或者在全国范围有重大影响、法律关系复杂、债务人财产分散的企业破产案件，人民法院可以采取公告的方式，邀请编入各地人民法院管理人名册中的社会中介机构参与竞争，从参与竞争的社会中介机构中指定管理人。参与竞争的社会中介机构不得少于三家。

采取竞争方式指定管理人的，人民法院应当组成专门的评审委员会。

评审委员会应当结合案件的特点，综合考量社会中介机构的专业水准、经验、机构规模、初步报价等因素，从参与竞争的社会中介机构中择优指定管理人。被指定为管理人的社会中介机构应经评审委员会成员二分之一以上通过。

采取竞争方式指定管理人的，人民法院应当确定一至两名备选社会中介机构，作为需要更换管理人时的接替人选。

第二十二条 对于经过行政清理、清算的商业银行、证券公司、保险公司等金融机构的破产案件，人民法院除可以按照本规定第十八条第一项的规定指定管理人外，也可以在金融监督管理机构推荐的已编入管理人名册的社会中介机构中指定管理人。

第二十三条 社会中介机构、清算组成员有下列情形之一，可能影响其忠实履行管理人职责的，人民法院可以认定为企业破产法第二十四条第三款第三项规定的利害关系：

（一）与债务人、债权人有未了结的债权债务关系；

（二）在人民法院受理破产申请前三年内，曾为债务人提供相对固定的中介服务；

（三）现在是或者在人民法院受理破产申请前三年内曾经是债务人、债权人的控股股东或者实际控制人；

（四）现在担任或者在人民法院受理破产申请前三年内曾经担任债务人、债权人的财务顾问、法律顾问；

（五）人民法院认为可能影响其忠实履行管理人职责的其他情形。

第二十四条 清算组成员的派出人员、社会中介机构的派出人员、个人管理人有下列情形之一，可能影响其忠实履行管理人职责的，可以认定为企业破产法第二十四条第三款第三项规定的利害关系：

(一)具有本规定第二十三条规定情形；

(二)现在担任或者在人民法院受理破产申请前三年内曾经担任债务人、债权人的董事、监事、高级管理人员；

(三)与债权人或者债务人的控股股东、董事、监事、高级管理人员存在夫妻、直系血亲、三代以内旁系血亲或者近姻亲关系；

(四)人民法院认为可能影响其公正履行管理人职责的其他情形。

第二十五条　在进入指定管理人程序后,社会中介机构或者个人发现与本案有利害关系的,应主动申请回避并向人民法院书面说明情况。人民法院认为社会中介机构或者个人与本案有利害关系的,不应指定该社会中介机构或者个人为本案管理人。

第二十六条　社会中介机构或者个人有重大债务纠纷或者因涉嫌违法行为正被相关部门调查的,人民法院不应指定该社会中介机构或者个人为本案管理人。

第二十七条　人民法院指定管理人应当制作决定书,并向被指定为管理人的社会中介机构或者个人、破产申请人、债务人、债务人的企业登记机关送达。决定书应与受理破产申请的民事裁定书一并公告。

第二十八条　管理人无正当理由,不得拒绝人民法院的指定。

管理人一经指定,不得以任何形式将管理人应当履行的职责全部或者部分转给其他社会中介机构或者个人。

第二十九条　管理人凭指定管理人决定书按照国家有关规定刻制管理人印章,并交人民法院封样备案后启用。

管理人印章只能用于所涉破产事务。管理人根据企业破产法第一百二十二条规定终止执行职务后,应当将管理人印章交公安机关销毁,并将销毁的证明送交人民法院。

第三十条　受理企业破产案件的人民法院应当将指定管理人过程中形成的材料存入企业破产案件卷宗,债权人会议或者债权人委员会有权查阅。

三、管理人的更换

第三十一条　债权人会议根据企业破产法第二十二条第二款的规定申请更换管理人的,应由债权人会议作出决议并向人民法院提出书面申请。

人民法院在收到债权人会议的申请后,应当通知管理人在两日内作出书面说明。

第三十二条　人民法院认为申请理由不成立的,应当自收到管理人书面说明之日起十日内作出驳回申请的决定。

人民法院认为申请更换管理人的理由成立的,应当自收到管理人书面说明之日起十日内作出更换管理人的决定。

第三十三条　社会中介机构管理人有下列情形之一的,人民法院可以根据债权人会议的申请或者依职权迳行决定更换管理人:

(一)执业许可证或者营业执照被吊销或者注销;

(二)出现解散、破产事由或者丧失承担执业责任风险的能力;

(三)与本案有利害关系;

(四)履行职务时,因故意或者重大过失导致债权人利益受到损害;

(五)有本规定第二十六条规定的情形。

清算组成员参照适用前款规定。

第三十四条　个人管理人有下列情形之一的,人民法院可以根据债权人会议的申请或者依职权迳行决定更换管理人:

(一)执业资格被取消、吊销;

(二)与本案有利害关系;

(三)履行职务时,因故意或者重大过失导致债权人利益受到损害;

(四)失踪、死亡或者丧失民事行为能力;

(五)因健康原因无法履行职务;

(六)执业责任保险失效;

(七)有本规定第二十六条规定的情形。

清算组成员的派出人员、社会中介机构的派出人员参照适用前款规定。

第三十五条　管理人无正当理由申请辞去职务的,人民法院不予许可。正当理由的认定,可参照适用本规定第三十三条、第三十四条规定的情形。

第三十六条　人民法院对管理人申请辞去职务未予许可,管理人仍坚持辞去职务并不再履行管理人职责的,人民法院应当决定更换管理人。

第三十七条　人民法院决定更换管理人的,原管理人应当自收到决定书之次日起,在人民法院监督下向新任管理人移交全部资料、财产、营业事务及管理人印章,并及时向新任管理人书面说明工作进展情况。原管理人不能履行上述职责的,新任管理人可以直接接管相关事务。

在破产程序终结前,原管理人应当随时接受新任管理人、债权人会议、人民法院关于其履行管理人职责情况的询问。

第三十八条　人民法院决定更换管理人的,应将决定书送达原管理人、新任管理人、破产申请人、债务人以及债务人的企业登记机关,并予公告。

第三十九条 管理人申请辞去职务未获人民法院许可，但仍坚持辞职并不再履行管理人职责，或者人民法院决定更换管理人后，原管理人拒不向新任管理人移交相关事务，人民法院可以根据企业破产法第一百三十条的规定和具体情况，决定对管理人罚款。对社会中介机构为管理人的罚款5万元至20万元人民币，对个人为管理人的罚款1万元至5万元人民币。

管理人有前款规定行为或者无正当理由拒绝人民法院指定的，编制管理人名册的人民法院可以决定停止其担任管理人一年至三年，或者将其从管理人名册中除名。

第四十条 管理人不服罚款决定的，可以向上一级人民法院申请复议，上级人民法院应在收到复议申请后五日内作出决定，并将复议结果通知下级人民法院和当事人。

最高人民法院关于审理公司强制清算案件工作座谈会纪要

1. *2009年11月4日*
2. *法发〔2009〕52号*

当前，因受国际金融危机和世界经济衰退影响，公司经营困难引发的公司强制清算案件大幅度增加。《中华人民共和国公司法》和最高人民法院《关于适用〈中华人民共和国公司法〉若干问题的规定(二)》(以下简称公司法司法解释二)对于公司强制清算案件审理中的有关问题已作出规定，但鉴于该类案件非讼程序的特点和目前清算程序规范的不完善，有必要进一步明确该类案件审理原则，细化有关程序和实体规定，更好地规范公司退出市场行为，维护市场运行秩序，依法妥善审理公司强制清算案件，维护和促进经济社会和谐稳定。为此，最高人民法院在广泛调研的基础上，于2009年9月15日至16日在浙江省绍兴市召开了全国部分法院审理公司强制清算案件工作座谈会。与会同志通过认真讨论，就有关审理公司强制清算案件中涉及的主要问题达成了共识。现纪要如下：

一、关于审理公司强制清算案件应当遵循的原则

1. 会议认为，公司作为现代企业的主要类型，在参与市场竞争时，不仅要严格遵循市场准入规则，也要严格遵循市场退出规则。公司强制清算作为公司退出市场机制的重要途径之一，是公司法律制度的重要组成部分。人民法院在审理此类案件时，应坚持以下原则：

第一，坚持清算程序公正原则。公司强制清算的目的在于有序结束公司存续期间的各种商事关系，合理调整众多法律主体的利益，维护正常的经济秩序。人民法院审理公司强制清算案件，应当严格依照法定程序进行，坚持在程序正义的基础上实现清算结果的公正。

第二，坚持清算效率原则。提高社会经济的整体效率，是公司强制清算制度追求的目标之一，要严格而不失快捷地使已经出现解散事由的公司退出市场，将其可能给各方利益主体造成的损失降至最低。人民法院审理强制清算案件，要严格按照法律规定及时有效地完成清算，保障债权人、股东等利害关系人的利益及时得到实现，避免因长期拖延清算给相关利害关系人造成不必要的损失，保障社会资源的有效利用。

第三，坚持利益均衡保护原则。公司强制清算中应当以维护公司各方主体利益平衡为原则，实现公司退出环节中的公平公正。人民法院在审理公司强制清算案件时，既要充分保护债权人利益，又要兼顾职工利益、股东利益和社会利益，妥善处理各方利益冲突，实现法律效果和社会效果的有机统一。

二、关于强制清算案件的管辖

2. 对于公司强制清算案件的管辖应当分别从地域管辖和级别管辖两个角度确定。地域管辖法院应为公司住所地的人民法院，即公司主要办事机构所在地法院；公司主要办事机构所在地不明确、存在争议的，由公司注册登记地人民法院管辖。级别管辖应当按照公司登记机关的级别予以确定，即基层人民法院管辖县、县级市或者区的公司登记机关核准登记公司的公司强制清算案件；中级人民法院管辖地区、地级市以上的公司登记机关核准登记公司的公司强制清算案件。存在特殊原因的，也可参照适用《中华人民共和国企业破产法》第四条、《中华人民共和国民事诉讼法》第三十七条和第三十九条的规定，确定公司强制清算案件的审理法院。

三、关于强制清算案件的案号管理

3. 人民法院立案庭收到申请人提交的对公司进行强制清算的申请后，应当及时以“(　)法×清(预)字第×号”立案。立案庭立案后，应当将申请人提交的申请等有关材料移交审理强制清算案件的审判庭审查，并由审判庭依法作出是否受理强制清算申请的裁定。

4. 审判庭裁定不予受理强制清算申请的，裁定生效后，公司强制清算案件应当以“(　)法×清(预)字第×号”结案。审判庭裁定受理强制清算申请的，立案庭应当以“(　)法×清(算)字第×号”立案。

5. 审判庭裁定受理强制清算申请后，在审理强制清算案件中制作的民事裁定书、决定书等，应当在

"(　)法×清(算)字第×号"后依次编号,如"(　)法×清(算)字第×-1号民事裁定书"、"(　)法×清(算)字第×-2号民事裁定书"等,或者"(　)法×清(算)字第×-1号决定书"、"(　)法×清(算)字第×-2号决定书"等。

四、关于强制清算案件的审判组织

6. 因公司强制清算案件在案件性质上类似于企业破产案件,因此强制清算案件应当由负责审理企业破产案件的审判庭审理。有条件的人民法院,可由专门的审判庭或者指定专门的合议庭审理公司强制清算案件和企业破产案件。公司强制清算案件应当组成合议庭进行审理。

五、关于强制清算的申请

7. 公司债权人或者股东向人民法院申请强制清算应当提交清算申请书。申请书应当载明申请人、被申请人的基本情况和申请的事实和理由。同时,申请人应当向人民法院提交被申请人已经发生解散事由以及申请人对被申请人享有债权或者股权的有关证据。公司解散后已经自行成立清算组进行清算,但债权人或者股东以其故意拖延清算,或者存在其他违法清算可能严重损害债权人或者股东利益为由,申请人民法院强制清算的,申请人还应当向人民法院提交公司故意拖延清算,或者存在其他违法清算行为可能严重损害其利益的相应证据材料。

8. 申请人提交的材料需要更正、补充的,人民法院应当责令申请人于七日内予以更正、补充。申请人由于客观原因无法按时更正、补充的,应当向人民法院予以书面说明并提出延期申请,由人民法院决定是否延长期限。

六、关于对强制清算申请的审查

9. 审理强制清算案件的审判庭审查决定是否受理强制清算申请时,一般应当召开听证会。对于事实清楚、法律关系明确、证据确实充分的案件,经书面通知被申请人,其对书面审查方式无异议的,也可决定不召开听证会,而采用书面方式进行审查。

10. 人民法院决定召开听证会的,应当于听证会召开五日前通知申请人、被申请人,并送达相关申请材料。公司股东、实际控制人等利害关系人申请参加听证的,人民法院应予准许。听证会中,人民法院应当组织有关利害关系人对申请人是否具备申请资格、被申请人是否已经发生解散事由、强制清算申请是否符合法律规定等内容进行听证。因补充证据等原因需要再次召开听证会的,应在补充期限届满后十日内进行。

11. 人民法院决定不召开听证会的,应当及时通知申请人和被申请人,并向被申请人送达有关申请材料,同时告知被申请人若对申请人的申请有异议,应当自收到人民法院通知之日起七日内向人民法院书面提出。

七、关于对强制清算申请的受理

12. 人民法院应当在听证会召开之日或者自异议期满之日起十日内,依法作出是否受理强制清算申请的裁定。

13. 被申请人就申请人对其是否享有债权或者股权,或者对被申请人是否发生解散事由提出异议的,人民法院对申请人提出的强制清算申请应不予受理。申请人可就有关争议单独提起诉讼或者仲裁予以确认后,另行向人民法院提起强制清算申请。但对上述异议事项已有生效法律文书予以确认,以及发生被吊销企业法人营业执照、责令关闭或者被撤销等解散事由有明确、充分证据的除外。

14. 申请人提供被申请人自行清算中故意拖延清算,或者存在其他违法清算可能严重损害债权人或者股东利益的相应证据材料后,被申请人未能举出相反证据的,人民法院对申请人提出的强制清算申请应予受理。债权人申请强制清算,被申请人的主要财产、账册、重要文件等灭失,或者被申请人人员下落不明,导致无法清算的,人民法院不得以此为由不予受理。

15. 人民法院受理强制清算申请后,经审查发现强制清算申请不符合法律规定的,可以裁定驳回强制清算申请。

16. 人民法院裁定不予受理或者驳回受理申请,申请人不服的,可以向上一级人民法院提起上诉。

八、关于强制清算申请的撤回

17. 人民法院裁定受理公司强制清算申请前,申请人请求撤回其申请的,人民法院应予准许。

18. 公司因公司章程规定的营业期限届满或者公司章程规定的其他解散事由出现,或者股东会、股东大会决议自愿解散的,人民法院受理强制清算申请后,清算组对股东进行剩余财产分配前,申请人以公司修改章程,或者股东会、股东大会决议公司继续存续为由,请求撤回强制清算申请的,人民法院应予准许。

19. 公司因依法被吊销营业执照、责令关闭或者被撤销,或者被人民法院判决强制解散的,人民法院受理强制清算申请后,清算组对股东进行剩余财产分配前,申请人向人民法院申请撤回强制清算申请的,人民法院应不予准许。但申请人有证据证明相关行政决定被撤销,或者人民法院作出解散公司判决后当事人又达成公司存续和解协议的除外。

九、关于强制清算案件的申请费

20. 参照《诉讼费用交纳办法》第十条、第十四条、

第二十条和第四十二条关于企业破产案件申请费的有关规定，公司强制清算案件的申请费以强制清算财产总额为基数，按照财产案件受理费标准减半计算，人民法院受理强制清算申请后从被申请人财产中优先拨付。因财产不足以清偿全部债务，强制清算程序依法转入破产清算程序的，不再另行计收破产案件申请费；按照上述标准计收的强制清算案件申请费超过30万元的，超过部分不再收取，已经收取的，应予退还。

21. 人民法院裁定受理强制清算申请前，申请人请求撤回申请，人民法院准许的，强制清算案件的申请费不再从被申请人财产中予以拨付；人民法院受理强制清算申请后，申请人请求撤回申请，人民法院准许的，已经从被申请人财产中优先拨付的强制清算案件申请费不予退回。

十、关于强制清算清算组的指定

22. 人民法院受理强制清算案件后，应当及时指定清算组成员。公司股东、董事、监事、高级管理人员能够而且愿意参加清算的，人民法院可优先考虑指定上述人员组成清算组；上述人员不能、不愿进行清算，或者由其负责清算不利于清算依法进行的，人民法院可以指定《人民法院中介机构管理人名册》和《人民法院个人管理人名册》中的中介机构或者个人组成清算组；人民法院也可根据实际需要，指定公司股东、董事、监事、高级管理人员，与管理人名册中的中介机构或者个人共同组成清算组。人民法院指定管理人名册中的中介机构或者个人组成清算组，或者担任清算组成员的，应当参照适用最高人民法院《关于审理企业破产案件指定管理人的规定》。

23. 强制清算清算组成员的人数应当为单数。人民法院指定清算组成员的同时，应当根据清算组成员的推选，或者依职权，指定清算组负责人。清算组负责人代行清算中公司诉讼代表人职权。清算组成员未依法履行职责的，人民法院应当依据利害关系人的申请，或者依职权及时予以更换。

十一、关于强制清算清算组成员的报酬

24. 公司股东、实际控制人或者股份有限公司的董事担任清算组成员的，不计付报酬。上述人员以外的有限责任公司的董事、监事、高级管理人员，股份有限公司的监事、高级管理人员担任清算组成员的，可以按照其上一年度的平均工资标准计付报酬。

25. 中介机构或者个人担任清算组成员的，其报酬由中介机构或者个人与公司协商确定；协商不成的，由人民法院参照最高人民法院《关于审理企业破产案件确定管理人报酬的规定》确定。

十二、关于强制清算清算组的议事机制

26. 公司强制清算中的清算组因清算事务发生争议的，应当参照公司法第一百一十二条的规定，经全体清算组成员过半数决议通过。与争议事项有直接利害关系的清算组成员可以发表意见，但不得参与投票；因利害关系人回避表决无法形成多数意见的，清算组可以请求人民法院作出决定。与争议事项有直接利害关系的清算组成员未回避表决形成决定的，债权人或者清算组其他成员可以参照公司法第二十二条的规定，自决定作出之日起六十日内，请求人民法院予以撤销。

十三、关于强制清算中的财产保全

27. 人民法院受理强制清算申请后，公司财产存在被隐匿、转移、毁损等可能影响依法清算情形的，人民法院可依清算组或者申请人的申请，对公司财产采取相应的保全措施。

十四、关于无法清算案件的审理

28. 对于被申请人主要财产、账册、重要文件等灭失，或者被申请人人员下落不明的强制清算案件，经向被申请人的股东、董事等直接责任人员释明或采取罚款等民事制裁措施后，仍然无法清算或者无法全面清算，对于尚有部分财产，且依据现有账册、重要文件等，可以进行部分清偿的，应当参照企业破产法的规定，对现有财产进行公平清偿后，以无法全面清算为由终结强制清算程序；对于没有任何财产、账册、重要文件，被申请人人员下落不明的，应当以无法清算为由终结强制清算程序。

29. 债权人申请强制清算，人民法院以无法清算或者无法全面清算为由裁定终结强制清算程序的，应当在终结裁定中载明，债权人可以另行依据公司法司法解释二第十八条的规定，要求被申请人的股东、董事、实际控制人等清算义务人对其债务承担偿还责任。股东申请强制清算，人民法院以无法清算或者无法全面清算为由作出终结强制清算程序的，应当在终结裁定中载明，股东可以向控股股东等实际控制公司的主体主张有关权利。

十五、关于强制清算案件衍生诉讼的审理

30. 人民法院受理强制清算申请前已经开始，人民法院受理强制清算申请时尚未审结的有关被强制清算公司的民事诉讼，由原受理法院继续审理，但应依法将原法定代表人变更为清算组负责人。

31. 人民法院受理强制清算申请后，就强制清算公司的权利义务产生争议的，应当向受理强制清算申请的人民法院提起诉讼，并由清算组负责人代表清算中公司参加诉讼活动。受理强制清算申请的人民法院对此类案件,可以适用民事诉讼法第三十七条和第三十九条的规定确定审理法院。

上述案件在受理法院内部各审判庭之间按照业务分工进行审理。人民法院受理强制清算申请后,就强制清算公司的权利义务产生争议,当事人双方就产生争议约定有明确有效的仲裁条款的,应当按照约定通过仲裁方式解决。

十六、关于强制清算和破产清算的衔接

32. 公司强制清算中,清算组在清理公司财产、编制资产负债表和财产清单时,发现公司财产不足清偿债务的,除依据公司法司法解释二第十七条的规定,通过与债权人协商制作有关债务清偿方案并清偿债务的外,应依据公司法第一百八十八条和企业破产法第七条第三款的规定向人民法院申请宣告破产。

33. 公司强制清算中,有关权利人依据企业破产法第二条和第七条的规定向人民法院另行提起破产申请的,人民法院应当依法进行审查。权利人的破产申请符合企业破产法规定的,人民法院应当依法裁定予以受理。人民法院裁定受理破产申请后,应当裁定终结强制清算程序。

34. 公司强制清算转入破产清算后,原强制清算中的清算组由《人民法院中介机构管理人名册》和《人民法院个人管理人名册》中的中介机构或者个人组成或者参加的,除该中介机构或者个人存在与本案有利害关系等不宜担任管理人或者管理人成员的情形外,人民法院可根据企业破产法及其司法解释的规定,指定该中介机构或者个人作为破产案件的管理人,或者吸收该中介机构作为新成立的清算组管理人的成员。

上述中介机构或者个人在公司强制清算和破产清算中取得的报酬总额,不应超过按照企业破产计付的管理人或者管理人成员的报酬。

35. 上述中介机构或者个人不宜担任破产清算中的管理人或者管理人的成员的,人民法院应当根据企业破产法和有关司法解释的规定,及时指定管理人。原强制清算中的清算组应当及时将清算事务及有关材料等移交给管理人。公司强制清算中已经完成的清算事项,如无违反企业破产法或者有关司法解释的情形的,在破产清算程序中应承认其效力。

十七、关于强制清算程序的终结

36. 公司依法清算结束,清算组制作清算报告并报人民法院确认后,人民法院应当裁定终结清算程序。公司登记机关依清算组的申请注销公司登记后,公司终止。

37. 公司因公司章程规定的营业期限届满或者公司章程规定的其他解散事由出现,或者股东会、股东大会决议自愿解散的,人民法院受理债权人提出的强制清算申请后,对股东进行剩余财产分配前,公司修改章程、或者股东会、股东大会决议公司继续存续,申请人在其个人债权及他人债权均得到全额清偿后,未撤回申请的,人民法院可以根据被申请人的请求裁定终结强制清算程序,强制清算程序终结后,公司可以继续存续。

十八、关于强制清算案件中的法律文书

38. 审理强制清算的审判庭审理该类案件时,对于受理、不受理强制清算申请、驳回申请人的申请、允许或者驳回申请人撤回申请、采取保全措施、确认清算方案、确认清算终结报告、终结强制清算程序的,应当制作民事裁定书。对于指定或者变更清算组成员、确定清算组成员报酬、延长清算期限、制裁妨碍清算行为的,应当制作决定书。

对于其他所涉有关法律文书的制作,可参照企业破产清算中人民法院的法律文书样式。

十九、关于强制清算程序中对破产清算程序的准用

39. 鉴于公司强制清算与破产清算在具体程序操作上的相似性,就公司法、公司法司法解释二,以及本会议纪要未予涉及的情形,如清算中公司的有关人员未依法妥善保管其占有和管理的财产、印章和账簿、文书资料,清算组未及时接管清算中公司的财产、印章和账簿、文书,清算中公司拒不向人民法院提交或者提交不真实的财产状况说明、债务清册、债权清册、有关财务会计报告以及职工工资的支付情况和社会保险费用的缴纳情况,清算中公司拒不向清算组移交财产、印章和账簿、文书等资料,或者伪造、销毁有关财产证据材料而使财产状况不明,股东未缴足出资、抽逃出资,以及公司董事、监事、高级管理人员非法侵占公司财产等,可参照企业破产法及其司法解释的有关规定处理。

二十、关于审理公司强制清算案件中应当注意的问题

40. 鉴于此类案件属于新类型案件,且涉及的法律关系复杂、利益主体众多,人民法院在审理难度大、涉及面广、牵涉社会稳定的重大疑难清算案件时,要在严格依法的前提下,紧紧依靠党委领导和政府支持,充分发挥地方政府建立的各项机制,有效做好维护社会稳定的工作。同时,对于审判实践中发现的新情况、新问题,要及时逐级上报。上级人民法院要加强对此类案件的监督指导,注重深入调查研究,及时总结审判经验,确保依法妥善审理好此类案件。

最高人民法院关于审理上市公司破产重整案件工作座谈会纪要

1. 2012年10月29日
2. 法〔2012〕261号

《企业破产法》施行以来，人民法院依法审理了部分上市公司破产重整案件，最大限度地减少了因上市公司破产清算给社会造成的不良影响，实现了法律效果和社会效果的统一。上市公司破产重整案件的审理不但涉及到《企业破产法》、《证券法》、《公司法》等法律的适用，还涉及司法程序与行政程序的衔接问题，有必要进一步明确该类案件的审理原则，细化有关程序和实体规定，更好地规范相关主体的权利义务，以充分保护债权人、广大投资者和上市公司的合法权益，优化配置社会资源，促进资本市场健康发展。为此，最高人民法院会同中国证券监督管理委员会，于2012年3月22日在海南省万宁市召开了审理上市公司破产重整案件工作座谈会。与会同志通过认真讨论，就审理上市公司破产重整案件的若干重要问题取得了共识。现纪要如下：

一、关于上市公司破产重整案件的审理原则

会议认为，上市公司破产重整案件事关资本市场的健康发展，事关广大投资者的利益保护，事关职工权益保障和社会稳定。因此，人民法院应当高度重视此类案件，并在审理中注意坚持以下原则：

（一）依法公正审理原则。上市公司破产重整案件参与主体众多，涉及利益关系复杂，人民法院审理上市公司破产重整案件，既要有利于化解上市公司的债务和经营危机，提高上市公司质量，保护债权人和投资者的合法权益，维护证券市场和社会的稳定，又要防止没有再生希望的上市公司利用破产重整程序逃废债务，滥用司法资源和社会资源；既要保护债权人利益，又要兼顾职工利益、出资人利益和社会利益，妥善处理好各方利益的冲突。上市公司重整计划草案未获批准或重整计划执行不能的，人民法院应当及时宣告债务人破产清算。

（二）挽救危困企业原则。充分发挥上市公司破产重整制度的作用，为尚有挽救希望的危困企业提供获得新生的机会，有利于上市公司、债权人、出资人、关联企业等各方主体实现共赢，有利于社会资源的有效利用。对于具有重整可能的企业，努力推动重整成功，可以促进就业，优化资源配置，促进产业结构的调整和升级换代，减少上市公司破产清算对社会带来的不利影响。

（三）维护社会稳定原则。上市公司进入破产重整程序后，因涉及债权人、上市公司、出资人、企业职工等相关当事人的利益，各方矛盾比较集中和突出，如果处理不当，极易引发群体性、突发性事件，影响社会稳定。人民法院审理上市公司破产重整案件，要充分发挥地方政府的风险预警、部门联动、资金保障等协调机制的作用，积极配合政府做好上市公司重整中的维稳工作，并根据上市公司的特点，加强与证券监管机构的沟通协调。

二、关于上市公司破产重整案件的管辖

会议认为，上市公司破产重整案件应当由上市公司住所地的人民法院，即上市公司主要办事机构所在地法院管辖；上市公司主要办事机构所在地不明确、存在争议的，由上市公司注册登记地人民法院管辖。由于上市公司破产重整案件涉及法律关系复杂，影响面广，对专业知识和综合能力要求较高，人力物力投入较多，上市公司破产重整案件一般应由中级人民法院管辖。

三、关于上市公司破产重整的申请

会议认为，上市公司不能清偿到期债务，并且资产不足以清偿全部债务或者明显缺乏清偿能力，或者有明显丧失清偿能力可能的，上市公司或者上市公司的债权人、出资额占上市公司注册资本十分之一以上的出资人可以向人民法院申请对上市公司进行破产重整。

申请人申请上市公司破产重整的，除提交《企业破产法》第八条规定的材料外，还应当提交上市公司具有重整可行性的报告、上市公司住所地省级人民政府向证券监督管理部门的通报情况材料以及证券监督管理部门的意见、上市公司住所地人民政府出具的维稳预案等。上市公司自行申请破产重整的，还应当提交切实可行的职工安置方案。

四、关于对上市公司破产重整申请的审查

会议认为，债权人提出重整申请，上市公司在法律规定的时间内提出异议，或者债权人、上市公司、出资人分别向人民法院提出破产清算申请和重整申请的，人民法院应当组织召开听证会。

人民法院召开听证会的，应当于听证会召开前通知申请人、被申请人，并送达相关申请材料。公司债权人、出资人、实际控制人等利害关系人申请参加听证的，人民法院应当予以准许。人民法院应当就申请人是否具备申请资格、上市公司是否已经发生重整事由、上市公司是否具有重整可行性等内容进行听证。

鉴于上市公司破产重整案件较为敏感，不仅涉及企业职工和二级市场众多投资者的利益安排,还涉及与地方政府和证券监管机构的沟通协调。因此,目前人民法院在裁定受理上市公司破产重整申请前,应当将相关材料逐级报送最高人民法院审查。

五、关于对破产重整上市公司的信息保密和披露

会议认为,对于股票仍在正常交易的上市公司,在上市公司破产重整申请相关信息披露前,上市公司及其债权人、出资人等利害关系人应当按照法律、行政法规、证券监管机构的部门规章及证券交易所上市规则做好信息保密工作。

上市公司的债权人提出破产重整申请的,人民法院应当要求债权人提供其已就此告知上市公司的有关证据。上市公司应当按照相关规则及时履行信息披露义务。

上市公司进入破产重整程序后,由管理人履行相关法律、行政法规、部门规章和公司章程规定的原上市公司董事会、董事和高级管理人员承担的职责和义务,上市公司自行管理财产和营业事务的除外。管理人在上市公司破产重整程序中存在信息披露违法违规行为的,应当依法承担相应的责任。

六、关于上市公司破产重整计划草案的制定

会议认为,上市公司或者管理人制定的上市公司重整计划草案应当包括详细的经营方案。有关经营方案涉及并购重组等行政许可审批事项的,上市公司或管理人应当聘请经证券监管机构核准的财务顾问机构、律师事务所以及具有证券期货业务资格的会计师事务所、资产评估机构等证券服务机构按照证券监管机构的有关要求及格式编制相关材料,并作为重整计划草案及其经营方案的必备文件。

控股股东、实际控制人及其关联方在上市公司破产重整程序前因违规占用、担保等行为对上市公司造成损害的,制定重整计划草案时应当根据其过错对控股股东及实际控制人支配的股东的股权作相应调整。

七、关于上市公司破产重整中出资人组的表决

会议认为,出资人组对重整计划草案中涉及出资人权益调整事项的表决,经参与表决的出资人所持表决权三分之二以上通过的,即为该组通过重整计划草案。

考虑到出席表决会议需要耗费一定的人力物力,一些中小投资者可能放弃参加表决会议的权利。为最大限度地保护中小投资者的合法权益,上市公司或者管理人应当提供网络表决的方式,为出资人行使表决权提供便利。关于网络表决权行使的具体方式,可以参照适用中国证券监督管理委员会发布的有关规定。

八、关于上市公司重整计划草案的会商机制

会议认为,重整计划草案涉及证券监管机构行政许可事项的,受理案件的人民法院应当通过最高人民法院,启动与中国证券监督管理委员会的会商机制。即由最高人民法院将有关材料函送中国证券监督管理委员会,中国证券监督管理委员会安排并购重组专家咨询委员会对会商案件进行研究。并购重组专家咨询委员会应当按照与并购重组审核委员会相同的审核标准,对提起会商的行政许可事项进行研究并出具专家咨询意见。人民法院应当参考专家咨询意见,作出是否批准重整计划草案的裁定。

九、关于上市公司重整计划涉及行政许可部分的执行

会议认为,人民法院裁定批准重整计划后,重整计划内容涉及证券监管机构并购重组行政许可事项的,上市公司应当按照相关规定履行行政许可核准程序。重整计划草案提交出资人组表决且经人民法院裁定批准后,上市公司无须再行召开股东大会,可以直接向证券监管机构提交出资人组表决结果及人民法院裁定书,以申请并购重组许可申请。并购重组审核委员会审核工作应当充分考虑并购重组专家咨询委员会提交的专家咨询意见。并购重组申请事项获得证券监管机构行政许可后,应当在重整计划的执行期限内实施完成。

会议还认为,鉴于上市公司破产重整案件涉及的法律关系复杂,利益主体众多,社会影响较大,人民法院对于审判实践中发现的新情况、新问题,要及时上报。上级人民法院要加强对此类案件的监督指导,加强调查研究,及时总结审判经验,确保依法妥善审理好此类案件。

4. 国有资产法

中华人民共和国企业国有资产法

1. 2008年10月28日第十一届全国人民代表大会常务委员会第五次会议通过

2. 2008年10月28日中华人民共和国主席令第5号公布

3. 自2009年5月1日起施行

目　　录

第一章　总　　则
第二章　履行出资人职责的机构
第三章　国家出资企业

第四章 国家出资企业管理者的选择与考核
第五章 关系国有资产出资人权益的重大事项
第一节 一般规定
第二节 企业改制
第三节 与关联方的交易
第四节 资产评估
第五节 国有资产转让
第六章 国有资本经营预算
第七章 国有资产监督
第八章 法律责任
第九章 附 则

第一章 总 则

第一条 【立法目的】为了维护国家基本经济制度，巩固和发展国有经济，加强对国有资产的保护，发挥国有经济在国民经济中的主导作用，促进社会主义市场经济发展，制定本法。

第二条 【定义及适用范围】本法所称企业国有资产（以下称国有资产），是指国家对企业各种形式的出资所形成的权益。

第三条 【国有资产权属】国有资产属于国家所有即全民所有。国务院代表国家行使国有资产所有权。

第四条 【国有资产出资人代表】国务院和地方人民政府依照法律、行政法规的规定，分别代表国家对国家出资企业履行出资人职责，享有出资人权益。

国务院确定的关系国民经济命脉和国家安全的大型国家出资企业，重要基础设施和重要自然资源等领域的国家出资企业，由国务院代表国家履行出资人职责。其他的国家出资企业，由地方人民政府代表国家履行出资人职责。

第五条 【国家出资企业】本法所称国家出资企业，是指国家出资的国有独资企业、国有独资公司，以及国有资本控股公司、国有资本参股公司。

第六条 【政企分开、政资分开原则】国务院和地方人民政府应当按照政企分开、社会公共管理职能与国有资产出资人职能分开、不干预企业依法自主经营的原则，依法履行出资人职责。

第七条 【国有经济的控制力和主导作用】国家采取措施，推动国有资本向关系国民经济命脉和国家安全的重要行业和关键领域集中，优化国有经济布局和结构，推进国有企业的改革和发展，提高国有经济的整体素质，增强国有经济的控制力、影响力。

第八条 【国有资产监管体制】国家建立健全与社会主义市场经济发展要求相适应的国有资产管理与监督体制，建立健全国有资产保值增值考核和责任追究制度，落实国有资产保值增值责任。

第九条 【国有资产基础管理制度】国家建立健全国有资产基础管理制度。具体办法按照国务院的规定制定。

第十条 【国有资产保护】国有资产受法律保护，任何单位和个人不得侵害。

第二章 履行出资人职责的机构

第十一条 【履行出资人职责的机构】国务院国有资产监督管理机构和地方人民政府按照国务院的规定设立的国有资产监督管理机构，根据本级人民政府的授权，代表本级人民政府对国家出资企业履行出资人职责。

国务院和地方人民政府根据需要，可以授权其他部门、机构代表本级人民政府对国家出资企业履行出资人职责。

代表本级人民政府履行出资人职责的机构、部门，以下统称履行出资人职责的机构。

第十二条 【履行出资人职责的机构的基本职责】履行出资人职责的机构代表本级人民政府对国家出资企业依法享有资产收益、参与重大决策和选择管理者等出资人权利。

履行出资人职责的机构依照法律、行政法规的规定，制定或者参与制定国家出资企业的章程。

履行出资人职责的机构对法律、行政法规和本级人民政府规定须经本级人民政府批准的履行出资人职责的重大事项，应当报请本级人民政府批准。

第十三条 【股东代表】履行出资人职责的机构委派的股东代表参加国有资本控股公司、国有资本参股公司召开的股东会会议、股东大会会议，应当按照委派机构的指示提出提案、发表意见、行使表决权，并将其履行职责的情况和结果及时报告委派机构。

第十四条 【履行出资人职责的原则】履行出资人职责的机构应当依照法律、行政法规以及企业章程履行出资人职责，保障出资人权益，防止国有资产损失。

履行出资人职责的机构应当维护企业作为市场主体依法享有的权利，除依法履行出资人职责外，不得干预企业经营活动。

第十五条 【履行出资人职责的机构对政府的义务】履行出资人职责的机构对本级人民政府负责，向本级人民政府报告履行出资人职责的情况，接受本级人民政府的监督和考核，对国有资产的保值增值负责。

履行出资人职责的机构应当按照国家有关规定，定期向本级人民政府报告有关国有资产总量、结构、变动、收益等汇总分析的情况。

第三章　国家出资企业

第十六条　【国家出资企业的权利】国家出资企业对其动产、不动产和其他财产依照法律、行政法规以及企业章程享有占有、使用、收益和处分的权利。

国家出资企业依法享有的经营自主权和其他合法权益受法律保护。

第十七条　【国家出资企业的义务】国家出资企业从事经营活动,应当遵守法律、行政法规,加强经营管理,提高经济效益,接受人民政府及其有关部门、机构依法实施的管理和监督,接受社会公众的监督,承担社会责任,对出资人负责。

国家出资企业应当依法建立和完善法人治理结构,建立健全内部监督管理和风险控制制度。

第十八条　【财务管理】国家出资企业应当依照法律、行政法规和国务院财政部门的规定,建立健全财务、会计制度,设置会计账簿,进行会计核算,依照法律、行政法规以及企业章程的规定向出资人提供真实、完整的财务、会计信息。

国家出资企业应当依照法律、行政法规以及企业章程的规定,向出资人分配利润。

第十九条　【监事会监督】国有独资公司、国有资本控股公司和国有资本参股公司依照《中华人民共和国公司法》的规定设立监事会。国有独资企业由履行出资人职责的机构按照国务院的规定委派监事组成监事会。

国家出资企业的监事会依照法律、行政法规以及企业章程的规定,对董事、高级管理人员执行职务的行为进行监督,对企业财务进行监督检查。

第二十条　【职工民主管理】国家出资企业依照法律规定,通过职工代表大会或者其他形式,实行民主管理。

第二十一条　【对所出资企业的监管】国家出资企业对其所出资企业依法享有资产收益、参与重大决策和选择管理者等出资人权利。

国家出资企业对其所出资企业,应当依照法律、行政法规的规定,通过制定或者参与制定所出资企业的章程,建立权责明确、有效制衡的企业内部监督管理和风险控制制度,维护其出资人权益。

第四章　国家出资企业管理者的选择与考核

第二十二条　【选择企业管理者】履行出资人职责的机构依照法律、行政法规以及企业章程的规定,任免或者建议任免国家出资企业的下列人员:

(一)任免国有独资企业的经理、副经理、财务负责人和其他高级管理人员;

(二)任免国有独资公司的董事长、副董事长、董事、监事会主席和监事;

(三)向国有资本控股公司、国有资本参股公司的股东会、股东大会提出董事、监事人选。

国家出资企业中应当由职工代表出任的董事、监事,依照有关法律、行政法规的规定由职工民主选举产生。

第二十三条　【企业管理者的任职条件】履行出资人职责的机构任命或者建议任命的董事、监事、高级管理人员,应当具备下列条件:

(一)有良好的品行;

(二)有符合职位要求的专业知识和工作能力;

(三)有能够正常履行职责的身体条件;

(四)法律、行政法规规定的其他条件。

董事、监事、高级管理人员在任职期间出现不符合前款规定情形或者出现《中华人民共和国公司法》规定的不得担任公司董事、监事、高级管理人员情形的,履行出资人职责的机构应当依法予以免职或者提出免职建议。

第二十四条　【企业管理者的任职程序】履行出资人职责的机构对拟任命或者建议任命的董事、监事、高级管理人员的人选,应当按照规定的条件和程序进行考察。考察合格的,按照规定的权限和程序任命或者建议任命。

第二十五条　【企业管理者兼职禁止】未经履行出资人职责的机构同意,国有独资企业、国有独资公司的董事、高级管理人员不得在其他企业兼职。未经股东会、股东大会同意,国有资本控股公司、国有资本参股公司的董事、高级管理人员不得在经营同类业务的其他企业兼职。

未经履行出资人职责的机构同意,国有独资公司的董事长不得兼任经理。未经股东会、股东大会同意,国有资本控股公司的董事长不得兼任经理。

董事、高级管理人员不得兼任监事。

第二十六条　【企业管理者的义务】国家出资企业的董事、监事、高级管理人员,应当遵守法律、行政法规以及企业章程,对企业负有忠实义务和勤勉义务,不得利用职权收受贿赂或者取得其他非法收入和不当利益,不得侵占、挪用企业资产,不得超越职权或者违反程序决定企业重大事项,不得有其他侵害国有资产出资人权益的行为。

第二十七条　【企业管理者的考核、奖惩和薪酬】国家建立国家出资企业管理者经营业绩考核制度。履行出资人职责的机构应当对其任命的企业管理者进行年度和任期考核,并依据考核结果决定对企业管理者的奖惩。

履行出资人职责的机构应当按照国家有关规定,

确定其任命的国家出资企业管理者的薪酬标准。

第二十八条　【企业管理者经济责任审计】国有独资企业、国有独资公司和国有资本控股公司的主要负责人，应当接受依法进行的任期经济责任审计。

第二十九条　【政府直接任免企业管理者】本法第二十二条第一款第一项、第二项规定的企业管理者，国务院和地方人民政府规定由本级人民政府任免的，依照其规定。履行出资人职责的机构依照本章规定对上述企业管理者进行考核、奖惩并确定其薪酬标准。

第五章　关系国有资产出资人权益的重大事项

第一节　一般规定

第三十条　【重大事项的范围】国家出资企业合并、分立、改制、上市，增加或者减少注册资本，发行债券，进行重大投资，为他人提供大额担保，转让重大财产，进行大额捐赠，分配利润，以及解散、申请破产等重大事项，应当遵守法律、行政法规以及企业章程的规定，不得损害出资人和债权人的权益。

第三十一条　【国有独资企业、公司重大事项的决定之一】国有独资企业、国有独资公司合并、分立，增加或者减少注册资本，发行债券，分配利润，以及解散、申请破产，由履行出资人职责的机构决定。

第三十二条　【国有独资企业、公司重大事项的决定之二】国有独资企业、国有独资公司有本法第三十条所列事项的，除依照本法第三十一条和有关法律、行政法规以及企业章程的规定，由履行出资人职责的机构决定的以外，国有独资企业由企业负责人集体讨论决定，国有独资公司由董事会决定。

第三十三条　【国有资本控股、参股公司重大事项的决定】国有资本控股公司、国有资本参股公司有本法第三十条所列事项的，依照法律、行政法规以及公司章程的规定，由公司股东会、股东大会或者董事会决定。由股东会、股东大会决定的，履行出资人职责的机构委派的股东代表应当依照本法第十三条的规定行使权利。

第三十四条　【应由政府批准的重大事项】重要的国有独资企业、国有独资公司、国有资本控股公司的合并、分立、解散、申请破产以及法律、行政法规和本级人民政府规定应当由履行出资人职责的机构报经本级人民政府批准的重大事项，履行出资人职责的机构在作出决定或者向其委派参加国有资本控股公司股东会会议、股东大会会议的股东代表作出指示前，应当报请本级人民政府批准。

本法所称的重要的国有独资企业、国有独资公司和国有资本控股公司，按照国务院的规定确定。

第三十五条　【政府其他部门的审批】国家出资企业发行债券、投资等事项，有关法律、行政法规规定应当报经人民政府或者人民政府有关部门、机构批准、核准或者备案的，依照其规定。

第三十六条　【风险防范】国家出资企业投资应当符合国家产业政策，并按照国家规定进行可行性研究；与他人交易应当公平、有偿，取得合理对价。

第三十七条　【听取职工意见和建议】国家出资企业的合并、分立、改制、解散、申请破产等重大事项，应当听取企业工会的意见，并通过职工代表大会或者其他形式听取职工的意见和建议。

第三十八条　【所出资企业的重大事项】国有独资企业、国有独资公司、国有资本控股公司对其所出资企业的重大事项参照本章规定履行出资人职责。具体办法由国务院规定。

第二节　企业改制

第三十九条　【企业改制的定义】本法所称企业改制是指：

（一）国有独资企业改为国有独资公司；

（二）国有独资企业、国有独资公司改为国有资本控股公司或者非国有资本控股公司；

（三）国有资本控股公司改为非国有资本控股公司。

第四十条　【企业改制的决定】企业改制应当依照法定程序，由履行出资人职责的机构决定或者由公司股东会、股东大会决定。

重要的国有独资企业、国有独资公司、国有资本控股公司的改制，履行出资人职责的机构在作出决定或者向其委派参加国有资本控股公司股东会会议、股东大会会议的股东代表作出指示前，应当将改制方案报请本级人民政府批准。

第四十一条　【改制方案】企业改制应当制定改制方案，载明改制后的企业组织形式、企业资产和债权债务处理方案、股权变动方案、改制的操作程序、资产评估和财务审计等中介机构的选聘等事项。

企业改制涉及重新安置企业职工的，还应当制定职工安置方案，并经职工代表大会或者职工大会审议通过。

第四十二条　【资产清查、评估和作价】企业改制应当按照规定进行清产核资、财务审计、资产评估，准确界定和核实资产，客观、公正地确定资产的价值。

企业改制涉及以企业的实物、知识产权、土地使用权等非货币财产折算为国有资本出资或者股份的，应当按照规定对折价财产进行评估，以评估确认价格作为确定国有资本出资额或者股份数额的依据。不得将财产低价折股或者有其他损害出资人权益的行为。

第三节　与关联方的交易

第四十三条　【关联方不得利用与企业之间的交易谋取不正当利益】国家出资企业的关联方不得利用与国家出资企业之间的交易，谋取不当利益，损害国家出资企业利益。

本法所称关联方，是指本企业的董事、监事、高级管理人员及其近亲属，以及这些人员所有或者实际控制的企业。

第四十四条　【禁止的关联方交易】国有独资企业、国有独资公司、国有资本控股公司不得无偿向关联方提供资金、商品、服务或者其他资产，不得以不公平的价格与关联方进行交易。

第四十五条　【国有独资企业、公司与其关联方交易的决定】未经履行出资人职责的机构同意，国有独资企业、国有独资公司不得有下列行为：

（一）与关联方订立财产转让、借款的协议；

（二）为关联方提供担保；

（三）与关联方共同出资设立企业，或者向董事、监事、高级管理人员或者其近亲属所有或者实际控制的企业投资。

第四十六条　【国有资本控股公司与其关联方交易的决定】国有资本控股公司、国有资本参股公司与关联方的交易，依照《中华人民共和国公司法》和有关行政法规以及公司章程的规定，由公司股东会、股东大会或者董事会决定。由公司股东会、股东大会决定的，履行出资人职责的机构委派的股东代表，应当依照本法第十三条的规定行使权利。

公司董事会对公司与关联方的交易作出决议时，该交易涉及的董事不得行使表决权，也不得代理其他董事行使表决权。

第四节　资产评估

第四十七条　【应当评估的情形】国有独资企业、国有独资公司和国有资本控股公司合并、分立、改制，转让重大财产，以非货币财产对外投资，清算或者有法律、行政法规以及企业章程规定应当进行资产评估的其他情形的，应当按照规定对有关资产进行评估。

第四十八条　【委托第三方评估】国有独资企业、国有独资公司和国有资本控股公司应当委托依法设立的符合条件的资产评估机构进行资产评估；涉及应当报经履行出资人职责的机构决定的事项的，应当将委托资产评估机构的情况向履行出资人职责的机构报告。

第四十九条　【如实提供评估资料】国有独资企业、国有独资公司、国有资本控股公司及其董事、监事、高级管理人员应当向资产评估机构如实提供有关情况和资料，不得与资产评估机构串通评估作价。

第五十条　【遵守评估准则】资产评估机构及其工作人员受托评估有关资产，应当遵守法律、行政法规以及评估执业准则，独立、客观、公正地对受托评估的资产进行评估。资产评估机构应当对其出具的评估报告负责。

第五节　国有资产转让

第五十一条　【国有资产转让的定义】本法所称国有资产转让，是指依法将国家对企业的出资所形成的权益转移给其他单位或者个人的行为；按照国家规定无偿划转国有资产的除外。

第五十二条　【国有资产转让的宗旨】国有资产转让应当有利于国有经济布局和结构的战略性调整，防止国有资产损失，不得损害交易各方的合法权益。

第五十三条　【国有资产转让的决定】国有资产转让由履行出资人职责的机构决定。履行出资人职责的机构决定转让全部国有资产的，或者转让部分国有资产致使国家对该企业不再具有控股地位的，应当报请本级人民政府批准。

第五十四条　【国有资产转让的原则和方式】国有资产转让应当遵循等价有偿和公开、公平、公正的原则。

除按照国家规定可以直接协议转让的以外，国有资产转让应当在依法设立的产权交易场所公开进行。转让方应当如实披露有关信息，征集受让方；征集产生的受让方为两个以上的，转让应当采用公开竞价的交易方式。

转让上市交易的股份依照《中华人民共和国证券法》的规定进行。

第五十五条　【国有资产转让价格】国有资产转让应当以依法评估的、经履行出资人职责的机构认可或者由履行出资人职责的机构报经本级人民政府核准的价格为依据，合理确定最低转让价格。

第五十六条　【国有资产向管理层转让】法律、行政法规或者国务院国有资产监督管理机构规定可以向本企业的董事、监事、高级管理人员或者其近亲属，或者这些人员所有或者实际控制的企业转让的国有资产，在转让时，上述人员或者企业参与受让的，应当与其他受让参与者平等竞买；转让方应当按照国家有关规定，如实披露有关信息；相关的董事、监事和高级管理人员不得参与转让方案的制定和组织实施的各项工作。

第五十七条　【国有资产向境外投资者转让】国有资产向境外投资者转让的，应当遵守国家有关规定，不得危害国家安全和社会公共利益。

第六章 国有资本经营预算

第五十八条 【国有资本经营预算制度】国家建立健全国有资本经营预算制度,对取得的国有资本收入及其支出实行预算管理。

第五十九条 【国有资本经营预算的收入和支出】国家取得的下列国有资本收入,以及下列收入的支出,应当编制国有资本经营预算:

(一)从国家出资企业分得的利润;

(二)国有资产转让收入;

(三)从国家出资企业取得的清算收入;

(四)其他国有资本收入。

第六十条 【国有资本经营预算的编制原则和批准】国有资本经营预算按年度单独编制,纳入本级人民政府预算,报本级人民代表大会批准。

国有资本经营预算支出按照当年预算收入规模安排,不列赤字。

第六十一条 【国有资本经营预算的编制】国务院和有关地方人民政府财政部门负责国有资本经营预算草案的编制工作,履行出资人职责的机构向财政部门提出由其履行出资人职责的国有资本经营预算建议草案。

第六十二条 【国务院规定具体办法和实施步骤】国有资本经营预算管理的具体办法和实施步骤,由国务院规定,报全国人民代表大会常务委员会备案。

第七章 国有资产监督

第六十三条 【各级人大常委会的监督】各级人民代表大会常务委员会通过听取和审议本级人民政府履行出资人职责的情况和国有资产监督管理情况的专项工作报告,组织对本法实施情况的执法检查等,依法行使监督职权。

第六十四条 【政府的监督】国务院和地方人民政府应当对其授权履行出资人职责的机构履行职责的情况进行监督。

第六十五条 【审计机关的监督】国务院和地方人民政府审计机关依照《中华人民共和国审计法》的规定,对国有资本经营预算的执行情况和属于审计监督对象的国家出资企业进行审计监督。

第六十六条 【社会监督】国务院和地方人民政府应当依法向社会公布国有资产状况和国有资产监督管理工作情况,接受社会公众的监督。

任何单位和个人有权对造成国有资产损失的行为进行检举和控告。

第六十七条 【委托中介机构进行审计监督】履行出资人职责的机构根据需要,可以委托会计师事务所对国有独资企业、国有独资公司的年度财务会计报告进行审计,或者通过国有资本控股公司的股东会、股东大会决议,由国有资本控股公司聘请会计师事务所对公司的年度财务会计报告进行审计,维护出资人权益。

第八章 法律责任

第六十八条 【履行出资人职责的机构的法律责任】履行出资人职责的机构有下列行为之一的,对其直接负责的主管人员和其他直接责任人员依法给予处分:

(一)不按照法定的任职条件,任命或者建议任命国家出资企业管理者的;

(二)侵占、截留、挪用国家出资企业的资金或者应当上缴的国有资本收入的;

(三)违反法定的权限、程序,决定国家出资企业重大事项,造成国有资产损失的;

(四)有其他不依法履行出资人职责的行为,造成国有资产损失的。

第六十九条 【履行出资人职责的机构的工作人员的法律责任】履行出资人职责的机构的工作人员玩忽职守、滥用职权、徇私舞弊,尚不构成犯罪的,依法给予处分。

第七十条 【股东代表的法律责任】履行出资人职责的机构委派的股东代表未按照委派机构的指示履行职责,造成国有资产损失的,依法承担赔偿责任;属于国家工作人员的,并依法给予处分。

第七十一条 【企业管理者的法律责任】国家出资企业的董事、监事、高级管理人员有下列行为之一,造成国有资产损失的,依法承担赔偿责任;属于国家工作人员的,并依法给予处分:

(一)利用职权收受贿赂或者取得其他非法收入和不当利益的;

(二)侵占、挪用企业资产的;

(三)在企业改制、财产转让等过程中,违反法律、行政法规和公平交易规则,将企业财产低价转让、低价折股的;

(四)违反本法规定与本企业进行交易的;

(五)不如实向资产评估机构、会计师事务所提供有关情况和资料,或者与资产评估机构、会计师事务所串通出具虚假资产评估报告、审计报告的;

(六)违反法律、行政法规和企业章程规定的决策程序,决定企业重大事项的;

(七)有其他违反法律、行政法规和企业章程执行职务行为的。

国家出资企业的董事、监事、高级管理人员因前款所列行为取得的收入,依法予以追缴或者归国家出资企业所有。

履行出资人职责的机构任命或者建议任命的董事、监事、高级管理人员有本条第一款所列行为之一,造成国有资产重大损失的,由履行出资人职责的机构依法予以免职或者提出免职建议。

第七十二条　【交易无效】在涉及关联方交易、国有资产转让等交易活动中,当事人恶意串通,损害国有资产权益的,该交易行为无效。

第七十三条　【企业管理者的市场禁入】国有独资企业、国有独资公司、国有资本控股公司的董事、监事、高级管理人员违反本法规定,造成国有资产重大损失,被免职的,自免职之日起五年内不得担任国有独资企业、国有独资公司、国有资本控股公司的董事、监事、高级管理人员;造成国有资产特别重大损失,或者因贪污、贿赂、侵占财产、挪用财产或者破坏社会主义市场经济秩序被判处刑罚的,终身不得担任国有独资企业、国有独资公司、国有资本控股公司的董事、监事、高级管理人员。

第七十四条　【中介机构的法律责任】接受委托对国家出资企业进行资产评估、财务审计的资产评估机构、会计师事务所违反法律、行政法规的规定和执业准则,出具虚假的资产评估报告或者审计报告的,依照有关法律、行政法规的规定追究法律责任。

第七十五条　【刑事责任】违反本法规定,构成犯罪的,依法追究刑事责任。

第九章　附　　则

第七十六条　【金融企业国有资产的适用】金融企业国有资产的管理与监督,法律、行政法规另有规定的,依照其规定。

第七十七条　【施行日期】本法自 2009 年 5 月 1 日起施行。

国有资产评估管理办法

1991 年 11 月 16 日国务院令第 91 号公布施行

第一章　总　　则

第一条　为了正确体现国有资产的价值量,保护国有资产所有者和经营者、使用者的合法权益,制定本办法。

第二条　国有资产评估,除法律、法规另有规定外,适用本办法。

第三条　国有资产占有单位(以下简称占有单位)有下列情形之一的,应当进行资产评估:

(一)资产拍卖、转让;

(二)企业兼并、出售、联营、股份经营;

(三)与外国公司、企业和其他经济组织或者个人开办中外合资经营企业或者中外合作经营企业;

(四)企业清算;

(五)依照国家有关规定需要进行资产评估的其他情形。

第四条　占有单位有下列情形之一,当事人认为需要的,可以进行资产评估:

(一)资产抵押及其他担保;

(二)企业租赁;

(三)需要进行资产评估的其他情形。

第五条　全国或者特定行业的国有资产评估,由国务院决定。

第六条　国有资产评估范围包括:固定资产、流动资产、无形资产和其他资产。

第七条　国有资产评估应当遵循真实性、科学性、可行性原则,依照国家规定的标准、程序和方法进行评定和估算。

第二章　组 织 管 理

第八条　国有资产评估工作,按照国有资产管理权限,由国有资产管理行政主管部门负责管理和监督。

国有资产评估组织工作,按照占有单位的隶属关系,由行业主管部门负责。

国有资产管理行政主管部门和行业主管部门不直接从事国有资产评估业务。

第九条　持有国务院或者省、自治区、直辖市人民政府国有资产管理行政主管部门颁发的国有资产评估资格证书的资产评估公司、会计师事务所、审计事务所、财务咨询公司,经国务院或者省、自治区、直辖市人民政府国有资产管理行政主管部门认可的临时评估机构(以下统称资产评估机构),可以接受占有单位的委托,从事国有资产评估业务。

前款所列资产评估机构的管理办法,由国务院国有资产管理行政主管部门制定。

第十条　占有单位委托资产评估机构进行资产评估时,应当如实提供有关情况和资料。资产评估机构应当对占有单位提供的在关情况和资料保守秘密。

第十一条　资产评估机构进行资产评估,实行有偿服务。资产评估收费办法,由国务院国有资产管理行政主管部门会同财政部门、物价主管部门制定。

第三章　评 估 程 序

第十二条　国有资产评估按照下列程序进行:

(一)申请立项;

(二)资产清查;

（三）评定估算；

（四）验证确认。

第十三条　依照本办法第三条、第四条规定进行资产评估的占有单位，经其主管部门审查同意后，应当向同级国有资产管理行政主管部门提交资产评估立项申请书，并附财产目录和有关会计报表等资料。经国有资产管理行政主管部门授权或委托，占有单位的主管部门可以审批资产评估立项申请。

第十四条　国有资产管理行政主管部门应当自收到资产评估立项申请书之日起十日内进行审核，并作出是否准予资产评估立项的决定，通知申请单位及其主管部门。

第十五条　国务院决定对全国或者特定行业进行国有资产评估的，视为已经准予资产评估立项。

第十六条　申请单位收到准予资产评估立项通知书后，可以委托资产评估机构评估资产。

第十七条　受占有单位委托的资产评估机构应当在对委托单位的资产、债权、债务进行全面清查的基础上，核实资产帐面与实际是否相符，经营成果是否真实，据以作出鉴定。

第十八条　受占有单位委托的资产评估机构应当根据本办法的规定，对委托单位被评估资产的价值进行评定和估算，并向委托单位提出资产评估结果报告书。委托单位收到资产评估机构的资产评估结果报告书后，应当报其主管部门审查；主管部门审查同意后，报同级国有资产管理行政主管部门确认资产评估结果。经国有资产管理行政主管部门授权或者委托，占有单位的主管部门可以确认资产评估结果。

第十九条　国有资产管理行政主管部门应当自收到占有单位报送的资产评估结果报告书之日起四十五日内组织审核、验证、协商，确认资产评估结果，并下达确认通知书。

第二十条　占有单位对确认通知书有异议的，可以自收到通知书之日起十五日内向上一级国有资产管理行政主管部门申请复核。上一级国有资产管理行政主管部门应当自收到复核申请之日起三十日内作出裁定，并下达裁定通知书。

第二十一条　占有单位收到确认通知书或者裁定通知书后，应当根据国家有关财务、会计制度进行帐务处理。

第四章　评估方法

第二十二条　国有资产重估价值，根据资产原值、净值、新旧程度、重置成本、获利能力等因素和本办法规定的资产评估方法评定。

第二十三条　国有资产评估方法包括：

（一）收益现值法；

（二）重置成本法；

（三）现行市价法；

（四）清算价格法；

（五）国务院国有资产管理行政主管部门规定的其他评估方法。

第二十四条　用收益现值法进行资产评估的，应当根据被评估资产合理的预期获利能力和适当的折现率，计算出资产的现值，并以此评定重估价值。

第二十五条　用重置成本法进行资产评估的，应当根据该资产在全新情况下的重置成本，减去按重置成本计算的已使用年限的累积折旧额，考虑资产功能变化、成新率等因素，评定重估价值；或者根据资产的使用期限，考虑资产功能变化等因素重新确定成新率，评定重估价值。

第二十六条　用现行市价法进行资产评估的，应当参照相同或者类似资产的市场价格，评定重估价值。

第二十七条　用清算价格法进行资产评估的，应当根据企业清算时其资产可变现的价值，评定重估价值。

第二十八条　对流动资产中的原材料、在制品、协作件、库存商品、低值易耗品等进行评估时，应当根据该项资产的现行市场价格、计划价格，考虑购置费用、产品完工程度、损耗等因素，评定重估价值。

第二十九条　对有价证券的评估，参照市场价格评定重估价值；没有市场价格的，考虑票面价值、预期收益等因素，评定重估价值。

第三十条　对占有单位的无形资产，区别下列情况评定重估价值：

（一）外购的无形资产，根据购入成本及该项资产具有的获利能力；

（二）自创或者自身拥有的无形资产，根据其形成时所需实际成本及该项资产具有的获利能力；

（三）自创或者自身拥有的未单独计算成本的无形资产，根据该项资产具有的获利能力。

第五章　法律责任

第三十一条　占有单位违反本办法的规定，提供虚假情况和资料，或者与资产评估机构串通作弊，致使资产评估结果失实的，国有资产管理行政主管部门可以宣布资产评估结果无效，并可以根据情节轻重，单处或者并处下列处罚：

（一）通报批评；

（二）限期改正，并可以处以相当于评估费用以下的罚款；

（三）提请有关部门对单位主管人员和直接责任

人员给予行政处分,并可以处以相当于本人三个月基本工资以下的罚款。

第三十二条　资产评估机构作弊或者玩忽职守,致使资产评估结果失实的,国有资产管理行政主管部门可以宣布资产评估结果无效,并可以根据情节轻重,对该资产评估机构给予下列处罚:

(一)警告;

(二)停业整顿;

(三)吊销国有资产评估资格证书。

第三十三条　被处罚的单位和个人对依照本办法第三十一条、第三十二条规定作出的处罚决定不服的,可以在收到处罚通知之日起十五日内,向上一级国有资产管理行政主管部门申请复议。上一级国有资产管理行政主管部门应当自收到复议申请之日起六十日内作出复议决定。申请人对复议决定不服的,可以自收到复议通知之日起十五日内,向人民法院提起诉讼。

第三十四条　国有资产管理行政主管部门或者行业主管部门工作人员违反本办法,利用职权谋取私利,或者玩忽职守,造成国有资产损失的,国有资产管理行政主管部门或者行业主管部门可以按照干部管理权限,给予行政处分,并可以处以相当本人三个月基本工资以下的罚款。

违反本办法,利用职权谋取私利的,由有查处权的部门依法追缴其非法所得。

第三十五条　违反本办法,情节严重,构成犯罪的,由司法机关依法追究刑事责任。

第六章　附　　则

第三十六条　境外国有资产的评估,不适用本办法。

第三十七条　有关国有自然资源有偿使用、开采的评估办法,由国务院另行规定。

第三十八条　本办法由国务院国有资产管理行政主管部门负责解释。

本办法的施行细则由国务院国有资产管理行政主管部门制定。

第三十九条　本办法自发布之日起施行。

企业国有资产监督管理暂行条例

1. 2003年5月27日国务院令第378号公布

2. 根据2011年1月8日国务院令第588号《关于废止和修改部分行政法规的决定》修订

第一章　总　　则

第一条　为建立适应社会主义市场经济需要的国有资产监督管理体制,进一步搞好国有企业,推动国有经济布局和结构的战略性调整,发展和壮大国有经济,实现国有资产保值增值,制定本条例。

第二条　国有及国有控股企业、国有参股企业中的国有资产的监督管理,适用本条例。

金融机构中的国有资产的监督管理,不适用本条例。

第三条　本条例所称企业国有资产,是指国家对企业各种形式的投资和投资所形成的权益,以及依法认定为国家所有的其他权益。

第四条　企业国有资产属于国家所有。国家实行由国务院和地方人民政府分别代表国家履行出资人职责,享有所有者权益,权利、义务和责任相统一,管资产和管人、管事相结合的国有资产管理体制。

第五条　国务院代表国家对关系国民经济命脉和国家安全的大型国有及国有控股、国有参股企业,重要基础设施和重要自然资源等领域的国有及国有控股、国有参股企业,履行出资人职责。国务院履行出资人职责的企业,由国务院确定、公布。

省、自治区、直辖市人民政府和设区的市、自治州级人民政府分别代表国家对由国务院履行出资人职责以外的国有及国有控股、国有参股企业,履行出资人职责。其中,省、自治区、直辖市人民政府履行出资人职责的国有及国有控股、国有参股企业,由省、自治区、直辖市人民政府确定、公布,并报国务院国有资产监督管理机构备案;其他由设区的市、自治州级人民政府履行出资人职责的国有及国有控股、国有参股企业,由设区的市、自治州级人民政府确定、公布,并报省、自治区、直辖市人民政府国有资产监督管理机构备案。

国务院,省、自治区、直辖市人民政府,设区的市、自治州级人民政府履行出资人职责的企业,以下统称所出资企业。

第六条　国务院,省、自治区、直辖市人民政府,设区的市、自治州级人民政府,分别设立国有资产监督管理机构。国有资产监督管理机构根据授权,依法履行出资人职责,依法对企业国有资产进行监督管理。

企业国有资产较少的设区的市、自治州,经省、自治区、直辖市人民政府批准,可以不单独设立国有资产监督管理机构。

第七条　各级人民政府应当严格执行国有资产管理法律、法规,坚持政府的社会公共管理职能与国有资产出资人职能分开,坚持政企分开,实行所有权与经营权分离。

国有资产监督管理机构不行使政府的社会公共管

理职能，政府其他机构、部门不履行企业国有资产出资人职责。

第八条　国有资产监督管理机构应当依照本条例和其他有关法律、行政法规的规定，建立健全内部监督制度，严格执行法律、行政法规。

第九条　发生战争、严重自然灾害或者其他重大、紧急情况时，国家可以依法统一调用、处置企业国有资产。

第十条　所出资企业及其投资设立的企业，享有有关法律、行政法规规定的企业经营自主权。

国有资产监督管理机构应当支持企业依法自主经营，除履行出资人职责以外，不得干预企业的生产经营活动。

第十一条　所出资企业应当努力提高经济效益，对其经营管理的企业国有资产承担保值增值责任。

所出资企业应当接受国有资产监督管理机构依法实施的监督管理，不得损害企业国有资产所有者和其他出资人的合法权益。

第二章　国有资产监督管理机构

第十二条　国务院国有资产监督管理机构是代表国务院履行出资人职责、负责监督管理企业国有资产的直属特设机构。

省、自治区、直辖市人民政府国有资产监督管理机构，设区的市、自治州级人民政府国有资产监督管理机构是代表本级政府履行出资人职责、负责监督管理企业国有资产的直属特设机构。

上级政府国有资产监督管理机构依法对下级政府的国有资产监督管理工作进行指导和监督。

第十三条　国有资产监督管理机构的主要职责是：

（一）依照《中华人民共和国公司法》等法律、法规，对所出资企业履行出资人职责，维护所有者权益；

（二）指导推进国有及国有控股企业的改革和重组；

（三）依照规定向所出资企业派出监事会；

（四）依照法定程序对所出资企业的企业负责人进行任免、考核，并根据考核结果对其进行奖惩；

（五）通过统计、稽核等方式对企业国有资产的保值增值情况进行监管；

（六）履行出资人的其他职责和承办本级政府交办的其他事项。

国务院国有资产监督管理机构除前款规定职责外，可以制定企业国有资产监督管理的规章、制度。

第十四条　国有资产监督管理机构的主要义务是：

（一）推进国有资产合理流动和优化配置，推动国有经济布局和结构的调整；

（二）保持和提高关系国民经济命脉和国家安全领域国有经济的控制力和竞争力，提高国有经济的整体素质；

（三）探索有效的企业国有资产经营体制和方式，加强企业国有资产监督管理工作，促进企业国有资产保值增值，防止企业国有资产流失；

（四）指导和促进国有及国有控股企业建立现代企业制度，完善法人治理结构，推进管理现代化；

（五）尊重、维护国有及国有控股企业经营自主权，依法维护企业合法权益，促进企业依法经营管理，增强企业竞争力；

（六）指导和协调解决国有及国有控股企业改革与发展中的困难和问题。

第十五条　国有资产监督管理机构应当向本级政府报告企业国有资产监督管理工作、国有资产保值增值状况和其他重大事项。

第三章　企业负责人管理

第十六条　国有资产监督管理机构应当建立健全适应现代企业制度要求的企业负责人的选用机制和激励约束机制。

第十七条　国有资产监督管理机构依照有关规定，任免或者建议任免所出资企业的企业负责人：

（一）任免国有独资企业的总经理、副总经理、总会计师及其他企业负责人；

（二）任免国有独资公司的董事长、副董事长、董事，并向其提出总经理、副总经理、总会计师等的任免建议；

（三）依照公司章程，提出向国有控股的公司派出的董事、监事人选，推荐国有控股的公司的董事长、副董事长和监事会主席人选，并向其提出总经理、副总经理、总会计师人选的建议；

（四）依照公司章程，提出向国有参股的公司派出的董事、监事人选。

国务院，省、自治区、直辖市人民政府，设区的市、自治州级人民政府，对所出资企业的企业负责人的任免另有规定的，按照有关规定执行。

第十八条　国有资产监督管理机构应当建立企业负责人经营业绩考核制度，与其任命的企业负责人签订业绩合同，根据业绩合同对企业负责人进行年度考核和任期考核。

第十九条　国有资产监督管理机构应当依照有关规定，确定所出资企业中的国有独资企业、国有独资公司的企业负责人的薪酬；依据考核结果，决定其向所出资企业派出的企业负责人的奖惩。

第四章　企业重大事项管理

第二十条　国有资产监督管理机构负责指导国有及国有控股企业建立现代企业制度,审核批准其所出资企业中的国有独资企业、国有独资公司的重组、股份制改造方案和所出资企业中的国有独资公司的章程。

第二十一条　国有资产监督管理机构依照法定程序决定其所出资企业中的国有独资企业、国有独资公司的分立、合并、破产、解散、增减资本、发行公司债券等重大事项。其中,重要的国有独资企业、国有独资公司分立、合并、破产、解散的,应当由国有资产监督管理机构审核后,报本级人民政府批准。

国有资产监督管理机构依照法定程序审核、决定国防科技工业领域其所出资企业中的国有独资企业、国有独资公司的有关重大事项时,按照国家有关法律、规定执行。

第二十二条　国有资产监督管理机构依照公司法的规定,派出股东代表、董事,参加国有控股的公司、国有参股的公司的股东会、董事会。

国有控股的公司、国有参股的公司的股东会、董事会决定公司的分立、合并、破产、解散、增减资本、发行公司债券、任免企业负责人等重大事项时,国有资产监督管理机构派出的股东代表、董事,应当按照国有资产监督管理机构的指示发表意见、行使表决权。

国有资产监督管理机构派出的股东代表、董事,应当将其履行职责的有关情况及时向国有资产监督管理机构报告。

第二十三条　国有资产监督管理机构决定其所出资企业的国有股权转让。其中,转让全部国有股权或者转让部分国有股权致使国家不再拥有控股地位的,报本级人民政府批准。

第二十四条　所出资企业投资设立的重要子企业的重大事项,需由所出资企业报国有资产监督管理机构批准的,管理办法由国务院国有资产监督管理机构另行制定,报国务院批准。

第二十五条　国有资产监督管理机构依照国家有关规定组织协调所出资企业中的国有独资企业、国有独资公司的兼并破产工作,并配合有关部门做好企业下岗职工安置等工作。

第二十六条　国有资产监督管理机构依照国家有关规定拟订所出资企业收入分配制度改革的指导意见,调控所出资企业工资分配的总体水平。

第二十七条　所出资企业中的国有独资企业、国有独资公司经国务院批准,可以作为国务院规定的投资公司、控股公司,享有公司法第十二条规定的权利;可以作为国家授权投资的机构,享有公司法第二十条规定的权利。(本条已于2011年1月8日删除——编者注)

第二十八条　国有资产监督管理机构可以对所出资企业中具备条件的国有独资企业、国有独资公司进行国有资产授权经营。

被授权的国有独资企业、国有独资公司对其全资、控股、参股企业中国家投资形成的国有资产依法进行经营、管理和监督。

第二十九条　被授权的国有独资企业、国有独资公司应当建立和完善规范的现代企业制度,并承担企业国有资产的保值增值责任。

第五章　企业国有资产管理

第三十条　国有资产监督管理机构依照国家有关规定,负责企业国有资产的产权界定、产权登记、资产评估监管、清产核资、资产统计、综合评价等基础管理工作。

国有资产监督管理机构协调其所出资企业之间的企业国有资产产权纠纷。

第三十一条　国有资产监督管理机构应当建立企业国有资产产权交易监督管理制度,加强企业国有资产产权交易的监督管理,促进企业国有资产的合理流动,防止企业国有资产流失。

第三十二条　国有资产监督管理机构对其所出资企业的企业国有资产收益依法履行出资人职责;对其所出资企业的重大投融资规划、发展战略和规划,依照国家发展规划和产业政策履行出资人职责。

第三十三条　所出资企业中的国有独资企业、国有独资公司的重大资产处置,需由国有资产监督管理机构批准的,依照有关规定执行。

第六章　企业国有资产监督

第三十四条　国务院国有资产监督管理机构代表国务院向其所出资企业中的国有独资企业、国有独资公司派出监事会。监事会的组成、职权、行为规范等,依照《国有企业监事会暂行条例》的规定执行。

地方人民政府国有资产监督管理机构代表本级人民政府向其所出资企业中的国有独资企业、国有独资公司派出监事会,参照《国有企业监事会暂行条例》的规定执行。

第三十五条　国有资产监督管理机构依法对所出资企业财务进行监督,建立和完善国有资产保值增值指标体系,维护国有资产出资人的权益。

第三十六条　国有及国有控股企业应当加强内部监督和风险控制,依照国家有关规定建立健全财务、审计、企业法律顾问和职工民主监督等制度。

第三十七条　所出资企业中的国有独资企业、国有独资公司应当按照规定定期向国有资产监督管理机构报告财务状况、生产经营状况和国有资产保值增值状况。

第七章 法律责任

第三十八条 国有资产监督管理机构不按规定任免或者建议任免所出资企业的企业负责人，或者违法干预所出资企业的生产经营活动，侵犯其合法权益，造成企业国有资产损失或者其他严重后果的，对直接负责的主管人员和其他直接责任人员依法给予行政处分；构成犯罪的，依法追究刑事责任。

第三十九条 所出资企业中的国有独资企业、国有独资公司未按照规定向国有资产监督管理机构报告财务状况、生产经营状况和国有资产保值增值状况的，予以警告；情节严重的，对直接负责的主管人员和其他直接责任人员依法给予纪律处分。

第四十条 国有及国有控股企业的企业负责人滥用职权、玩忽职守，造成企业国有资产损失的，应负赔偿责任，并对其依法给予纪律处分；构成犯罪的，依法追究刑事责任。

第四十一条 对企业国有资产损失负有责任受到撤职以上纪律处分的国有及国有控股企业的企业负责人，5年内不得担任任何国有及国有控股企业的企业负责人；造成企业国有资产重大损失或者被判处刑罚的，终身不得担任任何国有及国有控股企业的企业负责人。

第八章 附 则

第四十二条 国有及国有控股企业、国有参股企业的组织形式、组织机构、权利和义务等，依照《中华人民共和国公司法》等法律、行政法规和本条例的规定执行。

第四十三条 国有及国有控股企业、国有参股企业中中国共产党基层组织建设、社会主义精神文明建设和党风廉政建设，依照《中国共产党章程》和有关规定执行。

国有及国有控股企业、国有参股企业中工会组织依照《中华人民共和国工会法》和《中国工会章程》的有关规定执行。

第四十四条 国务院国有资产监督管理机构，省、自治区、直辖市人民政府可以依据本条例制定实施办法。

第四十五条 本条例施行前制定的有关企业国有资产监督管理的行政法规与本条例不一致的，依照本条例的规定执行。

第四十六条 政企尚未分开的单位，应当按照国务院的规定，加快改革，实现政企分开。政企分开后的企业，由国有资产监督管理机构依法履行出资人职责，依法对企业国有资产进行监督管理。

第四十七条 本条例自公布之日起施行。

二、上市发行

《中华人民共和国证券法》导读:

九届全国人大常委会第六次会议于 1998 年 12 月审议通过了《中华人民共和国证券法》,并于 1999 年 7 月 1 日起正式实施。2004 年 8 月、2005 年 10 月,十届全国人大常委会第十一次、第十八次会议分别对《证券法》进行了修改。《证券法》规定的主要内容有:

(一)关于《证券法》的基本原则。为维护证券市场的统一、稳定,促进证券市场的运作有序,《证券法》规定了证券活动应遵循的基本原则。包括公开、公平、公正的原则;自愿、有偿、诚实信用的原则;保护投资者利益的原则等六项。

(二)关于《证券法》的调整范围。《证券法》规定的调整范围包括:一是在中华人民共和国境内,股票、公司债券和国务院依法认定的其他证券的发行和交易;二是政府债券、证券投资基金份额的上市交易,适用本法;三是证券衍生品种发行、交易的管理办法,由国务院依照本法的原则规定。

(三)关于证券市场监督管理体制。《证券法》规定,国务院证券监督管理机构对全国证券市场实行集中统一监督管理。国务院证券监督管理机构根据需要可以设立派出机构,依法设立证券业协会,实行自律性管理。国家审计机关依法对证券交易所、证券公司、证券登记结算机构、证券监督管理机构进行审计监督。

(四)关于证券发行。由于我国《公司法》、《证券投资基金法》及国务院行政法规对股票、公司债券、证券投资基金等证券的发行已作了相应规定,为加强管理,《证券法》在第二章中针对实践中出现的新情况和新问题作出重申的或者补充性规定。

(五)关于证券交易。《证券法》规定了证券交易行为的基本规范,规定证券交易当事人买卖的证券必须是依法发行的证券;上市交易的证券必须在证券交易所实行集中竞价交易;证券发行人必须持续公开披露其生产经营和财务状况的信息;禁止内幕交易等。

(六)关于对证券公司的监管。为加强对证券公司的监管,《证券法》从以下几方面作了规定:(1)健全证券公司内部控制制度;(2)明确了证券公司高级管理人员任职资格管理制度;(3)增加了对证券公司主要股东的资格要求;(4)补充和完善对证券公司的监管措施。

(七)关于对投资者特别是中小投资者权益的保护。《证券法》规定:(1)建立证券投资者保护基金制度;(2)明确对投资者损害赔偿的民事责任制度。

(八)关于法律责任。1999 年《证券法》在"法律责任"一章中作了一系列具体规定。2005 年《证券法》对法律责任的规定进一步补充、完善,并使之更具可操作性。

2013 年 6 月 29 日,十二届全国人大常委会第三次会议对《证券法》第一百二十九条第一款作了修改;2014 年 8 月 31 日,十二届全国人大常委会第十次会议对《证券法》第八十九、九十、九十一、二百一十三条作了修改,并相应调整了第一百零八、一百三十一条中引用的《公司法》条文序号。

资料补充栏

1. 首次发行

首次公开发行股票并上市管理办法

1. 2006年5月17日中国证券监督管理委员会令第32号公布
2. 自2006年5月18日起施行

第一章 总 则

第一条 为了规范首次公开发行股票并上市的行为,保护投资者的合法权益和社会公共利益,根据《证券法》、《公司法》,制定本办法。

第二条 在中华人民共和国境内首次公开发行股票并上市,适用本办法。

境内公司股票以外币认购和交易的,不适用本办法。

第三条 首次公开发行股票并上市,应当符合《证券法》、《公司法》和本办法规定的发行条件。

第四条 发行人依法披露的信息,必须真实、准确、完整,不得有虚假记载、误导性陈述或者重大遗漏。

第五条 保荐人及其保荐代表人应当遵循勤勉尽责、诚实守信的原则,认真履行审慎核查和辅导义务,并对其所出具的发行保荐书的真实性、准确性、完整性负责。

第六条 为证券发行出具有关文件的证券服务机构和人员,应当按照本行业公认的业务标准和道德规范,严格履行法定职责,并对其所出具文件的真实性、准确性和完整性负责。

第七条 中国证券监督管理委员会(以下简称"中国证监会")对发行人首次公开发行股票的核准,不表明其对该股票的投资价值或者投资者的收益作出实质性判断或者保证。股票依法发行后,因发行人经营与收益的变化引致的投资风险,由投资者自行负责。

第二章 发行条件

第一节 主体资格

第八条 发行人应当是依法设立且合法存续的股份有限公司。

经国务院批准,有限责任公司在依法变更为股份有限公司时,可以采取募集设立方式公开发行股票。

第九条 发行人自股份有限公司成立后,持续经营时间应当在3年以上,但经国务院批准的除外。

有限责任公司按原账面净资产值折股整体变更为股份有限公司的,持续经营时间可以从有限责任公司成立之日起计算。

第十条 发行人的注册资本已足额缴纳,发起人或者股东用作出资的资产的财产权转移手续已办理完毕,发行人的主要资产不存在重大权属纠纷。

第十一条 发行人的生产经营符合法律、行政法规和公司章程的规定,符合国家产业政策。

第十二条 发行人最近3年内主营业务和董事、高级管理人员没有发生重大变化,实际控制人没有发生变更。

第十三条 发行人的股权清晰,控股股东和受控股股东、实际控制人支配的股东持有的发行人股份不存在重大权属纠纷。

第二节 独 立 性

第十四条 发行人应当具有完整的业务体系和直接面向市场独立经营的能力。

第十五条 发行人的资产完整。生产型企业应当具备与生产经营有关的生产系统、辅助生产系统和配套设施,合法拥有与生产经营有关的土地、厂房、机器设备以及商标、专利、非专利技术的所有权或者使用权,具有独立的原料采购和产品销售系统;非生产型企业应当具备与经营有关的业务体系及相关资产。

第十六条 发行人的人员独立。发行人的总经理、副总经理、财务负责人和董事会秘书等高级管理人员不得在控股股东、实际控制人及其控制的其他企业中担任除董事、监事以外的其他职务,不得在控股股东、实际控制人及其控制的其他企业领薪;发行人的财务人员不得在控股股东、实际控制人及其控制的其他企业中兼职。

第十七条 发行人的财务独立。发行人应当建立独立的财务核算体系,能够独立作出财务决策,具有规范的财务会计制度和对分公司、子公司的财务管理制度;发行人不得与控股股东、实际控制人及其控制的其他企业共用银行账户。

第十八条 发行人的机构独立。发行人应当建立健全内部经营管理机构,独立行使经营管理职权,与控股股东、实际控制人及其控制的其他企业间不得有机构混同的情形。

第十九条 发行人的业务独立。发行人的业务应当独立于控股股东、实际控制人及其控制的其他企业,与控股股东、实际控制人及其控制的其他企业间不得有同业竞争或者显失公平的关联交易。

第二十条 发行人在独立性方面不得有其他严重缺陷。

第三节 规 范 运 行

第二十一条 发行人已经依法建立健全股东大会、董事会、监事会、独立董事、董事会秘书制度,相关机构和人员能够依法履行职责。

第二十二条 发行人的董事、监事和高级管理人员已经了解与股票发行上市有关的法律法规,知悉上市公司及其董事、监事和高级管理人员的法定义务和责任。

第二十三条 发行人的董事、监事和高级管理人员符合法律、行政法规和规章规定的任职资格,且不得有下列情形:

(一)被中国证监会采取证券市场禁入措施尚在禁入期的;

(二)最近36个月内受到中国证监会行政处罚,或者最近12个月内受到证券交易所公开谴责;

(三)因涉嫌犯罪被司法机关立案侦查或者涉嫌违法违规被中国证监会立案调查,尚未有明确结论意见。

第二十四条 发行人的内部控制制度健全且被有效执行,能够合理保证财务报告的可靠性、生产经营的合法性、营运的效率与效果。

第二十五条 发行人不得有下列情形:

(一)最近36个月内未经法定机关核准,擅自公开或者变相公开发行过证券;或者有关违法行为虽然发生在36个月前,但目前仍处于持续状态;

(二)最近36个月内违反工商、税收、土地、环保、海关以及其他法律、行政法规,受到行政处罚,且情节严重;

(三)最近36个月内曾向中国证监会提出发行申请,但报送的发行申请文件有虚假记载、误导性陈述或重大遗漏;或者不符合发行条件以欺骗手段骗取发行核准;或者以不正当手段干扰中国证监会及其发行审核委员会审核工作;或者伪造、变造发行人或其董事、监事、高级管理人员的签字、盖章;

(四)本次报送的发行申请文件有虚假记载、误导性陈述或者重大遗漏;

(五)涉嫌犯罪被司法机关立案侦查,尚未有明确结论意见;

(六)严重损害投资者合法权益和社会公共利益的其他情形。

第二十六条 发行人的公司章程中已明确对外担保的审批权限和审议程序,不存在为控股股东、实际控制人及其控制的其他企业进行违规担保的情形。

第二十七条 发行人有严格的资金管理制度,不得有资金被控股股东、实际控制人及其控制的其他企业以借款、代偿债务、代垫款项或者其他方式占用的情形。

第四节 财务与会计

第二十八条 发行人资产质量良好,资产负债结构合理,盈利能力较强,现金流量正常。

第二十九条 发行人的内部控制在所有重大方面是有效的,并由注册会计师出具了无保留结论的内部控制鉴证报告。

第三十条 发行人会计基础工作规范,财务报表的编制符合企业会计准则和相关会计制度的规定,在所有重大方面公允地反映了发行人的财务状况、经营成果和现金流量,并由注册会计师出具了无保留意见的审计报告。

第三十一条 发行人编制财务报表应以实际发生的交易或者事项为依据;在进行会计确认、计量和报告时应当保持应有的谨慎;对相同或者相似的经济业务,应选用一致的会计政策,不得随意变更。

第三十二条 发行人应当完整披露关联方关系并按重要性原则恰当披露关联交易。关联交易价格公允,不存在通过关联交易操纵利润的情形。

第三十三条 发行人应当符合下列条件:

(一)最近3个会计年度净利润均为正数且累计超过人民币3000万元,净利润以扣除非经常性损益前后较低者为计算依据;

(二)最近3个会计年度经营活动产生的现金流量净额累计超过人民币5000万元;或者最近3个会计年度营业收入累计超过人民币3亿元;

(三)发行前股本总额不少于人民币3000万元;

(四)最近一期末无形资产(扣除土地使用权、水面养殖权和采矿权等后)占净资产的比例不高于20%;

(五)最近一期末不存在未弥补亏损。

第三十四条 发行人依法纳税,各项税收优惠符合相关法律法规的规定。发行人的经营成果对税收优惠不存在严重依赖。

第三十五条 发行人不存在重大偿债风险,不存在影响持续经营的担保、诉讼以及仲裁等重大或有事项。

第三十六条 发行人申报文件中不得有下列情形:

(一)故意遗漏或虚构交易、事项或者其他重要信息;

(二)滥用会计政策或者会计估计;

(三)操纵、伪造或篡改编制财务报表所依据的会计记录或者相关凭证。

第三十七条 发行人不得有下列影响持续盈利能力的情形:

(一)发行人的经营模式、产品或服务的品种结构已经或者将发生重大变化,并对发行人的持续盈利能力构成重大不利影响;

(二)发行人的行业地位或发行人所处行业的经营环境已经或者将发生重大变化,并对发行人的持续盈利能力构成重大不利影响；

（三）发行人最近1个会计年度的营业收入或净利润对关联方或者存在重大不确定性的客户存在重大依赖；

（四）发行人最近1个会计年度的净利润主要来自合并财务报表范围以外的投资收益；

（五）发行人在用的商标、专利、专有技术以及特许经营权等重要资产或技术的取得或者使用存在重大不利变化的风险；

（六）其他可能对发行人持续盈利能力构成重大不利影响的情形。

第五节 募集资金运用

第三十八条 募集资金应当有明确的使用方向，原则上应当用于主营业务。

除金融类企业外，募集资金使用项目不得为持有交易性金融资产和可供出售的金融资产、借与他人、委托理财等财务性投资，不得直接或者间接投资于以买卖有价证券为主要业务的公司。

第三十九条 募集资金数额和投资项目应当与发行人现有生产经营规模、财务状况、技术水平和管理能力等相适应。

第四十条 募集资金投资项目应当符合国家产业政策、投资管理、环境保护、土地管理以及其他法律、法规和规章的规定。

第四十一条 发行人董事会应当对募集资金投资项目的可行性进行认真分析，确信投资项目具有较好的市场前景和盈利能力，有效防范投资风险，提高募集资金使用效益。

第四十二条 募集资金投资项目实施后，不会产生同业竞争或者对发行人的独立性产生不利影响。

第四十三条 发行人应当建立募集资金专项存储制度，募集资金应当存放于董事会决定的专项账户。

第三章 发行程序

第四十四条 发行人董事会应当依法就本次股票发行的具体方案、本次募集资金使用的可行性及其他必须明确的事项作出决议，并提请股东大会批准。

第四十五条 发行人股东大会就本次发行股票作出的决议，至少应当包括下列事项：

（一）本次发行股票的种类和数量；

（二）发行对象；

（三）价格区间或者定价方式；

（四）募集资金用途；

（五）发行前滚存利润的分配方案；

（六）决议的有效期；

（七）对董事会办理本次发行具体事宜的授权；

（八）其他必须明确的事项。

第四十六条 发行人应当按照中国证监会的有关规定制作申请文件，由保荐人保荐并向中国证监会申报。

特定行业的发行人应当提供管理部门的相关意见。

第四十七条 中国证监会收到申请文件后，在5个工作日内作出是否受理的决定。

第四十八条 中国证监会受理申请文件后，由相关职能部门对发行人的申请文件进行初审，并由发行审核委员会审核。

第四十九条 中国证监会在初审过程中，将征求发行人注册地省级人民政府是否同意发行人发行股票的意见，并就发行人的募集资金投资项目是否符合国家产业政策和投资管理的规定征求国家发展和改革委员会的意见。

第五十条 中国证监会依照法定条件对发行人的发行申请作出予以核准或者不予核准的决定，并出具相关文件。

自中国证监会核准发行之日起，发行人应在6个月内发行股票；超过6个月未发行的，核准文件失效，须重新经中国证监会核准后方可发行。

第五十一条 发行申请核准后、股票发行结束前，发行人发生重大事项的，应当暂缓或者暂停发行，并及时报告中国证监会，同时履行信息披露义务。影响发行条件的，应当重新履行核准程序。

第五十二条 股票发行申请未获核准的，自中国证监会作出不予核准决定之日起6个月后，发行人可以再次提出股票发行申请。

第四章 信息披露

第五十三条 发行人应当按照中国证监会的有关规定编制和披露招股说明书。

第五十四条 招股说明书内容与格式准则是信息披露的最低要求。不论准则是否有明确规定，凡是对投资者作出投资决策有重大影响的信息，均应当予以披露。

第五十五条 发行人及其全体董事、监事和高级管理人员应当在招股说明书上签字、盖章，保证招股说明书的内容真实、准确、完整。保荐人及其保荐代表人应当对招股说明书的真实性、准确性、完整性进行核查，并在核查意见上签字、盖章。

第五十六条 招股说明书中引用的财务报表在其最近一期截止日后6个月内有效。特别情况下发行人可申请适当延长，但至多不超过1个月。财务报表应当以年度末、半年度末或者季度末为截止日。

第五十七条　招股说明书的有效期为6个月，自中国证监会核准发行申请前招股说明书最后一次签署之日起计算。

第五十八条　申请文件受理后、发行审核委员会审核前，发行人应当将招股说明书（申报稿）在中国证监会网站（www.csrc.gov.cn）预先披露。发行人可以将招股说明书（申报稿）刊登于其企业网站，但披露内容应当完全一致，且不得早于在中国证监会网站的披露时间。

第五十九条　发行人及其全体董事、监事和高级管理人员应当保证预先披露的招股说明书（申报稿）的内容真实、准确、完整。

第六十条　预先披露的招股说明书（申报稿）不是发行人发行股票的正式文件，不能含有价格信息，发行人不得据此发行股票。

发行人应当在预先披露的招股说明书（申报稿）的显要位置声明："本公司的发行申请尚未得到中国证监会核准。本招股说明书（申报稿）不具有据以发行股票的法律效力，仅供预先披露之用。投资者应当以正式公告的招股说明书全文作为作出投资决定的依据。"

第六十一条　发行人应当在发行前将招股说明书摘要刊登于至少一种中国证监会指定的报刊，同时将招股说明书全文刊登于中国证监会指定的网站，并将招股说明书全文置备于发行人住所、拟上市证券交易所、保荐人、主承销商和其他承销机构的住所，以备公众查阅。

第六十二条　保荐人出具的发行保荐书、证券服务机构出具的有关文件应当作为招股说明书的备查文件，在中国证监会指定的网站上披露，并置备于发行人住所、拟上市证券交易所、保荐人、主承销商和其他承销机构的住所，以备公众查阅。

第六十三条　发行人可以将招股说明书摘要、招股说明书全文、有关备查文件刊登于其他报刊和网站，但披露内容应当完全一致，且不得早于在中国证监会指定报刊和网站的披露时间。

第五章　监管和处罚

第六十四条　发行人向中国证监会报送的发行申请文件有虚假记载、误导性陈述或者重大遗漏的，发行人不符合发行条件以欺骗手段骗取发行核准的，发行人以不正当手段干扰中国证监会及其发行审核委员会审核工作的，发行人或其董事、监事、高级管理人员的签字、盖章系伪造或者变造的，除依照《证券法》的有关规定处罚外，中国证监会将采取终止审核并在36个月内不受理发行人的股票发行申请的监管措施。

第六十五条　保荐人出具有虚假记载、误导性陈述或者重大遗漏的发行保荐书，保荐人以不正当手段干扰中国证监会及其发行审核委员会审核工作的，保荐人或其相关签字人员的签字、盖章系伪造或变造的，或者不履行其他法定职责的，依照《证券法》和保荐制度的有关规定处理。

第六十六条　证券服务机构未勤勉尽责，所制作、出具的文件有虚假记载、误导性陈述或者重大遗漏的，除依照《证券法》及其他相关法律、行政法规和规章的规定处罚外，中国证监会将采取12个月内不接受相关机构出具的证券发行专项文件，36个月内不接受相关签字人员出具的证券发行专项文件的监管措施。

第六十七条　发行人、保荐人或证券服务机构制作或者出具的文件不符合要求，擅自改动已提交的文件，或者拒绝答复中国证监会审核中提出的相关问题的，中国证监会将视情节轻重，对相关机构和责任人员采取监管谈话、责令改正等监管措施，记入诚信档案并公布；情节特别严重的，给予警告。

第六十八条　发行人披露盈利预测的，利润实现数如未达到盈利预测的80%，除因不可抗力外，其法定代表人、盈利预测审核报告签字注册会计师应当在股东大会及中国证监会指定报刊上公开作出解释并道歉；中国证监会可以对法定代表人处以警告。

利润实现数未达到盈利预测的50%的，除因不可抗力外，中国证监会在36个月内不受理该公司的公开发行证券申请。

第六章　附　　则

第六十九条　在中华人民共和国境内，首次公开发行股票且不上市的管理办法，由中国证监会另行规定。

第七十条　本办法自2006年5月18日起施行。《关于股票发行工作若干规定的通知》（证监〔1996〕12号）、《关于做好1997年股票发行工作的通知》（证监〔1997〕13号）、《关于股票发行工作若干问题的补充通知》（证监〔1998〕8号）、《关于对拟发行上市企业改制情况进行调查的通知》（证监发字〔1998〕259号）、《关于对拟公开发行股票公司改制运行情况进行调查的通知》（证监发〔1999〕4号）、《关于拟发行股票公司聘请审计机构等问题的通知》（证监发行字〔2000〕131号）和《关于进一步规范股票首次发行上市有关工作的通知》（证监发行字〔2003〕116号）同时废止。

《首次公开发行股票并上市管理办法》第十二条"实际控制人没有发生变更"的理解和适用——证券期货法律适用意见第1号

1. 2007年11月25日中国证券监督管理委员会发布
2. 证监法律字〔2007〕15号

近来,一些申请首次公开发行股票并上市的发行人及其保荐人和律师多次向我会咨询《首次公开发行股票并上市管理办法》(以下简称《首发办法》)第十二条发行人最近3年内"实际控制人没有发生变更"的理解和适用问题,例如,在公司最近3年内控股股东发生变更的情况下,如果主张多个共同控制公司的小股东没有发生变化,是否符合《首发办法》的上述规定;在公司股权比较分散(例如有些中小企业)、没有实际控制人,或者因国有资产重组导致公司控股股东发生变更等情况下,应该如何理解和适用《首发办法》的上述规定。经研究,我会认为:

一、从立法意图看,《首发办法》第十二条规定要求发行人最近3年内实际控制人没有发生变更,旨在以公司控制权的稳定为标准,判断公司是否具有持续发展、持续盈利的能力,以便投资者在对公司的持续发展和盈利能力拥有较为明确预期的情况下做出投资决策。由于公司控制权往往能够决定和实质影响公司的经营方针、决策和经营管理层的任免,一旦公司控制权发生变化,公司的经营方针和决策、组织机构运作及业务运营等都可能发生重大变化,给发行人的持续发展和持续盈利能力带来重大不确定性。

二、公司控制权是能够对股东大会的决议产生重大影响或者能够实际支配公司行为的权力,其渊源是对公司的直接或者间接的股权投资关系。因此,认定公司控制权的归属,既需要审查相应的股权投资关系,也需要根据个案的实际情况,综合对发行人股东大会、董事会决议的实质影响、对董事和高级管理人员的提名及任免所起的作用等因素进行分析判断。

三、发行人及其保荐人和律师主张多人共同拥有公司控制权的,应当符合以下条件:

(一)每人都必须直接持有公司股份和/或者间接支配公司股份的表决权;

(二)发行人公司治理结构健全、运行良好,多人共同拥有公司控制权的情况不影响发行人的规范运作;

(三)多人共同拥有公司控制权的情况,一般应当通过公司章程、协议或者其他安排予以明确,有关章程、协议及安排必须合法有效、权利义务清晰、责任明确,该情况在最近3年内且在首发后的可预期期限内是稳定、有效存在的,共同拥有公司控制权的多人没有出现重大变更;

(四)发行审核部门根据发行人的具体情况认为发行人应该符合的其他条件。

发行人及其保荐人和律师应当提供充分的事实和证据证明多人共同拥有公司控制权的真实性、合理性和稳定性,没有充分、有说服力的事实和证据证明的,其主张不予认可。相关股东采取股份锁定等有利于公司控制权稳定措施的,发行审核部门可将该等情形作为判断构成多人共同拥有公司控制权的重要因素。

如果发行人最近3年内持有、实际支配公司股份表决权比例最高的人发生变化,且变化前后的股东不属于同一实际控制人,视为公司控制权发生变更。

发行人最近3年内持有、实际支配公司股份表决权比例最高的人存在重大不确定性的,比照前款规定执行。

四、发行人不存在拥有公司控制权的人或者公司控制权的归属难以判断的,如果符合以下情形,可视为公司控制权没有发生变更:

(一)发行人的股权及控制结构、经营管理层和主营业务在首发前3年内没有发生重大变化;

(二)发行人的股权及控制结构不影响公司治理有效性;

(三)发行人及其保荐人和律师能够提供证据充分证明。

相关股东采取股份锁定等有利于公司股权及控制结构稳定措施的,发行审核部门可将该等情形作为判断公司控制权没有发生变更的重要因素。

五、因国有资产监督管理需要,国务院或者省级人民政府国有资产监督管理机构无偿划转直属国有控股企业的国有股权或者对该等企业进行重组等导致发行人控股股东发生变更的,如果符合以下情形,可视为公司控制权没有发生变更:

(一)有关国有股权无偿划转或者重组等属于国有资产监督管理的整体性调整,经国务院国有资产监督管理机构或者省级人民政府按照相关程序决策通过,且发行人能够提供有关决策或者批复文件;

(二)发行人与原控股股东不存在同业竞争或者大量的关联交易,不存在故意规避《首发办法》规定的其他发行条件的情形;

(三)有关国有股权无偿划转或者重组等对发行

人的经营管理层、主营业务和独立性没有重大不利影响。

按照国有资产监督管理的整体性调整,国务院国有资产监督管理机构直属国有企业与地方国有企业之间无偿划转国有股权或者重组等导致发行人控股股东发生变更的,比照前款规定执行,但是应当经国务院国有资产监督管理机构批准并提交相关批复文件。

不属于前两款规定情形的国有股权无偿划转或者重组等导致发行人控股股东发生变更的,视为公司控制权发生变更。

六、发行人应当在招股说明书中披露公司控制权的归属、公司的股权及控制结构,并真实、准确、完整地披露公司控制权或者股权及控制结构可能存在的不稳定性及其对公司的生产、经营及盈利能力的潜在影响和风险。

七、律师和律师事务所就公司控制权的归属及其变动情况出具的法律意见书是发行审核部门判断发行人最近3年内“实际控制人没有发生变更”的重要依据。律师和律师事务所应当确保法律意见书的结论明确,依据适当、充分,法律分析清晰、合理,违反相关规定的,除依法采取相应的监管措施外,监管部门还将对法律意见书的签字律师和签字的律师事务所负责人此后出具的法律意见书给予重点关注。律师和律师事务所存在违法违规行为的,将依法追究其法律责任。

《首次公开发行股票并上市管理办法》第十二条发行人最近3年内主营业务没有发生重大变化的适用意见——证券期货法律适用意见第3号

2008年5月19日中国证券监督管理委员会公告〔2008〕22号公布施行

《首次公开发行股票并上市管理办法》(证监会令第32号,以下简称《首发办法》)第十二条要求,发行人最近3年内主营业务没有发生重大变化。近来,一些申请首次公开发行股票并上市的公司(以下简称发行人)最近3年(以下简称报告期)内存在对同一公司控制权人下相同、类似或相关业务进行重组的情况,不少发行人咨询该情况是否符合《首发办法》的上述要求。经研究,我会认为:

一、发行人对同一公司控制权人下相同、类似或相关业务进行重组,多是企业集团为实现主营业务整体发行上市、降低管理成本、发挥业务协同优势、提高企业规模经济效应而实施的市场行为。从资本市场角度看,发行人在发行上市前,对同一公司控制权人下与发行人相同、类似或者相关的业务进行重组整合,有利于避免同业竞争、减少关联交易、优化公司治理、确保规范运作,对于提高上市公司质量,发挥资本市场优化资源配置功能,保护投资者特别是中小投资者的合法权益,促进资本市场健康稳定发展,具有积极作用。

二、发行人报告期内存在对同一公司控制权人下相同、类似或相关业务进行重组情况的,如同时符合下列条件,视为主营业务没有发生重大变化:

(一)被重组方应当自报告期期初起即与发行人受同一公司控制权人控制,如果被重组方是在报告期内新设立的,应当自成立之日即与发行人受同一公司控制权人控制;

(二)被重组进入发行人的业务与发行人重组前的业务具有相关性(相同、类似行业或同一产业链的上下游)。

重组方式遵循市场化原则,包括但不限于以下方式:

(一)发行人收购被重组方股权;

(二)发行人收购被重组方的经营性资产;

(三)公司控制权人以被重组方股权或经营性资产对发行人进行增资;

(四)发行人吸收合并被重组方。

三、发行人报告期内存在对同一公司控制权人下相同、类似或相关业务进行重组的,应关注重组对发行人资产总额、营业收入或利润总额的影响情况。发行人应根据影响情况按照以下要求执行:

(一)被重组方重组前一个会计年度末的资产总额或前一个会计年度的营业收入或利润总额达到或超过重组前发行人相应项目100%的,为便于投资者了解重组后的整体运营情况,发行人重组后运行一个会计年度后方可申请发行。

(二)被重组方重组前一个会计年度末的资产总额或前一个会计年度的营业收入或利润总额达到或超过重组前发行人相应项目50%,但不超过100%的,保荐机构和发行人律师应按照相关法律法规对首次公开发行主体的要求,将被重组方纳入尽职调查范围并发表相关意见。发行申请文件还应按照《公开发行证券的公司信息披露内容与格式准则第9号——首次公开发行股票并上市申请文件》(证监发行字〔2006〕6号)附录第四章和第八章的要求,提交会计师关于被重组方的有关文件以及与财务会计资料相关的其他文件。

(三)被重组方重组前一个会计年度末的资产总额或前一个会计年度的营业收入或利润总额达到或超过重组前发行人相应项目20%的,申报财务报表至少须包含重组完成后的最近一期资产负债表。

四、被重组方重组前一会计年度与重组前发行人存在关联交易的，资产总额、营业收入或利润总额按照扣除该等交易后的口径计算。

五、发行人提交首发申请文件前一个会计年度或一期内发生多次重组行为的，重组对发行人资产总额、营业收入或利润总额的影响应累计计算。

六、重组属于《企业会计准则第20号——企业合并》中同一控制下的企业合并事项的，被重组方合并前的净损益应计入非经常性损益，并在申报财务报表中单独列示。

重组属于同一公司控制权人下的非企业合并事项，但被重组方重组前一个会计年度末的资产总额或前一个会计年度的营业收入或利润总额达到或超过重组前发行人相应项目20%的，在编制发行人最近3年及一期备考利润表时，应假定重组后的公司架构在申报报表期初即已存在，并由申报会计师出具意见。

中国证券监督管理委员会关于首次公开发行股票公司招股说明书网上披露有关事宜的通知

1. 2001年1月20日
2. 证监发行字〔2001〕13号
3. 自2001年3月1日起施行

各证券公司、拟上市公司：

为确保首次公开发行股票公司发行前招股说明书的及时有效披露，保护投资者合法权益，提高证券市场效率，促进证券市场的健康发展，现就招股说明书网上信息披露的有关事宜通知如下：

一、发行人及其主承销商除须按规定将招股说明书的书面文本备置在发行人公司住所、主承销商公司住所和拟上市证券交易所外，同时还应按照拟上市交易所的有关规定在其指定网站上披露，以供公众查阅。

二、股票发行前，主承销商须在刊登招股说明书概要的当日上午10:00之前（但不得早于招股说明书概要刊登日之前），将招股说明书正文及部分附录和必备附件（审计报告、法律意见书、拟投资项目的可行性研究报告、盈利预测报告（如有）、如公司成立不满两年的还包括资产评估报告）在拟上市交易所指定的网站上公布。

三、网上披露的招股说明书应当与中国证监会核准的招股说明书版本一致，出现差错的，中国证监会将对有关责任人和责任人所在单位进行公开批评。因主承销商工作失误给投资者造成损失的，主承销商应承担全部责任，并及时采取措施补救。

四、主承销商应指定专人负责办理新股招股说明书的网上披露工作。

五、招股说明书网上披露的具体实施办法和工作流程须按照上海证券交易所、深圳证券交易所的有关规定执行。

本通知自2001年3月1日起执行。

境内企业申请到香港创业板上市审批与监管指引

1. 1999年9月6日国务院批准
2. 1999年9月21日中国证券监督管理委员会发布
3. 证监发行字〔1999〕126号

为确保境内企业到香港创业板上市有序进行，凡符合本指引所列条件的国有企业、集体企业及其他所有制形式的企业，在依法设立股份有限公司后，均可自愿由上市保荐人代表其向中国证券监督管理委员会（以下简称“证监会”）提交申请，证监会依法按程序审批，成熟一家，批准一家。

一、境内企业申请到香港创业板上市的条件

（一）经省级人民政府或国家经贸委批准、依法设立并规范运作的股份有限公司（以下简称“公司”）；

（二）公司及其主要发起人符合国家有关法规和政策，在最近二年内没有重大违法违规行为；

（三）符合香港创业板上市规则规定的条件；

（四）上市保荐人认为公司具备发行上市可行性并依照规定承担保荐责任；

（五）国家科技部认证的高新技术企业优先批准。

二、境内企业申请到香港创业板上市须向证监会提交的文件

境内企业申请到香港创业板上市须向证监会提交下列文件：

（一）公司申请报告。内容应包括：公司沿革及业务概况、股本结构、筹资用途及经营风险分析、业务发展目标、筹资成本分析等；

（二）上市保荐人对公司发行上市可行性出具的分析意见及承销意向报告；

（三）公司设立批准文件；

（四）具有证券从业资格的境内律师事务所就公司及其主要发起人是否符合国家有关法规和政策以及在最近二年内是否有重大违法违规行为出具的法律意见书（参照《公开发行股票公司信息披露的内容与格式准则第六号〈法律意见书的内容与格式〉》制作）；

(五)会计师事务所对公司按照中国会计准则、股份有限公司会计制度编制和按照国际会计准则调整的会计报表出具的审计报告;

(六)凡有国有股权的公司,须出具国有资产管理部门关于国有股权管理的批复文件;

(七)较完备的招股说明书;

(八)证监会要求的其他文件。

三、境内企业申请到香港创业板上市的审批程序

(一)在向香港联交所提交上市申请3个月前,保荐人须代表公司向证监会提交本指引第二部分(一)至(三)项文件(一式四份,其中一份为原件),同时抄报有关省级人民政府和国务院有关部门。如有关政府部门对公司的申请有异议,可自收到公司申请文件起15个工作日内将意见书面通知证监会。

(二)证监会就公司是否符合国家产业政策、利用外资政策以及其他有关规定会商国家经贸委。

(三)经初步审核,证监会发行监管部自收到公司的上述申请文件之日起20个工作日内,就是否同意正式受理其申请函告公司,抄送财政部、外经贸部和外汇局;不同意受理的,说明理由。

(四)证监会同意正式受理其申请的公司,须向证监会提交本指引第二部分(四)至(八)项文件(一式二份,其中一份为原件);申请文件齐备,经审核合规,而且在正式受理期间外经贸部、外汇局和财政部(如涉及国有股权)等部门未提出书面反对意见的,证监会在10个工作日内予以批准;不予批准的,说明理由。经批准后,公司方可向香港联交所提交创业板上市申请。

四、上市后监管事宜

公司在香港创业板上市后,证监会将根据监管合作备忘录及与香港证监会签署的补充条款的要求进行监管。

五、其他有关事宜

(一)香港联交所认可的创业板上市保荐人方可担任境内企业到创业板上市的保荐人。如保荐人有违规行为或其他不适当行为,证监会可视情节轻重,决定是否受理该保荐人代表公司提出的上市申请。

(二)证监会同意正式受理其申请的公司,须在境内外中介机构确定后,将有关机构名单报证监会备案。

(三)公司须在上市后15个工作日内,将与本次发行上市有关的公开信息披露文件及发行上市情况总结报证监会备案。

(四)公司须遵守国家外汇管理的有关规定。

创业板市场投资者适当性管理暂行规定

1. 2009年6月30日中国证券监督管理委员会公告〔2009〕14号公布
2. 自2009年7月15日起施行

第一条　为保护投资者合法权益,提示创业板市场风险,引导投资者理性参与证券投资,促进创业板市场健康发展,根据《证券公司监督管理条例》、《首次公开发行股票并在创业板上市管理暂行办法》(证监会令第61号)等法规和规章,制定本规定。

第二条　投资者参与创业板市场,应当熟悉创业板市场相关规定及规则,了解创业板市场风险特性,具备相应风险承受能力,并按照规定办理参与创业板市场相关手续。

第三条　深圳证券交易所应当制订创业板市场投资者适当性管理的具体实施办法。

第四条　证券公司应当建立健全创业板市场投资者适当性管理工作机制和业务流程,了解客户的身份、财产与收入状况、证券投资经验、风险偏好及其他相关信息,充分提示投资者审慎评估其参与创业板市场的适当性。

第五条　投资者申请开通创业板市场交易时,证券公司应当区分投资者的不同情况,向投资者充分揭示市场风险,并在营业场所现场与投资者书面签订《创业板市场投资风险揭示书》。

《创业板市场投资风险揭示书》必备条款由中国证券业协会另行制订。

第六条　投资者申请开通创业板市场交易,应当配合证券公司开展的投资者适当性管理工作,如实提供所需信息,不得采取弄虚作假等手段规避有关要求。

投资者不配合或提供虚假信息的,证券公司可以拒绝为其提供开通创业板市场交易服务。

第七条　中国证券登记结算有限责任公司(以下简称登记结算公司)、深圳证券交易所应当为证券公司实施创业板市场投资者适当性管理提供必要的技术支持和查询服务。

第八条　证券公司应当按照中国证券监督管理委员会(以下简称中国证监会)、深圳证券交易所和中国证券业协会的有关规定和要求,结合创业板市场特点,制定有针对性的投资者教育计划、工作制度和流程,明确投资者教育的内容、形式和经费预算。

第九条　证券公司应当在业务流程中落实创业板市场投资者适当性管理的各项规定,持续做好投资者教育和风险揭示工作。

第十条　证券公司应当指定经理层高级管理人员和专门部门，组织实施创业板市场投资者适当性管理和投资者教育等方面工作，并强化内部责任追究机制。

第十一条　证券公司应当完善客户纠纷处理机制，明确承担此项职责的部门和岗位，负责处理投资者参与创业板市场所产生的投诉等事项，及时化解相关的矛盾纠纷。

第十二条　深圳证券交易所和中国证券业协会按照会员管理的要求，对证券公司实施创业板市场投资者适当性管理和投资者教育等方面情况进行自律监管，对发现的违规行为及时采取自律措施，向中国证监会报告并通报证监会相关派出机构。

第十三条　中国证监会对深圳证券交易所、登记结算公司、中国证券业协会实施创业板市场投资者适当性管理及投资者教育方面的情况进行指导、监督和检查。

中国证监会及其派出机构对证券公司实施创业板市场投资者适当性管理和投资者教育等方面情况进行监督检查。对发现的违规行为，依法采取责令改正、监管谈话、出具警示函、责令处分有关人员等监管措施。

第十四条　本规定自2009年7月15日起施行。

首次公开发行股票并在创业板上市管理办法

2014年5月14日中国证券监督管理委员会令第99号公布施行

第一章　总　　则

第一条　为了规范首次公开发行股票并在创业板上市的行为，促进自主创新企业及其他成长型创业企业的发展，保护投资者的合法权益，维护社会公共利益，根据《证券法》、《公司法》，制定本办法。

第二条　在中华人民共和国境内首次公开发行股票并在创业板上市，适用本办法。

第三条　发行人申请首次公开发行股票并在创业板上市，应当符合《证券法》、《公司法》和本办法规定的发行条件。

第四条　发行人依法披露的信息，必须真实、准确、完整、及时，不得有虚假记载、误导性陈述或者重大遗漏。

发行人作为信息披露第一责任人，应当及时向保荐人、证券服务机构提供真实、准确、完整的财务会计资料和其他资料，全面配合保荐人、证券服务机构开展尽职调查。

第五条　发行人的控股股东、实际控制人、董事、监事、高级管理人员等责任主体应当诚实守信，全面履行公开承诺事项，不得在发行上市中损害投资者的合法权益。

第六条　保荐人及其保荐代表人应当严格履行法定职责，遵守业务规则和行业规范，对发行人的申请文件和信息披露资料进行审慎核查，督导发行人规范运行，对证券服务机构出具的专业意见进行核查，对发行人是否具备持续盈利能力、是否符合法定发行条件作出专业判断，并确保发行人的申请文件和招股说明书等信息披露资料真实、准确、完整、及时。

第七条　为股票发行出具文件的证券服务机构和人员，应当严格履行法定职责，遵守本行业的业务标准和执业规范，对发行人的相关业务资料进行核查验证，确保所出具的相关专业文件真实、准确、完整、及时。

第八条　中国证券监督管理委员会（以下简称中国证监会）依法对发行人申请文件的合法合规性进行审核，依法核准发行人的首次公开发行股票申请，并对发行人股票发行进行监督管理。

证券交易所依法制定业务规则，创造公开、公平、公正的市场环境，保障创业板市场的正常运行。

第九条　中国证监会依据发行人提供的申请文件核准发行人首次公开发行股票申请，不对发行人的盈利能力、投资价值或者投资者的收益作出实质性判断或者保证。

投资者自主判断发行人的投资价值，自主作出投资决策，自行承担股票依法发行后因发行人经营与收益变化或者股票价格变动引致的投资风险。

第十条　创业板市场应当建立健全与投资者风险承受能力相适应的投资者准入制度，向投资者充分提示投资风险，注重投资者需求，切实保护投资者特别是中小投资者的合法权益。

第二章　发行条件

第十一条　发行人申请首次公开发行股票应当符合下列条件：

（一）发行人是依法设立且持续经营三年以上的股份有限公司。有限责任公司按原账面净资产值折股整体变更为股份有限公司的，持续经营时间可以从有限责任公司成立之日起计算；

（二）最近两年连续盈利，最近两年净利润累计不少于一千万元；或者最近一年盈利，最近一年营业收入不少于五千万元。净利润以扣除非经常性损益前后孰低者为计算依据；

（三）最近一期末净资产不少于二千万元，且不存在未弥补亏损；

（四）发行后股本总额不少于三千万元。

第十二条　发行人的注册资本已足额缴纳,发起人或者股东用作出资的资产的财产权转移手续已办理完毕。发行人的主要资产不存在重大权属纠纷。

第十三条　发行人应当主要经营一种业务,其生产经营活动符合法律、行政法规和公司章程的规定,符合国家产业政策及环境保护政策。

第十四条　发行人最近两年内主营业务和董事、高级管理人员均没有发生重大变化,实际控制人没有发生变更。

第十五条　发行人的股权清晰,控股股东和受控股股东、实际控制人支配的股东所持发行人的股份不存在重大权属纠纷。

第十六条　发行人资产完整,业务及人员、财务、机构独立,具有完整的业务体系和直接面向市场独立经营的能力。与控股股东、实际控制人及其控制的其他企业间不存在同业竞争,以及严重影响公司独立性或者显失公允的关联交易。

第十七条　发行人具有完善的公司治理结构,依法建立健全股东大会、董事会、监事会以及独立董事、董事会秘书、审计委员会制度,相关机构和人员能够依法履行职责。

发行人应当建立健全股东投票计票制度,建立发行人与股东之间的多元化纠纷解决机制,切实保障投资者依法行使收益权、知情权、参与权、监督权、求偿权等股东权利。

第十八条　发行人会计基础工作规范,财务报表的编制和披露符合企业会计准则和相关信息披露规则的规定,在所有重大方面公允地反映了发行人的财务状况、经营成果和现金流量,并由注册会计师出具无保留意见的审计报告。

第十九条　发行人内部控制制度健全且被有效执行,能够合理保证公司运行效率、合法合规和财务报告的可靠性,并由注册会计师出具无保留结论的内部控制鉴证报告。

第二十条　发行人的董事、监事和高级管理人员应当忠实、勤勉,具备法律、行政法规和规章规定的资格,且不存在下列情形:

(一)被中国证监会采取证券市场禁入措施尚在禁入期的;

(二)最近三年内受到中国证监会行政处罚,或者最近一年内受到证券交易所公开谴责的;

(三)因涉嫌犯罪被司法机关立案侦查或者涉嫌违法违规被中国证监会立案调查,尚未有明确结论意见的。

第二十一条　发行人及其控股股东、实际控制人最近三年内不存在损害投资者合法权益和社会公共利益的重大违法行为。

发行人及其控股股东、实际控制人最近三年内不存在未经法定机关核准,擅自公开或者变相公开发行证券,或者有关违法行为虽然发生在三年前,但目前仍处于持续状态的情形。

第二十二条　发行人募集资金应当用于主营业务,并有明确的用途。募集资金数额和投资方向应当与发行人现有生产经营规模、财务状况、技术水平、管理能力及未来资本支出规划等相适应。

第三章　发行程序

第二十三条　发行人董事会应当依法就本次发行股票的具体方案、本次募集资金使用的可行性及其他必须明确的事项作出决议,并提请股东大会批准。

本次发行股票时发行人股东公开发售股份的,发行人董事会还应当依法合理制定股东公开发售股份的具体方案并提请股东大会批准。

第二十四条　发行人股东大会应当就本次发行股票作出决议,决议至少应当包括下列事项:

(一)股票的种类和数量;

(二)发行对象;

(三)发行方式;

(四)价格区间或者定价方式;

(五)募集资金用途;

(六)发行前滚存利润的分配方案;

(七)决议的有效期;

(八)对董事会办理本次发行具体事宜的授权;

(九)其他必须明确的事项。

第二十五条　发行人应当按照中国证监会有关规定制作申请文件,由保荐人保荐并向中国证监会申报。

第二十六条　保荐人保荐发行人发行股票并在创业板上市,应当对发行人的成长性进行尽职调查和审慎判断并出具专项意见。发行人为自主创新企业的,还应当在专项意见中说明发行人的自主创新能力,并分析其对成长性的影响。

第二十七条　中国证监会收到申请文件后,在五个工作日内作出是否受理的决定。

第二十八条　中国证监会受理申请文件后,由相关职能部门对发行人的申请文件进行初审,由创业板发行审核委员会审核,并建立健全对保荐人、证券服务机构工作底稿的检查制度。

第二十九条　中国证监会自申请文件受理之日起三个月内,依法对发行人的发行申请作出予以核准、中止审核、终止审核、不予核准的决定,并出具相关文件。发行人根据要求补充、修改发行申请文件的时间不计算在内。

发行人应当自中国证监会核准之日起十二个月内发行股票，发行时点由发行人自主选择；超过十二个月未发行的，核准文件失效，须重新经中国证监会核准后方可发行。

第三十条 发行申请核准后至股票发行结束前，发行人应当及时更新信息披露文件内容，财务报表过期的，发行人还应当补充财务会计报告等文件；保荐人及证券服务机构应当持续履行尽职调查职责；其间发生重大事项的，发行人应当暂缓或者暂停发行，并及时报告中国证监会，同时履行信息披露义务；出现不符合发行条件事项的，中国证监会撤回核准决定。

第三十一条 股票发行申请未获核准的，发行人可自中国证监会作出不予核准决定之日起六个月后再次提出股票发行申请。

第四章 信息披露

第三十二条 发行人应当以投资者的决策需要为导向，按照中国证监会的有关规定编制和披露招股说明书，内容简明易懂，语言浅白平实，便于中小投资者阅读。

第三十三条 中国证监会制定的创业板招股说明书内容与格式准则是信息披露的最低要求。不论准则是否有明确规定，凡是对投资者作出投资决策有重大影响的信息，均应当予以披露。

第三十四条 发行人应当在招股说明书显要位置作如下提示：“本次股票发行后拟在创业板市场上市，该市场具有较高的投资风险。创业板公司具有业绩不稳定、经营风险高、退市风险大等特点，投资者面临较大的市场风险。投资者应充分了解创业板市场的投资风险及本公司所披露的风险因素，审慎作出投资决定。”

第三十五条 发行人应当在招股说明书中分析并完整披露对其持续盈利能力产生重大不利影响的所有因素，充分揭示相关风险，并披露保荐人对发行人是否具备持续盈利能力的核查结论意见。

第三十六条 发行人应当在招股说明书中披露相关责任主体以及保荐人、证券服务机构及相关人员作出的承诺事项、承诺履行情况以及对未能履行承诺采取的约束措施，包括但不限于：

（一）本次发行前股东所持股份的限售安排、自愿锁定股份、延长锁定期限或者相关股东减持意向的承诺；

（二）稳定股价预案；

（三）依法承担赔偿或者补偿责任的承诺；

（四）填补被摊薄即期回报的措施及承诺；

（五）利润分配政策（包括现金分红政策）的安排及承诺。

第三十七条 发行人及其全体董事、监事和高级管理人员应当在招股说明书上签名、盖章，保证招股说明书内容真实、准确、完整、及时。保荐人及其保荐代表人应当对招股说明书的真实性、准确性、完整性、及时性进行核查，并在核查意见上签名、盖章。

发行人的控股股东、实际控制人应当对招股说明书出具确认意见，并签名、盖章。

第三十八条 招股说明书引用的财务报表在其最近一期截止日后六个月内有效。特别情况下发行人可申请适当延长，但至多不超过一个月。财务报表应当以年度末、半年度末或者季度末为截止日。

第三十九条 招股说明书的有效期为六个月，自公开发行前招股说明书最后一次签署之日起计算。

第四十条 发行人申请文件受理后，应当及时在中国证监会网站预先披露招股说明书（申报稿）。发行人可在公司网站刊登招股说明书（申报稿），所披露的内容应当一致，且不得早于在中国证监会网站披露的时间。

第四十一条 发行人及保荐人应当对预先披露的招股说明书（申报稿）负责，一经申报及预披露，不得随意更改，并确保不存在故意隐瞒及重大差错。

第四十二条 预先披露的招股说明书（申报稿）不能含有股票发行价格信息。

发行人应当在预先披露的招股说明书（申报稿）的显要位置作如下声明：“本公司的发行申请尚未得到中国证监会核准。本招股说明书（申报稿）不具有据以发行股票的法律效力，仅供预先披露之用。投资者应当以正式公告的招股说明书作为投资决定的依据。”

第四十三条 发行人及其全体董事、监事和高级管理人员应当保证预先披露的招股说明书（申报稿）的内容真实、准确、完整、及时。

第四十四条 发行人股票发行前应当在中国证监会指定网站全文刊登招股说明书，同时在中国证监会指定报刊刊登提示性公告，告知投资者网上刊登的地址及获取文件的途径。

发行人应当将招股说明书披露于公司网站，时间不得早于前款规定的刊登时间。

第四十五条 保荐人出具的发行保荐书、证券服务机构出具的文件及其他与发行有关的重要文件应当作为招股说明书备查文件，在中国证监会指定网站和公司网站披露。

第四十六条 发行人应当将招股说明书及备查文件置备于发行人、拟上市证券交易所、保荐人、主承销商和其他承销机构的住所,以备公众查阅。

第四十七条　申请文件受理后至发行人发行申请经中国证监会核准、依法刊登招股说明书前,发行人及与本次发行有关的当事人不得以广告、说明会等方式为公开发行股票进行宣传。

第五章　监督管理和法律责任

第四十八条　证券交易所应当建立适合创业板特点的上市、交易、退市等制度,加强对相关当事人履行公开承诺行为的监督和约束,督促保荐人履行持续督导义务,对违反有关法律、法规、交易所业务规则以及不履行承诺的行为,及时采取相应的监管措施。

第四十九条　证券交易所应当建立适合创业板特点的市场风险警示及投资者持续教育的制度,督促发行人建立健全保护投资者合法权益的制度以及防范和纠正违法违规行为的内部控制体系。

第五十条　自申请文件受理之日起,发行人及其控股股东、实际控制人、董事、监事、高级管理人员以及保荐人、证券服务机构及相关人员即对发行申请文件的真实性、准确性、完整性、及时性承担相应的法律责任。

发行人的发行申请文件和信息披露文件存在自相矛盾或者同一事实表述不一致且有实质性差异的,中国证监会将中止审核并自确认之日起十二个月内不受理相关保荐代表人推荐的发行申请。

第五十一条　发行人向中国证监会报送的发行申请文件有虚假记载、误导性陈述或者重大遗漏的,中国证监会将终止审核并自确认之日起三十六个月内不受理发行人的发行申请,并依照《证券法》的有关规定进行处罚;致使投资者在证券交易中遭受损失的,发行人及其控股股东、实际控制人、董事、监事、高级管理人员以及保荐人、证券服务机构应当依法承担赔偿责任。

第五十二条　发行人不符合发行条件以欺骗手段骗取发行核准的,发行人以不正当手段干扰中国证监会及其发行审核委员会审核工作的,发行人或其董事、监事、高级管理人员、控股股东、实际控制人的签名、盖章系伪造或者变造的,发行人及与本次发行有关的当事人违反本办法规定为公开发行股票进行宣传的,中国证监会将终止审核并自确认之日起三十六个月内不受理发行人的发行申请,并依照《证券法》的有关规定进行处罚。

第五十三条　保荐人出具有虚假记载、误导性陈述或者重大遗漏的发行保荐书的,保荐人以不正当手段干扰中国证监会及其发行审核委员会审核工作的,保荐人或其相关签名人员的签名、盖章系伪造或变造的,或者不履行其他法定职责的,依照《证券法》和保荐制度的有关规定处理。

第五十四条　证券服务机构未勤勉尽责,所制作、出具的文件有虚假记载、误导性陈述或者重大遗漏的,中国证监会将自确认之日起十二个月内不接受相关机构出具的证券发行专项文件,三十六个月内不接受相关签名人员出具的证券发行专项文件,并依照《证券法》及其他相关法律、行政法规和规章的规定进行处罚;给他人造成损失的,应当依法承担赔偿责任。

第五十五条　发行人、保荐人或证券服务机构制作或者出具文件不符合要求,擅自改动招股说明书或者其他已提交文件的,或者拒绝答复中国证监会审核提出的相关问题的,中国证监会将视情节轻重,对相关机构和责任人员采取监管谈话、责令改正等监管措施,记入诚信档案并公布;情节严重的,给予警告等行政处罚。

第五十六条　发行人披露盈利预测,利润实现数如未达到盈利预测的百分之八十的,除因不可抗力外,其法定代表人、财务负责人应当在股东大会及中国证监会指定网站、报刊上公开作出解释并道歉;情节严重的,中国证监会给予警告等行政处罚。

利润实现数未达到盈利预测的百分之五十的,除因不可抗力外,中国证监会还可以自确认之日起三十六个月内不受理该公司的公开发行证券申请。

注册会计师为上述盈利预测出具审核报告的过程中未勤勉尽责的,中国证监会将视情节轻重,对相关机构和责任人员采取监管谈话等监管措施,记入诚信档案并公布;情节严重的,给予警告等行政处罚。

第六章　附　　则

第五十七条　本办法自公布之日起施行。《首次公开发行股票并在创业板上市管理暂行办法》(证监会令第61号)、《关于进一步做好创业板推荐工作的指引》(证监会公告〔2010〕8号)同时废止。

首次公开发行股票时公司股东公开发售股份暂行规定

1. 2013年12月2日中国证券监督管理委员会公告〔2013〕44号公布

2. 根据2014年3月21日中国证券监督管理委员会公告〔2014〕11号《关于修改〈首次公开发行股票时公司股东公开发售股份暂行规定〉的决定》修订

第一条　为了规范首次公开发行股票时公司股东向投资者公开发售股份的行为,根据《公司法》、《证券法》、《首次公开发行股票并上市管理办法》、《首次公开发行股票并在创业板上市管理暂行办法》、《证券发行与承销管理办法》等制定本规定。

第二条 本规定所称公司股东公开发售股份是指发行人首次公开发行新股时，公司股东将其持有的股份以公开发行方式一并向投资者发售的行为（即老股转让）。

第三条 首次公开发行股票，既包括公开发行新股，也包括公司股东公开发售股份。

公司股东公开发售股份应当遵守《证券发行与承销管理办法》的规定，发行价格应当与新发行股票的价格相同。

第四条 公司股东应当遵循平等自愿的原则协商确定首次公开发行时各自公开发售股份的数量。

第五条 公司首次公开发行时，公司股东公开发售的股份，其已持有时间应当在36个月以上。

公司股东公开发售股份后，公司的股权结构不得发生重大变化，实际控制人不得发生变更。

第六条 公司股东公开发售的股份，权属应当清晰，不存在法律纠纷或质押、冻结等依法不得转让的情况。

第七条 公司股东拟公开发售股份的，应当向发行人董事会提出申请；需要相关主管部门批准的，应当事先取得相关部门的批准文件。

发行人董事会应当依法就本次股票发行方案作出决议，并提请股东大会批准。

第八条 发行人与拟公开发售股份的公司股东应当就本次发行承销费用的分摊原则进行约定，并在招股说明书等文件中披露相关信息。

第九条 公司股票发行方案应当载明本次公开发行股票的数量。公司发行新股的同时，其股东拟公开发售股份的，发行方案应当载明公司预计发行新股数量、公司相关股东预计公开发售股份的数量和上限，并明确新股发行与老股转让数量的调整机制。

公司首次公开发行股票应主要用于筹集企业发展需要的资金。新股发行数量应根据企业实际的资金需求合理确定；公司股东公开发售股份数量不得超过自愿设定12个月及以上限售期的投资者获得配售股份的数量。

第十条 发行人应当在招股说明书扉页载明公司拟发行新股和公司股东拟公开发售股份的数量，并提示股东发售股份所得资金不归公司所有；在招股说明书披露本次公开发行的股数、预计发行新股数量和公司股东公开发售股份的数量、发行费用的分摊原则及拟公开发售股份的股东情况，包括股东名称、持股数量及拟公开发售股份数量等。

发行公告应该披露公司股东拟公开发售股份总数及股东名称、各自公开发售股份数量等情况，并应当提示投资者关注公司将不会获得公司股东发售股份所得资金。

第十一条 发行价格确定后，投资者网上申购前，发行人、保荐机构（主承销商）应当披露新发行股票及公司股东公开发售股份的具体数量及拟公开发售股份的股东名称及数量。

第十二条 首次公开发行时，拟公开发售股份的公司股东属于下列情形之一的，招股说明书及发行公告应当说明并披露此次股东公开发售股份事项对公司控制权、治理结构及生产经营等产生的影响，提示投资者就上述事项予以关注。

（一）公司控股股东；

（二）持股10%以上的股东；

（三）本次公开发行前36个月内担任公司董事、监事、高级管理人员、核心技术人员；

（四）对发行人经营有重大影响或与发行人有特殊关系的其他股东；

（五）上述股东的关联方或一致行动人。

第十三条 保荐机构、发行人律师应当按照执业规范就公司股东公开发售股份是否符合法律、法规及公司章程的规定，是否履行相关决策或审批程序，所公开发售的股份是否存在权属纠纷或存在质押、冻结等依法不得转让的情况进行充分尽职调查，并对公司股东公开发售股份后公司股权结构是否发生重大变化、实际控制人是否发生变更发表意见，分析公司股东股份公开转让事项对公司治理结构及生产经营产生的具体影响。

第十四条 公司股东公开发售股份的登记、结算等事项应当符合证券交易所、证券登记结算公司制订的相关业务规定。

第十五条 自愿设定12个月及以上限售期的投资者不得与公开发售股份的公司股东及相关利益方存在财务资助或者补偿、股份代持、信托持股等不当利益安排。存在上述行为的，中国证监会将比照《证券发行与承销管理办法》第40条的规定处理。

第十六条 公司股东公开发售股份应当符合本规定及国家法律、行政法规及公司章程的规定。存在违法违规情况的，中国证监会依法进行查处；涉嫌犯罪的，依法移送司法机关，追究刑事责任。

2. 再融资

上市公司证券发行管理办法

1. 2006年5月6日中国证券监督管理委员会令第30号公布
2. 根据2008年10月9日中国证券监督管理委员会令第57号《关于修改上市公司现金分红若干规定的决定》修订

第一章　总　　则

第一条　为了规范上市公司证券发行行为，保护投资者的合法权益和社会公共利益，根据《证券法》、《公司法》制定本办法。

第二条　上市公司申请在境内发行证券，适用本办法。

本办法所称证券，指下列证券品种：

（一）股票；

（二）可转换公司债券；

（三）中国证券监督管理委员会（以下简称“中国证监会”）认可的其他品种。

第三条　上市公司发行证券，可以向不特定对象公开发行，也可以向特定对象非公开发行。

第四条　上市公司发行证券，必须真实、准确、完整、及时、公平地披露或者提供信息，不得有虚假记载、误导性陈述或者重大遗漏。

第五条　中国证监会对上市公司证券发行的核准，不表明其对该证券的投资价值或者投资者的收益作出实质性判断或者保证。因上市公司经营与收益的变化引致的投资风险，由认购证券的投资者自行负责。

第二章　公开发行证券的条件

第一节　一 般 规 定

第六条　上市公司的组织机构健全、运行良好，符合下列规定：

（一）公司章程合法有效，股东大会、董事会、监事会和独立董事制度健全，能够依法有效履行职责；

（二）公司内部控制制度健全，能够有效保证公司运行的效率、合法合规性和财务报告的可靠性；内部控制制度的完整性、合理性、有效性不存在重大缺陷；

（三）现任董事、监事和高级管理人员具备任职资格，能够忠实和勤勉地履行职务，不存在违反公司法第一百四十八条、第一百四十九条规定的行为，且最近36个月内未受到过中国证监会的行政处罚、最近12个月内未受到过证券交易所的公开谴责；

（四）上市公司与控股股东或实际控制人的人员、资产、财务分开，机构、业务独立，能够自主经营管理；

（五）最近12个月内不存在违规对外提供担保的行为。

第七条　上市公司的盈利能力具有可持续性，符合下列规定：

（一）最近3个会计年度连续盈利。扣除非经常性损益后的净利润与扣除前的净利润相比，以低者作为计算依据；

（二）业务和盈利来源相对稳定，不存在严重依赖于控股股东、实际控制人的情形；

（三）现有主营业务或投资方向能够可持续发展，经营模式和投资计划稳健，主要产品或服务的市场前景良好，行业经营环境和市场需求不存在现实或可预见的重大不利变化；

（四）高级管理人员和核心技术人员稳定，最近12个月内未发生重大不利变化；

（五）公司重要资产、核心技术或其他重大权益的取得合法，能够持续使用，不存在现实或可预见的重大不利变化；

（六）不存在可能严重影响公司持续经营的担保、诉讼、仲裁或其他重大事项；

（七）最近24个月内曾公开发行证券的，不存在发行当年营业利润比上年下降50%以上的情形。

第八条　上市公司的财务状况良好，符合下列规定：

（一）会计基础工作规范，严格遵循国家统一会计制度的规定；

（二）最近3年及一期财务报表未被注册会计师出具保留意见、否定意见或无法表示意见的审计报告；被注册会计师出具带强调事项段的无保留意见审计报告的，所涉及的事项对发行人无重大不利影响或者在发行前重大不利影响已经消除；

（三）资产质量良好。不良资产不足以对公司财务状况造成重大不利影响；

（四）经营成果真实，现金流量正常。营业收入和成本费用的确认严格遵循国家有关企业会计准则的规定，最近3年资产减值准备计提充分合理，不存在操纵经营业绩的情形；

（五）最近3年以现金方式累计分配的利润不少于最近3年实现的年均可分配利润的30%。

第九条　上市公司最近36个月内财务会计文件无虚假记载，且不存在下列重大违法行为：

（一）违反证券法律、行政法规或规章，受到中国证监会的行政处罚，或者受到刑事处罚；

（二）违反工商、税收、土地、环保、海关法律、行政法规或规章，受到行政处罚且情节严重，或者受到刑事处罚；

（三）违反国家其他法律、行政法规且情节严重的行为。

第十条 上市公司募集资金的数额和使用应当符合下列规定：

（一）募集资金数额不超过项目需要量；

（二）募集资金用途符合国家产业政策和有关环境保护、土地管理等法律和行政法规的规定；

（三）除金融类企业外，本次募集资金使用项目不得为持有交易性金融资产和可供出售的金融资产、借与他人、委托理财等财务性投资，不得直接或间接投资于以买卖有价证券为主要业务的公司；

（四）投资项目实施后，不会与控股股东或实际控制人产生同业竞争或影响公司生产经营的独立性；

（五）建立募集资金专项存储制度，募集资金必须存放于公司董事会决定的专项账户。

第十一条 上市公司存在下列情形之一的，不得公开发行证券：

（一）本次发行申请文件有虚假记载、误导性陈述或重大遗漏；

（二）擅自改变前次公开发行证券募集资金的用途而未作纠正；

（三）上市公司最近12个月内受到过证券交易所的公开谴责；

（四）上市公司及其控股股东或实际控制人最近12个月内存在未履行向投资者作出的公开承诺的行为；

（五）上市公司或其现任董事、高级管理人员因涉嫌犯罪被司法机关立案侦查或涉嫌违法违规被中国证监会立案调查；

（六）严重损害投资者的合法权益和社会公共利益的其他情形。

第二节 发 行 股 票

第十二条 向原股东配售股份（简称“配股”），除符合本章第一节规定外，还应当符合下列规定：

（一）拟配售股份数量不超过本次配售股份前股本总额的30%；

（二）控股股东应当在股东大会召开前公开承诺认配股份的数量；

（三）采用证券法规定的代销方式发行。

控股股东不履行认配股份的承诺，或者代销期限届满，原股东认购股票的数量未达到拟配售数量70%的，发行人应当按照发行价并加算银行同期存款利息返还已经认购的股东。

第十三条 向不特定对象公开募集股份（简称“增发”），除符合本章第一节规定外，还应当符合下列规定：

（一）最近3个会计年度加权平均净资产收益率平均不低于6%。扣除非经常性损益后的净利润与扣除前的净利润相比，以低者作为加权平均净资产收益率的计算依据；

（二）除金融类企业外，最近一期末不存在持有金额较大的交易性金融资产和可供出售的金融资产、借与他人款项、委托理财等财务性投资的情形；

（三）发行价格应不低于公告招股意向书前20个交易日公司股票均价或前1个交易日的均价。

第三节 发行可转换公司债券

第十四条 公开发行可转换公司债券的公司，除应当符合本章第一节规定外，还应当符合下列规定：

（一）最近3个会计年度加权平均净资产收益率平均不低于6%。扣除非经常性损益后的净利润与扣除前的净利润相比，以低者作为加权平均净资产收益率的计算依据；

（二）本次发行后累计公司债券余额不超过最近一期末净资产额的40%；

（三）最近3个会计年度实现的年均可分配利润不少于公司债券1年的利息。

前款所称可转换公司债券，是指发行公司依法发行、在一定期间内依据约定的条件可以转换成股份的公司债券。

第十五条 可转换公司债券的期限最短为1年，最长为6年。

第十六条 可转换公司债券每张面值100元。

可转换公司债券的利率由发行公司与主承销商协商确定，但必须符合国家的有关规定。

第十七条 公开发行可转换公司债券，应当委托具有资格的资信评级机构进行信用评级和跟踪评级。

资信评级机构每年至少公告一次跟踪评级报告。

第十八条 上市公司应当在可转换公司债券期满后5个工作日内办理完毕偿还债券余额本息的事项。

第十九条 公开发行可转换公司债券，应当约定保护债券持有人权利的办法，以及债券持有人会议的权利、程序和决议生效条件。

存在下列事项之一的，应当召开债券持有人会议：

（一）拟变更募集说明书的约定；

（二）发行人不能按期支付本息；

（三）发行人减资、合并、分立、解散或者申请破产；

（四）保证人或者担保物发生重大变化；

（五）其他影响债券持有人重大权益的事项。

第二十条 公开发行可转换公司债券,应当提供担保,但最近一期末经审计的净资产不低于人民币15亿元的公司除外。

提供担保的,应当为全额担保,担保范围包括债券的本金及利息、违约金、损害赔偿金和实现债权的费用。

以保证方式提供担保的,应当为连带责任担保,且保证人最近一期经审计的净资产额应不低于其累计对外担保的金额。证券公司或上市公司不得作为发行可转债的担保人,但上市商业银行除外。

设定抵押或质押的,抵押或质押财产的估值应不低于担保金额。估值应经有资格的资产评估机构评估。

第二十一条 可转换公司债券自发行结束之日起6个月后方可转换为公司股票,转股期限由公司根据可转换公司债券的存续期限及公司财务状况确定。

债券持有人对转换股票或者不转换股票有选择权,并于转股的次日成为发行公司的股东。

第二十二条 转股价格应不低于募集说明书公告日前20个交易日该公司股票交易均价和前1个交易日的均价。

前款所称转股价格,是指募集说明书事先约定的可转换公司债券转换为每股股份所支付的价格。

第二十三条 募集说明书可以约定赎回条款,规定上市公司可按事先约定的条件和价格赎回尚未转股的可转换公司债券。

第二十四条 募集说明书可以约定回售条款,规定债券持有人可按事先约定的条件和价格将所持债券回售给上市公司。

募集说明书应当约定,上市公司改变公告的募集资金用途的,赋予债券持有人一次回售的权利。

第二十五条 募集说明书应当约定转股价格调整的原则及方式。发行可转换公司债券后,因配股、增发、送股、派息、分立及其他原因引起上市公司股份变动的,应当同时调整转股价格。

第二十六条 募集说明书约定转股价格向下修正条款的,应当同时约定:

(一)转股价格修正方案须提交公司股东大会表决,且须经出席会议的股东所持表决权的2/3以上同意。股东大会进行表决时,持有公司可转换债券的股东应当回避;

(二)修正后的转股价格不低于前项规定的股东大会召开日前20个交易日该公司股票交易均价和前1个交易日的均价。

第二十七条 上市公司可以公开发行认股权和债券分离交易的可转换公司债券(简称"分离交易的可转换公司债券")。

发行分离交易的可转换公司债券,除符合本章第一节规定外,还应当符合下列规定:

(一)公司最近一期末经审计的净资产不低于人民币15亿元;

(二)最近3个会计年度实现的年均可分配利润不少于公司债券1年的利息;

(三)最近3个会计年度经营活动产生的现金流量净额平均不少于公司债券1年的利息,符合本办法第十四条第(一)项规定的公司除外;

(四)本次发行后累计公司债券余额不超过最近一期末净资产额的40%,预计所附认股权全部行权后募集的资金总量不超过拟发行公司债券金额。

第二十八条 分离交易的可转换公司债券应当申请在上市公司股票上市的证券交易所上市交易。

分离交易的可转换公司债券中的公司债券和认股权分别符合证券交易所上市条件的,应当分别上市交易。

第二十九条 分离交易的可转换公司债券的期限最短为1年。

债券的面值、利率、信用评级、偿还本息、债权保护适用本办法第十六条至第十九条的规定。

第三十条 发行分离交易的可转换公司债券,发行人提供担保的,适用本办法第二十条第二款至第四款的规定。

第三十一条 认股权证上市交易的,认股权证约定的要素应当包括行权价格、存续期间、行权期间或行权日、行权比例。

第三十二条 认股权证的行权价格应不低于公告募集说明书日前20个交易日公司股票均价和前1个交易日的均价。

第三十三条 认股权证的存续期间不超过公司债券的期限,自发行结束之日起不少于6个月。

募集说明书公告的权证存续期限不得调整。

第三十四条 认股权证自发行结束至少已满6个月起方可行权,行权期间为存续期限届满前的一段期间,或者是存续期限内的特定交易日。

第三十五条 分离交易的可转换公司债券募集说明书应当约定,上市公司改变公告的募集资金用途的,赋予债券持有人一次回售的权利。

第三章 非公开发行股票的条件

第三十六条 本办法规定的非公开发行股票,是指上市公司采用非公开方式,向特定对象发行股票的行为。

第三十七条 非公开发行股票的特定对象应当符合下列规定：

（一）特定对象符合股东大会决议规定的条件；

（二）发行对象不超过10名。

发行对象为境外战略投资者的，应当经国务院相关部门事先批准。

第三十八条 上市公司非公开发行股票，应当符合下列规定：

（一）发行价格不低于定价基准日前20个交易日公司股票均价的90%；

（二）本次发行的股份自发行结束之日起，12个月内不得转让；控股股东、实际控制人及其控制的企业认购的股份，36个月内不得转让；

（三）募集资金使用符合本办法第十条的规定；

（四）本次发行将导致上市公司控制权发生变化的，还应当符合中国证监会的其他规定。

第三十九条 上市公司存在下列情形之一的，不得非公开发行股票：

（一）本次发行申请文件有虚假记载、误导性陈述或重大遗漏；

（二）上市公司的权益被控股股东或实际控制人严重损害且尚未消除；

（三）上市公司及其附属公司违规对外提供担保且尚未解除；

（四）现任董事、高级管理人员最近36个月内受到过中国证监会的行政处罚，或者最近12个月内受到过证券交易所公开谴责；

（五）上市公司或其现任董事、高级管理人员因涉嫌犯罪正被司法机关立案侦查或涉嫌违法违规正被中国证监会立案调查；

（六）最近一年及一期财务报表被注册会计师出具保留意见、否定意见或无法表示意见的审计报告。保留意见、否定意见或无法表示意见所涉及事项的重大影响已经消除或者本次发行涉及重大重组的除外；

（七）严重损害投资者合法权益和社会公共利益的其他情形。

第四章 发行程序

第四十条 上市公司申请发行证券，董事会应当依法就下列事项作出决议，并提请股东大会批准：

（一）本次证券发行的方案；

（二）本次募集资金使用的可行性报告；

（三）前次募集资金使用的报告；

（四）其他必须明确的事项。

第四十一条 股东大会就发行股票作出的决定，至少应当包括下列事项：

（一）本次发行证券的种类和数量；

（二）发行方式、发行对象及向原股东配售的安排；

（三）定价方式或价格区间；

（四）募集资金用途；

（五）决议的有效期；

（六）对董事会办理本次发行具体事宜的授权；

（七）其他必须明确的事项。

第四十二条 股东大会就发行可转换公司债券作出的决定，至少应当包括下列事项：

（一）本办法第四十一条规定的事项；

（二）债券利率；

（三）债券期限；

（四）担保事项；

（五）回售条款；

（六）还本付息的期限和方式；

（七）转股期；

（八）转股价格的确定和修正。

第四十三条 股东大会就发行分离交易的可转换公司债券作出的决定，至少应当包括下列事项：

（一）本办法第四十一条、第四十二条第（二）项至第（六）项规定的事项；

（二）认股权证的行权价格；

（三）认股权证的存续期限；

（四）认股权证的行权期间或行权日。

第四十四条 股东大会就发行证券事项作出决议，必须经出席会议的股东所持表决权的2/3以上通过。向本公司特定的股东及其关联人发行证券的，股东大会就发行方案进行表决时，关联股东应当回避。

上市公司就发行证券事项召开股东大会，应当提供网络或者其他方式为股东参加股东大会提供便利。

第四十五条 上市公司申请公开发行证券或者非公开发行新股，应当由保荐人保荐，并向中国证监会申报。

保荐人应当按照中国证监会的有关规定编制和报送发行申请文件。

第四十六条 中国证监会依照下列程序审核发行证券的申请：

（一）收到申请文件后，5个工作日内决定是否受理；

（二）中国证监会受理后，对申请文件进行初审；

（三）发行审核委员会审核申请文件；

（四）中国证监会作出核准或者不予核准的决定。

第四十七条 自中国证监会核准发行之日起，上市公司应在6个月内发行证券；超过6个月未发行的，核准文件失效,须重新经中国证监会核准后方可发行。

第四十八条 上市公司发行证券前发生重大事项的,应暂缓发行,并及时报告中国证监会。该事项对本次发行条件构成重大影响的,发行证券的申请应重新经过中国证监会核准。

第四十九条 上市公司发行证券,应当由证券公司承销;非公开发行股票,发行对象均属于原前 10 名股东的,可以由上市公司自行销售。

第五十条 证券发行申请未获核准的上市公司,自中国证监会作出不予核准的决定之日起 6 个月后,可再次提出证券发行申请。

第五章 信息披露

第五十一条 上市公司发行证券,应当按照中国证监会规定的程序、内容和格式,编制公开募集证券说明书或者其他信息披露文件,依法履行信息披露义务。

第五十二条 上市公司应当保证投资者及时、充分、公平地获得法定披露的信息,信息披露文件使用的文字应当简洁、平实、易懂。

中国证监会规定的内容是信息披露的最低要求,凡对投资者投资决策有重大影响的信息,上市公司均应充分披露。

第五十三条 证券发行议案经董事会表决通过后,应当在 2 个工作日内报告证券交易所,公告召开股东大会的通知。

使用募集资金收购资产或者股权的,应当在公告召开股东大会通知的同时,披露该资产或者股权的基本情况、交易价格、定价依据以及是否与公司股东或其他关联人存在利害关系。

第五十四条 股东大会通过本次发行议案之日起 2 个工作日内,上市公司应当公布股东大会决议。

第五十五条 上市公司收到中国证监会关于本次发行申请的下列决定后,应当在次一工作日予以公告:

(一)不予受理或者终止审查;

(二)不予核准或者予以核准。

上市公司决定撤回证券发行申请的,应当在撤回申请文件的次一工作日予以公告。

第五十六条 上市公司全体董事、监事、高级管理人员应当在公开募集证券说明书上签字,保证不存在虚假记载、误导性陈述或者重大遗漏,并声明承担个别和连带的法律责任。

第五十七条 保荐机构及保荐代表人应当对公开募集证券说明书的内容进行尽职调查并签字,确认不存在虚假记载、误导性陈述或者重大遗漏,并声明承担相应的法律责任。

第五十八条 为证券发行出具专项文件的注册会计师、资产评估人员、资信评级人员、律师及其所在机构,应当按照本行业公认的业务标准和道德规范出具文件,并声明对所出具文件的真实性、准确性和完整性承担责任。

第五十九条 公开募集证券说明书所引用的审计报告、盈利预测审核报告、资产评估报告、资信评级报告,应当由有资格的证券服务机构出具,并由至少 2 名有从业资格的人员签署。

公开募集证券说明书所引用的法律意见书,应当由律师事务所出具,并由至少 2 名经办律师签署。

第六十条 公开募集证券说明书自最后签署之日起 6 个月内有效。

公开募集证券说明书不得使用超过有效期的资产评估报告或者资信评级报告。

第六十一条 上市公司在公开发行证券前的 2 至 5 个工作日内,应当将经中国证监会核准的募集说明书摘要或者募集意向书摘要刊登在至少一种中国证监会指定的报刊,同时将其全文刊登在中国证监会指定的互联网网站,置备于中国证监会指定的场所,供公众查阅。

第六十二条 上市公司在非公开发行新股后,应当将发行情况报告书刊登在至少一种中国证监会指定的报刊,同时将其刊登在中国证监会指定的互联网网站,置备于中国证监会指定的场所,供公众查阅。

第六十三条 上市公司可以将公开募集证券说明书全文或摘要、发行情况公告书刊登于其他网站和报刊,但不得早于按照第六十一条、第六十二条规定披露信息的时间。

第六章 监管和处罚

第六十四条 上市公司违反本办法规定,中国证监会可以责令整改;对其直接负责的主管人员和其他直接责任人员,可以采取监管谈话、认定为不适当人选等行政监管措施,记入诚信档案并公布。

第六十五条 上市公司及其直接负责的主管人员和其他直接责任人员违反法律、行政法规或本办法规定,依法应予行政处罚的,依照有关规定进行处罚;涉嫌犯罪的,依法移送司法机关,追究其刑事责任。

第六十六条 上市公司提供的申请文件中有虚假记载、误导性陈述或重大遗漏的,中国证监会可作出终止审查决定,并在 36 个月内不再受理该公司的公开发行证券申请。

第六十七条 上市公司披露盈利预测的,利润实现数如未达到盈利预测的 80% ,除因不可抗力外,其法定代表人、盈利预测审核报告签字注册会计师应当在股东大会及中国证监会指定报刊上公开作出解释并道歉；中国证监会可以对法定代表人处以警告。

利润实现数未达到盈利预测的50%的，除因不可抗力外，中国证监会在36个月内不受理该公司的公开发行证券申请。

第六十八条 上市公司违反本办法第十条第（三）项和第（四）项规定的，中国证监会可以责令改正，并在36个月内不受理该公司的公开发行证券申请。

第六十九条 为证券发行出具审计报告、法律意见、资产评估报告、资信评级报告及其他专项文件的证券服务机构和人员，在其出具的专项文件中存在虚假记载、误导性陈述或重大遗漏的，除承担证券法规定的法律责任外，中国证监会12个月内不接受相关机构出具的证券发行专项文件，36个月内不接受相关人员出具的证券发行专项文件。

第七十条 承销机构在承销非公开发行的新股时，将新股配售给不符合本办法第三十七条规定的对象的，中国证监会可以责令改正，并在36个月内不接受其参与证券承销。

第七十一条 上市公司在非公开发行新股时，违反本办法第四十九条规定的，中国证监会可以责令改正，并在36个月内不受理该公司的公开发行证券申请。

第七十二条 本办法规定的特定对象违反规定，擅自转让限售期限未满的股票的，中国证监会可以责令改正，情节严重的，12个月内不得作为特定对象认购证券。

第七十三条 上市公司和保荐机构、承销商向参与认购的投资者提供财务资助或补偿的，中国证监会可以责令改正；情节严重的，处以警告、罚款。

第七章 附 则

第七十四条 上市公司发行以外币认购的证券的办法、上市公司向员工发行证券用于激励的办法，由中国证监会另行规定。

第七十五条 本办法自2006年5月8日起施行。《上市公司新股发行管理办法》（证监会令第1号）、《关于做好上市公司新股发行工作的通知》（证监发〔2001〕43号）、《关于上市公司增发新股有关条件的通知》（证监发〔2002〕55号）、《上市公司发行可转换公司债券实施办法》（证监会令第2号）和《关于做好上市公司可转换公司债券发行工作的通知》（证监发行字〔2001〕115号）同时废止。

《上市公司证券发行管理办法》第三十九条“违规对外提供担保且尚未解除”的理解和适用——证券期货法律适用意见第5号

2009年7月9日中国证券监督管理委员会公告〔2009〕16号公布施行

《上市公司证券发行管理办法》（证监会令第30号，以下简称《管理办法》）第三十九条第（三）项规定，上市公司申请非公开发行股票，不得存在“上市公司及其附属公司违规对外提供担保且尚未解除”的情形。在非公开发行股票的行政许可审核实践中，部分上市公司及其附属公司通常采取一些纠正或补救措施，以解除违规担保或消除违规担保对公司的不利影响。由于实践中违规担保的情形多种多样，公司采取的纠正和补救措施各不相同，经过重大资产重组的上市公司历史遗留的违规担保情况则更加复杂，由此造成对于《管理办法》第三十九条“违规对外提供担保且尚未解除”规定的不同理解和认识。经研究，我会认为：

一、非公开发行股票的上市公司应当具有规范的公司治理结构和相应的内控制度，并应严格控制对外担保风险，避免给上市公司、附属公司及其股东产生重大不利影响和造成经济损失。

二、《管理办法》所规定的“上市公司及其附属公司”是指上市公司及其合并报表的控股子公司。

三、《管理办法》所规定的“违规对外提供担保”（以下简称违规担保），是指上市公司及其附属公司违反相关法律、行政法规、规章、中国证监会发布的规范性文件、公司章程的规定（以下简称相关法律规定）对外提供担保。以下情形属于《管理办法》所规定的违规担保：

（一）未按照相关法律规定履行董事会或股东大会表决程序；

（二）董事会或股东大会作出对外担保事项决议时，关联董事或股东未按照相关法律规定回避表决；

（三）董事会或股东大会批准的公司对外担保总额或单项担保的数额超过中国证监会或者公司章程规定的限额；

（四）董事会或股东大会批准对外担保事项后，未按照中国证监会规定的内容在指定媒体及时披露信息；

（五）独立董事未按规定在年度报告中对对外担保事项进行专项说明，并发表独立意见；

(六)其他违反相关法律规定的对外担保行为。

四、《管理办法》所规定的"尚未解除",是指上市公司递交非公开发行股票申请文件时,上市公司及其附属公司违规担保尚未解除或其风险隐患尚未消除,上市公司及其股东的利益安全存在重大不确定性,而不局限于《合同法》中"合同解除"的概念。担保责任解除主要指上市公司及其附属公司违规担保状态的停止、担保责任的消灭,或者上市公司及其附属公司已经采取有效措施消除了违规担保对上市公司及股东带来的重大风险隐患等。

递交非公开发行股票申请文件前,保荐机构和发行人律师经核查存在下列情形之一的,可以出具意见认定违规担保已经解除或其对上市公司的风险隐患已经消除:

(一)上市公司及其附属公司已经采取相应纠正措施,自律组织、行政监管部门或司法机关已依法追究违规单位及相关人员的法律责任(包括立案调查或立案侦查),相关信息已及时披露;

(二)上市公司及其附属公司已按企业会计准则的要求对因违规担保而承担的付款义务确认预计负债或者已经承担担保责任,自律组织、行政监管部门或司法机关已依法追究违规单位及相关人员的法律责任(包括立案调查或立案侦查),相关信息已及时披露;

(三)担保合同未成立、未生效或已经被宣告无效、解除或撤销,上市公司及其附属公司不再继续承担担保责任以及其他相关赔偿责任;

(四)由于债务人已经全额偿还债务,或债权人未依法要求上市公司及其附属公司承担责任等原因,导致担保责任已经解除;

(五)因其他事由导致担保事项不再继续对上市公司及其社会公众股东利益产生重大不利影响。

前款第(二)项赋予上市公司及其附属公司一定选择权,但不鼓励其通过提前承担担保责任而直接给上市公司及其股东带来经济损失。上市公司及其附属公司选择确认预计负债方式可以给予投资者明确预期,同时,应努力通过法定途径避免或减少损失。

五、实施重大资产重组的上市公司,对于重组前遗留的违规担保,除适用前条规定外,保荐机构和发行人律师经核查存在下列情形之一的,可出具意见认定违规担保对上市公司的风险隐患已经消除:

(一)实施重大资产重组前,重组方已经知晓违规担保的事实,虽然递交非公开发行股票申请文件前违规担保尚未解除,但上市公司及其附属公司已按企业会计准则的要求对因违规担保而承担的付款义务确认预计负债,且自律组织、行政监管部门或司法机关已依法追究违规单位及相关人员的法律责任(包括立案调查或立案侦查),相关信息已及时披露;

(二)相关当事方已签署有效的法律文件,约定控股股东、实际控制人或重组方全部承担上市公司及其附属公司因违规担保可能产生的债务本息,且控股股东、实际控制人或重组方切实具备履约能力。

六、相关会计师事务所可以就上述第四条第二款第(二)项、第五条第(一)项关于上市公司及其附属公司对违规担保而承担的付款义务是否确认预计负债出具专项审核意见。

七、保荐机构和相关证券服务机构就上市公司及其附属公司违规担保是否已经解除出具的专业意见是监管部门作出判断的重要依据。保荐机构、相关证券服务机构及其人员应当确保专业意见的结论明确,依据适当、充分,分析清晰、合理。违反相关规定的,除依法采取相应的监管措施外,监管部门还将对相关机构和人员此后出具的专业意见给予重点关注。保荐机构、相关证券服务机构及其人员存在违法违规行为的,将依法追究其法律责任。

上市公司非公开发行股票实施细则

1. 2007年9月17日中国证券监督管理委员会发布

2. 证监发行字〔2007〕302号

3. 根据2011年8月1日中国证券监督管理委员会令第73号《关于修改上市公司重大资产重组与配套融资相关规定的决定》修订

第一章　总　　则

第一条　为规范上市公司非公开发行股票行为,根据《上市公司证券发行管理办法》(证监会令第30号,以下简称《管理办法》)的有关规定,制定本细则。

第二条　上市公司非公开发行股票,应当有利于减少关联交易、避免同业竞争、增强独立性;应当有利于提高资产质量、改善财务状况、增强持续盈利能力。

第三条　上市公司董事、监事、高级管理人员、保荐人和承销商、为本次发行出具专项文件的专业人员及其所在机构,以及上市公司控股股东、实际控制人及其知情人员,应当遵守有关法律法规和规章,勤勉尽责,不得利用上市公司非公开发行股票谋取不正当利益,禁止泄露内幕信息和利用内幕信息进行证券交易或者操纵证券交易价格。

第四条　上市公司的控股股东、实际控制人和本次发行对象,应当按照有关规定及时向上市公司提供信息,配合上市公司真实、准确、完整地履行信息披露义务。

第五条　保荐人、上市公司选择非公开发行股票的发行对象和确定发行价格，应当遵循公平、公正原则，体现上市公司和全体股东的最大利益。

第六条 发行方案涉及中国证监会规定的重大资产重组的，其配套融资按照现行相关规定办理。

第二章 发行对象与认购条件

第七条 《管理办法》所称"定价基准日"，是指计算发行底价的基准日。定价基准日可以为关于本次非公开发行股票的董事会决议公告日、股东大会决议公告日，也可以为发行期的首日。上市公司应按不低于该发行底价的价格发行股票。

《管理办法》所称"定价基准日前20个交易日股票交易均价"的计算公式为：定价基准日前20个交易日股票交易均价=定价基准日前20个交易日股票交易总额/定价基准日前20个交易日股票交易总量。

第八条 《管理办法》所称"发行对象不超过10名"，是指认购并获得本次非公开发行股票的法人、自然人或者其他合法投资组织不超过10名。

证券投资基金管理公司以其管理的2只以上基金认购的，视为一个发行对象。

信托公司作为发行对象，只能以自有资金认购。

第九条 发行对象属于下列情形之一的，具体发行对象及其认购价格或者定价原则应当由上市公司董事会的非公开发行股票决议确定，并经股东大会批准；认购的股份自发行结束之日起36个月内不得转让：

（一）上市公司的控股股东、实际控制人或其控制的关联人；

（二）通过认购本次发行的股份取得上市公司实际控制权的投资者；

（三）董事会拟引入的境内外战略投资者。

第十条 发行对象属于本细则第九条规定以外的情形的，上市公司应当在取得发行核准批文后，按照本细则的规定以竞价方式确定发行价格和发行对象。发行对象认购的股份自发行结束之日起12个月内不得转让。

第三章 董事会与股东大会决议

第十一条 上市公司申请非公开发行股票，应当按照《管理办法》的相关规定召开董事会、股东大会，并按规定及时披露信息。

第十二条 董事会决议确定具体发行对象的，上市公司应当在召开董事会的当日或者前1日与相应发行对象签订附条件生效的股份认购合同。

前款所述认购合同应载明该发行对象拟认购股份的数量或数量区间、认购价格或定价原则、限售期，同时约定本次发行一经上市公司董事会、股东大会批准并经中国证监会核准，该合同即应生效。

第十三条 上市公司董事会作出非公开发行股票决议，应当符合下列规定：

（一）应当按照《管理办法》的规定选择确定本次发行的定价基准日，并提请股东大会批准。

（二）董事会决议确定具体发行对象的，董事会决议应当确定具体的发行对象名称及其认购价格或定价原则、认购数量或者数量区间、限售期；发行对象与公司签订的附条件生效的股份认购合同应当经董事会批准。

（三）董事会决议未确定具体发行对象的，董事会决议应当明确发行对象的范围和资格，定价原则、限售期。

（四）本次非公开发行股票的数量不确定的，董事会决议应当明确数量区间（含上限和下限）。董事会决议还应当明确，上市公司的股票在定价基准日至发行日期间除权、除息的，发行数量和发行底价是否相应调整。

（五）董事会决议应当明确本次募集资金数量的上限、拟投入项目的资金需要总数量、本次募集资金投入数量、其余资金的筹措渠道。募集资金用于补充流动资金或者偿还银行贷款的，应当说明补充流动资金或者偿还银行贷款的具体数额；募集资金用于收购资产的，应当明确交易对方、标的资产、作价原则等事项。

第十四条 董事会决议经表决通过后，上市公司应当在2个交易日内披露。

董事会应当按照《公开发行证券的公司信息披露内容与格式准则第25号——上市公司非公开发行股票预案和发行情况报告书》的要求编制非公开发行股票预案，作为董事会决议的附件，与董事会决议同时刊登。

第十五条 本次发行涉及资产审计、评估或者上市公司盈利预测的，资产审计结果、评估结果和经审核的盈利预测报告至迟应随召开股东大会的通知同时公告。

第十六条 非公开发行股票的董事会决议公告后，出现以下情况需要重新召开董事会的，应当由董事会重新确定本次发行的定价基准日：

（一）本次非公开发行股票股东大会决议的有效期已过；

（二）本次发行方案发生变化；

（三）其他对本次发行定价具有重大影响的事项。

第十七条 上市公司股东大会就非公开发行股票作出的决定，至少应当包括《管理办法》和本细则规定须提交股东大会批准的事项。

《管理办法》所称应当回避表决的"特定的股东及其关联人"，是指董事会决议已确定为本次发行对象的股东及其关联人。

第四章 核准与发行

第十八条 股东大会批准本次发行后,上市公司可向中国证监会提交发行申请文件。

申请文件应当按照本细则附件1《上市公司非公开发行股票申请文件目录》的有关规定编制。

第十九条 保荐人和发行人律师应当各司其职,勤勉尽责,对本次非公开发行股票申请的合规性审慎地履行尽职调查职责。

保荐人出具的发行保荐书和发行人律师出具的法律意见书,应当对照中国证监会的各项规定逐项发表明确的结论性意见,并载明得出每项结论的查证过程及事实依据。

第二十条 中国证监会按照《管理办法》规定的程序审核非公开发行股票申请。

上市公司收到中国证监会发行审核委员会关于本次发行申请获得通过或者未获通过的结果后,应当在次一交易日予以公告,并在公告中说明,公司收到中国证监会作出的予以核准或者不予核准的决定后,将另行公告。

第二十一条 上市公司取得核准批文后,应当在批文的有效期内,按照《证券发行与承销管理办法》(证监会令第37号)的有关规定发行股票。

上市公司收到中国证监会予以核准决定后作出的公告中,应当公告本次发行的保荐人,并公开上市公司和保荐人指定办理本次发行的负责人及其有效联系方式。

上市公司、保荐人对非公开发行股票进行推介或者向特定对象提供投资价值研究报告的,不得采用任何公开方式,且不得早于上市公司董事会关于非公开发行股票的决议公告之日。

第二十二条 董事会决议确定具体发行对象的,上市公司在取得核准批文后,应当按照本细则第九条的规定和认购合同的约定发行股票。

第二十三条 董事会决议未确定具体发行对象的,在取得中国证监会的核准批文后,由上市公司及保荐人在批文的有效期内选择发行时间;在发行期起始的前1日,保荐人应当向符合条件的特定对象提供认购邀请书。

第二十四条 认购邀请书发送对象的名单由上市公司及保荐人共同确定。

认购邀请书发送对象的名单除应当包含董事会决议公告后已经提交认购意向书的投资者、公司前20名股东外,还应当包含符合《证券发行与承销管理办法》规定条件的下列询价对象:

(一)不少于20家证券投资基金管理公司;

(二)不少于10家证券公司;

(三)不少于5家保险机构投资者。

第二十五条 认购邀请书应当按照公正、透明的原则,事先约定选择发行对象、确定认购价格、分配认购数量等事项的操作规则。

认购邀请书及其申购报价表参照本细则附件2的范本制作,发送时由上市公司加盖公章,由保荐代表人签署。

第二十六条 认购邀请书发出后,上市公司及保荐人应当在认购邀请书约定的时间内收集特定投资者签署的申购报价表。

在申购报价期间,上市公司、保荐人应当确保任何工作人员不泄露发行对象的申购报价情况,申购报价过程应当由发行人律师现场见证。

第二十七条 申购报价结束后,上市公司及保荐人应当对有效申购按照报价高低进行累计统计,按照价格优先的原则合理确定发行对象、发行价格和发行股数。

第二十八条 发行结果确定后,上市公司应当与发行对象签订正式认购合同,发行对象应当按照合同约定缴款。

发行对象的认购资金应先划入保荐人为本次发行专门开立的账户,验资完毕后,扣除相关费用再划入发行人募集资金专项存储账户。

第二十九条 验资完成后的次一交易日,上市公司和保荐人应当向中国证监会提交《证券发行与承销管理办法》第五十条规定的备案材料。

发行情况报告书应当按照《公开发行证券的公司信息披露内容与格式准则第25号——上市公司非公开发行股票预案和发行情况报告书》的要求编制。

第三十条 保荐人关于本次发行过程和认购对象合规性的报告应当详细记载本次发行的全部过程,列示发行对象的申购报价情况及其获得配售的情况,并对发行结果是否公平、公正,是否符合非公开发行股票的有关规定发表意见。

报价在发行价格之上的特定对象未获得配售或者被调减配售数量的,保荐人应当向该特定对象说明理由,并在报告书中说明情况。

第三十一条 发行人律师关于本次发行过程和认购对象合规性的报告应当详细认证本次发行的全部过程,并对发行过程的合规性、发行结果是否公平、公正,是否符合非公开发行股票的有关规定发表明确意见。

发行人律师应当对认购邀请书、申购报价表、正式签署的股份认购合同及其他有关法律文书进行见证,并在报告书中确认有关法律文书合法有效。

第五章　附　　则

第三十二条　本细则自发布之日起实施。

第三十三条　本细则的附件包括《上市公司非公开发行股票申请文件目录》、《〈认购邀请书〉和〈申购报价单〉范本》。

附件 1

上市公司非公开发行股票申请文件目录

第一章　发行人的申请报告及相关文件

1－1　发行人申请报告

1－2　本次发行的董事会决议和股东大会决议

1－3　本次非公开发行股票预案

1－4　公告的其他相关信息披露文件

第二章　保荐人和律师出具的文件

2－1　保荐人出具的证券发行保荐书

2－2　保荐人尽职调查报告

2－3　发行人律师出具的法律意见书

2－4　发行人律师工作报告

第三章　财务信息相关文件

3－1　发行人最近 1 年的财务报告和审计报告及最近一期的财务报告

3－2　最近 3 年一期的比较式财务报表(包括合并报表和母公司报表)

3－3　本次收购资产相关的最近 1 年一期的财务报告及其审计报告、资产评估报告

3－4　发行人董事会、会计师事务所及注册会计师关于上市公司最近 1 年及一期的非标准无保留意见审计报告的补充意见

3－5　会计师事务所关于前次募集资金使用情况的专项报告

第四章　其他文件

4－1　有关部门对募集资金投资项目的审批、核准或备案文件

4－2　特定行业主管部门出具的监管意见书

4－3　国务院相关主管部门关于引入境外战略投资者的批准文件

4－4　附条件生效的股份认购合同

4－5　附条件生效的资产转让合同

4－6　发行人全体董事对相关申请文件真实性、准确性和完整性的承诺书

编制说明：

前述申请文件目录是对发行申请文件的最低要求，中国证监会根据审核需要，可以要求发行人和中介机构补充材料。某些材料对发行人不适用的，可不必提供，但应作出书面说明。保荐机构报送申请文件，初次报送应提交原件 1 份，复印件及电子文件 3 份。

附件 2

《认购邀请书》和《申购报价单》范本

〔＊〕股份有限公司非公开发行股票
认购邀请书

________________：

经〔＊〕股份有限公司(简称“公司”或“本公司”)〔＊〕年度第〔＊〕次临时股东大会(简称“股东大会”)批准，拟向特定投资者非公开发行股票(简称“本次发行”)。本次发行已经中国证监会核准。现发出认购邀请书(简称“本邀请书”)，诚邀贵公司/您参与本次发行认购。以下为本次发行认购的具体事项，敬请认真阅读：

一、认购对象与条件

1. 认购对象

本次发行的认购对象为〔＊〕。

2. 认购数量

每一特定投资者的最低有效认购数量不得低于〔＊〕万股，超过〔＊〕万股的必须是〔＊〕万股的整数倍。每一特定投资者最多认购数量不得超过〔＊〕万股。

3. 认购价格

本次发行价格根据本邀请书第三部分所规定的程序和规则确定。

二、认购时间安排

1. 接到本邀请书后，贵公司如欲认购，应于〔＊〕年〔＊〕月〔＊〕日〔＊〕时前将附件《申购报价单》以传真方式发至本公司(传真号：〔＊〕)。

2. 本公司收到《申购报价单》后，根据中国证监会的有关规定和本邀请书第三部分所规定的程序和规则确定本次发行的价格、最终发行对象和股份分配数量，并于确定上述结果后尽快向最终发行对象发出《缴款通知书》。

3. 发行对象收到《缴款通知书》后，应在《缴款通知书》规定的时限内将认购款汇至本公司指定的账户(具体账户为：〔＊〕)。认购款未按时到账的，视为放弃认购。

三、发行价格、发行对象及分配股数的确定程序和规则

1. 本次申报价格

本次申报价格应不低于每股〔＊〕元。

(认购人可以在该价格基础上,根据不同的认购股份数量,以增加〔＊〕元的整数倍的形式确定其申报价格,每个认购人申报的价格不超过三档。)

2. 认购确认程序与规则

(此处保荐人和上市公司应明确告知确认最终认购价格、发行对象及其分配数量的程序和规则。该程序和规则应当公平、公正,符合中国证监会的有关规定)

四、特别提示

1. 凡决定参加本次认购的认购人须对本邀请书所附《申购报价单》签字确认并加盖公章,并将《申购报价单》于〔＊〕年〔＊〕月〔＊〕日〔＊〕时前传真至本公司。

2. 凡被确定为最终发行对象的认购人,必须在《缴款通知书》指定的时间将认购款足额汇入本公司指定的账户。为确保认购款能在规定时间内足额到达指定的银行账户,请在收到本邀请书的传真件后尽快准备汇款事宜。

3. 本邀请书所附《申购报价单》为无条件确认书,接受人一旦申报,即有法律效力。

4. 本邀请书的发出、《申购报价单》的接收、《缴款通知书》的发出、发行价格、发行对象及分配股数的确认等认购事宜,由〔＊〕律师事务所进行法律见证。

《申购报价单》如由授权代表签署,须附上由法定代表签署的授权委托书。

5. 本次认购的联系人:〔＊〕,电话:〔＊〕,传真号:〔＊〕

________股份有限公司　保荐代表人(＊＊证券公司):________

二〇　　年　月　日

本认购邀请书附件:申购报价单

致:〔＊〕股份有限公司

我单位收到并已详细阅读了贵方于〔＊〕年〔＊〕月〔＊〕日发出的《〔＊〕股份有限公司非公开发行股票认购邀请书》和贵公司〔＊〕年度第〔＊〕次临时股东大会的相关公告。经研究,同意按贵方确定的条件参加此次认购,本人在此确认:

一、同意《〔＊〕股份有限公司非公开发行股票认购邀请书》所确定的认购条件与规则。

二、同意:

1. 按每股〔＊〕元的价格认购〔＊〕万股(大写数字)。

2. 按每股〔＊〕元的价格认购〔＊〕万股(大写数字)。

3. 按每股〔＊〕元的价格认购〔＊〕万股(大写数字)。

三、同意按贵方最终确认的认购数量和时间缴纳认购款。

四、我方联系人:____________________

电话:______________________________

手机:______________________________

传真:______________________________

公司(公章)

法定代表人或其授权代表、或本人签署

二〇　　年　月　日

3. 公司债券

企业债券管理条例

1. 1993年8月2日国务院令第121号公布

2. 根据2011年1月8日国务院令第588号《关于废止和修改部分行政法规的规定》修订

第一章　总　　则

第一条　为了加强对企业债券的管理,引导资金的合理流向,有效利用社会闲散资金,保护投资者的合法权益,制定本条例。

第二条　本条例适用于中华人民共和国境内具有法人资格的企业(以下简称企业)在境内发行的债券。但是,金融债券和外币债券除外。

除前款规定的企业外,任何单位和个人不得发行企业债券。

第三条　企业进行有偿筹集资金活动,必须通过公开发行企业债券的形式进行。但是,法律和国务院另有规定的除外。

第四条　发行和购买企业债券应当遵循自愿、互利、有偿的原则。

第二章　企 业 债 券

第五条　本条例所称企业债券,是指企业依照法定程序发行、约定在一定期限内还本付息的有价证券。

第六条　企业债券的票面应当载明下列内容:

(一)企业的名称、住所;

(二)企业债券的面额;

(三)企业债券的利率;

(四)还本期限和方式;

（五）利息的支付方式；

（六）企业债券发行日期和编号；

（七）企业的印记和企业法定代表人的签章；

（八）审批机关批准发行的文号、日期。

第七条 企业债券持有人有权按照约定期限取得利息、收回本金，但是无权参与企业的经营管理。

第八条 企业债券持有人对企业的经营状况不承担责任。

第九条 企业债券可以转让、抵押和继承。

第三章 企业债券的管理

第十条 国家计划委员会会同中国人民银行、财政部、国务院证券委员会拟订全国企业债券发行的年度规模和规模内的各项指标，报国务院批准后，下达各省、自治区、直辖市、计划单列市人民政府和国务院有关部门执行。

未经国务院同意，任何地方、部门不得擅自突破企业债券发行的年度规模，并不得擅自调整年度规模内的各项指标。

第十一条 企业发行企业债券必须按照本条例的规定进行审批；未经批准的，不得擅自发行和变相发行企业债券。

中央企业发行企业债券，由中国人民银行会同国家计划委员会审批；地方企业发行企业债券，由中国人民银行省、自治区、直辖市、计划单列市分行会同同级计划主管部门审批。

第十二条 企业发行企业债券必须符合下列条件：

（一）企业规模达到国家规定的要求；

（二）企业财务会计制度符合国家规定；

（三）具有偿债能力；

（四）企业经济效益良好，发行企业债券前连续3年盈利；

（五）所筹资金用途符合国家产业政策。

第十三条 企业发行企业债券应当制订发行章程。

发行章程应当包括下列内容：

（一）企业的名称、住所、经营范围、法定代表人；

（二）企业近3年的生产经营状况和有关业务发展的基本情况；

（三）财务报告；

（四）企业自有资产净值；

（五）筹集资金的用途；

（六）效益预测；

（七）发行对象、时间、期限、方式；

（八）债券的种类及期限；

（九）债券的利率；

（十）债券总面额；

（十一）还本付息方式；

（十二）审批机关要求载明的其他事项。

第十四条 企业申请发行企业债券，应当向审批机关报送下列文件：

（一）发行企业债券的申请书；

（二）营业执照；

（三）发行章程；

（四）经会计师事务所审计的企业近3年的财务报告；

（五）审批机关要求提供的其他材料。

企业发行企业债券用于固定资产投资，按照国家有关规定需要经有关部门审批的，还应当报送有关部门的审批文件。

第十五条 企业发行企业债券应当公布经审批机关批准的发行章程。

企业发行企业债券，可以向经认可的债券评信机构申请信用评级。

第十六条 企业发行企业债券的总面额不得大于该企业的自有资产净值。

第十七条 企业发行企业债券用于固定资产投资的，依照国家有关固定资产投资的规定办理。

第十八条 企业债券的利率不得高于银行相同期限居民储蓄定期存款利率的40%。

第十九条 任何单位不得以下列资金购买企业债券：

（一）财政预算拨款；

（二）银行贷款；

（三）国家规定不得用于购买企业债券的其他资金。

办理储蓄业务的机构不得将所吸收的储蓄存款用于购买企业债券。

第二十条 企业发行企业债券所筹资金应当按照审批机关批准的用途，用于本企业的生产经营。

企业发行企业债券所筹资金不得用于房地产买卖、股票买卖和期货交易等与本企业生产经营无关的风险性投资。

第二十一条 企业发行企业债券，应当由证券经营机构承销。

证券经营机构承销企业债券，应当对发行债券的企业的发行章程和其他有关文件的真实性、准确性、完整性进行核查。

第二十二条 企业债券的转让，应当在经批准的可以进行债券交易的场所进行。

第二十三条 非证券经营机构和个人不得经营企业债券的承销和转让业务。

第二十四条　单位和个人所得的企业债券利息收入,按照国家规定纳税。

第二十五条　中国人民银行及其分支机构和国家证券监督管理机构,依照规定的职责,负责对企业债券的发行和交易活动,进行监督检查。

第四章　法律责任

第二十六条　未经批准发行或者变相发行企业债券的,以及未通过证券经营机构发行企业债券的,责令停止发行活动,退还非法所筹资金,处以相当于非法所筹资金金额5%以下的罚款。

第二十七条　超过批准数额发行企业债券的,责令退还超额发行部分或者核减相当于超额发行金额的贷款额度,处以相当于超额发行部分5%以下的罚款。

第二十八条　超过本条例第十八条规定的最高利率发行企业债券的,责令改正,处以相当于所筹资金金额5%以下的罚款。

第二十九条　用财政预算拨款、银行贷款或者国家规定不得用于购买企业债券的其他资金购买企业债券的,以及办理储蓄业务的机构用所吸收的储蓄存款购买企业债券的,责令收回该资金,处以相当于所购买企业债券金额5%以下的罚款。

第三十条　未按批准用途使用发行企业债券所筹资金的,责令改正,没收其违反批准用途使用资金所获收益,并处以相当于违法使用资金金额5%以下的罚款。

第三十一条　非证券经营机构和个人经营企业债券的承销或者转让业务的,责令停止非法经营,没收非法所得,并处以承销或者转让企业债券金额5%以下的罚款。

第三十二条　本条例第二十六条、第二十七条、第二十八条、第二十九条、第三十条、第三十一条规定的处罚,由中国人民银行及其分支机构决定。

第三十三条　对有本条例第二十六条、第二十七条、第二十八条、第二十九条、第三十条、第三十一条所列违法行为的单位的法定代表人和直接责任人员,由中国人民银行及其分支机构给予警告或者处以1万元以上10万元以下的罚款;构成犯罪的,依法追究刑事责任。

第三十四条　地方审批机关违反本条例规定,批准发行企业债券的,责令改正,给予通报批评,根据情况相应核减该地方企业债券的发行规模。

第三十五条　企业债券监督管理机关的工作人员玩忽职守、徇私舞弊的,给予行政处分;构成犯罪的,依法追究刑事责任。

第三十六条　发行企业债券的企业违反本条例规定,给他人造成损失的,应当依法承担民事赔偿责任。

第五章　附　则

第三十七条　企业发行短期融资券,按照中国人民银行有关规定执行。

第三十八条　本条例由中国人民银行会同国家计划委员会解释。

第三十九条　本条例自发布之日起施行。1987年3月27日国务院发布的《企业债券管理暂行条例》同时废止。

公司债券发行与交易管理办法

2015年1月15日中国证券监督管理委员会令第113号公布施行

第一章　总　则

第一条　为了规范公司债券的发行、交易或转让行为,保护投资者的合法权益和社会公共利益,根据《证券法》、《公司法》和其他相关法律法规,制定本办法。

第二条　在中华人民共和国境内,公开发行公司债券并在证券交易所、全国中小企业股份转让系统交易或转让,非公开发行公司债券并按照本办法规定承销或自行销售、或在证券交易所、全国中小企业股份转让系统、机构间私募产品报价与服务系统、证券公司柜台转让的,适用本办法。

法律法规和中国证券监督管理委员会(以下简称中国证监会)另有规定的,从其规定。

本办法所称公司债券,是指公司依照法定程序发行、约定在一定期限还本付息的有价证券。

第三条　公司债券可以公开发行,也可以非公开发行。

第四条　发行人及其他信息披露义务人应当及时、公平地履行披露义务,所披露或者报送的信息必须真实、准确、完整,不得有虚假记载、误导性陈述或者重大遗漏。

第五条　发行人及其控股股东、实际控制人应当诚实守信,发行人的董事、监事、高级管理人员应当勤勉尽责,维护债券持有人享有的法定权利和债券募集说明书约定的权利。

第六条　债券募集说明书及其他信息披露文件所引用的审计报告、资产评估报告、评级报告,应当由具有从事证券服务业务资格的机构出具。

债券募集说明书所引用的法律意见书,应当由律师事务所出具,并由两名执业律师和所在律师事务所负责人签署。

第七条　为公司债券发行提供服务的承销机构、资信评级机构、受托管理人、会计师事务所、资产评估机构、律师事务所等专业机构和人员应当勤勉尽责,严格遵守执业规范和监管规则,按规定和约定履行义务。

第八条　发行人、承销机构及其相关工作人员在发行定价和配售过程中,不得有违反公平竞争、进行利益输送、直接或间接谋取不正当利益以及其他破坏市场秩序的行为。

第九条　中国证监会对公司债券发行的核准或者中国证券业协会按照本办法对公司债券发行的备案,不表明其对发行人的经营风险、偿债风险、诉讼风险以及公司债券的投资风险或收益等作出判断或者保证。公司债券的投资风险,由投资者自行承担。

第十条　中国证监会依法对公司债券的公开发行、非公开发行及其交易或转让活动进行监督管理。

证券自律组织可依照相关规定对公司债券的上市交易或转让、非公开发行及转让、承销、尽职调查、信用评级、受托管理及增信等进行自律管理。

证券自律组织应当制定相关业务规则,明确公司债券承销、备案、上市交易或转让、信息披露、投资者适当性管理、持有人会议及受托管理等具体规定,报中国证监会批准。

第二章　发行和交易转让

第一节　一般规定

第十一条　发行公司债券,发行人应当依照《公司法》或者公司章程相关规定对以下事项作出决议:

(一)发行债券的数量;

(二)发行方式;

(三)债券期限;

(四)募集资金的用途;

(五)决议的有效期;

(六)其他按照法律法规及公司章程规定需要明确的事项。

发行公司债券,如果对增信机制、偿债保障措施作出安排的,也应当在决议事项中载明。

第十二条　上市公司、股票公开转让的非上市公众公司发行的公司债券,可以附认股权、可转换成相关股票等条款。上市公司、股票公开转让的非上市公众公司股东可以发行附可交换成上市公司或非上市公众公司股票条款的公司债券。商业银行等金融机构可以按照有关规定发行附减记条款的公司债券。

上市公司发行附认股权、可转换成股票条款的公司债券,应当符合《上市公司证券发行管理办法》、《创业板上市公司证券发行管理暂行办法》的相关规定。

股票公开转让的非上市公众公司发行附认股权、可转换成股票条款的公司债券,由中国证监会另行规定。

第十三条　发行人全体董事、监事、高级管理人员应当在债券募集说明书上签字,承诺不存在虚假记载、误导性陈述或者重大遗漏,并承担相应的法律责任,但是能够证明自己没有过错的除外。

第十四条　本办法所称合格投资者,应当具备相应的风险识别和承担能力,知悉并自行承担公司债券的投资风险,并符合下列资质条件:

(一)经有关金融监管部门批准设立的金融机构,包括证券公司、基金管理公司及其子公司、期货公司、商业银行、保险公司和信托公司等,以及经中国证券投资基金业协会(以下简称基金业协会)登记的私募基金管理人;

(二)上述金融机构面向投资者发行的理财产品,包括但不限于证券公司资产管理产品、基金及基金子公司产品、期货公司资产管理产品、银行理财产品、保险产品、信托产品以及经基金业协会备案的私募基金;

(三)净资产不低于人民币一千万元的企事业单位法人、合伙企业;

(四)合格境外机构投资者(QFII)、人民币合格境外机构投资者(RQFII);

(五)社会保障基金、企业年金等养老基金,慈善基金等社会公益基金;

(六)名下金融资产不低于人民币三百万元的个人投资者;

(七)经中国证监会认可的其他合格投资者。

前款所称金融资产包括银行存款、股票、债券、基金份额、资产管理计划、银行理财产品、信托计划、保险产品、期货权益等;理财产品、合伙企业拟将主要资产投向单一债券,需要穿透核查最终投资者是否为合格投资者并合并计算投资者人数,具体标准由基金业协会规定。

证券自律组织可以在本办法规定的基础上,设定更为严格的合格投资者资质条件。

第十五条　公开发行公司债券,募集资金应当用于核准的用途;非公开发行公司债券,募集资金应当用于约定的用途。除金融类企业外,募集资金不得转借他人。

发行人应当指定专项账户,用于公司债券募集资金的接收、存储、划转与本息偿付。

第二节　公开发行及交易

第十六条　公开发行公司债券,应当符合《证券法》、《公司法》的相关规定,经中国证监会核准。

第十七条　存在下列情形之一的,不得公开发行公司债券:

(一)最近三十六个月内公司财务会计文件存在

虚假记载,或公司存在其他重大违法行为;

(二)本次发行申请文件存在虚假记载、误导性陈述或者重大遗漏;

(三)对已发行的公司债券或者其他债务有违约或者迟延支付本息的事实,仍处于继续状态;

(四)严重损害投资者合法权益和社会公共利益的其他情形。

第十八条　资信状况符合以下标准的公司债券可以向公众投资者公开发行,也可以自主选择仅面向合格投资者公开发行:

(一)发行人最近三年无债务违约或者迟延支付本息的事实;

(二)发行人最近三个会计年度实现的年均可分配利润不少于债券一年利息的1.5倍;

(三)债券信用评级达到AAA级;

(四)中国证监会根据投资者保护的需要规定的其他条件。

未达到前款规定标准的公司债券公开发行应当面向合格投资者;仅面向合格投资者公开发行的,中国证监会简化核准程序。

第十九条　公开发行公司债券,应当委托具有从事证业务资格的资信评级机构进行信用评级。

第二十条　发行人应当按照中国证监会信息披露内容与格式的有关规定编制和报送公开发行公司债券的申请文件。

第二十一条　中国证监会受理申请文件后,依法审核公开发行公司债券的申请,自受理发行申请文件之日起三个月内,作出是否核准的决定,并出具相关文件。

发行申请核准后,公司债券发行结束前,发行人发生重大事项,导致可能不再符合发行条件的,应当暂缓或者暂停发行,并及时报告中国证监会。影响发行条件的,应当重新履行核准程序。

承销机构应当勤勉履行核查义务,发现发行人存在前款规定情形的,应当立即停止承销,并督促发行人及时履行报告义务。

第二十二条　公开发行公司债券,可以申请一次核准,分期发行。自中国证监会核准发行之日起,发行人应当在十二个月内完成首期发行,剩余数量应当在二十四个月内发行完毕。

公开发行公司债券的募集说明书自最后签署之日起六个月内有效。采用分期发行方式的,发行人应当在后续发行中及时披露更新后的债券募集说明书,并在每期发行完成后五个工作日内报中国证监会备案。

第二十三条　公开发行的公司债券,应当在依法设立的证券交易所上市交易,或在全国中小企业股份转让系统或者国务院批准的其他证券交易场所转让。

第二十四条　证券交易所、全国中小企业股份转让系对公开发行公司债券的上市交易或转让实施分类管理,实行差异化的交易机制,建立相应的投资者适当性管理制度,健全风险控制机制。

证券交易所、全国中小企业股份转让系统应当根据债券资信状况的变化及时调整交易机制和投资者适当性安排。

第二十五条　公开发行公司债券申请上市交易或转让的,应当在发行前根据证券交易所、全国中小企业股份转让系统的相关规则,明确交易机制和交易环节投资者适当性安排。发行环节和交易环节的投资者适当性要求应当保持一致。

第三节　非公开发行及转让

第二十六条　非公开发行的公司债券应当向合格投资者发行,不得采用广告、公开劝诱和变相公开方式,每次发行对象不得超过二百人。

第二十七条　发行人、承销机构应当按照中国证监会、证券自律组织规定的投资者适当性制度,了解和评估投资者对非公开发行公司债券的风险识别和承担能力,确认参与非公开发行公司债券认购的投资者为合格投资者,并充分揭示风险。

第二十八条　非公开发行公司债券是否进行信用评级由发行人确定,并在债券募集说明书中披露。

第二十九条　非公开发行公司债券,承销机构或依照本办法第三十三条规定自行销售的发行人应当在每次发行完成后五个工作日内向中国证券业协会备案。

中国证券业协会在材料齐备时应当及时予以备案。备案不代表中国证券业协会实行合规性审查,不构成市场准入,也不豁免相关主体的违规责任。

第三十条　非公开发行公司债券,可以申请在证券交易所、全国中小企业股份转让系统、机构间私募产品报价与服务系统、证券公司柜台转让。

第三十一条　非公开发行的公司债券仅限于合格投资者范围内转让。转让后,持有同次发行债券的合格投资者合计不得超过二百人。

第三十二条　发行人的董事、监事、高级管理人员及持股比例超过百分之五的股东,可以参与本公司非公开发行公司债券的认购与转让,不受本办法第十四条关于合格投资者资质条件的限制。

第四节　发行与承销管理

第三十三条　发行公司债券应当由具有证券承销业务资格的证券公司承销。

取得证券承销业务资格的证券公司、中国证券金融股份有限公司及中国证监会认可的其他机构非公开发行公司债券可以自行销售。

第三十四条 承销机构承销公司债券，应当依据本办法以及中国证监会、中国证券业协会有关尽职调查、风险控制和内部控制等相关规定，制定严格的风险管理制度和内部控制制度，加强定价和配售过程管理。

第三十五条 承销机构承销公司债券，应当依照《证券法》相关规定采用包销或者代销方式。

第三十六条 发行人和主承销商应当签订承销协议，在承销协议中界定双方的权利义务关系，约定明确的承销基数。采用包销方式的，应当明确包销责任。

公开发行公司债券，依照法律、行政法规的规定应由承销团承销的，组成承销团的承销机构应当签订承销团协议，由主承销商负责组织承销工作。公司债券发行由两家以上承销机构联合主承销的，所有担任主承销商的承销机构应当共同承担主承销责任，履行相关义务。承销团由三家以上承销机构组成的，可以设副主承销商，协助主承销商组织承销活动。

承销团成员应当按照承销团协议及承销协议的约定进行承销活动，不得进行虚假承销。

第三十七条 公司债券公开发行的价格或利率以询价或公开招标等市场化方式确定。

发行人和主承销商应当协商确定公开发行的定价与配售方案并予公告，明确价格或利率确定原则、发行定价流程和配售规则等内容。

第三十八条 发行人和承销机构不得操纵发行定价、暗箱操作；不得以代持、信托等方式谋取不正当利益或向其他相关利益主体输送利益；不得直接或通过其利益相关方向参与认购的投资者提供财务资助；不得有其他违反公平竞争、破坏市场秩序等行为。

第三十九条 公开发行公司债券的，发行人和主承销商应当聘请律师事务所对发行过程、配售行为、参与认购的投资者资质条件、资金划拨等事项进行见证，并出具专项法律意见书。公开发行的公司债券上市后十个工作日内，主承销商应当将专项法律意见随同承销总结报告等文件一并报中国证监会。

第四十条 发行人和承销机构在推介过程中不得夸大宣传，或以虚假广告等不正当手段诱导、误导投资者，不得披露除债券募集说明书等信息以外的发行人其他信息。

承销机构应当保留推介、定价、配售等承销过程中的相关资料，并按相关法律法规规定存档备查，包括推介宣传材料、路演现场录音等，如实、全面反映询价、定价和配售过程。相关推介、定价、配售等的备查资料应当按中国证券业协会的规定制作并妥善保管。

第四十一条 中国证券业协会应当制定非公开发行公司债券承销业务的风险控制管理规定，根据市场风险状况对承销业务范围进行限制并动态调整。

第三章 信息披露

第四十二条 发行人及其他信息披露义务人应当按照中国证监会及证券自律组织的相关规定履行信息披露义务。

第四十三条 公开发行公司债券的发行人应当按照规定及时披露债券募集说明书，并在债券存续期内披露中期报告和经具有从事证券服务业务资格的会计师事务所审计的年度报告。

非公开发行公司债券的发行人信息披露的时点、内容，应当按照募集说明书的约定履行，相关信息披露文件应当由受托管理人向中国证券业协会备案。

第四十四条 公司债券募集资金的用途应当在债券募集说明书中披露。

发行人应当在定期报告中披露公开发行公司债券募集资金的使用情况。

非公开发行公司债券的，应当在债券募集说明书中约定募集资金使用情况的披露事宜。

第四十五条 公开发行公司债券的发行人应当及时披露债券存续期内发生可能影响其偿债能力或债券价格的重大事项。重大事项包括：

（一）发行人经营方针、经营范围或生产经营外部条件等发生重大变化；

（二）债券信用评级发生变化；

（三）发行人主要资产被查封、扣押、冻结；

（四）发行人发生未能清偿到期债务的违约情况；

（五）发行人当年累计新增借款或对外提供担保超过上年末净资产的百分之二十；

（六）发行人放弃债权或财产，超过上年末净资产的百分之十；

（七）发行人发生超过上年末净资产百分之十的重大损失；

（八）发行人作出减资、合并、分立、解散及申请破产的决定；

（九）发行人涉及重大诉讼、仲裁事项或受到重大行政处罚；

（十）保证人、担保物或者其他偿债保障措施发生重大变化；

（十一）发行人情况发生重大变化导致可能不符合公司债券上市条件；

（十二）发行人涉嫌犯罪被司法机关立案调查，发行人董事、监事、高级管理人员涉嫌犯罪被司法机关采

取强制措施;

(十三)其他对投资者作出投资决策有重大影响的事项。

第四十六条 资信评级机构为公开发行公司债券进行信用评级,应当符合以下规定:

(一)按照规定或约定将评级信息告知发行人,并及时向市场公布首次评级报告、定期和不定期跟踪评级报告;

(二)在债券有效存续期间,应当每年至少向市场公布一次定期跟踪评级报告;

(三)应充分关注可能影响评级对象信用等级的所有重大因素,及时向市场公布信用等级调整及其他与评级相关的信息变动情况,并向证券交易所或其他证券交易场所报告。

第四十七条 公开发行公司债券的发行人及其他信息披露义务人应当将披露的信息刊登在其债券交易场所的互联网网站,同时将披露的信息或信息摘要刊登在至少一种中国证监会指定的报刊,供公众查阅。

第四章 债券持有人权益保护

第四十八条 发行公司债券的,发行人应当为债券持有人聘请债券受托管理人,并订立债券受托管理协议;在债券存续期限内,由债券受托管理人按照规定或协议的约定维护债券持有人的利益。

发行人应当在债券募集说明书中约定,投资者认购或持有本期公司债券视作同意债券受托管理协议、债券持有人会议规则及债券募集说明书中其他有关发行人、债券持有人权利义务的相关约定。

第四十九条 债券受托管理人由本次发行的承销机构或其他经中国证监会认可的机构担任。债券受托管理人应当为中国证券业协会会员。为本次发行提供担保的机构不得担任本次债券发行的受托管理人。

债券受托管理人应当勤勉尽责,公正履行受托管理职责,不得损害债券持有人利益。

对于债券受托管理人在履行受托管理职责时可能存在的利益冲突情形及相关风险防范、解决机制,发行人应当在债券募集说明书及债券存续期间的信息披露文件中予以充分披露,并同时在债券受托管理协议中载明。

第五十条 公开发行公司债券的受托管理人应当履行下列职责:

(一)持续关注发行人和保证人的资信状况、担保物状况、增信措施及偿债保障措施的实施情况,出现可能影响债券持有人重大权益的事项时,召集债券持有人会议;

(二)在债券存续期内监督发行人募集资金的使用情况;

(三)对发行人的偿债能力和增信措施的有效性进行全面调查和持续关注,并至少每年向市场公告一次受托管理事务报告;

(四)在债券存续期内持续督导发行人履行信息披露义务;

(五)预计发行人不能偿还债务时,要求发行人追加担保,并可以依法申请法定机关采取财产保全措施;

(六)在债券存续期内勤勉处理债券持有人与发行人之间的谈判或者诉讼事务;

(七)发行人为债券设定担保的,债券受托管理协议可以约定担保财产为信托财产,债券受托管理人应在债券发行前或债券募集说明书约定的时间内取得担保的权利证明或其他有关文件,并在担保期间妥善保管;

(八)发行人不能偿还债务时,可以接受全部或部分债券持有人的委托,以自己名义代表债券持有人提起民事诉讼、参与重组或者破产的法律程序。

第五十一条 受托管理人因涉嫌债券承销活动中违法违规正在接受中国证监会调查或出现中国证监会认定的其他不再适合担任受托管理人情形的,在依据本办法第五十五条第(三)项变更受托管理人之前,中国证监会可以临时指定中证中小投资者服务中心有限责任公司承担受托管理职责,直至债券持有人会议选任出新的受托管理人为止。

第五十二条 非公开发行公司债券的,债券受托管理人应当按照债券受托管理协议的约定履行职责。

第五十三条 受托管理人为履行受托管理职责,有权代表债券持有人查询债券持有人名册及相关登记信息、专项账户中募集资金的存储与划转情况。证券登记结算机构应当予以配合。

第五十四条 发行公司债券,应当在债券募集说明书中约定债券持有人会议规则。债券持有人会议规则应当公平、合理。

债券持有人会议规则应当明确债券持有人通过债券持有人会议行使权利的范围,债券持有人会议的召集、通知、决策机制和其他重要事项。

债券持有人会议按照本办法的规定及会议规则的程序要求所形成的决议对全体债券持有人有约束力。

第五十五条 存在下列情形的,债券受托管理人应当召集债券持有人会议:

(一)拟变更债券募集说明书的约定;

(二)拟修改债券持有人会议规则;

(三)拟变更债券受托管理人或受托管理协议的

主要内容;

(四)发行人不能按期支付本息;

(五)发行人减资、合并、分立、解散或者申请破产;

(六)保证人、担保物或者其他偿债保障措施发生重大变化;

(七)发行人、单独或合计持有本期债券总额百分之十以上的债券持有人书面提议召开;

(八)发行人管理层不能正常履行职责,导致发行人债务清偿能力面临严重不确定性,需要依法采取行动的;

(九)发行人提出债务重组方案的;

(十)发生其他对债券持有人权益有重大影响的事项。

在债券受托管理人应当召集而未召集债券持有人会议时,单独或合计持有本期债券总额百分之十以上的债券持有人有权自行召集债券持有人会议。

第五十六条 发行人可采取内外部增信机制、偿债保障措施,提高偿债能力,控制公司债券风险。

内外部增信机制、偿债保障措施包括但不限于下列方式:

(一)第三方担保;

(二)商业保险;

(三)资产抵押、质押担保;

(四)限制发行人债务及对外担保规模;

(五)限制发行人对外投资规模;

(六)限制发行人向第三方出售或抵押主要资产;

(七)设置债券回售条款。

公司债券增信机构可以成为中国证券业协会会员。

第五十七条 发行人应当在债券募集说明书中约定构成债券违约的情形、违约责任及其承担方式以及公司债券发生违约后的诉讼、仲裁或其他争议解决机制。

第五章 监督管理和法律责任

第五十八条 对违反法律法规及本办法规定的机构和人员,中国证监会可采取责令改正、监管谈话、出具警示函、责令公开说明、责令参加培训、责令定期报告、认定为不适当人选、暂不受理与行政许可有关的文件等相关监管措施;依法应予行政处罚的,依照《证券法》、《行政处罚法》等法律法规和中国证监会的有关规定进行处罚;涉嫌犯罪的,依法移送司法机关,追究其刑事责任。

第五十九条 发行人、承销机构向不符合规定条件的投资者发行公司债券的,中国证监会可以对发行人、承销机构及其直接负责的主管人员和其他直接责任人员采取本办法第五十八条规定的相关监管措施;情节严重的,处以警告、罚款。

第六十条 非公开发行公司债券,发行人违反本办法第十五条规定的,中国证监会可以对发行人及其直接负责的主管人员和其他直接责任人员采取本办法第五十八条规定的相关监管措施;情节严重的,处以警告、罚款。

第六十一条 承销机构承销未经核准擅自公开发行的公司债券的,中国证监会可以采取十二至三十六个月暂不受理其证券承销业务有关文件等监管措施;对其直接负责的主管人员和其他直接责任人员,可以采取本办法第五十八条规定的相关监管措施。

第六十二条 除中国证监会另有规定外,承销或自行销售非公开发行公司债券未按规定进行备案的,中国证监会可以对承销机构及其直接负责的主管人员和其他直接责任人员采取本办法第五十八条规定的相关监管措施;情节严重的,处以警告、罚款。

第六十三条 承销机构在承销公司债券过程中,有下列行为之一的,中国证监会可以对承销机构及其直接负责的主管人员和其他直接责任人员采取本办法第五十八条规定的相关监管措施;情节严重的,可以对承销机构采取三至十二个月暂不受理其证券承销业务有关文件的监管措施:

(一)以不正当竞争手段招揽承销业务;

(二)从事本办法第三十八条规定禁止的行为;

(三)从事本办法第四十条规定禁止的行为;

(四)未按本办法及相关规定要求披露有关文件;

(五)未按照事先披露的原则和方式配售公司债券,或其他未依照披露文件实施的行为;

(六)未按照本办法及相关规定要求保留推介、定价、配售等承销过程中相关资料;

(七)其他违反承销业务规定的行为。

第六十四条 发行人有下列行为之一的,中国证监会可以对发行人及其直接负责的主管人员和其他直接责任人员采取本办法第五十八条规定的相关监管措施:

(一)从事本办法第三十八条规定禁止的行为;

(二)从事本办法第四十条规定禁止的行为;

(三)其他违反承销业务规定的行为。

第六十五条 非公开发行公司债券,发行人及其他信息披露义务人未按规定披露信息,或者所披露的信息存在虚假记载、误导性陈述或者重大遗漏的,依照《证券法》和中国证监会有关规定处理,对发行人、其他信息披露义务人及其直接负责的主管人员和其他直接责任人员可以采取本办法第五十八条规定的相关监管措施;情节严重的,处以警告、罚款。

第六十六条 发行人、债券受托管理人等违反本办法规定,损害债券持有人权益的,中国证监会可以对发行人、受托管理人及其直接负责的主管人员和其他直接责任人员采取本办法第五十八条规定的相关监管措施;情节严重的,处以警告、罚款。

第六十七条　发行人的控股股东滥用公司法人独立地位和股东有限责任,损害债券持有人利益的,应当依法对公司债务承担连带责任。

第六章　附　　则

第六十八条　公开发行公司债券,应当由中国证券登记结算有限责任公司统一登记。

公开发行公司债券的结算业务及非公开发行公司债券的登记结算业务,应当由中国证券登记结算有限责任公司或中国证监会认可的其他机构办理。

其他机构办理公司债券登记结算业务的,应当将登记、结算数据报送中国证券登记结算有限责任公司。

第六十九条　本办法规定的发行人不包括地方政府融资平台公司。

第七十条　证券公司和其他金融机构次级债券的发行、交易或转让,适用本办法。境外注册公司在中国证监会监管的债券交易场所的债券发行、交易或转让,参照适用本办法。

第七十一条　本办法所称证券自律组织包括证券交易所、全国中小企业股份转让系统、中国证券业协会以及中国证监会认定的其他自律组织。

第七十二条　在区域性股权交易市场非公开发行与转让公司债券的管理办法,由中国证监会另行规定。

第七十三条　本办法自公布之日起施行。《证券公司债券管理暂行办法》(证监会令第15号)、《关于修订〈证券公司债券管理暂行办法〉的决定》(证监会令第25号)、《关于发布〈证券公司债券管理暂行办法〉五个配套文件的通知》(证监发行字〔2003〕106号)、《公司债券发行试点办法》(证监会令第49号)、《关于实施〈公司债券发行试点办法〉有关事项的通知》(证监发〔2007〕112号)、《关于创业板上市公司非公开发行债券有关事项的公告》(证监会公告〔2011〕29号)同时废止。

上市公司股东发行可交换公司债券试行规定

2008年10月17日中国证券监督管理委员会公告〔2008〕41号公布施行

为规范上市公司股东发行可交换公司债券的行为,根据《公司债券发行试点办法》,就有关事项规定如下:

一、持有上市公司股份的股东,可以经保荐人保荐,向中国证监会申请发行可交换公司债券。

可交换公司债券是指上市公司的股东依法发行、在一定期限内依据约定的条件可以交换成该股东所持有的上市公司股份的公司债券。

二、申请发行可交换公司债券,应当符合下列规定:

(一)申请人应当是符合《公司法》、《证券法》规定的有限责任公司或者股份有限公司;

(二)公司组织机构健全,运行良好,内部控制制度不存在重大缺陷;

(三)公司最近一期末的净资产额不少于人民币3亿元;

(四)公司最近3个会计年度实现的年均可分配利润不少于公司债券一年的利息;

(五)本次发行后累计公司债券余额不超过最近一期末净资产额的40%;

(六)本次发行债券的金额不超过预备用于交换的股票按募集说明书公告日前20个交易日均价计算的市值的70%,且应当将预备用于交换的股票设定为本次发行的公司债券的担保物;

(七)经资信评级机构评级,债券信用级别良好;

(八)不存在《公司债券发行试点办法》第八条规定的不得发行公司债券的情形。

三、预备用于交换的上市公司股票应当符合下列规定:

(一)该上市公司最近一期末的净资产不低于人民币15亿元,或者最近3个会计年度加权平均净资产收益率平均不低于6%。扣除非经常性损益后的净利润与扣除前的净利润相比,以低者作为加权平均净资产收益率的计算依据;

(二)用于交换的股票在提出发行申请时应当为无限售条件股份,且股东在约定的换股期间转让该部分股票不违反其对上市公司或者其他股东的承诺;

(三)用于交换的股票在本次可交换公司债券发行前,不存在被查封、扣押、冻结等财产权利被限制的情形,也不存在权属争议或者依法不得转让或设定担保的其他情形。

四、可交换公司债券的期限最短为一年,最长为6年,面值每张人民币100元,发行价格由上市公司股东和保荐人通过市场询价确定。

募集说明书可以约定赎回条款,规定上市公司股东可以按事先约定的条件和价格赎回尚未换股的可交换公司债券。

募集说明书可以约定回售条款,规定债券持有人可以按事先约定的条件和价格将所持债券回售给上市公司股东。

五、可交换公司债券自发行结束之日起12个月后方可交换为预备交换的股票,债券持有人对交换股票或者不交换股票有选择权。

公司债券交换为每股股份的价格应当不低于公告募集说明书日前20个交易日公司股票均价和前一个交易日的均价。募集说明书应当事先约定交换价格及其调整、修正原则。若调整或修正交换价格，将造成预备用于交换的股票数量少于未偿还可交换公司债券全部换股所需股票的，公司必须事先补充提供预备用于交换的股票，并就该等股票设定担保，办理相关登记手续。

六、可交换公司债券的发行程序，按照《公司债券发行试点办法》第三章的规定办理。

债券受托管理和债券持有人权益保护事项，按照《公司债券发行试点办法》第四章的规定办理。

可交换公司债券的信用评级事项，按照《公司债券发行试点办法》第二章第十条的规定办理。

除用预备交换的股票设定担保外，发行人为本次发行的公司债券另行提供担保的，按照《公司债券发行试点办法》第二章第十一条的规定办理。

七、预备用于交换的股票及其孳息（包括资本公积转增股本、送股、分红、派息等），是本次发行可交换公司债券的担保物，用于对债券持有人交换股份和本期债券本息偿付提供担保。

在可交换公司债券发行前，公司债券受托管理人应当与上市公司股东就预备用于交换的股票签订担保合同，按照证券登记结算机构的业务规则设定担保，办理相关登记手续，将其专户存放，并取得担保权利证明文件。

当债券持有人按照约定条件交换股份时，从作为担保物的股票中提取相应数额用于支付；债券持有人部分或者全部未选择换股且上市公司股东到期未能清偿债务时，作为担保物的股票及其孳息处分所得的价款优先用于清偿对债券持有人的负债。

八、可交换公司债券持有人申请换股的，应当通过其托管证券公司向证券交易所发出换股指令，指令视同为债券受托管理人与发行人认可的解除担保指令。

九、申请发行可交换公司债券，应当按照本规定的要求编制申请文件，按照《证券法》的规定持续公开信息。编制募集说明书除应参照《公开发行证券的公司信息披露内容与格式准则第23号——公开发行公司债券募集说明书》（证监发行字〔2007〕224号）外，还应参照上市公司发行可转换公司债券募集说明书摘要的有关要求披露上市公司的重要信息。

十、拥有上市公司控制权的股东发行可交换公司债券的，应当合理确定发行方案，不得通过本次发行直接将控制权转让给他人。持有可交换公司债券的投资者因行使换股权利增持上市公司股份的，或者因持有可交换公司债券的投资者行使换股权利导致拥有上市公司控制权的股东发生变化的，相关当事人应当履行《上市公司收购管理办法》（证监会令第35号）规定的义务。

十一、可交换公司债券的上市交易、换股、回售、赎回、登记结算等事项，按照证券交易所和证券登记结算机构的有关规定办理。

十二、本规定未尽事项，按照中国证监会的其他有关规定办理。

十三、本规定自公布之日起施行。

附录：发行可交换公司债券申请文件目录

附录：

发行可交换公司债券申请文件目录

一、相关责任人签署的募集说明书；

二、保荐人出具的发行保荐书；

三、发行人关于就预备用于交换的股票在证券登记结算机构设定担保并办理相关登记手续的承诺；

四、评级机构出具的债券资信评级报告；

五、公司债券受托管理协议和公司债券持有人会议规则；

六、本期债券担保合同（如有）、抵押财产的资产评估文件（如有）；

七、其他重要文件。

国务院国有资产监督管理委员会关于规范上市公司国有股东发行可交换公司债券及国有控股上市公司发行证券有关事项的通知

1. *2009年6月24日*
2. *国资发产权〔2009〕125号*

国务院各部委、各直属机构，各省、自治区、直辖市及计划单列市和新疆生产建设兵团国资委，各中央企业，上海证券交易所、深圳证券交易所、中国证券登记结算有限责任公司：

为规范上市公司国有股东发行可交换公司债券及国有控股上市公司发行证券行为，维护证券市场健康发展，根据《中华人民共和国公司法》、《中华人民共和国证券法》、《中华人民共和国企业国有资产法》，以及《企业国有资产监督管理暂行条例》（国务院令第378号）等法律法规规定，现就有关问题通知如下：

一、本通知所称上市公司国有股东发行的可交换公司债券是指上市公司国有股东依法发行、在一定期限内依据约定的条件可以交换成该股东所持特定上市公司股份的公司债券。

本通知所称国有控股上市公司发行证券包括上市公司采用公开方式向原股东配售股份、向不特定对象公开募集股份,采用非公开方式向特定对象发行股份以及发行(分离交易)可转换公司债券等。

二、上市公司国有股东发行可交换公司债券应当遵守有关法律法规及规章制度的规定,符合国有资产监督管理机构对上市公司最低持股比例的要求;应当做好可行性研究,严格履行内部决策程序,合理把握市场时机,并建立健全有关债券发行的风险防范和控制机制;募集资金的投向应当符合国家相关产业政策及企业主业发展规划。

三、上市公司国有股东发行的可交换公司债券交换为上市公司每股股份的价格应不低于债券募集说明书公告日前1个交易日、前20个交易日、前30个交易日该上市公司股票均价中的最高者。

四、上市公司国有股东发行的可交换公司债券,其利率应当在参照同期银行贷款利率、银行票据利率、同行业其他企业发行的债券利率,以及标的公司股票每股交换价格、上市公司未来发展前景等因素的前提下,通过市场询价合理确定。

五、国有股东发行可交换公司债券,该股东单位为国有独资公司的,由公司董事会负责制订债券发行方案,并由国有资产监督管理机构依照法定程序作出决定;国有股东为其他类型公司制企业的,债券发行方案在董事会审议后,应当在公司股东会(股东大会)召开前不少于20个工作日,按照规定程序将发行方案报省级或省级以上国有资产监督管理机构审核,国有资产监督管理机构应在公司股东会(股东大会)召开前5个工作日出具批复意见。

国有股东为中央单位的,由中央单位通过集团母公司报国务院国有资产监督管理机构审核;国有股东为地方单位的,由地方单位通过集团母公司报省级国有资产监督管理机构审核。

六、上市公司国有股东发行可交换公司债券的,应当向国有资产监督管理机构报送以下材料:

(一)国有股东发行可交换公司债券的请示;

(二)国有股东发行可交换公司债券的方案及内部决议;

(三)国有股东发行可交换公司债券的风险评估论证情况、偿本付息的具体方案及债务风险的应对预案;

(四)国有控股股东发行可交换公司债券对其控股地位影响的分析;

(五)国有股东为发行可交换公司债券设定担保的股票质押备案表;

(六)国有股东基本情况、营业执照、公司章程及产权登记文件;

(七)国有股东最近一个会计年度的审计报告;

(八)上市公司基本情况、最近一期年度报告及中期报告;

(九)国有资产监督管理机构要求提供的其他材料。

七、国有控股上市公司发行证券应当遵守有关法律、行政法规及规章制度的规定,有利于提高上市公司的核心竞争力,完善法人治理结构,有利于维护上市公司全体投资者的合法权益,募集资金的投向应当符合国家相关产业政策及公司发展规划。

八、国有控股上市公司发行证券,涉及国有股东或经本次认购上市公司增发股份后成为上市公司股东的潜在国有股东,以资产认购所发行证券的,应当按照国务院国有资产监督管理机构关于规范国有股东与上市公司进行资产重组的有关规定开展相关工作。

九、国有控股股东应当协助上市公司根据国家有关产业政策规定、资本市场状况,以及上市公司发展需要,就发行证券事项进行充分的可行性研究,并严格按照国家有关法律法规要求,规范运作。

十、国有控股股东应当在上市公司董事会审议通过证券发行方案后,按照规定程序在上市公司股东大会召开前不少于20个工作日,将该方案逐级报省级或省级以上国有资产监督管理机构审核。国有资产监督管理机构在上市公司相关股东大会召开前5个工作日出具批复意见。

国有资产监督管理机构关于国有控股上市公司发行证券的审核程序按照本通知第五条第二款的规定办理。

十一、国有控股上市公司拟发行证券的,国有控股股东应当向国有资产监督管理机构报送以下材料:

(一)国有控股上市公司拟发行证券情况的请示;

(二)上市公司董事会关于本次发行证券的决议;

(三)上市公司拟发行证券的方案;

(四)国有控股股东基本情况、认购股份情况及其上一年度审计报告;

(五)国有控股股东关于上市公司发行证券对其控股地位影响的分析;

(六)上市公司基本情况、最近一期的年度报告及中期报告;

(七)上市公司前次募集资金使用情况的报告及本次募集资金使用方向是否符合国家相关政策规定;

（八）上市公司发行可转换债券的风险评估论证情况、偿本付息的具体方案及发生债务风险的应对预案；

（九）律师事务所出具的法律意见书；

（十）国有资产监督管理机构要求提供的其他材料。

十二、国有控股股东在上市公司召开股东大会时，应当按照国有资产监督管理机构出具的批复意见，对上市公司拟发行证券的方案进行表决。

上市公司股东大会召开前未获得国有资产监督管理机构批复的，国有控股股东应当按照有关法律法规规定，提议上市公司延期召开股东大会。

十三、上市公司证券发行完毕后，国有控股股东应持国有资产监督管理机构的批复，到证券登记结算机构办理相关股份变更手续。

中国证券监督管理委员会关于创业板上市公司非公开发行公司债券有关事项的公告

2011年10月20日中国证券监督管理委员会公告〔2011〕29号公布施行

为了促进创业板上市公司持续规范发展，进一步支持自主创新和其他成长型创业企业利用资本市场做优做强，多渠道破解中小企业融资难题，现将创业板上市公司非公开发行公司债券的有关事项公告如下，请各保荐机构、创业板上市公司遵照执行：

一、创业板上市公司申请非公开发行公司债券，执行《公司债券发行试点办法》（证监会令第49号）的有关规定，符合规定的公司可依照程序向中国证监会报送申请文件。

二、创业板上市公司非公开发行公司债券的转让执行深圳证券交易所的有关业务规则。

国家发展和改革委员会办公厅关于进一步改进企业债券发行工作的通知

1. 2013年8月2日
2. 发改办财金〔2013〕1890号

各省、自治区、直辖市及计划单列市、新疆生产建设兵团发展改革委，各有关单位：

为贯彻党的十八大提出的深化行政审批制度改革的有关精神和第四次全国金融工作会议关于加快债券市场发展的有关精神，推进行政审批制度改革，切实转变职能，切实转变作风，提高行政效率，加强债券监督管理，遵循权力和责任同步下放，调控和监管同步加强的指导思想，按照完善制度、公开透明、简化手续、优化程序、在线运行、限时办结、权责对等、严控风险、探索创新的基本原则，经广泛征求意见和认真研究，决定将地方企业申请发行企业债券预审工作委托省级发展改革部门负责。

各省级发展改革部门要深刻认识企业债券预审工作改革的重要意义，认真履行职责，加强制度建设，切实提高效率，增加工作透明度，同时，着力规范市场秩序，坚持依法廉洁行政，推动企业债券市场稳定健康发展。

为做好上述工作，加强事中、事后监管，特制定《关于省级发展改革部门开展企业债券预审工作有关问题的意见》和《关于进一步规范企业债券发行行为及贯彻廉政建设各项要求的意见》，现印发你们，请认真贯彻执行。

附件：1. 关于省级发展改革部门开展企业债券预审工作有关问题的意见
2. 关于进一步规范企业债券发行行为及贯彻廉政建设各项要求的意见

附件1

关于省级发展改革部门开展企业债券预审工作有关问题的意见

为了贯彻党的十八大提出的深化行政审批制度改革的有关精神和第四次全国金融工作会议关于加快债券市场发展的有关精神，推进行政审批制度改革，切实转变职能，切实转变作风，提高行政效率，加强债券监督管理，按照完善制度、公开透明、简化手续、优化程序、在线运行、限时办结、权责对等、严控风险、探索创新的基本原则，将地方企业申请发行企业债券预审工作委托省级发展改革部门负责。现就有关事项提出以下意见：

一、下放权限，强化责任，地方企业发债申请预审工作委托省级发展改革部门负责

（一）强化地方责任，发挥地方作用，将目前由国家发展改革委进行的地方企业申请发行企业债券预审工作委托省级发展改革部门负责。

（二）国家发展改革委做好政策指导、业务培训和资格管理。

（三）省级发展改革部门负责预审工作后，应建立企业债券综合信用承诺制度，签署企业债券工作信用承诺书,保证经其预审后报送的发债申请材料严格符合各项政策要求,文件材料准确完整,承诺预审工作中出现违约失信问题接受相应处罚。企业债券工作信用承诺书由单位主要负责同志签署后加盖公章报送国家发展改革委。

(四)按照权力和责任同步下放,调控和监管同步加强的原则,国家发展改革委将定期对各省区市的预审工作质量进行抽查,对预审质量不高的地方加强督促指导,必要时可收回其预审资格。

二、明确流程,限时办结,进一步优化企业债券审核程序

(五)严格按时完成预审工作。地方发债企业按程序将发债申请材料报送省级发展改革部门,省级发展改革部门应于15个工作日内完成预审工作。预审工作须严格认真,符合企业债券审核工作各项要求。国家发展改革委将随后下发企业债券审核工作详细要求,指导各地做好预审工作。

(六)按分工审核募投项目合规性。要认真审核募集资金投资项目,严格符合国家产业政策,项目审批、核准或备案手续齐全,土地、环评等要件齐备。

(七)严格接收条件。国家发展改革委收到省级发展改革部门预审后转报的发债申请材料和正式预审意见,对材料的基本要件和条件进行初步审核,符合条件和要求的,予以接收;不符合条件和要求的,予以退回。国家发展改革委在审核发债申请有关文件过程中发现需要补充有关文件材料的,一次性书面通知省级发展改革部门,省级发展改革部门应于5个工作日内提供,超过5个工作日不能提供的,按退回处理。

(八)规范审核流程。对属于发改办财金〔2013〕957号文规定的"加快和简化审核类"的发债申请,国家发展改革委将进一步提高审核效率,从接收到审核后上报委领导的时间控制在30个工作日以内,有特定原因最长不超过60个工作日。对属于"适当控制规模和节奏类"、"从严审核类"的发债申请,可根据国家宏观经济金融形势和宏观调控要求,在综合考虑经济发展需要、债券市场发展形势和防范金融风险的前提下,动态调整受理门槛,合理控制债券规模。国家发展改革委在审核企业债券发行申请材料过程中,发现存在不符合政策要求的,退回发债申请。经过改正符合政策要求后,可经省级发展改革部门重新上报。

三、健全制度,公开透明,在线运行,加强企业债券发行管理制度建设

(九)规范履行预审工作职责。省级发展改革部门应建立完善的发债申请受理、内部审核、存续期监管等各项工作的内部责任制度。建立企业债券审核流程工作表制度,记录发债申请受理、征求意见、处内审核、分管负责人核签各环节时间和重要事项。做到责任明确、流程清晰,事后可查。

(十)加强企业债券管理工作基础设施建设。为进一步提高工作效率、增加透明度、规范运行程序,国家发展改革委将加快建设企业债券在线审核系统,加快建立全国企业债券管理工作数据库。省级发展改革部门应配套建设企业债券在线审核接入端口,建立和完善本省企业债券管理工作数据库。在线审核系统启用后,除省级发展改革部门出具的正式上报文件通过公文系统以纸质文件形式报送外,其他发债申请文件均以电子版形式通过在线审核系统或光盘报送。

附件2

关于进一步规范企业债券发行行为及贯彻廉政建设各项要求的意见

为贯彻落实党的十八大精神和党中央、国务院关于反腐倡廉建设的一系列决策部署,根据有关规定,现就进一步规范企业债券发行行为,贯彻廉政建设各项要求提出以下意见:

一、认真执行党风廉政责任制,防范企业债券工作廉政风险

各级发展改革部门在企业债券发行工作中,要增强依法行政和自觉接受监督的意识,要建立完善公开透明、责任明确的企业债券工作廉政风险防控机制。

(一)认真执行党风廉政建设责任制和"一岗双责",提高对企业债券工作中廉政建设重要性的认识,各级发展改革部门负责企业债券工作的领导班子对职责范围内的企业债券工作党风廉政建设负全面领导责任,一级抓一级,层层抓落实。

(二)各级发展改革部门应建立企业债券工作的综合信用承诺制度,切实确立债券工作勤勉、尽责、高效的信用约束机制。

(三)各级发展改革部门应建立完善企业债券受理、审核、存续期监管等各项工作的廉政风险防控内部责任制度,强化重点岗位和关键环节的廉政风险防控。

(四)研究建立发展改革系统企业债券网上受理和审核系统,着力推进债券发行审核标准、流程、环节信息公开,提高透明度。

(五)定期开展债券发行工作廉政风险点排查与梳理工作,检查评估各项监管制度建立、落实情况和执行效果,健全完善内部防控制度,从源头上加强廉政风险防范。

（六）各级发展改革部门债券发行相关工作人员应按照《中国共产党党员领导干部廉洁从政若干准则》等有关要求，严格执行中央“八项规定”，依法行政，清正廉洁，忠于职守，认真履行职责，始终保持职务行为的廉洁性。

（七）企业债券工作应自觉接受本单位纪检监察机关的监督检查，纪检监察机关应加强对企业债券工作领域党风廉政建设执行情况的监督检查。

二、贯彻资本市场“三公”原则，依法廉洁行政

各级发展改革部门应在企业债券发行工作中，切实贯彻资本市场“公开、公平、公正”的原则，认真依法行政，营造企业债券工作风清气正的环境。

（一）各级发展改革部门应依法依规做好债券发行工作，不得为发债企业指定承销商等中介机构或划定范围，不得干预发债企业选聘中介机构，保证发债企业按照市场化原则选聘中介机构。

（二）地方发展改革部门不得自行设定业务门槛，限制中介机构在本区域内开展业务。

（三）各级发展改革部门债券发行相关工作人员不得私下接触企业债券发行人和证券公司有关人员，确有必要沟通情况的，应保证在工作场所公开接待。

（四）各级发展改革部门应进一步提高企业债券发行审核效率，严格按照公开承诺的时间完成相关工作。

（五）加强企业债券市场发行工作的信用制度建设，建立企业债券发行审核人员信用记录制度和内审责任制。

（六）各级发展改革部门债券发行相关工作人员不得干预企业债券的正常发行销售行为，不得帮助他人购买债券。

三、严格监管，规范发行人发债工作

企业债券发行人应根据企业生产经营状况和投融资实际需求，合理制定企业债券发行计划，公开、公正选聘各类中介机构，真实、准确、完整披露信息，切实防范偿债风险。

（一）发行人选聘企业债券中介机构应坚持公开、公正原则，做到条件公开、过程公开、结果公开，其中主承销商应采取招标方式选定。

（二）不得接受中介机构各种名义的回扣、手续费以及宴请等。

（三）发行人及其利益相关方或主承销商一般不得有偿聘请中介类公司或个人作为债券发行的顾问或咨询方。确需聘请的，需在募集说明书中说明聘请的必要性、提供咨询服务的内容以及付费标准等。

（四）发行人不得与主承销商等中介机构签署根据发行审核批复时长确定中介服务费率的协议。

四、加强自律，规范中介机构行为

承销、评级、会计、法律、资产评估等各类中介机构应按照有关监管部门的要求，严格遵守债券市场各类法律、法规和规范性文件的有关规定，按照行业公认的业务标准、职业道德规范对发行人进行尽职调查，勤勉尽责，诚实守信，客观、真实、审慎、公正地出具专业性意见。

（一）中介机构不得以不正当手段进行市场竞争，承揽企业债券发行相关中介业务。

（二）企业债券应以规范的簿记建档等公开竞价方式发行，主承销商不得随意配售债券。

（三）信用评级公司不得以高评级招揽客户或“以价定级”。

五、加强监督，坚决查处违法违纪行为

各级发展改革部门、企业债券发行人以及承销、评级、会计、法律、资产评估等中介机构，要充分认识到企业债券发行工作中廉政风险防控的重要意义，切实增强廉政风险防范意识和责任意识。

（一）对债券发行工作中出现的政府工作人员不廉洁行为，要按规定视情节轻重给予党纪或行政纪律处分；涉嫌犯罪的，移交司法部门依法处理。

（二）各级发展改革部门相关领导均应切实履行“一岗双责”，坚持把反腐倡廉工作与债券业务工作紧密结合，由于制度不健全、领导监管检查不得力，致使有关工作人员发生不廉洁行为的，追究有关人员的领导责任，并责成该部门限期整改。整改完成前暂停受理或批复有关发债申请。

（三）各类中介机构未诚实守信、勤勉尽责地履行相关义务并存在违法违规行为的，将依法通过诫勉谈话、警告、通报、公开谴责等措施进行处理；情节严重的，将暂停或终止其债券业务相关资格。

（四）中介机构从业人员涉及违规违纪的，将暂停或终止其债券从业资格，并依法追究相应的责任。

（五）发现中介机构涉及不正当竞争、违背“公平、公开、公正”执业原则以及后续服务不完善等问题，地方发展改革部门应及时向国家发展改革委反映有关情况。

社会各界可通过电话、（网上）信访等多种方式对企业债券发行交易过程中的违规问题进行举报。

举报电话：68504515。

信访网址：国家发展改革委主页（www. ndrc. gov. cn）“网上信访”专栏。

4. 上市保荐

证券发行上市保荐业务管理办法

1. 2008年10月17日中国证券监督管理委员会令第58号公布
2. 根据2009年5月13日中国证券监督管理委员会令第63号《关于修改〈证券发行上市保荐业务管理办法〉的决定》修订

第一章　总　　则

第一条　为了规范证券发行上市保荐业务，提高上市公司质量和证券公司执业水平，保护投资者的合法权益，促进证券市场健康发展，根据《证券法》、《国务院对确需保留的行政审批项目设定行政许可的决定》（国务院令第412号）等有关法律、行政法规，制定本办法。

第二条　发行人应当就下列事项聘请具有保荐机构资格的证券公司履行保荐职责：

（一）首次公开发行股票并上市；

（二）上市公司发行新股、可转换公司债券；

（三）中国证券监督管理委员会（以下简称"中国证监会"）认定的其他情形。

第三条　证券公司从事证券发行上市保荐业务，应依照本办法规定向中国证监会申请保荐机构资格。

保荐机构履行保荐职责，应当指定依照本办法规定取得保荐代表人资格的个人具体负责保荐工作。

未经中国证监会核准，任何机构和个人不得从事保荐业务。

第四条　保荐机构及其保荐代表人应当遵守法律、行政法规和中国证监会的相关规定，恪守业务规则和行业规范，诚实守信，勤勉尽责，尽职推荐发行人证券发行上市，持续督导发行人履行规范运作、信守承诺、信息披露等义务。

保荐机构及其保荐代表人不得通过从事保荐业务谋取任何不正当利益。

第五条　保荐代表人应当遵守职业道德准则，珍视和维护保荐代表人职业声誉，保持应有的职业谨慎，保持和提高专业胜任能力。

保荐代表人应当维护发行人的合法利益，对从事保荐业务过程中获知的发行人信息保密。保荐代表人应当恪守独立履行职责的原则，不因迎合发行人或者满足发行人的不当要求而丧失客观、公正的立场，不得唆使、协助或者参与发行人及证券服务机构实施非法的或者具有欺诈性的行为。

保荐代表人及其配偶不得以任何名义或者方式持有发行人的股份。

第六条　同次发行的证券，其发行保荐和上市保荐应当由同一保荐机构承担。保荐机构依法对发行人申请文件、证券发行募集文件进行核查，向中国证监会、证券交易所出具保荐意见。保荐机构应当保证所出具的文件真实、准确、完整。

证券发行规模达到一定数量的，可以采用联合保荐，但参与联合保荐的保荐机构不得超过2家。

证券发行的主承销商可以由该保荐机构担任，也可以由其他具有保荐机构资格的证券公司与该保荐机构共同担任。

第七条　发行人及其董事、监事、高级管理人员，为证券发行上市制作、出具有关文件的律师事务所、会计师事务所、资产评估机构等证券服务机构及其签字人员，应当依照法律、行政法规和中国证监会的规定，配合保荐机构及其保荐代表人履行保荐职责，并承担相应的责任。

保荐机构及其保荐代表人履行保荐职责，不能减轻或者免除发行人及其董事、监事、高级管理人员、证券服务机构及其签字人员的责任。

第八条　中国证监会依法对保荐机构及其保荐代表人进行监督管理。

中国证券业协会对保荐机构及其保荐代表人进行自律管理。

第二章　保荐机构和保荐代表人的资格管理

第九条　证券公司申请保荐机构资格，应当具备下列条件：

（一）注册资本不低于人民币1亿元，净资本不低于人民币5000万元；

（二）具有完善的公司治理和内部控制制度，风险控制指标符合相关规定；

（三）保荐业务部门具有健全的业务规程、内部风险评估和控制系统，内部机构设置合理，具备相应的研究能力、销售能力等后台支持；

（四）具有良好的保荐业务团队且专业结构合理，从业人员不少于35人，其中最近3年从事保荐相关业务的人员不少于20人；

（五）符合保荐代表人资格条件的从业人员不少于4人；

（六）最近3年内未因重大违法违规行为受到行政处罚；

（七）中国证监会规定的其他条件。

第十条　证券公司申请保荐机构资格，应当向中国证监会提交下列材料：

（一）申请报告；

（二）股东（大）会和董事会关于申请保荐机构资格的决议；

（三）公司设立批准文件；

（四）营业执照复印件；

（五）公司治理和公司内部控制制度及执行情况的说明；

（六）董事、监事、高级管理人员和主要股东情况的说明；

（七）内部风险评估和控制系统及执行情况的说明；

（八）保荐业务尽职调查制度、辅导制度、内部核查制度、持续督导制度、持续培训制度和保荐工作底稿制度的建立情况；

（九）经具有证券期货相关业务资格的会计师事务所审计的最近1年度净资本计算表、风险资本准备计算表和风险控制指标监管报表；

（十）保荐业务部门机构设置、分工及人员配置情况的说明；

（十一）研究、销售等后台支持部门的情况说明；

（十二）保荐业务负责人、内核负责人、保荐业务部门负责人和内核小组成员名单及其简历；

（十三）证券公司指定联络人的说明；

（十四）证券公司对申请文件真实性、准确性、完整性承担责任的承诺函，并应由其全体董事签字；

（十五）中国证监会要求的其他材料。

第十一条 个人申请保荐代表人资格，应当具备下列条件：

（一）具备3年以上保荐相关业务经历；

（二）最近3年内在本办法第二条规定的境内证券发行项目中担任过项目协办人；

（三）参加中国证监会认可的保荐代表人胜任能力考试且成绩合格有效；

（四）诚实守信，品行良好，无不良诚信记录，最近3年未受到中国证监会的行政处罚；

（五）未负有数额较大到期未清偿的债务；

（六）中国证监会规定的其他条件。

第十二条 个人申请保荐代表人资格，应当通过所任职的保荐机构向中国证监会提交下列材料：

（一）申请报告；

（二）个人简历、身份证明文件和学历学位证书；

（三）证券业从业人员资格考试、保荐代表人胜任能力考试成绩合格的证明；

（四）证券业执业证书；

（五）从事保荐相关业务的详细情况说明，以及最近3年内担任本办法第二条规定的境内证券发行项目协办人的工作情况说明；

（六）保荐机构出具的推荐函，其中应当说明申请人遵纪守法、业务水平、组织能力等情况；

（七）保荐机构对申请文件真实性、准确性、完整性承担责任的承诺函，并应由其董事长或者总经理签字；

（八）中国证监会要求的其他材料。

第十三条 证券公司和个人应当保证申请文件真实、准确、完整。申请期间，申请文件内容发生重大变化的，应当自变化之日起2个工作日内向中国证监会提交更新资料。

第十四条 中国证监会依法受理、审查申请文件。对保荐机构资格的申请，自受理之日起45个工作日内做出核准或者不予核准的书面决定；对保荐代表人资格的申请，自受理之日起20个工作日内做出核准或者不予核准的书面决定。

第十五条 证券公司取得保荐机构资格后，应当持续符合本办法第九条规定的条件。保荐机构因重大违法违规行为受到行政处罚的，中国证监会撤销其保荐机构资格；不再具备第九条规定其他条件的，中国证监会可责令其限期整改，逾期仍然不符合要求的，中国证监会撤销其保荐机构资格。

第十六条 个人取得保荐代表人资格后，应当持续符合本办法第十一条第（四）项、第（五）项和第（六）项规定的条件。保荐代表人被吊销、注销证券业执业证书，或者受到中国证监会行政处罚的，中国证监会撤销其保荐代表人资格；不再符合其他条件的，中国证监会责令其限期整改，逾期仍然不符合要求的，中国证监会撤销其保荐代表人资格。

个人通过中国证监会认可的保荐代表人胜任能力考试或者取得保荐代表人资格后，应当定期参加中国证券业协会或者中国证监会认可的其他机构组织的保荐代表人年度业务培训。保荐代表人未按要求参加保荐代表人年度业务培训的，中国证监会撤销其保荐代表人资格；通过保荐代表人胜任能力考试而未取得保荐代表人资格的个人，未按要求参加保荐代表人年度业务培训的，其保荐代表人胜任能力考试成绩不再有效。

第十七条 中国证监会依法对保荐机构、保荐代表人进行注册登记管理。

第十八条 保荐机构的注册登记事项包括：

（一）保荐机构名称、成立时间、注册资本、注册地址、主要办公地址和法定代表人；

(二)保荐机构的主要股东情况;
(三)保荐机构的董事、监事和高级管理人员情况;
(四)保荐机构的保荐业务负责人、内核负责人情况;
(五)保荐机构的保荐业务部门负责人情况;
(六)保荐机构的保荐业务部门机构设置、分工及人员配置情况;
(七)保荐机构的执业情况;
(八)中国证监会要求的其他事项。

第十九条 保荐代表人的注册登记事项包括:
(一)保荐代表人的姓名、性别、出生日期、身份证号码;
(二)保荐代表人的联系电话、通讯地址;
(三)保荐代表人的任职机构、职务;
(四)保荐代表人的学习和工作经历;
(五)保荐代表人的执业情况;
(六)中国证监会要求的其他事项。

第二十条 保荐机构、保荐代表人注册登记事项发生变化的,保荐机构应当自变化之日起5个工作日内向中国证监会书面报告,由中国证监会予以变更登记。

第二十一条 保荐代表人从原保荐机构离职,调入其他保荐机构的,应通过新任职机构向中国证监会申请变更登记,并提交下列材料:
(一)变更登记申请报告;
(二)证券业执业证书;
(三)保荐代表人出具的其在原保荐机构保荐业务交接情况的说明;
(四)新任职机构出具的接收函;
(五)新任职机构对申请文件真实性、准确性、完整性承担责任的承诺函,并应由其董事长或者总经理签字;
(六)中国证监会要求的其他材料。

第二十二条 保荐机构应当于每年4月份向中国证监会报送年度执业报告。年度执业报告应当包括以下内容:
(一)保荐机构、保荐代表人年度执业情况的说明;
(二)保荐机构对保荐代表人尽职调查工作日志检查情况的说明;
(三)保荐机构对保荐代表人的年度考核、评定情况;
(四)保荐机构、保荐代表人其他重大事项的说明;
(五)保荐机构对年度执业报告真实性、准确性、完整性承担责任的承诺函,并应由其法定代表人签字;
(六)中国证监会要求的其他事项。

第三章 保荐职责

第二十三条 保荐机构应当尽职推荐发行人证券发行上市。

发行人证券上市后,保荐机构应当持续督导发行人履行规范运作、信守承诺、信息披露等义务。

第二十四条 保荐机构推荐发行人证券发行上市,应当遵循诚实守信、勤勉尽责的原则,按照中国证监会对保荐机构尽职调查工作的要求,对发行人进行全面调查,充分了解发行人的经营状况及其面临的风险和问题。

第二十五条 保荐机构在推荐发行人首次公开发行股票并上市前,应当对发行人进行辅导,对发行人的董事、监事和高级管理人员、持有5%以上股份的股东和实际控制人(或者其法定代表人)进行系统的法规知识、证券市场知识培训,使其全面掌握发行上市、规范运作等方面的有关法律法规和规则,知悉信息披露和履行承诺等方面的责任和义务,树立进入证券市场的诚信意识、自律意识和法制意识。

第二十六条 保荐机构辅导工作完成后,应由发行人所在地的中国证监会派出机构进行辅导验收。

第二十七条 保荐机构应当与发行人签订保荐协议,明确双方的权利和义务,按照行业规范协商确定履行保荐职责的相关费用。

保荐协议签订后,保荐机构应在5个工作日内报发行人所在地的中国证监会派出机构备案。

第二十八条 保荐机构应当确信发行人符合法律、行政法规和中国证监会的有关规定,方可推荐其证券发行上市。

保荐机构决定推荐发行人证券发行上市的,可以根据发行人的委托,组织编制申请文件并出具推荐文件。

第二十九条 对发行人申请文件、证券发行募集文件中有证券服务机构及其签字人员出具专业意见的内容,保荐机构应当结合尽职调查过程中获得的信息对其进行审慎核查,对发行人提供的资料和披露的内容进行独立判断。

保荐机构所作的判断与证券服务机构的专业意见存在重大差异的,应当对有关事项进行调查、复核,并可聘请其他证券服务机构提供专业服务。

第三十条 对发行人申请文件、证券发行募集文件中无证券服务机构及其签字人员专业意见支持的内容,保荐机构应当获得充分的尽职调查证据,在对各种证据进行综合分析的基础上对发行人提供的资料和披露的内容进行独立判断，并有充分理由确信所作的判断与发行人申请文件、证券发行募集文件的内容不存在实质性差异。

第三十一条 保荐机构推荐发行人发行证券，应当向中国证监会提交发行保荐书、保荐代表人专项授权书以及中国证监会要求的其他与保荐业务有关的文件。发行保荐书应当包括下列内容：

（一）逐项说明本次发行是否符合《公司法》、《证券法》规定的发行条件和程序；

（二）逐项说明本次发行是否符合中国证监会的有关规定，并载明得出每项结论的查证过程及事实依据；

（三）发行人存在的主要风险；

（四）对发行人发展前景的评价；

（五）保荐机构内部审核程序简介及内核意见；

（六）保荐机构与发行人的关联关系；

（七）相关承诺事项；

（八）中国证监会要求的其他事项。

第三十二条 保荐机构推荐发行人证券上市，应当向证券交易所提交上市保荐书以及证券交易所要求的其他与保荐业务有关的文件，并报中国证监会备案。上市保荐书应当包括下列内容：

（一）逐项说明本次证券上市是否符合《公司法》、《证券法》及证券交易所规定的上市条件；

（二）对发行人证券上市后持续督导工作的具体安排；

（三）保荐机构与发行人的关联关系；

（四）相关承诺事项；

（五）中国证监会或者证券交易所要求的其他事项。

第三十三条 在发行保荐书和上市保荐书中，保荐机构应当就下列事项做出承诺：

（一）有充分理由确信发行人符合法律法规及中国证监会有关证券发行上市的相关规定；

（二）有充分理由确信发行人申请文件和信息披露资料不存在虚假记载、误导性陈述或者重大遗漏；

（三）有充分理由确信发行人及其董事在申请文件和信息披露资料中表达意见的依据充分合理；

（四）有充分理由确信申请文件和信息披露资料与证券服务机构发表的意见不存在实质性差异；

（五）保证所指定的保荐代表人及本保荐机构的相关人员已勤勉尽责，对发行人申请文件和信息披露资料进行了尽职调查、审慎核查；

（六）保证保荐书、与履行保荐职责有关的其他文件不存在虚假记载、误导性陈述或者重大遗漏；

（七）保证对发行人提供的专业服务和出具的专业意见符合法律、行政法规、中国证监会的规定和行业规范；

（八）自愿接受中国证监会依照本办法采取的监管措施；

（九）中国证监会规定的其他事项。

第三十四条 保荐机构提交发行保荐书后，应当配合中国证监会的审核，并承担下列工作：

（一）组织发行人及证券服务机构对中国证监会的意见进行答复；

（二）按照中国证监会的要求对涉及本次证券发行上市的特定事项进行尽职调查或者核查；

（三）指定保荐代表人与中国证监会职能部门进行专业沟通，保荐代表人在发行审核委员会会议上接受委员质询；

（四）中国证监会规定的其他工作。

第三十五条 保荐机构应当针对发行人的具体情况，确定证券发行上市后持续督导的内容，督导发行人履行有关上市公司规范运作、信守承诺和信息披露等义务，审阅信息披露文件及向中国证监会、证券交易所提交的其他文件，并承担下列工作：

（一）督导发行人有效执行并完善防止控股股东、实际控制人、其他关联方违规占用发行人资源的制度；

（二）督导发行人有效执行并完善防止其董事、监事、高级管理人员利用职务之便损害发行人利益的内控制度；

（三）督导发行人有效执行并完善保障关联交易公允性和合规性的制度，并对关联交易发表意见；

（四）持续关注发行人募集资金的专户存储、投资项目的实施等承诺事项；

（五）持续关注发行人为他人提供担保等事项，并发表意见；

（六）中国证监会、证券交易所规定及保荐协议约定的其他工作。

第三十六条 首次公开发行股票并在主板上市的，持续督导的期间为证券上市当年剩余时间及其后 2 个完整会计年度；主板上市公司发行新股、可转换公司债券的，持续督导的期间为证券上市当年剩余时间及其后 1 个完整会计年度。

首次公开发行股票并在创业板上市的，持续督导的期间为证券上市当年剩余时间及其后 3 个完整会计年度；创业板上市公司发行新股、可转换公司债券的，持续督导的期间为证券上市当年剩余时间及其后 2 个完整会计年度。

首次公开发行股票并在创业板上市的，持续督导期内保荐机构应当自发行人披露年度报告、中期报告之日起15个工作日内在中国证监会指定网站披露跟踪报告,对本办法第三十五条所涉及的事项,进行分析并发表独立意见。发行人临时报告披露的信息涉及募集资金、关联交易、委托理财、为他人提供担保等重大事项的,保荐机构应当自临时报告披露之日起10个工作日内进行分析并在中国证监会指定网站发表独立意见。

持续督导的期间自证券上市之日起计算。

第三十七条 持续督导期届满,如有尚未完结的保荐工作,保荐机构应当继续完成。

保荐机构在履行保荐职责期间未勤勉尽责的,其责任不因持续督导期届满而免除或者终止。

第四章 保荐业务规程

第三十八条 保荐机构应当建立健全保荐工作的内部控制体系,切实保证保荐业务负责人、内核负责人、保荐业务部门负责人、保荐代表人、项目协办人及其他保荐业务相关人员勤勉尽责,严格控制风险,提高保荐业务整体质量。

第三十九条 保荐机构应当建立健全证券发行上市的尽职调查制度、辅导制度、对发行上市申请文件的内部核查制度、对发行人证券上市后的持续督导制度。

第四十条 保荐机构应当建立健全对保荐代表人及其他保荐业务相关人员的持续培训制度。

第四十一条 保荐机构应当建立健全工作底稿制度,为每一项目建立独立的保荐工作底稿。

保荐代表人必须为其具体负责的每一项目建立尽职调查工作日志,作为保荐工作底稿的一部分存档备查;保荐机构应当定期对尽职调查工作日志进行检查。

保荐工作底稿应当真实、准确、完整地反映整个保荐工作的全过程,保存期不少于10年。

第四十二条 保荐机构的保荐业务负责人、内核负责人负责监督、执行保荐业务各项制度并承担相应的责任。

第四十三条 保荐机构及其控股股东、实际控制人、重要关联方持有发行人的股份合计超过7%,或者发行人持有、控制保荐机构的股份超过7%的,保荐机构在推荐发行人证券发行上市时,应联合1家无关联保荐机构共同履行保荐职责,且该无关联保荐机构为第一保荐机构。

第四十四条 刊登证券发行募集文件前终止保荐协议的,保荐机构和发行人应当自终止之日起5个工作日内分别向中国证监会报告,说明原因。

第四十五条 刊登证券发行募集文件以后直至持续督导工作结束,保荐机构和发行人不得终止保荐协议,但存在合理理由的情形除外。发行人因再次申请发行证券另行聘请保荐机构、保荐机构被中国证监会撤销保荐机构资格的,应当终止保荐协议。

终止保荐协议的,保荐机构和发行人应当自终止之日起5个工作日内向中国证监会、证券交易所报告,说明原因。

第四十六条 持续督导期间,保荐机构被撤销保荐机构资格的,发行人应当在1个月内另行聘请保荐机构,未在规定期限内另行聘请的,中国证监会可以为其指定保荐机构。

第四十七条 另行聘请的保荐机构应当完成原保荐机构未完成的持续督导工作。

因原保荐机构被撤销保荐机构资格而另行聘请保荐机构的,另行聘请的保荐机构持续督导的时间不得少于1个完整的会计年度。

另行聘请的保荐机构应当自保荐协议签订之日起开展保荐工作并承担相应的责任。原保荐机构在履行保荐职责期间未勤勉尽责的,其责任不因保荐机构的更换而免除或者终止。

第四十八条 保荐机构应当指定2名保荐代表人具体负责1家发行人的保荐工作,出具由法定代表人签字的专项授权书,并确保保荐机构有关部门和人员有效分工协作。保荐机构可以指定1名项目协办人。

第四十九条 证券发行后,保荐机构不得更换保荐代表人,但因保荐代表人离职或者被撤销保荐代表人资格的,应当更换保荐代表人。

保荐机构更换保荐代表人的,应当通知发行人,并在5个工作日内向中国证监会、证券交易所报告,说明原因。原保荐代表人在具体负责保荐工作期间未勤勉尽责的,其责任不因保荐代表人的更换而免除或者终止。

第五十条 保荐机构法定代表人、保荐业务负责人、内核负责人、保荐代表人和项目协办人应当在发行保荐书上签字,保荐机构法定代表人、保荐代表人应同时在证券发行募集文件上签字。

第五十一条 保荐机构应将履行保荐职责时发表的意见及时告知发行人,同时在保荐工作底稿中保存,并可依照本办法规定公开发表声明、向中国证监会或者证券交易所报告。

第五十二条 持续督导工作结束后,保荐机构应当在发行人公告年度报告之日起的10个工作日内向中国证监会、证券交易所报送保荐总结报告书。保荐机构法定代表人和保荐代表人应当在保荐总结报告书上签字。保荐总结报告书应当包括下列内容:

(一)发行人的基本情况;

（二）保荐工作概述；

（三）履行保荐职责期间发生的重大事项及处理情况；

（四）对发行人配合保荐工作情况的说明及评价；

（五）对证券服务机构参与证券发行上市相关工作情况的说明及评价；

（六）中国证监会要求的其他事项。

第五十三条 保荐代表人及其他保荐业务相关人员属于内幕信息的知情人员，应当遵守法律、行政法规和中国证监会的规定，不得利用内幕信息直接或者间接为保荐机构、本人或者他人谋取不正当利益。

第五章 保荐业务协调

第五十四条 保荐机构及其保荐代表人履行保荐职责可对发行人行使下列权利：

（一）要求发行人按照本办法规定和保荐协议约定的方式，及时通报信息；

（二）定期或者不定期对发行人进行回访，查阅保荐工作需要的发行人材料；

（三）列席发行人的股东大会、董事会和监事会；

（四）对发行人的信息披露文件及向中国证监会、证券交易所提交的其他文件进行事前审阅；

（五）对有关部门关注的发行人相关事项进行核查，必要时可聘请相关证券服务机构配合；

（六）按照中国证监会、证券交易所信息披露规定，对发行人违法违规的事项发表公开声明；

（七）中国证监会规定或者保荐协议约定的其他权利。

第五十五条 发行人有下列情形之一的，应当及时通知或者咨询保荐机构，并将相关文件送交保荐机构：

（一）变更募集资金及投资项目等承诺事项；

（二）发生关联交易、为他人提供担保等事项；

（三）履行信息披露义务或者向中国证监会、证券交易所报告有关事项；

（四）发生违法违规行为或者其他重大事项；

（五）中国证监会规定或者保荐协议约定的其他事项。

第五十六条 证券发行前，发行人不配合保荐机构履行保荐职责的，保荐机构应当发表保留意见，并在发行保荐书中予以说明；情节严重的，应当不予保荐，已保荐的应当撤销保荐。

第五十七条 证券发行后，保荐机构有充分理由确信发行人可能存在违法违规行为以及其他不当行为的，应当督促发行人做出说明并限期纠正；情节严重的，应当向中国证监会、证券交易所报告。

第五十八条 保荐机构应当组织协调证券服务机构及其签字人员参与证券发行上市的相关工作。

发行人为证券发行上市聘用的会计师事务所、律师事务所、资产评估机构以及其他证券服务机构，保荐机构有充分理由认为其专业能力存在明显缺陷的，可以向发行人建议更换。

第五十九条 保荐机构对证券服务机构及其签字人员出具的专业意见存有疑义的，应当主动与证券服务机构进行协商，并可要求其做出解释或者出具依据。

第六十条 保荐机构有充分理由确信证券服务机构及其签字人员出具的专业意见可能存在虚假记载、误导性陈述或重大遗漏等违法违规情形或者其他不当情形的，应当及时发表意见；情节严重的，应当向中国证监会、证券交易所报告。

第六十一条 证券服务机构及其签字人员应当保持专业独立性，对保荐机构提出的疑义或者意见进行审慎的复核判断，并向保荐机构、发行人及时发表意见。

第六章 监管措施和法律责任

第六十二条 中国证监会可以对保荐机构及其保荐代表人从事保荐业务的情况进行定期或者不定期现场检查，保荐机构及其保荐代表人应当积极配合检查，如实提供有关资料，不得拒绝、阻挠、逃避检查，不得谎报、隐匿、销毁相关证据材料。

第六十三条 中国证监会建立保荐信用监管系统，对保荐机构和保荐代表人进行持续动态的注册登记管理，记录其执业情况、违法违规行为、其他不良行为以及对其采取的监管措施等，必要时可以将记录予以公布。

第六十四条 自保荐机构向中国证监会提交保荐文件之日起，保荐机构及其保荐代表人承担相应的责任。

第六十五条 保荐机构资格申请文件存在虚假记载、误导性陈述或者重大遗漏的，中国证监会不予核准；已核准的，撤销其保荐机构资格。

保荐代表人资格申请文件存在虚假记载、误导性陈述或者重大遗漏的，中国证监会不予核准；已核准的，撤销其保荐代表人资格。对提交该申请文件的保荐机构，中国证监会自撤销之日起6个月内不再受理该保荐机构推荐的保荐代表人资格申请。

第六十六条 保荐机构、保荐代表人、保荐业务负责人和内核负责人违反本办法，未诚实守信、勤勉尽责地履行相关义务的，中国证监会责令改正，并对其采取监管谈话、重点关注、责令进行业务学习、出具警示函、责令公开说明、认定为不适当人选等监管措施；依法应给予行政处罚的，依照有关规定进行处罚；情节严重涉嫌犯罪的,依法移送司法机关,追究其刑事责任。

第六十七条 保荐机构出现下列情形之一的,中国证监会自确认之日起暂停其保荐机构资格 3 个月;情节严重的,暂停其保荐机构资格 6 个月,并可以责令保荐机构更换保荐业务负责人、内核负责人;情节特别严重的,撤销其保荐机构资格:

(一)向中国证监会、证券交易所提交的与保荐工作相关的文件存在虚假记载、误导性陈述或者重大遗漏;

(二)内部控制制度未有效执行;

(三)尽职调查制度、内部核查制度、持续督导制度、保荐工作底稿制度未有效执行;

(四)保荐工作底稿存在虚假记载、误导性陈述或者重大遗漏;

(五)唆使、协助或者参与发行人及证券服务机构提供存在虚假记载、误导性陈述或者重大遗漏的文件;

(六)唆使、协助或者参与发行人干扰中国证监会及其发行审核委员会的审核工作;

(七)通过从事保荐业务谋取不正当利益;

(八)严重违反诚实守信、勤勉尽责义务的其他情形。

第六十八条 保荐代表人出现下列情形之一的,中国证监会可根据情节轻重,自确认之日起 3 个月到 12 个月内不受理相关保荐代表人具体负责的推荐;情节特别严重的,撤销其保荐代表人资格:

(一)尽职调查工作日志缺失或者遗漏、隐瞒重要问题;

(二)未完成或者未参加辅导工作;

(三)未参加持续督导工作,或者持续督导工作未勤勉尽责;

(四)因保荐业务或其具体负责保荐工作的发行人在保荐期间内受到证券交易所、中国证券业协会公开谴责;

(五)唆使、协助或者参与发行人干扰中国证监会及其发行审核委员会的审核工作;

(六)严重违反诚实守信、勤勉尽责义务的其他情形。

第六十九条 保荐代表人出现下列情形之一的,中国证监会撤销其保荐代表人资格;情节严重的,对其采取证券市场禁入的措施:

(一)在与保荐工作相关文件上签字推荐发行人证券发行上市,但未参加尽职调查工作,或者尽职调查工作不彻底、不充分,明显不符合业务规则和行业规范;

(二)通过从事保荐业务谋取不正当利益;

(三)本人及其配偶持有发行人的股份;

(四)唆使、协助或者参与发行人及证券服务机构提供存在虚假记载、误导性陈述或者重大遗漏的文件;

(五)参与组织编制的与保荐工作相关文件存在虚假记载、误导性陈述或者重大遗漏。

第七十条 保荐机构、保荐代表人因保荐业务涉嫌违法违规处于立案调查期间的,中国证监会暂不受理该保荐机构的推荐;暂不受理相关保荐代表人具体负责的推荐。

第七十一条 发行人出现下列情形之一的,中国证监会自确认之日起暂停保荐机构的保荐机构资格 3 个月,撤销相关人员的保荐代表人资格:

(一)证券发行募集文件等申请文件存在虚假记载、误导性陈述或者重大遗漏;

(二)公开发行证券上市当年即亏损;

(三)持续督导期间信息披露文件存在虚假记载、误导性陈述或者重大遗漏。

第七十二条 发行人在持续督导期间出现下列情形之一的,中国证监会可根据情节轻重,自确认之日起 3 个月到 12 个月内不受理相关保荐代表人具体负责的推荐;情节特别严重的,撤销相关人员的保荐代表人资格:

(一)证券上市当年累计 50% 以上募集资金的用途与承诺不符;

(二)公开发行证券并在主板上市当年营业利润比上年下滑 50% 以上;

(三)首次公开发行股票并上市之日起 12 个月内控股股东或者实际控制人发生变更;

(四)首次公开发行股票并上市之日起 12 个月内累计 50% 以上资产或者主营业务发生重组;

(五)上市公司公开发行新股、可转换公司债券之日起 12 个月内累计 50% 以上资产或者主营业务发生重组,且未在证券发行募集文件中披露;

(六)实际盈利低于盈利预测达 20% 以上;

(七)关联交易显失公允或者程序违规,涉及金额较大;

(八)控股股东、实际控制人或其他关联方违规占用发行人资源,涉及金额较大;

(九)违规为他人提供担保,涉及金额较大;

(十)违规购买或出售资产、借款、委托资产管理等,涉及金额较大;

(十一)董事、监事、高级管理人员侵占发行人利益受到行政处罚或者被追究刑事责任;

(十二)违反上市公司规范运作和信息披露等有关法律法规,情节严重的;

(十三)中国证监会规定的其他情形。

第七十三条 保荐代表人被暂不受理具体负责的推荐或者被撤销保荐代表人资格的，保荐业务负责人、内核负责人应承担相应的责任，对已受理的该保荐代表人具体负责推荐的项目，保荐机构应当撤回推荐；情节严重的，责令保荐机构就各项保荐业务制度限期整改，责令保荐机构更换保荐业务负责人、内核负责人，逾期仍然不符合要求的，撤销其保荐机构资格。

第七十四条 保荐机构、保荐业务负责人或者内核负责人在1个自然年度内被采取本办法第六十六条规定监管措施累计5次以上，中国证监会可暂停保荐机构的保荐机构资格3个月，责令保荐机构更换保荐业务负责人、内核负责人。

保荐代表人在2个自然年度内被采取本办法第六十六条规定监管措施累计2次以上，中国证监会可6个月内不受理相关保荐代表人具体负责的推荐。

第七十五条 对中国证监会采取的监管措施，保荐机构及其保荐代表人提出申辩的，如有充分证据证明下列事实且理由成立，中国证监会予以采纳：

（一）发行人或其董事、监事、高级管理人员故意隐瞒重大事实，保荐机构和保荐代表人已履行勤勉尽责义务；

（二）发行人已在证券发行募集文件中做出特别提示，保荐机构和保荐代表人已履行勤勉尽责义务；

（三）发行人因不可抗力致使业绩、募集资金运用等出现异常或者未能履行承诺；

（四）发行人及其董事、监事、高级管理人员在持续督导期间故意违法违规，保荐机构和保荐代表人主动予以揭示，已履行勤勉尽责义务；

（五）保荐机构、保荐代表人已履行勤勉尽责义务的其他情形。

第七十六条 发行人及其董事、监事、高级管理人员违反本办法规定，变更保荐机构后未另行聘请保荐机构，持续督导期间违法违规且拒不纠正，发生重大事项未及时通知保荐机构，或者发生其他严重不配合保荐工作情形的，中国证监会可以责令改正，予以公布并可根据情节轻重采取下列监管措施：

（一）要求发行人每月向中国证监会报告接受保荐机构督导的情况；

（二）要求发行人披露月度财务报告、相关资料；

（三）指定证券服务机构进行核查；

（四）要求证券交易所对发行人证券的交易实行特别提示；

（五）36个月内不受理其发行证券申请；

（六）将直接负责的主管人员和其他责任人员认定为不适当人选。

第七十七条 证券服务机构及其签字人员违反本办法规定的，中国证监会责令改正，并对相关机构和责任人员采取监管谈话、重点关注、出具警示函、责令公开说明、认定为不适当人选等监管措施。

第七十八条 证券服务机构及其签字人员出具的专业意见存在虚假记载、误导性陈述或重大遗漏，或者因不配合保荐工作而导致严重后果的，中国证监会自确认之日起6个月到36个月内不受理其文件，并将处理结果予以公布。

第七十九条 发行人及其董事、监事、高级管理人员、证券服务机构及其签字人员违反法律、行政法规，依法应予行政处罚的，依照有关规定进行处罚；涉嫌犯罪的，依法移送司法机关，追究其刑事责任。

第七章 附 则

第八十条 本办法所称“保荐机构”，是指《证券法》第十一条所指“保荐人”。

第八十一条 中国证券业协会或者经中国证监会认可的其他机构，可以组织保荐代表人胜任能力考试。

第八十二条 本办法实施前从事证券发行上市保荐业务的保荐机构，不完全符合本办法规定的，应当在本办法实施之日起3个月内达到本办法规定的要求，并由中国证监会组织验收。逾期仍然不符合要求的，中国证监会撤销其保荐机构资格。

第八十三条 本办法自2008年12月1日起施行，《证券发行上市保荐制度暂行办法》（证监会令第18号）、《首次公开发行股票辅导工作办法》（证监发〔2001〕125号）同时废止。

证券发行上市保荐业务工作底稿指引

1. 2009年3月27日中国证券监督管理委员会公告〔2009〕5号公布
2. 自2009年4月1日起施行

第一条 为了规范和指导保荐机构编制、管理证券发行上市保荐业务工作底稿（以下简称工作底稿），根据有关法律、法规以及中国证券监督管理委员会有关保荐业务管理的规定，制定本指引。

第二条 保荐机构应当按照本指引的要求编制工作底稿。

本指引所称工作底稿，是指保荐机构及其保荐代表人在从事保荐业务全部过程中获取和编写的、与保荐业务相关的各种重要资料和工作记录的总称。

第三条 工作底稿应当真实、准确、完整地反映保荐机构尽职推荐发行人证券发行上市、持续督导发行人履行相关义务所开展的主要工作,并应当成为保荐机构出具发行保荐书、发行保荐工作报告、上市保荐书、发表专项保荐意见以及验证招股说明书的基础。

工作底稿是评价保荐机构及其保荐代表人从事保荐业务是否诚实守信、勤勉尽责的重要依据。

第四条　本指引的规定,仅是对保荐机构从事证券发行上市保荐业务时编制工作底稿的一般要求。

无论本指引是否有明确规定,凡对保荐机构及其保荐代表人履行保荐职责有重大影响的文件资料及信息,均应当作为工作底稿予以留存。

第五条　本指引主要针对首次公开发行股票的工业企业的保荐工作基本特征制定。保荐机构应当在参照本指引的基础上,根据发行人的行业、业务、融资类型不同,在不影响保荐业务质量的前提下调整、补充、完善工作底稿。

第六条　工作底稿至少应当包括以下内容:

(一)保荐机构根据有关规定对项目进行立项、内核以及其他相关内部管理工作所形成的文件资料;

(二)保荐机构在尽职调查过程中获取和形成的文件资料;

(三)保荐机构对发行人相关人员进行辅导所形成的文件资料;

(四)保荐机构在协调发行人和证券服务机构时,以定期会议、专题会议以及重大事项临时会议的形式,为发行人分析和解决证券发行上市过程中的主要问题形成的会议资料、会议纪要;

(五)保荐机构、为证券发行上市制作、出具有关文件的律师事务所、会计师事务所、资产评估机构等证券服务机构及其签字人员,对发行人与发行上市相关的重大或专题事项出具的备忘录及专项意见等;

(六)保荐机构根据实际情况,对发行人及其子公司、发行人的控股股东或实际控制人及其子公司等的董事、监事、高级管理人员以及其他人员进行访谈的访谈记录;

(七)保荐机构根据实际情况,对发行人的客户、供应商、开户银行,工商、税务、土地、环保、海关等部门、行业主管部门或行业协会以及其他相关机构或部门的相关人员等进行访谈的访谈记录;

(八)发行申请文件、反馈意见的回复、询价与配售文件以及上市申请和登记的文件;

(九)在持续督导过程中获取的文件资料、出具的保荐意见书及保荐总结报告等相关文件;

(十)保荐代表人为其保荐项目建立的尽职调查工作日志;

(十一)其他对保荐机构及其保荐代表人履行保荐职责有重大影响的文件资料及信息。

第七条　发行人子公司对发行人业务经营或财务状况有重大影响的,保荐机构可参照本指引根据重要性和合理性原则对该子公司单独编制工作底稿。

第八条　工作底稿可以纸质文档、电子文档或者其它介质形式的文档留存,其中重要的工作底稿应当采用纸质文档的形式。以纸质以外的其它介质形式存在的工作底稿,应当以可独立保存的形式留存。

第九条　保荐机构应当按照本指引的要求,对工作底稿建立统一目录,该目录应当便于查阅与核对。对于本指引中确实不适用的部分,应当在工作底稿目录中注明“不适用”。

第十条　工作底稿应当内容完整、格式规范、标识统一、记录清晰。工作底稿各章节之间应当有明显的分隔标识,不同章节中存在重复的文件资料,可以采用相互引征的方法。

第十一条　保荐机构应当对招股说明书进行验证,并按照本指引的要求在验证文件与工作底稿之间建立起索引关系。

第十二条　保荐机构应当建立工作底稿管理制度,明确工作底稿收集整理的责任人员、归档保管流程、借阅程序与检查办法等。

工作底稿应当至少保存十年。

第十三条　在项目每一阶段工作完成后,保荐机构应当及时整理工作底稿并归档,并于项目结束时对工作底稿进行统一存放和管理。

第十四条　保荐机构及相关人员对工作底稿中的未公开披露的信息负有保密责任。

第十五条　本指引自 2009 年 4 月 1 日起施行。

附件:1. 证券发行上市保荐业务工作底稿目录(略)

2. 招股说明书验证方法的说明及示例(略)

中国证券监督管理委员会关于进一步加强保荐业务监管有关问题的意见

2012 年 3 月 15 日中国证券监督管理委员会公告〔2012〕4 号公布施行

为进一步加强对保荐机构执业行为的监管,督促保荐机构强化对保荐业务的管理和风险控制,切实提高保荐业务质量,现提出如下意见:

一、保荐机构应进一步健全保荐业务内控制度,强化对保荐代表人及其他项目人员的管理,完善立项、尽职调查、内核、质量控制、保荐项目持续追踪、工作底稿、工作日志、持续督导等保荐业务相关制度和保荐业务风险控制机制，切实提高保荐项目质量。

二、保荐机构应为保荐项目配备保荐代表人和其他项目人员，相关人员应具备完成保荐项目所需要的行业、财务、法律知识及较为丰富的执业经验，有能力按照《保荐人尽职调查工作准则》（证监发行字〔2006〕15 号）的要求开展尽职调查工作。

《发行保荐工作报告》中须说明保荐代表人和其他项目人员所从事的具体工作，相关人员在项目中发挥的作用。保荐代表人和其他项目人员应在《发行保荐工作报告》上签字，并根据自己所从事的具体工作承担相应的责任。

三、保荐机构的质量控制部门应切实履行把关责任，发现保荐项目存在重大问题和风险的，应指派专人实地走访发行人并进行必要的现场尽职调查工作。

保荐机构的内核小组应切实发挥内核把关作用，对发行人存在的问题和风险进行仔细研判，确信发行人符合法定发行上市条件，信息披露真实、准确、完整。

四、保荐机构应建立对保荐代表人和其他项目人员的问核制度，由内核小组在召开内核会议时对相关人员进行问核，督促保荐代表人和其他项目人员严格按照《保荐人尽职调查工作准则》的要求做好尽职调查工作。

内核小组的问核工作须围绕尽职调查工作和内核会议讨论中发现的风险和问题进行，发现保荐代表人和其他项目人员的工作存在不足的，应提出书面整改意见并要求相关人员落实。

五、保荐机构须健全保荐项目的持续追踪机制，确保对保荐项目的全过程管理，避免保荐项目申报后可能出现的发行人新情况新问题不能及时在申请文件中补充披露以及反馈意见落实文件、发审委意见落实文件、举报信核查文件以及会后事项文件未履行保荐机构内部批准程序的风险。

六、在两名保荐代表人可在主板（含中小企业板）和创业板同时各负责一家在审企业的基础上，调整为可同时各负责两家在审企业。但下述两类保荐代表人除外：

（一）最近 3 年内有过违规记录的保荐代表人，违规记录包括被中国证监会采取过监管措施、受到过证券交易所公开谴责或中国证券业协会自律处分的；

（二）最近 3 年内未曾担任过已完成的首发、再融资项目签字保荐代表人的。

申报项目时，保荐机构应针对签字保荐代表人申报的在审企业家数及是否存在上述（一）、（二）项情况作出说明与承诺。

七、本意见自公布之日起施行。中国证监会《关于进一步做好〈证券发行上市保荐制度暂行办法〉实施工作的通知》（证监发行字〔2004〕167 号）及证监会公告〔2009〕19 号同时废止。

5. 发行与承销

关于加强新股发行监管的措施

2014 年 1 月 12 日中国证券监督管理委员会公告〔2014〕4 号公布施行

根据《中国证监会关于进一步推进新股发行体制改革的意见》（证监会公告〔2013〕42 号）和《证券发行与承销管理办法》（证监会令第 95 号），为进一步加强首次公开发行股票过程监管，现提出以下措施：

一、中国证监会将对发行人的询价、路演过程进行抽查，发现发行人和主承销商在路演推介过程中使用除招股意向书等公开信息以外的发行人其他信息的，中止其发行，并依据相关规定对发行人、主承销商采取监管措施。涉嫌违法违规的，依法处理。

二、如拟定的发行价格（或发行价格区间上限）对应的市盈率高于同行业上市公司二级市场平均市盈率，发行人和主承销商应在网上申购前三周内连续发布投资风险特别公告（以下简称风险公告），每周至少发布一次。风险公告内容至少包括：

（一）比较分析发行人与同行业上市公司的差异及该差异对估值的影响；提请投资者关注发行价格与网下投资者报价之间存在的差异。

（二）提请投资者关注投资风险，审慎研判发行定价的合理性，理性作出投资决策。

发行人应依据《上市公司行业分类指引》确定所属行业，并选取中证指数有限公司发布的最近一个月静态平均市盈率为参考依据。

三、中国证监会和中国证券业协会将对网下报价投资者的报价过程进行抽查。发现网下报价投资者不具备定价能力，或没有严格履行报价评估和决策程序、未能审慎报价的，中国证券业协会应将其列入黑名单并定期公布，禁止参与首次公开发行股票的网下询价。主承销商允许不符合其事先公布条件的网下投资者参与询价和配售的，中国证监会依据有关规定严肃处理。

证券发行与承销管理办法

1. 2013年12月13日中国证券监督管理委员会令第95号公布
2. 根据2014年3月21日中国证券监督管理委员会令第98号《关于修改〈证券发行与承销管理办法〉的决定》修订

第一章 总 则

第一条 为规范证券发行与承销行为,保护投资者合法权益,根据《证券法》和《公司法》,制定本办法。

第二条 发行人在境内发行股票或者可转换公司债券(以下统称证券)、证券公司在境内承销证券以及投资者认购境内发行的证券,适用本办法。

首次公开发行股票时公司股东公开发售其所持股份(以下简称老股转让)的,还应当符合中国证券监督管理委员会(以下简称中国证监会)的相关规定。

第三条 中国证监会依法对证券发行与承销行为进行监督管理。证券交易所、证券登记结算机构和中国证券业协会应当制定相关业务规则(以下简称相关规则),规范证券发行与承销行为。证券公司承销证券,应当依据本办法以及中国证监会有关风险控制和内部控制等相关规定,制定严格的风险管理制度和内部控制制度,加强定价和配售过程管理,落实承销责任。

为证券发行出具相关文件的证券服务机构和人员,应当按照本行业公认的业务标准和道德规范,严格履行法定职责,对其所出具文件的真实性、准确性和完整性承担责任。

第二章 定价与配售

第四条 首次公开发行股票,可以通过向网下投资者询价的方式确定股票发行价格,也可以通过发行人与主承销商自主协商直接定价等其他合法可行的方式确定发行价格。发行人和主承销商应当在招股意向书(或招股说明书,下同)和发行公告中披露本次发行股票的定价方式。上市公司发行证券的定价,应当符合中国证监会关于上市公司证券发行的有关规定。

第五条 首次公开发行股票,网下投资者须具备丰富的投资经验和良好的定价能力,应当接受中国证券业协会的自律管理,遵守中国证券业协会的自律规则。

网下投资者参与报价时,应当持有一定金额的非限售股份。发行人和主承销商可以根据自律规则,设置网下投资者的具体条件,并在发行公告中预先披露。主承销商应当对网下投资者是否符合预先披露的条件进行核查,对不符合条件的投资者,应当拒绝或剔除其报价。

第六条 首次公开发行股票采用询价方式定价的,符合条件的网下机构和个人投资者可以自主决定是否报价,主承销商无正当理由不得拒绝。网下投资者应当遵循独立、客观、诚信的原则合理报价,不得协商报价或者故意压低、抬高价格。

网下投资者报价应当包含每股价格和该价格对应的拟申购股数,且只能有一个报价。非个人投资者应当以机构为单位进行报价。首次公开发行股票价格(或发行价格区间)确定后,提供有效报价的投资者方可参与申购。

第七条 首次公开发行股票采用询价方式的,网下投资者报价后,发行人和主承销商应当剔除拟申购总量中报价最高的部分,剔除部分不得低于所有网下投资者拟申购总量的10%,然后根据剩余报价及拟申购数量协商确定发行价格。剔除部分不得参与网下申购。

公开发行股票数量在4亿股(含)以下的,有效报价投资者的数量不少于10家;公开发行股票数量在4亿股以上的,有效报价投资者的数量不少于20家。剔除最高报价部分后有效报价投资者数量不足的,应当中止发行。

第八条 首次公开发行股票时,发行人和主承销商可以自主协商确定参与网下询价投资者的条件、有效报价条件、配售原则和配售方式,并按照事先确定的配售原则在有效申购的网下投资者中选择配售股票的对象。

第九条 首次公开发行股票后总股本4亿股(含)以下的,网下初始发行比例不低于本次公开发行股票数量的60%;发行后总股本超过4亿股的,网下初始发行比例不低于本次公开发行股票数量的70%。其中,应安排不低于本次网下发行股票数量的40%优先向通过公开募集方式设立的证券投资基金(以下简称公募基金)和由社保基金投资管理人管理的社会保障基金(以下简称社保基金)配售,安排一定比例的股票向根据《企业年金基金管理办法》设立的企业年金基金和符合《保险资金运用管理暂行办法》等相关规定的保险资金(以下简称保险资金)配售。公募基金、社保基金、企业年金基金和保险资金有效申购不足安排数量的,发行人和主承销商可以向其他符合条件的网下投资者配售剩余部分。

对网下投资者进行分类配售的,同类投资者获得配售的比例应当相同。公募基金、社保基金、企业年金基金和保险资金的配售比例应当不低于其他投资者。

安排向战略投资者配售股票的,应当扣除向战略投资者配售部分后确定网下网上发行比例。

网下投资者可与发行人和主承销商自主约定网下配售股票的持有期限并公开披露。

第十条　首次公开发行股票网下投资者申购数量低于网下初始发行量的，发行人和主承销商不得将网下发行部分向网上回拨，应当中止发行。

网上投资者有效申购倍数超过50倍、低于100倍（含）的，应当从网下向网上回拨，回拨比例为本次公开发行股票数量的20%；网上投资者有效申购倍数超过100倍的，回拨比例为本次公开发行股票数量的40%；网上投资者有效申购倍数超过150倍的，回拨后网下发行比例不超过本次公开发行股票数量的10%。本款所指公开发行股票数量应按照扣除设定12个月及以上限售期的股票数量计算。

网上投资者申购数量不足网上初始发行量的，可回拨给网下投资者。

除本办法第六条和本条第一款规定的中止发行情形外，发行人和主承销商还可以约定中止发行的其他具体情形并事先披露。中止发行后，在核准文件有效期内，经向中国证监会备案，可重新启动发行。

第十一条　首次公开发行股票，持有一定数量非限售股份的投资者才能参与网上申购。网上配售应当综合考虑投资者持有非限售股份的市值和申购资金量。采用其他方式进行网上申购和配售的，应当符合中国证监会的有关规定。

第十二条　首次公开发行股票的网下发行应和网上发行同时进行，参与申购的网下和网上投资者应当全额缴付申购资金。投资者应自行选择参与网下或网上发行，不得同时参与。

发行人股东拟进行老股转让的，发行人和主承销商应于网下网上申购前协商确定发行价格、发行数量和老股转让数量。无老股转让计划的，发行人和主承销商可通过网下询价确定发行价格或发行价格区间。网上投资者申购时仅公告发行价格区间、未确定发行价格的，主承销商应当安排投资者按价格区间上限申购，如最终确定的发行价格低于价格区间上限，差价部分应当及时退还投资者。

第十三条　首次公开发行股票数量在4亿股以上的，可以向战略投资者配售股票。发行人应当与战略投资者事先签署配售协议。

发行人和主承销商应当在发行公告中披露战略投资者的选择标准、向战略投资者配售的股票总量、占本次发行股票的比例以及持有期限等。

战略投资者不参与网下询价，且应当承诺获得本次配售的股票持有期限不少于12个月，持有期自本次公开发行的股票上市之日起计算。

第十四条　首次公开发行股票数量在4亿股以上的，发行人和主承销商可以在发行方案中采用超额配售选择权。超额配售选择权的实施应当遵守中国证监会、证券交易所、证券登记结算机构和中国证券业协会的规定。

第十五条　首次公开发行股票网下配售时，发行人和主承销商不得向下列对象配售股票：

（一）发行人及其股东、实际控制人、董事、监事、高级管理人员和其他员工；发行人及其股东、实际控制人、董事、监事、高级管理人员能够直接或间接实施控制、共同控制或施加重大影响的公司，以及该公司控股股东、控股子公司和控股股东控制的其他子公司；

（二）主承销商及其持股比例5%以上的股东，主承销商的董事、监事、高级管理人员和其他员工；主承销商及其持股比例5%以上的股东、董事、监事、高级管理人员能够直接或间接实施控制、共同控制或施加重大影响的公司，以及该公司控股股东、控股子公司和控股股东控制的其他子公司；

（三）承销商及其控股股东、董事、监事、高级管理人员和其他员工；

（四）本条第（一）、（二）、（三）项所述人士的关系密切的家庭成员，包括配偶、子女及其配偶、父母及配偶的父母、兄弟姐妹及其配偶、配偶的兄弟姐妹、子女配偶的父母；

（五）过去6个月内与主承销商存在保荐、承销业务关系的公司及其持股5%以上的股东、实际控制人、董事、监事、高级管理人员，或已与主承销商签署保荐、承销业务合同或达成相关意向的公司及其持股5%以上的股东、实际控制人、董事、监事、高级管理人员；

（六）通过配售可能导致不当行为或不正当利益的其他自然人、法人和组织。

本条第（二）、（三）项规定的禁止配售对象管理的公募基金不受前款规定的限制，但应符合中国证监会的有关规定。

第十六条　发行人和承销商及相关人员不得泄露询价和定价信息；不得以任何方式操纵发行定价；不得劝诱网下投资者抬高报价，不得干扰网下投资者正常报价和申购；不得以提供透支、回扣或者中国证监会认定的其他不正当手段诱使他人申购股票；不得以代持、信托持股等方式谋取不正当利益或向其他相关利益主体输送利益；不得直接或通过其利益相关方向参与认购的投资者提供财务资助或者补偿；不得以自有资金或者变相通过自有资金参与网下配售；不得与网下投资者互相串通，协商报价和配售；不得收取网下投资者回扣或其他相关利益。

第十七条　上市公司发行证券，存在利润分配方案、公积金转增股本方案尚未提交股东大会表决或者虽经股东大会表决通过但未实施的,应当在方案实施后发行。相关方案实施前,主承销商不得承销上市公司发行的证券。

第十八条　上市公司向原股东配售股票(以下简称配股),应当向股权登记日登记在册的股东配售,且配售比例应当相同。

上市公司向不特定对象公开募集股份(以下简称增发)或者发行可转换公司债券,可以全部或者部分向原股东优先配售,优先配售比例应当在发行公告中披露。

第十九条　上市公司增发或者发行可转换公司债券,主承销商可以对参与网下配售的机构投资者进行分类,对不同类别的机构投资者设定不同的配售比例,对同一类别的机构投资者应当按相同的比例进行配售。主承销商应当在发行公告中明确机构投资者的分类标准。

主承销商未对机构投资者进行分类的,应当在网下配售和网上发行之间建立回拨机制,回拨后两者的获配比例应当一致。

第二十条　上市公司非公开发行证券的,发行对象及其数量的选择应当符合中国证监会关于上市公司证券发行的相关规定。

第三章　证券承销

第二十一条　发行人和主承销商应当签订承销协议,在承销协议中界定双方的权利义务关系,约定明确的承销基数。采用包销方式的,应当明确包销责任;采用代销方式的,应当约定发行失败后的处理措施。

证券发行依照法律、行政法规的规定应由承销团承销的,组成承销团的承销商应当签订承销团协议,由主承销商负责组织承销工作。证券发行由两家以上证券公司联合主承销的,所有担任主承销商的证券公司应当共同承担主承销责任,履行相关义务。承销团由3家以上承销商组成的,可以设副主承销商,协助主承销商组织承销活动。

承销团成员应当按照承销团协议及承销协议的规定进行承销活动,不得进行虚假承销。

第二十二条　证券公司承销证券,应当依照《证券法》第二十八条的规定采用包销或者代销方式。上市公司非公开发行股票未采用自行销售方式或者上市公司配股的,应当采用代销方式。

第二十三条　股票发行采用代销方式的,应当在发行公告(或认购邀请书)中披露发行失败后的处理措施。股票发行失败后,主承销商应当协助发行人按照发行价并加算银行同期存款利息返还股票认购人。

第二十四条　证券公司实施承销前,应当向中国证监会报送发行与承销方案。

第二十五条　上市公司发行证券期间相关证券的停复牌安排,应当遵守证券交易所的相关规则。

主承销商应当按有关规定及时划付申购资金冻结利息。

第二十六条　投资者申购缴款结束后,发行人和主承销商应当聘请具有证券、期货相关业务资格的会计师事务所对申购和募集资金进行验证,并出具验资报告;还应当聘请律师事务所对网下发行过程、配售行为、参与定价和配售的投资者资质条件及其与发行人和承销商的关联关系、资金划拨等事项进行见证,并出具专项法律意见书。证券上市后10日内,主承销商应当将验资报告、专项法律意见随同承销总结报告等文件一并报中国证监会。

第四章　信息披露

第二十七条　发行人和主承销商在发行过程中,应当按照中国证监会规定的要求编制信息披露文件,履行信息披露义务。发行人和承销商在发行过程中披露的信息,应当真实、准确、完整、及时,不得有虚假记载、误导性陈述或者重大遗漏。

第二十八条　首次公开发行股票申请文件受理后至发行人发行申请经中国证监会核准、依法刊登招股意向书前,发行人及与本次发行有关的当事人不得采取任何公开方式或变相公开方式进行与股票发行相关的推介活动,也不得通过其他利益关联方或委托他人等方式进行相关活动。

第二十九条　首次公开发行股票招股意向书刊登后,发行人和主承销商可以向网下投资者进行推介和询价,并通过互联网等方式向公众投资者进行推介。

发行人和主承销商向公众投资者进行推介时,向公众投资者提供的发行人信息的内容及完整性应与向网下投资者提供的信息保持一致。

第三十条　发行人和主承销商在推介过程中不得夸大宣传,或以虚假广告等不正当手段诱导、误导投资者,不得披露除招股意向书等公开信息以外的发行人其他信息。

承销商应当保留推介、定价、配售等承销过程中的相关资料至少三年并存档备查,包括推介宣传材料、路演现场录音等,如实、全面反映询价、定价和配售过程。

第三十一条　发行人和主承销商应当将发行过程中披露的信息刊登在至少一种中国证监会指定的报刊,同时将其刊登在中国证监会指定的互联网网站,并置备于中国证监会指定的场所,供公众查阅。

第三十二条 发行人披露的招股意向书除不含发行价格、筹资金额以外，其内容与格式应当与招股说明书一致，并与招股说明书具有同等法律效力。

第三十三条 首次公开发行股票的发行人和主承销商应当在发行和承销过程中公开披露以下信息：

（一）招股意向书刊登首日在发行公告中披露发行定价方式、定价程序、参与网下询价投资者条件、股票配售原则、配售方式、有效报价的确定方式、中止发行安排、发行时间安排和路演推介相关安排等信息；发行人股东拟老股转让的，还应披露预计老股转让的数量上限，老股转让股东名称及各自转让老股数量，并明确新股发行与老股转让数量的调整机制。

（二）网上申购前披露每位网下投资者的详细报价情况，包括投资者名称、申购价格及对应的拟申购数量；剔除最高报价有关情况；剔除最高报价部分后网下投资者报价的中位数和加权平均数以及公募基金报价的中位数和加权平均数；有效报价和发行价格（或发行价格区间）的确定过程；发行价格（或发行价格区间）及对应的市盈率；网下网上的发行方式和发行数量；回拨机制；中止发行安排；申购缴款要求等。已公告老股转让方案的，还应披露老股转让和新股发行的确定数量，老股转让股东名称及各自转让老股数量，并应提示投资者关注，发行人将不会获得老股转让部分所得资金。按照发行价格计算的预计募集资金总额低于拟以本次募集资金投资的项目金额的，还应披露相关投资风险。

（三）如公告的发行价格（或发行价格区间上限）市盈率高于同行业上市公司二级市场平均市盈率，发行人和主承销商应当在披露发行价格的同时，在投资风险特别公告中明示该定价可能存在估值过高给投资者带来损失的风险，提醒投资者关注。内容至少包括：

1. 比较分析发行人与同行业上市公司的差异及该差异对估值的影响；提请投资者关注发行价格与网下投资者报价之间存在的差异。

2. 提请投资者关注投资风险，审慎研判发行定价的合理性，理性做出投资决策。

（四）在发行结果公告中披露获配机构投资者名称、个人投资者个人信息以及每个获配投资者的报价、申购数量和获配数量等，并明确说明自主配售的结果是否符合事先公布的配售原则；对于提供有效报价但未参与申购，或实际申购数量明显少于报价时拟申购量的投资者应列表公示并着重说明；发行后还应披露保荐费用、承销费用、其他中介费用等发行费用信息。

（五）向战略投资者配售股票的，应当在网下配售结果公告中披露战略投资者的名称、认购数量及持有期限等情况。

第三十四条 发行人和主承销商在披露发行市盈率时，应同时披露发行市盈率的计算方式。在进行行业市盈率比较分析时，应当按照中国证监会有关上市公司行业分类指引中制定的行业分类标准确定发行人行业归属，并分析说明行业归属的依据。存在多个市盈率口径时，应当充分列示可供选择的比较基准，并应当按照审慎、充分提示风险的原则选取和披露行业平均市盈率。发行人还可以同时披露市净率等反映发行人所在行业特点的估值指标。

第五章 监管和处罚

第三十五条 中国证监会对证券发行承销过程实施事中事后监管，发现涉嫌违法违规或者存在异常情形的，可责令发行人和承销商暂停或中止发行，对相关事项进行调查处理。

第三十六条 中国证券业协会应当建立对承销商询价、定价、配售行为和网下投资者报价行为的日常监管制度，加强相关行为的监督检查，发现违规情形的，应当及时采取自律监管措施。中国证券业协会还应当建立对网下投资者和承销商的跟踪分析和评价体系，并根据评价结果采取奖惩措施。

第三十七条 发行人、证券公司、证券服务机构、投资者及其直接负责的主管人员和其他直接责任人员有失诚信、违反法律、行政法规或者本办法规定的，中国证监会可以视情节轻重采取责令改正、监管谈话、出具警示函、责令公开说明、认定为不适当人选等监管措施，或者采取市场禁入措施，并记入诚信档案；依法应予行政处罚的，依照有关规定进行处罚；涉嫌犯罪的，依法移送司法机关，追究其刑事责任。

第三十八条 证券公司承销未经核准擅自公开发行的证券的，依照《证券法》第一百九十条的规定处罚。

证券公司承销证券有前款所述情形的，中国证监会可以采取12至36个月暂不受理其证券承销业务有关文件的监管措施。

第三十九条 证券公司及其直接负责的主管人员和其他直接责任人员在承销证券过程中，有下列行为之一的，中国证监会可以采取本办法第三十七条规定的监管措施；情节比较严重的，还可以采取3至12个月暂不受理其证券承销业务有关文件的监管措施；依法应予行政处罚的，依照《证券法》第一百九十一条的规定予以处罚：

（一）夸大宣传，或以虚假广告等不正当手段诱导、误导投资者；

（二）以不正当竞争手段招揽承销业务；

（三）从事本办法第十六条规定禁止的行为；

（四）向不符合本办法第五条规定的网下投资者配售股票，或向本办法第十五条规定禁止配售的对象配售股票；

（五）未按本办法要求披露有关文件；

（六）未按照事先披露的原则和方式配售股票，或其他未依照披露文件实施的行为；

（七）向投资者提供除招股意向书等公开信息以外的发行人其他信息；

（八）未按照本办法要求保留推介、定价、配售等承销过程中相关资料；

（九）其他违反证券承销业务规定的行为。

第四十条 发行人及其直接负责的主管人员和其他直接责任人员有下列行为之一的，中国证监会可以采取本办法第三十七条规定的监管措施；构成违反《证券法》相关规定的，依法进行行政处罚：

（一）从事本办法第十六条规定禁止的行为；

（二）夸大宣传，或以虚假广告等不正当手段诱导、误导投资者；

（三）向投资者提供除招股意向书等公开信息以外的发行人信息；

（四）中国证监会认定的其他情形。

第六章　附　　则

第四十一条 其他证券的发行与承销比照本办法执行。中国证监会另有规定的，从其规定。

第四十二条 本办法自2013年12月13日起施行。2006年9月17日发布并于2010年10月11日、2012年5月18日修改的《证券发行与承销管理办法》同时废止。

优先股试点管理办法

2014年3月21日中国证券监督管理委员会令第97号公布施行

第一章　总　　则

第一条 为规范优先股发行和交易行为，保护投资者合法权益，根据《公司法》、《证券法》、《国务院关于开展优先股试点的指导意见》及相关法律法规，制定本办法。

第二条 本办法所称优先股是指依照《公司法》，在一般规定的普通种类股份之外，另行规定的其他种类股份，其股份持有人优先于普通股股东分配公司利润和剩余财产，但参与公司决策管理等权利受到限制。

第三条 上市公司可以发行优先股，非上市公众公司可以非公开发行优先股。

第四条 优先股试点应当符合《公司法》、《证券法》、《国务院关于开展优先股试点的指导意见》和本办法的相关规定，并遵循公开、公平、公正的原则，禁止欺诈、内幕交易和操纵市场的行为。

第五条 证券公司及其他证券服务机构参与优先股试点，应当遵守法律法规及中国证券监督管理委员会（以下简称中国证监会）相关规定，遵循行业公认的业务标准和行为规范，诚实守信、勤勉尽责。

第六条 试点期间不允许发行在股息分配和剩余财产分配上具有不同优先顺序的优先股，但允许发行在其他条款上具有不同设置的优先股。

同一公司既发行强制分红优先股，又发行不含强制分红条款优先股的，不属于发行在股息分配上具有不同优先顺序的优先股。

第七条 相同条款的优先股应当具有同等权利。同次发行的相同条款优先股，每股发行的条件、价格和票面股息率应当相同；任何单位或者个人认购的股份，每股应当支付相同价额。

第二章　优先股股东权利的行使

第八条 发行优先股的公司除按《国务院关于开展优先股试点的指导意见》制定章程有关条款外，还应当按本办法在章程中明确优先股股东的有关权利和义务。

第九条 优先股股东按照约定的股息率分配股息后，有权同普通股股东一起参加剩余利润分配的，公司章程应明确优先股股东参与剩余利润分配的比例、条件等事项。

第十条 出现以下情况之一的，公司召开股东大会会议应通知优先股股东，并遵循《公司法》及公司章程通知普通股股东的规定程序。优先股股东有权出席股东大会会议，就以下事项与普通股股东分类表决，其所持每一优先股有一表决权，但公司持有的本公司优先股没有表决权：

（一）修改公司章程中与优先股相关的内容；

（二）一次或累计减少公司注册资本超过百分之十；

（三）公司合并、分立、解散或变更公司形式；

（四）发行优先股；

（五）公司章程规定的其他情形。

上述事项的决议，除须经出席会议的普通股股东（含表决权恢复的优先股股东）所持表决权的三分之二以上通过之外，还须经出席会议的优先股股东（不含表决权恢复的优先股股东）所持表决权的三分之二以上通过。

第十一条 公司股东大会可授权公司董事会按公司章程的约定向优先股支付股息。公司累计三个会计年度或连续两个会计年度未按约定支付优先股股息的，股东大会批准当年不按约定分配利润的方案次日起，优先股股东有权出席股东大会与普通股股东共同表决，每股优先股股份享有公司章程规定的一定比例表决权。

对于股息可累积到下一会计年度的优先股，表决权恢复直至公司全额支付所欠股息。对于股息不可累积的优先股，表决权恢复直至公司全额支付当年股息。公司章程可规定优先股表决权恢复的其他情形。

第十二条 优先股股东有权查阅公司章程、股东名册、公司债券存根、股东大会会议记录、董事会会议决议、监事会会议决议、财务会计报告。

第十三条 发行人回购优先股包括发行人要求赎回优先股和投资者要求回售优先股两种情况，并应在公司章程和招股文件中规定其具体条件。发行人要求赎回优先股的，必须完全支付所欠股息，但商业银行发行优先股补充资本的除外。优先股回购后相应减记发行在外的优先股股份总数。

第十四条 公司董事、监事、高级管理人员应当向公司申报所持有的本公司优先股及其变动情况，在任职期间每年转让的股份不得超过其所持本公司优先股股份总数的百分之二十五。公司章程可以对公司董事、监事、高级管理人员转让其所持有的本公司优先股股份作出其他限制性规定。

第十五条 除《国务院关于开展优先股试点的指导意见》规定的事项外，计算股东人数和持股比例时应分别计算普通股和优先股。

第十六条 公司章程中规定优先股采用固定股息率的，可以在优先股存续期内采取相同的固定股息率，或明确每年的固定股息率，各年度的股息率可以不同；公司章程中规定优先股采用浮动股息率的，应当明确优先股存续期内票面股息率的计算方法。

第三章 上市公司发行优先股

第一节 一般规定

第十七条 上市公司应当与控股股东或实际控制人的人员、资产、财务分开，机构、业务独立。

第十八条 上市公司内部控制制度健全，能够有效保证公司运行效率、合法合规和财务报告的可靠性，内部控制的有效性应当不存在重大缺陷。

第十九条 上市公司发行优先股，最近三个会计年度实现的年均可分配利润应当不少于优先股一年的股息。

第二十条 上市公司最近三年现金分红情况应当符合公司章程及中国证监会的有关监管规定。

第二十一条 上市公司报告期不存在重大会计违规事项。公开发行优先股，最近三年财务报表被注册会计师出具的审计报告应当为标准审计报告或带强调事项段的无保留意见的审计报告；非公开发行优先股，最近一年财务报表被注册会计师出具的审计报告为非标准审计报告的，所涉及事项对公司无重大不利影响或者在发行前重大不利影响已经消除。

第二十二条 上市公司发行优先股募集资金应有明确用途，与公司业务范围、经营规模相匹配，募集资金用途符合国家产业政策和有关环境保护、土地管理等法律和行政法规的规定。

除金融类企业外，本次募集资金使用项目不得为持有交易性金融资产和可供出售的金融资产、借予他人等财务性投资，不得直接或间接投资于以买卖有价证券为主要业务的公司。

第二十三条 上市公司已发行的优先股不得超过公司普通股股份总数的百分之五十，且筹资金额不得超过发行前净资产的百分之五十，已回购、转换的优先股不纳入计算。

第二十四条 上市公司同一次发行的优先股，条款应当相同。每次优先股发行完毕前，不得再次发行优先股。

第二十五条 上市公司存在下列情形之一的，不得发行优先股：

（一）本次发行申请文件有虚假记载、误导性陈述或重大遗漏；

（二）最近十二个月内受到过中国证监会的行政处罚；

（三）因涉嫌犯罪正被司法机关立案侦查或涉嫌违法违规正被中国证监会立案调查；

（四）上市公司的权益被控股股东或实际控制人严重损害且尚未消除；

（五）上市公司及其附属公司违规对外提供担保且尚未解除；

（六）存在可能严重影响公司持续经营的担保、诉讼、仲裁、市场重大质疑或其他重大事项；

（七）其董事和高级管理人员不符合法律、行政法规和规章规定的任职资格；

（八）严重损害投资者合法权益和社会公共利益的其他情形。

第二节 公开发行的特别规定

第二十六条 上市公司公开发行优先股，应当符合以下情形之一：

（一）其普通股为上证50指数成份股；

（二）以公开发行优先股作为支付手段收购或吸收合并其他上市公司；

（三）以减少注册资本为目的回购普通股的，可以公开发行优先股作为支付手段，或者在回购方案实施完毕后，可公开发行不超过回购减资总额的优先股。

中国证监会核准公开发行优先股后不再符合本条第（一）项情形的，上市公司仍可实施本次发行。

第二十七条　上市公司最近三个会计年度应当连续盈利。扣除非经常性损益后的净利润与扣除前的净利润相比，以孰低者作为计算依据。

第二十八条　上市公司公开发行优先股应当在公司章程中规定以下事项：

（一）采取固定股息率；

（二）在有可分配税后利润的情况下必须向优先股股东分配股息；

（三）未向优先股股东足额派发股息的差额部分应当累积到下一会计年度；

（四）优先股股东按照约定的股息率分配股息后，不再同普通股股东一起参加剩余利润分配。

商业银行发行优先股补充资本的，可就第（二）项和第（三）项事项另行约定。

第二十九条　上市公司公开发行优先股的，可以向原股东优先配售。

第三十条　除本办法第二十五条的规定外，上市公司最近三十六个月内因违反工商、税收、土地、环保、海关法律、行政法规或规章，受到行政处罚且情节严重的，不得公开发行优先股。

第三十一条　上市公司公开发行优先股，公司及其控股股东或实际控制人最近十二个月内应当不存在违反向投资者作出的公开承诺的行为。

第三节　其他规定

第三十二条　优先股每股票面金额为一百元。

优先股发行价格和票面股息率应当公允、合理，不得损害股东或其他利益相关方的合法利益，发行价格不得低于优先股票面金额。

公开发行优先股的价格或票面股息率以市场询价或证监会认可的其他公开方式确定。非公开发行优先股的票面股息率不得高于最近两个会计年度的年均加权平均净资产收益率。

第三十三条　上市公司不得发行可转换为普通股的优先股。但商业银行可根据商业银行资本监管规定，非公开发行触发事件发生时强制转换为普通股的优先股，并遵守有关规定。

第三十四条　上市公司非公开发行优先股仅向本办法规定的合格投资者发行，每次发行对象不得超过二百人，且相同条款优先股的发行对象累计不得超过二百人。

发行对象为境外战略投资者的，还应当符合国务院相关部门的规定。

第四节　发行程序

第三十五条　上市公司申请发行优先股，董事会应当按照中国证监会有关信息披露规定，公开披露本次优先股发行预案，并依法就以下事项作出决议，提请股东大会批准。

（一）本次优先股的发行方案；

（二）非公开发行优先股且发行对象确定的，上市公司与相应发行对象签订的附条件生效的优先股认购合同。认购合同应当载明发行对象拟认购优先股的数量、认购价格或定价原则、票面股息率或其确定原则，以及其他必要条款。认购合同应当约定发行对象不得以竞价方式参与认购，且本次发行一经上市公司董事会、股东大会批准并经中国证监会核准，该合同即应生效；

（三）非公开发行优先股且发行对象尚未确定的，决议应包括发行对象的范围和资格、定价原则、发行数量或数量区间。

上市公司的控股股东、实际控制人或其控制的关联人参与认购本次非公开发行优先股的，按照前款第（二）项执行。

第三十六条　上市公司独立董事应当就上市公司本次发行对公司各类股东权益的影响发表专项意见，并与董事会决议一同披露。

第三十七条　上市公司股东大会就发行优先股进行审议，应当就下列事项逐项进行表决：

（一）本次发行优先股的种类和数量；

（二）发行方式、发行对象及向原股东配售的安排；

（三）票面金额、发行价格或其确定原则；

（四）优先股股东参与分配利润的方式，包括：票面股息率或其确定原则、股息发放的条件、股息支付方式、股息是否累积、是否可以参与剩余利润分配等；

（五）回购条款，包括回购的条件、期间、价格及其确定原则、回购选择权的行使主体等（如有）；

（六）募集资金用途；

（七）公司与发行对象签订的附条件生效的优先股认购合同（如有）；

（八）决议的有效期；

（九）公司章程关于优先股股东和普通股股东利润分配、剩余财产分配、优先股表决权恢复等相关政策条款的修订方案；

（十）对董事会办理本次发行具体事宜的授权；

（十一）其他事项。

上述决议，须经出席会议的普通股股东（含表决权恢复的优先股股东）所持表决权的三分之二以上通过。已发行优先股的，还须经出席会议的优先股股东（不含表决权恢复的优先股股东）所持表决权的三分之二以上通过。上市公司向公司特定股东及其关联人发行优先股的，股东大会就发行方案进行表决时，关联股东应当回避。

第三十八条　上市公司就发行优先股事项召开股东大会，应当提供网络投票，还可以通过中国证监会认可的其他方式为股东参加股东大会提供便利。

第三十九条　上市公司申请发行优先股应当由保荐人保荐并向中国证监会申报，其申请、审核、核准、发行等相关程序参照《上市公司证券发行管理办法》和《证券发行与承销管理办法》的规定。发审委会议按照《中国证券监督管理委员会发行审核委员会办法》规定的特别程序，审核发行申请。

第四十条　上市公司发行优先股，可以申请一次核准，分次发行，不同次发行的优先股除票面股息率外，其他条款应当相同。自中国证监会核准发行之日起，公司应在六个月内实施首次发行，剩余数量应当在二十四个月内发行完毕。超过核准文件时限的，须申请中国证监会重新核准。首次发行数量应当不少于总发行数量的百分之五十，剩余各次发行的数量由公司自行确定，每次发行完毕后五个工作日内报中国证监会备案。

第四章　非上市公众公司非公开发行优先股

第四十一条　非上市公众公司非公开发行优先股应符合下列条件：

（一）合法规范经营；

（二）公司治理机制健全；

（三）依法履行信息披露义务。

第四十二条　非上市公众公司非公开发行优先股应当遵守本办法第二十三条、第二十四条、第二十五条、第三十二条、第三十三条的规定。

第四十三条　非上市公众公司非公开发行优先股仅向本办法规定的合格投资者发行，每次发行对象不得超过二百人，且相同条款优先股的发行对象累计不得超过二百人。

第四十四条　非上市公众公司拟发行优先股的，董事会应依法就具体方案、本次发行对公司各类股东权益的影响、发行优先股的目的、募集资金的用途及其他必须明确的事项作出决议，并提请股东大会批准。

董事会决议确定具体发行对象的，董事会决议应当确定具体的发行对象名称及其认购价格或定价原则、认购数量或数量区间等；同时应在召开董事会前与相应发行对象签订附条件生效的股份认购合同。董事会决议未确定具体发行对象的，董事会决议应当明确发行对象的范围和资格、定价原则等。

第四十五条　非上市公众公司股东大会就发行优先股进行审议，表决事项参照本办法第三十七条执行。发行优先股决议，须经出席会议的普通股股东（含表决权恢复的优先股股东）所持表决权的三分之二以上通过。已发行优先股的，还须经出席会议的优先股股东（不含表决权恢复的优先股股东）所持表决权的三分之二以上通过。非上市公众公司向公司特定股东及其关联人发行优先股的，股东大会就发行方案进行表决时，关联股东应当回避，公司普通股股东（不含表决权恢复的优先股股东）人数少于二百人的除外。

第四十六条　非上市公众公司发行优先股的申请、审核（豁免）、发行等相关程序应按照《非上市公众公司监督管理办法》等相关规定办理。

第五章　交易转让及登记结算

第四十七条　优先股发行后可以申请上市交易或转让，不设限售期。

公开发行的优先股可以在证券交易所上市交易。上市公司非公开发行的优先股可以在证券交易所转让，非上市公众公司非公开发行的优先股可以在全国中小企业股份转让系统转让，转让范围仅限合格投资者。交易或转让的具体办法由证券交易所或全国中小企业股份转让系统另行制定。

第四十八条　优先股交易或转让环节的投资者适当性标准应当与发行环节保持一致；非公开发行的相同条款优先股经交易或转让后，投资者不得超过二百人。

第四十九条　中国证券登记结算公司为优先股提供登记、存管、清算、交收等服务。

第六章　信息披露

第五十条　公司应当按照中国证监会有关信息披露规则编制募集优先股说明书或其他信息披露文件，依法履行信息披露义务。上市公司相关信息披露程序和要求参照《上市公司证券发行管理办法》和《上市公司非公开发行股票实施细则》及有关监管指引的规定。非上市公众公司非公开发行优先股的信息披露程序和要求参照《非上市公众公司监督管理办法》及有关监管指引的规定。

第五十一条　发行优先股的公司披露定期报告时，应当以专门章节披露已发行优先股情况、持有公司优先股股份最多的前十名股东的名单和持股数额、优先股股东的利润分配情况、优先股的回购情况、优先股股东表决权恢复及行使情况、优先股会计处理情况及其他与优先股有关的情况,具体内容与格式由中国证监会规定。

第五十二条　发行优先股的上市公司,发生表决权恢复、回购普通股等事项,以及其他可能对其普通股或优先股交易或转让价格产生较大影响事项的,上市公司应当按照《证券法》第六十七条以及中国证监会的相关规定,履行临时报告、公告等信息披露义务。

第五十三条　发行优先股的非上市公众公司按照《非上市公众公司监督管理办法》及有关监管指引的规定履行日常信息披露义务。

第七章　回购与并购重组

第五十四条　上市公司可以非公开发行优先股作为支付手段,向公司特定股东回购普通股。上市公司回购普通股的价格应当公允、合理,不得损害股东或其他利益相关方的合法利益。

第五十五条　上市公司以减少注册资本为目的回购普通股公开发行优先股的,以及以非公开发行优先股为支付手段向公司特定股东回购普通股的,除应当符合优先股发行条件和程序,还应符合以下规定:

(一)上市公司回购普通股应当由董事会依法作出决议并提交股东大会批准;

(二)上市公司股东大会就回购普通股作出的决议,应当包括下列事项:回购普通股的价格区间,回购普通股的数量和比例,回购普通股的期限,决议的有效期,对董事会办理本次回购股份事宜的具体授权,其他相关事项。以发行优先股作为支付手段的,应当包括拟用于支付的优先股总金额以及支付比例;回购方案实施完毕之日起一年内公开发行优先股的,应当包括回购的资金总额以及资金来源;

(三)上市公司股东大会就回购普通股作出决议,必须经出席会议的普通股股东(含表决权恢复的优先股股东)所持表决权的三分之二以上通过;

(四)上市公司应当在股东大会作出回购普通股决议后的次日公告该决议;

(五)依法通知债权人。

本办法未做规定的应当符合中国证监会有关上市公司回购的其他规定。

第五十六条　上市公司收购要约适用于被收购公司的所有股东,但可以针对优先股股东和普通股股东提出不同的收购条件。

第五十七条　上市公司可以按照《上市公司重大资产重组管理办法》规定的条件发行优先股购买资产,同时应当遵守本办法第三十三条,以及第三十五条至第三十八条的规定,依法披露有关信息、履行相应程序。

第五十八条　上市公司发行优先股作为支付手段购买资产的,可以同时募集配套资金。

第五十九条　非上市公众公司发行优先股的方案涉及重大资产重组的,应当符合中国证监会有关重大资产重组的规定。

第八章　监管措施和法律责任

第六十条　公司及其控股股东或实际控制人,公司董事、监事、高级管理人员以及其他直接责任人员,相关市场中介机构及责任人员,以及优先股试点的其他市场参与者违反本办法规定的,依照《公司法》、《证券法》和中国证监会的有关规定处理;涉嫌犯罪的,依法移送司法机关,追究其刑事责任。

第六十一条　上市公司、非上市公众公司违反本办法规定,存在未按规定制定有关章程条款、不按照约定召集股东大会恢复优先股股东表决权等损害优先股股东和中小股东权益等行为的,中国证监会应当责令改正,对上市公司、非上市公众公司和其直接负责的主管人员和其他直接责任人员,可以采取相应的行政监管措施以及警告、三万元以下罚款等行政处罚。

第六十二条　上市公司违反本办法第二十二条第二款规定的,中国证监会可以责令改正,并在三十六个月内不受理该公司的公开发行证券申请。

第六十三条　上市公司、非上市公众公司向本办法规定的合格投资者以外的投资者非公开发行优先股,中国证监会应当责令改正,并可以自确认之日起在三十六个月内不受理该公司的发行优先股申请。

第六十四条　承销机构在承销非公开发行的优先股时,将优先股配售给不符合本办法合格投资者规定的对象的,中国证监会可以责令改正,并在三十六个月内不接受其参与证券承销。

第九章　附　　则

第六十五条　本办法所称合格投资者包括:

(一)经有关金融监管部门批准设立的金融机构,包括商业银行、证券公司、基金管理公司、信托公司和保险公司等;

(二)上述金融机构面向投资者发行的理财产品,包括但不限于银行理财产品、信托产品、投连险产品、基金产品、证券公司资产管理产品等;

(三)实收资本或实收股本总额不低于人民币五百万元的企业法人;

（四）实缴出资总额不低于人民币五百万元的合伙企业；

（五）合格境外机构投资者（QFII）、人民币合格境外机构投资者（RQFII）、符合国务院相关部门规定的境外战略投资者；

（六）除发行人董事、高级管理人员及其配偶以外的，名下各类证券账户、资金账户、资产管理账户的资产总额不低于人民币五百万元的个人投资者；

（七）经中国证监会认可的其他合格投资者。

第六十六条 非上市公众公司首次公开发行普通股并同时非公开发行优先股的，其优先股的发行与信息披露应符合本办法中关于上市公司非公开发行优先股的有关规定。

第六十七条 注册在境内的境外上市公司在境外发行优先股，应当符合境外募集股份及上市的有关规定。

注册在境内的境外上市公司在境内发行优先股，参照执行本办法关于非上市公众公司发行优先股的规定，以及《非上市公众公司监督管理办法》等相关规定，其优先股可以在全国中小企业股份转让系统进行转让。

第六十八条 本办法下列用语含义如下：

（一）强制分红：公司在有可分配税后利润的情况下必须向优先股股东分配股息；

（二）可分配税后利润：发行人股东依法享有的未分配利润；

（三）加权平均净资产收益率：按照《公开发行证券的公司信息披露编报规则第9号——净资产收益率和每股收益的计算及披露》计算的加权平均净资产收益率；

（四）上证50指数：中证指数有限公司发布的上证50指数。

第六十九条 本办法中计算合格投资者人数时，同一资产管理机构以其管理的两只以上产品认购或受让优先股的，视为一人。

第七十条 本办法自公布之日起施行。

创业板上市公司证券发行管理暂行办法

2014年5月14日中国证券监督管理委员会令第100号公布施行

第一章 总 则

第一条 为了规范创业板上市公司（以下简称上市公司）证券发行行为，保护投资者的合法权益和社会公共利益，根据《证券法》、《公司法》制定本办法。

第二条 上市公司申请在境内发行证券，适用本办法。

本办法所称证券，指下列证券品种：

（一）股票；

（二）可转换公司债券；

（三）中国证券监督管理委员会（以下简称中国证监会）认可的其他品种。

第三条 上市公司发行证券，可以向不特定对象公开发行，也可以向特定对象非公开发行。

第四条 上市公司发行证券，必须真实、准确、完整、及时、公平地披露或者提供信息，不得有虚假记载、误导性陈述或者重大遗漏。

上市公司作为信息披露第一责任人，应当及时向保荐人、证券服务机构提供真实、准确、完整的财务会计资料和其他资料，全面配合保荐人、证券服务机构开展尽职调查。

第五条 保荐人应当严格履行法定职责，遵守业务规则和行业规范，对保荐的上市公司的申请文件和证券服务机构出具的专业意见进行审慎核查，督导上市公司规范运作，对上市公司是否具备持续盈利能力、是否符合发行条件作出专业判断，并确保所出具的发行保荐书和上市公司的申请文件真实、准确、完整、及时。

第六条 为证券发行出具文件的证券服务机构和人员，应当严格履行法定职责，遵照本行业的业务标准和执业规范，对上市公司的相关业务资料进行核查和验证，确保所出具的专业文件真实、准确、完整、及时。

第七条 上市公司应当建立投资者保护机制，优化投资回报机制，保障投资者的知情权和参与权等权利，切实保护投资者特别是中小投资者的合法权益。

第八条 中国证监会对上市公司证券发行的核准，不表明其对该证券的投资价值或者投资者的收益作出实质性判断或者保证。投资者应当自主判断上市公司的投资价值并作出投资决策，自行承担因上市公司经营与收益的变化引致的投资风险。

第二章 发行证券的条件

第一节 一般规定

第九条 上市公司发行证券，应当符合《证券法》规定的条件，并且符合以下规定：

（一）最近二年盈利，净利润以扣除非经常性损益前后孰低者为计算依据；

（二）会计基础工作规范，经营成果真实。内部控制制度健全且被有效执行，能够合理保证公司财务报告的可靠性、生产经营的合法性，以及营运的效率与效果；

（三）最近二年按照上市公司章程的规定实施现金分红；

(四)最近三年及一期财务报表未被注册会计师出具否定意见或者无法表示意见的审计报告;被注册会计师出具保留意见或者带强调事项段的无保留意见审计报告的,所涉及的事项对上市公司无重大不利影响或者在发行前重大不利影响已经消除;

(五)最近一期末资产负债率高于百分之四十五,但上市公司非公开发行股票的除外;

(六)上市公司与控股股东或者实际控制人的人员、资产、财务分开,机构、业务独立,能够自主经营管理。上市公司最近十二个月内不存在违规对外提供担保或者资金被上市公司控股股东、实际控制人及其控制的其他企业以借款、代偿债务、代垫款项或者其他方式占用的情形。

第十条　上市公司存在下列情形之一的,不得发行证券:

(一)本次发行申请文件有虚假记载、误导性陈述或者重大遗漏;

(二)最近十二个月内未履行向投资者作出的公开承诺;

(三)最近三十六个月内因违反法律、行政法规、规章受到行政处罚且情节严重,或者受到刑事处罚,或者因违反证券法律、行政法规、规章受到中国证监会的行政处罚;最近十二个月内受到证券交易所的公开谴责;因涉嫌犯罪被司法机关立案侦查或者涉嫌违法违规被中国证监会立案调查;

(四)上市公司控股股东或者实际控制人最近十二个月内因违反证券法律、行政法规、规章,受到中国证监会的行政处罚,或者受到刑事处罚;

(五)现任董事、监事和高级管理人员存在违反《公司法》第一百四十七条、第一百四十八条规定的行为,或者最近三十六个月内受到中国证监会的行政处罚、最近十二个月内受到证券交易所的公开谴责;因涉嫌犯罪被司法机关立案侦查或者涉嫌违法违规被中国证监会立案调查;

(六)严重损害投资者的合法权益和社会公共利益的其他情形。

第十一条　上市公司募集资金使用应当符合下列规定:

(一)前次募集资金基本使用完毕,且使用进度和效果与披露情况基本一致;

(二)本次募集资金用途符合国家产业政策和法律、行政法规的规定;

(三)除金融类企业外,本次募集资金使用不得为持有交易性金融资产和可供出售的金融资产、借予他人、委托理财等财务性投资,不得直接或者间接投资于以买卖有价证券为主要业务的公司;

(四)本次募集资金投资实施后,不会与控股股东、实际控制人产生同业竞争或者影响公司生产经营的独立性。

第二节　公开发行股票

第十二条　向原股东配售股份(以下简称配股),除符合本章第一节规定外,还应当符合下列规定:

(一)拟配售股份数量不超过本次配售股份前股本总额的百分之三十;

(二)控股股东应当在股东大会召开前公开承诺认配股份的数量;

(三)采用《证券法》规定的代销方式发行。

控股股东不履行认配股份的承诺,或者代销期限届满,原股东认购股票的数量未达到拟配售数量百分之七十的,上市公司应当按照发行价并加算银行同期存款利息返还已经认购的股东。

第十三条　向不特定对象公开募集股份(以下简称增发),除符合本章第一节规定外,还应当符合下列规定:

(一)除金融类企业外,最近一期末不存在持有金额较大的交易性金融资产和可供出售的金融资产、借予他人款项、委托理财等财务性投资的情形;

(二)发行价格不低于公告招股意向书前二十个交易日或者前一个交易日公司股票均价。

第三节　非公开发行股票

第十四条　上市公司非公开发行股票除符合本章第一节规定外,还应当符合本节的规定。

前款所称非公开发行股票,是指上市公司采用非公开方式,向特定对象发行股票的行为。

第十五条　非公开发行股票的特定对象应当符合下列规定:

(一)特定对象符合股东大会决议规定的条件;

(二)发行对象不超过五名。

发行对象为境外战略投资者的,应当遵守国家的相关规定。

第十六条　上市公司非公开发行股票确定发行价格和持股期限,应当符合下列规定:

(一)发行价格不低于发行期首日前一个交易日公司股票均价的,本次发行股份自发行结束之日起可上市交易;

(二)发行价格低于发行期首日前二十个交易日公司股票均价但不低于百分之九十,或者发行价格低于发行期首日前一个交易日公司股票均价但不低于百分之九十的,本次发行股份自发行结束之日起十二个月内不得上市交易;

(三)上市公司控股股东、实际控制人或者其控制的关联方以及董事会引入的境内外战略投资者，以不低于董事会作出本次非公开发行股票决议公告日前二十个交易日或者前一个交易日公司股票均价的百分之九十认购的，本次发行股份自发行结束之日起三十六个月内不得上市交易。

上市公司非公开发行股票将导致上市公司控制权发生变化的，还应当符合中国证监会的其他规定。

第十七条 上市公司非公开发行股票募集资金用于收购兼并的，免于适用本办法第九条第（一）项的规定。

第四节 发行可转换公司债券

第十八条 公开发行可转换公司债券的上市公司，除应当符合《证券法》规定的条件外，还应当符合本章第一节和本节的规定。

前款所称可转换公司债券，是指上市公司依法发行、在一定期间内依据约定的条件可以转换成股份的公司债券。

第十九条 可转换公司债券的期限最短为一年。

第二十条 可转换公司债券每张面值一百元。

可转换公司债券的利率由上市公司与主承销商协商确定，但必须符合国家的有关规定。

第二十一条 公开发行可转换公司债券，应当委托具有资格的资信评级机构进行信用评级和跟踪评级。

资信评级机构每年至少公告一次跟踪评级报告。

第二十二条 上市公司应当在可转换公司债券期满后五个工作日内办理完毕偿还债券余额本息的事项。

第二十三条 公开发行可转换公司债券，应当约定保护债券持有人权利的办法，以及债券持有人会议的权利、程序和决议生效条件。

存在下列事项之一的，应当召开债券持有人会议：

（一）拟变更募集说明书的约定；

（二）上市公司不能按期支付本息；

（三）上市公司减资、合并、分立、解散或者申请破产；

（四）保证人或者担保物发生重大变化；

（五）其他影响债券持有人重大权益的事项。

第二十四条 可转换公司债券自发行结束之日起六个月后方可转换为公司股票，转股期限由公司根据可转换公司债券的存续期限及公司财务状况确定。

债券持有人对转换股票或者不转换股票有选择权，并于转股的次日成为上市公司股东。

第二十五条 转股价格应当不低于募集说明书公告日前二十个交易日和前一个交易日公司股票均价。

前款所称转股价格，是指募集说明书事先约定的可转换公司债券转换为每股股份所支付的价格。

第二十六条 募集说明书可以约定赎回条款，规定上市公司可以按事先约定的条件和价格赎回尚未转股的可转换公司债券。

第二十七条 募集说明书可以约定回售条款，规定债券持有人可以按事先约定的条件和价格将所持债券回售给上市公司。

募集说明书应当约定，上市公司改变公告的募集资金用途的，赋予债券持有人一次回售的权利。

第二十八条 募集说明书应当约定转股价格调整的原则及方式。发行可转换公司债券后，因配股、送股、派息、分立及其他原因引起上市公司股份变动的，应当同时调整转股价格。

第二十九条 募集说明书约定转股价格向下修正条款的，应当同时约定：

（一）转股价格修正方案须提交公司股东大会表决，且须经出席会议的股东所持表决权的三分之二以上同意。股东大会进行表决时，持有公司可转换债券的股东应当回避；

（二）修正后的转股价格不低于前项规定的股东大会召开日前二十个交易日和前一个交易日公司股票均价。

第三章 发行程序

第三十条 上市公司申请发行证券，董事会应当依法就下列事项作出决议，并提请股东大会批准：

（一）本次证券发行的方案；

（二）本次发行方案的论证分析报告；

（三）本次募集资金使用的可行性报告；

（四）其他必须明确的事项。

董事会在编制本次发行方案的论证分析报告时，应当结合上市公司所处行业和发展阶段、融资规划、财务状况、资金需求等情况进行论证分析，独立董事应当发表专项意见。论证分析报告至少包括下列内容：

（一）本次发行证券及其品种选择的必要性；

（二）本次发行对象的选择范围、数量和标准的适当性；

（三）本次发行定价的原则、依据、方法和程序的合理性；

（四）本次发行方式的可行性；

（五）本次发行方案的公平性、合理性；

（六）本次发行对原股东权益或者即期回报摊薄的影响以及填补的具体措施。

第三十一条 股东大会就发行股票作出的决定，应当至少包括下列事项：

（一）本次发行证券的种类和数量；

(二)发行方式、发行对象及向原股东配售的安排;

(三)定价方式或者价格区间;

(四)募集资金用途;

(五)决议的有效期;

(六)对董事会办理本次发行具体事宜的授权;

(七)其他必须明确的事项。

第三十二条 股东大会就发行可转换公司债券作出的决定,应当至少包括下列事项:

(一)本办法第三十一条规定的事项;

(二)债券利率;

(三)债券期限;

(四)回售条款;

(五)还本付息的期限和方式;

(六)转股期;

(七)转股价格的确定和修正。

第三十三条 股东大会就发行证券事项作出决议,必须经出席会议的股东所持表决权的三分之二以上通过,中小投资者表决情况应当单独计票。向本公司特定的股东及其关联人发行证券的,股东大会就发行方案进行表决时,关联股东应当回避。

上市公司就发行证券事项召开股东大会,应当提供网络投票的方式,公司还可以通过其他方式为股东参加股东大会提供便利。

第三十四条 上市公司年度股东大会可以根据公司章程的规定,授权董事会决定非公开发行融资总额不超过最近一年末净资产百分之十的股票,该项授权在下一年度股东大会召开日失效。

上市公司年度股东大会给予董事会前款授权的,应当按照本办法第三十一条的规定通过相关决议,作为董事会行使授权的前提条件。

第三十五条 上市公司申请发行证券,应当由保荐人保荐,但是根据本办法第三十七条规定适用简易程序且根据本办法第四十条规定采取自行销售的除外。

保荐人或者上市公司应当按照中国证监会的有关规定编制和报送发行申请文件。

第三十六条 中国证监会依照下列程序审核发行证券的申请:

(一)收到申请文件后,五个工作日内决定是否受理;

(二)中国证监会受理后,对申请文件进行初审;

(三)创业板发行审核委员会审核申请文件;

(四)中国证监会作出核准或者不予核准的决定。

第三十七条 上市公司申请非公开发行股票融资额不超过人民币五千万元且不超过最近一年末净资产百分之十的,中国证监会适用简易程序,但是最近十二个月内上市公司非公开发行股票的融资总额超过最近一年末净资产百分之十的除外。

前款规定的简易程序,中国证监会自受理之日起十五个工作日内作出核准或者不予核准决定。

第三十八条 上市公司应当自中国证监会核准之日起六个月内发行证券。超过六个月未发行的,核准文件失效,须重新经中国证监会核准后方可发行。

第三十九条 上市公司发行证券前发生重大事项的,应当暂缓发行,并及时报告中国证监会。该事项对本次发行条件构成重大影响的,发行证券的申请应当重新经中国证监会核准。

第四十条 上市公司公开发行证券,应当由证券公司承销。非公开发行股票符合以下情形之一的,可以由上市公司自行销售:

(一)发行对象为原前十名股东;

(二)发行对象为上市公司控股股东、实际控制人或者其控制的关联方;

(三)发行对象为上市公司董事、监事、高级管理人员或者员工;

(四)董事会审议相关议案时已经确定的境内外战略投资者或者其他发行对象;

(五)中国证监会认定的其他情形。

上市公司自行销售的,应当在董事会决议中确定发行对象,且不得采用竞价方式确定发行价格。

第四十一条 证券发行申请未获核准的上市公司,自中国证监会作出不予核准的决定之日起六个月后,可以再次提出证券发行申请。

第四章 信息披露

第四十二条 上市公司发行证券,应当以投资者决策需求为导向,按照中国证监会规定的程序、内容和格式,编制公开发行证券募集说明书或者其他信息披露文件,依法履行信息披露义务。

第四十三条 上市公司应当保证投资者及时、充分、公平地获得法定披露的信息,信息披露文件使用的文字应当简洁、平实、浅白、易懂,便于中小投资者阅读。

中国证监会规定的内容是信息披露的最低要求,凡对投资者投资决策有重大影响的信息,上市公司均应当充分披露。

第四十四条 证券发行议案经董事会表决通过后,应当在二个工作日内报告证券交易所,公告召开股东大会的通知。

使用募集资金收购资产或者股权的,应当在公告召开股东大会通知的同时,披露该资产或者股权的基本情况、交易价格、定价依据以及是否与公司股东或者其他关联人存在利害关系。

第四十五条　股东大会通过本次发行议案之日起二个工作日内,上市公司应当披露股东大会决议公告。股东大会决议公告中应当包括中小投资者单独计票结果。

第四十六条　上市公司提出发行申请后,出现下列情形之一的,应当在次一工作日予以公告:

(一)收到中国证监会不予受理或者终止审查决定;

(二)收到中国证监会不予核准或者予以核准决定;

(三)上市公司撤回证券发行申请。

第四十七条　上市公司全体董事、监事、高级管理人员应当在公开发行证券募集说明书等证券发行信息披露文件上签字,保证不存在虚假记载、误导性陈述或者重大遗漏,并声明承担个别和连带的法律责任。

保荐人及保荐代表人应当声明对其保荐的上市公司公开发行证券募集说明书等证券发行信息披露文件的真实性、准确性、完整性和及时性承担责任。

为证券发行出具文件的证券服务机构和人员应当声明对所出具文件的真实性、准确性、完整性和及时性承担责任。

第四十八条　公开发行证券募集说明书等证券发行信息披露文件所引用的审计报告、盈利预测审核报告、资产评估报告、资信评级报告,应当由有资格的证券服务机构出具,并由至少二名有从业资格的人员签署。

公开发行证券募集说明书等证券发行信息披露文件所引用的法律意见书,应当由律师事务所出具,并由至少二名经办律师签署。

第四十九条　公开发行证券募集说明书自最后签署之日起六个月内有效。

公开发行证券募集说明书等证券发行信息披露文件不得使用超过有效期的资产评估报告或者资信评级报告。

第五十条　上市公司在公开发行证券前的二至五个工作日内,应当将经中国证监会核准的公司发行证券募集说明书刊登在中国证监会指定的互联网网站,并置备于中国证监会指定的场所,供公众查阅。

第五十一条　上市公司在非公开发行证券后的二个工作日内,应当将发行情况报告书刊登在中国证监会指定的互联网网站,并置备于中国证监会指定的场所,供公众查阅。

第五十二条　上市公司可以将公开发行证券募集说明书、发行情况报告书刊登于其他网站,但不得早于按照本办法第五十条、第五十一条规定披露信息的时间。

第五章　监管和处罚

第五十三条　上市公司违反本办法规定,中国证监会可以责令改正;对其直接负责的主管人员和其他直接责任人员,可以采取监管谈话、认定为不适当人选等监管措施,记入诚信档案并公布。

第五十四条　上市公司及其直接负责的主管人员和其他直接责任人员违反法律、行政法规或者本办法规定,依法应当予以行政处罚的,依照有关规定进行处罚;涉嫌犯罪的,依法移送司法机关,追究其刑事责任。

第五十五条　自申请文件受理之日起,上市公司及其控股股东、实际控制人、董事、监事、高级管理人员以及保荐人、证券服务机构及相关人员即对申请文件的真实性、准确性、完整性、及时性承担相应的法律责任。

上市公司报送的申请文件中记载的信息自相矛盾、或者就同一事实前后存在不同表述且有实质性差异的,中国证监会将中止审查并自确认之日起十二个月内不受理相关保荐代表人推荐的发行申请。

第五十六条　上市公司报送的申请文件中有虚假记载、误导性陈述或者重大遗漏的,中国证监会将终止审查并自确认之日起三十六个月内不受理该上市公司的发行证券申请,并依照《证券法》的有关规定进行处罚;致使投资者在证券交易中遭受损失的,应当依法承担赔偿责任。

第五十七条　上市公司在发行证券决策、申请、发行过程中,非法向他人提供尚未依法公开披露信息的,中国证监会可以对其直接负责的主管人员和其他直接责任人员采取监管谈话、认定为不适当人选等监管措施,并依照《证券法》的有关规定进行处罚或者追究相关责任。

第五十八条　上市公司披露盈利预测,利润实现数如未达到盈利预测的百分之八十的,除因不可抗力外,其法定代表人、财务负责人应当在股东大会及中国证监会指定网站、报刊上公开作出解释并道歉;情节严重的,中国证监会给予警告等行政处罚。

利润实现数未达到盈利预测的百分之五十的,除因不可抗力外,中国证监会还可以自确认之日起三十六个月内不受理该上市公司的发行证券申请。

注册会计师为上述盈利预测出具审核报告的过程中未勤勉尽责的,中国证监会将视情节轻重,对相关机构和责任人员采取监管谈话等监管措施,记入诚信档案并公布;情节严重的,给予警告等行政处罚。

第五十九条　上市公司违反本办法第十一条第(三)项、第(四)项规定的,中国证监会可以责令改正;情节严重的,自确认之日起三十六个月内不受理该公司的发行证券申请。

第六十条　上市公司及其董事、高级管理人员以及上市公司控股股东、实际控制人及其控制的关联方违反所作出的与上市公司证券发行相关的约定或者承诺的，中国证监会可以对其采取监管谈话、责令公开说明、责令改正、认定为不适当人选等监管措施。

上市公司控股股东或者实际控制人最近十二个月内未履行持股意向等公开承诺的，不得参与本上市公司发行证券认购。

第六十一条　保荐人出具有虚假记载、误导性陈述或者重大遗漏的发行保荐书的，中国证监会可以责令改正，并依照《证券法》和保荐制度的有关规定进行处理；致使投资者遭受损失的，应当依法承担赔偿责任。

第六十二条　保荐人以不正当手段干扰中国证监会及其创业板发行审核委员会审核工作的，保荐人或其相关签名人员的签名、盖章系伪造或变造的，或者不履行其他法定职责的，依照《证券法》和保荐制度的有关规定处理。

第六十三条　为证券发行出具审计报告、法律意见、资产评估报告、资信评级报告及其他专项文件的证券服务机构和人员，在其出具的专项文件中存在虚假记载、误导性陈述或者重大遗漏，中国证监会自确认之日起十二个月内不接受相关机构出具的证券发行专项文件，三十六个月内不接受相关人员出具的证券发行专项文件；致使投资者遭受损失的，应当依法承担赔偿责任。

第六十四条　承销机构在承销非公开发行的证券时，将证券配售给不符合本办法第十五条规定的对象的，中国证监会可以责令改正；情节严重的，自确认之日起三十六个月内不接受其参与证券承销。

第六十五条　上市公司在非公开发行新股时，违反本办法第四十条规定的，中国证监会可以责令改正；情节严重的，自确认之日起三十六个月内不受理该上市公司的发行证券申请。

第六十六条　本办法规定的特定对象违反规定，擅自转让限售期限未满的股票的，中国证监会可以责令改正；情节严重的，自确认之日起十二个月内不得作为特定对象认购证券。

第六章　附　　则

第六十七条　上市公司向员工发行证券用于激励的办法、上市公司发行优先股的办法法律法规另有规定的，适用其规定。

第六十八条　本办法自公布之日起施行。

超额配售选择权试点意见

1. 2001年9月3日中国证券监督管理委员会发布
2. 证监发〔2001〕112号

为促进股票发行制度的市场化，控制股票发行风险，规范主承销商在上市公司向全体社会公众发售股票(以下简称“增发”)中行使超额配售选择权的行为，根据有关法律、法规的规定，制定本试点意见。

一、本试点意见所称超额配售选择权，是指发行人授予主承销商的一项选择权，获此授权的主承销商按同一发行价格超额发售不超过包销数额15%的股份，即主承销商按不超过包销数额115%的股份向投资者发售。在本次增发包销部分的股票上市之日起30日内，主承销商有权根据市场情况选择从集中竞价交易市场购买发行人股票，或者要求发行人增发股票，分配给对此超额发售部分提出认购申请的投资者。

二、中国证券监督管理委员会(以下简称中国证监会)依法对主承销商行使超额配售选择权进行监督管理。

证券交易所对超额配售选择权的行使过程进行实时监控。

三、发行人计划在增发中实施超额配售选择权的，应当提请股东大会批准，因行使超额配售选择权所发行的新股为本次增发的一部分。

发行人应当披露因行使超额配售选择权而可能增发股票所募集资金的用途，并提请股东大会批准。

四、拟在增发中实施超额配售选择权的主承销商，应当向中国证监会提供充分依据，说明公司已建立完善的内部控制，遵循内部防火墙原则，并由专人负责内部监察工作。

中国证监会认为必要时，可以对主承销商进行实地检查。

五、主承销商与发行人签订的承销协议中，应当明确发行人对主承销商行使超额配售选择权的授权，以及主承销商包销和行使超额配售选择权的责任。

有关超额配售选择权的实施方案应当在增发招股说明书(包括招股意向书和招股说明书)中予以披露。

六、在实施增发前，主承销商应当向证券登记结算机构申请开立专门用于行使超额配售选择权的账户，并向证券交易所和证券登记结算机构提交授权委托书及授权代表的有效签字样本。

主承销商行使超额配售选择权所涉及的开户、清算、交收等事项，应当按照证券交易所和证券登记结算机构的相关规则办理。

七、主承销商在决定行使超额配售选择权时，应当保证仅对参与本次发行申购且与本次发行无特殊利益关系的机构投资者做出延期交付股份的安排。

在前款所述投资者预先付款并同意推迟股份交收的情况下，主承销商可以在征集认购意向时，与其达成预售拟行使超额配售选择权所对应股份的协议，并将该协议报证券登记结算机构备案。

八、在超额配售选择权行使期内，如果发行人股票的市场交易价格低于发行价格，主承销商用超额发售股票获得的资金，按不高于发行价的价格从集中竞价交易市场购买发行人的股票，分配给提出认购申请的投资者；如果发行人股票的市场交易价格高于发行价格，主承销商可以根据授权要求发行人增发股票，分配给提出认购申请的投资者，发行人获得发行此部分新股所募集的资金。

超额配售选择权的行使限额，即主承销商从集中竞价交易市场购买的发行人股票与要求发行人增发的股票之和，应当不超过本次增发包销数额的15%。

九、在超额配售选择权行使期内，由主承销商指定的授权代表负责行使超额配售选择权及股票的配售。

主承销商行使超额配售选择权，可以根据市场情况一次或分次进行，从集中竞价交易市场购买发行人股票所发生的费用由主承销商承担。

十、主承销商应当将预售股份取得的资金存入其在商业银行开设的独立账户。除包销以外，主承销商在发行承销期间，不得运用该账户资金外的其他资金或通过他人买卖发行人上市流通的股票。

证券登记结算机构有权对该账户资金的使用情况进行监察。

十一、超额配售选择权行使期届满或累计行使数额达到超额配售选择权行使限额时，主承销商应当在两个工作日内向证券交易所和证券登记结算机构提出申请并提供相关材料，将超额配售选择权账户上的所有股份配售给接受延期交付安排的投资者。

十二、超额配售选择权行使完成后，本次发行的新股按以下公式计算：

本次发行的新股数量＝发行包销股份数量＋超额配售选择权累计行使数量－主承销商从集中竞价交易市场购买发行人股票的数量

十三、主承销商应当在超额配售选择权行使完成后的五个工作日内，通知相关银行将应付给发行人的资金（如有）支付给发行人，应付资金按以下公式计算：

发行人因行使超额配售选择权的筹资额＝发行价×（超额配售选择权累计行使数量－主承销商从集中竞价交易市场购买发行人股票的数量）－因行使超额配售选择权而发行新股的承销费用

十四、发行人在包销数额内的新股发行完成后，应当发布股份变动公告；在实施超额配售选择权所涉及的股票发行验资工作完成后的三个工作日内，应当再次发布股份变动公告；在全部发行工作完成后，发行人还应当按照有关规定办理相关的工商变更登记手续。

十五、在超额配售选择权行使完成后的三个工作日内，主承销商应当在中国证监会指定报刊披露以下有关超额配售选择权的行使情况：

（一）因行使超额配售选择权而发行的新股数量；如未行使，应当说明原因；

（二）从集中竞价交易市场购买发行人股票的数量及所支付的总金额、平均价格、最高与最低价格；

（三）发行人本次增发股份总量；

（四）发行人本次筹资总金额。

十六、主承销商应当保留行使超额配售选择权的完整记录。在全部发行工作完成后15个工作日内，主承销商应当将超额配售选择权的行使情况及其内部监察报告报中国证监会和证券交易所备案。

十七、首次公开发行股票公司试行超额配售选择权的，参照本试点意见执行。

十八、本试点意见自发布之日起施行。

中国证券监督管理委员会关于缩短新股发行结束到上市所需时间有关事宜的通知

1. 2001年11月21日
2. 证监发〔2001〕144号

上海证券交易所、深圳证券交易所、中国证券登记结算有限公司：

为提高我国证券市场效率，减少市场风险，现就缩短新股（含首次发行和增资发行）发行结束到上市所需时间的有关事宜通知如下：

一、证券交易所和中国证券登记结算有限责任公司沪、深分公司（以下简称证券登记公司）应调整相关运行规则和程序，满足新股发行结束、募股资金到位后在现有法律框架内尽快上市交易的需要，逐步达到该间隔期限一般不超过七个交易日。

新股上市由发行公司申请，具体时间由证券交易所确定。新股发行公司未在证券交易所安排的时间内上市的，主承销商应向投资者公开说明发行公司董事会陈述的理由及预计的上市时间安排。

二、新股发行公司募股资金到位后,证券登记公司应督促主承销商协助发行公司尽快提交股份登记申请,证券交易所应督促新股发行公司尽快提交上市申请。各单位应加强对新股发行公司的指导,方便并协助新股发行公司办理有关事宜。

三、证券登记公司在受理股份登记申请后的两个工作日内完成股份登记手续。

主承销商应协助和督促新股发行公司在发行结束、募股资金到位后的第二天完成验资工作,获得会计师事务所出具的验资报告;协助和督促新股发行公司在新股发行阶段提前准备办理股份登记的申请资料。

定向募集公司在原有股份登记手续办妥后,证券交易所方安排其通过交易系统发行新股。

四、新股发行公司按照《证券法》第45条向证券交易所提交的营业执照和按照《证券法》第48条在上市公告书中披露的营业执照,可以是公司新股发行前持有的营业执照。但上市公告书应披露本次新股发行后营业执照变更的有关程序和预计的时间。

五、本通知发布后,证券交易所可以选择若干新股发行公司试运行,并在三个月内逐步适用于全部新股发行。

证券交易所应组织各具有主承销商资格的会员单位认真执行。各单位在实施中如有问题或建议,请及时报告我会。

中国证券监督管理委员会关于进一步改革和完善新股发行体制的指导意见

2009年6月10日中国证券监督管理委员会公告[2009]13号公布施行

近年来,在党中央、国务院正确领导下,我国资本市场进行了一系列重大基础性和制度性改革,取得了显著成效。市场规模和容量跨上新台阶,市场机制和结构逐步优化,投资者入市踊跃,各类企业利用资本市场健全机制、融入资本的态度积极,资本市场的重要性日益突出。为了进一步健全机制、提高效率,有必要对新股发行体制进行改革和完善以适应市场的更大发展。经过对股票发行体制改革有关问题进行广泛调查研究,我会对进一步改革和完善新股发行体制提出以下指导意见:

一、改革原则、基本内容和预期目标

(一)改革原则。坚持市场化方向,促进新股定价进一步市场化,注重培育市场约束机制,推动发行人、投资人、承销商等市场主体归位尽责,重视中小投资人的参与意愿。

(二)基本内容。在新股定价方面,完善询价和申购的报价约束机制,淡化行政指导,形成进一步市场化的价格形成机制。在发行承销方面,增加承销与配售的灵活性,理顺承销机制,强化买方对卖方的约束力和承销商在发行活动中的责任,逐步改变完全按资金量配售股份;适时调整股份发行政策,增加可供交易股份数量;优化网上发行机制,股份分配适当向有申购意向的中小投资者倾斜,缓解巨额资金申购新股状况;完善回拨机制和中止发行机制。同时,加强新股认购风险提示,明晰发行市场的风险。

(三)预期目标。一是市场价格发现功能得到优化,买方、卖方的内在制衡机制得以强化。二是提升股份配售机制的有效性,缓解巨额资金申购新股状况,提高发行的质量和效率。三是在风险明晰的前提下,中小投资者的参与意愿得到重视,向有意向申购新股的中小投资者适当倾斜。四是增强揭示风险的力度,强化一级市场风险意识。

二、近期改革措施

新股发行体制涉及面广、影响大,为保证改革的平稳推进,拟采取分步实施、逐步完善的方式,分阶段推出各项改革措施。现阶段主要推出如下四项措施:

(一)完善询价和申购的报价约束机制,形成进一步市场化的价格形成机制。询价对象应真实报价,询价报价与申购报价应当具有逻辑一致性,主承销商应当采取措施杜绝高报不买和低报高买。发行人及其主承销商应当根据发行规模和市场情况,合理设定每笔申购的最低申购量。对最终定价超过预期价格导致募集资金量超过项目资金需要量的,发行人应当提前在招股说明书中披露用途。

(二)优化网上发行机制,将网下网上申购参与对象分开。对每一只股票发行,任一股票配售对象只能选择网下或者网上一种方式进行新股申购,所有参与该只股票网下报价、申购、配售的股票配售对象均不再参与网上申购。

(三)对网上单个申购账户设定上限。发行人及其主承销商应当根据发行规模和市场情况,合理设定单一网上申购账户的申购上限,原则上不超过本次网上发行股数的千分之一。单个投资者只能使用一个合格账户申购新股。

(四)加强新股认购风险提示,提示所有参与人明晰市场风险。发行人及其主承销商应当刊登新股投资风险特别公告,充分揭示一级市场风险,提醒投资者理性判断投资该公司的可行性。证券经营机构应当采取措施,向投资者提示新股认购风险。

其他改革措施，在统筹兼顾市场发展的速度、改革的力度和市场的承受程度的基础上，择机推出。

三、切实落实各项改革措施

新股发行体制改革需要市场参与各方密切配合，市场各方应当提高认识，制定相应方案，周密部署，切实将各项改革要求落到实处。

发行人应当树立发行上市的正确理念，积极履行信息披露义务，加强募集资金管理，提高上市公司经营水平，维护股东合法权益。

承销商（保荐机构）及其他证券公司应当勤勉尽责，诚实守信，经营活动中维护买卖双方的长期利益和根本利益。具体工作中要在机构、人员、制度和技术等方面加以改进和适应，不断提高专业服务能力。

询价对象应当发挥专业机构的作用，认真、审慎、专业地掌握资料、分析研判、理性定价，从而形成对市场的理性引导。

投资者应当充分关注定价市场化蕴含的风险因素，知晓部分股票上市后可能跌破发行价，切实提高风险意识，强化价值投资理念，避免盲目炒作。

相关自律组织应当积极采取措施，切实加强对参与新股发行的承销商、询价对象、股票配售对象、证券公司的自律管理和服务。

中国证券监督管理委员会关于深化新股发行体制改革的指导意见

2010年10月11日中国证券监督管理委员会公告〔2010〕26号公布施行

为了进一步健全新股发行体制、强化市场约束机制，2009年6月10日，我会发布《关于进一步改革和完善新股发行体制的指导意见》，推出了新股发行体制改革。在具体实施方式上，改革采取分步实施、逐步完善的方式，分阶段逐步推出各项改革措施。第一阶段新股发行体制改革的各项措施已得到落实，市场化的改革方向得到了社会的普遍认同，把发行体制改革向纵深推进成为市场共识，推出下一步改革措施的市场条件已基本具备。经深入研究并广泛听取市场各方意见，按照改革的统一部署，现提出第二阶段改革措施如下：

一、进一步完善报价申购和配售约束机制。在中小型公司新股发行中，发行人及其主承销商应当根据发行规模和市场情况，合理设定每笔网下配售的配售量，以促进询价对象认真定价。根据每笔配售量确定可获配机构的数量，再对发行价格以上的入围报价进行配售，如果入围机构较多应进行随机摇号，根据摇号结果进行配售。

二、扩大询价对象范围，充实网下机构投资者。主承销商可以自主推荐一定数量的具有较高定价能力和长期投资取向的机构投资者，参与网下询价配售。

主承销商应当制订推荐机构投资者的原则和标准，包括最低注册资本、管理资产规模要求，专业技能、投资经验要求，市场影响力、信用记录要求，业务战略关系要求，鼓励长期持股等。主承销商应当建立透明的推荐决策机制。推荐标准、决策程序以及最终确定的机构投资者名单应当报中国证券业协会登记备案。

中国证券业协会可制订指引指导登记备案工作。

三、增强定价信息透明度。发行人及其主承销商须披露参与询价的机构的具体报价情况。主承销商须披露在推介路演阶段向询价对象提供的对发行人股票的估值结论、发行人同行业可比上市公司的市盈率或其他等效指标。

四、完善回拨机制和中止发行机制。发行人及其主承销商应当根据发行规模和市场情况，合理设计承销流程，有效管理承销风险。

网上申购不足时，可以向网下回拨由参与网下的机构投资者申购，仍然申购不足的，可以由承销团推荐其他投资者参与网下申购。网下机构投资者在既定的网下发售比例内有效申购不足，不得向网上回拨，可以中止发行。网下报价情况未及发行人和主承销商预期、网上申购不足、网上申购不足向网下回拨后仍然申购不足的，可以中止发行。中止发行的具体情形可以由发行人和承销商约定，并予以披露。中止发行后，在核准文件有效期内，经向中国证监会备案，可重新启动发行。

证券交易所和证券登记结算机构应当创造条件，进一步缩短新股发行结束后到上市的时间。

新股发行体制改革需要市场参与各方密切配合，市场各方应当按照新股发行体制改革精神，统一理念、提高认识，精心部署、周密安排，切实将各项改革要求和措施落到实处。

中国证券监督管理委员会关于进一步深化新股发行体制改革的指导意见

2012年4月28日中国证券监督管理委员会公告〔2012〕10号公布施行

根据党中央、国务院关于2012年经济工作的部署，深化新股发行体制改革是完善资本市场的重要任务之一。改革的主要内容是，在过去两年减少行政干预的基础上，健全股份有限公司发行股票和上市交易的基础性制度，推动各市场主体进一步归位尽责，促使新股价格真实反映公司价值，实现一级市场和二级市场均衡协调健康发展，切实保护投资者的合法权益。

一、完善规则，明确责任，强化信息披露的真实性、准确性、充分性和完整性

要进一步推进以信息披露为中心的发行制度建设，逐步淡化监管机构对拟上市公司盈利能力的判断，修改完善相关规则，改进发行条件和信息披露要求，落实发行人、各中介机构独立的主体责任，全过程、多角度提升信息披露质量。发行人和各中介机构应按法规制度履行职责，不得包装和粉饰业绩。对法规没有明确规定的事项，应本着诚信、专业的原则，善意表述。

（一）发行人作为信息披露第一责任人，必须始终恪守诚实守信的行为准则。其基本义务和责任是，为保荐机构、会计师事务所和律师事务所等中介机构提供真实、完整的财务会计资料和其他资料，全面配合中介机构开展尽职调查。发行人的控股股东、实际控制人不得利用控制地位或关联关系以及其他条件，要求或协助发行人编造虚假信息或隐瞒重要信息。

（二）保荐机构应遵守业务规则和行业规范，诚实守信，勤勉尽责。对发行人的申请文件和招股说明书等信息披露资料进行尽职核查，督促发行人完整、客观地反映其基本情况和风险因素，并对其他中介机构出具的专业意见进行必要的核查。

（三）律师事务所应恪守律师职业道德和执业纪律，认真履行核查和验证义务，完整、客观地反映发行人合法存续与合规经营的相关情况、问题与风险，对其所出具文件的真实性、准确性、充分性和完整性负责。提倡和鼓励具备条件的律师事务所撰写招股说明书。

（四）会计师事务所应结合业务质量控制的需要，制定包括复核制度在内的质量控制制度和程序。注册会计师在执行审计业务时，应当严守执业准则和会计师事务所质量控制制度，确保风险评估等重要审计程序执行到位，保持合理的职业怀疑态度，保持对财务异常信息的敏感度，防范管理层舞弊、利润操纵等行为发生。会计师事务所及其签字注册会计师应当严格按照执业准则出具审计报告、审核报告或其他鉴证报告。

（五）资产评估机构、资信评级机构等其他中介机构要按相关法律法规、行业执业准则的要求，严格履行职责，独立核查判断，出具专业意见。

（六）为提高财务信息披露质量，要进一步明确发行人及其控股股东和实际控制人、会计师事务所、保荐机构在财务会计资料提供、审计执业规范、辅导及尽职调查等方面的责任，坚决抑制包装粉饰行为。

（七）发行人应当建立健全公司治理结构，完善内控制度，建立有效保护股东尤其是中小投资者合法权益的机制；在招股说明书中详细披露公司治理结构的状况及运行情况。保荐机构、律师事务所、会计师事务所应结合辅导、核查等工作，对发行人公司治理结构及内控制度的有效性发表意见。

（八）进一步提前预先披露新股资料的时点，逐步实现发行申请受理后即预先披露招股说明书，提高透明度，加强公众投资者和社会各界的监督。

（九）在公司上市过程中征求有关部委意见的环节，按照国务院有关减少对微观经济活动干预、提高政府服务效率等行政审批制度改革精神，在有效增加相关信息数量和质量的前提下，改进征求相关部委意见的方式。

（十）发行申请获得核准后，在核准批文有效期内，由发行人及主承销商自行选择发行时间窗口。

二、适当调整询价范围和配售比例，进一步完善定价约束机制

（一）扩大询价对象范围。除了目前有关办法规定的7类机构外，主承销商可以自主推荐5至10名投资经验比较丰富的个人投资者参与网下询价配售。主承销商应当制订推荐的原则和标准、内部决定程序并向中国证券业协会备案。发行人、发行人股东和中介机构不得利用关联关系或其他关系向推荐的个人投资者输送利益，或劝诱推荐的个人投资者抬高发行价格。

（二）提高向网下投资者配售股份的比例，建立网下向网上回拨机制。向网下投资者配售股份的比例原则上不低于本次公开发行与转让股份（以下称为本次发售股份）的50%。网下中签率高于网上中签率的2至4倍时，发行人和承销商应将本次发售股份中的10%从网下向网上回拨；超过4倍时应将本次发售股份中的20%从网下向网上回拨。

（三）促进询价机构审慎定价。询价机构应严格执行内控制度和投资管理业务制度，进一步提升定价的专业性和规范性。询价机构要认真研读发行人招股说明书等信息，发现存在异常情形的，如与本次发行相关联的机构或个人存在不良诚信记录、发行人所在行业已经出现不利变化、发行人盈利水平与行业相比存在异常等，询价机构应采取调研、核查等方式进一步核实研判。如未能对相关异常情形进行核实研判，或者缺乏充分的时间熟悉、研究发行人的资料信息，参与报价申购具有较高风险，应保持充分的审慎。

（四）加强对询价、定价过程的监管。承销商应保留询价、定价过程中的相关资料并存档备查，包括推介宣传材料、路演现场录音等，如实、全面反映询价、定价过程。中国证监会、中国证券业协会要加强对询价、定价过程及存档资料的日常检查，对发行人和承销商夸大宣传、虚假广告等行为采取监管措施。

（五）引入独立第三方对拟上市公司的信息披露进行风险评析，为中小投资者在新股认购时提供参考。中国证券业协会具体组织开展新股风险评析的相关工作。

（六）证券交易所组织开展中小投资者新股模拟询价活动，促进中小投资者研究、熟悉新股，引导中小投资者理性投资。

三、加强对发行定价的监管，促使发行人及参与各方尽责

（一）招股说明书预先披露后，发行人可向特定询价对象以非公开方式进行初步沟通，征询价格意向，预估发行价格区间，并在发审会召开前向中国证监会提交书面报告。预估的发行定价市盈率高于同行业上市公司平均市盈率的，发行人需在招股说明书及发行公告中补充说明相关风险因素，澄清募集资金数量是否合理，是否由于自身言行误导，并提醒投资者关注相关重点事项。无细分行业平均市盈率的，参考所属板块二级市场平均市盈率。

根据预估的发行价格，如预计募集资金超过募集资金投资项目需要，发行人需在招股说明书中补充说明超募资金用途及其对公司的影响；如募集资金投资项目存在资金缺口，发行人需合理确定资金缺口的解决办法，并在招股说明书中补充披露。

（二）招股说明书正式披露后，根据询价结果确定的发行价格市盈率高于同行业上市公司平均市盈率25%的（采用其他方法定价的比照执行），发行人应召开董事会，结合适合本公司的其他定价方法，分析讨论发行定价的合理性因素和风险性因素，进一步分析预计募集资金的使用对公司主业的贡献和对业绩的影响，尤其是公司绝对和相对业绩指标波动的风险因素，相关信息应补充披露。董事会应就最终定价进行确认，独立董事应对董事会讨论的充分性发表意见。发行人需在董事会召开后两日内刊登公告，披露询价对象报价情况、董事会决议及独立董事的意见。

中国证监会综合考虑补充披露信息等相关情况后，可要求发行人及承销商重新询价，或要求未提供盈利预测的发行人补充提供经会计师事务所审核的盈利预测报告并公告，并在盈利预测公告后重新询价。属于发审会后发生重大事项的，中国证监会将按照有关规定决定是否重新提交发审会审核，须提交发审会审核的应在审核通过后再办理重新询价等事项。

四、增加新上市公司流通股数量，有效缓解股票供应不足

（一）取消现行网下配售股份3个月的锁定期，提高新上市公司股票的流通性。发行人、承销商与投资者自主约定的锁定期，不受此限。

（二）在首次公开发行新股时，推动部分老股向网下投资者转让，增加新上市公司可流通股数量。持股期满3年的股东可将部分老股向网下投资者转让。老股转让后，发行人的实际控制人不得发生变更。老股东选择转让老股的，应在招股说明书中披露老股东名称及转让股份数量。

（三）老股转让所得资金须保存在专用账户，由保荐机构进行监管。在老股转让所得资金的锁定期限内，如二级市场价格低于发行价，专用账户内的资金可以在二级市场回购公司股票。控股股东和实际控制人及其关联方转让所持老股的，新股上市满1年后，老股东可将账户资金余额的10%转出；满2年后，老股东可将账户资金余额的20%转出；满3年后，可将剩余资金全部转出。非控股股东和非实际控制人及其关联方转让所持老股的，新股上市满1年后可将资金转出。

证券交易所和中国证券登记结算公司应制定相关规则并加以监管。

五、继续完善对炒新行为的监管措施，维护新股交易正常秩序

（一）证券交易所应根据市场情况研究完善新股交易机制、开盘价格形成机制，促进新股上市后合理定价，正常交易。

（二）证券交易所应明确新股异常交易行为标准，加强对新股上市初期的监管，加大对炒新行为的监管力度。

（三）加强投资者适当性管理。中国证券业协会和证券交易所应制定投资者适当性管理的自律规则，要求会员切实落实投资者适当性管理的相关要求，加强对买入新股客户的适当性管理。

（四）加强对新股认购账户的管理。证券公司应对投资者尤其是机构投资者开立证券账户进行核查和管理，包括投资者的机构属性和业务特点等，加强对客户违规炒新、炒差、炒小行为的监控和监管。

（五）加大对新股交易特点的信息揭示。由证券交易所等相关机构定期统计并公布新股交易的价格变化情况及各类投资者买卖新股的损益情况。

六、严格执行法律法规和相关政策，加大监管和惩治力度

新股发行体制的有效运行需要法治保障。中国证监会将加大对违法违规行为及不当行为的监管和惩治力度，维护正常市场秩序，保护投资者合法权益。

（一）加大对财务虚假披露行为的打击力度。对于新股发行过程中的财务造假、利润操纵、虚假披露等违法违规行为，自律组织应根据自律规范采取自律措施，中国证监会将根据情节轻重，依法对公司法定代表人、财务负责人和相关人员、中介机构及其相关人员采取监管措施、立案调查、行政处罚等措施，涉嫌犯罪的依法移送司法机关追究其刑事责任。法律、法规已有明确规定的，依法从重处理。法律、法规规定尚不明确的，要进一步予以完善。中国证监会将加强与司法机关、自律组织的监管与执法协作，形成合力。

（二）加强对路演和“人情报价”的监管和处罚。加强对发行人、承销商、询价对象的路演、询价、报价和定价过程的监管，对夸大宣传、虚假宣传、“人情报价”等行为采取必要的监管措施。中国证监会将完善诚信档案、加强诚信法制体系建设，建立失信惩戒机制。

（三）发行价格高于同行业上市公司平均市盈率25%的发行人，除因不可抗力外，上市后实际盈利低于盈利预测的，中国证监会将视情节轻重，对发行人董事及高级管理人员采取列为重点关注、监管谈话、认定为非适当人选等措施，记入诚信档案；对承销机构法定代表人、项目负责人等采取监管谈话、重点关注、出具警示函、认定为不适当人选等监管措施，记入诚信档案；对会计师事务所采取监管谈话、出具警示函等监管措施，记入诚信档案。

（四）加强对第三方独立评析机构的监管。第三方评析机构违反评析业务流程，违规出具新股风险评析报告，或者出具的评析报告存在虚假记载、故意遗漏的，中国证券业协会要依照自律管理规则进行处罚，中国证监会视情节给予处理。

（五）加强对证券公司执行投资者适当性管理要求的监管力度。中国证监会及其派出机构要加强对证券公司实施投资者适当性管理和投资者教育等方面情况的监督检查，发现违规行为的，依法采取责令改正、监管谈话、出具警示函、责令处分有关人员等监管措施。

（六）证券交易所应进一步细化异常交易的认定标准，强化监管涉嫌操纵新股价格的违规违法行为，严厉打击操纵新股价格。

现阶段新股发行中的弊端是我国资本市场的痼疾，所谓新股价格畸高、“打新”投机严重及随之出现的“业绩变脸”和市场表现下滑，除体制机制原因外，还有深刻的社会、文化和历史根源。因此，在深化新股发行体制改革的同时，必须加强舆论宣传、风险揭示和投资教育，逐步改变目前存在的以“送礼祝贺”心态参与报价，以分享“胜利果实”心态参与认购，以“赌博中彩”心态参与炒作等种种不良习惯和风气。只有全面考虑各种影响因素，采取综合治理方针，才能取得预期效果。

上述新股发行体制改革的指导意见，是经过广泛讨论、征求意见并认真研究后形成的。中国证监会将在整体规划，统筹协调的基础上，突出重点，分步实施，实现平稳有序推进。在此过程中，还将根据市场实际情况及时采取必要的调整措施。

中国证监会关于进一步推进新股发行体制改革的意见

2013年11月30日中国证券监督管理委员会公告〔2013〕42号公布施行

贯彻党的十八届三中全会决定中关于“推进股票发行注册制改革”的要求，必须进一步推进新股发行体制改革，厘清和理顺新股发行过程中政府与市场的关系，加快实现监管转型，提高信息披露质量，强化市场约束，促进市场参与各方归位尽责，为实行股票发行注册制奠定良好基础。改革的总体原则是：坚持市场化、法制化取向，综合施策、标本兼治，进一步理顺发行、定价、配售等环节的运行机制，发挥市场决定性作用，加强市场监管，维护市场公平，切实保护投资者特别是中小投资者的合法权益。

一、推进新股市场化发行机制

（一）进一步提前招股说明书预先披露时点，加强社会监督。发行人招股说明书申报稿正式受理后，即在中国证监会网站披露。

（二）招股说明书预先披露后，发行人相关信息及财务数据不得随意更改。审核过程中，发现发行人申请材料中记载的信息自相矛盾、或就同一事实前后存在不同表述且有实质性差异的，中国证监会将中止审核，并在12个月内不再受理相关保荐代表人推荐的发行申请。发行人、中介机构报送的发行申请文件及相关法律文书涉嫌虚假记载、误导性陈述或重大遗漏的，移交稽查部门查处，被稽查立案的，暂停受理相关中介机构推荐的发行申请；查证属实的，自确认之日起36个月内不再受理该发行人的股票发行申请，并依法追究中介机构及相关当事人责任。

（三）股票发行审核以信息披露为中心。

发行人作为信息披露第一责任人，应当及时向中介机构提供真实、完整、准确的财务会计资料和其他资料，全面配合中介机构开展尽职调查。

保荐机构应当严格履行法定职责，遵守业务规则和行业规范,对发行人的申请文件和信息披露资料进行审慎核查,督导发行人规范运行,对其他中介机构出具的专业意见进行核查,对发行人是否具备持续盈利能力、是否符合法定发行条件做出专业判断,并确保发行人的申请文件和招股说明书等信息披露资料真实、准确、完整、及时。

会计师事务所、律师事务所、资产评估机构等证券服务机构及人员,必须严格履行法定职责,遵照本行业的业务标准和执业规范,对发行人的相关业务资料进行核查验证,确保所出具的相关专业文件真实、准确、完整、及时。

中国证监会发行监管部门和股票发行审核委员会依法对发行申请文件和信息披露内容的合法合规性进行审核,不对发行人的盈利能力和投资价值作出判断。发现申请文件和信息披露内容存在违法违规情形的,严格追究相关当事人的责任。

投资者应当认真阅读发行人公开披露的信息,自主判断企业的投资价值,自主做出投资决策,自行承担股票依法发行后因发行人经营与收益变化导致的风险。

(四)中国证监会自受理证券发行申请文件之日起三个月内,依照法定条件和法定程序作出核准、中止审核、终止审核、不予核准的决定。

(五)发行人首次公开发行新股时,鼓励持股满三年的原有股东将部分老股向投资者转让,增加新上市公司可流通股票的比例。老股转让后,公司实际控制人不得发生变更。老股转让的具体方案应在公司招股说明书和发行公告中公开披露。

发行人应根据募投项目资金需要量合理确定新股发行数量,新股数量不足法定上市条件的,可以通过转让老股增加公开发行股票的数量。新股发行超募的资金,要相应减持老股。

(六)申请首次公开发行股票的在审企业,可申请先行发行公司债。鼓励企业以股债结合的方式融资。

(七)发行人通过发审会并履行会后事项程序后,中国证监会即核准发行,新股发行时点由发行人自主选择。

(八)放宽首次公开发行股票核准文件的有效期至12个月。

发行人自取得核准文件之日起至公开发行前,应参照上市公司定期报告的信息披露要求,及时修改信息披露文件内容,补充财务会计报告相关数据,更新预先披露的招股说明书;期间发生重大会后事项的,发行人应及时向中国证监会报告并提供说明;保荐机构及相关中介机构应持续履行尽职调查义务。发行人发生重大会后事项的,由中国证监会按审核程序决定是否需要重新提交发审会审议。

二、强化发行人及其控股股东等责任主体的诚信义务

(一)加强对相关责任主体的市场约束

1. 发行人控股股东、持有发行人股份的董事和高级管理人员应在公开募集及上市文件中公开承诺:所持股票在锁定期满后两年内减持的,其减持价格不低于发行价;公司上市后6个月内如公司股票连续20个交易日的收盘价均低于发行价,或者上市后6个月期末收盘价低于发行价,持有公司股票的锁定期限自动延长至少6个月。

2. 发行人及其控股股东、公司董事及高级管理人员应在公开募集及上市文件中提出上市后三年内公司股价低于每股净资产时稳定公司股价的预案,预案应包括启动股价稳定措施的具体条件、可能采取的具体措施等。具体措施可以包括发行人回购公司股票,控股股东、公司董事、高级管理人员增持公司股票等。上述人员在启动股价稳定措施时应提前公告具体实施方案。

3. 发行人及其控股股东应在公开募集及上市文件中公开承诺,发行人招股说明书有虚假记载、误导性陈述或者重大遗漏,对判断发行人是否符合法律规定的发行条件构成重大、实质影响的,将依法回购首次公开发行的全部新股,且发行人控股股东将购回已转让的原限售股份。发行人及其控股股东、实际控制人、董事、监事、高级管理人员等相关责任主体应在公开募集及上市文件中公开承诺:发行人招股说明书有虚假记载、误导性陈述或者重大遗漏,致使投资者在证券交易中遭受损失的,将依法赔偿投资者损失。

保荐机构、会计师事务所等证券服务机构应当在公开募集及上市文件中公开承诺:因其为发行人首次公开发行制作、出具的文件有虚假记载、误导性陈述或者重大遗漏,给投资者造成损失的,将依法赔偿投资者损失。

(二)提高公司大股东持股意向的透明度。发行人应当在公开募集及上市文件中披露公开发行前持股5%以上股东的持股意向及减持意向。持股5%以上股东减持时,须提前三个交易日予以公告。

(三)强化对相关责任主体承诺事项的约束。发行人及其控股股东、公司董事及高级管理人员等责任主体作出公开承诺事项的,应同时提出未能履行承诺时的约束措施,并在公开募集及上市文件中披露,接受社会监督。证券交易所应加强对相关当事人履行公开承诺行为的监督和约束,对不履行承诺的行为及时采取监管措施。

三、进一步提高新股定价的市场化程度

(一)改革新股发行定价方式。按照《证券法》第三十四条的规定，发行价格由发行人与承销的证券公司自行协商确定。发行人应与承销商协商确定定价方式，并在发行公告中披露。

（二）网下投资者报价后，发行人和主承销商应预先剔除申购总量中报价最高的部分，剔除的申购量不得低于申购总量的10%，然后根据剩余报价及申购情况协商确定发行价格。被剔除的申购份额不得参与网下配售。

公开发行股票数量在4亿股以下的，提供有效报价的投资者应不少于10家，但不得多于20家；公开发行股票数量在4亿股以上的，提供有效报价的投资者应不少于20家，但不得多于40家。网下发行股票筹资总额超过200亿的，提供有效报价的投资者可适当增加，但不得多于60家。有效报价人数不足的，应当中止发行。

发挥个人投资者参与发行定价的作用。发行人和主承销商应当允许符合条件的个人投资者参与网下定价和网下配售。具备承销资格的证券公司应预先制定上述个人投资者需具备的条件，并向社会公告。

（三）强化定价过程的信息披露要求。发行人和主承销商应制作定价过程及结果的信息披露文件并公开披露。在网上申购前，发行人和主承销商应当披露每位网下投资者的详细报价情况，包括投资者名称、申购价格及对应的申购数量，所有网下投资者报价的中位数、加权平均数，以公开募集方式设立的证券投资基金报价的中位数和加权平均数，确定的发行价及对应的市盈率等。

如拟定的发行价格（或发行价格区间上限）的市盈率高于同行业上市公司二级市场平均市盈率的，在网上申购前发行人和主承销商应发布投资风险特别公告，明示该定价可能存在估值过高给投资者带来损失的风险，提醒投资者关注。内容至少应包括：

1. 比较分析发行人与同行业上市公司的差异及对发行定价的影响；提请投资者关注所定价格与网下投资者报价之间存在的差异。

2. 提请投资者关注投资风险，审慎研判发行定价的合理性，理性做出投资决策。

四、改革新股配售方式

（一）引入主承销商自主配售机制。网下发行的股票，由主承销商在提供有效报价的投资者中自主选择投资者进行配售。发行人应与主承销商协商确定网下配售原则和方式，并在发行公告中披露。承销商应当按照事先公告的配售原则进行配售。

（二）网下配售的股票中至少40%应优先向以公开募集方式设立的证券投资基金和由社保基金投资管理人管理的社会保障基金配售。上述投资者有效申购数量不足的，发行人和主承销商可以向其他投资者进行配售。

（三）调整网下配售比例，强化网下报价约束机制。公司股本4亿元以下的，网下配售比例不低于本次公开发行股票数量的60%；公司股本超过4亿元的，网下配售比例不低于本次公开发行股票数量的70%。余下部分向网上投资者发售。既定的网下配售部分认购不足的，应当中止发行，发行人和主承销商不得向网上回拨股票。

（四）调整网下网上回拨机制。网上投资者有效认购倍数在50倍以上但低于100倍的，应从网下向网上回拨，回拨比例为本次公开发行股票数量的20%；网上投资者有效认购倍数在100倍以上的，回拨比例为本次公开发行股票数量的40%。

（五）改进网上配售方式。持有一定数量非限售股份的投资者才能参与网上申购。网上配售应综合考虑投资者持有非限售股份的市值及申购资金量，进行配号、抽签。

证券交易所、证券登记结算公司应制订网上配售的实施细则，规范网上配售行为。发行人、主承销商应根据相关规则制订网上配售具体方案并公告。方案必须明确每位投资者网上申购数量的上限，该上限最高不得超过本次网上初始发行股数的千分之一。

（六）强化股票配售过程的信息披露要求。主承销商和发行人应制作配售程序及结果的信息披露文件并公开披露。发行人和主承销商应当在发行公告中披露投资者参与自主配售的条件、配售原则；自主配售结束后应披露配售结果，包括获得配售的投资者名称、报价、申购数量及配售数额等，主承销商应说明自主配售结果是否符合事先公布的配售原则；对于提供有效报价但未参与申购，或实际申购数量明显少于报价时拟申购数量的投资者，发行人和主承销商应在配售结果中列表公示。

发行人、主承销商、参与网下配售的投资者及相关利益方存在维护公司股票上市后价格稳定的协议或约定的，发行人应在上市公告中予以披露。

五、加大监管执法力度，切实维护“三公”原则

（一）保荐机构与发行人签订发行上市相关的辅导协议后，应及时在保荐机构网站及发行人注册地证监局网站披露对发行人的辅导工作进展；辅导工作结束后，应对辅导过程、内容及效果进行总结并在上述网站披露。

（二）进一步提高信息披露质量。以投资者的决策需要为导向，改进信息披露内容和格式，突出披露重点,强化对发行人主要业务及业务模式、外部市场环境、经营业绩、主要风险因素等对投资者投资决策有重大影响的信息披露要求。使用浅白语言,提高披露信息的可读性,方便广大中小投资者阅读和监督。

(三)在发审会前,中国证监会将对保荐机构、会计师事务所、律师事务所等相关中介机构的工作底稿及尽职履责情况进行抽查。

(四)强化发行监管与稽查执法的联动机制。从申请文件被行政受理时点起,发行人及其董事、监事、高级管理人员及相关中介机构即需要对申请文件的真实性、准确性、完整性承担相应的法律责任。审核中发现涉嫌违法违规重大问题的,立即移交稽查部门介入调查。

(五)强化新股发行的过程监管、行为监管和事后问责。发行人和承销商不得向发行人、发行人董事及高级管理人员、承销商及上述人员的关联方配售股票。发行人和承销商不得采取操纵新股价格、暗箱操作或其他有违公开、公平、公正原则的行为;不得采取劝诱网下投资者抬高报价但不向其配售股票的行为;不得通过自主配售以代持、信托持股等方式向其他相关利益主体输送利益或谋取不正当利益。中国证券业协会应制定自律规则,规范路演推介、投资价值分析报告披露、承销商自主配售等行为,加强行业自律管理。

(六)证券交易所应进一步完善新股上市首日开盘价格形成机制及新股上市初期交易机制,建立以新股发行价为比较基准的上市首日停牌机制,加强对“炒新”行为的约束。

(七)发行人上市后,保荐机构应严格依法履行持续督导职责,督促发行人履行有关上市公司规范运行、信守承诺和信息披露等义务,审阅发行人信息披露文件及发行人向中国证监会、证券交易所提交的其他文件。持续督导期内,保荐机构应按规定公开披露定期跟踪报告;发行人出现重大变故或事件,保荐机构应按规定公开披露临时报告。持续督导期结束后20个工作日内,保荐机构应撰写督导工作报告,在中国证监会指定网站披露,并就督导工作未尽事宜作出安排。持续督导责任落实不到位的,依法追究保荐机构责任。

(八)发行人上市当年营业利润比上年下滑50%以上或上市当年即亏损的,中国证监会将自确认之日起即暂不受理相关保荐机构推荐的发行申请,并移交稽查部门查处。发行人在招股说明书中已经明确具体地提示上述业绩下滑风险、或存在其他法定免责情形的,不在此列。

上市公司涉嫌欺诈上市的,立案查处时即采取措施冻结发行人募集资金专用账户。

(九)进一步加大对发行人信息披露责任和中介机构保荐、承销执业行为的监督执法和自律监管力度。建立和完善中国证监会保荐信用监管系统、中国证券业协会从业人员自律管理系统与证券交易所信息披露系统之间的信息共享和互通互联,方便社会公众参与监督,强化外部声誉和诚信机制的约束功能。发行人及其董事、监事、高级管理人员未能诚实履行信息披露义务、信息披露严重违规、财务造假,或者保荐机构、会计师事务所、律师事务所等相关中介机构未能勤勉尽责的,依法严惩。

6. B股

国务院关于股份有限公司境内上市外资股的规定

1995年12月25日国务院令第189号公布施行

第一条 为了规范股份有限公司境内上市外资股的发行及交易,保护投资人的合法权益,根据《中华人民共和国公司法》(以下简称《公司法》)的有关规定,制定本规定。

第二条 经国务院证券委员会批准,股份有限公司(以下简称公司)可以发行境内上市外资股;但是,拟发行境内上市外资股的面值总额超过3000万美元的,国务院证券委员会应当报国务院批准。

前款所称公司发行境内上市外资股,包括以募集方式设立公司发行境内上市外资股和公司增加资本发行境内上市外资股”国务院证券委员会批准发行境内上市外资股的总额应当控制在国家确定的总规模之内。

第三条 公司发行的境内上市外资股,采取记名股票形式,以人民币标明面值,以外币认购、买卖,在境内证券交易所上市交易。

发行境内上市外资股的公司向境内投资人发行的股份(以下简称内资股),采取记名股票形式。

第四条 境内上市外资股投资人限于:

(一)外国的自然人、法人和其他组织;

(二)中国香港、澳门、台湾地区的自然人、法人和其他组织;

(三)定居在国外的中国公民;

(四)国务院证券委员会规定的境内上市外资股其他投资人。

境内上市外资股投资人认购、买卖境内上市外资股,应当提供证明其投资人身份和资格的有效文件。

第五条　持有同一种类股份的境内上市外资股股东与内资股股东,依照《公司法》享有同等权利和履行同等义务。

公司可以在其公司章程中对股东行使权利和履行义务的特殊事宜,作出具体规定。

第六条　公司章程对公司及其股东、董事、监事、经理和其他高级管理人员具有约束力。

公司的董事、监事、经理和其他高级管理人员对公司负有诚信和勤勉的义务。

本条第一款、第二款所称其他高级管理人员包括公司财务负责人、董事会秘书和公司章程规定的其他人员。

第七条　国务院证券委员会及其监督管理执行机构中国证券监督管理委员会(以下简称中国证监会),依照法律、行政法规的规定,对境内上市外资股的发行、交易及相关活动实施管理和监督。

第八条　以募集方式设立公司,申请发行境内上市外资股的,应当符合下列条件:

(一)所筹资金用途符合国家产业政策;

(二)符合国家有关固定资产投资立项的规定;

(三)符合国家有关利用外资的规定;

(四)发起人认购的股本总额不少于公司拟发行股本总额的35%;

(五)发起人出资总额不少于1.5亿元人民币;

(六)拟向社会发行的股份达公司股份总数25%以上;拟发行的股本总额超过4亿元人民币的,其拟向社会发行股份的比例达15%以上;

(七)改组设立公司的原有企业或者作为公司主要发起人的国有企业,在最近3年内没有重大违法行为;

(八)改组设立公司的原有企业或者作为公司主要发起人的国有企业,最近3年连续盈利;

(九)国务院证券委员会规定的其他条件。

第九条　公司增加资本,申请发行境内上市外资股的,除应当符合本规定第八条第(一)、(二)、(三)项的规定外,还应当符合下列条件:

(一)公司前一次发行的股份已经募足,所得资金的用途与募股时确定的用途相符,并且资金使用效益良好;

(二)公司净资产总值不低于1.5亿元人民币;

(三)公司从前一次发行股票到本次申请期间没有重大违法行为;

(四)公司最近3年连续盈利;原有企业改组或者国有企业作为主要发起人设立的公司,可以连续计算;

(五)国务院证券委员会规定的其他条件。以发起方式设立的公司首次增加资本,申请发行境内上市外资股的,还应当符合本规定第八条第(六)项的规定。

第十条　申请发行境内上市外资股,按照下列程序办理:

(一)发起人或者公司向省、自治区、直辖市人民政府或者国务院有关企业主管部门提出申请,由省、自治区、直辖市人民政府或者国务院有关企业主管部门向国务院证券委员会推荐;

(二)国务院证券委员会会商国务院有关部门选定可以发行境内上市外资股的公司;

(三)被选定的公司将本规定第十一条、第十二条所列文件提交中国证监会审核;

(四)经中国证监会审核符合条件的,报经国务院证券委员会批准或者依照本规定第二条第一款的规定经国务院批准后,公司方可发行境内上市外资股。

第十一条　以募集方式设立公司,申请发行境内上市外资股的,应当向中国证监会报送下列文件:

(一)申请报告;

(二)发起人姓名或者名称,发起人认购的股份数、出资种类及验资证明;

(三)发起人会议同意公开发行境内上市外资股的决议;

(四)国务院授权的部门或者省、自治区、直辖市人民政府批准设立公司的文件;

(五)省、自治区、直辖市人民政府或者国务院有关企业主管部门的推荐文件;

(六)公司登记机关颁发的《企业名称预先核准通知书》;

(七)公司章程草案;

(八)招股说明书;

(九)资金运用的可行性报告;所筹资金用于固定资产投资项目需要立项审批的,还应当提供有关部门同意固定资产投资立项的批准文件;

(十)经注册会计师及其所在事务所审计的原有企业或者作为公司主要发起人的国有企业最近3年的财务报告和有2名以上注册会计师及其所在事务所签字、盖章的审计报告;

(十一)经2名以上专业评估人员及其所在机构签字、盖章的资产评估报告;涉及国有资产的,还应当提供国有资产管理部门出具的确认文件及国有股权的批准文件;

(十二)经2名以上律师及其所在事务所就有关事项签字、盖章的法律意见书;

(十三)股票发行承销方案和承销协议;

（十四）中国证监会要求提供的其他文件。

第十二条 公司增加资本，申请发行境内上市外资股的，应当向中国证监会报送下列文件：

（一）申请报告；

（二）股东大会同意公开发行境内上市外资股的协议；

（三）国务院授权的部门或者省、自治区、直辖市人民政府同意增资发行新股的文件；

（四）省、自治区、直辖市人民政府或者国务院有关企业主管部门的推荐文件；

（五）公司登记机关颁发的公司营业执照；

（六）公司章程；

（七）招股说明书；

（八）资金运用的可行性报告；所筹资金用于固定资产投资项目需要立项审批的，还应当提供有关部门同意固定资产投资立项的批准文件；

（九）经注册会计师及其所在事务所审计的公司最近3年的财务告和有2名以上注册会计师及其所在事务所签字、盖章的审计报告；

（十）经2名以上律师及其所在事务所就有关事项签字、盖章的法律意见书；

（十一）股票发行承销方案和承销协议；

（十二）中国证监会要求提供的其他文件。

第十三条 公司发行境内上市外资股与发行内资股的间隔时间可以少于12个月。

第十四条 公司应当聘用符合国家规定的注册会计师及其所在事务所，对其财务报告进行审计或者复核。

第十五条 公司应当按照国家有关规定进行会计核算和编制财务报告。

公司向境内上市外资股投资人披露的财务报告，按照其他国家或者地区的会计准则进行相应调整的，应当对有关差异作出说明。

第十六条 发行境内上市外资股的公司应当依法向社会公众披露信息，并在其公司章程中对信息披露的地点、方式等事宜作出具体规定。

第十七条 发行境内上市外资股的公司的信息披露文件，以中文制作；需要提供外文译本的，应当提供一种通用的外国语言文本。中文文本、外文文本发生歧义时，以中文文本为准。

第十八条 公司发行境内上市外资股，应当委托中国人民银行依法批准设立并经中国证监会认可的境内证券经营机构为主承销商或者主承商之一。

第十九条 发行境内上市外资股的公司，应当在具有经营外汇业务资格的境内银行开立外汇帐户。公司开立外汇帐户应当按照国家有关外汇管理的规定办理。

承销境内上市外资股的主承销商应当在承销协议约定的期限内，将所筹款项划入发行境内上市外资股的公司的外汇帐户。

第二十条 境内上市外资股股票的代理买卖业务，应当由中国人民银行依法批准设立并经中国证监会认可的证券经营机构办理。

第二十一条 境内上市外资股股东可以委托代理人代为行使其股东权利，代理人代行股东权利时，应当提供证明其代理资格的有效文件。

第二十二条 境内上市外资股的权益拥有人，可以将其股份登记在名义持有人名下。

境内上市外资股的权益拥有人应当依法披露其持股变动信息。

第二十三条 境内上市外资股的交易、保管、清算交割、过户和登记，应当遵守法律、行政法规以及国务院证券委员会的有关规定。

第二十四条 经国务院证券委员会批准，境内上市外资股或者其派生形式可以在境外流通转让。

前款所称派生形式，是指股票的认股权凭证和境外存股凭证。

第二十五条 公司向境内上市外资股股东支付股利及其他款项，以人民币计价和宣布，以外币支付。公司所筹集的外币资本金的管理和公司支付股利及其他款项所需的外币，按照国家有关外汇管理的规定办理。公司章程规定由其他机构代为兑换外币并付给股东的，可以按照公司章程的规定办理。

第二十六条 境内上市外资股的股利和其他收益依法纳税后，可以汇出境外。

第二十七条 国务院证券委员会可以根据本规定制定实施细则。

第二十八条 本规定自发布之日起施行。中国人民银行、上海市人民政府1991年11月22日发布的《上海市人民币特种股票管理办法》，中国人民银行、深圳市人民政府1991年12月5日发布的《深圳市人民币特种股票管理暂行办法》同时废止。

股份有限公司境内上市外资股规定的实施细则

1. 1996年5月3日国务院证券委员会发布
2. 证委发〔1996〕9号

第一章 总 则

第一条 为了加强对股份有限公司境内上市外资股发

行、交易及其相关活动的监督和管理,保护投资人的合法权益,根据《国务院关于股份有限公司境内上市外资股的规定》(以下简称《规定》),制定本实施细则。

第二条　境内上市外资股的发行、交易及其相关活动,应当遵守《规定》和本实施细则。《规定》和本实施细则未作规定的,适用国家其他证券法律、法规的有关规定。

第三条　经国务院证券委员会(以下简称国务院证券委)或由国务院证券委报经国务院批准,股份有限公司(以下简称公司)可以向特定的、非特定的境内上市外资股投资人募集股份,其股票可以在境内证券交易所上市。

前款所称公司,包括已经成立的公司和经批准拟成立的公司。

第二章　发行与上市

第四条　申请首次发行境内上市外资股的公司,应当向省、自治区、直辖市人民政府或者国务院有关企业主管部门提出申请。

省、自治区、直辖市人民政府或者国务院有关企业主管部门对公司申请审查后,认为符合《规定》所列发行境内上市外资股条件的,可以向国务院证券委推荐,并向国务院证券委报送下列文件:

(一)推荐文件;

(二)公司申请文件;

(三)公司符合《规定》所列发行境内上市外资股条件的说明材料和有关文件;

(四)公司所募资金运用的可行性报告;

(五)经具有从事证券业务资格的中国注册会计师审阅的公司前一年度资产负债表、损益表;

(六)公司当年税后利润预测;

(七)尚未设立公司的,发起人对拟投入公司的资产价值估算意见;

(八)具有承销资格的证券经营机构就公司发行前景所作的分析报告;

(九)国务院证券委要求的其他文件。

第五条　国务院证券委收到本实施细则第四条规定的文件后,会商国务院有关部门选定可以发行境内上市外资股的公司,并将结果通知省、自治区、直辖市人民政府或者国务院有关企业主管部门。

第六条　被选定发行境内上市外资股的公司,应当将《规定》第十一条或第十二条所列文件报经省、自治区、直辖市人民政府或者国务院有关企业主管部门核报中国证券监督管理委员会(以下简称中国证监会)审核。

第七条　已发行境内上市外资股的公司申请再次募集境内上市外资股的(公司向现有股东配股除外),应当将《规定》第十二条所列文件报经省、自治区、直辖市人民政府或者国务院有关企业主管部门核报中国证监会审核。

第八条　如有境外会计师事务所、律师事务所、评估机构等专业机构为公司发行境内上市外资股出具有关专业文件的,公司在根据本实施细则第六条、第七条报送申请文件时,应当将该有关专业文件同时报送。

国家对前款所述机构的资格有要求的,应当符合国家有关规定。

第九条　公司依据本实施细则第六条、第七条报送的文件中,有关承销协议、招股说明书等可以是草签或者是尚未签字、盖章但经有关当事人确认的文件。

第十条　中国证监会对省、自治区、直辖市人民政府或者国务院有关企业主管部门核报的公司申请文件进行审核,经审核同意的,报国务院证券委批准;拟发行境内上市外资股的面值总额超过三千万美元的,由国务院证券委报经国务院批准。

公司在发行境内上市外资股前,应当向中国证监会报送正式签署的承销协议、招股说明书等,领取批准文件,即可发行境内上市外资股。

第十一条　《规定》和本实施细则所称招股说明书,可以是信息备忘录或者其他形式的招股说明材料。

第十二条　公司发行境内上市外资股,应当在境内按照中国有关法律、法规要求的内容、格式和披露方式披露招股说明书;其在境外向投资者提供的招股说明书,除募集行为发生地法律另有规定外,应当按照中国有关法律、法规要求的内容制作和提供。

公司在境内、外提供的招股说明书,在内容上不得相互矛盾,并不得有重大遗漏、严重误导或者虚假陈述。

第十三条　公司向现有股东配股,应当符合中国证监会发布的关于上市公司配股的有关规定。

第十四条　公司根据本实施细则第七条、第十三条报送申请文件时,应当同时报送下列文件:

(一)股东会议通知以及对通知情况的说明;

(二)公司内资股股东和外资股股东出席会议及表决情况。

第十五条　公司在发行计划确定的股份总数内发行境内上市外资股,经国务院证券委批准,可以与包销商在包销协议中约定,在包销数额之外预留不超过该次拟募集境内上市外资股数额百分之十五的股份。预留股份的发行视为该次发行的一部分。

第十六条　境内上市外资股承销期不得超过九十日。

第十七条 境内上市外资股主承销商应当于承销结束后十五日内,向中国证监会提交承销报告及前十名最大境内上市外资股股东名单和所持股份数额。承销报告应当详细说明承销过程和结果。

第十八条 境内证券经营机构因包销业务而持有境内上市外资股,应当向中国证监会报告,并应当遵守有关信息披露的规定。

第十九条 承销协议的订立、履行和争议的解决,应当适用国家法律、法规的有关规定。

第二十条 公司应当在下列文件齐备后七日内报送中国证监会备案:

(一)经二名以上具有从事证券业务资格的中国注册会计师及其所在事务所签字、盖章的关于所募资金的验资报告;

(二)公司营业执照(副本复印件);

(三)创立大会或股东大会通过的决议和公司章程。

第二十一条 公司发行境内上市外资股,需要向境外证券主管机构申请注册或取得认可的,应当及时将有关申请文件和所取得的注册或认可文件报中国证监会备案。

第二十二条 公司发行的境内上市外资股,可以在证券交易所上市交易。

第二十三条 公司应当遵守其股票上市交易的证券交易所的业务规则。

第三章 交易、登记与结算

第二十四条 买卖境内上市外资股的投资人和境内上市外资股的经纪商,应当遵守证券交易所和证券登记结算机构的业务规则。

第二十五条 买卖境内上市外资股,应当根据证券登记结算机构的有关规定开立境内上市外资股账户。

第二十六条 境内上市外资股投资人可以委托证券登记结算机构接受的托管机构为其办理境内上市外资股托管业务。

第二十七条 境内上市外资股的股东名册登记、股票存管、过户登记、资金结算应当由股票上市交易的证券交易所指定的证券登记结算机构进行。

境内上市外资股股东名册为证明境内上市外资股股东持有公司股份的充分证据;但是有相反证据的除外。

第二十八条 经纪商、托管机构可以依照登记结算机构的规定申请成为其境内上市外资股结算会员。

第二十九条 结算会员的境内上市外资股资金清算通过外币专门账户进行。

第三十条 结算会员应当按照证券登记结算机构的规定缴纳风险基金等有关款项。

第四章 证券经营机构

第三十一条 证券经营机构从事境内上市外资股承销业务,应当具有中国证监会认可的境内上市外资股承销商资格。

第三十二条 境内证券经营机构从事境内上市外资股代理买卖业务,应当具有中国证监会认可的境内上市外资股经纪商资格。

第三十三条 境外证券经营机构可以与境内经纪商签订代理协议,也可以按照证券交易所规定的方式从事境内上市外资股代理买卖业务。

第五章 信息披露

第三十四条 除《规定》和本实施细则另有规定外,发行境内上市外资股的公司应当遵守国家有关法律、法规和中国证监会发布的有关公司信息披露的规定。公司还应当遵守证券交易所有关上市公司信息披露的规定。

第三十五条 公司根据《规定》第十七条需要提供外文译本时,应当保证外文文本的准确性。中文文本、外文文本发生歧义时,以中文文本为准。

第三十六条 公司在中期报告、年度报告中,除应当提供按中国会计准则编制的财务报告外,还可以提供按国际会计准则或者境外主要募集行为发生地会计准则调整的财务报告。如果按两种会计准则提供的财务报告存在重要差异,应当在财务报告中加以说明。

公司按国际会计准则或者境外主要募集行为发生地会计准则调整的年度财务报告,应当经过会计师事务所审计。

公司可以聘请符合国家规定或要求的境外会计师事务所对本条第一款所述按国际会计准则或者境外主要募集行为发行审阅或审计;但是在境内披露有关公司财务报告的审阅或审计报告时,应当由中国注册会计师及其所在事务所签署。

第三十七条 公司披露信息时,应当在境内外报刊上或者以其他中国证监会允许的信息披露方式向境内外投资人同时披露,披露内容原则上应当一致。

招股说明书的披露按本实施细则第十二条的规定办理。

第三十八条 任何境内上市外资股股东直接或者间接持有境内上市外资股股份达到公司普通股总股本的百分之五时,应当自该事实发生之日起三个工作日内向中国证监会、证券交易所和公司作出报告并公告,说明其持股情况和意图;并在其持有该股票的增减变化每达到该公司普通股总股本的百分之二时,作出类似的报告和公告。

境内上市外资股股东在作出前款规定的报告和公告之前及当日,不得再行直接或者间接买卖该种股票。

第六章　会计、审计

第三十九条　公司应当按照《企业会计准则》及国家其他有关财务会计法规、规定进行会计核算和编制财务报告,并根据《规定》第十四条聘请具有从事证券业务资格的中国注册会计师及其所在的境内事务所进行审计或者复核。

第四十条　公司分配股利前,应当按国家有关规定计提法定公积金和法定公益金。公司在分配股利时,所依据的税后可分配利润根据下列两个数据按孰低原则确定:

(一)经会计师事务所审计的根据中国会计准则编制的财务报表中的累计税后可分配利润数;

(二)以中国会计准则编制的、已审计的财务报表为基础,按照国际会计准则或者境外主要募集行为发生地会计准则调整的财务报表中的累计税后可分配利润数。

第四十一条　境内上市外资股股利的外汇折算率的确定,由公司章程或者股东大会决议规定。如果公司章程或者股东大会决议未作出规定,应当按股东大会决议日后的第一个工作日的中国人民银行公布的所涉外汇兑人民币的中间价计算。

第四十二条　公司除应当聘请具有从事证券业务资格的境内会计师事务所外,还可以根据需要聘请符合国家规定的境外会计师事务所对其财务报告进行审计或审阅。

第四十三条　公司聘用、解聘或者不再续聘会计师事务所,由股东大会作出决定,并报中国证监会备案。

公司聘用会计师事务所的聘期,自公司本次股东年会结束时起到下次股东年会结束时止。

经批准拟设立的公司发行境内上市外资股时,会计师事务所的聘用决定由公司主要发起人或者改组设立公司的原有企业作出。

第四十四条　公司解聘或者不再续聘会计师事务所,应当事先通知会计师事务所,会计师事务所有权向股东大会陈述意见。

会计师事务所提出辞聘的,应当向股东大会说明公司有无不当情事。

第七章　附　　则

第四十五条　境内上市外资股股东与公司之间,境内上市外资股股东与公司董事、监事、经理和其他高级管理人员之间,境内上市外资股股东与内资股股东之间发生的与公司章程规定的内容以及公司其他事务有关的争议,适用中华人民共和国法律。

第四十六条　经国务院确定的计划单列市人民政府比照适用《规定》和本实施细则关于省、自治区、直辖市人民政府的规定。

第四十七条　中国证监会可以依据本实施细则制定专项规定。

第四十八条　本实施细则于《规定》施行之日起同时施行。

申请发行境内上市外资股(B股)公司报送材料标准格式

1. 1999年3月25日中国证券监督管理委员会发布

2. 证监发〔1999〕17号

申请发行境内上市外资股(以下简称“B股”)公司向中国证券监督管理委员会(以下简称“证监会”)报送申请材料时,应按下列标准格式制作:

一、发行申请材料的纸张、封面及份数

(一)纸张

应采用幅面为209×295毫米规格的纸张(相当于A4纸张规格)。

(二)封面

1. 标有“发行境内上市外资股申请材料”字样;

2. 申请企业名称;

材料侧面必须标注企业名称。

(三)份数

1. 申请材料首次报送三份,其中一份为原件。

2. 申报材料经补充、修改后,发审会之前根据我会发行监管部要求的份数补报材料。发审会通过后,除原件和复印件各一份留证监会存档外,其余申请材料退该企业。

二、发行申请材料目录

第一章　省级人民政府或国务院有关部门出具的推荐文件

第二章　批准设立股份有限公司的文件

2-1　省级人民政府或国务院授权部门批准设立或确认股份有限公司规范化运行的文件

2-2　发起人的营业执照或其他身份证明文件

2-3　股份有限公司营业执照

第三章　发行授权文件

3-1　股东大会同意发行B股的决议

3-2　发行申请报告

第四章　公司章程

4-1　公司章程

4－2　股东大会批准公司章程的决议

第五章　招股说明书

5－1　招股说明书

5－2　招股说明书概要

5－3　招股说明书附件

5－3－1　审计报告

5－3－2　盈利预测报告（如公开披露须报）

5－3－3　资产评估报告

5－3－4　法律意见书

5－3－5　验资报告

第六章　资金运用的可行性分析

6－1　有全体董事签字的募集资金运用可行性分析

6－2　国家有关部门同意固定资产投资立项的批准文件

6－3　被收购兼并企业或项目情况

第七章　发行方案

第八章　公司改制方案及原企业有关财务资料

8－1　证监会派出机构对公司改制运行情况的调查报告

8－2　公司改制方案、非经营性资产的处理及离退休人员的安置情况、关联关系及交易

8－3　设立不满三年的股份有限公司设立以前年份原企业会计报表；

8－4　设立不满三年的股份有限公司设立以前年份的原企业会计报表与申报会计报表各项目数据及主要财务指标的差异比较表

8－5　设立不满三年的股份有限公司设立以前年份的资产负债表各项目的剥离标准和损益表各项目的确认方法

8－6　前三年及最近一期的纳税资料及其法律依据

第九章　定向募集公司申请发行B股还须提交的文件

9－1　定向募股发行情况的报告

9－2　定向募集股票的托管情况的报告

9－3　股本演变情况的说明及相关法律文件

9－4　省级人民政府关于股票托管情况的确认文件

9－5　省级人民政府或国务院有关部门关于该公司职工内部股清理情况的文件

第十章　发行申请材料的附件

10－1　招股说明书外文文本

10－2　土地使用证或土地使用权处置方案

10－3　国有资产管理部门关于国有资产评估的确认文件（如果土地单独评估，还需提供地方或者国家土地管理部门关于土地评估结果的确认文件）

10－4　历年发放股利情况

10－5　前次发行募集资金的使用情况说明

10－6　关联交易的重要合同

10－7　承销协议

10－8　承销团协议

10－9　各中介机构的证券从业资格证书

10－10　有关中介机构出具的文件签字者的证券从业资格证书

10－11　境内外证券经营机构从事外资股业务资格证书

注：1. 每一页的页码必须与目录中的页码相符

2. 页码标注的举例说明

例如：第四章4－1的页码标注应为：4－1－1，4－1－2，4－1－3，……4－1－n。

中国证券监督管理委员会关于企业发行B股有关问题的通知

1. *1999年5月19日*
2. *证监发行字〔1999〕52号*

各省、自治区、直辖市、计划单列市人民政府，国务院有关部门：

为了进一步发展境内上市外资股（以下简称“B股”）市场，支持国内企业进入B股市场筹资，现将有关问题通知如下：

一、申请发行B股的企业，可以是国有企业、集体企业及其他所有制形式的企业，原则上应为已经设立并规范运作的股份有限公司，必须符合《国务院关于股份有限公司境内上市外资股的规定》所列条件，能够适应国际投资者的要求。成熟一家，发行一家。

二、申请发行B股的企业，经有关省级人民政府或国务院有关部门同意后，应按照《关于印发〈申请发行境内上市外资股（B股）公司报送材料标准格式〉的通知》（证监发〔1999〕17号）的要求，向中国证监会报送B股发行申请材料。

三、B股发行申请材料中的“承销协议”应在报送中国证监会前签署，在发行申请经中国证监会核准后生效。如有关证券经营机构在承销协议中规定的期限内未完成承销，应按照承销协议中的规定，承担相应的经济责任。

中国证券监督管理委员会、国家外汇管理局关于境内居民个人投资境内上市外资股若干问题的通知

1. 2001年2月21日
2. 证监发〔2001〕22号

各证券监管办公室、办事处、特派员办事处;国家外汇管理局各分局,北京、重庆外汇管理部;上海、深圳证券交易所;各有关商业银行、证券公司、信托投资公司:

为了促进境内上市外资股(以下简称"B"股)市场的健康发展,维护B股市场和外汇市场的正常秩序,保护投资人的合法权益,规范市场参与者的行为,现就有关问题通知如下:

一、根据1995年《国务院关于股份有限公司境内上市外资股的规定》(国务院第189号令)第四条的规定和中国证券监督管理委员会(以下简称"中国证监会")2001年2月19日发布的境内居民可投资B股市场的决定,境内居民个人可以按照本通知从事B股投资。

二、境内居民个人从事B股交易,在2001年6月1日前,只允许使用在2001年2月19日(含2月19日,下同)前已经存入境内商业银行的现汇存款和外币现钞存款,不得使用外币现钞和其它外汇资金;境内居民个人2001年2月19日前已经存入境内商业银行,2001年2月19日后到期并转存的,可以作为从事B股交易的资金。2001年6月1日后,允许境内居民个人使用2001年2月19日后存入境内商业银行的现汇存款和外币现钞存款以及从境外汇入的外汇资金从事B股交易,但仍不允许使用外币现钞。

三、经中国证监会批准经营B股业务和经国家外汇管理局批准经营外汇业务的证券公司和信托投资公司可以凭中国证监会核发的从事B股业务资格证书和国家外汇管理局核发的经营外汇业务许可证到所在地同一城市所有经批准经营外汇存款、汇款业务的境内商业银行或其分支机构开立B股保证金账户;上述公司的分支机构可以凭加盖分支机构印章的总公司资格证书复印件和许可证复印件办理开户手续。证券公司和信托投资公司或其分支机构(以下简称"证券经营机构")在一个境内商业银行只能开立一个B股保证金账户,不得在同一境内商业银行开立一个以上的B股保证金账户。证券经营机构应当在开户后三个工作日内将开户银行名称报所在地国家外汇管理局或其分支局(以下简称"外汇局")备案,并通过所在地新闻媒体对外公布其开户情况。

四、境内居民个人开立B股资金账户和股票账户,应当按照下列程序办理:

(一)凭本人有效的身份证明文件到其原外汇存款银行将其现汇存款和外币现钞存款划入证券经营机构在同城、同行的B股保证金账户,暂时不允许跨行或异地划转外汇资金。境内商业银行应当向境内居民个人出具进账凭证,并向证券经营机构出具对账单。

(二)凭本人有效身份证明和本人进账凭证到证券经营机构开立B股资金账户,开立B股资金账户的最低金额为等值1000美元。

(三)凭B股资金账户开户证明到该证券经营机构开立B股股票账户。

五、境内商业银行在为境内居民个人办理外汇划转手续时,必须严格按照本通知的规定审核存款日期和划转资金;2001年6月1日前,从境内居民个人定期存款账户划转资金时,账户存款日期不得晚于2001年2月19日;从境内居民个人活期存款账户划转资金时,划转资金金额不得超过2001年2月19日前的账户存款余额;在办理外汇划转时,应当将划出资金币种转为与证券经营机构B股保证金账户相同的币种。

六、境内居民个人的B股资金账户的收入范围为从现汇存款账户或外币现钞存款账户划入的外汇以及从事B股交易所获得的外汇,支出范围为从事B股交易需支付的外汇以及划回境内商业银行存储,不得用于向境外支付。境内居民个人从B股资金账户划回境内商业银行存储的从事B股交易的所有外汇,按照《境内居民个人外汇管理暂行办法》中有关现钞管理的规定以及其它现钞管理规定进行管理。境内居民个人不得从B股资金账户提取外币现钞。

七、非居民的B股资金账户的收入范围为从境外汇入的外汇资金、境内商业银行的合法现汇存款以及从事B股交易所获得的外汇,支出范围为汇出境外、存入其在境内开立的合法外汇账户以及从事B股交易需支付的外汇。非居民不得从B股资金账户提取外币现钞。

八、境内居民个人与非居民之间不得进行B股协议转让。境内居民个人所购B股不得向境外转托管。

九、所有为证券经营机构开立B股保证金账户的境内商业银行,均可以办理B股交易项下证券经营机构与证券登记结算公司之间以及证券经营机构总分支机构之间外汇资金的收付业务。

十、证券经营机构、境内商业银行、境内居民个人、非居民应当严格按照本通知规定以及中国证监会和外汇局的其它相关规定办理B股交易项下的相关业务,防止逃汇、非法套汇等违法行为的发生,对违反规定的,由中

国证监会或外汇局根据有关规定进行处罚。

十一、本通知自发布之日起开始施行。自本通知施行之日起,证券经营机构可以向境内商业银行申请办理开立B股保证金账户事宜,但境内居民个人办理资金划转和开立B股资金账户事宜应于2001年2月26日起开始。中国证监会《关于严格管理B股开户问题的通知》(证监发字〔1996〕75号)和《关于清理B股账户的通知》(证监交字〔1996〕1号)同时废止。

对外贸易经济合作部、中国证券监督管理委员会关于上市公司涉及外商投资有关问题的若干意见

1. 2001年10月8日

2. 外经贸资发〔2001〕538号

为了推动境内股票市场的健康发展,规范外商投资股份有限公司上市发行股票和外商投资企业进入股票市场的行为,现提出以下意见:

一、关于外商投资股份有限公司设立。

设立外商投资股份有限公司或现有的外商投资有限责任公司申请转为外商投资股份有限公司,须符合《关于设立外商投资股份有限公司若干问题的暂行规定》(外经贸部令1995年第1号)的要求并按规定程序报外经贸部审批。

二、关于外商投资股份有限公司上市发行股票。

(一)外商投资股份有限公司在境内发行股票(A股与B股)必须符合外商投资产业政策及上市发行股票的要求;

(二)首次公开发行股票并上市的外商投资股份有限公司,除符合《公司法》等法律、法规及中国证监会的有关规定外,还应符合下列条件:

1. 申请上市前三年均已通过外商投资企业联合年检;

2. 经营范围符合《指导外商投资方向暂行规定》与《外商投资产业指导目录》的要求;

3. 上市发行股票后,其外资股占总股本的比例不低于10%;

4. 按规定需由中方控股(包括相对控股)或对中方持股比例有特殊规定的外商投资股份有限公司,上市后应按有关规定的要求继续保持中方控股地位或持股比例;

5. 符合发行上市股票有关法规要求的其他条件。

(三)外商投资股份有限公司首次公开发行股票并上市,除向中国证监会提交规定的材料外,还应提供通过联合年检的外商投资股份有限公司的批准证书和营业执照;

(四)外商投资股份有限公司首次发行股票后,其增发股票及配股,应符合本条上述第(二)款规定的条件以及增发股票与配股的有关规定;

(五)外商投资股份有限公司首次发行股票及增发或配、送股票完成后,应到外经贸部办理法律文件变更手续。

三、含有B股的外商投资股份有限公司,申请其非上市外资股在B股市场上流通,应在获得外经贸部同意后,向中国证监会报送非上市外资股上市流通的申请方案。

申请非上市外资股上市流通应符合下列条件:

(一)拟上市流通的非上市外资股的持有人持有该非上市外资股的期限超过一年;

(二)非上市外资股转为流通股后,其原持有人继续持有的期限须超过一年;

(三)非上市外资股原持有人依照公司章程、股东协议及其他法律文件对公司的特殊承诺和法律、法规有要求承担特殊义务和责任的,按其承诺或义务执行;

(四)符合上市发行股票有关法规要求的其他条件。

四、外商投资企业(包括外商投资股份有限公司)受让境内上市公司非流通股,应按《外商投资企业境内投资的暂行规定》规定的程序和要求办理有关手续。

暂不允许外商投资性公司受让上市公司非流通股。

五、外商投资股份有限公司境内上市发行股票后外资比例低于总股本25%的,应缴回外商投资企业批准证书,并按规定办理有关变更手续。

外商投资企业受让上市公司的非流通股,导致上市公司(持有外商投资企业批准证书的公司)外资比例低于总股本25%的,该上市公司应缴回外商投资企业批准证书,并按规定办理有关变更手续。

六、符合条件的外商投资企业可以在境外发行股票。

7. 资金使用

中国证券监督管理委员会、国务院国有资产监督管理委员会关于规范上市公司与关联方资金往来及上市公司对外担保若干问题的通知

1. *2003年8月28日*
2. *证监发〔2003〕56号*

各上市公司及其控股股东：

为进一步规范上市公司与控股股东及其他关联方的资金往来，有效控制上市公司对外担保风险，保护投资者合法权益，根据《中华人民共和国公司法》、《中华人民共和国证券法》、《中华人民共和国企业国有资产监督管理暂行条例》等法律法规，现就有关问题通知如下：

一、进一步规范上市公司与控股股东及其他关联方的资金往来

上市公司与控股股东及其他关联方的资金往来，应当遵守以下规定：

(一)控股股东及其他关联方与上市公司发生的经营性资金往来中，应当严格限制占用上市公司资金。控股股东及其他关联方不得要求上市公司为其垫支工资、福利、保险、广告等期间费用，也不得互相代为承担成本和其他支出；

(二)上市公司不得以下列方式将资金直接或间接地提供给控股股东及其他关联方使用：

1. 有偿或无偿地拆借公司的资金给控股股东及其他关联方使用；

2. 通过银行或非银行金融机构向关联方提供委托贷款；

3. 委托控股股东及其他关联方进行投资活动；

4. 为控股股东及其他关联方开具没有真实交易背景的商业承兑汇票；

5. 代控股股东及其他关联方偿还债务；

6. 中国证监会认定的其他方式。

(三)注册会计师在为上市公司年度财务会计报告进行审计工作中，应当根据上述规定事项，对上市公司存在控股股东及其他关联方占用资金的情况出具专项说明，公司应当就专项说明作出公告。

二、严格控制上市公司的对外担保风险

上市公司全体董事应当审慎对待和严格控制对外担保产生的债务风险，并对违规或失当的对外担保产生的损失依法承担连带责任。控股股东及其他关联方不得强制上市公司为他人提供担保。

上市公司对外担保应当遵守以下规定：

(一)上市公司不得为控股股东及本公司持股百分之五十以下的其他关联方、任何非法人单位或个人提供担保。

(二)上市公司对外担保总额不得超过最近一个会计年度合并会计报表净资产的百分之五十。

(三)上市公司《章程》应当对对外担保的审批程序、被担保对象的资信标准做出规定。对外担保应当取得董事会全体成员三分之二以上签署同意，或者经股东大会批准；不得直接或间接为资产负债率超过百分之七十的被担保对象提供债务担保。

(四)上市公司对外担保必须要求对方提供反担保，且反担保的提供方应当具有实际承担能力。

(五)上市公司必须严格按照《上市规则》、《公司章程》的有关规定，认真履行对外担保情况的信息披露义务，必须按规定向注册会计师如实提供公司全部对外担保事项。

(六)上市公司独立董事应在年度报告中，对上市公司累计和当期对外担保情况、执行上述规定情况进行专项说明，并发表独立意见。

三、加大清理已发生的违规占用资金和担保事项的力度

(一)上市公司应自本《通知》发布之日起一个月内，按照本《通知》规定，对上市公司与控股股东及其他关联方已经发生的资金往来、资金占用以及对外担保情况进行自查。

自查报告应在规定期限内上报公司所在地中国证监会派出机构备案，经各地派出机构审核或检查后，应在最近一期年度报告中作为重大事项予以披露。

(二)国有资产监督管理机构应当指导和协调国有控股上市公司解决违规资金占用、关联担保问题，要求有关控股股东尊重、维护上市公司经营自主权和合法权益，促进上市公司依法经营管理，完善法人治理结构，增强上市公司的市场竞争力。

(三)上市公司董事会应当针对历史形成的资金占用、对外担保问题，制定切实可行的解决措施，保证违反本《通知》规定的资金占用量、对外担保形成的或有债务，在每个会计年度至少下降百分之三十。

(四)上市公司被关联方占用的资金，原则上应当以现金清偿。在符合现行法律法规的条件下，可以探索金融创新的方式进行清偿，但需按法定程序报有关部门批准。

(五)严格控制关联方以非现金资产清偿占用的上市公司资金。关联方拟用非现金资产清偿占用的上

市公司资金，应当遵守以下规定：

1. 用于抵偿的资产必须属于上市公司同一业务体系，并有利于增强上市公司独立性和核心竞争力，减少关联交易，不得是尚未投入使用的资产或没有客观明确账面净值的资产。

2. 上市公司应当聘请有证券期货相关业务资格的中介机构对符合以资抵债条件的资产进行评估，以资产评估值或经审计的账面净值作为以资抵债的定价基础，但最终定价不得损害上市公司利益，并充分考虑所占用资金的现值予以折扣。

审计报告和评估报告应当向社会公告。

3. 独立董事应当就上市公司关联方以资抵债方案发表独立意见，或者聘请有证券期货相关业务资格的中介机构出具独立财务顾问报告。

4. 上市公司关联方的以资抵债方案应当报中国证监会批准。中国证监会认为以资抵债方案不符本《通知》规定，或者有明显损害公司和中小投资者利益的情形，可以制止该方案的实施。

5. 上市公司关联方以资抵债方案须经股东大会审议批准，关联方股东应当回避投票。

四、依法追究违规占用资金和对外担保行为的责任

（一）中国证监会与国务院国有资产监督管理委员会（以下简称“国资委”）等部门加强监管合作，共同建立规范国有控股股东行为的监管协作机制，加大对违规占用资金和对外担保行为的查处力度，依法追究相关当事人的法律责任。

（二）上市公司及其董事、监事、经理等高级管理人员违反本《通知》规定，中国证监会将责令整改，依法予以处罚，并自发现上市公司存在违反本《通知》规定行为起12个月内不受理其再融资申请。

（三）上市公司控股股东违反本《通知》规定或不及时清偿违规占用上市公司资金的，中国证监会不受理其公开发行证券的申请或其他审批事项，并将其资信不良记录向国资委、中国银行业监督管理委员会和有关地方政府通报。

国有控股股东违反本《通知》规定的，国有资产监督管理机构对直接负责的主管人员和直接责任人依法给予纪律处分，直至撤销职务；给上市公司或其他股东利益造成损失的，应当承担相应的赔偿责任。非国有控股股东直接负责的主管人员和直接责任人违反本《通知》规定的，给上市公司造成损失或严重损害其他股东利益的，应负赔偿责任，并由相关部门依法处罚。构成犯罪的，依法追究刑事责任。

五、其他

本《通知》所称“关联方”按财政部《企业会计准则——关联方关系及其交易的披露》规定执行。纳入上市公司合并会计报表范围的子公司对外担保、与关联方之间进行的资金往来适用本《通知》规定。

本通知自发布之日起施行。

中国证券监督管理委员会
关于集中解决上市公司资金
被占用和违规担保问题的通知

1. 2005年6月6日

2. 证监公司字〔2005〕37号

中国证监会各省、自治区、直辖市、计划单列市监管局，上海、深圳证券交易所：

根据我会2005年上市公司监管工作重点，今年要从国有控股上市公司入手，重点解决上市公司资金占用和违规担保问题。各证监局要把这项工作作为评价考核上市公司监管工作成效的重要指标，真抓实干，打好集中解决上市公司资金被占用和违规担保问题攻坚战，在年内基本解决本辖区历史形成的非经营性占用资金问题。现就有关工作通知如下：

一、集中解决上市公司资金被占用和违规担保问题，切实维护社会公众股股东合法权益

维护上市公司财产完整和安全，切实维护社会公众股股东合法权益，是集中解决大股东（或控股股东、实际控制人，下同）占用上市公司资金和上市公司违规担保问题的出发点和落脚点。集中解决大股东占用上市公司资金和清理上市公司违规担保的具体方案要以是否有利于维护社会公众股股东合法权益、是否有利于增强市场信心这一标准来衡量。集中解决占用资金问题和上市公司违规担保问题，要按照《国务院关于推进资本市场改革开放和稳定发展的若干意见》（国发〔2004〕3号，以下简称《若干意见》）的总体要求，全方位、多角度规范上市公司运作；集中解决占用资金问题和上市公司违规担保问题，是一项多管齐下、综合治理的系统工程，需要包括社会公众股股东、上市公司、控股股东、地方政府等有关方面的共同努力，合力推进资本市场的改革开放和稳定发展。各证监局要按照辖区监管责任制的要求，协调、支持、配合中央和地方国有资产监管机构，采取有效措施，综合运用现金清偿、以股抵债、以资抵债等方式，从国有控股上市公司入手，在年内基本解决大股东历史形成的非经营性占用资金问题，坚决制止新发生占用行为；协调、支持、配合银行业监管部门采取有效措施清理上市公司违规担保问题。

二、采取多种措施,集中解决大股东占用上市公司资金问题

(一)实行新老划断,运用多种手段解决历史遗留问题。对于历史遗留问题,按照《若干意见》的总体要求,督促上市公司董事会在各地方政府的支持下,采取包括寻求司法途径在内的切实有效措施,要求大股东在年内基本清偿历史形成的非经营性占用资金。大股东可以通过抵扣红利、转让、拍卖股份和资产等途径实现现金清偿;大股东确实不具备现金清偿能力的,可以采用以纠正过错为前提的"以股抵债"方式;只有资产质量符合要求的,才能实施"以资抵债"。鼓励大股东一次性清偿历史形成的全部占用资金。

(二)严格惩戒措施,切实落实清偿方案,有效制止新发生占用行为。对于大股东在限期内未能及时清偿或者新发生非经营性占用的,各证监局应当按照《若干意见》的要求,配合各地方政府和有关主管部门,严格按照《关于规范上市公司与关联方资金往来以及上市公司对外担保若干问题的通知》(证监发〔2003〕56号,以下简称"56号文")的规定,对国有控股股东直接负责人和直接责任人给予纪律处分,直至撤销职务;对于非国有控股上市公司大股东及其法定代表人,要将其信用不良记录通报各地人民银行、银监局、各商业银行以限制其信贷行为;上市公司未能制止资金被侵占或者没有及时追讨被占用资金的,责令上市公司限期整改,提出认定对此负有责任的董事、高管人员为不适当人选的建议;提出停止受理有关控股股东或者实际控制人证券期货相关业务行政许可申请、上市公司再融资等许可申请的建议。中国证监会将在上市公司2005年年报公布后,在媒体上公开披露非经营性占用上市公司资金余额1亿元以上的控股股东和其法定代表人名单,以及上述被追究责任人员名单,以加大社会监督力度。

(三)严格控制"以股抵债"或者"以资抵债"实施条件,加大监管力度,防止以次充好、以股赖账等损害公司及社会公众股股东权益的行为。"以股抵债"措施仅适用于纠正56号文发布之前形成的非经营性占用资金,上市公司具有持续盈利能力且大股东确实没有现金清偿能力的情形。"以股抵债"不同于一般意义的上市公司股权转让行为,应当以纠正侵占过错为前提,合理支付占用成本,推行市场化定价机制,要切实维护社会公众股股东的合法权益,要有利于增强市场信心。大股东用"以资抵债"方式解决历史形成成非经营性占用资金的,用以抵债的资产质量不得低于56号文提出的要求,不存在原公开承诺用现金清偿而改用"以资抵债"的问题。

(四)重点解决大股东非经营性占用上市公司资金的问题。非经营性占用资金是指上市公司为大股东及其附属企业垫付的工资、福利、保险、广告等费用和其他支出;代大股东及其附属企业偿还债务而支付的资金;有偿或无偿直接或间接拆借给大股东及其附属企业的资金;为大股东及其附属企业承担担保责任而形成的债权;其他在没有商品和劳务对价情况下提供给大股东及其附属企业使用的资金。

各证监局、证券交易所必须加强对上市公司关联交易的监管,督促上市公司完善并严格执行关联交易规则,提高关联交易透明度,使得大股东经营性占用资金额有明显降低,严防大股东、上市公司将非经营性占用转换为经营性占用(比如一面清偿非经营性占用资金,一面拖欠关联交易款项),支持上市公司通过并购重组减少关联交易,实现资产独立、业务完整,消除经营性占用资金的根源。

三、规范上市公司对外担保行为,化解上市公司担保风险

各证监局要加强对上市公司滥用上市公司信用,无节制地对外提供担保和漠视有关规定恶意担保问题的监管,督促上市公司认真执行56号文和《关于上市公司为他人提供担保有关问题的通知》(证监公司字〔2000〕61号)的规定,严格控制担保风险,禁止发生新的违规担保行为。要求上市公司为他人提供担保应当严格内部程序,须经董事会非利害关系成员三分之二以上签署同意,或者提请股东大会审议批准,及时披露相关会议决议内容;要求上市公司在公司章程中明确董事会审议单次担保、为单一对象担保及累计担保总额的最高限额和职责,以及董事对违规担保、擅自担保或者失当担保给公司造成损失应当承担的连带责任。

上市公司及其董事、高级管理人员在担保期内应当持续审查被担保对象的财务状况,监督其及时清偿债务以解除担保责任。对于违反有关规定提供担保的上市公司,证监局应责令其整改,并将公司整改情况报告中国证监会上市公司监管部。情节严重或者拒不整改的,证监局要将相关情况通报当地银监局敦请其重点关注,并向中国证监会提出自向上市公司发出整改通知之日起12个月内不受理其再融资申请、认定同意公司违反有关规定提供担保的董事和高级管理人员为不适当人选的建议。

国家政策允许的航空、电力等特殊行业的上市公司为非纳入上市公司合并报表范围内子公司提供担保应提请股东大会审议后方可实施。

四、集中解决上市公司资金被占用和违规担保问题的工作部署和要求

（一）证监局接此通知后，应当立即部署落实相关工作，按照"谁监管谁负责"的原则，逐家摸清占用情况和大股东的清偿能力，逐家督促上市公司及其大股东根据实际情况制订出切实可行的清欠方案。各证监局要加强与地方国有资产监管机构的监管合作，采取有效措施一户一户地督促地方国有控股上市公司在年内完成清理资金占用工作。同时，各证监局要在各地方政府的支持下，督促非国有控股上市公司切实落实其清欠方案。各证监局在上市公司年报披露后要填写"上市公司非经营性占用资金清偿统计表"（见附件），于6月24日前上报上市公司监管部。

（二）各证监局应当指定专项联系人督促上市公司落实清欠方案，并于每季度结束后10日内按照"上市公司非经营性占用资金清偿统计表"的格式向上市公司监管部汇总上报清偿进度。

（三）各证监局要督促上市公司规范"以股抵债"、"以资抵债"清欠工作程序。拟采用"以股抵债"方案的，必须在取得证监会和国资委（如属于国有股的）同意后方可召开董事会会议；相关方案提交股东大会审议前，应当取得国资委批准（如属于国有股的）。在相关信息披露前，上市公司、大股东及其他当事人应当履行诚信义务，做好信息保密工作，确保所有投资者平等获得信息。证监会将按照具备条件、方案成熟为先行试点原则继续推进"以股抵债"工作。

上市公司董事会审议符合条件的"以资抵债"方案，应当在做出决议后两个工作日内予以公告。为防范大股东以不良资产抵债和高估资产价值，公司所在地证监局应严格审查大股东用以抵债资产的质量和评估情况，对"以资抵债"方案出具初审意见报中国证监会核准。中国证监会对公司"以资抵债"方案未提出异议的，公司可以发布召开股东大会的通知。中国证监会认为以资抵债方案不符合56号文规定，或者有明显损害公司和中小股东利益的情形，可以制止该方案实施。

（四）各证监局要在年报披露结束后对辖区内上市公司的对外担保情况进行全面检查，摸清上市公司对外担保特别是循环担保风险状况的底数，查清违规担保情况。调查情况表应在6月24日前报上市公司监管部。在此基础上督促上市公司完整、准确、及时地披露其对外担保状况；促使上市公司完善公司章程，建立信用风险内控制度，严格担保的内部批准程序；要求上市公司坚持用发展的办法解决前进中的问题，采取有效措施逐步解除历史形成的违规担保，不得为已到期的违规担保再行续保。

各证监局要按照《若干意见》的精神，敦请银监局加大对商业银行审批上市公司对外担保行为的监管力度，与其在对上市公司担保问题的监管方面建立起信息共享、沟通便捷、职责明确的协调配合机制，防范、化解上市公司违规担保可能引发的信用风险。

（五）证券交易所应当根据56号文和本通知精神，加强集中解决占用问题的信息披露监管工作，非经证监会和国资委（如属于国有股的）同意的"以股抵债"方案不得披露，并结合2004年年度报告审核工作，对占用资金和清偿进度披露情况进行统计分析，分析报告于6月24日前上报上市公司监管部。

（六）上市公司监管部在《上市公司简报》中通报各证监局督促上市公司落实清理资金占用及规范担保行为工作的进展情况，并据此进行年度考核评价。上市公司监管部将根据集中解决上市公司资金被占用和违规担保问题的工作情况，适时召开现场工作会议进行经验交流。

附件：上市公司非经营性占用资金清偿统计表（略）

中国证券监督管理委员会、中国银行业监督管理委员会关于规范上市公司对外担保行为的通知

1. *2005年11月14日*
2. *证监发〔2005〕120号*
3. *自2006年1月1日起施行*

各上市公司，各银行业金融机构：

为规范上市公司对外担保行为和银行业金融机构审批由上市公司提供担保的贷款行为，有效防范上市公司对外担保风险和金融机构信贷风险，根据《中华人民共和国公司法》、《中华人民共和国证券法》、《中华人民共和国银行业监督管理法》和《中华人民共和国担保法》等法律、法规的规定，现就上市公司对外担保有关问题通知如下：

一、规范上市公司对外担保行为，严格控制上市公司对外担保风险

（一）上市公司对外担保必须经董事会或股东大会审议。

（二）上市公司的《公司章程》应当明确股东大会、董事会审批对外担保的权限及违反审批权限、审议程序的责任追究制度。

（三）应由股东大会审批的对外担保，必须经董事会审议通过后，方可提交股东大会审批。须经股东大

会审批的对外担保,包括但不限于下列情形:

1. 上市公司及其控股子公司的对外担保总额,超过最近一期经审计净资产50%以后提供的任何担保;

2. 为资产负债率超过70%的担保对象提供的担保;

3. 单笔担保额超过最近一期经审计净资产10%的担保;

4. 对股东、实际控制人及其关联方提供的担保。

股东大会在审议为股东、实际控制人及其关联方提供的担保议案时,该股东或受该实际控制人支配的股东,不得参与该项表决,该项表决由出席股东大会的其他股东所持表决权的半数以上通过。

(四)应由董事会审批的对外担保,必须经出席董事会的三分之二以上董事审议同意并做出决议。

(五)上市公司董事会或股东大会审议批准的对外担保,必须在中国证监会指定信息披露报刊上及时披露,披露的内容包括董事会或股东大会决议、截止信息披露日上市公司及其控股子公司对外担保总额、上市公司对控股子公司提供担保的总额。

(六)上市公司在办理贷款担保业务时,应向银行业金融机构提交《公司章程》、有关该担保事项董事会决议或股东大会决议原件、刊登该担保事项信息的指定报刊等材料。

(七)上市公司控股子公司的对外担保,比照上述规定执行。上市公司控股子公司应在其董事会或股东大会做出决议后及时通知上市公司履行有关信息披露义务。

二、规范银行业金融机构贷款担保审批行为,有效防范银行业金融机构发放由上市公司提供担保的贷款风险

(一)各银行业金融机构应当严格依据《中华人民共和国担保法》、《中华人民共和国公司法》、《最高人民法院关于适用〈中华人民共和国担保法〉若干问题的解释》等法律法规,加强对由上市公司提供担保的贷款申请的审查,切实防范相关信贷风险,并应及时将贷款、担保信息登录征信管理系统。

(二)各银行业金融机构必须依据本《通知》、上市公司《公司章程》及其他有关规定,认真审核以下事项:

1. 由上市公司提供担保的贷款申请的材料齐备性及合法合规性;

2. 上市公司对外担保履行董事会或股东大会审批程序的情况;

3. 上市公司对外担保履行信息披露义务的情况;

4. 上市公司的担保能力;

5. 贷款人的资信、偿还能力等其他事项。

(三)各银行业金融机构应根据《商业银行授信工作尽职指引》等规定完善内部控制制度,控制贷款风险。

(四)对由上市公司控股子公司提供担保的贷款申请,比照上述规定执行。

三、加强监管协作,加大对涉及上市公司违规对外担保行为的责任追究力度

(一)中国证监会及其派出机构与中国银监会及其派出机构要加强监管协作,实施信息共享,共同建立监管协作机制,共同加大对上市公司隐瞒担保信息、违规担保和银行业金融机构违规发放贷款等行为的查处力度,依法追究相关当事人的法律责任。

(二)上市公司及其董事、监事、经理等高级管理人员违反本《通知》规定的,中国证监会责令其整改,并依法予以处罚;涉嫌犯罪的,移送司法机关予以处理。

(三)银行业金融机构违反法律、法规的,中国银监会依法对相关机构及当事人予以处罚;涉嫌犯罪的,移送司法机关追究法律责任。

四、其他

(一)各上市公司应当按照上述规定,修订和完善《公司章程》;各银行业金融机构应将上市公司对外担保纳入统一授信管理,严格按照有关规定进行审批和管理。

(二)本《通知》所称"银行业金融机构",按《中华人民共和国银行业监督管理法》规定执行。所称"对外担保",是指上市公司为他人提供的担保,包括上市公司对控股子公司的担保。所称"上市公司及其控股子公司的对外担保总额",是指包括上市公司对控股子公司担保在内的上市公司对外担保总额与上市公司控股子公司对外担保总额之和。

(三)金融类上市公司不适用本《通知》规定。

(四)《关于上市公司为他人提供担保有关问题的通知》(证监公司字〔2000〕61号)、《关于规范上市公司与关联方资金往来及上市公司对外担保若干问题的通知》(证监发〔2003〕56号)中与本《通知》规定不一致的,按本《通知》执行。

五、本《通知》自2006年1月1日起施行。

中国证券监督管理委员会等关于进一步做好清理大股东占用上市公司资金工作的通知

1. *2006年11月7日中国证券监督管理委员会、公安部、中国人民银行、国务院国有资产监督管理委员会、海关总署、国家税务总局、国家工商行政管理总局、中国银行业监督管理委员会发布*
2. *证监发〔2006〕128号*

各省、自治区、直辖市、计划单列市人民政府，国务院各有关部委、各直属机构：

清理大股东非经营性占用上市公司资金（以下简称“资金占用”），是夯实资本市场基础、提高上市公司质量的一项重要工作。自2005年10月《国务院批转证监会关于提高上市公司质量意见的通知》（国发〔2005〕34号，以下简称《通知》）下发以来，有关省、自治区、直辖市、计划单列市人民政府，国务院有关部委及直属机构做了大量工作，成效显著。但是，由于资金占用的形成具有复杂的历史原因，资金占用的总体形势依然严峻，部分公司的资金占用清理工作面临重大困难。国务院对这项工作高度重视，强调清理上市公司资金占用是提高上市公司质量的一项重要工作，必须切实做好，要求各有关方面积极配合，抓紧解决清欠问题。为了认真贯彻落实国务院有关部署和要求，确保今年年内按时完成清欠工作任务，经国务院同意，现就有关问题通知如下：

一、要从全局和战略的高度充分认识清欠工作的重要性和紧迫性

上市公司是证券市场的基石，大量存在的大股东占用上市公司资金的行为，严重阻碍了上市公司的健康、持续发展，侵犯了上市公司法人财产权的完整性，影响了资本市场诚信建设和健康发展，是导致部分上市公司连续亏损直至退市的主要原因，是严重损害公司和广大中小股东权益的违法犯罪行为。清理大股东对上市公司资金占用，有利于维护社会主义市场经济秩序，有利于维护基本的产权制度，有利于促进资本市场乃至整个社会诚信文化的建设，是当前提高上市公司质量首要而紧迫的任务。

二、加快清欠进度，确保实现年内完成清欠任务的目标

目前，完成《通知》明确要求的大股东占用资金“务必在2006年底前偿还完毕”，时间紧、任务重。各级地方政府及有关部门要认真贯彻落实国务院有关部署和要求，将本地区的清欠工作作为重要任务抓紧、抓好，确保今年年底前完成清欠任务。前期的清欠工作经验表明，综合监管体系运作越有成效，地方政府越重视、越支持，清欠问题就解决得越快越好。

各级地方政府要加强组织领导，主要负责人应直接负责清欠工作，领导、组织和协调财政、国资、工商、税务、银行、公安等各部门，协同配合清欠工作。各级地方政府要从维护当地金融环境的战略高度，采用督促有关各方市场化重组、追查大股东或实际控制人资金和资产以及追究责任人法律责任等手段，确保占用资金得到清偿。对国有企业占用上市公司资金的，各级地方政府应积极采取措施，各级国资监管部门应切实履行出资人职责，动员各方力量协调解决资金、资产来源，督促国有企业解决资金占用问题。此外，各级地方政府要抓住清欠工作的重点和难点问题，全力攻关，积极创新，综合运用各种措施，按期完成清欠任务。

中国证监会要督促上市公司及时披露资金占用及清欠进展情况，定期曝光占款单位及有关责任人员，并将清欠完成情况专报国务院。中国证监会和国务院国资委要进一步加强对重点地区和重点公司的清欠督导工作，会同地方政府逐家研究解决方案，逐一落实。大股东或实际控制人在限期内未完成清欠的，中国证监会将其不良信用记录通报中国银监会和中国人民银行，中国银监会要督促商业银行等金融机构关注上市公司及其大股东或实际控制人的信用状况，展开全面清查，并限制其授信活动。

各相关部门要积极配合清欠工作，加快有关涉及清欠工作的行政审批事项的审核进度。中国银监会应要求各商业银行在依法防范风险的情况下，积极支持清欠工作涉及的债务重组、信贷业务、解除担保等事项。各级税务部门要对清欠工作中涉及的税收问题给予配合和支持。各级工商部门应尽快办理清欠工作涉及的企业登记手续。

各相关部门还应当配合对占款方资金、资产的全面清查工作，提供信息支持和相关证据。各级工商部门要配合中国证监会查清负有清欠责任的大股东或实际控制人名下持有的企业股权及其他工商登记信息。中国银监会应要求各商业银行配合中国证监会查清大股东或实际控制人及其所属企业银行账户、资金往来、贷款、担保、信用证开证及票据贴现等情况。中国人民银行要依法及时向中国证监会提供清欠工作所需的信息。各级税务部门根据中国证监会的提请，开展对大股东或实际控制人及其所属企业缴纳税款情况的调查。各级海关要根据中国证监会的提请提供大股东或实际控制人及其所属进出口企业缴纳关税、进口环节海关代征税和已作出司法结论或海关已作出行政处罚

决定的走私违规情况。

三、加大执法力度，严格追究责任

各级地方政府及各级国资监管部门对占用上市公司资金的违法犯罪行为要坚决查处。

各级地方政府对占用上市公司资金性质恶劣、情节严重涉嫌犯罪的，应及时部署地方公安机关立案侦查，对犯罪嫌疑人采取限制出境等措施，并加大刑事打击力度。对于上市公司及股东提起的民事诉讼，地方政府要采取必要措施协调地方法院尽快受理、加快审理、加大执行力度。

各级国资监管部门对国有大股东占用上市公司资金的，要查清发生占用的责任人及原因，并督导清偿不力的责任人。对相关责任人按情节轻重依法依纪进行追究，按照干部管理权限对其在国有控股股东中的任职进行调整，并通过国有控股股东提议，建议上市公司罢免其董事、高管资格。

中国证监会对限期内未完成清欠的上市公司要全面立案稽查，查清占用原因、占用责任人及未完成清欠任务的责任人，并根据占用行为性质、占用情节轻重给予行政处罚和市场禁入措施；对上市公司存在配合、掩盖大股东或实际控制人及其所属企业占用上市公司资金违规行为的，中国证监会要依法予以查处；涉嫌犯罪的移交公安机关查处，依法追究刑事责任。

中国银监会根据中国证监会的提请，对商业银行存在配合上市公司出具虚假资金证明、银行对账单等违法违规行为，掩盖大股东或实际控制人及其所属企业占用上市公司资金的，依法予以查处。

公安机关对中国证监会移交或工作中发现的占用上市公司资金的涉嫌犯罪案件和线索，要及时按照有关规定进行审查，符合立案条件的，应尽快立案侦查。

四、建立长效管理机制，防止“前清后欠”问题的发生

各级地方政府应当把防止大股东占用上市公司资金作为维护本地区金融安全和稳定，建立良好的法制、诚信环境的一件大事来抓，进一步推动实施有关赔偿制度，加大对失信行为的惩戒力度。各级地方政府及各级国资监管部门应当加强对国有控股股东的管理，建立有效的约束激励机制，规范国有控股股东的行为，切实保证上市公司规范运作。

中国证监会要进一步推动上市公司完善法人治理结构，建立健全上市公司内部控制制度，规范关联交易行为，提高上市公司透明度，加强对上市公司及其高级管理人员的监管，规范上市公司大股东或实际控制人的行为。

各相关部门要进一步强化上市公司监管协作，充分发挥上市公司综合监管体系的作用，尽快实现上市公司监管信息系统的共享，逐步建立并完善沟通顺畅、运行高效的监管协作机制。

国务院国有资产监督管理委员会、中国证券监督管理委员会关于推动国有股东与所控股上市公司解决同业竞争规范关联交易的指导意见

1. 2013年8月20日

2. 国资发产权〔2013〕202号

为进一步规范上市公司国有控股股东和实际控制人（以下简称国有股东）行为，促进国有控股上市公司持续发展，保护各类投资者合法权益，根据国有资产监管、证券监管等法律法规，提出以下指导意见。

一、国有股东与所控股上市公司要结合发展规划，明确战略定位。在此基础上，对各自业务进行梳理，合理划分业务范围与边界，解决同业竞争，规范关联交易。

二、国有股东与所控股上市公司要按照“一企一策、成熟一家、推进一家”的原则，结合企业实际以及所处行业特点与发展状况等，研究提出解决同业竞争的总体思路。要综合运用资产重组、股权置换、业务调整等多种方式，逐步将存在同业竞争的业务纳入同一平台，促进提高产业集中度和专业化水平。

三、国有股东与所控股上市公司应严格按照相关法律法规，建立健全内控体系，规范关联交易。对于正常经营范围内且无法避免的关联交易，双方要本着公开、公平、公正的原则确定交易价格，依法订立相关协议或合同，保证关联交易的公允性。上市公司应当严格按照规定履行关联交易审议程序和信息披露义务，审议时与该交易有关联关系的董事或股东应当回避表决，并不得代理他人行使表决权。

四、国有股东与所控股上市公司在依法合规、充分协商的基础上，可针对解决同业竞争、规范关联交易的解决措施和期限，向市场作出公开承诺。国有股东与所控股上市公司要切实履行承诺，并定期对市场公布承诺事项的进展情况。对于因政策调整、市场变化等客观原因确实不能履行或需要作出调整的，应当提前向市场公开做好解释说明，充分披露承诺需调整或未履行的原因，并提出相应处置措施。

五、国有股东在推动解决同业竞争、规范关联交易等事项中，要依法与上市公司平等协商。有条件的国有股东在与所控股上市公司充分协商的基础上，可利用自身

品牌、资源、财务等优势，按照市场原则，代为培育符合上市公司业务发展需要、但暂不适合上市公司实施的业务或资产。上市公司与国有股东约定业务培育事宜，应经上市公司股东大会授权。国有股东在转让培育成熟的业务时，上市公司在同等条件下有优先购买的权利。上市公司对上述事项作出授权决定或者放弃优先购买权的，应经股东大会无关联关系的股东审议通过。

六、国有股东要依法行使股东权利，履行股东义务，配合所控股上市公司严格按照法律、法规和证券监管的规定，及时、公平地披露相关信息。相关信息公开披露前，应当按照规定做好内幕信息知情人的登记管理工作，严格防控内幕交易。

七、国有资产监管机构和证券监管机构，应以服务实体经济为根本出发点，充分尊重企业发展规律和证券市场规律，不断改进工作方式，完善监管手段，形成政策合力，推动国有经济和证券市场健康发展。

8. 退市

中国证券监督管理委员会关于改革完善并严格实施上市公司退市制度的若干意见

1. 2014年10月15日中国证券监督管理委员会令第107号公布
2. 自2014年11月16日起施行

上市公司退市是指公司股票在证券交易所终止上市交易。上市公司退市制度是资本市场重要的基础性制度。一方面，上市公司基于实现发展战略、维护合理估值、稳定控制权以及成本效益法则等方面的考虑，认为不再需要继续维持上市地位，或者继续维持上市地位不再有利于公司发展，可以主动向证券交易所申请其股票终止交易。另一方面，证券交易所为维护公开交易股票的总体质量与市场信心，依照规则要求交投不活跃、股权分布不合理、市值过低而不再适合公开交易的股票终止交易，特别是对于存在严重违法违规行为的公司，证券交易所可以依法强制其股票退出市场交易。

要充分尊重并保护市场主体基于其意思自治作出的退市决定，而不是将退市与否作为评判一家公司好坏的绝对标准。进一步改革完善并严格执行退市制度，有利于健全资本市场功能，降低市场经营成本，增强市场主体活力，提高市场竞争能力，有利于实现优胜劣汰，惩戒重大违法行为，引导理性投资，保护投资者特别是中小投资者合法权益。为贯彻落实《国务院关于进一步促进资本市场健康发展的若干意见》的有关要求，根据《证券法》的有关规定，按照市场化、法治化、常态化的原则，现就退市制度改革实施有关事项提出如下意见：

一、健全上市公司主动退市制度

（一）确立主动退市的途径和方式。上市公司通过对上市地位维持成本收益的理性分析，或者为充分利用不同证券交易场所的比较优势，或者为便捷、高效地对公司治理结构、股权结构、资产结构、人员结构等实施调整，或者为进一步实现公司股票的长期价值，可以依据《证券法》和证券交易所规则实现主动退市。

上市公司在履行必要的决策程序后，可以主动向证券交易所提出申请，撤回其股票在该交易所的交易，并决定不再在交易所交易。

上市公司在履行必要的决策程序后，可以主动向证券交易所提出申请，撤回其股票在该交易所的交易，并转而申请在其他交易场所交易或者转让。

上市公司向所有股东发出回购全部股份或者部分股份的要约，导致公司股本总额、股权分布等发生变化不再具备上市条件的，其股票按照证券交易所规则退出市场交易。

上市公司股东向所有其他股东发出收购全部股份或者部分股份的要约，导致公司股本总额、股权分布等发生变化不再具备上市条件的，其股票按照证券交易所规则退出市场交易。

除上市公司股东外的其他收购人向所有股东发出收购全部股份或者部分股份的要约，导致公司股本总额、股权分布等发生变化不再具备上市条件的，其股票按照证券交易所规则退出市场交易。

上市公司因新设合并或者吸收合并，不再具有独立主体资格并被注销，其股票按照证券交易所规则退出市场交易。

上市公司股东大会决议解散的，其股票按照证券交易所规则退出市场交易。

（二）明确主动退市公司的内部决策程序。上市公司拟决定其股票不再在交易所交易，或者转而申请在其他交易场所交易或者转让的，应当召开股东大会作出决议，须经出席会议的股东所持表决权的2/3以上通过，并须经出席会议的中小股东所持表决权的2/3以上通过。在召开股东大会前，上市公司应当充分披露退市原因及退市后的发展战略，包括并购重组安排、经营发展计划、重新上市安排等。独立董事应当针对上述事项是否有利于公司长远发展和全体股东利益充分征询中小股东意见,在此基础上发表独立意见,独立董事意见应当与股东大会通知一并公布。上市公司应当聘请财务顾问为主动退市提供专业服务、发表专业意见并予以披露。

全面要约收购上市公司股份、实施以上市公司为对象的公司合并、上市公司全面回购股份以及上市公司自愿解散,应当按照上市公司收购、重组、回购等监管制度及公司法律制度严格履行实施程序。

(三)规范主动退市申请与决定程序。申请其股票退出市场交易,或者转而申请在其他交易场所交易或者转让的上市公司应当在股东大会作出终止上市决议后的15个交易日内,向证券交易所提交退市申请。退市申请至少应当包括股东大会决议、退市申请书、退市后去向安排的说明、异议股东保护的专项说明及证券交易所规定的其他材料。证券交易所应当自上市公司提交退市申请之日起5个交易日内,作出是否受理的决定并通知公司;决定受理的,应当自受理上市公司提交的退市申请之日起15个交易日内,重点从保护投资者特别是中小投资者权益的角度,在审查决策程序合规性的基础上,作出同意或者不同意其股票终止上市交易的决定。

因全面要约收购上市公司股份、实施以上市公司为对象的公司合并、上市公司全面回购股份以及上市公司自愿解散,导致公司股票退出市场交易的,证券交易所应当在上市公司公告回购或者收购结果、完成合并交易、作出解散决议之日起15个交易日内,作出终止其股票上市的决定。

建立上市公司主动退市的专门报告制度。证券交易所应当在作出同意或者不同意上市公司主动退市决定之日起15个工作日内,以及上市公司退出市场交易之日起15个工作日内,将上市公司主动退市情况报告证监会。

(四)健全主动退市的配套政策措施。完善上市公司收购制度,丰富要约收购履约保证形式,研究建立包括触发条件、救济程序等内容的余股强制挤出制度。完善上市公司股份回购制度,允许上市公司公开发行优先股以回购发行在外的普通股。制定上市公司吸收合并专门制度规范。研究丰富并购融资工具。完善非上市公众公司并购重组制度,对包括退市公司在内的非上市公众公司并购重组的条件、程序、披露要求等作出规范。

上市公司在出现股价低于每股净资产等情形时部分乃至全面回购股份,导致公司股票退出市场交易的,公司可以申请再次公开发行证券,或者向其选择的证券交易所申请重新上市。存在强制退市可能的上市公司在触及强制退市指标前,实施主动退市,在消除可能导致强制退市的情形后,可以重新申请上市。涉嫌欺诈发行的公司或其控股股东、实际控制人,在受到证监会行政处罚前,按照公开承诺回购或者收购全部新股,赔偿中小投资者经济损失,及时申请其股票退出市场交易的,可以从轻或者减轻处罚。

证券交易所可以通过设定差异化的上市年费、提高信息披露要求等经济或者自律方式,加大存在强制退市可能的上市公司维持上市地位的成本,引导其主动退出交易所市场。

二、实施重大违法公司强制退市制度

(五)对欺诈发行公司实施暂停上市。上市公司因首次公开发行股票申请或者披露文件存在虚假记载、误导性陈述或者重大遗漏,致使不符合发行条件的发行人骗取了发行核准,或者对新股发行定价产生了实质性影响,受到证监会行政处罚,或者因涉嫌欺诈发行罪被依法移送公安机关的,证券交易所应当依法作出暂停其股票上市交易的决定。

(六)对重大信息披露违法公司实施暂停上市。上市公司因信息披露文件存在虚假记载、误导性陈述或者重大遗漏,受到证监会行政处罚,并且因违法行为性质恶劣、情节严重、市场影响重大,在行政处罚决定书中被认定构成重大违法行为,或者因涉嫌违规披露、不披露重要信息罪被依法移送公安机关的,证券交易所应当依法作出暂停其股票上市交易的决定。

(七)对重大违法暂停上市公司限期实施终止上市。对于上述因受到证监会行政处罚,或者因涉嫌犯罪被依法移送公安机关而暂停上市的公司,在证监会作出行政处罚决定或者移送决定之日起一年内,证券交易所应当作出终止其股票上市交易的决定。

(八)重大违法暂停上市公司终止上市的例外情形。对于上述因受到证监会行政处罚被暂停上市的公司,在证券交易所作出终止公司股票上市交易决定前,该行政处罚决定被依法撤销,且证监会不能重新作出本意见第(五)条、第(六)条规定的行政处罚决定,或者因对违法行为性质的认定发生根本性变化,被依法变更的,公司可以向证券交易所申请恢复上市。对于上述因涉嫌犯罪被依法移送公安机关而暂停上市的公司,在证券交易所作出终止公司股票上市交易决定前,公安机关决定不予立案或者撤销案件,或者人民检察院作出不予起诉决定,或者司法机关作出无罪判决或者免于刑事处罚,而证监会不能依法作出本意见第(五)条、第(六)条规定的行政处罚决定的,公司可以向证券交易所申请恢复上市。在证券交易所作出终止公司股票上市交易决定后,出现上述规定情形的,公司可以向证券交易所申请重新上市。

对于上述因信息披露违法被暂停上市的公司，在证券交易所作出终止公司股票上市交易决定前，全面纠正违法行为、及时撤换有关责任人员、对民事赔偿责任承担作出妥善安排的，公司可以向证券交易所申请恢复上市。

证券交易所应当在规定期限内作出同意其股票恢复上市的决定。

三、严格执行不满足交易标准要求的强制退市指标

证券交易所应当在继续严格执行其上市规则等文件中已经规定的各项相关退市指标的基础上，及时补充并适时调整完善以下指标：

（九）关于股本总额、股权分布的退市指标。因股本总额发生变化不再具备上市条件，在证券交易所规定的期限内仍不能达到上市条件的上市公司，证券交易所应当依法终止其股票上市交易。证券交易所可以针对不同板块，在上市条件中规定不同的股本总额要求。

社会公众持股比例不足公司股份总数25%的上市公司，或者股本总额超过人民币4亿元，社会公众持股比例不足公司股份总数10%的上市公司，在证券交易所规定的期限内仍不能达到上市条件的，证券交易所应当终止其股票上市交易。证券交易所应当制定基于单一股东最低持股量及股东人数最低要求等能够动态反映股权分布状况的退市指标。

（十）关于股票成交量的退市指标。上市公司股票流动性严重不足，已经不再适合公开交易，证券交易所应当及时终止其上市交易。证券交易所可以针对不同板块，在综合分析该板块股票交易总体情况的基础上，对于一定期限内股票累计成交量的最低限额作出具体规定，并根据实施效果，适时予以调整。

（十一）关于股票市值的退市指标。公司股票连续20个交易日（不含停牌交易日）每日收盘价均低于股票面值的，证券交易所应当终止其上市交易。

四、严格执行体现公司财务状况的强制退市指标

证券交易所应当在继续严格执行其上市规则等文件中已经规定的各项相关退市指标的基础上，及时补充并适时调整完善以下指标：

（十二）关于公司净利润、净资产、营业收入、审计意见类型的退市指标。上市公司因净利润、净资产、营业收入、审计意见类型或者追溯重述后的净利润、净资产、营业收入等触及规定标准，其股票被暂停上市交易后，公司披露的最近一个会计年度经审计的财务会计报告存在扣除非经常性损益前后的净利润孰低者为负值、期末净资产为负值、营业收入低于证券交易所规定数额或者被会计师事务所出具保留意见、无法表示意见、否定意见的审计报告等情形之一的，证券交易所应当终止其股票上市交易。

（十三）关于未在规定期限内依法如实披露的退市指标。公司在证券交易所规定的期限内，未改正财务会计报告中的重大差错或者虚假记载的，证券交易所应当终止其股票上市交易。法定期限届满后，公司在证券交易所规定的期限内，依然未能披露年度报告或者半年度报告的，证券交易所应当终止其股票上市交易。公司因净利润、净资产、营业收入、审计意见类型或者追溯重述后的净利润、净资产、营业收入等触及规定标准，其股票被暂停上市交易，不能在法定期限内披露最近一个会计年度的年度报告的，证券交易所应当终止其股票上市交易。

五、完善与退市相关的配套制度安排

（十四）严格执行恢复上市程序。证券交易所应当明确暂停上市公司提出恢复上市申请及证券交易所作出相应决定的时限要求。在规定期限内未提出恢复上市申请或不符合恢复上市条件的，证券交易所应当终止其股票上市交易。提交的申请材料不全且逾期未补充的，证券交易所应当及时作出终止其股票上市交易的决定。

（十五）限制相关主体股份减持行为。上市公司首次公开发行股票申请或者披露文件，存在虚假记载、误导性陈述或者重大遗漏，被证监会立案稽查的，在形成案件调查结论前，上市公司控股股东、实际控制人、董事、监事、高级管理人员、持有首次公开发行股票前已发行股份的股东及其他持有法律、行政法规、证监会规定、证券交易所规则规定的限售股的股东或者自愿承诺股份限售的股东，应当遵守在公开募集及上市文件或者其他文件中作出的公开承诺，暂停转让其拥有权益的股份。上市公司发行新股申请或者披露文件，或者构成借壳上市的重大资产重组申请或者相关披露文件出现上述情形的，在形成案件调查结论前，上市公司控股股东、实际控制人、董事、监事、高级管理人员、重组方及其一致行动人、上市公司购买资产对应经营实体的股份或者股权持有人，及其他持有法律、行政法规、证监会规定、证券交易所规则规定的限售股的股东或者自愿承诺股份限售的股东，应当遵守在信息披露文件或者其他文件中作出的公开承诺，暂停转让其拥有权益的股份。证券交易所和证券登记结算机构应当采取相应措施，确保控股股东、实际控制人、重组方及其他承诺主体切实履行上述承诺。

（十六）设立"退市整理期"。对于股票已经被证券交易所决定终止上市交易的强制退市公司，证券交易所应当设置"退市整理期"，在其退市前给予30个交易日的股票交易时间。在股票被证券交易所决定终止上市交易前,经董事会决议通过并已公告筹划重大资产重组事项的强制退市公司应当召开股东大会,对公司股票是否进入"退市整理期"交易进行表决,证券交易所应当按照股东大会决议对公司股票是否进入"退市整理期"交易作出安排。"退市整理期"公司的并购重组行政许可申请将不再受理;已经受理的,应当终止审核。证券交易所应当建立参与"退市整理期"股票交易的投资者适当性制度。

(十七)明确公司退市后的去向及交易安排。主动退市公司可以选择在证券交易场所交易或者转让其股票,或者依法作出其他安排。

强制退市公司股票应当统一在全国中小企业股份转让系统设立的专门层次挂牌转让。

(十八)明确重新上市条件及程序。主动退市公司可以随时向其选择的证券交易所提出重新上市申请。强制退市公司在证券交易所规定的间隔期届满后,可以向其选择的证券交易所提出重新上市申请。退市公司拟申请重新上市的,应当召开股东大会,对申请重新上市事项作出决议,股东大会决议须经出席股东大会的股东所持表决权的2/3以上通过。证券交易所应当制定退市公司重新上市的具体规定,在条件、程序、信息披露、交易安排等方面,可以区分主动退市公司与强制退市公司,以及强制退市公司所触及强制退市指标的不同作出差异化安排。

六、加强退市公司投资者合法权益保护

(十九)认真贯彻执行投资者保护的总体性要求。保护投资者特别是中小投资者合法权益,是退市制度的重要政策目标,也是退市工作的重中之重。要在退市工作的各个环节,认真落实《国务院办公厅关于进一步加强资本市场中小投资者合法权益保护工作的意见》的要求。

(二十)强化上市公司退市前的信息披露义务。证券交易所应当依照《证券法》及其配套的证券监管规定,有针对性地完善主动退市公司、强制退市公司的信息披露规则。上市公司退市前应当及时、准确、完整地持续披露其股票可能暂停或者终止上市交易的提示性公告。严厉打击虚假陈述、内幕交易、操纵市场等违法行为。

(二十一)完善主动退市公司异议股东保护机制。主动退市公司应当在其公司章程中对主动退市股东大会表决机制以及对决议持异议股东的回购请求权、现金选择权等作出专门安排。

(二十二)明确重大违法公司及相关责任主体的民事赔偿责任。上市公司存在本意见规定的重大违法行为,公司及其控股股东、实际控制人、董事、监事、高级管理人员等相关责任主体,应当按照《证券法》、《国务院办公厅关于进一步加强资本市场中小投资者合法权益保护工作的意见》的规定,赔偿投资者损失;或者根据信息披露文件中的公开承诺内容或者其他协议安排,通过回购股份等方式赔偿投资者损失。

七、进一步落实退市工作责任

(二十三)认真做好政策配套和监测应对工作。证监会及其派出机构要按照简政放权、监管转型的要求,积极稳妥推进股票发行注册制改革和公司并购重组制度改革,营造与退市市场化、法治化、常态化要求相适应的政策环境。要鼓励依法开展并购方式、并购工具创新。要加强舆论宣传,引导各类市场主体正确认识和理解退市的本质及其基本功能,树立退市的正确理念。要针对有条件、有意愿实施主动退市的上市公司,做好政策说明与指导工作。要在上市公司日常监管中,密切关注上市公司的财务状况、交易状况、合规状况,持续跟踪存在强制退市可能的上市公司,通过实地走访、现场检查等方式,及时掌握情况,有效形成预判,提前制定上市公司退市风险应急处置预案。要与证券交易场所、国务院有关部门、地方政府建立更为顺畅的信息通报、共享机制,对于存在强制退市可能的上市公司,应当提前将有关情况通报地方政府。

(二十四)切实加强退市实施工作的统筹和协调。要建立健全退市工作协调机制,及时制定各方联动的工作方案。要进一步加强与地方政府、国务院有关部门的沟通协调,积极推动地方政府将上市公司退市维稳工作有机纳入地方维稳工作机制和工作体系,配合地方政府妥善做好职工、债权人、股东及其他利益相关方的安置安抚、解释疏导与纠纷处置等工作,维护上市公司的经营秩序、财产安全与社会稳定。要高度重视舆情监测和舆论引导,及时掌握媒体及市场各方的反应,并通过有理有据、务实高效的措施综合应对处理。要及时分析、研判退市制度执行过程中出现的新情况、新问题,采取有效措施,切实加以解决。

(二十五)证券交易所应当依法履行退市工作职责。证券交易所是实施退市制度的责任主体,应当按照本意见的要求,及时完善上市规则及其配套规则,并严格执行。对于应当退市的公司,必须采取有效措施,"出现一家、退市一家",坚决维护退市制度的严肃性和权威性。证券交易所应当督促退市公司依法及时、准确、完整地披露与退市有关的信息。证监会要切实加强对证券交易所的监督检查,确保本意见各项工作要求的严格执行和落实。

本意见自2014年11月16日起施行。

附件1.1:上市公司退市情形一览表

上市公司退市情形一览表

序号	主动退市
1	上市公司在履行必要的决策程序后，主动向证券交易所提出申请，撤回其股票在该交易所的交易，并决定不再在交易所交易
2	上市公司在履行必要的决策程序后，主动向证券交易所提出申请，撤回其股票在该交易所的交易，并转而申请在其他交易场所交易或者转让
3	上市公司向所有股东发出回购全部股份或者部分股份的要约，导致公司股本总额、股权分布等发生变化不再具备上市条件，其股票按照证券交易所规则退出市场交易
4	上市公司股东向所有其他股东发出收购全部股份或者部分股份的要约，导致公司股本总额、股权分布等发生变化不再具备上市条件，其股票按照证券交易所规则退出市场交易
5	除上市公司股东外的其他收购人向所有股东发出收购全部股份或者部分股份的要约，导致公司股本总额、股权分布等发生变化不再具备上市条件，其股票按照证券交易所规则退出市场交易
6	上市公司因新设合并或者吸收合并，不再具有独立主体资格并被注销，其股票按照证券交易所规则退出市场交易
7	上市公司股东大会决议解散，其股票按照证券交易所规则退出市场交易
	强制退市
8	上市公司因首次公开发行股票申请或者披露文件存在虚假记载、误导性陈述或者重大遗漏，致使不符合发行条件的发行人骗取了发行核准，或者对新股发行定价产生了实质性影响，受到证监会行政处罚被暂停上市后，在证监会作出行政处罚决定之日起一年内，被证券交易所作出终止公司股票上市交易的决定
9	上市公司因首次公开发行股票申请或者披露文件存在虚假记载、误导性陈述或者重大遗漏，致使不符合发行条件的发行人骗取了发行核准，或者对新股发行定价产生了实质性影响，涉嫌欺诈发行罪被依法移送公安机关而暂停上市，在证监会作出移送决定之日起一年内，被证券交易所作出终止公司股票上市交易的决定
10	上市公司因信息披露文件存在虚假记载、误导性陈述或者重大遗漏，受到证监会行政处罚，并在行政处罚决定书中被认定构成重大违法行为而暂停上市，在证监会作出行政处罚决定之日起一年内，被证券交易所依据其股票上市规则作出终止公司股票上市交易的决定
11	上市公司因信息披露文件存在虚假记载、误导性陈述或者重大遗漏，涉嫌违规披露、不披露重要信息罪被依法移送公安机关而暂停上市，在证监会作出移送决定之日起一年内，被证券交易所依据其股票上市规则作出终止公司股票上市交易的决定
12	上市公司股本总额发生变化不再具备上市条件，且在证券交易所规定的期限内仍不能达到上市条件
13	上市公司社会公众持股比例不足公司股份总数的25%，或者公司股本总额超过4亿元，社会公众持股比例不足公司股份总数的10%，且在证券交易所规定的期限内仍不能达到上市条件
14	上市公司股票在一定期限内累计成交量低于证券交易所规定的最低限额
15	上市公司股票连续20个交易日（不含停牌交易日）每日股票收盘价均低于股票面值
16	上市公司因净利润、净资产、营业收入、审计意见类型或者追溯重述后的净利润、净资产、营业收入等触及规定标准，其股票被暂停上市后，公司披露的最近一个会计年度经审计的财务会计报告显示扣除非经常性损益前、后的净利润孰低者为负值
17	上市公司因净利润、净资产、营业收入、审计意见类型或者追溯重述后的净利润、净资产、营业收入等触及规定标准，其股票被暂停上市后，公司披露的最近一个会计年度经审计的财务会计报告显示期末净资产为负值
18	上市公司因净利润、净资产、营业收入、审计意见类型或者追溯重述后的净利润、净资产、营业收入等触及规定标准，其股票被暂停上市后，公司披露的最近一个会计年度经审计的财务会计报告显示营业收入低于证券交易所规定数额
19	上市公司因净利润、净资产、营业收入、审计意见类型或者追溯重述后的净利润、净资产、营业收入等触及规定标准，其股票被暂停上市后，公司披露的最近一个会计年度经审计的财务会计报告被会计师事务所出具否定意见、无法表示意见或者保留意见
20	上市公司在证券交易所规定期限内，未改正财务会计报告中的重大差错或者虚假记载
21	法定期限届满后，上市公司在证券交易所规定的期限内，依然未能披露年度报告或者半年度报告

续表

序号	强制退市
22	上市公司因净利润、净资产、营业收入、审计意见类型或者追溯重述后的净利润、净资产、营业收入等触及规定标准,其股票被暂停上市,不能在法定期限内披露最近一个会计年度的年度报告
23	上市公司股票被暂停上市后在规定期限内未提出恢复上市申请
24	上市公司股票被暂停上市后其向交易所提交的恢复上市申请材料不全且逾期未补充
25	上市公司股票被暂停上市后其恢复上市申请未获证券交易所同意
26	上市公司被法院宣告破产
27	证券交易所规定的其他情形

三、股权变动

《上市公司收购管理办法》导读:

2014 年 10 月 23 日，中国证监会公布修订后的《上市公司重大资产重组管理办法》、《上市公司收购管理办法》。本次修订进一步贯彻“放松管制、加强监管”的市场化监管理念，在充分论证的基础上进一步“简政放权”，同时在强化信息披露、加强事中事后监管、督促中介机构归位尽责等方面作出配套安排。本次修订的主要内容包括：

（一）取消或简化并购重组行政许可项目的审批：一是大幅取消上市公司重大购买、出售、置换资产行为审批。二是取消要约收购事前审批。三是取消两项要约收购豁免情形的审批。

（二）对上市公司发行股份的定价作出完善：一是拓宽定价区间，增大选择面，并允许适当折扣。二是引入可以根据股票市价重大变化调整发行价的机制，但要求在首次董事会决议的第一时间披露，给投资者明确预期。

（三）取消上市公司破产重组的协商定价机制。为遏制对破产重整公司借壳上市的炒作，废止了协商定价机制，破产重整公司发行股份购买资产适用与其他公司相同的定价规则。

（四）完善借壳上市的定义：一是在规章层面明确借壳上市标准与 IPO 等同，这一要求已在《关于在借壳上市审核中严格执行首次公开发行股票上市标准的通知》（证监发〔2013〕61 号）中予以明确。二是明确禁止创业板公司借壳上市。三是将借壳方进一步明确为"收购人及其关联人"，进一步防止规避行为。

（五）取消对上市公司向非关联第三方发行股份购买资产的门槛限制和盈利预测补偿要求。

（六）对重组中相关资产以资产评估结果作为定价依据的情形作出规范，进一步明确：第一，资产定价可以将资产评估结果作为定价依据，也可以不以资产评估结果作为定价依据。第二，不以资产评估结果作为定价依据的，应当详细分析说明相关资产的估值方法、参数及其他影响估值结果的指标、特别因素等。第三，上市公司董事会应当对估值机构（包括评估机构和其他估值机构）的独立性、估值假设前提的合理性、估值方法与估值目的的相关性以及交易定价的公允性发表明确意见。上市公司独立董事应当对估值机构的独立性、估值假设前提的合理性和交易定价的公允性发表独立意见。第四，针对定价显失公允导致上市公司、投资者利益受到损害的行为，增设监管措施和处罚条款。

（七）将要约履约保证的形式拓展为三种，增加银行出具保函、财务顾问出具承担连带保证责任的书面承诺两种保证形式。并为严防收购人滥发要约，进一步明确了监管措施：一是规定收购人未依法履行相关义务或者相应程序擅自实施要约收购的，采取责令改正、监管谈话、出具警示函、责令暂停或者停止收购等监管措施。二是加强对中介机构监管。

（八）在大幅减少对资产重组、要约收购的事前行政审批同时，加强事中事后监管，督促有关主体归位尽责。在加强事中事后监管、强化信息披露、完善市场主体约束机制、督促中介机构归位尽责等方面作了重点修订。

资料补充栏

1.增持与减持

上市公司回购社会公众股份管理办法(试行)

1. 2005年6月16日中国证券监督管理委员会发布
2. 证监发〔2005〕51号

第一章 总 则

第一条 为规范上市公司回购社会公众股份的行为,依据《公司法》、《证券法》、《股票发行与交易管理暂行条例》及其他相关法律、行政法规的规定,制订本办法。

第二条 本办法所称上市公司回购社会公众股份是指上市公司为减少注册资本而购买本公司社会公众股份(以下简称股份)并依法予以注销的行为。

第三条 上市公司回购股份,应当按照本办法的规定向中国证券监督管理委员会(以下简称中国证监会)报送备案材料。

第四条 上市公司回购股份,应当有利于公司的可持续发展,不得损害股东和债权人的合法权益。

上市公司的董事、监事和高级管理人员在回购股份中应当忠诚守信,勤勉尽责。

第五条 上市公司回购股份,应当依据本办法的规定履行信息披露义务。

上市公司及其董事应当保证所披露的信息真实、准确、完整,无虚假记载、误导性陈述或重大遗漏。

第六条 上市公司应当聘请独立财务顾问和律师事务所就股份回购事宜出具专业意见。

上述专业机构应当诚实守信,勤勉尽责,对回购股份相关事宜进行尽职调查,对备案材料进行核查,并保证其出具的文件真实、准确、完整。

第七条 任何人不得利用上市公司回购股份从事内幕交易、操纵证券交易价格和进行证券欺诈活动。

第二章 回购股份的一般规定

第八条 上市公司回购股份应当符合以下条件:

(一)公司股票上市已满一年;

(二)公司最近一年无重大违法行为;

(三)回购股份后,上市公司具备持续经营能力;

(四)回购股份后,上市公司的股权分布原则上应当符合上市条件;公司拟通过回购股份终止其股票上市交易的,应当符合相关规定并取得证券交易所的批准;

(五)中国证监会规定的其他条件。

第九条 上市公司回购股份可以采取以下方式之一进行:

(一)证券交易所集中竞价交易方式;

(二)要约方式;

(三)中国证监会认可的其他方式。

第十条 回购的股份自过户至上市公司回购专用账户之日起即失去其权利。上市公司在计算相关指标时,应当从总股本中扣减已回购的股份数量。

第十一条 上市公司在回购股份期间不得发行新股。

在年度报告和半年度报告披露前5个工作日或者对股价有重大影响的信息公开披露前,上市公司不得通过集中竞价交易方式回购股份。

第十二条 因上市公司回购股份,导致股东持有、控制的股份超过该公司已发行股份的30%的,该等股东无须履行要约收购义务。

第三章 回购股份的程序和信息披露

第十三条 上市公司董事会应当在做出回购股份决议后的两个工作日内公告董事会决议、回购股份预案,并发布召开股东大会的通知。

回购股份预案至少应当包括以下内容:

(一)回购股份的目的;

(二)回购股份方式;

(三)回购股份的价格或价格区间、定价原则;

(四)拟回购股份的种类、数量及占总股本的比例;

(五)拟用于回购的资金总额及资金来源;

(六)回购股份的期限;

(七)预计回购后公司股权结构的变动情况;

(八)管理层对本次回购股份对公司经营、财务及未来发展影响的分析。

第十四条 上市公司应当在股东大会召开前3日,将董事会公告回购股份决议的前一个交易日及股东大会的股权登记日登记在册的前10名社会公众股股东的名称及持股数量、比例,在证券交易所网站上予以公布。

第十五条 独立财务顾问应当就上市公司回购股份事宜进行尽职调查,出具独立财务顾问报告,并在股东大会召开5日前在中国证监会指定报刊公告。

独立财务顾问报告应当包括以下内容:

(一)公司回购股份是否符合本办法的规定;

(二)结合回购股份的目的、股价表现、公司估值分析等因素,说明回购的必要性;

(三)结合回购股份所需资金及其来源等因素,分析回购股份对公司日常经营、盈利能力和偿债能力的

影响,说明回购方案的可行性;

(四)其他应说明的事项。

第十六条 上市公司股东大会应当对下列事项逐项进行表决:

(一)回购股份的方式;

(二)回购股份的价格或价格区间、定价原则;

(三)拟回购股份的种类、数量和比例;

(四)拟用于回购的资金总额;

(五)回购股份的期限;

(六)对董事会实施回购方案的授权;

(七)其他相关事项。

上市公司在公告股东大会决议时,应当载明"本回购方案尚需报中国证监会备案无异议后方可实施"。

第十七条 上市公司股东大会对回购股份做出决议,须经出席会议的股东所持表决权的三分之二以上通过。

第十八条 上市公司做出回购股份决议后,应当依法通知债权人。

第十九条 上市公司依法通知债权人后,可以向中国证监会报送回购股份备案材料,同时抄报上市公司所在地的中国证监会派出机构。

第二十条 上市公司回购股份备案材料应当包括以下文件:

(一)回购股份的申请;

(二)董事会决议;

(三)股东大会决议;

(四)上市公司回购报告书;

(五)独立财务顾问报告;

(六)法律意见书;

(七)上市公司最近一期经审计的财务会计报告;

(八)上市公司董事、监事、高级管理人员及参与本次回购的各中介机构关于股东大会作出回购决议前6个月买卖上市公司股份的自查报告;

(九)中国证监会规定的其他文件。

第二十一条 上市公司回购报告书应当包括以下内容:

(一)本办法第十三条回购股份预案所列事项;

(二)上市公司董事、监事、高级管理人员在股东大会回购决议公告前六个月是否存在买卖上市公司股票的行为,是否存在单独或者与他人联合进行内幕交易及市场操纵的说明;

(三)独立财务顾问就本次回购股份出具的结论性意见;

(四)律师事务所就本次回购股份出具的结论性意见;

(五)其他应说明的事项。

以要约方式回购股份的,还应当披露股东预受要约的方式和程序、股东撤回预受要约的方式和程序,以及股东委托办理要约回购中相关股份预受、撤回、结算、过户登记等事宜的证券公司名称及其通讯方式。

第二十二条 律师事务所就上市公司回购股份出具的法律意见书应当包括以下内容:

(一)公司回购股份是否符合本办法规定的条件;

(二)公司回购股份是否已履行法定程序;涉及其他主管部门批准的,是否已得到批准;

(三)公司回购股份是否已按照本办法的规定履行相关的信息披露义务;

(四)公司回购股份的资金来源是否合法合规;

(五)其他应说明的事项。

第二十三条 中国证监会自受理上市公司回购股份备案材料之日起10个工作日内未提出异议的,上市公司可以实施回购方案。

采用集中竞价方式回购股份的,上市公司应当在收到中国证监会无异议函后的5个工作日内公告回购报告书;采用要约方式回购股份的,上市公司应当在收到无异议函后的两个工作日内予以公告,并在实施回购方案前公告回购报告书。

上市公司在回购报告书的同时,应当一并公告法律意见书。

第二十四条 上市公司实施回购方案前,应当在证券登记结算机构开立由证券交易所监控的回购专用账户;该账户仅可用于回购公司股份,已回购的股份应当予以锁定,不得卖出。

第二十五条 上市公司应当在回购的有效期限内实施回购方案。

上市公司距回购期届满3个月时仍未实施回购方案的,董事会应当就未能实施回购的原因予以公告。

第二十六条 回购期届满或者回购方案已实施完毕的,公司应当停止回购行为,撤销回购专用账户,在两个工作日内公告公司股份变动报告,并在10日内依法注销所回购的股份,办理工商变更登记手续。

第四章 以集中竞价交易方式回购股份的特殊规定*

第二十七条 上市公司应当按照证券交易所和证券登记结算机构的相关规定,委托具有从事证券经纪业务资格的证券公司负责办理回购股份的相关事宜。

第二十八条 在回购股份期间,上市公司应当在每个月的前3个交易日内,公告截止上月末的回购进展情况,

* 本部分内容已于2008年10月9日废止。——编者注。

包括已回购股份总额、购买的最高价和最低价、支付的总金额。

上市公司通过集中竞价交易方式回购股份占上市公司总股本的比例每增加1%的，应当自该事实发生之日起两个交易日内予以公告。

第二十九条　回购期届满或者回购方案已实施完毕的，上市公司应当在股份变动报告中披露已回购股份总额、购买的最高价和最低价、支付的总金额。

第五章　以要约方式回购股份的特殊规定

第三十条　上市公司以要约方式回购股份的，要约价格不得低于回购报告书公告前30个交易日该种股票每日加权平均价的算术平均值。

第三十一条　上市公司以要约方式回购股份的，应当在公告回购报告书的同时，将回购所需资金全额存放于证券登记结算机构指定的银行账户。

要约的期限不得少于30日，并不得超过60日。

第三十二条　上市公司以要约方式回购股份，股东预受要约的股份数量超出预定回购的股份数量的，上市公司应当按照相同比例回购股东预受的股份；股东预受要约的股份数量不足预定回购的股份数量的，上市公司应当全部回购股东预受的股份。

第三十三条　上市公司以要约方式回购境内上市外资股的，还应当符合证券交易所和证券登记结算机构业务规则的有关规定。

第六章　监管措施和法律责任

第三十四条　上市公司未按照本办法规定备案的，中国证监会有权要求其暂停或者终止回购股份活动，对公司及其相关责任人依法予以处罚。

第三十五条　上市公司回购股份存在虚假记载、误导性陈述或者重大遗漏的，中国证监会责令其予以纠正，对公司及相关责任人依法予以处罚。

第三十六条　利用上市公司回购股份进行欺诈、操纵市场或者内幕交易的，中国证监会依法予以处罚；构成犯罪的，移交司法机关依法查处。

第三十七条　为上市公司回购股份出具意见的相关专业机构未履行勤勉尽责义务，所发表的专业意见存在虚假记载、误导性陈述或者重大遗漏的，中国证监会对相关专业机构及签字人员采取监管谈话、出具警示函、责令整改等措施；情节严重的，暂停或者吊销其业务资格。

第七章　附　　则

第三十八条　本办法自发布之日起施行。

关于上市公司以集中竞价交易方式回购股份的补充规定

2008年10月9日中国证券监督管理委员会公告〔2008〕39号公布施行

为适应资本市场发展实践的需要，现对《上市公司回购社会公众股份管理办法（试行）》中有关上市公司以集中竞价交易方式回购股份行为补充规定如下：

一、上市公司以集中竞价交易方式回购股份（以下简称上市公司回购股份），应当由董事会依法作出决议，并提交股东大会批准。

上市公司独立董事应当在充分了解相关信息的基础上，就回购股份事宜发表独立意见。

二、上市公司应当在股东大会召开前3日，将董事会公告回购股份决议的前一个交易日及召开股东大会的股权登记日登记在册的前10名股东的名称及持股数量、比例，在证券交易所网站予以公布。

三、上市公司股东大会就回购股份作出的决议，应当包括下列事项：

（一）回购股份的价格区间；

（二）拟回购股份的种类、数量和比例；

（三）拟用于回购的资金总额以及资金来源；

（四）回购股份的期限；

（五）决议的有效期；

（六）对董事会办理本次回购股份事宜的具体授权；

（七）其他相关事项。

四、上市公司股东大会对回购股份作出决议，必须经出席会议的股东所持表决权的2/3以上通过。

五、上市公司应当在股东大会作出回购股份决议后的次日公告该决议，依法通知债权人，并将相关材料报送中国证监会和证券交易所备案，同时公告回购报告书。

六、上市公司应当在下列情形履行报告、公告义务：

（一）上市公司应当在首次回购股份事实发生的次日予以公告；

（二）上市公司回购股份占上市公司总股本的比例每增加1%的，应当自该事实发生之日起3日内予以公告；

（三）上市公司在回购期间应当在定期报告中公告回购进展情况，包括已回购股份的数量和比例、购买的最高价和最低价、支付的总金额；

（四）回购期届满或者回购方案已实施完毕的，上市公司应当停止回购行为，并在3日内公告回购股份情况以及公司股份变动报告,包括已回购股份总额、购买的最高价和最低价以及支付的总金额等内容。

七、上市公司回购股份的价格不得为公司股票当日交易涨幅限制的价格。

八、上市公司不得在以下交易时间进行股份回购的委托:

(一)开盘集合竞价;

(二)收盘前半小时内;

(三)股票价格无涨跌幅限制。

九、上市公司在下列期间不得回购股份:

(一)上市公司定期报告或业绩快报公告前 10 个交易日内;

(二)自可能对本公司股票交易价格产生重大影响的重大事项发生之日或者在决策过程中,至依法披露后 2 个交易日内;

(三)中国证监会规定的其他情形。

十、上市公司回购股份期间不得发行股份募集资金。

十一、证券交易所应当根据本规定,制定上市公司回购股份相关业务规则,加强对上市公司回购股份的信息披露和债权人合法权益程序保障的合规性监管,对回购股份交易实行实时监察,防范内幕交易以及其他不公平交易行为的发生。

十二、本补充规定自 2008 年 10 月 9 日起施行。《上市公司回购社会公众股份管理办法(试行)》(证监发〔2005〕51 号)中有关以集中竞价交易方式回购股份的规定同时废止。

中国证券监督管理委员会关于上市公司控股股东在股权分置改革后增持社会公众股份有关问题的通知

1. 2005 年 6 月 16 日
2. 证监发〔2005〕52 号

各上市公司:

为了积极稳妥地推进上市公司股权分置改革,维护市场稳定,根据《公司法》、《证券法》等有关法律的规定,现就实施股权分置改革的上市公司控股股东增持该公司社会公众股份(以下简称增持股份)所涉及的有关问题通知如下:

一、实施股权分置改革后的上市公司控股股东,为避免公司股价非理性波动,维护投资者利益,维护上市公司形象,在公司股东大会通过股权分置改革方案后的两个月内增持社会公众股份而触发要约收购义务的,可以免于履行要约收购义务。

二、拟增持股份的控股股东应当将其增持股份计划与上市公司股权分置改革方案同时公告。

增持股份计划应当包括增持股份的目的、增持股份的前提条件、拟增持股份的数量、在增持股份计划完成后的六个月内不出售所增持股份的承诺。

三、控股股东增持股份占上市公司总股本的比例每增加 5%,应当自该事实发生之日起两日内予以公告,在公告前,不得再行买入该公司的股票。

四、控股股东实施增持股份计划导致上市公司的股权分布不符合《公司法》规定的上市条件的,该股东应当在增持股份计划实施完毕六个月后的一个月内实施维持公司上市地位的方案。

关于上市公司实施员工持股计划试点的指导意见

2014 年 6 月 20 日中国证券监督管理委员会公告〔2014〕33 号公布施行

为了贯彻《中共中央关于全面深化改革若干重大问题的决定》中关于"允许混合所有制经济实行企业员工持股,形成资本所有者和劳动者利益共同体"的精神,落实《国务院关于进一步促进资本市场健康发展的若干意见》(国发〔2014〕17 号)中关于"允许上市公司按规定通过多种形式开展员工持股计划"的要求,经国务院同意,中国证监会依照《公司法》、《证券法》相关规定,在上市公司中开展员工持股计划实施试点。上市公司实施员工持股计划试点,有利于建立和完善劳动者与所有者的利益共享机制,改善公司治理水平,提高职工的凝聚力和公司竞争力,使社会资金通过资本市场实现优化配置。为稳妥有序开展员工持股计划试点,现提出以下指导意见。

一、员工持股计划基本原则

(一)依法合规原则

上市公司实施员工持股计划,应当严格按照法律、行政法规的规定履行程序,真实、准确、完整、及时地实施信息披露。任何人不得利用员工持股计划进行内幕交易、操纵证券市场等证券欺诈行为。

(二)自愿参与原则

上市公司实施员工持股计划应当遵循公司自主决定,员工自愿参加,上市公司不得以摊派、强行分配等方式强制员工参加本公司的员工持股计划。

(三)风险自担原则

员工持股计划参与人盈亏自负,风险自担,与其他投资者权益平等。

二、员工持股计划的主要内容

（四）员工持股计划是指上市公司根据员工意愿，通过合法方式使员工获得本公司股票并长期持有，股份权益按约定分配给员工的制度安排。员工持股计划的参加对象为公司员工，包括管理层人员。

（五）员工持股计划的资金和股票来源

1. 员工持股计划可以通过以下方式解决所需资金：

（1）员工的合法薪酬；（2）法律、行政法规允许的其他方式。

2. 员工持股计划可以通过以下方式解决股票来源：

（1）上市公司回购本公司股票；（2）二级市场购买；（3）认购非公开发行股票；（4）股东自愿赠与；（5）法律、行政法规允许的其他方式。

（六）员工持股计划的持股期限和持股计划的规模

1. 每期员工持股计划的持股期限不得低于12个月，以非公开发行方式实施员工持股计划的，持股期限不得低于36个月，自上市公司公告标的股票过户至本期持股计划名下时起算；上市公司应当在员工持股计划届满前6个月公告到期计划持有的股票数量。

2. 上市公司全部有效的员工持股计划所持有的股票总数累计不得超过公司股本总额的10%，单个员工所获股份权益对应的股票总数累计不得超过公司股本总额的1%。员工持股计划持有的股票总数不包括员工在公司首次公开发行股票上市前获得的股份、通过二级市场自行购买的股份及通过股权激励获得的股份。

（七）员工持股计划的管理

1. 参加员工持股计划的员工应当通过员工持股计划持有人会议选出代表或设立相应机构，监督员工持股计划的日常管理，代表员工持股计划持有人行使股东权利或者授权资产管理机构行使股东权利。

2. 上市公司可以自行管理本公司的员工持股计划，也可以将本公司员工持股计划委托给下列具有资产管理资质的机构管理：（1）信托公司；（2）保险资产管理公司；（3）证券公司；（4）基金管理公司；（5）其他符合条件的资产管理机构。

3. 上市公司自行管理本公司员工持股计划的，应当明确持股计划的管理方，制定相应的管理规则，切实维护员工持股计划持有人的合法权益，避免产生上市公司其他股东与员工持股计划持有人之间潜在的利益冲突。

4. 员工享有标的股票的权益；在符合员工持股计划约定的情况下，该权益可由员工自身享有，也可以转让、继承。员工通过持股计划获得的股份权益的占有、使用、收益和处分的权利，可以依据员工持股计划的约定行使；参加员工持股计划的员工离职、退休、死亡以及发生不再适合参加持股计划事由等情况时，其所持股份权益依照员工持股计划约定方式处置。

5. 上市公司委托资产管理机构管理本公司员工持股计划的，应当与资产管理机构签订资产管理协议。资产管理协议应当明确当事人的权利义务，切实维护员工持股计划持有人的合法权益，确保员工持股计划的财产安全。资产管理机构应当根据协议约定管理员工持股计划，同时应当遵守资产管理业务相关规则。

6. 员工持股计划管理机构应当为员工持股计划持有人的最大利益行事，不得与员工持股计划持有人存在利益冲突，不得泄露员工持股计划持有人的个人信息。

7. 员工持股计划管理机构应当以员工持股计划的名义开立证券交易账户。员工持股计划持有的股票、资金为委托财产，员工持股计划管理机构不得将委托财产归入其固有财产。员工持股计划管理机构因依法解散、被依法撤销或者被依法宣告破产等原因进行清算的，委托财产不属于其清算财产。

三、员工持股计划的实施程序及信息披露

（八）上市公司实施员工持股计划前，应当通过职工代表大会等组织充分征求员工意见。

（九）上市公司董事会提出员工持股计划草案并提交股东大会表决，员工持股计划草案至少应包含如下内容：

1. 员工持股计划的参加对象及确定标准、资金、股票来源；2. 员工持股计划的存续期限、管理模式、持有人会议的召集及表决程序；3. 公司融资时员工持股计划的参与方式；4. 员工持股计划的变更、终止，员工发生不适合参加持股计划情况时所持股份权益的处置办法；5. 员工持股计划持有人代表或机构的选任程序；6. 员工持股计划管理机构的选任、管理协议的主要条款、管理费用的计提及支付方式；7. 员工持股计划期满后员工所持有股份的处置办法；8. 其他重要事项。

非金融类国有控股上市公司实施员工持股计划应当符合相关国有资产监督管理机构关于混合所有制企业员工持股的有关要求。

金融类国有控股上市公司实施员工持股计划应当符合财政部关于金融类国有控股上市公司员工持股的规定。

（十）独立董事和监事会应当就员工持股计划是否有利于上市公司的持续发展，是否损害上市公司及

全体股东利益,公司是否以摊派、强行分配等方式强制员工参加本公司持股计划发表意见。上市公司应当在董事会审议通过员工持股计划草案后的2个交易日内,公告董事会决议、员工持股计划草案摘要、独立董事及监事会意见及与资产管理机构签订的资产管理协议。

(十一)上市公司应当聘请律师事务所对员工持股计划出具法律意见书,并在召开关于审议员工持股计划的股东大会前公告法律意见书。员工持股计划拟选任的资产管理机构为公司股东或股东关联方的,相关主体应当在股东大会表决时回避;员工持股计划涉及相关董事、股东的,相关董事、股东应当回避表决;公司股东大会对员工持股计划作出决议的,应当经出席会议的股东所持表决权的半数以上通过。

(十二)股东大会审议通过员工持股计划后2个交易日内,上市公司应当披露员工持股计划的主要条款。

(十三)采取二级市场购买方式实施员工持股计划的,员工持股计划管理机构应当在股东大会审议通过员工持股计划后6个月内,根据员工持股计划的安排,完成标的股票的购买。上市公司应当每月公告一次购买股票的时间、数量、价格、方式等具体情况。

上市公司实施员工持股计划的,在完成标的股票的购买或将标的股票过户至员工持股计划名下的2个交易日内,以临时公告形式披露获得标的股票的时间、数量等情况。

(十四)员工因参加员工持股计划,其股份权益发生变动,依据法律应当履行相应义务的,应当依据法律履行;员工持股计划持有公司股票达到公司已发行股份总数的5%时,应当依据法律规定履行相应义务。

(十五)上市公司至少应当在定期报告中披露报告期内下列员工持股计划实施情况:

1.报告期内持股员工的范围、人数;2.实施员工持股计划的资金来源;3.报告期内员工持股计划持有的股票总额及占上市公司股本总额的比例;4.因员工持股计划持有人处分权利引起的计划股份权益变动情况;5.资产管理机构的变更情况;6.其他应当予以披露的事项。

四、员工持股计划的监管

(十六)除非公开发行方式外,中国证监会对员工持股计划的实施不设行政许可,由上市公司根据自身实际情况决定实施。

(十七)上市公司公布、实施员工持股计划时,必须严格遵守市场交易规则,遵守中国证监会关于信息敏感期不得买卖股票的规定,严厉禁止利用任何内幕信息进行交易。

(十八)中国证监会对上市公司实施员工持股计划进行监管,对利用员工持股计划进行虚假陈述、操纵证券市场、内幕交易等违法行为的,中国证监会将依法予以处罚。

(十九)法律禁止特定行业公司员工持有、买卖股票的,不得以员工持股计划的名义持有、买卖股票。

(二十)证券交易所在其业务规则中明确员工持股计划的信息披露要求;证券登记结算机构在其业务规则中明确员工持股计划登记结算业务的办理要求。

2. 国有股转让

减持国有股筹集社会保障资金管理暂行办法

1. 2001年6月6日国务院发布
2. 国发〔2001〕22号

第一条 为完善社会保障体制,开拓社会保障资金新的筹资渠道,支持国有企业的改革和发展,制定本办法。

第二条 本办法所称减持国有股(包括国家股和国有法人股,下同)是指向社会公众及证券投资基金等公共投资者转让上市公司(包括拟上市公司,下同)国有股的行为。

第三条 国务院代表国家统一行使国有股所有权。

本办法所称国有股东授权代表单位是指按照国有资产"国家所有,分级管理,授权经营"的原则,被授权代表国家持有上市公司国有股的单位。

第四条 减持国有股所筹集的资金交由全国社会保障基金理事会管理,具体管理办法由财政部另行制定,报国务院批准后实施。

第五条 国有股减持主要采取国有股存量发行的方式。凡国家拥有股份的股份有限公司(包括在境外上市的公司)向公共投资者首次发行和增发股票时,均应按融资额的10%出售国有股,股份有限公司设立未满3年的,拟出售的国有股通过划拨方式转由全国社会保障基金理事会持有,并由其委托该公司在公开募股时一次或分次出售。国有股存量出售收入,全部上缴全国社会保障基金。

第六条 减持国有股原则上采取市场定价方式。

第七条 减持国有股由部际联席会议审议实施。部际联席会议由财政部负责召集,国家计委、国家经贸委、劳动保障部、中国证监会、全国社会保障基金理事会为成员单位,主要负责确定减持国有股的筹资计划和定价原则,研究解决国有股减持筹资工作涉及的其他重大问题。

第八条 部际联席会议办公室设在财政部,承担联席会议的具体事务。

第九条 部际联席会议确定减持国有股的,其股东授权代表单位需提供下列材料:

(一)国有股减持说明书(草案)及承销协议;

(二)国有股东授权代表单位、主承销机构对上缴减持收入的书面承诺;

(三)部际联席会议规定的其他材料。

第十条 中国证监会负责制定减持上市公司国有股的信息披露及市场监管规则。

第十一条 建立全国社会保障基金并设立理事会。

全国社会保障基金由国有股减持变现的资金和中央财政预算拨款以及其他方式筹集的资金构成。全国社会保障基金理事会主要职责是:

(一)管理通过减持国有股所获资金、中央财政拨入的资金及其他方式筹集的资金;

(二)根据财政部、劳动保障部共同下达的指令和确定的方式拨出资金;

(三)选择并委托国内外专业性投资管理机构对基金进行运作,以实现保值增值;

(四)向社会公布全国社会保障基金的资产、收益、现金流量等财务状况;

(五)承办国务院交办的其他事项。

第十二条 国有股存量发行收入由主承销机构在取得收入2日内负责将应缴收入缴入财政部预算设置的指定科目。财政部在5日内拨给全国社会保障基金理事会,并办理核减有关单位国有资本金的手续。

第十三条 受托对基金进行运作的专业性投资管理机构必须定期向全国社会保障基金理事会报告其经营状况和业绩,并由全国社会保障基金理事会向社会披露,接受监督。

第十四条 部际联席会议可以根据社会保障资金的需要和证券市场的发展状况,在采取国有股存量发行的同时,选择少量上市公司进行国有股配售及定向回购等方式的试点。试点方案经部际联席会议审议并报国务院批准后组织实施。

第十五条 本办法实施后,上市公司国有股协议转让,包括非发起人国有股协议转让,由财政部审核。协议转让时国有股权发生减持变化的,国有股东授权代表单位应按转让收入的一定比例上缴全国社会保障基金,具体比例以及操作办法由部际联席会议制定,并在报国务院批准后实施。证券登记公司依据财政部的批复文件办理股权过户手续。

国有股东授权代表单位将上市公司国有股用于银行贷款和发行企业债券质押担保,不得超过该上市公司国有总额的50%,具体管理办法由财政部制定。

第十六条 本办法自印发之日起施行。

国有单位受让上市公司股份管理暂行规定

1. 2007年6月28日国务院国有资产监督管理委员会发布
2. 国资发产权〔2007〕109号

第一条 为规范国有单位受让上市公司股份行为,加强对上市公司国有股东的管理,维护各类投资者合法权益和证券市场稳定,防范国有单位投资风险,根据国家有关法律、行政法规,制定本规定。

第二条 本规定所称国有单位是指各级国有资产监督管理机构监管范围内的国有及国有控股企业、有关机构、事业单位等。

第三条 国有独资或控股的专门从事证券业务的证券公司及基金管理公司受让上市公司股份按照相关规定办理。

第四条 国有单位受让上市公司股份应当符合国家有关法律、行政法规和政策规定及本单位的发展规划和年度投资计划,坚持公开、公平、公正原则,有利于国有经济布局和结构战略性调整,有利于加强主业,提升核心竞争力,并做好投资风险的评估、控制和管理工作。

第五条 国有单位受让上市公司股份应当严格按照《证券法》等有关法律、行政法规及规章制度的规定,及时履行信息披露等法定义务。

国有单位受让上市公司股份应当做好可行性研究,按照内部决策程序进行审议,并形成书面决议。

第六条 国有单位受让上市公司股份可以通过证券交易系统购买、通过协议方式受让或其他合法途径进行。

第七条 国有单位受让上市公司股份的价格应根据该上市公司的股票市场价格、合理市盈率、盈利能力及企业发展前景等因素合理确定。

第八条 国有单位受让上市公司股份按本办法有关规定需要报国有资产监督管理机构审核批准的,按以下程序办理:

国有单位为中央单位的,其受让上市公司股份由中央单位逐级报国务院国有资产监督管理机构批准。

国有单位为地方单位的,其受让上市公司股份由地方单位逐级报省级国有资产监督管理机构批准。

第九条 国有单位在一个会计年度内通过证券交易所的

证券交易系统累计净受让上市公司的股份（所受让的股份扣除所出让的股份的余额）未达到上市公司总股本5%的，由国有单位按内部管理程序决策，并在每年1月31日前将其上年度通过证券交易系统受让上市公司股份的情况报省级或省级以上国有资产监督管理机构备案；达到或超过上市公司总股本5%的，国有单位应将其受让上市公司股份的方案事前报省级或省级以上国有资产监督管理机构备案后方可组织实施。

国有单位通过其控制的不同的受让主体分别受让上市公司股份的，受让比例应合并计算。

第十条 国有单位通过证券交易系统受让上市公司股份需要报国有资产监督管理机构备案的，其报送的材料主要包括：

（一）国有单位受让上市公司股份的方案及内部决议；

（二）国有单位受让上市公司股份的可行性研究报告；

（三）国有单位的基本情况、最近一期财务审计报表；

（四）上市公司的基本情况、最近一期的年度报告和中期报告。

第十一条 国有单位受让上市公司股份的可行性研究报告应主要包括以下内容：

（一）受让股份的原因；

（二）受让股份是否有利于加强主业，是否符合企业发展规划；

（三）受让股份的价格上限及确定依据；

（四）受让股份的数量及受让时限；

（五）受让股份的资金筹措；

（六）受让股份后对企业经营发展的影响分析；

（七）关于上市公司未来的发展规划和重组计划（适用于受让股份后成为上市公司控股股东的）。

第十二条 国有资产监督管理机构收到国有单位通过证券交易系统受让上市公司股份的备案材料后，应在10个工作日内对该事项出具备案意见。国有单位受让上市公司股份的方案经国有资产监督管理机构备案后方可组织实施。

第十三条 国有单位通过协议方式受让上市公司股份并成为上市公司控股股东的，应当聘请在境内注册的专业机构担任财务顾问，针对本单位受让上市公司股份的方式、受让价格、对本单位及上市公司的影响等方面发表专业意见。

财务顾问应当具有良好的信誉及近三年内无重大违法违规记录。

第十四条 国有单位通过协议方式受让上市公司股份后不具有上市公司控股权或上市公司国有控股股东通过协议方式增持上市公司股份的，由国有单位按内部管理程序决策；国有单位通过协议方式受让上市公司股份后具有上市公司控股权的，应在与转让方签订股份转让协议后逐级报省级或省级以上国有资产监督管理机构审核批准。

第十五条 国有单位协议受让上市公司股份需要报国有资产监督管理机构审核批准的，其报送的材料主要包括：

（一）国有单位受让上市公司股份的请示及内部决议文件；

（二）关于受让上市公司股份的可行性研究报告及受让股份价格的专项说明；

（三）上市公司股份转让协议；

（四）国有单位基本情况、上一年经审计的财务审计报告；

（五）上市公司基本情况、最近一期的年度报告及中期报告；

（六）财务顾问出具的财务顾问报告；

（七）律师事务所出具的法律意见书。

协议受让上市公司股份的可行性研究报告内容参照本规定第十一条的规定。

第十六条 国有单位协议受让上市公司股份经批准后，应持国有资产监督管理机构的有关批复到证券交易所及中国证券登记结算有限责任公司办理股份过户手续。

国有单位协议受让上市公司股份需要报国有资产监督管理机构审核批准的，国有资产监督管理机构的批复文件是证券交易所和中国证券登记结算有限责任公司办理上市公司股份过户手续及工商管理部门办理上市公司章程变更的必备文件。

第十七条 国有单位认购上市公司发行股票的、将其持有的上市公司发行的可转换公司债券转换成股票的、通过司法机关强制执行手续受让上市公司股份的、间接受让上市公司股份的（即受让上市公司股东的控股权）按照相关法律、行政法规及规章制度的规定办理，并在上述行为完成后10个工作日内报省级或省级以上国有资产监督管理机构备案。

第十八条 国有资产监督管理机构应依据本规定及国家有关法律、行政法规及规章制度的规定，认真履行对国有单位受让上市公司股份的审核职责，并根据《上市公司国有股东标识管理暂行规定》对国有单位受让上市公司股份开设的国有股股东证券账户做好标识管理。

国有股东转让所持上市公司股份管理暂行办法

1. 2007年6月30日国务院国有资产监督管理委员会、中国证券监督管理委员会令第19号公布
2. 自2007年7月1日起施行

第一章　总　　则

第一条　为规范国有股东转让所持上市公司股份行为，推动国有资源优化配置，防止国有资产损失，维护证券市场稳定，根据《中华人民共和国公司法》、《中华人民共和国证券法》和《企业国有资产监督管理暂行条例》（国务院令第378号）等法律、行政法规的规定，制定本办法。

第二条　本办法所称国有股东，是指持有上市公司股份的国有及国有控股企业、有关机构、部门、事业单位等。

第三条　国有股东将其持有的上市公司股份通过证券交易系统转让、以协议方式转让、无偿划转或间接转让的，适用本办法。

国有独资或控股的专门从事证券业务的证券公司及基金管理公司转让所持上市公司股份按照相关规定办理。

第四条　国有股东转让所持有的上市公司股份应当权属清晰。权属关系不明确和存在质押、抵押、司法冻结等法律限制转让情况的股份不得转让。

第五条　国有股东转让所持上市公司股份应坚持公开、公平、公正的原则，符合国家的有关法律、行政法规和规章制度的规定，符合国家或地区的产业政策及国有经济布局和结构战略性调整方向，有利于促进国有资产保值增值，有利于提高企业核心竞争力。

第六条　国有股东转让上市公司股份的价格应根据证券市场上市公司股票的交易价格确定。

第七条　国务院国有资产监督管理机构负责国有股东转让上市公司股份的审核工作。

中央国有及国有控股企业、有关机构、部门、事业单位转让上市公司股份对国民经济关键行业、领域和国有经济布局与结构有重大影响的，由国务院国有资产监督管理机构报国务院批准。

地方国有及国有控股企业、有关机构、部门、事业单位转让上市公司股份不再拥有上市公司控股权的，由省级国有资产监督管理机构报省级人民政府批准后报国务院国有资产监督管理机构审核。

在条件成熟时，国务院国有资产监督管理机构应按照《企业国有资产监督管理暂行条例》的要求，将地方国有及国有控股企业、有关机构、部门、事业单位转让上市公司股份逐步交由省级国有资产监督管理机构审核。

第二章　国有股东所持上市公司股份通过证券交易系统的转让

第八条　国有控股股东通过证券交易系统转让上市公司股份，同时符合以下两个条件的，由国有控股股东按照内部决策程序决定，并在股份转让完成后7个工作日内报省级或省级以上国有资产监督管理机构备案：

（一）总股本不超过10亿股的上市公司，国有控股股东在连续三个会计年度内累计净转让股份（累计转让股份扣除累计增持股份后的余额，下同）的比例未达到上市公司总股本的5%；总股本超过10亿股的上市公司，国有控股股东在连续三个会计年度内累计净转让股份的数量未达到5000万股或累计净转让股份的比例未达到上市公司总股本的3%。

（二）国有控股股东转让股份不涉及上市公司控制权的转移。

多个国有股东属于同一控制人的，其累计净转让股份的数量或比例应合并计算。

第九条　国有控股股东转让股份不符合前条规定的两个条件之一的，应将转让方案逐级报国务院国有资产监督管理机构审核批准后实施。

第十条　国有参股股东通过证券交易系统在一个完整会计年度内累计净转让股份比例未达到上市公司总股本5%的，由国有参股股东按照内部决策程序决定，并在每年1月31日前将其上年度转让上市公司股份的情况报省级或省级以上国有资产监督管理机构备案；达到或超过上市公司总股本5%的，应将转让方案逐级报国务院国有资产监督管理机构审核批准后实施。

第十一条　国有股东采取大宗交易方式转让上市公司股份的，转让价格不得低于该上市公司股票当天交易的加权平均价格。

第十二条　国有股东通过证券交易系统转让上市公司股份需要报国有资产监督管理机构审核批准的，其报送的材料主要包括：

（一）国有股东转让上市公司股份的请示；

（二）国有股东转让上市公司股份的内部决策文件及可行性研究报告；

（三）国有股东基本情况及上一年度经审计的财务会计报告；

（四）上市公司基本情况及最近一期的年度报告和中期报告；

（五）国有资产监督管理机构认为必要的其他

文件。

第十三条　国有股东转让上市公司股份的可行性研究报告应当包括但不限于以下内容：

(一)转让原因；

(二)转让价格及确定依据；

(三)转让的数量及时限；

(四)转让收入的使用计划；

(五)转让是否符合国家或本地区产业政策及国有经济布局和结构战略性调整方向。

第三章　国有股东所持上市公司股份的协议转让

第十四条　国有股东拟协议转让上市公司股份的，在内部决策后，应当及时按照规定程序逐级书面报告省级或省级以上国有资产监督管理机构，并应当同时将拟协议转让股份的信息书面告知上市公司，由上市公司依法公开披露该信息，向社会公众进行提示性公告。公开披露文件中应当注明，本次股份拟协议转让事项须经相关国有资产监督管理机构同意后才能组织实施。

第十五条　国有股东报告省级或省级以上国有资产监督管理机构拟协议转让上市公司股份事项的材料主要包括：

(一)国有股东拟协议转让上市公司股份的内部决策文件及可行性研究报告；

(二)拟公开发布的股份协议转让信息内容；

(三)国有资产监督管理机构认为必要的其他文件。

第十六条　省级或省级以上国有资产监督管理机构收到国有股东拟协议转让上市公司股份的书面报告后，应在10个工作日内出具意见。

第十七条　国有股东获得国有资产监督管理机构对拟协议转让上市公司股份事项的意见后，应当书面告知上市公司，由上市公司依法公开披露国有股东所持上市公司股份拟协议转让信息。

第十八条　国有股东所持上市公司股份拟协议转让信息包括但不限于以下内容：

(一)拟转让股份数量及所涉及的上市公司名称及基本情况；

(二)拟受让方应当具备的资格条件；

(三)拟受让方递交受让申请的截止日期。

第十九条　存在下列特殊情形的，经省级或省级以上国有资产监督管理机构批准后，国有股东可不披露拟协议转让股份的信息直接签订转让协议：

(一)上市公司连续两年亏损并存在退市风险或严重财务危机，受让方提出重大资产重组计划及具体时间表的；

(二)国民经济关键行业、领域中对受让方有特殊要求的；

(三)国有及国有控股企业为实施国有资源整合或资产重组，在其内部进行协议转让的；

(四)上市公司回购股份涉及国有股东所持股份的；

(五)国有股东因接受要约收购方式转让其所持上市公司股份的；

(六)国有股东因解散、破产、被依法责令关闭等原因转让其所持上市公司股份的。

第二十条　国有股东收到拟受让方提交的受让申请及受让方案后，应当对受让方案进行充分的研究论证，并在综合考虑各种因素的基础上择优选取受让方。

第二十一条　受让国有股东所持上市公司股份后拥有上市公司实际控制权的，受让方应为法人，且应当具备以下条件：

(一)受让方或其实际控制人设立三年以上，最近两年连续盈利且无重大违法违规行为；

(二)具有明晰的经营发展战略；

(三)具有促进上市公司持续发展和改善上市公司法人治理结构的能力。

第二十二条　国有控股股东拟采取协议转让方式转让股份并不再拥有上市公司控股权的，应当聘请在境内注册的专业机构担任财务顾问，财务顾问应当具有良好的信誉及近三年内无重大违法违规记录。

第二十三条　财务顾问应当勤勉尽责，遵守行业规范和职业道德，对上市公司股份的转让方式、转让价格、股份转让对国有股东和上市公司的影响等方面出具专业意见；并对拟受让方进行尽职调查，出具尽职调查报告。尽职调查应当包括但不限于以下内容：

(一)拟受让方受让股份的目的；

(二)拟受让方的经营情况、财务状况、资金实力及是否有重大违法违规记录和不良诚信记录；

(三)拟受让方是否具有及时足额支付转让价款的能力及受让资金的来源及其合法性；

(四)拟受让方是否具有促进上市公司持续发展和改善上市公司法人治理结构的能力。

第二十四条　国有股东协议转让上市公司股份的价格应当以上市公司股份转让信息公告日(经批准不须公开股份转让信息的，以股份转让协议签署日为准，下同)前30个交易日的每日加权平均价格算术平均值为基础确定；确需折价的，其最低价格不得低于该算术平均值的90%。

第二十五条 存在下列特殊情形的，国有股东协议转让上市公司股份的价格按以下原则分别确定：

（一）国有股东为实施资源整合或重组上市公司，并在其所持上市公司股份转让完成后全部回购上市公司主业资产的，股份转让价格由国有股东根据中介机构出具的该上市公司股票价格的合理估值结果确定。

（二）国有及国有控股企业为实施国有资源整合或资产重组，在其内部进行协议转让且其拥有的上市公司权益和上市公司中的国有权益并不因此减少的，股份转让价格应当根据上市公司股票的每股净资产值、净资产收益率、合理的市盈率等因素合理确定。

第二十六条 国有股东选择受让方后，应当及时与受让方签订转让协议。转让协议应当包括但不限于以下内容：

（一）转让方、上市公司、拟受让方企业名称、法定代表人及住所；

（二）转让方持股数量、拟转让股份数量及价格；

（三）转让方、受让方的权利和义务；

（四）股份转让价款支付方式及期限；

（五）股份登记过户的条件；

（六）协议变更和解除条件；

（七）协议争议的解决方式；

（八）协议各方的违约责任；

（九）协议生效条件。

第二十七条 国有股东与拟受让方签订股份转让协议后，应及时履行信息披露等相关义务，同时应按规定程序报国务院国有资产监督管理机构审核批准。

决定或批准国有股东协议转让上市公司股份，应当审查下列书面材料：

（一）国有股东协议转让上市公司股份的请示及可行性研究报告；

（二）国有股东公开征集的受让方案及关于选择拟受让方的有关论证情况；

（三）国有股东上一年度经审计的财务会计报告；

（四）拟受让方基本情况、公司章程及最近一期经审计的财务会计报告；

（五）上市公司基本情况、最近一期的年度报告及中期报告；

（六）股份转让协议及股份转让价格的定价说明；

（七）拟受让方与国有股东、上市公司之间在最近12个月内股权转让、资产置换、投资等重大情况及债权债务情况；

（八）律师事务所出具的法律意见书；

（九）国有资产监督管理机构认为必要的其他文件。

第二十八条 国有股东应及时收取上市公司股份转让价款。

拟受让方以现金支付股份转让价款的，国有股东应在股份转让协议签订后5个工作日内收取不低于转让收入30%的保证金，其余价款应在股份过户前全部结清。在全部转让价款支付完毕或交由转让双方共同认可的第三方妥善保管前，不得办理转让股份的过户登记手续。

拟受让方以股票等有价证券支付股份转让价款的按照有关规定办理。

第二十九条 国务院国有资产监督管理机构关于国有股东转让其所持上市公司股份的批复文件和全部转让款支付凭证是证券交易所、中国证券登记结算有限责任公司办理上市公司股份过户手续和工商管理部门办理上市公司章程变更的必备文件。

第四章 国有股东所持上市公司股份的无偿划转

第三十条 国有股东所持上市公司股份可以依法无偿划转给政府机构、事业单位、国有独资企业以及国有独资公司持有。

国有独资公司作为划入或划出一方的，应当符合《中华人民共和国公司法》的有关规定。

第三十一条 上市公司股份划转双方应当在可行性研究的基础上，按照内部决策程序进行审议，并形成无偿划转股份的书面决议文件。

第三十二条 国有股东无偿划转所持上市公司股份可能影响其偿债能力时，上市公司股份划出方应当就无偿划转事项制定相应的债务处置方案。

第三十三条 上市公司股份无偿划转由划转双方按规定程序逐级报国务院国有资产监督管理机构审核批准。

第三十四条 国有股东无偿划转其所持上市公司股份，应当向国有资产监督管理机构报送以下主要材料：

（一）国有股东无偿划转上市公司股份的请示及内部决议文件；

（二）国有股东无偿划转所持上市公司股份的可行性研究报告；

（三）上市公司股份无偿划转协议；

（四）划转双方基本情况、上一年经审计的财务会计报告；

（五）上市公司基本情况、最近一期的年度报告及中期报告；

（六）划出方债务处置方案及或有负债的解决方案；

（七）划入方未来12个月内对上市公司的重组计

划或发展规划(适用于上市公司控股权转移的);

(八)律师事务所出具的法律意见书。

第五章 国有股东所持上市公司股份的间接转让

第三十五条 本办法所称国有股东所持上市公司股份的间接转让是指国有股东因产权转让或增资扩股等原因导致其经济性质或实际控制人发生变化的行为。

第三十六条 国有股东所持上市公司股份间接转让应当充分考虑对上市公司的影响,并按照本办法有关国有股东协议转让上市公司股份价格的确定原则合理确定其所持上市公司股份价格,上市公司股份价格确定的基准日应与国有股东资产评估的基准日一致。国有股东资产评估的基准日与国有股东产权持有单位对该国有股东产权变动决议的日期相差不得超过一个月。

第三十七条 上市公司国有控股股东所持上市公司股份发生间接转让的,应当聘请在境内注册的专业机构担任财务顾问,并对国有产权拟受让方或国有股东引进的战略投资者进行尽职调查,并出具尽职调查报告。

第三十八条 国有股东所持上市公司股份间接转让的,国有股东应在产权转让或增资扩股方案实施前(其中,国有股东国有产权转让的,应在办理产权转让鉴证前;国有股东增资扩股的,应在公司工商登记前),由国有股东逐级报国务院国有资产监督管理机构审核批准。

第三十九条 决定或批准国有股东所持上市公司股份间接转让,应当审查下列书面材料:

(一)国有股东间接转让所持上市公司股份的请示;

(二)国有股东的产权转让或增资扩股批准文件、资产评估结果核准文件及可行性研究报告;

(三)经批准的国有股东产权转让或增资扩股方案;

(四)国有股东国有产权进场交易的有关文件或通过产权交易市场、媒体或网络公开国有股东增资扩股的信息情况及战略投资者的选择依据;

(五)国有股东的国有产权转让协议或增资扩股协议;

(六)国有股东资产作价金额,包括国有股东所持上市公司股份的作价说明;

(七)上市公司基本情况、最近一期的年度报告及中期报告;

(八)国有产权拟受让方或战略投资者最近一期经审计的财务会计报告;

(九)财务顾问出具的财务顾问报告(适用于国有控股股东国有产权变动的);

(十)律师事务所出具的法律意见书;

(十一)国有资产监督管理机构认为必要的其他文件。

第六章 法律责任

第四十条 在国有股东转让上市公司股份中,转让方、上市公司和拟受让方有下列行为之一的,国有资产监督管理机构应要求转让方终止上市公司股份转让活动,必要时应向人民法院提起诉讼:

(一)未按本办法有关规定在证券交易所公开股份转让信息的;

(二)转让方、上市公司不履行相应的内部决策程序、批准程序或者超越权限、擅自转让上市公司股份的;

(三)转让方、上市公司向中介机构提供虚假会计资料,导致审计、评估结果失真,造成国有资产损失的;

(四)转让方与拟受让方串通,低价转让上市公司股份,造成国有资产损失的;

(五)拟受让方在上市公司股份公开转让信息中,与有关方恶意串通低评低估上市公司股份价格,造成国有资产损失的;拟受让方未在其承诺的期限内对上市公司进行重大资产重组的;

(六)拟受让方采取欺诈、隐瞒等手段影响转让方的选择以及上市公司股份协议签订的。

对以上行为的转让方、上市公司负有直接责任的主管人员和其他直接责任人员,由国有资产监督管理机构或者相关企业按照权限给予纪律处分,造成国有资产损失的,应负赔偿责任;由于拟受让方的责任造成国有资产损失的,拟受让方应依法赔偿转让方的经济损失;涉嫌犯罪的,依法移送司法机关处理。

第四十一条 社会中介机构在上市公司股份转让的审计、评估、咨询和法律服务中违规执业的,由国有资产监督管理机构将有关情况通报其行业主管部门,建议给予相应处罚;情节严重的,上市公司国有股东不得再委托其进行上市公司股份转让的相关业务。

第四十二条 上市公司股份转让批准机构及其有关人员违反本办法,擅自批准或者在批准中以权谋私,造成国有资产损失的,由有关部门按照权限给予纪律处分;涉嫌犯罪的,依法移送司法机关处理。

国有资产监督管理机构违反有关法律、法规或本办法的规定审核上市公司股份转让并造成国有资产损失的,对直接负责的主管人员和其他责任人员依法给予纪律处分;涉嫌犯罪的,依法移送司法机关处理。

第四十三条 上市公司、国有股东违反有关法律、法规或本办法的规定进行股份转让并造成国有资产损失的，国有资产监督管理机构可以责令国有股东采取措施限期纠正；上市公司、国有股东有关负责人及其他责任人员应负赔偿责任，并对其依法给予纪律处分；涉嫌犯罪的，依法移送司法机关处理。

第七章 附 则

第四十四条 国有或国有控股企业持有的上市公司股份被司法机关强制执行的，根据有关法律及司法机关出具的具有法律效力的文件办理相关手续。

第四十五条 本办法自2007年7月1日起施行。

上市公司国有股东标识管理暂行规定

1. 2007年6月30日国务院国有资产监督管理委员会、中国证券监督管理委员会发布

2. 国资发产权〔2007〕108号

第一条 为加强对上市公司国有股东的管理，促进国有资产保值增值，维护证券市场稳定，根据国家有关法律、行政法规，制定本规定。

第二条 本规定所称上市公司国有股东，是指持有上市公司股份的国有及国有控股企业、有关机构、部门、事业单位等。

第三条 国有资产监督管理机构应当在国有控股或参股的股份公司相关批复文件中对国有股东作出明确界定，并在国有股东名称后标注具体的国有股东标识，国有股东的标识为“SS”（State-owned Shareholder）。

中国证券登记结算有限责任公司（以下简称登记公司）根据省级或省级以上国有资产监督管理机构的批复以及国有股东或股票发行人的申请，对国有股东证券账户进行标识登记。

第四条 国有控股或参股的股份有限公司（以下简称股份公司）申请发行股票时，应向证券监督管理机构提供国有资产监督管理机构关于股份公司国有股权管理的批复文件，该文件是股份有限公司申请股票发行的必备文件。

第五条 股份公司股票发行结束后，股票发行人向登记公司申请股份初始登记时，应当在申请材料中对持有限售股份的国有股东性质予以注明，并提供国有资产监督管理机构关于股份公司国有股权管理的批复文件。

国有单位通过协议方式受让上市公司股份，根据有关规定需要报国有资产监督管理机构审核批准的，应及时履行申报程序。国有单位通过司法强制途径受让上市公司股份的，应根据有关法律规定报国有资产监督管理机构办理国有股东身份界定手续。国有单位向登记公司申请办理股份过户登记时，应当在申请材料中对其国有股东性质予以注明，并提供国有资产监督管理机构有关批复文件或国有股东身份界定文件。

国有股东因产权变动引起其经济性质或实际控制人变化的，应根据国有资产监督管理机构对其国有股东身份的界定文件，及时向登记公司申请办理国有股东证券账户标识的注销手续。

第六条 股票发行人或国有单位办理相关业务时按上述规定已注明国有股东身份，如该股东证券账户中尚未加设国有股东标识的，登记公司应当根据股票发行人或国有单位的申报以及国有资产监督管理机构关于股份公司国有股权管理的批复文件，在相应证券账户中加设国有股东标识。

证券账户已加设国有股东标识但股票发行人或国有单位未予注明的，以国有股东证券账户中已加设的标识为准。

第七条 国有股东自本规定下发之日起30日内，应将其在本规定下发前已开设的证券账户情况（包括账户名称、账户号码、持有的上市公司股票名称、数量、流通状态等）报对其负监管职责的国有资产监督管理机构备案。下一级国有资产监督管理机构应将本地所属国有股东开设证券账户的报备情况报上一级国有资产监督管理机构备案。

国有单位在本规定下发后新开设证券账户的，应在开设证券账户后7个工作日内将其开设的证券账户情况按上述程序报国有资产监督管理机构备案。

第八条 省级或省级以上国有资产监督管理机构根据国有单位开设证券账户的备案情况建立上市公司国有股东信息库，并定期（每季度末）核查上市公司国有股东标识的加设及变更情况，对未加设或未及时变更国有股东标识的国有股东证券账户统一向登记公司出函办理国有股东标识的加设及变更工作。

第九条 国有单位应严格按本规定办理国有股东标识的登记工作及向国有资产监督管理机构上报其开设证券账户的情况。

第十条 对完成股权分置改革的上市公司以及股票发行实行新老划断后至本规定实施前新上市的股份公司，由国务院国有资产监督管理委员会会同中国证券监督管理委员会，根据国有资产监督管理机构关于股权分置改革中国有股权管理的批复以及新上市股份公司国有股权管理的批复，统一组织协调国有股东标识的加设工作。

对未完成股权分置改革的上市公司，国有资产监督管理机构在对其股权分置改革中国有股权管理有关问题进行批复时,应在国有股东名称后标注国有股东标识。上市公司应当根据该批复在向登记公司申请办理实施股权分置改革涉及的变更登记事项时一并办理国有股东标识加设工作。

第十一条　国有股东在其所持有的上市公司股份发生转让或变动时,需严格遵守上市公司国有股权管理的有关法律、行政法规的规定。

境内证券市场转持部分国有股充实全国社会保障基金实施办法

1. 2009年6月19日财政部、国务院国有资产监督管理委员会、中国证券监督管理委员会、全国社会保障基金理事会发布

2. 财企〔2009〕94号

第一章　总　　则

第一条　按照中央关于多渠道筹集社会保障基金的决定精神,根据国务院关于在境内证券市场实施国有股转持的有关政策,制定本办法。

第二条　本办法所称国有股东是指经国有资产监督管理机构确认的国有股东。

第三条　本办法所称国有资产监督管理机构,是指代表国务院和省级以上(含计划单列市)人民政府履行出资人职责、负责监督管理企业国有资产的特设机构和负责监督管理金融类企业国有资产的各级财政部门。

第四条　本办法所称国有股是指国有股东持有的上市公司股份。

第五条　本办法所称国有股转持是指股份有限公司首次公开发行股票并上市时,按实际发行股份数量的10%,将上市公司部分国有股转由全国社会保障基金理事会(以下简称社保基金会)持有。

第二章　转持范围、比例和方式

第六条　股权分置改革新老划断后,凡在境内证券市场首次公开发行股票并上市的含国有股的股份有限公司,除国务院另有规定的,均须按首次公开发行时实际发行股份数量的10%,将股份有限公司部分国有股转由社保基金会持有,国有股东持股数量少于应转持股份数量的,按实际持股数量转持。

第七条　股权分置改革新老划断后至本办法颁布前首次公开发行股票并上市的股份有限公司,由经国有资产监督管理机构确认的上市前国有股东承担转持义务。经确认的国有股东在履行转持义务前已发生股份转让的,须按其承担的转持义务以上缴资金等方式替代转持国有股。

第八条　本办法颁布后首次公开发行股票并上市的股份有限公司,由经国有资产监督管理机构确认的国有股东承担转持义务。

第九条　混合所有制的国有股东,由该类国有股东的国有出资人按其持股比例乘以该类国有股东应转持的权益额,履行转持义务。具体方式包括:在取得国有股东各出资人或各股东一致意见后,直接转持国有股,并由该国有股东的国有出资人对非国有出资人给予相应补偿;或者由该国有股东的国有出资人以分红或自有资金一次或分次上缴中央金库。

第十条　对符合直接转持股份条件,但根据国家相关规定需要保持国有控股地位的,经国有资产监督管理机构批准,允许国有股东在确保资金及时、足额上缴中央金库情况下,采取包括但不限于以分红或自有资金等方式履行转持义务。

第三章　转持程序

第十一条　股权分置改革新老划断后至本办法颁布前首次公开发行股票并上市的股份有限公司的转持程序:

1. 国有资产监督管理机构根据现有资料对转持公司中的国有股东身份和转持股份数量进行初步核定,并由财政部、国务院国资委、中国证券监督管理委员会(以下简称证监会)和社保基金会将上市公司名称、国有股东名称及应转持股份数量等内容向社会联合公告。应转持股份自公告之日起予以冻结。

2. 国有股东对转持公告如有疑义,应在公告发布后30个工作日内向国有资产监督管理机构反馈意见,由国有资产监督管理机构予以重新核定。

3. 对于以转持股份形式履行转持义务的,国有资产监督管理机构向中国证券登记结算有限责任公司(以下简称中国结算公司)下达国有股转持通知,并抄送社保基金会。中国结算公司在收到国有股转持通知后15个工作日内,将各国有股东应转持股份,变更登记到社保基金会转持股票账户。

对于以上缴资金方式履行转持义务的,国有股东应及时足额就地上缴中央金库,凭一般缴款书(复印件)到中国结算公司办理股份解冻手续。

4. 国有股东在国有股转持程序完成后30个工作日内,应将转持股份情况,或以其他方式履行转持义务情况以及一般缴款书(复印件)等有关文件报国有资产监督管理机构备案,并抄送财政部和社保基金会。

第十二条　本办法颁布后首次公开发行股票并上市的股份有限公司的转持程序:

1. 首次公开发行股票并上市的股份有限公司的

第一大国有股东向国有资产监督管理机构申请确认国有股东身份和转持股份数量。国有资产监督管理机构确认后,出具国有股转持批复,并抄送社保基金会和中国结算公司。国有股转持批复应要求国有股东向社保基金会作出转持承诺,并载明各国有股东转持股份数量或上缴资金数量等内容。该批复应作为股份有限公司申请首次公开发行股票并上市的必备文件。

2. 对于以转持股份形式履行转持义务的,中国结算公司在收到国有股转持批复后、首次公开发行股票上市前,将各国有股东应转持股份,变更登记到社保基金会转持股票账户。对于以上缴资金方式履行转持义务的,国有股东须按国有股转持批复的要求,及时足额就地上缴到中央金库。

3. 国有股东在国有股转持工作完成后30个工作日内将转持股份情况,或以其他方式履行转持义务情况以及一般缴款书(复印件)等有关文件报国有资产监督管理机构备案,并抄送财政部和社保基金会。

第四章 转持股份的管理和处置

第十三条 转由社保基金会持有的境内上市公司国有股,社保基金会承继原国有股东的禁售期义务。对股权分置改革新老划断至本办法颁布前首次公开发行股票并上市的股份有限公司转持的股份,社保基金会在承继原国有股东的法定和自愿承诺禁售期基础上,再将禁售期延长三年。

第十四条 社保基金会转持国有股后,享有转持股份的收益权和处置权,不干预上市公司日常经营管理。

第十五条 国有股转持给社保基金会和资金上缴中央金库后,相关国有单位核减国有权益,依次冲减未分配利润、盈余公积金、资本公积金和实收资本,并做好相应国有资产产权变动登记工作。对于转持股份,社保基金以发行价入账,并纳入基金总资产统一核算。对国有股东替代转持上缴中央金库的资金,财政部应及时拨入社保基金账户。

第十六条 财政部负责对转持国有股充实全国社保基金的财务管理实施监管。财政部可委托专业中介机构定期对社保基金会转持国有股的运营情况进行审计。

第十七条 社保基金会应设立专门账户用于接收转持股份,按本办法转持国有股以及转持股份在社保基金各账户之间转账,免征过户费。

第十八条 国有股转持过程中涉及的信息披露事项,由相关方依照有关法律法规处理。

第五章 附 则

第十九条 本办法由财政部商有关部门负责解释。

第二十条 境外上市公司减转持工作仍按现有相关规定执行。

第二十一条 本办法自颁布之日起施行。

财政部等关于豁免国有创业投资机构和国有创业投资引导基金国有股转持义务有关问题的通知

1. 2010年10月13日财政部、国务院国有资产监督管理委员会、中国证券监督管理委员会、全国社会保障基金理事会发布
2. 财企〔2010〕278号

国务院有关部委,有关直属机构,各省、自治区、直辖市、计划单列市财政厅(局)、国资委(局),中国证券登记结算有限责任公司,有关国有创业投资机构、国有创业投资引导基金:

《财政部国资委证监会社保基金会关于印发〈境内证券市场转持部分国有股充实全国社会保障基金实施办法〉的通知》(财企〔2009〕94号)规定,股权分置改革新老划断后,凡在境内证券市场首次公开发行股票并上市的含国有股的股份有限公司,除国务院另有规定的,均须按首次公开发行时实际发行股份数量的10%,将股份有限公司部分国有股转由社保基金会持有,国有股东持股数量少于应转持股份数量的,按实际持股数量转持。

为进一步提高国有资本从事创业投资的积极性,鼓励和引导国有创业投资机构加大对中早期项目的投资,促进我国创业投资事业的发展和科技创新目标的实现,经国务院批准,符合条件的国有创业投资机构和国有创业投资引导基金,投资于未上市中小企业形成的国有股,可申请豁免国有股转持义务。现将有关事项通知如下:

一、资质条件

(一)豁免国有股转持义务的国有创业投资机构应当符合下列条件:

1. 经营范围符合《创业投资企业管理暂行办法》(发展改革委等10部门令第39号,以下简称《办法》)规定,且工商登记名称中注有“创业投资”字样。在2005年11月15日《办法》发布前完成工商登记的,可保留原有工商登记名称,但经营范围须符合《办法》规定。

2. 遵照《办法》规定的条件和程序完成备案,经备案管理部门年度检查核实,投资运作符合《办法》有关规定。

(二)豁免国有股转持义务的国有创业投资引导基金应当为按照《关于创业投资引导基金规范设立与

运作的指导意见》(国办发〔2008〕116号)规定,规范设立并运作的国有创业投资引导基金。

(三)本通知所称未上市中小企业,应当同时符合下列条件:

1. 职工人数不超过500人;

2. 年销售(营业额)不超过2亿元;

3. 资产总额不超过2亿元。

上述条件按照国有创业投资机构和国有创业投资引导基金初始投资行为发生时被投资企业的规模确定。

二、申报资料

国有创业投资机构或国有创业投资引导基金申请豁免国有股转持义务,应当提供以下资料:

(一)申请报告;

(二)国有创业投资机构按照《创业投资企业管理暂行办法》完成备案及年检的证明文件,国有创业投资引导基金按照《关于创业投资引导基金规范设立与运作的指导意见》规范设立并运作的具体说明;

(三)经会计师事务所审计的被投资企业在国有创业投资机构或国有创业投资引导基金初始投资发生时上一年度的会计报表;

(四)由被投资企业所在地劳动和社会保障部门出具的被投资企业在国有创业投资机构或国有创业投资引导基金初始投资发生时上一年度末职工人数的证明;

(五)其他说明材料。

三、办理程序

被投资企业拟首次公开发行股票并上市前,符合条件的国有创业投资机构或国有创业投资引导基金直接向财政部提出豁免国有股转持义务申请。财政部经审核后出具豁免国有股转持义务的批复文件,并抄送国资委、证监会、社保基金会和相关省(自治区、直辖市、计划单列市)国有资产监督管理机构、财政部门。若被投资企业有其他国有股东,需省级或省级以上国有资产管理机构出具国有股转持批复的,已豁免国有股转持额度在应转持总额度中扣除。

已按《境内证券市场转持部分国有股充实全国社会保障基金实施办法》实施国有股转持的,符合条件的国有创业投资机构或国有创业投资引导基金直接向财政部提出国有股回拨申请。财政部会同社保基金会复核后向中国证券登记结算有限责任公司(以下简称中国结算公司)下达国有股回拨通知,并抄送国资委、证监会、社保基金会和相关省(自治区、直辖市、计划单列市)国有资产监督管理机构、财政部门。中国结算公司在收到国有股回拨通知后15个工作日内,将已转持国有股,由社保基金会转持股票账户变更登记到国有创业投资机构或国有创业投资引导基金开设的股票账户。

3. 并购重组

国务院关于促进企业兼并重组的意见

1. 2010年8月28日
2. 国发〔2010〕27号

各省、自治区、直辖市人民政府,国务院各部委、各直属机构:

为深入贯彻落实科学发展观,切实加快经济发展方式转变和结构调整,提高发展质量和效益,现就加快调整优化产业结构、促进企业兼并重组提出以下意见:

一、充分认识企业兼并重组的重要意义

近年来,各行业、各领域企业通过合并和股权、资产收购等多种形式积极进行整合,兼并重组步伐加快,产业组织结构不断优化,取得了明显成效。但一些行业重复建设严重、产业集中度低、自主创新能力不强、市场竞争力较弱的问题仍很突出。在资源环境约束日益严重、国际间产业竞争更加激烈、贸易保护主义明显抬头的新形势下,必须切实推进企业兼并重组,深化企业改革,促进产业结构优化升级,加快转变发展方式,提高发展质量和效益,增强抵御国际市场风险能力,实现可持续发展。各地区、各有关部门要把促进企业兼并重组作为贯彻落实科学发展观,保持经济平稳较快发展的重要任务,进一步统一思想,正确处理局部与整体、当前与长远的关系,切实抓好促进企业兼并重组各项工作部署的贯彻落实。

二、主要目标和基本原则

(一)主要目标。

通过促进企业兼并重组,深化体制机制改革,完善以公有制为主体、多种所有制经济共同发展的基本经济制度。加快国有经济布局和结构的战略性调整,健全国有资本有进有退的合理流动机制,鼓励和支持民营企业参与竞争性领域国有企业改革、改制和改组,促进非公有制经济和中小企业发展。兼并重组企业要转换经营机制,完善公司治理结构,建立现代企业制度,加强和改善内部管理,加强技术改造,推进技术进步和自主创新,淘汰落后产能,压缩过剩产能,促进节能减排,提高市场竞争力。

进一步贯彻落实重点产业调整和振兴规划,做强做大优势企业。以汽车、钢铁、水泥、机械制造、电解铝、稀土等行业为重点，推动优势企业实施强强联合、跨地区兼并重组、境外并购和投资合作，提高产业集中度，促进规模化、集约化经营，加快发展具有自主知识产权和知名品牌的骨干企业，培养一批具有国际竞争力的大型企业集团，推动产业结构优化升级。

（二）基本原则。

1. 发挥企业的主体作用。充分尊重企业意愿，充分调动企业积极性，通过完善相关行业规划和政策措施，引导和激励企业自愿、自主参与兼并重组。

2. 坚持市场化运作。遵循市场经济规则，充分发挥市场机制的基础性作用，规范行政行为，由企业通过平等协商、依法合规开展兼并重组，防止“拉郎配”。

3. 促进市场有效竞争。统筹协调，分类指导，促进提高产业集中度，促进大中小企业协调发展，促进各种所有制企业公平竞争和优胜劣汰，形成结构合理、竞争有效、规范有序的市场格局。

4. 维护企业与社会和谐稳定。严格执行相关法律法规和规章制度，妥善解决企业兼并重组中资产债务处置、职工安置等问题，依法维护债权人、债务人以及企业职工等利益主体的合法权益，促进企业、社会的和谐稳定。

三、消除企业兼并重组的制度障碍

（一）清理限制跨地区兼并重组的规定。为优化产业布局、进一步破除市场分割和地区封锁，要认真清理废止各种不利于企业兼并重组和妨碍公平竞争的规定，尤其要坚决取消各地区自行出台的限制外地企业对本地企业实施兼并重组的规定。

（二）理顺地区间利益分配关系。在不违背国家有关政策规定的前提下，地区间可根据企业资产规模和盈利能力，签订企业兼并重组后的财税利益分成协议，妥善解决企业兼并重组后工业增加值等统计数据的归属问题，实现企业兼并重组成果共享。

（三）放宽民营资本的市场准入。切实向民营资本开放法律法规未禁入的行业和领域，并放宽在股权比例等方面的限制。加快垄断行业改革，鼓励民营资本通过兼并重组等方式进入垄断行业的竞争性业务领域，支持民营资本进入基础设施、公共事业、金融服务和社会事业相关领域。

四、加强对企业兼并重组的引导和政策扶持

（一）落实税收优惠政策。研究完善支持企业兼并重组的财税政策。对企业兼并重组涉及的资产评估增值、债务重组收益、土地房屋权属转移等给予税收优惠，具体按照财政部、税务总局《关于企业兼并重组业务企业所得税处理若干问题的通知》（财税〔2009〕59号）、《关于企业改制重组若干契税政策的通知》（财税〔2008〕175号）等规定执行。

（二）加强财政资金投入。在中央国有资本经营预算中设立专项资金，通过技改贴息、职工安置补助等方式，支持中央企业兼并重组。鼓励地方人民政府通过财政贴息、信贷奖励补助等方式，激励商业银行加大对企业兼并重组的信贷支持力度。有条件的地方可设立企业兼并重组专项资金，支持本地区企业兼并重组，财政资金投入要优先支持重点产业调整和振兴规划确定的企业兼并重组。

（三）加大金融支持力度。商业银行要积极稳妥开展并购贷款业务，扩大贷款规模，合理确定贷款期限。鼓励商业银行对兼并重组后的企业实行综合授信。鼓励证券公司、资产管理公司、股权投资基金以及产业投资基金等参与企业兼并重组，并向企业提供直接投资、委托贷款、过桥贷款等融资支持。积极探索设立专门的并购基金等兼并重组融资新模式，完善股权投资退出机制，吸引社会资金参与企业兼并重组。通过并购贷款、境内外银团贷款、贷款贴息等方式支持企业跨国并购。

（四）支持企业自主创新和技术进步。支持有条件的企业建立企业技术中心，提高研发水平和自主创新能力，加快科技成果向现实生产力转化。大力支持兼并重组企业技术改造和产品结构调整，优先安排技术改造资金，对符合国家产业政策的技术改造项目优先立项。鼓励和引导企业通过兼并重组淘汰落后产能，切实防止以兼并重组为名盲目扩张产能和低水平重复建设。

（五）充分发挥资本市场推动企业重组的作用。进一步推进资本市场企业并购重组的市场化改革，健全市场化定价机制，完善相关规章及配套政策，支持企业利用资本市场开展兼并重组，促进行业整合和产业升级。支持符合条件的企业通过发行股票、债券、可转换债等方式为兼并重组融资。鼓励上市公司以股权、现金及其他金融创新方式作为兼并重组的支付手段，拓宽兼并重组融资渠道，提高资本市场兼并重组效率。

（六）完善相关土地管理政策。兼并重组涉及的划拨土地符合划拨用地条件的，经所在地县级以上人民政府批准可继续以划拨方式使用；不符合划拨用地条件的，依法实行有偿使用，划拨土地使用权价格可依法作为土地使用权人的权益。重点产业调整和振兴规划确定的企业兼并重组项目涉及的原生产经营性划拨土地，经省级以上人民政府国土资源部门批准，可以国家作价出资（入股）方式处置。

（七）妥善解决债权债务和职工安置问题。兼并重组要严格依照有关法律规定和政策妥善分类处置债

权债务关系,落实清偿责任,确保债权人、债务人的合法利益。研究债务重组政策措施,支持资产管理公司、创业投资企业、股权投资基金、产业投资基金等机构参与被兼并企业的债务处置。切实落实相关政策规定,积极稳妥解决职工劳动关系、社会保险关系接续、拖欠职工工资等问题。制定完善相关政策措施,继续支持国有企业实施主辅分离、辅业改制和分流安置富余人员。认真落实积极的就业政策,促进下岗失业人员再就业,所需资金从就业专项资金中列支。

(八)深化企业体制改革和管理创新。鼓励兼并重组企业进行公司制、股份制改革,建立健全规范的法人治理结构,转换企业经营机制,创新管理理念、管理机制和管理手段,加强和改善生产经营管理,促进自主创新,提高企业市场竞争力。

五、改进对兼并重组的管理和服务

(一)做好信息咨询服务。加快引进和培养熟悉企业并购业务特别是跨国并购业务的专门人才,建立促进境内外并购活动的公共服务平台,拓宽企业兼并重组信息交流渠道,加强市场信息、战略咨询、法律顾问、财务顾问、资产评估、产权交易、融资中介、独立审计和企业管理等咨询服务,推动企业兼并重组中介服务加快专业化、规范化发展。

(二)加强风险监控。督促企业严格执行兼并重组的有关法律法规和政策,规范操作程序,加强信息披露,防范道德风险,确保兼并重组操作规范、公开、透明。深入研究企业兼并重组中可能出现的各种矛盾和问题,加强风险评估,妥善制定相应的应对预案和措施,切实维护企业、社会和谐稳定。有效防范和打击内幕交易和市场操纵行为,防止恶意收购,防止以企业兼并重组之名甩包袱、偷逃税款、逃废债务,防止国有资产流失。充分发挥境内银行、证券公司等金融机构在跨国并购中的咨询服务作用,指导和帮助企业制定境外并购风险防范和应对方案,保护企业利益。

(三)维护公平竞争和国家安全。完善相关管理办法,加强和完善对重大的企业兼并重组交易的管理,对达到经营者集中法定申报标准的企业兼并重组,依法进行经营者集中审查。进一步完善外资并购管理规定,建立健全外资并购国内企业国家安全审查制度,鼓励和规范外资以参股、并购方式参与国内企业改组改造和兼并重组,维护国家安全。

六、加强对企业兼并重组工作的领导

建立健全组织协调机制,加强对企业兼并重组工作的领导。由工业和信息化部牵头,发展改革委、财政部、人力资源社会保障部、国土资源部、商务部、人民银行、国资委、税务总局、工商总局、银监会、证监会等部门参加,成立企业兼并重组工作协调小组,统筹协调企业兼并重组工作,研究解决推进企业兼并重组工作中的重大问题,细化有关政策和配套措施,落实重点产业调整和振兴规划的相关要求,协调有关地区和企业做好组织实施。各地区要努力营造企业跨地区、跨行业、跨所有制兼并重组的良好环境,指导督促企业切实做好兼并重组有关工作。

附件:促进企业兼并重组任务分工表(略)

国务院关于进一步优化企业兼并重组市场环境的意见

1. 2014年3月7日
2. 国发〔2014〕14号

各省、自治区、直辖市人民政府,国务院各部委、各直属机构:

兼并重组是企业加强资源整合、实现快速发展、提高竞争力的有效措施,是化解产能严重过剩矛盾、调整优化产业结构、提高发展质量效益的重要途径。近年来,我国企业兼并重组步伐加快,但仍面临审批多、融资难、负担重、服务体系不健全、体制机制不完善、跨地区跨所有制兼并重组困难等问题。为深入贯彻党的十八大和十八届二中、三中全会精神,认真落实党中央和国务院的决策部署,营造良好的市场环境,充分发挥企业在兼并重组中的主体作用,现提出以下意见:

一、主要目标和基本原则

(一)主要目标。

1. 体制机制进一步完善。企业兼并重组相关行政审批事项逐步减少,审批效率不断提高,有利于企业兼并重组的市场体系进一步完善,市场壁垒逐步消除。

2. 政策环境更加优化。有利于企业兼并重组的金融、财税、土地、职工安置等政策进一步完善,企业兼并重组融资难、负担重等问题逐步得到解决,兼并重组服务体系不断健全。

3. 企业兼并重组取得新成效。兼并重组活动日趋活跃,一批企业通过兼并重组焕发活力,有的成长为具有国际竞争力的大企业大集团,产业竞争力进一步增强,资源配置效率显著提高,过剩产能得到化解,产业结构持续优化。

(二)基本原则。

1. 尊重企业主体地位。有效调动企业积极性,由企业自主决策、自愿参与兼并重组,坚持市场化运作,避免违背企业意愿的"拉郎配"。

2. 发挥市场机制作用。发挥市场在资源配置中的决定性作用，加快建立公平开放透明的市场规则，消除企业兼并重组的体制机制障碍，完善统一开放、竞争有序的市场体系。

3. 改善政府的管理和服务。取消限制企业兼并重组和增加企业兼并重组负担的不合理规定，解决企业兼并重组面临的突出问题，引导和激励各种所有制企业自主、自愿参与兼并重组。

二、加快推进审批制度改革

（三）取消下放部分审批事项。系统梳理企业兼并重组涉及的审批事项，缩小审批范围，对市场机制能有效调节的事项，取消相关审批。取消上市公司收购报告书事前审核，强化事后问责。取消上市公司重大资产购买、出售、置换行为审批（构成借壳上市的除外）。对上市公司要约收购义务豁免的部分情形，取消审批。地方国有股东所持上市公司股份的转让，下放地方政府审批。

（四）简化审批程序。优化企业兼并重组相关审批流程，推行并联式审批，避免互为前置条件。实行上市公司并购重组分类审核，对符合条件的企业兼并重组实行快速审核或豁免审核。简化海外并购的外汇管理，改革外汇登记要求，进一步促进投资便利化。优化国内企业境外收购的事前信息报告确认程序，加快办理相关核准手续。提高经营者集中反垄断审查效率。企业兼并重组涉及的生产许可、工商登记、资产权属证明等变更手续，从简限时办理。

三、改善金融服务

（五）优化信贷融资服务。引导商业银行在风险可控的前提下积极稳妥开展并购贷款业务。推动商业银行对兼并重组企业实行综合授信，改善对企业兼并重组的信贷服务。

（六）发挥资本市场作用。符合条件的企业可以通过发行股票、企业债券、非金融企业债务融资工具、可转换债券等方式融资。允许符合条件的企业发行优先股、定向发行可转换债券作为兼并重组支付方式，研究推进定向权证等作为支付方式。鼓励证券公司开展兼并重组融资业务，各类财务投资主体可以通过设立股权投资基金、创业投资基金、产业投资基金、并购基金等形式参与兼并重组。对上市公司发行股份实施兼并事项，不设发行数量下限，兼并非关联企业不再强制要求作出业绩承诺。非上市公众公司兼并重组，不实施全面要约收购制度。改革上市公司兼并重组的股份定价机制，增加定价弹性。非上市公众公司兼并重组，允许实行股份协商定价。

四、落实和完善财税政策

（七）完善企业所得税、土地增值税政策。修订完善兼并重组企业所得税特殊性税务处理的政策，降低收购股权（资产）占被收购企业全部股权（资产）的比例限制，扩大特殊性税务处理政策的适用范围。抓紧研究完善非货币性资产投资交易的企业所得税、企业改制重组涉及的土地增值税等相关政策。

（八）落实增值税、营业税等政策。企业通过合并、分立、出售、置换等方式，转让全部或者部分实物资产以及与其相关联的债权、债务和劳动力的，不属于增值税和营业税征收范围，不应视同销售而征收增值税和营业税。税务部门要加强跟踪管理，企业兼并重组工作牵头部门要积极协助财税部门做好相关税收政策的落实。

（九）加大财政资金投入。中央财政适当增加工业转型升级资金规模，引导实施兼并重组的企业转型升级。利用现有中央财政关闭小企业资金渠道，调整使用范围，帮助实施兼并重组的企业安置职工、转型转产。加大对企业兼并重组公共服务的投入力度。各地要安排资金，按照行政职责，解决本地区企业兼并重组工作中的突出问题。

（十）进一步发挥国有资本经营预算资金的作用。根据企业兼并重组的方向、重点和目标，合理安排国有资本经营预算资金引导国有企业实施兼并重组、做优做强，研究完善相关管理制度，提高资金使用效率。

五、完善土地管理和职工安置政策

（十一）完善土地使用政策。政府土地储备机构有偿收回企业因兼并重组而退出的土地，按规定支付给企业的土地补偿费可以用于企业安置职工、偿还债务等支出。企业兼并重组中涉及因实施城市规划需要搬迁的工业项目，在符合城乡规划及国家产业政策的条件下，市县国土资源管理部门经审核并报同级人民政府批准，可收回原国有土地使用权，并以协议出让或租赁方式为原土地使用权人重新安排工业用地。企业兼并重组涉及土地转让、改变用途的，国土资源、住房城乡建设部门要依法依规加快办理相关用地和规划手续。

（十二）进一步做好职工安置工作。落实完善兼并重组职工安置政策。实施兼并重组的企业要按照国家有关法律法规及政策规定，做好职工安置工作，妥善处理职工劳动关系。地方各级人民政府要进一步落实促进职工再就业政策，做好职工社会保险关系转移接续，保障职工合法权益。对采取有效措施稳定职工队伍的企业给予稳定岗位补贴，所需资金从失业保险基金中列支。

六、加强产业政策引导

（十三）发挥产业政策作用。提高节能、环保、质量、安全等标准,规范行业准入,形成倒逼机制,引导企业兼并重组。支持企业通过兼并重组压缩过剩产能、淘汰落后产能、促进转型转产。产能严重过剩行业项目建设,须制定产能置换方案,实施等量或减量置换。

(十四)鼓励优强企业兼并重组。推动优势企业强强联合、实施战略性重组,带动中小企业"专精特新"发展,形成优强企业主导、大中小企业协调发展的产业格局。

(十五)引导企业开展跨国并购。落实完善企业跨国并购的相关政策,鼓励具备实力的企业开展跨国并购,在全球范围内优化资源配置。规范企业海外并购秩序,加强竞争合作,推动互利共赢。积极指导企业制定境外并购风险应对预案,防范债务风险。鼓励外资参与我国企业兼并重组。

(十六)加强企业兼并重组后的整合。鼓励企业通过兼并重组优化资金、技术、人才等生产要素配置,实施业务流程再造和技术升级改造,加强管理创新,实现优势互补、做优做强。

七、进一步加强服务和管理

(十七)推进服务体系建设。进一步完善企业兼并重组公共信息服务平台,拓宽信息交流渠道。培育一批业务能力强、服务质量高的中介服务机构,提高关键领域、薄弱环节的服务能力,促进中介服务机构专业化、规范化发展。发挥行业协会在企业兼并重组中的重要作用。

(十八)建立统计监测制度。加强企业兼并重组的统计信息工作,构建企业兼并重组统计指标体系,建立和完善统计调查、监测分析和发布制度。整合行业协会、中介组织等信息资源,畅通统计信息渠道,为企业提供及时有效的信息服务。

(十九)规范企业兼并重组行为。严格依照有关法律法规和政策,保护职工、债权人和投资者的合法权益。完善国有产权转让有关规定,规范国有资产处置,防止国有资产流失。采取切实措施防止企业通过兼并重组逃废银行债务,依法维护金融债权,保障金融机构合法权益。在资本市场上,主板、中小板企业兼并重组构成借壳上市的,要符合首次公开发行条件。加强上市公司和非上市公众公司信息披露,强化事中、事后监管,严厉查处内幕交易等违法违规行为。加强外国投资者并购境内企业安全审查,维护国家安全。

八、健全企业兼并重组的体制机制

(二十)完善市场体系建设。深化要素配置市场化改革,进一步完善多层次资本市场体系。加快建立现代企业产权制度,促进产权顺畅流转。加强反垄断和反不正当竞争执法,规范市场竞争秩序,加强市场监管,促进公平竞争和优胜劣汰。行政机关和法律法规授权的具有管理公共事务职责的组织,应严格遵守反垄断法,不得滥用行政权力排除和限制竞争。

(二十一)消除跨地区兼并重组障碍。清理市场分割、地区封锁等限制,加强专项监督检查,落实责任追究制度。加大一般性转移支付力度,平衡地区间利益关系。落实跨地区机构企业所得税分配政策,协调解决企业兼并重组跨地区利益分享问题,解决跨地区被兼并企业的统计归属问题。

(二十二)放宽民营资本市场准入。向民营资本开放非明确禁止进入的行业和领域。推动企业股份制改造,发展混合所有制经济,支持国有企业母公司通过出让股份、增资扩股、合资合作引入民营资本。加快垄断行业改革,向民营资本开放垄断行业的竞争性业务领域。优势企业不得利用垄断力量限制民营企业参与市场竞争。

(二十三)深化国有企业改革。深入推进国有企业产权多元化改革,完善公司治理结构。改革国有企业负责人任免、评价、激励和约束机制,完善国有企业兼并重组考核评价体系。加大国有企业内部资源整合力度,推动国有资本更多投向关系国家安全、国民经济命脉的重要行业和关键领域。

九、切实抓好组织实施

(二十四)进一步加大统筹协调力度。充分发挥企业兼并重组工作部际协调小组的作用,解决跨地区跨所有制企业兼并重组和跨国并购中的重大问题,做好重大部署的落实,组织开展政策执行情况评估和监督检查。各有关部门要按照职责分工抓紧制定出台配套政策措施,加强协调配合,完善工作机制,扎实推进各项工作。

(二十五)切实加强组织领导。各地区要按照本意见要求,结合当地实际抓紧制定优化企业兼并重组市场环境的具体方案,建立健全协调机制和服务体系,积极协调解决本地区企业兼并重组中遇到的问题,确保各项政策措施落到实处,有关重大事项及时报告企业兼并重组工作部际协调小组。

上市公司收购管理办法

1. 2006年7月31日中国证券监督管理委员会令第35号公布
2. 根据2008年8月27日中国证券监督管理委员会令第56号《关于修改〈上市公司收购管理办法〉第六十三条的决定》第一次修订
3. 根据2012年2月14日中国证券监督管理委员会令第77号《关于修改〈上市公司收购管理办法〉第六十二条及第六十三条的决定》第二次修订
4. 根据2014年10月23日中国证券监督管理委员会令第108号《关于修改〈上市公司收购管理办法〉的决定》第三次修订

第一章 总 则

第一条 为了规范上市公司的收购及相关股份权益变动活动,保护上市公司和投资者的合法权益,维护证券市场秩序和社会公共利益,促进证券市场资源的优化配置,根据《证券法》、《公司法》及其他相关法律、行政法规,制定本办法。

第二条 上市公司的收购及相关股份权益变动活动,必须遵守法律、行政法规及中国证券监督管理委员会(以下简称中国证监会)的规定。当事人应当诚实守信,遵守社会公德、商业道德,自觉维护证券市场秩序,接受政府、社会公众的监督。

第三条 上市公司的收购及相关股份权益变动活动,必须遵循公开、公平、公正的原则。

上市公司的收购及相关股份权益变动活动中的信息披露义务人,应当充分披露其在上市公司中的权益及变动情况,依法严格履行报告、公告和其他法定义务。在相关信息披露前,负有保密义务。

信息披露义务人报告、公告的信息必须真实、准确、完整,不得有虚假记载、误导性陈述或者重大遗漏。

第四条 上市公司的收购及相关股份权益变动活动不得危害国家安全和社会公共利益。

上市公司的收购及相关股份权益变动活动涉及国家产业政策、行业准入、国有股份转让等事项,需要取得国家相关部门批准的,应当在取得批准后进行。

外国投资者进行上市公司的收购及相关股份权益变动活动的,应当取得国家相关部门的批准,适用中国法律,服从中国的司法、仲裁管辖。

第五条 收购人可以通过取得股份的方式成为一个上市公司的控股股东,可以通过投资关系、协议、其他安排的途径成为一个上市公司的实际控制人,也可以同时采取上述方式和途径取得上市公司控制权。

收购人包括投资者及与其一致行动的他人。

第六条 任何人不得利用上市公司的收购损害被收购公司及其股东的合法权益。

有下列情形之一的,不得收购上市公司:

(一)收购人负有数额较大债务,到期未清偿,且处于持续状态;

(二)收购人最近3年有重大违法行为或者涉嫌有重大违法行为;

(三)收购人最近3年有严重的证券市场失信行为;

(四)收购人为自然人的,存在《公司法》第一百四十六条规定情形;

(五)法律、行政法规规定以及中国证监会认定的不得收购上市公司的其他情形。

第七条 被收购公司的控股股东或者实际控制人不得滥用股东权利损害被收购公司或者其他股东的合法权益。

被收购公司的控股股东、实际控制人及其关联方有损害被收购公司及其他股东合法权益的,上述控股股东、实际控制人在转让被收购公司控制权之前,应当主动消除损害;未能消除损害的,应当就其出让相关股份所得收入用于消除全部损害做出安排,对不足以消除损害的部分应当提供充分有效的履约担保或安排,并依照公司章程取得被收购公司股东大会的批准。

第八条 被收购公司的董事、监事、高级管理人员对公司负有忠实义务和勤勉义务,应当公平对待收购本公司的所有收购人。

被收购公司董事会针对收购所做出的决策及采取的措施,应当有利于维护公司及其股东的利益,不得滥用职权对收购设置不适当的障碍,不得利用公司资源向收购人提供任何形式的财务资助,不得损害公司及其股东的合法权益。

第九条 收购人进行上市公司的收购,应当聘请在中国注册的具有从事财务顾问业务资格的专业机构担任财务顾问。收购人未按照本办法规定聘请财务顾问的,不得收购上市公司。

财务顾问应当勤勉尽责,遵守行业规范和职业道德,保持独立性,保证其所制作、出具文件的真实性、准确性和完整性。

财务顾问认为收购人利用上市公司的收购损害被收购公司及其股东合法权益的,应当拒绝为收购人提供财务顾问服务。

财务顾问不得教唆、协助或者伙同委托人编制或披露存在虚假记载、误导性陈述或者重大遗漏的报告、公告文件,不得从事不正当竞争,不得利用上市公司的收购谋取不正当利益。

第十条 中国证监会依法对上市公司的收购及相关股份

权益变动活动进行监督管理。

中国证监会设立由专业人员和有关专家组成的专门委员会。专门委员会可以根据中国证监会职能部门的请求,就是否构成上市公司的收购、是否有不得收购上市公司的情形以及其他相关事宜提供咨询意见。中国证监会依法做出决定。

第十一条　证券交易所依法制定业务规则,为上市公司的收购及相关股份权益变动活动组织交易和提供服务,对相关证券交易活动进行实时监控,监督上市公司的收购及相关股份权益变动活动的信息披露义务人切实履行信息披露义务。

证券登记结算机构依法制定业务规则,为上市公司的收购及相关股份权益变动活动所涉及的证券登记、存管、结算等事宜提供服务。

第二章　权益披露

第十二条　投资者在一个上市公司中拥有的权益,包括登记在其名下的股份和虽未登记在其名下但该投资者可以实际支配表决权的股份。投资者及其一致行动人在一个上市公司中拥有的权益应当合并计算。

第十三条　通过证券交易所的证券交易,投资者及其一致行动人拥有权益的股份达到一个上市公司已发行股份的5%时,应当在该事实发生之日起3日内编制权益变动报告书,向中国证监会、证券交易所提交书面报告,通知该上市公司,并予公告;在上述期限内,不得再行买卖该上市公司的股票。

前述投资者及其一致行动人拥有权益的股份达到一个上市公司已发行股份的5%后,通过证券交易所的证券交易,其拥有权益的股份占该上市公司已发行股份的比例每增加或者减少5%,应当依照前款规定进行报告和公告。在报告期限内和作出报告、公告后2日内,不得再行买卖该上市公司的股票。

第十四条　通过协议转让方式,投资者及其一致行动人在一个上市公司中拥有权益的股份拟达到或者超过一个上市公司已发行股份的5%时,应当在该事实发生之日起3日内编制权益变动报告书,向中国证监会、证券交易所提交书面报告,通知该上市公司,并予公告。

投资者及其一致行动人拥有权益的股份达到一个上市公司已发行股份的5%后,其拥有权益的股份占该上市公司已发行股份的比例每增加或者减少达到或者超过5%的,应当依照前款规定履行报告、公告义务。

前两款规定的投资者及其一致行动人在作出报告、公告前,不得再行买卖该上市公司的股票。相关股份转让及过户登记手续按照本办法第四章及证券交易所、证券登记结算机构的规定办理。

第十五条　投资者及其一致行动人通过行政划转或者变更、执行法院裁定、继承、赠与等方式拥有权益的股份变动达到前条规定比例的,应当按照前条规定履行报告、公告义务,并参照前条规定办理股份过户登记手续。

第十六条　投资者及其一致行动人不是上市公司的第一大股东或者实际控制人,其拥有权益的股份达到或者超过该公司已发行股份的5%,但未达到20%的,应当编制包括下列内容的简式权益变动报告书:

(一)投资者及其一致行动人的姓名、住所;投资者及其一致行动人为法人的,其名称、注册地及法定代表人;

(二)持股目的,是否有意在未来12个月内继续增加其在上市公司中拥有的权益;

(三)上市公司的名称、股票的种类、数量、比例;

(四)在上市公司中拥有权益的股份达到或者超过上市公司已发行股份的5%或者拥有权益的股份增减变化达到5%的时间及方式;

(五)权益变动事实发生之日前6个月内通过证券交易所的证券交易买卖该公司股票的简要情况;

(六)中国证监会、证券交易所要求披露的其他内容。

前述投资者及其一致行动人为上市公司第一大股东或者实际控制人,其拥有权益的股份达到或者超过一个上市公司已发行股份的5%,但未达到20%的,还应当披露本办法第十七条第一款规定的内容。

第十七条　投资者及其一致行动人拥有权益的股份达到或者超过一个上市公司已发行股份的20%但未超过30%的,应当编制详式权益变动报告书,除须披露前条规定的信息外,还应当披露以下内容:

(一)投资者及其一致行动人的控股股东、实际控制人及其股权控制关系结构图;

(二)取得相关股份的价格、所需资金额、资金来源,或者其他支付安排;

(三)投资者、一致行动人及其控股股东、实际控制人所从事的业务与上市公司的业务是否存在同业竞争或者潜在的同业竞争,是否存在持续关联交易;存在同业竞争或者持续关联交易的,是否已做出相应的安排,确保投资者、一致行动人及其关联方与上市公司之间避免同业竞争以及保持上市公司的独立性;

(四)未来12个月内对上市公司资产、业务、人员、组织结构、公司章程等进行调整的后续计划;

(五)前24个月内投资者及其一致行动人与上市公司之间的重大交易;

（六）不存在本办法第六条规定的情形；

（七）能够按照本办法第五十条的规定提供相关文件。

前述投资者及其一致行动人为上市公司第一大股东或者实际控制人的，还应当聘请财务顾问对上述权益变动报告书所披露的内容出具核查意见，但国有股行政划转或者变更、股份转让在同一实际控制人控制的不同主体之间进行、因继承取得股份的除外。投资者及其一致行动人承诺至少3年放弃行使相关股份表决权的，可免于聘请财务顾问和提供前款第（七）项规定的文件。

第十八条 已披露权益变动报告书的投资者及其一致行动人在披露之日起6个月内，因拥有权益的股份变动需要再次报告、公告权益变动报告书的，可以仅就与前次报告书不同的部分作出报告、公告；自前次披露之日起超过6个月的，投资者及其一致行动人应当按照本章的规定编制权益变动报告书，履行报告、公告义务。

第十九条 因上市公司减少股本导致投资者及其一致行动人拥有权益的股份变动出现本办法第十四条规定情形的，投资者及其一致行动人免于履行报告和公告义务。上市公司应当自完成减少股本的变更登记之日起2个工作日内，就因此导致的公司股东拥有权益的股份变动情况作出公告；因公司减少股本可能导致投资者及其一致行动人成为公司第一大股东或者实际控制人的，该投资者及其一致行动人应当自公司董事会公告有关减少公司股本决议之日起3个工作日内，按照本办法第十七条第一款的规定履行报告、公告义务。

第二十条 上市公司的收购及相关股份权益变动活动中的信息披露义务人依法披露前，相关信息已在媒体上传播或者公司股票交易出现异常的，上市公司应当立即向当事人进行查询，当事人应当及时予以书面答复，上市公司应当及时作出公告。

第二十一条 上市公司的收购及相关股份权益变动活动中的信息披露义务人应当在至少一家中国证监会指定媒体上依法披露信息；在其他媒体上进行披露的，披露内容应当一致，披露时间不得早于指定媒体的披露时间。

第二十二条 上市公司的收购及相关股份权益变动活动中的信息披露义务人采取一致行动的，可以以书面形式约定由其中一人作为指定代表负责统一编制信息披露文件，并同意授权指定代表在信息披露文件上签字、盖章。

各信息披露义务人应当对信息披露文件中涉及其自身的信息承担责任；对信息披露文件中涉及的与多个信息披露义务人相关的信息，各信息披露义务人对相关部分承担连带责任。

第三章 要约收购

第二十三条 投资者自愿选择以要约方式收购上市公司股份的，可以向被收购公司所有股东发出收购其所持有的全部股份的要约（以下简称全面要约），也可以向被收购公司所有股东发出收购其所持有的部分股份的要约（以下简称部分要约）。

第二十四条 通过证券交易所的证券交易，收购人持有一个上市公司的股份达到该公司已发行股份的30%时，继续增持股份的，应当采取要约方式进行，发出全面要约或者部分要约。

第二十五条 收购人依照本办法第二十三条、第二十四条、第四十七条、第五十六条的规定，以要约方式收购一个上市公司股份的，其预定收购的股份比例均不得低于该上市公司已发行股份的5%。

第二十六条 以要约方式进行上市公司收购的，收购人应当公平对待被收购公司的所有股东。持有同一种类股份的股东应当得到同等对待。

第二十七条 收购人为终止上市公司的上市地位而发出全面要约的，或者向中国证监会提出申请但未取得豁免而发出全面要约的，应当以现金支付收购价款；以依法可以转让的证券（以下简称证券）支付收购价款的，应当同时提供现金方式供被收购公司股东选择。

第二十八条 以要约方式收购上市公司股份的，收购人应当编制要约收购报告书，聘请财务顾问，通知被收购公司，同时对要约收购报告书摘要作出提示性公告。

本次收购依法应当取得相关部门批准的，收购人应当在要约收购报告书摘要中作出特别提示，并在取得批准后公告要约收购报告书。

第二十九条 前条规定的要约收购报告书，应当载明下列事项：

（一）收购人的姓名、住所；收购人为法人的，其名称、注册地及法定代表人，与其控股股东、实际控制人之间的股权控制关系结构图；

（二）收购人关于收购的决定及收购目的，是否拟在未来12个月内继续增持；

（三）上市公司的名称、收购股份的种类；

（四）预定收购股份的数量和比例；

（五）收购价格；

（六）收购所需资金额、资金来源及资金保证，或者其他支付安排；

（七）收购要约约定的条件；

（八）收购期限；

（九）公告收购报告书时持有被收购公司的股份

数量、比例;

(十)本次收购对上市公司的影响分析,包括收购人及其关联方所从事的业务与上市公司的业务是否存在同业竞争或者潜在的同业竞争,是否存在持续关联交易;存在同业竞争或者持续关联交易的,收购人是否已作出相应的安排,确保收购人及其关联方与上市公司之间避免同业竞争以及保持上市公司的独立性;

(十一)未来12个月内对上市公司资产、业务、人员、组织结构、公司章程等进行调整的后续计划;

(十二)前24个月内收购人及其关联方与上市公司之间的重大交易;

(十三)前6个月内通过证券交易所的证券交易买卖被收购公司股票的情况;

(十四)中国证监会要求披露的其他内容。

收购人发出全面要约的,应当在要约收购报告书中充分披露终止上市的风险、终止上市后收购行为完成的时间及仍持有上市公司股份的剩余股东出售其股票的其他后续安排;收购人发出以终止公司上市地位为目的的全面要约,无须披露前款第(十)项规定的内容。

第三十条 收购人按照本办法第四十七条拟收购上市公司股份超过30%,须改以要约方式进行收购的,收购人应当在达成收购协议或者做出类似安排后的3日内对要约收购报告书摘要作出提示性公告,并按照本办法第二十八条、第二十九条的规定履行公告义务,同时免于编制、公告上市公司收购报告书;依法应当取得批准的,应当在公告中特别提示本次要约须取得相关批准方可进行。

未取得批准的,收购人应当在收到通知之日起2个工作日内,公告取消收购计划,并通知被收购公司。

第三十一条 收购人自作出要约收购提示性公告起60日内,未公告要约收购报告书的,收购人应当在期满后次一个工作日通知被收购公司,并予公告;此后每30日应当公告一次,直至公告要约收购报告书。

收购人作出要约收购提示性公告后,在公告要约收购报告书之前,拟自行取消收购计划的,应当公告原因;自公告之日起12个月内,该收购人不得再次对同一上市公司进行收购。

第三十二条 被收购公司董事会应当对收购人的主体资格、资信情况及收购意图进行调查,对要约条件进行分析,对股东是否接受要约提出建议,并聘请独立财务顾问提出专业意见。在收购人公告要约收购报告书后20日内,被收购公司董事会应当公告被收购公司董事会报告书与独立财务顾问的专业意见。

收购人对收购要约条件做出重大变更的,被收购公司董事会应当在3个工作日内公告董事会及独立财务顾问就要约条件的变更情况所出具的补充意见。

第三十三条 收购人作出提示性公告后至要约收购完成前,被收购公司除继续从事正常的经营活动或者执行股东大会已经作出的决议外,未经股东大会批准,被收购公司董事会不得通过处置公司资产、对外投资、调整公司主要业务、担保、贷款等方式,对公司的资产、负债、权益或者经营成果造成重大影响。

第三十四条 在要约收购期间,被收购公司董事不得辞职。

第三十五条 收购人按照本办法规定进行要约收购的,对同一种类股票的要约价格,不得低于要约收购提示性公告日前6个月内收购人取得该种股票所支付的最高价格。

要约价格低于提示性公告日前30个交易日该种股票的每日加权平均价格的算术平均值的,收购人聘请的财务顾问应当就该种股票前6个月的交易情况进行分析,说明是否存在股价被操纵、收购人是否有未披露的一致行动人、收购人前6个月取得公司股份是否存在其他支付安排、要约价格的合理性等。

第三十六条 收购人可以采用现金、证券、现金与证券相结合等合法方式支付收购上市公司的价款。收购人以证券支付收购价款的,应当提供该证券的发行人最近3年经审计的财务会计报告、证券估值报告,并配合被收购公司聘请的独立财务顾问的尽职调查工作。收购人以在证券交易所上市的债券支付收购价款的,该债券的可上市交易时间应当不少于一个月。收购人以未在证券交易所上市交易的证券支付收购价款的,必须同时提供现金方式供被收购公司的股东选择,并详细披露相关证券的保管、送达被收购公司股东的方式和程序安排。

收购人聘请的财务顾问应当对收购人支付收购价款的能力和资金来源进行充分的尽职调查,详细披露核查的过程和依据,说明收购人是否具备要约收购的能力。收购人应当在作出要约收购提示性公告的同时,提供以下至少一项安排保证其具备履约能力:

(一)以现金支付收购价款的,将不少于收购价款总额的20%作为履约保证金存入证券登记结算机构指定的银行;收购人以在证券交易所上市交易的证券支付收购价款的,将用于支付的全部证券交由证券登记结算机构保管,但上市公司发行新股的除外;

(二)银行对要约收购所需价款出具保函;

(三)财务顾问出具承担连带保证责任的书面承诺,明确如要约期满收购人不支付收购价款,财务顾问进行支付。

第三十七条 收购要约约定的收购期限不得少于30日，并不得超过60日；但是出现竞争要约的除外。

在收购要约约定的承诺期限内，收购人不得撤销其收购要约。

第三十八条 采取要约收购方式的，收购人作出公告后至收购期限届满前，不得卖出被收购公司的股票，也不得采取要约规定以外的形式和超出要约的条件买入被收购公司的股票。

第三十九条 收购要约提出的各项收购条件，适用于被收购公司的所有股东。

收购人需要变更收购要约的，必须及时公告，载明具体变更事项，并通知被收购公司。

第四十条 收购要约期限届满前15日内，收购人不得变更收购要约；但是出现竞争要约的除外。

出现竞争要约时，发出初始要约的收购人变更收购要约距初始要约收购期限届满不足15日的，应当延长收购期限，延长后的要约期应当不少于15日，不得超过最后一个竞争要约的期满日，并按规定追加履约保证。

发出竞争要约的收购人最迟不得晚于初始要约收购期限届满前15日发出要约收购的提示性公告，并应当根据本办法第二十八条和第二十九条的规定履行公告义务。

第四十一条 要约收购报告书所披露的基本事实发生重大变化的，收购人应当在该重大变化发生之日起2个工作日内作出公告，并通知被收购公司。

第四十二条 同意接受收购要约的股东(以下简称预受股东)，应当委托证券公司办理预受要约的相关手续。收购人应当委托证券公司向证券登记结算机构申请办理预受要约股票的临时保管。证券登记结算机构临时保管的预受要约的股票，在要约收购期间不得转让。

前款所称预受，是指被收购公司股东同意接受要约的初步意思表示，在要约收购期限内不可撤回之前不构成承诺。在要约收购期限届满3个交易日前，预受股东可以委托证券公司办理撤回预受要约的手续，证券登记结算机构根据预受要约股东的撤回申请解除对预受要约股票的临时保管。在要约收购期限届满前3个交易日内，预受股东不得撤回其对要约的接受。在要约收购期限内，收购人应当每日在证券交易所网站上公告已预受收购要约的股份数量。

出现竞争要约时，接受初始要约的预受股东撤回全部或者部分预受的股份，并将撤回的股份售予竞争要约人的，应当委托证券公司办理撤回预受初始要约的手续和预受竞争要约的相关手续。

第四十三条 收购期限届满，发出部分要约的收购人应当按照收购要约约定的条件购买被收购公司股东预受的股份，预受要约股份的数量超过预定收购数量时，收购人应当按照同等比例收购预受要约的股份；以终止被收购公司上市地位为目的的，收购人应当按照收购要约约定的条件购买被收购公司股东预受的全部股份；未取得中国证监会豁免而发出全面要约的收购人应当购买被收购公司股东预受的全部股份。

收购期限届满后3个交易日内，接受委托的证券公司应当向证券登记结算机构申请办理股份转让结算、过户登记手续，解除对超过预定收购比例的股票的临时保管；收购人应当公告本次要约收购的结果。

第四十四条 收购期限届满，被收购公司股权分布不符合上市条件，该上市公司的股票由证券交易所依法终止上市交易。在收购行为完成前，其余仍持有被收购公司股票的股东，有权在收购报告书规定的合理期限内向收购人以收购要约的同等条件出售其股票，收购人应当收购。

第四十五条 收购期限届满后15日内，收购人应当向证券交易所提交关于收购情况的书面报告，并予以公告。

第四十六条 除要约方式外，投资者不得在证券交易所外公开求购上市公司的股份。

第四章 协议收购

第四十七条 收购人通过协议方式在一个上市公司中拥有权益的股份达到或者超过该公司已发行股份的5%，但未超过30%的，按照本办法第二章的规定办理。

收购人拥有权益的股份达到该公司已发行股份的30%时，继续进行收购的，应当依法向该上市公司的股东发出全面要约或者部分要约。符合本办法第六章规定情形的，收购人可以向中国证监会申请免除发出要约。

收购人拟通过协议方式收购一个上市公司的股份超过30%的，超过30%的部分，应当改以要约方式进行；但符合本办法第六章规定情形的，收购人可以向中国证监会申请免除发出要约。收购人在取得中国证监会豁免后，履行其收购协议；未取得中国证监会豁免且拟继续履行其收购协议的，或者不申请豁免的，在履行其收购协议前，应当发出全面要约。

第四十八条 以协议方式收购上市公司股份超过30%，收购人拟依据本办法第六章的规定申请豁免的，应当在与上市公司股东达成收购协议之日起3日内编制上市公司收购报告书，提交豁免申请，委托财务顾问向中国证监会、证券交易所提交书面报告，通知被收购公司，并公告上市公司收购报告书摘要。

收购人自取得中国证监会的豁免之日起3日内公告其收购报告书、财务顾问专业意见和律师出具的法律意见书;收购人未取得豁免的,应当自收到中国证监会的决定之日起3日内予以公告,并按照本办法第六十一条第二款的规定办理。

第四十九条 依据前条规定所作的上市公司收购报告书,须披露本办法第二十九条第(一)项至第(六)项和第(九)项至第(十四)项规定的内容及收购协议的生效条件和付款安排。

已披露收购报告书的收购人在披露之日起6个月内,因权益变动需要再次报告、公告的,可以仅就与前次报告书不同的部分作出报告、公告;超过6个月的,应当按照本办法第二章的规定履行报告、公告义务。

第五十条 收购人公告上市公司收购报告书时,应当提交以下备查文件:

(一)中国公民的身份证明,或者在中国境内登记注册的法人、其他组织的证明文件;

(二)基于收购人的实力和从业经验对上市公司后续发展计划可行性的说明,收购人拟修改公司章程、改选公司董事会、改变或者调整公司主营业务的,还应当补充其具备规范运作上市公司的管理能力的说明;

(三)收购人及其关联方与被收购公司存在同业竞争、关联交易的,应提供避免同业竞争等利益冲突、保持被收购公司经营独立性的说明;

(四)收购人为法人或者其他组织的,其控股股东、实际控制人最近2年未变更的说明;

(五)收购人及其控股股东或实际控制人的核心企业和核心业务、关联企业及主营业务的说明;收购人或其实际控制人为两个或两个以上的上市公司控股股东或实际控制人的,还应当提供其持股5%以上的上市公司以及银行、信托公司、证券公司、保险公司等其他金融机构的情况说明;

(六)财务顾问关于收购人最近3年的诚信记录、收购资金来源合法性、收购人具备履行相关承诺的能力以及相关信息披露内容真实性、准确性、完整性的核查意见;收购人成立未满3年的,财务顾问还应当提供其控股股东或者实际控制人最近3年诚信记录的核查意见。

境外法人或者境外其他组织进行上市公司收购的,除应当提交第一款第(二)项至第(六)项规定的文件外,还应当提交以下文件:

(一)财务顾问出具的收购人符合对上市公司进行战略投资的条件、具有收购上市公司的能力的核查意见;

(二)收购人接受中国司法、仲裁管辖的声明。

第五十一条 上市公司董事、监事、高级管理人员、员工或者其所控制或者委托的法人或者其他组织,拟对本公司进行收购或者通过本办法第五章规定的方式取得本公司控制权(以下简称管理层收购)的,该上市公司应当具备健全且运行良好的组织机构以及有效的内部控制制度,公司董事会成员中独立董事的比例应当达到或者超过1/2。公司应当聘请具有证券、期货从业资格的资产评估机构提供公司资产评估报告,本次收购应当经董事会非关联董事作出决议,且取得2/3以上的独立董事同意后,提交公司股东大会审议,经出席股东大会的非关联股东所持表决权过半数通过。独立董事发表意见前,应当聘请独立财务顾问就本次收购出具专业意见,独立董事及独立财务顾问的意见应当一并予以公告。

上市公司董事、监事、高级管理人员存在《公司法》第一百四十八条规定情形,或者最近3年有证券市场不良诚信记录的,不得收购本公司。

第五十二条 以协议方式进行上市公司收购的,自签订收购协议起至相关股份完成过户的期间为上市公司收购过渡期(以下简称过渡期)。在过渡期内,收购人不得通过控股股东提议改选上市公司董事会,确有充分理由改选董事会的,来自收购人的董事不得超过董事会成员的1/3;被收购公司不得为收购人及其关联方提供担保;被收购公司不得公开发行股份募集资金,不得进行重大购买、出售资产及重大投资行为或者与收购人及其关联方进行其他关联交易,但收购人为挽救陷入危机或者面临严重财务困难的上市公司的情形除外。

第五十三条 上市公司控股股东向收购人协议转让其所持有的上市公司股份的,应当对收购人的主体资格、诚信情况及收购意图进行调查,并在其权益变动报告书中披露有关调查情况。

控股股东及其关联方未清偿其对公司的负债,未解除公司为其负债提供的担保,或者存在损害公司利益的其他情形的,被收购公司董事会应当对前述情形及时予以披露,并采取有效措施维护公司利益。

第五十四条 协议收购的相关当事人应当向证券登记结算机构申请办理拟转让股份的临时保管手续,并可以将用于支付的现金存放于证券登记结算机构指定的银行。

第五十五条 收购报告书公告后,相关当事人应当按照证券交易所和证券登记结算机构的业务规则,在证券交易所就本次股份转让予以确认后,凭全部转让款项存放于双方认可的银行账户的证明,向证券登记结算机构申请解除拟协议转让股票的临时保管,并办理过户登记手续。

收购人未按规定履行报告、公告义务,或者未按规定提出申请的,证券交易所和证券登记结算机构不予办理股份转让和过户登记手续。

收购人在收购报告书公告后30日内仍未完成相关股份过户手续的,应当立即作出公告,说明理由;在未完成相关股份过户期间,应当每隔30日公告相关股份过户办理进展情况。

第五章 间 接 收 购

第五十六条 收购人虽不是上市公司的股东,但通过投资关系、协议、其他安排导致其拥有权益的股份达到或者超过一个上市公司已发行股份的5%未超过30%的,应当按照本办法第二章的规定办理。

收购人拥有权益的股份超过该公司已发行股份的30%的,应当向该公司所有股东发出全面要约;收购人预计无法在事实发生之日起30日内发出全面要约的,应当在前述30日内促使其控制的股东将所持有的上市公司股份减持至30%或者30%以下,并自减持之日起2个工作日内予以公告;其后收购人或者其控制的股东拟继续增持的,应当采取要约方式;拟依据本办法第六章的规定申请豁免的,应当按照本办法第四十八条的规定办理。

第五十七条 投资者虽不是上市公司的股东,但通过投资关系取得对上市公司股东的控制权,而受其支配的上市公司股东所持股份达到前条规定比例、且对该股东的资产和利润构成重大影响的,应当按照前条规定履行报告、公告义务。

第五十八条 上市公司实际控制人及受其支配的股东,负有配合上市公司真实、准确、完整披露有关实际控制人发生变化的信息的义务;实际控制人及受其支配的股东拒不履行上述配合义务,导致上市公司无法履行法定信息披露义务而承担民事、行政责任的,上市公司有权对其提起诉讼。实际控制人、控股股东指使上市公司及其有关人员不依法履行信息披露义务的,中国证监会依法进行查处。

第五十九条 上市公司实际控制人及受其支配的股东未履行报告、公告义务的,上市公司应当自知悉之日起立即作出报告和公告。上市公司就实际控制人发生变化的情况予以公告后,实际控制人仍未披露的,上市公司董事会应当向实际控制人和受其支配的股东查询,必要时可以聘请财务顾问进行查询,并将查询情况向中国证监会、上市公司所在地的中国证监会派出机构(以下简称派出机构)和证券交易所报告;中国证监会依法对拒不履行报告、公告义务的实际控制人进行查处。

上市公司知悉实际控制人发生较大变化而未能将有关实际控制人的变化情况及时予以报告和公告的,中国证监会责令改正,情节严重的,认定上市公司负有责任的董事为不适当人选。

第六十条 上市公司实际控制人及受其支配的股东未履行报告、公告义务,拒不履行第五十八条规定的配合义务,或者实际控制人存在不得收购上市公司情形的,上市公司董事会应当拒绝接受受实际控制人支配的股东向董事会提交的提案或者临时议案,并向中国证监会、派出机构和证券交易所报告。中国证监会责令实际控制人改正,可以认定实际控制人通过受其支配的股东所提名的董事为不适当人选;改正前,受实际控制人支配的股东不得行使其持有股份的表决权。上市公司董事会未拒绝接受实际控制人及受其支配的股东所提出的提案的,中国证监会可以认定负有责任的董事为不适当人选。

第六章 豁 免 申 请

第六十一条 符合本办法第六十二条、第六十三条规定情形的,投资者及其一致行动人可以向中国证监会申请下列豁免事项:

(一)免于以要约收购方式增持股份;

(二)存在主体资格、股份种类限制或者法律、行政法规、中国证监会规定的特殊情形的,可以申请免于向被收购公司的所有股东发出收购要约。

未取得豁免的,投资者及其一致行动人应当在收到中国证监会通知之日起30日内将其或者其控制的股东所持有的被收购公司股份减持到30%或者30%以下;拟以要约以外的方式继续增持股份的,应当发出全面要约。

第六十二条 有下列情形之一的,收购人可以向中国证监会提出免于以要约方式增持股份的申请:

(一)收购人与出让人能够证明本次股份转让是在同一实际控制人控制的不同主体之间进行,未导致上市公司的实际控制人发生变化;

(二)上市公司面临严重财务困难,收购人提出的挽救公司的重组方案取得该公司股东大会批准,且收购人承诺3年内不转让其在该公司中所拥有的权益;

(三)中国证监会为适应证券市场发展变化和保护投资者合法权益的需要而认定的其他情形。

收购人报送的豁免申请文件符合规定,并且已经按照本办法的规定履行报告、公告义务的,中国证监会予以受理;不符合规定或者未履行报告、公告义务的,中国证监会不予受理。中国证监会在受理豁免申请后

20个工作日内,就收购人所申请的具体事项做出是否予以豁免的决定;取得豁免的,收购人可以完成本次增持行为。

第六十三条 有下列情形之一的,投资者可以向中国证监会提出免于发出要约的申请,中国证监会自收到符合规定的申请文件之日起10个工作日内未提出异议的,相关投资者可以向证券交易所和证券登记结算机构申请办理股份转让和过户登记手续;中国证监会不同意其申请的,相关投资者应当按照本办法第六十一条的规定办理:

(一)经政府或者国有资产管理部门批准进行国有资产无偿划转、变更、合并,导致投资者在一个上市公司中拥有权益的股份占该公司已发行股份的比例超过30%;

(二)因上市公司按照股东大会批准的确定价格向特定股东回购股份而减少股本,导致投资者在该公司中拥有权益的股份超过该公司已发行股份的30%;

(三)中国证监会为适应证券市场发展变化和保护投资者合法权益的需要而认定的其他情形。

有下列情形之一的,相关投资者可以免于按照前款规定提交豁免申请,直接向证券交易所和证券登记结算机构申请办理股份转让和过户登记手续:

(一)经上市公司股东大会非关联股东批准,投资者取得上市公司向其发行的新股,导致其在该公司拥有权益的股份超过该公司已发行股份的30%,投资者承诺3年内不转让本次向其发行的新股,且公司股东大会同意投资者免于发出要约;

(二)在一个上市公司中拥有权益的股份达到或者超过该公司已发行股份的30%的,自上述事实发生之日起一年后,每12个月内增持不超过该公司已发行的2%的股份;

(三)在一个上市公司中拥有权益的股份达到或者超过该公司已发行股份的50%的,继续增加其在该公司拥有的权益不影响该公司的上市地位;

(四)证券公司、银行等金融机构在其经营范围内依法从事承销、贷款等业务导致其持有一个上市公司已发行股份超过30%,没有实际控制该公司的行为或者意图,并且提出在合理期限内向非关联方转让相关股份的解决方案;

(五)因继承导致在一个上市公司中拥有权益的股份超过该公司已发行股份的30%;

(六)因履行约定购回式证券交易协议购回上市公司股份导致投资者在一个上市公司中拥有权益的股份超过该公司已发行股份的30%,并且能够证明标的股份的表决权在协议期间未发生转移;

(七)因所持优先股表决权依法恢复导致投资者在一个上市公司中拥有权益的股份超过该公司已发行股份的30%。

相关投资者应在前款规定的权益变动行为完成后3日内就股份增持情况做出公告,律师应就相关投资者权益变动行为发表符合规定的专项核查意见并由上市公司予以披露。相关投资者按照前款第(二)项、第(三)项规定采用集中竞价方式增持股份,每累计增持股份比例达到该公司已发行股份的1%的,应当在事实发生之日通知上市公司,由上市公司在次一交易日发布相关股东增持公司股份的进展公告。相关投资者按照前款第(三)项规定采用集中竞价方式增持股份的,每累计增持股份比例达到上市公司已发行股份的2%的,在事实发生当日和上市公司发布相关股东增持公司股份进展公告的当日不得再行增持股份。前款第(二)项规定的增持不超过2%的股份锁定期为增持行为完成之日起6个月。

第六十四条 收购人提出豁免申请的,应当聘请律师事务所等专业机构出具专业意见。

第七章 财务顾问

第六十五条 收购人聘请的财务顾问应当履行以下职责:

(一)对收购人的相关情况进行尽职调查;

(二)应收购人的要求向收购人提供专业化服务,全面评估被收购公司的财务和经营状况,帮助收购人分析收购所涉及的法律、财务、经营风险,就收购方案所涉及的收购价格、收购方式、支付安排等事项提出对策建议,并指导收购人按照规定的内容与格式制作申报文件;

(三)对收购人进行证券市场规范化运作的辅导,使收购人的董事、监事和高级管理人员熟悉有关法律、行政法规和中国证监会的规定,充分了解其应当承担的义务和责任,督促其依法履行报告、公告和其他法定义务;

(四)对收购人是否符合本办法的规定及申报文件内容的真实性、准确性、完整性进行充分核查和验证,对收购事项客观、公正地发表专业意见;

(五)接受收购人委托,向中国证监会报送申报材料,根据中国证监会的审核意见,组织、协调收购人及其他专业机构予以答复;

(六)与收购人签订协议,在收购完成后12个月内,持续督导收购人遵守法律、行政法规、中国证监会的规定、证券交易所规则、上市公司章程,依法行使股东权利,切实履行承诺或者相关约定。

第六十六条 收购人聘请的财务顾问就本次收购出具的财务顾问报告,应当对以下事项进行说明和分析,并逐项发表明确意见:

(一)收购人编制的上市公司收购报告书或者要约收购报告书所披露的内容是否真实、准确、完整;

(二)本次收购的目的;

(三)收购人是否提供所有必备证明文件,根据对收购人及其控股股东、实际控制人的实力、从事的主要业务、持续经营状况、财务状况和诚信情况的核查,说明收购人是否具备主体资格,是否具备收购的经济实力,是否具备规范运作上市公司的管理能力,是否需要承担其他附加义务及是否具备履行相关义务的能力,是否存在不良诚信记录;

(四)对收购人进行证券市场规范化运作辅导的情况,其董事、监事和高级管理人员是否已经熟悉有关法律、行政法规和中国证监会的规定,充分了解应承担的义务和责任,督促其依法履行报告、公告和其他法定义务的情况;

(五)收购人的股权控制结构及其控股股东、实际控制人支配收购人的方式;

(六)收购人的收购资金来源及其合法性,是否存在利用本次收购的股份向银行等金融机构质押取得融资的情形;

(七)涉及收购人以证券支付收购价款的,应当说明有关该证券发行人的信息披露是否真实、准确、完整以及该证券交易的便捷性等情况;

(八)收购人是否已经履行了必要的授权和批准程序;

(九)是否已对收购过渡期间保持上市公司稳定经营作出安排,该安排是否符合有关规定;

(十)对收购人提出的后续计划进行分析,收购人所从事的业务与上市公司从事的业务存在同业竞争、关联交易的,对收购人解决与上市公司同业竞争等利益冲突及保持上市公司经营独立性的方案进行分析,说明本次收购对上市公司经营独立性和持续发展可能产生的影响;

(十一)在收购标的上是否设定其他权利,是否在收购价款之外还作出其他补偿安排;

(十二)收购人及其关联方与被收购公司之间是否存在业务往来,收购人与被收购公司的董事、监事、高级管理人员是否就其未来任职安排达成某种协议或者默契;

(十三)上市公司原控股股东、实际控制人及其关联方是否存在未清偿对公司的负债、未解除公司为其负债提供的担保或者损害公司利益的其他情形;存在该等情形的,是否已提出切实可行的解决方案;

(十四)涉及收购人拟提出豁免申请的,应当说明本次收购是否属于可以得到豁免的情形,收购人是否作出承诺及是否具备履行相关承诺的实力。

第六十七条 上市公司董事会或者独立董事聘请的独立财务顾问,不得同时担任收购人的财务顾问或者与收购人的财务顾问存在关联关系。独立财务顾问应当根据委托进行尽职调查,对本次收购的公正性和合法性发表专业意见。独立财务顾问报告应当对以下问题进行说明和分析,发表明确意见:

(一)收购人是否具备主体资格;

(二)收购人的实力及本次收购对被收购公司经营独立性和持续发展可能产生的影响分析;

(三)收购人是否存在利用被收购公司的资产或者由被收购公司为本次收购提供财务资助的情形;

(四)涉及要约收购的,分析被收购公司的财务状况,说明收购价格是否充分反映被收购公司价值,收购要约是否公平、合理,对被收购公司社会公众股股东接受要约提出的建议;

(五)涉及收购人以证券支付收购价款的,还应当根据该证券发行人的资产、业务和盈利预测,对相关证券进行估值分析,就收购条件对被收购公司的社会公众股股东是否公平合理、是否接受收购人提出的收购条件提出专业意见;

(六)涉及管理层收购的,应当对上市公司进行估值分析,就本次收购的定价依据、支付方式、收购资金来源、融资安排、还款计划及其可行性、上市公司内部控制制度的执行情况及其有效性、上述人员及其直系亲属在最近24个月内与上市公司业务往来情况以及收购报告书披露的其他内容等进行全面核查,发表明确意见。

第六十八条 财务顾问应当在财务顾问报告中作出以下承诺:

(一)已按照规定履行尽职调查义务,有充分理由确信所发表的专业意见与收购人公告文件的内容不存在实质性差异;

(二)已对收购人公告文件进行核查,确信公告文件的内容与格式符合规定;

(三)有充分理由确信本次收购符合法律、行政法规和中国证监会的规定,有充分理由确信收购人披露的信息真实、准确、完整,不存在虚假记载、误导性陈述和重大遗漏;

(四)就本次收购所出具的专业意见已提交其内核机构审查,并获得通过;

(五)在担任财务顾问期间,已采取严格的保密措

施,严格执行内部防火墙制度;

(六)与收购人已订立持续督导协议。

第六十九条　财务顾问在收购过程中和持续督导期间,应当关注被收购公司是否存在为收购人及其关联方提供担保或者借款等损害上市公司利益的情形,发现有违法或者不当行为的,应当及时向中国证监会、派出机构和证券交易所报告。

第七十条　财务顾问为履行职责,可以聘请其他专业机构协助其对收购人进行核查,但应当对收购人提供的资料和披露的信息进行独立判断。

第七十一条　自收购人公告上市公司收购报告书至收购完成后12个月内,财务顾问应当通过日常沟通、定期回访等方式,关注上市公司的经营情况,结合被收购公司定期报告和临时公告的披露事宜,对收购人及被收购公司履行持续督导职责:

(一)督促收购人及时办理股权过户手续,并依法履行报告和公告义务;

(二)督促和检查收购人及被收购公司依法规范运作;

(三)督促和检查收购人履行公开承诺的情况;

(四)结合被收购公司定期报告,核查收购人落实后续计划的情况,是否达到预期目标,实施效果是否与此前的披露内容存在较大差异,是否实现相关盈利预测或者管理层预计达到的目标;

(五)涉及管理层收购的,核查被收购公司定期报告中披露的相关还款计划的落实情况与事实是否一致;

(六)督促和检查履行收购中约定的其他义务的情况。

在持续督导期间,财务顾问应当结合上市公司披露的季度报告、半年度报告和年度报告出具持续督导意见,并在前述定期报告披露后的15日内向派出机构报告。

在此期间,财务顾问发现收购人在上市公司收购报告书中披露的信息与事实不符的,应当督促收购人如实披露相关信息,并及时向中国证监会、派出机构、证券交易所报告。财务顾问解除委托合同的,应当及时向中国证监会、派出机构作出书面报告,说明无法继续履行持续督导职责的理由,并予公告。

第八章　持 续 监 管

第七十二条　在上市公司收购行为完成后12个月内,收购人聘请的财务顾问应当在每季度前3日内就上一季度对上市公司影响较大的投资、购买或者出售资产、关联交易、主营业务调整以及董事、监事、高级管理人员的更换、职工安置、收购人履行承诺等情况向派出机构报告。

收购人注册地与上市公司注册地不同的,还应当将前述情况的报告同时抄报收购人所在地的派出机构。

第七十三条　派出机构根据审慎监管原则,通过与承办上市公司审计业务的会计师事务所谈话、检查财务顾问持续督导责任的落实、定期或者不定期的现场检查等方式,在收购完成后对收购人和上市公司进行监督检查。

派出机构发现实际情况与收购人披露的内容存在重大差异的,对收购人及上市公司予以重点关注,可以责令收购人延长财务顾问的持续督导期,并依法进行查处。

在持续督导期间,财务顾问与收购人解除合同的,收购人应当另行聘请其他财务顾问机构履行持续督导职责。

第七十四条　在上市公司收购中,收购人持有的被收购公司的股份,在收购完成后12个月内不得转让。

收购人在被收购公司中拥有权益的股份在同一实际控制人控制的不同主体之间进行转让不受前述12个月的限制,但应当遵守本办法第六章的规定。

第九章　监管措施与法律责任

第七十五条　上市公司的收购及相关股份权益变动活动中的信息披露义务人,未按照本办法的规定履行报告、公告以及其他相关义务的,中国证监会责令改正,采取监管谈话、出具警示函、责令暂停或者停止收购等监管措施。在改正前,相关信息披露义务人不得对其持有或者实际支配的股份行使表决权。

第七十六条　上市公司的收购及相关股份权益变动活动中的信息披露义务人在报告、公告等文件中有虚假记载、误导性陈述或者重大遗漏的,中国证监会责令改正,采取监管谈话、出具警示函、责令暂停或者停止收购等监管措施。在改正前,收购人对其持有或者实际支配的股份不得行使表决权。

第七十七条　投资者及其一致行动人取得上市公司控制权而未按照本办法的规定聘请财务顾问,规避法定程序和义务,变相进行上市公司的收购,或者外国投资者规避管辖的,中国证监会责令改正,采取出具警示函、责令暂停或者停止收购等监管措施。在改正前,收购人不得对其持有或者实际支配的股份行使表决权。

第七十八条　收购人未依照本办法的规定履行相关义务或者相应程序擅自实施要约收购的,中国证监会责令改正,采取监管谈话、出具警示函、责令暂停或者停止收购等监管措施;在改正前,收购人不得对其持有或者支配的股份行使表决权。

发出收购要约的收购人在收购要约期限届满,不按照约定支付收购价款或者购买预受股份的,自该事实发生之日起3年内不得收购上市公司,中国证监会不受理收购人及其关联方提交的申报文件。

存在前二款规定情形,收购人涉嫌虚假披露、操纵证券市场的,中国证监会对收购人进行立案稽查,依法追究其法律责任;收购人聘请的财务顾问没有充分证据表明其勤勉尽责的,自收购人违规事实发生之日起1年内,中国证监会不受理该财务顾问提交的上市公司并购重组申报文件,情节严重的,依法追究法律责任。

第七十九条 上市公司控股股东和实际控制人在转让其对公司的控制权时,未清偿其对公司的负债,未解除公司为其提供的担保,或者未对其损害公司利益的其他情形作出纠正的,中国证监会责令改正、责令暂停或者停止收购活动。

被收购公司董事会未能依法采取有效措施促使公司控股股东、实际控制人予以纠正,或者在收购完成后未能促使收购人履行承诺、安排或者保证的,中国证监会可以认定相关董事为不适当人选。

第八十条 上市公司董事未履行忠实义务和勤勉义务,利用收购谋取不当利益的,中国证监会采取监管谈话、出具警示函等监管措施,可以认定为不适当人选。

上市公司章程中涉及公司控制权的条款违反法律、行政法规和本办法规定的,中国证监会责令改正。

第八十一条 为上市公司收购出具资产评估报告、审计报告、法律意见书和财务顾问报告的证券服务机构或者证券公司及其专业人员,未依法履行职责的,中国证监会责令改正,采取监管谈话、出具警示函等监管措施。

前款规定的证券服务机构及其从业人员被责令改正的,在改正前,不得接受新的上市公司并购重组业务。

第八十二条 中国证监会将上市公司的收购及相关股份权益变动活动中的当事人的违法行为和整改情况记入诚信档案。

违反本办法的规定构成证券违法行为的,依法追究法律责任。

第十章 附 则

第八十三条 本办法所称一致行动,是指投资者通过协议、其他安排,与其他投资者共同扩大其所能够支配的一个上市公司股份表决权数量的行为或者事实。

在上市公司的收购及相关股份权益变动活动中有一致行动情形的投资者,互为一致行动人。如无相反证据,投资者有下列情形之一的,为一致行动人:

(一)投资者之间有股权控制关系;

(二)投资者受同一主体控制;

(三)投资者的董事、监事或者高级管理人员中的主要成员,同时在另一个投资者担任董事、监事或者高级管理人员;

(四)投资者参股另一投资者,可以对参股公司的重大决策产生重大影响;

(五)银行以外的其他法人、其他组织和自然人为投资者取得相关股份提供融资安排;

(六)投资者之间存在合伙、合作、联营等其他经济利益关系;

(七)持有投资者30%以上股份的自然人,与投资者持有同一上市公司股份;

(八)在投资者任职的董事、监事及高级管理人员,与投资者持有同一上市公司股份;

(九)持有投资者30%以上股份的自然人和在投资者任职的董事、监事及高级管理人员,其父母、配偶、子女及其配偶、配偶的父母、兄弟姐妹及其配偶、配偶的兄弟姐妹及其配偶等亲属,与投资者持有同一上市公司股份;

(十)在上市公司任职的董事、监事、高级管理人员及其前项所述亲属同时持有本公司股份的,或者与其自己或者其前项所述亲属直接或者间接控制的企业同时持有本公司股份;

(十一)上市公司董事、监事、高级管理人员和员工与其所控制或者委托的法人或者其他组织持有本公司股份;

(十二)投资者之间具有其他关联关系。

一致行动人应当合并计算其所持有的股份。投资者计算其所持有的股份,应当包括登记在其名下的股份,也包括登记在其一致行动人名下的股份。

投资者认为其与他人不应被视为一致行动人的,可以向中国证监会提供相反证据。

第八十四条 有下列情形之一的,为拥有上市公司控制权:

(一)投资者为上市公司持股50%以上的控股股东;

(二)投资者可以实际支配上市公司股份表决权超过30%;

(三)投资者通过实际支配上市公司股份表决权能够决定公司董事会半数以上成员选任;

(四)投资者依其可实际支配的上市公司股份表

决权足以对公司股东大会的决议产生重大影响;

(五)中国证监会认定的其他情形。

第八十五条　信息披露义务人涉及计算其拥有权益比例的,应当将其所持有的上市公司已发行的可转换为公司股票的证券中有权转换部分与其所持有的同一上市公司的股份合并计算,并将其持股比例与合并计算非股权类证券转为股份后的比例相比,以二者中的较高者为准;行权期限届满未行权的,或者行权条件不再具备的,无需合并计算。

前款所述二者中的较高者,应当按下列公式计算:

(一)投资者持有的股份数量/上市公司已发行股份总数

(二)(投资者持有的股份数量+投资者持有的可转换为公司股票的非股权类证券所对应的股份数量)/(上市公司已发行股份总数+上市公司发行的可转换为公司股票的非股权类证券所对应的股份总数)

前款所称"投资者持有的股份数量"包括投资者拥有的普通股数量和优先股恢复的表决权数量,"上市公司已发行股份总数"包括上市公司已发行的普通股总数和优先股恢复的表决权总数。

第八十六条　投资者因行政划转、执行法院裁决、继承、赠与等方式取得上市公司控制权的,应当按照本办法第四章的规定履行报告、公告义务。

第八十七条　权益变动报告书、收购报告书、要约收购报告书、被收购公司董事会报告书、要约收购豁免申请文件等文件的内容与格式,由中国证监会另行制定。

第八十八条　被收购公司在境内、境外同时上市的,收购人除应当遵守本办法及中国证监会的相关规定外,还应当遵守境外上市地的相关规定。

第八十九条　外国投资者收购上市公司及在上市公司中拥有的权益发生变动的,除应当遵守本办法的规定外,还应当遵守外国投资者投资上市公司的相关规定。

第九十条　本办法自2006年9月1日起施行。中国证监会发布的《上市公司收购管理办法》(证监会令第10号)、《上市公司股东持股变动信息披露管理办法》(证监会令第11号)、《关于要约收购涉及的被收购公司股票上市交易条件有关问题的通知》(证监公司字〔2003〕16号)和《关于规范上市公司实际控制权转移行为有关问题的通知》(证监公司字〔2004〕1号)同时废止。

上市公司重大资产重组管理办法

1. 2014年10月23日中国证券监督管理委员会令第109号公布
2. 自2014年11月23日起施行

第一章　总　　则

第一条　为了规范上市公司重大资产重组行为,保护上市公司和投资者的合法权益,促进上市公司质量不断提高,维护证券市场秩序和社会公共利益,根据《公司法》、《证券法》等法律、行政法规的规定,制定本办法。

第二条　本办法适用于上市公司及其控股或者控制的公司在日常经营活动之外购买、出售资产或者通过其他方式进行资产交易达到规定的比例,导致上市公司的主营业务、资产、收入发生重大变化的资产交易行为(以下简称重大资产重组)。

上市公司发行股份购买资产应当符合本办法的规定。

上市公司按照经中国证券监督管理委员会(以下简称中国证监会)核准的发行证券文件披露的募集资金用途,使用募集资金购买资产、对外投资的行为,不适用本办法。

第三条　任何单位和个人不得利用重大资产重组损害上市公司及其股东的合法权益。

第四条　上市公司实施重大资产重组,有关各方必须及时、公平地披露或者提供信息,保证所披露或者提供信息的真实、准确、完整,不得有虚假记载、误导性陈述或者重大遗漏。

第五条　上市公司的董事、监事和高级管理人员在重大资产重组活动中,应当诚实守信、勤勉尽责,维护公司资产的安全,保护公司和全体股东的合法权益。

第六条　为重大资产重组提供服务的证券服务机构和人员,应当遵守法律、行政法规和中国证监会的有关规定,遵循本行业公认的业务标准和道德规范,严格履行职责,对其所制作、出具文件的真实性、准确性和完整性承担责任。

前款规定的证券服务机构和人员,不得教唆、协助或者伙同委托人编制或者披露存在虚假记载、误导性陈述或者重大遗漏的报告、公告文件,不得从事不正当竞争,不得利用上市公司重大资产重组谋取不正当利益。

第七条　任何单位和个人对所知悉的重大资产重组信息在依法披露前负有保密义务。

禁止任何单位和个人利用重大资产重组信息从事内幕交易、操纵证券市场等违法活动。

第八条 中国证监会依法对上市公司重大资产重组行为进行监督管理。

中国证监会审核上市公司重大资产重组或者发行股份购买资产的申请，可以根据上市公司的规范运作和诚信状况、财务顾问的执业能力和执业质量，结合国家产业政策和重组交易类型，作出差异化的、公开透明的监管制度安排，有条件地减少审核内容和环节。

第九条 鼓励依法设立的并购基金、股权投资基金、创业投资基金、产业投资基金等投资机构参与上市公司并购重组。

第十条 中国证监会在发行审核委员会中设立上市公司并购重组审核委员会（以下简称并购重组委），并购重组委以投票方式对提交其审议的重大资产重组或者发行股份购买资产申请进行表决，提出审核意见。

第二章 重大资产重组的原则和标准

第十一条 上市公司实施重大资产重组，应当就本次交易符合下列要求作出充分说明，并予以披露：

（一）符合国家产业政策和有关环境保护、土地管理、反垄断等法律和行政法规的规定；

（二）不会导致上市公司不符合股票上市条件；

（三）重大资产重组所涉及的资产定价公允，不存在损害上市公司和股东合法权益的情形；

（四）重大资产重组所涉及的资产权属清晰，资产过户或者转移不存在法律障碍，相关债权债务处理合法；

（五）有利于上市公司增强持续经营能力，不存在可能导致上市公司重组后主要资产为现金或者无具体经营业务的情形；

（六）有利于上市公司在业务、资产、财务、人员、机构等方面与实际控制人及其关联人保持独立，符合中国证监会关于上市公司独立性的相关规定；

（七）有利于上市公司形成或者保持健全有效的法人治理结构。

第十二条 上市公司及其控股或者控制的公司购买、出售资产，达到下列标准之一的，构成重大资产重组：

（一）购买、出售的资产总额占上市公司最近一个会计年度经审计的合并财务会计报告期末资产总额的比例达到50%以上；

（二）购买、出售的资产在最近一个会计年度所产生的营业收入占上市公司同期经审计的合并财务会计报告营业收入的比例达到50%以上；

（三）购买、出售的资产净额占上市公司最近一个会计年度经审计的合并财务会计报告期末净资产额的比例达到50%以上，且超过5000万元人民币。

购买、出售资产未达到前款规定标准，但中国证监会发现存在可能损害上市公司或者投资者合法权益的重大问题的，可以根据审慎监管原则，责令上市公司按照本办法的规定补充披露相关信息、暂停交易、聘请独立财务顾问或者其他证券服务机构补充核查并披露专业意见。

第十三条 自控制权发生变更之日起，上市公司向收购人及其关联人购买的资产总额，占上市公司控制权发生变更的前一个会计年度经审计的合并财务会计报告期末资产总额的比例达到100%以上的，除符合本办法第十一条、第四十三条规定的要求外，主板（含中小企业板）上市公司购买的资产对应的经营实体应当是股份有限公司或者有限责任公司，且符合《首次公开发行股票并上市管理办法》（证监会令第32号）规定的其他发行条件；上市公司购买的资产属于金融、创业投资等特定行业的，由中国证监会另行规定。

创业板上市公司不得实施前款规定的交易行为。

第十四条 计算本办法第十二条、第十三条规定的比例时，应当遵守下列规定：

（一）购买的资产为股权的，其资产总额以被投资企业的资产总额与该项投资所占股权比例的乘积和成交金额二者中的较高者为准，营业收入以被投资企业的营业收入与该项投资所占股权比例的乘积为准，资产净额以被投资企业的净资产额与该项投资所占股权比例的乘积和成交金额二者中的较高者为准；出售的资产为股权的，其资产总额、营业收入以及资产净额分别以被投资企业的资产总额、营业收入以及净资产额与该项投资所占股权比例的乘积为准。

购买股权导致上市公司取得被投资企业控股权的，其资产总额以被投资企业的资产总额和成交金额二者中的较高者为准，营业收入以被投资企业的营业收入为准，资产净额以被投资企业的净资产额和成交金额二者中的较高者为准；出售股权导致上市公司丧失被投资企业控股权的，其资产总额、营业收入以及资产净额分别以被投资企业的资产总额、营业收入以及净资产额为准。

（二）购买的资产为非股权资产的，其资产总额以该资产的账面值和成交金额二者中的较高者为准，资产净额以相关资产与负债的账面值差额和成交金额二者中的较高者为准；出售的资产为非股权资产的，其资产总额、资产净额分别以该资产的账面值、相关资产与负债账面值的差额为准；该非股权资产不涉及负债的，不适用第十二条第一款第（三）项规定的资产净额标准。

（三）上市公司同时购买、出售资产的，应当分别计算购买、出售资产的相关比例,并以二者中比例较高者为准。

(四)上市公司在12个月内连续对同一或者相关资产进行购买、出售的,以其累计数分别计算相应数额。已按照本办法的规定编制并披露重大资产重组报告书的资产交易行为,无须纳入累计计算的范围,但本办法第十三条规定情形除外。

交易标的资产属于同一交易方所有或者控制,或者属于相同或者相近的业务范围,或者中国证监会认定的其他情形下,可以认定为同一或者相关资产。

第十五条 本办法第二条所称通过其他方式进行资产交易,包括:

(一)与他人新设企业、对已设立的企业增资或者减资;

(二)受托经营、租赁其他企业资产或者将经营性资产委托他人经营、租赁;

(三)接受附义务的资产赠与或者对外捐赠资产;

(四)中国证监会根据审慎监管原则认定的其他情形。

上述资产交易实质上构成购买、出售资产,且按照本办法规定的标准计算的相关比例达到50%以上的,应当按照本办法的规定履行相关义务和程序。

第三章 重大资产重组的程序

第十六条 上市公司与交易对方就重大资产重组事宜进行初步磋商时,应当立即采取必要且充分的保密措施,制定严格有效的保密制度,限定相关敏感信息的知悉范围。上市公司及交易对方聘请证券服务机构的,应当立即与所聘请的证券服务机构签署保密协议。

上市公司关于重大资产重组的董事会决议公告前,相关信息已在媒体上传播或者公司股票交易出现异常波动的,上市公司应当立即将有关计划、方案或者相关事项的现状以及相关进展情况和风险因素等予以公告,并按照有关信息披露规则办理其他相关事宜。

第十七条 上市公司应当聘请独立财务顾问、律师事务所以及具有相关证券业务资格的会计师事务所等证券服务机构就重大资产重组出具意见。

独立财务顾问和律师事务所应当审慎核查重大资产重组是否构成关联交易,并依据核查确认的相关事实发表明确意见。重大资产重组涉及关联交易的,独立财务顾问应当就本次重组对上市公司非关联股东的影响发表明确意见。

资产交易定价以资产评估结果为依据的,上市公司应当聘请具有相关证券业务资格的资产评估机构出具资产评估报告。

证券服务机构在其出具的意见中采用其他证券服务机构或者人员的专业意见的,仍然应当进行尽职调查,审慎核查其采用的专业意见的内容,并对利用其他证券服务机构或者人员的专业意见所形成的结论负责。

第十八条 上市公司及交易对方与证券服务机构签订聘用合同后,非因正当事由不得更换证券服务机构。确有正当事由需要更换证券服务机构的,应当披露更换的具体原因以及证券服务机构的陈述意见。

第十九条 上市公司应当在重大资产重组报告书的管理层讨论与分析部分,就本次交易对上市公司的持续经营能力、未来发展前景、当年每股收益等财务指标和非财务指标的影响进行详细分析。

第二十条 重大资产重组中相关资产以资产评估结果作为定价依据的,资产评估机构应当按照资产评估相关准则和规范开展执业活动;上市公司董事会应当对评估机构的独立性、评估假设前提的合理性、评估方法与评估目的的相关性以及评估定价的公允性发表明确意见。

相关资产不以资产评估结果作为定价依据的,上市公司应当在重大资产重组报告书中详细分析说明相关资产的估值方法、参数及其他影响估值结果的指标和因素。上市公司董事会应当对估值机构的独立性、估值假设前提的合理性、估值方法与估值目的的相关性发表明确意见,并结合相关资产的市场可比交易价格、同行业上市公司的市盈率或者市净率等通行指标,在重大资产重组报告书中详细分析本次交易定价的公允性。

前二款情形中,评估机构、估值机构原则上应当采取两种以上的方法进行评估或者估值;上市公司独立董事应当出席董事会会议,对评估机构或者估值机构的独立性、评估或者估值假设前提的合理性和交易定价的公允性发表独立意见,并单独予以披露。

第二十一条 上市公司进行重大资产重组,应当由董事会依法作出决议,并提交股东大会批准。

上市公司董事会应当就重大资产重组是否构成关联交易作出明确判断,并作为董事会决议事项予以披露。

上市公司独立董事应当在充分了解相关信息的基础上,就重大资产重组发表独立意见。重大资产重组构成关联交易的,独立董事可以另行聘请独立财务顾问就本次交易对上市公司非关联股东的影响发表意见。上市公司应当积极配合独立董事调阅相关材料,并通过安排实地调查、组织证券服务机构汇报等方式,为独立董事履行职责提供必要的支持和便利。

第二十二条 上市公司应当在董事会作出重大资产重组决议后的次一工作日至少披露下列文件：

（一）董事会决议及独立董事的意见；

（二）上市公司重大资产重组预案。

本次重组的重大资产重组报告书、独立财务顾问报告、法律意见书以及重组涉及的审计报告、资产评估报告或者估值报告至迟应当与召开股东大会的通知同时公告。上市公司自愿披露盈利预测报告的，该报告应当经具有相关证券业务资格的会计师事务所审核，与重大资产重组报告书同时公告。

本条第一款第（二）项及第二款规定的信息披露文件的内容与格式另行规定。

上市公司应当在至少一种中国证监会指定的报刊公告董事会决议、独立董事的意见，并应当在证券交易所网站全文披露重大资产重组报告书及其摘要、相关证券服务机构的报告或者意见。

第二十三条 上市公司股东大会就重大资产重组作出的决议，至少应当包括下列事项：

（一）本次重大资产重组的方式、交易标的和交易对方；

（二）交易价格或者价格区间；

（三）定价方式或者定价依据；

（四）相关资产自定价基准日至交割日期间损益的归属；

（五）相关资产办理权属转移的合同义务和违约责任；

（六）决议的有效期；

（七）对董事会办理本次重大资产重组事宜的具体授权；

（八）其他需要明确的事项。

第二十四条 上市公司股东大会就重大资产重组事项作出决议，必须经出席会议的股东所持表决权的2/3以上通过。

上市公司重大资产重组事宜与本公司股东或者其关联人存在关联关系的，股东大会就重大资产重组事项进行表决时，关联股东应当回避表决。

交易对方已经与上市公司控股股东就受让上市公司股权或者向上市公司推荐董事达成协议或者默契，可能导致上市公司的实际控制权发生变化的，上市公司控股股东及其关联人应当回避表决。

上市公司就重大资产重组事宜召开股东大会，应当以现场会议形式召开，并应当提供网络投票和其他合法方式为股东参加股东大会提供便利。除上市公司的董事、监事、高级管理人员、单独或者合计持有上市公司5%以上股份的股东以外，其他股东的投票情况应当单独统计并予以披露。

第二十五条 上市公司应当在股东大会作出重大资产重组决议后的次一工作日公告该决议，以及律师事务所对本次会议的召集程序、召集人和出席人员的资格、表决程序以及表决结果等事项出具的法律意见书。

属于本办法第十三条规定的交易情形的，上市公司还应当按照中国证监会的规定委托独立财务顾问在作出决议后3个工作日内向中国证监会提出申请。

第二十六条 上市公司全体董事、监事、高级管理人员应当公开承诺，保证重大资产重组的信息披露和申请文件不存在虚假记载、误导性陈述或者重大遗漏。

重大资产重组的交易对方应当公开承诺，将及时向上市公司提供本次重组相关信息，并保证所提供的信息真实、准确、完整，如因提供的信息存在虚假记载、误导性陈述或者重大遗漏，给上市公司或者投资者造成损失的，将依法承担赔偿责任。

前二款规定的单位和个人还应当公开承诺，如本次交易因涉嫌所提供或者披露的信息存在虚假记载、误导性陈述或者重大遗漏，被司法机关立案侦查或者被中国证监会立案调查的，在案件调查结论明确之前，将暂停转让其在该上市公司拥有权益的股份。

第二十七条 中国证监会依照法定条件和程序，对上市公司属于本办法第十三条规定情形的交易申请作出予以核准或者不予核准的决定。

中国证监会在审核期间提出反馈意见要求上市公司作出书面解释、说明的，上市公司应当自收到反馈意见之日起30日内提供书面回复意见，独立财务顾问应当配合上市公司提供书面回复意见。逾期未提供的，上市公司应当在到期日的次日就本次交易的进展情况及未能及时提供回复意见的具体原因等予以公告。

第二十八条 股东大会作出重大资产重组的决议后，上市公司拟对交易对象、交易标的、交易价格等作出变更，构成对原交易方案重大调整的，应当在董事会表决通过后重新提交股东大会审议，并及时公告相关文件。

中国证监会审核期间，上市公司按照前款规定对原交易方案作出重大调整的，还应当按照本办法的规定向中国证监会重新提出申请，同时公告相关文件。

中国证监会审核期间，上市公司董事会决议撤回申请的，应当说明原因，予以公告；上市公司董事会决议终止本次交易的，还应当按照公司章程的规定提交股东大会审议。

第二十九条 上市公司重大资产重组属于本办法第十三条规定的交易情形的，应当提交并购重组委审核。

第三十条 上市公司在收到中国证监会关于召开并购重组委工作会议审核其申请的通知后，应当立即予以公告,并申请办理并购重组委工作会议期间直至其表决结果披露前的停牌事宜。

上市公司收到并购重组委关于其申请的表决结果的通知后,应当在次一工作日公告表决结果并申请复牌。公告应当说明,公司在收到中国证监会作出的予以核准或者不予核准的决定后将再行公告。

第三十一条　上市公司收到中国证监会就其申请作出的予以核准或者不予核准的决定后,应当在次一工作日予以公告。

中国证监会予以核准的,上市公司应当在公告核准决定的同时,按照相关信息披露准则的规定补充披露相关文件。

第三十二条　上市公司重大资产重组完成相关批准程序后,应当及时实施重组方案,并于实施完毕之日起3个工作日内编制实施情况报告书,向证券交易所提交书面报告,并予以公告。

上市公司聘请的独立财务顾问和律师事务所应当对重大资产重组的实施过程、资产过户事宜和相关后续事项的合规性及风险进行核查,发表明确的结论性意见。独立财务顾问和律师事务所出具的意见应当与实施情况报告书同时报告、公告。

第三十三条　自完成相关批准程序之日起60日内,本次重大资产重组未实施完毕的,上市公司应当于期满后次一工作日将实施进展情况报告,并予以公告;此后每30日应当公告一次,直至实施完毕。属于本办法第十三条、第四十四条规定的交易情形的,自收到中国证监会核准文件之日起超过12个月未实施完毕的,核准文件失效。

第三十四条　上市公司在实施重大资产重组的过程中,发生法律、法规要求披露的重大事项的,应当及时作出公告;该事项导致本次交易发生实质性变动的,须重新提交股东大会审议,属于本办法第十三条规定的交易情形的,还须重新报经中国证监会核准。

第三十五条　采取收益现值法、假设开发法等基于未来收益预期的方法对拟购买资产进行评估或者估值并作为定价参考依据的,上市公司应当在重大资产重组实施完毕后3年内的年度报告中单独披露相关资产的实际盈利数与利润预测数的差异情况,并由会计师事务所对此出具专项审核意见;交易对方应当与上市公司就相关资产实际盈利数不足利润预测数的情况签订明确可行的补偿协议。

预计本次重大资产重组将摊薄上市公司当年每股收益的,上市公司应当提出填补每股收益的具体措施,并将相关议案提交董事会和股东大会进行表决。负责落实该等具体措施的相关责任主体应当公开承诺,保证切实履行其义务和责任。

上市公司向控股股东、实际控制人或者其控制的关联人之外的特定对象购买资产且未导致控制权发生变更的,不适用本条前二款规定,上市公司与交易对方可以根据市场化原则,自主协商是否采取业绩补偿和每股收益填补措施及相关具体安排。

第三十六条　上市公司重大资产重组发生下列情形的,独立财务顾问应当及时出具核查意见,并予以公告:

(一)上市公司完成相关批准程序前,对交易对象、交易标的、交易价格等作出变更,构成对原重组方案重大调整,或者因发生重大事项导致原重组方案发生实质性变动的;

(二)上市公司完成相关批准程序后,在实施重组过程中发生重大事项,导致原重组方案发生实质性变动的。

第三十七条　独立财务顾问应当按照中国证监会的相关规定,对实施重大资产重组的上市公司履行持续督导职责。持续督导的期限自本次重大资产重组实施完毕之日起,应当不少于一个会计年度。实施本办法第十三条规定的重大资产重组,持续督导的期限自中国证监会核准本次重大资产重组之日起,应当不少于3个会计年度。

第三十八条　独立财务顾问应当结合上市公司重大资产重组当年和实施完毕后的第一个会计年度的年报,自年报披露之日起15日内,对重大资产重组实施的下列事项出具持续督导意见,并予以公告:

(一)交易资产的交付或者过户情况;

(二)交易各方当事人承诺的履行情况;

(三)已公告的盈利预测或者利润预测的实现情况;

(四)管理层讨论与分析部分提及的各项业务的发展现状;

(五)公司治理结构与运行情况;

(六)与已公布的重组方案存在差异的其他事项。

独立财务顾问还应当结合本办法第十三条规定的重大资产重组实施完毕后的第二、三个会计年度的年报,自年报披露之日起15日内,对前款第(二)至(六)项事项出具持续督导意见,并予以公告。

第四章　重大资产重组的信息管理

第三十九条　上市公司筹划、实施重大资产重组,相关信息披露义务人应当公平地向所有投资者披露可能对上市公司股票交易价格产生较大影响的相关信息(以下简称股价敏感信息),不得有选择性地向特定对象提前泄露。

第四十条 上市公司的股东、实际控制人以及参与重大资产重组筹划、论证、决策等环节的其他相关机构和人员，应当及时、准确地向上市公司通报有关信息，并配合上市公司及时、准确、完整地进行披露。上市公司获悉股价敏感信息的，应当及时向证券交易所申请停牌并披露。

第四十一条 上市公司及其董事、监事、高级管理人员，重大资产重组的交易对方及其关联方，交易对方及其关联方的董事、监事、高级管理人员或者主要负责人，交易各方聘请的证券服务机构及其从业人员，参与重大资产重组筹划、论证、决策、审批等环节的相关机构和人员，以及因直系亲属关系、提供服务和业务往来等知悉或者可能知悉股价敏感信息的其他相关机构和人员，在重大资产重组的股价敏感信息依法披露前负有保密义务，禁止利用该信息进行内幕交易。

第四十二条 上市公司筹划重大资产重组事项，应当详细记载筹划过程中每一具体环节的进展情况，包括商议相关方案、形成相关意向、签署相关协议或者意向书的具体时间、地点、参与机构和人员、商议和决议内容等，制作书面的交易进程备忘录并予以妥当保存。参与每一具体环节的所有人员应当即时在备忘录上签名确认。

上市公司预计筹划中的重大资产重组事项难以保密或者已经泄露的，应当及时向证券交易所申请停牌，直至真实、准确、完整地披露相关信息。停牌期间，上市公司应当至少每周发布一次事件进展情况公告。

上市公司股票交易价格因重大资产重组的市场传闻发生异常波动时，上市公司应当及时向证券交易所申请停牌，核实有无影响上市公司股票交易价格的重组事项并予以澄清，不得以相关事项存在不确定性为由不履行信息披露义务。

第五章 发行股份购买资产

第四十三条 上市公司发行股份购买资产，应当符合下列规定：

（一）充分说明并披露本次交易有利于提高上市公司资产质量、改善财务状况和增强持续盈利能力，有利于上市公司减少关联交易、避免同业竞争、增强独立性；

（二）上市公司最近一年及一期财务会计报告被注册会计师出具无保留意见审计报告；被出具保留意见、否定意见或者无法表示意见的审计报告的，须经注册会计师专项核查确认，该保留意见、否定意见或者无法表示意见所涉及事项的重大影响已经消除或者将通过本次交易予以消除；

（三）上市公司及其现任董事、高级管理人员不存在因涉嫌犯罪正被司法机关立案侦查或涉嫌违法违规正被中国证监会立案调查的情形，但是，涉嫌犯罪或违法违规的行为已经终止满 3 年，交易方案有助于消除该行为可能造成的不良后果，且不影响对相关行为人追究责任的除外；

（四）充分说明并披露上市公司发行股份所购买的资产为权属清晰的经营性资产，并能在约定期限内办理完毕权属转移手续；

（五）中国证监会规定的其他条件。

上市公司为促进行业的整合、转型升级，在其控制权不发生变更的情况下，可以向控股股东、实际控制人或者其控制的关联人之外的特定对象发行股份购买资产。所购买资产与现有主营业务没有显著协同效应的，应当充分说明并披露本次交易后的经营发展战略和业务管理模式，以及业务转型升级可能面临的风险和应对措施。

特定对象以现金或者资产认购上市公司非公开发行的股份后，上市公司用同一次非公开发行所募集的资金向该特定对象购买资产的，视同上市公司发行股份购买资产。

第四十四条 上市公司发行股份购买资产的，可以同时募集部分配套资金，其定价方式按照现行相关规定办理。

上市公司发行股份购买资产应当遵守本办法关于重大资产重组的规定，编制发行股份购买资产预案、发行股份购买资产报告书，并向中国证监会提出申请。

第四十五条 上市公司发行股份的价格不得低于市场参考价的 90%。市场参考价为本次发行股份购买资产的董事会决议公告日前 20 个交易日、60 个交易日或者 120 个交易日的公司股票交易均价之一。本次发行股份购买资产的董事会决议应当说明市场参考价的选择依据。

前款所称交易均价的计算公式为：董事会决议公告日前若干个交易日公司股票交易均价 = 决议公告日前若干个交易日公司股票交易总额/决议公告日前若干个交易日公司股票交易总量。

本次发行股份购买资产的董事会决议可以明确，在中国证监会核准前，上市公司的股票价格相比最初确定的发行价格发生重大变化的，董事会可以按照已经设定的调整方案对发行价格进行一次调整。

前款规定的发行价格调整方案应当明确、具体、可操作，详细说明是否相应调整拟购买资产的定价、发行股份数量及其理由，在首次董事会决议公告时充分披露，并按照规定提交股东大会审议。股东大会作出决议后,董事会按照已经设定的方案调整发行价格的,上市公司无需按照本办法第二十八条的规定向中国证监会重新提出申请。

第四十六条　特定对象以资产认购而取得的上市公司股份,自股份发行结束之日起 12 个月内不得转让;属于下列情形之一的,36 个月内不得转让:

(一)特定对象为上市公司控股股东、实际控制人或者其控制的关联人;

(二)特定对象通过认购本次发行的股份取得上市公司的实际控制权;

(三)特定对象取得本次发行的股份时,对其用于认购股份的资产持续拥有权益的时间不足 12 个月。

第四十七条　上市公司申请发行股份购买资产,应当提交并购重组委审核。

第四十八条　上市公司发行股份购买资产导致特定对象持有或者控制的股份达到法定比例的,应当按照《上市公司收购管理办法》(证监会令第 108 号)的规定履行相关义务。上市公司向控股股东、实际控制人或者其控制的关联人发行股份购买资产,或者发行股份购买资产将导致上市公司实际控制权发生变更的,认购股份的特定对象应当在发行股份购买资产报告书中公开承诺:本次交易完成后 6 个月内如上市公司股票连续 20 个交易日的收盘价低于发行价,或者交易完成后 6 个月期末收盘价低于发行价的,其持有公司股票的锁定期自动延长至少 6 个月。

前款规定的特定对象还应当在发行股份购买资产报告书中公开承诺:如本次交易因涉嫌所提供或披露的信息存在虚假记载、误导性陈述或者重大遗漏,被司法机关立案侦查或者被中国证监会立案调查的,在案件调查结论明确以前,不转让其在该上市公司拥有权益的股份。

第四十九条　中国证监会核准上市公司发行股份购买资产的申请后,上市公司应当及时实施。向特定对象购买的相关资产过户至上市公司后,上市公司聘请的独立财务顾问和律师事务所应当对资产过户事宜和相关后续事项的合规性及风险进行核查,并发表明确意见。上市公司应当在相关资产过户完成后 3 个工作日内就过户情况作出公告,公告中应当包括独立财务顾问和律师事务所的结论性意见。

上市公司完成前款规定的公告、报告后,可以到证券交易所、证券登记结算公司为认购股份的特定对象申请办理证券登记手续。

第五十条　换股吸收合并涉及上市公司的,上市公司的股份定价及发行按照本章规定执行。

上市公司发行优先股用于购买资产或者与其他公司合并,中国证监会另有规定的,从其规定。

上市公司可以向特定对象发行可转换为股票的公司债券、定向权证用于购买资产或者与其他公司合并。

第六章　重大资产重组后申请发行新股或者公司债券

第五十一条　经中国证监会审核后获得核准的重大资产重组实施完毕后,上市公司申请公开发行新股或者公司债券,同时符合下列条件的,本次重大资产重组前的业绩在审核时可以模拟计算:

(一)进入上市公司的资产是完整经营实体;

(二)本次重大资产重组实施完毕后,重组方的承诺事项已经如期履行,上市公司经营稳定、运行良好;

(三)本次重大资产重组实施完毕后,上市公司和相关资产实现的利润达到盈利预测水平。

上市公司在本次重大资产重组前不符合中国证监会规定的公开发行证券条件,或者本次重组导致上市公司实际控制人发生变化的,上市公司申请公开发行新股或者公司债券,距本次重组交易完成的时间应当不少于一个完整会计年度。

第五十二条　本办法所称完整经营实体,应当符合下列条件:

(一)经营业务和经营资产独立、完整,且在最近两年未发生重大变化;

(二)在进入上市公司前已在同一实际控制人之下持续经营两年以上;

(三)在进入上市公司之前实行独立核算,或者虽未独立核算,但与其经营业务相关的收入、费用在会计核算上能够清晰划分;

(四)上市公司与该经营实体的主要高级管理人员签订聘用合同或者采取其他方式,就该经营实体在交易完成后的持续经营和管理作出恰当安排。

第七章　监督管理和法律责任

第五十三条　未依照本办法的规定履行相关义务或者程序,擅自实施重大资产重组的,由中国证监会责令改正,并可以采取监管谈话、出具警示函等监管措施;情节严重的,可以责令暂停或者终止重组活动,处以警告、罚款,并可以对有关责任人员采取市场禁入的措施。

上市公司重大资产重组因定价显失公允、不正当利益输送等问题损害上市公司、投资者合法权益的,由中国证监会责令改正,并可以采取监管谈话、出具警示函等监管措施;情节严重的,可以责令暂停或者终止重组活动,处以警告、罚款,并可以对有关责任人员采取市场禁入的措施。

第五十四条　上市公司或者其他信息披露义务人未按照

本办法规定报送重大资产重组有关报告，或者报送的报告有虚假记载、误导性陈述或者重大遗漏的，由中国证监会责令改正，依照《证券法》第一百九十三条予以处罚；情节严重的，可以责令暂停或者终止重组活动，并可以对有关责任人员采取市场禁入的措施；涉嫌犯罪的，依法移送司法机关追究刑事责任。

第五十五条 上市公司或者其他信息披露义务人未按照规定披露重大资产重组信息，或者所披露的信息存在虚假记载、误导性陈述或者重大遗漏的，由中国证监会责令改正，依照《证券法》第一百九十三条规定予以处罚；情节严重的，可以责令暂停或者终止重组活动，并可以对有关责任人员采取市场禁入的措施；涉嫌犯罪的，依法移送司法机关追究刑事责任。

重大资产重组或者发行股份购买资产的交易对方未及时向上市公司或者其他信息披露义务人提供信息，或者提供的信息有虚假记载、误导性陈述或者重大遗漏的，按照前款规定执行。

第五十六条 重大资产重组涉嫌本办法第五十三条、第五十四条、第五十五条规定情形的，中国证监会可以责令上市公司作出公开说明、聘请独立财务顾问或者其他证券服务机构补充核查并披露专业意见，在公开说明、披露专业意见之前，上市公司应当暂停重组；上市公司涉嫌前述情形被司法机关立案侦查或者被中国证监会立案调查的，在案件调查结论明确之前应当暂停重组。

涉嫌本办法第五十四条、第五十五条规定情形，被司法机关立案侦查或者被中国证监会立案调查的，有关单位和个人应当严格遵守其所作的公开承诺，在案件调查结论明确之前，不得转让其在该上市公司拥有权益的股份。

第五十七条 上市公司董事、监事和高级管理人员未履行诚实守信、勤勉尽责义务，或者上市公司的股东、实际控制人及其有关负责人员未按照本办法的规定履行相关义务，导致重组方案损害上市公司利益的，由中国证监会责令改正，并可以采取监管谈话、出具警示函等监管措施；情节严重的，处以警告、罚款，并可以对有关人员采取认定为不适当人选、市场禁入的措施；涉嫌犯罪的，依法移送司法机关追究刑事责任。

第五十八条 为重大资产重组出具财务顾问报告、审计报告、法律意见、资产评估报告、估值报告及其他专业文件的证券服务机构及其从业人员未履行诚实守信、勤勉尽责义务，违反行业规范、业务规则，或者未依法履行报告和公告义务、持续督导义务的，由中国证监会责令改正，并可以采取监管谈话、出具警示函、责令公开说明、责令参加培训、责令定期报告、认定为不适当人选等监管措施；情节严重的，依照《证券法》第二百二十六条予以处罚。

前款规定的证券服务机构及其从业人员所制作、出具的文件存在虚假记载、误导性陈述或者重大遗漏的，由中国证监会责令改正，依照《证券法》第二百二十三条予以处罚；情节严重的，可以采取市场禁入的措施；涉嫌犯罪的，依法移送司法机关追究刑事责任。

存在前二款规定情形的，在按照中国证监会的要求完成整改之前，不得接受新的上市公司并购重组业务。

第五十九条 重大资产重组实施完毕后，凡因不属于上市公司管理层事前无法获知且事后无法控制的原因，上市公司所购买资产实现的利润未达到资产评估报告或者估值报告预测金额的80%，或者实际运营情况与重大资产重组报告书中管理层讨论与分析部分存在较大差距的，上市公司的董事长、总经理以及对此承担相应责任的会计师事务所、财务顾问、资产评估机构、估值机构及其从业人员应当在上市公司披露年度报告的同时，在同一报刊上作出解释，并向投资者公开道歉；实现利润未达到预测金额50%的，中国证监会可以对上市公司、相关机构及其责任人员采取监管谈话、出具警示函、责令定期报告等监管措施。

第六十条 任何知悉重大资产重组信息的人员在相关信息依法公开前，泄露该信息、买卖或者建议他人买卖相关上市公司证券、利用重大资产重组散布虚假信息、操纵证券市场或者进行欺诈活动的，中国证监会依照《证券法》第二百零二条、第二百零三条、第二百零七条予以处罚；涉嫌犯罪的，依法移送司法机关追究刑事责任。

第八章 附 则

第六十一条 本办法自2014年11月23日起施行。2008年4月16日发布并于2011年8月1日修改的《上市公司重大资产重组管理办法》(证监会令第73号)、2008年11月11日发布的《关于破产重整上市公司重大资产重组股份发行定价的补充规定》(证监会公告〔2008〕44号)同时废止。

《上市公司收购管理办法》第六十二条及《上市公司重大资产重组管理办法》第四十三条有关限制股份转让的适用意见——证券期货法律适用意见第4号

2009年5月19日中国证券监督管理委员会公告〔2009〕11号公布施行

《上市公司收购管理办法》(证监会令第35号,以下简称《收购办法》)第六十二条第一款第(二)项规定:“上市公司面临严重财务困难,收购人提出的挽救公司的重组方案取得该公司股东大会批准,且收购人承诺3年内不转让其在该公司中所拥有的权益”的,收购人可以向我会申请免于履行要约收购义务;《收购办法》第六十二条第一款第(三)项规定:“经上市公司股东大会非关联股东批准,收购人取得上市公司向其发行的新股,导致其在该公司拥有权益的股份超过该公司已发行股份的30%,收购人承诺3年内不转让其拥有权益的股份,且公司股东大会同意收购人免于发出要约”的,收购人可以向我会申请免于履行要约收购义务。《上市公司重大资产重组管理办法》(证监会令第53号,以下简称《重组办法》)第四十三条规定:“特定对象以资产认购而取得的上市公司股份,自股份发行结束之日起12个月内不得转让;属于下列情形之一的,36个月内不得转让:(一)特定对象为上市公司控股股东、实际控制人或者其控制的关联人;(二)特定对象通过认购本次发行的股份取得上市公司的实际控制权;(三)特定对象取得本次发行的股份时,对其用于认购股份的资产持续拥有权益的时间不足12个月”。近来,一些上市公司股东咨询在同一实际控制人控制之下不同主体之间转让上市公司股份是否符合《收购办法》和《重组办法》的上述要求。我会认为,《收购办法》、《重组办法》的上述要求,旨在保证上市公司控制权相对稳定,以利于公司的长远发展,同时保障投资者可基于控制权归属的明确预期作出投资决策。实践中,同一实际控制人之下不同主体之间转让上市公司股份的案例,反映了部分上市公司基于资源整合及长远规划发展的考虑进行集团内持股结构调整的合理需求。经研究,我会认为:

一、适用《收购办法》第六十二条第一款第(二)项、第(三)项及《重组办法》第四十三条规定时,在控制关系清晰明确,易于判断的情况下,同一实际控制人控制之下不同主体之间转让上市公司股份,不属于上述规定限制转让的范围。

二、上市公司的实际控制人、控股股东及相关市场主体不得通过持股结构调整进行利益输送等损害上市公司及投资者利益的行为。

三、前述在同一实际控制人控制之下不同主体之间转让上市公司股份行为完成后,受让方或实际控制人仍应当按照诚实信用原则忠实履行相关承诺义务,不得擅自变更、解除承诺义务。

四、律师和律师事务所应当就上市公司的股份转让是否属于同一实际控制人之下不同主体之间的转让出具法律意见书。律师和律师事务所应当确保法律意见书的结论明确,依据适当、充分,法律分析清晰、合理,违反相关规定的,除依法采取相应的监管措施外,监管部门还将对法律意见书的签字律师和签字的律师事务所负责人此后出具的法律意见书给予重点关注。律师和律师事务所存在违法违规行为的,将依法追究其法律责任。

五、上述股份转让中,涉及股份过户登记的,应按照有关流通股协议转让规则办理。

《上市公司收购管理办法》第六十二条有关上市公司严重财务困难的适用意见——证券期货法律适用意见第7号

2011年1月10日中国证券监督管理委员会公告〔2011〕1号公布施行

《上市公司收购管理办法》(证监会令第56号)第六十二条第一款第(二)项规定,在“上市公司面临严重财务困难,收购人提出的挽救公司的重组方案取得该公司股东大会批准,且收购人承诺3年内不转让其在该公司中所拥有的权益”的情形下,收购人可以申请豁免要约收购义务。上述规定为收购人以危机上市公司为目标公司,实施有利于优化资源配置的收购活动提供了制度空间。为明确《上市公司收购管理办法》第六十二条第一款第(二)项有关“上市公司面临严重财务困难”的适用条件,进一步规范上市公司收购行为,现提出如下适用意见:

上市公司存在以下情形之一的,可以认定其面临严重财务困难:

一、最近两年连续亏损;

二、因三年连续亏损,股票被暂停上市;

三、最近一年期末股东权益为负值;

四、最近一年亏损且其主营业务已停顿半年以上;

五、中国证监会认定的其他情形。

《上市公司收购管理办法》第六十二条、第六十三条有关要约豁免申请的条款发生竞合时的适用意见——证券期货法律适用意见第8号

2011年1月17日中国证券监督管理委员会公告〔2011〕2号公布施行

《上市公司收购管理办法》（证监会令第56号，以下简称《收购办法》）第六十二条、第六十三条对可以提出要约豁免申请的情形作了规定，并设置了不同的申请程序。近来，一些申请人及其财务顾问等证券服务机构多次向我会咨询，当申请人同时符合《收购办法》第六十二条和第六十三条规定的情形时，可否选择其中一条适用。为明确《收购办法》有关规定，现就《收购办法》第六十二条、第六十三条有关规定提出适用意见如下：

拟向中国证监会申请免于以要约收购方式增持股份的申请人同时符合《收购办法》第六十二条和第六十三条规定的情形时，可以自行选择其中一条作为申请豁免的依据。

《上市公司收购管理办法》第七十四条有关通过集中竞价交易方式增持上市公司股份的收购完成时点认定的适用意见——证券期货法律适用意见第9号

2011年1月17日中国证券监督管理委员会公告〔2011〕3号公布施行

《上市公司收购管理办法》（证监会令第56号，以下简称《收购办法》）第七十四条第一款规定："在上市公司收购中，收购人持有的被收购公司的股份，在收购完成后12个月内不得转让。"近来，一些通过集中竞价交易方式增持上市公司股份的收购人及其财务顾问等证券服务机构多次向我会咨询对于其收购行为完成时点的认定问题。为明确《收购办法》有关规定，现就《收购办法》第七十四条有关规定提出适用意见如下：

一、收购人通过集中竞价交易方式增持上市公司股份的，当收购人最后一笔增持股份登记过户后，视为其收购行为完成。自此，收购人持有的被收购公司的股份，在12个月内不得转让。

二、在上市公司中拥有权益的股份达到或者超过该公司已发行股份的30%的当事人，自上述事实发生之日起一年后，拟在12个月内通过集中竞价交易方式增加其在该公司中拥有权益的股份不超过该公司已发行股份的2%，并拟根据《收购办法》第六十三条第一款第（二）项的规定申请免除发出要约的，当事人可以选择在增持期届满时进行公告，也可以选择在完成增持计划或者提前终止增持计划时进行公告。当事人在进行前述公告后，应当按照《收购办法》的相关规定及时向我会提交豁免申请。

《上市公司重大资产重组管理办法》第三条有关拟购买资产存在资金占用问题的适用意见——证券期货法律适用意见第10号

2011年1月17日中国证券监督管理委员会公告〔2011〕4号公布施行

《上市公司重大资产重组管理办法》（证监会令第53号，以下简称《重组办法》）第三条规定："任何单位和个人不得利用重大资产重组损害上市公司及其股东的合法权益。"近来，一些上市公司及其独立财务顾问等证券服务机构多次咨询我会当上市公司拟购买资产存在被其股东及其关联方、资产所有人及其关联方非经营性占用资金时的有关监管政策把握问题。为明确《重组办法》有关规定，现就《重组办法》第三条有关规定提出适用意见如下：

一、上市公司重大资产重组时，拟购买资产存在被其股东及其关联方、资产所有人及其关联方非经营性资金占用的，前述有关各方应当在中国证监会受理重大资产重组申报材料前，解决对拟购买资产的非经营性资金占用问题。

二、上市公司应当在《上市公司重大资产重组报告书》第（十三）部分对拟购买资产的股东及其关联方、资产所有人及其关联方是否存在对拟购买资产非经营性资金占用问题进行特别说明。独立财务顾问应当对此进行核查并发表意见。

《上市公司重大资产重组管理办法》第十二条上市公司在12个月内连续购买、出售同一或者相关资产的有关比例计算的适用意见——证券期货法律适用意见第11号

2011年1月17日中国证券监督管理委员会公告〔2011〕5号公布施行

《上市公司重大资产重组管理办法》（证监会令第53

号,以下简称《重组办法》)第十二条第一款第(四)项规定,“上市公司在12个月内连续对同一或者相关资产进行购买、出售的,以其累计数分别计算相应数额”。近来,一些上市公司及其独立财务顾问等证券服务机构多次向我会咨询关于上市公司在12个月内连续对同一或者相关资产进行购买、出售的,该如何计算相关比例的问题。为明确《重组办法》有关规定,现就《重组办法》第十二条有关规定提出适用意见如下:

在上市公司股东大会作出购买或者出售资产的决议后12个月内,股东大会再次或者多次作出购买、出售同一或者相关资产的决议的,应当适用《重组办法》第十二条第一款第(四)项的规定。在计算相应指标时,应当以第一次交易时最近一个会计年度上市公司经审计的合并财务会计报告期末资产总额、期末净资产额、当期营业收入作为分母。

《上市公司重大资产重组管理办法》第十三条、第四十三条的适用意见——证券期货法律适用意见第12号

2011年8月1日中国证券监督管理委员会公告〔2011〕17号公布施行

一、《上市公司重大资产重组管理办法》(证监会令第73号,以下简称《重组办法》)第十三条第一款第(四)项规定:“上市公司在12个月内连续对同一或者相关资产进行购买、出售的,以其累计数分别计算相应数额。已按照本办法的规定报经中国证监会核准的资产交易行为,无须纳入累计计算的范围,但本办法第十二条规定情形除外。”考虑到《重组办法》第十二条规定的重组行为的特殊性,为防止化整为零规避监管,严格执行拟注入资产须符合完整性、合规性和独立性要求,现就该规定中相关计算原则提出适用意见如下:

(一)执行累计首次原则,即按照上市公司控制权发生变更之日起,上市公司在重大资产重组中累计向收购人购买的资产总额(含上市公司控制权变更的同时,上市公司向收购人购买资产的交易行为),占控制权发生变更的前一个会计年度经审计的合并财务会计报告期末资产总额的比例累计首次达到100%以上的原则;

(二)执行预期合并原则,即收购人申报重大资产重组方案时,如存在同业竞争和非正常关联交易,则对于收购人解决同业竞争和关联交易问题所制定的承诺方案,涉及未来向上市公司注入资产的,也将合并计算。

二、《重组办法》第四十三条规定:“上市公司发行股份购买资产的,可以同时募集部分配套资金,其定价方式按照现行相关规定办理。”现就该规定中发行股份购买资产项目配套融资提出适用意见如下:

上市公司发行股份购买资产同时募集的部分配套资金,主要用于提高重组项目整合绩效,所配套资金比例不超过交易总金额25%的,一并由并购重组审核委员会予以审核;超过25%的,一并由发行审核委员会予以审核。

不属于发行股份购买资产项目配套资金的上市公司再融资,仍按现行规定办理。

中国证券监督管理委员会关于在借壳上市审核中严格执行首次公开发行股票上市标准的通知

1. 2013年11月30日
2. 证监发〔2013〕61号

各上市公司:

2011年8月,我会在修订《上市公司重大资产重组管理办法》(证监会令第73号,以下简称《重组办法》)时,提出执行与首次公开发行股票上市标准趋同的要求,并明确了借壳上市资产要求。借壳上市标准由“趋同”提升到“等同”首次公开发行股票上市标准,既是2011年提高借壳上市标准时既定的方向,也是近年来市场规范发展的需要。经研究决定,在上市公司借壳上市审核中严格执行首次公开发行股票上市标准。现通知如下:

一、上市公司重大资产重组方案构成《重组办法》第十二条规定借壳上市的,上市公司购买的资产对应的经营实体应当是股份有限公司或者有限责任公司,且符合《首次公开发行股票并上市管理办法》(证监会令第32号)规定的发行条件。

二、不得在创业板借壳上市。

三、本通知自下发之日起施行,《重组办法》等规则作相应修订后另行发布。

借壳上市审核中严格执行首次公开发行股票上市标准

2011年8月,我会在修订《上市公司重大资产重组管理办法》(以下简称《重组办法》)时,提出借壳上市与首次公开发行股票上市标准趋同,并明确了相关资产要求。

近期，我会针对市场反映比较强烈的壳资源炒作等问题，强化了对借壳上市的监管，在审核中对借壳上市条件的把握由与IPO标准“趋同”向“等同”逐渐过渡，并按照《首次公开发行股票并上市管理办法》（证监会令第32号）的相关规定提高了借壳上市的条件。借壳上市标准由趋同提升到等同首次公开发行股票上市标准，既是2011年制定借壳上市标准时既定的方向，也是近年来市场规范发展的实践需要。

为进一步明确借壳上市的条件，给市场以明确的预期，我会下发《关于在借壳上市审核中严格执行首次公开发行股票上市标准的通知》（以下简称《通知》），明确借壳上市条件与IPO标准等同，不允许在创业板借壳上市。

一、关于借壳上市条件与IPO标准等同的考虑

一是提高借壳上市门槛，抑制市场炒作。目前借壳上市条件低于IPO标准，投资者对绩差公司被借壳预期强烈，市场对绩差公司的炒作成风，内幕交易时有发生，绩差公司通过卖壳成为股市“不死鸟”，难以形成有效的退市制度。借壳上市条件与IPO标准等同，有利于遏制市场对绩差股的投机炒作，从根本上减少内幕交易的动机，形成有效的退市制度。

二是借壳上市条件与IPO标准等同，防止市场监管套利。目前部分IPO终止审查或不予核准企业转道借壳上市，通过借壳上市规避IPO审查，引发了市场质疑。统一借壳上市与IPO的审核标准，可以防止审核标准不一致带来的监管套利。

同时，借壳上市条件与IPO标准等同，引导资本等市场资源和监管资源向规范运作程度高的绩优公司集中，有利于优化资本市场资源配置功能，促进产业结构优化升级，服务于国民经济调结构、转方式的总体大局。

二、关于创业板不允许借壳上市的考虑

一是允许在创业板借壳上市，与创业板市场定位不符。创业板定位于服务创新型、成长型小微企业，具有高风险、高收益特征，其准入、退市制度应当与主板、中小板有所区分。从现有主板借壳案例来看，多数借壳企业与创业板企业的特点不同，如果允许在创业板借壳上市，此类企业将登陆创业板市场，弱化创业板市场对创新、创业型企业的服务功能，扭曲创业板市场的定位。

二是允许在创业板借壳上市，与创业板监管政策相悖。创业板启动伊始，就一直向市场传递创业板不支持借壳上市的理念，且深交所《创业板股票上市规则》也不支持暂停上市阶段的上市公司，通过借壳式重组恢复上市。

同时，由于创业板目前存在“三高”问题，如果允许在创业板借壳上市，将加剧对创业板上市公司二级市场炒作，还易引发内幕交易、市场操纵等违法违规行为。

三、关于施行日期

《通知》自下发之日起施行，上市公司此后披露的重大资产重组预案如构成《重组办法》第十二条规定借壳上市的，应当符合《通知》的规定。《重组办法》等规则作相应修订后另行发布。

同时，为更好发挥资本市场支持国民经济转方式、调结构的功能，按照简政放权、加强监管原则，我会正稳步推进并购重组的市场化改革。其中，并购重组审核分道制已于今年10月8日正式实施，其他多项改革措施已经反复论证，待履行法规修改和批准程序后实施，主要包括：一是清理、简化行政许可，进一步减少并购重组审批事项。二是强化并购重组市场化机制。完善定价机制，增强定价弹性；丰富要约收购履约保证方式，取消第三方并购发行股份最低数量限制和硬性的业绩承诺要求。三是丰富并购重组支付工具，拓宽融资渠道。引入定向可转债、优先股作为支付工具，支持财务顾问提供并购重组过桥融资，支持并购基金等创新工具发展。四是加强并购重组监管。进一步提高并购重组监管透明度，完善上市公司股东决策机制，加强投资者保护；强化中介机构责任，督促市场主体归位尽责，增强对并购重组各方当事人的市场制约，强化监管问责机制，加大对违法违规行为的打击力度。

中国证券监督管理委员会关于在发行审核委员会中设立上市公司并购重组审核委员会的决定

1. *2007年7月17日*
2. *证监发〔2007〕93号*

各上市公司：

为了适应股权分置改革后市场发展的需要，切实保证在上市公司并购重组审核工作中贯彻公开、公平、公正的原则，进一步提高并购重组审核工作的质量和透明度，根据《中华人民共和国证券法》、《中国证券监督管理委员会发行审核委员会办法》（证监会令第31号）的规定，中国证券监督管理委员会（以下简称中国证监会）作出如下决定：

一、在发行审核委员会中设立上市公司并购重组审核委

员会(以下简称并购重组委),并购重组委根据有关法律、行政法规和中国证监会的规定,履行以下职责:

(一)审核上市公司并购重组申请是否符合相关条件;

(二)审核财务顾问、会计师事务所、律师事务所、资产评估机构等证券服务机构及相关人员为并购重组申请事项出具的有关材料及意见书;

(三)审核中国证监会有关职能部门出具的初审报告;

(四)依法对并购重组申请事项提出审核意见。

中国证监会依照法定条件和法定程序对并购重组申请事项作出予以核准或不予核准的决定。

二、上市公司并购重组申请事项包括:

(一)根据中国证监会的相关规定构成上市公司重大资产重组的;

(二)上市公司以新增股份向特定对象购买资产的;

(三)上市公司实施合并、分立的;

(四)中国证监会规定的其他并购重组事项。

三、并购重组委的组成方式、委员职责、工作会议程序和监督机制按《中国证券监督管理委员会发行审核委员会办法》的相关规定执行,并制定具体的工作规程。

本决定自发布之日起施行。

中国证券监督管理委员会上市公司并购重组审核委员会工作规程(2014年修订)

2014年4月20日中国证券监督管理委员会公告〔2014〕15号公布施行

第一章　总　　则

第一条　为在上市公司并购重组审核工作中贯彻公开、公平、公正的原则,提高并购重组审核工作的质量和透明度,根据《中国证券监督管理委员会发行审核委员会办法》以及上市公司并购重组的相关规定,制定本规程。

第二条　中国证券监督管理委员会(以下简称中国证监会)上市公司并购重组审核委员会(以下简称并购重组委)审核下列并购重组事项的,适用本规程:

(一)根据中国证监会的相关规定构成上市公司重大资产重组的;

(二)上市公司以新增股份向特定对象购买资产的;

(三)上市公司实施合并、分立的;

(四)中国证监会规定的其他情形。

第三条　并购重组委依照《中华人民共和国公司法》、《中华人民共和国证券法》等法律、行政法规和中国证监会的规定,对并购重组申请人的申请文件和中国证监会的初审报告进行审核。

并购重组委依照本规程规定的程序履行职责。

第四条　中国证监会根据并购重组委审核意见,依照法定条件和法定程序对并购重组申请作出予以核准或者不予核准的决定。

第二章　并购重组委的组成

第五条　并购重组委由专业人员组成,人数不多于35名,其中中国证监会的人员不多于7名。

并购重组委根据需要按一定比例设置专职委员。

第六条　中国证监会依照公开、公平、公正的原则,按照行业自律组织或者相关主管单位推荐、社会公示、执业情况核查、差额遴选、中国证监会聘任的程序选聘并购重组委委员。

第七条　并购重组委委员每届任期2年,可以连任,连续任期最长不超过4年。

第八条　并购重组委委员应当符合下列条件:

(一)坚持原则,公正廉洁,忠于职守,遵守法律、行政法规和规章;

(二)熟悉上市公司并购重组业务及有关的法律、行政法规和规章;

(三)精通所从事行业的专业知识,具有丰富的行业实践经验;

(四)没有违法、违纪记录;

(五)中国证监会规定的其他条件。

第九条　并购重组委委员有下列情形之一的,中国证监会应当予以解聘:

(一)违反法律、行政法规和中国证监会的相关规定的;

(二)未按照中国证监会的规定勤勉尽职的;

(三)两次以上无故不出席并购重组委会议的;

(四)本人提出辞职申请,并经中国证监会批准的;

(五)经中国证监会考核认为不适合担任并购重组委委员的其他情形。

并购重组委委员的解聘不受任期是否届满的限制。并购重组委委员解聘后,中国证监会应选聘增补新的委员。

第十条　中国证监会组织设立并购重组专家咨询委(以下简称专家咨询委),专家咨询委的具体组成办法、工作职责和工作制度另行制定。

第三章 并购重组委及委员的职责

第十一条 并购重组委的职责是:根据有关法律、行政法规和中国证监会的规定,审核上市公司并购重组申请是否符合相关条件;审核财务顾问、会计师事务所、律师事务所、资产评估机构等证券服务机构及相关人员为并购重组申请事项出具的有关材料及意见书;审核中国证监会出具的初审报告;依法对并购重组申请事项提出审核意见。

第十二条 并购重组委委员以个人身份出席并购重组委会议,依法履行职责,独立发表审核意见并行使表决权。

第十三条 并购重组委委员应当遵守下列规定:

(一)按要求出席并购重组委会议,并在审核工作中勤勉尽职;

(二)保守国家秘密和并购重组当事人的商业秘密;

(三)不得泄露并购重组委会议讨论内容、表决情况以及其他有关情况;

(四)不得利用并购重组委委员身份或者在履行职责中所得到的非公开信息,为本人或者他人直接或者间接谋取利益;

(五)不得直接或间接接受并购重组当事人及相关单位或个人提供的资金、物品等馈赠和其他利益;

(六)不得直接或者以化名、借他人名义买卖上市公司的证券;

(七)不得在履行职责期间私下与并购重组当事人及相关单位或个人进行接触;

(八)不得有与其他并购重组委委员串通表决或诱导其他并购重组委委员表决的行为;

(九)未经授权或许可,不得以并购重组委委员名义对外公开发表言论及从事与并购重组委有关的工作;

(十)中国证监会的其他有关规定。

第十四条 并购重组委委员接受中国证监会聘任后,应当如实申报登记证券账户及持有上市公司证券的情况;持有上市公司证券的,应当在聘任之日起一个月内清理卖出;因故不能卖出的,应当在聘任之日起一个月内提出聘任期间暂停证券交易并锁定账户的申请。

第十五条 并购重组当事人及其他任何单位或者个人以不正当手段对并购重组委委员施加影响的,并购重组委委员应当向中国证监会举报。

第十六条 并购重组委委员审核并购重组申请文件时,有下列情形之一,可能影响公正履行职责的,委员应当及时提出回避:

(一)委员本人或者其亲属担任并购重组当事人或者其聘请的专业机构的董事(含独立董事,下同)、监事、经理或者其他高级管理人员的;

(二)委员本人或者其所在工作单位近两年内为并购重组当事人提供保荐、承销、财务顾问、审计、资产评估、法律、咨询等服务的;

(三)委员本人或者其亲属担任董事、监事、经理或其他高级管理人员的公司或机构与并购重组当事人有商业竞争关系的;

(四)委员与并购重组当事人及其他相关单位或者个人进行过接触的;

(五)委员本人及其亲属持有与并购重组申请事项相关的公司证券或股份的;

(六)委员亲属或者委员所在工作单位与并购重组申请人存在其他利益冲突的;

(七)中国证监会认定的可能产生利害冲突或者委员认为可能影响其公正履行职责的其他情形。

前款所称亲属,是指并购重组委委员的父母、配偶、子女及其配偶。

第十七条 并购重组申请人及其他相关单位或者个人认为并购重组委委员与其存在利害冲突或者潜在的利害冲突,可能影响并购重组委委员公正履行职责的,可以向中国证监会提出要求有关并购重组委委员予以回避的书面申请,并说明理由。

中国证监会根据并购重组申请人及其他相关单位或者个人提出的书面申请,决定相关并购重组委委员是否回避。

第十八条 并购重组委委员接受聘任后,应当承诺遵守中国证监会对并购重组委委员的有关规定和纪律要求,认真履行职责,接受中国证监会的考核和监督。

第四章 并购重组委会议

第十九条 并购重组委通过召开并购重组委会议进行审核工作,每次参加并购重组委会议的并购重组委委员为5名。

并购重组委设会议召集人。

第二十条 并购重组委委员分成召集人组和专业组,其中专业组分为法律组、会计组、机构投资人组和金融组。分组名单应当在中国证监会网站予以公示。

中国证监会应当按照分组名单及委员排序确定参会委员;对委员提出回避或者因故不能出席会议的原因,应当予以公示,并按所在组的名单顺序递延更换委员。

专业组委员出现轮空的,由专职委员替换。

第二十一条 并购重组委会议审核上市公司并购重组申请事项的,中国证监会在并购重组委会议拟定召开日的4个工作日前将会议审核的申请人名单、会议时间、相关当事人承诺函和参会委员名单在中国证监会网站上予以公示,并于公示的下一工作日将会议通知、工作底稿、并购重组申请文件及中国证监会的初审报告送交参会委员签收。

第二十二条　并购重组委建立公示监督制度,会议公示期间为公示投诉期。如期间发生对拟参会委员的举报且线索明确的,中国证监会应当更换委员,并重新履行公示程序,会议召开日期顺延。

会议公示期间如发生对并购重组申请人的举报且线索明确的,或社会出现负面舆论且所涉事项性质恶劣、影响重大的,中国证监会应当及时启动核查程序,暂停并购重组委会议。

会议公示期间委员因故不能出席会议的,中国证监会应当更换委员,并重新履行公示程序,会议召开日期顺延。

第二十三条　并购重组委会议开始前,委员应当签署与并购重组申请人及其所聘请的证券服务机构或者相关人员接触及回避事项的有关说明,并交由中国证监会留存。

第二十四条　并购重组委委员应当依据法律、行政法规和中国证监会的规定,运用自身的专业知识,独立、客观、公正地对并购重组申请事项进行审核。

并购重组委委员可以通过中国证监会调阅履行职责所必需的与并购重组申请人有关的材料。

并购重组委委员应当以审慎、负责的态度,全面审阅申请人的并购重组申请文件和中国证监会出具的初审报告。并购重组委委员应当在工作底稿上就下述内容提出有依据、明确的审核意见:

(一)对初审报告中提请关注的问题和审核意见有异议的;

(二)申请人存在初审报告提请关注问题以外的其他问题的;

(三)申请人存在尚待调查核实并影响明确判断的重大问题的。

并购重组委委员在并购重组委会议上应当根据自己的工作底稿发表个人审核意见,同时应当根据会议讨论情况,完善个人审核意见并在工作底稿上予以记录。

并购重组委会议在充分讨论的基础上,形成会议对申请人并购重组申请事项的审核意见,并对申请人的并购重组申请是否符合相关条件进行表决。

第二十五条　并购重组委以记名投票方式对并购重组申请进行表决。并购重组委委员不得弃权。

表决票设同意票和反对票。表决投票时同意票数达到3票为通过,同意票数未达到3票为未通过。

并购重组委委员在投票时应当在表决票上说明理由。

第二十六条　并购重组委会议对申请人的并购重组申请形成审核意见之前,可以要求并购重组当事人及其聘请的证券服务机构的代表到会陈述意见和接受询问。

对于并购重组委委员的任何询问、意见及相关陈述,未经中国证监会同意,并购重组当事人及其他相关单位或者个人均不得对外披露。

第二十七条　并购重组委根据审核工作需要,可以通过中国证监会邀请并购重组委委员以外的行业专家到会提供专业咨询意见,所邀请的专家没有表决权。

第二十八条　并购重组委会议召集人按照中国证监会的有关规定负责召集并购重组委会议,维持会议秩序,组织参会委员发表意见、进行讨论,组织投票、宣读表决结果并负责形成并购重组委会议审核意见。

并购重组委会议结束后,参会委员应当在会议记录、审核意见、表决结果等会议资料上签名确认,同时提交工作底稿。

第二十九条　对于并购重组委会议表决结果为有条件通过的,中国证监会对审核意见的落实情况进行核实,并将核实结果向参会委员进行反馈。

第三十条　并购重组委会议对申请人的并购重组申请投票表决后,中国证监会在网站上公布表决结果。

并购重组委会议对并购重组申请作出的表决结果及提出的审核意见,中国证监会应当于会议结束之日起3个工作日内向并购重组申请人及其聘请的财务顾问进行书面反馈。

第三十一条　并购重组申请人可在表决结果公示之日起10个工作日内向中国证监会提出申诉意见。中国证监会应当要求并购重组委会议召集人组织参会委员对申诉意见做出书面解释、说明。如有必要,中国证监会可以组织召开专家咨询委会议。根据会议意见,决定是否驳回申诉或者重新提交并购重组委会议审核。并购重组委会议重新审核的,原则上仍由原并购重组委委员审核。

第三十二条　并购重组委参会委员认为并购重组委会议表决结果存在显失公正情形的,可在并购重组委会议结束之日起2个工作日内,以书面形式提出异议,并说明理由。经中国证监会调查认为理由充分的,应当重新提请召开并购重组委会议,原则上不由原并购重组委委员审核。

第三十三条　在并购重组委会议对并购重组申请表决通过后至中国证监会作出核准决定前,并购重组申请人发生重大事项,导致与其所报送的并购重组申请文件不一致；或并购重组委会议的审核意见具有前置条件且未能落实的，中国证监会可以提请重新召开并购重组委会议，原则上仍由原并购重组委委员审核。

第三十四条　上市公司并购重组申请经并购重组委审核未获通过且中国证监会作出不予核准决定的，申请人对并购重组方案进行修改补充或提出新方案的，应当按照有关规定履行信息披露义务，财务顾问应审慎履行职责，提供专业服务，进行独立判断，确认符合有关并购重组规定条件的可以重新提出并购重组申请。重新提交并购重组委审核的，原则上仍由原并购重组委委员审核。

第三十五条　中国证监会建立并购重组委审核工作回访制度。通过组织回访，实地了解上市公司并购重组方案实施情况、承诺事项履行情况、审核意见落实情况以及证券服务机构持续督导等情况。

第三十六条　并购重组委应以召开全体会议的形式，对并购重组审核工作中的重大疑难问题及创新性事项进行研究讨论。并购重组委可要求中国证监会组织召开专家咨询委会议，由专家咨询委出具专家意见，提供决策支持。

第三十七条　中国证监会负责安排并购重组委工作会议、送达审核材料、会议记录、起草会议纪要及保管档案等具体工作。

并购重组委审核工作所需费用，由中国证监会支付。

第五章　并购重组委的监督管理

第三十八条　中国证监会负责并购重组委事务的日常管理以及并购重组委委员的考核和监督。

第三十九条　中国证监会对并购重组委实行问责制度。出现并购重组委会议审核意见与表决结果有明显差异的，或事后显示存在重大疏漏的，中国证监会可以要求所有参会的并购重组委委员分别作出解释和说明。

第四十条　并购重组委委员存在违反本规程规定的行为及其他违反并购重组委工作纪律的行为的，中国证监会应当根据情节轻重予以谈话提醒、通报批评、暂停参加并购重组委会议、解聘等处理。

第四十一条　中国证监会建立对并购重组委委员违法违纪行为的举报监督机制。

对有线索举报并购重组委委员存在违法违纪行为的，中国证监会应当进行调查，并根据调查结果予以谈话提醒、通报批评、暂停参加并购重组委会议、解聘等处理；涉嫌犯罪的，依法移交司法机关处理。

第四十二条　中国证监会对并购重组委委员违法违纪的处理措施可以在新闻媒体上公开。

第四十三条　在并购重组委会议召开前，有证据表明并购重组申请人、其他单位或者个人直接或者间接以不正当手段或者其他方式影响、干扰并购重组委委员对并购重组申请的判断和审核的，中国证监会可以暂停召开对有关申请的并购重组委会议。

并购重组申请通过并购重组委会议后，有证据表明并购重组申请人、其他单位或者个人直接或者间接以不正当手段或者其他方式影响、干扰并购重组委委员对并购重组申请的判断和审核的，中国证监会可以暂停核准；情节严重的，中国证监会不予核准。

第六章　附　　则

第四十四条　本规程自公布之日起施行。《中国证券监督管理委员会上市公司并购重组审核委员会工作规程》（证监会公告〔2011〕40号）同时废止。

附件：1. 中国证券监督管理委员会上市公司并购重组审核委员会委员廉洁自律承诺书

2. 中国证券监督管理委员会上市公司并购重组审核委员会委员与并购重组申请人回避及接触事项的有关说明

3. 中国证券监督管理委员会上市公司并购重组审核委员会审核工作底稿

4. 并购重组申请人保证不影响和干扰上市公司并购重组审核委员会审核工作的承诺函

附件1

中国证券监督管理委员会
上市公司并购重组审核委员会
委员廉洁自律承诺书

本人向中国证券监督管理委员会和社会公众郑重承诺：

一、本人在担任并购重组委委员期间，将自觉遵守国家的法律法规、《中国证券监督管理委员会上市公司并购重组审核委员会工作规程》、《关于加强并购重组审核委员会委员监督工作的若干意见（试行）》及相关规定，并自觉接受社会监督；

二、本人将遵守社会公德，以端正的个人品行自觉维护并购重组委形象，并承诺在履行并购重组委委员的职责时，以自己的专业知识和从业经验为基础，秉承“公开、公平、公正”原则，诚实守信、勤勉尽责，客观、公正地审核，独立发表个人意见和投票表决，并对此承担相关责任；

三、本人不以任何形式收受并购重组当事人及相关单位或者个人赠送的礼品、礼金、各种有价证券及各种代币券(卡)等支付凭证,不接受并购重组当事人及相关单位或个人提供的宴请、旅游、休闲等娱乐活动,不接受并购重组当事人及相关单位或个人报销应由本人及亲属支付的个人费用;

四、本人将保守并购重组当事人的商业秘密,不泄露并购重组委会议讨论内容、表决情况以及其他有关情况;

五、本人不在履行职责期间私下与并购重组当事人及相关单位或个人进行接触;不与其他并购重组委委员串通表决或诱导其他并购重组委委员的表决;

六、本人不直接或者以化名、借他人名义买卖上市公司的证券;

七、本人除因不可抗力或其他特殊原因,且取得中国证监会同意外,按要求出席并购重组委会议;

八、本人未经中国证监会同意,在教学、演讲、写作和接受采访等活动中,不引用因担任并购重组委委员而获悉的信息;未经中国证监会授权,不以并购重组委委员身份对外发表言论;

九、本人接受中国证监会按有关规定进行的考核和监督,遵守中国证监会纪检部门的谈话制度,接受廉政评议,按规定向中国证监会上市部、纪委、监察局提交述职报告;

十、本人接受并愿意积极配合中国证监会按有关规定就并购重组委有关事宜开展的调查;

十一、本人如果违反上述承诺,愿意承担由此引起的有关责任。

承诺人签名:　　　　　　　　　　年　月　日

附件2

中国证券监督管理委员会上市公司并购重组审核委员会委员与并购重组申请人回避及接触事项的有关说明

(20　年第　次并购重组委会议)

一、本人不存在可能影响公正履行职责的情形。

二、本人不存在应当提出回避而未回避的情形。

三、本次所审核的并购重组申请人或者其他相关单位或者个人未曾以不正当手段影响本人对本次所审核的申请人的判断。

四、本人未曾私下与本次所审核的并购重组申请人或者其他相关单位或者个人进行过接触,未接受过上述单位或者个人提供的资金、物品等馈赠及其他利益。

五、其他需要说明的事项:

委员签名:　年　月　日

附:本次所审核的申请人(公司)名单

________股份有限公司

________股份有限公司

________股份有限公司

________股份有限公司

附件3

中国证券监督管理委员会上市公司并购重组审核委员会审核工作底稿

参会委员姓名:

并购重组委会议届次:20　年　次

并购重组申请人名称:

并购重组类型:

一、对初审报告提请委员关注的问题和审核意见发表个人审核意见及依据。

二、申请人是否存在初审报告提请关注问题以外的其他问题,如有,请说明。

三、申请人是否存在尚待调查核实影响明确判断的重大问题,如有,请说明。

四、其他。

五、是否对上述意见有修改,如有,请补充。

委员签名:

年　月　日

附件4

并购重组申请人保证不影响和干扰上市公司并购重组审核委员会审核工作的承诺函

________股份有限公司向中国证券监督管理委员会承诺:

一、本公司保证不直接或者间接地向并购重组委委员提供资金、物品等馈赠及其他利益,保证不直接或间接地向并购重组委委员提供本次所审核的相关公司的证券,保证不以不正当手段影响并购重组委委员对申请人的判断。

二、本公司保证不以任何方式干扰并购重组委的审核工作。

三、在并购重组委会议上接受并购重组委委员的询问时，本公司保证陈述内容真实、客观、准确、简洁，不含与本次并购重组审核无关的内容。

四、若本公司违反上述承诺，将承担由此引起的一切法律责任。

承诺人：________股份有限公司（加盖公章）
并购重组申请人负责人签字：

此项承诺于　　年　月　日在　　　　（地点）作出

关于规范上市公司重大资产重组若干问题的规定

2008年4月16日中国证券监督管理委员会公告〔2008〕14号公布施行

第一条　上市公司拟实施重大资产重组的，全体董事应当严格履行诚信义务，切实做好信息保密及停复牌工作。

重大资产重组的首次董事会决议经表决通过后，上市公司应当在决议当日或者次一工作日的非交易时间向证券交易所申请公告。董事会应当按照《上市公司重大资产重组管理办法》（证监会令第53号）及相关的信息披露准则编制重大资产重组预案或者报告书，并将该预案或者报告书作为董事会决议的附件，与董事会决议同时公告。

重大资产重组的交易对方应当承诺，保证其所提供信息的真实性、准确性和完整性，保证不存在虚假记载、误导性陈述或者重大遗漏，并声明承担个别和连带的法律责任。该等承诺和声明应当与上市公司董事会决议同时公告。

第二条　上市公司首次召开董事会审议重大资产重组事项的，应当在召开董事会的当日或者前一日与相应的交易对方签订附条件生效的交易合同。交易合同应当载明本次重大资产重组事项一经上市公司董事会、股东大会批准并经中国证监会核准，交易合同即应生效。

重大资产重组涉及发行股份购买资产的，交易合同应当载明特定对象拟认购股份的数量或者数量区间、认购价格或者定价原则、限售期，以及目标资产的基本情况、交易价格或者定价原则、资产过户或交付的时间安排和违约责任等条款。

第三条　发行股份购买资产的首次董事会决议公告后，董事会在6个月内未发布召开股东大会通知的，上市公司应当重新召开董事会审议发行股份购买资产事项，并以该次董事会决议公告日作为发行股份的定价基准日。

发行股份购买资产事项提交股东大会审议未获批准的，上市公司董事会如再次作出发行股份购买资产的决议，应当以该次董事会决议公告日作为发行股份的定价基准日。

第四条　上市公司拟实施重大资产重组的，董事会应当就本次交易是否符合下列规定作出审慎判断，并记载于董事会决议记录中：

（一）交易标的资产涉及立项、环保、行业准入、用地、规划、建设施工等有关报批事项的，在本次交易的首次董事会决议公告前应当取得相应的许可证书或者有关主管部门的批复文件；本次交易行为涉及有关报批事项的，应当在重大资产重组预案和报告书中详细披露已向有关主管部门报批的进展情况和尚需呈报批准的程序，并对可能无法获得批准的风险作出特别提示。

（二）上市公司拟购买资产的，在本次交易的首次董事会决议公告前，资产出售方必须已经合法拥有标的资产的完整权利，不存在限制或者禁止转让的情形。

上市公司拟购买的资产为企业股权的，该企业应当不存在出资不实或者影响其合法存续的情况；上市公司在交易完成后成为持股型公司的，作为主要标的资产的企业股权应当为控股权。

上市公司拟购买的资产为土地使用权、矿业权等资源类权利的，应当已取得相应的权属证书，并具备相应的开发或者开采条件。

（三）上市公司购买资产应当有利于提高上市公司资产的完整性（包括取得生产经营所需要的商标权、专利权、非专利技术、采矿权、特许经营权等无形资产），有利于上市公司在人员、采购、生产、销售、知识产权等方面保持独立。

（四）本次交易应当有利于上市公司改善财务状况、增强持续盈利能力，有利于上市公司突出主业、增强抗风险能力，有利于上市公司增强独立性、减少关联交易、避免同业竞争。

第五条　上市公司拟实施重大资产重组的，董事会、交易对方、证券服务机构及相关人员应当严格遵守《关于规范上市公司信息披露及相关各方行为的通知》（证监公司字〔2007〕128号）的相关规定，切实履行信息披露等义务和程序。

重大资产重组的首次董事会决议公告后，上市公司董事会和交易对方非因充分正当事由，撤销、中止重组方案或者对重组方案作出实质性变更(包括但不限于变更主要交易对象、变更主要标的资产等)的，中国证监会将依据有关规定对上市公司、交易对方、证券服务机构等单位和相关人员采取监管措施，并依法追究法律责任。

上市公司并购重组财务顾问业务管理办法

1. 2008年6月3日中国证券监督管理委员会令第54号公布
2. 自2008年8月4日起施行

第一章　总　　则

第一条　为了规范证券公司、证券投资咨询机构及其他财务顾问机构从事上市公司并购重组财务顾问业务活动，保护投资者的合法权益，促进上市公司规范运作，维护证券市场秩序，根据《证券法》和其他相关法律、行政法规的规定，制定本办法。

第二条　上市公司并购重组财务顾问业务是指为上市公司的收购、重大资产重组、合并、分立、股份回购等对上市公司股权结构、资产和负债、收入和利润等具有重大影响的并购重组活动提供交易估值、方案设计、出具专业意见等专业服务。

经中国证券监督管理委员会(以下简称中国证监会)核准具有上市公司并购重组财务顾问业务资格的证券公司、证券投资咨询机构或者其他符合条件的财务顾问机构(以下简称财务顾问)，可以依照本办法的规定从事上市公司并购重组财务顾问业务。

未经中国证监会核准，任何单位和个人不得从事上市公司并购重组财务顾问业务。

第三条　财务顾问应当遵守法律、行政法规、中国证监会的规定和行业规范，诚实守信，勤勉尽责，对上市公司并购重组活动进行尽职调查，对委托人的申报文件进行核查，出具专业意见，并保证其所出具的意见真实、准确、完整。

第四条　财务顾问的委托人应当依法承担相应的责任，配合财务顾问履行职责，并向财务顾问提供有关文件及其他必要的信息，不得拒绝、隐匿、谎报。

财务顾问履行职责，不能减轻或者免除委托人、其他专业机构及其签名人员的责任。

第五条　中国证监会依照法律、行政法规和本办法的规定，对财务顾问实行资格许可管理，对财务顾问及其负责并购重组项目的签名人员(以下简称财务顾问主办人)的执业情况进行监督管理。

中国证券业协会依法对财务顾问及其财务顾问主办人进行自律管理。

第二章　业 务 许 可

第六条　证券公司从事上市公司并购重组财务顾问业务，应当具备下列条件：

(一)公司净资本符合中国证监会的规定；

(二)具有健全且运行良好的内部控制机制和管理制度，严格执行风险控制和内部隔离制度；

(三)建立健全的尽职调查制度，具备良好的项目风险评估和内核机制；

(四)公司财务会计信息真实、准确、完整；

(五)公司控股股东、实际控制人信誉良好且最近3年无重大违法违规记录；

(六)财务顾问主办人不少于5人；

(七)中国证监会规定的其他条件。

第七条　证券投资咨询机构从事上市公司并购重组财务顾问业务，应当具备下列条件：

(一)已经取得中国证监会核准的证券投资咨询业务资格；

(二)实缴注册资本和净资产不低于人民币500万元；

(三)具有健全且运行良好的内部控制机制和管理制度，严格执行风险控制和内部隔离制度；

(四)公司财务会计信息真实、准确、完整；

(五)控股股东、实际控制人在公司申请从事上市公司并购重组财务顾问业务资格前一年未发生变化，信誉良好且最近3年无重大违法违规记录；

(六)具有2年以上从事公司并购重组财务顾问业务活动的执业经历，且最近2年每年财务顾问业务收入不低于100万元；

(七)有证券从业资格的人员不少于20人，其中，具有从事证券业务经验3年以上的人员不少于10人，财务顾问主办人不少于5人；

(八)中国证监会规定的其他条件。

第八条　其他财务顾问机构从事上市公司并购重组财务顾问业务，除应当符合前条第(二)至(四)项及第(七)项的条件外，还应当具备下列条件：

(一)具有3年以上从事公司并购重组财务顾问业务活动的执业经历，且最近3年每年财务顾问业务收入不低于100万元；

(二)董事、高级管理人员应当正直诚实，品行良好，熟悉证券法律、行政法规，具有从事证券市场工作3年以上或者金融工作5年以上的经验，具备履行职责所需的经营管理能力；

（三）控股股东、实际控制人信誉良好且最近3年无重大违法违规记录；

（四）中国证监会规定的其他条件。

资产评估机构、会计师事务所、律师事务所或者相关人员从事上市公司并购重组财务顾问业务，应当另行成立专门机构。

第九条 证券公司、证券投资咨询机构和其他财务顾问机构有下列情形之一的，不得担任财务顾问：

（一）最近24个月内存在违反诚信的不良记录；

（二）最近24个月内因执业行为违反行业规范而受到行业自律组织的纪律处分；

（三）最近36个月内因违法违规经营受到处罚或者因涉嫌违法违规经营正在被调查。

第十条 财务顾问主办人应当具备下列条件：

（一）具有证券从业资格；

（二）具备中国证监会规定的投资银行业务经历；

（三）参加中国证监会认可的财务顾问主办人胜任能力考试且成绩合格；

（四）所任职机构同意推荐其担任本机构的财务顾问主办人；

（五）未负有数额较大到期未清偿的债务；

（六）最近24个月无违反诚信的不良记录；

（七）最近24个月未因执业行为违反行业规范而受到行业自律组织的纪律处分；

（八）最近36个月未因执业行为违法违规受到处罚；

（九）中国证监会规定的其他条件。

第十一条 证券公司、证券投资咨询机构和其他财务顾问机构申请从事上市公司并购重组财务顾问业务资格，应当提交下列文件：

（一）申请报告；

（二）营业执照复印件和公司章程；

（三）董事长、高级管理人员及并购重组业务负责人的简历；

（四）符合本办法规定条件的财务顾问主办人的证明材料；

（五）关于公司控股股东、实际控制人信誉良好和最近3年无重大违法违规记录的说明；

（六）公司治理结构和内控制度的说明，包括公司风险控制、内部隔离制度及内核部门人员名单和最近3年从业经历；

（七）经具有从事证券业务资格的会计师事务所审计的公司最近2年的财务会计报告；

（八）律师出具的法律意见书；

（九）中国证监会规定的其他文件。

第十二条 证券投资咨询机构申请从事上市公司并购重组财务顾问业务资格，除提交本办法第十一条规定的申报材料外，还应当提交下列文件：

（一）中国证监会核准的证券投资咨询业务许可证复印件；

（二）从事公司并购重组财务顾问业务2年以上执业经历的说明，以及最近2年每年财务顾问业务收入不低于100万元的证明文件，包括相关合同和纳税证明；

（三）申请资格前一年控股股东、实际控制人未发生变化的说明。

第十三条 其他财务顾问机构申请从事上市公司并购重组财务顾问业务资格，除提交本办法第十一条规定的申报材料外，还应当提交下列文件：

（一）从事公司并购重组财务顾问业务3年以上执业经历的说明，以及最近3年每年财务顾问业务收入不低于100万元的证明文件，包括相关合同和纳税证明；

（二）董事、高级管理人员符合本办法规定条件的说明；

（三）申请资格前一年控股股东、实际控制人未发生变化的说明。

第十四条 财务顾问申请人应当提交有关财务顾问主办人的下列证明文件：

（一）证券从业资格证书；

（二）中国证监会规定的投资银行业务经历的证明文件；

（三）中国证监会认可的财务顾问主办人胜任能力考试且成绩合格的证书；

（四）财务顾问申请人推荐其担任本机构的财务顾问主办人的推荐函；

（五）不存在数额较大到期未清偿的债务的说明；

（六）最近24个月无违反诚信的不良记录的说明；

（七）最近24个月未受到行业自律组织的纪律处分的说明；

（八）最近36个月未因执业行为违法违规受到处罚的说明；

（九）中国证监会规定的其他文件。

第十五条 财务顾问申请人应当保证申请文件真实、准确、完整。申请期间，文件内容发生重大变化的，财务顾问申请人应当自变化之日起5个工作日内向中国证监会提交更新资料。

第十六条 中国证监会对财务顾问申请人的上市公司并

购重组财务顾问业务资格申请进行审查、做出决定。

中国证监会及时公布和更新财务顾问及其财务顾问主办人的名单。

第十七条 证券公司、证券投资咨询机构或者其他财务顾问机构受聘担任上市公司独立财务顾问的,应当保持独立性,不得与上市公司存在利害关系;存在下列情形之一的,不得担任独立财务顾问:

(一)持有或者通过协议、其他安排与他人共同持有上市公司股份达到或者超过5%,或者选派代表担任上市公司董事;

(二)上市公司持有或者通过协议、其他安排与他人共同持有财务顾问的股份达到或者超过5%,或者选派代表担任财务顾问的董事;

(三)最近2年财务顾问与上市公司存在资产委托管理关系、相互提供担保,或者最近一年财务顾问为上市公司提供融资服务;

(四)财务顾问的董事、监事、高级管理人员、财务顾问主办人或者其直系亲属有在上市公司任职等影响公正履行职责的情形;

(五)在并购重组中为上市公司的交易对方提供财务顾问服务;

(六)与上市公司存在利害关系、可能影响财务顾问及其财务顾问主办人独立性的其他情形。

第十八条 上市公司并购重组活动涉及公开发行股票的,应当按照有关规定聘请具有保荐资格的证券公司从事相关业务。

第三章 业务规则

第十九条 财务顾问从事上市公司并购重组财务顾问业务,应当履行以下职责:

(一)接受并购重组当事人的委托,对上市公司并购重组活动进行尽职调查,全面评估相关活动所涉及的风险;

(二)就上市公司并购重组活动向委托人提供专业服务,帮助委托人分析并购重组相关活动所涉及的法律、财务、经营风险,提出对策和建议,设计并购重组方案,并指导委托人按照上市公司并购重组的相关规定制作申报文件;

(三)对委托人进行证券市场规范化运作的辅导,使其熟悉有关法律、行政法规和中国证监会的规定,充分了解其应承担的义务和责任,督促其依法履行报告、公告和其他法定义务;

(四)在对上市公司并购重组活动及申报文件的真实性、准确性、完整性进行充分核查和验证的基础上,依据中国证监会的规定和监管要求,客观、公正地发表专业意见;

(五)接受委托人的委托,向中国证监会报送有关上市公司并购重组的申报材料,并根据中国证监会的审核意见,组织和协调委托人及其他专业机构进行答复;

(六)根据中国证监会的相关规定,持续督导委托人依法履行相关义务;

(七)中国证监会要求的其他事项。

第二十条 财务顾问应当与委托人签订委托协议,明确双方的权利和义务,就委托人配合财务顾问履行其职责的义务、应提供的材料和责任划分、双方的保密责任等事项做出约定。财务顾问接受上市公司并购重组多方当事人委托的,不得存在利益冲突或者潜在的利益冲突。

接受委托的,财务顾问应当指定2名财务顾问主办人负责,同时,可以安排一名项目协办人参与。

第二十一条 财务顾问应当建立尽职调查制度和具体工作规程,对上市公司并购重组活动进行充分、广泛、合理的调查,核查委托人提供的为出具专业意见所需的资料,对委托人披露的内容进行独立判断,并有充分理由确信所作的判断与委托人披露的内容不存在实质性差异。

委托人应当配合财务顾问进行尽职调查,提供相应的文件资料。委托人不能提供必要的材料、不配合进行尽职调查或者限制调查范围的,财务顾问应当终止委托关系或者相应修改其结论性意见。

第二十二条 财务顾问利用其他证券服务机构专业意见的,应当进行必要的审慎核查,对委托人提供的资料和披露的信息进行独立判断。

财务顾问对同一事项所作的判断与其他证券服务机构的专业意见存在重大差异的,应当进一步调查、复核,并可自行聘请相关专业机构提供专业服务。

第二十三条 财务顾问应当采取有效方式对新进入上市公司的董事、监事和高级管理人员、控股股东和实际控制人的主要负责人进行证券市场规范化运作的辅导,包括上述人员应履行的责任和义务、上市公司治理的基本原则、公司决策的法定程序和信息披露的基本要求,并对辅导结果进行验收,将验收结果存档。验收不合格的,财务顾问应当重新进行辅导和验收。

第二十四条 财务顾问对上市公司并购重组活动进行尽职调查应当重点关注以下问题,并在专业意见中对以下问题进行分析和说明:

(一)涉及上市公司收购的,担任收购人的财务顾问,应当关注收购人的收购目的、实力、收购人与其控股股东和实际控制人的控制关系结构、管理经验、资信情况、诚信记录、资金来源、履约能力、后续计划、对上市公司未来发展的影响、收购人的承诺及是否具备履行相关承诺的能力等事项；因国有股行政划转或者变更、在同一实际控制人控制的不同主体之间转让股份、继承取得上市公司股份超过30%的，收购人可免于聘请财务顾问；

（二）涉及对上市公司进行要约收购的，收购人的财务顾问除关注本条第（一）项所列事项外，还应当关注要约收购的目的、收购人的支付方式和支付条件、履约能力、是否将导致公司退市、对收购完成后剩余中小股东的保护机制是否适当等事项；

收购人公告要约收购报告书摘要后15日内未能发出要约的，财务顾问应当督促收购人立即公告未能如期发出要约的原因及中国证监会提出的反馈意见；

（三）涉及上市公司重大资产重组的，财务顾问应当关注重组目的、重组方案、交易定价的公允性、资产权属的清晰性、资产的完整性、重组后上市公司是否具备持续经营能力和持续盈利能力、盈利预测的可实现性、公司经营独立性、重组方是否存在利用资产重组侵害上市公司利益的问题等事项；

（四）涉及上市公司发行股份购买资产的，财务顾问应当关注本次发行的目的、发行方案、拟购买资产的估值分析及定价的公允性、拟购买资产的完整性、独立性、盈利能力、对上市公司影响的量化分析、拟发行股份的定价模式、中小股东合法权益是否受到侵害、上市公司股票交易是否存在异常等事项；涉及导致公司控制权发生变化的，还应当按照本条第（一）项有关收购人的关注要点对本次发行的特定对象进行核查；

（五）涉及上市公司合并的，财务顾问应当关注合并的目的、合并的可行性、合并方案、合并方与被合并方的估值分析、折股比例的确定原则和公允性、对上市公司的业务和财务结构的影响、对上市公司持续盈利能力的影响、合并后的整合安排等事项；

（六）涉及上市公司回购本公司股份的，财务顾问应当关注回购目的的适当性、回购必要性、回购方案、回购价格的定价模式和公允性、对上市公司现金流的影响、是否存在不利于上市公司持续发展的问题等事项；

（七）财务顾问应当关注上市公司并购重组活动中，相关各方是否存在利用并购重组信息进行内幕交易、市场操纵和证券欺诈等事项；

（八）中国证监会要求的其他事项。

第二十五条　财务顾问应当设立由专业人员组成的内部核查机构，内部核查机构应当恪尽职守，保持独立判断，对相关业务活动进行充分论证与复核，并就所出具的财务顾问专业意见提出内部核查意见。

第二十六条　财务顾问应当在充分尽职调查和内部核查的基础上，按照中国证监会的相关规定，对并购重组事项出具财务顾问专业意见，并作出以下承诺：

（一）已按照规定履行尽职调查义务，有充分理由确信所发表的专业意见与委托人披露的文件内容不存在实质性差异；

（二）已对委托人披露的文件进行核查，确信披露文件的内容与格式符合要求；

（三）有充分理由确信委托人委托财务顾问出具意见的并购重组方案符合法律、法规和中国证监会及证券交易所的相关规定，所披露的信息真实、准确、完整，不存在虚假记载、误导性陈述或者重大遗漏；

（四）有关本次并购重组事项的财务顾问专业意见已提交内部核查机构审查，并同意出具此专业意见；

（五）在与委托人接触后到担任财务顾问期间，已采取严格的保密措施，严格执行风险控制和内部隔离制度，不存在内幕交易、操纵市场和证券欺诈问题。

第二十七条　财务顾问的法定代表人或者其授权代表人、部门负责人、内部核查机构负责人、财务顾问主办人和项目协办人应当在财务顾问专业意见上签名，并加盖财务顾问单位公章。

第二十八条　财务顾问代表委托人向中国证监会提交申请文件后，应当配合中国证监会的审核，并承担以下工作：

（一）指定财务顾问主办人与中国证监会进行专业沟通，并按照中国证监会提出的反馈意见作出回复；

（二）按照中国证监会的要求对涉及本次并购重组活动的特定事项进行尽职调查或者核查；

（三）组织委托人及其他专业机构对中国证监会的意见进行答复；

（四）委托人未能在行政许可的期限内公告相关并购重组报告全文的，财务顾问应当督促委托人及时公开披露中国证监会提出的问题及委托人未能如期公告的原因；

（五）自申报至并购重组事项完成前，对于上市公司和其他并购重组当事人发生较大变化对本次并购重组构成较大影响的情况予以高度关注，并及时向中国证监会报告；

（六）申报本次担任并购重组财务顾问的收费情况；

（七）中国证监会要求的其他事项。

第二十九条　财务顾问应当建立健全内部报告制度，财务顾问主办人应当就中国证监会在反馈意见中提出的问题按照内部程序向部门负责人、内部核查机构负责人等相关负责人报告,并对中国证监会提出的问题进行充分的研究、论证,审慎回复。回复意见应当由财务顾问的法定代表人或者其授权代表人、财务顾问主办人和项目协办人签名,并加盖财务顾问单位公章。

第三十条 财务顾问将申报文件报中国证监会审核期间,委托人和财务顾问终止委托协议的,财务顾问和委托人应当自终止之日起5个工作日内向中国证监会报告,申请撤回申报文件,并说明原因。委托人重新聘请财务顾问就同一并购重组事项进行申报的,应当在报送中国证监会的申报文件中予以说明。

第三十一条 根据中国证监会有关并购重组的规定,自上市公司收购、重大资产重组、发行股份购买资产、合并等事项完成后的规定期限内,财务顾问承担持续督导责任。

财务顾问应当通过日常沟通、定期回访等方式,结合上市公司定期报告的披露,做好以下持续督导工作:

(一)督促并购重组当事人按照相关程序规范实施并购重组方案,及时办理产权过户手续,并依法履行报告和信息披露的义务;

(二)督促上市公司按照《上市公司治理准则》的要求规范运作;

(三)督促和检查申报人履行对市场公开作出的相关承诺的情况;

(四)督促和检查申报人落实后续计划及并购重组方案中约定的其他相关义务的情况;

(五)结合上市公司定期报告,核查并购重组是否按计划实施、是否达到预期目标;其实施效果是否与此前公告的专业意见存在较大差异,是否实现相关盈利预测或者管理层预计达到的业绩目标;

(六)中国证监会要求的其他事项。

在持续督导期间,财务顾问应当结合上市公司披露的定期报告出具持续督导意见,并在前述定期报告披露后的15日内向上市公司所在地的中国证监会派出机构报告。

第三十二条 财务顾问应当建立健全内部检查制度,确保财务顾问主办人切实履行持续督导责任,按时向中国证监会派出机构提交持续督导工作的情况报告。

在持续督导期间,财务顾问解除委托协议的,应当及时向中国证监会派出机构作出书面报告,说明无法继续履行持续督导职责的理由,并予以公告。委托人应当在一个月内另行聘请财务顾问对其进行持续督导。

第三十三条 财务顾问应当建立并购重组工作档案和工作底稿制度,为每一项目建立独立的工作档案。

财务顾问的工作档案和工作底稿应当真实、准确、完整,保存期不少于10年。

第三十四条 财务顾问及其财务顾问主办人应当严格履行保密责任,不得利用职务之便买卖相关上市公司的证券或者牟取其他不当利益,并应当督促委托人、委托人的董事、监事和高级管理人员及其他内幕信息知情人严格保密,不得进行内幕交易。

财务顾问应当按照中国证监会的要求,配合提供上市公司并购重组相关内幕信息知情人买卖、持有相关上市公司证券的文件,并向中国证监会报告内幕信息知情人的违法违规行为,配合中国证监会依法进行的调查。

第三十五条 财务顾问从事上市公司并购重组财务顾问业务,应当公平竞争,按照业务复杂程度及所承担的责任和风险与委托人商议财务顾问报酬,不得以明显低于行业水平等不正当竞争手段招揽业务。

第三十六条 中国证券业协会可以根据本办法的规定,制定财务顾问执业规范,组织财务顾问主办人进行持续培训。

财务顾问可以申请加入中国证券业协会。财务顾问主办人应当参加中国证券业协会组织的相关培训,接受后续教育。

第四章 监督管理与法律责任

第三十七条 中国证监会及其派出机构可以根据审慎监管原则,要求财务顾问提供已按照本办法的规定履行尽职调查义务的证明材料、工作档案和工作底稿,并对财务顾问的公司治理、内部控制、经营运作、风险状况、从业活动等方面进行非现场检查或者现场检查。

财务顾问及其有关人员应当配合中国证监会及其派出机构的检查工作,提交的材料应当真实、准确、完整,不得以任何理由拒绝、拖延提供有关材料,或者提供不真实、不准确、不完整的材料。

第三十八条 中国证监会建立监管信息系统,对财务顾问及其财务顾问主办人进行持续动态监管,并将以下事项记入其诚信档案:

(一)财务顾问及其财务顾问主办人被中国证监会采取监管措施的;

(二)在持续督导期间,上市公司或者其他委托人违反公司治理有关规定、相关资产状况及上市公司经营成果等与财务顾问的专业意见出现较大差异的;

(三)中国证监会认定的其他事项。

第三十九条 财务顾问及其财务顾问主办人出现下列情形之一的,中国证监会对其采取监管谈话、出具警示函、责令改正等监管措施:

(一)内部控制机制和管理制度、尽职调查制度以及相关业务规则存在重大缺陷或者未得到有效执行的；

（二）未按照本办法规定发表专业意见的；

（三）在受托报送申报材料过程中，未切实履行组织、协调义务、申报文件制作质量低下的；

（四）未依法履行持续督导义务的；

（五）未按照本办法的规定向中国证监会报告或者公告的；

（六）违反其就上市公司并购重组相关业务活动所作承诺的；

（七）违反保密制度或者未履行保密责任的；

（八）采取不正当竞争手段进行恶性竞争的；

（九）唆使、协助或者伙同委托人干扰中国证监会审核工作的；

（十）中国证监会认定的其他情形。

责令改正的，财务顾问及其财务顾问主办人在改正期间，或者按照要求完成整改并经中国证监会验收合格之前，不得接受新的上市公司并购重组财务顾问业务。

第四十条 上市公司就并购重组事项出具盈利预测报告的，在相关并购重组活动完成后，凡不属于上市公司管理层事前无法获知且事后无法控制的原因，上市公司或者购买资产实现的利润未达到盈利预测报告或者资产评估报告预测金额80%的，中国证监会责令财务顾问及其财务顾问主办人在股东大会及中国证监会指定报刊上公开说明未实现盈利预测的原因并向股东和社会公众投资者道歉；利润实现数未达到盈利预测50%的，中国证监会可以同时对财务顾问及其财务顾问主办人采取监管谈话、出具警示函、责令定期报告等监管措施。

第四十一条 财务顾问不再符合本办法规定条件的，应当在5个工作日内向中国证监会报告并依法进行公告，由中国证监会责令改正。责令改正期满后，仍不符合本办法规定条件的，中国证监会撤销其从事上市公司并购重组财务顾问业务资格。

财务顾问主办人发生变化的，财务顾问应当在5个工作日内向中国证监会报告。财务顾问主办人不再符合本办法规定条件的，中国证监会将其从财务顾问主办人名单中去除，财务顾问不得聘请其作为财务顾问主办人从事相关业务。

第四十二条 财务顾问及其财务顾问主办人或者其他责任人员所发表的专业意见存在虚假记载、误导性陈述或者重大遗漏的，中国证监会责令改正并依据《证券法》第二百二十三条的规定予以处罚。

第四十三条 财务顾问及其财务顾问主办人在相关并购重组信息未依法公开前，泄漏该信息、买卖或者建议他人买卖该公司证券，利用相关并购重组信息散布虚假信息、操纵证券市场或者进行证券欺诈活动的，中国证监会依据《证券法》第二百零二条、第二百零三条、第二百零七条等相关规定予以处罚；涉嫌犯罪的，依法移送司法机关追究刑事责任。

第四十四条 中国证券业协会对财务顾问及其财务顾问主办人违反自律规范的行为，依法进行调查，给予纪律处分。

第五章　附　　则

第四十五条 本办法自2008年8月4日起施行。

关于加强与上市公司重大资产重组相关股票异常交易监管的暂行规定

2012年11月6日中国证券监督管理委员会公告〔2012〕33号公布施行

第一条 为加强与上市公司重大资产重组相关股票异常交易监管，防控和打击内幕交易，维护证券市场秩序，保护投资者合法权益，根据《中华人民共和国证券法》、《中华人民共和国行政许可法》、《国务院办公厅转发证监会等部门关于依法打击和防控资本市场内幕交易意见的通知》、《上市公司信息披露管理办法》、《上市公司重大资产重组管理办法》，制定本规定。

第二条 上市公司和交易对方，以及其控股股东、实际控制人，为本次重大资产重组提供服务的证券公司、证券服务机构等重大资产重组相关主体，应当严格按照法律、行政法规、规章的规定，做好重大资产重组信息的管理和内幕信息知情人登记工作，增强保密意识。

第三条 上市公司及其控股股东、实际控制人等相关方研究、筹划、决策涉及上市公司重大资产重组事项的，原则上应当在相关股票停牌后或者非交易时间进行，并应当简化决策流程、提高决策效率、缩短决策时限，尽可能缩小内幕信息知情人范围。如需要向有关部门进行政策咨询、方案论证的，应当在相关股票停牌后进行。

上市公司控股股东、实际控制人等相关方，应当及时主动向上市公司通报有关信息，并配合上市公司做好股票停牌和信息披露工作。

第四条 上市公司应当在重大资产重组交易各方初步达成实质性意向或者虽未达成实质性意向但预计该信息难以保密时，及时向证券交易所申请股票停牌，真实、准确、完整、及时、公平地进行分阶段信息披露，充分揭示风险。

第五条　上市公司因重大资产重组事项停牌后，证券交易所立即启动二级市场股票交易核查程序，并在后续各阶段对二级市场股票交易情况进行持续监管。

第六条　上市公司向中国证监会提出重大资产重组行政许可申请，如该重大资产重组事项涉嫌内幕交易被中国证监会立案调查或者被司法机关立案侦查，尚未受理的，中国证监会不予受理；已经受理的，中国证监会暂停审核。

第七条　按照本规定第六条不予受理或暂停审核的行政许可申请，如符合以下条件，未受理的，中国证监会恢复受理程序，暂停审核的恢复审核：

(一)中国证监会或者司法机关经调查核实未发现上市公司、占本次重组总交易金额比例在20%以上的交易对方(如涉及多个交易对方违规的，交易金额合并计算)，及上述主体的控股股东、实际控制人及其控制的机构存在内幕交易的；

(二)中国证监会或者司法机关经调查核实未发现上市公司董事、监事、高级管理人员，上市公司控股股东、实际控制人的董事、监事、高级管理人员，交易对方的董事、监事、高级管理人员，占本次重组总交易金额比例在20%以下的交易对方及其控股股东、实际控制人及上述主体控制的机构，为本次重大资产重组提供服务的证券公司、证券服务机构及其经办人员，参与本次重大资产重组的其他主体等存在内幕交易的；或者上述主体虽涉嫌内幕交易，但已被撤换或者退出本次重大资产重组交易的；

(三)被立案调查或者立案侦查的事项未涉及本款第(一)项、第(二)项所列主体的。

依据前款第(二)项规定撤换财务顾问的，上市公司应当撤回原重大资产重组行政许可申请，重新向中国证监会提出申请。上市公司对交易对象、交易标的等作出变更导致重大资产重组方案重大调整的，还应当重新履行相应的决策程序。

第八条　中国证监会根据履行职责掌握的情况，确认不予受理或暂停审核的上市公司重大资产重组行政许可申请符合本规定第七条规定条件的，及时恢复受理或者审核。

上市公司有证据证明其重大资产重组行政许可申请符合本规定第七条规定条件的，经聘请的财务顾问和律师事务所对本次重大资产重组有关的主体进行尽职调查，并出具确认意见，可以向中国证监会提出恢复受理或者审核的申请。中国证监会根据履行职责掌握的情况，决定是否恢复受理或者审核。

第九条　因本次重大资产重组事项存在重大市场质疑或者有明确线索的举报，上市公司及涉及的相关机构和人员应当就市场质疑及时作出说明或澄清；中国证监会应当对该项举报进行核查。如果该涉嫌内幕交易的重大市场质疑或者举报涉及事项已被中国证监会立案调查或者被司法机关立案侦查，按照本规定第六条至第八条的规定执行。

第十条　中国证监会受理行政许可申请后，本规定第七条第一款第(一)项所列主体因本次重大资产重组相关的内幕交易被中国证监会行政处罚或者被司法机关依法追究刑事责任的，中国证监会终止审核，并将行政许可申请材料退还申请人或者其聘请的财务顾问。

第十一条　重大资产重组行政许可申请被中国证监会不予受理、恢复受理程序、暂停审核、恢复审核或者终止审核的，上市公司应当及时公告并作出风险提示。

第十二条　上市公司披露重大资产重组预案或者草案后主动终止重大资产重组进程的，上市公司应当同时承诺自公告之日起至少3个月内不再筹划重大资产重组，并予以披露。

重大资产重组行政许可申请因上市公司控股股东及其实际控制人存在内幕交易被中国证监会依照本规定第十条的规定终止审核的，上市公司应当同时承诺自公告之日起至少12个月内不再筹划重大资产重组，并予以披露。

第十三条　本规定第七条所列主体因涉嫌本次重大资产重组相关的内幕交易被立案调查或者立案侦查的，自立案之日起至责任认定前不得参与任何上市公司的重大资产重组。中国证监会作出行政处罚或者司法机关依法追究刑事责任的，上述主体自中国证监会作出行政处罚决定或者司法机关作出相关裁判生效之日起至少36个月内不得参与任何上市公司的重大资产重组。

第十四条　上市公司及其控股股东、实际控制人和交易相关方、证券公司及证券服务机构、其他信息披露义务人，应当配合中国证监会的监管执法工作。拒不配合的，中国证监会将依法采取监管措施，并将实施监管措施的情况对外公布。

第十五条　关于上市公司吸收合并、分立的行政许可事项，参照本规定执行。

第十六条　本规定自2012年12月17日起施行。

国务院国有资产监督管理委员会关于规范国有股东与上市公司进行资产重组有关事项的通知

1. *2009年6月24日*
2. *国资发产权〔2009〕124号*

国务院各部委、各直属机构，各省、自治区、直辖市及计划单列市和新疆生产建设兵团国资委，各中央企业，上海证券交易所、深圳证券交易所、中国证券登记结算有限责任公司：

为规范国有股东与上市公司资产重组行为，保护各类投资者权益，维护证券市场健康发展，根据《中华人民共和国公司法》、《中华人民共和国证券法》、《中华人民共和国企业国有资产法》及《企业国有资产监督管理暂行条例》（国务院令第378号）等法律法规规定，现就国有股东与上市公司进行资产重组所涉及的有关事项通知如下：

一、本通知所称国有股东与上市公司资产重组是指国有股东或潜在国有股东（经本次资产重组后成为上市公司国有股东的，以下统称为国有股东）向上市公司注入、购买或置换资产并涉及国有股东所持上市公司股份发生变化的情形。

国有股东向上市公司注入、购买或置换资产不涉及国有股东所持上市公司股份发生变化的，按相关规定办理。

二、国有股东与上市公司进行资产重组，应遵循以下原则：

（一）有利于促进国有资产保值增值，符合国有股东发展战略；

（二）有利于提高上市公司质量和核心竞争力；

（三）标的资产权属清晰，资产交付或转移不存在法律障碍；

（四）标的资产定价应当符合市场化原则，有利于维护各类投资者合法权益。

三、国有股东与上市公司进行资产重组应当做好可行性论证，认真分析本次重组对国有股东、上市公司及资本市场的影响，并提出可行性报告。如涉及国有股东人员安置、土地使用权处置、债权债务处理等相关问题，国有股东应当制订解决方案。

四、国有股东与上市公司进行资产重组的，应当与上市公司充分协商。国有股东与上市公司就资产重组事项进行协商时，应当采取必要且充分的保密措施，制定严格的保密制度和责任追究制度。国有股东聘请中介机构的，应当与所聘请的中介机构签署保密协议。

五、国有股东与上市公司进行资产重组的相关事项在依法披露前，市场出现相关传闻，或上市公司证券及其衍生品种出现异常交易时，国有股东应当积极配合上市公司依法履行信息披露义务；必要时，应督促上市公司向证券交易所申请股票停牌。如上市公司证券及其衍生品种价格明显异动，对本次资产重组产生重大影响的，国有股东应当调整资产重组方案，必要时应当中止本次重组事项，且国有股东在3个月内不得重新启动。

六、国有股东与上市公司进行资产重组，应当按照有关法律法规，以及企业章程规定履行内部决策程序。

七、国有股东就本次资产重组事项进行内部决策后，应当按照相关规定书面通知上市公司，由上市公司依法披露，并申请股票停牌。同时，将可行性研究报告报省级或省级以上国有资产监督管理机构预审核。

国有股东为中央单位的，由中央单位通过集团母公司报国务院国有资产监督管理机构。国有股东为地方单位的，由地方单位通过集团母公司报省级国有资产监督管理机构。

国有股东为公司制企业，且本次重组事项需由股东会（股东大会）作出决议的，应当按照有关法律法规规定，在国有资产监督管理机构出具意见后，提交股东会（股东大会）审议。

八、国有资产监督管理机构收到国有股东关于本次资产重组的书面报告后，应当在10个工作日内出具意见，并及时通知国有股东，由国有股东书面通知上市公司依法披露。在中国证监会及证券交易所规定的股票停牌期内，国有股东与上市公司资产重组的方案未能获得国有资产监督管理机构同意的，上市公司股票须立即复牌，国有股东3个月内不得重新启动该事项。

九、国有股东与上市公司进行资产重组的方案经上市公司董事会审议通过后，国有股东应当在上市公司股东大会召开日前不少于20个工作日，按规定程序将相关方案报省级或省级以上国有资产监督管理机构审核。国有资产监督管理机构在上市公司股东大会召开前5个工作日出具批复文件。

十、国有股东对上市公司进行资产重组的，应当向国有资产监督管理机构报送以下材料：

（一）关于本次资产重组的请示及方案；

（二）上市公司董事会决议；

（三）本次资产重组涉及相关资产的审计报告、评估报告及作价依据；

（四）国有股东上一年度的审计报告；

（五）上市公司基本情况、最近一期的年度报告或

中期报告;

(六)律师事务所出具的法律意见书;

(七)国有资产监督管理机构要求的其他材料。

十一、国有股东与上市公司进行资产重组的方案应主要包括以下内容:

(一)本次资产重组的原因及目的;

(二)本次资产重组涉及的资产范围、业务情况及近三年损益情况、未来盈利预测及其依据;

(三)本次资产重组所涉及相关资产作价的说明;

(四)本次资产重组对国有股东及上市公司权益、盈利水平及未来发展的影响。

十二、国有股东违反本规定的,国有资产监督管理机构应当责令其整改,并按照监管权限,直接或责成相关方面对相关责任人员给予相应处分;造成国有资产损失的,应追究赔偿责任,涉嫌犯罪的,依法移送司法机关处理。

社会中介机构在国有股东与上市公司资产重组中违规执业的,国有资产监督管理机构应当将有关情况通报其行业主管部门;情节严重的,国有资产监督管理机构可通报企业3年内不得聘请该中介机构从事相关业务。

国有资产监督管理机构工作人员违反本通知有关规定,造成国有资产重大损失的,应当对直接负责的主管人员和其他相关责任人员依法给予行政处分;涉嫌犯罪的,依法移送司法机关处理。

国家工商行政管理总局关于做好公司合并分立登记支持企业兼并重组的意见

1. *2011年11月28日*
2. *工商企字〔2011〕226号*

各省、自治区、直辖市及计划单列市、副省级市工商行政管理局、市场监督管理局:

为贯彻落实《国务院关于促进企业兼并重组的意见》(国发〔2010〕27号),规范公司合并分立登记,促进公司通过兼并重组优化产业结构,现提出以下意见。

一、进一步增强做好公司合并分立登记支持企业兼并重组的责任感

按照中央加快转变经济发展方式的决策部署,各行业、各领域的企业兼并重组步伐不断加快。公司合并分立作为兼并重组的重要方式之一,有助于完善公司治理结构,促进公司扩大规模,提升市场竞争力;有助于加强资源整合、强强联合,淘汰落后产能,形成规模化、集约化经营,推动产业结构优化升级。

做好公司合并分立登记,既是工商行政管理部门作为企业登记机关的基本职能,也是工商行政管理部门服务经济科学发展的必然要求,对于支持企业兼并重组,促进经济发展方式加快转变和经济结构战略性调整具有十分重要的作用。各级工商行政管理部门要从国家经济战略的高度,把支持和服务公司合并分立作为贯彻落实科学发展观的重要任务,进一步增强责任感,充分发挥市场主体准入职能作用,坚持依法行政与服务企业发展的有机统一,更加自觉、主动、积极为企业兼并重组提供优质高效的服务。

二、进一步提供良好的公司合并分立登记服务

(一)支持公司采取多种方式合并分立重组。公司合并可以采取两种形式:一种是吸收合并,指一个公司吸收其他公司后存续,被吸收公司解散;另一种是新设合并,指两个或者两个以上公司归并为一个新公司,原有各公司解散。

公司分立可以采取两种形式:一种是存续分立,指一个公司分出一个或者一个以上新公司,原公司存续;另一种是解散分立,指一个公司分为两个或者两个以上新公司,原公司解散。

(二)支持各类企业合并分立重组。支持依法设立的内资公司按照本意见办理合并、分立登记。外商投资的公司分立,存续或者新设的公司属于内资公司的,可以参照有关法律、行政法规、规章和本意见办理登记。

(三)支持公司自行选择重组公司类型。合并、分立后存续或者新设的公司,只要符合《公司法》规定的条件,可以选择有限责任公司或者股份有限公司类型。

(四)支持公司同时办理重组登记。因公司合并、分立申请办理公司登记,自公告刊登之日起45日后,申请人可以同时申请办理公司注销、设立或者变更登记。其中,不属于同一登记机关管辖的,相关登记机关应当加强登记衔接。需要层级衔接的,上级登记机关要主动协调;需要区域衔接的,先收到有关咨询、申请的登记机关要主动协调。

(五)支持公司自主约定注册资本数额。因合并而存续或者新设的公司,其注册资本、实收资本数额由合并协议约定,但不得高于合并前各公司的注册资本之和、实收资本之和。合并各方之间存在投资关系的,计算合并前各公司的注册资本之和、实收资本之和时,应当扣除投资所对应的注册资本、实收资本数额。

因分立而存续或者新设的公司,其注册资本、实收资本数额由分立决议或者决定约定,但分立后公司注册资本之和、实收资本之和不得高于分立前公司的注册资本、实收资本。

（六）支持公司自主约定股东出资份额。因合并、分立而存续或者新设的公司，其股东（发起人）的出资比例、认缴或者实缴的出资额，由合并协议、分立决议或者决定约定。法律、行政法规或者国务院决定规定公司合并、分立涉及出资比例、认缴或者实缴的出资额必须报经批准的，应当经过批准。

合并、分立前注册资本未足额缴纳的公司，合并、分立后存续或者新设公司的注册资本应当根据合并协议、分立决议或者决定的约定，按照合并、分立前规定的出资期限缴足。

（七）支持分公司办理隶属关系变更。因合并而解散或者分立的公司有分公司的，应当在合并协议、分立决议或者决定中载明其分公司的处置方案。处置方案中载明分公司注销的，应当在公司合并、分立前办理分公司注销登记；处置方案中载明分公司归属于存续或者新设的公司的，可以按照分公司名称变更程序办理分公司隶属关系的变更登记。

（八）支持有限责任公司股权承继。因合并而解散或者分立的公司持有其他有限责任公司股权的，应当在合并协议、分立决议或者决定中载明其持有股权的处置方案。处置方案中载明通过股权转让或者减资方式退出的，应当在公司合并、分立前办理股权所在有限责任公司的股东转让股权或者注册资本、实收资本变更登记；处置方案中载明股权归属于存续或者新设的公司的，可以在公司合并、分立后办理股权所在有限责任公司的股东变更登记。

（九）支持公司一次性申请多项变更登记。公司合并分立时增加股东、增加注册资本等其他登记事项变更的，只要符合《公司法》、《公司登记管理条例》等法律法规和公司章程的规定，可以一并提交相关登记申请，并按照总局内资企业登记材料规范的要求提交申请材料。

三、进一步提高支持企业兼并重组的服务效能

（一）积极开展宣传，努力提高社会认知度。各地工商行政管理部门要充分利用各种媒体平台，宣传公司合并分立登记扶持政策对服务经济发展方式转变和经济结构调整的重要意义和积极作用，提高社会对公司合并分立登记规范的认可度，营造良好的舆论环境和企业发展环境。

（二）认真组织学习，提高工作人员业务水平。各地工商行政管理部门要组织企业登记人员深入学习公司合并分立的相关规定，有计划、分步骤地开展培训活动。通过培训，全面提升企业登记人员的理论认识和业务水平，切实做到深刻理解、综合运用。

（三）建立协调机制，精心组织工作实施。公司合并分立登记中，涉及不同地区、不同层级登记机关的，各登记机关之间要加强协调，尽可能优化工商内部办事流程，缩短办事时间，提高服务效率，把做好公司合并分立登记，支持企业兼并重组的要求落到实处。

按照规范公司合并分立登记的要求，总局同时补充制定了有关登记提交材料规范和《内资公司合并分立登记文书规范》，随本意见下发，请一并遵照执行。

各地在办理公司合并分立登记以及支持企业兼并重组工作中遇到的新情况、新问题，要注意收集汇总，及时上报总局。

附件：1. 公司合并分立登记提交材料规范（补充）

2. 内资公司合并分立登记文书规范（略）

附件1：

公司合并分立登记提交材料规范（补充）

一、公司合并登记提交材料规范

因合并申请设立、变更或注销登记的公司，除按照《中华人民共和国公司登记管理条例》和国家工商行政管理总局《内资企业登记提交材料规范》（工商企字〔2009〕83号）的规定执行外，还应当提交以下材料：

（一）合并各方签署的合并协议。合并协议应当包括：合并协议各方的名称，合并形式，合并后公司的名称，合并后公司的注册资本和实收资本，合并后公司股东（发起人）认缴和实缴的情况，合并协议各方债权、债务的承继方案，解散公司分公司、持有其他公司股权的处置情况，签约日期、地点以及合并协议各方认为需要规定的其他事项；

（二）依法刊登公告的报纸样张。合并公告应当包括：合并各方的名称，合并形式，合并前后各公司的注册资本和实收资本；

（三）合并各方公司关于通过合并协议的决议或决定；

（四）合并各方的营业执照复印件；

（五）债务清偿或者债务担保情况的说明；

（六）法律、行政法规和国务院决定规定必须报经批准的，提交有关的批准文件或者许可证书复印件；

（七）因合并办理公司设立、变更登记的，提交载明合并情况的解散公司的注销证明。

因合并而解散的公司不进行清算的，注销登记可以不提交清算报告，但是合并协议中载明解散公司需先行办理清算的除外。

因合并新设公司的经营范围或存续公司新增的经

营范围中,涉及法律法规规定应当在登记前报经有关部门审批的,应当在登记前报有关部门审批,凭有关部门的许可文件、证件办理登记。

二、因合并解散公司申请分公司变更登记提交材料规范

解散公司注销后分公司归属于新设或存续公司的,公司申请该分公司变更登记时,应当提交以下材料:

(一)公司法定代表人签署的《分公司变更登记申请书》;

(二)公司签署的《指定代表或者共同委托代理人的证明》及指定代表或委托代理人的身份证件复印件;

(三)合并协议复印件;

(四)新设或存续公司的章程(加盖公司公章);

(五)载明合并情况的解散公司的注销证明、新设或存续公司的设立或变更证明;

(六)因合并新设或存续公司的营业执照副本复印件;

(七)法律、行政法规和国务院决定规定必须报经批准的,提交有关的批准文件或者许可证书复印件;

(八)分公司营业执照。

申请人提交的上述材料应当符合国家工商行政管理总局有关企业登记提交材料的规定。

三、因合并解散公司持有股权所在公司的变更登记提交材料规范

根据合并协议,解散公司注销后其持有的其他有限责任公司股权归属于新设或存续公司的,被投资公司申请变更登记时,应当提交以下材料:

(一)公司法定代表人签署的《公司变更登记申请书》;

(二)公司签署的《有限责任公司变更登记附表——股东出资信息》;

(三)公司签署的《指定代表或者共同委托代理人的证明》及指定代表或委托代理人的身份证件复印件;

(四)合并协议复印件;

(五)载明合并情况的解散公司注销证明、新设或存续公司的设立或变更证明;

(六)因合并存续或新设公司的营业执照副本复印件;

(七)修改后的公司章程或者公司章程修正案;

(八)法律、行政法规和国务院决定规定必须报经批准的,提交有关的批准文件或者许可证书复印件;

(九)公司营业执照副本。

申请人提交的上述材料应当符合国家工商行政管理总局有关企业登记提交材料的规定。

四、公司分立登记提交材料规范

因分立申请设立、变更或注销登记的公司除按照《中华人民共和国公司登记管理条例》和国家工商行政管理总局《内资企业登记提交材料规范》(工商企字〔2009〕83 号)的规定执行外,还应当提交以下材料:

(一)公司分立的决议或决定。分立决议或决定应当包括:分立形式,分立前后公司的名称,分立后公司的注册资本和实收资本,分立后公司股东(发起人)认缴和实缴的情况,分立后原公司债权、债务的承继方案,公司分公司、持有其他公司股权的处置情况;

(二)依法刊登公告的报纸样张。分立公告应当包括:分立各方的名称,分立形式,分立前后各公司的注册资本和实收资本;

(三)分立各方的营业执照复印件;

(四)债务清偿或者债务担保情况的说明;

(五)法律、行政法规和国务院决定规定必须报经批准的,提交有关的批准文件或者许可证书复印件;

(六)因分立申请公司设立登记的,提交载明分立情况的存续公司的变更证明或解散公司的注销证明。

因分立而解散的公司不进行清算的,注销登记可以不提交清算报告,但是分立决议或决定中载明解散公司需先行办理清算的除外。

因分立新设公司的经营范围中,涉及法律法规规定应当在登记前报经有关部门审批的,应当在登记前报有关部门审批,凭有关部门的许可文件、证件办理登记。

五、因分立公司分公司的变更登记提交材料规范

根据分立决议或决定,分立前公司分公司归属于新设公司的,公司办理该分公司变更登记时,应当提交以下材料:

(一)公司法定代表人签署的《分公司变更登记申请书》;

(二)公司签署的《指定代表或者共同委托代理人的证明》及指定代表或委托代理人的身份证件复印件;

(三)分立决议或决定复印件;

(四)因分立新设公司的章程(加盖公司公章);

(五)载明分立情况的存续或解散公司的变更或注销证明、新设公司的设立证明;

(六)因分立新设公司的营业执照副本复印件;

(七)法律、行政法规和国务院决定规定必须报经批准的,提交有关的批准文件或者许可证书复印件;

(八)分公司营业执照。

申请人提交的上述材料应当符合国家工商行政管理

理总局有关企业登记提交材料的规定。

六、因分立公司持有股权所在公司的变更登记提交材料规范

根据合并协议，分立前公司持有的其他有限责任公司股权归属于新设公司的，被投资公司办理变更登记时，应当提交以下材料：

（一）公司法定代表人签署的《公司变更登记申请书》；

（二）公司签署的《有限责任公司变更登记附表——股东出资信息》；

（三）公司签署的《指定代表或者共同委托代理人的证明》及指定代表或委托代理人的身份证件复印件；

（四）分立决议或决定复印件；

（五）载明分立情况的存续或解散公司变更或注销证明、新设公司的设立证明；

（六）因分立新设公司的营业执照副本复印件；

（七）修改后的公司章程或者公司章程修正案；

（八）法律、行政法规和国务院决定规定必须报经批准的，提交有关的批准文件或者许可证书复印件；

（九）公司营业执照副本。

申请人提交的上述材料应当符合国家工商行政管理总局有关企业登记提交材料的规定。

外商投资企业投资者股权变更的若干规定

1. 1997年5月28日对外贸易经济合作部、国家工商行政管理局发布
2. 〔1997〕外经贸法发第267号

第一条 为促进外商投资企业的健康发展，保护投资各方的合法权益，维护社会经济秩序，根据《中华人民共和国公司法》、《中华人民共和国中外合资经营企业法》、《中华人民共和国中外合作经营企业法》、《中华人民共和国外资企业法》及其他有关法律、法规，制定本规定。

第二条 本规定所称的外商投资企业投资者股权变更，是指依照中国法律在中国境内设立的中外合资经营企业、中外合作经营企业、外资企业（以下统称为企业）的投资者或其在企业的出资（包括提供合作条件）份额（以下称为股权）发生变化。包括但不限于下列主要原因导致外商投资企业投资者股权变更：

（一）企业投资者之间协议转让股权；

（二）企业投资者经其他各方投资者同意向其关联企业或其他受让人转让股权；

（三）企业投资者协议调整企业注册资本导致变更各方投资者股权；

（四）企业投资者经其他各方投资者同意将其股权质押给债权人，质权人或受益人依照法律规定和合同约定取得该投资者股权；

（五）企业投资者破产、解散、被撤销、被吊销或死亡，其继承人、债权人或其他受益人依法取得该投资者股权；

（六）企业投资者合并或者分立，其合并或分立后的承继者依法承继原投资者股权；

（七）企业投资者不履行企业合同、章程规定的出资义务，经原审批机关批准，更换投资者或变更股权。

第三条 企业投资者股权变更应遵守中国有关法律、法规，并按照本规定经审批机关批准和登记机关变更登记。未经审批机关批准的股权变更无效。

第四条 企业投资者股权变更必须符合中国法律、法规对投资者资格的规定和产业政策要求。

依照《外商投资产业指导目录》，不允许外商独资经营的产业，股权变更不得导致外国投资者持有企业的全部股权；因股权变更而使用企业变成外资企业的，还必须符合《中华人民共和国外资企业法实施细则》（以下简称《外资细则》）所规定的设立外资企业的条件。

需由国有资产占控股或主导地位的产业，股权变更不得导致外国投资者或非中国国有企业占控股或主导地位。

第五条 除非外方投资者向中国投资者转让其全部股权，企业投资者股权变更不得导致外方投资者的投资比例低于企业注册资本的25%。

第六条 经企业其他投资者同意，缴付出资的投资者可以依据《中华人民共和国担保法》（以下简称《担保法》）的有关规定，通过签订质押合同并经审批机关批准将其已缴付出资部分形成的股权质押给质权人。投资者不得质押未缴付出资部分的股权。投资者不得将其股权质押给本企业。

在质押期间，出质投资者作为企业投资者的身份不变，未经出质投资者和企业其他投资者同意，质权人不得转让出质股权；未经质权人同意，出质投资者不得将已出质的股权转让或再质押。

出质投资者与质权人的权利、义务及质押合同的内容，适用有关法律、法规和本规定的有关规定。

第七条 企业投资者股权变更的审批机关为批准设立该企业的审批机关，如果中外合资、合作企业中方投资者的股权变更而使企业变成外资企业，且该企业从事《外资细则》第五条所规定的限制设立外资企业的行业，则该企业中方投资者的股权变更必须经中华人民

共和国对外贸易经济合作部《以下简称外经贸部》批准。

企业因增加注册资本而使投资者股权发生变化并且导致其投资总额已超过原审批机关的审批权限的,则企业投资者的股权变更应按照审批权限和有关规定报上级审批机关审批。

企业投资者股权变更的登记机关为原登记机关,经外经贸部批准的股权变更,由国家工商行政管理局或其委托的原登记机关办理变更登记。

第八条 以国有资产投资的中方投资者股权变更时,必须经有关国有资产评估机构对需变更的股权进行价值评估,并经国有资产管理部门确认。经确认的评估结果应作为变更股权的作价依据。

第九条 由于本规定第二条(一)、(二)项原因需要变更股权的,企业应向审批机关报送下列文件:

(一)投资者股权变更申请书;

(二)企业原合同、章程及其修改协议;

(三)企业批准证书和营业执照复印件;

(四)企业董事会关于投资者股权变更的决议;

(五)企业投资者股权变更后的董事会成员名单;

(六)转让方与受让方签订的并经其他投资者签字或以其他书面方式认可的股权转让协议;

(七)审批机关要求报送的其他文件。

第十条 股权转让协议应包括以下主要内容:

(一)转让方与受让方的名称、住所、法定代表人的姓名、职务、国籍;

(二)转让股权的份额及其价格;

(三)转让股权交割期限及方式;

(四)受让方根据企业合同、章程所享有的权利和承担的义务;

(五)违约责任;

(六)适用法律及争议的解决;

(七)协议的生产与终止;

(八)订立协议的时间、地点。

第十一条 由于本规定第二条(三)项原因需要变更股权的,应符合外经贸部和国家工商行政管理局的有关专项规定,企业除报送第九条(一)、(二)、(三)、(四)、(五)项规定的文件外,还应向审批机关报送企业投资者签订的股权变更协议。

第十二条 企业投资者与质权人签订股权质押合同后,应将下列文件报送批准设立该企业的审批机关审查:

(一)企业董事会及其他投资者关于同意出质投资者将其股权质押的决议;

(二)出质投资者与质权人签订的质押合同;

(三)出质投资者的出资证明书;

(四)由中国注册的会计师及其所在事务所为企业出具的验资报告。

审批机关应自接到前款规定的全部文件之日起30日内决定批准或不批准。

企业应在获得审批机关同意其投资者出质股权的批复后30日内,待有关批复文件向原登记机关办理备案。

未按本条规定办理审批和备案的质押行为无效。

第十三条 依照《担保法》的规定,出质股权转移为质权人或其他受益人所有的,企业除应向审批机关报送第九条(一)、(二)、(三)、(五)项规定的文件外,还应同时报送质权人或其他受益人获得原投资者股权的有效证明文件。审批机关根据上述文件和本规定第十二条所述文件以及有关法律、法规的规定进行审核。

第十四条 由于本规定第二条(五)、(六)项原因需要变更股权的,企业除报送第九条(一)、(二)、(三)、(五)项规定的文件外,还应向审批机关报送股权获得人获得原投资者股权的有效证明文件。

由于本规定第二条(五)、(六)项的规定导致企业投资者变更的,如果企业其他投资者不同意继续经营,可向原审批机关申请终止原企业合同、章程。原企业合同、章程终止后,股权获得人有权参加清算委员会并分配清算后的企业剩余财产;如果股权获得人不同意继续经营,经企业其他投资者一致同意,可依照本规定将其股权转让给企业其他投资者或第三人。

第十五条 由于本规定第二条(七)项原因需要更换投资者或变更股权的,守约方投资者有权单方面向审批机关申请变更。守约方投资者除报送第九条(一)、(二)、(三)、(五)项规定的文件外,还应向审批机关报送下列文件:

(一)由中国注册的会计师及其所在事务所为企业出具的验资报告;

(二)守约方催告违约方缴付或缴清出资的证明文件。

如有新投资者参股,还应向审批机关报送新投资者的合法开业证明和资信证明。违约方已经按照企业原合同、章程规定缴付部分出资的,还应向审批机关报送企业对违约方的部分出资进行清理的有关文件。

第十六条 以国有资产投资的中方投资者股权变更的,企业还必须向审批机关报送下列文件:

(一)中方投资者的主管部门对该企业投资者股权变签署的意见;

(二)国有资产评估机构对需变更的股权出具的资产评估报告;

(三)国有资产管理部门对上述资产评估报告出

具的确认书。

第十七条 审批机关应自接到规定报送的全部文件之日起30日内决定批准或不批准。

企业应自审批机关批准企业投资者股权变更之日起30日内到审批机关办理外商投资企业批准证书变更手续。

中方投资者获得企业全部股权的，自审批机关批准企业投资者股权变更之日起30日内，须向审批机关缴销外商投资企业批准证书。审批机关自撤销外商投资企业批准证书之日起15日内，向企业原登记机关发出撤销外商投资企业批准证书的通知。

第十八条 企业应自变更或缴销外商投资企业批准证书之日起30日内，依照《中华人民共和国企业法人登记管理条例》和《中华人民共和国公司登记管理条例》等有关规定，向登记机关申请变更登记，未按照本规定到登记机关办理变更登记的，登记机关依照有关规定予以处罚。

第十九条 企业申请股权变更登记时，应向登记机关提交报送审批机关的有关文件、审批机关的批准文件以及登记机关要求提交的其他文件。

由于本规定第二条（七）项原因需要更换投资者或变更股权登记的，除应向登记机关提交本规定第十五条规定的文件外，还应提交企业新董事会成员任职文件及其身份证明和新董事会决议。

因企业投资者股权变更而使中方投资者获得企业全部股权的，在申请变更登记时，企业应按拟变更的企业类型的设立登记要求向登记机关提交有关文件。经登记机关核准后，缴销《中华人民共和国企业法人营业执照》，换发《企业法人营业执照》。

第二十条 股权转让协议和修改企业原合同、章程协议自核发变更外商投资企业批准证书之日起生效。协议生效后，企业投资者按照修改后的企业合同、章程规定享有有关权利并承担有关义务。

第二十一条 除法律、法规另有规定外，外商投资股份有限公司非上市股份的转让，参照本规定执行。

第二十二条 香港、澳门、台湾地区的公司、企业和其他经济组织或者个人在中国其他地区投资举办的企业投资者股权变更，参照本规定办理。

第二十三条 本规定自发布之日起施行。

外国投资者对上市公司战略投资管理办法

1. 2005年12月31日商务部、中国证券监督管理委员会、国家税务总局、国家工商行政管理总局、国家外汇管理局令2005年第28号公布

2. 自2006年1月31日起施行

第一条 为了规范股权分置改革后外国投资者对A股上市公司（以下简称上市公司）进行战略投资，维护证券市场秩序，引进境外先进管理经验、技术和资金，改善上市公司治理结构，保护上市公司和股东的合法权益，按照《关于上市公司股权分置改革的指导意见》的要求，根据国家有关外商投资、上市公司监管的法律法规以及《外国投资者并购境内企业暂行规定》，制定本办法。

第二条 本办法适用于外国投资者（以下简称投资者）对已完成股权分置改革的上市公司和股权分置改革后新上市公司通过具有一定规模的中长期战略性并购投资（以下简称战略投资），取得该公司A股股份的行为。

第三条 经商务部批准，投资者可以根据本办法对上市公司进行战略投资。

第四条 战略投资应遵循以下原则：

（一）遵守国家法律、法规及相关产业政策，不得危害国家经济安全和社会公共利益；

（二）坚持公开、公正、公平的原则，维护上市公司及其股东的合法权益，接受政府、社会公众的监督及中国的司法和仲裁管辖；

（三）鼓励中长期投资，维护证券市场的正常秩序，不得炒作；

（四）不得妨碍公平竞争，不得造成中国境内相关产品市场过度集中、排除或限制竞争。

第五条 投资者进行战略投资应符合以下要求：

（一）以协议转让、上市公司定向发行新股方式以及国家法律法规规定的其他方式取得上市公司A股股份；

（二）投资可分期进行，首次投资完成后取得的股份比例不低于该公司已发行股份的百分之十，但特殊行业有特别规定或经相关主管部门批准的除外；

（三）取得的上市公司A股股份三年内不得转让；

（四）法律法规对外商投资持股比例有明确规定的行业，投资者持有上述行业股份比例应符合相关规定；属法律法规禁止外商投资的领域，投资者不得对上

述领域的上市公司进行投资;

(五)涉及上市公司国有股股东的,应符合国有资产管理的相关规定。

第六条　投资者应符合以下要求:

(一)依法设立、经营的外国法人或其他组织,财务稳健、资信良好且具有成熟的管理经验;

(二)境外实有资产总额不低于1亿美元或管理的境外实有资产总额不低于5亿美元;或其母公司境外实有资产总额不低于1亿美元或管理的境外实有资产总额不低于5亿美元;

(三)有健全的治理结构和良好的内控制度,经营行为规范;

(四)近三年内未受到境内外监管机构的重大处罚(包括其母公司)。

第七条　通过上市公司定向发行方式进行战略投资的,按以下程序办理:

(一)上市公司董事会通过向投资者定向发行新股及公司章程修改草案的决议;

(二)上市公司股东大会通过向投资者定向发行新股及修改公司章程的决议;

(三)上市公司与投资者签订定向发行的合同;

(四)上市公司根据本办法第十二条向商务部报送相关申请文件,有特殊规定的从其规定;

(五)在取得商务部就投资者对上市公司进行战略投资的原则批复函后,上市公司向中国证监会报送定向发行申请文件,中国证监会依法予以核准;

(六)定向发行完成后,上市公司到商务部领取外商投资企业批准证书,并凭该批准证书到工商行政管理部门办理变更登记。

第八条　通过协议转让方式进行战略投资的,按以下程序办理:

(一)上市公司董事会通过投资者以协议转让方式进行战略投资的决议;

(二)上市公司股东大会通过投资者以协议转让方式进行战略投资的决议;

(三)转让方与投资者签订股份转让协议;

(四)投资者根据本办法第十二条向商务部报送相关申请文件,有特殊规定的从其规定;

(五)投资者参股上市公司的,获得前述批准后向证券交易所办理股份转让确认手续、向证券登记结算机构申请办理登记过户手续,并报中国证监会备案;

(六)协议转让完成后,上市公司到商务部领取外商投资企业批准证书,并凭该批准证书到工商行政管理部门办理变更登记。

第九条　投资者拟通过协议转让方式构成对上市公司的实际控制,按照第八条第(一)、(二)、(三)、(四)项的程序获得批准后,向中国证监会报送上市公司收购报告书及相关文件,经中国证监会审核无异议后向证券交易所办理股份转让确认手续、向证券登记结算机构申请办理登记过户手续。完成上述手续后,按照第八条第(六)项办理。

第十条　投资者对上市公司进行战略投资,应按《证券法》和中国证监会的相关规定履行报告、公告及其他法定义务。

第十一条　投资者对其已持有股份的上市公司继续进行战略投资的,需按本办法规定的方式和程序办理。

第十二条　上市公司或投资者应向商务部报送以下文件:

(一)战略投资申请书(格式见附件1);

(二)战略投资方案(格式见附件2);

(三)定向发行合同或股份转让协议;

(四)保荐机构意见书(涉及定向发行)或法律意见书;

(五)投资者持续持股的承诺函;

(六)投资者三年内未受到境内外监管机构重大处罚的声明,以及是否受到其他非重大处罚的说明;

(七)经依法公证、认证的投资者的注册登记证明、法定代表人(或授权代表)身份证明;

(八)经注册会计师审计的该投资者近三年来的资产负债表;

(九)上述(一)、(二)、(三)、(五)、(六)项中规定提交的文件均需经投资者法定代表人或其授权代表签署,由授权代表签署的还应提交经法定代表人签署的授权书及相应的公证、认证文件;

(十)商务部规定的其他文件。

前款所列文件,除第七项、第八项所列文件外,必须报送中文本原件,第七项、第八项所列文件应报送原件及中文译件。

商务部收到上述全部文件后应在30日内作出原则批复,原则批复有效期180日。

第十三条　符合本办法第六条规定的外国公司("母公司")可以通过其全资拥有的境外子公司("投资者")进行战略投资,投资者除提交本办法第九条所列文件外,还应向商务部提交其母公司对投资者投资行为承担连带责任的不可撤销的承诺函。

第十四条　投资者应在商务部原则批复之日起15日内根据外商投资并购的相关规定开立外汇账户。投资者从境外汇入的用于战略投资的外汇资金,应当根据外汇管理的有关规定,到上市公司注册所在地外汇局申请开立外国投资者专用外汇账户(收购类),账户内资金的结汇及账户注销手续参照相关外汇管理规定办理。

第十五条 投资者可以持商务部对该投资者对上市公司进行战略投资的批准文件和有效身份证明,向证券登记结算机构办理相关手续。

对于投资者在上市公司股权分置改革前持有的非流通股份或在上市公司首次公开发行前持有的股份,证券登记结算机构可以根据投资者申请为其开立证券账户。

证券登记结算机构应根据本管理办法制定相应规定。

第十六条 投资者应在资金结汇之日起15日内启动战略投资行为,并在原则批复之日起180日内完成战略投资。

投资者未能在规定时间内按战略投资方案完成战略投资的,审批机关的原则批复自动失效。投资者应在原则批复失效之日起45日内,经外汇局核准后将结汇所得人民币资金购汇并汇出境外。

第十七条 战略投资完成后,上市公司应于10日内凭以下文件到商务部领取外商投资企业批准证书:

(一)申请书;

(二)商务部原则批复函;

(三)证券登记结算机构出具的股份持有证明;

(四)上市公司营业执照和法定代表人身份证明;

(五)上市公司章程。

商务部在收到上述全部文件之日起5日内颁发外商投资企业批准证书,加注"外商投资股份公司(A股并购)"。

如投资者取得单一上市公司25%或以上股份并承诺在10年内持续持股不低于25%,商务部在颁发的外商投资企业批准证书上加注"外商投资股份公司(A股并购25%或以上)"。

第十八条 上市公司应自外商投资企业批准证书签发之日起30日内,向工商行政管理机关申请办理公司类型变更登记,并提交下列文件:

(一)公司法定代表人签署的申请变更申请书;

(二)外商投资企业批准证书;

(三)证券登记结算机构出具的股份持有证明;

(四)经公证、认证的投资者的合法开业证明;

(五)国家工商行政管理总局规定应提交的其他文件。

经核准变更的,工商行政管理机关在营业执照企业类型栏目中加注"外商投资股份公司(A股并购)"字样,其中,投资者进行战略投资取得单一上市公司25%或以上股份并承诺在10年内持续持股不低于25%的,加注"外商投资股份公司(A股并购25%或以上)"。

第十九条 上市公司应自外商投资企业营业执照签发之日起30日内,到税务、海关、外汇管理等有关部门办理相关手续。外汇管理部门在所颁发的外汇登记证上加注"外商投资股份公司(A股并购)"。如投资者进行战略投资取得单一上市公司25%或以上股份并承诺在10年内持续持股不低于25%的,外汇管理部门在外汇登记证上加注"外商投资股份公司(A股并购25%或以上)"。

第二十条 除以下情形外,投资者不得进行证券买卖(B股除外):

(一)投资者进行战略投资所持上市公司A股股份,在其承诺的持股期限届满后可以出售;

(二)投资者根据《证券法》相关规定须以要约方式进行收购的,在要约期间可以收购上市公司A股股东出售的股份;

(三)投资者在上市公司股权分置改革前持有的非流通股份,在股权分置改革完成且限售期满后可以出售;

(四)投资者在上市公司首次公开发行前持有的股份,在限售期满后可以出售;

(五)投资者承诺的持股期限届满前,因其破产、清算、抵押等特殊原因需转让其股份的,经商务部批准可以转让。

第二十一条 投资者减持股份使上市公司外资股比低于25%,上市公司应在10日内向商务部备案并办理变更外商投资企业批准证书的相关手续。

投资者减持股份使上市公司外资股比低于10%,且该投资者非为单一最大股东,上市公司应在10日内向审批机关备案并办理注销外商投资企业批准证书的相关手续。

第二十二条 投资者减持股份使上市公司外资股比低于25%,上市公司应自外商投资企业批准证书变更之日起30日内到工商行政管理机关办理变更登记,工商行政管理机关在营业执照上企业类型调整为"外商投资股份公司(A股并购)"。上市公司应自营业执照变更之日起30日内到外汇管理部门办理变更外汇登记,外汇管理部门在外汇登记证上加注"外商投资股份公司(A股并购)"。

投资者减持股份使上市公司外资股比低于10%,且投资者非为单一最大股东,上市公司自外商投资企业批准证书注销之日起30日内到工商行政管理机关办理变更登记,企业类型变更为股份有限公司。上市公司应自营业执照变更之日起30日内到外汇管理部门办理外汇登记注销手续。

第二十三条 母公司通过其全资拥有的境外子公司进行

战略投资并已按期完成的,母公司转让上述境外子公司前应向商务部报告,并根据本办法所列程序提出申请。新的受让方仍应符合本办法所规定的条件,承担母公司及其子公司在上市公司中的全部权利和义务,并依法履行向中国证监会报告、公告及其他法定义务。

第二十四条　投资者通过A股市场将所持上市公司股份出让的,可凭以下文件向上市公司注册所在地外汇局申请购汇汇出:

(一)书面申请;

(二)为战略投资目的所开立的外国投资者专用外汇账户(收购类)内资金经外汇局核准结汇的核准件;

(三)商务部出具的关于上市公司股权结构变更的批复文件;

(四)证券经纪机构出具的有关证券交易证明文件。

第二十五条　投资者持股比例低于25%的上市公司,其举借外债按照境内中资企业举借外债的有关规定办理。

第二十六条　相关政府机构工作人员必须忠于职守、依法履行职责,不得利用职务便利牟取不正当利益,并对知悉的商业秘密负有保密义务。

第二十七条　香港特别行政区、澳门特别行政区、台湾地区的投资者进行战略投资,参照本办法办理。

第二十八条　本办法自发布之日起30日后施行。

附件1:

战略投资申请书

一、投资者名称

二、目标上市公司名称

三、投资意向

(投资者及授权代表签章)

××年××月××日

附件2:

战略投资方案

一、投资者名称及自身情况简介(母公司通过其全资拥有的境外子公司进行战略投资的还应提供母公司的相关材料)

二、目标上市公司名称、经营范围,拟取得公司股份的具体方式、拟取得的股份数量及取得后占上市公司已发行股份的比例、战略投资时限

三、持续持股期限

四、投资者与目标上市公司控股股东的关联关系说明

(投资者及授权代表签章)

××年××月××日

关于外国投资者并购境内企业的规定

1. 2006年8月8日商务部、国务院国有资产监督管理委员会、国家税务总局、国家工商行政管理总局、中国证券监督管理委员会、国家外汇管理局令2006年第10号公布

2. 2009年6月22日商务部令2009年第6号修订

第一章　总　　则

第一条　为了促进和规范外国投资者来华投资,引进国外的先进技术和管理经验,提高利用外资的水平,实现资源的合理配置,保证就业、维护公平竞争和国家经济安全,依据外商投资企业的法律、行政法规及《公司法》和其他相关法律、行政法规,制定本规定。

第二条　本规定所称外国投资者并购境内企业,系指外国投资者购买境内非外商投资企业(以下称"境内公司")股东的股权或认购境内公司增资,使该境内公司变更设立为外商投资企业(以下称"股权并购");或者,外国投资者设立外商投资企业,并通过该企业协议购买境内企业资产且运营该资产,或,外国投资者协议购买境内企业资产,并以该资产投资设立外商投资企业运营该资产(以下称"资产并购")。

第三条　外国投资者并购境内企业应遵守中国的法律、行政法规和规章,遵循公平合理、等价有偿、诚实信用的原则,不得造成过度集中、排除或限制竞争,不得扰乱社会经济秩序和损害社会公共利益,不得导致国有资产流失。

第四条　外国投资者并购境内企业,应符合中国法律、行政法规和规章对投资者资格的要求及产业、土地、环保等政策。

依照《外商投资产业指导目录》不允许外国投资者独资经营的产业,并购不得导致外国投资者持有企业的全部股权;需由中方控股或相对控股的产业,该产业的企业被并购后,仍应由中方在企业中占控股或相对控股地位;禁止外国投资者经营的产业,外国投资者不得并购从事该产业的企业。

被并购境内企业原有所投资企业的经营范围应符合有关外商投资产业政策的要求;不符合要求的,应进行调整。

第五条　外国投资者并购境内企业涉及企业国有产权转让和上市公司国有股权管理事宜的,应当遵守国有资

产管理的相关规定。

第六条 外国投资者并购境内企业设立外商投资企业，应依照本规定经审批机关批准，向登记管理机关办理变更登记或设立登记。

如果被并购企业为境内上市公司，还应根据《外国投资者对上市公司战略投资管理办法》，向国务院证券监督管理机构办理相关手续。

第七条 外国投资者并购境内企业所涉及的各方当事人应当按照中国税法规定纳税，接受税务机关的监督。

第八条 外国投资者并购境内企业所涉及的各方当事人应遵守中国有关外汇管理的法律和行政法规，及时向外汇管理机关办理各项外汇核准、登记、备案及变更手续。

第二章 基本制度

第九条 外国投资者在并购后所设外商投资企业注册资本中的出资比例高于25%的，该企业享受外商投资企业待遇。

外国投资者在并购后所设外商投资企业注册资本中的出资比例低于25%的，除法律和行政法规另有规定外，该企业不享受外商投资企业待遇，其举借外债按照境内非外商投资企业举借外债的有关规定办理。审批机关向其颁发加注“外资比例低于25%”字样的外商投资企业批准证书（以下称“批准证书”）。登记管理机关、外汇管理机关分别向其颁发加注“外资比例低于25%”字样的外商投资企业营业执照和外汇登记证。

境内公司、企业或自然人以其在境外合法设立或控制的公司名义并购与其有关联关系的境内公司，所设立的外商投资企业不享受外商投资企业待遇，但该境外公司认购境内公司增资，或者该境外公司向并购后所设企业增资，增资额占所设企业注册资本比例达到25%以上的除外。根据该款所述方式设立的外商投资企业，其实际控制人以外的外国投资者在企业注册资本中的出资比例高于25%的，享受外商投资企业待遇。

外国投资者并购境内上市公司后所设外商投资企业的待遇，按照国家有关规定办理。

第十条 本规定所称的审批机关为中华人民共和国商务部或省级商务主管部门（以下称“省级审批机关”），登记管理机关为中华人民共和国国家工商行政管理总局或其授权的地方工商行政管理局，外汇管理机关为中华人民共和国国家外汇管理局或其分支机构。

并购后所设外商投资企业，根据法律、行政法规和规章的规定，属于应由商务部审批的特定类型或行业的外商投资企业的，省级审批机关应将申请文件转报商务部审批，商务部依法决定批准或不批准。

第十一条 境内公司、企业或自然人以其在境外合法设立或控制的公司名义并购与其有关联关系的境内的公司，应报商务部审批。

当事人不得以外商投资企业境内投资或其他方式规避前述要求。

第十二条 外国投资者并购境内企业并取得实际控制权，涉及重点行业、存在影响或可能影响国家经济安全因素或者导致拥有驰名商标或中华老字号的境内企业实际控制权转移的，当事人应就此向商务部进行申报。

当事人未予申报，但其并购行为对国家经济安全造成或可能造成重大影响的，商务部可以会同相关部门要求当事人终止交易或采取转让相关股权、资产或其他有效措施，以消除并购行为对国家经济安全的影响。

第十三条 外国投资者股权并购的，并购后所设外商投资企业承继被并购境内公司的债权和债务。

外国投资者资产并购的，出售资产的境内企业承担其原有的债权和债务。

外国投资者、被并购境内企业、债权人及其他当事人可以对被并购境内企业的债权债务的处置另行达成协议，但是该协议不得损害第三人利益和社会公共利益。债权债务的处置协议应报送审批机关。

出售资产的境内企业应当在投资者向审批机关报送申请文件之前至少15日，向债权人发出通知书，并在全国发行的省级以上报纸上发布公告。

第十四条 并购当事人应以资产评估机构对拟转让的股权价值或拟出售资产的评估结果作为确定交易价格的依据。并购当事人可以约定在中国境内依法设立的资产评估机构。资产评估应采用国际通行的评估方法。禁止以明显低于评估结果的价格转让股权或出售资产，变相向境外转移资本。

外国投资者并购境内企业，导致以国有资产投资形成的股权变更或国有资产产权转移时，应当符合国有资产管理的有关规定。

第十五条 并购当事人应对并购各方是否存在关联关系进行说明，如果有两方属于同一个实际控制人，则当事人应向审批机关披露其实际控制人，并就并购目的和评估结果是否符合市场公允价值进行解释。当事人不得以信托、代持或其他方式规避前述要求。

第十六条 外国投资者并购境内企业设立外商投资企业，外国投资者应自外商投资企业营业执照颁发之日起3个月内向转让股权的股东，或出售资产的境内企业支付全部对价。对特殊情况需要延长者，经审批机关批准后,应自外商投资企业营业执照颁发之日起6个月内支付全部对价的60%以上,1年内付清全部对价,并按实际缴付的出资比例分配收益。

外国投资者认购境内公司增资,有限责任公司和以发起方式设立的境内股份有限公司的股东应当在公司申请外商投资企业营业执照时缴付不低于20%的新增注册资本,其余部分的出资时间应符合《公司法》、有关外商投资的法律和《公司登记管理条例》的规定。其他法律和行政法规另有规定的,从其规定。股份有限公司为增加注册资本发行新股时,股东认购新股,依照设立股份有限公司缴纳股款的有关规定执行。

外国投资者资产并购的,投资者应在拟设立的外商投资企业合同、章程中规定出资期限。设立外商投资企业,并通过该企业协议购买境内企业资产且运营该资产的,对与资产对价等额部分的出资,投资者应在本条第一款规定的对价支付期限内缴付;其余部分的出资应符合设立外商投资企业出资的相关规定。

外国投资者并购境内企业设立外商投资企业,如果外国投资者出资比例低于企业注册资本25%,投资者以现金出资的,应自外商投资企业营业执照颁发之日起3个月内缴清;投资者以实物、工业产权等出资的,应自外商投资企业营业执照颁发之日起6个月内缴清。

第十七条 作为并购对价的支付手段,应符合国家有关法律和行政法规的规定。外国投资者以其合法拥有的人民币资产作为支付手段的,应经外汇管理机关核准。外国投资者以其拥有处置权的股权作为支付手段的,按照本规定第四章办理。

第十八条 外国投资者协议购买境内公司股东的股权,境内公司变更设立为外商投资企业后,该外商投资企业的注册资本为原境内公司注册资本,外国投资者的出资比例为其所购买股权在原注册资本中所占比例。

外国投资者认购境内有限责任公司增资的,并购后所设外商投资企业的注册资本为原境内公司注册资本与增资额之和。外国投资者与被并购境内公司原其他股东,在境内公司资产评估的基础上,确定各自在外商投资企业注册资本中的出资比例。

外国投资者认购境内股份有限公司增资的,按照《公司法》有关规定确定注册资本。

第十九条 外国投资者股权并购的,除国家另有规定外,对并购后所设外商投资企业应按照以下比例确定投资总额的上限:

(一)注册资本在210万美元以下的,投资总额不得超过注册资本的10/7;

(二)注册资本在210万美元以上至500万美元的,投资总额不得超过注册资本的2倍;

(三)注册资本在500万美元以上至1200万美元的,投资总额不得超过注册资本的2.5倍;

(四)注册资本在1200万美元以上的,投资总额不得超过注册资本的3倍。

第二十条 外国投资者资产并购的,应根据购买资产的交易价格和实际生产经营规模确定拟设立的外商投资企业的投资总额。拟设立的外商投资企业的注册资本与投资总额的比例应符合有关规定。

第三章 审批与登记

第二十一条 外国投资者股权并购的,投资者应根据并购后所设外商投资企业的投资总额、企业类型及所从事的行业,依照设立外商投资企业的法律、行政法规和规章的规定,向具有相应审批权限的审批机关报送下列文件:

(一)被并购境内有限责任公司股东一致同意外国投资者股权并购的决议,或被并购境内股份有限公司同意外国投资者股权并购的股东大会决议;

(二)被并购境内公司依法变更设立为外商投资企业的申请书;

(三)并购后所设外商投资企业的合同、章程;

(四)外国投资者购买境内公司股东股权或认购境内公司增资的协议;

(五)被并购境内公司上一财务年度的财务审计报告;

(六)经公证和依法认证的投资者的身份证明文件或注册登记证明及资信证明文件;

(七)被并购境内公司所投资企业的情况说明;

(八)被并购境内公司及其所投资企业的营业执照(副本);

(九)被并购境内公司职工安置计划;

(十)本规定第十三条、第十四条、第十五条要求报送的文件。

并购后所设外商投资企业的经营范围、规模、土地使用权的取得等,涉及其他相关政府部门许可的,有关的许可文件应一并报送。

第二十二条 股权购买协议、境内公司增资协议应适用中国法律,并包括以下主要内容:

(一)协议各方的状况,包括名称(姓名),住所,法定代表人姓名、职务、国籍等;

(二)购买股权或认购增资的份额和价款;

(三)协议的履行期限、履行方式;

(四)协议各方的权利、义务;

（五）违约责任、争议解决；

（六）协议签署的时间、地点。

第二十三条 外国投资者资产并购的，投资者应根据拟设立的外商投资企业的投资总额、企业类型及所从事的行业，依照设立外商投资企业的法律、行政法规和规章的规定，向具有相应审批权限的审批机关报送下列文件：

（一）境内企业产权持有人或权力机构同意出售资产的决议；

（二）外商投资企业设立申请书；

（三）拟设立的外商投资企业的合同、章程；

（四）拟设立的外商投资企业与境内企业签署的资产购买协议，或外国投资者与境内企业签署的资产购买协议；

（五）被并购境内企业的章程、营业执照（副本）；

（六）被并购境内企业通知、公告债权人的证明以及债权人是否提出异议的说明；

（七）经公证和依法认证的投资者的身份证明文件或开业证明、有关资信证明文件；

（八）被并购境内企业职工安置计划；

（九）本规定第十三条、第十四条、第十五条要求报送的文件。

依照前款的规定购买并运营境内企业的资产，涉及其他相关政府部门许可的，有关的许可文件应一并报送。

外国投资者协议购买境内企业资产并以该资产投资设立外商投资企业的，在外商投资企业成立之前，不得以该资产开展经营活动。

第二十四条 资产购买协议应适用中国法律，并包括以下主要内容：

（一）协议各方的状况，包括名称（姓名），住所，法定代表人姓名、职务、国籍等；

（二）拟购买资产的清单、价格；

（三）协议的履行期限、履行方式；

（四）协议各方的权利、义务；

（五）违约责任、争议解决；

（六）协议签署的时间、地点。

第二十五条 外国投资者并购境内企业设立外商投资企业，除本规定另有规定外，审批机关应自收到规定报送的全部文件之日起30日内，依法决定批准或不批准。决定批准的，由审批机关颁发批准证书。

外国投资者协议购买境内公司股东股权，审批机关决定批准的，应同时将有关批准文件分别抄送股权转让方、境内公司所在地外汇管理机关。股权转让方所在地外汇管理机关为其办理转股收汇外资外汇登记并出具相关证明，转股收汇外资外汇登记证明是证明外方已缴付的股权收购对价已到位的有效文件。

第二十六条 外国投资者资产并购的，投资者应自收到批准证书之日起30日内，向登记管理机关申请办理设立登记，领取外商投资企业营业执照。

外国投资者股权并购的，被并购境内公司应依照本规定向原登记管理机关申请变更登记，领取外商投资企业营业执照。原登记管理机关没有登记管辖权的，应自收到申请文件之日起10日内转送有管辖权的登记管理机关办理，同时附送该境内公司的登记档案。被并购境内公司在申请变更登记时，应提交以下文件，并对其真实性和有效性负责：

（一）变更登记申请书；

（二）外国投资者购买境内公司股东股权或认购境内公司增资的协议；

（三）修改后的公司章程或原章程的修正案和依法需要提交的外商投资企业合同；

（四）外商投资企业批准证书；

（五）外国投资者的主体资格证明或者自然人身份证明；

（六）修改后的董事会名单，记载新增董事姓名、住所的文件和新增董事的任职文件；

（七）国家工商行政管理总局规定的其他有关文件和证件。

投资者自收到外商投资企业营业执照之日起30日内，到税务、海关、土地管理和外汇管理等有关部门办理登记手续。

第四章 外国投资者以股权作为支付手段并购境内公司

第一节 以股权并购的条件

第二十七条 本章所称外国投资者以股权作为支付手段并购境内公司，系指境外公司的股东以其持有的境外公司股权，或者境外公司以其增发的股份，作为支付手段，购买境内公司股东的股权或者境内公司增发股份的行为。

第二十八条 本章所称的境外公司应合法设立并且其注册地具有完善的公司法律制度，且公司及其管理层最近3年未受到监管机构的处罚；除本章第三节所规定的特殊目的公司外，境外公司应为上市公司，其上市所在地应具有完善的证券交易制度。

第二十九条 外国投资者以股权并购境内公司所涉及的境内外公司的股权，应符合以下条件：

（一）股东合法持有并依法可以转让；

（二）无所有权争议且没有设定质押及任何其他

权利限制;

(三)境外公司的股权应在境外公开合法证券交易市场(柜台交易市场除外)挂牌交易;

(四)境外公司的股权最近1年交易价格稳定。

前款第(三)、(四)项不适用于本章第三节所规定的特殊目的公司。

第三十条　外国投资者以股权并购境内公司,境内公司或其股东应当聘请在中国注册登记的中介机构担任顾问(以下称"并购顾问")。并购顾问应就并购申请文件的真实性、境外公司的财务状况以及并购是否符合本规定第十四条、第二十八条和第二十九条的要求作尽职调查,并出具并购顾问报告,就前述内容逐项发表明确的专业意见。

第三十一条　并购顾问应符合以下条件:

(一)信誉良好且有相关从业经验;

(二)无重大违法违规记录;

(三)应有调查并分析境外公司注册地和上市所在地法律制度与境外公司财务状况的能力。

第二节　申报文件与程序

第三十二条　外国投资者以股权并购境内公司应报送商务部审批,境内公司除报送本规定第三章所要求的文件外,另须报送以下文件:

(一)境内公司最近1年股权变动和重大资产变动情况的说明;

(二)并购顾问报告;

(三)所涉及的境内外公司及其股东的开业证明或身份证明文件;

(四)境外公司的股东持股情况说明和持有境外公司5%以上股权的股东名录;

(五)境外公司的章程和对外担保的情况说明;

(六)境外公司最近年度经审计的财务报告和最近半年的股票交易情况报告。

第三十三条　商务部自收到规定报送的全部文件之日起30日内对并购申请进行审核,符合条件的,颁发批准证书,并在批准证书上加注"外国投资者以股权并购境内公司,自营业执照颁发之日起6个月内有效"。

第三十四条　境内公司应自收到加注的批准证书之日起30日内,向登记管理机关、外汇管理机关办理变更登记,由登记管理机关、外汇管理机关分别向其颁发加注"自颁发之日起8个月内有效"字样的外商投资企业营业执照和外汇登记证。

境内公司向登记管理机关办理变更登记时,应当预先提交旨在恢复股权结构的境内公司法定代表人签署的股权变更申请书、公司章程修正案、股权转让协议等文件。

第三十五条　自营业执照颁发之日起6个月内,境内公司或其股东应就其持有境外公司股权事项,向商务部、外汇管理机关申请办理境外投资开办企业核准、登记手续。

当事人除向商务部报送《关于境外投资开办企业核准事项的规定》所要求的文件外,另须报送加注的外商投资企业批准证书和加注的外商投资企业营业执照。商务部在核准境内公司或其股东持有境外公司的股权后,颁发中国企业境外投资批准证书,并换发无加注的外商投资企业批准证书。

境内公司取得无加注的外商投资企业批准证书后,应在30日内向登记管理机关、外汇管理机关申请换发无加注的外商投资企业营业执照、外汇登记证。

第三十六条　自营业执照颁发之日起6个月内,如果境内外公司没有完成其股权变更手续,则加注的批准证书和中国企业境外投资批准证书自动失效。登记管理机关根据境内公司预先提交的股权变更登记申请文件核准变更登记,使境内公司股权结构恢复到股权并购之前的状态。

并购境内公司增发股份而未实现的,在登记管理机关根据前款予以核准变更登记之前,境内公司还应当按照《公司法》的规定,减少相应的注册资本并在报纸上公告。

境内公司未按照前款规定办理相应的登记手续的,由登记管理机关按照《公司登记管理条例》的有关规定处理。

第三十七条　境内公司取得无加注的外商投资企业批准证书、外汇登记证之前,不得向股东分配利润或向有关联关系的公司提供担保,不得对外支付转股、减资、清算等资本项目款项。

第三十八条　境内公司或其股东凭商务部和登记管理机关颁发的无加注批准证书和营业执照,到税务机关办理税务变更登记。

第三节　对于特殊目的公司的特别规定

第三十九条　特殊目的公司系指中国境内公司或自然人为实现以其实际拥有的境内公司权益在境外上市而直接或间接控制的境外公司。

特殊目的公司为实现在境外上市,其股东以其所持公司股权,或者特殊目的公司以其增发的股份,作为支付手段,购买境内公司股东的股权或者境内公司增发的股份的,适用本节规定。

当事人以持有特殊目的公司权益的境外公司作为

境外上市主体的,该境外公司应符合本节对于特殊目的公司的相关要求。

第四十条 特殊目的公司境外上市交易,应经国务院证券监督管理机构批准。

特殊目的公司境外上市所在国家或者地区应有完善的法律和监管制度,其证券监管机构已与国务院证券监督管理机构签订监管合作谅解备忘录,并保持着有效的监管合作关系。

第四十一条 本节所述的权益在境外上市的境内公司应符合下列条件:

(一)产权明晰,不存在产权争议或潜在产权争议;

(二)有完整的业务体系和良好的持续经营能力;

(三)有健全的公司治理结构和内部管理制度;

(四)公司及其主要股东近3年无重大违法违规记录。

第四十二条 境内公司在境外设立特殊目的公司,应向商务部申请办理核准手续。办理核准手续时,境内公司除向商务部报送《关于境外投资开办企业核准事项的规定》要求的文件外,另须报送以下文件:

(一)特殊目的公司实际控制人的身份证明文件;

(二)特殊目的公司境外上市商业计划书;

(三)并购顾问就特殊目的公司未来境外上市的股票发行价格所作的评估报告。

获得中国企业境外投资批准证书后,设立人或控制人应向所在地外汇管理机关申请办理相应的境外投资外汇登记手续。

第四十三条 特殊目的公司境外上市的股票发行价总值,不得低于其所对应的经中国有关资产评估机构评估的被并购境内公司股权的价值。

第四十四条 特殊目的公司以股权并购境内公司的,境内公司除向商务部报送本规定第三十二条所要求的文件外,另须报送以下文件:

(一)设立特殊目的公司时的境外投资开办企业批准文件和证书;

(二)特殊目的公司境外投资外汇登记表;

(三)特殊目的公司实际控制人的身份证明文件或开业证明、章程;

(四)特殊目的公司境外上市商业计划书;

(五)并购顾问就特殊目的公司未来境外上市的股票发行价格所作的评估报告。

如果以持有特殊目的公司权益的境外公司作为境外上市主体,境内公司还须报送以下文件:

(一)该境外公司的开业证明和章程;

(二)特殊目的公司与该境外公司之间就被并购的境内公司股权所作的交易安排和折价方法的详细说明。

第四十五条 商务部对本规定第四十四条所规定的文件初审同意的,出具原则批复函,境内公司凭该批复函向国务院证券监督管理机构报送申请上市的文件。国务院证券监督管理机构于20个工作日内决定是否核准。

境内公司获得核准后,向商务部申领批准证书。商务部向其颁发加注"境外特殊目的公司持股,自营业执照颁发之日起1年内有效"字样的批准证书。

并购导致特殊目的公司股权等事项变更的,持有特殊目的公司股权的境内公司或自然人,凭加注的外商投资企业批准证书,向商务部就特殊目的公司相关事项办理境外投资开办企业变更核准手续,并向所在地外汇管理机关申请办理境外投资外汇登记变更。

第四十六条 境内公司应自收到加注的批准证书之日起30日内,向登记管理机关、外汇管理机关办理变更登记,由登记管理机关、外汇管理机关分别向其颁发加注"自颁发之日起14个月内有效"字样的外商投资企业营业执照和外汇登记证。

境内公司向登记管理机关办理变更登记时,应当预先提交旨在恢复股权结构的境内公司法定代表人签署的股权变更申请书、公司章程修正案、股权转让协议等文件。

第四十七条 境内公司应自特殊目的公司或与特殊目的公司有关联关系的境外公司完成境外上市之日起30日内,向商务部报告境外上市情况和融资收入调回计划,并申请换发无加注的外商投资企业批准证书。同时,境内公司应自完成境外上市之日起30日内,向国务院证券监督管理机构报告境外上市情况并提供相关的备案文件。境内公司还应向外汇管理机关报送融资收入调回计划,由外汇管理机关监督实施。境内公司取得无加注的批准证书后,应在30日内向登记管理机关、外汇管理机关申请换发无加注的外商投资企业营业执照、外汇登记证。

如果境内公司在前述期限内未向商务部报告,境内公司加注的批准证书自动失效,境内公司股权结构恢复到股权并购之前的状态,并应按本规定第三十六条办理变更登记手续。

第四十八条 特殊目的公司的境外上市融资收入,应按照报送外汇管理机关备案的调回计划,根据现行外汇管理规定调回境内使用。融资收入可采取以下方式调回境内:

(一)向境内公司提供商业贷款;

(二)在境内新设外商投资企业;

(三)并购境内企业。

在上述情形下调回特殊目的公司境外融资收入,应遵守中国有关外商投资及外债管理的法律和行政法规。如果调回特殊目的公司境外融资收入,导致境内公司和自然人增持特殊目的公司权益或特殊目的公司净资产增加,当事人应如实披露并报批,在完成审批手续后办理相应的外资外汇登记和境外投资登记变更。

境内公司及自然人从特殊目的公司获得的利润、红利及资本变动所得外汇收入,应自获得之日起6个月内调回境内。利润或红利可以进入经常项目外汇账户或者结汇。资本变动外汇收入经外汇管理机关核准,可以开立资本项目专用账户保留,也可经外汇管理机关核准后结汇。

第四十九条 自营业执照颁发之日起1年内,如果境内公司不能取得无加注批准证书,则加注的批准证书自动失效,并应按本规定第三十六条办理变更登记手续。

第五十条 特殊目的公司完成境外上市且境内公司取得无加注的批准证书和营业执照后,当事人继续以该公司股份作为支付手段并购境内公司的,适用本章第一节和第二节的规定。

第五章 附 则

第五十一条 依据《反垄断法》的规定,外国投资者并购境内企业达到《国务院关于经营者集中申报标准的规定》规定的申报标准的,应当事先向商务部申报,未申报不得实施交易。

第五十二条 外国投资者在中国境内依法设立的投资性公司并购境内企业,适用本规定。

外国投资者购买境内外商投资企业股东的股权或认购境内外商投资企业增资的,适用现行外商投资企业法律、行政法规和外商投资企业投资者股权变更的相关规定,其中没有规定的,参照本规定办理。

外国投资者通过其在中国设立的外商投资企业合并或收购境内企业的,适用关于外商投资企业合并与分立的相关规定和关于外商投资企业境内投资的相关规定,其中没有规定的,参照本规定办理。

外国投资者并购境内有限责任公司并将其改制为股份有限公司的,或者境内公司为股份有限公司的,适用关于设立外商投资股份有限公司的相关规定,其中没有规定的,适用本规定。

第五十三条 申请人或申报人报送文件,应依照本规定对文件进行分类,并附文件目录。规定报送的全部文件应用中文表述。

第五十四条 被股权并购境内公司的中国自然人股东,经批准,可继续作为变更后所设外商投资企业的中方投资者。

第五十五条 境内公司的自然人股东变更国籍的,不改变该公司的企业性质。

第五十六条 相关政府机构工作人员必须忠于职守、依法履行职责,不得利用职务之便牟取不正当利益,并对知悉的商业秘密负有保密义务。

第五十七条 香港特别行政区、澳门特别行政区和台湾地区的投资者并购境内其他地区的企业,参照本规定办理。

第五十八条 本规定自公布之日起施行。

国务院办公厅关于建立外国投资者并购境内企业安全审查制度的通知

1. 2011年2月3日
2. 国办发〔2011〕6号

各省、自治区、直辖市人民政府,国务院各部委、各直属机构:

近年来,随着经济全球化的深入发展和我国对外开放的进一步扩大,外国投资者以并购方式进行的投资逐步增多,促进了我国利用外资方式多样化,在优化资源配置、推动技术进步、提高企业管理水平等方面发挥了积极作用。为引导外国投资者并购境内企业有序发展,维护国家安全,经国务院同意,现就建立外国投资者并购境内企业安全审查(以下简称并购安全审查)制度有关事项通知如下:

一、并购安全审查范围

(一)并购安全审查的范围为:外国投资者并购境内军工及军工配套企业,重点、敏感军事设施周边企业,以及关系国防安全的其他单位;外国投资者并购境内关系国家安全的重要农产品、重要能源和资源、重要基础设施、重要运输服务、关键技术、重大装备制造等企业,且实际控制权可能被外国投资者取得。

(二)外国投资者并购境内企业,是指下列情形:

1. 外国投资者购买境内非外商投资企业的股权或认购境内非外商投资企业增资,使该境内企业变更设立为外商投资企业。

2. 外国投资者购买境内外商投资企业中方股东的股权,或认购境内外商投资企业增资。

3. 外国投资者设立外商投资企业,并通过该外商投资企业协议购买境内企业资产并且运营该资产,或通过该外商投资企业购买境内企业股权。

4. 外国投资者直接购买境内企业资产,并以该资产投资设立外商投资企业运营该资产。

(三)外国投资者取得实际控制权,是指外国投资

者通过并购成为境内企业的控股股东或实际控制人。包括下列情形:

1. 外国投资者及其控股母公司、控股子公司在并购后持有的股份总额在50%以上。

2. 数个外国投资者在并购后持有的股份总额合计在50%以上。

3. 外国投资者在并购后所持有的股份总额不足50%,但依其持有的股份所享有的表决权已足以对股东会或股东大会、董事会的决议产生重大影响。

4. 其他导致境内企业的经营决策、财务、人事、技术等实际控制权转移给外国投资者的情形。

二、并购安全审查内容

(一)并购交易对国防安全,包括对国防需要的国内产品生产能力、国内服务提供能力和有关设备设施的影响。

(二)并购交易对国家经济稳定运行的影响。

(三)并购交易对社会基本生活秩序的影响。

(四)并购交易对涉及国家安全关键技术研发能力的影响。

三、并购安全审查工作机制

(一)建立外国投资者并购境内企业安全审查部际联席会议(以下简称联席会议)制度,具体承担并购安全审查工作。

(二)联席会议在国务院领导下,由发展改革委、商务部牵头,根据外资并购所涉及的行业和领域,会同相关部门开展并购安全审查。

(三)联席会议的主要职责是:分析外国投资者并购境内企业对国家安全的影响;研究、协调外国投资者并购境内企业安全审查工作中的重大问题;对需要进行安全审查的外国投资者并购境内企业交易进行安全审查并作出决定。

四、并购安全审查程序

(一)外国投资者并购境内企业,应按照本通知规定,由投资者向商务部提出申请。对属于安全审查范围内的并购交易,商务部应在5个工作日内提请联席会议进行审查。

(二)外国投资者并购境内企业,国务院有关部门、全国性行业协会、同业企业及上下游企业认为需要进行并购安全审查的,可以通过商务部提出进行并购安全审查的建议。联席会议认为确有必要进行并购安全审查的,可以决定进行审查。

(三)联席会议对商务部提请安全审查的并购交易,首先进行一般性审查,对未能通过一般性审查的,进行特别审查。并购交易当事人应配合联席会议的安全审查工作,提供安全审查需要的材料、信息,接受有关询问。

一般性审查采取书面征求意见的方式进行。联席会议收到商务部提请安全审查的并购交易申请后,在5个工作日内,书面征求有关部门的意见。有关部门在收到书面征求意见函后,应在20个工作日内提出书面意见。如有关部门均认为并购交易不影响国家安全,则不再进行特别审查,由联席会议在收到全部书面意见后5个工作日内提出审查意见,并书面通知商务部。

如有部门认为并购交易可能对国家安全造成影响,联席会议应在收到书面意见后5个工作日内启动特别审查程序。启动特别审查程序后,联席会议组织对并购交易的安全评估,并结合评估意见对并购交易进行审查,意见基本一致的,由联席会议提出审查意见;存在重大分歧的,由联席会议报请国务院决定。联席会议自启动特别审查程序之日起60个工作日内完成特别审查,或报请国务院决定。审查意见由联席会议书面通知商务部。

(四)在并购安全审查过程中,申请人可向商务部申请修改交易方案或撤销并购交易。

(五)并购安全审查意见由商务部书面通知申请人。

(六)外国投资者并购境内企业行为对国家安全已经造成或可能造成重大影响的,联席会议应要求商务部会同有关部门终止当事人的交易,或采取转让相关股权、资产或其他有效措施,消除该并购行为对国家安全的影响。

五、其他规定

(一)有关部门和单位要树立全局观念,增强责任意识,保守国家秘密和商业秘密,提高工作效率,在扩大对外开放和提高利用外资水平的同时,推动外资并购健康发展,切实维护国家安全。

(二)外国投资者并购境内企业涉及新增固定资产投资的,按国家固定资产投资管理规定办理项目核准。

(三)外国投资者并购境内企业涉及国有产权变更的,按国家国有资产管理的有关规定办理。

(四)外国投资者并购境内金融机构的安全审查另行规定。

(五)香港特别行政区、澳门特别行政区、台湾地区的投资者进行并购,参照本通知的规定执行。

(六)并购安全审查制度自本通知发布之日起30日后实施。

商务部实施外国投资者并购境内企业安全审查制度的规定

1. 2011年8月25日商务部公告2011年第53号公布
2. 自2011年9月1日起施行

第一条　外国投资者并购境内企业，属于《国务院办公厅关于建立外国投资者并购境内企业安全审查制度的通知》明确的并购安全审查范围的，外国投资者应向商务部提出并购安全审查申请。

两个或者两个以上外国投资者共同并购的，可以共同或确定一个外国投资者(以下简称申请人)向商务部提出并购安全审查申请。

第二条　地方商务主管部门在按照《关于外国投资者并购境内企业的规定》、《外商投资企业投资者股权变更的若干规定》、《关于外商投资企业境内投资的暂行规定》等有关规定受理并购交易申请时，对于属于并购安全审查范围，但申请人未向商务部提出并购安全审查申请的，应暂停办理，并在5个工作日内书面要求申请人向商务部提交并购安全审查申请，同时将有关情况报商务部。

第三条　外国投资者并购境内企业，国务院有关部门、全国性行业协会、同业企业及上下游企业认为需要进行并购安全审查的，可向商务部提出进行并购安全审查的建议，并提交有关情况的说明(包括并购交易基本情况、对国家安全的具体影响等)，商务部可要求利益相关方提交有关说明。属于并购安全审查范围的，商务部应在5个工作日内将建议提交联席会议。联席会议认为确有必要进行并购安全审查的，商务部根据联席会议决定，要求外国投资者按本规定提交并购安全审查申请。

第四条　在向商务部提出并购安全审查正式申请前，申请人可就其并购境内企业的程序性问题向商务部提出商谈申请，提前沟通有关情况。该预约商谈不是提交正式申请的必经程序，商谈情况不具有约束力和法律效力，不作为提交正式申请的依据。

第五条　在向商务部提出并购安全审查正式申请时，申请人应提交下列文件：

(一)经申请人的法定代表人或其授权代表签署的并购安全审查申请书和交易情况说明；

(二)经公证和依法认证的外国投资者身份证明或注册登记证明及资信证明文件；法定代表人身份证明或外国投资者的授权代表委托书、授权代表身份证明；

(三)外国投资者及关联企业(包括其实际控制人、一致行动人)的情况说明，与相关国家政府的关系说明；

(四)被并购境内企业的情况说明、章程、营业执照(复印件)、上一年度经审计的财务报表、并购前后组织架构图、所投资企业的情况说明和营业执照(复印件)；

(五)并购后拟设立的外商投资企业的合同、章程或合伙协议以及拟由股东各方委任的董事会成员、聘用的总经理或合伙人等高级管理人员名单；

(六)为股权并购交易的，应提交股权转让协议或者外国投资者认购境内企业增资的协议、被并购境内企业股东决议、股东大会决议，以及相应资产评估报告；

(七)为资产并购交易的，应提交境内企业的权力机构或产权持有人同意出售资产的决议、资产购买协议(包括拟购买资产的清单、状况)、协议各方情况，以及相应资产评估报告；

(八)关于外国投资者在并购后所享有的表决权对股东会或股东大会、董事会决议、合伙事务执行的影响说明，其他导致境内企业的经营决策、财务、人事、技术等实际控制权转移给外国投资者或其境内外关联企业的情况说明，以及与上述情况相关的协议或文件；

(九)商务部要求的其他文件。

第六条　申请人所提交的并购安全审查申请文件完备且符合法定要求的，商务部应书面通知申请人受理申请。

属于并购安全审查范围的，商务部在15个工作日内书面告知申请人，并在其后5个工作日内提请外国投资者并购境内企业安全审查部际联席会议(以下简称联席会议)进行审查。

自书面通知申请人受理申请之日起的15个工作日内，申请人不得实施并购交易，地方商务主管部门不得审批并购交易。15个工作日后，商务部未书面告知申请人的，申请人可按照国家有关法律法规办理相关手续。

第七条　商务部收到联席会议书面审查意见后，在5个工作日内将审查意见书面通知申请人(或当事人)，以及负责并购交易管理的地方商务主管部门。

(一)对不影响国家安全的，申请人可按照《关于外国投资者并购境内企业的规定》、《外商投资企业投资者股权变更的若干规定》、《关于外商投资企业境内投资的暂行规定》等有关规定，到具有相应管理权限的相关主管部门办理并购交易手续。

(二)对可能影响国家安全且并购交易尚未实施的，当事人应当终止交易。申请人未经调整并购交易、修改申报文件并经重新审查，不得申请并实施并购交易。

（三）外国投资者并购境内企业行为对国家安全已经造成或可能造成重大影响的，根据联席会议审查意见，商务部会同有关部门终止当事人的交易，或采取转让相关股权、资产或其他有效措施，以消除该并购行为对国家安全的影响。

第八条 在商务部向联席会议提交审查后，申请人修改申报文件、撤销并购交易或应联席会议要求补交、修改材料的，应向商务部提交相关文件。商务部在收到申请报告及有关文件后，于5个工作日内提交联席会议。

第九条 对于外国投资者并购境内企业，应从交易的实质内容和实际影响来判断并购交易是否属于并购安全审查的范围；外国投资者不得以任何方式实质规避并购安全审查，包括但不限于代持、信托、多层次再投资、租赁、贷款、协议控制、境外交易等方式。

第十条 外国投资者并购境内企业未被提交联席会议审查，或联席会议经审查认为不影响国家安全的，若此后发生调整并购交易、修改有关协议文件、改变经营活动以及其他变化（包括境外实际控制人的变化等），导致该并购交易属于《国务院办公厅关于建立外国投资者并购境内企业安全审查制度的通知》明确的并购安全审查范围的，当事人应当停止有关交易和活动，由外国投资者按照本规定向商务部提交并购安全审查申请。

第十一条 参与并购安全审查的商务主管部门、相关单位和人员应对并购安全审查中的国家秘密、商业秘密及其他需要保密的信息承担保密义务。

第十二条 本规定自2011年9月1日起实施。

4.股权分置改革

上市公司股权分置改革管理办法

1. 2005年9月4日中国证券监督管理委员会发布
2. 证监发〔2005〕86号

第一章 总 则

第一条 为规范上市公司股权分置改革工作，促进资本市场改革开放和稳定发展，保护投资者的合法权益，依据《公司法》、《证券法》、《股票发行与交易管理暂行条例》、《国务院关于推进资本市场改革开放和稳定发展的若干意见》以及证监会、国资委、财政部、人民银行、商务部《关于上市公司股权分置改革的指导意见》的有关规定，制定本办法。

第二条 上市公司股权分置改革，是通过非流通股股东和流通股股东之间的利益平衡协商机制，消除A股市场股份转让制度性差异的过程。

第三条 上市公司股权分置改革遵循公开、公平、公正的原则，由A股市场相关股东在平等协商、诚信互谅、自主决策的基础上进行。中国证券监督管理委员会（以下简称中国证监会）依法对股权分置改革各方主体及其相关活动实行监督管理，组织、指导和协调推进股权分置改革工作。

第四条 证券交易所根据中国证监会的授权和本办法的规定，对上市公司股权分置改革工作实施一线监管，协调指导上市公司股权分置改革业务，办理非流通股份可上市交易的相关手续。

证券交易所和证券登记结算公司应当根据本办法制定操作指引，为进行股权分置改革的上市公司（以下简称"公司"）办理相关业务提供服务，对相关当事人履行信息披露义务、兑现改革承诺以及公司原非流通股股东在改革完成后出售股份的行为实施持续监管。

第二章 操作程序

第五条 公司股权分置改革动议，原则上应当由全体非流通股股东一致同意提出；未能达成一致意见的，也可以由单独或者合并持有公司三分之二以上非流通股份的股东提出。非流通股股东提出改革动议，应以书面形式委托公司董事会召集A股市场相关股东举行会议（以下简称相关股东会议），审议上市公司股权分置改革方案（以下简称改革方案）。

相关股东会议的召开、表决和信息披露等事宜，参照执行上市公司股东大会的有关规定，并由相关股东对改革方案进行分类表决。

第六条 公司董事会收到非流通股股东的书面委托后，应当聘请保荐机构协助制定改革方案并出具保荐意见书，聘请律师事务所对股权分置改革操作相关事宜的合规性进行验证核查并出具法律意见书。

第七条 公司董事会、非流通股股东、保荐机构及其保荐代表人、律师事务所及其经办律师，应当签订书面协议明确保密义务，约定各方在改革方案公开前不得泄露相关事宜。

第八条 公司董事会应当委托保荐机构就改革方案的技术可行性以及召开相关股东会议的时间安排，征求证券交易所的意见。

证券交易所对股权分置改革进行业务指导，均衡控制改革节奏,协商确定相关股东会议召开时间。

第九条 根据与证券交易所商定的时间安排,公司董事会发出召开相关股东会议的通知,公布改革说明书、独立董事意见函、保荐意见书、法律意见书,同时申请公司股票停牌。

第十条 自相关股东会议通知发布之日起十日内,公司董事会应当协助非流通股股东,通过投资者座谈会、媒体说明会、网上路演、走访机构投资者、发放征求意见函等多种方式,与A股市场流通股股东(以下简称"流通股股东")进行充分沟通和协商,同时公布热线电话、传真及电子信箱,广泛征求流通股股东的意见,使改革方案的形成具有广泛的股东基础。

第十一条 非流通股股东与流通股股东按照前条要求完成沟通协商程序后,不对改革方案进行调整的,董事会应当做出公告并申请公司股票复牌;对改革方案进行调整的,应当在改革说明书、独立董事意见函、保荐意见书、法律意见书等文件做出相应调整或者补充说明并公告后,申请公司股票复牌。

公司股票复牌后,不得再次调整改革方案。

第十二条 召开相关股东会议,公司董事会应当申请公司股票停牌。停牌期间自本次相关股东会议股权登记日的次日起,至改革规定程序结束之日止。

第十三条 公司董事会在相关股东会议召开前,应当在指定报刊上刊载不少于两次召开相关股东会议的提示公告。

相关股东会议征集投票委托事宜,由公司董事会负责办理。

第十四条 公司董事会应当为参加相关股东会议的股东进行表决提供网络投票技术安排。网络投票时间不得少于三天。

第十五条 非流通股股东执行股权分置改革利益平衡对价安排(以下简称对价安排)需经国有资产监督管理机构批准的,应当在相关股东会议网络投票开始前取得并公告批准文件。

第十六条 相关股东会议投票表决改革方案,须经参加表决的股东所持表决权的三分之二以上通过,并经参加表决的流通股股东所持表决权的三分之二以上通过。

第十七条 改革方案获得相关股东会议表决通过的,董事会应当在两个工作日内公告相关股东会议的表决结果。

董事会应当按照与证券交易所商定的时间安排,公告改革方案实施及公司股票复牌事宜。

持有外商投资企业批准证书的公司、含有外资股份的银行类公司,改革方案涉及外资管理审批事项的,公司应在公告改革方案实施前取得国务院有关部门的审批文件。

第十八条 改革方案未获相关股东会议表决通过的,董事会应当在两个工作日内公告相关股东会议表决结果,并申请公司股票于公告次日复牌。

改革方案未获相关股东会议表决通过的,非流通股股东可以在三个月后,按照本办法第五条的规定再次委托公司董事会就股权分置改革召集相关股东会议。

第十九条 存在异常情况的上市公司进行股权分置改革,按以下原则进行:

(一)相关当事人涉嫌利用公司股权分置改革信息进行内幕交易正在被立案调查的,在调查结束后方可进行改革;

(二)公司股票交易涉嫌市场操纵正在被立案调查,或者公司股票涉嫌被机构或个人非法集中持有的,在风险消除后可以进行改革;

(三)公司控股股东涉嫌侵占公司利益正在被立案调查,但有可行的解决侵占问题方案的,可以进行改革;

(四)存在其他异常情况的,经中国证监会认可,可以进行改革。

第二十条 发行境外上市外资股、境内上市外资股的A股市场上市公司,由A股市场相关股东协商解决非流通股股东所持股份在A股市场的可上市交易问题。

第二十一条 持有A股市场上市公司非流通股的境外上市公司,其关于对价安排的决策程序应当符合公司章程和境外上市地有关公司资产处置的规定。

持有A股市场上市公司非流通股的境内上市公司,其关于对价安排的决策程序应当符合公司章程和证券交易所业务规则有关公司资产处置的规定。

第三章 改革方案

第二十二条 改革方案应当兼顾全体股东的即期利益和长远利益,有利于公司发展和市场稳定,并可根据公司实际情况,采用控股股东增持股份、上市公司回购股份、预设原非流通股股份实际出售的条件、预设回售价格、认沽权等具有可行性的股价稳定措施。

第二十三条 非流通股股东在改革方案中做出的承诺,应当与证券交易所和证券登记结算公司实施监管的技术条件相适应,或者由承诺方提供履行承诺事项的担保措施。非流通股股东应当以书面形式做出忠实履行承诺的声明。

第二十四条 非流通股股东未完全履行承诺之前不得转让其所持有的股份。但是受让人同意并有能力代其履行承诺的除外。

第二十五条　改革方案应当对表示反对或者未明确表示同意的非流通股股东所持有股份的处理，提出合法可行的解决办法并予以说明。

第二十六条　股权分置改革与公司资产重组结合，重组方通过注入优质资产、承担债务等方式，以实现公司盈利能力或者财务状况改善作为对价安排的，其资产重组程序与股权分置改革程序应当遵循本办法和中国证监会的相关规定。

第四章　改革后公司原非流通股股份的出售

第二十七条　改革后公司原非流通股股份的出售，应当遵守下列规定：

（一）自改革方案实施之日起，在十二个月内不得上市交易或者转让；

（二）持有上市公司股份总数百分之五以上的原非流通股股东，在前项规定期满后，通过证券交易所挂牌交易出售原非流通股股份，出售数量占该公司股份总数的比例在十二个月内不得超过百分之五，在二十四个月内不得超过百分之十。

第二十八条　原非流通股股东出售所持股份数额较大的，可以采用向特定投资者配售的方式。

第二十九条　改革方案实施后，外资股东所持股份的管理办法另行规定。

第五章　信息披露

第三十条　股权分置改革信息披露相关义务人，应当及时履行信息披露义务，真实、准确、完整地披露信息，保证所披露的信息不存在虚假记载、误导性陈述或者重大遗漏。

第三十一条　相关股东会议通知应当列明流通股股东参与股权分置改革的权利及行使权利的方式、条件和期间。

第三十二条　股权分置改革说明书应当包括下列内容：

（一）公司设立以来股本结构的形成及历次变动情况；

（二）提出进行股权分置改革动议的非流通股股东，关于其持有公司股份的数量、比例以及有无权属争议、质押、冻结情况的说明；

（三）非流通股股东关于其持有公司股份的数量、比例及相互之间关联关系的说明；

（四）非流通股股东、持有公司股份总数百分之五以上的非流通股股东的实际控制人，关于在公司董事会公告改革说明书的前两日持有公司流通股股份的情况以及前六个月内买卖公司流通股股份的情况的说明；

（五）股权分置改革方案的具体内容；

（六）非流通股股东关于其为履行承诺义务提供担保措施的说明；

（七）股权分置改革对公司治理可能产生的影响；

（八）股权分置改革可能涉及的风险及相应处理方案；

（九）为股权分置改革提供专业服务的保荐机构、律师事务所的名称和联系方式；

（十）保荐机构、律师事务所关于其在公司董事会公告改革说明书的前两日持有公司流通股股份的情况以及前六个月内买卖公司流通股股份情况的说明；

（十一）其他需要说明的事项。

第三十三条　保荐意见书应当包括下列内容：

（一）上市公司非流通股股份有无权属争议、质押、冻结情况及上述情况对改革方案实施的影响；

（二）实施改革方案对公司流通股股东权益影响的评价；

（三）对股权分置改革相关文件的核查结论；

（四）改革方案中相关承诺的可行性分析；

（五）关于保荐机构有无可能影响其公正履行保荐职责情形的说明；

（六）保荐机构认为应当说明的其他事项；

（七）保荐结论及理由。

第三十四条　独立董事意见函应当包括改革方案对公司治理结构的完善、股东合法权益的保护、公司长远发展的影响等情况及其他重要事项的说明。

第三十五条　相关股东会议通知、相关股东会议表决结果、投票委托征集函、股权分置改革说明书摘要，应当在指定报刊上披露。

股权分置改革说明书、独立董事意见函、保荐意见书、法律意见书、股权分置改革实施方案，应当在公司网站和公司上市地交易所网站全文披露。

证券交易所应当在其网站设置专栏，免费提供上市公司股权分置改革信息披露服务。

第三十六条　实施股权分置改革方案涉及股东减持或者增持股份，导致股东持有、控制的股份总数发生变动的，应当遵守《上市公司收购管理办法》、《上市公司股东持股变动信息披露管理办法》及本办法的规定；因实施改革方案引发要约收购义务的，经申请可免予履行要约收购义务。

第三十七条　公司应当在非流通股可上市交易变更登记完成后两个工作日内，在指定报刊上刊登公司股权分置改革后的股份结构变动报告书。

第三十八条　股权分置改革方案实施后，原非流通股股东持有的股份限售期届满，公司应当提前三个交易日刊登相关提示公告。

第三十九条 持有、控制公司股份百分之五以上的原非流通股股东,通过证券交易所挂牌交易出售的股份数量,每达到该公司股份总数百分之一时,应当在该事实发生之日起两个工作日内做出公告,公告期间无须停止出售股份。

第六章 中介机构

第四十条 为股权分置改革提供专业服务的中介机构,应当遵守法律法规,忠实履行职责,诚实守信,勤勉尽责,维护公司和股东的利益,不得利用职业地位为本单位和个人牟取不正当利益。

第四十一条 保荐机构应当履行下列职责:

(一)协助制定改革方案;

(二)对改革方案有关事宜进行尽职调查;

(三)对改革方案有关文件进行核查验证;

(四)对非流通股股东执行对价安排、履行承诺事项的能力发表意见;

(五)出具保荐意见书;

(六)协助实施改革方案;

(七)协助制定和实施稳定股价措施;

(八)对相关当事人履行承诺义务进行持续督导。

第四十二条 保荐机构与公司及其大股东、实际控制人、重要关联方存在下列关联关系的,不得成为该公司股权分置改革的保荐机构:

(一)保荐机构及其大股东、实际控制人、重要关联方持有上市公司的股份合计超过百分之七;

(二)上市公司及其大股东、实际控制人、重要关联方持有或者控制保荐机构的股份合计超过百分之七;

(三)保荐机构的保荐代表人或者董事、监事、经理、其他高级管理人员持有上市公司的股份、在上市公司任职等可能影响其公正履行保荐职责的情形。

第四十三条 保荐机构应当指定一名保荐代表人具体负责一家公司股权分置改革的保荐工作。该保荐代表人在相关股东会议表决程序未完成前,不得同时负责其他上市公司的股权分置改革保荐工作。

第四十四条 保荐机构的法定代表人、保荐代表人应当在保荐意见书上签字,承担相应的法律责任。

第四十五条 律师事务所及在法律意见书上签字的律师应当履行下列职责:

(一)对股权分置改革参与主体的合法性进行核查;

(二)对与改革方案有关的法律事项进行核查;

(三)对与改革方案有关的法律文件进行核查;

(四)对改革方案的内容与实施程序的合法性发表意见;

(五)出具法律意见书。

第四十六条 律师事务所、在法律意见书上签字的律师,不得与其所提供股权分置改革专业服务的上市公司存在可能影响其公正履行职责的关系。

第四十七条 保荐机构及其保荐代表人、律师事务所及在法律意见书上签字的律师,应当保证其所出具的保荐意见书、法律意见书不存在虚假记载、误导性陈述或者重大遗漏。

第七章 监管措施与法律责任

第四十八条 任何单位和个人不得利用上市公司股权分置改革的内幕信息进行证券交易,不得利用上市公司股权分置改革操纵市场,不得编造、传播有关上市公司股权分置改革的虚假信息。有上述行为的,中国证监会依法进行查处;情节严重涉嫌犯罪的,依法移送司法机关追究刑事责任。

第四十九条 证券交易所应当对股权分置改革期间市场交易异常情况实施专项监控,发现涉嫌内幕交易和操纵市场行为的,应当及时制止并报告中国证监会查处。

第五十条 在股权分置改革中做出承诺的股东未能履行承诺的,证券交易所对其进行公开谴责,中国证监会责令其改正并采取相关行政监管措施;给其他股东的合法权益造成损害的,依法承担相关法律责任。

第五十一条 保荐机构及其保荐代表人为股权分置改革提交的相关文件中存在虚假记载、误导性陈述或者重大遗漏的,或者未能履行尽职调查、持续督导义务的,证券交易所对其进行公开谴责,中国证监会责令其改正;情节严重的,将其从保荐机构及保荐代表人名单中去除。

第五十二条 律师事务所及在法律意见书上签字的律师,为股权分置改革出具的法律意见书中存在虚假记载、误导性陈述或者重大遗漏的,或者未履行核查义务的,中国证监会责令其改正;情节严重的,暂停接受其出具的证券相关业务的法律文件。

第五十三条 公司及其非流通股股东、基金管理公司、证券公司、保险公司、资产管理公司,利用不正当手段干扰其他投资者正常决策,操纵相关股东会议表决结果,或者进行不正当利益交换的,中国证监会责令其改正;情节严重的,认定主要责任人员为市场禁入者,一定时期或者永久不得担任上市公司和证券业务机构的高级管理职务。

第八章 附则

第五十四条 本办法由中国证监会负责解释和修订。

第五十五条 本办法自发布之日起施行。《关于上市公司股权分置改革试点有关问题的通知》(证监发〔2005〕32号)、《关于做好第二批上市公司股权分置改革试点工作有关问题的通知》(证监发〔2005〕42号)同时废止。

上市公司股权分置改革相关会计处理暂行规定

1. 2005年11月14日财政部发布
2. 财会〔2005〕18号

为了进一步贯彻国务院《关于推进资本市场改革开放和稳定发展的若干意见》(国发〔2004〕3号),根据上市公司股权分置改革等相关文件,现就股权分置改革中非流通股股东(以下简称企业)有关会计处理规定如下:

一、会计科目设置及支付对价的会计处理

企业应当设置"股权分置流通权"和"应付权证"科目,分别核算企业以各种方式支付对价取得的在证券交易所挂牌交易的流通权(以下简称流通权)和企业为取得流通权而发行权证的价值。

(一)以支付现金方式取得的流通权

企业根据经批准的股权分置方案,以支付现金的方式取得的流通权,应当按照所支付的金额,借记"股权分置流通权"科目,贷记"银行存款"等科目。

(二)以送股或缩股方式取得的流通权

企业根据经批准的股权分置方案,以送股或缩股的方式取得的流通权,以成本法核算该项长期投资的,应当按照送股或缩股部分所对应的长期股权投资账面价值,借记"股权分置流通权"科目,贷记"长期股权投资"科目;以权益法核算该项长期投资的,在贷记"长期股权投资"科目时应当按比例贷记相关明细科目(下同)。

(三)以发行认购权证方式取得的流通权

1. 将认购权证直接送给流通股股东的

企业根据经批准的股权分置方案,通过发行认购权证直接送给流通股股东方式取得的流通权,发行的认购权证在相关备查登记簿中予以登记。

认购权证持有人行使认购权向企业购买股份时,企业应按照收到的价款,借记"银行存款"科目,按照行权价低于股票市场价格的差额,借记"股权分置流通权"科目,按照减少股份部分所对应的长期股权投资账面价值,贷记"长期股权投资"科目,按其差额,贷记或借记"投资收益"科目。

认购权证持有人行使认购权,要求以现金结算行权价低于股票市场价格的差价部分的,企业应按照实际支付的金额,借记"股权分置流通权"科目,贷记"银行存款"科目。在备查登记簿中应同时注销相关认购权证的记录。

2. 将认购权证以一定价格出售给流通股股东的

企业根据经批准的股权分置方案,以一定价格发行认购权证方式取得的流通权,应按照实际收到的金额,借记"银行存款"科目,贷记"应付权证"科目。

认购权证持有人行使认购权向企业购买股份时,企业应按照收到的价款,借记"银行存款"科目,按照行权价低于股票市场价格的差额,借记"股权分置流通权"科目,按照行权部分对应全部发行权证的比例计算的金额,借记"应付权证"科目,按照减少股份部分所对应的长期股权投资账面价值,贷记"长期股权投资"科目,按其差额,贷记或借记"投资收益"科目。

认购权证持有人行使认购权,要求以现金结算行权价低于股票市场价格的差价部分的,应按照行权部分对应全部发行权证的比例计算的金额,借记"应付权证"科目,按照实际支付的金额,贷记"银行存款"科目,按其差额,借记"股权分置流通权"科目。

认购权证存续期满,"应付权证"科目的余额应首先冲减"股权分置流通权"科目,"股权分置流通权"科目的余额冲减至零后,"应付权证"科目的余额计入"资本公积"科目。

(四)以发行认沽权证方式取得的流通权

1. 将认沽权证直接送给流通股股东的。

企业根据经批准的股权分置方案,通过发行认沽权证直接送给流通股股东的方式取得的流通权,发行的认沽权证在相关备查登记簿中予以登记。

认沽权证持有人行使出售权将股份出售给企业时,企业应按行权价高于股票市场价格的差额,借记"股权分置流通权"科目,按照支付的价款,贷记"银行存款"科目,按其差额,借记"长期股权投资"或"短期投资"科目。

认沽权证持有人行使出售权,要求以现金结算行权价高于股票市场价格的差价部分的,企业应按照实际支付的金额,借记"股权分置流通权"科目,贷记"银行存款"科目。在备查登记簿中应同时注销相关认沽权证的记录。

2. 将认沽权证以一定价格出售给流通股股东的。

企业根据经批准的股权分置方案,以一定价格发行认沽权证方式取得的流通权,应按照实际收到的金额,借记"银行存款"科目,贷记"应付权证"科目。

认沽权证持有人行使出售权将股份出售给企业

时，企业应按行权价高于股票市场价格的差额，借记“股权分置流通权”科目，按照行权部分对应全部发行权证的比例计算的金额，借记“应付权证”科目，按照支付的价款，贷记“银行存款”科目，按其差额，借记“长期股权投资”或“短期投资”科目。

认沽权证持有人行使出售权，要求以现金结算行权价高于股票市场价格的差价部分的，应按照行权部分对应全部发行权证的比例计算的金额，借记“应付权证”科目，按照实际支付的金额，贷记“银行存款”科目，按其差额，借记“股权分置流通权”科目。

认沽权证存续期满，“应付权证”科目的余额应首先冲减“股权分置流通权”科目，“股权分置流通权”科目的余额冲减至零后，“应付权证”科目的余额计入“资本公积”科目。

（五）以上市公司资本公积转增或派发股票股利形成的股份，送给流通股股东的方式取得的流通权

企业根据经过批准的股权分置方案，将上市公司资本公积转增或派发股票股利形成的股份中非流通股股东分得的部分，送给流通股东，应首先按照上市公司资本公积金转增或派发股票股利进行会计处理。然后，企业比照本规定第（二）款的规定对向流通股股东赠送股份进行会计处理。

（六）以向上市公司注入优质资产、豁免上市公司债务、替上市公司承担债务的方式取得的流通权

企业根据经过批准的股权分置方案，向上市公司注入优质资产、豁免上市公司债务、替上市公司承担债务的，应按照注入资产、豁免债务、承担债务的账面价值，借记“股权分置流通权”科目，贷记相关资产或负债科目。

（七）以承诺方式取得的流通权

企业根据股权分置方案，以承诺的方式，取得非流通股的流通权，只在相关备查簿中予以登记，待承诺实现时再按照本规定的原则进行相关的会计处理。

二、取得流通权的非流通股份出售的会计处理

企业取得的流通权，平时不进行结转，一般也不计提减值准备，待取得流通权的非流通股出售时，再按出售的部分按比例予以结转。企业出售取得流通权的非流通股时，按照收到的金额，借记“银行存款”科目，按照出售股份部分所对应的长期股权投资账面价值，贷记“长期股权投资”科目，按其差额，贷记或借记“投资收益”科目。同时，按应结转的股权分置流通权成本，借记“投资收益”科目，贷记“股权分置流通权”科目。

三、财务报表的列报

企业应在其资产负债表中的长期资产项目内单列“股权分置流通权”项目反映；应在流动负债项目内单列“应付权证”项目反映。对于以承诺方式或发行权证方式取得的非流通股的流通权，应在财务报表附注中予以披露，说明承诺的具体内容；对于发行的认购权证或认沽权证，也应在财务报表附注中说明发行的认购权证或认沽权证的具体内容。

中国证券监督管理委员会等关于上市公司股权分置改革的指导意见

1. 2005年8月23日中国证券监督管理委员会、国务院国有资产监督管理委员会、财政部、中国人民银行、商务部发布
2. 证监发〔2005〕80号

《国务院关于推进资本市场改革开放和稳定发展的若干意见》（国发〔2004〕3号，以下简称《若干意见》）发布以来，资本市场各项改革和制度建设取得重要进展，市场运行机制和运行环境正在得到改善，一些制约资本市场功能充分发挥的基础性、制度性问题逐步得到解决。按照国务院关于“积极稳妥解决股权分置问题”的要求，在国务院的正确领导和有关部门、地方人民政府的大力支持下，股权分置改革试点工作已经顺利完成，改革的操作原则和基本做法得到了市场认同，改革的政策预期和市场预期逐渐趋于稳定，总体上具备了转入积极稳妥推进的基础和条件。经国务院同意，现就下一步上市公司股权分置改革提出如下指导意见：

一、正确认识股权分置改革

1. 全面落实《若干意见》，完善资本市场运行机制，要从解决基础性、制度性问题入手，重视完善和发挥资本市场功能，改善资本市场投资回报水平，逐步提高直接融资能力和资源配置效率。既要通过健全资本市场体系，丰富证券投资品种，提高上市公司质量，规范证券公司经营和加强证券市场法制建设，解决新兴市场要素缺失、制度不完善、运行不规范、监管不到位等问题，又要不失时机地解决好体制转轨背景下遗留下来的股权分置等诸多问题，妥善化解风险隐患，为资本市场长期稳定发展创造条件。

2. 股权分置是指A股市场的上市公司股份按能否在证券交易所上市交易被区分为非流通股和流通股，这是我国经济体制转轨过程中形成的特殊问题。股权分置扭曲资本市场定价机制，制约资源配置功能的有效发挥；公司股价难以对大股东、管理层形成市场化的激励和约束，公司治理缺乏共同的利益基础；资本流动存在非流通股协议转让和流通股竞价交易两种价格，资本运营缺乏市场化操作基础。股权分置不能适

应当前资本市场改革开放和稳定发展的要求，必须通过股权分置改革，消除非流通股和流通股的流通制度差异。

3. 股权分置改革是一项完善市场基础制度和运行机制的改革，其意义不仅在于解决历史问题，更在于为资本市场其他各项改革和制度创新创造条件，是全面落实《若干意见》的重要举措。为此，要将股权分置改革、维护市场稳定、促进资本市场功能发挥和积极稳妥推进资本市场对外开放统筹考虑。改革要积极稳妥、循序渐进，成熟一家，推出一家，实现相关各方利益关系的合理调整，同时要以改革为契机，调动多种积极因素，维护市场稳定，提高上市公司质量，规范证券公司经营，配套推进各项基础性制度建设、完善市场体系和促进证券产品创新，形成资本市场良性循环、健康发展的新局面。

4. 股权分置改革是为非流通股可上市交易作出的制度安排，并不以通过资本市场减持国有股份为目的，当前国家也没有通过境内资本市场减持上市公司国有股份筹集资金的考虑。非流通股可上市交易后，国有控股上市公司控股股东应根据国家关于国有经济布局和结构性调整的战略性要求，合理确定在所控股上市公司的最低持股比例，对关系国计民生及国家经济命脉的重要行业和关键领域，以及国民经济基础性和支柱性行业中的国有控股上市公司，国家要保证国有资本的控制力、影响力和带动力，必要时国有股股东可通过证券市场增持股份。其他上市公司的控股股东，也要保证公司的稳定发展和持续经营。证券监管部门要通过必要的制度安排和技术创新，有效控制可流通股份进入流通的规模和节奏。

二、股权分置改革的指导思想

5. 积极稳妥推进股权分置改革的指导思想是，坚持股权分置改革与维护市场稳定发展相结合的总体原则，进一步明确改革预期，改进和加强协调指导，调动多种积极因素，抓紧落实《若干意见》提出的各项任务，制定、修改和完善相关法规和政策措施，加强市场基础性建设，完善改革和发展的市场环境，实现资本市场发展的重要转折，使市场进入良性发展的轨道。

6. 贯彻落实《若干意见》提出的“尊重市场规律，有利于市场的稳定和发展，切实保护投资者特别是公众投资者的合法权益”的总体要求。尊重市场规律，就是要坚持市场化的决策机制和价格形成机制，完善改革的推动机制，通过政策扶持和市场引导，形成上市公司改革的持续稳定动力。有利于市场稳定和发展，就是按照改革的力度、发展的速度和市场可承受程度相统一的原则，注重发挥改革所形成的机制优势和良好的市场效应，使资本市场各项改革协调推进，各项政策措施综合配套，以改革促进市场稳定发展，以市场稳定发展保障改革的顺利进行。保护投资者特别是公众投资者合法权益，就是要通过相关程序规则和必要的政策指导，保障投资者的知情权、参与权和表决权，使改革方案有利于形成流通股股东和非流通股股东的共同利益基础，并形成改革后公司稳定的价格预期。

三、股权分置改革的总体要求

7. 股权分置改革要坚持统一组织。中国证监会要制定《上市公司股权分置改革管理办法》，以“公开、公平、公正”的操作程序和监管要求，规范股权分置改革工作，保障投资者特别是公众投资者的合法权益。国务院有关部门要加强协调配合，按照有利于推进股权分置改革的原则，完善促进资本市场稳定发展的相关政策，调整和完善国资管理、企业考核、会计核算、信贷政策、外商投资等方面的规定，使股权分置改革相关政策衔接配套。地方人民政府要加强对本地区上市公司股权分置改革的组织领导工作，充分发挥本地区综合资源优势，把股权分置改革与优化上市公司结构、促进区域经济发展和维护社会稳定结合起来，统筹安排适合当地情况的改革工作。

8. 股权分置改革方案要实行分散决策。上市公司非流通股股东依据现行法律、法规和股权分置改革的管理办法，广泛征求A股市场相关流通股股东意见，协商确定切合本公司实际情况的股权分置改革方案，参照股东大会的程序，由A股市场相关股东召开会议分类表决。非流通股股东与流通股股东之间以对价方式平衡股东利益，是股权分置改革的有益尝试，要在改革实践中不断加以完善。

9. 上市公司股权分置改革方案要有利于市场稳定和上市公司的长远发展。鼓励公司或大股东采取稳定价格预期的相关措施；鼓励在股权分置改革方案中做出提高上市公司业绩和价值增长能力的组合安排。监管部门和证券交易所在不干预改革主体自主协商决定改革方案的前提下，加强对方案实现形式及相关配套安排的协调指导。

10. 坚持改革的市场化导向，注重营造有利于积极稳妥解决股权分置问题的市场机制。根据股权分置改革进程和市场整体情况，择机实行“新老划断”，对首次公开发行公司不再区分流通股和非流通股。完成股权分置改革的上市公司优先安排再融资，可以实施管理层股权激励，同时改革再融资监管方式，提高再融资效率。上市公司管理层股权激励的具体实施和考核办法，以及配套的监督制度由证券监管部门会同有关部门另行制定。涉及A股股权的拟境外上市公司，以及A股上市公司分拆下属企业拟境外上市的,应在完成股权分置改革后实施。上市公司非流通股协议转让,要对股权分置改革做出相应安排,或与公司股权分置改革组合运作。

11. 妥善处理存在特殊情况的上市公司股权分置改革问题。股权分置改革是解决A股市场相关股东之间的利益平衡问题,对于同时存在H股或B股的A股上市公司,由A股市场相关股东协商解决股权分置问题。对于持有外商投资企业批准证书及含有外资股份的银行类A股上市公司,其股权分置改革方案在相关股东会议表决通过后,由国务院有关部门按照法律法规办理审批手续。股权分置改革方案中外资股比例变化原则上不影响该上市公司已有的相关优惠政策,股份限售期满后外资股东减持股份的,按国家有关规定办理,具体办法由国务院商务主管部门和证券监管部门会同有关部门另行规定。对于绩差公司,鼓励以注入优质资产、承担债务等作为对价解决股权分置问题。

四、严格规范股权分置改革秩序

12. 上市公司及其董事会要严格按照管理办法规定的程序进行股权分置改革,认真履行信息披露义务,切实维护投资者特别是公众投资者的知情权、参与权和表决权。鼓励公众投资者积极参与股权分置改革,依法行使股东权利。非流通股股东要严格履行在股权分置改革中做出的承诺,并对违约行为承担相应的责任。

13. 保荐机构及其保荐代表人应当诚实守信、公正客观、勤勉尽责,深入了解公司存在的各种情况,充分发挥协调平衡作用,认真履行核查义务,协助上市公司及其股东制定切合公司实际的股权分置改革方案,督促做好信息披露工作,督导相关当事人履行改革方案中有关承诺义务。对于未能尽到保荐责任的,要采取必要的监管措施。

14. 基金管理公司、证券公司、保险公司及其资产管理公司等机构投资者,要积极参与股权分置改革,自觉维护投资者特别是公众投资者合法权益和市场稳定发展的长远利益。对于干扰其他投资者正常决策,操纵相关股东会议表决结果,或者以持股优势进行利益交换的,监管机构要予以严肃查处。

15. 证券交易所要发挥作为自律组织贴近市场的灵活性,以及在组织市场和产品创新方面的功能优势,加强对上市公司改革方案实现形式和组合措施的协调指导,会同证券登记结算机构为改革方案创新及改革后的市场制度和产品创新提供技术支持。

16. 加强对上市公司及其控股股东、保荐机构、基金管理公司,以及上述机构的关联人、高管人员的监管,防范和打击利用股权分置改革进行欺诈、内幕交易和市场操纵的违法犯罪行为。

17. 新闻媒体要坚持正确的舆论导向,积极宣传股权分置改革的重要意义,客观真实报道改革进程和相关信息,遵守新闻纪律,做好正面引导工作。

五、调动多种积极因素,促进资本市场稳定发展

18. 以股权分置改革为契机,推动上市公司完善法人治理结构,提高治理水平,切实解决控股股东或实际控制人占用上市公司资金问题,遏制上市公司违规对外担保,禁止利用非公允关联交易侵占上市公司利益的行为。在解决股权分置问题后,支持绩优大型企业通过其控股的上市公司定向发行股份实现整体上市;支持上市公司以股份等多样化支付手段,通过吸收合并、换股收购等方式进行兼并重组,推动上市公司做优做强。

19. 通过大股东股份质押贷款、发行短期融资券、债券等商业化方式,为上市公司大股东增持股份提供资金支持。将股权分置改革、证券公司优化重组和拓宽证券公司融资渠道相结合,积极支持证券公司综合利用各种可行的市场化融资方式,有效改善流动性状况,加强公司治理和内部风险控制机制建设,强化监管,推进行业资源整合,妥善处理好高风险证券公司的重组或退出问题,鼓励优质证券公司壮大发展。

20. 鼓励证券交易机制和产品创新,推出以改革后公司股票作为样本的独立股价指数,研究开发指数衍生产品。完善协议转让和大宗交易制度,在首次公开发行和再融资中引入权证等产品,平衡市场供求。

21. 继续完善鼓励社会公众投资的税收政策。推动企业年金入市,扩大社会保障基金、合格境外机构投资者入市规模,放宽保险公司等大型机构投资者股票投资比例限制。对于股权分置改革后境外投资者对上市公司进行战略性投资问题,国务院证券监管部门和商务主管部门应会同有关部门研究出台相关规定。

22. 积极推动《证券法》、《公司法》和《刑法》等法律的修订。研究、拟定《证券公司监管条例》、《证券公司风险处置条例》和《上市公司监管条例》等行政法规。调整和完善与积极稳妥推进股权分置改革不相适应的政策法规。针对改革后出现的新情况、新问题,及时制定和完善相应的管理办法。要完善监管手段、提高执法效力,拓展市场发展和创新空间,为资本市场改革开放和稳定发展创造良好的法制环境。

国务院国有资产监督管理委员会办公厅关于上市公司股权分置改革中国有股股权管理审核程序有关事项的通知

1. 2005年9月17日
2. 国资厅发产权〔2005〕39号

各省、自治区、直辖市及计划单列市、新疆生产建设兵团国有资产监管机构，各中央企业：

为进一步贯彻落实《关于上市公司股权分置改革的指导意见》（证监发〔2005〕80号）和《关于上市公司股权分置改革中国有股股权管理有关问题的通知》（国资产权〔2005〕246号）等有关文件精神，现就股权分置改革中涉及的国有股权管理审核程序有关事项通知如下：

一、省级或省级以上国有资产监督管理机构须在国有控股股东委托上市公司及其保荐机构将股权分置改革方案提交证券交易所前，组织对上市公司股权分置改革方案进行审核。

二、省级或省级以上国有资产监督管理机构受理股权分置改革方案时应当审核、查阅以下材料：

（一）股权分置改革方案论证报告；

（二）股权分置改革说明书；

（三）非流通股股东参与股权分置改革的协商意见；

（四）上市公司上年年度报告和最近一期季度报告。

三、国有资产监督管理机构审核上述材料后，同意上市公司股权分置改革方案的，应当出具《上市公司股权分置改革国有股股权管理备案表》（表式见附件）。

四、国有控股股东取得省级或省级以上国有资产监督管理机构出具的备案表后，方可委托上市公司及其保荐机构向证券交易所提交股权分置改革方案。

五、国有控股股东委托上市公司董事会公告召集A股市场相关股东会议后，未对股权分置改革方案进行修改的，国有资产监督管理机构不再出具书面意见；如对股权分置改革方案进行修改的，国有控股股东须将修改后的股权分置改革方案报省级或省级以上国有资产监督管理机构审核，取得国有资产监督管理机构的书面意见后方可公告。

六、国有控股股东须在上市公司申请股票复牌后，在召开相关股东会议对股权分置改革方案表决前，将上市公司股权分置改革方案报省级或省级以上国有资产监督管理机构审核批准。

七、对国有控股上市公司股权分置改革方案，省级国有资产监督管理机构须报经本级人民政府同意后批复。

附件：上市公司股权分置改革国有股股权管理备案表（略）

商务部、中国证券监督管理委员会关于上市公司股权分置改革涉及外资管理有关问题的通知

1. 2005年10月26日
2. 商资发〔2005〕565号

各省、自治区、直辖市、计划单列市及新疆生产建设兵团商务主管部门，中国证监会各地证监局，上海证券交易所，深圳证券交易所，中国证券登记结算公司：

为落实《关于上市公司股权分置改革的指导意见》（证监发〔2005〕80号）的要求，积极稳妥推进股权分置改革工作，根据外商投资法律法规及外商投资股份公司的有关规定，现就股权分置改革涉及的与外资管理有关的问题通知如下：

一、持有外商投资企业批准证书的A股上市公司（以下简称外商投资上市公司）股权分置改革涉及的股权变更程序。

外商投资上市公司的董事会应在发出召开相关股东会议通知后的两个工作日内将股权分置改革方案直接报送商务部备案。股权分置改革方案在相关股东会议表决通过后，外商投资上市公司董事会应在1个工作日内通过各省、自治区、直辖市、计划单列市及新疆建设兵团商务主管部门（以下简称省级商务主管部门）报送下列文件：

（一）申请书；

（二）相关股东会议的表决结果；

（三）股权分置改革说明书；

（四）保荐机构意见书；

（五）法律意见书；

（六）涉及国家股或国有法人股的，应提交国有资产管理部门有关处置相关非流通股股份的批准文件；

（七）拟处置股份已设立质押的，应提交质权人的同意函；

（八）法律、法规要求的其他文件。

省级商务主管部门应在收到申请文件后两个工作日内向商务部转报。商务部在收到上报文件之日起两个工作日内征求证监会意见，证监会于两个工作日内

向商务部书面确认无异议后,商务部于5个工作日内依法就外商投资上市公司股权变更事项作出批复。

二、外商投资上市公司股权分置改革后的企业性质和企业待遇。

(一)外商投资上市公司股权分置改革方案实施后,在原外资法人股股东承诺不出售股票的期限(以下简称限售期)内,上市公司继续持有外商投资企业批准证书,享受的外商投资企业优惠待遇不变。由于股权分置改革引起外资股比例变化原则上不影响该上市公司已有的相关政策。

(二)限售期满后,原外资法人股股东不出售其股份的,上市公司继续持有外商投资企业批准证书,享受的外商投资企业待遇不变。

(三)限售期满后,原外资法人股东出售其股份的:

1. 原外资股股东出售股份后外资股比不低于25%的,上市公司继续持有外商投资企业批准证书,享受的外商投资企业待遇不变。

2. 原外资股股东出售股份导致公司外资股比低于25%但高于10%的,上市公司继续持有外商投资企业批准证书,公司已享受的外商投资企业优惠分别按税务、海关、外汇管理等部门的有关规定办理相关手续。

3. 原外资股股东出售股份导致上市公司外资股比低于10%的,上市公司需在3个工作日内到商务部和工商管理部门等相关单位依法办理相关变更手续,上市公司不再持有外商投资企业批准证书。

三、境外投资者向上市公司战略性投资。

根据《关于上市公司股权分置改革的指导意见》和外资并购的有关规定,允许境外投资者对上市公司进行战略性投资。股权分置改革后上市公司因实施发展战略需要引进境外战略投资者的,经商务部等有关部门批准,境外战略投资者可以购买并承诺在一定年限内持有一定比例(原则上参照国际货币基金组织关于外商直接投资的定义,有明确规定的从其规定)的上市公司A股股份。境外战略投资者购买上市公司股份的审批程序、股票账户管理等,由商务部、证监会另行制定管理办法。

四、持有外商投资企业批准证书的含H股或B股的A股上市公司,股权分置改革后继续持有外商投资企业批准证书。

五、股权分置改革后,外商投资上市公司应按要求及时向商务部报送外资股比例变动情况,中国证券登记结算公司根据商务部要求提供相关的数据查询服务。

六、暂未进行股权分置改革的外商投资上市公司,其股权变更仍按现行有关规定办理。

七、本通知由商务部和证监会负责解释。

八、本通知自发布之日起执行。

中国证券监督管理委员会关于已完成股权分置改革的上市公司原非流通股股份转让有关问题的通知

1. 2006年8月2日

2. 证监发〔2006〕87号

上海、深圳证券交易所,中国证券登记结算有限责任公司:

为进一步规范和推进上市公司股权分置改革,根据《上市公司股权分置改革管理办法》(证监发〔2005〕86号,以下简称《管理办法》),现就已完成股权分置改革的上市公司原非流通股股份转让有关问题通知如下:

一、已完成股权分置改革的上市公司原非流通股股份的出售,应当严格遵守《管理办法》第二十七条有关股份限售的规定。在改革方案中原非流通股股东承诺增加限售期和附加限售条件的,应当按照诚实信用原则忠实履行承诺义务,不得擅自变更、解除承诺义务。

二、已完成股权分置改革的上市公司原非流通股股份的转让,在执行《管理办法》第二十七条有关股份限售规定时,以下情形不属于限售范围:

(一)在同一实际控制人控制之下不同主体之间的股份转让;

(二)因接受要约收购发生的股份转让;

(三)因偿还股权分置改革垫付对价发生的股份转让;

(四)因履行股权分置改革追送股份承诺而发生的股份转让;

(五)因司法裁决、公司解散等原因,导致股份持有人发生变化的。

上述情形中的股份受让方须继续履行股份出让方有关原非流通股股份出售的相关承诺义务。

三、已完成股权分置改革的上市公司原非流通股股份持有人的控股股东或实际控制人发生变化的,股份持有人仍须遵守《管理办法》有关限售规定并履行股权分置改革方案中的承诺义务。

四、上述事项中,涉及股份过户登记的,按照有关流通股协议转让规则办理。

四、信息披露

《上市公司信息披露管理办法》导读:

《上市公司信息披露管理办法》(以下简称《管理办法》)是证监会2007年1月30日发布的部门规章,是对上市公司及其他信息披露义务人的所有信息披露行为的总括性规范,涵盖公司发行、上市后持续信息披露的各项要求。《管理办法》规范的对象包括四个层面:一是上市公司、发行人及其董事、监事、高级管理人员;二是股东、实际控制人和收购人等其他信息披露义务人;三是为信息披露事宜出具专项文件的证券服务机构、保荐人及其从业人员;四是与上市公司信息披露相关的市场各方,包括利用或可能利用上市公司内幕信息进行交易的机构和个人,散布传播虚假信息的机构和个人及相关媒体。

根据《管理办法》的规定,凡是发生可能对上市公司证券及衍生品种交易价格产生较大影响的重大事件(价格敏感性信息),上市公司均应披露事件的起因、目前的状态和可能产生的影响。同时《管理办法》中以列举方式对重大事件进行了界定。上述规定是重大事件披露的最低要求。无论有无相关具体规定,或上市公司发生的事件没有达到相关披露标准,但上市公司董事会认为该事件对公司证券及衍生品种交易价格产生较大影响的,公司也应按照相关规定及时履行披露义务。

与以前信息披露法规相比,信息披露事务管理一章是新内容,在我国之前已颁布实施的信息披露法规中尚无与此有关的规定。该章涵盖两个部分:一是首次明确要求上市公司必须制定信息披露事务管理制度,保证达到披露标准信息的内部流转通报制度,明确公司各部门和董事、监事、高管等相关人员的信息披露职责。并要求该制度经董事会讨论通过后向证券交易所、证监局备案;二是对控股股东、实际控制人、收购人、保荐人、证券服务机构、媒体等信息披露相关各方在信息披露中如何履行职责提出具体的行为规范要求。

在监管手段方面,中国证监会可以要求上市公司及相关信息披露义务人或者其董事、监事、高级管理人员对有关信息披露问题作出解释、说明或提供相关资料,并要求上市公司提供保荐人或证券服务机构的专业意见。中国证监会对保荐人和证券服务机构出具的文件的真实性、准确性、完整性有疑义的,可以要求相关机构作出解释、补充,并调阅其工作底稿。上市公司及相关信息披露义务人、保荐人和证券服务机构有义务及时作出回复,并主动配合中国证监会的调查。

资料补充栏

1. 信息披露管理

上市公司信息披露管理办法

2007年1月30日中国证券监督管理委员会令第40号公布施行

第一章 总 则

第一条 为了规范发行人、上市公司及其他信息披露义务人的信息披露行为，加强信息披露事务管理，保护投资者合法权益，根据《公司法》、《证券法》等法律、行政法规，制定本办法。

第二条 信息披露义务人应当真实、准确、完整、及时地披露信息，不得有虚假记载、误导性陈述或者重大遗漏。

信息披露义务人应当同时向所有投资者公开披露信息。

在境内、外市场发行证券及其衍生品种并上市的公司在境外市场披露的信息，应当同时在境内市场披露。

第三条 发行人、上市公司的董事、监事、高级管理人员应当忠实、勤勉地履行职责，保证披露信息的真实、准确、完整、及时、公平。

第四条 在内幕信息依法披露前，任何知情人不得公开或者泄露该信息，不得利用该信息进行内幕交易。

第五条 信息披露文件主要包括招股说明书、募集说明书、上市公告书、定期报告和临时报告等。

第六条 上市公司及其他信息披露义务人依法披露信息，应当将公告文稿和相关备查文件报送证券交易所登记，并在中国证券监督管理委员会（以下简称中国证监会）指定的媒体发布。

信息披露义务人在公司网站及其他媒体发布信息的时间不得先于指定媒体，不得以新闻发布或者答记者问等任何形式代替应当履行的报告、公告义务，不得以定期报告形式代替应当履行的临时报告义务。

第七条 信息披露义务人应当将信息披露公告文稿和相关备查文件报送上市公司注册地证监局，并置备于公司住所供社会公众查阅。

第八条 信息披露文件应当采用中文文本。同时采用外文文本的，信息披露义务人应当保证两种文本的内容一致。两种文本发生歧义时，以中文文本为准。

第九条 中国证监会依法对信息披露文件及公告的情况、信息披露事务管理活动进行监督，对上市公司控股股东、实际控制人和信息披露义务人的行为进行监督。

证券交易所应当对上市公司及其他信息披露义务人披露信息进行监督，督促其依法及时、准确地披露信息，对证券及其衍生品种交易实行实时监控。证券交易所制订的上市规则和其他信息披露规则应当报中国证监会批准。

第十条 中国证监会可以对金融、房地产等特殊行业上市公司的信息披露作出特别规定。

第二章 招股说明书、募集说明书与上市公告书

第十一条 发行人编制招股说明书应当符合中国证监会的相关规定。凡是对投资者作出投资决策有重大影响的信息，均应当在招股说明书中披露。

公开发行证券的申请经中国证监会核准后，发行人应当在证券发行前公告招股说明书。

第十二条 发行人的董事、监事、高级管理人员，应当对招股说明书签署书面确认意见，保证所披露的信息真实、准确、完整。

招股说明书应当加盖发行人公章。

第十三条 发行人申请首次公开发行股票的，中国证监会受理申请文件后，发行审核委员会审核前，发行人应当将招股说明书申报稿在中国证监会网站预先披露。

预先披露的招股说明书申报稿不是发行人发行股票的正式文件，不能含有价格信息，发行人不得据此发行股票。

第十四条 证券发行申请经中国证监会核准后至发行结束前，发生重要事项的，发行人应当向中国证监会书面说明，并经中国证监会同意后，修改招股说明书或者作相应的补充公告。

第十五条 申请证券上市交易，应当按照证券交易所的规定编制上市公告书，并经证券交易所审核同意后公告。

发行人的董事、监事、高级管理人员，应当对上市公告书签署书面确认意见，保证所披露的信息真实、准确、完整。

上市公告书应当加盖发行人公章。

第十六条 招股说明书、上市公告书引用保荐人、证券服务机构的专业意见或者报告的，相关内容应当与保荐人、证券服务机构出具的文件内容一致，确保引用保荐人、证券服务机构的意见不会产生误导。

第十七条 本办法第十一条至第十六条有关招股说明书的规定，适用于公司债券募集说明书。

第十八条 上市公司在非公开发行新股后，应当依法披露发行情况报告书。

第三章　定 期 报 告

第十九条　上市公司应当披露的定期报告包括年度报告、中期报告和季度报告。凡是对投资者作出投资决策有重大影响的信息,均应当披露。

年度报告中的财务会计报告应当经具有证券、期货相关业务资格的会计师事务所审计。

第二十条　年度报告应当在每个会计年度结束之日起4个月内,中期报告应当在每个会计年度的上半年结束之日起2个月内,季度报告应当在每个会计年度第3个月、第9个月结束后的1个月内编制完成并披露。

第一季度季度报告的披露时间不得早于上一年度年度报告的披露时间。

第二十一条　年度报告应当记载以下内容:

(一)公司基本情况;

(二)主要会计数据和财务指标;

(三)公司股票、债券发行及变动情况,报告期末股票、债券总额、股东总数,公司前10大股东持股情况;

(四)持股5%以上股东、控股股东及实际控制人情况;

(五)董事、监事、高级管理人员的任职情况、持股变动情况、年度报酬情况;

(六)董事会报告;

(七)管理层讨论与分析;

(八)报告期内重大事件及对公司的影响;

(九)财务会计报告和审计报告全文;

(十)中国证监会规定的其他事项。

第二十二条　中期报告应当记载以下内容:

(一)公司基本情况;

(二)主要会计数据和财务指标;

(三)公司股票、债券发行及变动情况、股东总数、公司前10大股东持股情况,控股股东及实际控制人发生变化的情况;

(四)管理层讨论与分析;

(五)报告期内重大诉讼、仲裁等重大事件及对公司的影响;

(六)财务会计报告;

(七)中国证监会规定的其他事项。

第二十三条　季度报告应当记载以下内容:

(一)公司基本情况;

(二)主要会计数据和财务指标;

(三)中国证监会规定的其他事项。

第二十四条　公司董事、高级管理人员应当对定期报告签署书面确认意见,监事会应当提出书面审核意见,说明董事会的编制和审核程序是否符合法律、行政法规和中国证监会的规定,报告的内容是否能够真实、准确、完整地反映上市公司的实际情况。

董事、监事、高级管理人员对定期报告内容的真实性、准确性、完整性无法保证或者存在异议的,应当陈述理由和发表意见,并予以披露。

第二十五条　上市公司预计经营业绩发生亏损或者发生大幅变动的,应当及时进行业绩预告。

第二十六条　定期报告披露前出现业绩泄露,或者出现业绩传闻且公司证券及其衍生品种交易出现异常波动的,上市公司应当及时披露本报告期相关财务数据。

第二十七条　定期报告中财务会计报告被出具非标准审计报告的,上市公司董事会应当针对该审计意见涉及事项作出专项说明。

定期报告中财务会计报告被出具非标准审计意见,证券交易所认为涉嫌违法的,应当提请中国证监会立案调查。

第二十八条　上市公司未在规定期限内披露年度报告和中期报告的,中国证监会应当立即立案稽查,证券交易所应当按照股票上市规则予以处理。

第二十九条　年度报告、中期报告和季度报告的格式及编制规则,由中国证监会另行制定。

第四章　临 时 报 告

第三十条　发生可能对上市公司证券及其衍生品种交易价格产生较大影响的重大事件,投资者尚未得知时,上市公司应当立即披露,说明事件的起因、目前的状态和可能产生的影响。

前款所称重大事件包括:

(一)公司的经营方针和经营范围的重大变化;

(二)公司的重大投资行为和重大的购置财产的决定;

(三)公司订立重要合同,可能对公司的资产、负债、权益和经营成果产生重要影响;

(四)公司发生重大债务和未能清偿到期重大债务的违约情况,或者发生大额赔偿责任;

(五)公司发生重大亏损或者重大损失;

(六)公司生产经营的外部条件发生的重大变化;

(七)公司的董事、1/3以上监事或者经理发生变动;董事长或者经理无法履行职责;

(八)持有公司5%以上股份的股东或者实际控制人,其持有股份或者控制公司的情况发生较大变化;

(九)公司减资、合并、分立、解散及申请破产的决定;或者依法进入破产程序、被责令关闭;

(十)涉及公司的重大诉讼、仲裁,股东大会、董事会决议被依法撤销或者宣告无效;

（十一）公司涉嫌违法违规被有权机关调查，或者受到刑事处罚、重大行政处罚；公司董事、监事、高级管理人员涉嫌违法违纪被有权机关调查或者采取强制措施；

（十二）新公布的法律、法规、规章、行业政策可能对公司产生重大影响；

（十三）董事会就发行新股或者其他再融资方案、股权激励方案形成相关决议；

（十四）法院裁决禁止控股股东转让其所持股份；任一股东所持公司5%以上股份被质押、冻结、司法拍卖、托管、设定信托或者被依法限制表决权；

（十五）主要资产被查封、扣押、冻结或者被抵押、质押；

（十六）主要或者全部业务陷入停顿；

（十七）对外提供重大担保；

（十八）获得大额政府补贴等可能对公司资产、负债、权益或者经营成果产生重大影响的额外收益；

（十九）变更会计政策、会计估计；

（二十）因前期已披露的信息存在差错、未按规定披露或者虚假记载，被有关机关责令改正或者经董事会决定进行更正；

（二十一）中国证监会规定的其他情形。

第三十一条 上市公司应当在最先发生的以下任一时点，及时履行重大事件的信息披露义务：

（一）董事会或者监事会就该重大事件形成决议时；

（二）有关各方就该重大事件签署意向书或者协议时；

（三）董事、监事或者高级管理人员知悉该重大事件发生并报告时。

在前款规定的时点之前出现下列情形之一的，上市公司应当及时披露相关事项的现状、可能影响事件进展的风险因素：

（一）该重大事件难以保密；

（二）该重大事件已经泄露或者市场出现传闻；

（三）公司证券及其衍生品种出现异常交易情况。

第三十二条 上市公司披露重大事件后，已披露的重大事件出现可能对上市公司证券及其衍生品种交易价格产生较大影响的进展或者变化的，应当及时披露进展或者变化情况、可能产生的影响。

第三十三条 上市公司控股子公司发生本办法第三十条规定的重大事件，可能对上市公司证券及其衍生品种交易价格产生较大影响的，上市公司应当履行信息披露义务。

上市公司参股公司发生可能对上市公司证券及其衍生品种交易价格产生较大影响的事件的，上市公司应当履行信息披露义务。

第三十四条 涉及上市公司的收购、合并、分立、发行股份、回购股份等行为导致上市公司股本总额、股东、实际控制人等发生重大变化的，信息披露义务人应当依法履行报告、公告义务，披露权益变动情况。

第三十五条 上市公司应当关注本公司证券及其衍生品种的异常交易情况及媒体关于本公司的报道。

证券及其衍生品种发生异常交易或者在媒体中出现的消息可能对公司证券及其衍生品种的交易产生重大影响时，上市公司应当及时向相关各方了解真实情况，必要时应当以书面方式问询。

上市公司控股股东、实际控制人及其一致行动人应当及时、准确地告知上市公司是否存在拟发生的股权转让、资产重组或者其他重大事件，并配合上市公司做好信息披露工作。

第三十六条 公司证券及其衍生品种交易被中国证监会或者证券交易所认定为异常交易的，上市公司应当及时了解造成证券及其衍生品种交易异常波动的影响因素，并及时披露。

第五章 信息披露事务管理

第三十七条 上市公司应当制定信息披露事务管理制度。信息披露事务管理制度应当包括：

（一）明确上市公司应当披露的信息，确定披露标准；

（二）未公开信息的传递、审核、披露流程；

（三）信息披露事务管理部门及其负责人在信息披露中的职责；

（四）董事和董事会、监事和监事会、高级管理人员等的报告、审议和披露的职责；

（五）董事、监事、高级管理人员履行职责的记录和保管制度；

（六）未公开信息的保密措施，内幕信息知情人的范围和保密责任；

（七）财务管理和会计核算的内部控制及监督机制；

（八）对外发布信息的申请、审核、发布流程；与投资者、证券服务机构、媒体等的信息沟通与制度；

（九）信息披露相关文件、资料的档案管理；

（十）涉及子公司的信息披露事务管理和报告制度；

（十一）未按规定披露信息的责任追究机制，对违反规定人员的处理措施。

上市公司信息披露事务管理制度应当经公司董事会审议通过，报注册地证监局和证券交易所备案。

第三十八条　上市公司董事、监事、高级管理人员应当勤勉尽责,关注信息披露文件的编制情况,保证定期报告、临时报告在规定期限内披露,配合上市公司及其他信息披露义务人履行信息披露义务。

第三十九条　上市公司应当制定定期报告的编制、审议、披露程序。经理、财务负责人、董事会秘书等高级管理人员应当及时编制定期报告草案,提请董事会审议;董事会秘书负责送达董事审阅;董事长负责召集和主持董事会会议审议定期报告;监事会负责审核董事会编制的定期报告;董事会秘书负责组织定期报告的披露工作。

第四十条　上市公司应当制定重大事件的报告、传递、审核、披露程序。董事、监事、高级管理人员知悉重大事件发生时,应当按照公司规定立即履行报告义务;董事长在接到报告后,应当立即向董事会报告,并敦促董事会秘书组织临时报告的披露工作。

第四十一条　上市公司通过业绩说明会、分析师会议、路演、接受投资者调研等形式就公司的经营情况、财务状况及其他事件与任何机构和个人进行沟通的,不得提供内幕信息。

第四十二条　董事应当了解并持续关注公司生产经营情况、财务状况和公司已经发生的或者可能发生的重大事件及其影响,主动调查、获取决策所需要的资料。

第四十三条　监事应当对公司董事、高级管理人员履行信息披露职责的行为进行监督;关注公司信息披露情况,发现信息披露存在违法违规问题的,应当进行调查并提出处理建议。

监事会对定期报告出具的书面审核意见,应当说明编制和审核的程序是否符合法律、行政法规、中国证监会的规定,报告的内容是否能够真实、准确、完整地反映上市公司的实际情况。

第四十四条　高级管理人员应当及时向董事会报告有关公司经营或者财务方面出现的重大事件、已披露的事件的进展或者变化情况及其他相关信息。

第四十五条　董事会秘书负责组织和协调公司信息披露事务,汇集上市公司应予披露的信息并报告董事会,持续关注媒体对公司的报道并主动求证报道的真实情况。董事会秘书有权参加股东大会、董事会会议、监事会会议和高级管理人员相关会议,有权了解公司的财务和经营情况,查阅涉及信息披露事宜的所有文件。

董事会秘书负责办理上市公司信息对外公布等相关事宜。除监事会公告外,上市公司披露的信息应当以董事会公告的形式发布。董事、监事、高级管理人员非经董事会书面授权,不得对外发布上市公司未披露信息。

上市公司应当为董事会秘书履行职责提供便利条件,财务负责人应当配合董事会秘书在财务信息披露方面的相关工作。

第四十六条　上市公司的股东、实际控制人发生以下事件时,应当主动告知上市公司董事会,并配合上市公司履行信息披露义务。

(一)持有公司5%以上股份的股东或者实际控制人,其持有股份或者控制公司的情况发生较大变化;

(二)法院裁决禁止控股股东转让其所持股份,任一股东所持公司5%以上股份被质押、冻结、司法拍卖、托管、设定信托或者被依法限制表决权;

(三)拟对上市公司进行重大资产或者业务重组;

(四)中国证监会规定的其他情形。

应当披露的信息依法披露前,相关信息已在媒体上传播或者公司证券及其衍生品种出现交易异常情况的,股东或者实际控制人应当及时、准确地向上市公司作出书面报告,并配合上市公司及时、准确地公告。

上市公司的股东、实际控制人不得滥用其股东权利、支配地位,不得要求上市公司向其提供内幕信息。

第四十七条　上市公司非公开发行股票时,其控股股东、实际控制人和发行对象应当及时向上市公司提供相关信息,配合上市公司履行信息披露义务。

第四十八条　上市公司董事、监事、高级管理人员、持股5%以上的股东及其一致行动人、实际控制人应当及时向上市公司董事会报送上市公司关联人名单及关联关系的说明。上市公司应当履行关联交易的审议程序,并严格执行关联交易回避表决制度。交易各方不得通过隐瞒关联关系或者采取其他手段,规避上市公司的关联交易审议程序和信息披露义务。

第四十九条　通过接受委托或者信托等方式持有上市公司5%以上股份的股东或者实际控制人,应当及时将委托人情况告知上市公司,配合上市公司履行信息披露义务。

第五十条　信息披露义务人应当向其聘用的保荐人、证券服务机构提供与执业相关的所有资料,并确保资料的真实、准确、完整,不得拒绝、隐匿、谎报。

保荐人、证券服务机构在为信息披露出具专项文件时,发现上市公司及其他信息披露义务人提供的材料有虚假记载、误导性陈述、重大遗漏或者其他重大违法行为的,应当要求其补充、纠正。信息披露义务人不予补充、纠正的,保荐人、证券服务机构应当及时向公司注册地证监局和证券交易所报告。

第五十一条　上市公司解聘会计师事务所的,应当在董事会决议后及时通知会计师事务所,公司股东大会就解聘会计师事务所进行表决时,应当允许会计师事务所陈述意见。股东大会作出解聘、更换会计师事务所决议的，上市公司应当在披露时说明更换的具体原因和会计师事务所的陈述意见。

第五十二条 为信息披露义务人履行信息披露义务出具专项文件的保荐人、证券服务机构，应当勤勉尽责、诚实守信，按照依法制定的业务规则、行业执业规范和道德准则发表专业意见，保证所出具文件的真实性、准确性和完整性。

第五十三条 注册会计师应当秉承风险导向审计理念，严格执行注册会计师执业准则及相关规定，完善鉴证程序，科学选用鉴证方法和技术，充分了解被鉴证单位及其环境，审慎关注重大错报风险，获取充分、适当的证据，合理发表鉴证结论。

第五十四条 资产评估机构应当恪守职业道德，严格遵守评估准则或者其他评估规范，恰当选择评估方法，评估中提出的假设条件应当符合实际情况，对评估对象所涉及交易、收入、支出、投资等业务的合法性、未来预测的可靠性取得充分证据，充分考虑未来各种可能性发生的概率及其影响，形成合理的评估结论。

第五十五条 任何机构和个人不得非法获取、提供、传播上市公司的内幕信息，不得利用所获取的内幕信息买卖或者建议他人买卖公司证券及其衍生品种，不得在投资价值分析报告、研究报告等文件中使用内幕信息。

第五十六条 媒体应当客观、真实地报道涉及上市公司的情况，发挥舆论监督作用。

任何机构和个人不得提供、传播虚假或者误导投资者的上市公司信息。

违反前两款规定，给投资者造成损失的，依法承担赔偿责任。

第六章 监督管理与法律责任

第五十七条 中国证监会可以要求上市公司及其他信息披露义务人或者其董事、监事、高级管理人员对有关信息披露问题作出解释、说明或者提供相关资料，并要求上市公司提供保荐人或者证券服务机构的专业意见。

中国证监会对保荐人和证券服务机构出具的文件的真实性、准确性、完整性有疑义的，可以要求相关机构作出解释、补充，并调阅其工作底稿。

上市公司及其他信息披露义务人、保荐人和证券服务机构应当及时作出回复，并配合中国证监会的检查、调查。

第五十八条 上市公司董事、监事、高级管理人员应当对公司信息披露的真实性、准确性、完整性、及时性、公平性负责，但有充分证据表明其已经履行勤勉尽责义务的除外。

上市公司董事长、经理、董事会秘书，应当对公司临时报告信息披露的真实性、准确性、完整性、及时性、公平性承担主要责任。

上市公司董事长、经理、财务负责人应对公司财务报告的真实性、准确性、完整性、及时性、公平性承担主要责任。

第五十九条 信息披露义务人及其董事、监事、高级管理人员，上市公司的股东、实际控制人、收购人及其董事、监事、高级管理人员违反本办法的，中国证监会可以采取以下监管措施：

（一）责令改正；

（二）监管谈话；

（三）出具警示函；

（四）将其违法违规、不履行公开承诺等情况记入诚信档案并公布；

（五）认定为不适当人选；

（六）依法可以采取的其他监管措施。

第六十条 上市公司未按本办法规定制定上市公司信息披露事务管理制度的，中国证监会责令改正。拒不改正的，中国证监会给予警告、罚款。

第六十一条 信息披露义务人未在规定期限内履行信息披露义务，或者所披露的信息有虚假记载、误导性陈述或者重大遗漏的，中国证监会按照《证券法》第一百九十三条处罚。

第六十二条 信息披露义务人未在规定期限内报送有关报告，或者报送的报告有虚假记载、误导性陈述或者重大遗漏的，中国证监会按照《证券法》第一百九十三条处罚。

第六十三条 上市公司通过隐瞒关联关系或者采取其他手段，规避信息披露、报告义务的，中国证监会按照《证券法》第一百九十三条处罚。

第六十四条 上市公司股东、实际控制人未依法配合上市公司履行信息披露义务的，或者非法要求上市公司提供内幕信息的，中国证监会责令改正，给予警告、罚款。

第六十五条 为信息披露义务人履行信息披露义务出具专项文件的保荐人、证券服务机构及其人员，违反《证券法》、行政法规和中国证监会的规定，由中国证监会依法采取责令改正、监管谈话、出具警示函、记入诚信档案等监管措施；应当给予行政处罚的，中国证监会依法处罚。

第六十六条 任何机构和个人泄露上市公司内幕信息，或者利用内幕信息买卖证券及其衍生品种，中国证监会按照《证券法》第二百零一条、第二百零二条处罚。

第六十七条 任何机构和个人编制、传播虚假信息扰乱证券市场;媒体传播上市公司信息不真实、不客观的,中国证监会按照《证券法》第二百零六条处罚。

在证券及其衍生品种交易活动中作出虚假陈述或者信息误导的,中国证监会按照《证券法》第二百零七条处罚。

第六十八条　涉嫌利用新闻报道以及其他传播方式对上市公司进行敲诈勒索的,中国证监会责令改正,向有关部门发出监管建议函,由有关部门依法追究法律责任。

第六十九条　上市公司及其他信息披露义务人违反本办法的规定,情节严重的,中国证监会可以对有关责任人员采取证券市场禁入的措施。

第七十条　违反本办法,涉嫌犯罪的,依法移送司法机关,追究刑事责任。

第七章　附　　则

第七十一条　本办法下列用语的含义:

(一)为信息披露义务人履行信息披露义务出具专项文件的保荐人、证券服务机构,是指为证券发行、上市、交易等证券业务活动制作、出具保荐书、审计报告、资产评估报告、法律意见书、财务顾问报告、资信评级报告等文件的保荐人、会计师事务所、资产评估机构、律师事务所、财务顾问机构、资信评级机构。

(二)及时,是指自起算日起或者触及披露时点的两个交易日内。

(三)上市公司的关联交易,是指上市公司或者其控股子公司与上市公司关联人之间发生的转移资源或者义务的事项。

关联人包括关联法人和关联自然人。

具有以下情形之一的法人,为上市公司的关联法人:

1. 直接或者间接地控制上市公司的法人;

2. 由前项所述法人直接或者间接控制的除上市公司及其控股子公司以外的法人;

3. 关联自然人直接或者间接控制的、或者担任董事、高级管理人员的,除上市公司及其控股子公司以外的法人;

4. 持有上市公司5%以上股份的法人或者一致行动人;

5. 在过去12个月内或者根据相关协议安排在未来12月内,存在上述情形之一的;

6. 中国证监会、证券交易所或者上市公司根据实质重于形式的原则认定的其他与上市公司有特殊关系,可能或者已经造成上市公司对其利益倾斜的法人。

具有以下情形之一的自然人,为上市公司的关联自然人:

1. 直接或者间接持有上市公司5%以上股份的自然人;

2. 上市公司董事、监事及高级管理人员;

3. 直接或者间接地控制上市公司的法人的董事、监事及高级管理人员;

4. 上述第1、2项所述人士的关系密切的家庭成员,包括配偶、父母、年满18周岁的子女及其配偶、兄弟姐妹及其配偶,配偶的父母、兄弟姐妹,子女配偶的父母;

5. 在过去12个月内或者根据相关协议安排在未来12个月内,存在上述情形之一的;

6. 中国证监会、证券交易所或者上市公司根据实质重于形式的原则认定的其他与上市公司有特殊关系,可能或者已经造成上市公司对其利益倾斜的自然人。

(四)指定媒体,是指中国证监会指定的报刊和网站。

第七十二条　本办法自公布之日起施行。《公开发行股票公司信息披露实施细则》(试行)(证监上字〔1993〕43号)、《关于股票公开发行与上市公司信息披露有关事项的通知》(证监研字〔1993〕19号)、《关于加强对上市公司临时报告审查的通知》(证监上字〔1996〕26号)、《关于上市公司发布澄清公告若干问题的通知》(证监上字〔1996〕28号)、《上市公司披露信息电子存档事宜的通知》(证监信字〔1998〕50号)、《关于进一步加强ST、PT公司信息披露监管工作的通知》(证监公司字〔2000〕63号)、《关于拟发行新股的上市公司中期报告有关问题的通知》(证监公司字〔2001〕69号)、《关于上市公司临时公告及相关附件报送中国证监会派出机构备案的通知》(证监公司字〔2003〕7号)同时废止。

关于前次募集资金使用情况报告的规定

1. 2007年12月26日中国证券监督管理委员会发布
2. 证监发行字〔2007〕500号

第一条　为规范上市公司前次募集资金使用情况报告的编制行为,保护投资者的合法权益,根据《上市公司证券发行管理办法》(证监会令第30号),制定本规定。

第二条　上市公司申请发行证券,且前次募集资金到账时间距今未满五个会计年度的,董事会应按照本规定编制前次募集资金使用情况报告,对发行申请文件最近一期经审计的财务报告截止日的最近一次(境内或境外）募集资金实际使用情况进行详细说明，并就前次募集资金使用情况报告作出决议后提请股东大会批准。

董事会应保证前次募集资金使用情况报告的内容真实、准确、完整，不存在虚假记载、误导性陈述或重大遗漏。

第三条 前次募集资金使用情况报告在提请股东大会批准前应由具有证券、期货相关业务资格的会计师事务所按照《中国注册会计师其他鉴证业务准则第 3101 号——历史财务信息审计或审阅以外的鉴证业务》的相关规定出具鉴证报告。

注册会计师应当以积极方式对前次募集资金使用情况报告是否已经按照本规定编制以及是否如实反映了上市公司前次募集资金使用情况发表鉴证意见。

第四条 前次募集资金使用情况报告应说明前次募集资金的数额、资金到账时间以及资金在专项账户的存放情况（至少应当包括初始存放金额、截止日余额）。

第五条 前次募集资金使用情况报告应通过与前次募集说明书或非公开发行股票相关信息披露文件中关于募集资金运用的相关披露内容进行逐项对照，以对照表的方式对比说明前次募集资金实际使用情况，包括（但不限于）投资项目、项目中募集资金投资总额、截止日募集资金累计投资额、项目达到预定可使用状态日期或截止日项目完工程度。（《前次募集资金使用情况对照表（参考格式）见附件一》）

前次募集资金实际投资项目发生变更的，应单独说明变更项目的名称、涉及金额及占前次募集资金总额的比例、变更原因、变更程序、批准机构及相关披露情况；前次募集资金项目的实际投资总额与承诺存在差异的，应说明差异内容和原因。

前次募集资金投资项目已对外转让或置换的（前次募集资金投资项目在上市公司实施重大资产重组中已全部对外转让或置换的除外），应单独说明在对外转让或置换前使用募集资金投资该项目的金额、投资项目完工程度和实现效益，转让或置换的定价依据及相关收益，转让价款收取和使用情况，置换进入资产的运行情况（至少应当包括资产权属变更情况、资产账面价值变化情况、生产经营情况和效益贡献情况）。

临时将闲置募集资金用于其他用途的，应单独说明使用闲置资金金额、用途、使用时间、批准机构、批准程序以及收回情况。前次募集资金未使用完毕的，应说明未使用金额及占前次募集资金总额的比例、未使用完毕的原因以及剩余资金的使用计划和安排。

第六条 前次募集资金使用情况报告应通过与前次募集说明书或非公开发行股票相关信息披露文件中关于募集资金投资项目效益预测的相关披露内容进行逐项对照，以对照表的方式对比说明前次募集资金投资项目最近 3 年实现效益的情况，包括（但不限于）实际投资项目、截止日投资项目累计产能利用率、投资项目承诺效益、最近 3 年实际效益、截止日累计实现效益、是否达到预计效益（《前次募集资金投资项目实现效益情况对照表（参考格式）见附件二》）。实现效益的计算口径、计算方法应与承诺效益的计算口径、计算方法一致，并在前次募集资金使用情况报告中明确说明。

前次募集资金投资项目无法单独核算效益的，应说明原因，并就该投资项目对公司财务状况、经营业绩的影响作定性分析。

募集资金投资项目的累计实现的收益低于承诺的累计收益 20%（含 20%）以上的，应对差异原因进行详细说明。

第七条 前次发行涉及以资产认购股份的，前次募集资金使用情况报告应对该资产运行情况予以详细说明。该资产运行情况至少应当包括资产权属变更情况、资产账面价值变化情况、生产经营情况、效益贡献情况、是否达到盈利预测以及承诺事项的履行情况。

第八条 前次募集资金使用情况报告应将募集资金实际使用情况与公司定期报告和其他信息披露文件中披露的有关内容做逐项对照，并说明实际情况与披露内容是否存在差异。如有差异，应详细说明差异内容和原因。

第九条 前次募集资金使用情况报告和会计师事务所鉴证报告均为上市公司证券发行申请文件的必备内容。

第十条 本规定自发布之日起实施。原《前次募集资金使用情况专项报告指引》（2001 年 4 月 10 日证监公司字〔2001〕42 号）同时废止。

附件一：

前次募集资金使用情况对照表(参考格式)

单位：

<table>
<tr><td colspan="6">募集资金总额：</td><td colspan="5">已累计使用募集资金总额：</td></tr>
<tr><td colspan="6">变更用途的募集资金总额：
变更用途的募集资金总额比例：</td><td colspan="5">各年度使用募集资金总额：
200×年：
200×年：
200×年：</td></tr>
<tr><td colspan="3">投资项目</td><td colspan="3">募集资金投资总额</td><td colspan="4">截止日募集资金累计投资额</td><td rowspan="2">项目达到预定可使用状态日期(或截止日项目完工程度)</td></tr>
<tr><td>序号</td><td>承诺投资项目</td><td>实际投资项目</td><td>募集前承诺投资金额</td><td>募集后承诺投资金额</td><td>实际投资金额</td><td>募集前承诺投资金额</td><td>募集后承诺投资金额</td><td>实际投资金额</td><td>实际投资金额与募集后承诺投资金额的差额</td></tr>
<tr><td>1</td><td></td><td></td><td></td><td></td><td></td><td></td><td></td><td></td><td></td><td></td></tr>
<tr><td>2</td><td></td><td></td><td></td><td></td><td></td><td></td><td></td><td></td><td></td><td></td></tr>
<tr><td>3</td><td></td><td></td><td></td><td></td><td></td><td></td><td></td><td></td><td></td><td></td></tr>
<tr><td></td><td></td><td></td><td></td><td></td><td></td><td></td><td></td><td></td><td></td><td></td></tr>
<tr><td></td><td></td><td></td><td></td><td></td><td></td><td></td><td></td><td></td><td></td><td></td></tr>
<tr><td></td><td></td><td></td><td></td><td></td><td></td><td></td><td></td><td></td><td></td><td></td></tr>
<tr><td></td><td></td><td></td><td></td><td></td><td></td><td></td><td></td><td></td><td></td><td></td></tr>
</table>

附件二：

前次募集资金投资项目实现效益情况对照表(参考格式)

单位：

<table>
<tr><td colspan="2">实际投资项目</td><td rowspan="2">截止日投资项目累计产能利用率</td><td rowspan="2">承诺效益</td><td colspan="3">最近三年实际效益</td><td>截止日累计实现效益</td><td>是否达到预计效益</td></tr>
<tr><td>序号</td><td>项目名称</td><td>200×</td><td>200×</td><td>200×</td><td></td><td></td></tr>
<tr><td>1</td><td></td><td></td><td></td><td></td><td></td><td></td><td></td><td></td></tr>
<tr><td>2</td><td></td><td></td><td></td><td></td><td></td><td></td><td></td><td></td></tr>
<tr><td>3</td><td></td><td></td><td></td><td></td><td></td><td></td><td></td><td></td></tr>
<tr><td></td><td></td><td></td><td></td><td></td><td></td><td></td><td></td><td></td></tr>
<tr><td></td><td></td><td></td><td></td><td></td><td></td><td></td><td></td><td></td></tr>
<tr><td></td><td></td><td></td><td></td><td></td><td></td><td></td><td></td><td></td></tr>
<tr><td></td><td></td><td></td><td></td><td></td><td></td><td></td><td></td><td></td></tr>
</table>

注1：投资项目承诺效益各年度不同的，应分年度披露。

注2：截止日投资项目累计产能利用率是指投资项目达到预计可使用状态至截止日期间，投资项目的实际产量与设计产能之比。

中国证券监督管理委员会关于进一步提高上市公司财务信息披露质量的通知

1. 2004年1月6日
2. 证监会计字〔2004〕1号

各上市公司、会计师事务所：

最近，上市公司财务信息披露暴露出一些较为严重的问题，为真实、公允地反映上市公司的财务状况和经营成果，促进证券市场健康发展，现就上市公司财务信息披露提出以下几点要求：

一、关于各项损失准备的计提

上市公司应建立、健全有关应收款项坏账准备、短期投资跌价准备、存货跌价准备、长期投资减值准备、委托贷款减值准备、固定资产减值准备、无形资产减值准备、在建工程减值准备等各项资产减值准备计提和损失处理的内部控制制度，对公司各项资产的潜在损失作出适当估计，并根据有关会计准则和制度的规定，计提必要的准备并作相应会计处理。公司经理层应按董事会的要求提供书面材料，详细说明损失估计及会计处理的具体方法、依据、数额；需要核销相关项目的，公司经理层还应向董事会提供被核销方的财务状况或法院裁决结果等具体核销依据，董事会应对上述事项做出专门决议，并在定期报告中公布所核销项目的催讨情况等。公司监事会应切实履行监督职能，对董事会的决议提出专门意见，并形成决议。损失准备和核销金额巨大的，还应按照证券交易所股票上市规则和公司章程对投资权限的有关规定提交股东大会批准。损失准备和核销涉及关联交易的，董事会或股东大会应按照证券交易所股票上市规则和公司章程对关联交易的有关规定履行决策程序。

上市公司不得为粉饰财务状况和经营成果，利用资产减值及会计估计变更调节各期利润。不得利用资产减值准备的机会"一次亏足"，在前期巨额计提后大额转回，随意调节利润；也不得不计提或少计提关联方欠款可能发生的坏账损失；不得随意变更计提方法和计提比例。如果公司滥用各项损失准备的计提、转回调节利润，有关责任人应承担相应的责任。

注册会计师在审计中应根据独立审计准则的要求，以应有的职业谨慎态度实施审计，获取充分、适当的审计证据，对上市公司所作的会计估计和处理是否适当作出实质性的判断，并恰当地表示审计意见。不能以强调事项代替发表意见，混淆会计报表错报与审计范围受到限制的概念。当公司计提减值准备的方法、比例发生变更时，应充分关注变更的理由及其对公司财务状况和经营成果的影响，并恰当地表示审计意见。当变更理由不合理或不充分，公司董事会又不接受纠正建议的，注册会计师应当考虑对审计意见的影响。

二、关于关联方关系及关联交易价格的公允性

上市公司关联交易的价格与交易对象的帐面价值或其市场通行价格存在较大差异，且对公司财务状况和经营成果产生重大影响的，董事会应对定价依据等作出充分披露，并按照证券交易所股票上市规则的有关规定履行必要的程序。

上市公司不得利用与关联方之间显失公允的交易调节利润，在核算时违背有关会计准则和制度的规定；不得将关联方交易非关联化，掩盖实质上的关联方关系及交易，逃避关联方关系及交易的披露，调节利润。如果公司存在利用关联方交易调节利润的情形，有关责任人应承担相应的责任。

注册会计师在审计中应对关联交易的真实性、合法性、有效性，交易价格的公允性，信息披露的充分性与准确性予以适当的关注，并恰当地表示审计意见。尤其要关注关联方关系非关联化问题，对于与非正常业务关系单位或个人发生的偶发性或重大交易，缺乏明显商业理由的交易，实质与形式明显不符的交易，交易价格、条件、形式等明显异常或显失公允的交易，应当考虑是否为虚构的交易、是否实质上是关联方交易、或该交易背后还有其他安排，并视其重要性程度考虑对审计意见的影响。

三、关于会计差错更正

为了保证经营活动的正常进行，上市公司应建立健全内部稽核制度，保证会计资料的真实、完整。对于日常会计核算中由于抄写错误、会计政策使用上的差错以及会计估计错误等原因造成会计差错，应当根据《企业会计准则——会计政策、会计估计变更和会计差错更正》的规定处理。公司经理层应向董事会提交有关书面材料，详细说明差错的原因、内容和对公司财务状况和经营成果的影响，董事会应对上述事项做出专门决议，并根据有关会计准则和制度的规定，恰当地进行会计处理。公司监事会应切实履行监督职能，对董事会的决议提出专门意见，并形成决议。公司存在会计差错情形的应当按中国证监会的有关规定，以重大事项临时报告的方式及时披露更正后的财务信息。

上市公司不得利用会计差错更正调节利润，如果公司滥用会计差错更正调节利润，有关责任人应承担相应的责任。

注册会计师在审计时应对公司作出的会计差错更正处理与披露,尤其是对会计差错更正的原因予以适当关注,并恰当地表示审计意见。如果发现公司存在滥用会计差错更正的情况,应当要求纠正,公司董事会不接受纠正建议的,注册会计师应当考虑其对审计意见的影响。

四、关于审计范围受到限制

上市公司不得限制注册会计师为确保经审计财务报告质量而依法实施必要的审计程序,不得以节省审计费用等理由限制注册会计师的审计范围。

注册会计师在接受上市公司审计委托时应充分考虑审计范围是否会受到限制。接受委托后,审计范围受到限制而且这种限制会对公司财务状况和经营成果造成较大影响时,注册会计师应根据审计准则和职业道德规范的要求,恰当地表示审计意见,或考虑采取撤出审计等措施。

注册会计师不得在明知公司财务报告严重不合法、不公允,或在未实施必要的审计程序,未取得必要的审计证据情况下,以审计范围受到限制为由,发表不恰当的审计意见。

五、关于重大不确定性

上市公司存在未决诉讼、仲裁、为其他单位提供债务担保、持续经营能力可能存在问题等重大不确定事项时,公司经理层及董事会应根据公司实际情况作出谨慎的判断,并根据有关会计准则和制度及其他法规的规定,进行相应会计处理并作充分披露。公司监事会应切实履行监督职能,对董事会的决议提出专门意见,并形成决议。

上市公司不得以存在重大不确定性为由,对可能承担的损失不予确认和计量,或限制注册会计师实施必要的审计程序。如果公司存在以上行为,导致所披露的财务报告不能如实反映公司的财务状况和经营成果,有关责任人应承担相应的责任。

注册会计师应根据审计准则和其他规范的要求,对公司会计处理和披露情况给予适当关注,并恰当地表示审计意见。不确定事项不等于审计范围受到限制,注册会计师不得为规避自身的风险,而在未实施必要的审计程序,未取得必要的审计证据情况下,以存在重大不确定性为由,发表不恰当的审计意见。

六、关于资产评估事项

拟上市公司和已上市公司对于因设立、变更、改制、资产重组等涉及资产评估事项时,董事会应对评估机构的选聘、评估机构的独立性、评估结论的合理性发表明确意见,并按照中国证监会有关规定披露资产评估事项。评估报告的用途应与其目的一致。资产评估机构和注册评估师应严格按照《资产评估操作规范意见(试行)》的有关规定,明确收益现值法的评估目的,慎重使用收益现值法。使用收益现值法评估的,董事会应对采用的折现率等重要评估参数、预期各年度收益等重要评估依据以及评估结论合理性发表意见,并予披露。独立董事也应对选聘评估机构的程序、评估机构的胜任能力、评估机构的独立性、评估结论的合理性单独发表明确意见,并予披露。上市公司在对各种会计要素进行初次和后续确认计量时,如涉及评估报告数据,应充分考虑评估报告所涉及交易的真实性和合法性、假设的合理性、各种数据的稳定性和可靠性、评估方法的科学性等因素对会计要素确认计量结果的影响,确保公司财务报告能真实反映其财务状况和经营成果。

上市公司不得出于不当动机,要求资产评估机构出具不实的资产评估报告。如果公司要求资产评估机构出具不实的资产评估报告,有关责任人应承担相应的责任。

资产评估机构应恪守职业道德,严格按照评估准则和程序,实事求是地出具评估报告,不得片面追求收入而出具与事实不符的评估报告。资产评估机构应对评估对象所涉及交易、收入、支出、投资等业务的合法性、未来预测的可靠性取得充分证据,充分考虑未来各种可能性发生的概率及其影响,禁止根据不切实际的各种简单假设进行随意的评估。

为防止公司和评估师高估未来盈利能力,并进而高估资产,对使用收益现值法评估资产的,凡未来年度报告的利润实现数低于预测数10%—20%的,公司及其聘请的评估师应在股东大会及指定报刊上作出解释,并向投资者公开道歉;凡未来年度报告的利润实现数低于预测数20%以上的,除要作出公开解释并道歉外,中国证监会将视情况实行事后审查,对有意提供虚假资料,出具虚假资产评估报告,误导投资者的,一经查实,将依据有关法规对公司和评估机构及其相关责任进行处罚。

注册会计师在审核上市公司各种会计要素进行初次和后续确认计量时,应对评估报告所涉及交易的真实性和合法性、假设的合理性,各项数据的稳定性和可靠性、评估方法的科学性,以及会计和披露的合规性等方面给予适当关注,并恰当地表示审计意见。

自本文发布之日起,中国证监会1999年10月10日发布的《关于提高上市公司财务信息披露质量的通知》(证监会计字〔1999〕17号)同时废止。

中国证券监督管理委员会关于规范上市公司信息披露及相关各方行为的通知

1. 2007年8月15日
2. 证监公司字〔2007〕128号

各上市公司：

为维护证券市场的秩序，打击内幕交易和市场操纵行为，保护投资者合法权益，现就有关事项通知如下：

一、上市公司及相关信息披露义务人应当严格按照《证券法》、《上市公司信息披露管理办法》（证监会令第40号）的相关规定，切实履行信息披露义务，公平地向所有投资者披露可能对上市公司股票交易价格产生较大影响的重大事件（以下简称股价敏感重大信息），以使所有投资者均可以同时获悉同样的信息，不得有选择性地、提前向特定对象单独泄露。特定对象包括（但不限于）从事证券投资、证券分析、咨询及其他证券服务业的机构、个人及其关联人等。

二、上市公司的股东、实际控制人及筹划并购重组等重大事件过程中的相关人员，应及时主动向上市公司通报有关信息，并配合上市公司及时、准确、完整地进行披露。上市公司在获悉相关信息时，应及时向证券交易所申请停牌并披露影响股价的重大信息。

三、对于正在筹划中的可能影响公司股价的重大事项，上市公司及其董事、监事、高级管理人员，交易对手方及其关联方和其董事、监事、高级管理人员（或主要负责人），聘请的专业机构和经办人员，参与制订、论证、审批等相关环节的有关机构和人员，以及提供咨询服务、由于业务往来知悉或可能知悉该事项的相关机构和人员等（以下简称内幕信息知情人）在相关事项依法披露前负有保密义务。在上市公司股价敏感重大信息依法披露前，任何内幕信息知情人不得公开或者泄露该信息，不得利用该信息进行内幕交易。

四、上市公司预计筹划中的重大事件难以保密或相关事件已经泄露的，应及时向证券交易所主动申请停牌，直至真实、准确、完整地披露信息。停牌期间，上市公司应当至少每周发布一次事件进展情况公告。

发生涉及上市公司的市场传闻或在没有公布任何股价敏感重大信息的情况下股票交易发生异常波动时，上市公司应当向证券交易所主动申请停牌，并核实有无影响上市公司股票交易的重大事件，不得以相关事项存在不确定性为由不履行信息披露义务。

五、剔除大盘因素和同行业板块因素影响，上市公司股价在股价敏感重大信息公布前20个交易日内累计涨跌幅超过20%的，上市公司在向中国证监会提起行政许可申请时，应充分举证相关内幕信息知情人及直系亲属等不存在内幕交易行为。证券交易所应对公司股价敏感重大信息公布前股票交易是否存在异常行为进行专项分析，并报中国证监会。中国证监会可对上市公司股价异动行为进行调查，调查期间将暂缓审核上市公司的行政许可申请。

六、上市公司如在澄清公告及股票交易异常波动公告中披露不存在重大资产重组、收购、发行股份等行为的，应同时承诺至少3个月内不再筹划同一事项。对于上市公司澄清公告涉嫌虚假记载、误导性陈述、或者重大遗漏的，中国证监会依法追究法律责任。

七、上市公司拟实施无先例、存在重大不确定性、需要向有关部门进行政策咨询、方案论证的重大事项，在向有关部门政策咨询、方案论证前，均应当在闭市后向证券交易所申请停牌。停牌的同时应披露该重大事项类型，原则上自停牌后5个工作日内携带相关材料向相关部门咨询论证。

上市公司向证券交易所申请停牌时，应同时提交停牌和复牌的书面申请。复牌书面申请应当明确：自公司股票停牌之日起5个工作日内（含停牌当日），如果公司未就停牌事项及方案与相关部门咨询、论证，或者经论证方案未获准的，则其股票在下一个交易日自动复牌。自动复牌时，公司应按规定进行公告。

上市公司应在方案咨询、论证结束后立即向证券交易所申请复牌，复牌的同时披露方案论证结果。如果方案未通过论证，公司应披露原因；如果通过论证，公司应公告方案。

八、上市公司涉及行政许可及无先例、存在重大不确定性、需要向有关部门进行政策咨询、方案论证的重大事项的，上市公司应当向中国证监会提交内幕信息知情人以及直系亲属在事实发生之日起前6个月内有无持有或买卖上市公司股票的相关文件，并充分举证相关人员不存在内幕交易行为。中国证监会、证券交易所将密切关注股价敏感重大信息公布前的上市公司股票交易情况，发现其股票交易存在涉嫌内幕交易或操纵行为的，中国证监会将依法立案查处，并对可疑账户采取限制交易，冻结、查封等措施。涉嫌犯罪的，移交公安机关追究其刑事责任。

特此通知。

中国证券监督管理委员会关于进一步提高首次公开发行股票公司财务信息披露质量有关问题的意见

2012年5月23日中国证券监督管理委员会公告〔2012〕14号公布施行

为贯彻落实《关于进一步深化新股发行体制改革的指导意见》(证监会公告〔2012〕10号)的有关要求，进一步提高首次公开发行股票公司财务信息的披露质量，增加透明度，促进新股发行中各市场参与主体归位尽责，现就进一步加强首次公开发行股票公司财务信息披露工作提出如下意见：

一、各市场主体须勤勉尽责，切实提高财务信息披露质量

财务信息是发行人招股说明书的编制基础。在发行监管工作中，发现少数发行人财务信息的披露质量不同程度地存在一些问题，有的缺乏针对性和充分性，有的随意调节会计政策、遗漏重要事项、粉饰财务报表，有的存在业绩造假、利润操纵等可疑情形。发行人、会计师事务所、保荐机构等市场主体应高度重视解决存在的问题，提升首次公开发行股票公司财务信息披露质量。

(一)发行人应依法承担财务报告的会计责任、财务信息的披露责任。发行人应严格执行《会计法》、《企业会计准则》的规定，保证会计基础工作的规范性，真实、公允地编制财务会计报告，为保荐机构的尽职调查和会计师事务所的审计鉴证提供真实、完整的财务会计资料和其他资料，确保招股说明书财务信息披露真实、准确、完整。

发行人的控股股东、实际控制人不得利用控制地位或关联方关系纵容、指使或协助发行人进行财务造假、利润操纵，或有意隐瞒重要财务信息的披露。

(二)会计师事务所及其签字注册会计师应当严格按照执业标准出具审计报告、审核报告或其他鉴证报告。会计师事务所应进一步完善质量控制制度，加强内部管理。会计师事务所及签字注册会计师在执业中应有效实施项目质量控制复核程序，保持独立性，不得代替发行人从事具体的会计处理业务或财务报告编制工作。

(三)保荐机构要切实履行对发行人的辅导、尽职调查和保荐责任。保荐机构要对发行人的财务管理、内部控制、规范运作等方面制度的健全性和实施的有效性进行核查和判断，并在发行保荐书和发行保荐工作报告中客观反映基本情况和风险因素，对重要事项应当独立核查和判断。

二、采取措施，切实解决首次公开发行股票公司财务信息披露中存在的突出问题

当前，在首次公开发行股票公司财务信息披露方面应重点做好以下工作：

(一)发行人应建立健全财务报告内部控制制度，合理保证财务报告的可靠性、生产经营的合法性、营运的效率和效果

发行人应建立规范的财务会计核算体系，保证财务部门岗位齐备，所聘用人员具备相应的专业知识及工作经验，能够胜任该岗位工作，各关键岗位应严格执行不相容职务分离的原则。发行人应通过记账、核对、岗位职责落实、职责分离、档案管理等会计控制方法，确保企业会计基础工作规范，财务报告编制有良好基础。

发行人审计委员会应主动了解内部审计部门的工作动态，对其发现的重大内部控制缺陷及时协调并向董事会报告。审计委员会应对发行人聘请的审计机构的独立性予以审查，并就其独立性发表意见。会计师事务所应对审计委员会及内部审计部门是否切实履行职责进行尽职调查，并记录在工作底稿中。

发行人相关部门应严格按照所授权限订立采购合同，并保留采购申请、采购合同、采购通知、验收证明、入库凭证、商业票据、款项支付等相关记录。发行人财务部门应对上述记录进行验证，确保会计记录、采购记录和仓储记录保持一致。

发行人应定期检查销售流程中的薄弱环节，并予以完善。会计师事务所、保荐机构应重点关注销售客户的真实性，客户所购货物是否有合理用途、客户的付款能力和货款回收的及时性，关注发行人是否频繁发生与业务不相关或交易价格明显异常的大额资金流动，核查发行人是否存在通过第三方账户周转从而达到货款回收的情况。会计师事务所对销售交易中存在的异常情况应保持职业敏感性。

发行人应建立和完善严格的资金授权、批准、审验、责任追究等相关管理制度，加强资金活动的管理。会计师事务所、保荐机构应关注发行人是否存在与控股股东或实际控制人互相占用资金、利用员工账户或其他个人账户进行货款收支或其他与公司业务相关的款项往来等情况，存在上述情况的，应要求发行人采取切实措施予以整改。

对于发行人财务会计基础薄弱且存在内部控制缺陷的，保荐机构应在保荐工作报告中对此做详细记录，并将整改措施和整改结果记录在案；会计师事务所在

实施内部控制审计工作的过程中应评价发行人内部控制缺陷的严重程度，测试发行人内部控制制度执行的有效性并发表意见。

（二）发行人及相关中介机构应确保财务信息披露真实、准确、完整地反映公司的经营情况

发行人应在招股说明书相关章节中对其经营情况、财务情况、行业趋势情况和市场竞争情况等进行充分披露，并做到财务信息披露和非财务信息披露相互衔接。

会计师事务所在出具审计报告、保荐机构在出具发行保荐工作报告时应认真分析公司经营的总体情况，将财务信息与非财务信息进行相互印证，判断发行人财务信息披露是否真实、准确、完整地反映其经营情况。

（三）相关中介机构应关注发行人申报期内的盈利增长情况和异常交易，防范利润操纵

如发行人营业收入和净利润在申报期内出现较大幅度波动或申报期内营业毛利或净利润的增长幅度明显高于营业收入的增长幅度，会计师事务所、保荐机构应对上述事项发表核查意见，并督促发行人在招股说明书中作补充披露。

如发行人申报期内存在异常、偶发或交易标的不具备实物形态（例如技术转让合同、技术服务合同、特许权使用合同等）、交易价格明显偏离正常市场价格、交易标的对交易对手而言不具有合理用途的交易，会计师事务所、保荐机构应对上述交易进行核查，关注上述交易的真实性、公允性、可持续性及上述交易相关损益是否应界定为非经常性损益等，并督促发行人对上述交易情况在招股说明书中作详细披露。

（四）发行人及各中介机构应严格按照《企业会计准则》、《上市公司信息披露管理办法》和证券交易所颁布的相关业务规则的有关规定进行关联方认定，充分披露关联方关系及其交易

发行人应严格按照《企业会计准则36号——关联方披露》、《上市公司信息披露管理办法》和证券交易所颁布的相关业务规则中的有关规定，完整、准确地披露关联方关系及其交易。发行人的控股股东、实际控制人应协助发行人完整、准确地披露关联方关系及其交易。

保荐机构、会计师事务所和律师事务所在核查发行人与其客户、供应商之间是否存在关联方关系时，不应仅限于查阅书面资料，应采取实地走访，核对工商、税务、银行等部门提供的资料，甄别客户和供应商的实际控制人及关键经办人员与发行人是否存在关联方关系；发行人应积极配合保荐机构、会计师事务所和律师事务所对关联方关系的核查工作，为其提供便利条件。

会计师事务所、保荐机构应关注与发行人实际控制人、董事、监事、高级管理人员关系密切的家庭成员与发行人的客户、供应商（含外协厂商）是否存在关联方关系。

会计师事务所、保荐机构应关注发行人重要子公司少数股东的有关情况并核实该少数股东是否与发行人存在其他利益关系并披露。

对于发行人申报期内关联方注销及非关联化的情况，发行人应充分披露上述交易的有关情况并将关联方注销及非关联化之前的交易作为关联交易进行披露；会计师事务所、保荐机构应关注在非关联化后发行人与上述原关联方的后续交易情况、非关联化后相关资产、人员的去向等。

（五）发行人应结合经济交易的实际情况，谨慎、合理地进行收入确认，相关中介机构应关注收入确认的真实性、合规性和毛利率分析的合理性

发行人应结合实际经营情况、相关交易合同条款和《企业会计准则》及其应用指南的有关规定制定并披露收入确认的会计政策。

当发行人经销商或加盟商模式收入占营业收入比例较大时，发行人应检查经销商或加盟商的布局合理性，定期统计经销商或加盟商存续情况。发行人应配合保荐机构对经销商或加盟商的经营情况、销售收入真实性、退换货情况进行核查，保荐机构应将核查过程及核查结果记录在工作底稿中。上述经销商或加盟商的布局、存续情况、退换货情况等应在招股说明书中作详细披露。

如果发行人频繁发生经销商或加盟商开业及退出的情况，会计师事务所应关注发行人原有的收入确认会计政策是否谨慎，对该部分不稳定经销商或加盟商的收入确认是否恰当，发生退货或换货时损失是否由发行人承担，并督促发行人结合实际交易情况进行合理的会计处理。

保荐机构应督促发行人充分披露不同模式营业收入的有关情况并充分关注申报期内经销商模式收入的最终销售实现情况。

发行人存在特殊交易模式或创新交易模式的，应合理分析盈利模式和交易方式创新对经济交易实质和收入确认的影响，关注与商品所有权相关的主要风险和报酬是否发生转移、完工百分比法的运用是否合规等；会计师事务所、保荐机构应关注发行人上述收入确认方法及其相关信息披露是否正确反映交易的经济实质。

对于会计政策和特殊会计处理事项对发行人经营成果有重要影响的,发行人应在招股说明书中详细披露相关会计政策、重要会计估计和会计核算方法对发行人报告期业绩及未来经营成果可能产生的影响等。

发行人应紧密结合实际经营情况、采用定性分析与定量分析相结合的方法,准确、恰当地通过毛利率分析描述发行人的盈利能力。相关中介机构应从发行人行业及市场变化趋势、产品销售价格和产品成本要素等方面对发行人毛利率变动的合理性进行核查。

(六)相关中介机构应对发行人主要客户和供应商进行核查

会计师事务所、保荐机构应对发行人主要客户和供应商(如前十名客户或供应商)情况进行核查,并根据重要性原则进行实地走访或核查,上述核查情况应记录在工作底稿中。

(七)发行人应完善存货盘点制度,相关中介机构应关注存货的真实性和存货跌价准备是否充分计提

发行人应完善存货盘点制度,在会计期末对存货进行盘点,并将存货盘点结果做书面记录。

会计师事务所应进行实地监盘,在存货监盘过程中应重点关注异地存放、盘点过程存在特殊困难或由第三方保管或控制的存货。如实施监盘程序确有困难,会计师事务所应考虑能否实施有效替代程序获取充分、适当的审计证据,否则会计师事务所应考虑上述情况对审计意见的影响。

在发行人申报期末存货余额较大的情况下,保荐机构应要求发行人出具关于存货期末余额较大的原因以及是否充分计提存货跌价准备的书面说明,与会计师事务所主动进行沟通,并结合发行人业务模式、存货周转情况、市场竞争情况和行业发展趋势等因素分析发行人上述书面说明的合理性。

(八)发行人及相关中介机构应充分关注现金收付交易对发行人会计核算基础的不利影响

发行人与个人或个体经销商等交易金额较大的,发行人应采取各项措施尽量提高通过银行系统收付款的比例,减少现金交易比例;对现金交易部分,应建立现代化的收银系统,防止出现某些环节的舞弊现象。在与个人或个体经销商交易过程中,在缺乏外部凭证的情况下,发行人应尽量在自制凭证上留下交易对方认可的记录,提高自制凭证的可靠性。会计师事务所在审计过程中,应关注发行人的原始凭证是否完整,审计证据是否足以支持审计结论。

(九)相关中介机构应保持对财务异常信息的敏感度,防范利润操纵

会计师事务所、保荐机构应关注发行人是否利用会计政策和会计估计变更影响利润,如降低坏账计提比例、改变存货计价方式、改变收入确认方式等。

会计师事务所、保荐机构应关注发行人是否存在人为改变正常经营活动,从而达到粉饰业绩的情况。如发行人放宽付款条件促进短期销售增长、延期付款增加现金流、推迟广告投入减少销售费用、短期降低员工工资、引进临时客户等。

三、进一步完善和落实责任追究机制

证券监管部门将依据《证券法》、《公司法》和《证券发行上市保荐业务管理办法》等法律法规的规定,进一步加强监管,完善对发行人、会计师事务所和保荐机构在财务信息披露方面的责任追究机制,督促有关各方切实履行职责。

(一)证券监管部门将加强对财务信息披露违法违规行为的监管,对于发行人的财务造假、利润操纵等重大违法、违规行为,坚决予以查处,并对负有责任的相关中介机构和相关人员予以惩处。

(二)证券监管部门将加强对会计师事务所、保荐机构执业质量的日常监管。证券监管部门将建立首次公开发行股票公司相关中介机构不良行为记录制度并纳入统一监管体系,形成监管合力;根据各相关中介机构不良行为的性质和情节,分别采取责令改正、监管谈话、出具警示函、认定为不适当人选等行政监管措施;构成违法违规的,依法进行行政处罚;涉嫌犯罪的,依法移送司法机关,追究刑事责任。

证券监管部门将把有关中介机构的不良行为和监管部门采取的监管措施、进行的行政处罚记入诚信档案,并适时向社会公开。

(三)保荐机构、会计师事务所应建立内部问责机制,对于相关人员在新股发行申报过程中出现的不规范行为,应加大内部问责力度,并将问责和整改结果及时报送证券监管部门和相关行业协会。

(四)加大社会监督力度,不断提升新股发行透明度,形成合力,共同促进信息披露质量的提高。

2. 信息披露规则

(1)上市公司信息披露内容与格式准则

公开发行证券的公司信息披露内容与格式准则第1号——招股说明书(2006年修订)

1. 2006年5月18日中国证券监督管理委员会发布
2. 证监发行字〔2006〕5号

第一章 总 则

第一条 为规范首次公开发行股票的信息披露行为,保护投资者合法权益,根据《公司法》、《证券法》和《首次公开发行股票并上市管理办法》(证监会令第32号)的规定,制定本准则。

第二条 申请在中华人民共和国境内首次公开发行股票并上市的公司(以下简称发行人)应按本准则编制招股说明书及其摘要,作为向中国证券监督管理委员会(以下简称中国证监会)申请首次公开发行股票的必备法律文件,并按规定披露。

第三条 本准则的规定是对招股说明书信息披露的最低要求。不论本准则是否有明确规定,凡对投资者做出投资决策有重大影响的信息,均应披露。

第四条 本准则某些具体要求对发行人确实不适用的,发行人可根据实际情况,在不影响披露内容完整性的前提下做适当调整,但应在申报时作书面说明。

第五条 若发行人有充分依据证明本准则要求披露的某些信息涉及国家机密、商业秘密及其他因披露可能导致其违反国家有关保密法律法规规定或严重损害公司利益的,发行人可向中国证监会申请豁免按本准则披露。

第六条 在不影响信息披露的完整性和不致引起阅读不便的前提下,发行人可采用相互引征的方法,对各相关部分的内容进行适当的技术处理,以避免重复和保持文字简洁。

第七条 发行人在招股说明书及其摘要中披露的所有信息应真实、准确、完整。

发行人报送申请文件后,在中国证监会核准前,发生应予披露事项的,应向中国证监会书面说明情况,并及时修改招股说明书及其摘要。

发行人公开发行股票的申请经中国证监会核准后,发生应予披露事项的,应向中国证监会书面说明情况,并经中国证监会同意后相应修改招股说明书及其摘要。必要时发行人公开发行股票的申请应重新经过中国证监会核准。

第八条 发行人在招股说明书及其摘要中披露的财务会计资料应有充分的依据,所引用的发行人的财务报表、盈利预测报告(如有)应由具有证券期货相关业务资格的会计师事务所审计或审核。

第九条 发行人应针对实际情况在招股说明书首页作“重大事项提示”,提醒投资者给予特别关注。

第十条 招股说明书还应符合以下一般要求:

(一)引用的数据应有充分、客观的依据,并注明资料来源;

(二)引用的数字应采用阿拉伯数字,货币金额除特别说明外,应指人民币金额,并以元、千元或万元为单位;

(三)发行人可根据有关规定或其他需求,编制招股说明书外文译本,但应保证中、外文文本的一致性,并在外文文本上注明:“本招股说明书分别以中、英(或日、法等)文编制,在对中外文本的理解上发生歧义时,以中文文本为准”;

在境内外同时发行股票的,应按照从严原则编制招股说明书,并保证披露内容的一致性;

(四)招股说明书全文文本应采用质地良好的纸张印刷,幅面为209×295毫米(相当于标准的A4纸规格);

(五)招股说明书应使用事实描述性语言,保证其内容简明扼要、通俗易懂,突出事件实质,不得有祝贺性、广告性、恭维性或诋毁性的词句。

第十一条 招股说明书摘要的编制和披露,还应符合以下要求:

(一)招股说明书摘要的目的仅为向公众提供有关本次发行的简要情况,无须包括招股说明书全文各部分的主要内容;

(二)招股说明书摘要内容必须忠实于招股说明书全文,不得出现与全文相矛盾之处;

(三)招股说明书摘要应尽量采用图表或其他较为直观的方式准确披露发行人的情况,做到简明扼要、通俗易懂;

(四)在中国证监会指定的信息披露报刊刊登的招股说明书摘要最小字号为标准小5号字,最小行距为0.35毫米。

第十二条 发行人应在招股说明书及其摘要披露后10日内,将正式印刷的招股说明书全文文本一式五份,分别报送中国证监会及其在发行人注册地的派出机构。

第十三条　发行人编制招股说明书及其摘要时应当准确引用有关中介机构的专业意见或报告。

第十四条　发行人下属企业的资产规模、收入或利润对发行人有重大影响的,应参照本准则的规定披露该下属企业的相关信息。

特定行业的发行人,除执行本准则的规定外,还应执行中国证监会就该行业信息披露制定的特别规定。

第二章　招股说明书

第一节　封面、书脊、扉页、目录、释义

第十五条　招股说明书全文文本封面应标有"×××公司首次公开发行股票招股说明书"字样,并载明发行人、保荐人、主承销商的名称和住所。

第十六条　招股说明书全文文本书脊应标明"×××公司首次公开发行股票招股说明书"字样。

第十七条　招股说明书全文文本扉页应载有如下内容:

(一)发行股票类型;

(二)发行股数;

(三)每股面值;

(四)每股发行价格;

(五)预计发行日期;

(六)拟上市的证券交易所;

(七)发行后总股本,发行境外上市外资股的公司还应披露在境内上市流通的股份数量和在境外上市流通的股份数量;

(八)本次发行前股东所持股份的流通限制、股东对所持股份自愿锁定的承诺;

(九)保荐人、主承销商;

(十)招股说明书签署日期。

第十八条　招股说明书扉页应载有发行人的如下声明:

"发行人及全体董事、监事、高级管理人员承诺招股说明书及其摘要不存在虚假记载、误导性陈述或重大遗漏,并对其真实性、准确性、完整性承担个别和连带的法律责任。"

"公司负责人和主管会计工作的负责人、会计机构负责人保证招股说明书及其摘要中财务会计资料真实、完整。"

"中国证监会、其他政府部门对本次发行所做的任何决定或意见,均不表明其对发行人股票的价值或投资者的收益作出实质性判断或者保证。任何与之相反的声明均属虚假不实陈述。"

"根据《证券法》的规定,股票依法发行后,发行人经营与收益的变化,由发行人自行负责,由此变化引致的投资风险,由投资者自行负责。"

"投资者若对本招股说明书及其摘要存在任何疑问,应咨询自己的股票经纪人、律师、会计师或其他专业顾问。"

第十九条　招股说明书及其摘要的目录应标明各章、节的标题及相应的页码,内容编排也应符合通行的中文惯例。

第二十条　发行人应对可能造成投资者理解障碍及有特定含义的术语作出释义。招股说明书及其摘要的释义应在目录次页排印。

第二节　概　　览

第二十一条　发行人应声明:"本概览仅对招股说明书全文做扼要提示。投资者作出投资决策前,应认真阅读招股说明书全文。"

第二十二条　发行人应披露发行人及其控股股东、实际控制人的简要情况,发行人的主要财务数据及主要财务指标,本次发行情况及募集资金用途等。

第三节　本次发行概况

第二十三条　发行人应披露本次发行的基本情况,主要包括:

(一)股票种类;

(二)每股面值;

(三)发行股数、占发行后总股本的比例;

(四)每股发行价;

(五)标明计算基础和口径的市盈率;

(六)预测净利润及发行后每股收益(如有);

(七)发行前和发行后每股净资产;

(八)标明计量基础和口径的市净率;

(九)发行方式与发行对象;

(十)承销方式;

(十一)预计募集资金总额和净额;

(十二)发行费用概算(包括承销费用、保荐费用、审计费用、评估费用、律师费用、发行手续费用、审核费等)。

第二十四条　发行人应披露下列机构的名称、法定代表人、住所、联系电话、传真,同时应披露有关经办人员的姓名:

(一)发行人;

(二)保荐人、主承销商及其他承销机构;

(三)律师事务所;

(四)会计师事务所;

(五)资产评估机构;

(六)股票登记机构;

(七)收款银行;

(八)其他与本次发行有关的机构。

第二十五条　发行人应披露其与本次发行有关的中介机

构及其负责人、高级管理人员、经办人员之间存在的直接或间接的股权关系或其他权益关系。

第二十六条 发行人应针对不同的发行方式，披露预计发行上市的重要日期，主要包括：

（一）询价推介时间；

（二）定价公告刊登日期；

（三）申购日期和缴款日期；

（四）股票上市日期。

第四节 风险因素

第二十七条 发行人应当遵循重要性原则，按顺序披露可能直接或间接对发行人生产经营状况、财务状况和持续盈利能力产生重大不利影响的所有因素。

发行人应针对自身的实际情况，充分、准确、具体地描述相关风险因素。

发行人应对所披露的风险因素做定量分析，无法进行定量分析的，应有针对性地作出定性描述。

有关风险因素可能对发行人生产经营状况、财务状况和持续盈利能力有严重不利影响的，应作“重大事项提示”。

第二十八条 发行人应披露的风险因素包括但不限于下列内容：

（一）产品或服务的市场前景、行业经营环境的变化、商业周期或产品生命周期的影响、市场饱和或市场分割、过度依赖单一市场、市场占有率下降等；

（二）经营模式发生变化，经营业绩不稳定，主要产品或主要原材料价格波动，过度依赖某一重要原材料、产品或服务，经营场所过度集中或分散等；

（三）内部控制有效性不足导致的风险、资产周转能力较差导致的流动性风险、现金流状况不佳或债务结构不合理导致的偿债风险、主要资产减值准备计提不足的风险、主要资产价值大幅波动的风险、非经常性损益或合并财务报表范围以外的投资收益金额较大导致净利润大幅波动的风险、重大担保或诉讼仲裁等或有事项导致的风险；

（四）技术不成熟、技术尚未产业化、技术缺乏有效保护或保护期限短、缺乏核心技术或核心技术依赖他人、产品或技术面临被淘汰等；

（五）投资项目在市场前景、技术保障、产业政策、环境保护、土地使用、融资安排、与他人合作等方面存在的问题，因营业规模、营业范围扩大或者业务转型而导致的管理风险、业务转型风险，因固定资产折旧大量增加而导致的利润下滑风险，以及因产能扩大而导致的产品销售风险等；

（六）由于财政、金融、税收、土地使用、产业政策、行业管理、环境保护等方面法律、法规、政策变化引致的风险；

（七）可能严重影响公司持续经营的其他因素，如自然灾害、安全生产、汇率变化、外贸环境等。

第五节 发行人基本情况

第二十九条 发行人应披露其基本情况，主要包括：

（一）注册中、英文名称；

（二）注册资本；

（三）法定代表人；

（四）成立日期；

（五）住所和邮政编码；

（六）电话、传真号码；

（七）互联网网址；

（八）电子信箱。

第三十条 发行人应详细披露改制重组情况，主要包括：

（一）设立方式；

（二）发起人；

（三）在改制设立发行人之前，主要发起人拥有的主要资产和实际从事的主要业务；

（四）发行人成立时拥有的主要资产和实际从事的主要业务；

（五）在发行人成立之后，主要发起人拥有的主要资产和实际从事的主要业务；

（六）改制前原企业的业务流程、改制后发行人的业务流程，以及原企业和发行人业务流程间的联系；

（七）发行人成立以来，在生产经营方面与主要发起人的关联关系及演变情况；

（八）发起人出资资产的产权变更手续办理情况。

发行人应详细披露与控股股东、实际控制人及其控制的其他企业，在资产、人员、财务、机构、业务方面的分开情况，说明是否具有完整的业务体系及面向市场独立经营的能力。

第三十一条 发行人应详细披露设立以来股本的形成及其变化和重大资产重组情况，包括其具体内容、所履行的法定程序以及对发行人业务、管理层、实际控制人及经营业绩的影响。

第三十二条 发行人应简要披露设立时发起人或股东出资及设立后历次股本变化的验资情况，披露设立时发起人投入资产的计量属性。

第三十三条 发行人应采用方框图或其他有效形式，全面披露发起人、持有发行人5%以上股份的主要股东、实际控制人，控股股东、实际控制人所控制的其他企业，发行人的职能部门、分公司、控股子公司、参股子公司，以及其他有重要影响的关联方。

第三十四条　发行人应披露其控股子公司、参股子公司的简要情况,包括成立时间、注册资本、实收资本、注册地和主要生产经营地、股东构成及控制情况、主营业务、最近一年及一期的总资产、净资产、净利润,并标明有关财务数据是否经过审计及审计机构名称。

第三十五条　发行人应披露发起人、持有发行人5%以上股份的主要股东及实际控制人的基本情况,主要包括:

(一)发起人、持有发行人5%以上股份的主要股东及实际控制人如为法人,应披露成立时间、注册资本、实收资本、注册地和主要生产经营地、股东构成、主营业务、最近一年及一期的总资产、净资产、净利润,并标明有关财务数据是否经过审计及审计机构名称;如为自然人,则应披露国籍、是否拥有永久境外居留权、身份证号码、住所;

(二)控股股东和实际控制人控制的其他企业的成立时间、注册资本、实收资本、注册地和主要生产经营地、主营业务、最近一年及一期的总资产、净资产、净利润,并标明这些数据是否经过审计及审计机构名称;

(三)控股股东和实际控制人直接或间接持有发行人的股份是否存在质押或其他有争议的情况。

实际控制人应披露到最终的国有控股主体或自然人为止。

第三十六条　发行人应披露有关股本的情况,主要包括:

(一)本次发行前的总股本、本次发行的股份,以及本次发行的股份占发行后总股本的比例;

(二)前十名股东;

(三)前十名自然人股东及其在发行人处担任的职务;

(四)若有国有股份或外资股份的,须根据有关主管部门对股份设置的批复文件披露股东名称、持股数量、持股比例。涉及国有股的,应在国家股股东之后标注“SS”(State-own shareholder的缩写),在国有法人股股东之后标注“SLS”(State-own Legal-person Shareholder的缩写),并披露前述标识的依据及标识的含义;

(五)股东中的战略投资者持股及其简况;

(六)本次发行前各股东间的关联关系及关联股东的各自持股比例;

(七)本次发行前股东所持股份的流通限制和自愿锁定股份的承诺。

第三十七条　如发行过内部职工股,发行人应披露以下情况:

(一)内部职工股的审批及发行情况,包括审批机关、审批日期、发行数量、发行方式、发行范围、发行缴款及验资情况;

(二)本次发行前的内部职工股托管情况,包括托管单位、前十名自然人股东名单、持股数量及比例、应托管数量、实际托管数量、托管完成时间,未托管股票数额及原因、未托管股票的处理办法。省级人民政府对发行人内部职工股托管情况及真实性的确认情况;

(三)发生过的违法违规情况,包括超范围和超比例发行的情况,通过增发、配股、国家股和法人股转配等形式变相增加内部职工股的情况,内部职工股转让和交易中的违法违规情况,法人股个人化的情况,这些违法违规行为的纠正情况及省级人民政府对清理、纠正情况的确认意见;

(四)对尚存在内部职工股潜在问题和风险隐患的,应披露有关责任的承担主体等。

第三十八条　发行人曾存在工会持股、职工持股会持股、信托持股、委托持股或股东数量超过二百人的,应详细披露有关股份的形成原因及演变情况;进行过清理的,应当说明是否存在潜在问题和风险隐患,以及有关责任的承担主体等。

第三十九条　发行人应简要披露员工及其社会保障情况,主要包括:

(一)员工人数及变化情况;

(二)员工专业结构;

(三)员工受教育程度;

(四)员工年龄分布;

(五)发行人执行社会保障制度、住房制度改革、医疗制度改革情况。

第四十条　发行人应披露持有5%以上股份的主要股东以及作为股东的董事、监事、高级管理人员作出的重要承诺及其履行情况。

第六节　业务和技术

第四十一条　发行人应披露其主营业务、主要产品(或服务)及设立以来的变化情况。

发行人从事多种业务和产品(或服务)生产经营的,业务和产品(或服务)分类的口径应前后一致。

如果发行人的主营业务和产品(或服务)分属不同行业,则应按不同行业分别披露相关信息。

第四十二条　发行人应披露其所处行业的基本情况,包括但不限于:

(一)行业主管部门、行业监管体制、行业主要法律法规及政策等;

(二)行业竞争格局和市场化程度、行业内的主要企业和主要企业的市场份额、进入本行业的主要障碍、市场供求状况及变动原因、行业利润水平的变动趋势及变动原因等;

（三）影响行业发展的有利和不利因素，如产业政策、技术替代、行业发展瓶颈、国际市场冲击等；

（四）行业技术水平及技术特点、行业特有的经营模式、行业的周期性、区域性或季节性特征等；

（五）发行人所处行业与上、下游行业之间的关联性，上下游行业发展状况对本行业及其发展前景的有利和不利影响；

（六）出口业务比例较大的发行人，还应披露产品进口国的有关进口政策、贸易摩擦对产品进口的影响以及进口国同类产品的竞争格局等情况。

第四十三条 发行人应披露其在行业中的竞争地位，包括发行人的市场占有率、近三年的变化情况及未来变化趋势，主要竞争对手的简要情况等。

第四十四条 发行人应根据重要性原则披露主营业务的具体情况，包括：

（一）主要产品或服务的用途；

（二）主要产品的工艺流程图或服务的流程图；

（三）主要经营模式，包括采购模式、生产模式和销售模式；

（四）列表披露报告期内各期主要产品（或服务）的产能、产量、销量、销售收入，产品或服务的主要消费群体、销售价格的变动情况；报告期内各期向前五名客户合计的销售额占当期销售总额的百分比，如向单个客户的销售比例超过总额的50%或严重依赖于少数客户的，应披露其名称及销售比例。如该客户为发行人的关联方，则应披露产品最终实现销售的情况。受同一实际控制人控制的销售客户，应合并计算销售额；

（五）报告期内主要产品的原材料和能源及其供应情况，主要原材料和能源的价格变动趋势、主要原材料和能源占成本的比重；报告期内各期向前五名供应商合计的采购额占当期采购总额的百分比，如向单个供应商的采购比例超过总额的50%或严重依赖于少数供应商的，应披露其名称及采购比例。受同一实际控制人控制的供应商，应合并计算采购额；

（六）发行人应披露董事、监事、高级管理人员和核心技术人员，主要关联方或持有发行人5%以上股份的股东在上述供应商或客户中所占的权益。若无，亦应说明；

（七）存在高危险、重污染情况的，应披露安全生产及污染治理情况、因安全生产及环境保护原因受到处罚的情况、近三年相关费用成本支出及未来支出情况，说明是否符合国家关于安全生产和环境保护的要求。

第四十五条 发行人应列表披露与其业务相关的主要固定资产及无形资产，主要包括：

（一）生产经营所使用的主要生产设备、房屋建筑物及其取得和使用情况、成新率或尚可使用年限、在发行人及下属企业的分布情况等；

（二）商标、专利、非专利技术、土地使用权、水面养殖权、探矿权、采矿权等主要无形资产的数量、取得方式和时间、使用情况、使用期限或保护期、最近一期末账面价值，以及上述资产对发行人生产经营的重要程度。

发行人允许他人使用自己所有的资产，或作为被许可方使用他人资产的，应简要披露许可合同的主要内容，包括许可人、被许可人、许可使用的具体资产内容、许可方式、许可年限、许可使用费等，以及合同履行情况。若发行人所有或使用的资产存在纠纷或潜在纠纷的，应明确说明。

第四十六条 发行人应披露拥有的特许经营权的情况，主要包括特许经营权的取得情况，特许经营权的期限、费用标准，对发行人持续生产经营的影响。

第四十七条 发行人应披露主要产品生产技术所处的阶段，如处于基础研究、试生产、小批量生产或大批量生产阶段。

发行人应披露正在从事的研发项目及进展情况、拟达到的目标，最近三年及一期研发费用占营业收入的比例等。与其他单位合作研发的，还需说明合作协议的主要内容、研究成果的分配方案及采取的保密措施等。

发行人应披露保持技术不断创新的机制、技术储备及技术创新的安排等。

第四十八条 发行人若在中华人民共和国境外进行生产经营，应对有关业务活动进行地域性分析。若发行人在境外拥有资产，应详细披露该资产的具体内容、资产规模、所在地、经营管理和盈利情况等。

第四十九条 发行人应披露主要产品和服务的质量控制情况，包括质量控制标准、质量控制措施、出现的质量纠纷等。

第五十条 发行人名称冠有"高科技"或"科技"字样的，应说明冠以此名的依据。

第七节 同业竞争与关联交易

第五十一条 发行人应披露是否存在与控股股东、实际控制人及其控制的其他企业从事相同、相似业务的情况。对存在相同、相似业务的，发行人应对是否存在同业竞争作出合理解释。

第五十二条 发行人应披露控股股东、实际控制人作出的避免同业竞争的承诺。

第五十三条 发行人应根据《公司法》和《企业会计准

则》的相关规定披露关联方、关联关系和关联交易。

第五十四条　发行人应根据交易的性质和频率,按照经常性和偶发性分类披露关联交易及关联交易对其财务状况和经营成果的影响。

购销商品、提供劳务等经常性的关联交易,应分别披露最近三年及一期关联交易方名称、交易内容、交易金额、交易价格的确定方法、占当期营业收入或营业成本的比重、占当期同类型交易的比重以及关联交易增减变化的趋势,与交易相关应收应付款项的余额及增减变化的原因,以及上述关联交易是否仍将持续进行。

偶发性的关联交易,应披露关联交易方名称、交易时间、交易内容、交易金额、交易价格的确定方法、资金的结算情况、交易产生利润及对发行人当期经营成果的影响、交易对公司主营业务的影响。

第五十五条　发行人应披露是否在章程中对关联交易决策权力与程序作出规定。公司章程是否规定关联股东或利益冲突的董事在关联交易表决中的回避制度或做必要的公允声明。

发行人应披露最近三年及一期发生的关联交易是否履行了公司章程规定的程序,以及独立董事对关联交易履行的审议程序是否合法及交易价格是否公允的意见。

第五十六条　发行人应披露拟采取的减少关联交易的措施。

第八节　董事、监事、高级管理人员与核心技术人员

第五十七条　发行人应披露董事、监事、高级管理人员及核心技术人员的简要情况,主要包括:

(一)姓名、国籍及境外居留权;

(二)性别;

(三)年龄;

(四)学历;

(五)职称;

(六)主要业务经历;

(七)曾经担任的重要职务及任期;

(八)现任职务及任期。

对核心技术人员还应披露其主要成果及获得的奖项。

对于董事、监事,应披露其提名人,并披露上述人员的选聘情况。

第五十八条　发行人应列表披露董事、监事、高级管理人员、核心技术人员及其近亲属以任何方式直接或间接持有发行人股份的情况,并应列出持有人姓名,近三年所持股份的增减变动以及所持股份的质押或冻结情况。

第五十九条　发行人应披露董事、监事、高级管理人员及核心技术人员的其他对外投资情况,有关对外投资与发行人存在利益冲突的,应予特别说明,并披露其投资金额、持股比例以及有关承诺和协议;如无该种情形,则应予以声明。对于存在利益冲突情形的,应披露解决情况。

第六十条　发行人应披露董事、监事、高级管理人员及核心技术人员最近一年从发行人及其关联企业领取收入的情况,以及所享受的其他待遇和退休金计划等。

第六十一条　发行人应披露董事、监事、高级管理人员及核心技术人员的兼职情况及所兼职单位与发行人的关联关系。没有兼职的,应予以声明。

第六十二条　发行人应披露董事、监事、高级管理人员及核心技术人员相互之间存在的亲属关系。

第六十三条　发行人应披露与董事、监事、高级管理人员及核心技术人员所签定的协议,董事、监事、高级管理人员及核心技术人员作出的重要承诺,以及有关协议或承诺的履行情况。

第六十四条　发行人应披露董事、监事、高级管理人员是否符合法律法规规定的任职资格。

第六十五条　发行人董事、监事、高级管理人员在近三年内曾发生变动的,应披露变动情况和原因。

第九节　公司治理

第六十六条　发行人应披露股东大会、董事会、监事会、独立董事、董事会秘书制度的建立健全及运行情况,说明上述机构和人员履行职责的情况。

发行人应披露战略、审计、提名、薪酬与考核等各专门委员会的设置情况。

第六十七条　发行人应披露近三年内是否存在违法违规行为,若存在违法违规行为,应披露违规事实和受到处罚的情况,并说明对发行人的影响;若不存在违法违规行为,应明确声明。

第六十八条　发行人应披露近三年内是否存在资金被控股股东、实际控制人及其控制的其他企业占用的情况,或者为控股股东、实际控制人及其控制的其他企业担保的情况;若不存在资金占用和对外担保,应明确声明。

第六十九条　发行人应披露公司管理层对内部控制完整性、合理性及有效性的自我评估意见以及注册会计师对公司内部控制的鉴证意见。注册会计师指出公司内部控制存在缺陷的,应予披露并说明改进措施。

第十节　财务会计信息

第七十条　发行人运行三年以上的,应披露最近三年及

一期的资产负债表、利润表和现金流量表；运行不足三年的，应披露最近三年及一期的利润表以及设立后各年及最近一期的资产负债表和现金流量表。发行人编制合并财务报表的，应同时披露合并财务报表和母公司财务报表。

第七十一条 发行人应披露会计师事务所的审计意见类型。财务报表被出具带强调事项段的无保留审计意见的，应全文披露审计报告正文以及董事会、监事会及注册会计师对强调事项的详细说明。

第七十二条 发行人应披露财务报表的编制基础、合并财务报表范围及变化情况。发行人运行不足三年的，应披露设立前利润表编制的会计主体及确定方法；存在剥离调整的，还应披露剥离调整的原则、方法和具体剥离情况。

第七十三条 发行人应结合业务特点充分披露报告期内采用的主要会计政策和会计估计，主要包括：

（一）收入确认和计量的具体方法；

（二）金融资产和金融负债的分类方法，金融工具的确认依据和计量方法，金融资产转移的确认依据和计量方法，主要金融资产的公允价值确定方法、减值测试方法和减值准备计提方法；

（三）发出存货成本的计量方法，存货可变现净值的确定依据及存货跌价准备的计提方法；

（四）长期股权投资的初始计量、后续计量及收益确认方法；

（五）投资性房地产的种类和计量模式；采用成本模式的，投资性房地产的折旧或摊销方法以及减值准备计提依据；采用公允价值模式的，投资性房地产公允价值的确定依据和方法；投资性房地产的转换及处置的确认和计量方法；

（六）固定资产的确认条件、分类、计量基础和折旧方法，各类固定资产的使用寿命、预计净残值和折旧率；

（七）无形资产的计价方法和摊销方法；使用寿命有限的无形资产，其使用寿命的估计情况；使用寿命不确定的无形资产，使用寿命不确定的判断依据；

（八）除存货、投资性房地产及金融资产外，其他主要资产的资产减值准备的确定方法；

（九）股份支付的种类及权益工具公允价值的确定方法；

（十）借款费用资本化的依据及方法；

（十一）其他对发行人报告期内财务状况、经营成果有重大影响的会计政策和会计估计；

（十二）报告期内存在会计政策或会计估计变更的，变更的内容、理由及对发行人财务状况、经营成果的影响金额。

第七十四条 发行人的财务报表中包含了分部信息的，应披露分部信息。

第七十五条 发行人最近一年及一期内收购兼并其他企业资产（或股权），且被收购企业资产总额或营业收入或净利润超过收购前发行人相应项目20%（含）的，应披露被收购企业收购前一年利润表。

第七十六条 发行人应依据经注册会计师核验的非经常性损益明细表，以合并财务报表的数据为基础，披露最近三年及一期非经常性损益的具体内容、金额及对当期经营成果的影响，并计算最近三年及一期扣除非经常性损益后的净利润金额。

第七十七条 发行人应扼要披露最近一期末主要固定资产类别、折旧年限、原价、净值；对外投资项目及各项投资的投资期限、初始投资额、期末投资额、股权投资占被投资方的股权比例及会计核算方法，编制合并报表时采用成本法核算的长期股权投资按照权益法进行调整的方法及影响金额。

第七十八条 发行人应扼要披露最近一期末主要无形资产的取得方式、初始金额、摊销年限及确定依据、摊余价值及剩余摊销年限。无形资产的原始价值是以评估值作为入账依据的，还应披露资产评估机构名称及主要评估方法。

第七十九条 发行人应扼要披露最近一期末的主要债项，包括主要的银行借款，对内部人员和关联方的负债，主要合同承诺的债务、或有债项的金额、期限、成本，票据贴现、抵押及担保等形成的或有负债情况。有逾期未偿还债项的，应说明其金额、利率、贷款资金用途、未按期偿还的原因、预计还款期等。

第八十条 发行人应披露所有者权益变动表，扼要披露报告期内各期末股东权益的情况，包括股本、资本公积、盈余公积、未分配利润及少数股东权益的情况。

第八十一条 发行人应扼要披露报告期内各期经营活动产生的现金流量、投资活动产生的现金流量、筹资活动产生的现金流量的基本情况及不涉及现金收支的重大投资和筹资活动及其影响。

第八十二条 发行人应扼要披露会计报表附注中的期后事项、或有事项及其他重要事项。

第八十三条 发行人应列表披露最近三年及一期的流动比率、速动比率、资产负债率（母公司）、应收账款周转率、存货周转率、息税折旧摊销前利润、利息保障倍数、每股经营活动产生的现金流量、每股净现金流量、每股收益、净资产收益率、无形资产（扣除土地使用权、水面养殖权和采矿权等后）占净资产的比例。除特别指出外，上述财务指标应以合并财务报表的数据为基础进行计算。其中,净资产收益率和每股收益的计算应执行财政部、中国证监会的有关规定。

第八十四条 如果发行人认为提供盈利预测报告将有助于投资者对发行人及投资于发行人的股票作出正确判断,且发行人确信有能力对最近的未来期间的盈利情况作出比较切合实际的预测,发行人可以披露盈利预测报告。发行人本次募集资金拟用于重大资产购买的,则应当披露发行人假设按预计购买基准日完成购买的盈利预测报告及假设发行当年1月1日完成购买的盈利预测报告。

第八十五条 发行人披露盈利预测报告的,应声明:“本公司盈利预测报告是管理层在最佳估计假设的基础上编制的,但所依据的各种假设具有不确定性,投资者进行投资决策时应谨慎使用。”

第八十六条 发行人披露的盈利预测报告应包括盈利预测表及其说明。

盈利预测表的格式应与利润表一致,其中预测数应分栏列示已审实现数、未审实现数、预测数和合计数。需要编制合并财务报表的发行人,应分别编制母公司盈利预测表和合并盈利预测表。

盈利预测说明应包括编制基准、所依据的基本假设及其合理性、与盈利预测数据相关的背景及分析资料等。盈利预测数据包含了特定的财政税收优惠政策或非经常性损益项目的,应特别说明。

第八十七条 发行境内上市外资股和境外上市外资股的发行人,由于在境内外披露的财务会计资料所采用的会计准则不同,导致净资产或净利润存在差异的,发行人应披露财务报表差异调节表,并注明境外会计师事务所的名称。境内外会计师事务所的审计意见类型存在差异的,还应披露境外会计师事务所的审计意见类型及差异原因。

第八十八条 发行人在设立时以及在报告期内进行资产评估的,应扼要披露资产评估机构名称及主要评估方法,资产评估前的账面值、评估值及增减情况,增减变化幅度较大的,应说明原因。

第八十九条 发行人应扼要披露设立时及以后历次验资报告,简要说明历次资本变动与资金到位情况。

第十一节 管理层讨论与分析

第九十条 发行人应主要依据最近三年及一期的合并财务报表分析披露发行人财务状况、盈利能力及现金流量的报告期内情况及未来趋势。讨论与分析不应仅限于财务因素,还应包括非财务因素;不应仅以引述方式重复财务报表的内容,应选择使用逐年比较、与同行业对比分析等便于理解的形式进行分析。

第九十一条 发行人对财务状况、盈利能力及现金流量的分析一般应包括但不限于第九十二条至第九十七条的内容,但发行人可视实际情况并根据重要性原则有选择地进行增减。

第九十二条 财务状况分析一般应包括以下内容:

(一)发行人应披露公司资产、负债的主要构成,分析说明主要资产的减值准备提取情况是否与资产质量实际状况相符;最近三年及一期资产结构、负债结构发生重大变化的,发行人还应分析说明导致变化的主要因素;

(二)发行人应分析披露最近三年及一期流动比率、速动比率、资产负债率、息税折旧摊销前利润及利息保障倍数的变动趋势,并结合公司的现金流量状况、在银行的资信状况、可利用的融资渠道及授信额度、表内负债、表外融资情况及或有负债等情况,分析说明公司的偿债能力。发行人最近三年及一期经营活动产生的现金流量净额为负数或者远低于当期净利润的,应分析披露原因;

(三)发行人应披露最近三年及一期应收账款周转率、存货周转率等反映资产周转能力的财务指标的变动趋势,并结合市场发展、行业竞争状况、公司生产模式及物流管理、销售模式及赊销政策等情况,分析说明公司的资产周转能力;

(四)发行人最近一期末持有金额较大的交易性金融资产、可供出售的金融资产、借与他人款项、委托理财等财务性投资的,应分析其投资目的、对发行人资金安排的影响、投资期限、发行人对投资的监管方案、投资的可回收性及减值准备的计提是否充足。

第九十三条 盈利能力分析一般应包括以下内容:

(一)发行人应列表披露最近三年及一期营业收入的构成及比例,并分别按产品(或服务)类别及业务、地区分部列示,分析营业收入增减变化的情况及原因;营业收入存在季节性波动的,应分析季节性因素对各季度经营成果的影响;

(二)发行人应依据所从事的主营业务、采用的经营模式及行业竞争情况,分析公司最近三年及一期利润的主要来源、可能影响发行人盈利能力连续性和稳定性的主要因素;

(三)发行人应按照利润表项目逐项分析最近三年及一期经营成果变化的原因,对于变动幅度较大的项目应重点说明;

(四)发行人主要产品的销售价格或主要原材料、燃料价格频繁变动且影响较大的,应针对价格变动对公司利润的影响作敏感性分析;

(五)发行人应列表披露最近三年及一期公司综

合毛利率、分行业毛利率的数据及变动情况；报告期内发生重大变化的，还应用数据说明相关因素对毛利率变动的影响程度；

（六）发行人最近三年非经常性损益、合并财务报表范围以外的投资收益以及少数股东损益对公司经营成果有重大影响的，应当分析原因及对公司盈利能力稳定性的影响。

第九十四条 资本性支出的分析一般应包括以下内容：

（一）发行人应披露最近三年及一期重大的资本性支出情况；如果资本性支出导致公司固定资产大规模增加或进行跨行业投资的，应当分析资本性支出对公司主营业务和经营成果的影响；

（二）发行人应披露未来可预见的重大资本性支出计划及资金需求量；未来资本性支出计划跨行业投资的，应说明其与公司未来发展战略的关系。

第九十五条 发行人的重大会计政策或会计估计与可比上市公司存在较大差异，或者按规定将要进行变更的，应分析重大会计政策或会计估计的差异或变更对公司利润产生的影响。

第九十六条 发行人目前存在重大担保、诉讼、其他或有事项和重大期后事项的，应说明对发行人财务状况、盈利能力及持续经营的影响。

第九十七条 发行人应结合其在行业、业务经营方面存在的主要优势及困难，谨慎、客观地对公司财务状况和盈利能力的未来趋势进行分析。对报告期内已对公司财务状况和盈利能力有重大影响的因素，应分析该等因素对公司未来财务状况和盈利能力可能产生的影响；如果目前已经存在新的趋势或变化，可能对公司未来财务状况和盈利能力产生重大影响的，应分析影响情况。

第十二节　业务发展目标

第九十八条 发行人应披露发行当年和未来两年的发展计划，包括提高竞争能力、市场和业务开拓、筹资等方面的计划。

第九十九条 发行人披露的发展计划应当具体，并应说明拟定上述计划所依据的假设条件，实施上述计划可能面临的主要困难，以及确保实现上述发展计划拟采用的方式、方法或途径。

第一百条 发行人应披露上述业务发展计划与现有业务的关系。若实现上述计划涉及与他人合作的，应对合作方及合作条件予以说明。

第一百零一条 发行人可对其产品、服务或者业务的发展趋势进行预测，但应采取审慎态度，并披露有关的假设基准等。涉及盈利预测的，应遵循盈利预测的相关规定。

第十三节　募集资金运用

第一百零二条 发行人应披露：

（一）预计募集资金数额；

（二）按投资项目的轻重缓急顺序，列表披露预计募集资金投入的时间进度及项目履行的审批、核准或备案情况；

（三）若所筹资金不能满足项目资金需求的，应说明缺口部分的资金来源及落实情况。

第一百零三条 募集资金用于扩大现有产品产能的，发行人应结合现有各类产品在报告期内的产能、产量、销量、产销率、销售区域，项目达产后各类产品新增的产能、产量，以及本行业的发展趋势、有关产品的市场容量、主要竞争对手等情况对项目的市场前景进行详细的分析论证。

募集资金用于新产品开发生产的，发行人应结合新产品的市场容量、主要竞争对手、行业发展趋势、技术保障、项目投产后新增产能情况，对项目的市场前景进行详细的分析论证。

第一百零四条 募集资金投入导致发行人生产经营模式发生变化的，发行人应结合其在新模式下的经营管理能力、技术准备情况、产品市场开拓情况等，对项目的可行性进行分析。

第一百零五条 发行人原固定资产投资和研发支出很少、本次募集资金将大规模增加固定资产投资或研发支出的，应充分说明固定资产变化与产能变动的匹配关系，并充分披露新增固定资产折旧、研发支出对发行人未来经营成果的影响。

第一百零六条 募集资金直接投资于固定资产项目的，发行人可视实际情况并根据重要性原则披露以下内容：

（一）投资概算情况，预计投资规模，募集资金的具体用途，包括用于购置设备、土地、技术以及补充流动资金等方面的具体支出；

（二）产品的质量标准和技术水平，生产方法、工艺流程和生产技术选择，主要设备选择，核心技术及其取得方式；

（三）主要原材料、辅助材料及燃料的供应情况；

（四）投资项目的竣工时间、产量、产品销售方式及营销措施；

（五）投资项目可能存在的环保问题、采取的措施及资金投入情况；

（六）投资项目的选址，拟占用土地的面积、取得方式及土地用途；

（七）项目的组织方式、项目的实施进展情况。

第一百零七条 募集资金拟用于合资经营或合作经营

的,除需披露第一百零六条的内容外,还应披露:

(一)合资或合作方的基本情况,包括名称、法定代表人、住所、注册资本、实收资本、主要股东、主营业务,与发行人是否存在关联关系;投资规模及各方投资比例;合资或合作方的出资方式;合资或合作协议的主要条款以及可能对发行人不利的条款。

(二)拟组建的企业法人的基本情况,包括设立、注册资本、主营业务、组织管理和控制情况。不组建企业法人的,应详细披露合作模式。

第一百零八条　募集资金拟用于向其他企业增资或收购其他企业股份的,应披露:

(一)拟增资或收购的企业的基本情况及最近一年及一期经具有证券期货相关业务资格的会计师事务所审计的资产负债表和利润表;

(二)增资资金折合股份或收购股份的评估、定价情况;

(三)增资或收购前后持股比例及控制情况;

(四)增资或收购行为与发行人业务发展规划的关系。

第一百零九条　募集资金拟用于收购资产的,应披露:

(一)拟收购资产的内容;

(二)拟收购资产的评估、定价情况;

(三)拟收购资产与发行人主营业务的关系。

若收购的资产为在建工程的,还应披露在建工程的已投资情况、尚需投资的金额、负债情况、建设进度、计划完成时间等。

第一百一十条　发行人募集资金拟投入其他用途的,应披露具体的用途。

第一百一十一条　发行人应披露募集资金运用对财务状况及经营成果的影响。项目能独立核算的,发行人应审慎预测项目效益,分别说明达产前后的效益情况,以及预计达产时间,并充分说明预测基础、依据;项目不能独立核算的,应分析募集资金投入对发行人财务状况及经营成果的影响。

第十四节　股利分配政策

第一百一十二条　发行人应披露最近三年股利分配政策、实际股利分配情况以及发行后的股利分配政策。

第一百一十三条　发行人应披露本次发行完成前滚存利润的分配安排和已履行的决策程序。若发行前的滚存利润归发行前的股东享有,应披露滚存利润的审计和实际派发情况,同时在招股说明书首页对滚存利润中由发行前股东单独享有的金额以及是否派发完毕作“重大事项提示”。

第一百一十四条　发行人已发行境外上市外资股的,应披露股利分配的上限为按中国会计准则和制度与上市地会计准则确定的未分配利润数字中较低者。

第十五节　其他重要事项

第一百一十五条　发行人应披露有关信息披露和投资者关系的负责部门、负责人、电话号码等。

第一百一十六条　发行人应披露交易金额在500万元以上或者虽未达到前述标准但对生产经营活动、未来发展或财务状况具有重要影响的合同内容,主要包括:

(一)当事人的名称和住所;

(二)标的;

(三)数量;

(四)质量;

(五)价款或者报酬;

(六)履行期限;

(七)地点和方式;

(八)违约责任;

(九)解决争议的方法;

(十)对发行人经营有重大影响的附带条款和限制条件。

总资产规模为10亿元以上的发行人,可视实际情况决定应披露的交易金额,但应在申报时说明。

第一百一十七条　发行人应披露对外担保的有关情况,包括:

(一)被担保人的名称、注册资本、实收资本、住所、生产经营情况、与发行人有无关联关系以及最近一年及一期的总资产、净资产和净利润;

(二)主债务的种类、金额和履行债务的期限;

(三)担保方式:采用保证方式还是抵押、质押方式;采用抵押、质押方式的,应披露担保物的种类、数量、价值等相关情况;

(四)担保范围;

(五)担保期间;

(六)解决争议的方法;

(七)其他对担保人有重大影响的条款;

(八)担保履行情况。

发行人不存在对外担保的,应予说明。

第一百一十八条　发行人应披露对财务状况、经营成果、声誉、业务活动、未来前景等可能产生较大影响的诉讼或仲裁事项,主要包括:

(一)案件受理情况和基本案情;

(二)诉讼或仲裁请求;

(三)判决、裁决结果及执行情况;

(四)诉讼、仲裁案件对发行人的影响。

第一百一十九条　发行人应披露控股股东或实际控制

人、控股子公司,发行人董事、监事、高级管理人员和核心技术人员作为一方当事人的重大诉讼或仲裁事项。

第一百二十条 发行人应披露董事、监事、高级管理人员和核心技术人员涉及刑事诉讼的情况。

第十六节 董事、监事、高级管理人员及有关中介机构声明

第一百二十一条 发行人全体董事、监事、高级管理人员应在招股说明书正文的尾页声明:

"本公司全体董事、监事、高级管理人员承诺本招股说明书及其摘要不存在虚假记载、误导性陈述或重大遗漏,并对其真实性、准确性、完整性承担个别和连带的法律责任。"

声明应由全体董事、监事、高级管理人员签名,并由发行人加盖公章。

第一百二十二条 保荐人(主承销商)应对招股说明书的真实性、准确性、完整性进行核查,并在招股说明书正文后声明:

"本公司已对招股说明书及其摘要进行了核查,确认不存在虚假记载、误导性陈述或重大遗漏,并对其真实性、准确性和完整性承担相应的法律责任。"

声明应由法定代表人、保荐代表人、项目主办人签名,并由保荐人(主承销商)加盖公章。

第一百二十三条 发行人律师应在招股说明书正文后声明:

"本所及经办律师已阅读招股说明书及其摘要,确认招股说明书及其摘要与本所出具的法律意见书和律师工作报告无矛盾之处。本所及经办律师对发行人在招股说明书及其摘要中引用的法律意见书和律师工作报告的内容无异议,确认招股说明书不致因上述内容而出现虚假记载、误导性陈述或重大遗漏,并对其真实性、准确性和完整性承担相应的法律责任。"

声明应由经办律师及所在律师事务所负责人签名,并由律师事务所加盖公章。

第一百二十四条 承担审计业务的会计师事务所应在招股说明书正文后声明:

"本所及签字注册会计师已阅读招股说明书及其摘要,确认招股说明书及其摘要与本所出具的审计报告、盈利预测审核报告(如有)、内部控制鉴证报告及经本所核验的非经常性损益明细表无矛盾之处。本所及签字注册会计师对发行人在招股说明书及其摘要中引用的审计报告、盈利预测审核报告(如有)、内部控制鉴证报告及经本所核验的非经常性损益明细表的内容无异议,确认招股说明书不致因上述内容而出现虚假记载、误导性陈述或重大遗漏,并对其真实性、准确性和完整性承担相应的法律责任。"

声明应由签字注册会计师及所在会计师事务所负责人签名,并由会计师事务所加盖公章。

第一百二十五条 承担评估业务的资产评估机构应在招股说明书正文后声明:

"本机构及签字注册资产评估师已阅读招股说明书及其摘要,确认招股说明书及其摘要与本机构出具的资产评估报告无矛盾之处。本机构及签字注册资产评估师对发行人在招股说明书及其摘要中引用的资产评估报告的内容无异议,确认招股说明书不致因上述内容而出现虚假记载、误导性陈述或重大遗漏,并对其真实性、准确性和完整性承担相应的法律责任"。

声明应由签字注册资产评估师及所在资产评估机构负责人签名,并由资产评估机构加盖公章。

第一百二十六条 承担验资业务的机构应在招股说明书正文后声明:

"本机构及签字注册会计师已阅读招股说明书及其摘要,确认招股说明书及其摘要与本机构出具的验资报告无矛盾之处。本机构及签字注册会计师对发行人在招股说明书及其摘要中引用的验资报告的内容无异议,确认招股说明书不致因上述内容而出现虚假记载、误导性陈述或重大遗漏,并对其真实性、准确性和完整性承担相应的法律责任"。

声明应由签字注册会计师及所在验资机构负责人签名,并由验资机构加盖公章。

第一百二十七条 本准则所要求的有关人员的签名下方应以印刷体形式注明其姓名。

第十七节 备查文件

第一百二十八条 招股说明书结尾应列明备查文件,并在指定网站上披露。备查文件包括下列文件:

(一)发行保荐书;

(二)财务报表及审计报告;

(三)盈利预测报告及审核报告(如有);

(四)内部控制鉴证报告;

(五)经注册会计师核验的非经常性损益明细表;

(六)法律意见书及律师工作报告;

(七)公司章程(草案);

(八)中国证监会核准本次发行的文件;

(九)其他与本次发行有关的重要文件。

第三章 招股说明书摘要

第一百二十九条 发行人应在招股说明书摘要的显要位置声明:

"本招股说明书摘要的目的仅为向公众提供有关本次发行的简要情况,并不包括招股说明书全文的各

部分内容。招股说明书全文同时刊载于×××网站。投资者在做出认购决定之前,应仔细阅读招股说明书全文,并以其作为投资决定的依据。”

“投资者若对本招股说明书及其摘要存在任何疑问,应咨询自己的股票经纪人、律师、会计师或其他专业顾问。”

“发行人及全体董事、监事、高级管理人员承诺招股说明书及其摘要不存在虚假记载、误导性陈述或重大遗漏,并对招股说明书及其摘要的真实性、准确性、完整性承担个别和连带的法律责任。”

“公司负责人和主管会计工作的负责人、会计机构负责人保证招股说明书及其摘要中财务会计资料真实、完整。”

“中国证监会、其他政府部门对本次发行所作的任何决定或意见,均不表明其对发行人股票的价值或者投资者的收益做出实质性判断或者保证。任何与之相反的声明均属虚假不实陈述。”

第一节 重大事项提示

第一百三十条 发行人应针对公司实际情况作重大事项提示。

第二节 本次发行概况

第一百三十一条 发行人应当以表格形式披露本次发行的基本情况,主要包括:

股票种类	
每股面值	
发行股数、占发行后总股本的比例	
发行价格	
标明计量基础和口径的市盈率	
预测净利润及发行后每股收益(如有)	
发行前和发行后每股净资产	
标明计量基础和口径的市净率	
发行方式	
发行对象(发行人若对投资者进行分类,应披露分类标准;分类中如有战略投资者,应披露其基本情况、与发行人的关系及配售的数量)	
本次发行股份的流通限制和锁定安排	
承销方式	
预计募集资金总额和净额	
发行费用概算	

第三节 发行人基本情况

第一百三十二条 发行人应当披露其基本情况,主要包括:

(一)发行人基本资料,包括:

注册中、英文名称	
注册资本	
法定代表人	
成立日期	
住所及其邮政编码	
电话、传真号码	
互联网网址	
电子信箱	

(二)发行人历史沿革及改制重组情况,主要包括:

1. 发行人的设立方式;

2. 发起人及其投入的资产内容。

(三)有关股本的情况,主要包括:

1. 总股本、本次发行的股份、股份流通限制和锁定安排;

2. 以表格方式披露下述人员的持股数量及比例:

(1)发起人;

(2)前十名股东;

(3)前十名自然人股东;

(4)国家股、国有法人股股东,并注明标识及其含义;

(5)外资股股东。

3. 发行人的发起人、控股股东和主要股东之间的关联关系。

(四)发行人的主营业务、主要产品或服务及其用途、产品销售方式和渠道、所需主要原材料、行业竞争情况以及发行人在行业中的竞争地位。

(五)发行人业务及生产经营有关的资产权属情况。对发行人业务及生产经营所必须的商标、土地使用权、专利与非专利技术、重要特许权利等,应明确披露这些权利的使用及权属情况。

（六）同业竞争和关联交易情况，以及有关独立董事对关联交易发表的意见，并以表格形式披露报告期内关联交易对发行人财务状况和经营成果的影响。

（七）董事、监事、高级管理人员，以图表形式披露上述人员的基本情况及其兼职情况、薪酬情况以及与发行人及其控股子公司间的股权关系或其他利益关系。

姓名	职务	性别	年龄	任期起止日期	简要经历	兼职情况	薪酬情况	持有公司股份的数量	与公司的其他利益关系

（八）发行人控股股东及其实际控制人的简要情况。

（九）发行人应简要披露其财务会计信息及管理层讨论与分析，主要包括：

1. 发行人运行三年以上的，披露最近三年及一期的资产负债表、利润表和现金流量表；运行不足三年的，应披露最近三年及一期的利润表以及设立后各年及最近一期的资产负债表和现金流量表。发行人编制了合并财务报表的，仅披露合并财务报表即可。

2. 以合并财务报表的数据为基础披露最近三年及一期非经常性损益的具体内容及金额，计算最近三年及一期扣除非经常性损益后的净利润金额。

3. 列表披露最近三年及一期的流动比率、速动比率、资产负债率（母公司）、应收账款周转率、存货周转率、息税折旧摊销前利润、利息保障倍数、每股经营活动的现金流量、每股净现金流量、每股收益、净资产收益率、无形资产（扣除土地使用权、水面养殖权和采矿权等后）占净资产的比例。除特别指出外，上述财务指标应以合并财务报表的数据为基础进行计算。

4. 简要盈利预测表（如有）。

5. 管理层对公司财务状况、盈利能力及现金流量的报告期内情况及未来趋势的简要讨论与分析，重点披露报告期内公司营业收入及净利润的主要来源、现实及可预见的主要影响因素分析。

6. 最近三年股利分配政策和实际分配情况、发行前滚存利润的分配政策及分配情况、发行后股利分配政策。

7. 发行人控股子公司或纳入发行人合并会计报表的其他企业的基本情况，主要包括：公司成立日期、注册资本、实收资本、股权结构、主要管理人员、主营业务、主要产品或服务、最近一年及一期主要财务数据。

第四节　募集资金运用

第一百三十三条　发行人应简要披露本次募集资金投资项目的具体安排和计划，以及对项目发展前景的分析。

第五节　风险因素和其他重要事项

第一百三十四条　发行人应有针对性地披露其实际面对的特有风险，不必披露风险对策和措施。已在“重大事项提示”中披露的，不必重复披露。

第一百三十五条　发行人应披露对投资者作出投资决策有重要影响的其他事项，如重大合同、重大诉讼或仲裁事项等。

第六节　本次发行各方当事人和发行时间安排

第一百三十六条　发行人应以表格形式披露本次发行各方当事人的情况：

名　称	住所	联系电话	传真	经办人或联系人
发行人				
保荐人（主承销商）				
律师事务所				
会计师事务所				
资产评估机构（如有）				
股票登记机构				
收款银行				
拟上市的证券交易所				

第一百三十七条　发行人应以表格形式披露本次发行上市的重要日期，主要包括：

询价推介时间	
定价公告刊登日期	
申购日期和缴款日期	
股票上市日期	

第七节　备 查 文 件

第一百三十八条　发行人应披露招股说明书全文和备查文件的查阅方式。

第四章　附　　则

第一百三十九条　本准则自发布之日起施行。

公开发行证券的公司信息披露内容与格式准则第2号——年度报告的内容与格式(2014年修订)

2014年5月28日中国证券监督管理委员会公告〔2014〕21号公布施行

第一章　总　　则

第一条　为规范上市公司年度报告的编制及信息披露行为,保护投资者合法权益,根据《公司法》、《证券法》等法律、法规及中国证券监督管理委员会(以下简称中国证监会)的有关规定,制定本准则。

第二条　根据《公司法》、《证券法》在中华人民共和国境内公开发行股票并在证券交易所主板(含中小企业板)上市的股份有限公司(以下简称公司)应当按照本准则的要求编制和披露年度报告。

第三条　本准则的规定是对公司年度报告信息披露的最低要求;对投资者投资决策有重大影响的信息,公司均应当披露。鼓励公司以简明易懂的方式对投资者特别是中小投资者披露信息。

第四条　在不影响信息披露完整性和妨碍阅读的前提下,公司可采取相互引证的方法,对年度报告相关部分进行合理的技术处理,以避免不必要的重复和保持文字简洁。

第五条　公司年度报告的全文应当遵循本准则第二章的要求进行编制和披露。

公司年度报告摘要应当遵循本准则第三章的要求,按照附件的格式进行编制和披露。

第六条　同时在境内和境外证券市场上市的公司,如果境外证券市场对年度报告的编制和披露要求与本准则不同,应当遵循报告内容从多不从少、报告要求从严不从宽的原则,并在同一日公布年度报告。

发行境内上市外资股及其衍生证券并在证券交易所上市的公司,应当同时编制年度报告的外文译本。

第七条　公司年度报告中的财务报告应当经具有证券期货相关业务资格的会计师事务所审计,审计报告应当由该所两名注册会计师签字。

第八条　公司在编制年度报告时应当遵循如下一般要求:

(一)年度报告中引用的数字应当采用阿拉伯数字,货币金额除特别说明外,通常指人民币金额,并以元、千元、万元、百万元或亿元为单位。

(二)公司可根据有关规定或其他需求,编制年度报告外文译本,同时应当保证中外文文本的一致性,并在外文文本上注明:“本报告分别以中、英(或日、法、俄)文编制,在对中外文文本的理解上发生歧义时,以中文文本为准。”

(三)年度报告封面应当载明公司的中文名称、“年度报告”字样、报告期年份,也可以载明公司的外文名称、徽章、图案等。年度报告的目录应当编排在显著位置。

(四)公司编制年度报告时可以图文并茂,采用柱状图、饼状图等统计图表,以及必要的产品、服务和业务活动图片进行辅助说明,提高报告的可读性。公司在年度报告目录之前刊载宣传照片和图表时,不得刊登带有祝贺、恭维、推荐性的措辞,不得含有欺诈、误导内容的词句。

公司编制年度报告应当遵循中国证监会上市公司行业分类的有关规定,公司可以增加披露所使用的其他的行业分类数据、资料作为参考。

第九条　公司应当在每个会计年度结束之日起4个月内将年度报告全文刊登在中国证监会指定网站上;同时将年度报告摘要刊登在至少一种中国证监会指定报纸上,刊登篇幅原则上不超过报纸的1/4版面,也可以刊登在中国证监会指定网站上。

公司可以将年度报告刊登在其他媒体上,但不得早于在中国证监会指定媒体披露的时间。

第十条　在年度报告披露前,内幕信息知情人不得泄露内幕信息,或利用内幕信息牟取不正当利益。

第十一条　公司应当在年度报告披露后,将年度报告原件备置于公司住所,以供股东及社会公众查阅。

公司应当在年度报告披露后10个工作日内,将年度报告及其相关文件报送公司登记住所地所在辖区的中国证监会派出机构。

第十二条　公司董事会、监事会及董事、监事、高级管理人员应当保证年度报告内容的真实、准确、完整,不存在虚假记载、误导性陈述或重大遗漏,并承担个别和连带的法律责任。

如有董事、监事、高级管理人员对年度报告内容存在异议或无法保证其真实、准确、完整的,应当单独陈述理由。

第十三条　中国证监会对特殊行业公司信息披露另有规

定的,公司应当遵循其规定。

行业主管部门对公司另有规定的,公司在编制和披露年度报告时应当遵循其规定。

第二章 年度报告正文

第一节 重要提示、目录和释义

第十四条 公司应当在年度报告文本扉页刊登如下重要提示:公司董事会、监事会及董事、监事、高级管理人员保证年度报告内容的真实、准确、完整,不存在虚假记载、误导性陈述或重大遗漏,并承担个别和连带的法律责任。

公司应当提示经董事会审议的报告期利润分配预案或公积金转增股本预案。

公司负责人、主管会计工作负责人及会计机构负责人(会计主管人员)应当声明并保证年度报告中财务报告的真实、准确、完整。

如有董事、监事、高级管理人员对年度报告内容存在异议或无法保证其真实、准确、完整的,应当声明×××无法保证本报告内容的真实、准确、完整,并说明理由,请投资者特别关注。同时,单独列示未出席董事会审议年度报告的董事姓名及原因。

如执行审计的会计师事务所对公司出具了非标准审计报告,重要提示中应当声明×××会计师事务所为本公司出具了带强调事项段或其他事项段的无保留意见、保留意见、否定意见或无法表示意见的审计报告,本公司董事会、监事会对相关事项已有详细说明,请投资者注意阅读。

如年度报告涉及未来计划等前瞻性陈述,同时附有相应的警示性陈述,则应当声明该计划不构成公司对投资者的实质承诺,请投资者注意投资风险。

第十五条 公司应当对可能造成投资者理解障碍以及特定含义的术语作出通俗易懂的解释,年度报告的释义应当在目录次页排印。

年度报告目录应当标明各章、节的标题及其对应的页码。

第十六条 公司应当在年度报告目录后单独刊登重大风险提示。公司对风险因素的描述应当围绕公司的经营状况,遵循重要性原则披露可能对公司未来发展战略和经营目标的实现产生不利影响的重大风险,并根据实际情况,披露已经或将要采取的措施。

第二节 公司简介

第十七条 公司应当披露如下内容:

(一)公司的中文名称及简称,外文名称及缩写(如有)。

(二)公司的法定代表人。

(三)公司董事会秘书及其证券事务代表的姓名、联系地址、电话、传真、电子信箱。

(四)公司注册地址,公司办公地址及其邮政编码,公司网址、电子信箱。

(五)公司选定的信息披露报纸的名称,登载年度报告的中国证监会指定网站的网址,公司年度报告备置地。

(六)公司股票上市交易所、股票简称和股票代码。

(七)公司报告期内的注册变更情况,包括但不限于:注册登记日期和地点、企业法人营业执照注册号、税务登记号码、组织机构代码,公司还应当提供首次注册情况的相关查询索引;公司上市以来主营业务的变化情况和历次控股股东的变更情况。

(八)其他有关资料:公司聘请的会计师事务所名称、办公地址及签字会计师姓名;公司聘请的报告期内履行持续督导职责的保荐机构或财务顾问的名称、办公地址以及签字的保荐代表人或财务顾问主办人的姓名,以及持续督导的期间。

第三节 会计数据和财务指标摘要

第十八条 公司应当采用数据列表方式,提供截至报告期末公司近3年的主要会计数据和财务指标,包括但不限于:总资产、营业收入、归属于上市公司股东的净利润、归属于上市公司股东的扣除非经常性损益的净利润、归属于上市公司股东的净资产、经营活动产生的现金流量净额、净资产收益率、每股收益。

同时发行人民币普通股及境内上市外资股或(和)境外上市外资股的公司,若按不同会计准则计算的净利润和归属于上市公司股东的净资产存在重大差异的,应当列表披露差异情况并说明主要原因。

公司在披露"归属于上市公司股东的扣除非经常性损益后的净利润"时,应当同时说明报告期内非经常性损益的项目及金额。

第十九条 公司主要会计数据和财务指标的计算和披露应当遵循如下要求:

(一)因会计政策变更及会计差错更正等追溯调整或重述以前年度会计数据的,应当同时披露调整前后的数据。

(二)对非经常性损益、净资产收益率和每股收益的确定和计算,中国证监会另有规定的,应当遵照执行。

(三)编制合并财务报表的公司应当以合并财务报表数据填列或计算以上数据和指标。

(四)如公司成立未满3年,应当披露公司成立后完整会计年度的上述会计数据和财务指标。

(五)财务数据按照时间顺序自左至右排列,左起为报告期的数据,向右依次列示前一期的数据。

第四节 董事会报告

第二十条 公司董事会报告中应当对财务报告的数据和其他必要的统计数据,以及报告期内发生和未来发生的重大事项进行讨论、分析,可以采用逐年比较、数据列表或其他方式对相关事项进行列示,便于投资者了解其财务状况、经营成果及未来变化情况。公司披露董事会报告应当遵守以下原则:

(一)披露内容应当可靠,引用数据、资料应当依据充分。如引用第三方的数据、资料,应当关注其权威性,并注明来源。

(二)披露内容应当具有充分的决策相关性,着重关注重大投资项目、并购重组、在建工程、研发项目、人才建设等在报告期内的执行情况和未来计划,有利于投资者充分了解公司未来变化趋势。

(三)披露内容应当具有充分关联性,结合公司的外部环境(如宏观环境、行业政策、行业地位或区域市场地位等)和内部条件(如业务规模、经营区域、技术、人员、经营权等)对公司的经营成果和财务状况进行针对性的讨论、分析,保持内在逻辑的一致性。

(四)鼓励公司披露对业绩敏感度较高的关键业绩指标,分析指标的假定条件、计算方法、选取依据,以及变化原因和趋势。

(五)讨论、分析不应简单重复财务报告的内容,而应当侧重分析重要的经营指标和财务指标,重点披露实质性内容、已知的重要趋势和不确定性。

(六)语言表述平实,清晰易懂,力戒空洞、模板化。

第二十一条 董事会报告应当重点分析公司在报告期内的业务、产品、技术、行业有关的外部环境,以及公司的财务状况和经营成果。公司可以根据实际情况和重要性原则对本条中设定的原则性比例作适当下调。如本条规定披露的部分内容与财务报表附注相同的,公司可以建立相关查询索引,避免重复。

公司应当披露已对报告期产生重要影响以及未对报告期产生影响但对未来具有重要影响的事项,内容包括:

(一)主营业务分析。列示公司营业收入、成本、费用、研发投入、现金流等项目的同比变动情况及原因。若公司利润构成或利润来源发生重大变动,公司应当详细说明情况。公司招股说明书、募集说明书和资产重组报告书等公开披露文件中披露的未来发展与规划延续至报告期内的,公司应当对规划目标的实施进度进行分析;实施进度与规划不符的,应当详细说明原因。

公司应当回顾总结前期披露的发展战略和经营计划在报告期内的进展,并对未达到计划目标的情况进行解释。若公司实际经营业绩较曾公开披露过的本年度盈利预测低于或高于20%以上的,应当分析造成差异的原因。

1. 收入。公司应当说明驱动业务收入变化的产销量、订单或劳务的结算比例等因素。如果因子公司股权变动导致合并范围变化的,应当提供上年度同口径的数据;如无法取得,公司应当说明原因。

对实物销售收入大于劳务收入的公司,应当按照行业口径,披露报告期内主要产品的生产量、销售量、库存量和市场占有率(如披露,须注明数据来源)等情况。若相关数据同比发生变动30%以上的,应当说明原因。

对于订单收入占比超过50%的公司,公司应当披露重大的在手订单情况,并披露前期订单在本年度进展和本年度新增订单的完成比例。对前期订单分散且数量较多的,可以按行业口径归类披露。

如报告期内产品或服务发生重大变化或调整,公司应当披露已提供或将提供的新产品及服务,并说明对公司经营及业绩的影响。

公司应当披露主要销售客户的情况,以汇总方式披露公司向前5名客户销售额占年度销售总额的比例。鼓励公司分别披露前5名客户名称和销售额。属于同一控制人控制的客户应当合并列示,受同一国有资产管理机构实际控制的除外。

2. 成本。公司应当按行业或产品披露本年度成本的主要构成项目(如原材料、人工工资、折旧、能源等)占总成本的比例情况,并提供上年同口径可比数据,如无法取得可比数据,公司应当说明原因。

公司应当披露主要供应商的情况,以汇总方式披露公司向前5名供应商采购额占年度采购总额的比例。鼓励公司分别披露前5名供应商名称和采购额。属于同一控制人控制的供应商应当合并列示,受同一国有资产管理机构实际控制的除外。

3. 费用。若报告期内公司销售费用、管理费用、财务费用、所得税等财务数据同比变动30%以上的,应当说明变化原因。

4. 研发支出。公司应当说明报告期内研发项目的目的、进展和拟达到的目标,预计对未来发展的影响。公司应当说明本年度研发支出总额分别占公司最近一期经审计净资产、营业收入的比例,如相关数据同比变化达30%以上，应当说明变化原因。

5. 现金流。结合公司现金流量表相关数据，说明公司经营活动、投资活动和筹资活动产生的现金流量的构成情况。若相关数据同比变化达30%以上，公司应当说明原因。若报告期内公司经营活动的现金流量与本年度净利润存在重大差异，公司应当说明原因。

（二）按照行业、产品或地区经营情况分析。公司应当根据自身实际情况，分别按行业、产品或地区说明报告期内公司主营业务收入、主营业务利润的构成情况。对于占公司营业收入总额或营业利润总额10%以上的业务经营活动及其所属行业、主要产品或地区，应当分项列示其营业收入、营业成本、毛利率，并分析其变动情况。公司应当保持业务数据统计口径一致；如确需调整，应当提供调整后的最近1年数据。

（三）资产、负债状况分析。若报告期内公司主要资产、负债项目（包括货币资金、应收款项、存货、投资性房地产、长期股权投资、固定资产、在建工程、短期借款、长期借款等）占总资产的比例，同比变动达30%以上的，应当说明变化原因。

报告期内公司存在以公允价值计量的资产的，应当说明报告期内购买、出售该资产以及公允价值变动情况。

报告期内公司主要资产计量属性发生重大变化，应当说明原因及对其经营成果和财务状况的影响。

（四）核心竞争力分析。公司应当披露报告期内核心竞争力（包括设备、专利、非专利技术、特许经营权、土地使用权、水面养殖权、探矿权、采矿权、独特经营方式和盈利模式、允许他人使用自己所有的资源要素或作为被许可方使用他人资源要素等）的重要变化及对公司所产生的影响。如发生因设备或技术升级换代、特许经营权丧失等导致公司核心竞争力受到严重影响的，公司应当详细分析，并说明拟采取的相应措施。

（五）投资状况分析。公司应当分析本年度投资情况，包括：

1. 对外股权投资的情况。公司应当披露报告期内对外股权投资额与上年同比的变动数及变动幅度，被投资的公司名称、主要业务以及占被投资公司的权益比例。

公司应当对持有其他上市公司股权、持有商业银行、证券公司、保险公司、信托公司和期货公司等金融企业股权进行重点披露，包括最初投资成本、期初持股数量和比例、期末持股数量和比例、期末账面值、本期收益、会计核算科目、股份来源等情况。

公司应当披露报告期内用于买卖其他上市公司股份的资金数量、股份数量及产生的投资收益。

2. 非金融类公司委托理财及衍生品投资的情况。公司应当披露资金来源、合作方、投资份额、投资期限、产品类型、预计收益、投资盈亏，是否涉诉等。如公司有委托贷款事项，应当披露委托贷款借款人、借款用途、抵押物或担保人，以及展期、逾期或诉讼事项及风险应对措施。

3. 报告期内募集资金或报告期之前募集资金的使用延续到报告期内的，公司应当列表说明募集资金时承诺投资项目及进度与实际投资项目及进度的差异。对于尚未使用的募集资金，应当说明未来资金用途。

如实际投资项目无变更，公司应当披露项目资金本年度和累计实际投入情况、项目的进度及预计收益。若项目已产生收益，应当说明收益情况；未达到计划进度和收益的，应当说明原因。

如实际投资项目发生变更，公司应当披露项目变更原因、变更程序及其披露情况，项目资金的投入情况，项目的进度及预计收益。若项目已产生收益，应当说明收益情况；未达到计划进度和收益的，应当说明原因，并说明原项目的预计收益情况。

4. 主要子公司、参股公司分析。公司应当详细说明主要子公司所处行业、主要产品或服务、注册资本、总资产、净资产、净利润，本年度取得和处置子公司的情况，包括取得和处置的目的、方式以及对公司整体生产经营和业绩的影响。如来源于单个子公司的净利润或单个参股公司的投资收益对公司净利润影响达到10%以上，还应当披露该子公司营业收入、营业利润、净利润等数据。如单个子公司或参股公司的经营业绩与上一年度报告期内相比变动在30%以上，且对公司合并经营业绩造成重大影响的，公司应当对其业绩波动情况及其变动原因进行分析。如主要子公司或参股公司的经营业绩未出现大幅波动，但其资产方面或其他主要财务指标与上年度相比变动在30%以上，并可能对公司未来业绩造成影响的，公司应当说明变化的情况和原因。

公司应当披露持有与公司主业关联度较小的子公司的目的和未来经营计划。对报告期内投资收益占净利润达50%以上的公司，应当披露投资收益中占比在10%以上的股权投资项目。

5. 公司应当列表披露项目投资总额超过公司上年度末经审计净资产10%的非募集资金投资的重大项目投资总额、本年度和累计实际投入金额、项目进度及收益情况。

（六）公司控制的特殊目的主体情况。公司存在控制下的特殊目的主体时，应当披露公司对其控制权方式和控制权内容,并说明公司从中可以获取的利益和对其所承担的风险。公司应当披露特殊目的主体对其提供融资、商品或劳务以支持自身主要经营活动的相关情况。

公司控制的特殊目的主体的定义遵照《企业会计准则第 33 号——合并财务报表》应用指南的规定执行。

对于公司认为对所处行业不适用,或因其他原因确实无法披露上述条款所列信息,应描述无法披露原因。鼓励公司根据本公司、本行业特殊情况主动披露适用的指标等有助于投资者了解公司经营情况的信息。

第二十二条　公司应当对未来发展进行展望,就行业竞争格局和发展趋势、未来发展战略、下一年度经营计划以及未来面对的风险等因素进行分析,包括:

(一)行业竞争格局和发展趋势。公司应当结合业务规模、经营区域、产品类别以及竞争对手的情况,分析与公司业务关联的宏观环境或行业环境的发展趋势,以及公司的行业地位或区域市场地位的变动趋势。

公司应当结合主要业务的市场变化、营业成本的构成变化、市场份额的变化等因素,分析公司存在的主要优势、困难,并说明有关变化对公司未来经营业绩的影响。

(二)公司发展战略。公司应当从行业壁垒、核心技术替代或扩散、产业链整合、价格竞争、成本波动等方面向投资者提示未来公司发展机遇和挑战,披露公司发展战略,以及拟开展的新业务、拟开发的新产品、拟投资的新项目等。如公司存在多种业务的,还应当说明各项业务的发展规划。分析和讨论应当有数据支持,并说明数据来源。

(三)经营计划。公司应当披露新年度的经营计划,包括:收入、费用、成本计划,新年度的经营目标,如销售额的提升、市场份额的扩大、成本变化、研发计划等,以及为达到上述经营目标拟采取的策略和行动。

(四)因维持当前业务并完成在建投资项目公司所需的资金需求,包括资金来源、资金成本及使用情况进行简要说明。公司应当区分债务融资、表外融资、股权融资、衍生品融资等项目对未来资金来源进行披露。公司应当披露未来重大的资本支出计划,包括未来已知的资本支出承诺、合同安排、时间安排等。

(五)可能面对的风险。公司应当针对自身特点,遵循关联性原则和重要性原则披露可能对公司未来发展战略和经营目标产生不利影响的重大风险因素(包括政策性风险、行业风险、业务模式风险、经营风险、环保风险、汇率风险、利率风险、技术风险、产品价格风险、原材料价格及供应风险、财务风险、单一客户依赖风险、核心技术人员变动风险等),披露内容应当充分、准确,采取图表结合数据的形式,简要分析各风险因素对公司当期及未来经营业绩的影响,并说明已经或计划采取的应对措施。

对于报告期内较上一年度的新增风险因素,公司应当对其产生原因、对公司的影响以及已采取或拟采取的措施及效果进行分析。如分析表明相关变化趋势已经、正在或将要对公司的经营成果和财务状况产生重大影响的,公司应当提供管理层对相关变化的基本判断,详细分析对公司的影响程度。

第二十三条　公司年度财务报告被会计师事务所出具非标准意见审计报告的,公司应当就所涉及事项作出说明。

公司作出会计政策、会计估计变更或重大会计差错更正的,公司应当披露变更、更正的原因及影响,涉及追溯调整或重述的,应当披露对以往各年度经营成果和财务状况的影响金额。

同时适用境内外会计准则的公司应当对产生差异的情况进行详细说明。

第二十四条　公司应当披露报告期内利润分配政策的制定、执行或调整情况,说明利润分配政策是否符合公司章程及审议程序的规定,是否充分保护中小投资者的合法权益,是否由独立董事发表意见,是否有明确的利润分配标准和分配比例,以及利润分配政策调整或变更的条件和程序是否合规、透明。

公司应当披露近 3 年(含报告期)的利润分配方案或预案、资本公积金转增股本方案或预案;同时,列表披露近 3 年(含报告期)现金红利分配的金额及占归属于上市公司股东的净利润的比例。若公司章程规定,以现金方式要约回购股份的资金视同为上市公司现金分红的,应单独披露该种方式计入现金分红的金额和比例。

公司应当披露报告期内现金分红政策的制定及执行情况,并对下列事项进行专项说明:

(一)是否符合公司章程的规定或者股东大会决议的要求;

(二)分红标准和比例是否明确和清晰;

(三)相关的决策程序和机制是否完备;

(四)独立董事是否履职尽责并发挥了应有的作用;

(五)中小股东是否有充分表达意见和诉求的机会,中小股东的合法权益是否得到了充分保护等。

对现金分红政策进行调整或变更的,还应对调整或变更的条件及程序是否合规和透明等进行详细说明。

第二十五条 鼓励公司主动披露积极履行社会责任的工作情况,包括公司在保护债权人、职工、消费者、供应商、社区等利益相关者合法权益方面所承担的社会责任;公司在防治污染,加强生态保护,维护社会安全,实现可持续发展等方面所采取的措施。公司已披露社会责任报告全文的,仅需提供相关的查询索引。

属于国家环境保护部门规定的重污染行业的上市公司及其子公司,应当按照《清洁生产促进法》、《环境信息公开办法(试行)》的相关规定披露报告期内发生的重大环境问题及整改情况、主要污染物达标排放情况、企业环保设施的建设和运行情况、环境污染事故应急预案以及同行业环保参数比较等环境信息。

第五节 重要事项

第二十六条 公司应当披露报告期内重大诉讼、仲裁和媒体普遍质疑的事项。已在上一年度报告中披露,但尚未结案的重大诉讼、仲裁事项,公司应当披露案件进展情况、涉及金额、是否形成预计负债,以及对公司未来的影响。对已经结案的重大诉讼、仲裁事项,公司应当披露案件执行情况。对媒体普遍质疑的事项,公司应当披露有关澄清的内容、应对措施,以及对公司未来的影响。

如以上诉讼、仲裁或媒体质疑事项已在临时报告披露且无后续进展的,仅需披露该事项概述,并提供临时报告披露网站的查询索引。如报告期内公司无重大诉讼、仲裁和媒体质疑事项,应当明确说明“本年度公司无重大诉讼、仲裁和媒体质疑事项”。

第二十七条 上市公司发生控股股东及其关联方非经营性占用资金情况的,应当充分披露相关的决策程序,以及占用资金的期初金额、发生额、期末余额、占用原因、预计偿还方式及清偿时间。

公司应当同时披露会计师事务所对资金占用的专项审核意见。

第二十八条 公司应当披露报告期内发生的破产重整相关事项,包括向法院申请重整、和解或破产清算,法院受理重整、和解或破产清算,以及公司重整期间发生的法院裁定结果及其他重大事项。执行重整计划的公司应当说明计划的具体内容及执行情况。如相关破产事项已在临时报告披露且后续实施无变化的,仅需披露该事项概述,并提供临时报告披露网站的相关查询索引。

第二十九条 公司应当披露报告期内收购及出售重大资产、企业合并事项的简要情况及进展,分析上述事项对公司业务连续性、管理层稳定性的影响。

公司应当说明上述事项是否按计划如期实施,如已实施完毕,应当说明其对财务状况和经营成果的影响,以及所涉及的金额及其占利润总额的比例;如未按计划实施,应当说明原因及公司已采取的措施。

如公司收购、出售资产和企业合并事项已在临时报告披露且后续实施无变化的,仅需披露该事项概述,并提供临时报告披露网站的相关查询索引。

第三十条 公司应当披露股权激励计划在本报告期的具体实施情况,包括但不限于:实施股权激励计划履行的相关程序及总体情况,激励股份来源情况,激励对象考核情况,激励对象范围的调整情况及履行的程序,激励股份授予数量及解除锁定情况,股票期权授予及行权情况,股票期权行权价格及期权数量的调整情况及履行的程序,实施股权激励计划对公司报告期内及以后各年度财务状况和经营成果的影响,激励基金提取情况,涉及股权激励的其他事项。

如相关股权激励事项已在临时报告披露且后续实施无进展或变化的,仅需披露该事项概述,并提供临时报告披露网站的相关查询索引。

第三十一条 公司应当披露报告期内发生的累计关联交易总额高于3000万元且占公司最近一期经审计净资产值5%以上的重大关联交易事项,并按照以下发生关联交易的不同类型分别披露。如已在临时报告披露且后续实施无进展或变化的,仅需披露该事项概述,并提供临时报告披露网站的相关查询索引。

(一)与日常经营相关的关联交易,至少应当披露以下内容:关联交易方、交易内容、定价原则、交易价格、交易金额、占同类交易金额的比例、结算方式;可获得的同类交易市价,如实际交易价与市价存在较大差异,应当说明原因。大额销货退回需披露详细情况。

公司应当说明关联交易的必要性、持续性,关联交易的原因,关联交易对公司独立性的影响,公司对关联方的依赖程度,以及相关解决措施。

公司按类别对报告期内发生的日常关联交易进行总额预计的,应当披露日常关联交易事项在报告期内的实际履行情况。

(二)资产收购、出售发生的关联交易,至少应当披露以下内容:关联交易方、交易内容、定价原则、资产的账面价值、评估价值、市场公允价值、交易价格、结算方式及交易对公司经营成果和财务状况的影响情况,交易价格与账面价值或评估价值、市场公允价值差异较大的,应当说明原因。

(三)公司与关联方共同对外投资发生关联交易的,应当至少披露以下内容:共同投资方、被投资企业的名称、主营业务、注册资本、总资产、净资产、净利润、重大在建项目的进展情况。

（四）公司与关联方存在债权债务往来等事项的，应当披露形成原因，债权债务期初余额、本期发生额、期末余额，及其对公司的影响。

第三十二条　公司应当披露重大合同及其履行情况，包括但不限于：

（一）在报告期内发生或以前期间发生但延续到报告期的托管、承包、租赁其他公司资产或其他公司托管、承包、租赁公司资产的事项；该事项为公司带来的损益额达到公司当年利润总额的10%以上时，应当详细披露有关合同的主要内容，包括但不限于：有关资产的情况，涉及金额、期限、损益及确定依据，同时应当披露该损益对公司的影响。

（二）重大担保。报告期内履行的及尚未履行完毕的担保合同，包括担保金额、担保期限、担保对象、担保类型（一般担保或连带责任担保）、担保的决策程序等。对于未到期担保合同，如有证据表明有可能承担连带清偿责任，应当明确说明。

公司应当披露报告期内公司对外担保（包括公司自身的对外担保及其子公司的对外担保，不含公司对子公司的担保）的发生额和报告期末的担保余额，以及报告期内公司对子公司提供担保的发生额和报告期末对子公司的担保余额。

公司应当披露全部担保总额及其占公司净资产的比例，并分别列示：公司为股东、实际控制人及其关联方提供担保的余额，公司直接或间接为资产负债率超过70%的被担保对象提供的担保余额，以及公司担保总额超过公司净资产50%部分的金额。

公司担保总额包括报告期末公司对外担保余额（包括公司自身的对外担保及其子公司的对外担保，不含公司对子公司的担保）和公司对子公司的担保余额，其中子公司的担保余额为该子公司对外担保总额乘以公司持有该子公司的股权比例。

（三）其他重大合同。列表披露合同订立双方的名称、签订日期、合同标的所涉及资产的账面价值、评估价值、相关评估机构名称、评估基准日、定价原则以及最终交易价格等，并披露截至报告期末合同的执行情况。

第三十三条　公司以及持股5%以上的股东如在报告期内或持续到报告期存在以下承诺事项，包括但不限于：股权分置改革承诺、收购报告书或权益变动报告书中所作承诺、资产重组所作承诺、首次公开发行或再融资所作承诺，以及其他对公司中小股东所作承诺。公司董事会应当说明上述承诺事项在报告期内的履行情况，详细列示承诺方、承诺事项、承诺时间、承诺期限、承诺的履行情况等。如承诺未能及时履行的，应当说明未完成履行的原因及下一步的工作计划。

如公司资产或项目存在盈利预测，且报告期仍处在盈利预测期间内，公司董事会、相关股东和负责持续督导的中介机构应当就资产或项目是否达到原盈利预测及其原因作出说明。同时，公司应当提供原盈利预测的相关披露查询索引。

第三十四条　公司应当披露年度财务报告审计聘任、解聘会计师事务所的情况，报告期内支付给聘任会计师事务所的报酬情况，及目前的审计机构和签字会计师已为公司提供审计服务的连续年限，年限从审计机构与公司首次签订审计业务约定书之日起开始计算。

公司报告期内若聘请了内部控制审计会计师事务所、财务顾问或保荐人，应当披露聘任内部控制审计会计师事务所、财务顾问或保荐人的情况，报告期内支付给内部控制审计会计师事务所、财务顾问或保荐人的报酬情况。

第三十五条　公司及其董事、监事、高级管理人员、持有5%以上股份的股东、实际控制人、收购人在报告期内如存在被有权机关调查、被司法机关或纪检部门采取强制措施、被移送司法机关或追究刑事责任、被中国证监会立案调查或行政处罚、被采取市场禁入、被认定为不适当人选、被其他行政管理部门处罚，以及被证券交易所公开谴责的情形，应当说明原因及结论。

报告期内公司被中国证监会及其派出机构采取行政监管措施并提出限期整改要求的，公司应当披露整改责任人、整改期限、整改措施，以及整改报告书的指定披露网站及日期。

第三十六条　年度报告披露后面临暂停上市和终止上市风险的公司，应当披露导致暂停上市或终止上市的原因以及公司采取的消除暂停上市或终止上市情形的措施。面临终止上市风险的公司，应当同时披露终止上市后投资者关系管理工作的详细安排和计划。

第三十七条　公司应当披露其他在报告期内发生的《证券法》第六十七条、《上市公司信息披露管理办法》第三十条所列的重大事件，以及公司董事会判断为重大事件的事项。

如前款所涉重要事项已作为临时报告在指定网站披露，仅需说明信息披露指定网站的相关查询索引及披露日期。

第三十八条　公司的子公司发生的本节所列重要事项，应当视同公司的重要事项予以披露。

第六节　股份变动及股东情况

第三十九条　公司应当按以下要求披露报告期内的股份

变动情况：

（一）公司股份变动情况，按照中国证监会对公司股份变动报告规定的内容与格式进行编制。

（二）证券发行与上市情况

1. 截至报告期末近 3 年历次证券发行情况，包括普通股股票、可转换公司债券、分离交易的可转换公司债券、公司债券及其他衍生证券的种类、发行日期、发行价格（或利率）、发行数量、上市日期、获准上市交易数量、交易终止日期等。

2. 对报告期内因送股、转增股本、配股、增发新股、非公开发行股票、权证行权、实施股权激励计划、企业合并、可转换公司债券转股、减资、内部职工股上市、债券发行或其他原因引起公司股份总数及股东结构的变动、公司资产和负债结构的变动，应当予以说明。

3. 现存的内部职工股的发行日期、发行价格、发行数量等。

报告期内优先股的股份变动、发行与上市等情况，应当按照本章第七节的相关要求予以披露。

第四十条　公司应当按照以下要求披露股东和实际控制人情况：

（一）公司股东数量及持股情况，按照中国证监会对公司股份变动报告规定的格式进行编制，应当披露以下内容：

1. 截至报告期末以及年度报告披露日前第五个交易日末的普通股股东总数及表决权恢复的优先股股东总数（如有）。

2. 截至报告期末持有本公司 5% 以上股份的股东的名称、报告期内股份增减变动的情况、报告期末持股数量、所持股份类别及所持股份质押或冻结的情况。如持股 5% 以上的股东少于 10 人，则应当列出至少前 10 名股东的持股情况。如所持股份中包括无限售条件股份（或已上市流通股份）、有限售条件股份（或未上市流通股份），应当分别披露其数量。

如前 10 名股东之间存在关联关系或属于《上市公司收购管理办法》规定的一致行动人的，应当予以说明。

如有战略投资者或一般法人因配售新股成为前 10 名股东的，应当予以注明，并披露约定持股期间的起止日期。

以上列出的股东情况中应当注明代表国家持有股份的单位和外资股东。

（二）公司控股股东情况

若控股股东为法人的，应当披露名称、单位负责人或法定代表人、成立日期、组织机构代码、注册资本、主要经营业务和未来发展战略等，鼓励披露经营成果、财务状况、现金流等；若控股股东为自然人的，应当披露其姓名、国籍、是否取得其他国家或地区居留权、最近 5 年内的职业及职务。如报告期内控股股东发生变更，应当列明披露相关信息的指定网站查询索引及日期。

公司应当披露控股股东报告期内控股和参股的其他境内外上市公司的股权情况。对控股股东为自然人的，应当披露其过去 10 年曾控股的境内外上市公司情况。

如不存在控股股东，公司应当予以特别说明。

（三）公司实际控制人情况

公司应当比照本条第二款有关控股股东披露的要求，披露公司实际控制人的情况，并以方框图及文字的形式披露公司与实际控制人之间的产权和控制关系。实际控制人应当披露到自然人、国有资产管理部门，或者股东之间达成某种协议或安排的其他机构或自然人，包括以信托方式形成实际控制的情况。

如实际控制人通过信托或其他资产管理方式控制公司，应当披露信托合同或者其他资产管理安排的主要内容，包括信托或其他资产管理的具体方式，信托管理权限（包括公司股份表决权的行使等），涉及的股份数量及占公司已发行股份的比例，信托或资产管理费用，信托资产处理安排，合同签订的时间、期限及变更、终止的条件，以及其他特别条款等。

如公司最终控制层面存在多位自然人或自然人控制的法人共同持股的情形，且其中没有一人的持股比例（直接或间接持有下一级控制层面公司的股份比例）超过 50%，各自的持股比例比较接近，公司无法确定实际控制人的，应当披露最终控制层面持股比例在 10% 以上的股东情况；如公司没有持股 10% 以上的股东，则应当披露持股比例 5% 以上的股东情况。

如不存在实际控制人的情况，公司应当予以特别说明。

（四）其他持股在 10% 以上的法人股东，应当披露其名称、单位负责人或法定代表人、成立日期、组织机构代码、注册资本、主要经营业务或管理活动等情况。

（五）公司前 10 名无限售流通股股东的名称全称、年末持有无限售流通股的数量和种类（A、B、H 股或其他）。公司股票为融资融券标的证券的，股东持股数量应当按照其通过普通证券账户、信用证券账户持有的股票及其权益数量合并计算。

如前 10 名无限售流通股股东之间，以及前 10 名无限售流通股股东和前 10 名股东之间存在关联关系或属于《上市公司收购管理办法》规定的一致行动人的，应当予以说明。

(六)报告期末完成股权分置改革的公司应当按照中国证监会对公司股份变动报告规定的格式披露前10名股东中原非流通股股东持有股份的限售条件。

公司在计算本条所指股东持股数额或比例时,仅计算普通股和表决权恢复的优先股。

第七节 优先股相关情况

第四十一条 发行优先股的公司披露年度报告时,应当以专门章节披露优先股有关情况,具体要求参见本准则第四十二条至第四十六条的规定。如年度报告其他章节与上述规定要求披露的部分内容相同的,公司可以建立相关查询索引,避免重复。

第四十二条 公司应当披露截至报告期末近3年优先股的发行与上市情况,包括公开发行或非公开发行的发行日期、发行价格和票面股息率、发行数量、上市日期、获准上市交易数量、终止上市日期、募集资金使用及变更情况等。

符合《上市公司重大资产重组管理办法》规定的条件发行优先股购买资产的,参照前款规定进行披露。

公司优先股股东数量及持股情况,按照中国证监会对公司股份变动报告规定的格式进行编制,应当披露以下内容:

(一)截至报告期末以及年度报告披露日前五个交易日末的优先股股东总数。

(二)截至报告期末持有本公司5%以上优先股股份的股东名称、报告期内股份增减变动的情况、报告期末持股数量、所持股份类别及所持股份质押或冻结的情况。如持股5%以上的优先股股东少于10人,则应当列出至少前10名优先股股东的持股情况。如股东所持优先股在除股息分配和剩余财产分配以外的其他条款上具有不同设置,应当分别披露其持股数量。

如前10名优先股股东之间,前10名优先股股东与前10名普通股股东之间存在关联关系或属于《上市公司收购管理办法》规定的一致行动人的,应当予以说明。

以上列出的优先股股东情况中应当注明代表国家持有股份的单位和外资股东。

第四十三条 公司应当披露报告期内优先股的利润分配情况,包括股息率及分配金额、是否符合分配条件和相关程序、股息支付方式、股息是否累积、是否参与剩余利润分配等。同时,列表披露近3年(含报告期)优先股分配金额与分配比例,对于因本会计年度可分配利润不足而累积到下一会计年度的差额或可参与剩余利润分配的部分应当单独说明。

优先股的利润分配政策调整或变更的,公司应当披露原因和变更的程序。报告期内盈利且母公司未分配利润为正,但未对优先股进行利润分配的,公司应当详细披露原因以及未分配利润的用途和使用计划。

如公司章程中涉及优先股分配的其他事项,公司应当予以说明。

第四十四条 报告期内公司进行优先股回购或商业银行发行的优先股转换成普通股的,应当按照以下要求披露相关的回购或转换情况:

(一)优先股的回购情况,包括回购期间、回购价格和定价原则、回购数量和比例、回购的资金总额以及资金来源、回购股份的期限、回购选择权的行使主体、对公司股本结构的影响等,并披露相关的程序。

(二)优先股的转换情况,包括转股条件、转股价格、转换比例、转换选择权的行使主体,对公司股本结构的影响等,并披露相关的程序。

第四十五条 报告期内存在优先股表决权恢复的,公司应当按照以下要求披露相关情况:

(一)公司应当披露相关表决权的恢复、行使情况,包括恢复表决权的优先股数量、比例、有效期间、对公司股本结构的影响等,并披露相关的决议与程序。如果存在公司章程规定的优先股表决权恢复的其他情形,应当予以说明。

(二)如前10名股东、持有5%以上股份的股东或实际控制人所持股份中包含表决权恢复的优先股,公司应当按照本准则第四十条的规定单独披露表决权恢复的优先股涉及的股东和实际控制人情况。

第四十六条 公司应当披露对优先股采取的会计政策及理由,财务报表及附注中的相关内容应当按照中国证监会制定的有关财务报告规定进行编制。

第八节 董事、监事、高级管理人员和员工情况

第四十七条 公司应当披露董事、监事和高级管理人员的情况,包括:

(一)基本情况。现任及报告期内离任董事、监事、高级管理人员的姓名、性别、年龄、任期起止日期、年初和年末持有本公司股份、股票期权、被授予的限制性股票数量、年度内股份增减变动量及增减变动的原因。如为独立董事,需单独注明。

(二)现任董事、监事、高级管理人员最近5年的主要工作经历。董事、监事、高级管理人员如在股东单位任职,应当说明其职务及任职期间,以及在除股东单位外的其他单位的任职或兼职情况。

(三)年度报酬情况

董事、监事和高级管理人员报酬的决策程序、报酬确定依据以及应付报酬情况。报告期末每位现任及报

告期内离任董事、监事和高级管理人员在报告期内从公司获得的应付报酬总额及在其股东单位领薪情况。报告期末全体董事、监事和高级管理人员实际获得的报酬合计。

对于董事、监事和高级管理人员获得的股权激励，公司应当按照已解锁股份、未解锁股份、可行权股份、已行权股份、行权价以及报告期末市价单独列示。

（四）在报告期内被选举或离任的董事和监事、聘任或解聘的高级管理人员姓名，及董事、监事离任和高级管理人员解聘原因。

第四十八条　公司应当披露报告期内核心技术团队或关键技术人员（非董事、监事、高级管理人员）等对公司核心竞争力有重大影响的人员的变动情况，并说明变动对公司经营的影响及公司采取的应对措施。

第四十九条　公司应当披露母公司和主要子公司的员工情况，包括在职员工的数量、专业构成（如生产人员、销售人员、技术人员、财务人员、行政人员）、教育程度、员工薪酬政策、培训计划以及需公司承担费用的离退休职工人数。其中，专业构成和教育程度须以柱状图或饼状图等统计图表列示。

对于劳务外包数量较大的，公司应当披露劳务外包的工时总数和支付的报酬总额。

第九节　公司治理

第五十条　公司应当披露公司治理的基本状况，列示公司报告期内建立的各项公司治理制度，说明公司治理与《公司法》和中国证监会相关规定的要求是否存在差异；如有差异，应当说明原因。

公司治理专项活动开展情况以及内幕信息知情人登记管理制度的制定、实施情况已通过临时公告或专项报告披露的，公司应当提供指定披露网站的相关查询索引。

第五十一条　公司应当披露报告期内召开的年度股东大会和临时股东大会的有关情况，包括：会议届次、召开日期、会议议案名称、决议情况、会议决议刊登的指定网站的查询索引与披露日期，以及表决权恢复的优先股股东请求召开临时股东大会、召集和主持股东大会、提交股东大会临时提案的情况（如有）。

第五十二条　公司应当披露报告期内每位独立董事履行职责的情况，包括但不限于：独立董事的姓名，独立董事出席董事会的次数、方式，独立董事曾提出异议的有关事项及异议的内容，出席股东大会的次数，独立董事对公司有关建议是否被采纳的说明。

第五十三条　公司应当披露董事会下设专门委员会在报告期内履行职责时所提出的重要意见和建议。

第五十四条　监事会在报告期内的监督活动中发现公司存在风险的，公司应当披露监事会就有关风险的简要意见、监事会会议召开时间、会议届次、参会监事以及指定披露网站的查询索引及披露日期等信息；否则，公司应当披露监事会对报告期内的监督事项无异议。

第五十五条　公司应当就其与控股股东在业务、人员、资产、机构、财务等方面存在的不能保证独立性、不能保持自主经营能力的情况进行说明。

因股份化改造、行业特点、国家政策、收购兼并等原因存在同业竞争的，公司应当披露相应的解决措施、工作进度及后续工作计划。公司、控股股东和实际控制人对此作出承诺的，应当在重大事项中予以说明。

第五十六条　公司应当披露报告期内对高级管理人员的考评机制，以及激励机制的建立、实施情况。

第十节　内部控制

第五十七条　公司应当披露董事会关于内部控制责任的声明，并披露建立财务报告内部控制的依据以及内部控制制度建设情况。

主板（不含中小企业板）上市公司应当按照规定的实施范围披露董事会审议通过的内部控制自我评价报告，披露报告期内发现的内部控制重大缺陷的具体情况，包括缺陷发生的时间、对缺陷的具体描述、缺陷对财务报告的潜在影响，已实施或拟实施的整改措施、整改时间、整改责任人及整改效果。

鼓励中小企业板上市公司披露董事会审议通过的内部控制自我评价报告。

第五十八条　按照规定要求对内部控制进行审计的公司，应当披露会计师事务所出具的内部控制审计报告。若会计师事务所出具非标准意见的内部控制审计报告或者内部控制审计报告与董事会的自我评价报告意见不一致的，公司应当解释原因。

第五十九条　公司应当披露年度报告重大差错责任追究制度的建立与执行情况，披露董事会对有关责任人采取的问责措施及处理结果。

第十一节　财务报告

第六十条　公司应当披露审计报告正文和经审计的财务报表。

财务报表包括公司近两年的比较式资产负债表、比较式利润表和比较式现金流量表，以及比较式所有者权益（股东权益）变动表和财务报表附注。编制合并财务报表的公司，除提供合并财务报表外，还应当提供母公司财务报表。

财务报表附注应当按照中国证监会制定的有关财

务报告的规定编制。

第十二节　备查文件目录

第六十一条　公司应当披露备查文件的目录,包括:

(一)载有公司负责人、主管会计工作负责人、会计机构负责人(会计主管人员)签名并盖章的财务报表。

(二)载有会计师事务所盖章、注册会计师签名并盖章的审计报告原件。

(三)报告期内在中国证监会指定网站上公开披露过的所有公司文件的正本及公告的原稿。

(四)在其他证券市场公布的年度报告。

公司应当在办公场所置备上述文件的原件。中国证监会及其派出机构、证券交易所要求提供时,或股东依据法律、法规或公司章程要求查阅时,公司应当及时提供。

第三章　年度报告摘要

第一节　重要提示

第六十二条　公司应当在年度报告摘要显著位置刊登如下重要提示:本年度报告摘要来自年度报告全文,投资者欲了解详细内容,应当仔细阅读同时刊载于上海证券交易所网站或深圳证券交易所网站等中国证监会指定网站上的年度报告全文。

第六十三条　公司应当以简易图表形式披露如下内容:

(一)股票简称、股票代码、股票上市交易所。如报告期末至年度报告披露日期间公司股票简称发生变更,应当同时披露变更后的股票简称。

(二)公司董事会秘书和证券事务代表的姓名、电话、传真、电子信箱。

第二节　主要财务数据及股东变化

第六十四条　公司应当以列表方式披露截至报告期末公司近3年主要会计数据和财务指标,包括但不限于:总资产、营业收入、归属于上市公司股东的净利润、归属于上市公司股东的扣除非经常性损益的净利润、归属于上市公司股东的净资产、经营活动产生的现金流量净额、净资产收益率、每股收益。

第六十五条　公司应当列表披露截至报告期末以及年度报告披露日前第5个交易日末的普通股和优先股股东总数、表决权恢复的优先股股东总数、报告期末前10名普通股股东和前10名优先股股东持股情况,以方框图形式披露公司与实际控制人之间的产权及控制关系。

第三节　管理层讨论与分析

第六十六条　公司董事会应当以图表与文字相结合的形式简明、扼要分析报告期内的财务状况、经营成果及重要事项。

第四节　涉及财务报告的相关事项

第六十七条　如与上一年度报告相比,公司会计政策、会计估计以及财务报表合并范围发生变化,或因报告期内重大会计差错更正而追溯重述的,公司应当予以披露,并分析其原因及影响。

第六十八条　如年度财务报告被会计师事务所出具带有强调事项段或其他事项段的无保留意见、保留意见、否定意见或无法表示意见的审计报告,公司董事会和监事会应当就所涉及事项作出说明。

第四章　附　　则

第六十九条　本准则所称"控股股东"、"实际控制人"、"关联方"、"关联交易"、"高级管理人员"等的界定按照《公司法》、《证券法》等法律法规以及《上市公司信息披露管理办法》、《优先股试点管理办法》等相关规定执行。

第七十条　本准则所称"以上"、"以内"包含本数,"超过"、"少于"、"低于"、"以下"不含本数。

第七十一条　本准则自公布之日起施行。《公开发行证券的公司信息披露内容与格式准则第2号——年度报告的内容与格式(2012年修订)》(证监会公告〔2012〕22号)同时废止。

附件:×××股份有限公司年度报告摘要格式

附件:

×××股份有限公司年度报告摘要格式

一、重要提示

1.1　本年度报告摘要来自年度报告全文,投资者欲了解详细内容,应当仔细阅读同时刊载于上海证券交易所网站或深圳证券交易所网站等中国证监会指定网站上的年度报告全文。

1.2 公司简介

股票简称		股票代码	
股票上市交易所			
联系人和联系方式	董事会秘书	证券事务代表	
姓　名			
电　话			
传　真			
电子信箱			

二、主要财务数据和股东变化

2.1 主要财务数据

单位：元

	N年(末)	N-1年(末)	本年(末)比上年(末)增减(%)	N-2年(末)
总资产				
归属于上市公司股东的净资产				
经营活动产生的现金流量净额				
营业收入				
归属于上市公司股东的净利润				
归属于上市公司股东的扣除非经常性损益的净利润				
加权平均净资产收益率				
基本每股收益(元/股)				
稀释每股收益(元/股)				

注:1. N年是指报告期当年。

2. 在报告期内公司因派发股票股利、公积金转增股本、拆股而增加或并股而减少公司总股本,但不影响股东权益金额的,应当根据相关会计准则的规定按最新股本调整并列报最近3年的基本每股收益和稀释每股收益。

3. 如果报告期末至年度报告披露日,公司股本因送红股、资本公积转增股本的原因发生变化且不影响股东权益金额的,应当根据相关会计准则的规定按最新股本调整并列报最近3年的基本每股收益和稀释每股收益。

4. 本报告期对上年度财务数据进行了追溯调整或重述的,上年度期末和上年度同期应当同时列示追溯调整或重述前后的数据。

2.2 前10名股东持股情况表

报告期末股东总数				年度报告披露日前第5个交易日末股东总数	
前10名股东持股情况					
股东名称	股东性质	持股比例(%)	持股数量	持有有限售条件的股份数量(持有非流通的股份数量)注1	质押或冻结的股份数量
上述股东关联关系或一致行动的说明					

注:1. 完成股权分置改革的公司按照“持有有限售条件的股份数量”列示,未完成股权分置改革的公司按照“持有非流通的股份数量”列示。

2. 股东性质包括国家、国有法人、境内非国有法人、境内自然人、境外法人、境外自然人等。

3. 股份种类包括人民币普通股、优先股、境内上市外资股、境外上市外资股和其他。

4. 已发行优先股的公司,应当参照本表格式另行列示截至报告期末以及年度报告披露日前第5个交易日末的优先股股东总数、表决权恢复的优先股股东总数、报告期末前10名优先股股东持股情况。

2.3　以方框图描述公司与实际控制人之间的产权及控制关系。

三、管理层讨论与分析

管理层可以图表结合文字形式,简明、扼要分析公司在报告期内的财务状况、经营成果及重大事项。

四、涉及财务报告的相关事项

4.1　与上年度财务报告相比,会计政策、会计估计和核算方法发生变化的,公司应当说明情况、原因及其影响。

4.2　报告期内发生重大会计差错更正需追溯重述的,公司应当说明情况、更正金额、原因及其影响。

4.3　与上年度财务报告相比,对财务报表合并范围发生变化的,公司应当作出具体说明。

4.4　年度财务报告被会计师事务所出具非标准审计意见的,董事会、监事会应当对涉及事项作出说明。

注:本年度报告摘要在中国证监会指定报纸刊登的篇幅原则上不超过报纸的1/4版面。公司可以根据版面作适当调整,以符合正常的阅读习惯。

公开发行证券的公司信息披露内容与格式准则第3号——半年度报告的内容与格式(2014年修订)

2014年5月28日中国证券监督管理委员会公告〔2014〕22号公布施行

第一章　总　　则

第一条　为规范上市公司半年度报告的编制及信息披露行为,保护投资者合法权益,根据《公司法》、《证券法》等法律、法规及中国证券监督管理委员会(以下简称中国证监会)的有关规定,制定本准则。

第二条　半年度报告是中期报告的一种类型。根据《公司法》、《证券法》在中华人民共和国境内公开发行股票并在证券交易所主板(含中小企业板)上市的股份有限公司(以下简称公司)应当按照本准则的要求编制和披露半年度报告。

第三条　本准则的规定是对公司半年度报告信息披露的最低要求;对投资者投资决策有重大影响的信息,公司均应当披露。鼓励公司以简明易懂的方式对投资者特别是中小投资者披露信息。

第四条　在不影响信息披露完整性和妨碍阅读的前提下,公司可以采用相互引证的方法,对半年度报告相关部分进行合理的技术处理,以避免不必要的重复和保持文字简洁。

第五条　公司半年度报告的全文应当遵循本准则第二章的要求进行编制和披露。公司半年度报告摘要应当遵循本准则第三章的要求,按照附件的格式进行编制和披露。

半年度报告的报告期是指年初至半年度期末的期间。

第六条　同时在境内和境外证券市场上市的公司,如果境外证券市场对半年度报告的编制和披露要求与本准则不同,应当遵循报告内容从多不从少、报告要求从严不从宽的原则,并在同一日公布半年度报告。

发行境内上市外资股及其衍生证券并在证券交易所上市的公司,应当同时编制半年度报告的外文译本。

第七条　公司半年度报告中的财务报告可以不经审计,但中国证监会和证券交易所另有规定的除外。

第八条　公司在编制半年度报告时应当遵循如下一般要求:

(一)半年度报告中引用的数字应当采用阿拉伯数字,货币金额除特别说明外,通常指人民币金额,并以元、千元、万元、百万元或亿元为单位。

(二)公司可以根据有关规定或其他需求,编制半年度报告外文译本,同时应当保证中外文文本的一致性,并在外文文本上注明:"本报告分别以中、英(或日、法、俄)文编制,在对中外文文本的理解发生歧义时,以中文文本为准。"

(三)半年度报告封面应当载明公司的中文名称、"半年度报告"字样、报告期间,也可以载明公司的外文名称、徽章、图案等。半年度报告的目录应当编排在显著位置。

(四)公司编制半年度报告时可以图文并茂,采用柱状图、饼状图等统计图表以及必要的产品、服务和业务活动图片进行辅助说明,提高报告的可读性。公司在半年度报告目录之前刊载宣传照片和图表时,不得刊登带有祝贺、恭维、推荐性的措辞,不得含有欺诈、误导性内容的词句。

(五)公司编制半年度报告应当遵循中国证监会上市公司行业分类的有关规定,公司可以增加披露所使用的其他的行业分类数据、资料作为参考。

第九条　公司应当在每个会计年度上半年度结束之日起2个月内将半年度报告全文刊登在中国证监会指定网站上;同时将半年度报告摘要刊登在至少一种中国证

监会指定报纸上，刊登篇幅原则上不超过报纸的1/4版面，也可以刊登在中国证监会指定网站上。

公司可以将半年度报告刊登在其他媒体上，但不得早于在中国证监会指定媒体披露的时间。

第十条 公司应当在半年度报告披露后，将半年度报告原件备置于公司住所，以供股东及社会公众查阅。

第十一条 公司董事会、监事会及董事、监事、高级管理人员应当保证半年度报告内容的真实、准确、完整，不存在虚假记载、误导性陈述或重大遗漏，并承担个别和连带的法律责任。

如有董事、监事、高级管理人员对半年度报告内容存在异议或无法保证其真实、准确、完整的，应当单独陈述理由。

第十二条 中国证监会对特殊行业公司信息披露另有规定的，公司应当遵循其规定。

行业主管部门对公司另有规定的，公司在编制和披露半年度报告时应当遵循其规定。

第二章 半年度报告正文

第一节 重要提示、目录和释义

第十三条 公司应当在半年度报告文本扉页刊登如下重要提示：公司董事会、监事会及董事、监事、高级管理人员保证半年度报告内容的真实、准确、完整，不存在虚假记载、误导性陈述或重大遗漏，并承担个别和连带的法律责任。

如有董事、监事、高级管理人员对半年度报告内容存在异议或无法保证其真实、准确、完整的，公司应当在半年度报告文本扉页声明×××无法保证本报告内容的真实、准确、完整，并说明理由，请投资者特别关注。同时，单独列示未出席董事会审议半年度报告的董事姓名及原因。

公司应当提示经董事会审议的报告期内的半年度利润分配预案或公积金转增股本预案。

公司负责人、主管会计工作负责人及会计机构负责人（会计主管人员）应当声明并保证半年度报告中财务报告的真实、准确、完整。

第十四条 如半年度财务报告已经审计并被出具非标准审计报告，重要提示中应当声明×××会计师事务所为本公司出具了带强调事项段或其他事项段的无保留意见、保留意见、否定意见或无法表示意见的审计报告，本公司董事会、监事会对相关事项已有详细说明，请投资者注意阅读。

如半年度报告涉及未来计划等前瞻性陈述，同时附有相应的警示性陈述，则应当声明该计划不构成公司对投资者的实质承诺，请投资者注意投资风险。

第十五条 公司应当对可能造成投资者理解障碍以及具有特定含义的术语作出通俗易懂的解释，半年度报告的释义应当在目录次页排印。

半年度报告目录应当标明各章、节的标题及其对应的页码。

第二节 公司简介

第十六条 公司应当披露如下内容：

（一）公司的中文名称及简称，外文名称及缩写（如有）。

（二）公司的法定代表人。

（三）公司董事会秘书及其证券事务代表的姓名、联系地址、电话、传真、电子信箱。

（四）公司股票上市交易所、股票简称和股票代码。

以下事项在报告期内发生变更并已在临时报告披露的，公司应当列明披露相关信息的指定网站查询索引及日期：

（一）公司注册地址，公司办公地址及其邮政编码，公司网址、电子信箱。

（二）公司选定的信息披露报纸的名称，登载半年度报告的中国证监会指定网站的网址，公司半年度报告备置地。

（三）公司报告期内的注册情况，包括但不限于：注册登记日期和地点、企业法人营业执照注册号、税务登记号码、组织机构代码。

（四）其他有关资料。

第三节 会计数据和财务指标摘要

第十七条 公司应当采用数据列表方式，提供报告期末和上年末（或报告期和上年相同期间）主要会计数据和财务指标及变动比率，包括但不限于：总资产、营业收入、归属于上市公司股东的净利润、归属于上市公司股东的扣除非经常性损益的净利润、归属于上市公司股东的净资产、经营活动产生的现金流量净额、净资产收益率、每股收益。

公司在披露"归属于上市公司股东的扣除非经常性损益后的净利润"时，应当同时说明报告期内非经常性损益的项目及金额。

同时发行人民币普通股及境内上市外资股或（和）境外上市外资股的公司，若按不同会计准则计算的净利润和归属于上市公司股东的净资产存在重大差异的，应当列表披露差异情况并说明主要原因。

上述会计数据和财务指标应当按照《公开发行证券的公司信息披露内容与格式准则第2号——年度报告的内容与格式（2014年修订）》（以下简称《年度报告准则》）以及中国证监会颁布的其他有关信息披露

规范的相关规定计算和披露。

第四节　董事会报告

第十八条　公司董事会报告中应当对财务报告的数据和其他必要的统计数据,以及报告期内发生和未来可能发生的重大事项进行讨论、分析,以便于投资者了解其财务状况、经营成果及未来变化情况。公司披露董事会报告应当遵守《年度报告准则》第二十条所列原则。

第十九条　董事会报告应当重点分析公司在报告期内的财务状况和经营成果。如本条规定披露的部分内容与财务报表附注相同的,公司可以建立相关查询索引,避免重复。

公司应当披露已对报告期产生重要影响以及未对报告期产生影响但对未来具有重要影响的事项,内容包括:

(一)主营业务分析。列示公司营业收入、成本、费用、研发投入、现金流等项目的同比变动情况及原因。若公司利润构成或利润来源发生重大变动,公司应当详细说明情况。

公司招股说明书、募集说明书和资产重组报告书等公开披露文件中披露的未来发展与规划延续至报告期内的,公司应当对规划目标的实施进度进行分析;实施进度与规划不符的,应当详细说明原因。

公司应当回顾总结前期披露的经营计划在报告期内的进展,并对未达到计划目标的情况进行解释。

(二)按照行业、产品或地区经营情况分析。对于占公司营业收入总额或营业利润总额10%以上的业务经营活动及其所属行业、主要产品或地区,应当分项列示其营业收入、营业成本、毛利率,并分析其变动情况。

(三)核心竞争力分析。公司应当披露报告期内核心竞争力的重要变化及对公司所产生的影响。如发生因设备或技术升级换代、特许经营权丧失等导致公司核心竞争力受到严重影响的,公司应当详细分析,并说明拟采取的相应措施。

(四)投资状况分析。公司应当分析报告期内投资情况,包括:

1. 对外股权投资的情况。公司应当对持有其他上市公司股权,持有商业银行、证券公司、保险公司、信托公司和期货公司等金融企业股权进行重点披露,包括最初投资成本、期初持股比例、期末持股比例、期末账面值等情况。

2. 非金融类公司委托理财及衍生品投资的情况。公司应当披露资金来源、合作方、投资份额、投资期限、产品类型、预计收益、投资盈亏,是否涉诉等。如公司有委托贷款事项,应当披露委托贷款借款人、借款用途、抵押物或担保人,以及展期、逾期或诉讼事项及风险应对措施。

3. 募集资金的使用情况。报告期内募集资金或报告期之前募集资金的使用延续到报告期内的,公司应当披露有关投资项目的实际进度及收益情况;对于未达到计划进度和收益的,应当说明原因;对于尚未使用的募集资金,应当说明未来资金用途;对于实际投资项目发生变更的,应当披露项目变更原因、变更程序及其披露情况,项目资金的投入情况,项目的进度及收益情况。

如本条规定披露的内容已在《公司募集资金存放与实际使用情况的专项报告》中披露的,公司可以提供指定披露网站的相关查询索引,避免重复。

4. 主要子公司、参股公司情况。如来源于单个子公司的净利润或单个参股公司的投资收益对公司净利润影响达到10%以上,应当披露该子公司或参股公司业务性质、主要产品或服务和净利润等情况。

5. 重大非募集资金投资情况。公司应当列表披露项目投资总额超过公司上年度末经审计净资产10%的非募集资金投资的重大项目投资总额、本报告期和累计实际投入金额、项目进度及收益情况。

第二十条　公司如果预测年初至下一报告期期末的累计净利润可能为亏损或者与上年同期相比发生重大变动,应当予以警示并说明原因。

第二十一条　公司半年度财务报告已经审计,并被出具非标准审计报告的,公司应当就所涉及事项作出说明。

上年年度报告中的财务报告被注册会计师出具非标准审计报告的,公司应当就所涉及事项的变化及处理情况作出说明。

第二十二条　公司应当披露报告期内实施的利润分配方案特别是现金分红方案、资本公积金转增股本方案的执行或调整情况。

如公司董事会在审议半年度报告时拟定利润分配预案、资本公积金转增股本预案的,公司应当说明上述预案是否符合公司章程及审议程序的规定,是否充分保护中小投资者的合法权益,是否由独立董事发表意见。

第五节　重要事项

第二十三条　公司治理实际情况与《公司法》和中国证监会相关规定的要求存在差异的,公司应当披露差异的内容及报告期内已采取的整改措施及整改情况。

第二十四条　公司应当披露报告期内重大诉讼、仲裁和媒体普遍质疑的事项。已在上一年度报告中披露,但尚未结案的重大诉讼、仲裁事项,公司应当披露案件进展情况,涉及金额,是否形成预计负债,以及对公司未来的影响。对已经结案的重大诉讼、仲裁事项,公司应当披露案件执行情况。对媒体普遍质疑的事项,公司应当披露有关澄清的内容、应对措施,以及对公司未来的影响。

如以上诉讼、仲裁或媒体普遍质疑事项已在临时报告披露且无后续进展的,仅需披露该事项概述,并提供临时报告披露网站的查询索引。如报告期内公司无重大诉讼、仲裁和媒体质疑事项,应当明确说明"本报告期内无重大诉讼、仲裁和媒体质疑事项。"

第二十五条 公司应当披露报告期内发生的破产重整相关事项,包括向法院申请重整、和解或破产清算,法院受理重整、和解或破产清算,以及公司重整期间发生的法院裁定结果及其他重大事项。执行重整计划的公司应当说明计划的具体内容及执行情况。

如相关破产事项已在临时报告披露且后续实施无变化的,仅需披露该事项概述,并提供临时报告披露网站的相关查询索引。

第二十六条 公司应当披露报告期内发生及以前期间发生但持续到报告期的收购及出售重大资产、企业合并事项的简要情况及进展,分析上述事项对公司业务连续性、管理层稳定性的影响、对报告期财务状况和经营成果的影响,说明所涉及的金额及其占利润总额的比例。

如公司收购、出售资产和企业合并事项已在临时报告披露且后续实施无变化的,仅需披露该事项概述,并提供临时报告披露网站的相关查询索引。

第二十七条 公司应当披露股权激励计划在本报告期的具体实施情况,包括但不限于:实施股权激励计划履行的相关程序及总体情况,激励股份来源情况,激励对象考核情况,激励对象范围的调整情况及履行的程序,激励股份授予数量及解除锁定情况,股票期权授予及行权情况,股票期权行权价格及期权数量的调整情况及履行的程序,实施股权激励计划对公司报告期内及未来财务状况和经营成果的影响。

如相关股权激励事项已在临时报告披露且后续实施无进展或变化的,仅需披露该事项概述,并提供临时报告披露网站的相关查询索引。

第二十八条 公司应当按照以下关联交易的不同类型分别披露。如已在临时报告披露且后续实施无进展或变化的,仅需披露该事项概述,并提供临时报告披露网站的相关查询索引。

(一)与日常经营相关的关联交易,至少应当披露以下内容:关联交易方、交易内容、定价原则、交易价格、交易金额、占同类交易金额的比例、结算方式;可获得的同类交易市价,如实际交易价与市价存在较大差异,应当说明原因。大额销货退回需披露详细情况。

公司按类别对本年度将发生的日常关联交易进行总额预计的,应当披露日常关联交易事项在报告期内的实际履行情况。

(二)资产收购、出售发生的关联交易,至少应当披露以下内容:关联交易方、交易内容、定价原则、资产的账面价值、评估价值(如有)、市场公允价值(如有)、交易价格、结算方式及交易对公司经营成果和财务状况的影响情况。交易价格与账面价值或评估价值、市场公允价值差异较大的,应当说明原因。

(三)公司与关联方共同对外投资发生关联交易的,应当至少披露以下内容:共同投资方、被投资企业的名称、主营业务、注册资本、总资产、净资产、净利润、重大在建项目的进展情况。

(四)公司与关联方存在非经营性债权债务往来等事项的,应当披露形成原因及其对公司的影响。

第二十九条 公司应当披露重大合同及其履行情况。包括但不限于:

(一)在报告期内发生或以前期间发生但延续到报告期的重大交易、托管、承包、租赁其他公司资产或其他公司托管、承包、租赁公司资产的事项,包括但不限于:涉及金额、期限以及对财务状况和经营成果的影响。

(二)重大担保。报告期内履行的及尚未履行完毕的担保合同,包括担保金额、担保期限、担保对象、担保类型(一般担保或连带责任担保)、担保的决策程序等。对于未到期担保合同,如有证据表明有可能承担连带清偿责任的,应当明确说明。

(三)其他重大合同。列表披露合同订立双方的名称、签订日期、合同标的所涉及资产的账面价值、评估价值、相关评估机构名称、评估基准日、定价原则以及最终交易价格等,并披露截至报告期末合同的执行情况。

第三十条 公司以及持股5%以上的股东如在报告期内发生或存在以前期间发生但延续到报告期的承诺事项,公司应当说明该承诺事项在报告期内的履行情况。如承诺未能及时履行的,应当说明未完成履行的原因及下一步的工作计划。

第三十一条 半年度财务报告已经审计的,公司应当披露聘任审计半年度财务报告的会计师事务所的情况及报告期内支付给会计师事务所的报酬情况。更换会计师事务所的,公司应当披露解聘原会计师事务所的原因,以及是否履行了必要的程序。

第三十二条　公司及其董事、监事、高级管理人员、持有5%以上股份的股东、实际控制人、收购人在报告期内如存在被有权机关调查、被司法机关或纪检部门采取强制措施、被移送司法机关或追究刑事责任、被中国证监会立案调查或行政处罚、被采取市场禁入、被认定为不适当人选、被其他行政管理部门处罚，以及被证券交易所公开谴责的情形，应当说明原因及结论。

报告期内被中国证监会及其派出机构采取行政监管措施并提出限期整改要求的，公司应当披露整改责任人、整改期限、整改措施，以及披露整改报告书的指定网站查询索引及日期。

第三十三条　对上述二十三条至三十二条规定之外，且已在前一定期报告或临时报告中披露过的在报告期内发生以及在以前期间发生但持续到报告期的其他重要事项信息，公司应当列明披露相关信息的指定网站查询索引及日期。

第六节　股份变动及股东情况

第三十四条　报告期内的股份变动情况，公司应当按照中国证监会对公司股份变动报告规定的内容与格式进行编制。

对报告期内因送股、转增股本、配股、增发新股、非公开发行股票、权证行权、实施股权激励计划、企业合并、可转换公司债券转股、减资、内部职工股上市、债券发行或其他原因引起公司股份总数及股东结构变动、公司资产和负债结构变动的，应当予以说明。

报告期内优先股的股份变动等情况，应当按照本章第七节的相关要求予以披露。

第三十五条　公司股东数量及持股情况，应当按照中国证监会对公司股份变动报告规定的格式进行编制，披露以下内容：

（一）截至报告期末的普通股股东总数及表决权恢复的优先股股东总数（如有）。

（二）截至报告期末持有本公司5%以上股份的股东的名称、报告期内股份增减变动的情况、报告期末持股数量、所持股份类别及所持股份质押或冻结的情况。如持股5%以上的股东少于10人，则应当列出至少前10名股东的持股情况。公司股票为融资融券标的证券的，股东持股数量应当按照其通过普通证券账户、信用证券账户持有的股票及其权益数量合并计算。

如所持股份中包括无限售条件股份（或已上市流通股份）、有限售条件股份（或未上市流通股份），应当分别披露其数量。如前10名股东之间存在关联关系或属于《上市公司收购管理办法》规定的一致行动人的，应当予以说明。

如有战略投资者或一般法人因配售新股成为前10名股东的，应当予以注明，并披露约定持股期间的起止日期。

以上列出的股东情况中应当注明代表国家持有股份的单位和外资股东。

公司在计算本条所指股东持股数额或比例时，仅计算普通股和表决权恢复的优先股（如有）。

第三十六条　公司控股股东或实际控制人报告期内发生变化的，应当列明披露相关信息的指定网站查询索引及日期。

第七节　优先股相关情况

第三十七条　发行优先股的公司披露半年度报告，应当以专门章节披露优先股有关情况，具体按照本准则第三十八条至第四十一条的规定执行。半年度报告其他章节与上述规定要求披露的部分内容相同的，公司可以建立相关查询索引，避免重复。

第三十八条　公司应当披露报告期内优先股的发行与上市情况，包括公开发行或非公开发行的发行日期、发行价格和票面股息率、发行数量、上市日期、获准上市交易数量、终止上市日期、募集资金使用进展及变更情况等。

符合《上市公司重大资产重组管理办法》规定的条件发行优先股购买资产的，参照前款规定进行披露。

公司优先股股东数量及持股情况，按照中国证监会对公司股份变动报告规定的格式进行编制，应当披露以下内容：

（一）截至报告期末的优先股股东总数。

（二）截至报告期末持有本公司5%以上优先股股份的股东名称、报告期内股份增减变动的情况、报告期末持股数量、所持股份类别及所持股份质押或冻结的情况。如持股5%以上的优先股股东少于10人，则应当列出至少前10名优先股股东的持股情况。如所持优先股在除股息分配和剩余财产分配以外的其他条款上具有不同设置，应当分别披露其数量。

（三）如前10名优先股股东之间，前10名优先股股东与前10名普通股股东之间存在关联关系或属于《上市公司收购管理办法》规定的一致行动人的，应当予以说明。

（四）以上列出的优先股股东情况中应当注明代表国家持有股份的单位和外资股东。

第三十九条　报告期内公司进行优先股回购或商业银行发行的优先股转换成普通股的，应当按照以下要求披露相关的回购或转换情况：

（一）优先股的回购情况，包括回购期间、回购价格和定价原则、回购数量和比例、回购的资金总额以及资金来源、回购股份的期限、回购选择权的行使主体、对公司股本结构的影响等,并披露相关的程序。

（二）优先股的转换情况,包括转股条件、转股价格、转换比例、转换选择权的行使主体,对公司股本结构的影响等,并披露相关的程序。

第四十条 报告期内存在优先股表决权恢复的,公司应当披露相关表决权的恢复、行使情况。

第四十一条 公司应当披露对优先股采取的会计政策及理由,财务报表及附注中的相关内容应当按照中国证监会制定的有关财务报告规定进行编制。

第八节 董事、监事、高级管理人员情况

第四十二条 公司应当披露现任及报告期内离任董事、监事、高级管理人员在报告期内持有本公司股份、股票期权、被授予的限制性股票数量的变动情况。

第四十三条 公司应当披露报告期内被选举或离任的董事和监事、聘任或解聘的高级管理人员姓名,及董事、监事离任和高级管理人员解聘的原因。

第九节 财务报告

第四十四条 公司应当在半年度报告中披露比较式资产负债表、比较式利润表和比较式现金流量表,以及比较式所有者权益(股东权益)变动表和财务报表附注。

第四十五条 半年度财务报告未经审计的,公司应当注明"未经审计"字样。半年度财务报告已经审计的,公司应当披露审计意见类型;若被注册会计师出具非标准审计报告,公司还应当披露审计报告正文。

第十节 备查文件目录

第四十六条 公司应当披露备查文件的目录,包括:

（一）载有公司负责人、主管会计工作负责人、会计机构负责人(会计主管人员)签名并盖章的财务报表。

（二）载有会计师事务所盖章、注册会计师签名并盖章的审计报告原件(如有)。

（三）报告期内在中国证监会指定网站上公开披露过的所有公司文件的正本及公告的原稿。

（四）在其他证券市场公布的半年度报告。

公司应当在办公场所备置上述文件的原件。中国证监会及其派出机构、证券交易所要求提供时,或股东依据法律、法规或公司章程要求查阅时,公司应当及时提供。

第三章 半年度报告摘要

第一节 重要提示

第四十七条 公司应当在半年度报告摘要显著位置刊登如下重要提示:

本半年度报告摘要来自半年度报告全文,投资者欲了解详细内容,应当仔细阅读同时刊载于上海证券交易所网站或深圳证券交易所网站等中国证监会指定网站上的半年度报告全文。

第四十八条 公司应当以简易图表形式披露如下内容:

（一）股票简称、股票代码、股票上市交易所。如报告期末至半年度报告披露日期间公司股票简称发生变更,应当同时披露变更后的股票简称。

（二）公司董事会秘书和证券事务代表的姓名、电话、传真、电子信箱。

第二节 主要财务数据及股东变化

第四十九条 公司应当以列表方式披露报告期末和上年末(或报告期和上年相同期间)主要会计数据和财务指标及变动比率,包括但不限于:总资产、营业收入、归属于上市公司股东的净利润、归属于上市公司股东的扣除非经常性损益的净利润、归属于上市公司股东的净资产、经营活动产生的现金流量净额、净资产收益率、每股收益。

第五十条 公司应当列表披露截至报告期末的普通股和优先股股东总数、表决权恢复的优先股股东总数、报告期末前10名普通股股东和前10名优先股股东持股情况。公司控股股东或实际控制人报告期内发生变化的,应当列明披露相关信息的指定网站查询索引及日期。

第三节 管理层讨论与分析

第五十一条 公司董事会应当以图表与文字相结合的形式简明、扼要分析报告期内的财务状况、经营成果及重要事项。

第四节 涉及财务报告的相关事项

第五十二条 如与上一年度报告相比,公司会计政策、会计估计以及财务报表合并范围发生变化,或因报告期内重大会计差错更正而追溯重述的,公司应当予以披露,并分析其原因及影响。

第五十三条 如半年度财务报告已经审计,应当披露审计意见类型,若被出具带有强调事项段或其他事项段的无保留意见、保留意见、否定意见或无法表示意见的审计报告,公司董事会和监事会应当就所涉及事项作出说明。

第四章 附 则

第五十四条 本准则所称"控股股东"、"实际控制人"、"关联方"、"关联交易"、"高级管理人员"等的界定按照《公司法》、《证券法》等法律法规以及《上市公司信

息披露管理办法》、《优先股试点管理办法》等相关规定执行。

第五十五条　本准则所称"以上"包含本数,"超过"、"少于"不含本数。

第五十六条　本准则自公布之日起施行。《公开发行证券的公司信息披露内容与格式准则第3号——半年度报告的内容与格式(2013年修订)》(证监会公告〔2013〕23号)同时废止。

附件:×××股份有限公司半年度报告摘要格式

附件

×××股份有限公司半年度报告摘要格式

一、重要提示

1.1　本半年度报告摘要来自半年度报告全文,投资者欲了解详细内容,应当仔细阅读同时刊载于上海证券交易所网站或深圳证券交易所网站等中国证监会指定网站上的半年度报告全文。

1.2　公司简介

股票简称		股票代码	
股票上市交易所			
联系人和联系方式	董事会秘书	证券事务代表	
姓　名			
电　话			
传　真			
电子信箱			

二、主要财务数据和股东变化

2.1　主要财务数据

单位:

	本报告期末	上年度末	本报告期末比上年度末增减(%)
总资产			
归属于上市公司股东的净资产			
	本报告期	上年同期	本报告期比上年同期增减(%)
经营活动产生的现金流量净额			
营业收入			
归属于上市公司股东的净利润			
归属于上市公司股东的扣除非经常性损益的净利润			
加权平均净资产收益率			
基本每股收益(元/股)			
稀释每股收益(元/股)			

注:1.在报告期内公司因派发股票股利、公积金转增股本、拆股而增加或因并股而减少公司总股本,但不影响股东权益金额的,应当根据相关会计准则的规定按最新股本调整并列报基本每股收益和稀释每股收益。

2.如果报告期末至半年度报告披露日,公司股本因送红股、资本公积转增股本的原因发生变化且不影响股东权益金额的,应当根据相关会计准则的规定按最新股本调整并列报基本每股收益和稀释每股收益。

3.本报告期对上年度财务数据进行了追溯调整或重述的,上年度末和上年同期应当同时列示追溯调整或重述前后的数据。

2.2 前10名股东持股情况表

报告期末股东总数					
前10名股东持股情况					
股东名称	股东性质	持股比例（%）	持股数量	持有有限售条件的股份数量（持有非流通的股份数量）	质押或冻结的股份数量
上述股东关联关系或一致行动的说明					

注：1.完成股权分置改革的公司按照“持有有限售条件的股份数量”列示，未完成股权分置改革的公司按照“持有非流通的股份数量”列示。

2.股东性质包括国家、国有法人、境内非国有法人、境内自然人、境外法人、境外自然人等。

3.股份种类包括人民币普通股、优先股、境内上市外资股、境外上市外资股和其他。

4.已发行优先股的公司，应当参照本表格式另行列示截至报告期末的优先股股东总数、表决权恢复的优先股股东总数、报告期末前10名优先股股东持股情况。

2.3 控股股东或实际控制人变更情况

□适用 □不适用

新控股股东名称	
新实际控制人名称	
变更日期	
指定网站查询索引及日期	

三、管理层讨论与分析

管理层可以图表结合文字形式，简明、扼要分析公司在报告期内的财务状况、经营成果及重大事项。

四、涉及财务报告的相关事项

4.1 与上年度财务报告相比，会计政策、会计估计和核算方法发生变化的，公司应当说明情况、原因及其影响。

4.2 报告期内发生重大会计差错更正需追溯重述的，公司应当说明情况、更正金额、原因及其影响。

4.3 与上年度财务报告相比，对财务报表合并范围发生变化的，公司应当作出具体说明。

4.4 半年度财务报告已经审计，并被出具非标准审计报告的，董事会、监事会应当对涉及事项作出说明。

注：本半年度报告摘要在中国证监会指定报纸刊登的篇幅原则上不超过报纸的1/4版面。公司可以根据版面作适当调整，以符合正常的阅读习惯。

公开发行证券的公司信息披露内容与格式准则第5号——公司股份变动报告的内容与格式（2007年修订）

1. 2007年6月28日中国证券监督管理委员会发布

2. 证监公司字〔2007〕98号

一、根据《中华人民共和国公司法》、《中华人民共和国证券法》、《上市公司股权分置改革管理办法》等相关法律、法规、规章制订本准则。

二、公司因发行新股、派发股份股利、实施股权激励计划、将股份奖励给本公司职工、可转换公司债券转股、股份限售期满等事项导致股份总额、股份结构（指各类股份的数量和比例）、股票面值发生变化，按照有关法律、法规、规章、规则需编制并披露股份变动报告，或在定期报告中披露股份变动情况，应遵守本准则的规定。

三、股份变动报告和定期报告披露股份变动情况应包括以下内容：

（一）股份变动的原因。

（二）股份变动的批准情况（如适用）。

（三）股份总额、股份结构变动情况。

未完成股权分置改革的公司应按表1的格式披露，已完成股权分置改革的公司应按表2、表3和表4的格式披露。

（四）股份变动的过户情况。

（五）股份变动后股东持股情况或报告期末股东持股情况。

未完成股权分置改革的公司应按表5的格式披露前10名股东和前10名流通股股东的持股情况，已完成股权分置改革的公司应按表6的格式披露前10名股东和前10名无限售条件股东的持股情况。

（六）股份变动对最近一年和最近一期基本每股收益和稀释每股收益、归属于公司普通股股东的每股净资产等财务指标的影响（如有）。

（七）公司认为必要或证券监管机构要求披露的其他内容。

（八）备查文件。

四、本准则自公布之日起实施，《公开发行股票公司信息披露的内容与格式准则第5号——公司股份变动报告的内容与格式（试行）》（证监公司字〔2005〕142号）同时废止。

表1　股份变动情况表（适用未完成股权分置改革的公司）

单位：股

	本次变动前		本次变动增减（+，-）					本次变动后	
	数量	比例	发行新股	送股	公积金转股	其他	小计	数量	比例
一、未上市流通股份									
1. 发起人股份									
其中：									
国家持有股份									
境内法人持有股份									
境外法人持有股份									
其他									
2. 募集法人股份									
3. 内部职工股									
4. 优先股或其他									
二、已上市流通股份									
1. 人民币普通股									
2. 境内上市的外资股									
3. 境外上市的外资股									
4. 其他									
三、股份总数									

注：1.“未上市流通股份”系指尚未在证券交易所上市交易的股份。

2.“已上市流通股份”系指已在证券交易所上市交易的股份。

3. 发起人股份中的“国家持有股份”系指按照《股份有限公司规范意见》设立的公司所设的国家股及其增量。

4. 发起人股份中的“境内法人持有股份”系指发起人为境内法人时持有的股份。

5. 发起人股份中的“境外法人持有股份”系指按照《股份有限公司规范意见》设立的公司，其发起人为适用外资法律的法人（外商，港、澳、台商等）所持有的股份。

6. 发起人股份中的“其他”系指个别公司发起人与以上分类有区别的特殊情况，如有数字填报，应另附文字说明。

7.“募集法人股份”系指在《公司法》实施之前成立的定向募集公司所发行的、发起人以外的法人认购的股份。

8.“内部职工股”系指在《公司法》实施之前成立的定向募集公司所发行的、在报告时尚未上市的内部职工股。

9.“优先股及其他”为上市公司发行的优先股或无法计入其他类别的股份，如有数字填写，应另附文字说明。

10.“境内上市的人民币普通股”即A股，含向社会公开发行股票时向公司职工配售的公司职工股。若报告时有尚未上市的公司职工股，应另附文字说明该部分股份数量和预计上市时间。

11.“境内上市的外资股”即B股。

12.“境外上市的外资股”即在境外证券市场上市的普通股，如H股。

13.“本次变动增减”项下“其他”栏指除发行新股、送股、公积金转股外其他原因引起的股份变动，如有数字填写，应另附文字说明。

14. 上市公司在编制本表时，对没有的项目可以省略。

表 2　股份变动情况表(适用已完成股权分置改革的公司)

单位:股

	本次变动前		本次变动增减(+,-)					本次变动后	
	数量	比例	发行新股	送股	公积金转股	其他	小计	数量	比例
一、有限售条件股份									
1. 国家持股									
2. 国有法人持股									
3. 其他内资持股									
其中:									
境内非国有法人持股									
境内自然人持股									
4. 外资持股									
其中:									
境外法人持股									
境外自然人持股									
二、无限售条件股份									
1. 人民币普通股									
2. 境内上市的外资股									
3. 境外上市的外资股									
4. 其他									
三、股份总数									

注:1. 有限售条件股份是指股份持有人依照法律、法规规定或按承诺有转让限制的股份,包括因股权分置改革暂时锁定的股份、内部职工股、机构投资者配售股份、董事、监事、高级管理人员持有股份等。

2. 国家持股是指有权代表国家投资的机构或部门(如国有资产授权投资机构)持有的上市公司股份。

3. 国有法人持股是指国有企业、国有独资公司、事业单位以及第一大股东为国有及国有控股企业且国有股权比例合计超过50%的有限责任公司或股份有限公司持有的上市公司股份。

4. 其他内资持股是指境内非国有及国有控股单位(包括民营企业、中外合资企业、外商独资企业等)及境内自然人持有的上市公司股份。

5. 外资持股是指境外股东持有的上市公司股份。

表 3　有限售条件股份可上市交易时间

单位:股

时　间	限售期满新增可上市交易股份数量	有限售条件股份数量余额	无限售条件股份数量余额	说　明
×年×月×日				
×年×月×日				
…	…	…	…	
×年×月×日				

表 4　前 10 名有限售条件股东持股数量及限售条件

单位：股

序号	有限售条件股东名称	持有的有限售条件股份数量	可上市交易时间	新增可上市交易股份数量	限售条件
1			×年×月×日		
			×年×月×日		
			…		
			×年×月×日		
2			×年×月×日		
			×年×月×日		
			…		
			×年×月×日		
…					

表 5　股东数量和持股情况（适用未完成股权分置改革的公司）　　单位：股

股东总数	

前 10 名股东持股情况

股东名称	股东性质	持股比例	持股总数	持有非流通股数量	质押或冻结的股份数量

前 10 名流通股东持股情况

股东名称	持有流通股数量	股份种类

上述股东关联关系或一致行动的说明	

注：股东性质包括国家、国有法人、境内非国有法人、境内自然人、境外法人、境外自然人等；股份种类包括人民币普通股、境内上市外资股、境外上市外资股和其他。

表6 股东数量和持股情况(适用已完成股权分置改革的公司)

单位:股

股东总数					
前10名股东持股情况					
股东名称	股东性质	持股比例	持股总数	持有有限售条件股份数量	质押或冻结的股份数量
前10名无限售条件股东持股情况					
股东名称		持有无限售条件股份数量		股份种类	
上述股东关联关系或一致行动的说明					

注:股东性质包括国家、国有法人、境内非国有法人、境内自然人、境外法人、境外自然人等;股份种类包括人民币普通股、境内上市外资股、境外上市外资股和其他。

公开发行证券的公司信息披露内容与格式准则第9号——首次公开发行股票并上市申请文件（2006年修订）

1. 2006年5月18日中国证券监督管理委员会发布
2. 证监发行字〔2006〕6号

第一条　为了规范首次公开发行股票并上市申请文件的格式和报送方式，根据《证券法》、《首次公开发行股票并上市管理办法》（证监会令第32号）的规定，制定本准则。

第二条　申请首次公开发行股票并上市的公司（以下简称发行人）应按本准则的要求制作和报送申请文件。

第三条　本准则附录规定的申请文件目录是对发行申请文件的最低要求。根据审核需要，中国证券监督管理委员会（以下简称中国证监会）可以要求发行人和中介机构补充材料。如果某些材料对发行人不适用，可不提供，但应向中国证监会作出书面说明。

第四条　申请文件一经受理，未经中国证监会同意，不得增加、撤回或更换。

第五条　发行人报送申请文件，初次报送应提交原件一份，复印件三份；在提交发行审核委员会审核前，根据中国证监会要求的份数补报申请文件。

发行人不能提供有关文件的原件的，应由发行人律师提供鉴证意见，或由出文单位盖章，以保证与原件一致。如原出文单位不再存续，由承继其职权的单位或作出撤销决定的单位出文证明文件的真实性。

第六条　申请文件所有需要签名处，均应为签名人亲笔签名，不得以名章、签名章等代替。

申请文件中需要由发行人律师鉴证的文件，发行人律师应在该文件首页注明“以下第××页至第××页与原件一致”，并签名和签署鉴证日期，律师事务所应在该文件首页加盖公章，并在第××页至第××页侧面以公章加盖骑缝章。

第七条　发行人应根据中国证监会对申请文件的反馈意见提供补充材料。有关中介机构应对反馈意见相关问题进行尽职调查或补充出具专业意见。

第八条　申请文件应采用幅面为209×295毫米规格的纸张（相当于标准A4纸张规格），双面印刷（需提供原件的历史文件除外）。

第九条　申请文件的封面和侧面应标明“××公司首次公开发行股票并上市申请文件”字样。

第十条　申请文件的扉页应标明发行人董事会秘书及有关中介机构项目负责人的姓名、电话、传真及其他方便的联系方式。

第十一条　申请文件章与章之间、节与节之间应有明显的分隔标识。

申请文件中的页码应与目录中标识的页码相符。例如，第四章4－1的页码标注为4－1－1，4－1－2，4－1－3，……，4－1－n。

第十二条　发行人在每次报送书面申请文件的同时，应报送一份相应的标准电子文件（标准.doc或.rtf格式文件）。

发行结束后，发行人应将招股说明书的电子文件及历次报送的电子文件汇总报送中国证监会备案。

第十三条　未按本准则的要求制作和报送申请文件的，中国证监会按照有关规定不予受理。

第十四条　本准则自发布之日起施行。

附录：首次公开发行股票并上市申请文件目录

附录：

首次公开发行股票并上市申请文件目录

第一章　招股说明书与发行公告
1－1　招股说明书（申报稿）
1－2　招股说明书摘要（申报稿）
1－3　发行公告（发行前提供）

第二章　发行人关于本次发行的申请及授权文件
2－1　发行人关于本次发行的申请报告
2－2　发行人董事会有关本次发行的决议
2－3　发行人股东大会有关本次发行的决议

第三章　保荐人关于本次发行的文件
3－1　发行保荐书

第四章　会计师关于本次发行的文件
4－1　财务报表及审计报告
4－2　盈利预测报告及审核报告
4－3　内部控制鉴证报告
4－4　经注册会计师核验的非经常性损益明细表

第五章　发行人律师关于本次发行的文件
5－1　法律意见书
5－2　律师工作报告

第六章　发行人的设立文件
6－1　发行人的企业法人营业执照
6－2　发起人协议
6－3　发起人或主要股东的营业执照或有关身份证

明文件
6－4 发行人公司章程(草案)
第七章 关于本次发行募集资金运用的文件
7－1 募集资金投资项目的审批、核准或备案文件
7－2 发行人拟收购资产(或股权)的财务报表、资产评估报告及审计报告
7－3 发行人拟收购资产(或股权)的合同或合同草案
第八章 与财务会计资料相关的其他文件
8－1 发行人关于最近三年及一期的纳税情况的说明
8－1－1 发行人最近三年及一期所得税纳税申报表
8－1－2 有关发行人税收优惠、财政补贴的证明文件
8－1－3 主要税种纳税情况的说明及注册会计师出具的意见
8－1－4 主管税收征管机构出具的最近三年及一期发行人纳税情况的证明
8－2 成立不满三年的股份有限公司需报送的财务资料
8－2－1 最近三年原企业或股份公司的原始财务报表
8－2－2 原始财务报表与申报财务报表的差异比较表
8－2－3 注册会计师对差异情况出具的意见
8－3 成立已满三年的股份有限公司需报送的财务资料
8－3－1 最近三年原始财务报表
8－3－2 原始财务报表与申报财务报表的差异比较表
8－3－3 注册会计师对差异情况出具的意见
8－4 发行人设立时和最近三年及一期的资产评估报告(含土地评估报告)
8－5 发行人的历次验资报告
8－6 发行人大股东或控股股东最近一年及一期的原始财务报表及审计报告
第九章 其他文件
9－1 产权和特许经营权证书
9－1－1 发行人拥有或使用的商标、专利、计算机软件著作权等知识产权以及土地使用权、房屋所有权、采矿权等产权证书清单(需列明证书所有者或使用者名称、证书号码、权利期限、取得方式、是否及存在何种他项权利等内容,并由发行人律师对全部产权证书的真实性、合法性和有效性出具鉴证意见)
9－1－2 特许经营权证书
9－2 有关消除或避免同业竞争的协议以及发行人的控股股东和实际控制人出具的相关承诺
9－3 国有资产管理部门出具的国有股权设置批复文件及商务部出具的外资股确认文件
9－4 发行人生产经营和募集资金投资项目符合环境保护要求的证明文件(重污染行业的发行人需提供省级环保部门出具的证明文件)
9－5 重要合同
9－5－1 重组协议
9－5－2 商标、专利、专有技术等知识产权许可使用协议
9－5－3 重大关联交易协议
9－5－4 其他重要商务合同
9－6 保荐协议和承销协议
9－7 发行人全体董事对发行申请文件真实性、准确性和完整性的承诺书
9－8 特定行业(或企业)的管理部门出具的相关意见
第十章 定向募集公司还应提供的文件
10－1 有关内部职工股发行和演变情况的文件
10－1－1 历次发行内部职工股的批准文件
10－1－2 内部职工股发行的证明文件
10－1－3 托管机构出具的历次托管证明
10－1－4 有关违规清理情况的文件
10－1－5 发行人律师对前述文件真实性的鉴证意见
10－2 省级人民政府或国务院有关部门关于发行人内部职工股审批、发行、托管、清理以及是否存在潜在隐患等情况的确认文件
10－3 中介机构的意见
10－3－1 发行人律师关于发行人内部职工股审批、发行、托管和清理情况的核查意见
10－3－2 保荐人关于发行人内部职工股审批、发行、托管和清理情况的核查意见

公开发行证券的公司信息披露内容与格式准则第10号——上市公司公开发行证券申请文件

1. 2006年5月8日中国证券监督管理委员会发布
2. 证监发行字〔2006〕1号

第一条 为规范上市公司公开发行证券申请文件的报送行为,根据《证券法》、《上市公司证券发行管理办法》制定本准则。
第二条 申请公开发行证券的,应按本准则的规定制作申请文件。
第三条 本准则规定的申请文件目录是对发行申请文件

的最低要求,中国证监会根据审核需要,可以要求发行人和中介机构补充材料。如果某些材料对发行人不适用,可不必提供,但应向中国证监会作出书面说明。

第四条　申请文件一经受理,未经中国证监会同意不得增加、撤回或更换。

第五条　发行人应根据中国证监会对发行申请文件的反馈意见提供补充材料。有关中介机构应对反馈意见相关问题进行尽职调查或补充出具专业意见。

第六条　保荐机构报送申请文件,初次报送应提交原件一份,复印件两份;在提交发行审核委员会审核之前,根据中国证监会要求的份数补报申请文件。

第七条　发行人不能提供有关文件的原件的,应由发行人律师提供鉴证意见,或由出文单位盖章,以保证与原件一致。如原出文单位不再存续,由承继其职权的单位或作出撤销决定的单位出文证明文件的真实性。

所有需要签名处,均应为签名人亲笔签名,不得以名章、签名章等代替。

需要由发行人律师鉴证的文件,发行人律师应在该文件首页注明“以下第××页至第×××页与原件一致”,并签名和签署鉴证日期,律师事务所应在该文件首页加盖公章,并在第××页至第×××页侧面以公章加盖骑缝章。

第八条　申请文件应采用幅面为209×295毫米规格的纸张(相当于标准A4纸张规格),双面印刷(需提供原件的历史文件除外)。

第九条　申请文件的封面和侧面应标明“×××公司配股/增发/可转换公司债券/分离交易的可转换公司债券申请文件”字样。

发行申请文件的扉页上应标明发行人董事会秘书及有关中介机构项目负责人的姓名、电话、传真及其他有效的联系方式。

第十条　申请文件章与章之间、节与节之间应有明显的分隔标识。

申请文件中的页码必须与目录中的页码相符。页码标注的举例,如第四章4－1的页码标注为:4－1－1,4－1－2,4－1－3,……,4－1－n。

第十一条　在每次报送书面文件的同时,发行人应报两份相应的电子文件(应为标准.doc或.rtf文件)。

发行结束后,发行人应将募集说明书的电子文件及历次报送的电子文件汇总报送中国证监会备案。

第十二条　未按本准则的要求制作和报送发行申请文件的,中国证监会可不予受理。

第十三条　本准则自发布之日起施行。

附录:

上市公司公开发行证券
申请文件目录

第一章　本次证券发行的募集文件

1－1　募集说明书(申报稿)

1－2　募集说明书摘要

1－3　发行公告(发审会后按中国证监会要求提供)

第二章　发行人关于本次证券发行的申请与授权文件

2－1　发行人关于本次证券发行的申请报告

2－2　发行人董事会决议

2－3　发行人股东大会决议

第三章　保荐机构关于本次证券发行的文件

3－1　证券发行保荐书

3－2　保荐机构尽职调查报告

第四章　发行人律师关于本次证券发行的文件

4－1　法律意见书

4－2　律师工作报告

第五章　关于本次证券发行募集资金运用的文件

5－1　募集资金投资项目的审批、核准或备案文件

5－2　发行人拟收购资产(包括权益)有关的财务报告、审计报告、资产评估报告

5－3　发行人拟收购资产(包括权益)的合同或其草案

第六章　其他文件

6－1　发行人最近三年的财务报告和审计报告及最近一期的财务报告

6－2　会计师事务所关于发行人内部控制制度的鉴证报告

6－3　会计师事务所关于前次募集资金使用情况的专项报告

6－4　经注册会计师核验的发行人最近三年加权平均净资产收益率和非经常性损益明细表

6－5　发行人董事会、会计师事务所及注册会计师关于非标准无保留意见审计报告的补充意见

6－6　盈利预测报告及盈利预测报告审核报告

6－7　最近三年内发生重大资产重组的发行人提供的模拟财务报告及审计报告和重组进入公司的资产的财务报告、资产评估报告和/或审计报告

6－8　控股股东(企业法人)最近一年的财务报告、审计报告以及保荐机构出具的关于实际控制人情况的说明

6－9　发行人公司章程(限于电子文件)

6－10　资信评级机构为本次发行可转换公司债券或

分离交易的可转换公司债券出具的资信评级报告

6-11 本次发行可转换公司债券或分离交易的可转换公司债券的担保合同、担保函、担保人就提供担保获得的授权文件

6-12 特定行业(或企业)主管部门出具的监管意见书

6-13 承销协议(发行前按中国证监会要求提供)

6-14 发行人全体董事对发行申请文件真实性、准确性和完整性的承诺书

公开发行证券的公司信息披露内容与格式准则第11号——上市公司公开发行证券募集说明书

1. 2006年5月8日中国证券监督管理委员会发布

2. 证监发行字〔2006〕2号

第一章 总 则

第一条 为规范上市公司公开发行证券的信息披露行为,保护投资者的合法权益,根据《公司法》、《证券法》、《上市公司证券发行管理办法》,制定本准则。

第二条 发行人编制配股说明书、增发招股意向书、增发招股说明书、可转换公司债券募集说明书、分离交易的可转换公司债券募集说明书等募集说明书及其摘要,应当符合本准则的要求。

第三条 募集说明书的编制应遵循以下要求:

(一)使用通俗易懂的事实描述性语言,并采用表格或其他较为直观的方式披露公司及其产品、财务等情况;

(二)引用的资料应注明来源,事实依据应充分、客观;

(三)引用的数字应采用阿拉伯数字,有关金额的资料除特别说明之外,应指人民币金额,并以元、千元或万元为单位;

(四)发行人可编制募集说明书外文译本,但应保证中外文文本的一致性,在对中外文本的理解上发生歧义时,以中文文本为准;

(五)募集说明书摘要的编制必须忠实于募集说明书全文的内容,不得出现与全文相矛盾之处。

第四条 在不影响信息披露的完整并保证阅读方便的前提下,发行人可采用相互引征的方法,对各相关部分的内容进行适当的技术处理;对于曾在募集说明书、上市公告书和定期报告、临时报告中披露过的信息,如事实未发生变化,发行人可采用索引的方法进行披露,以免重复。

第五条 上市公司发行证券刊登的募集说明书摘要最小字号为标准小5号字,最小行距为0.35毫米。

发行人将募集说明书及其摘要全文刊登并保留在公司网站的,其内容应当与在报刊上刊登的一致。

第六条 增发招股意向书除发行数量、发行价格及筹资金额等内容可不确定外,其内容和格式应与增发招股说明书一致。

增发招股意向书应载明"本招股意向书的所有内容均构成招股说明书不可撤销的组成部分,与招股说明书具有同等法律效力"。

发行价格确定后,发行人应编制增发招股说明书,刊登于中国证监会指定的互联网网站,并报中国证监会备案。

第七条 特殊行业的发行人编制募集说明书及其摘要,还应遵循中国证监会关于该行业的信息披露特别规定。

第二章 募集说明书

第一节 封面、书脊、扉页、目录、释义

第八条 募集说明书文本封面及书脊应标明"×××股份有限公司×××说明书"字样,封面还应载明已经上市股票简称和代码、发行人注册地、保荐机构、主承销商、募集说明书公告时间。

第九条 募集说明书文本扉页应当刊载如下声明:

"本公司全体董事、监事、高级管理人员承诺募集说明书及其摘要不存在任何虚假、误导性陈述或重大遗漏,并保证所披露信息的真实、准确、完整"。

"公司负责人、主管会计工作负责人及会计机构负责人(会计主管人员)保证募集说明书及其摘要中财务会计报告真实、完整"。

"证券监督管理机构及其他政府部门对本次发行所作的任何决定,均不表明其对发行人所发行证券的价值或者投资人的收益作出实质性判断或者保证。任何与之相反的声明均属虚假不实陈述"。

"根据《证券法》的规定,证券依法发行后,发行人经营与收益的变化,由发行人自行负责,由此变化引致的投资风险,由投资者自行负责"。

第十条 发行人认为对投资者有重大影响的事项,应在募集说明书文本扉页中作"重大事项提示",提醒投资人关注。

第十一条 募集说明书目录应标明各章、节的标题及其对应的页码。发行人应对可能对投资者理解有障碍及有特定含义的术语作出释义。募集说明书释义应在目录次页排印。

第二节　本次发行概况

第十二条　本节披露本次发行的基本情况：

(一)发行人中英文名称及注册地、境内上市股票简称和代码、上市地；

(二)本次发行的核准文件、证券类型、发行数量、证券面值、定价方式或发行价格、预计募集资金量(含发行费用)及募集资金净额、募集资金专项存储的账户；

(三)发行方式与发行对象；

(四)承销方式及承销期；

(五)发行费用；

(六)承销期间的停牌、复牌及本次发行证券上市的时间安排、申请上市证券交易所；

(七)本次发行证券的上市流通，包括各类投资者持有期的限制或承诺。

发行可转换公司债券的，应载明主要发行条款、评级或担保情况。

第十三条　本节应披露本次发行涉及的下列机构的名称、法定代表人、经办人员、办公地址、联系电话、传真：

(一)发行人；

(二)保荐机构和承销团成员；

(三)发行人律师事务所；

(四)审计机构；

(五)资产评估机构；

(六)申请上市的证券交易所；

(七)收款银行；

(八)资信评级机构；

(九)债券的担保人。

第三节　风险因素

第十四条　发行人应当遵循重要性原则，按顺序披露可能直接或间接对发行人生产经营状况和持续盈利能力产生重大不利影响的所有因素。

发行人应针对自身的实际情况，充分、准确、具体地描述相关风险因素。

发行人应对所披露的风险因素做定量分析，无法进行定量分析的，应有针对性地作出定性描述。

有关风险因素对发行人生产经营状况和持续盈利能力有严重不利影响的，应做“重大事项提示”。

第十五条　发行人应披露的风险因素包括但不限于下列内容：

(一)产品或服务的市场前景、行业经营环境的变化、商业周期或产品生命周期的影响、市场饱和或市场分割、过度依赖单一市场、市场占有率下降；

(二)经营模式发生变化、经营业绩不稳定、主要产品或主要原材料价格波动、过度依赖某一重要原材料、产品或服务、经营场所过度集中或分散；

(三)资产周转能力较差导致的资产流动性风险、现金流状况不佳及债务结构不合理导致的偿债风险、各项主要资产减值准备计提不足的风险、重大对外投资和境外投资管理不善或财务失控的风险、非经常性损益比重较大等因素导致发行人盈利来源不稳定的风险、发行人未来资本性支出计划存在的投资风险；

(四)技术不成熟、技术尚未产业化、技术缺乏有效保护或保护期限短、缺乏核心技术或核心技术依赖他人、产品或技术面临被淘汰；

(五)投资项目在市场前景、技术保障、产业政策、环境保护、土地使用、融资安排、与他人合作等方面存在的问题，因营业规模、营业范围扩大或者业务转型而导致的管理风险、业务转型风险，因固定资产折旧大量增加而导致的利润下滑风险，以及因产能扩大而导致的产品销售风险；

(六)由于财政、金融、税收、土地使用、产业政策、行业管理、环境保护等方面法律、法规、政策变化引致的风险；

(七)可能严重影响公司持续经营的其他因素，如自然灾害、安全生产、汇率变化、外贸环境、担保、诉讼和仲裁等。

第四节　发行人基本情况

第十六条　发行人应披露本次发行前股本总额及前10名股东持股数量、股份性质及其股份限售情况。

第十七条　发行人应以图表方式披露其组织结构和对其他企业的重要权益投资情况。

列表披露发行人直接或间接控股企业的成立时间、注册资本、实收资本、发行人持有的权益比例、主要业务及主要生产经营地、最近一年该企业总资产、净资产、营业收入、净利润等财务数据，并注明有关财务数据是否经过审计及审计机构名称。

第十八条　发行人应披露控股股东和实际控制人的基本情况。实际控制人应披露到最终的国有控股主体或自然人为止。

若发行人的控股股东或实际控制人为自然人，应披露其姓名、简要背景及所持有的发行人股票被质押的情况，同时披露该自然人对其他企业的投资情况。

若发行人的控股股东或实际控制人为法人，应披露该法人的名称及其股东。披露该法人的成立日期、注册资本、主要业务、主要资产的规模及分布、最近一年母公司财务报表的主要财务数据、所持有的发行人股票被质押的情况。

第十九条 发行人应披露其所从事的主要业务、主要产品(或服务)的用途。

发行人从事多种业务和产品(或服务)生产经营的,关于业务和产品(或服务)分类的披露应前后一致,不得采用多种统计口径进行披露。

如果发行人的主要业务和产品(或服务)分属不同行业,应分行业披露相关信息。

第二十条 发行人应结合其主要业务和主要产品(或服务)披露所处行业的基本情况,包括但不限于:

(一)行业的主管部门、监管体制、主要法律法规及政策等;

(二)行业竞争格局和市场化程度、行业内的主要企业及其市场份额、进入本行业的主要障碍、市场供求状况及变动原因、行业利润水平的变动趋势及变动原因等;

(三)行业技术水平及技术特点、行业特有的经营模式、行业的周期性、区域性或季节性特征等;

(四)发行人所处行业与上、下游行业之间的关联性及上下游行业发展状况;

(五)出口业务比例较大的发行人,还应披露产品进口国的有关进出口政策,贸易摩擦对产品进口的影响,以及进口国同类产品的竞争格局等情况。

第二十一条 发行人应披露在行业中的竞争地位,包括发行人的市场占有率、近3年的变化情况及未来变化趋势,主要竞争对手的简要情况等。

第二十二条 发行人应根据重要性原则披露主要业务的具体情况,主要包括:

(一)分别按主要产品、销售区域、销售模式披露最近3年及一期的营业收入构成;

(二)主要产品的工艺流程或服务的流程图;

(三)主要经营模式,包括生产模式、采购模式、销售模式;

(四)列表披露报告期主要产品(或服务)的产能、产量、销量,产品或服务的主要消费群体、销售价格的基本情况;报告期内各年度向前5名客户合计的销售额占各年度销售总额的百分比,如向单个客户的销售比例超过总额的50%或严重依赖于少数客户的,则应披露其名称及销售比例,如该等客户为发行人的关联人的,则应披露产品最终实现销售的情况。对于销售客户存在同属相同的实际控制人情形的,则应合并计算销售额;

(五)报告期主要产品所需的主要原材料和能源及其供应情况;报告期内各年度向前5名供应商合计的采购额占各年度采购总额的百分比,如向单个供应商的采购比例超过总额的50%或严重依赖于少数客户的,则应披露其名称及采购比例。对于供应商存在同属相同的实际控制人情形的,则应合并计算采购额;

(六)发行人应披露董事、监事、高级管理人员和核心技术人员,主要关联方或持有发行人5%以上股份的股东在上述供应商或客户中所占的权益。若无,亦应说明;

(七)存在高危险、重污染情况的,应披露安全生产及污染治理情况、因安全生产及环境保护原因受到处罚的情况、近3年相关费用或成本支出及未来支出情况,说明是否符合国家关于安全生产和环境保护的要求。

第二十三条 发行人应列表披露与其业务相关的主要固定资产及无形资产,主要包括:

(一)生产经营所需的主要生产设备、房屋及其取得和使用情况、成新率或尚可使用年限、在发行人及下属公司中分布情况等;

(二)商标、专利、非专利技术、土地使用权、水面养殖权、探矿权、采矿权等主要无形资产的价值、取得方式和时间、使用情况、使用期限或保护期,以及对发行人生产经营的重大影响。

发行人允许他人使用自己所有的资产,或作为被许可方使用他人资产的,应简介许可合同的主要内容,主要包括许可人、被许可人、许可使用的具体资产内容、许可方式、许可年限、许可使用费等。若发行人所有或使用的资产存在纠纷或潜在纠纷的,应明确提示。

第二十四条 发行人应披露拥有的特许经营权的情况,主要包括特许经营权的取得、特许经营权的期限、费用标准,对发行人持续生产经营的影响。

第二十五条 发行人若在中华人民共和国境外进行生产经营,应对有关业务活动进行地域性分析。若发行人在境外拥有资产,应详细披露该资产规模、所在地、经营管理、盈利情况等。

第二十六条 发行人应列表披露自上市以来历次筹资、派现及净资产额变化情况。

首发前最近一期末净资产额(万元)			
历次筹资情况	发行时间	发行类别	筹资净额(万元)
	合计		

续表

首发后累计派现金额(万元)	
本次发行前最近一期末净资产额(万元)	

第二十七条 发行人应披露最近3年及一期发行人及其控股股东、实际控制人所作出的重要承诺及承诺的履行情况。

第二十八条 发行人应披露发行人的股利分配政策。

第二十九条 发行人发行可转换公司债券的,还应当披露最近3年发行的债券和债券偿还情况以及各年度利息保障倍数、贷款偿还率、利息偿付率等财务指标和资信评级情况。

第三十条 发行人应列表披露现任董事、监事、高级管理人员的基本情况。至少包括姓名、性别、年龄、从业简历、兼职情况、薪酬情况、持有本公司股份情况。

发行人应披露对管理层的激励情况。

第五节 同业竞争与关联交易

第三十一条 发行人应披露是否存在与控股股东、实际控制人及其控制的企业从事相同、相似业务的情况。对存在相同、相似业务的,发行人应对是否存在同业竞争做出合理解释。

第三十二条 对于已存在或可能存在的同业竞争,发行人应披露解决同业竞争的具体措施。

第三十三条 发行人应披露独立董事对发行人是否存在同业竞争和避免同业竞争有关措施的有效性所发表的意见。

第三十四条 发行人应根据《公司法》、企业会计准则的相关规定披露关联方、关联关系和关联交易。

第三十五条 发行人应按经常性关联交易和偶发性关联交易分类披露最近3年及一期关联交易情况。

对经常性的关联交易,发行人应披露:关联交易方、交易内容、交易金额、交易价格的确定方法、占营业收入或营业成本的比重、占同类型交易的比重以及关联交易增减变化的趋势,与交易相关的应收应付款项余额及增减变化的原因。

对偶发性的关联交易,发行人应披露关联交易方、交易内容、交易金额、交易价格的确定方法、资金的结算情况、交易产生利润及对发行人当期利润的影响程度、关联交易对公司主要业务的影响。

第三十六条 发行人应披露明确的减少和规范关联交易的措施。

发行人应披露独立董事对关联交易的必要性、关联交易价格的公允性、批准程序的合规性以及减少和规范关联交易措施的有效性发表的意见。

第六节 财务会计信息

第三十七条 如未作特别说明,本节信息应摘自经有证券期货相关业务资格会计师事务所审计的财务报告及审核的盈利预测报告。

第三十八条 发行人应披露最近3年审计意见的类型;被出具带强调事项段的无保留意见的,还应披露审计报告正文以及董事会对相关事项的详细解释,并说明相关事项是否对公司有重大影响或影响是否已经消除,会计师事务所及注册会计师关于相关事项对发行人是否有重大影响或影响是否已经消除所发表的意见。

第三十九条 发行人应披露最近3年及一期的资产负债表、利润表、现金流量表及所有者权益变动表。发行人编制合并财务报表的,应同时披露合并财务报表和母公司财务报表。最近3年及一期合并财务报表范围发生重大变化的,还应披露合并财务报表范围的具体变化情况、变化原因及其影响。

最近3年内进行过导致公司主营业务和经营性资产发生实质变更的重大资产购买、出售、置换的发行人,披露的最近3年及一期的财务报表应包括:重组完成后各年的资产负债表、利润表、现金流量表和所有者权益变动表,以及重组时编制的重组前模拟利润表和模拟报表的编制基础。

发行人本次募集资金拟用于重大资产购买的,即拟购买的总资产或净资产占发行人最近一年末合并财务报表总资产或净资产的50%以上、或拟购买的资产在前一年产生的营业收入占发行人前一年合并财务报表营业收入的50%以上,还应披露假设前3年已完成购买并据此编制的前3年备考合并利润表、前一年末备考合并资产负债表。

第四十条 发行境内上市外资股和境外上市外资股的发行人,由于在境内外披露的财务会计资料所采用的会计准则不同,导致净资产、净利润存在差异的,应披露最近一年的差异调节表,并注明境外财务报表的审计机构的名称以及审计意见的类型。

第四十一条 发行人应列表披露最近3年及一期的流动比率、速动比率、资产负债率(母公司)、应收账款周转率、存货周转率、每股经营活动现金流量、每股净现金流量、研发费用占营业收入的比重等财务指标以及非经常性损益明细表。除特别说明,上述财务指标以合并财务报表的数据为基础进行计算，其中扣除非经常性损益前后的净资产收益率和每股收益的计算应执行财政部、证监会的有关规定。

第四十二条 发行人本次募集资金拟用于重大资产购买的，应当披露发行人假设按预计购买基准日完成购买的盈利预测报告及假设发行当年1月1日完成购买的盈利预测报告及会计师事务所的审核意见。其他发行人认为提供盈利预测报告将有助于投资者对发行人及投资于发行人的证券作出正确判断，且发行人确信有能力对最近的未来期间的盈利情况作出切合实际的预测，可以披露盈利预测报告及会计师事务所的审核意见。

第四十三条 发行人披露盈利预测报告的，应声明："本公司盈利预测报告是管理层在最佳估计假设的基础上编制的，但所依据的各种假设具有不确定性，投资者进行投资决策时应谨慎使用"。

第四十四条 发行人披露的盈利预测报告应包括盈利预测表及其说明。

盈利预测表的格式应与利润表一致，其中预测数应分栏列示已审实现数、未审实现数、预测数和合计数。需要编制合并财务报表的发行人，应分别编制母公司盈利预测表和合并盈利预测表。

盈利预测说明应包括编制基准、所依据的基本假设及其合理性、与盈利预测数据相关的背景及分析资料等。盈利预测数据包含了特定的财政税收优惠政策或非经常性损益项目的，应特别说明。

第七节 管理层讨论与分析

第四十五条 发行人应主要依据最近3年及一期的合并财务报表分析影响发行人财务状况、经营业绩、现金流量的财务与非财务因素，并审慎披露未来变动趋势。为有助于理解分析过程和结论，发行人应提供分部信息。

发行人不应仅以引述方式重复财务报告的内容，应选择使用逐年比较、与同行业对比分析等便于理解的形式对最近3年及一期的上述情况进行分析。

第四十六条 发行人对财务状况、盈利能力及现金流量的分析一般应包括但不限于第四十七条至第五十二条的内容，但发行人可视实际情况并根据重要性原则有选择地进行增减。

第四十七条 财务状况分析一般应包括：

（一）发行人应披露公司资产、负债的主要构成，分析说明其主要资产的减值准备提取情况是否与资产质量实际状况相符；最近3年及一期资产结构、负债结构发生重大变化的，发行人还应分析说明导致变化的主要因素；

（二）发行人应分析披露最近3年及一期流动比率、速动比率、资产负债率以及利息保障倍数的变动趋势，并结合公司的现金流量状况、在银行的资信状况、可利用的融资渠道及授信额度、表内负债、表外融资情况及或有负债等情况，分析说明公司的偿债能力。发行人最近3年及一期经营活动产生的现金流量净额为负数或者远低于同期净利润的，应分析披露原因；

（三）发行人应披露最近3年及一期应收账款周转率、存货周转率等反映资产周转能力的财务指标的变动趋势，并结合市场发展、行业竞争状况、公司生产模式及物流管理、销售模式及赊销政策等情况，分析说明影响公司的资产周转能力；

（四）发行人最近一期末持有金额较大的交易性金融资产、可供出售的金融资产、借予他人款项、委托理财等财务性投资的，应分析其投资目的、对发行人资金安排的影响、投资期限、发行人对投资的监管方案、投资的可回收性及减值准备的计提是否充足。

第四十八条 盈利能力分析一般应包括：

（一）发行人应列表披露最近3年及一期营业收入的构成及比例，分别按产品（或服务）类别及业务、地区分部列示，分析营业收入增减变化的情况及原因；营业收入存在季节性波动的，应分析季节性因素对各季度经营成果的影响；

（二）发行人应依据所从事的主要业务、采用的经营模式及行业竞争情况，分析公司最近3年一期利润的主要来源、可能影响发行人盈利能力连续性和稳定性的主要因素；

（三）发行人应按照利润表项目逐项分析最近3年及一期经营成果变化的原因，对于变动幅度较大的项目应重点说明；

（四）发行人主要产品价格或主要原材料、燃料价格频繁变动且影响较大的，应对价格变动对公司利润的影响作敏感性分析；

（五）发行人应列表披露最近3年及一期公司综合毛利率、分行业毛利率的数据及变动情况；最近3年及一期毛利率发生重大变化的，还应用数据说明相关因素对毛利率变动的影响程度；

（六）发行人最近3年及一期投资收益及非经常性损益对公司经营成果有重大影响的，应当分析原因及对公司盈利能力稳定性的影响。

第四十九条 资本性支出分析一般应包括：

（一）发行人应披露最近3年及一期的重大的资本性支出情况；如果资本性支出导致公司固定资产大

规模增加或进行跨行业投资的,应当分析资本性支出对公司主要业务和经营成果的影响;

(二)发行人应披露未来可预见的重大资本性支出计划及资金需求量,资本性支出计划涉及跨行业投资的,应说明其与发行人业务发展规划的关系。

第五十条　发行人最近3年及一期存在会计政策变更、会计估计变更的,应披露变更的性质、内容、原因、变更影响数的处理方法及对发行人财务状况、经营成果的影响;发行人最近3年及一期存在会计差错更正的,应披露前期差错的性质。

第五十一条　发行人目前存在重大担保、诉讼、其他或有事项和重大期后事项的,应说明其对发行人财务状况、盈利能力及持续经营的影响。

第五十二条　发行人应结合其在业务经营方面存在的主要优势及困难,谨慎、客观地对公司财务状况和盈利能力的未来发展趋势进行分析。

第八节　本次募集资金运用

第五十三条　发行人应披露:

(一)预计募集资金数额;

(二)按投资项目的轻重缓急顺序,列表披露募集资金投资项目内容、时间进度、项目的审批、核准或备案情况;

(三)若所筹资金不能满足规划中项目资金需求的,应详细说明其缺口部分的资金来源及落实情况。

第五十四条　募集资金用于扩大现有产品产能的,发行人应结合现有各类产品在报告期内的产能、产量、销量、产销率、销售区域,项目达产后各类产品年新增的产能、产量、销售区域,以及本行业的发展趋势、有关产品的市场容量、主要竞争对手等情况对项目的市场前景进行详细的分析论证。

募集资金用于新产品开发生产或用于跨行业发展的,发行人应披露相关新产品的市场容量、主要竞争对手、行业发展趋势、技术保障、项目投产后新增产能情况,对项目的市场前景进行详细的分析论证。

第五十五条　募集资金投入导致发行人生产经营模式发生变化的,发行人应结合其在新模式下的经营管理能力、技术准备情况、产品市场开拓情况等,对项目的可行性进行分析。

第五十六条　发行人原固定资产投资和研发支出较少、本次募集资金将大规模增加固定资产投资或研发支出的,应充分说明固定资产变化与产能变动的匹配关系,并充分披露新增固定资产折旧、研发支出对发行人未来经营成果的影响。

第五十七条　募集资金直接投资于固定资产项目的,发行人可视实际情况并根据重要性原则披露以下内容:

(一)投资概算情况,预计投资规模,募集资金的具体用项,包括用于购置设备、土地、技术以及补充流动资金等方面的具体支出;

(二)产品的质量标准和技术水平,生产方法、工艺流程和生产技术选择,主要设备选择,核心技术及其取得方式;

(三)主要原材料、辅助材料及燃料等的供应情况;

(四)投资项目的竣工时间、产量、产品销售方式及营销措施;

(五)投资项目可能存在的环保问题、采取的措施及资金投入情况;

(六)投资项目的选址,拟占用土地的面积、取得方式;

(七)项目的组织方式,项目的实施进展情况。

第五十八条　募集资金拟用于对外投资或合作经营的,还应披露:

(一)合资或合作方的基本情况,包括名称、法定代表人、住所、注册资本、主要股东、主要业务,与发行人是否存在关联关系;投资规模及各方投资比例;合资或合作方的出资方式;合资协议的主要条款以及可能对发行人不利的条款;

(二)拟组建的企业法人的基本情况,包括设立、注册资本、主要业务;组织管理和发行人对其的控制情况。

第五十九条　募集资金拟用于向其他企业增资或收购其他企业股份的,应披露:

(一)拟增资或收购的企业的基本情况及最近一年及一期经具有证券期货相关业务资格的会计师事务所审计的资产负债表和利润表;

(二)增资资金折合股份或收购股份的评估、定价情况;

(三)增资或收购前后持股比例及控制情况;

(四)增资或收购行为与发行人业务发展规划的关系。

第六十条　募集资金拟用于收购资产的,应披露:

(一)拟收购资产的内容;

(二)拟收购资产的评估、定价情况;

(三)拟收购资产与发行人主要业务的关系。

若收购的资产为在建工程的,还应披露在建工程的已投资情况、还需投资的金额、负债情况、建设进度、计划完成时间等。

第六十一条　发行人募集资金拟投入其他用途的,应披露具体的内容。

第九节 历次募集资金运用

第六十二条 披露最近5年内募集资金运用的基本情况。

第六十三条 列表披露前次募集资金实际使用情况。若募集资金的运用和项目未达到计划进度和效益，应进行说明。

募集资金实际使用情况表

投资项目	承诺投资情况		实际使用情况			实际投资与承诺投资的差异额	备注
	投资额	预计完工时间	投资额	完工程度	完工时间		

第六十四条 发行人对前次募集资金投资项目的效益作出承诺并披露的，列表披露投资项目效益情况；项目实际效益与承诺效益存在重大差异的，还应披露原因。

募集资金投资项目效益情况表

投资项目	发行人	承诺效益	项目实际效益	差异额	主要原因

第六十五条 发行人最近5年内募集资金的运用发生变更的，应列表披露历次变更情况，并披露募集资金的变更金额及占所募集资金净额的比例；发行人募集资金所投资的项目被以资产置换等方式置换出公司的，应予以单独披露。

第六十六条 发行人应披露会计师事务所对前次募集资金运用所出具的专项报告结论。

第十节 董事及有关中介机构声明

第六十七条 发行人全体董事、监事、高级管理人员应在募集说明书正文的尾页声明：

"本公司全体董事、监事、高级管理人员承诺本募集说明书及其摘要不存在虚假记载、误导性陈述或重大遗漏，并对其真实性、准确性、完整性承担个别和连带的法律责任"。

声明应由全体董事、监事、高级管理人员签名，并由发行人加盖公章。

第六十八条 保荐机构、主承销商应对募集说明书的真实性、准确性、完整性进行核查，并在募集说明书正文后声明：

"本公司已对募集说明书及其摘要进行了核查，确认不存在虚假记载、误导性陈述或重大遗漏，并对其真实性、准确性和完整性承担相应的法律责任"。

声明应由项目主办人、保荐代表人、法定代表人签名，并由公司加盖公章。

第六十九条 发行人律师应在募集说明书正文后声明：

"本所及签字的律师已阅读募集说明书及其摘要，确认募集说明书及其摘要与本所出具的法律意见书和律师工作报告不存在矛盾。本所及签字的律师对发行人在募集说明书及其摘要中引用的法律意见书和律师工作报告的内容无异议，确认募集说明书不致因所引用内容出现虚假记载、误导性陈述或重大遗漏，并对其真实性、准确性和完整性承担相应的法律责任"。

声明应由签字的律师、所在律师事务所负责人签名，并由律师事务所加盖公章。

第七十条 承担审计业务的会计师事务所应在募集说明书正文后声明：

"本所及签字注册会计师已阅读募集说明书及其摘要，确认募集说明书及其摘要与本所出具的报告不存在矛盾。本所及签字注册会计师对发行人在募集说明书及其摘要中引用的财务报告的内容无异议（或盈利预测已经本所审核），确认募集说明书不致因所引用内容而出现虚假记载、误导性陈述或重大遗漏，并对其真实性、准确性和完整性承担相应的法律责任。"

声明应由签字注册会计师及所在会计师事务所负责人签名，并由会计师事务所加盖公章。

第七十一条 承担评估业务的资产评估机构应在募集说明书正文后声明：

"本机构及签字的资产评估师已阅读募集说明书及其摘要，确认募集说明书及其摘要与本机构出具的评估报告不存在矛盾。本机构及签字的评估师对发行人在募集说明书及其摘要中引用的评估报告的内容无异议，确认募集说明书不致因所引用内容出现虚假记载、误导性陈述或重大遗漏，并对其真实性、准确性和完整性承担相应的法律责任"。

声明应由签字的资产评估师及单位负责人签名，

并由资产评估机构加盖公章。

第七十二条　承担债券信用评级业务的机构应在募集说明书正文后声明：

“本机构及签字的评级人员已阅读募集说明书及其摘要,确认募集说明书及其摘要与本机构出具的资信评级报告不存在矛盾。本机构及签字的评级人员对发行人在募集说明书及其摘要中引用的资信评级报告的内容无异议,确认募集说明书不致因所引用内容出现虚假记载、误导性陈述或重大遗漏,并对其真实性、准确性和完整性承担相应的法律责任”。

声明应由签字的评级人员及单位负责人签名,并由评级机构加盖公章。

第七十三条　有关人员的签名应使用楷体。

第十一节　备 查 文 件

第七十四条　募集说明书结尾应列明备查文件,并在指定网站上披露。

第七十五条　备查文件包括下列文件：

(一)发行人最近 3 年的财务报告及审计报告和已披露的中期报告；

(二)保荐机构出具的发行保荐书；

(三)法律意见书和律师工作报告；

(四)注册会计师关于前次募集资金使用情况的专项报告；

(五)中国证监会核准本次发行的文件。

如有下列文件,应作为备查文件披露：

(一)资信评级报告；

(二)担保合同和担保函；

(三)盈利预测报告及盈利预测报告的审核报告；

(四)发行人董事会关于非标准无保留意见审计报告涉及事项处理情况的说明；

(五)会计师事务所及注册会计师关于非标准无保留意见审计报告的补充意见；

(六)最近 3 年内发生重大资产重组的发行人提供的模拟财务报告及审计报告和重组进入公司的资产的财务报告、资产评估报告和/或审计报告；

(七)拟收购资产的资产评估报告及有关审核文件；

(八)其他与本次发行有关的重要文件。

第三章　募集说明书摘要

第七十六条　发行人应在募集说明书摘要的显要位置声明本准则第九条的内容及以下内容：

“本募集说明书摘要的目的仅为向公众提供有关本次发行的简要情况。投资者在做出认购决定之前,应仔细阅读募集说明书全文,并以其作为投资决定的依据。募集说明书全文同时刊载于×××网站”。

第七十七条　募集说明书摘要的内容至少包括下列各部分：

(一)本次发行概况。按照本准则第二章第二节的要求披露。

(二)主要股东情况。披露前 10 名股东持股数量、股份性质及其股份限售情况。

(三)财务会计信息及管理层讨论与分析。披露本准则第三十九条要求的财务指标,简要摘录管理层讨论与分析中对投资判断敏感性较强的内容。

(四)本次募集资金运用。简要披露本次募集资金的原因、使用计划、投资项目基本情况和项目发展前景分析。

第七十八条　摘要的结尾应当说明募集说明书全文及备查文件的查阅方式。

第四章　附　　则

第七十九条　本准则由中国证监会负责解释。

第八十条　本准则自发布之日起施行。

公开发行证券的公司信息披露内容与格式准则第 15 号——权益变动报告书(2014 年修订)

2014 年 5 月 28 日中国证券监督管理委员会公告〔2014〕24 号公布施行

第一章　总　　则

第一条　为了规范上市公司的收购及相关股份权益变动活动中的信息披露行为,保护投资者的合法权益,维护证券市场秩序,根据《证券法》、《上市公司收购管理办法》(以下简称《收购办法》)及其他相关法律、行政法规及部门规章的有关规定,制订本准则。

第二条　根据《证券法》、《收购办法》须履行信息披露义务的自然人、法人或其他组织(以下简称信息披露义务人),应当按照本准则的要求编制和披露权益变动报告书。

第三条　信息披露义务人是多人的,可以书面形式约定由其中一人作为指定代表以共同名义负责统一编制和报送权益变动报告书,依照《收购办法》及本准则的规定披露相关信息,并同意授权指定代表在信息披露文件上签字盖章。

第四条　本准则的规定是对投资者在一个上市公司中拥有权益的股份变动的信息披露的最低要求。不论本准则中是否有明确规定,凡对投资者做出投资决策有重大影响的信息,信息披露义务人均应当予以披露。

第五条 本准则某些具体要求对信息披露义务人确实不适用的,信息披露义务人可以针对实际情况,在不影响披露内容完整性的前提下做适当修改,但应当在报送时作书面说明。

第六条 在不影响信息披露的完整性和不致引起阅读不便的前提下,信息披露义务人可以采用相互引证的方法,对各相关部分的内容进行适当的技术处理,以避免重复和保持文字简洁。

第七条 信息披露义务人在编制权益变动报告书时,应当遵循以下一般要求:

(一)文字应当简洁、通俗、平实和明确,引用的数据应当提供资料来源,事实应有充分、客观、公正的依据;

(二)引用的数字应当采用阿拉伯数字,货币金额除特别说明外,应指人民币金额,并以元、千元或百万元为单位;

(三)信息披露义务人可以根据有关规定或其他需求,编制权益变动报告书外文译本,但应当保证中、外文本的一致性,并在外文文本上注明:"本权益变动报告书分别以中、英(或日、法等)文编制,在对中外文本的理解上发生歧义时,以中文文本为准";

(四)权益变动报告书文本应当采用质地良好的纸张印刷,幅面为 209×295 毫米(相当于标准的 A4 纸规格);

(五)在报刊刊登的权益变动报告书最小字号为标准 6 号字,最小行距为 0.02;

(六)不得刊载任何有祝贺性、广告性和恭维性的词句。

第八条 信息披露义务人如在权益变动报告书中援引财务顾问、律师等专业机构出具的专业报告或意见的内容,应当说明相关专业机构已书面同意上述援引。

第九条 信息披露义务人在报送权益变动报告书的同时,应当提交按照本准则附表一或附表二的要求所编制的简式或详式权益变动报告书附表及有关备查文件。有关备查文件应当为原件或有法律效力的复印件。

第十条 信息披露义务人因增加其在一个上市公司中拥有权益的股份,导致其在该上市公司中拥有权益的股份达到或超过该上市公司已发行股份的 20% 但未超过 30%,或者虽未超过 20% 但成为该上市公司第一大股东或者实际控制人的,应当按照本准则第三章的规定编制详式权益变动报告书。

除依法须编制收购报告书、要约收购报告书、详式权益变动报告书的情形外,信息披露义务人增加或减少其在一个上市公司中拥有权益的股份变动达到法定比例的,应当按照本准则第二章的规定编制简式权益变动报告书。

第十一条 信息披露义务人应当在《收购办法》规定的期限内将权益变动报告书及附表刊登于至少一种中国证监会指定的报刊,并按照证券交易所的要求刊登于指定网站,或者提示刊登该报告书及附表的信息披露义务人或上市公司的网址。

信息披露义务人应当将权益变动报告书、附表和备查文件备置于上市公司住所和证券交易所,以备查阅。

第十二条 信息披露义务人董事会及其董事或者主要负责人,应当保证权益变动报告书及相关申报文件内容的真实性、准确性、完整性,承诺其中不存在虚假记载、误导性陈述或重大遗漏,并就其保证承担个别和连带的法律责任。

第二章 简式权益变动报告书

第一节 封面、扉页、目录、释义

第十三条 简式权益变动报告书全文文本封面应标有"××公司(上市公司名称)简式权益变动报告书"字样,并应载明以下内容:

(一)上市公司的名称、股票上市地点、股票简称、股票代码;

(二)信息披露义务人的姓名或名称、住所、通讯地址;

(三)简式权益变动报告书签署日期。

第十四条 信息披露义务人应当在简式权益变动报告书的扉页刊登如下声明:

(一)编写本报告书的法律依据;

(二)信息披露义务人签署本报告书已获得必要的授权和批准;

(三)依据《证券法》、《收购办法》的规定,本报告书已全面披露信息披露义务人在××公司中拥有权益的股份变动情况;

截至本报告书签署之日,除本报告书披露的信息外,上述信息披露义务人没有通过任何其他方式增加或减少其在××公司中拥有权益的股份;

(四)信息披露义务人应当声明本次在××公司中拥有权益的股份变动的生效条件(如有)。

第十五条 权益变动报告书目录应当标明各章、节的标题及相应的页码,内容编排也应符合通行的中文惯例。

第十六条 信息披露义务人应就投资者理解可能有障碍及有特定含义的术语做出释义。权益变动报告书的释义应在目录次页排印。

第二节　信息披露义务人介绍

第十七条　信息披露义务人是法人或者其他组织的,应当披露如下基本情况:

(一)名称、注册地、法定代表人、注册资本、工商行政管理部门或者其他机构核发的注册号码及代码、企业类型及经济性质、主要经营范围、经营期限、税务登记证号码、主要股东或者发起人的姓名或者名称(如为有限责任公司或者股份有限公司)、通讯方式;

(二)信息披露义务人的董事及其主要负责人的姓名(包括曾用名)、性别、身份证件号码(可不在媒体披露)、国籍、长期居住地及是否取得其他国家或者地区的居留权、在公司任职或在其他公司兼职情况;

(三)信息披露义务人还应当简要披露其在境内、境外其他上市公司中拥有权益的股份达到或超过该公司已发行股份5%的情况。

第十八条　信息披露义务人或其一致行动人是自然人的,应当披露以下基本情况:

(一)姓名(包括曾用名)、性别、国籍、身份证件号码、住所、通讯地址、通讯方式以及是否取得其他国家或者地区的居留权等;其中,身份证件号码、住所、通讯方式可以不在媒体公告;

(二)信息披露义务人还应当简要披露其在境内、境外其他上市公司中拥有权益的股份达到或超过该公司已发行股份5%的情况。

第十九条　信息披露义务人为多人的,除应当分别按照本准则第十七条和第十八条披露各信息披露义务人的情况外,还应当披露:

(一)各信息披露义务人之间在股权、资产、业务、人员等方面的关系,并以方框图的形式加以说明;

(二)信息披露义务人应当说明其采取一致行动的目的、达成一致行动协议或者意向的时间、一致行动协议或者意向的内容(特别是一致行动人行使股份表决权的程序和方式)。

第三节　持股目的

第二十条　增加其在上市公司中拥有权益的股份的信息披露义务人,应当披露其持股目的,并披露其是否有意在未来12个月内继续增加其在上市公司中拥有权益的股份。

减少其在上市公司中拥有权益的股份的信息披露义务人,应当披露其是否有意在未来12个月内增加或继续减少其在上市公司中拥有权益的股份。

第四节　权益变动方式

第二十一条　信息披露义务人应当按照《收购办法》及本准则的规定计算其在上市公司中拥有权益的股份种类、数量和比例。

信息披露义务人为多人的,还应当分别披露各信息披露义务人在上市公司中拥有权益的股份种类、数量、占上市公司已发行股份的比例。

信息披露义务人持有表决权未恢复的优先股的,还应当披露持有数量和比例。

第二十二条　通过证券交易所的集中交易导致其在上市公司中拥有权益的股份达到法定比例的,信息披露义务人应当披露以下基本情况:

(一)其拥有权益的股份增减变动达到法定比例的日期;

(二)在上市公司中拥有权益的股份的详细名称、种类、数量、比例。

第二十三条　通过协议转让导致信息披露义务人在上市公司中拥有权益的股份变动达到法定比例的,信息披露义务人(包括出让人和受让人)应当披露以下基本情况:

(一)转让协议的主要内容,包括协议转让的当事人、转让股份的种类、数量、比例、股份性质及性质变动情况、转让价款、股份转让的支付对价(如现金、资产、债权、股权或其他安排)、付款安排、协议签订时间、生效时间及条件、特别条款等;

(二)本次拟转让的股份是否存在被限制转让的情况、本次股份转让是否附加特殊条件、是否存在补充协议、协议双方是否就股份表决权的行使存在其他安排、是否就出让人在该上市公司中拥有权益的其余股份存在其他安排;

(三)如本次股份转让须经有关部门批准,应当说明批准部门的名称、批准进展情况。

第二十四条　通过信托或其他资产管理方式导致信息披露义务人在上市公司中拥有权益的股份变动达到法定比例的双方当事人,应当披露信托合同或者其他资产管理安排的主要内容,包括信托或其他资产管理的具体方式、信托管理权限(包括上市公司股份表决权的行使等)、涉及的股份种类、数量及占上市公司已发行股份的比例、信托或资产管理费用、合同的期限及变更、终止的条件、信托资产处理安排、合同签订的时间及其他特别条款等。

第二十五条　虽不是上市公司股东,但通过股权控制关系、协议或其他安排在上市公司中拥有权益的股份变动达到法定比例的,信息披露义务人应当披露其形成股权控制关系或者达成协议或其他安排的时间、与控制关系相关的协议(如取得对上市公司股东的控制权所达成的协议)的主要内容及其生效和终止条件、控制方式(包括相关股份表决权的行使权限)、控制关系结构图及各层控制关系下的各主体及其持股比例、以及是否存在其他共同控制人及其身份介绍等。

第二十六条　出让人为上市公司股东的股东，通过证券交易所以外的市场采用公开征集受让人方式出让其所持有的上市公司股东的股份的，应当在该市场挂牌出让之日起3日内通知上市公司进行提示性公告，并予以披露。与受让人签署协议后，出让人应当按照本准则第二十三条的规定披露相关信息。

第二十七条　因国有股份行政划转、变更、国有单位合并等导致信息披露义务人拥有权益的股份变动达到法定比例的，信息披露义务人（国有单位包括划出方和划入方、合并双方）应当在上市公司所在地国资部门批准之日起3日内披露股权划出方及划入方（变更方、合并双方）的名称、划转（变更、合并）股份的种类、数量、比例及性质、批准划转（变更、合并）的时间及机构，如需进一步取得有关部门批准的，说明其批准情况。

第二十八条　信息披露义务人拟取得上市公司向其发行的新股而导致其在上市公司中拥有权益的股份变动达到法定比例的，应当在上市公司董事会作出向信息披露义务人发行新股决议之日起3日内，按照本准则的规定编制简式或详式权益变动报告书，说明取得本次发行新股的种类、数量和比例、发行价格和定价依据、支付条件和支付方式、已履行及尚未履行的批准程序、转让限制或承诺、最近一年及一期内与上市公司之间的重大交易情况及未来与上市公司之间的其他安排，并予以公告，在权益变动报告书的扉页应当声明“本次取得上市公司发行的新股尚须经股东大会批准及中国证监会核准”。

信息披露义务人以其非现金资产认购上市公司发行的新股的，还应当披露非现金资产最近两年经具有证券、期货从业资格的会计师事务所审计的财务会计报告，或经具有证券、期货从业资格的评估机构出具的有效期内的资产评估报告。

经中国证监会核准后，上市公司负责办理股份过户手续，公告发行结果。

上市公司董事会作出发行新股决议时未确定发行对象，信息披露义务人因取得上市公司发行新股导致其在公司拥有权益的股份变动达到法定比例的，应当在上市公司公告发行结果之日起3日内，按照本条第一款的要求予以公告。

第二十九条　因执行法院裁定对上市公司股份采取公开拍卖措施，导致申请执行人在上市公司中拥有权益的股份变动达到法定比例的，申请执行人应当在收到裁定之日起3日内披露作出裁定决定的法院名称、裁定的日期、案由、申请执行人收到裁定的时间、裁定书的主要内容、拍卖机构名称、拍卖事由、拍卖结果。

第三十条　因继承或赠与导致信息披露义务人在上市公司中拥有权益的股份变动达到法定比例的，信息披露义务人应当披露其与被继承人或赠与人之间的关系、继承或赠与开始的时间、是否为遗嘱继承、遗嘱执行情况的说明等。

第三十一条　信息披露义务人为上市公司董事、监事、高级管理人员及员工或者其所控制或委托的法人或者其他组织的，应当披露以下基本情况：

（一）上市公司董事、监事、高级管理人员及员工在上市公司中拥有权益的股份种类、数量、比例，以及董事、监事、高级管理人员个人持股的种类、数量、比例；

如通过上市公司董事、监事、高级管理人员及员工所控制或委托的法人或者其他组织持有上市公司股份，还应当披露该控制或委托关系、相关法人或其他组织的股本结构、内部组织架构、内部管理程序、公司章程的主要内容、所涉及的人员范围等；

（二）在上市公司中拥有权益的股份变动达到法定比例的时间、方式及定价依据；

（三）支付方式及资金来源，如资金来源于向第三方借款，应当披露借款协议的主要内容，包括借款方、借款的条件、金额、还款计划及资金来源；

（四）除上述借款协议外，如就该股份的取得、处分及表决权的行使与第三方存在特殊安排，应当披露该安排的具体内容；

（五）如该股份通过赠与方式取得，应当披露赠与的具体内容及是否附加条件；

（六）上市公司实行董事、监事、高级管理人员及员工持股的目的及后续计划，包括是否将于近期提出利润分配方案等；

（七）上市公司董事、监事、高级管理人员是否在其他公司任职、是否存在《公司法》第一百四十九条规定的情形；

（八）上市公司董事、监事、高级管理人员最近3年是否有证券市场不良诚信记录的情形；

（九）上市公司是否已履行必要的批准程序；

（十）上市公司董事会、监事会声明其已经履行诚信义务，有关本次董事、监事、高级管理人员及员工持股符合上市公司及其他股东的利益，不存在损害上市公司及其他股东权益的情形。

第三十二条　协议转让股份的出让人或国有股权行政划转的划出方为上市公司控股股东或者实际控制人的，还应当披露以下内容：

（一）本次股权转让或划转后是否失去对上市公

司的控制权;在本次转让控制权前,是否对受让人的主体资格、资信情况、受让意图等已进行合理调查和了解,说明相关调查情况;

(二)出让人或者划出方及其关联方是否存在未清偿其对上市公司的负债,未解除上市公司为其负债提供的担保,或者损害上市公司利益的其他情形;如有前述情形,应披露具体的解决方案。

第三十三条　因商业银行发行的可转换优先股转换为普通股导致信息披露义务人在上市公司中拥有权益的股份变动达到法定比例的,信息披露义务人应当披露可转换优先股的转股条件、转股价格、转股比例及占上市公司已发行股份的比例。

因优先股表决权恢复导致信息披露义务人在上市公司中拥有权益的股份变动达到法定比例的,信息披露义务人应当披露表决权恢复的条件和原因。

第三十四条　信息披露义务人应当披露其在上市公司中拥有权益的股份是否存在任何权利限制,包括但不限于股份被质押、冻结等。

第三十五条　按照《收购办法》规定仅须就拥有权益的股份变动予以公告,但无须编制权益变动报告书的,信息披露义务人应当披露以下情况:

(一)信息披露义务人的姓名或者名称;

(二)信息披露义务人在上市公司中拥有权益的股份的详细名称、股份性质、股份种类、股份数量、占上市公司已发行股份的比例;

(三)本次拥有权益的股份变动达到法定比例的日期及方式。

第三十六条　如已经编制并披露权益变动报告书,信息披露义务人除按照本节要求就股份变动情况予以披露外,还应当简要提示前次权益变动报告书披露的日期、前次持股种类和数量。

第五节　前6个月内买卖上市交易股份的情况

第三十七条　信息披露义务人自事实发生之日起前6个月内有通过证券交易所的集中交易买卖上市公司股票行为的,应当披露如下情况:

(一)每个月买卖股票的种类和数量(按买入和卖出分别统计);

(二)交易的价格区间(按买入和卖出分别统计)。

第六节　其他重大事项

第三十八条　信息披露义务人应当披露为避免对报告书内容产生误解而必须披露的其他信息,以及中国证监会或者证券交易所依法要求信息披露义务人提供的其他信息。

第三十九条　各信息披露义务人(如为法人或者其他组织)的法定代表人(或者主要负责人)或者自然人(如信息披露义务人为自然人)应当在权益变动报告书上签字、盖章、签注日期,并载明以下声明:

"本人(以及本人所代表的机构)承诺本报告不存在虚假记载、误导性陈述或重大遗漏,并对其真实性、准确性、完整性承担个别和连带的法律责任"。

第七节　备查文件

第四十条　信息披露义务人应当将备查文件的原件或有法律效力的复印件报送证券交易所及上市公司。备查文件包括:

(一)各信息披露义务人的法人营业执照;信息披露义务人为自然人的,应提供其身份证明文件;

(二)信息披露义务人董事及其主要负责人的名单及其身份证明文件;

(三)专业机构出具的专业意见(如有);

(四)本报告书所提及的有关合同、协议以及其他相关文件;

(五)中国证监会或证券交易所要求报送的其他备查文件。

第三章　详式权益变动报告书

第四十一条　根据《收购办法》规定须编制详式权益变动报告书的信息披露义务人,应当比照《公开发行证券的公司信息披露内容与格式准则第16号——上市公司收购报告书》第二章对收购人的要求编制详式权益变动报告书,同时说明信息披露义务人是否存在《收购办法》第六条规定的情形、是否能够按照《收购办法》第五十条的规定提供相关文件。

第四十二条　根据《收购办法》第十七条的规定,信息披露义务人须聘请财务顾问机构对详式权益变动报告书中所披露的内容出具核查意见的,核查意见须作为详式权益变动报告书的备查文件同时报送证券交易所及上市公司。财务顾问机构及其法定代表人或授权代表人、财务顾问主办人还应当在详式权益变动报告书上签字、盖章、签注日期,并载明以下声明:

"本人及本人所代表的机构已履行勤勉尽责义务,对信息披露义务人的权益变动报告书的内容已进行核查和验证,未发现虚假记载、误导性陈述或者重大遗漏,并对此承担相应的责任"。

第四十三条　信息披露义务人应当按照本准则附表二的要求编制详式权益变动报告书的附表。

第四章　附　　则

第四十四条　本准则所称拥有权益的股份,是指普通股(含表决权恢复的优先股),不包括表决权未恢复的优先股。

第四十五条 本准则由中国证监会负责解释。

第四十六条 本准则自公布之日起施行。《公开发行证券的公司信息披露内容与格式准则第 15 号——权益变动报告书》(证监公司字〔2006〕156 号)同时废止。

附表一

简式权益变动报告书

基本情况			
上市公司名称		上市公司所在地	
股票简称		股票代码	
信息披露义务人名称		信息披露义务人注册地	
拥有权益的股份数量变化	增加 □ 减少 □ 不变,但持股人发生变化 □	有无一致行动人	有 □ 无 □
信息披露义务人是否为上市公司第一大股东	是 □ 否 □	信息披露义务人是否为上市公司实际控制人	是 □ 否 □
权益变动方式(可多选)	通过证券交易所的集中交易 □ 协议转让 □ 国有股行政划转或变更 □ 间接方式转让 □ 取得上市公司发行的新股 □ 执行法院裁定 □ 继承 □ 赠与 □ 其他 □ (请注明)		
信息披露义务人披露前拥有权益的股份数量及占上市公司已发行股份比例	股票种类:________ 持股数量:________ 持股比例:________		
本次权益变动后,信息披露义务人拥有权益的股份数量及变动比例	股票种类:________ 变动数量:________ 变动比例:________		
信息披露义务人是否拟于未来 12 个月内继续增持	是 □ 否 □		
信息披露义务人在此前 6 个月是否在二级市场买卖该上市公司股票	是 □ 否 □		
涉及上市公司控股股东或实际控制人减持股份的,信息披露义务人还应当就以下内容予以说明:			
控股股东或实际控制人减持时是否存在侵害上市公司和股东权益的问题	是 □ 否 □		

续表

基本情况	
控股股东或实际控制人减持时是否存在未清偿其对公司的负债,未解除公司为其负债提供的担保,或者损害公司利益的其他情形	是 □ 否 □ ____________(如是,请注明具体情况)
本次权益变动是否需取得批准	是 □ 否 □
是否已得到批准	是 □ 否 □

填表说明:

1. 存在对照表所列事项的按"是或否"填写核对情况,选择"否"的,必须在栏目中加备注予以说明;
2. 不存在对照表所列事项的按"无"填写核对情况;
3. 需要加注说明的,可在栏目中注明并填写;
4. 信息披露义务人包括投资者及其一致行动人。信息披露义务人是多人的,可以推选其中一人作为指定代表以共同名义制作并报送权益变动报告书。

信息披露义务人(如为法人或其他组织)名称(签章):
法定代表人(签章)
信息披露义务人(如为自然人)姓名:
签字:
日期:

附表二

详式权益变动报告书

基本情况			
上市公司名称		上市公司所在地	
股票简称		股票代码	
信息披露义务人名称		信息披露义务人注册地	
拥有权益的股份数量变化	增加 □ 不变,但持股人发生变化 □	有无一致行动人	有 □ 无 □
信息披露义务人是否为上市公司第一大股东	是 □ 否 □	信息披露义务人是否为上市公司实际控制人	是 □ 否 □
信息披露义务人是否对境内、境外其他上市公司持股5%以上	是 □ 否 □ 回答"是",请注明公司家数	信息披露义务人是否拥有境内、外两个以上上市公司的控制权	是 □ 否 □ 回答"是",请注明公司家数

续表

基本情况	
权益变动方式(可多选)	通过证券交易所的集中交易 □ 协议转让 □ 国有股行政划转或变更 □ 间接方式转让 □ 取得上市公司发行的新股 □ 执行法院裁定 □ 继承 □ 赠与 □ 其他 □ (请注明)
信息披露义务人披露前拥有权益的股份数量及占上市公司已发行股份比例	持股种类:________ 持股数量:________ 持股比例:________
本次发生拥有权益的股份变动的数量及变动比例	变动种类:________ 变动数量:________ 变动比例:________
与上市公司之间是否存在持续关联交易	是 □ 否 □
与上市公司之间是否存在同业竞争	是 □ 否 □
信息披露义务人是否拟于未来12个月内继续增持	是 □ 否 □
信息披露义务人前6个月是否在二级市场买卖该上市公司股票	是 □ 否 □
是否存在《收购办法》第六条规定的情形	是 □ 否 □
是否已提供《收购办法》第五十条要求的文件	是 □ 否 □
是否已充分披露资金来源	是 □ 否 □
是否披露后续计划	是 □ 否 □
是否聘请财务顾问	是 □ 否 □
本次权益变动是否需取得批准及批准进展情况	是 □ 否 □

续表

基本情况	
信息披露义务人是否声明放弃行使相关股份的表决权	是□　否□

填表说明：

1. 存在对照表所列事项的按“是或否”填写核对情况，选择“否”的，必须在栏目中加备注予以说明；
2. 不存在对照表所列事项的按“无”填写核对情况；
3. 需要加注说明的，可在栏目中注明并填写；
4. 信息披露义务人包括投资者及其一致行动人。信息披露义务人是多人的，可以推选其中一人作为指定代表以共同名义制作并报送权益变动报告书。

信息披露义务人（如为法人或其他组织）名称（签章）：
法定代表人（签章）
信息披露义务人（如为自然人）姓名：
签字：
日期：

公开发行证券的公司信息披露内容与格式准则第16号——上市公司收购报告书（2014年修订）

2014年5月28日中国证券监督管理委员会公告〔2014〕25号公布施行

第一章　总　　则

第一条　为了规范上市公司收购活动中的信息披露行为，保护投资者的合法权益，维护证券市场秩序，根据《证券法》、《上市公司收购管理办法》（以下简称《收购办法》）及其他相关法律、行政法规及部门规章的有关规定，制订本准则。

第二条　通过协议收购、间接收购和其他合法方式，在上市公司中拥有权益的股份超过该上市公司已发行股份的30%的投资者及其一致行动人（以下简称收购人），应当按照本准则的要求编制和披露上市公司收购报告书（以下简称收购报告书）。

第三条　收购人是多人的，可以书面形式约定由其中一人作为指定代表以共同名义负责统一编制和报送收购报告书，依照《收购办法》及本准则的规定披露相关信息，并同意授权指定代表在信息披露文件上签字盖章。

第四条　本准则的规定是对上市公司收购信息披露的最低要求。不论本准则中是否有明确规定，凡对上市公司投资者做出投资决策有重大影响的信息，收购人均应当予以披露。

第五条　本准则某些具体要求对收购人确实不适用的，收购人可以针对实际情况，在不影响披露内容完整性的前提下做适当修改，但应在报送时作书面说明。

第六条　由于商业秘密（如核心技术的保密资料、商业合同的具体内容等）等特殊原因，本准则规定的某些信息确实不便披露的，收购人可以向中国证监会申请免予披露，经中国证监会同意后，可以不予披露。

第七条　在不影响信息披露的完整性和不致引起阅读不便的前提下，收购人可以采用相互引证的方法，对各相关部分的内容进行适当的技术处理，以避免重复和保持文字简洁。

第八条　收购人在编制收购报告书时，应当遵循以下一般要求：

（一）文字应当简洁、通俗、平实和明确，引用的数据应当提供资料来源，事实应有充分、客观、公正的依据；

（二）引用的数字应当采用阿拉伯数字，货币金额除特别说明外，应指人民币金额，并以元、千元或百万元为单位；

（三）收购人可以根据有关规定或其他需求，编制收购报告书外文译本，但应当保证中、外文本的一致性，并在外文文本上注明：“本收购报告书分别以中、英（或日、法等）文编制，在对中外文本的理解上发生歧义时，以中文文本为准”；

（四）收购报告书全文文本应当采用质地良好的纸张印刷，幅面为209毫米×295毫米（相当于标准的A4纸规格）；

（五）在报刊刊登的收购报告书最小字号为标准6号字，最小行距为0.02；

（六）不得刊载任何有祝贺性、广告性和恭维性的词句。

第九条 收购人在收购报告书中援引律师、注册会计师、财务顾问及其他相关专业机构出具的专业报告或意见的内容，应当说明相关专业机构已书面同意上述援引。

第十条 收购人在报送收购报告书的同时，应当提交按照本准则附表的要求所编制的收购报告书附表及有关备查文件。有关备查文件应当为原件或有法律效力的复印件。

第十一条 收购人应当按照《收购办法》的规定将收购报告书摘要、收购报告书及附表刊登于至少一种中国证监会指定的报刊，并根据证券交易所的要求刊登于指定网站，或者提示刊登该报告的收购人或上市公司的网址。

收购人应当将收购报告书、附表和备查文件备置于上市公司住所和证券交易所，以备查阅。

第十二条 收购人董事会及其董事或者主要负责人，应当保证收购报告书及相关申报文件内容的真实性、准确性、完整性，承诺其中不存在虚假记载、误导性陈述或重大遗漏，并就其保证承担个别和连带的法律责任。

如个别董事或主要负责人对报告内容的真实性、准确性、完整性无法做出保证或者存在异议的，应当单独陈述理由和发表意见。

第二章 上市公司收购报告书

第一节 封面、书脊、扉页、目录、释义

第十三条 收购报告书全文文本封面应标有"××公司（上市公司名称）收购报告书"字样，并应载明以下内容：

（一）上市公司的名称、股票上市地点、股票简称、股票代码；

（二）收购人的名称或姓名、住所、通讯地址；

（三）收购报告书签署日期。

第十四条 收购报告书全文文本书脊应标明"××公司收购报告书"字样。

第十五条 收购报告书扉页应当刊登收购人如下声明：

（一）编写本报告书的法律依据；

（二）依据《证券法》、《收购办法》的规定，本报告书已全面披露收购人（包括投资者及与其一致行动的他人）在××公司拥有权益的股份；

截至本报告书签署之日，除本报告书披露的持股信息外，上述收购人没有通过任何其他方式在××公司拥有权益；

（三）收购人签署本报告已获得必要的授权和批准，其履行亦不违反收购人章程或内部规则中的任何条款，或与之相冲突；

（四）涉及须经批准方可进行的收购行为，收购人应当声明本次收购在获得有关主管部门批准后方可进行、有关批准的进展情况；是否已经向中国证监会申请豁免其要约收购义务；涉及其他法律义务的，应当声明本次收购生效的条件；

（五）本次收购是根据本报告所载明的资料进行的。除本收购人和所聘请的专业机构外，没有委托或者授权任何其他人提供未在本报告书中列载的信息和对本报告书做出任何解释或者说明。

第十六条 收购报告书目录应当标明各章、节的标题及相应的页码，内容编排也应符合通行的中文惯例。

第十七条 收购人应就投资者理解可能有障碍及有特定含义的术语作出释义。收购报告书的释义应在目录次页排印。

第二节 收购人介绍

第十八条 收购人为法人或者其他组织的，应当披露如下基本情况：

（一）收购人的名称、注册地、法定代表人、注册资本、工商行政管理部门或者其他机构核发的注册号码及代码、企业类型及经济性质、经营范围、经营期限、税务登记证号码、股东或者发起人的姓名或者名称（如为有限责任公司或者股份有限公司）、通讯地址、通讯方式（包括联系电话）；

（二）收购人应当披露其控股股东、实际控制人的有关情况，并以方框图或者其他有效形式，全面披露与其控股股东、实际控制人之间的股权控制关系，实际控制人原则上应披露到自然人、国有资产管理部门或者股东之间达成某种协议或安排的其他机构；

收购人应当说明其控股股东、实际控制人所控制的核心企业和核心业务、关联企业及主营业务的情况；

（三）收购人从事的主要业务及最近3年财务状况的简要说明，包括总资产、净资产、收入及主营业务收入、净利润、净资产收益率、资产负债率等；如收购人设立不满3年或专为本次收购而设立的公司，应当介绍其控股股东或实际控制人所从事的业务及最近3年的财务状况；

（四）收购人最近5年受过行政处罚（与证券市场明显无关的除外）、刑事处罚或者涉及与经济纠纷有

关的重大民事诉讼或者仲裁的，应当披露处罚机关或者受理机构的名称，处罚种类，诉讼或者仲裁结果，以及日期、原因和执行情况；

（五）收购人董事、监事、高级管理人员（或者主要负责人）的姓名（包括曾用名）、身份证号码（可以不在媒体公告）、国籍，长期居住地，是否取得其他国家或者地区的居留权；

前述人员最近5年受过行政处罚（与证券市场明显无关的除外）、刑事处罚或者涉及与经济纠纷有关的重大民事诉讼或者仲裁的，应当按照本款第（四）项的要求披露处罚的具体情况；

（六）收购人及其控股股东、实际控制人在境内、境外其他上市公司拥有权益的股份达到或超过该公司已发行股份5%的简要情况；收购人或其实际控制人为两个或两个以上上市公司的控股股东或实际控制人的，还应当披露持股5%以上的银行、信托公司、证券公司、保险公司等其他金融机构的简要情况。

第十九条　收购人是自然人的，应当披露如下基本情况：

（一）姓名（包括曾用名）、性别、国籍、身份证号码、住所、通讯地址、通讯方式以及是否取得其他国家或者地区的居留权等，其中，身份证号码、住所、通讯方式可以不在媒体公告；

（二）最近5年内的职业、职务，应注明每份职业的起止日期以及所任职单位的名称、主营业务及注册地以及是否与所任职单位存在产权关系；

（三）最近5年受过行政处罚（与证券市场明显无关的除外）、刑事处罚或者涉及与经济纠纷有关的重大民事诉讼或仲裁的，应披露处罚机关或者受理机构的名称，所受处罚的种类，诉讼或者仲裁的结果，以及日期、原因和执行情况；

（四）收购人所控制的核心企业和核心业务、关联企业及主营业务的情况说明；

（五）收购人在境内、境外其他上市公司拥有权益的股份达到或超过该公司已发行股份5%的简要情况；收购人为两个或两个以上上市公司控股股东或实际控制人的，还应当披露持股5%以上的银行、信托公司、证券公司、保险公司等其他金融机构的简要情况。

第二十条　收购人为多人的，除应当分别按照本准则第十八条和第十九条的规定披露各收购人的情况外，还应当披露：

（一）各收购人之间在股权、资产、业务、人员等方面的关系，并以方框图的形式加以说明；

（二）收购人应当说明采取一致行动的目的、达成一致行动协议或者意向的时间、一致行动协议或者意向的内容（特别是一致行动人行使股份表决权的程序和方式）、是否已向证券登记结算机构申请临时保管各自持有的该上市公司的全部股票以及保管期限。

第三节　收购决定及收购目的

第二十一条　收购人应当披露其关于本次收购的目的、是否拟在未来12个月内继续增持上市公司股份或者处置其已拥有权益的股份。

第二十二条　收购人为法人或者其他组织的，还应当披露其做出本次收购决定所履行的相关程序及具体时间。

第四节　收购方式

第二十三条　收购人应当按照《收购办法》及本准则的规定计算其在上市公司中拥有权益的股份种类、数量和比例。

收购人为多人的，还应当分别披露其一致行动人在上市公司中拥有权益的股份种类、数量、占上市公司已发行股份的比例。

收购人持有表决权未恢复的优先股的，还应当披露持有数量和比例。

第二十四条　通过协议收购方式进行上市公司收购的，收购人应当披露以下基本情况：

（一）转让协议的主要内容，包括协议转让的当事人、转让股份的种类、数量、比例、股份性质及性质变动情况、转让价款、股份转让的支付对价（如现金、资产、债权、股权或其他安排）、付款安排、协议签订时间、生效时间及条件、特别条款等；

（二）本次拟转让的股份是否存在被限制转让的情况、本次股份转让是否附加特殊条件、是否存在补充协议、协议双方是否就股份表决权的行使存在其他安排、是否就出让人在该上市公司中拥有权益的其余股份存在其他安排；

（三）如本次股份转让需要有关部门批准的，应当说明批准部门的名称、批准进展情况。

第二十五条　通过信托或其他资产管理方式进行上市公司收购的双方当事人，应当披露信托合同或者其他资产管理安排的主要内容，包括信托或其他资产管理的具体方式、信托管理权限（包括上市公司股份表决权的行使等）、涉及的股份的种类、数量及占上市公司已发行股份的比例、信托或资产管理费用、合同的期限及变更、终止的条件、信托资产处理安排、合同签订的时间及其他特别条款等。

第二十六条　虽不是上市公司股东，但通过股权控制关系、协议或其他安排进行上市公司收购的，收购人应当披露形成股权控制关系或者达成协议或其他安排的时间、与控制关系相关的协议（如取得对上市公司股东的控制权所达成的协议)的主要内容及其生效和终止条件、控制方式(包括相关股份表决权的行使权限)、控制关系结构图及各层控制关系下的各主体及其持股比例以及是否存在其他共同控制人及其身份介绍等。

第二十七条 通过国有股份行政划转、变更、国有单位合并等进行上市公司收购的,收购人应当在上市公司所在地国资部门批准之日起3日内披露股权划出方及划入方(变更方、合并双方)的名称、划转(变更、合并)股份的种类、数量、比例及性质、批准划转(变更、合并)的时间及机构,如需进一步取得有关部门批准的,说明其批准情况。

第二十八条 收购人拟取得上市公司向其发行的新股而导致其拥有权益的股份超过上市公司股本总额30%,且公司控制权发生改变的,应当在上市公司董事会作出向收购人发行新股决议之日起3日内,按照本准则的规定编制收购报告书,说明取得本次发行新股的种类、数量和比例、发行价格及定价依据、支付条件和支付方式、已履行及尚未履行的批准程序、转让限制或承诺、与上市公司之间的其他安排等,并予以公告,在收购报告书的扉页应当声明"本次取得上市公司发行的新股尚须经股东大会批准及中国证监会核准"。

收购人以其非现金资产认购上市公司发行的新股的,还应当披露非现金资产最近两年经具有证券、期货从业资格的会计师事务所审计的财务会计报告,或经具有证券、期货从业资格的评估机构出具的有效期内的资产评估报告。

经中国证监会核准后,上市公司负责办理股份过户手续,公告发行结果。

第二十九条 因执行法院裁定对上市公司股份采取公开拍卖措施,导致申请执行人在上市公司中拥有权益的股份超过上市公司股本总额30%,且公司控制权发生改变的,申请执行人应当在收到裁定之日起3日内披露作出裁定决定的法院名称、裁定的日期、案由、申请执行人收到裁定的时间、裁定书的主要内容、拍卖机构名称、拍卖事由、拍卖结果。

第三十条 因继承或赠与取得上市公司股份而进行上市公司收购的,收购人应当披露其与被继承人或赠与人之间的关系、继承或赠与开始的时间、是否为遗嘱继承、遗嘱执行情况的说明等。

第三十一条 上市公司董事、监事、高级管理人员及员工或者其所控制或委托的法人或其他组织收购本公司股份并取得控制权,或者通过投资关系、协议或其他安排导致其拥有权益的股份超过本公司已发行股份30%的,应当披露以下基本情况:

(一)上市公司是否具备健全且运行良好的组织机构以及有效的内部控制制度、公司董事会成员中独立董事的比例是否达到或者超过一半;

(二)上市公司董事、监事、高级管理人员及员工在上市公司中拥有权益的股份种类、数量、比例,以及董事、监事、高级管理人员个人持股的种类、数量、比例;

如通过上市公司董事、监事、高级管理人员及员工所控制或委托的法人或其他组织持有上市公司股份,还应当披露该控制关系或委托、相关法人或其他组织的股本结构、内部组织架构、内部管理程序、公司章程的主要内容、所涉及的人员范围、数量、比例等;

(三)收购的定价依据、资产评估方法和评估结果;

(四)支付方式及资金来源,如资金来源于向第三方借款,应当披露借款协议的主要内容,包括借款方、借款的条件、金额、还款计划及资金来源;

(五)除上述借款协议外,如果就该股份的取得、处分及表决权的行使与第三方存在特殊安排的,应当披露该安排的具体内容;

(六)如该股份通过赠与方式取得,应当披露赠与的具体内容及是否附加条件;

(七)上市公司实行董事、监事、高级管理人员及员工收购的后续计划,包括是否将于近期提出利润分配方案等;

(八)上市公司董事、监事、高级管理人员是否在其他公司任职、是否存在《公司法》第一百四十九条规定的情形;

(九)上市公司董事、监事、高级管理人员最近3年是否有证券市场不良诚信记录情形;

(十)上市公司是否已履行必要的批准程序;

(十一)上市公司董事会、监事会声明其已经履行诚信义务,有关本次管理层收购符合上市公司及其他股东的利益,不存在损害上市公司及其他股东权益的情形。

第三十二条 因可转换优先股转换为普通股导致收购人取得商业银行控制权,或者导致其拥有权益的股份超过商业银行已发行股份30%的,收购人应当披露可转换优先股的转股条件、转股价格、转股比例及占商业银行已发行股份的比例。

因优先股表决权恢复导致收购人取得上市公司控制权,或者导致其拥有权益的股份超过上市公司已发行股份30%的,收购人应当披露表决权恢复的条件和原因。

第三十三条 收购人应当披露其拥有权益的上市公司股

份是否存在任何权利限制,包括但不限于股份被质押、冻结。

第五节　资金来源

第三十四条　收购人应当披露本次为取得在上市公司中拥有权益的股份所支付的资金总额、资金来源及支付方式,并就下列事项做出说明:

(一)如果其资金或者其他对价直接或者间接来源于借贷,应简要说明借贷协议的主要内容,包括借贷方、借贷数额、利息、借贷期限、担保及其他重要条款;

(二)收购人应当声明其收购资金是否直接或者间接来源于上市公司及其关联方,如通过与上市公司进行资产置换或者其他交易取得资金;如收购资金直接或者间接来源于上市公司及其关联方,应当披露相关的安排;

(三)上述资金或者对价的支付或者交付方式(一次或分次支付的安排或者其他条件)。

第六节　后续计划

第三十五条　收购人应当披露其收购上市公司的后续计划,包括:

(一)是否拟在未来12个月内改变上市公司主营业务或者对上市公司主营业务作出重大调整;

(二)未来12个月内是否拟对上市公司或其子公司的资产和业务进行出售、合并、与他人合资或合作的计划,或上市公司拟购买或置换资产的重组计划;

(三)是否拟改变上市公司现任董事会或高级管理人员的组成,包括更改董事会中董事的人数和任期、改选董事的计划或建议、更换上市公司高级管理人员的计划或建议;如果拟更换董事或者高级管理人员的,应当披露拟推荐的董事或者高级管理人员的简况;说明收购人与其他股东之间是否就董事、高级管理人员的任免存在任何合同或者默契;

(四)是否拟对可能阻碍收购上市公司控制权的公司章程条款进行修改及修改的草案;

(五)是否拟对被收购公司现有员工聘用计划作重大变动及其具体内容;

(六)上市公司分红政策的重大变化;

(七)其他对上市公司业务和组织结构有重大影响的计划。

第七节　对上市公司的影响分析

第三十六条　收购人应当就本次收购完成后,对上市公司的影响及风险予以充分披露,包括:

(一)本次收购完成后,收购人与上市公司之间是否人员独立、资产完整、财务独立;

上市公司是否具有独立经营能力,在采购、生产、销售、知识产权等方面是否保持独立;

(二)收购人及其关联方所从事的业务与上市公司的业务之间是否存在同业竞争或潜在的同业竞争,是否存在关联交易;如存在,收购人已做出的确保收购人及其关联方与上市公司之间避免同业竞争以及保持上市公司独立性的相应安排。

第八节　与上市公司之间的重大交易

第三十七条　收购人应当披露各成员以及各自的董事、监事、高级管理人员(或者主要负责人)在报告日前24个月内,与下列当事人发生的以下重大交易:

(一)与上市公司及其子公司进行资产交易的合计金额高于3000万元或者高于被收购公司最近经审计的合并财务报表净资产5%以上的交易的具体情况(前述交易按累计金额计算);

(二)与上市公司的董事、监事、高级管理人员进行的合计金额超过人民币5万元以上的交易;

(三)是否存在对拟更换的上市公司董事、监事、高级管理人员进行补偿或者存在其他任何类似安排;

(四)对上市公司有重大影响的其他正在签署或者谈判的合同、默契或者安排。

第九节　前6个月内买卖上市交易股份的情况

第三十八条　收购人在事实发生之日前6个月内有通过证券交易所的证券交易买卖被收购公司股票的,应当披露如下情况:

(一)每个月买卖股票的种类和数量(按买入和卖出分别统计);

(二)交易的价格区间(按买入和卖出分别统计)。

第三十九条　收购人及各自的董事、监事、高级管理人员(或者主要负责人),以及上述人员的直系亲属在事实发生之日起前6个月内有通过证券交易所的证券交易买卖被收购公司股票行为的,应当按照第三十七条的规定披露其具体的交易情况。

前款所述收购人的关联方未参与收购决定、且未知悉有关收购信息的,收购人及关联方可以向中国证监会提出免于披露相关交易情况的申请。

第十节　收购人的财务资料

第四十条　收购人为法人或者其他组织的,收购人应当披露最近3年财务会计报表,并提供最近一个会计年度经具有证券、期货从业资格的会计师事务所审计的财务会计报告,注明审计意见的主要内容及采用的会计制度及主要会计政策、主要科目的注释等。会计师应当说明公司前两年所采用的会计制度及主要会计政策与最近一年是否一致，如不一致，应做出相应的调整。

如截至收购报告书摘要公告之日，收购人的财务状况较最近一个会计年度的财务会计报告有重大变动的，收购人应提供最近一期财务会计报告并予以说明。

如果该法人或其他组织成立不足一年或者是专为本次收购而设立的，则应当比照前款披露其实际控制人或者控股公司的财务资料。

收购人为境内上市公司的，可以免予披露最近3年财务会计报表，但应当说明刊登其年报的报刊名称及时间。

收购人为境外投资者的，应当提供依据中国会计准则或国际会计准则编制的财务会计报告。

收购人因业务规模巨大、下属子公司繁多等原因，难以按照前述要求提供相关财务资料的，须请财务顾问就其具体情况进行核查，在所出具的核查意见中说明收购人无法按规定提供财务资料的原因、收购人具备收购上市公司的实力、且没有规避信息披露义务的意图。

第十一节　其他重大事项

第四十一条　收购人应当披露为避免对报告书内容产生误解而必须披露的其他信息，以及中国证监会或者证券交易所依法要求收购人披露的其他信息。

第四十二条　各收购人的法定代表人（或者主要负责人）或者其指定代表应当在收购报告书上签字、盖章、签注日期，并载明以下声明：

"本人（以及本人所代表的机构）承诺本报告及其摘要不存在虚假记载、误导性陈述或重大遗漏，并对其真实性、准确性、完整性承担个别和连带的法律责任"。

第四十三条　财务顾问及其法定代表人或授权代表人、财务顾问主办人应当在上市公司收购报告书上签字、盖章、签注日期，并载明以下声明：

"本人及本人所代表的机构已履行勤勉尽责义务，对收购报告书的内容进行了核查和验证，未发现虚假记载、误导性陈述或者重大遗漏，并对此承担相应的责任"。

第四十四条　收购人聘请的律师及其所就职的律师事务所应当在上市公司收购报告书上签字、盖章、签注日期，并载明以下声明：

"本人及本人所代表的机构已按照执业规则规定的工作程序履行勤勉尽责义务，对收购报告书的内容进行核查和验证，未发现虚假记载、误导性陈述或者重大遗漏，并对此承担相应的责任"。

第十二节　备查文件

第四十五条　收购人应当将备查文件的原件或有法律效力的复印件报送证券交易所及上市公司。备查文件包括：

（一）收购人为自然人的，提供其身份证明文件；收购人为法人或其他组织的，在中国境内登记注册的法人或者其他组织的工商营业执照和税务登记证，或在中国境外登记注册的文件；

（二）收购人的董事、监事、高级管理人员（或者主要负责人）的名单及其身份证明；

（三）收购人关于收购上市公司的相关决定；通过协议方式进行上市公司收购的，有关当事人就本次股份转让事宜开始接触的时间、进入实质性洽谈阶段的具体情况说明；

（四）与本次收购有关的法律文件，包括股份转让协议、行政划转（变更、合并）的决定、法院裁决的有关判决或裁决书、公开拍卖、遗产继承、赠与等有关法律文件，以及做出其他安排的书面文件，如质押、股份表决权行使的委托或其他安排等；

（五）涉及收购资金来源的协议，包括借贷协议、资产置换及其他协议；

（六）收购人与上市公司、上市公司的关联方之间在报告日前24个月内发生的相关交易的协议、合同；

收购人与上市公司、上市公司的关联方之间已签署但尚未履行的协议、合同，或者正在谈判的其他合作意向；

（七）收购人为法人或其他组织的，其控股股东、实际控制人最近两年未发生变化的证明；

（八）在事实发生之日起前6个月内，收购人及各自的董事、监事、高级管理人员（或者主要负责人）以及上述人员的直系亲属的名单及其持有或买卖该上市公司股份的说明；

（九）收购人所聘请的专业机构及相关人员在事实发生之日起前6个月内持有或买卖被收购公司、收购人（如收购人为上市公司）股票的情况；

（十）收购人就本次股份转让协议收购应履行的义务所做出的承诺（如有）；

（十一）收购人不存在《收购办法》第六条规定情形及符合《收购办法》第五十条规定的说明；

（十二）按照本准则第三十九条要求提供的收购人的财务资料，包括但不限于收购人最近3年财务会计报告及最近一个会计年度经审计的财务会计报告；最近一年经审计的财务会计报告应包括审计意见、财务报表和附注；

（十三）财务顾问意见；

(十四)法律意见书;

(十五)中国证监会及证券交易所要求的其他材料。

第四十六条　收购人应列示上述备查文件目录,并告知投资者备置地点。备查文件上网的,应披露网址。

第三章　上市公司收购报告书摘要

第四十七条　收购人应当在收购报告书摘要的显著位置,按照本准则第十三条的规定披露有关本次收购的重要事项。

第四十八条　收购人应当按照本准则第十五条规定在收购报告书摘要中披露有关声明。

第四十九条　收购报告书摘要应当至少包括本准则第二章第二节、第三节及第四节的内容。

第四章　附　　则

第五十条　本准则所称拥有权益的股份,是指普通股(含表决权恢复的优先股),不包括表决权未恢复的优先股。

第五十一条　本准则由中国证监会负责解释。

第五十二条　本准则自公布之日起施行。《公开发行证券的公司信息披露内容与格式准则第16号——上市公司收购报告书》(证监公司字〔2006〕156号)同时废止。

附表

收购报告书

基本情况			
上市公司名称		上市公司所在地	
股票简称		股票代码	
收购人名称		收购人注册地	
拥有权益的股份数量变化	增加 □ 不变,但持股人发生变化 □	有无一致行动人	有 □ 无 □
收购人是否为上市公司第一大股东	是 □ 否 □	收购人是否为上市公司实际控制人	是 □ 否 □
收购人是否对境内、境外其他上市公司持股5%以上	是 □ 否 □ 回答"是",请注明公司家数	收购人是否拥有境内、境外两个以上上市公司的控制权	是 □ 否 □ 回答"是",请注明公司家数
收购方式 (可多选)	通过证券交易所的集中交易 □　协议转让 □ 国有股行政划转或变更 □　间接方式转让 □ 取得上市公司发行的新股 □　执行法院裁定 □ 继承 □　赠与 □ 其他 □　(请注明)		
收购人披露前拥有权益的股份数量及占上市公司已发行股份比例	股票种类:________ 持股数量:________ 持股比例:________		
本次收购股份的数量及变动比例	股票种类:________ 变动数量:________ 变动比例:________		
与上市公司之间是否存在持续关联交易	是 □　否 □		

续表

基本情况	
与上市公司之间是否存在同业竞争或潜在同业竞争	是□ 否□
收购人是否拟于未来12个月内继续增持	是□ 否□
收购人前6个月是否在二级市场买卖该上市公司股票	是□ 否□
是否存在《收购办法》第六条规定的情形	是□ 否□
是否已提供《收购办法》第五十条要求的文件	是□ 否□
是否已充分披露资金来源;	是□ 否□
是否披露后续计划	是□ 否□
是否聘请财务顾问	是□ 否□
本次收购是否需取得批准及批准进展情况	是□ 否□
收购人是否声明放弃行使相关股份的表决权	是□ 否□

填表说明:

1. 存在对照表所列事项的按“是或否”填写核对情况,选择“否”的,必须在栏目中加备注予以说明;
2. 不存在对照表所列事项的按“无”填写核对情况;
3. 需要加注说明的,可在栏目中注明并填写;
4. 收购人是多人的,可以推选其中一人作为指定代表以共同名义制作收购报告书及其附表。

收购人(如为法人或其他组织)名称(签章):
法定代表人(签章)
收购人(如为自然人)姓名:
签字:
日期:

公开发行证券的公司信息披露内容与格式准则第17号——要约收购报告书(2014年修订)

2014年12月24日中国证券监督管理委员会公告〔2014〕52号公布施行

第一章 总 则

第一条 为了规范要约收购活动中的信息披露行为,保护投资者的合法权益,维护证券市场秩序,根据《证券法》、《上市公司收购管理办法》(以下简称《收购办法》)及其他相关法律、行政法规及部门规章的规定,制订本准则。

第二条 以要约收购方式增持被收购上市公司股份的收购人(以下简称收购人)应当按照本准则的要求编制要约收购报告书。

收购人应当自公告收购要约文件之日起30日内就本次要约收购在中国证监会指定报刊上至少做出3次提示性公告。

第三条 收购人为多人或者通过成为上市公司实际控制

人方式取得公司控制权的,各成员可以书面约定推选其中一人作为指定代表以共同名义统一编制并公告要约收购报告书,并同意授权指定代表在要约收购报告书上签字盖章。

第四条 本准则的规定是对要约收购报告书有关信息披露的最低要求。不论本准则是否有明确规定,凡对上市公司投资者做出投资决策有重大影响的信息,均应当予以披露。

第五条 本准则某些具体要求对收购人确实不适用的,收购人可以针对实际情况,在不影响披露内容完整性的前提下做适当修改,但应在公告时作出说明。收购人认为无本准则要求披露的情况,必须明确注明无此类情形的字样。

第六条 由于商业秘密(如核心技术的保密资料、商业合同的具体内容等)等特殊原因,本准则规定某些信息确实不便披露的,收购人可以免于披露,并在要约收购报告书中予以说明。

但中国证监会认为需要披露的,收购人应当披露。

第七条 在不影响信息披露的完整性和不致引起阅读不便的前提下,收购人可采用相互引证的方法,以避免重复和保持文字简洁。

第八条 收购人在编制要约收购报告书时,应当遵循以下一般要求:

(一)文字应当简洁、通俗、平实和明确,引用的数据应提供资料来源,事实应有充分、客观、公正的依据;

(二)引用的数字应采用阿拉伯数字,货币金额除特别说明外,应指人民币金额,并以元、千元或万元为单位;

(三)收购人可根据有关规定或其他需求,编制要约收购报告书外文译本,但应保证中、外文本的一致性,并在外文文本上注明:"本要约收购报告书分别以中、英(或日、法等)文编制,在对中外文本的理解上发生歧义时,以中文文本为准";

(四)不得刊载任何有祝贺性、广告性和恭维性的词句。

第九条 收购人在要约收购报告书中援引律师、注册会计师、财务顾问及其他相关的专业机构出具的专业报告或意见的内容,应当说明相关专业机构已书面同意上述援引。

第十条 收购人应当按照《收购办法》的规定将要约收购报告书摘要、要约收购报告书及附表刊登于至少一种中国证监会指定的报刊,并根据证券交易所的要求刊登于指定网站,或者提示刊登该要约收购报告书的收购人或者上市公司的网址。

收购人应当将要约收购报告书、附表和备查文件备置于上市公司住所和证券交易所,以备查阅。

第十一条 收购人在公告要约收购报告书的同时,应当准备按照本准则附表的要求所编制的要约收购报告书附表及有关备查文件。有关备查文件应当为原件或有法律效力的复印件。

第十二条 收购人聘请的律师事务所或财务顾问受收购人委托编制要约收购报告书,应对要约收购报告书及相关文件进行核查和验证,并就其负有法律责任的部分承担相应的责任。

第十三条 收购人董事会及全体董事(或者主要负责人)应保证要约收购报告书及相关公告文件内容的真实性、准确性、完整性,并承诺其中不存在虚假记载、误导性陈述或重大遗漏,并就其保证承担个别和连带的法律责任。

如个别董事或主要负责人对报告内容的真实性、准确性、完整性无法做出保证或者存在异议的,应当单独陈述理由和发表意见。

第二章 要约收购报告书

第一节 封面、书脊、扉页、目录、释义

第十四条 要约收购报告书全文文本封面至少应标有"××公司(上市公司名称)要约收购报告书"字样,并应载明收购人的名称和住所及签署要约收购报告书的日期。

第十五条 要约收购报告书全文文本书脊应标明"××公司要约收购报告书"字样。

第十六条 要约收购报告书全文文本扉页应当刊登如下内容:

(一)被收购公司的名称、股票上市地点、股票简称、股票代码、股本结构;

(二)收购人的姓名或者名称、住所、通讯地址;

(三)收购人关于要约收购的决定;

(四)要约收购的目的;

(五)是否拟在未来12个月内继续增持上市公司股份;

(六)要约收购的股份的种类、要约价格、要约收购数量、占被收购公司已发行股份的比例;

(七)要约收购所需资金总额,以及保证其具备履约能力的安排,包括以下至少一项:1.存放履约保证金的银行、委托保管收购所需证券的机构名称及证券数量;2.出具保函的银行及保函金额;3.出具承担连带保证责任书面承诺的财务顾问。

(八)要约收购的有效期限;

(九)收购人聘请的财务顾问及律师事务所的名称、通讯方式;

(十)要约收购报告书签署日期。

第十七条　要约收购报告书扉页应当刊登收购人如下声明：

（一）编写本报告书的法律依据；

（二）依据《证券法》、《收购办法》的规定，本报告书已全面披露收购人在××公司拥有权益的股份的情况；截止本报告书签署之日，除本报告书披露的持股信息外，上市收购人没有通过任何其他方式在××公司拥有权益；

（三）收购人签署本报告已获得必要的授权和批准，其履行亦不违反收购人章程或者内部规则中的任何条款，或与之相冲突；

（四）本次针对不同种类股份的要约收购条件；收购人履行要约收购义务的，须特别提示可能导致被收购公司终止上市的风险；以终止被收购公司上市地位为目的的，还应当说明终止上市后收购行为完成的合理时间、仍持有上市公司股份的剩余股东出售其股份的其他后续安排；

（五）本次要约收购是根据本报告所载明的资料进行的。除收购人和所聘请的财务顾问外，没有委托或者授权任何其他人提供未在本报告中列载的信息和对本报告做出任何解释或者说明。

第十八条　收购报告书目录应当标明各章、节的标题及相应的页码，内容编排也应符合通行的中文惯例。

第十九条　收购人应对可能对投资者理解有障碍及有特定含义的术语做出释义。要约收购报告书的释义应在目录次页排印。

第二节　收购人的基本情况

第二十条　收购人为法人或者其他组织的，应当披露如下基本情况：

（一）收购人名称、注册地、法定代表人、主要办公地点、注册资本、工商行政管理部门或者其他机构核发的注册号码及代码、企业类型及经济性质、经营范围、经营期限、税务登记证号码、股东或者发起人的姓名或者名称（如为有限责任公司或者股份有限公司）、通讯方式；

（二）收购人应当披露其控股股东、实际控制人的有关情况，并以方框图或者其他有效形式，全面披露其与其控股股东、实际控制人之间的股权及控制关系，包括自然人、国有资产管理部门或者股东之间达成某种协议或安排的其他机构；

收购人应当说明其控股股东、实际控制人所控制的核心企业和核心业务、关联企业及主营业务的情况；

（三）收购人已经持有上市公司股份的种类、数量、比例，包括但不限于表决权未恢复的优先股的数量、比例和表决权恢复的条件，以及已经持有的商业银行发行的可转换优先股的数量、比例、转股比例及转股条件；

（四）收购人从事的主要业务及最近3年财务状况的简要说明，包括总资产、净资产、收入及主营业务收入、净利润、净资产收益率、资产负债率等；如收购人设立不满3年或专为本次收购而设立的公司，应当介绍其控股股东或实际控制人所从事的业务及最近3年的财务状况；

（五）收购人最近5年内受过行政处罚（与证券市场明显无关的除外）、刑事处罚或者涉及与经济纠纷有关的重大民事诉讼或者仲裁的，应当披露处罚机关或者受理机构的名称，所受处罚的种类，诉讼或者仲裁的结果，以及日期、原因和执行情况；

（六）收购人董事、监事、高级管理人员（或者主要负责人）的姓名（包括曾用名）、身份证件号码（可以不在媒体公告）、国籍，长期居住地，是否取得其他国家或者地区的居留权；

前述人员在最近5年之内受过行政处罚（与证券市场明显无关的除外）、刑事处罚或者涉及与经济纠纷有关的重大民事诉讼或者仲裁的，应当按照本条第（五）项的要求披露处罚的具体情况；

（七）收购人及其控股股东、实际控制人在境内、境外其他上市公司拥有权益的股份达到或超过该公司已发行股份5%的简要情况；收购人或其实际控制人为两个或两个以上上市公司的控股股东或实际控制人的，还应当披露持股5%以上的银行、信托公司、证券公司、保险公司等其他金融机构的简要情况。

第二十一条　收购人是自然人的，应当披露如下基本情况：

（一）姓名（包括曾用名）、国籍、身份证件号码、住所、通讯地址、通讯方式、是否取得其他国家或者地区的居留权，其中，身份证件号码、住所、通讯方式可以不在媒体上公告；

（二）收购人已经持有的上市公司股份的种类、数量、比例，包括但不限于表决权未恢复的优先股的数量、比例和表决权恢复的条件，以及已经持有的商业银行发行的可转换优先股的数量、比例、转股比例及转股条件；

（三）最近5年内的职业、职务，应当注明每份职业的起止日期以及所任职的单位名称、主营业务及注册地以及是否与所任职单位存在产权关系；

（四）最近5年内受过行政处罚（与证券市场明显无关的除外）、刑事处罚或者涉及与经济纠纷有关的重大民事诉讼或者仲裁的，应当披露处罚机关或者受理机构的名称，所受处罚的种类，诉讼或者仲裁的结果，以及日期、原因和执行情况；

（五）收购人所控制的核心企业和核心业务、关联

企业及主营业务的情况说明;

(六)收购人在境内、境外其他上市公司拥有权益的股份达到或超过该公司已发行股份5%的简要情况;收购人为两个或两个以上上市公司控股股东或实际控制人的,还应当披露持股5%以上的银行、信托公司、证券公司、保险公司等其他金融机构的简要情况。

第二十二条　收购人为多人的,除应当分别按照本准则第二十条和第二十一条披露各收购人的情况外,还应当披露:

(一)各收购人之间在股权、资产、业务、人员等方面的关系,并以方框图形式列示并做出说明;

(二)收购人为一致行动人的,应当说明采取一致行动的目的、达成一致行动协议或者意向的时间、一致行动协议或者意向的内容(特别是一致行动人行使股份表决权的程序和方式)、是否已向证券登记结算机构申请临时保管各自持有的该上市公司的全部股票及保管期限。

第三节　要约收购目的

第二十三条　收购人要约收购上市公司的目的,包括是否为了取得上市公司控制权、是否为履行法定要约收购义务、是否为终止上市公司的上市地位,是否拟在未来12个月内继续增持上市公司股份或者处置其已拥有权益的股份。

第二十四条　收购人为法人或者其他组织的,应当披露其做出本次收购决定所履行的相关程序及具体时间。

第四节　要约收购方案

第二十五条　收购人应当详细披露要约收购的方案,包括:

(一)被收购公司名称、收购股份的种类、预定收购的股份数量及其占被收购公司已发行股份的比例;涉及多人收购的,还应当注明每个成员预定收购股份的种类、数量及其占被收购公司已发行股份的比例;

(二)要约价格及其计算基础:在要约收购报告书摘要提示性公告日前6个月内,收购人买入该种股票所支付的最高价格;

在提示性公告日前30个交易日内,该种股票的每日加权平均价格的算术平均值;

(三)收购资金总额、资金来源及资金保证、其他支付安排及支付方式;

(四)要约收购期限;

(五)要约收购的约定条件;

(六)受要约人预受要约的方式和程序;

(七)受要约人撤回预受要约的方式和程序;

(八)受要约人委托办理要约收购中相关股份预受、撤回、结算、过户登记等事宜的证券公司名称及其通讯方式;

(九)本次要约收购以终止被收购公司的上市地位为目的的,说明终止上市后收购行为完成的合理时间及仍持有上市公司股份的剩余股东出售其股票的其他后续安排。

第五节　收购资金来源

第二十六条　收购人应当披露要约收购的资金来源,并就下列事项做出说明:

(一)收购资金是否直接或者间接来源于被收购公司或者其关联方;

(二)如果收购资金或者其他对价直接或者间接来源于借贷,应当简要说明以下事项:借贷协议的主要内容,包括借贷方、借贷数额、利息、借贷期限、担保、其他重要条款;

(三)采用证券支付方式的,收购人应当比照《公开发行证券的公司信息披露内容与格式准则第11号——上市公司公开发行证券募集说明书》第二节至第八节的要求披露证券发行人及本次证券发行的有关信息,提供相关证券的估值分析。

(四)收购人保证其具备履约能力的安排:

1. 如采取缴纳履约保证金方式:

采用现金支付方式的,应当在要约收购报告书中做出如下声明:

“收购人已将××元(相当于收购资金总额的20%)存入××银行××账户作为定金。收购人承诺具备履约能力。要约收购期限届满,收购人将按照××证券公司根据××证券登记结算机构临时保管的预受要约的股份数量确认收购结果,并按照要约条件履行收购要约”;

采用证券支付方式的,收购人应当在要约收购报告书中做出如下声明:

“收购人已将履行本次要约所需的证券(名称及数量)委托××证券登记结算机构保存。收购人承诺具备履约能力。要约收购期限届满,收购人将按照××证券公司根据××证券登记结算机构临时保管的预受要约的股份数量确认收购结果,并按照要约条件履行收购要约”。

2. 如采取银行保函方式:

收购人应当在要约收购报告书中做出如下声明:

“收购人承诺具备履约能力。要约收购期限届满,收购人将按照××证券公司根据××证券登记结算机构临时保管的预受要约的股份数量确认收购结果,并按照要约条件履行收购要约。××银行已经对本次要约收购所需××价款出具保函”。

出具保函的银行应当在要约收购报告书中做出如

下声明：

“如收购要约期限届满，收购人不按照约定支付收购价款或者购买预受股份的，本银行将在接到××证券登记结算机构书面通知后三日内，无条件在保函保证金额内代为履行付款义务”。

3. 如采取财务顾问出具承担连带保证责任的书面承诺方式的：

收购人应当在要约收购报告书中做出如下声明：

“收购人承诺具备履约能力。要约收购期限届满，收购人将按照××证券公司根据××证券登记结算机构临时保管的预受要约的股份数量确认收购结果，并按照要约条件履行收购要约。××公司（财务顾问名称）已经对本次要约收购所需××价款出具承担连带保证责任的书面承诺”。

出具承担连带保证责任书面承诺的财务顾问应当在要约收购报告书中做出如下声明：

“如收购要约期限届满，收购人不按照约定支付收购价款或者购买预受股份的，本财务顾问将在接到××证券登记结算机构书面通知后三日内，无条件代为履行付款义务”。

第六节　后续计划

第二十七条　收购人应当如实披露要约收购完成后的后续计划，包括：

（一）是否拟在未来12个月内改变上市公司主营业务或者对上市公司主营业务作出重大调整；

（二）未来12个月内是否拟对上市公司或其子公司的资产和业务进行出售、合并、与他人合资或合作的计划，或上市公司拟购买或置换资产的重组计划；

（三）是否拟改变上市公司现任董事会或高级管理人员的组成，包括更改董事会中董事的人数和任期、改选董事的计划或建议、更换上市公司高级管理人员的计划或建议；如果拟更换董事或者高级管理人员的，应当披露拟推荐的董事或者高级管理人员的简况；说明收购人与其他股东之间是否就董事、高级管理人员的任免存在任何合同或者默契；

（四）是否拟对可能阻碍收购上市公司控制权的公司章程条款进行修改及修改的草案；

（五）是否拟对被收购公司现有员工聘用计划作重大变动及其具体内容；

（六）上市公司分红政策的重大变化；

（七）其他对上市公司业务和组织结构有重大影响的计划。

第七节　对上市公司的影响分析

第二十八条　收购人应当就本次收购完成后，对上市公司的影响及风险予以充分披露，包括：

（一）本次收购完成后，收购人与上市公司之间是否人员独立、资产完整、财务独立；上市公司是否具有独立经营能力，在采购、生产、销售、知识产权等方面是否保持独立；

（二）收购人及其关联方所从事的业务与上市公司的业务之间是否存在同业竞争或潜在的同业竞争，是否存在关联交易；如存在，收购人已做出的确保收购人及其关联方与上市公司之间避免同业竞争以及保持上市公司独立性的相应安排。

第八节　与被收购公司之间的重大交易

第二十九条　收购人应当披露各成员以及各自的董事、监事、高级管理人员（或者主要负责人）在报告日前24个月内，与下列当事人发生的以下交易：

（一）与被收购公司及其子公司进行的合计金额超过3000万元或者高于被收购公司最近经审计净资产值5%以上的交易的具体情况（前述交易按累计数额计算）；

（二）与被收购公司的董事、监事、高级管理人员进行的合计金额超过人民币5万元以上的交易；

（三）是否存在对拟更换的上市公司董事、监事、高级管理人员进行补偿或者其他任何类似安排；

（四）对被收购公司股东是否接受要约的决定有重大影响的其他已签署或正在谈判的合同、默契或者安排。

第九节　前6个月内买卖上市交易股份的情况

第三十条　收购人应当如实披露要约收购报告书摘要公告日的以下持股情况：

（一）在被收购公司中合计拥有权益的股份种类、数量和占被收购公司已发行股份的比例；

（二）各收购人（如涉及多人）在被收购公司中单独拥有权益的股份的种类、数量和占被收购公司已发行股份的比例。

第三十一条　收购人及其各自董事、监事、高级管理人员（或者主要负责人），以及上述人员的直系亲属，应当如实披露在要约收购报告书摘要公告日各自在被收购公司中拥有权益的股份的详细名称、数量及占被收购公司已发行股份的比例。

前款所述关联方未参与要约收购决定、且未知悉有关要约收购信息的，收购人及关联方可以免于披露。但中国证监会认为需要披露的，收购人及关联方应当披露。

第三十二条　收购人应当如实披露其与被收购公司股份有关的全部交易。

如就被收购公司股份的转让、质押、表决权行使的委托或者撤消等方面与他人存在其他安排,应当予以披露。

第三十三条 收购人在要约收购报告书摘要公告之日起前6个月内有通过证券交易所的证券交易买卖被收购公司上市交易股票的,应当披露交易的起始期间、每月交易的股票种类、交易数量、价格区间(按买入和卖出分别统计)。

第三十四条 收购人及其各自董事、监事、高级管理人员(或者主要负责人),以及上述人员的直系亲属,在要约收购报告书摘要公告之日起前6个月内有通过证券交易所的证券交易买卖被收购公司股票行为的,应按照第三十三条的规定披露具体的交易情况。

前款所述关联方未参与要约收购决定、且未知悉有关要约收购信息的,收购人及关联方可以免于披露。但中国证监会认为需要披露的,收购人及关联方应当披露。

第三十五条 收购人在指定媒体公告要约收购报告书时,可以不公告具体交易记录,但应将该记录报送证券交易所备查,并在公告中予以说明。

第十节 专业机构的意见

第三十六条 收购人应当列明参与本次收购的各专业机构名称,说明各专业机构与收购人、被收购公司以及本次要约收购行为之间是否存在关联关系及其具体情况。

第三十七条 收购人聘请的财务顾问就本次要约收购是否合法合规、收购人是否具备实际履行收购要约的能力所发表的结论性意见。

第三十八条 律师在法律意见书中就本要约收购报告书内容的真实性、准确性、完整性所发表的结论性意见。

第十一节 收购人的财务资料

第三十九条 收购人为法人或者其他组织的,收购人应当披露其最近3年的财务会计报表,注明是否经审计及审计意见的主要内容;其中最近一个会计年度财务会计报告应当经具有证券期货业务资格的会计师事务所审计,并注明审计意见的主要内容、采用的会计制度及主要会计政策、主要科目的注释等。会计师应当说明公司前两年所采用的会计制度及主要会计政策与最近一年是否一致,如不一致,应做出相应的调整。

如截至要约收购报告书摘要公告之日,收购人的财务状况较最近一个会计年度的财务会计报告有重大变动的,收购人应当公告最近一期财务会计报告并予以说明。

如果该法人或其他组织成立不足一年或者是专为本次上市公司收购而设立的,则应当比照前述规定披露其实际控制人或者控股公司的财务资料。

收购人是境内上市公司的,可以免于披露最近3年财务会计报告;但应当说明刊登其年报的报刊名称及时间。

收购人为境外投资者的,应当公告依据中国会计准则或国际会计准则编制的财务会计报告。

第十二节 其他重大事项

第四十条 收购人应当详细说明其实际控制人或者其他关联方是否已经采取或者拟采取对本次要约存在重大影响的行动,或者存在对本次要约产生重大影响的事实。

第四十一条 除上述规定应当披露的有关内容外,收购人还应当披露:

(一)为避免对本报告内容产生误解而必须披露的其他信息;

(二)任何其他对被收购公司股东做出是否接受要约的决定有重大影响的信息;

(三)中国证监会或者证券交易所依法要求披露的其他信息。

第四十二条 各收购人的法定代表人(或者主要负责人)或者其指定代表应当在要约收购报告书上签字、盖章、签注日期,并载明以下声明:

"本人(以及本人所代表的机构)已经采取审慎合理的措施,对本要约收购报告书及其摘要所涉及内容均已进行详细审查,报告内容真实、准确、完整,并对此承担个别和连带的法律责任"。

第四十三条 财务顾问及其法定代表人应当在本报告上签字、盖章、签注日期,并载明以下声明:

"本人及本人所代表的机构已按照执业规则规定的工作程序履行尽职调查义务,经过审慎调查,本人及本人所代表的机构确认收购人有能力按照收购要约所列条件实际履行收购要约,并对此承担相应的法律责任"。

第四十四条 对要约收购报告书出具法律意见的律师事务所及签字律师应当在本报告上签字、盖章、签注日期,并载明以下声明:

"本人及本人所代表的机构已履行勤勉尽责义务,对要约收购报告书的内容进行核查和验证,未发现虚假记载、误导性陈述或者重大遗漏,并对此承担相应的责任"。

第十三节 备查文件

第四十五条 收购人应当将备查文件的原件或有法律效力的复印件报送证券交易所及上市公司。备查文件包括：

（一）收购人为自然人的，提供其身份证明文件；收购人为法人或其他组织的，在中国境内登记注册的法人或者其他组织的工商营业执照和税务登记证，或在中国境外登记注册的文件；

（二）收购人董事、监事及高级管理人员、以及上述人员直系亲属的名单及身份证明文件；

（三）收购人就要约收购做出的相关决定；

（四）如以现金支付收购要约价款的，有关资金来源及相关协议，包括借贷协议、资产置换或其他交易协议；

（五）下列文件之一：1. 收购人将履约保证金存入并冻结于指定商业银行的存单或者收购人将用以支付的全部证券委托证券登记结算机构保管的证明文件；2. 银行对要约收购所需价款出具的保函；3. 财务顾问出具承担连带保证责任的书面承诺；

（六）收购人与上市公司及上市公司关联方之间在报告日前24个月内发生的相关交易的协议、合同；

收购人与上市公司、上市公司的关联方之间已签署但尚未履行的协议、合同，或者正在谈判的其他合作意向；

（七）要约收购报告书摘要公告之日起前6个月内收购人及其关联方、各方的高级管理人员（或者主要负责人）、以及上述人员的直系亲属的名单及其持有或买卖被收购公司、收购公司（如收购人为上市公司）股票的说明及相关证明；

（八）收购人所聘请的专业机构及相关人员在要约收购报告书摘要公告之日起前6个月内持有或买卖被收购公司、收购人（如收购人为上市公司）股票的情况；

（九）任何与本次要约收购有关的合同、协议和其他安排的文件；

（十）收购人不存在《收购办法》第六条规定的情形及符合《收购办法》第五十条规定的说明；

（十一）按照本准则第三十九条要求公告的收购人的财务资料，包括但不限于收购人最近3年财务会计报告及最近一个会计年度经审计的财务会计报告；最近一年经审计的财务会计报告应包括审计意见、财务报表和附注；

（十二）财务顾问报告；

（十三）法律意见书；

（十四）中国证监会或者证券交易所依法要求的其他备查文件。

第四十六条 收购人应当列示上述备查文件目录，并告知投资者备置地点。备查文件上网的，应披露网址。

第三章 要约收购报告书摘要

第四十七条 收购人应当在要约收购报告书摘要的显著位置做出如下声明：

"本要约收购报告书摘要的目的仅为向社会公众投资者提供本次要约收购的简要情况，投资者在做出是否预受要约的决定之前，应当仔细阅读要约收购报告书全文，并以此作为投资决定的依据。要约收购报告书全文将于×年×月×日刊登于×××。"

本次要约收购依法应当取得批准的，应当在公告中特别提示：

"本次要约收购文件尚须取得×××的批准（尚须满足×××条件），本收购要约并未生效，具有相当的不确定性。要约收购报告书全文将在取得×××的批准（满足×××条件）后刊登于×××。"

第四十八条 收购人在要约收购报告书摘要中，应当按照本准则第十六条、第十七条的规定披露有关本次要约的重要事项，以及本准则第二章第二节、第三节的内容和专业机构的结论性意见。

第四章 附　　则

第四十九条 本准则由中国证监会负责解释。

第五十条 本准则自公布之日起施行。

附表：要约收购报告书

附表：

要约收购报告书

基本情况			
上市公司名称		上市公司所在地	
股票简称		股票代码	
收购人名称		收购人注册地	

续表

收购人是否为公司第一大股东或实际控制人		是否有一致行动人	
收购人是否对境内、境外其他上市公司持股5%以上	是 □ 否 □		
回答“是”,请注明公司家数	收购人是否拥有境内、外两个以上上市公司的控制权	是 □ 否 □ 回答“是”,请注明公司家数	
要约收购目的	履行要约义务 □ 取得或巩固公司控制权 □ 退市 □ 其他__________(请注明)		
要约类型(可多选)	全面要约 □ 部分要约 □ 主动要约 □ 强制要约 □ 初始要约 □ 竞争要约 □		
预定收购股份数量和比例	数量:________________ 比例:________________		
要约价格是否符合《收购办法》规定	是 □ 否 □		
对价支付方式	现金对价 □ 证券对价 □ 现金对价与证券对价任选其一 □ 现金对价与证券对价二者结合 □		
与上市公司之间是否存在持续关联交易	是 □ 否 □		
与上市公司之间是否存在同业竞争或潜在同业竞争	是 □ 否 □		
收购人是否拟于未来12个月内继续增持	是 □ 否 □		
收购人前6个月是否在二级市场买卖该上市公司股票	是 □ 否 □		
是否存在《收购办法》第六条规定的情形	是 □ 否 □		
是否已提供《收购办法》第五十条要求的文件	是 □ 否 □		
是否已充分披露资金来源	是 □ 否 □		
是否披露后续计划	是 □ 否 □		
是否聘请财务顾问	是 □ 否 □		
本次收购是否需取得批准及批准进展情况	是 □ 否 □		
收购人是否声明放弃行使相关股份的表决权	是 □ 否 □		

填表说明:
1. 存在对照表所列事项的按“是或否”填写核对情况,选择“否”的,必须在栏目中加备注予以说明;
2. 不存在对照表所列事项的按“无”填写核对情况;
3. 需要加注说明的,可在栏目中注明并填写;
4. 收购人是多人的,可以推选其中一人作为指定代表以共同名义制作要约收购报告书及其附表。

收购人(如为法人或其他组织)名称(签章):
法定代表人(签章)
收购人(如为自然人)姓名:
签字:
日期:

公开发行证券的公司信息披露内容与格式准则第18号——被收购公司董事会报告书

1. 2006年8月4日中国证券监督管理委员会发布
2. 证监公司字[2006]156号
3. 自2006年9月1日起施行

第一章　总　　则

第一条　为规范上市公司收购活动中的信息披露行为，促使上市公司董事会切实履行诚信义务，保护投资者合法权益，根据《证券法》、《上市公司收购管理办法》(以下简称《收购办法》)及其他相关法律、行政法规及部门规章的规定，制订本准则。

第二条　被收购公司董事会(以下简称董事会)应当在收购人要约收购上市公司或管理层收购本公司时，按照本准则的要求编制被收购公司董事会报告书(以下简称董事会报告书)。

第三条　本准则的规定是对董事会报告书信息披露的最低要求。不论本准则是否有明确规定，凡对投资者做出投资决策有重大影响的信息，均应披露。

第四条　本准则某些具体要求确实不适用的，董事会可针对实际情况，在不影响披露内容完整性的前提下做出适当修改，但应在报送时作书面说明。

董事会认为无本准则要求披露的情况的，必须明确注明无此类情形的字样。

第五条　在不影响信息披露的完整性和不致引起阅读不便的前提下，董事会可采用相互引证的方法，以避免重复和保持文字简洁。

第六条　董事会在董事会报告书中披露的所有信息应当真实、准确、完整，尤其要确保所披露的财务会计资料有充分的依据。

第七条　董事会报告书还应满足如下一般要求：

(一)引用的数据应提供资料来源，事实应有充分、客观、公正的依据；

(二)引用的数字应采用阿拉伯数字，货币金额除特别说明外，应指人民币金额，并以元、千元或万元为单位；

(三)董事会可根据有关规定或其他需求，编制董事会报告书外文译本，但应保证中、外文本的一致性，并在外文文本上注明："本董事会报告书分别以中、英(或日、法等)文编制，在对中外文本的理解上发生歧义时，以中文文本为准"；

(四)董事会报告书全文文本应采用质地良好的纸张印刷，幅面为209×295毫米(相当于标准的A4纸规格)；

(五)不得刊载任何有祝贺性、广告性和恭维性的词句。

第八条　董事会报告书全文应按本准则有关章节的要求编制。文字应简洁、通俗、平实和明确，格式应符合本准则的要求。在指定报刊刊登的董事会报告书最小字号为标准6号字，最小行距为0.02。

第九条　董事会应在《收购办法》规定的期限内将董事会报告书刊登于至少一种中国证监会指定的报刊，将董事会报告书全文刊登于证券交易所指定的网站，并将董事会报告书全文文本及备查文件备置于董事会住所、证券交易所，以备查阅。

第十条　董事会可将董事会报告书刊登于其他网站和报刊，但不得早于在中国证监会指定报刊和网站的披露。

第十一条　董事会及全体董事(或者主要负责人)应保证董事会报告书内容的真实性、准确性、完整性，并承诺其中不存在虚假记载、误导性陈述或重大遗漏，并就其保证承担个别和连带的法律责任。

第十二条　董事会在董事会报告书中援引律师、注册会计师、财务顾问及其他相关专业机构出具的专业报告或意见的内容，应当说明相关专业机构已书面同意上述援引。

第二章　被收购公司董事会报告书

第一节　封面、扉页、目录、释义

第十三条　董事会报告书封面至少应标有"××公司董事会关于×××(收购人名称)收购事宜致全体股东的报告书"字样，并应载明公司的名称和住所及签署日期。

第十四条　董事会报告书扉页应当刊登如下内容：

(一)上市公司(指被收购公司)的名称、地址、联系人、通讯方式；

(二)收购人的姓名或名称；

(三)独立财务顾问的名称、地址、联系人、通讯方式；

(四)董事会报告书签署日期。

第十五条　董事会报告书扉页应当刊登董事会如下声明：

(一)本公司全体董事确信本报告不存在任何虚假记载、误导性陈述或重大遗漏，并对其内容的真实性、准确性、完整性负个别的和连带的责任；

(二)本公司全体董事已履行诚信义务，向股东所

提出的建议是基于公司和全体股东的整体利益客观审慎做出的;

(三)本公司全体董事没有任何与本次收购相关的利益冲突,如有利益冲突,相关的董事已经予以回避。

第十六条 董事会报告书目录应当标明各章、节的标题及相应的页码,内容编排也应符合通行的中文惯例。

第十七条 报告人应对可能对投资者理解有障碍及有特定含义的术语做出释义。董事会报告书的释义应在目录次页排印。

第二节 被收购公司的基本情况

第十八条 董事会应当披露被收购公司的如下基本情况:

(一)被收购公司的名称、股票上市地点、股票简称、股票代码;

(二)被收购公司注册地、主要办公地点、联系人、通讯方式;

(三)被收购公司的主营业务及最近3年的发展情况,并以列表形式介绍其最近3年主要会计数据和财务指标,包括:总资产、净资产、主营业务收入、净利润、净资产收益率、资产负债率等,注明最近3年年报刊登的报刊名称及时间;

(四)被收购公司在本次收购发生前,其资产、业务、人员等与最近一期披露的情况相比是否发生重大变化。

第十九条 董事会应当披露与被收购公司股本相关的如下情况:

(一)被收购公司已发行股本总额、股本结构;

(二)收购人在被收购公司中拥有权益的股份的种类、数量、比例;

(三)收购人公告要约收购报告书摘要或者收购报告书摘要之日的被收购公司前10名股东名单及其持股数量、比例;

(四)被收购公司持有或通过第三人持有收购人的股份数量、比例(如有)。

第二十条 被收购公司如在本次收购发生前未就前次募集资金使用情况做出说明的,应当披露前次募集资金的使用情况及会计师所出具的专项核查报告。

第三节 利益冲突

第二十一条 董事会应当说明被收购公司及其董事、监事、高级管理人员是否与收购人存在关联方关系。

第二十二条 董事会报告书中应当说明被收购公司董事、监事、高级管理人员在收购报告书摘要或者要约收购报告书摘要公告之前12个月内是否持有或通过第三人持有收购人的股份,持有股份的数量及最近6个月的交易情况;上述人员及其家属是否在收购人及其关联企业任职等。

第二十三条 董事会应当说明公司董事、监事、高级管理人员是否存在与收购相关的利益冲突,该利益冲突的重要细节,包括是否订有任何合同以及收购成功与否将对该合同产生重大影响。

董事会应当披露收购人是否存在对拟更换的上市公司董事、监事、高级管理人员进行补偿或者其他任何类似安排。

第二十四条 董事会应当说明公司董事、监事、高级管理人员及其直系亲属在收购报告书摘要或者要约收购报告书摘要公告之日是否持有被收购公司股份,如持有被收购公司股份的,应当披露其最近6个月的交易情况。

如果本准则要求披露的交易情况过于复杂,董事会在指定媒体公告本报告时,无须公告具体交易记录,但应将该记录报送证券交易所备查,并在公告时予以说明。

第二十五条 董事会应当对下列情形予以详细披露:

(一)被收购公司的董事将因该项收购而获得利益,以补偿其失去职位或者其他有关损失;

(二)被收购公司的董事与其他任何人之间的合同或者安排取决于收购结果;

(三)被收购公司的董事在收购人订立的重大合同中拥有重大个人利益;

(四)被收购公司董事及其关联方与收购人及其董事、监事、高级管理人员(或者主要负责人)之间有重要的合同、安排以及利益冲突;

(五)最近12个月内作出的涉及可能阻碍收购上市公司控制权的公司章程条款的修改。

第四节 董事建议或声明

第二十六条 在要约收购中,被收购公司董事会应当按照下列要求就收购人的要约提出建议或者发表声明:

(一)就本次收购要约向股东提出接受要约或者不接受要约的建议;

董事会确实无法依前款要求发表意见的,应当充分说明理由;

(二)披露董事会表决情况、持不同意见的董事姓名及其理由;

(三)独立董事应当就本次收购单独发表意见;

(四)董事会做出上述建议或者声明的理由。

第二十七条 在管理层收购中,被收购公司的独立董事应当就收购的资金来源、还款计划、管理层收购是否符合《收购办法》规定的条件和批准程序、收购条件是否公平合理、是否存在损害上市公司和其他股东利益的行为、对上市公司可能产生的影响等事项发表独立意见。

第二十八条　被收购公司董事会或独立董事聘请的独立财务顾问对本次收购发表的结论性意见。

第五节　重大合同和交易事项

第二十九条　董事会应当披露被收购公司及其关联方在公司收购发生前24个月内发生的、对公司收购产生重大影响的以下事件：

（一）被收购公司订立的重大合同；

（二）被收购公司进行资产重组或者其他重大资产处置、投资等行为；

（三）第三方拟对被收购公司的股份以要约或者其他方式进行收购，或者被收购公司对其他公司的股份进行收购；

（四）正在进行的其他与上市公司收购有关的谈判。

第六节　其他重大事项

第三十条　除上述规定要求披露的有关内容外，董事会还应披露以下信息：

（一）为避免对董事会报告书内容产生误解必须披露的其他信息；

（二）任何对被收购公司股东是否接受要约的决定有重大影响的信息；

（三）中国证监会或者证券交易所要求披露的其他信息。

第三十一条　董事会全体成员应当在本报告签字、盖章、签注日期，并声明：

"董事会已履行诚信义务，采取审慎合理的措施，对本报告书所涉及的内容均已进行详细审查；

董事会向股东提出的建议是基于公司和全体股东的利益做出的，该建议是客观审慎的（本项声明仅限于要约收购）；

董事会承诺本报告书不存在虚假记载、误导性陈述或重大遗漏，并对其真实性、准确性、完整性承担个别和连带的法律责任"。

第三十二条　独立董事除应当签字、盖章外，还应当声明是否与要约收购（或管理层收购）存在利益冲突，是否已履行诚信义务、基于公司和全体股东的利益向股东提出建议，该建议是否客观审慎。

第七节　备查文件

第三十三条　董事会应当按照规定将备查文件的原件或有法律效力的复印件报送中国证监会，并备置于其住所或办公场所以及证券交易所等方便公众查阅的地点。备查文件包括：

（一）载有法定代表人签字并盖章的独立财务顾问报告；

（二）被收购公司的公司章程；

（三）报告中所涉及的所有合同及其他书面文件；

（四）中国证监会或者证券交易所依法要求的其他备查文件。

第三十四条　董事会应列示上述备查文件目录，并告知投资者查阅地点、联系人。董事会将上述备查文件在互联网上发布的，应披露网址。

第三章　附　　则

第三十五条　本准则由中国证监会负责解释。

第三十六条　本准则自2006年9月1日起施行。

公开发行证券的公司信息披露内容与格式准则第19号——豁免要约收购申请文件

1. 2006年8月4日中国证券监督管理委员会发布
2. 证监公司字〔2006〕156号
3. 自2006年9月1日起施行

第一条　为规范上市公司收购活动中报送豁免要约收购申请文件的行为，根据《证券法》、《上市公司收购管理办法》（以下简称《收购办法》）及其他相关法律、行政法规及部门规章的有关规定，制订本准则。

第二条　根据《收购办法》的规定应当以要约收购方式增持上市公司股份、但符合《收购办法》有关豁免要约收购规定情形的收购人（以下简称申请人），向中国证券监督管理委员会（以下简称中国证监会）申请豁免要约收购时，应当按照本准则的要求制作豁免要约收购的申请文件（以下统称申请文件）。

第三条　申请文件是申请人请求豁免要约收购向中国证监会报送的必备文件。对于符合本准则要求的申请文件，中国证监会做出予以受理的决定；中国证监会的审核期限自正式受理之日起计算，中国证监会在审核期限内要求申请人对报送材料予以补充或者修改的，不计入审核期限。

第四条　申请人为多人的，以书面形式约定由其中一人作为指定代表以共同名义统一制作并报送申请文件，并同意授权指定代表在申请文件上签字盖章。

第五条　本准则规定的申请文件目录是申请人豁免要约收购申请文件的最低要求，申请人可视实际情况增加。目录中的文件对申请人确实不适用的,可不必提供,但是应当向中国证监会做出书面说明。中国证监会可视审核实际需要要求申请人提供有关的补充文件。

第六条　申请人按照《收购办法》的规定履行相关报告、公告义务的,方可提出豁免要约收购的申请。

第七条　申请人向中国证监会报送的豁免要约收购的申请报告,应当至少包括以下内容:

(一)申请人的名称、注册地及是否以简易程序提出本次申请;

(二)申请人的主营业务;

(三)以方框图或者其他有效形式,全面披露与申请人相关的产权及控制关系,包括自然人、国有资产管理部门或者其他最终控制人;并以文字简要介绍其主要股东及其他有关的关联人的基本情况,以及其他控制关系(包括人员控制);

(四)收购上市公司的目的;

(五)收购方案及是否已经取得必要的授权及批准(如需要);

(六)申请豁免的事项及理由;

(七)本次收购前后的上市公司股权结构;

(八)申请人与上市公司之间是否存在同业竞争及持续关联交易的问题及其解决方案;

(九)申请人收购后支持上市公司持续发展的后续计划及相关承诺或承诺保证;

(十)中国证监会要求载明的其他内容。

第八条　申请人通过协议方式收购上市公司的,如存在被收购公司原控股股东及其关联方未清偿对被收购公司的负债、未解除被收购公司为其负债提供的担保或者其他损害公司利益情形的,应当提供原控股股东和其他实际控制人就上述问题提出的解决方案。

被收购公司董事会、独立董事应当对解决方案是否切实可行发表意见。

第九条　为挽救出现严重财务困难的上市公司而进行收购的申请人,应当在报送申请文件的同时提出切实可行的重组方案,并提供上市公司董事会的意见及独立财务顾问对该方案出具的专业意见。

第十条　申请人应当就事实发生之日起前6个月内申请人及其关联方、申请人及其关联方的董事、监事及高级管理人员是否有买卖被收购公司的股票、是否泄漏有关信息或者建议他人买卖被收购公司的股票、是否从事市场操纵等禁止交易的行为提交自查报告。

第十一条　申请人应当提供有关本次股权变动的证明文件,表明本次受让的股份是否存在质押、担保等限制转让的情形。

第十二条　申请人应当聘请律师及其所就职的律师事务所,就本次申请豁免要约收购出具法律意见书,该法律意见书至少应当就下列事项发表明确的法律意见,并就本次申请发表整体结论性意见:

(一)申请人是否具有合法的主体资格;

(二)本次申请是否属于《收购办法》规定的豁免情形;

(三)本次收购是否已经履行法定程序;

(四)本次收购是否存在或者可能存在法律障碍;

(五)申请人是否已经按照《收购办法》履行信息披露义务;

(六)申请人在本次收购过程中是否存在证券违法行为等。

第十三条　涉及国家授权机构持有的股份或者必须取得相关主管部门批准的,应当按照国务院和有关部门的相关规定,提交相关批准文件。

第十四条　申请文件应当为原件,如不能提供原件的,应当由申请人的律师提供鉴证意见,或由出文单位盖章,以保证与原件一致。如原出文单位不再存续,可由承继其职权的单位或做出撤销决定的单位出文证明文件的真实性。

第十五条　申请人及负责出具专业意见的律师及其他专业机构应当审慎对待所申报的材料及所出具的意见。

申请人全体董事(或者主要负责人)及相关专业机构应当按要求在所提供的有关文件上发表声明,确保申请文件的真实性、准确性和完整性。上述文件均应由单位负责人签字,并加盖单位公章。

第十六条　申请文件的纸张应采用幅面为209×295毫米规格的纸张(相当于标准A4纸张规格)。

第十七条　申请文件的扉页应附有申请人的法定代表人、联系人、律师及其他专业机构的联系人姓名、电话、传真及其他方便的联系方式。

第十八条　申请文件章与章之间、章与节之间应有明显的分隔标识。

第十九条　申请文件中的页码应与目录中的页码相符。例如,第四章4－1的页码标注为4－1－1,4－1－2,4－1－3,……,4－1－n。

第二十条　申请文件首次报送书面文件两份,其中一份按规定提供原件,其余可为原件的复印件。

第二十一条　本准则由中国证监会负责解释。

第二十二条　本准则自2006年9月1日起施行。

附件：

豁免要约收购的申请文件目录

第一章 豁免申请

1－1 申请人关于豁免要约收购的申请报告

1－2 申请人关于二级市场交易情况的自查报告

1－3 申请人的承诺书（如有）

第二章 专业机构的专业意见

2－1 法律意见书

2－2 财务顾问报告（如需）

第三章 相关批准文件

3－1 国有资产管理部门批准文件（如涉及国有股）

3－2 外资管理部门的批准文件（如涉及外资收购）

3－3 银行业监管部门的批准文件（如涉及上市的银行及其他金融机构）

3－4 上市公司董事会决议及股东大会决议（如涉及上市公司向收购人发行股份或者上市公司回购股份）

第四章 其他文件

4－1 股份转让协议（如为协议收购）

4－2 上市公司收购报告书或权益变动报告书（如涉及应当履行信息披露义务）

4－3 有关的股权权属证明文件

4－4 原控股股东及其关联方债务清偿方案（如涉及）

4－5 重组方案（如为挽救严重财务困难的公司而进行的收购）

4－6 法院判决书或裁决书（如涉及）

4－7 在合理期限内将持有一个上市公司已发行股份超过30%的部分向非关联方转让的解决方案（如申请人为银行或者证券公司）

4－8 申请人营业执照复印件

4－9 中国证监会要求报送的其他文件

公开发行证券的公司信息披露内容与格式准则第23号——公开发行公司债券募集说明书（2015年修订）

2015年3月2日中国证券监督管理委员会公告〔2015〕2号公布施行

第一章 总 则

第一条 为规范公开发行公司债券的信息披露行为，保护投资者合法权益，根据《公司法》、《证券法》、《公司债券发行与交易管理办法》等法律、法规以及中国证券监督管理委员会（以下简称“中国证监会”）的有关规定，制定本准则。

第二条 申请公开发行公司债券的公司（以下简称“发行人”），应按本准则的要求编制公司债券募集说明书（以下简称“募集说明书”）及其摘要，作为向中国证监会申请发行公司债券的必备文件，并按规定披露。

中国证监会对上市公司、非上市公众公司财务报告披露另有规定的，从其规定。

第三条 本准则的规定是对募集说明书信息披露的最低要求。不论本准则是否有明确规定，凡对投资者做出投资决策有重大影响的信息，均应披露。

本准则某些具体要求对发行人确不适用的，发行人可以根据实际情况调整，并在申报时作书面说明。

若发行人有充分依据证明本准则要求披露的某些信息涉及国家机密、商业秘密及其他因披露可能导致其违反国家有关保密法律法规规定或严重损害公司利益的，发行人可向中国证监会申请豁免按本准则披露。

第四条 募集说明书的编制应遵循以下要求：

（一）使用通俗易懂的事实性描述语言，不得有祝贺性、广告性、恭维性或诋毁性的词句，并尽量采用图表或其他较为直观的方式准确披露发行人及本期债券的情况；

（二）引用的数据应提供资料来源，事实依据应充分、客观；

（三）引用的数字应采用阿拉伯数字，货币金额除特别说明外，应指人民币金额，并以元、千元或万元为单位；

（四）发行人可编制募集说明书外文译本，但应保证中、外文文本的一致性，在对中外文本的理解上发生歧义时，以中文文本为准。

第五条 在不影响信息披露的完整性并保证阅读方便的前提下，发行人可采用相互引征的方法，对募集说明书前后文进行适当的技术处理。

对于发行人曾在公开发行或公开转让证券的募集说明书、公开转让说明书、上市公告书、定期报告和临时报告中披露过的信息，如事实未发生变化，发行人可采用索引的方法进行披露，以免重复。索引的内容也是募集说明书的组成部分，发行人、中介机构及相关人员应对其承担相应的法律责任。

第六条 特殊行业的发行人编制募集说明书，还应遵循中国证监会关于该行业的信息披露特别规定。

第七条 募集说明书摘要的目的仅为向投资者提供有关本次发行的简要情况。募集说明书摘要应忠实于募集说明书全文的内容，不得出现与全文相矛盾之处。在中国证监会指定报刊刊登的募集说明书摘要篇幅不得超过一个版面,最小字号为标准小5号字,最小行距为0.35毫米。

第二章　募集说明书

第一节　封面、书脊、扉页、目录、释义

第八条　募集说明书文本封面及书脊应标有"XXX公司公开发行公司债券募集说明书(面向公众投资者/面向合格投资者)"字样,封面还应载明发行人及主承销商的名称和住所、募集说明书的签署日期。

第九条　募集说明书文本扉页应当刊载如下声明:

"凡欲认购本期债券的投资者,请认真阅读本募集说明书及有关的信息披露文件,进行独立投资判断并自行承担相关风险。证券监督管理机构及其他政府部门对本次发行所作的任何决定,均不表明其对发行人的经营风险、偿债风险、诉讼风险以及公司债券的投资风险或收益等作出判断或者保证。任何与之相反的声明均属虚假不实陈述。

投资者认购或持有本期公司债券视作同意债券受托管理协议、债券持有人会议规则及债券募集说明书中其他有关发行人、债券持有人、债券受托管理人等主体权利义务的相关约定。"

第十条　对投资者有重大影响的事项,发行人应在募集说明书文本扉页中作"重大事项提示",提醒投资者关注。

第十一条　募集说明书目录应标明各章、节的标题及其对应的页码。发行人应对可能对投资者理解有障碍及有特定含义的术语作出释义。释义应在目录次页排印。

第二节　发行概况

第十二条　发行人应披露发行的基本情况及发行条款,包括但不限于:

(一)发行的核准文件、核准规模和本期债券的名称和发行总额。如发行人分期发行的,披露本期发行安排;

(二)票面金额、债券期限、还本付息的方式,本期债券的起息日、利息登记日、付息日期、本金支付日、支付方式、支付金额及其他具体安排;

(三)债券利率/发行价格或其确定方式、定价流程;

(四)赎回条款、回售条款、可交换为股票条款、减记条款等(如有);

(五)担保情况及其他增信措施(如有);

(六)募集资金专项账户;

(七)信用级别及资信评级机构;

(八)债券受托管理人;

(九)发行方式、发行对象与配售规则;

(十)承销方式;

(十一)公司债券上市或转让安排。

第十三条　发行人应披露下列机构的名称、法定代表人、住所、联系电话、传真,同时应披露有关经办人员的姓名:

(一)主承销商及其他承销机构;

(二)律师事务所;

(三)会计师事务所;

(四)担保人及其他第三方增信机构(如有);

(五)资信评级机构;

(六)债券受托管理人;

(七)募集资金专项账户开户银行;

(八)公司债券申请上市或转让的证券交易场所;

(九)公司债券登记机构;

(十)资产评估机构(如有)(十一)其他与发行相关的机构。

第十四条　发行人应披露其与本次发行有关的中介机构及其负责人、高级管理人员及经办人员之间存在的直接或间接的股权关系或其他重大利害关系。

第三节　风险因素

第十五条　发行人应当遵循重要性原则,按顺序披露可能直接或间接对本期债券的偿付产生重大不利影响的所有因素,包括发行人自身、担保或其他增信措施(如有)、外部环境、政策等的相关风险。

第十六条　发行人应结合实际情况充分、准确、具体地描述相关风险因素。发行人应对所披露的风险因素做定量分析,无法进行定量分析的,应有针对性的进行定性描述。有关风险因素对本期债券的偿付有严重不利影响的,应做"重大事项提示"。

第十七条　发行人应披露的风险因素包括但不限于下列内容:

(一)本期债券的投资风险:

1. 利率风险。市场利率变化对本期债券收益的影响。

2. 流动性风险。本期债券因市场交易不活跃而可能受到的不利影响。

3. 偿付风险。本期债券本息可能不能足额偿付的风险。

4. 本期债券安排所特有的风险。本期债券有关约定潜在的风险,如专项偿债账户及其他偿债保障措施可能存在的风险、提前偿付安排可能对投资人利益的影响等。

5. 担保(如有)或评级的风险。担保人(如有)资信或担保物(如有)的现状及可能发生的重大变化对

本期债券本息偿还的影响，信用评级级别变化可能对投资人利益的影响等。

（二）发行人的相关风险：

1. 财务风险。发行人因资产结构、负债结构和其他财务结构不合理而形成的财务风险，对外担保等导致发行人整体变现能力差等风险。

2. 经营风险。发行人的产品或服务的市场前景、行业经营环境的变化、商业周期或产品生命周期的影响、市场饱和或市场分割、过度依赖单一市场、市场占有率下降等风险。

3. 管理风险。发行人组织模式和管理制度不完善，与控股股东及其他重要关联方存在同业竞争及重大关联交易，在债券存续期内可能进行重大资产重组或重要股东可能变更导致公司管理层、管理制度、管理政策不稳定等风险。

4. 政策风险。因国家法律、法规、政策的可能变化对发行人产生的具体政策性风险，如因财政、金融、土地使用、产业政策、行业管理、环境保护、税收制度、财务管理制度、经营许可制度、外汇制度、收费标准等发生变化而对发行人的影响。

第十八条 发行人如披露风险的相应对策，主要应披露发行人针对风险已经采取的具体措施。

第四节 发行人及本期债券的资信状况

第十九条 发行人应披露所聘请的资信评级机构及其对本期债券的信用评级情况。

第二十条 发行人应披露信用评级报告的主要事项，包括但不限于下列情况：

（一）信用评级结论及标识所代表的涵义；

（二）提供担保的，应对比说明有无担保的情况下评级结论的差异；

（三）评级报告揭示的主要风险；

（四）跟踪评级的有关安排；

（五）其他重要事项。发行人最近三年内因在境内发行其他债券、债务融资工具进行资信评级且主体评级结果与本次评级结果有差异的，应予以披露。

第二十一条 发行人还应披露下列公司资信情况：

（一）公司获得主要贷款银行的授信情况、使用情况；

（二）近三年与主要客户发生业务往来时，是否有严重违约现象；

（三）近三年发行的债券、其他债务融资工具以及偿还情况；

（四）如曾对已发行的公司债券或其他债务有违约或延迟支付本息的事实，应披露相关事项的处理情况和对发行人的影响；

（五）本次发行后的累计公司债券余额及其占发行人最近一期净资产的比例；

（六）近三年的流动比率、速动比率、资产负债率、利息倍数〔（利润总额＋利息费用）/利息费用〕、贷款偿还率（实际贷款偿还额/应偿还贷款额）、利息偿付率（实际支付利息/应付利息）等财务指标。

第五节 增信机制、偿债计划及其他保障措施

第二十二条 提供保证担保的，如保证人为法人或其他组织，应披露保证人的基本情况，包括但不限于下列事项：

（一）基本情况简介，包括保证人名称、法定代表人、设立日期、注册资本、所从事的主要业务等；

（二）最近一年的净资产额、资产负债率、净资产收益率、流动比率、速动比率等主要财务指标（并注明相关财务报告是否经审计）；

（三）资信状况；

（四）累计对外担保的余额；

（五）累计担保余额占其净资产额的比例；

（六）偿债能力分析。

第二十三条 提供保证担保的，如保证人为自然人，应当披露保证人与发行人的关系，保证人的资信状况、代偿能力、资产受限情况、对外担保情况以及可能影响保证权利实现的其他信息。

第二十四条 保证人为发行人控股股东或实际控制人的，还应披露保证人所拥有的除发行人股权外的其他主要资产，以及该部分资产的权利限制及是否存在后续权利限制安排。

第二十五条 提供保证担保的，应披露债券担保合同或担保函的主要内容，包括但不限于下列事项：

（一）担保金额；

（二）担保期限；

（三）担保方式；

（四）担保范围；

（五）发行人、担保人、债券受托管理人、债券持有人之间的权利义务关系；

（六）反担保和共同担保的情况（如有）；

（七）各方认为需要约定的其他事项。

第二十六条 提供抵押或质押担保的，应披露担保物的名称、金额（账面价值和评估值）、担保物金额与所发行债券面值总额和本息总额之间的比例，说明担保物发生重大变化时的持续披露安排。

同一担保物上已经设定其他担保的，还应披露已经担保的债务总余额以及抵/质押顺序。

第二十七条　提供抵押或质押担保的,应披露担保物的评估、登记、保管和相关法律手续的办理情况,并披露担保的范围。

第二十八条　采用限制发行人债务和对外担保规模、对外投资规模,限制发行人向第三方出售或抵押主要资产,设置债券回售条款,设置商业保险等商业安排,设立偿债专项基金等其他方式进行增信的,应当披露增信措施的具体内容、相关协议的主要条款、实现方式、相应风险以及相关手续的办理情况等事项。

第二十九条　提供担保或采用其他增信措施的,发行人应披露债券持有人及债券受托管理人对担保事项及其他增信措施的持续监督安排。

第三十条　发行人应披露所制定的具体偿债计划及保障措施。

第三十一条　发行人如设置专项偿债账户的,应披露该账户的资金来源、提取的起止时间、提取频度、提取金额、管理方式、监督安排及信息披露等内容。

第三十二条　发行人应披露构成债券违约的情形、违约责任及其承担方式以及公司债券发生违约后的诉讼、仲裁或其他争议解决机制。

第六节　发行人基本情况

第三十三条　发行人应简要披露下列情况:公司名称、法定代表人、设立日期、注册资本、实缴资本、住所、邮编、信息披露事务负责人及其联系方式、所属行业、经营范围、组织机构代码等。

第三十四条　发行人应简要披露公司设立及最近三年内实际控制人变化情况、重大资产重组情况及报告期末的前十大股东情况,相关重大资产重组涉及资产评估事项的,还应简要披露资产评估情况。

第三十五条　发行人应披露对其他企业的重要权益投资情况,包括主要子公司以及其他有重要影响的参股公司、合营企业和联营企业等。

发行人应披露上述企业的基本情况、主营业务、近一年的主要财务数据(包括资产、负债、所有者权益、收入、净利润等)及其重大增减变动的情况及原因。

第三十六条　发行人应披露控股股东和实际控制人的基本情况。实际控制人应披露到最终的国有控股主体或自然人为止。

若发行人的控股股东或实际控制人为自然人,应披露其姓名、简要背景、与其他主要股东的关系及直接或间接持有的发行人股份/权被质押或存在争议的情况,同时披露该自然人对其他企业的主要投资情况。

若发行人的控股股东或实际控制人为法人,应披露该法人的名称及其主要股东。披露该法人的成立日期、注册资本、主要业务、主要资产情况、最近一年合并财务报表的主要财务数据并注明是否经审计、所持有的发行人股份/权被质押或存在争议的情况。

第三十七条　发行人应列表披露现任董事、监事、高级管理人员的基本情况,至少包括姓名、现任职务及任期、从业简历、兼职情况、持有发行人股份/权和债券的情况。

第三十八条　发行人应披露其所从事的主要业务、主要产品(或服务)的用途、所在行业状况及发行人面临的主要竞争状况、经营方针及战略。

第三十九条　发行人应披露与业务相关的情况,包括但不限于:

(一)报告期业务收入的主要构成及各期主要产品或服务的规模、营业收入;

(二)报告期内主要产品或服务上下游产业链情况,如原材料、能源及供应情况,产品或服务的主要客户情况等。

发行人所从事的业务需要取得许可资格或资质的,应当披露当前许可资格或资质的情况。

第四十条　发行人应披露其法人治理结构及相关机构最近三年内的运行情况。

第四十一条　发行人应披露最近三年内是否存在违法违规及受处罚的情况,说明董事、监事、高级管理人员的任职是否符合《公司法》及《公司章程》的规定。

第四十二条　发行人应披露与控股股东、实际控制人在业务、资产、人员、财务、机构等方面的分开情况。

第四十三条　发行人应根据《公司法》和《企业会计准则》的相关规定披露关联方、关联关系、关联交易,并说明关联交易的决策权限、决策程序、定价机制。

第四十四条　发行人应披露最近三年内是否存在资金被控股股东、实际控制人及其关联方违规占用,或者为控股股东、实际控制人及其关联方提供担保的情形。

第四十五条　发行人应披露其会计核算、财务管理、风险控制、重大事项决策等内部管理制度的建立及运行情况。

第四十六条　发行人应披露信息披露事务及投资者关系管理的相关制度安排。

第七节　财务会计信息

第四十七条　如未作特别说明,本节信息中近三年的财务会计信息应按《企业会计准则》的规定编制,并应摘自经具有证券期货相关业务资格会计师事务所审计的财务报告。

募集说明书引用的财务报表在其最近一期截止后六个月内有效。特别情况下发行人可申请适当延长,但至多不超过一个月。财务报表应以年度末、半年度末或者季度末为截止日。

第四十八条　发行人应简要披露财务会计信息，主要包括：

（一）最近三年及一期的资产负债表、利润表及现金流量表，发行人编制合并财务报表的，应同时披露合并财务报表和母公司财务报表。最近三年及一期合并财务报表范围发生重大变化的，还应披露合并财务报表范围的具体变化情况、变化原因及其影响；

（二）最近三年内进行过导致公司主营业务和经营性资产发生实质变更的重大资产购买、出售、置换的发行人，披露最近三年及一期的财务报表应包括：重组完成后各年的资产负债表、利润表、现金流量表，以及重组前一年的备考财务报表和备考报表的编制基础；

（三）最近三年及一期的主要财务指标以及公司管理层作出的关于公司最近三年及一期的财务分析的简明结论性意见，主要以合并财务报表为基础分析说明发行人资产负债结构、现金流量、偿债能力、近三年的盈利能力、未来业务目标以及盈利能力的可持续性。

第四十九条　发行人应对最近三年及一期的主要会计数据和财务指标进行比较，发生重大变化的应说明原因。

（一）披露报告期内各期营业收入的构成及比例，分析营业收入的增减变动情况及原因；

（二）披露报告期内各期主要费用（含研发）及其占营业收入的比重和变化情况；

（三）披露报告期内各期重大投资收益和计入当期损益的政府补助情况；

（四）披露报告期内各期末主要资产情况及重大变动分析；

（五）披露报告期内各期末主要负债情况。有逾期未偿还债项的，应说明其金额、未按期偿还的原因等。

第五十条　发行人应说明最近一个会计年度期末有息债务的总余额、债务期限结构、信用融资与担保融资的结构等情况，本次发行公司债券后公司资产负债结构的变化。

第五十一条　会计师事务所曾对发行人近三年财务报告出具非标准无保留意见的，发行人应披露发行人董事会（或者法律法规及公司章程规定的有权机构）关于非标准无保留意见审计报告涉及事项处理情况的说明以及会计师事务所及注册会计师关于非标准无保留意见审计报告的补充意见。

第五十二条　发行人对可能影响投资者理解公司财务状况、经营业绩和现金流量情况的信息，应加以必要的说明。

第五十三条　发行人应披露会计报表附注中的资产负债表日后事项、或有事项及其他重要事项，包括对公司财务状况、经营成果、声誉、业务活动、未来前景等可能产生较大影响的诉讼或仲裁、担保等事项。

第五十四条　发行人应披露截至募集说明书签署之日的资产抵押、质押、担保和其他权利限制安排，以及除此以外的其他具有可对抗第三人的优先偿付负债的情况。

第八节　募集资金运用

第五十五条　发行人应披露募集资金的用途、使用计划、专项账户管理安排等。

第五十六条　募集资金用于项目投资、股权投资或收购资产的，发行人应当披露拟投资项目的基本情况、股权投资情况、拟收购资产的基本情况。

募集资金运用涉及立项、土地、环保等有关报批事项的，发行人应当披露已经取得有关主管部门批准的情况。

募集资金用于补充流动资金或者偿还银行贷款的，发行人应当披露补充流动资金或者偿还银行贷款的金额和对公司财务状况的影响。

第九节　债券持有人会议

第五十七条　发行人应披露债券持有人根据相关规定和本募集说明书的约定行使有关权利的形式。

第五十八条　发行人应当按照公平、合理和有利于保护债券持有人利益的原则制定并披露债券持有人会议规则的主要内容，包括但不限于债券持有人通过债券持有人会议行使权利的范围，债券持有人会议召开的情形，债券持有人会议的召集、通知、决策机制和其他重要事项。

第五十九条　发行人应明确披露债券持有人会议决议的生效条件和效力。说明债券持有人会议按照《公司债券发行与交易管理办法》的规定及会议规则的程序要求所形成的决议对全体债券持有人具有约束力。

第六十条　发行人应披露债券持有人会议规则约定的其他重要事宜。

第十节　债券受托管理人

第六十一条　发行人应披露所聘任的债券受托管理人及其联系人和所订立的债券受托管理协议的情况。

第六十二条　发行人应披露债券受托管理协议的主要事项，包括但不限于下列事项：

（一）债券受托管理人的名称及基本情况；

（二）债券受托管理人的聘任情况，债券受托管理人在履行受托管理职责时可能存在的利益冲突情形及

相关风险防范、解决机制;

(三)如发行人为债券设定担保,债券受托管理人取得担保权利证明或其他有关文件的时间,担保财产是否约定为信托财产;

(四)发行人、债券持有人和债券受托管理人之间的权利、义务和违约责任;

(五)债券受托管理人行使权利、履行义务的方式、程序等;

(六)债券受托管理人的报酬情况;

(七)变更、解聘债券受托管理人的条件及程序;

(八)其他重要内容。

第六十三条 发行人应披露债券受托管理人保护债券持有人合法权益的主要措施,说明债券受托管理事务的主要程序和方式,说明如何出具债券受托管理事务报告。

第六十四条 发行人应披露债券受托管理人应履行的义务,并符合《公司债券发行与交易管理办法》及中国证监会、相关自律组织业务规则的规定。

第十一节 发行人、中介机构及相关人员声明

第六十五条 发行人应在募集说明书正文的尾页声明:"根据《公司法》、《证券法》和《公司债券发行与交易管理办法》的有关规定,本公司符合公开发行公司债券的条件。"声明应由发行人法定代表人签名并由发行人加盖公章。

第六十六条 发行人全体董事、监事、高级管理人员应在募集说明书正文的尾页声明:

"本公司全体董事、监事及高级管理人员承诺本募集说明书及其摘要不存在虚假记载、误导性陈述或重大遗漏,并对其真实性、准确性、完整性承担相应的法律责任。"

声明应由全体董事、监事及高级管理人员签名,并由发行人加盖公章。

第六十七条 主承销商应在募集说明书正文后声明:"本公司已对募集说明书及其摘要进行了核查,确认不存在虚假记载、误导性陈述或重大遗漏,并对其真实性、准确性和完整性承担相应的法律责任。"

声明应由项目负责人、公司法定代表人或其授权代表签名,并由公司加盖公章。

第六十八条 发行人律师应在募集说明书正文后声明:

"本所及签字的律师已阅读募集说明书及其摘要,确认募集说明书及其摘要与本所出具的法律意见书不存在矛盾。本所及签字律师对发行人在募集说明书及其摘要中引用的法律意见书的内容无异议,确认募集说明书不致因所引用内容而出现虚假记载、误导性陈述或重大遗漏,并对其真实性、准确性和完整性承担相应的法律责任。"

声明应由签字的律师、所在律师事务所负责人签名,并由律师事务所加盖公章。

第六十九条 承担审计业务的会计师事务所应在募集说明书正文后声明:

"本所及签字注册会计师已阅读募集说明书及其摘要,确认募集说明书及其摘要与本所出具的报告不存在矛盾。本所及签字注册会计师对发行人在募集说明书及其摘要中引用的财务报告的内容无异议,确认募集说明书不致因所引用内容而出现虚假记载、误导性陈述或重大遗漏,并对其真实性、准确性和完整性承担相应的法律责任。"

声明应由签字注册会计师及所在会计师事务所负责人签名,并由会计师事务所加盖公章。

第七十条 承担资信评级业务或者资产评估业务(如有)的机构应在募集说明书正文后声明:"本机构及签字的资信评级人员(或资产评估人员)已阅读募集说明书及其摘要,确认募集说明书及其摘要与本机构出具的报告不存在矛盾。本机构及签字的资信评级人员(或资产评估人员)对发行人在募集说明书及其摘要中引用的报告的内容无异议,确认募集说明书及其摘要不致因所引用内容而出现虚假记载、误导性陈述或重大遗漏,并对其真实性、准确性和完整性承担相应的法律责任。"

声明应由签字的资信评级人员(或资产评估人员)及单位负责人签名,并由资信评级机构或者资产评估机构加盖公章。

第十二节 备查文件

第七十一条 募集说明书结尾应列明备查文件,并在指定网站上披露。

第七十二条 备查文件包括下列文件:

(一)发行人最近三年的财务报告及审计报告,最近一期财务报告或会计报表;

(二)主承销商出具的核查意见;

(三)法律意见书;

(四)资信评级报告;

(五)债券持有人会议规则;

(六)债券受托管理协议;

(七)中国证监会核准本次发行的文件。

如有下列文件,应作为备查文件披露:

(一)担保合同和担保函;

(二)提供保证担保的,如保证人为法人或其他组织,应提供保证人最近一年的财务报告(并注明是否

经审计)以及最近一期财务报告或会计报表;

(三)采用抵押或质押担保的,应提供抵/质押物的权属证明、资产评估报告及与抵/质押相关的登记、保管、持续监督安排等方面的文件;

(四)采用其他增信机制或偿债保障措施的,应提供相关协议文件;

(五)发行人董事会(或者法律法规及公司章程规定的有权机构)关于报告期内被出具非标准无保留意见审计报告涉及事项处理情况的说明;

(六)注册会计师关于报告期内非标准无保留意见审计报告的补充意见;

(七)最近三年内发生重大资产重组的发行人提供的重组前一年的备考财务报告以及审计或审阅报告和重组进入公司的资产的财务报告、资产评估报告和/或审计报告;

(八)拟收购资产的资产评估报告及有关审核文件;

(九)其他与发行有关的重要文件。

第三章 募集说明书摘要

第七十三条 发行人应在募集说明书摘要的显要位置声明:

"本募集说明书摘要的目的仅为向投资者提供有关本次发行的简要情况,并不包括募集说明书全文的各部分内容。募集说明书全文同时刊载于XXX网站。投资者在做出认购决定之前,应仔细阅读募集说明书全文,并以其作为投资决定的依据。"

第七十四条 募集说明书摘要的内容至少包括下列各部分:

(一)发行概况,按照本准则第二章第二节的要求披露;

(二)评级情况;

(三)发行人基本情况,按照本准则第二章第六节的要求简要披露;

(四)公司的资信情况;

(五)财务会计信息,披露本准则第四十八条要求的财务指标;

(六)募集资金运用,简要披露募集资金的用途、使用计划和专项账户管理安排。

第七十五条 募集说明书摘要的结尾应当说明募集说明书全文及备查文件的查阅方式。

第四章 附 则

第七十六条 本准则由中国证监会负责解释。

第七十七条 本准则自发布之日起施行。2007年8月15日发布的《公开发行证券的公司信息披露内容与格式准则第23号——公开发行公司债券募集说明书》(证监发行字〔2007〕224号)同时废止。

公开发行证券的公司信息披露内容与格式准则第24号——公开发行公司债券申请文件(2015年修订)

2015年3月2日中国证券监督管理委员会公告〔2015〕3号公布施行

第一条 为规范公开发行公司债券申请文件的报送行为,根据《公司法》、《证券法》、《公司债券发行与交易管理办法》制定本准则。

第二条 申请公开发行公司债券的,应按本准则的规定制作申请文件。

第三条 本准则规定的申请文件目录是对发行申请文件的最低要求,中国证监会根据审核需要,可以要求发行人和中介机构补充材料。如果某些材料对发行人不适用,可不必提供,但应向中国证监会作出书面说明。

第四条 发行人、主承销商报送申请文件,应当提交原件一份,复印件两份。

第五条 发行人不能提供有关文件的原件的,应由发行人律师提供鉴证意见,或由出文单位盖章,以保证与原件一致。如原出文单位不再存续,由承继其职权的单位或作出撤销决定的单位出文证明文件的真实性。

所有需要签名处,均应为签名人亲笔签名,不得以名章、签名章等代替。

第六条 申请文件的封面和侧面应标明"XXX公司公开发行公司债券申请文件(面向公众投资者/面向合格投资者)"字样。

发行申请文件的扉页上应标明发行人董事会秘书或相关负责人以及有关中介机构项目负责人的姓名、电话、传真及其他有效的联系方式。

第七条 在每次报送书面文件的同时,发行人应报两份相应的电子文件(应为标准.doc或.rtf文件)。

发行结束后,发行人应将募集说明书的电子文件及历次报送的电子文件汇总报送中国证监会备案。

第八条 未按本准则的要求制作和报送发行申请文件的,中国证监会可不予受理。

第九条 本准则自发布之日起施行。2007年8月15日发布的《公开发行证券的公司信息披露内容与格式准则第24号——公开发行公司债券申请文件》(证监发行字〔2007〕225号)同时废止。

附录:

公开发行公司债券申请文件目录

第一章　本次公司债券发行的募集文件

1－1　募集说明书(申报稿)

1－2　募集说明书摘要

第二章　发行人关于本次公司债券发行的申请与授权文件

2－1　发行人关于本次公司债券发行的申请报告

2－2　发行人董事会决议、股东会或股东大会决议(或者法律法规以及公司章程规定的有权机构决议)

第三章　中介机构关于本次公司债券发行的文件

3－1　主承销商核查意见,主要内容应当包括:

(1)发行人基本情况;

(2)公司债券主要发行条款;

(3)发行人是否履行了规定的内部决策程序;

(4)对募集文件真实性、准确性和完整性的核查意见,包括募集文件中与发行条件相关的内容是否符合相关法律法规及部门规章规定的意见;

(5)发行人存在的主要风险;

(6)主承销商已按照有关规定进行尽职调查和审慎核查的承诺;

(7)主承销商是否履行了内核程序,以及内核关注的主要问题、解决情况以及内核意见;

(8)发行人是否是地方政府融资平台公司的核查意见(适用于地方政府及其部门或机构直接或间接控股的发行人);

(9)中国证监会要求的其他内容。

核查意见应当由主承销商法定代表人、债券承销业务负责人、内核负责人、项目负责人及其他成员签字,加盖主承销商公章并注明签署日期。

3－2　发行人律师出具的法律意见书

第四章　其他文件

4－1　发行人最近三年的财务报告和审计报告及最近一期的财务报告或会计报表(截至此次申请时,最近三年内发生重大资产重组的发行人,同时应当提供重组前一年的备考财务报告以及审计或审阅报告和重组进入公司的资产的财务报告、资产评估报告和/或审计报告)

4－2　发行人董事会(或者法律法规及公司章程规定的有权机构)、会计师事务所及注册会计师关于非标准无保留意见审计报告的补充意见(如有)

4－3　本次公司债券发行募集资金使用的有关文件

4－4　债券受托管理协议

4－5　债券持有人会议规则

4－6　资信评级机构为本次发行公司债券出具的资信评级报告

4－7　本次发行公司债券的担保合同、担保函、担保人就提供担保获得的授权文件(如有);担保财产的资产评估文件(如为抵押或质押担保)

4－8　担保人最近一年的财务报告(并注明是否经审计)及最近一期的财务报告或会计报表

4－9　特定行业主管部门出具的监管意见书

4－10　发行人全体董事、监事和高管对发行申请文件真实性、准确性和完整性的承诺书

公开发行证券的公司信息披露内容与格式准则第25号——上市公司非公开发行股票预案和发行情况报告书

1. 2007年9月17日中国证券监督管理委员会发布

2. 证监发行字〔2007〕303号

第一章　总　　则

第一条　为规范上市公司非公开发行股票的信息披露行为,根据《上市公司证券发行管理办法》(证监会令第30号)、《上市公司非公开发行股票实施细则》(证监发行字〔2007〕302号),制定本准则。

第二条　上市公司非公开发行股票,应当按照本准则第二章的要求编制非公开发行股票预案,作为董事会决议的附件,与董事会决议同时刊登。

第三条　上市公司非公开发行股票结束后,应当按照本准则第三章的要求编制并刊登发行情况报告书。

第四条　在不影响信息披露的完整并保证阅读方便的前提下,对于曾在定期报告、临时公告或者其他信息披露文件中披露过的信息,如事实未发生变化,发行人可以采用索引的方法进行披露。

本准则某些具体要求对本次发行确实不适用或者需要豁免适用的,上市公司可以根据实际情况调整,但应当在提交发行申请文件时作出专项说明。

第二章　非公开发行股票预案

第五条　非公开发行股票预案应当包括以下内容:

(一)本次非公开发行股票方案概要;

(二)董事会关于本次募集资金使用的可行性分析;

(三)董事会关于本次发行对公司影响的讨论与分析;

（四）其他有必要披露的事项。

第六条 发行对象为上市公司控股股东、实际控制人及其控制的关联人、境内外战略投资者，或者发行对象认购本次发行的股份将导致公司实际控制权发生变化的，非公开发行股票预案除应当包括本准则第五条规定的内容外，还应当披露以下内容：

（一）发行对象的基本情况；

（二）附条件生效的股份认购合同的内容摘要。

第七条 本次募集资金用于收购资产的，非公开发行股票预案除应当包括本准则第五条、第六条规定的内容外，还应当披露以下内容：

（一）目标资产的基本情况；

（二）附条件生效的资产转让合同的内容摘要；

（三）董事会关于资产定价合理性的讨论与分析。

第八条 上市公司拟收购的资产在首次董事会前尚未进行审计、评估，以及相关盈利预测数据尚未经注册会计师审核的，在首次董事会决议公告中应披露相关资产的主要历史财务数据，注明未经审计，并作出关于“目标资产经审计的历史财务数据、资产评估结果以及经审核的盈利预测数据将在发行预案补充公告中予以披露”的特别提示。

上市公司应当在审计、评估或者盈利预测审核完成后再次召开董事会，对相关事项作出补充决议，并编制非公开发行股票预案的补充公告。

第九条 本次非公开发行股票方案概要应当根据情况说明以下内容：

（一）上市公司本次非公开发行的背景和目的；

（二）发行对象及其与公司的关系；

（三）发行股份的价格及定价原则、发行数量、限售期；

（四）募集资金投向；

（五）本次发行是否构成关联交易；

（六）本次发行是否导致公司控制权发生变化；

（七）本次发行方案已经取得有关主管部门批准的情况以及尚需呈报批准的程序。

第十条 董事会关于本次募集资金使用的可行性分析应当包括以下内容：

（一）简要说明本次募集资金的使用计划、投资项目基本情况、项目发展前景，以及本次发行对公司经营管理、财务状况等的影响；

（二）募集资金用于补充流动资金或者偿还银行贷款的，应当说明补充流动资金或者偿还银行贷款的具体数额，并详细分析其必要性和对公司财务状况的影响；

（三）募集资金用于收购他人资产的，应当披露相关资产的信息；

（四）本次募集资金投资项目涉及立项、土地、环保等有关报批事项的，应当说明已经取得有关主管部门批准的情况以及尚需呈报批准的程序。

第十一条 发行对象属于本准则第六条、第七条规定的情况的，发行对象的基本情况说明应当包括：

（一）发行对象是法人的，应披露发行对象名称、注册地、法定代表人，与其控股股东、实际控制人之间的股权控制关系结构图，主营业务情况，最近3年主要业务的发展状况和经营成果，并披露其最近1年简要财务会计报表，注明是否已经审计；

（二）发行对象是自然人的，应披露姓名、住所，最近5年内的职业、职务，应注明每份职业的起止日期以及所任职单位、是否与所任职单位存在产权关系，以及其所控制的核心企业和核心业务、关联企业的主营业务情况；

（三）发行对象及其董事、监事、高级管理人员（或者主要负责人）最近5年受过行政处罚（与证券市场明显无关的除外）、刑事处罚或者涉及与经济纠纷有关的重大民事诉讼或者仲裁的，应当披露处罚机关或者受理机构的名称、处罚种类、诉讼或者仲裁结果以及日期、原因和执行情况；

（四）本次发行完成后，发行对象及其控股股东、实际控制人所从事的业务与上市公司的业务是否存在同业竞争或者潜在的同业竞争，是否存在关联交易；如存在，是否已做出相应的安排确保发行对象及其关联方与上市公司之间避免同业竞争以及保持上市公司的独立性；

（五）本次发行预案披露前24个月内发行对象及其控股股东、实际控制人与上市公司之间的重大交易情况。

第十二条 通过本次发行拟进入的资产为非股权资产的，应当重点说明相关资产的下列基本情况：

（一）相关的资产名称、类别以及所有者和经营管理者的基本情况；

（二）资产权属是否清晰、是否存在权利受限、权属争议或者妨碍权属转移的其他情况；

（三）相关资产独立运营和核算的情况。披露最近1年1期主营业务发展情况和经审计的财务信息摘要。分析其财务状况、经营成果、现金流量状况及其发展趋势；

（四）资产的交易价格及定价依据。披露相关资产经审计的账面值；交易价格以资产评估结果作为依据的，应当披露资产评估方法和资产评估结果；相关资产在最近3年曾进行资产评估或者交易的，还应当说明评估价值和交易价格、交易对方。

第十三条 拟进入的资产为股权的，还应当重点说明相关股权的下列基本情况：

（一）股权所在公司的名称、企业性质、注册地、主要办公地点、法定代表人、注册资本;股权及控制关系,包括公司的主要股东及其持股比例、股东出资协议及公司章程中可能对本次交易产生影响的主要内容、原高管人员的安排;

(二)股权所在公司主要资产的权属状况及对外担保和主要负债情况;

(三)股权所在公司最近1年1期主营业务发展情况和经审计的财务信息摘要。分析其主要财务指标状况及其发展趋势。

第十四条　拟进入的资产将增加上市公司的债务或者或有负债的,披露内容还应包括:

(一)债务的本息、期限、债权人等基本情况;

(二)上市公司承担该债务的必要性;

(三)交易完成后上市公司是否存在偿债风险和其他或有风险;

(四)是否已取得债权人的书面同意,对未获得同意部分的债务处理安排等。

第十五条　附生效条件的股份认购合同的内容摘要应当包括:

(一)合同主体、签订时间;

(二)认购方式、支付方式;

(三)合同的生效条件和生效时间;

(四)合同附带的任何保留条款、前置条件;

(五)违约责任条款。

附生效条件的资产转让合同的内容摘要除前款内容外,至少还应当包括:

(一)目标资产及其价格或定价依据;

(二)资产交付或过户时间安排;

(三)资产自评估截止日至资产交付日所产生收益的归属;

(四)与资产相关的人员安排。

第十六条　董事会关于资产定价合理性的讨论与分析,应当分别对资产交易价格或者资产评估价格的合理性进行说明。

资产交易价格以经审计的账面值为依据的,上市公司董事会应当结合相关资产的盈利能力说明定价的公允性。

本次资产交易根据资产评估结果定价的,在评估机构出具资产评估报告后,应当补充披露上市公司董事会及独立董事对评估机构的独立性、评估假设前提和评估结论的合理性、评估方法的适用性等问题发表的意见。采取收益现值法等基于对未来收益预测的评估方法进行评估的,应当披露评估机构对评估方法的适用性、评估假设前提及相关参数的合理性、未来收益预测的谨慎性的说明。

第十七条　董事会关于本次发行对公司影响的讨论与分析部分,应当根据情况说明以下内容:

(一)本次发行后上市公司业务及资产是否存在整合计划,公司章程等是否进行调整;预计股东结构、高管人员结构、业务结构的变动情况;

(二)本次发行后上市公司财务状况、盈利能力及现金流量的变动情况;

(三)上市公司与控股股东及其关联人之间的业务关系、管理关系、关联交易及同业竞争等变化情况;

(四)本次发行完成后,上市公司是否存在资金、资产被控股股东及其关联人占用的情形,或上市公司为控股股东及其关联人提供担保的情形;

(五)上市公司负债结构是否合理,是否存在通过本次发行大量增加负债(包括或有负债)的情况,是否存在负债比例过低、财务成本不合理的情况;

(六)本次股票发行相关的风险说明。如市场风险、业务与经营风险、财务风险、管理风险、政策风险和其他风险。

第三章　发行情况报告书

第十八条　发行情况报告书至少应当包括以下内容:

(一)本次发行的基本情况;

(二)发行前后相关情况对比;

(三)保荐人关于本次发行过程和发行对象合规性的结论意见;

(四)发行人律师关于本次发行过程和发行对象合规性的结论意见;

(五)发行人全体董事的公开声明;

(六)备查文件。

第十九条　由于情况发生变化,导致董事会决议中关于本次发行的讨论与分析需要修正或者补充说明的,董事会应当在发行情况报告书中作出专项的讨论与分析。

第二十条　本次发行的基本情况应当包括:

(一)本次发行履行的相关程序,包括但不限于董事会和股东大会表决的时间、监管部门审核发行申请的发审会场次及时间、取得核准批文的时间、核准文件的文号、资金到账和验资时间、办理股权登记的时间等内容;

(二)本次发行证券的类型、发行数量、证券面值、发行价格、募集资金量、发行费用等;其中,应当公告各发行对象的申购报价情况及其获得配售的情况,发行价格与发行底价、发行日前20个交易日均价的比率;

(三)各发行对象的名称、企业性质、注册地、注册资本、主要办公地点、法定代表人、主要经营范围及其认购数量与限售期,应明示限售期的截止日;与发行人的关联关系,该发行对象及其关联方与发行人最近一

年重大交易情况(按照偶发性和经常性分别列示)以及未来交易的安排。发行对象是自然人的,应当披露其姓名、住所;

(四)本次发行相关机构名称、法定代表人、经办人员、办公地址、联系电话、传真。包括:保荐人和承销团成员、发行人律师事务所、审计机构、资产评估机构等。

第二十一条 发行前后相关情况对比,发行人应着重披露以下内容:

(一)本次发行前后前10名股东持股数量、持股比例、股份性质及其股份限售比较情况。

(二)本次发行对公司的影响,包括股本结构、资产结构、业务结构、公司治理、高管人员结构、关联交易和同业竞争等的变动情况。

第二十二条 发行情况报告书应当披露保荐人关于本次非公开发行过程和发行对象合规性报告的结论意见。内容至少包括:

(一)关于本次发行定价过程合规性的说明;

(二)关于发行对象的选择是否公平、公正,是否符合上市公司及其全体股东的利益的说明。

第二十三条 发行情况报告书应当披露发行人律师关于本次非公开发行过程和发行对象合规性报告的结论意见。内容至少包括:

(一)关于发行对象资格的合规性的说明;

(二)关于本次发行相关合同等法律文件的合规性的说明;

(三)本次发行涉及资产转让或者其他后续事项的,应当陈述办理资产过户或者其他后续事项的程序、期限,并进行法律风险评估。

第二十四条 发行人全体董事应在发行情况报告书的首页声明:

"本公司全体董事承诺本发行情况报告书不存在虚假记载、误导性陈述或重大遗漏,并对其真实性、准确性、完整性承担个别和连带的法律责任。"

声明应由全体董事签名,并由发行人加盖公章。

第二十五条 发行情况报告书的备查文件包括:

(一)保荐机构出具的发行保荐书和尽职调查报告;

(二)发行人律师出具的法律意见书和律师工作报告。

第四章 附 则

第二十六条 依照法律法规、规章和证券交易所规则的规定,本次非公开发行股票需要披露其他信息的,应当按照各有关规定予以披露。

第二十七条 本准则自发布之日起实施。

公开发行证券的公司信息披露内容与格式准则第26号——上市公司重大资产重组(2014年修订)

2014年12月24日中国证券监督管理委员会公告〔2014〕53号公布施行

第一章 总 则

第一条 为规范上市公司重大资产重组的信息披露行为,根据《证券法》、《上市公司重大资产重组管理办法》(证监会令第109号,以下简称《重组办法》)及其他相关法律、行政法规及部门规章的规定,制定本准则。

第二条 上市公司进行《重组办法》规定的资产交易行为(以下简称重大资产重组),应当按照本准则编制重大资产重组报告书(以下简称重组报告书)等信息披露文件,并按《重组办法》等相关规定予以披露。

上市公司进行需向中国证券监督管理委员会(以下简称中国证监会)申请行政许可的资产交易行为,还应当按照本准则的要求制作和报送申请文件。上市公司未按照本准则的要求制作、报送申请文件的,中国证监会可不予受理或者要求其重新制作、报送。

第三条 本准则的规定是对上市公司重大资产重组信息披露或申请文件的最低要求。不论本准则是否有明确规定,凡对上市公司股票及其衍生品交易价格可能产生较大影响或对投资者做出投资决策有重大影响的信息,均应披露或提供。

本准则某些具体要求对当次重大资产重组确实不适用的,上市公司可根据实际情况,在不影响内容完整性的前提下予以适当调整,但应当在披露或申请时作出说明。

中国证监会可以根据监管实际需要,要求上市公司补充披露其他有关信息或提供其他有关文件。

第四条 由于涉及国家机密、商业秘密(如核心技术的保密资料、商业合同的具体内容等)等特殊原因,本准则规定的某些信息或文件确实不便披露或提供的,上市公司可以不予披露或提供,但应当在相关章节中详细说明未按本准则要求进行披露或提供的原因。中国证监会认为需要披露或提供的,上市公司应当披露或提供。

第五条 重大资产重组有关各方应当及时、公平地披露或提供信息,披露或提供的所有信息应当真实、准确、完整,所描述的事实应当有充分、客观、公正的依据,所引用的数据应当注明资料来源,不得有虚假记载、误导性陈述或者重大遗漏。

上市公司全体董事、监事、高级管理人员及相关证券服务机构及人员应当按要求在所披露或提供的有关文件上发表声明,确保披露或提供文件的真实性、准确性和完整性。

交易对方应当按要求在所披露或申请的有关文件上发表声明,确保为本次重组所提供的信息的真实性、准确性和完整性。

第六条　重大资产重组信息披露文件应当便于投资者阅读,在充分披露的基础上做到逻辑清晰、简明扼要,具有可读性和可理解性。

重大资产重组信息披露文件和申请文件(如涉及)应当作为备查文件,供投资者查阅。

第二章　重组预案

第七条　上市公司编制的重组预案应当至少包括以下内容:

(一)重大事项提示、重大风险提示;

(二)本次交易的背景和目的;

(三)本次交易的具体方案。方案介绍中应当披露本次交易是否构成《重组办法》第十三条规定的交易情形(以下简称借壳上市)及其判断依据;

(四)上市公司基本情况,包括公司设立情况及曾用名称,最近三年的控制权变动情况(如上市公司最近三年控制权未变动,则应披露上市以来最近一次控制权变动情况),主营业务发展情况和主要财务指标(包括总资产、净资产、营业收入、利润总额、净利润、经营活动产生的现金流量净额、资产负债率、毛利率、每股收益等,下同),以及控股股东、实际控制人概况;

(五)交易对方基本情况。交易对方为法人的,应当披露其名称、注册地、法定代表人,与其控股股东、实际控制人之间的产权控制关系结构图,最近三年主要业务发展状况和最近两年主要财务指标,按产业类别划分的下属企业名目等;交易对方为自然人的,应当按照本准则第十五条第(二)项的相关要求披露;交易对方为其他主体的,应当披露其名称、性质及相关协议安排,如为合伙企业,还应当比照第十五条第(一)项相关要求,披露合伙企业及其相关的产权及控制关系、主要合伙人及其他关联人、下属企业名目等情况;

(六)交易标的基本情况,包括历史沿革、报告期(本准则所述报告期指最近两年及一期,如属于借壳上市的情形,报告期指最近三年及一期)主要财务指标、主营业务、评估或估值的情况及拟定价等;相关证券服务机构未完成审计、评估或估值、盈利预测审核(若涉及)的,上市公司全体董事应当声明保证相关数据的真实性和合理性,并作出"相关资产经审计的财务数据、评估或估值结果、以及经审核的盈利预测数据(若涉及)将在重大资产重组报告书中予以披露"的特别提示;

交易标的为企业股权的,应当披露该企业是否存在出资瑕疵或影响其合法存续的情况;上市公司在交易完成后将成为持股型公司的,应当披露作为主要交易标的的企业股权是否为控股权;交易标的为有限责任公司股权的,应当披露是否已取得该公司其他股东的同意或者符合公司章程规定的转让前置条件;

交易标的涉及土地使用权、矿业权等资源类权利的,应当披露是否已取得相应的权属证书、是否已具备相应的开发或开采条件、以及土地出让金、矿业权价款等费用的缴纳情况;

交易标的涉及立项、环保、行业准入、用地、规划、施工建设等有关报批事项的,应当披露是否已取得相应的许可证书或相关主管部门的批复文件;

(七)非现金支付方式情况(如涉及)。上市公司发行股份购买资产的,应当披露发行股份的定价及依据、本次发行股份购买资产的董事会决议明确的发行价格调整方案等相关信息。上市公司通过发行优先股、向特定对象发行可转换为股票的公司债券、定向权证等非现金支付方式购买资产的,应当比照前述要求披露相关信息;

交易方案涉及吸收合并的,应当披露换股价格及确定方法、本次吸收合并的董事会决议明确的换股价格调整方案、异议股东权利保护安排、债权人权利保护安排等相关信息;

交易方案涉及募集配套资金的,应当披露募集配套资金的预计金额及占交易总金额的比例、股份发行情况、用途及必要性等相关信息;

(八)本次交易对上市公司的影响,包括但不限于主营业务、盈利能力、关联交易、同业竞争和股权结构的预计变化情况;

(九)本次交易行为涉及有关报批事项的,应当详细说明已向有关主管部门报批的进展情况和尚需呈报批准的程序,并对可能无法获得批准的风险作出特别提示;

(十)本次交易存在其他重大不确定性因素的,应当对相关风险作出充分说明和特别提示;

(十一)保护投资者合法权益的相关安排;

(十二)本次交易涉及的相关主体买卖上市公司股票的自查情况;

(十三)相关证券服务机构的意见。

第三章　重组报告书

第一节　封面、目录、释义

第八条　上市公司应当在重组报告书全文文本封面列明

重组报告书的标题。重组报告书标题应明确具体交易形式，包括但不限于：××股份有限公司重大资产购买报告书、××股份有限公司重大资产出售报告书、××股份有限公司重大资产置换报告书、××股份有限公司发行股份购买资产报告书或××股份有限公司吸收合并××公司报告书。

资产重组采取两种以上交易形式组合的，应当在标题中列明，如"××股份有限公司重大资产置换及发行股份购买资产报告书"；发行股份购买资产同时募集配套资金的，应当在标题中标明"并募集配套资金"，如"××股份有限公司发行股份购买资产并募集配套资金报告书"；资产重组构成关联交易的，还应当在标题中标明"暨关联交易"的字样，如"××股份有限公司重大资产购买暨关联交易报告书"。

同时，封面中应当载明以下内容：

(1)上市公司的名称、股票上市地点、股票简称、股票代码；

(2)交易对方的名称或姓名；

(3)独立财务顾问名称；

(4)重组报告书签署日期。

第九条 重组报告书的目录应当标明各章、节的标题及相应的页码，内容编排应当符合通行的中文惯例。

第十条 上市公司应当在重组报告书中对可能造成投资者理解障碍及有特定含义的术语作出释义，释义应当在目录次页排印。

第二节 重大事项提示

第十一条 上市公司应当在重组报告书扉页中，遵循重要性和相关性原则，以简明扼要的方式，就与本次重组有关的重大事项，进行"重大事项提示"。包括但不限于：

(一)本次重组方案简要介绍；

(二)按《重组办法》规定计算的相关指标、本次重组是否构成关联交易(如构成关联交易，应披露构成关联交易的原因、涉及董事和股东的回避表决安排)、是否构成借壳上市及判断依据；

(三)本次重组支付方式、募集配套资金安排简要介绍(若涉及)；

(四)交易标的评估或估值情况简要介绍；

(五)本次重组对上市公司影响的简要介绍，列表披露本次重组对上市公司股权结构的影响及对上市公司主要财务指标的影响；

(六)本次重组已履行的和尚未履行的决策程序及报批程序，本次重组方案实施前尚需取得的有关批准，并明确取得批准前不得实施本次重组方案；

(七)列表披露本次重组相关方作出的重要承诺；

(八)本次重组对中小投资者权益保护的安排，包括但不限于股东大会表决情况、网络投票安排、并购重组摊薄当期每股收益的填补回报安排等；

(九)其他需要提醒投资者重点关注的事项。

第三节 重大风险提示

第十二条 上市公司应当在重组报告书扉页中针对本次重组的实际情况，遵循重要性和相关性原则，在第十三节"风险因素"基础上，选择若干可能直接或间接对本次重组及重组后上市公司生产经营状况、财务状况和持续盈利能力等产生严重不利影响的风险因素，进行"重大风险提示"。

第四节 本次交易概况

第十三条 介绍本次重组的交易概况，包括但不限于：

(一)交易背景及目的；

(二)本次交易决策过程和批准情况；

(三)本次交易具体方案；

(四)本次重组对上市公司的影响。

第五节 交易各方

第十四条 上市公司基本情况，包括公司设立情况及曾用名称，最近三年的控制权变动情况(如上市公司最近三年控制权未变动，则应披露上市以来最近一次控制权变动情况)，重大资产重组情况、主营业务发展情况和主要财务指标，以及控股股东、实际控制人概况。

上市公司是否因涉嫌犯罪被司法机关立案侦查或者涉嫌违法违规被中国证监会立案调查，最近三年是否受到行政处罚或者刑事处罚，如存在，应当披露相关情况，并说明对本次重组的影响。

第十五条 交易对方情况：

(一)交易对方为法人的，应当披露其名称、企业性质、注册地、主要办公地点、法定代表人、注册资本、组织机构代码、税务登记证号码、历史沿革、经营范围，最近三年注册资本变化情况、主要业务发展状况和最近两年主要财务指标，最近一年简要财务报表并注明是否已经审计；

以方框图或者其他有效形式，全面披露交易对方相关的产权及控制关系，包括交易对方的主要股东或权益持有人、股权或权益的间接控制人及各层之间的产权关系结构图，直至自然人、国有资产管理部门或者股东之间达成某种协议或安排的其他机构；以文字简要介绍交易对方的主要股东及其他关联人的基本情况；列示交易对方按产业类别划分的下属企业名目；

交易对方成立不足一个完整会计年度、没有具体

经营业务或者是专为本次交易而设立的,则应当按照上述要求披露交易对方的实际控制人或者控股公司的相关资料;

(二)交易对方为自然人的,应当披露其姓名(包括曾用名)、性别、国籍、身份证号码、住所、通讯地址、是否取得其他国家或者地区的居留权、最近三年的职业和职务,并注明每份职业的起止日期和任职单位,是否与任职单位存在产权关系,以及其控制的企业和关联企业的基本情况;

(三)交易对方为其他主体的,应当披露其名称、性质及相关协议安排。如为合伙企业,还应当比照第(一)项相关要求,披露合伙企业及其相关的产权及控制关系、主要合伙人及其他关联人、下属企业名目的情况;

(四)交易对方与上市公司之间是否存在关联关系及其情况说明,交易对方向上市公司推荐董事或者高级管理人员的情况;

(五)交易对方及其主要管理人员最近五年内受过行政处罚(与证券市场明显无关的除外)、刑事处罚、或者涉及与经济纠纷有关的重大民事诉讼或者仲裁的,应当披露处罚机关或者受理机构的名称、处罚种类、诉讼或者仲裁结果,以及日期、原因和执行情况;

(六)交易对方及其主要管理人员最近五年的诚信情况,包括但不限于:交易对方及其主要管理人员未按期偿还大额债务、未履行承诺、被中国证监会采取行政监管措施或受到证券交易所纪律处分的情况等。

第六节　交易标的

第十六条　交易标的为完整经营性资产的(包括股权或其他构成可独立核算会计主体的经营性资产),应当披露:

(一)该经营性资产的名称、企业性质、注册地、主要办公地点、法定代表人、注册资本、成立日期、组织机构代码、税务登记证号码;

(二)该经营性资产的历史沿革,包括设立情况、历次增减资或股权转让情况、是否存在出资瑕疵或影响其合法存续的情况;

该经营性资产最近三年增减资及股权转让的原因、作价依据及其合理性,股权变动相关方的关联关系,是否履行必要的审议和批准程序,是否符合相关法律法规及公司章程的规定,是否存在违反限制或禁止性规定而转让的情形;

(三)该经营性资产的产权或控制关系,包括其主要股东或权益持有人及持有股权或权益的比例、公司章程中可能对本次交易产生影响的主要内容或相关投资协议、高级管理人员的安排、是否存在影响该资产独立性的协议或其他安排(如让渡经营管理权、收益权等);

(四)该经营性资产及其对应的主要资产的权属状况、对外担保情况及主要负债、或有负债情况,说明产权是否清晰,是否存在抵押、质押等权利限制,是否涉及诉讼、仲裁、司法强制执行等重大争议或者存在妨碍权属转移的其他情况;

该经营性资产是否因涉嫌犯罪被司法机关立案侦查或者涉嫌违法违规被中国证监会立案调查,是否受到行政处罚或者刑事处罚,如存在,应当披露相关情况,并说明对本次重组的影响;

(五)最近三年主营业务发展情况。如果该经营性资产的主营业务和产品(或服务)分属不同行业,则应按不同行业分别披露相关信息;

(六)报告期经审计的财务指标。除主要财务指标外,还应包括扣除非经常性损益的净利润,同时说明报告期非经常性损益的构成及原因,扣除非经常性损益后净利润的稳定性,非经常性损益(如财政补贴)是否具备持续性;

(七)交易标的为企业股权的,应当披露该企业是否存在出资瑕疵或影响其合法存续的情况;上市公司在交易完成后将成为持股型公司的,应当披露作为主要交易标的的企业股权是否为控股权;交易标的为有限责任公司股权的,应当披露是否已取得该公司其他股东的同意或者符合公司章程规定的股权转让前置条件;

(八)该经营性资产的权益最近三年曾进行与交易、增资或改制相关的评估或估值的,应当披露相关评估或估值的方法、评估或估值结果及其与账面值的增减情况,交易价格、交易对方和增资改制的情况,并列表说明该经营性资产最近三年评估或估值情况与本次重组评估或估值情况的差异原因;

(九)该经营性资产的下属企业构成该经营性资产最近一期经审计的资产总额、营业收入、净资产额或净利润来源20%以上且有重大影响的,应参照上述要求披露该下属企业的相关信息。

第十七条　交易标的不构成完整经营性资产的,应当披露:

(一)相关资产的名称、类别;

(二)相关资产的权属状况,包括产权是否清晰,是否存在抵押、质押等权利限制,是否涉及诉讼、仲裁、司法强制执行等重大争议或者存在妨碍权属转移的其他情况;

(三)相关资产最近三年的运营情况和报告期经审计的财务数据,包括但不限于资产总额、资产净额、可准确核算的收入或费用额;

(四)相关资产在最近三年曾进行评估、估值或者交易的，应当披露评估或估值结果、交易价格、交易对方等情况，并列表说明相关资产最近三年评估或估值情况与本次重组评估或估值情况的差异原因。

第十八条 交易标的涉及立项、环保、行业准入、用地、规划、建设许可等有关报批事项的，应当披露是否取得相应的许可证书或者有关主管部门的批复文件。

交易标的涉及土地使用权、矿业权等资源类权利的，应当披露是否已取得相应的权属证书、是否已具备相应的开发或开采条件、以及土地出让金、矿业权价款等费用的缴纳情况。

第十九条 交易标的涉及许可他人使用自己所有的资产，或者作为被许可方使用他人资产的，应当简要披露许可合同的主要内容，包括许可人、被许可人、许可使用的具体资产内容、许可方式、许可年限、许可使用费等，以及合同履行情况；充分说明本次重组对上述许可合同效力的影响，该等资产对交易标的持续经营的影响，并就许可的范围、使用的稳定性、协议安排的合理性等进行说明。

第二十条 资产交易涉及债权债务转移的，应当披露该等债权债务的基本情况、已取得债权人书面同意的情况，说明未获得同意部分的债务金额、债务形成原因、到期日，并对该部分债务的处理做出妥善安排，说明交易完成后上市公司是否存在偿债风险和其他或有风险及应对措施。

第二十一条 资产交易涉及重大资产购买的，上市公司应当根据重要性原则，结合行业特点，披露拟购买资产主营业务的具体情况，包括：

（一）主要产品（或服务）所处行业的主管部门、监管体制、主要法律法规及政策等；

（二）主要产品（或服务）的用途及报告期的变化情况。如从事多种产品（或服务）生产经营的，产品（或服务）分类的口径应当前后一致。如产品（或服务）分属不同行业，则应按不同行业分别披露相关信息；

（三）主要产品的工艺流程图或主要服务的流程图；

（四）主要经营模式（通常包括采购模式、生产模式、销售模式）、盈利模式和结算模式；

（五）列表披露报告期各期主要产品（或服务）的产能、产量、期初及期末库存、销量、销售收入，产品（或服务）的主要消费群体、销售价格的变动情况；报告期各期向前五名客户合计的销售额占当期销售总额的百分比，向单个客户的销售比例超过总额的50%或严重依赖于少数客户的，应当披露其名称及销售比例。如该客户为交易对方及其关联方，则应当披露产品最终实现销售的情况。受同一实际控制人控制的销售客户，应当合并计算销售额；

（六）报告期主要产品的原材料和能源及其供应情况，主要原材料和能源的价格变动趋势、主要原材料和能源占成本的比重；报告期各期向前五名供应商合计的采购额占当期采购总额的百分比，向单个供应商的采购比例超过总额的50%或严重依赖于少数供应商的，应当披露其名称及采购比例。受同一实际控制人控制的供应商，应当合并计算采购额；

（七）报告期董事、监事、高级管理人员和核心技术人员，其他主要关联方或持有拟购买资产5%以上股份的股东在前五名供应商或客户中所占的权益。若无，亦应明确说明；

（八）若在境外进行生产经营，应当对有关业务活动进行地域性分析；若在境外拥有资产，应当详细披露该资产的资产规模、所在地、经营管理和盈利情况等具体内容；

（九）存在高危险、重污染情况的，应当披露安全生产和污染治理制度及执行情况、因安全生产及环境保护原因受到处罚的情况、最近三年相关费用成本支出及未来支出的情况，说明是否符合国家关于安全生产和环境保护的要求；

（十）主要产品和服务的质量控制情况，包括质量控制标准、质量控制措施、出现的质量纠纷等；

（十一）主要产品生产技术所处的阶段，如处于基础研究、试生产、小批量生产或大批量生产阶段；

（十二）报告期核心技术人员特点分析及变动情况。

第二十二条 资产交易涉及重大资产购买的，上市公司还应当列表披露与拟购买资产业务相关的主要固定资产、无形资产及特许经营权的具体情况，包括：

（一）生产经营所使用的主要生产设备、房屋建筑物及其取得和使用情况、成新率或尚可使用年限；

（二）商标、专利、非专利技术、土地使用权、水面养殖权、探矿权、采矿权等主要无形资产的数量、取得方式和时间、使用情况、使用期限或保护期、最近一期期末账面价值，以及上述资产对拟购买资产生产经营的重要程度；

（三）拥有的特许经营权的情况，主要包括特许经营权的取得情况，特许经营权的期限、费用标准，以及对拟购买资产持续生产经营的影响。

第二十三条 资产交易涉及重大资产购买的，还应当披露拟购买资产报告期的会计政策及相关会计处理：

（一）收入成本的确认原则和计量方法；

（二）比较分析会计政策和会计估计与同行业或同类资产之间的差异及对拟购买资产利润的影响；

(三)财务报表编制基础,确定合并报表时的重大判断和假设,合并财务报表范围、变化情况及变化原因;

(四)报告期存在资产转移剥离调整的,还应披露资产转移剥离调整的原则、方法和具体剥离情况,及对拟购买资产利润产生的影响;

(五)拟购买资产的重大会计政策或会计估计与上市公司存在较大差异的,报告期发生变更的或者按规定将要进行变更的,应当分析重大会计政策或会计估计的差异或变更对拟购买资产利润产生的影响;

(六)行业特殊的会计处理政策。

第七节 交易标的评估或估值

第二十四条 重大资产重组中相关资产以资产评估结果或估值报告结果作为定价依据的,应当至少披露以下信息:

(一)评估或估值的基本情况(包括账面价值、所采用的评估或估值方法、评估或估值结果、增减值幅度,下同),分析评估或估值增减值主要原因、不同评估或估值方法的评估或估值结果的差异及其原因、最终确定评估或估值结论的理由;

(二)对评估或估值结论有重要影响的评估或估值假设,如宏观和外部环境假设及根据交易标的自身状况所采用的特定假设等;

(三)选用的评估或估值方法和重要评估或估值参数以及相关依据。具体如下:

1. 收益法:具体模型、未来预期收益现金流、折现率确定方法、评估或估值测算过程、非经营性和溢余资产的分析与确认等;

2. 市场法:具体模型、价值比率的选取及理由、可比对象或可比案例的选取原则、调整因素和流动性折扣的考虑测算等;

3. 资产基础法:主要资产的评估或估值方法及选择理由、评估或估值结果等,如:房地产企业的存货、矿产资源类企业的矿业权、生产型企业的主要房屋和关键设备等固定资产以及对未来经营存在重大影响的在建工程、科技创新企业的核心技术等无形资产、持股型企业的长期股权投资等。主要资产采用收益法、市场法评估或估值的,应参照上述收益法或市场法的相关要求进行披露;

(四)引用其他评估机构或估值机构报告内容(如矿业权评估报告、土地估价报告等)、特殊类别资产(如珠宝、林权、生物资产等)相关第三方专业鉴定等资料的,应对其相关专业机构、业务资质、签字评估师或鉴定师、评估或估值情况进行必要披露;

(五)存在评估或估值特殊处理、对评估或估值结论有重大影响事项,应当进行说明并分析其对评估或估值结论的影响;存在前述情况或因评估或估值程序受限造成评估报告或估值报告使用受限的,应提请报告使用者关注;

(六)评估或估值基准日至重组报告书签署日的重要变化事项及其对评估或估值结果的影响;

(七)该交易标的的下属企业构成该交易标的最近一期经审计的资产总额、营业收入、净资产额或净利润来源20%以上且有重大影响的,应参照上述要求披露。交易标的涉及其他长期股权投资的,应当列表披露评估或估值的基本情况。

第二十五条 上市公司董事会应当对本次交易标的评估或估值的合理性以及定价的公允性做出分析。包括但不限于:

(一)对资产评估机构或估值机构的独立性、假设前提的合理性、评估或估值方法与目的的相关性发表意见;

(二)结合报告期及未来财务预测的相关情况(包括各产品产销量、销售价格、毛利率、净利润等)、所处行业地位、行业发展趋势、行业竞争及经营情况等,详细说明评估或估值依据的合理性。如果未来预测与报告期财务情况差异较大的,应当分析说明差异的原因及其合理性;

(三)分析交易标的后续经营过程中政策、宏观环境、技术、行业、重大合作协议、经营许可、技术许可、税收优惠等方面的变化趋势、董事会拟采取的应对措施及其对评估或估值的影响;

(四)结合交易标的经营模式,分析报告期变动频繁且影响较大的指标(如成本、价格、销量、毛利率等方面)对评估或估值的影响,并进行敏感性分析;

(五)分析说明交易标的与上市公司现有业务是否存在显著可量化的协同效应,若有,说明对未来上市公司业绩的影响;交易定价中是否考虑了上述协同效应;

(六)结合交易标的的市场可比交易价格、同行业上市公司的市盈率或者市净率等指标,分析交易定价的公允性;

(七)说明评估或估值基准日至重组报告书披露日交易标的发生的重要变化事项,分析其对交易作价的影响;

(八)若交易定价与评估或估值结果存在较大差异,分析说明差异的原因及其合理性。

第二十六条 上市公司独立董事对评估机构或者估值机构的独立性、评估或者估值假设前提的合理性和交易定价的公允性发表的独立意见。

第八节　本次交易主要合同

第二十七条　上市公司应当披露本次交易合同的主要内容,包括但不限于:

（一）资产出售或购买协议:

1. 合同主体、签订时间;

2. 交易价格及定价依据;

3. 支付方式(一次或分次支付的安排或特别条款、股份发行条款等);

4. 资产交付或过户的时间安排;

5. 交易标的自定价基准日至交割日期间损益的归属;

6. 与资产相关的人员安排;

7. 合同的生效条件和生效时间;

8. 合同附带的任何形式的保留条款、补充协议和前置条件;

9. 违约责任条款;

（二）业绩补偿协议(如有);

（三）募集配套资金股份认购协议(如有);

（四）其他重要协议。

第九节　交易的合规性分析

第二十八条　上市公司应当对照《重组办法》第十一条,逐项说明本次交易是否符合《重组办法》的规定。

第二十九条　独立财务顾问和律师对本次交易是否符合《重组办法》的规定发表的明确意见。

其他证券服务机构出具的相关报告的结论性意见。

第十节　管理层讨论与分析

第三十条　上市公司董事会就本次交易对上市公司的影响进行的讨论与分析。该讨论与分析的内容应当着重于董事会已知的、从一般性财务报告分析难以取得且对上市公司未来经营具有影响的重大事项。

第三十一条　本次交易前上市公司财务状况和经营成果的讨论与分析;上市公司主要资产或利润构成在本次交易前一年发生重大变动的,应当详细说明具体变动情况及原因。

第三十二条　结合上市公司情况,对交易标的行业特点和经营情况的讨论与分析:

（一）行业特点:

1. 行业竞争格局和市场化程度,行业内主要企业及其市场份额,市场供求状况及变动原因,行业利润水平的变动趋势及变动原因等;

2. 影响行业发展的有利和不利因素,如产业政策,技术替代,行业发展瓶颈,国际市场冲击等;

3. 进入该行业的主要障碍;

4. 行业技术水平及技术特点,经营模式,周期性,区域性或季节性特征等;

5. 所处行业与上、下游行业之间的关联性,上、下游行业发展状况对该行业及其发展前景的有利和不利影响;

6. 交易标的的出口业务比例较大的,还应当披露产品进口国的有关进口政策、贸易摩擦对出口业务的影响、以及进口国同类产品的竞争格局等情况;

（二）核心竞争力及行业地位:

技术及管理水平、产品(或服务)的市场占有率最近三年的变化情况及未来变化趋势等简要情况;

（三）财务状况分析:

1. 资产、负债的主要构成,分析说明主要资产减值准备提取和商誉减值的确认情况是否与资产实际状况相符;报告期资产结构、负债结构发生重大变化的,还应当分析说明导致变化的主要因素;

2. 报告期流动比率、速动比率、资产负债率、息税折旧摊销前利润及利息保障倍数的变动趋势。交易标的报告期经营活动产生的现金流量净额为负数或者远低于当期净利润的,应当分析原因;

3. 报告期应收账款周转率、存货周转率等反映资产周转能力的财务指标的变动趋势,并结合市场发展、行业竞争状况、生产模式及物流管理、销售模式及赊销政策等情况,分析说明交易标的的资产周转能力;

4. 最近一期末持有金额较大的交易性金融资产、可供出售的金融资产、借与他人款项、委托理财等财务性投资的,应当分析其投资目的、对交易标的资金安排的影响、投资期限、交易标的对投资的监管方案、投资的可回收性及减值准备的计提是否充足;

（四）盈利能力分析:

1. 基于交易标的报告期营业收入的分部数据,结合交易标的具体情况,分别按各产品(或服务)类别及各业务、各地区的收入构成,分析营业收入增减变化的情况及原因;营业收入存在季节性波动的,应当分析季节性因素对各季度经营成果的影响;

2. 结合交易标的所从事主营业务、采用的经营模式及行业竞争情况,分析报告期利润的主要来源、可能影响盈利能力连续性和稳定性的主要因素;

3. 结合利润构成及资产周转能力等说明盈利能力的驱动要素及其可持续性;

4. 按照利润表项目逐项分析报告期经营成果变化的原因,对于变动幅度较大的项目应当重点说明;

5. 列表披露报告期交易标的的综合毛利率、分行业毛利率的数据及变动情况;报告期发生重大变化的,还应当用数据说明相关因素对毛利率变动的影响程度;

6. 报告期非经常性损益、投资收益以及少数股东损益对经营成果有重大影响的,应当分析原因及对盈利稳定性的影响;

(五)交易标的报告期财务指标变化较大或报告期财务数据不足以真实、准确、完整反映交易标的经营状况的情况下,应当披露反映标的资产经营状况的其他信息。

第三十三条　就本次交易对上市公司的持续经营能力、未来发展前景、当期每股收益等财务指标和非财务指标的影响进行详细分析:

(一)本次交易对上市公司的持续经营能力影响的分析:

1. 从本次交易完成后的规模效应、产业链整合、运营成本、销售渠道、技术或资产整合等方面,分析本次交易对上市公司盈利能力驱动因素及持续经营能力的影响;

2. 本次交易完成后形成多主业的,结合财务指标分析说明未来各业务构成、经营发展战略和业务管理模式、对上市公司持续经营能力的影响;

3. 结合本次交易完成后将从事的新业务的市场情况、风险因素等,分析说明上市公司未来经营中的优势和劣势;

4. 结合本次交易完成后的资产、负债的主要构成及行业分析说明交易后上市公司资产负债率是否处于合理水平;同时结合上市公司的现金流量状况、可利用的融资渠道及授信额度及或有负债(如担保、诉讼、承诺)等情况,分析说明上市公司的财务安全性;

(二)本次交易对上市公司未来发展前景影响的分析:

1. 结合本次交易在业务、资产、财务、人员、机构等方面的整合计划,分析对上市公司未来发展的影响;

2. 交易当年和未来两年拟执行的发展计划,包括提高竞争能力、市场和业务开拓等方面;

(三)本次交易对上市公司当期每股收益等财务指标和非财务指标影响的分析:

1. 分析本次交易对上市公司主要财务指标及反映上市公司未来持续经营能力的其他重要非财务指标(如每股储量、每股产能或每股用户数等)的影响;如预计交易后将摊薄上市公司当年每股收益的,根据《重组办法》第三十五条披露填补每股收益的具体措施;

2. 预计本次交易对上市公司未来资本性支出的影响,及上市公司为满足该等资本性支出初步拟定的融资计划;

3. 结合本次交易职工安置方案及执行情况,分析其对上市公司的影响;

4. 结合本次交易成本(包括但不限于交易税费、中介机构费用等)的具体情况,分析其对上市公司的影响。

第十一节　财务会计信息

第三十四条　交易标的为完整经营性资产的,报告期的简要财务报表。

第三十五条　依据交易完成后的资产、业务架构编制的上市公司最近一年及一期的简要备考财务报表。

第三十六条　上市公司或相关资产盈利预测的主要数据(如有,包括主营业务收入、利润总额、净利润等)。

第十二节　同业竞争和关联交易

第三十七条　交易标的在报告期是否存在关联交易、关联交易的具体内容、必要性及定价公允性。

第三十八条　本次交易完成后,上市公司与实际控制人及其关联企业之间是否存在同业竞争或关联交易、同业竞争或关联交易的具体内容和拟采取的具体解决或规范措施。

第十三节　风险因素

第三十九条　上市公司应以简明扼要的方式,遵循重要性原则,对本次重组及重组后上市公司的相关风险予以揭示,并进行定量分析,无法进行定量分析的,应有针对性地作出定性描述。

第四十条　上市公司应披露的风险包括但不限于以下内容:

(一)本次重组审批风险。本次重组尚未履行的决策程序及报批程序未能获得批准的风险;

(二)交易标的权属风险。如抵押、质押等权利限制,诉讼、仲裁或司法强制执行等重大争议或者妨碍权属转移的其他情形,可能导致本次重组存在潜在不利影响和风险等;

(三)债权债务转移风险。资产交易涉及债权债务转移的,未获得债权人同意的债务可能给上市公司带来的偿债风险或其他或有风险;

(四)交易标的评估或估值风险。本次评估或估值存在报告期变动频繁且对评估或估值影响较大的指标,该指标的预测对本次评估或估值的影响,进而对交易价格公允性的影响等;

(五)交易标的对上市公司持续经营影响的风险。由于政策、市场、技术、汇率等因素引致的风险:

1. 政策风险。交易标的经营环境和法律环境发生变化导致的政策风险,如财政、金融、税收(如所得税优惠、出口退税等)、贸易、土地使用、产业政策(如属国家限制发展的范围)、行业管理、环境保护等,或可能因重组后生产经营情况发生变化不能继续适用原有的相关政策引致的风险；

2. 市场风险。交易标的主要产品或服务的市场前景、行业经营环境的变化、商业周期或产品生命周期的影响、市场饱和或市场分割、过度依赖单一市场、市场占有率下降和市场竞争的风险等；

3. 经营风险。经营模式发生变化，经营业绩不稳定，主要产品或主要原材料价格波动，过度依赖某一重要原材料、产品（或服务），经营场所过度集中或分散，非经常性损益或投资收益金额较大等；

4. 技术风险。交易标的涉及的技术不成熟、技术尚未产业化、技术缺乏有效保护或保护期限短或保护期限到期、缺乏核心技术或核心技术依赖他人、产品或技术的快速更新换代可能导致现有产品或技术面临被淘汰、核心技术人员流失及核心技术失密等风险；

5. 可能严重影响上市公司持续经营的其他因素，如自然灾害、安全生产、汇率变化、外贸环境等；

（六）整合风险。上市公司管理水平不能适应重组后上市公司规模扩张或业务变化的风险，交易标的与上市公司原有业务、资产、财务、人员、机构等方面的整合风险；

（七）业务转型风险。上市公司所购买资产与现有主营业务没有显著协同效应的，涉及的业务转型升级可能面临的风险；

（八）财务风险。本次重组导致上市公司财务结构发生重大变化的风险。

上市公司和相关各方应全面、审慎评估可能对本次重组以及重组后上市公司产生重大不利影响的所有因素，如有除上述风险之外的因素，应予以充分披露。

第十四节　其他重要事项

第四十一条　本次交易完成后，上市公司是否存在资金、资产被实际控制人或其他关联人占用的情形；上市公司是否存在为实际控制人或其他关联人提供担保的情形。

第四十二条　上市公司负债结构是否合理，是否存在因本次交易大量增加负债（包括或有负债）的情况。

第四十三条　上市公司在最近十二个月内曾发生资产交易的，应当说明与本次交易的关系。

第四十四条　本次交易对上市公司治理机制的影响。

第四十五条　本次交易后上市公司的现金分红政策及相应的安排、董事会对上述情况的说明。

第四十六条　本次交易涉及的相关主体买卖上市公司股票的自查情况。

第四十七条　其他能够影响股东及其他投资者做出合理判断的、有关本次交易的所有信息。

第四十八条　独立财务顾问和律师事务所对本次交易出具的结论性意见。

第四十九条　本次交易所聘请的独立财务顾问、律师事务所、会计师事务所、资产评估机构（如有）、估值机构（如有）等专业机构名称、法定代表人、住所、联系电话、传真，以及有关经办人员的姓名。

第五十条　中国证监会要求披露的其他信息。

第五十一条　上市公司应当在重组报告书的显著位置载明：

“本公司及全体董事、监事、高级管理人员保证本报告书内容的真实、准确、完整，对报告书的虚假记载、误导性陈述或重大遗漏负连带责任”。

第十五节　借壳上市

第五十二条　上市公司重大资产重组构成借壳上市的，除应按第一节至第十四节规定编制重组报告书外，还应当按照《公开发行证券的公司信息披露内容与格式准则第1号——招股说明书》（以下简称《1号准则》）相关章节的要求，对重组报告书的相关内容加以补充。

需要补充披露的内容包括但不限于：

（一）在“风险因素”部分，补充《1号准则》“风险因素”相关内容；

（二）在“交易标的”部分，补充《1号准则》“发行人基本情况”、“业务与技术”、“董事、监事、高级管理人员与核心技术人员”相关内容；

（三）在“交易的合规性分析”部分，逐项说明上市公司购买的资产对应的经营实体是否符合《首次公开发行股票并上市管理办法》（以下简称《首发办法》）规定的发行条件，证券服务机构应当对上市公司购买的资产对应的经营实体是否符合《首发办法》规定的发行条件发表明确的结论性意见；

（四）在“管理层讨论与分析”部分，补充《1号准则》“管理层讨论与分析”、“业务发展目标”相关内容；

（五）在“财务会计信息”部分，补充《1号准则》“财务会计信息”相关内容；

（六）在“同业竞争和关联交易”部分，补充《1号准则》“同业竞争与关联交易”相关内容；

（七）在“其他重要事项”部分，补充《1号准则》“公司治理”、“股利分配政策”、“其他重要事项”相关内容。

第五十三条　上市公司重大资产重组构成借壳上市的，上市公司控股股东、实际控制人、董事、监事、高级管理人员及交易对方应当公开承诺：如本次交易所提供或披露的信息涉嫌虚假记载、误导性陈述或者重大遗漏，被司法机关立案侦查或者被中国证监会立案调查的，在形成调查结论以前，不转让在该上市公司拥有权益的股份,并于收到立案稽查通知的两个交易日内将暂停转让的书面申请和股票账户提交上市公司董事会,由董事会代其向证券交易所和登记结算公司申请锁定;未在两个交易日内提交锁定申请的,授权董事会核实后直接向证券交易所和登记结算公司报送本人或本单位的身份信息和账户信息并申请锁定;董事会未向证券交易所和登记结算公司报送本人或本单位的身份信息和账户信息的,授权证券交易所和登记结算公司直接锁定相关股份。如调查结论发现存在违法违规情节,本人或本单位承诺锁定股份自愿用于相关投资者赔偿安排。

第十六节　非现金支付方式

第五十四条　上市公司拟发行股份购买资产的,重组报告书中还应当包括以下内容:

(一)在第六节规定的"交易标的"部分后,加入第七节"发行股份情况",其以下各部分依次顺延。在"发行股份情况"部分应当披露以下内容:

1. 上市公司发行股份的价格、定价原则及合理性分析。上市公司应当披露按照《重组办法》第四十五条计算的董事会就发行股份购买资产作出决议公告日前二十个交易日、六十个交易日或者一百二十个交易日的公司股票交易均价,以及发行股份市场参考价的选择依据及理由,并进行合理性分析;

2. 本次发行股份购买资产的董事会决议明确的发行价格调整方案。发行价格调整方案应当建立在大盘和同行业因素调整基础上,触发发行价格调整的情形应当明确、具体、可操作,并充分说明理由。如出现上市公司发行价格的调整,还应当说明调整程序、是否相应调整交易标的的定价及理由、发行股份数量的变化情况等;

3. 上市公司拟发行股份的种类、每股面值;

4. 上市公司拟发行股份的数量、占发行后总股本的比例;

5. 特定对象所持股份的转让或交易限制,股东关于锁定所持股份的相关承诺;

上市公司发行股份购买资产的,控股股东、实际控制人、董事、监事、高级管理人员及交易对方应当按照本准则第五十三条要求作出公开承诺;

6. 上市公司发行股份前后主要财务数据(如每股收益、每股净资产等)和其他重要经济指标的对照表;

7. 本次发行股份前后上市公司的股权结构,说明本次发行股份是否导致上市公司控制权发生变化;

(二)在第七节规定的"交易标的评估或估值"部分,披露董事会结合股份发行价对应的市盈率、市净率水平以及本次发行对上市公司盈利能力、持续发展能力的影响等对股份发行定价合理性所作的分析;

(三)在第九节规定的"交易的合规性分析"部分,逐项说明是否符合《重组办法》第四十三条的规定。

第五十五条　上市公司拟发行优先股购买资产的,重组报告书中除包括第五十四条第(二)项、第(三)项规定的内容外,还应在"发行股份情况"部分,比照第五十四条第(一)项相关要求,并结合《公开发行证券的公司信息披露内容与格式准则第 34 号——发行优先股募集说明书》第四节、第六节第三十五条相关要求,披露相关信息。

如本次优先股发行涉及公司章程的,还应披露公司章程相应修订情况。

第五十六条　上市公司拟通过向特定对象发行可转换为股票的公司债券、定向权证等其他支付方式购买资产的,应当比照上述要求,披露相关内容。

第十七节　换股吸收合并

第五十七条　换股吸收合并涉及上市公司的,重组报告书还应当在第六节规定的"交易标的"部分后,加入第七节"换股吸收合并方案",其以下各部分依次顺延。"换股吸收合并方案"部分应当比照第五十四条相关要求进行披露,此外还应当包括以下内容:

(一)换股各方名称;

(二)换股价格及确定方法;

(三)本次换股吸收合并的董事会决议明确的换股价格调整方案;

(四)本次换股吸收合并对异议股东权利保护的相关安排,如为提供现金选择权,应当披露其安排,包括定价及定价原则、被提供现金选择权的股东范围(异议股东或全体股东)、现金选择权提供方、与换股价格的差异及差异原因;

(五)本次换股吸收合并涉及的债权债务处置及债权人权利保护的相关安排;

(六)本次换股吸收合并涉及的相关资产过户或交付的安排;

(七)本次换股吸收合并涉及的员工安置。

第五十八条　上市公司发行优先股、向特定对象发行可转换为股票的公司债券、定向权证用于与其他公司合并的,应当比照上述要求,披露相关内容。

第十八节　募集配套资金

第五十九条　上市公司发行股份购买资产同时募集部分配套资金的,在重组报告书"发行股份情况"部分还应当披露以下内容:

(一)募集配套资金的金额及占交易总金额的比例;

(二)募集配套资金的股份发行情况。比照第五十四条相关要求，披露上市公司募集配套资金的股份发行情况，包括发行股份的种类、每股面值、发行价格及定价原则、发行数量及占发行后总股本的比例；

（三）募集配套资金的用途。包括具体用途、资金安排、测试依据、使用计划进度和预期收益，如募集配套资金用于投资项目的，应当披露项目是否取得相应的许可证书或者有关主管部门的批复文件；

（四）募集配套资金的必要性。结合行业特点、资金用途、前次募集资金使用效率、上市公司及交易标的现有生产经营规模、财务状况、是否有利于提高重组项目的整合绩效等方面，说明募集配套资金的必要性及配套金额是否与之相匹配；

（五）其他信息。本次募集配套资金管理和使用的内部控制制度，募集配套资金使用的分级审批权限、决策程序、风险控制措施及信息披露程序；本次募集配套资金失败的补救措施；对交易标的采取收益法评估时，预测现金流中是否包含了募集配套资金投入带来的收益。

第十九节 重组报告书摘要

第六十条 编制重组报告书摘要的目的是为向公众提供有关本次重组的简要情况，摘要内容必须忠实于重组报告书全文，不得出现与全文相矛盾之处。上市公司编制的重组报告书摘要应当至少包括以下内容：

（一）本准则第三章第一节到第四节部分的内容；

（二）上市公司应当在重组报告书摘要的显著位置载明：

"本重大资产重组报告书摘要的目的仅为向公众提供有关本次重组的简要情况，并不包括重大资产重组报告书全文的各部分内容。重大资产重组报告书全文同时刊载于×××网站；备查文件的查阅方式为：×××。"

"本公司及董事会全体成员保证重大资产重组报告书及其摘要内容的真实、准确、完整，对报告书及其摘要的虚假记载、误导性陈述或重大遗漏负连带责任"。

第四章 证券服务机构报告

第一节 独立财务顾问报告

第六十一条 上市公司应当披露由证券经营机构按照本准则及有关业务准则的规定出具的独立财务顾问报告。独立财务顾问应当至少就以下事项发表明确的结论性意见：

（一）结合对本准则第三章规定的内容进行核查的实际情况，逐项说明本次重组是否符合《重组办法》第十一条的规定；

拟发行股份购买资产的，还应当结合核查的实际情况，逐项说明是否符合《重组办法》第四十三条的规定；

（二）本次交易是否构成借壳上市，如构成，上市公司购买的资产对应的经营实体是否为股份有限公司或者有限责任公司，且是否符合《首发办法》规定的其他发行条件；

（三）对本次交易所涉及的资产定价和股份定价（如涉及）进行全面分析，说明定价是否合理；

（四）本次交易根据资产评估结果定价，应当对所选取的评估方法的适当性、评估假设前提的合理性、重要评估参数取值的合理性发表明确意见；本次交易不以资产评估结果作为定价依据的，应当对相关资产的估值方法、参数选择的合理性及其他影响估值结果的指标和因素发表明确意见；

（五）结合上市公司管理层讨论与分析以及盈利预测（如有），分析说明本次交易完成后上市公司的盈利能力和财务状况、本次交易是否有利于上市公司的持续发展、是否存在损害股东合法权益的问题；

（六）对交易完成后上市公司的市场地位、经营业绩、持续发展能力、公司治理机制进行全面分析；

（七）对交易合同约定的资产交付安排是否可能导致上市公司交付现金或其他资产后不能及时获得对价的风险、相关的违约责任是否切实有效，发表明确意见；

（八）对本次重组是否构成关联交易进行核查，并依据核查确认的相关事实发表明确意见。涉及关联交易的，还应当充分分析本次交易的必要性及本次交易是否损害上市公司及非关联股东的利益；

（九）交易对方与上市公司根据《重组办法》第三十五条的规定，就相关资产实际盈利数不足利润预测数的情况签订补偿协议或提出填补每股收益具体措施的，独立财务顾问应当对补偿安排或具体措施的可行性、合理性发表意见（如有）。

第二节 法律意见书

第六十二条 上市公司应当披露由律师事务所按照本准则及有关业务准则的规定出具的法律意见书。律师事务所应当对照中国证监会的各项规定，在充分核查验证的基础上，至少就上市公司本次重组涉及的以下法律问题和事项发表明确的结论性意见：

（一）上市公司和交易对方是否具备相应的主体资格、是否依法有效存续；

（二）本次交易是否构成借壳上市，如构成，上市公司购买的资产对应的经营实体是否为股份有限公司或者有限责任公司，且是否符合《首发办法》规定的其他发行条件；

（三）本次交易是否已履行必要的批准或授权程序，相关的批准和授权是否合法有效；本次交易是否构成关联交易；构成关联交易的，是否已依法履行必要的信息披露义务和审议批准程序；本次交易涉及的须呈报有关主管部门批准的事项是否已获得有效批准；本次交易的相关合同和协议是否合法有效；

（四）交易标的（包括标的股权所涉及企业的主要资产）的权属状况是否清晰，权属证书是否完备有效；尚未取得完备权属证书的，应说明取得权属证书是否存在法律障碍；交易标的是否存在产权纠纷或潜在纠纷，如有，应说明对本次交易的影响；交易标的是否存在抵押、担保或其他权利受到限制的情况，如有，应说明对本次交易的影响；

（五）本次交易所涉及的债权债务的处理及其他相关权利、义务的处理是否合法有效，其实施或履行是否存在法律障碍和风险；

（六）上市公司、交易对方和其他相关各方是否已履行法定的披露和报告义务，是否存在应当披露而未披露的合同、协议、安排或其他事项；

（七）本次交易是否符合《重组办法》和相关规范性文件规定的原则和实质性条件；

（八）参与上市公司本次交易活动的证券服务机构是否具备必要的资格；

（九）本次交易是否符合相关法律、法规、规章和规范性文件的规定，是否存在法律障碍，是否存在其他可能对本次交易构成影响的法律问题和风险。

第三节　相关财务资料

第六十三条　上市公司应当披露本次交易所涉及的相关资产的财务报告和审计报告。经审计的最近一期财务资料在财务报告截止日后六个月内有效，特别情况下可申请适当延长，但延长时间至多不超过一个月。

有关财务报告和审计报告应当按照与上市公司相同的会计制度和会计政策编制。如不能披露完整财务报告，应当解释原因，并出具对相关资产财务状况和/或经营成果的说明及审计报告。

上市公司拟进行《重组办法》第十三条规定的重大资产重组的，还应当披露依据重组完成后的资产架构编制的上市公司最近一年及一期的备考财务报告和审计报告。其他重大资产重组，应当披露最近一年及一期的备考财务报告和审阅报告。

交易标的的财务资料虽处于前款所述有效期内，但截至重组报告书披露之日，该等资产的财务状况和经营成果发生重大变动的，应当补充披露最近一期的相关财务资料（包括该等资产的财务报告、备考财务资料等）。

第六十四条　根据《重组办法》第二十二条规定，披露盈利预测报告。

盈利预测报告数据包含了非经常性损益项目的，应当特别说明。

第四节　资产评估报告及估值报告

第六十五条　上市公司重大资产重组以评估值为交易标的定价依据的，应当披露相关资产的资产评估报告。

上市公司重大资产重组不以资产评估结果作为定价依据的，应当披露相关资产的估值报告；估值报告中应包括但不限于以下内容：估值目的、估值对象和估值范围、价值类型、估值基准日、估值假设、估值依据、估值方法、估值参数及其他影响估值结果的指标和因素、估值结论、特别事项说明、估值报告日等；估值人员需在估值报告上签字并由所属机构加盖公章。

资产评估机构或估值机构为本次重组而出具的评估或估值资料中应明确声明在评估或估值基准日后××月内（最长十二个月）有效。

第五章　二级市场自查报告

第六十六条　上市公司董事会应当就本次重组申请股票停止交易前或首次作出决议前（孰早）六个月至重组报告书披露之前一日止，上市公司及其董事、监事、高级管理人员，交易对方及其董事、监事、高级管理人员（或主要负责人），相关专业机构及其他知悉本次重大资产交易内幕信息的法人和自然人，以及上述相关人员的直系亲属买卖该上市公司股票及其他相关证券情况进行自查，并制作自查报告。

法人的自查报告中应当列明法人的名称、股票账户、有无买卖股票行为并盖章确认；自然人的自查报告应当列明自然人的姓名、职务、身份证号码、股票账户、有无买卖股票行为，并经本人签字确认。

前述法人及自然人在本条第一款规定的期限内存在买卖上市公司股票行为的，当事人应当书面说明其买卖股票行为是否利用了相关内幕信息；上市公司及相关方应当书面说明相关申请事项的动议时间，买卖股票人员是否参与决策，买卖行为与本次申请事项是否存在关联关系；律师事务所应当对相关当事人及其买卖行为进行核查，对该行为是否涉嫌内幕交易、是否对本次交易构成法律障碍发表明确意见。

第六章　重组实施情况报告书

第六十七条　上市公司编制的重大资产重组实施情况报告书应当至少披露以下内容：

（一）本次重组的实施过程，相关资产过户或交付、相关债权债务处理以及证券发行登记等事宜的办理状况；

（二）相关实际情况与此前披露的信息是否存在

差异（包括相关资产的权属情况及历史财务数据是否如实披露、相关盈利预测或者管理层预计达到的目标是否实现等）；

（三）董事、监事、高级管理人员的更换情况及其他相关人员的调整情况；

（四）重组实施过程中，是否发生上市公司资金、资产被实际控制人或其他关联人占用的情形，或上市公司为实际控制人及其关联人提供担保的情形；

（五）相关协议及承诺的履行情况；

（六）相关后续事项的合规性及风险；

（七）其他需要披露的事项。

独立财务顾问应当对前款所述内容逐项进行核查，并发表明确意见。律师事务所应当对前款所述内容涉及的法律问题逐项进行核查，并发表明确意见。

第七章　重大资产重组申请文件格式和报送方式

第六十八条　向中国证监会初次报送申请文件的，应当提供一份书面材料（原件）、三份电子版（非加密的 word 等可编辑、可索引模式）及两份重组报告书（复印件）；按照中国证监会要求提交补充材料的，应当提供一份书面材料（原件）、三份电子版（非加密的 word 等可编辑、可索引模式）。其中书面材料按规定报送原件，如不能提供原件，应当由上市公司聘请的律师事务所提供鉴证意见，或由出文单位盖章，以保证与原件一致。如原出文单位不再存续，可由承继其职权的单位或做出撤销决定的单位出文证明文件的真实性。

第六十九条　申请文件所有需要签名处，均应为签名人亲笔签名，不得以名章、签名章等代替。

申请文件中需要由律师鉴证的文件，律师应在该文件首页注明“以下第××页至第××页与原件一致”，并签名和签署鉴证日期，律师事务所应在该文件首页加盖公章，并在第××页至第××页侧面以公章加盖骑缝章。

第七十条　上市公司应当根据中国证监会对申请文件的反馈意见提供补充材料。相关证券服务机构应对反馈意见相关问题进行尽职调查或补充出具专业意见。

上市公司重大资产重组申请获得中国证监会核准的，上市公司及相关证券服务机构应当根据中国证监会的审核情况重新修订重组报告书及相关证券服务机构的报告或意见，并作出补充披露。上市公司及相关证券服务机构应当在修订的重组报告书及相关证券服务机构报告或意见的首页就补充或修改的内容作出特别提示。

第七十一条　申请文件的纸张应当采用幅面为 209 × 295 毫米规格的纸张（相当于标准 A4 纸张规格）。

第七十二条　申请文件的封面应当标有“××股份有限公司重大资产重组申请文件”字样及重大资产重组报告书标题，侧面应当标注“××股份有限公司重大资产重组申请文件原件”字样。申请文件的扉页应当附有上市公司董事会秘书、联系人、独立财务顾问及其他专业机构的联系人姓名、电话、传真及其他方便的联系方式。

第七十三条　申请文件章与章之间、章与节之间应当有明显的分隔标识。

第七十四条　申请文件中的页码应当与目录中的页码相符。

例如，第四部分 4－1 的页码标注为 4－1－1，4－1－2，4－1－3，……4－1－n。

第八章　附　　则

第七十五条　本准则由中国证监会负责解释。

第七十六条　本准则自公布之日起施行。

附件：上市公司重大资产重组申请文件目录

附件

上市公司重大资产重组申请文件目录

0－0　重大资产重组申请文件目录及交易各方和中介机构联系表

0－1　并购重组方案概况表

0－2　关于书面文件与电子文件一致的承诺函

0－3　关于本次重大资产重组申报文件不适用内容的说明

第一部分　上市公司重大资产重组报告书及相关文件

1－1　重大资产重组报告书

1－2　重大资产重组的董事会决议和股东大会决议

1－3　上市公司独立董事意见

1－4　公告的其他相关信息披露文件

第二部分　独立财务顾问和律师事务所出具的文件

2－1　独立财务顾问报告

2－2　法律意见书

2－3　关于本次交易产业政策和交易类型的独立财务顾问核查意见

第三部分　本次重大资产重组涉及的财务信息相关文件

3－1　本次重大资产重组涉及的拟购买资产最近两年及一期的财务报告和审计报告（确实无法提供的，应当说明原因及相关资产的财务状况和经营成果）

3－2　本次重大资产重组涉及的拟购买资产的评估报告及评估说明，或者估值报告

3－3　本次重大资产重组涉及的拟出售资产最近两年及一期的财务报告和审计报告（确实无法提供的，应

当说明原因及相关资产的财务状况和经营成果）
3－4　本次重大资产重组涉及的拟出售资产的评估报告及评估说明，或者估值报告
3－5　根据本次重大资产重组完成后的架构编制的上市公司最近一年及一期的备考财务报告及其审阅报告
3－6　盈利预测报告和审核报告（如有）
3－7　上市公司董事会、注册会计师关于上市公司最近一年及一期的非标准保留意见审计报告的补充意见（如有）
3－8　交易对方最近一年的财务报告和审计报告（如有）

第四部分　关于借壳上市的申请文件要求

4－1　内部控制鉴证报告
4－2　最近三年及一期的财务报告和审计报告
4－3　最近三年原始报表及其与申报财务报表的差异比较表及会计师事务所出具的意见
4－4　最近三年及一期非经常性损益明细表及会计师事务所出具的专项说明
4－5　最近三年及一期的纳税证明文件
4－6　根据本次重大资产重组完成后的架构编制的上市公司最近一年及一期的备考财务报告及其审计报告

第五部分　本次重大资产重组涉及的有关协议、合同、决议及承诺函

5－1　重大资产重组的协议或合同
5－2　涉及本次重大资产重组的其他重要协议或合同
5－3　交易对方与上市公司就相关资产实际盈利数不足利润预测数的情况签订的补偿协议（如有）
5－4　交易对方内部权力机关批准本次交易事项的相关决议
5－5　涉及本次重大资产重组的承诺函

第六部分　本次重大资产重组的其他文件

6－1　有关部门对重大资产重组的审批、核准或备案文件
6－2　债权人同意函（如有）
6－3　关于同意职工安置方案的职工代表大会决议或相关文件（涉及职工安置问题的）
6－4　交易对方的营业执照复印件
6－5　拟购买资产的权属证明文件
6－6　与拟购买资产生产经营有关的资质证明或批准文件
6－7　上市公司全体董事和独立财务顾问、律师事务所、会计师事务所、资产评估机构、估值机构等证券服务机构及其签字人员对重大资产重组申请文件真实性、准确性和完整性的承诺书
6－8　独立财务顾问、律师事务所、会计师事务所、资产评估机构、估值机构等证券服务机构对上市公司重大资产重组报告书援引其出具的结论性意见的同意书
6－9　独立财务顾问、律师事务所、会计师事务所、资产评估机构、估值机构等证券服务机构及其签字人员的资格证书或有法律效力的复印件
6－10　上市公司与交易对方就重大资产重组事宜采取的保密措施及保密制度的说明，并提供与所聘请的证券服务机构签署的保密协议及交易进程备忘录
6－11　上市公司、交易对方和相关证券服务机构以及其他知悉本次重大资产重组内幕信息的单位和自然人在董事会就本次重组申请股票停止交易前或第一次作出决议前（孰早）6个月至重大资产重组报告书披露之前一日止，买卖该上市公司股票及其他相关证券情况的自查报告，并提供证券登记结算机构就前述单位及自然人二级市场交易情况出具的证明文件
6－12　上市公司及其控股股东、实际控制人、董事、监事和高级管理人员，构成收购人的交易对方、本次重组证券服务机构及其主办人名单，包括名称（姓名）、组织机构代码（公民身份证号码）或其他身份信息
6－13　本次重大资产重组前12个月内上市公司购买、出售资产的说明及专业机构意见（如有）
6－14　资产评估结果备案或核准文件（如有）
6－15　中国证监会要求提供的其他文件

公开发行证券的公司信息披露内容与格式准则第28号——创业板公司招股说明书（2014年修订）

2014年6月11日中国证券监督管理委员会公告〔2014〕28号公布施行

第一章　总　　则

第一条　为规范首次公开发行股票的信息披露行为，保护投资者合法权益，根据《公司法》、《证券法》和《首次公开发行股票并在创业板上市管理办法》（证监会令第99号）的规定，制定本准则。

第二条　申请在中华人民共和国境内首次公开发行股票并在创业板上市的公司（以下简称发行人）应按本准则编制招股说明书，作为向中国证券监督管理委员会（以下简称中国证监会）申请首次公开发行股票的必备法律文件，并按本准则的规定进行披露。

第三条　本准则的规定是对招股说明书信息披露的最低要求。不论本准则是否有明确规定，凡对投资者投资决策有重大影响的信息，均应披露。

第四条　本准则某些具体要求对发行人确实不适用的，

发行人可根据实际情况,在不影响披露内容完整性的前提下作适当调整,但应在申报时作书面说明。

第五条 发行人有充分依据证明本准则要求披露的某些信息涉及国家秘密、商业秘密及其他因披露可能导致其违反国家有关保密法律法规规定或严重损害公司利益的,发行人可向中国证监会申请豁免按本准则披露。

第六条 发行人是信息披露的第一责任人,发行人的信息披露应真实、准确、完整、及时。

发行人报送申请文件后至股票发行结束前,发生应予披露事项的,应向中国证监会书面说明情况,并按照有关规定及时修改招股说明书或者进行补充披露。

第七条 发行人在招股说明书中披露的财务会计资料应有充分的依据,所引用的发行人的财务报表、盈利预测报告(如有)应由具有证券期货相关业务资格的会计师事务所审计或审核。

第八条 发行人在招股说明书中披露的预测性信息及其他涉及发行人未来经营和财务状况等信息,应当谨慎、合理。

第九条 发行人应在招股说明书显要位置提示创业板投资风险,作如下声明:

"本次股票发行后拟在创业板市场上市,该市场具有较高的投资风险。创业板公司具有业绩不稳定、经营风险高、退市风险大等特点,投资者面临较大的市场风险。投资者应充分了解创业板市场的投资风险及本公司所披露的风险因素,审慎作出投资决定。"

第十条 发行人应针对实际情况在招股说明书首页作"重大事项提示",提醒投资者需特别关注的重要事项,并提醒投资者认真阅读招股说明书"风险因素"一章的全部内容。

第十一条 发行人下属企业的资产规模、收入或利润对发行人有重大影响的,应参照本准则的规定披露该下属企业的相关信息。

特定行业的发行人,除执行本准则的规定外,还应执行中国证监会关于该行业信息披露的特别规定。

第十二条 招股说明书应便于投资者阅读,做到浅白易懂、简明扼要、逻辑清晰,具有可读性和可理解性。

(一)招股说明书应使用事实描述性语言,突出事件实质和披露重点,对投资者需要重点提醒的信息应当突出表示;使用浅白平实、通俗易懂的日常用语,使用直接、客观、简洁、确定的语句,不应使用抽象、模糊、冗长、重复的表述,不应过度依赖释义,尽量避免使用艰深晦涩、生僻难懂的专业术语或公文用语,不得有祝贺性、广告性、恭维性或诋毁性的词句;

(二)招股说明书应尽量采用图表、图片或其他较为直观的方式进行披露;

(三)招股说明书在不影响信息披露的完整性和不致引起阅读不便的前提下,可采用相互引征的方法,对各相关部分的内容进行适当的技术处理,以避免重复和保持文字简洁;

(四)招股说明书对不同章节或段落出现的同一语词、表述、事项的披露应具有一致性。

第十三条 招股说明书引用相关意见或数据应符合下列要求:

(一)应准确引用与本次发行有关的中介机构的专业意见或报告;

(二)应谨慎引用第三方数据或结论,如引用,应确保有充分、客观、独立的依据,并注明资料来源;

(三)引用的数字应采用阿拉伯数字,货币金额除特别说明外,应指人民币金额,并以元、千元或万元为单位。

第十四条 发行人应按照有关规定在中国证监会网站预先披露招股说明书(申报稿),并在预先披露的招股说明书(申报稿)的显要位置声明:"本公司的发行申请尚未得到中国证监会核准。本招股说明书(申报稿)不具有据以发行股票的法律效力,仅供预先披露之用。投资者应当以正式公告的招股说明书作为投资决定的依据。"

第十五条 发行人应在中国证监会指定网站披露招股说明书及其附件,并同时在中国证监会指定报刊上披露首次公开发行股票并在创业板上市提示性公告:"本公司首次公开发行股票申请已获中国证监会核准,招股说明书及附件披露于中国证监会指定网站(www. ××××. ×××)和公司网站(www. ××××. ×××),并置备于本公司、拟上市的证券交易所、保荐人、主承销商和其他承销机构的住所,供公众查阅。"

提示性公告应当载有下列内容:

(一)发行股票的类型;

(二)发行股数,股东公开发售股数(如有);

(三)每股面值;

(四)发行方式与发行对象;

(五)承销方式;

(六)预计发行日期;

(七)发行人、保荐人、主承销商的联系地址及联系电话。

第十六条 发行人应在招股说明书披露后十日内,将正式印刷的招股说明书全文文本一式五份,分别报送中国证监会及其在发行人注册地的派出机构。

第二章 招股说明书

第一节 封面、书脊、扉页、目录、释义

第十七条 招股说明书文本封面应标有"×××公司首

次公开发行股票并在创业板上市招股说明书”字样，并载明发行人、保荐人、主承销商的名称和住所。同时,明确提示创业板投资风险,依照本准则第九条作出恰当的声明。

第十八条 招股说明书文本书脊应标有“×××公司首次公开发行股票并在创业板上市招股说明书”字样。

第十九条 发行人应在招股说明书扉页作如下声明：

“发行人及全体董事、监事、高级管理人员承诺招股说明书不存在虚假记载、误导性陈述或重大遗漏,并对其真实性、准确性、完整性、及时性承担个别和连带的法律责任。

“发行人及全体董事、监事、高级管理人员、发行人的控股股东、实际控制人以及保荐人、承销的证券公司承诺因发行人招股说明书及其他信息披露资料有虚假记载、误导性陈述或者重大遗漏,致使投资者在证券发行和交易中遭受损失的,将依法赔偿投资者损失。

“证券服务机构承诺因其为发行人本次公开发行制作、出具的文件有虚假记载、误导性陈述或者重大遗漏,给他人造成损失的,将依法赔偿投资者损失。

“公司负责人和主管会计工作的负责人、会计机构负责人保证招股说明书中财务会计资料真实、完整。

“中国证监会对本次发行所作的任何决定或意见,均不表明其对发行人的盈利能力、投资价值或者对投资者的收益作出实质性判断或者保证。任何与之相反的声明均属虚假不实陈述。

“根据《证券法》的规定,股票依法发行后,发行人经营与收益的变化,由发行人自行负责;投资者自主判断发行人的投资价值,自主作出投资决策,自行承担股票依法发行后因发行人经营与收益变化或者股票价格变动引致的投资风险。”

第二十条 招股说明书扉页应列表载明下列内容：

(一)发行股票类型；

(二)发行股数,股东公开发售股数(如有)；

(三)每股面值；

(四)每股发行价格；

(五)预计发行日期；

(六)拟上市的证券交易所；

(七)发行后总股本,发行境外上市外资股的公司还应披露在境内上市流通的股份数量和在境外上市流通的股份数量；

(八)保荐人、主承销商；

(九)招股说明书签署日期。

发行人股东公开发售股份的,还应当载明发行人拟发行新股和股东拟公开发售股份的数量,并提示股东公开发售股份所得资金不归发行人所有。

第二十一条 招股说明书的目录应标明各章、节的标题及相应的页码,内容编排也应符合通行的惯例。

第二十二条 发行人应对可能造成投资者理解障碍及有特定含义的术语作出释义。招股说明书的释义应在目录次页排印。

第二节 概　　览

第二十三条 发行人应声明:“本概览仅对招股说明书全文作扼要提示。投资者作出投资决策前,应认真阅读招股说明书全文。”

第二十四条 发行人应简要披露发行人及其控股股东、实际控制人的情况,概述发行人的主营业务、主要财务数据及财务指标、募集资金用途。

第三节 本次发行概况

第二十五条 发行人应披露本次发行的基本情况,主要包括：

(一)股票种类；

(二)每股面值；

(三)发行股数、股东公开发售股数(如有),占发行后总股本的比例；

(四)每股发行价格；

(五)标明计算基础和口径的市盈率；

(六)预测净利润及发行后每股收益(如有)；

(七)发行前和发行后每股净资产；

(八)标明计算基础和口径的市净率；

(九)发行方式与发行对象；

(十)承销方式；

(十一)预计募集资金总额和净额；

(十二)发行费用概算(包括承销费、保荐费、审计费、评估费、律师费、发行手续费等)。

发行人股东公开发售股份的,还应当披露具体方案,包括本次预计发行新股数量,发行人股东公开发售股份的数量,发行费用的分摊原则,拟公开发售股份的股东名称、持股数量及拟公开发售股份数量等。

第二十六条 发行人应披露下列机构的名称、法定代表人、住所、联系电话、传真,同时应披露有关经办人员的姓名：

(一)保荐人、主承销商及其他承销机构；

(二)律师事务所；

(三)会计师事务所；

(四)资产评估机构；

(五)股票登记机构；

(六)收款银行；

(七)其他与本次发行有关的机构。

第二十七条 发行人应披露其与本次发行有关的保荐

人、承销机构、证券服务机构及其负责人、高级管理人员、经办人员之间存在的直接或间接的股权关系或其他权益关系。

第二十八条 发行人应针对不同的发行方式披露预计发行上市的重要日期，主要包括：

（一）刊登发行公告日期；

（二）开始询价推介日期；

（三）刊登定价公告日期；

（四）申购日期和缴款日期；

（五）股票上市日期。

第四节 风险因素

第二十九条 发行人应当遵循重要性原则按顺序披露可能直接或间接对发行人经营状况、财务状况、持续经营和盈利能力以及对本次发行产生重大不利影响的所有风险因素。

第三十条 发行人应针对自身实际情况描述相关风险因素，描述应充分、准确、具体，并作定量分析，无法进行定量分析的，应有针对性地作出定性描述。发行人对所披露的风险因素应明确说明该因素对其报告期内的实际影响以及可能对将来的具体影响。

发行人披露风险因素时，应当针对该风险的实际情况概括描述其风险点，不得采用普遍适用的模糊表述。

风险因素中不得包含风险对策、发行人竞争优势及类似表述，一项风险因素不得描述多个风险。

第五节 发行人基本情况

第三十一条 发行人应披露其基本情况，主要包括：

（一）注册中、英文名称；

（二）注册资本；

（三）法定代表人；

（四）成立日期；

（五）住所和邮政编码；

（六）电话、传真号码；

（七）互联网网址；

（八）电子信箱；

（九）负责信息披露和投资者关系的部门、负责人和电话号码。

第三十二条 发行人应简要披露公司的设立情况、设立方式，发行人属于有限责任公司整体变更为股份有限公司的，还应披露有限责任公司的设立情况。

发行人应简要披露设立以来的重大资产重组情况，发行人最近一年及一期内收购兼并其他企业资产（或股权）且被收购企业资产总额或营业收入或净利润超过收购前发行人相应项目20%（含）的，应披露被收购企业收购前一年利润表的主要数据。

第三十三条 发行人应采用方框图或其他有效形式，全面披露持有发行人5%以上股份的主要股东、实际控制人，控股股东、实际控制人所控制的其他企业，发行人的分公司、控股子公司、参股公司，以及其他有重要影响的关联方。

第三十四条 发行人应简要披露其控股子公司、参股公司的情况，主要包括成立时间、注册资本、实收资本、注册地和主要生产经营地、股东构成及控制情况、主营业务及其与发行人主营业务的关系、最近一年及一期末的总资产、净资产、最近一年及一期的净利润，并标明有关财务数据是否经过审计及审计机构名称。

第三十五条 发行人应披露持有发行人5%以上股份的主要股东及实际控制人的基本情况，主要包括：

（一）持有发行人5%以上股份的主要股东及实际控制人为法人的，应披露成立时间、注册资本、实收资本、注册地和主要生产经营地、股东构成、主营业务及其与发行人主营业务的关系；为自然人的，应披露国籍、是否拥有永久境外居留权、身份证号码；为合伙企业的，应披露合伙人构成、出资比例及合伙企业的实际控制人。

发行人的控股股东及实际控制人为法人的，还应披露最近一年及一期末的总资产、净资产、最近一年及一期的净利润，并标明有关财务数据是否经过审计及审计机构名称；

（二）控股股东和实际控制人控制的其他企业的情况，主要包括成立时间、注册资本、实收资本、注册地和主要生产经营地、主营业务及其与发行人主营业务的关系、最近一年及一期末的总资产、净资产、最近一年及一期的净利润，并标明有关财务数据是否经过审计及审计机构名称；

（三）控股股东和实际控制人直接或间接持有发行人的股份是否存在质押或其他有争议的情况；

（四）实际控制人应披露至最终的国有控股主体、集体组织、自然人；

（五）无控股股东、实际控制人的，应参照本条对发行人控股股东及实际控制人的要求披露对发行人有重大影响的股东情况。

第三十六条 发行人应披露有关股本的情况，主要包括：

（一）本次发行前的总股本、本次发行及公开发售的股份，以及本次发行及公开发售的股份占发行后总股本的比例；

（二）本次发行前后的前十名股东；

（三）本次发行前后的前十名自然人股东及其在发行人处担任的职务；

（四）发行人股本有国有股份或外资股份的，应根据有关主管部门对股份设置的批复文件披露相应的股东名称、持股数量、持股比例。涉及国有股的,应在国有股东之后标注“SS”(State - owned Shareholder 的缩写),披露前述标识的依据及标识的含义,并披露国有股转持情况;

(五)最近一年发行人新增股东的持股数量及变化情况、取得股份的时间、价格和定价依据。属于战略投资者的,应予注明并说明具体的战略关系。

新增股东为法人的,应披露其主要股东及实际控制人;为自然人的,应披露国籍、拥有永久境外居留权情况(如有)、身份证号码;为合伙企业的,应披露其普通合伙人及实际控制人、有限合伙人(如有)的情况;

(六)本次发行前各股东间的关联关系及关联股东的各自持股比例;

(七)发行人股东公开发售股份的,应披露公开发售股份对发行人的控制权、治理结构及生产经营产生的影响,并提示投资者关注上述事项。

第三十七条　发行人应披露正在执行的对其董事、监事、高级管理人员、其他核心人员、员工实行的股权激励(如员工持股计划、限制性股票、股票期权)及其他制度安排和执行情况。

第三十八条　发行人应简要披露员工情况,主要包括员工人数及最近三年变化情况,员工专业结构。

第三十九条　发行人应充分披露发行人、发行人的股东、实际控制人、发行人的董事、监事、高级管理人员及其他核心人员以及本次发行的保荐人及证券服务机构等作出的重要承诺、履行情况以及未能履行承诺的约束措施,承诺事项及其约束措施应当合法合理、具体明确,具备可操作性。承诺事项主要包括:

(一)本次发行前股东所持股份的限售安排、自愿锁定股份、延长锁定期限以及相关股东持股及减持意向等承诺;

(二)稳定股价的承诺;

(三)股份回购的承诺;

(四)依法承担赔偿或者补偿责任的承诺;

(五)填补被摊薄即期回报的措施及承诺;

(六)利润分配政策的承诺;

(七)其他承诺事项。

对投资者作出投资决策有重大影响的承诺事项,发行人应在招股说明书首页简要作“重大事项提示”。

第六节　业务和技术

第四十条　发行人应清晰、准确、客观地披露主营业务、主要产品或服务的情况,包括:

(一)主营业务、主要产品或服务的基本情况,主营业务收入的主要构成;

(二)主要经营模式,如盈利模式、采购模式、生产或服务模式、营销及管理模式等,分析采用目前经营模式的原因、影响经营模式的关键因素以及经营模式和影响因素在报告期内的变化情况及未来变化趋势。发行人的业务及其模式具有创新性的,还应披露其独特性、创新性及持续创新机制;

(三)设立以来主营业务、主要产品或服务、主要经营模式的演变情况;

(四)主要产品的工艺流程图或服务的流程图。

第四十一条　发行人应结合所处行业基本情况披露其竞争状况,主要包括:

(一)发行人所处行业的行业主管部门、行业监管体制、行业主要法律法规和政策及对发行人经营发展的影响等;

(二)结合行业竞争格局、市场化程度、行业内主要企业情况、行业特有的经营模式及盈利模式,披露发行人产品或服务的市场地位、技术水平及特点、竞争优势与劣势,以及上述情况在最近三年的变化情况及未来可预见的变化趋势;

(三)影响发行人发展的有利和不利因素,如产业政策、技术替代、行业发展瓶颈、国际市场冲击、发行人与上下游行业之间的关系;对于出口业务比例较大的发行人,还应披露产品进口国的有关进口政策、贸易摩擦对产品进口的影响以及进口国同类产品的竞争格局等情况。

第四十二条　发行人应披露销售情况和主要客户,包括:

(一)报告期内各期主要产品或服务的规模(产能、产量、销量,或服务能力、服务量)、销售收入,产品或服务的主要客户群体、销售价格的总体变动情况。存在多种销售模式的,应披露各销售模式的规模及占当期销售总额的比重;

(二)报告期内各期向前五名客户合计的销售额占当期销售总额的百分比,向单个客户的销售比例超过总额的50%、前五名客户中新增的客户或严重依赖于少数客户的,应披露其名称或姓名、销售比例。该客户为发行人关联方的,则应披露产品最终实现销售的情况。受同一实际控制人控制的销售客户,应合并计算销售额。

第四十三条　发行人应披露采购情况和主要供应商,包括:

(一)报告期内采购产品、原材料、能源或接受服务的情况,相关价格变动趋势;

(二)报告期内各期向前五名供应商合计的采购额占当期采购总额的百分比,向单个供应商的采购比例超过总额的50%、前五名供应商中新增的供应商或严重依赖于少数供应商的,应披露其名称或姓名、采购比例。受同一实际控制人控制的供应商,应合并计算采购额。

第四十四条 发行人应按对业务经营的重要性程度列表披露与其业务相关的主要固定资产、无形资产等资源要素,主要包括:

(一)经营使用的主要生产设备、房屋建筑物,披露取得和使用情况、成新率或尚可使用年限、在发行人及下属企业的分布情况以及设备大修或技术改造的周期、计划实施安排及对公司经营的影响;

(二)主要无形资产情况,主要包括商标、已取得的专利、非专利技术、土地使用权、水面养殖权、探矿权、采矿权等的数量、取得方式和时间、使用情况以及目前的法律状态,披露使用期限或保护期、最近一期末账面价值,以及上述资产对发行人生产经营的重要程度;

(三)其他对发行人经营发生作用的资源要素。

发行人允许他人使用自己所有的资源要素,或作为被许可方使用他人资源要素的,应简要披露许可合同的主要内容,包括许可人、被许可人、许可使用的具体资源要素内容、许可方式、许可年限、许可使用费等,以及合同履行情况。若发行人所有或使用的资源要素存在纠纷或潜在纠纷的,应明确说明。

第四十五条 发行人应披露其拥有的特许经营权的情况,主要包括特许经营权的取得情况,特许经营权的期限、费用标准,对发行人持续生产经营的影响。

第四十六条 发行人应披露其主要产品或服务的核心技术及技术来源,说明技术属于原始创新、集成创新或引进消化吸收再创新的情况,披露核心技术与已取得的专利及非专利技术的对应关系,以及在主营业务及产品或服务中的应用,并披露核心技术产品收入占营业收入的比例。

发行人应披露最近三年及一期研发费用的构成、占营业收入的比例。与其他单位合作研发的,还需说明合作协议的主要内容、研究成果的分配方案及采取的保密措施等。

发行人应披露其核心技术人员、研发人员占员工总数的比例,所取得的专业资质及重要科研成果和获得的奖项,披露最近两年核心技术人员的主要变动情况及对发行人的影响。

第四十七条 发行人在中华人民共和国境外进行生产经营的,应对有关业务活动进行地域性分析。发行人在境外拥有资产的,应详细披露该资产的具体内容、资产规模、所在地、经营管理和盈利情况等。

第四十八条 发行人应披露发行当年和未来三年的发展规划及拟采取的措施。

发行人披露的发展规划应当具体明确,合理说明发展规划所依据的假设条件,实施过程中可能面临的主要困难,确保实现发展规划采用的方法或途径。发行人应声明在上市后通过定期报告公告发展规划的实施情况。

发行人披露的发展规划、措施以及相应的分析,应与招股说明书其他相关内容相衔接。

第七节 同业竞争与关联交易

第四十九条 发行人应披露是否存在与控股股东、实际控制人及其控制的其他企业从事相同或相似业务的情况。对存在相同或相似业务的,发行人应对是否存在同业竞争作出合理解释。

第五十条 发行人应披露控股股东、实际控制人作出的避免同业竞争的承诺。

第五十一条 发行人应根据《公司法》和企业会计准则的相关规定披露关联方、关联关系和关联交易。

第五十二条 发行人应根据交易的性质和频率,按照经常性和偶发性分类披露关联交易及关联交易对其财务状况和经营成果的影响。

购销商品、提供劳务等经常性关联交易,应分别披露报告期内关联交易方名称、交易内容、交易金额、交易价格的确定方法、占当期营业收入或营业成本的比重、占当期同类型交易的比重以及关联交易增减变化的趋势,与交易相关应收应付款项的余额及增减变化的原因,以及上述关联交易是否仍将持续进行。

偶发性关联交易,应披露关联交易方名称、交易时间、交易内容、交易金额、交易价格的确定方法、资金结算情况、交易产生的利润及对发行人当期经营成果的影响、交易对公司主营业务的影响。

发行人应披露报告期内所发生的全部关联交易的简要汇总表。

第五十三条 发行人应披露报告期内发生的关联交易是否履行公司章程规定的程序,披露独立董事对关联交易履行的审议程序是否合法及交易价格是否公允的意见。

第八节 董事、监事、高级管理人员与公司治理

第五十四条 发行人应披露董事、监事、高级管理人员及其他核心人员的简要情况,主要包括:

(一)姓名、国籍及境外居留权;

(二)性别;

(三)年龄;

(四)学历及专业背景;

(五)职称;

(六)主要业务经历及实际负责的业务活动;对发行人设立、发展有重要影响的董事、监事、高级管理人员及其他核心人员,还应披露其创业或从业历程;

(七)曾经担任的重要职务及任期;

(八)现任发行人的职务及任期;

(九)兼职情况及所兼职单位与发行人的关联关系;

(十)与其他董事、监事、高级管理人员及其他核心人员的亲属关系。

对于董事、监事,应披露其提名人;对于董事、监事、高级管理人员,还应披露其了解股票发行上市相关法律法规及其法定义务责任的情况。

第五十五条 发行人应披露董事、监事、高级管理人员及其他核心人员与发行人及其业务相关的对外投资情况,包括投资金额、持股比例、有关承诺和协议,对于存在利益冲突情形的,应披露解决情况。

发行人应列表披露董事、监事、高级管理人员、其他核心人员及其近亲属以任何方式直接或间接持有发行人股份的情况、持有人姓名及所持股份的质押或冻结情况。

第五十六条 发行人应披露董事、监事、高级管理人员及其他核心人员的薪酬组成、确定依据、所履行的程序及最近三年内薪酬总额占各期发行人利润总额的比重,最近一年从发行人及其关联企业领取收入的情况,以及所享受的其他待遇和退休金计划等。

第五十七条 发行人应披露与董事、监事、高级管理人员及其他核心人员所签定的协议,以及有关协议的履行情况。

第五十八条 发行人董事、监事、高级管理人员在近两年内曾发生变动的,应披露变动情况和原因。

第五十九条 发行人应披露股东(大)会、董事会、监事会、独立董事、董事会秘书以及审计委员会等机构和人员的运行及履职情况,主要包括:

(一)结合《公司法》、中国证监会关于公司治理的有关规定及公司章程,披露报告期内发行人公司治理存在的缺陷及改进情况;

(二)报告期内发行人股东(大)会、董事会、监事会的实际运行情况,包括会议召开次数,出席会议情况,股东(大)会、董事会、监事会的召开及决议内容是否合法有效,是否存在董事会或高级管理人员违反《公司法》及其他规定行使职权的情形;

(三)独立董事出席董事会等履职情况。独立董事对发行人有关事项曾提出异议的,应披露该事项的内容、独立董事的姓名及所提异议的内容等;

(四)审计委员会及其他专门委员会的人员构成及运行情况。

第六十条 发行人应披露公司管理层对内部控制完整性、合理性及有效性的自我评估意见以及注册会计师对公司内部控制的鉴证意见。注册会计师指出公司内部控制存在缺陷的,应予披露并说明改进措施。

第六十一条 发行人应披露最近三年内是否存在违法违规行为,若存在违法违规行为,应披露违法违规事实和受到处罚的情况,并说明对发行人的影响。

第六十二条 发行人应披露最近三年内是否存在资金被控股股东、实际控制人及其控制的其他企业以借款、代偿债务、代垫款或者其他方式占用的情况,或者为控股股东、实际控制人及其控制的其他企业担保的情况。

第六十三条 发行人应披露资金管理、对外投资、担保事项的政策及制度安排,说明决策权限及程序等规定,并说明最近三年的执行情况。

第六十四条 发行人应披露投资者权益保护的情况,说明在保障投资者尤其是中小投资者依法享有获取公司信息、享有资产收益、参与重大决策和选择管理者等权利方面采取的措施,主要包括:

(一)建立健全内部信息披露制度和流程;

(二)完善股东投票机制。建立累积投票制选举公司董事,中小投资者单独计票等机制,对法定事项采取网络投票方式召开股东大会进行审议表决;

(三)其他保护投资者合法权益的措施。

第九节 财务会计信息与管理层分析

第六十五条 发行人应披露最近三年及一期的资产负债表、利润表和现金流量表。发行人编制合并财务报表的,应披露合并财务报表。

第六十六条 发行人应披露会计师事务所的审计意见类型。

第六十七条 发行人应结合自身业务特点深入分析影响收入、成本、费用和利润的主要因素,以及对发行人具有核心意义或其变动对业绩变动具有较强预示作用的财务或非财务指标。分析报告期内上述因素和指标对财务状况和盈利能力的影响程度,并分析其对公司未来财务状况和盈利能力可能产生的影响;目前已经存在新的趋势或变化,可能对公司未来财务状况和盈利能力产生重大影响的,应分析具体的影响。

第六十八条 发行人信息披露应当满足及时性要求,应当披露财务报告审计基准日至招股说明书签署日之间的相关财务信息。

发行人应明确提醒投资者公司已披露财务报告审计基准日后的主要财务信息和经营状况,注明相关财务信息是否经过审计或审阅，并作“重大事项提示”。若审计基准日后存在发行人经营状况恶化、经营业绩下降等不利变化的，应明确披露相关风险并说明原因。

第六十九条 发行人应结合业务特点充分披露报告期内采用的对公允反映公司财务状况和经营成果有重大影响的主要会计政策和会计估计。

发行人重大会计政策或会计估计与可比上市公司存在较大差异的，应分析重大会计政策或会计估计的差异产生的原因及对公司利润产生的影响。

第七十条 发行人应披露报告期内执行的主要税收政策、缴纳的主要税种，并按税种分项说明执行的法定税率。

存在税负减免的，应按税种分项说明相关法律法规或政策依据、批准机关、批准文号、减免幅度及有效期限。

第七十一条 发行人财务报表包含了分部信息的，应披露分部信息。

编制合并财务报表的，分部信息的披露应当以合并财务报表为基础。分部信息应当与合并财务报表或发行人财务报表中的总额信息相衔接。

发行人分析公司财务会计信息时，应当利用分部信息。

第七十二条 发行人应依据经注册会计师鉴证的非经常性损益明细表，以合并财务报表的数据为基础，披露最近三年及一期非经常性损益的具体内容、金额及对当期经营成果的影响，并计算最近三年及一期扣除非经常性损益后的净利润金额。

第七十三条 发行人应列表披露最近三年及一期的主要财务指标。主要包括流动比率、速动比率、资产负债率（母公司）、应收账款周转率、存货周转率、息税折旧摊销前利润、归属于发行人股东的净利润、归属于发行人股东扣除非经常性损益后的净利润、利息保障倍数、每股经营活动产生的现金流量、每股净现金流量、基本每股收益、稀释每股收益、归属于发行人股东的每股净资产、净资产收益率、无形资产（扣除土地使用权、水面养殖权和采矿权等后）占净资产的比例。除特别指出外，上述财务指标应以合并财务报表的数据为基础进行计算。其中，净资产收益率和每股收益的计算应执行中国证监会的有关规定。

第七十四条 如果发行人认为提供盈利预测报告将有助于投资者对发行人及投资于发行人的股票作出正确判断，且发行人确信能对最近的未来期间的盈利情况作出比较切合实际的预测，发行人可以披露盈利预测报告。

发行人披露盈利预测报告的，应声明：“本公司盈利预测报告是管理层在最佳估计假设的基础上编制的，但所依据的各种假设具有不确定性，投资者进行投资决策时应谨慎使用。”

发行人披露的盈利预测报告应包括盈利预测表及其说明。盈利预测表的格式应与利润表一致，其中预测数应分栏列示已审实现数、未审实现数、预测数和合计数。

盈利预测说明应包括编制基准、所依据的基本假设及其合理性、与盈利预测数据相关的背景及分析资料等。盈利预测数据包含了特定的财政税收优惠政策或非经常性损益项目的，应特别说明。

第七十五条 发行人应扼要披露会计报表附注中的资产负债表日后事项或有事项及其他重要事项，并结合目前存在重大担保、诉讼、其他或有事项和重大资产负债表日后事项的情况，说明对发行人财务状况、盈利能力及持续经营的影响。

第七十六条 发行人应主要依据最近三年及一期的合并财务报表分析披露发行人财务状况、盈利能力及现金流量的报告期内情况及未来趋势。分析不应仅限于财务因素，还应包括非财务因素；不应仅以引述方式重复财务报表的内容，应选择使用逐年比较、与同行业对比分析等便于理解的形式进行分析。选择同行业公司对比分析时，发行人应披露选择相关公司的原因，分析所选公司与发行人之间的可比性。发行人分析时应结合公司业务情况，将财务信息与非财务信息进行相互印证。

第七十七条 盈利能力分析一般应包括下列内容：

（一）发行人应按照利润表项目逐项分析最近三年及一期经营成果变化的原因，对于变动幅度较大的项目应重点说明；

（二）发行人应列表披露最近三年及一期营业收入的构成及比例，并分别按产品或服务类别及业务、地区分部列示，分析营业收入增减变化的情况及原因；披露主要产品或服务的销售价格、销售量的变化情况及原因；营业收入存在季节性波动的，应分析季节性因素对各季度经营成果的影响；

（三）发行人应结合最近三年及一期营业成本的主要构成情况，主要原材料和能源的采购数量及采购价格等，披露最近三年及一期发行人营业成本增减变化情况及原因；

（四）发行人应披露最近三年及一期销售费用、管理费用和财务费用的构成及变化情况；应披露最近三年及一期的销售费用率，如果与同行业可比上市公司的销售费用率存在显著差异，还应结合发行人的销售模式和业务特点分析差异的原因；应披露管理费用、财

务费用占销售收入的比重,并解释异常波动的原因;

(五)发行人应披露营业利润、利润总额和净利润金额,分析发行人净利润的主要来源及净利润增减变化情况及原因;

(六)发行人应披露最近三年及一期的综合毛利率、分产品或服务的毛利率及变动情况;报告期内毛利率发生重大变化的,还应用数据说明相关因素对毛利率变动的影响程度;应与同行业上市公司中与发行人相同或相近产品或服务的毛利率对比,如存在显著差异,应结合发行人经营模式、产品销售价格和产品成本等,披露差异的原因及对净利润的影响;

(七)发行人主要产品的销售价格或主要原材料、能源价格频繁变动且影响较大的,应针对价格变动对公司利润的影响作敏感性分析;

(八)发行人最近三年及一期非经常性损益、合并财务报表范围以外的投资收益对公司经营成果有重大影响的,应当分析原因及对公司盈利能力稳定性的影响;应披露报告期内收到的政府补助,披露其中金额较大项目的主要信息;

(九)发行人应按税种分项披露最近三年及一期公司缴纳的税额,说明所得税费用(收益)与会计利润的关系;应披露最近三年及一期税收政策的变化及对发行人的影响,是否面临即将实施的重大税收政策调整及对发行人可能存在的影响。

第七十八条　发行人应分析并完整披露对其持续盈利能力产生重大不利影响的所有因素,包括报告期内实际发生以及未来可能发生的重大不利影响,披露保荐人对发行人是否具备持续盈利能力的核查结论意见,并在招股说明书首页作“重大事项提示”。对发行人持续盈利能力构成重大不利影响的因素包括但不限于下列情形:

(一)发行人的经营模式、产品或服务的品种结构已经或者将发生重大变化,并对发行人的持续盈利能力构成重大不利影响;

(二)发行人的行业地位或发行人所处行业的经营环境已经或者将发生重大变化,并对发行人的持续盈利能力构成重大不利影响;

(三)发行人在用的商标、专利、专有技术、特许经营权等重要资产或者技术的取得或者使用存在重大不利变化的风险;

(四)发行人最近一年的营业收入或净利润对关联方或者有重大不确定性的客户存在重大依赖;

(五)发行人最近一年的净利润主要来自合并财务报表范围以外的投资收益;

(六)其他可能对发行人持续盈利能力构成重大不利影响的情形。

第七十九条　财务状况分析一般应包括下列内容:

(一)发行人应披露最近三年及一期末资产、负债的主要构成,分析最近三年及一期末资产、负债结构变动的主要原因和影响;

(二)发行人应分析最近三年及一期末发生较大变动,或对财务状况构成重大影响的资产负债表项目的具体构成,并分析其变化原因和影响;

(三)发行人应披露最近三年及一期末应收款项的账面原值、坏账准备、账面价值,结合应收款项的构成、比例、账龄、信用期、主要债务人等,分析说明报告期内应收款项的变动情况及原因;披露最近三年及一期末应收账款中主要客户的应收账款金额、占比及变化情况,新增主要客户的应收账款金额及占比情况;

(四)发行人应披露最近三年及一期末存货的类别、账面价值、存货跌价准备,结合存货的构成、比例等,分析说明报告期内存货的变动情况及原因;如发行人期末存货余额较大,周转率较低,应结合业务模式、市场竞争情况和行业发展趋势等因素披露原因,同时分析并披露发行人的存货减值风险;

(五)发行人应披露最近一期末的主要债项,包括主要的银行借款,对内部人员和关联方的负债,主要合同承诺的债务、或有债项的金额、期限、成本,票据贴现、抵押及担保等形成的或有负债情况。有逾期未偿还债项的,应说明其金额、利率、贷款资金用途、未按期偿还的原因、预计还款期等。结合主要债项的构成、比例、借款费用资本化情况、用途等,分析说明报告期内债项的变动情况及原因。发行人应分析可预见的未来需偿还的负债金额及相应利息金额,并结合公司的现金流量状况、在银行的资信状况、可利用的融资渠道及授信额度、表内负债、表外融资情况及或有负债等情况,分析公司的偿债能力和流动性风险;

(六)发行人应扼要披露报告期内各期末股东权益的情况,包括股本、资本公积、盈余公积、未分配利润及少数股东权益的情况。发行人应分析说明报告期内股东权益各项目的变动情况及原因。

第八十条　现金流量的分析一般应包括下列内容:

(一)发行人应扼要披露最近三年及一期经营活动产生的现金流量、投资活动产生的现金流量、筹资活动产生的现金流量的基本情况和变动原因,披露不涉及现金收支的重大投资和筹资活动及其影响;

(二)发行人最近三年及一期经营活动产生的现金流量净额为负数或者远低于当期净利润的,应分析披露原因;

(三)发行人应披露未来可预见的重大资本性支

出计划及资金需求量；未来资本性支出计划跨行业投资的，应说明其与公司未来发展战略的关系。

第八十一条 发行人应披露最近三年及一期的实际股利分配情况以及发行后的股利分配政策。

第八十二条 发行人应披露本次发行完成前滚存利润的分配安排和已履行的决策程序。若发行前的滚存利润归发行前的股东享有，应披露滚存利润的审计和实际派发情况，同时在招股说明书首页对滚存利润中由发行前股东单独享有的金额以及是否派发完毕作“重大事项提示”。

第十节 募集资金运用

第八十三条 发行人募集资金应当围绕主营业务进行投资安排，列表简要披露募集资金使用的具体用途、预计募集资金数额、预计投资规模、预计投入的时间进度情况。

第八十四条 发行人应根据重要性原则披露募集资金运用情况：

（一）募集资金的具体用途，简要分析募集资金具体用途的可行性及其与发行人现有主要业务、核心技术之间的关系；

（二）投资概算情况。发行人所筹资金如不能满足预计资金使用需求的，应说明缺口部分的资金来源及落实情况；如所筹资金超过预计募集资金数额的，应说明相关资金在运用和管理上的安排；

（三）募集资金具体用途所需的时间周期和时间进度；

（四）募集资金运用涉及履行审批、核准或备案程序的，应披露相关的履行情况；

（五）募集资金运用涉及环保问题的，应披露可能存在的环保问题、采取的措施及资金投入情况；

（六）募集资金运用涉及新取得土地或房产的，应披露取得方式、进展情况及未能如期取得对募集资金具体用途的影响；

（七）募集资金运用涉及与他人合作的，应披露合作方基本情况、合作方式、各方权利义务关系；

（八）募集资金的专户存储安排。

第八十五条 募集资金用于偿还债务的，应披露债务产生的原因及用途、偿债的总体安排及对发行人财务状况、偿债能力和财务费用的具体影响。

第八十六条 募集资金用于补充营运资金的，发行人应披露补充营运资金的必要性和管理运营安排，说明对公司财务状况及经营成果的影响和对提升公司核心竞争力的作用。

第八十七条 发行人使用自有资金或其他资金已先期投资于募集资金具体用途的，应披露募集资金具体用途的启动及进展情况、发行人已投资的资金来源、本次募集资金拟投资的资金数额。

第十一节 其他重要事项

第八十八条 发行人应披露正在履行的合同的金额或交易金额、所产生的营业收入或毛利额相应占发行人最近一个会计年度经审计的营业收入或营业利润的10%以上的合同以及其他对发行人生产经营活动、未来发展或财务状况具有重要影响的合同的基本情况，包括合同当事人、合同标的、合同价款或报酬、履行期限、实际履行情况等。与同一交易主体在一个会计年度内连续发生的相同内容或性质的合同应累计计算。

第八十九条 发行人应披露对外担保的情况，主要包括：

（一）被担保人的名称、注册资本、实收资本、住所、生产经营情况、与发行人有无关联关系以及最近一年及一期末的总资产、净资产和最近一年及一期的净利润；

（二）主债务的种类、金额和履行债务的期限；

（三）担保方式：采用保证方式还是抵押、质押方式；采用抵押、质押方式的，应披露担保物的种类、数量、价值等相关情况；

（四）担保范围；

（五）担保期间；

（六）解决争议的方法；

（七）其他对担保人有重大影响的条款；

（八）担保履行情况。

发行人不存在对外担保的，应予说明。

第九十条 发行人应披露对财务状况、经营成果、声誉、业务活动、未来前景等可能产生较大影响的诉讼或仲裁事项，主要包括：

（一）案件受理情况和基本案情；

（二）诉讼或仲裁请求；

（三）判决、裁决结果及执行情况；

（四）诉讼、仲裁案件对发行人的影响。

第九十一条 发行人应披露控股股东或实际控制人、控股子公司，发行人董事、监事、高级管理人员和其他核心人员作为一方当事人的重大诉讼或仲裁事项。

发行人应披露控股股东、实际控制人最近三年内是否存在重大违法行为。

第九十二条 发行人应披露董事、监事、高级管理人员和其他核心人员涉及刑事诉讼的情况。

第十二节 有关声明

第九十三条 发行人全体董事、监事、高级管理人员应在招股说明书正文的尾页声明：

“本公司全体董事、监事、高级管理人员承诺本招股说明书不存在虚假记载、误导性陈述或重大遗漏,并对其真实性、准确性、完整性、及时性承担个别和连带的法律责任。”

声明应由全体董事、监事、高级管理人员签名,并由发行人加盖公章。

第九十四条 保荐人(主承销商)应对招股说明书的真实性、准确性、完整性、及时性进行核查,并在招股说明书正文后声明:

“本公司已对招股说明书进行了核查,确认不存在虚假记载、误导性陈述或重大遗漏,并对其真实性、准确性、完整性、及时性承担相应的法律责任。”

声明应由法定代表人、保荐代表人、项目协办人签名,并由保荐人(主承销商)加盖公章。

第九十五条 发行人律师应在招股说明书正文后声明:

“本所及经办律师已阅读招股说明书,确认招股说明书与本所出具的法律意见书和律师工作报告无矛盾之处。本所及经办律师对发行人在招股说明书中引用的法律意见书和律师工作报告的内容无异议,确认招股说明书不致因上述内容而出现虚假记载、误导性陈述或重大遗漏,并对其真实性、准确性、完整性、及时性承担相应的法律责任。”

声明应由经办律师及所在律师事务所负责人签名,并由律师事务所加盖公章。

第九十六条 承担审计业务的会计师事务所应在招股说明书正文后声明:

“本所及签字注册会计师已阅读招股说明书,确认招股说明书与本所出具的审计报告、盈利预测审核报告(如有)、内部控制鉴证报告及经本所鉴证的非经常性损益明细表无矛盾之处。本所及签字注册会计师对发行人在招股说明书中引用的审计报告、盈利预测审核报告(如有)、内部控制鉴证报告及经本所鉴证的非经常性损益明细表的内容无异议,确认招股说明书不致因上述内容而出现虚假记载、误导性陈述或重大遗漏,并对其真实性、准确性、完整性、及时性承担相应的法律责任。”

声明应由签字注册会计师及所在会计师事务所负责人签名,并由会计师事务所加盖公章。

第九十七条 承担评估业务的资产评估机构应在招股说明书正文后声明:

“本机构及签字注册资产评估师已阅读招股说明书,确认招股说明书与本机构出具的资产评估报告无矛盾之处。本机构及签字注册资产评估师对发行人在招股说明书中引用的资产评估报告的内容无异议,确认招股说明书不致因上述内容而出现虚假记载、误导性陈述或重大遗漏,并对其真实性、准确性、完整性、及时性承担相应的法律责任。”

声明应由签字注册资产评估师及所在资产评估机构负责人签名,并由资产评估机构加盖公章。

第九十八条 承担验资业务的机构应在招股说明书正文后声明:

“本机构及签字注册会计师已阅读招股说明书,确认招股说明书与本机构出具的验资报告无矛盾之处。本机构及签字注册会计师对发行人在招股说明书中引用的验资报告的内容无异议,确认招股说明书不致因上述内容而出现虚假记载、误导性陈述或重大遗漏,并对其真实性、准确性、完整性、及时性承担相应的法律责任。”

声明应由签字注册会计师及所在验资机构负责人签名,并由验资机构加盖公章。

第九十九条 发行人及上述机构和人员应按照本准则第九十三条至第九十八条的规定,在预先披露的招股说明书(申报稿)中发表声明。

第一百条 本准则所要求的有关人员的签名下方应以印刷体形式注明其姓名。

第十三节 附 件

第一百零一条 招股说明书结尾应列明附件,并在中国证监会指定网站披露。附件应包括下列文件:

(一)发行保荐书(附:发行人成长性专项意见)及发行保荐工作报告;

(二)发行人关于公司设立以来股本演变情况的说明及其董事、监事、高级管理人员的确认意见;

(三)发行人控股股东、实际控制人对招股说明书的确认意见;

(四)财务报表及审计报告;

(五)发行人审计报告基准日至招股说明书签署日之间的相关财务报表及审阅报告(如有);

(六)盈利预测报告及审核报告(如有);

(七)内部控制鉴证报告;

(八)经注册会计师鉴证的非经常性损益明细表;

(九)法律意见书及律师工作报告;

(十)公司章程(草案);

(十一)中国证监会核准本次发行的文件;

(十二)其他与本次发行有关的重要文件。

第三章 附 则

第一百零二条 本准则自公布之日起施行。2009 年 7 月 20 日发布的《公开发行证券的公司信息披露内容与格式准则第 28 号——创业板公司招股说明书》(证监会公告〔2009〕17 号)同时废止。

公开发行证券的公司信息披露内容与格式准则第29号——首次公开发行股票并在创业板上市申请文件（2014年修订）

2014年6月11日中国证券监督管理委员会公告〔2014〕29号公布施行

第一条 为了规范首次公开发行股票并在创业板上市申请文件的格式和报送方式，根据《证券法》、《首次公开发行股票并在创业板上市管理办法》（证监会令第99号）的规定，制定本准则。

第二条 申请在中华人民共和国境内首次公开发行股票并在创业板上市的公司（以下简称发行人）应按本准则的要求制作和报送申请文件。

第三条 本准则附件规定的申请文件目录是对发行申请文件的最低要求。根据审核需要，中国证券监督管理委员会（以下简称中国证监会）可以要求发行人、保荐人和相关证券服务机构补充文件。如果某些文件对发行人不适用，可不提供，但应向中国证监会作出书面说明。

第四条 发行人控股股东、实际控制人应当对招股说明书出具确认意见，确认招股说明书中与其相关的内容真实、准确、完整、及时，且不存在指使发行人违反规定披露信息，或者指使发行人披露有虚假记载、误导性陈述或重大遗漏的信息的情形。

第五条 保荐人应当对发行人的成长性出具专项意见，并作为发行保荐书的附件。发行人为自主创新企业的，还应当在专项意见中说明发行人的自主创新能力。

第六条 申请文件一经受理，未经中国证监会同意，不得增加、撤回或更换。

第七条 发行人报送申请文件，初次报送应提交原件一份，复印件二份；根据审核需要，中国证监会可以要求发行人补充报送申请文件。

发行人不能提供有关文件的原件的，应由发行人律师提供鉴证意见，或由出文单位盖章，以保证与原件一致。如原出文单位不再存续，由承继其职权的单位或作出撤销决定的单位出文证明文件的真实性。

第八条 申请文件所有需要签名处，应载明签名字样的印刷体，并由签名人亲笔签名，不得以名章、签名章等代替。

申请文件中需要由发行人律师鉴证的文件，发行人律师应在该文件首页注明“以下第××页至第××页与原件一致”，并签名和签署鉴证日期，律师事务所应在该文件首页加盖公章，并在第××页至第××页侧面以公章加盖骑缝章。

第九条 发行人应根据中国证监会对申请文件的反馈意见提供补充材料。保荐人和相关证券服务机构应对反馈意见相关问题进行尽职调查或补充出具专业意见。

第十条 申请文件应采用幅面为209毫米×295毫米规格的纸张（相当于标准A4纸张规格），双面印刷（需提供原件的历史文件除外）。

第十一条 申请文件的封面和侧面应标明“××公司首次公开发行股票并在创业板上市申请文件”字样。

第十二条 申请文件的首页应标明发行人董事会秘书、保荐人和相关证券服务机构项目负责人的姓名、电话、传真及其他方便的联系方式。

第十三条 申请文件章与章之间、节与节之间应有明显的分隔标识。

申请文件中的页码应与目录中标识的页码相符。例如，第四章4－1的页码标注为4－1－1，4－1－2，4－1－3，…，4－1－n。

第十四条 发行人在每次报送书面申请文件的同时，应报送一份相应的标准电子文件（标准.doc或.rtf格式文件）。

发行结束后，发行人应将招股说明书的电子文件及历次报送的电子文件汇总报送中国证监会备案。

第十五条 未按本准则的要求制作和报送申请文件的，中国证监会按照有关规定不予受理。

第十六条 本准则自公布之日起施行。2009年7月20日发布的《公开发行证券的公司信息披露内容与格式准则第29号——首次公开发行股票并在创业板上市申请文件》（证监会公告〔2009〕18号）同时废止。

附件：1. 首次公开发行股票并在创业板上市申请文件目录

2. 发行人成长性专项意见编制指引

附件1

首次公开发行股票并在创业板上市申请文件目录

第一章 招股说明书与发行公告

1－1 招股说明书（申报稿）

1－2 发行人控股股东、实际控制人对招股说明书的确认意见

1－3 发行公告(发行前提供)

第二章 发行人关于本次发行的申请及授权文件

2－1 发行人关于本次发行的申请报告

2－2 发行人董事会有关本次发行的决议

2－3 发行人股东大会有关本次发行的决议

第三章 保荐人和证券服务机构文件

3－1 保荐人关于本次发行的文件

3－1－1 发行保荐书(附:发行人成长性专项意见)

3－1－2 发行保荐工作报告(附:关于保荐项目重要事项尽职调查情况问核表)

3－2 注册会计师关于本次发行的文件

3－2－1 财务报表及审计报告

3－2－2 发行人审计报告基准日至招股说明书签署日之间的相关财务报表及审阅报告(发行前提供)

3－2－3 盈利预测报告及审核报告

3－2－4 内部控制鉴证报告

3－2－5 经注册会计师鉴证的非经常性损益明细表

3－3 发行人律师关于本次发行的文件

3－3－1 法律意见书

3－3－2 律师工作报告

第四章 发行人的设立文件

4－1 发行人的企业法人营业执照

4－2 发起人协议

4－3 发起人或主要股东的营业执照或有关身份证明文件

4－4 发行人公司章程(草案)

4－5 发行人关于公司设立以来股本演变情况的说明及其董事、监事、高级管理人员的确认意见

4－6 国有资产管理部门出具的国有股权设置及转持批复文件及商务主管部门出具的外资股确认文件

第五章 与财务会计资料相关的其他文件

5－1 发行人关于最近三年及一期的纳税情况的说明

5－1－1 发行人最近三年及一期所得税纳税申报表

5－1－2 有关发行人税收优惠、财政补贴的证明文件

5－1－3 主要税种纳税情况的说明及注册会计师出具的意见

5－1－4 主管税收征管机构出具的最近三年及一期发行人纳税情况的证明

5－2 成立不满三年的股份有限公司需报送的财务资料

5－2－1 最近三年原企业或股份公司的原始财务报表

5－2－2 原始财务报表与申报财务报表的差异比较表

5－2－3 注册会计师对差异情况出具的意见

5－3 成立已满三年的股份有限公司需报送的财务资料

5－3－1 最近三年原始财务报表

5－3－2 原始财务报表与申报财务报表的差异比较表

5－3－3 注册会计师对差异情况出具的意见

5－4 发行人设立时和最近三年及一期的资产评估报告(含土地评估报告)

5－5 发行人的历次验资报告

5－6 发行人大股东或控股股东最近一年及一期的原始财务报表及审计报告

第六章 其他文件

6－1 关于本次发行募集资金运用的文件

6－1－1 发行人关于募集资金运用的总体安排说明

6－1－2 募集资金投资项目的审批、核准或备案文件

6－1－3 发行人拟收购资产(或股权)的财务报表、资产评估报告及审计报告

6－1－4 发行人拟收购资产(或股权)的合同或合同草案

6－2 产权和特许经营权证书

6－2－1 发行人拥有或使用的商标、专利、计算机软件著作权等知识产权以及土地使用权、房屋所有权、采矿权等产权证书清单(需列明证书所有者或使用者名称、证书号码、权利期限、取得方式、是否及存在何种他项权利等内容,并由发行人律师对全部产权证书的真实性、合法性和有效性出具鉴证意见)

6－2－2 特许经营权证书

6－3 重要合同

6－3－1 商标、专利、专有技术等知识产权许可使用协议

6－3－2 重大关联交易协议

6－3－3 重组协议

6－3－4 其他重要商务合同

6－4 承诺事项

6－4－1 发行人及其实际控制人、控股股东、持股5%以上股东以及发行人董事、监事、高级管理人员等责任主体的重要承诺以及未履行承诺的约束措施

6－4－2 有关消除或避免同业竞争的协议以及发行人的控股股东和实际控制人出具的相关承诺

6－4－3 发行人全体董事、监事、高级管理人员对发行申请文件真实性、准确性、完整性、及时性的承诺书

6－5 发行人律师关于发行人董事、监事、高级管理人员、发行人控股股东和实际控制人在相关文件上签名盖章的真实性的鉴证意见

6－6 发行人生产经营和募集资金投资项目符合环境

保护要求的证明文件(重污染行业的发行人需提供符合国家环保部门规定的证明文件)

6-7 特定行业(或企业)的管理部门出具的相关意见

6-8 保荐协议和承销协议

附件2

发行人成长性专项意见编制指引

保荐人编制发行人成长性专项意见,应当符合以下原则和要求:

一、保荐人应当按照勤勉尽责原则,结合企业的行业前景及其地位、业务模式、技术水平和研发能力、产品或服务的质量及市场前景、营销能力等因素,同时考虑企业持续成长的制约条件,综合分析判断企业的成长性,出具结论明确的成长性专项意见。成长性专项意见应有严密论证和依据充分的专业意见做支撑。

二、保荐人对不同业务类型的企业应重点关注不同方面:企业的业务属于产品制造类的,应就其核心技术和持续技术创新能力对成长性的影响发表明确分析意见;企业的业务属于非产品制造类的,应就其业务的特色和业务模式的创新性对成长性的影响明确发表分析意见。

三、保荐人应当充分关注企业的自主创新能力,深入核查企业是否拥有关键的核心技术、突出的研发优势、创新的业务模式以及较强的市场开拓能力,并重点分析企业自主创新能力对成长性的影响。

四、保荐人应充分揭示企业的成长性风险,并督促发行人在招股说明书中作"重大事项提示"。

公开发行证券的公司信息披露内容与格式准则第30号——创业板上市公司年度报告的内容与格式

1. 2012年12月14日中国证券监督管理委员会公告〔2012〕43号公布

2. 自2013年1月1日起施行

第一章 总 则

第一条 为规范创业板上市公司年度报告的编制及信息披露行为,保护投资者合法权益,根据《公司法》、《证券法》等法律、法规及中国证券监督管理委员会(以下简称中国证监会)的有关规定,制订本准则。

第二条 凡根据《公司法》、《证券法》在中华人民共和国境内公开发行股票并在创业板上市的股份有限公司(以下简称公司)应当按照本准则的要求编制和披露年度报告。

第三条 本准则的规定是对公司年度报告信息披露的最低要求。凡对投资者投资决策有重大影响的信息,不论本准则是否有明确规定,公司均应披露。

第四条 本准则某些具体要求对公司确实不适用的,经证券交易所批准后,公司可根据实际情况在不影响披露内容完整性的前提下做出适当修改。

第五条 由于商业秘密等特殊原因导致本准则规定的某些信息确实不便披露的,公司可向证券交易所申请豁免,经证券交易所批准后,可以不予披露。公司应当在相关章节说明未按本准则要求进行披露的原因。

第六条 在不影响信息披露完整性和不致引起阅读不便的前提下,公司可采取相互引征的方法,对相关部分进行适当的技术处理,以避免不必要的重复和保持文字简洁。

第七条 公司年度报告的全文应按本准则第二章的要求编制,年度报告摘要的内容摘自年度报告正文,编制和披露应遵循本准则第三章的要求,并按照附件的格式进行。

第八条 同时在境内和境外证券市场上市的公司,若境外证券市场对年度报告的编制和披露要求与本准则不同,应遵循报告内容从多不从少,报告要求从严不从宽的原则,并应当在同一日公布年度报告。

第九条 公司年度报告中的财务报告必须经具有证券期货相关业务资格的会计师事务所审计,审计报告须由该所至少两名注册会计师签字。

第十条 公司在编制年度报告时还应遵循如下一般要求:

(一)年度报告中引用的数字应当采用阿拉伯数字,有关货币金额除特别说明外,指人民币金额,并以元、千元、万元或百万元为单位。

(二)公司可根据有关规定或其他需求,编制年度报告外文译本,但应努力保证中外文文本的一致性,并在外文文本上注明:"本报告分别以中、英(或日、法等)文编制,在对中外文文本的理解上发生歧义时,以中文文本为准。"

(三)年度报告印刷文本应采用质地良好的纸张印刷,幅面为209×295毫米(相当于标准的A4纸规格)。年度报告封面应载明公司的名称、"年度报告"的字样、报告期年份,也可以载有公司的外文名称、徽章或其他标记、图案等。年度报告的目录应编排在显著位置。

(四)年度报告可以刊载宣传本公司的照片和图

表,但不得刊登任何祝贺性、恭维性或推荐性的词句或题字,不得含有欺诈和误导的行为。

第十一条　公司应当在每个会计年度结束之日起4个月内将年度报告刊登在中国证监会指定的网站和公司网站上,将年度报告摘要刊登在至少一种中国证监会指定报纸上。在指定报纸上刊登的年度报告摘要最小字号为标准6号字,最小行距为0.02。

公司可以将年度报告刊登在其他网站和其他报刊上,但不得早于在中国证监会指定的网站和报刊上披露的时间。

第十二条　在年度报告披露前,任何当事人不得泄露与其有关的信息,或利用这些信息谋取不正当利益。

第十三条　公司应当在年度报告公布后,将年度报告原件或有法律效力的复印件备置于公司办公地点,以供股东和投资者查阅。

第十四条　公司应当在年度报告公布后,会计年度结束之日起4个月内,将年度报告报送公司所在地的证券监管派出机构和证券交易所。并应在会计年度结束之日起6个月内,将年度报告报送中国证监会。

第十五条　公司董事会、监事会及董事、监事、高级管理人员应当保证年度报告内容的真实性、准确性、完整性,承诺其中不存在虚假记载、误导性陈述或重大遗漏,并就其保证承担个别和连带的法律责任。如有董事、监事、高级管理人员对年度报告内容的真实性、准确性、完整性无法保证或存在异议的,应当单独陈述理由和发表意见。未参会董事应当单独列示其姓名。

第十六条　特殊行业公司,除执行本准则规定外,还应执行中国证监会就该行业信息披露制定的特别规定。

第二章　年度报告正文

第一节　重要提示及目录

第十七条　公司应在年度报告文本扉页刊登如下(不限于)重要提示:

本公司董事会、监事会及董事、监事、高级管理人员保证本报告所载资料不存在任何虚假记载、误导性陈述或者重大遗漏,并对其内容的真实性、准确性和完整性承担个别及连带责任。

如有董事、监事、高级管理人员对年度报告内容的真实性、准确性、完整性无法保证或存在异议的,应当声明:××董事、监事、高级管理人员无法保证本报告内容的真实性、准确性和完整性,理由是:……,请投资者特别关注。如有董事未出席董事会,应当单独列示其姓名。

如果执行审计的会计师事务所对公司出具了非标准审计报告,重要提示中应增加以下陈述:

××会计师事务所为本公司出具了带强调事项段的无保留意见(或保留意见、否定意见、无法表示意见)的审计报告,本公司董事会、监事会对相关事项亦有详细说明,请投资者注意阅读。

如果执行审计的会计师事务所对公司出具了否定意见或无法表示意见的审计报告,重要提示中还应增加以下陈述:

公司将被交易所实行退市风险警示,请投资者注意风险。

公司负责人、主管会计工作负责人及会计机构负责人(会计主管人员)应当声明:保证年度报告中财务报告的真实、完整。

第十八条　年度报告目录应标明各章、节的标题及其对应的页码。

第二节　公司基本情况简介

第十九条　公司应披露如下内容:

(一)公司的法定中、英文名称及缩写。

(二)公司法定代表人。

(三)公司董事会秘书及其证券事务代表的姓名、联系地址、电话、传真、电子信箱。

(四)公司注册地址,公司办公地址及其邮政编码,公司国际互联网网址、电子信箱。

(五)公司选定的信息披露报纸名称,登载年度报告的中国证监会指定网站的网址,公司年度报告备置地点。

(六)公司股票上市交易所、股票简称和股票代码。

第三节　会计数据和业务数据摘要

第二十条　公司应披露本年度实现的营业收入、利润总额、归属于上市公司股东的净利润、归属于上市公司股东的扣除非经常性损益后的净利润、经营活动产生的现金流量净额。

已发行人民币普通股(指A股),又发行境内上市外资股或境外上市外资股的公司,应披露按不同会计准则计算的净利润、净资产并说明其差异。

公司在披露"扣除非经常性损益后的净利润"时,还应同时说明扣除的项目、涉及金额。

第二十一条　公司应采用数据列表方式(可以附有图形表),提供截至报告期末公司近3年的主要会计数据和财务指标,包括以下各项:营业收入、利润总额、归属于上市公司股东的净利润、归属于上市公司股东的扣除非经常性损益后的净利润、总资产、所有者权益(或股东权益)、经营活动产生的现金流量净额、每股经营活动产生的现金流量净额、归属于上市公司股东的每

股净资产、净资产收益率、每股收益等。计算公式(不须披露)如下:

归属于上市公司股东的每股净资产 = 年度末归属于上市公司股东的所有者权益/年度末普通股股份总数

每股经营活动产生的现金流量净额 = 经营活动产生的现金流量净额/年度末普通股股份总数

净资产收益率、每股收益的计算公式参照《公开发行证券的公司信息披露编报规则第 9 号——净资产收益率和每股收益的计算及披露》执行。

第二十二条 公司主要会计数据和财务指标的计算和披露应遵循如下要求:

(一)因会计政策变更及会计差错更正等追溯调整或重述以前年度会计数据的,应同时披露调整前后的数据。

(二)应按照《公开发行证券的公司信息披露解释性公告第 1 号——非经常性损益》的要求,确定和计算非经常性损益。

(三)编制合并财务报表的公司应以合并财务报表数据填列或计算以上数据和指标。

(四)数据的排列应该从左到右,左边起是报告期的数据。

第四节 董事会报告

第二十三条 公司董事会报告中应当对财务报告与其他必要的统计数据以及报告期内发生或将要发生的重大事项,进行讨论与分析,以有助于投资者了解其经营成果、财务状况(含现金流量情况)。公司可以运用逐年比较、数据列表或其他方式对相关事项进行列示,以增进投资者的理解。

讨论与分析不能只重复财务报告的内容,应着重于其已知的、可能导致财务报告难以显示公司未来经营成果与财务状况的重大事项和不确定性因素,包括已对报告期产生重要影响但对未来没有影响的事项,以及未对报告期产生影响但对未来具有重要影响的事项等,内容包括但不限于:

(一)报告期内公司经营情况的回顾

1. 概述公司报告期内总体经营情况,列示公司营业收入、营业利润、净利润的同比变动情况,说明引起变动的主要影响因素。若公司利润构成或利润来源发生重大变动,公司应当详细说明具体变动情况。

公司首次公开发行时招股说明书中披露的未来发展与规划延续至报告期的,公司应对规划目标的实施进度进行分析,实施进度与规划不符的,应详细说明造成差异的原因。

公司应当对前期已披露的公司发展战略和经营计划的实现或实施情况、调整情况进行总结,若公司实际经营业绩较曾公开披露过的本年度盈利预测或经营计划低 20% 以上或高 20% 以上,应详细说明造成差异的原因。

2. 分析公司主营业务及其经营状况。公司应当根据自身实际情况,分别按产品或地区说明报告期内公司主营业务收入、主营业务利润的构成情况。对于占公司营业收入或营业利润总额 10% 以上的业务经营活动及其所属行业,以及占营业收入或营业利润总额 10% 以上的主要产品,应分项列示其营业收入、营业成本、营业利润率,并分析其变动情况。

若报告期内产品或服务发生重大变化或调整,公司应介绍已推出或宣布推出的新产品及服务,并说明对公司经营及业绩的影响。公司还应当披露主要供应商、客户情况:介绍公司向前 5 名供应商合计的采购金额占年度采购总额的比例及应付账款的余额和其占公司应付账款总余额的比重,前 5 名客户销售额合计占公司销售总额的比例及应收账款的余额和其占公司应收账款总余额的比重。单一供应商或客户采购、销售比例超过 30% 的,还应说明该供应商或客户的名称,采购或销售金额及所占比例,报告期内公司与其之间的采购、销售相比以前年度是否发生较大变化。

3. 若报告期公司资产构成(货币资金、应收款项、存货、投资性房地产、长期股权投资、固定资产、在建工程、短期借款、长期借款等占总资产的比重)同比发生重大变动的,应当说明产生变化的主要影响因素。报告期内公司存在以公允价值计量的资产的,应当说明报告期内该资产的购入、售出以及公允价值变动等情况。

若报告期公司销售费用、管理费用、财务费用、所得税等财务数据同比发生重大变动的,应当说明产生变化的主要影响因素。

4. 若报告期内公司无形资产(商标、专利、非专利技术、土地使用权、水面养殖权、探矿权、采矿权等)发生重大变化,公司应当说明产生变化的主要影响因素。

5. 公司应分析说明报告期内公司核心竞争能力(如设备、专利、非专利技术、特许经营权、核心技术人员、独特经营方式和盈利模式、允许他人使用自己所有的资源要素或作为被许可方使用他人资源要素等)方面的重要变化及对公司所产生的影响。如果发生因设备或技术升级换代、核心技术人员辞职、特许经营权丧失等导致公司核心竞争能力受到严重影响的,应详细说明具体情况及公司拟采取的措施。

6. 公司应说明研发支出总额及其中资本化研发支

出额的比重、研发支出占营业收入的比重,若相关数据与以前年度相比出现显著变化,应说明原因。

公司应说明报告期内正在从事的研发项目进展情况、拟达到的目标。若相关进展情况与以前年度的披露情况相比出现显著变化,应说明原因。

7. 结合公司现金流量表相关数据,说明公司经营活动、投资活动和筹资活动产生的现金流量的构成情况,若相关数据同比发生重大变动,公司应当分析主要影响因素。若报告期公司经营活动产生的现金流量与报告期净利润存在重大差异的,公司应当解释原因。

8. 公司主要子公司、参股公司的经营情况及业绩分析

公司应详细介绍主要子公司的业务性质、主要产品或服务、注册资本、总资产、净资产、净利润,本年取得和处置子公司的情况,包括取得和处置的目的、方式以及对公司整体生产经营和业绩的影响。如来源于单个子公司的净利润或单个参股公司的投资收益对公司净利润影响达到10%以上,还应介绍该公司主营业务收入、主营业务利润和净利润等数据。若单个子公司或参股公司的经营业绩同比出现大幅波动,且对公司合并经营业绩造成重大影响的,公司应当对其业绩波动情况及其变动原因进行分析。

主要子公司或参股公司的经营情况的披露应参照上市公司董事会报告的要求。

若主要子公司或参股公司的经营业绩未出现大幅波动,但其资产方面或其他主要财务指标出现显著变化,并可能在将来对公司业绩造成影响,也应对变化情况和原因予以说明。

9. 公司控制的特殊目的主体情况

公司存在其控制下的特殊目的主体时,应介绍公司对其控制权方式和控制权内容,并说明公司从中可以获取的利益和对其所承担的风险。另外,公司还应介绍特殊目的主体对其提供融资、商品或劳务以支持自身主要经营活动的相关情况。公司控制的特殊目的主体为"《企业会计准则第33号——合并财务报表》应用指南中所规定的特殊目的主体"。

(二)对公司未来发展的展望

1. 公司应结合公司业务发展规模、经营区域、产品、竞争对手等情况,介绍与公司业务相关的宏观经济层面或外部经营环境的发展现状和变化趋势,以及公司的行业地位或区域市场地位的变动趋势。公司应结合主要业务的市场变化情况、营业成本构成的变化情况、各种主要产品的产销数量和市场占有率变化情况、订单的获取情况、主要技术人员变动情况等,分析公司存在的主要优势和困难,并说明变化对公司未来经营业绩和盈利能力的影响。若分析表明相关变化趋势已经、正在或将要对公司的财务状况和经营成果产生重大影响的,公司应提供管理层对相关变化的基本判断,尽可能定量分析对公司的影响程度。

2. 公司应当遵循重要性原则披露可能对公司未来发展战略和经营目标的实现产生不利影响的所有风险因素(包括政策性风险、行业特定风险、业务模式风险、经营风险、环保风险、汇率风险、利率风险、技术风险、产品价格风险、原材料价格及供应风险、资产质量或资产结构风险、财务风险、单一客户依赖风险等),公司应当针对自身特点进行风险揭示,披露的内容应当充分、准确、具体,应尽量采取定量的方式分析各风险因素对公司当期及未来经营业绩的影响。同时公司可以根据实际情况,介绍已(或拟)采取的对策和措施,对策和措施应当内容具体,具备可操作性。对于本年度较上一年度的新增风险因素,上市公司应对其产生的原因、对上市公司的影响以及已经采取或拟采取的措施及效果等进行分析。

3. 公司应当向投资者提示未来公司发展机遇和挑战,披露公司发展战略,以及拟开展的新业务、拟开发的新产品、拟投资的新项目等。若公司存在多种业务的,还应当说明各项业务的发展规划。同时,公司应当披露新年度的经营计划,包括(但不限于)收入、费用成本计划,及新年度的经营目标,如销售额的提升、市场份额的扩大、成本升降、研发计划等,为达到上述经营目标拟采取的策略和行动。公司可以编制并披露新年度的盈利预测,该盈利预测必须经过具有证券期货相关业务资格的会计师事务所审核并发表意见。

4. 公司应当披露为实现未来发展战略所需的资金需求及使用计划,以及资金来源情况,说明维持公司当前业务并完成在建投资项目的资金需求,未来重大的资本支出计划等,包括未来已知的资本支出承诺、合同安排、时间安排等。同时,对公司资金来源的安排、资金成本及使用情况进行说明。公司应当区分债务融资、表外融资、股权融资、衍生产品融资等项目对公司未来资金来源进行披露。

第二十四条　公司应介绍报告期内的投资情况,分析报告期内公司投资额比上年的增减变动数及增减幅度,被投资的公司名称、主要经营活动、占被投资公司权益的比例等。

(一)在报告期内募集资金或报告期之前募集资金的使用延续到报告期内的,公司应就如下几方面对资金的运用和结果加以说明:

1. 列表说明募集资金时承诺投资项目、项目进度与实际投资项目、进度的异同。尚未使用的募集资金,

应说明资金用途及去向。

2. 实际投资项目没有变更，公司应介绍项目资金的投入情况、项目的进度及预计收益；若项目已产生收益，应说明累计收益情况；未达到计划进度和收益的，应当解释原因。

3. 实际投资项目如有变更，公司应介绍项目变更原因、变更程序及其披露情况，项目资金的投入情况，项目的进度及预计收益；若项目已产生收益，应说明收益情况；未达到计划进度和收益的，应说明原因。同时还需说明原项目的预计收益情况。

4. 公司首次公开发行时产生的超募资金的使用延续到报告期的，应说明超募资金的使用计划、计划实施情况、资金使用效果以及超募资金的节余情况。

（二）对报告期内非募集资金投资的重大项目、项目进度及收益情况进行说明。

（三）公司应当对持有其他上市公司股权、参股商业银行、证券公司、保险公司、信托公司和期货公司等金融企业股权进行重点披露，包括初始投资成本、持股比例、期末账面值、本期收益、会计核算科目、股份来源等情况。

公司应当披露报告期用于买卖其他上市公司股份的资金数量、股份数量及产生的投资收益。

（四）公司应当对持有的以公允价值计量的境内外基金、债券、信托产品、期货、金融衍生工具等金融资产的初始投资成本、资金来源、报告期内购入或售出情况、公允价值变动情况、对投资收益影响、风险状况、会计核算科目等进行披露。

第二十五条 公司应披露期末发行在外的可转换为股份的各种金融工具、以公允价值计量的负债（包括外币金融负债）的具体情况。

第二十六条 对会计师事务所出具非标准审计报告的，公司应就所涉及事项做出说明。

公司作出会计政策、会计估计变更或重要前期差错更正的，董事会应讨论、分析变更、更正的原因及影响。

适用境内外会计准则的公司，董事会应对产生差异的情况进行详细说明。

第二十七条 公司应披露本次利润分配预案或资本公积金转增股本预案。对于报告期内盈利但未提出现金利润分配方案预案的公司，应详细说明原因，同时说明公司未分配利润的用途和使用计划。

第五节　重 要 事 项

第二十八条 公司应披露重大诉讼、仲裁事项。包括发生在编制本年度中期报告之后的涉及公司的重大诉讼、仲裁事项，应陈述该事项基本情况、涉及金额。已在本年度中期报告中披露，但尚未结案的重大诉讼、仲裁事项，应陈述其进展情况或审理结果及影响。对已经结案的重大诉讼、仲裁事项，还应说明其执行情况。如以上诉讼、仲裁事项已在临时报告披露且无后续进展的，则可只披露事项概述，并提供临时报告披露网站链接。

如报告期内公司无重大诉讼、仲裁事项，应明确陈述"本年度公司无重大诉讼、仲裁事项"。

第二十九条 公司应披露报告期内发生的破产相关事项，包括向法院申请重整、和解或破产清算、法院受理重整、和解或破产清算、公司重整期间等发生的法院裁定结果及其他重大事项。执行相关重整、和解等计划的公司还应说明计划的具体内容及执行情况。如相关破产事项已在临时报告披露且后续实施无变化的，则可只披露事项概述，并提供临时报告披露网站链接。

第三十条 公司应披露报告期内收购及出售资产、企业合并事项的简要情况及进程，分析上述事项对公司业务连续性、管理层稳定性的影响，同时还应说明事项是否按计划如期实施，如已实施完毕应说明其对财务状况和经营成果的影响及其占利润总额的比例；如未按计划实施则说明原因及公司采取的措施。

第三十一条 公司应披露股权激励计划在本报告期的具体实施情况，包括但不限于：实施股权激励计划履行的相关程序及总体情况；激励基金提取情况；股权激励股份购买情况；对激励对象的考核情况；对激励对象范围的调整情况及履行的程序；股权激励股份授予数量及解除锁定情况；股票期权授予及行权情况；股票期权行权价格及期权数量等的调整情况及履行的程序；实施股权激励计划对公司本报告期及以后各年度财务状况和经营成果的影响；涉及股权激励的其它事项。如相关股权激励事项已在临时报告披露且后续实施无进展或变化的，则可只披露事项概述，并提供临时报告披露网站链接。

第三十二条 公司应披露报告期内发生的重大关联交易事项。若对于某一关联方，报告期内累计关联交易总额高于1000万元且占公司最近一期经审计净资产值5%以上的，须披露关联交易方、交易内容、交易时间及披露时间等情况。

如果发生的交易属不同类型，应按以下要求分别披露：

（一）与日常经营相关的关联交易，至少应披露以下内容：关联交易方、交易内容、定价原则、交易价格、交易金额、占同类交易金额的比例、结算方式。可以获得同类交易市场价格的，应披露市场参考价格，实际交易价格与市场参考价格差异较大的，应说明原因。大额销货退回需披露详细情况。

公司按类别对当年度将发生的日常关联交易总金额进行预计的，应披露日常关联交易事项在报告期内的实际履行情况。

（二）资产、股权转让发生的关联交易，至少应披露以下内容：关联交易方、交易内容、定价原则、资产的账面价值、评估价格、交易价格、结算方式及获得的转让收益，转让价格与账面价值或评估值差异较大的，应说明原因。如相关资产、股权转让关联交易事项已在临时报告披露且后续实施无变化或进展的，则可只披露事项概述、披露日期和网站。

（三）公司与关联方共同对外投资发生的关联交易，至少应披露以下内容：共同投资方、被投资企业的基本情况及业务范围、进展情况等。

（四）公司与关联方存在债权债务往来、担保等事项的，应披露形成的原因及其对公司的影响。

（五）其他重大关联交易。

第三十三条 公司应披露重大合同及其履行情况。包括（但不限于）：

（一）在报告期内发生或以前期间发生但延续到报告期的托管、承包、租赁其他公司资产或其他公司托管、承包、租赁公司资产的事项，且该事项为公司带来的利润达到公司当年利润总额的10%以上（含10%）时，应详细披露有关合同的主要内容，如有关资产的情况、涉及的金额和期限、收益及其确定依据等。同时还应披露该收益对公司的影响。

（二）重大担保。披露报告期内履行的及尚未履行完毕的担保合同，包括担保金额、担保期限、担保对象、担保类型（一般担保或连带责任担保）、担保的决策程序等。对于未到期担保合同，如有明显迹象表明有可能承担连带清偿责任，应明确说明。

公司还应披露本年度发生的公司对子公司提供担保的金额，担保总额占公司净资产的比例，公司为股东、实际控制人及其关联方提供担保的金额，公司直接或间接为资产负债率超过70%的被担保对象提供的债务担保金额，以及公司担保总额超过净资产50%部分的金额。

（三）在报告期内或报告期继续发生委托他人进行现金资产管理事项，公司应披露委托事项的具体情况，包括：受托人名称、委托金额、委托期限、报酬确定方式，以及当年度实际收益或损失和实际收回情况等；公司还应说明该项委托是否经过法定程序，未来是否还有委托理财计划；公司若就该项委托计提投资减值准备的，应披露当年度计提金额。若公司有委托贷款事项，也应比照上述委托行为予以披露。

（四）其他重大合同。

第三十四条 公司或持股5%以上股东如在报告期内或持续到报告期内有承诺事项，包括收购报告书或权益变动报告书中所作承诺、资产置换时所作承诺、发行时所作承诺和其他对公司中小股东所作承诺等，公司董事会应说明该承诺事项在报告期内的履行情况。

另外，如公司资产或项目存在盈利预测，且报告期仍处在盈利预测期间内，公司董事会和相关股东应就资产或项目是否达到原盈利预测及其原因作出说明。

第三十五条 公司应披露聘任、解聘会计师事务所情况，会计师事务所为公司提供服务类别及为不同类别服务所支付的报酬情况，目前的审计机构已为公司提供审计服务的连续年限（年限从审计机构与公司首次签订审计业务约定书日开始计算）。

第三十六条 公司及其董事、监事、高级管理人员、公司控股股东、实际控制人、收购人如在报告期内存在受有权机关调查、司法纪检部门采取强制措施、被移送司法机关或追究刑事责任、中国证监会稽查、中国证监会行政处罚、证券市场禁入、认定为不适当人选被其他行政管理部门处罚及证券交易所公开谴责的情形，应当说明原因及结论。如中国证监会及其派出机构对公司检查后提出整改意见的，应简单说明整改情况，披露整改报告书的信息披露报纸网站及日期。

第三十七条 公司还应披露其他在报告期内发生的《证券法》第六十七条、《上市公司信息披露管理办法》第三十条所列的重大事件，以及公司董事会判断为重大事件的事项。

如前款所涉重要事项已作为临时报告在指定网站披露，只需说明信息披露网站及披露日期。

第三十八条 子公司发生的本节所列的重要事项应当视同公司的重要事项予以披露。

第三十九条 公司还应披露其他需要披露的事项，如选定信息披露媒体的变更等。

第六节　股本变动及股东情况

第四十条 公司应按以下要求披露股本变动情况：

（一）股份变动情况表（按照《公开发行证券的公司信息披露内容与格式准则第5号——公司股份变动报告的内容与格式》表2规定的格式进行编制）。

披露限售股份变动情况表，其中限售股份指发行时有限售条件的股份，董事、监事及高级管理人员所持股份以及因其他原因限售的股份。该表的具体格式参照附件一：年度报告摘要披露格式5.1的列示。

（二）证券发行与上市情况

1. 介绍报告期内证券发行情况,包括股票、可转换公司债券、公司债券及其他衍生证券的种类、发行日期、发行价格(或利率)、发行数量、上市日期、获准上市交易数量、交易终止日期等。

2. 对报告期内因送股、转增股本、配股、增发新股、非公开发行股票、权证行权、实施股权激励计划、企业合并、可转换公司债券转股、减资、债券发行或其他原因引起公司股份总数及结构的变动、公司资产负债结构的变动,应予以说明。

第四十一条 公司按以下要求披露股东和实际控制人情况:

(一)按照《公开发行证券的公司信息披露内容与格式准则第 5 号——公司股份变动报告的内容与格式》表 6 规定的格式披露以下内容:

1. 报告期末股东总数。

2. 持有本公司 5% 以上(含 5%)股份的股东的名称、年度内股份增减变动的情况、年末持股数量、所持股份类别及所持股份质押或冻结的情况。若持股 5% 以上(含 5%)的股东少于 10 人,则应列出至少前 10 名股东的持股情况。如所持股份中包括已上市流通股份(或无限售条件股份)、未上市流通股份(或有限售条件股份),应分别披露其数额。

如前 10 名股东之间存在关联关系或属于《上市公司收购管理办法》规定的一致行动人的,应予以说明。

如果有战略投资者或一般法人因配售新股成为前 10 名股东的,应予以注明,并披露约定持股期间的起止日期。

以上列出的股东情况中应注明代表国家持有股份的单位或外资股东。

(二)公司控股股东情况

若控股股东为法人的,应介绍名称、单位负责人或法定代表人、成立日期、注册资本、主要经营业务或管理活动等;若控股股东为自然人的,应介绍其姓名、国籍、是否取得其他国家或地区居留权、最近 5 年内的职业及职务。如报告期内控股股东发生变更,应列明披露相关信息的指定网站及日期。

(三)公司实际控制人情况

公司还应比照上述内容,披露公司的实际控制人情况,并以方框图及文字的形式披露公司与实际控制人之间的产权和控制关系。实际控制人应披露到自然人、国有资产管理部门,或者股东之间达成某种协议或安排的其他机构或自然人,包括以信托方式形成实际控制的情况。

如实际控制人通过信托或其他资产管理方式控制公司,应披露信托合同或者其他资产管理安排的主要内容,包括信托或其他资产管理的具体方式、信托管理权限(包括公司股份表决权的行使等)、涉及的股份数量及占公司已发行股份的比例、信托或资产管理费用、合同的期限及变更、终止的条件、信托资产处理安排、合同签订的时间及其他特别条款等。

如公司最终控制层面存在多位自然人或自然人控制的法人共同持股的情形,且其中没有一人的持股比例(持有或控制下一级控制层面公司的股份比例)超过 50%,各自的持股比例比较接近,公司无法确定实际控制人的,应当披露最终控制层面持股比例在 5% 以上的股东情况。

(四)其他持股在 10% 以上(含 10%)的法人股东,应介绍其法定代表人、成立日期、主要经营业务或管理活动、注册资本等情况。

(五)公司前 10 名无限售流通股股东的名称全称、年末持有无限售流通股的数量和种类(A、B、H 股或其它)。如前 10 名无限售流通股股东之间,以及前 10 名无限售流通股股东和前 10 名股东之间存在关联关系或属于《上市公司收购管理办法》规定的一致行动人的,应予以说明。

第七节 董事、监事、高级管理人员和员工情况

第四十二条 公司应披露董事、监事和高级管理人员的情况,包括:

(一)基本情况

现任董事、监事、高级管理人员的姓名、性别、年龄、任期起止日期、年初和年末持有本公司股份、股票期权、被授予的限制性股票数量、年度内股份增减变动量及增减变动的原因。如为独立董事,需单独注明。

(二)现任董事、监事、高级管理人员最近 5 年的主要工作经历。董事、监事、高级管理人员如在股东单位任职,应说明职务及任职期间,以及在除股东单位外的其他单位的任职或兼职情况。

(三)年度报酬情况

董事、监事和高级管理人员报酬的决策程序、报酬确定依据以及报酬的实际支付情况。披露每一位现任董事、监事和高级管理人员在报告期内从公司获得的税前报酬总额(包括基本工资、奖金、津贴、补贴、职工福利费和各项保险费、公积金、年金以及以其他形式从公司获得的报酬),全体董事、监事和高级管理人员的报酬合计。另外,将获得的股权激励按照可行权股数、已行权数量、行权价以及报告期末市价单独列示。

公司应列明不在公司领取报酬、津贴的董事、监事的姓名,并注明其是否在股东单位或其他关联单位领

取报酬、津贴。

(四)在报告期内被选举或离任的董事和监事、聘任或解聘的高级管理人员姓名,及董事、监事离任和高级管理人员解聘原因。

第四十三条 公司应披露核心技术团队或关键技术人员(非董事、监事、高级管理人员)等对公司核心竞争能力有重大影响的人员的变动情况,并说明变动对公司经营的影响及公司采取的应对措施。

第四十四条 公司应披露员工情况,包括在职员工的数量、专业构成(如生产人员、销售人员、技术人员、财务人员、行政人员)、教育程度及公司需承担费用的离退休职工人数。

第八节 公司治理结构

第四十五条 公司应对照中国证监会发布的有关上市公司治理的规范性文件,说明公司治理的实际状况与该文件要求是否存在差异,如有差异,应明确说明。

第四十六条 公司应介绍独立董事出席董事会等履行职责情况。独立董事对公司有关事项曾提出异议的,需披露该事项的内容、独立董事的姓名及所提异议的内容等。

第四十七条 公司应介绍报告期内召开的年度股东大会、临时股东大会、董事会的有关情况,包括会议届次、召开日期,并提供披露网站链接。

第四十八条 公司应披露董事会下设委员会工作总结情况,包括:

(一)董事会下设的审计委员会的履职情况汇总报告,包括对公司财务报告的两次审议意见、对公司内部控制制度进行检查和评估后发表的专项意见、对会计师事务所审计工作的督促情况、就调整事项与会计师沟通情况、向董事会提交的会计师事务所从事上年度公司审计工作的总结报告以及对下年度续聘或改聘会计师事务所的决议书。

(二)董事会下设的薪酬委员会的履职情况汇总报告,包括对公司董事、监事和高级管理人员所披露薪酬的审核意见,对公司是否建立健全有效的董事、监事和高级管理人员考评和激励制度及制度的执行情况的说明,对公司股权激励计划实施过程中的授权是否合规、行权条件是否满足的核实意见。

(三)鼓励披露董事会下设的其他委员会的运作情况。

第四十九条 公司应说明对控股子公司控制、关联交易控制、对外担保控制、重大投资控制、信息披露控制等内部控制制度的建立和健全情况,包括内部控制制度建立健全的工作计划及其实施情况、内部控制检查监督部门的设置情况、董事会对内部控制有关工作的安排、与财务核算相关的内部控制的完善情况。同时鼓励公司披露董事会出具的、经会计师事务所核实评价的内部控制自我评估报告。

第九节 监事会报告

第五十条 公司应披露报告期内监事会的工作情况,包括召开会议的次数,各次会议的议题等。监事会应对下列事项发表独立意见:

(一)公司依法运作情况。公司决策程序是否合法,是否建立完善的内部控制制度,公司董事、高级管理人员执行公司职务时有无违反法律、法规、公司章程或损害公司利益的行为。

(二)检查公司财务的情况。监事会应明确说明财务报告是否真实反映公司的财务状况和经营成果。

(三)公司最近一次募集资金实际投入项目是否和承诺投入项目一致,实际投资项目如有变更,变更程序是否合法。

(四)公司收购、出售资产交易价格是否合理,有无发现内幕交易,有无损害部分股东的权益或造成公司资产流失。

(五)关联交易是否公平,有无损害公司利益。

(六)如果会计师事务所出具了非标准审计报告的,或者公司报告期利润实现数较利润预测数低20%以上或较利润预测数高20%以上的,监事会应就董事会对上述事项的说明明确表示意见。

第十节 财务报告

第五十一条 公司应披露审计报告正文、经审计财务报表。

第五十二条 财务报表包括公司报告期末及其前一个年度末的比较式资产负债表、该两年度的比较式利润表、现金流量表、该年度所有者权益(股东权益)变动表和财务报表附注。

第五十三条 财务报表附注应对比较式报表的两个日期或期间的数据均作出说明。财务报表附注应当按照《公开发行证券的公司信息披露编报规则第15号——财务报告的一般规定》和中国证监会发布的相关规定编制。

第十一节 备查文件目录

第五十四条 公司应当披露备查文件的目录,包括:

(一)载有法定代表人、主管会计工作负责人(如设置总会计师,须为总会计师)、会计机构负责人(会计主管人员)签名并盖章的财务报表。

(二)载有会计师事务所盖章、注册会计师签名并盖章的审计报告原件。

（三）报告期内在中国证监会指定网站上公开披露过的所有公司文件的正本及公告的原稿。

（四）在其它证券市场公布的年度报告。

公司应当在办公场所置备上述文件的原件。当中国证监会、证券交易所要求提供时，或股东依据法规或公司章程要求查阅时，公司应及时提供。

第三章 年度报告摘要

第一节 重要提示

第五十五条 公司应在年度报告摘要显要位置刊登如下（不限于）重要提示：

本公司董事会、监事会及董事、监事、高级管理人员保证本报告所载资料不存在任何虚假记载、误导性陈述或者重大遗漏，并对其内容的真实性、准确性和完整性承担个别及连带责任。本年度报告摘要摘自年度报告全文，报告全文同时刊载于证监会指定网站。为全面了解本公司生产经营状况和财务成果及公司的未来发展规划，投资者应到指定网站仔细阅读年度报告全文。

如有董事、监事、高级管理人员对年度报告内容的真实性、准确性、完整性无法保证或存在异议的，应当声明：××董事、监事、高级管理人员无法保证本报告内容的真实性、准确性和完整性，理由是：……，请投资者特别关注。

如果执行审计的会计师事务所对公司出具了非标准审计报告，重要提示中应增加以下陈述：

××会计师事务所为本公司出具了带强调事项段的无保留意见（或保留意见、否定意见、无法表示意见）的审计报告，本公司董事会、监事会对相关事项亦有详细说明，请投资者注意阅读。

如果执行审计的会计师事务所对公司出具了否定意见或无法表示意见的审计报告，重要提示中还应增加以下陈述：

公司将被交易所实行退市风险警示，请投资者注意风险。

公司负责人、主管会计工作负责人及会计机构负责人（会计主管人员）应当声明：保证年度报告中财务报告的真实、完整。

第二节 公司基本情况简介

第五十六条 公司应披露以下基本情况：股票简称，股票代码，上市的交易所，公司注册地址，公司办公地址及其邮政编码，公司国际互联网网址及其电子信箱，公司董事会秘书及其证券事务代表的姓名、联系地址、电话、传真、电子信箱。

第三节 会计数据和业务数据摘要

第五十七条 公司应披露本年度实现的营业收入、利润总额、归属于上市公司股东的净利润、归属于上市公司股东的扣除非经常性损益的净利润、经营活动产生的现金流量净额。

第五十八条 公司应采用数据列表方式（可以附有图形表），提供截至报告期末公司近3年的主要会计数据和财务指标，包括以下各项：营业收入、利润总额、归属于上市公司股东的净利润、归属于上市公司股东的扣除非经常性损益后的净利润、总资产、所有者权益（或股东权益）、经营活动产生的现金流量净额、每股经营活动产生的现金流量净额、归属于上市公司股东的每股净资产、净资产收益率、每股收益等。计算公式同本准则第二十一条所列公式。

第四节 董事会报告

第五十九条 公司董事会应在其报告中，按照本准则第二十三条的要求对公司报告期内整体经营情况及未来发展情况进行讨论与分析。

公司在董事会报告中应按本准则第二十四条第（一）项至第（三）项所列内容披露报告期内的投资情况。

第六十条 对会计师事务所出具的非标准审计报告，公司董事会报告应就所涉及事项做出说明。

第六十一条 公司应披露本次利润分配预案或资本公积金转增股本预案。对于本报告期内盈利但未提出现金利润分配预案的公司，应详细说明原因，同时说明公司未分配利润的用途和使用计划。

第五节 重要事项

第六十二条 公司应按照本准则第二十八条、第二十九条、第三十条、第三十一条、第三十二条第二款第（一）项、第（二）项和第（四）项、第三十三条第（二）项和第（三）项、第三十四条所列内容披露重要事项。

第六节 股本变动及股东情况

第六十三条 公司应披露股份变动情况表，包括《公开发行证券的公司信息披露内容与格式准则第5号——公司股份变动报告的内容与格式》的表2，以及限售股份变动情况表。

第六十四条 公司应披露股东情况，应按照本准则第四十一条第（一）项、第（二）项、第（三）项、第（五）项所列内容披露。

第七节 董事、监事、高级管理人员和员工情况

第六十五条 公司应按本准则第四十二条第（一）项、第

（三）项和第四十三条所列内容披露。

第八节　监事会报告

第六十六条　公司应披露报告期内监事会的工作情况，包括召开会议的次数，各次会议的议题等。监事会应对下列事项发表独立意见：

（一）公司依法运作情况。公司决策程序是否合法，是否建立完善的内部控制制度，公司董事、高级管理人员执行公司职务时有无违反法律、法规、公司章程或损害公司利益的行为。（如果监事会认为公司决策程序合法，建立完善的内部控制制度，公司董事、高级管理人员执行公司职务时无违反法律、法规、公司章程或损害公司利益的行为，本条可免于披露。）

（二）检查公司财务的情况。监事会应明确说明财务报告是否真实反映公司的财务状况和经营成果。（如果监事会认为财务报告真实反映公司的财务状况和经营成果，本条可免于披露。）

（三）公司最近一次募集资金实际投入项目是否和承诺投入项目一致，实际投资项目如有变更，变更程序是否合法。（如果监事会认为公司最近一次募集资金实际投入项目和承诺投入项目一致，以及实际投资项目有变更时，变更程序合法，本条可免于披露。）

（四）公司收购、出售资产交易价格是否合理，有无发现内幕交易，有无损害部分股东的权益或造成公司资产流失。（如果监事会认为公司收购、出售资产交易价格合理，未发现内幕交易，未损害部分股东的权益或造成公司资产流失，本条可免于披露。）

（五）关联交易是否公平，有无损害公司利益。（如果监事会认为关联交易公平，未损害公司利益，本条可免于披露。）

（六）如果会计师事务所出具了带强调事项段的无保留意见、保留意见、否定意见或无法表示意见的审计报告的，或者公司报告期利润实现数较利润预测数有重大差异的，监事会应就董事会对上述事项的说明明确表示意见。

第九节　财务报告

第六十七条　公司至少应披露合并及母公司的资产负债表、利润表、现金流量表和所有者权益（股东权益）变动表。

第六十八条　财务报表附注至少应包括以下内容：

（一）如果与最近一期年度报告相比，会计政策、会计估计和核算方法发生了变化，应予以说明。

（二）重大会计差错的内容、更正金额、原因及其影响。

（三）如果与最近一期年度报告相比，合并范围发生了变化，应予以说明。

第六十九条　如果公司被出具了否定意见或无法表示意见的审计报告，则在披露年度报告摘要时须公布审计报告正文、财务报表及附注全文。如果公司被出具了带强调事项段的无保留意见或保留意见的审计报告，应当披露审计报告正文、财务报表及带强调事项段的无保留意见或保留意见涉及事项的有关附注。

第四章　附　　则

第七十条　本准则自公布之日起施行。

公开发行证券的公司信息披露内容与格式准则第31号——创业板上市公司半年度报告的内容与格式

2013年6月28日中国证券监督管理委员会公告〔2013〕29号公布施行

第一章　总　　则

第一条　为规范创业板上市公司半年度报告的编制及信息披露行为，保护投资者的合法权益，依据《公司法》、《证券法》等法律、法规及中国证券监督管理委员会（以下简称中国证监会）的有关规定，制定本准则。

第二条　凡根据《公司法》、《证券法》在中华人民共和国境内公开发行股票并在深圳证券交易所创业板市场上市的股份有限公司（以下简称公司）应当按照本准则的要求编制和披露半年度报告。

第三条　本准则的规定是对半年度报告信息披露的最低要求。凡对投资者投资决策有重大影响的信息，不论本准则是否有明确规定，公司均应当披露。

第四条　本准则的某些具体要求对公司确实不适用的，经证券交易所批准后，公司可以根据实际情况在不影响披露内容完整性的前提下做出适当修改。

第五条　由于商业秘密等特殊原因，导致本准则规定的某些信息确实不便披露的，公司可以向证券交易所申请豁免，经证券交易所批准后，公司可不予披露。公司应当在相关章节说明未按本准则要求进行披露的原因。商业秘密的确定应保持境内外内容一致。

第六条　在不影响信息披露完整性和不致引起阅读不便的前提下，公司可以采用相互引证的方法，对各相关部分的内容进行适当的技术处理，以避免不必要的重复，保持文字简洁。

第七条　公司半年度报告的全文应当按本准则第二章的要求编制，摘要的编制应遵循本准则第三章的要求，并按照附件的格式进行披露。

半年度报告的报告期是指年初至半年度期末。

第八条 同时在境内、境外证券交易所上市的公司，如果境外证券监管部门对半年度报告的编制和披露要求与本准则不一致，应遵循报告披露内容从多不从少，报告要求从严不从宽的原则办理，并应在同一时间公布半年度报告。

第九条 半年度报告中的财务报告可以不经审计，但中国证监会和证券交易所另有规定的除外。

第十条 公司在编制半年度报告时应当遵循如下一般要求：

（一）半年度报告中引用的数字应当采用阿拉伯数字，货币金额除特别说明外，通常指人民币金额，并以元、千元、万元、百万元或亿元为单位。

（二）公司可以根据有关规定或其他需求，编制半年度报告外文译本，但应努力保证中外文文本的一致性，并在外文文本上注明："本报告分别以中、英（或日、法等）文编制，在对中外文文本的理解发生歧义时，以中文文本为准。"

（三）半年度报告封面应当载明公司的中文名称、"半年度报告"字样、报告期间，也可以载明公司的外文名称、徽章、图案等。

（四）公司可以在半年度报告正文前刊载宣传本公司的照片、图表或致投资者信，但不得刊登任何祝贺性、恭维性或推荐性的词句、题字或照片，不得含有夸大、欺诈、误导或内容不准确、不客观的词句。

（五）半年度报告中若涉及行业分类，必须遵循中国证监会有关上市公司行业分类的规定；公司可以在此基础上，增加披露使用其他行业分类的数据、资料作为参考。

第十一条 在半年度报告披露前，任何当事人不得泄露与其有关的信息，或利用这些信息谋取不正当利益。

第十二条 公司应当在每个会计年度上半年结束之日起2个月内将半年度报告及摘要刊登在中国证监会指定的网站和公司网站上；同时在至少一种中国证监会指定的报纸上刊登"本公司××××年半年度报告及摘要已于×年×月×日在中国证监会指定的创业板信息披露网站上披露，请投资者注意查阅"的提示性公告。公司可以将半年度报告刊登在其他网站和其他报刊上，但不得早于在中国证监会指定的网站披露的时间。

第十三条 公司应当在半年度报告披露后及时将半年度报告原件或有法律效力的复印件备置于公司办公地点，以供股东和投资者查阅。

第十四条 公司董事会、监事会及董事、监事、高级管理人员应当保证半年度报告内容的真实性、准确性、完整性，承诺其中不存在虚假记载、误导性陈述或重大遗漏，并就该保证承担个别和连带责任。

如有董事、监事、高级管理人员对半年度报告内容的真实性、准确性、完整性无法做出保证或存在异议的，应当单独陈述理由和发表意见。未参会董事应当单独列示其姓名、职务以及未出席原因。

第十五条 特殊行业公司，除执行本准则规定外，还应执行中国证监会就该行业信息披露制定的特别规定。

第二章 半年度报告正文

第一节 重要提示、释义

第十六条 公司应当在半年度报告全文的显要位置刊登如下重要提示："本公司董事会、监事会及董事、监事、高级管理人员保证本报告所载资料不存在任何虚假记载、误导性陈述或者重大遗漏，并对其内容的真实性、准确性、完整性承担个别及连带责任。"

如有董事、监事、高级管理人员对半年度报告内容的真实性、准确性、完整性无法做出保证或存在异议的，公司应披露如下声明："××董事、监事、高级管理人员无法保证本报告内容的真实性、准确性、完整性，理由是：……请投资者特别关注。"

公司还应单独披露未出席董事会会议董事的姓名、职务以及未出席原因。

公司负责人、主管会计工作负责人及会计机构负责人（会计主管人员）应当声明：保证半年度报告中财务报告的真实、完整。

公司应当提示经董事会审议的报告期内的半年度利润分配预案或公积金转增股本预案。

第十七条 财务报告已经会计师事务所审计并被出具标准审计报告的，公司应当明确表述"公司半年度财务报告已经××会计师事务所审计并出具标准审计报告。"

财务报告已经会计师事务所审计并被出具带强调事项段或其他事项段的无保留意见、保留意见、否定意见或无法表示意见的审计报告（以下简称"非标准审计报告"），公司应说明审计意见涉及事项的披露位置，并作以下提示："公司半年度财务报告已经××会计师事务所审计并出具带强调事项段或其他事项段的无保留意见、保留意见、否定意见或无法表示意见的审计报告，本公司董事会、监事会对相关事项已作详细说明，请投资者注意阅读。"

第十八条 公司应当对半年度报告中投资者难于理解及有特定含义的术语做出解释。

第二节 公司基本情况简介

第十九条 公司应当披露如下事项：

（一）法定中、英文名称及缩写；

(二)法定代表人;

(三)董事会秘书及董事会证券事务代表的姓名、联系地址、电话、传真及电子信箱;

(四)公司注册地址,办公地址及其邮政编码,互联网网址,电子信箱;

(五)公司选定的信息披露报刊名称,登载半年度报告的中国证监会指定网站的网址,半年度报告备置地点;

(六)公司股票简称和股票代码。

第二十条　公司应采用数据列表方式,提供截至报告期末和上年末(或报告期和上年同期)公司主要会计数据和财务指标,包括以下各项:营业总收入、净利润、扣除非经常性损益后的净利润、基本每股收益和稀释每股收益、净资产收益率、扣除非经常损益后的净资产收益率,总资产、所有者权益、每股净资产、经营活动产生的现金流量净额、每股经营活动产生的现金流量净额。同时说明扣除的非经常性损益项目及其金额和所得税影响额。

上述会计数据及财务指标应按照《公开发行证券的公司信息披露内容与格式准则第 30 号——创业板上市公司年度报告的内容与格式》(2012 年修订)(以下简称《年度报告准则》)以及中国证监会颁布的其他有关信息披露规章或规范性文件计算填列,涉及股东权益的数据及指标,应采用归属于公司普通股股东的股东权益;涉及利润的数据及指标,应采用归属于公司普通股股东的净利润。

同时按国际会计准则编制财务报告的公司,还应披露分别按国内、国际会计准则编制的财务报告中的报告期的净利润、报告期末的净资产并说明其差异。

第二十一条　公司应在主要会计数据和财务指标摘要之后刊登重大风险提示。公司对风险因素的描述应当围绕公司的经营情况,遵循重要性原则,着重披露报告期新增的、可能对公司下一报告期经营产生不利影响的重大风险,并根据实际情况,披露已经或将要采取的措施。

第三节　董事会报告

第二十二条　公司董事会报告中应当对财务报告的数据和其他必要的统计数据,以及报告期内发生和未来可能发生的重大事项进行讨论、分析,以便于投资者了解其财务状况、经营成果及未来变化情况。公司披露董事会报告应当遵守创业板《年度报告准则》第二十三条所列原则。

第二十三条　董事会报告应当重点分析公司在报告期内的财务状况和经营成果。内容至少包括:

(一)概述公司报告期内总体经营情况,营业收入、费用、营业利润、净利润及经营活动现金流等项目的同比变动情况,说明引起变动的主要影响因素以及对报告期利润产生重大影响的其他经济业务活动。

(二)公司应分析说明驱动业务收入变化的具体因素,例如产销量、订单或劳务的结算比例等因素。

公司应披露报告期重大的已签订单情况,以及前期订单在本报告期的进展和本报告期新增订单的完成比例。临时报告已经披露过的情况,公司可只提供相关披露索引。

(三)主营业务的范围及经营状况,对占报告期营业收入 10% 以上(含 10%)的产品或服务,应分别列示其营业收入、营业成本、毛利率。

(四)若报告期内利润构成、主营业务或其结构、主营业务盈利能力发生重大变化的,应予以说明;报告期内产品或服务发生重大变化或调整的,公司应介绍已推出或宣布将推出的新产品及服务,并说明可能对公司未来经营及业绩的影响。

(五)报告期内前 5 大供应商或客户发生变化的,公司应说明变化的具体情况并分析对公司未来经营的影响。

(六)如来源于单个参股公司的投资收益对公司净利润影响达到 10% 以上(含 10%),应介绍该公司业务性质、主要产品或服务和净利润等情况。

(七)公司应披露重要研发项目在本报告期的进展情况并预计对公司未来发展的影响。

(八)报告期内如果发生因设备或技术升级换代、核心技术人员辞职、特许经营权丧失、重要无形资产发生不利变化等导致公司核心竞争能力受到严重影响的,应详细说明具体情况及公司拟采取的措施。

(九)公司应结合公司业务发展规模、经营区域、产品、竞争对手等情况,介绍与公司业务相关的宏观经济层面或外部经营环境的发展现状和变化趋势,以及公司的行业地位或区域市场地位的变动趋势。

(十)公司应披露年度经营计划在报告期内的执行情况,年度经营计划发生重大变更的,应说明变更的具体原因、变更的内容及对公司年度经营业绩可能产生的影响。

(十一)公司应当遵循重要性原则披露可能对公司未来发展战略和经营目标的实现产生不利影响的所有风险因素,公司应当针对自身特点进行风险揭示,披露的内容应当充分、准确、具体,应尽量采取定量的方式分析各风险因素对公司当期及未来经营业绩的影响。同时公司可以根据实际情况,介绍已(或拟)采取的措施,对策和措施应当具体并具备可操作性。

第二十四条　董事会应当说明报告期的投资情况，包括但不限于以下方面：

（一）在报告期内募集资金或报告期之前募集资金的使用延续到报告期内的，公司应披露有关投资项目的实际进度及收益情况，投资项目运营中可能出现的风险和重大不利变化；未达到计划进度和收益的，应解释原因；尚未使用募集资金的用途；募集资金用途发生变更的，应说明变更原因、是否已履行变更程序、新的用途、实际进度与收益情况。

（二）重大非募集资金投资项目的实际进度和收益情况。

（三）对外股权投资的情况。公司应当对持有其他上市公司股权，持有商业银行、证券公司、保险公司、信托公司和期货公司等金融企业股权的情况进行重点披露，包括最初投资成本、期初持股比例、期末持股比例、期末账面值等。

（四）非金融类公司委托理财及衍生品投资的情况。公司应当披露资金来源、合作方、投资份额、投资期限、产品类型、预计收益、投资盈亏、是否涉诉等。如公司有委托贷款事项，应当披露委托贷款借款人、借款用途、抵押物或担保人，以及展期、逾期或诉讼事项及风险应对措施。

第二十五条　董事会应当将报告期实际经营成果与招股说明书、募集说明书、资产重组报告书或定期报告披露的盈利预测、有关计划或展望进行比较，说明完成预测或计划的进度情况。

第二十六条　董事会如果预测本期至下一报告期期末的净利润可能为亏损、实现扭亏为盈或者与上年同期相比发生大幅度变动，应当予以警示。

第二十七条　财务报告已经会计师事务所审计，并被出具非标准审计报告的，董事会应就所涉及的事项予以说明。

上年年度报告中的财务报告被注册会计师出具非标准审计报告的，董事会应就所涉及事项的变化及处理情况予以说明。

第二十八条　公司应当披露以前期间拟定、在报告期实施的利润分配方案、公积金转增股本方案的执行情况，以及现金分红政策的执行情况。

如董事会在审议半年度报告时制定利润分配预案、公积金转增股本预案的，公司应当充分说明上述预案是否符合公司章程及审议程序的规定，是否充分保护中小投资者的合法权益，独立董事是否发表意见。

第四节　重要事项

第二十九条　公司应披露重大诉讼、仲裁事项。包括在报告期内发生及以前期间发生但持续到报告期的重大诉讼、仲裁事项，包括进展情况或审理结果，及对经营成果与财务状况的影响（包括由此产生的损益占报告期净利润的比例等，本节下同）。对已经结案的重大诉讼、仲裁事项，还应说明其执行情况。如果以上诉讼、仲裁事项已在临时报告披露且无后续进展的，则可只披露事项概述，并提供临时报告披露网站的相关查询索引。

如报告期内公司无重大诉讼、仲裁事项，应明确陈述“本报告期公司无重大诉讼、仲裁事项”。

第三十条　公司应当披露在报告期内发生及以前期间发生但持续到报告期的重大资产收购、出售及企业合并事项的简要情况及进程，说明上述事项对公司业务连续性、管理层稳定性的影响、对报告期经营成果与财务状况的影响，说明所涉及的金额及其占资产总额和利润总额的比例。

如公司收购、出售资产和企业合并事项已在临时报告披露且后续实施无变化的，仅需披露该事项概述，并提供临时报告披露网站的相关查询索引。

第三十一条　报告期内涉及股权激励方案的公司，应当披露股权激励方案的执行情况，包括实施股权激励方案所履行的相关程序及总体情况、股权激励基金提取及分配情况、股权激励股份来源情况、对激励对象的考核情况、对激励对象范围的调整情况、股权激励股份授予数量、股票期权授予及行权情况、股票期权行权价格及行权比例等的调整情况等，实施股权激励方案对公司报告期及未来财务状况和经营成果的影响。

如相关股权激励事项已在临时报告披露且后续实施无进展或变化的，仅需披露该事项概述，并提供临时报告披露网站的相关查询索引。

第三十二条　公司应当遵循如下规定，分类披露在报告期内发生的重大关联交易事项。若对于某一关联方，报告期内累计关联交易总额高于1000万元且占公司最近一期经审计净资产绝对值5%以上的，须披露关联交易方、交易内容、交易时间及披露时间等情况。如已在临时报告披露且后续实施无进展或变化的，仅需披露该事项概述，并提供临时报告披露网站的相关查询索引。

（一）与日常经营相关的关联交易，至少应披露以下内容：关联交易方、交易内容、定价原则、交易价格、交易金额、占同类交易金额的比例、结算方式及关联交易事项对公司利润的影响。可以获得同类交易市场价格的，应披露市场参考价格，实际交易价格与市场参考价格差异较大的，应说明原因；关联方之间存在大额销货退回的，应予说明。

公司按类别对本公司当年度将发生的日常关联交易进行总金额预计的,应披露日常关联交易事项在报告期内的实际履行情况。

(二)资产收购、出售发生的关联交易,至少应披露以下内容:关联交易方、交易内容、定价原则、资产的账面价值、评估价值(若有)、市场公允价值(若有)、交易价格、结算方式、交易对公司经营成果与财务状况的影响情况。交易价格与账面价值、评估价值或市场公允价值差异较大的,应说明原因。

(三)公司与关联方存在非经营性债权债务往来、担保等事项的,应披露形成的原因及对公司的影响。

(四)其他重大关联交易。

第三十三条 公司应当披露重大合同及其履行情况。包括(但不限于):

(一)在报告期内发生或以前期间发生但延续到报告期的重大交易、托管、承包、租赁其他公司资产或其他公司托管、承包、租赁公司资产事项的信息,包括交易金额、期限以及对经营成果与财务状况的影响。

(二)在报告期内发生或以前期间发生但延续到报告期的重大担保合同信息,包括担保金额、担保期限、担保对象、担保类型(一般担保或连带责任担保)、担保的决策程序等。对于未到期担保合同,如有明显迹象表明可能承担连带清偿责任的担保事项,公司应予明确说明。

(三)在报告期内发生或以前期间发生但延续到报告期的重大委托他人进行现金资产管理的信息,包括受托人名称、委托金额、委托期限、报酬确定方式、实际收益、期末余额以及该项行为是否履行了必要的程序。

上述事项如已在临时报告披露且后续实施无进展或变化的,仅需披露该事项概述,并提供临时报告披露网站的相关查询索引。

第三十四条 公司或持有公司股份5%以上的股东、实际控制人、董事、监事、高级管理人员有在报告期内发生或以前期间发生但持续到报告期的承诺事项的,公司应当披露该承诺在报告期内的履行情况。

第三十五条 财务报告已经会计师事务所审计的,公司应当披露会计师事务所的名称、注册会计师的姓名以及审计费用。

更换会计师事务所的,公司应披露解聘原会计师事务所的原因,以及是否履行了必要的程序。

第三十六条 公司还应披露其他在报告期内发生的《证券法》第六十七条、《上市公司信息披露管理办法》第三十条所列的重大事件,以及公司董事会判断为重大事件的事项。

如前款所涉及重要事项已作为临时报告在指定网站披露,只需说明信息披露网站及披露日期。

第五节 股本变动和股东情况

第三十七条 对于报告期内的股份变动情况,公司应当按照中国证监会对公司股份变动报告规定的内容与格式进行编制。

对报告期内因送股、转增股本、配股、增发新股、非公开发行股票、权证行权、实施股权激励计划、企业合并、可转换公司债券转股、减资、内部职工股上市、债券发行或其他原因引起公司股份总数及股东结构变动、公司资产和负债结构变动的,应当予以说明。

第三十八条 公司股东数量及持股情况,应当按照中国证监会对公司股份变动报告规定的格式进行编制,披露以下内容:

(一)截至报告期末的股东总数。

(二)截至报告期末持有本公司5%以上股份的股东名称、报告期内股份增减变动的情况、报告期末持股数量、所持股份类别及所持股份质押或冻结的情况。如持股5%以上的股东少于10人,则应当列出至少前10名股东的持股情况。公司股票为融资融券标的证券的,股东持股数量应当按照其通过普通证券账户、信用证券账户持有的股票及其权益数量合并计算。

如前10名股东所持股份中包括无限售流通股股份、限售流通股股份,应分别披露其数额;如前10名股东之间存在关联关系或属于《上市公司收购管理办法》规定的一致行动人的,应予以说明。

如果有战略投资者或一般法人因配售新股成为前10名股东的,应予以说明,并披露约定持股期间的起止日期。

以上列出的前10名股东中应注明代表国家持股的单位或外资股东。

第三十九条 公司控股股东或实际控制人报告期内发生变化的,应当列明披露相关信息的指定媒体及日期。

第六节 董事、监事、高级管理人员情况

第四十条 公司应当披露报告期内董事、监事、高级管理人员持有本公司股份、股票期权、被授予的限售流通股股票数量的变动情况。

第四十一条 公司应当披露报告期内董事、监事、高级管理人员新聘或解聘的情况及原因。

第七节 财务报告

第四十二条 公司应当在半年度报告中披露比较式资产负债表、利润表、现金流量表、所有者权益变动表和财务报表附注。编制合并财务报表的公司,除提供合并

财务报表外，还应提供母公司财务报表。

第四十三条 财务报告未经会计师事务所审计的，公司应当注明“未经审计”字样。财务报告经过审计的，若注册会计师出具标准审计报告，公司应明确说明注册会计师已出具标准审计报告；若注册会计师出具非标准审计报告，公司应披露审计报告正文。

第八节 备查文件目录

第四十四条 公司应当披露备查文件的目录，包括：

（一）载有法定代表人签名的半年度报告文本；

（二）载有单位负责人、主管会计工作负责人、会计机构负责人签名并盖章（如设置总会计师，还须由总会计师签名并盖章）的财务报告文本；

（三）载有会计师事务所盖章、注册会计师签名并盖章的审计报告文本（如有）；

（四）在其他证券市场披露的半年度报告文本（如有）；

（五）其他有关资料。

公司应当在办公场所备置上述文件的原件。当中国证监会、证券交易所要求提供或股东依据法规或公司章程要求查阅时，公司应及时提供。

第三章 半年度报告摘要

第一节 重要提示

第四十五条 公司应当在半年度报告摘要的显要位置刊登如下重要提示：“本公司董事会、监事会及董事、监事、高级管理人员保证本报告摘要所载资料不存在任何虚假记载、误导性陈述或者重大遗漏，并对其内容的真实性、准确性、完整性承担个别及连带责任。”

“本半年度报告摘要摘自半年度报告全文，报告全文同时刊载于……投资者欲了解详细内容，应当仔细阅读半年度报告全文。”

其他重要提示内容应按照本准则第十六、十七条的规定披露。

第四十六条 公司应当以简易图表形式披露如下内容：

（一）股票简称、股票代码。如报告期末至半年度报告披露日期间公司股票简称发生变更，应当同时披露变更后的股票简称。

（二）公司董事会秘书和证券事务代表的姓名、电话、传真、电子信箱。

第二节 主要财务会计数据及股东变化

第四十七条 公司应采用数据列表方式，提供截至报告期末和上年末（或报告期和上年同期）公司主要会计数据和财务指标，包括以下各项：营业总收入、净利润、扣除非经常性损益后的净利润、基本每股收益和稀释每股收益、净资产收益率、扣除非经常损益后的净资产收益率、总资产、所有者权益、每股净资产、经营活动产生的现金流量净额、每股经营活动产生的现金流量净额。同时说明扣除的非经常性损益项目及其金额和所得税影响额。

第四十八条 公司应当列表披露截至报告期末的股东总数、报告期末前10名股东持股情况。公司控股股东或实际控制人报告期内发生变化的，应当列明披露相关信息的指定网站查询索引。

第三节 管理层讨论与分析

第四十九条 公司管理层应当简要介绍报告期的经营情况，主要围绕财务状况和经营成果，尽量选择当期重大变化的情况进行讨论，分析公司报告期内经营活动的总体状况，至少包括：

（一）提示主营业务的经营是否存在重大变化。对占公司主营业务收入或主营业务利润10%以上的产品，分别列示其销售收入、销售成本、毛利率，并提示是否存在变化。

（二）提示是否存在需要特别关注的季节性或周期性经营特征。

（三）若报告期内公司的营业收入、营业成本、归属于上市公司普通股股东的净利润总额或者构成较前一报告期发生重大变化的，应予以说明。

第四节 涉及财务报告的相关事项

第五十条 如与上一年度报告相比，公司会计政策、会计估计以及财务报表合并范围发生变化，或因报告期内重大会计差错更正而追溯重述的，公司应当予以披露，并分析其原因及影响。

第五十一条 如半年度财务报告已经审计，应当披露审计意见类型，若被出具带有强调事项段或其他事项段的无保留意见、保留意见、否定意见或无法表示意见的审计报告，公司董事会和监事会应当就所涉及事项作出说明。

第四章 附 则

第五十二条 本准则所称“控股股东”、“实际控制人”、“关联方”、“关联交易”、“高级管理人员”等的界定按照《公司法》、《证券法》等法律法规以及《上市公司信息披露管理办法》等相关规定执行。

第五十三条 本准则自公布之日起施行。《公开发行证券的公司信息披露内容与格式准则第31号——创业板上市公司半年度报告的内容与格式》（证监会公告〔2010〕19号）同时废止。

附件：××××股份有限公司半年度报告摘要

附件

××××股份有限公司半年度报告摘要

§1　重要提示

1.1　本公司董事会、监事会及董事、监事、高级管理人员保证本报告摘要所载资料不存在任何虚假记载、误导性陈述或者重大遗漏,并对其内容的真实性、准确性、完整性承担个别及连带责任。

本半年度报告摘要摘自半年度报告全文,报告全文同时刊载于……投资者欲了解详细内容,应当仔细阅读半年度报告全文。

1.2　如个别董事、监事、高级管理人员对半年度报告内容的真实性、准确性、完整性无法保证或存在异议的,应当声明:

××董事、监事、高级管理人员无法保证本报告内容的真实性、准确性、完整性,理由是:……请投资者特别关注。

1.3　如有董事未出席董事会,应当单独列示其姓名、职务以及未出席的原因。

1.4　财务报告已经会计师事务所审计并被出具标准审计报告的,公司应当明确表述"公司半年度财务报告已经××会计师事务所审计并出具标准审计报告"。

如执行审计的会计师事务所出具了带强调事项段或其他事项段的无保留意见、保留意见、否定意见或无法表示意见的审计报告(以下简称"非标准审计报告"),应当特别提示:

公司半年度财务报告已经××会计师事务所审计并被出具了带强调事项段或其他事项段的无保留意见(或保留意见、否定意见、无法表示意见)的审计报告,本公司董事会、监事会对相关事项已作详细说明,请投资者注意阅读。

1.5　公司简介

股票简称		股票代码	
联系人和联系方式	董事会秘书	证券事务代表	
姓　名			
电　话			
传　真			
电子信箱			

§2　主要财务会计数据和股东变化

2.1　主要财务会计数据

项目	报告期	年初至报告期期末	本报告期比上年同期增减(%)
营业总收入			
归属于公司普通股股东的净利润			
扣除非经常损益的归属于公司普通股股东的净利润			
基本每股收益			
稀释每股收益			
净资产收益率			
扣除非经常性损益后的净资产收益率			
项目	本报告期末	上年度期末	本报告期末比上年度期末增减(%)
总资产			
归属于公司普通股股东的所有者权益(或股东权益)			

续表

项目	报告期	年初至报告期期末	本报告期比上年同期增减(%)
归属于公司普通股股东的每股净资产			
经营活动产生的现金流量净额			
每股经营活动产生的现金流量净额			
非经常性损益项目	年初至报告期期末金额		
……			
非经常性损益对所得税的影响合计			
合计			

注:1. 在报告期内,公司因派发股票股利、公积金转增股本、拆股而增加或因并股而减少公司总股本,但不影响股东权益金额的,应当根据相关会计准则的规定按最新股本调整并列报基本每股收益和稀释每股收益。

2. 如果报告期末至半年度报告披露日,公司股本因送红股、资本公积金转增股本的原因发生变化且不影响股东权益金额的,应当根据相关会计准则的规定按最新股本调整并列报基本每股收益和稀释每股收益。

3. 本报告期对上年度财务数据进行了追溯调整或重述的,上年度末和上年同期应当同时列示追溯调整或重述前后的数据。

2.2　前10名股东持股情况表

报告期末股东总数					
前10名股东持股情况					
股东名称	股东性质	持股比例(%)	持股数量	持有有限售条件的股份数量(持有非流通的股份数量)	质押或冻结的股份数量
上述股东关联关系或一致行动的说明					

注:股东性质包括国家、国有法人、境内非国有法人、境内自然人、境外法人、境外自然人等。

2.3　控股股东或实际控制人变更情况

□适用　□不适用

新控股股东名称	
新实际控制人名称	
变更日期	
指定网站查询索引	

§3　管理层讨论与分析

管理层可以图表结合文字形式,简明、扼要地分析公司在报告期内的财务状况及经营成果。

§4　涉及财务报告的相关事项

4.1　与上年度财务报告相比,会计政策、会计估计和核算方法发生变化的,公司应当说明情况、原因及其影响。

4.2　报告期内发生重大会计差错更正需追溯重述的,公司应当说明情况、更正金额、原因及其影响。

4.3　与上年度财务报告相比,财务报表合并范围发生变化的,公司应当作出具体说明。

4.4 半年度财务报告已经审计,并被出具非标准审计报告的,董事会、监事会应当对涉及事项作出说明。

公开发行证券的公司信息披露内容与格式准则第32号——发行优先股申请文件

2014年4月1日中国证券监督管理委员会公告〔2014〕12号公布施行

第一条 为规范上市公司发行优先股申请文件的报送行为,根据《证券法》、《优先股试点管理办法》制定本准则。

第二条 申请发行优先股的上市公司(以下简称发行人),应按本准则的规定制作申请文件。

第三条 本准则规定的申请文件目录是对发行申请文件的最低要求,中国证券监督管理委员会(以下简称中国证监会)根据审核需要,可以要求发行人和中介机构补充材料。如果某些材料对发行人不适用,可不必提供,但应向中国证监会作出书面说明。

第四条 申请文件一经受理,未经中国证监会同意不得增加、撤回或更换。

第五条 保荐机构报送申请文件,初次报送应提交原件一份,复印件两份;在提交发行审核委员会审核之前,根据中国证监会要求的份数补报申请文件。

第六条 发行人不能提供有关文件的原件的,应由发行人律师提供鉴证意见,或由出文单位盖章,以保证与原件一致。如原出文单位不再存续,由承继其职权的单位或作出撤销决定的单位出文证明文件的真实性。

所有需要签名处,均应为签名人亲笔签名,不得以名章、签名章等代替。

需要由发行人律师鉴证的文件,发行人律师应在该文件首页注明"以下第××页至第×××页与原件一致",并签名和签署鉴证日期,律师事务所应在该文件首页加盖公章,并在第××页至第×××页侧面以公章加盖骑缝章。

第七条 申请文件的封面和侧面应标明"×××公司公开发行/非公开发行优先股申请文件"字样。

发行申请文件的扉页上应标明发行人董事会秘书及有关中介机构项目负责人的姓名、电话、传真及其他有效联系方式。

第八条 申请文件的章与章之间、节与节之间应有明显的分隔标识。

申请文件正文页码必须与目录中的页码相符。页码标注的举例:如第四章4-1的页码标注依序为4-1-1,4-1-2,4-1-3,…,4-1-n。

第九条 在每次报送书面文件的同时,发行人应报送两份相应的电子文件(应为标准.doc文件)。

第十条 未按本准则的要求制作和报送发行申请文件的,中国证监会可不予受理。

附录

上市公司发行优先股申请文件目录

第一章 本次发行优先股的募集文件

1-1 募集说明书(申报稿)

1-2 募集说明书概览(申报稿)

第二章 发行人的申请与授权文件

2-1 发行人申请报告

2-2 发行人发行预案

2-3 发行人董事会决议

2-4 发行人股东大会决议

第三章 保荐机构和发行人律师出具的文件

3-1 保荐机构出具的证券发行保荐书

3-2 保荐机构出具的保荐工作报告

3-3 发行人律师出具的法律意见书

3-4 发行人律师出具的律师工作报告

第四章 关于本次发行优先股募集资金使用的文件

4-1 发行人拟收购资产(包括权益)最近一年的财务报告和审计报告及最近一期的财务报告、资产评估报告

4-2 发行人拟收购资产(包括权益)的合同或其草案

第五章 其他文件

5-1 发行人最近三年的财务报告和审计报告及最近一期的财务报告、最近三年及一期比较式财务报表,如最近三年发生重大资产重组的,还应提供重组时编制的重组前模拟财务报告及审计报告

5-2 发行人最近三年及一期非经常性损益明细表

5-3 审计机构关于发行人最近一年末内部控制的审计报告或鉴证报告

5-4 发行人董事会、审计机构关于报告期内非标准审计报告涉及事项对公司是否有重大不利影响或重大不利影响是否已经消除的说明(如有)

5-5 盈利预测报告及盈利预测报告审核报告(如有)

5－6 资信评级机构为本次发行优先股出具的资信评级报告（如有）

5－7 本次发行优先股的担保合同、担保函、担保人就提供担保获得的授权文件（如有）

5－8 发行人对本次发行优先股作出的有关声明和承诺

5－9 审计机构关于本次发行优先股相关会计处理事项的专项意见

5－10 发行人公司章程（限电子文件）

5－11 特定行业（或企业）主管部门出具的监管意见书

5－12 承销协议（发行前按中国证监会要求提供）

5－13 发行人全体董事对发行申请文件真实性、准确性和完整性的承诺书

公开发行证券的公司信息披露内容与格式准则第33号——发行优先股预案和发行情况报告书

2014年4月1日中国证券监督管理委员会公告〔2014〕13号公布施行

第一章 总 则

第一条 为规范上市公司发行优先股的信息披露行为，保护投资者合法权益，根据《公司法》、《证券法》、《优先股试点管理办法》等法律、法规及中国证券监督管理委员会（以下简称中国证监会）的有关规定，制定本准则。

第二条 申请发行优先股的上市公司（以下简称发行人），应当按照本准则第二章的要求编制发行优先股预案（以下简称发行预案），作为董事会决议的附件，与董事会决议同时披露。

第三条 公开发行优先股发行结束后，发行人应按证券交易所有关规定披露上市公告书；非公开发行优先股发行结束后，发行人应当按照本准则第三章的要求编制并披露发行情况报告书。

第四条 在不影响信息披露的完整性并保证阅读方便的前提下，对于已在公司日常信息披露文件中披露过的信息，如事实未发生变化，发行人可以采用索引的方法进行披露，并须提供查询网址。

本准则某些具体要求对发行人确不适用的，发行人可以根据实际情况调整，并在发行预案中作出说明。

本次发行涉及重大资产重组的，发行预案的信息披露内容还应当符合中国证监会有关重大资产重组的规定。

第二章 发行优先股预案

第五条 发行预案应当包括以下内容：

（一）本次优先股发行的目的；

（二）本次优先股发行方案；

（三）本次优先股发行带来的主要风险；

（四）本次发行募集资金使用计划；

（五）董事会关于本次发行对公司影响的讨论与分析；

（六）本次优先股发行涉及的公司章程修订情况；

（七）其他有必要披露的事项。

发行预案披露后，公司发生与本次发行相关的重大事项，发行人应按有关规定及时履行信息披露义务。

第六条 发行预案披露本次发行目的时，应结合公司行业特点、业务发展和资本结构等情况，说明确定本次发行品种和融资规模的依据。

第七条 公司确定发行方案时，应符合相关法律法规的要求，披露内容包括：

（一）本次发行优先股的种类和数量；

（二）发行方式、发行对象或发行对象范围及向原股东配售的安排、是否分次发行；

（三）票面金额、发行价格或定价原则；

（四）票面股息率或其确定原则；

（五）优先股股东参与分配利润的方式，包括：股息发放的条件及设定条件所依据的财务报表口径、股息支付方式、股息是否累积、是否可以参与剩余利润分配等；

（六）回购条款，包括发行人要求赎回和投资者要求回售的条件、期间、价格或其确定原则、回购选择权的行使主体等；

（七）商业银行在触发事件发生时，将优先股强制转换为普通股的转换价格的确定方式（如有）；

（八）表决权的限制和恢复，包括表决权恢复的情形及恢复的具体计算方法；

（九）清偿顺序及清算方法；

（十）信用评级情况及跟踪评级安排（如有）；

（十一）担保方式及担保主体（如有）；

（十二）本次优先股发行后上市交易或转让的安排。

第八条 非公开发行优先股，发行对象属于下列情形之一的，发行预案应披露具体发行对象及其认购价格或定价原则：

（一）上市公司的控股股东、实际控制人或其控制的关联人；

（二）董事会已确定的发行对象。

第九条 非公开发行优先股且发行对象已确定的，发行

预案还应包括以下内容：

（一）发行对象的基本情况，并明确发行对象与发行人是否存在关联关系；

（二）优先股认购合同的主要内容，例如：

1. 合同主体、签订时间；

2. 认购价格、认购方式、支付方式；

3. 合同的生效条件和生效时间；

4. 违约责任条款。

第十条　发行人应当遵循重要性原则，披露可能直接或间接对发行人及原股东产生重大不利影响的所有因素。发行人应结合自身的实际情况及优先股的条款设置，充分、准确、具体地揭示相关风险因素，可以量化分析的，应披露具体影响程度。例如：

（一）分红减少的风险。量化分析本次优先股股息发放对普通股及已发行优先股股息发放的影响；

（二）表决权被摊薄的风险。优先股表决权恢复导致的原股东表决权被摊薄的风险，特别是可能发生控制权变更的风险；

（三）普通股股东的清偿顺序风险；

（四）税务风险。

第十一条　发行人应列表披露本次募集资金的使用计划。

第十二条　本次发行募集资金用于补充流动资金的，应当分析与同行业上市公司对流动资金的需求水平是否相当；募集资金用于偿还银行贷款的，应当结合市场利率水平、公司融资成本说明偿还银行贷款后公司负债结构是否合理；银行、证券、保险等金融行业公司募集资金补充资本的，应结合行业监管指标、对普通股现金分红的影响分析本次融资规模的合理性。

第十三条　募集资金用于项目投资的，应披露项目需要资金数额、项目内容及进度和涉及的审批情况。

募集资金投入项目导致发行人生产经营模式发生变化的，发行人应结合其在新模式下的经营管理能力、技术准备情况、产品市场开拓情况等，对项目的可行性进行分析。

第十四条　募集资金用于收购资产并以评估作为价格确定依据的，应披露评估报告，用于收购企业或股权的，还应披露拟收购资产前一年度经审计的资产负债表、利润表及最近一期的经营状况。

拟收购的资产在首次董事会前尚未进行审计、评估的，发行人应当在审计、评估完成后再次召开董事会，对相关事项作出补充决议，并编制优先股发行预案的补充公告。

第十五条　募集资金用于收购资产的，发行预案应披露以下内容：

（一）目标资产的主要情况，如资产构成、成新率、适用情况；

（二）资产转让合同主要内容，如交易价格及确定依据、资产交付、合同的生效条件和生效时间、违约责任条款等；

（三）资产权属是否清晰、是否存在权利受限、权属争议或者妨碍权属转移的其他情况；

（四）董事会对资产收购价格公允性的分析说明、相关评估机构对其执业独立性的意见和独立董事对收购价格公允性的意见；相关资产在最近三年曾进行资产评估或者交易的，还应当说明评估价值和交易价格、交易对方；

（五）如收购企业或股权的，还应披露因收购而新增的重要债务，分析说明给公司增加的偿债风险及是否取得债权人的书面同意或经债券持有人会议审议通过；发行人尚须履行的义务，包括员工安置及潜在负债情况；资产自评估截止日至资产交付日所产生收益的归属等。

第十六条　发行人董事会应分析本次优先股发行对公司的影响，例如：

（一）本次发行优先股相关的会计处理方法；

（二）本次发行的优先股发放的股息能否在所得税前列支及政策依据；

（三）本次发行对公司股本、净资产（净资本）、营运资金、资产负债率、净资产收益率、归属于普通股股东的每股收益等主要财务数据和财务指标的影响，并注明财务数据和财务指标的相关报表口径；

（四）本次发行对金融行业发行人资本监管指标的影响及相关行业资本监管要求；

（五）最近三年内利用募集资金投资已完工项目的实施效果及尚未完工重大投资项目的资金来源、进度和与本次发行的关系；

（六）本次发行募集资金进行项目投资或购买资产的，应披露项目实施后上市公司与控股股东及其关联人之间的关联交易及同业竞争等变化情况；向控股股东或其关联方购买的，还应披露本次发行完成后，公司是否存在资金、资产被控股股东及其关联人占用的情形，或公司为控股股东及其关联人提供担保的情形；

（七）最近三年现金分红情况，并结合母公司及重要子公司的现金分红政策、发行人股东依法享有的未分配利润、已发行优先股的票面股息率及历史实际支付情况、未来需要偿还的大额债务和重大资本支出计划等，分析披露发行人本次优先股股息或优先股回购的支付能力；

（八）与本次发行相关的董事会声明及承诺事项：

1. 董事会关于除本次发行外未来十二个月内是否有其他股权融资计划的声明;

2. 本次发行摊薄即期回报的,发行人董事会按照国务院和中国证监会有关规定作出的关于承诺并兑现填补回报的具体措施。

第十七条 发行预案应说明本次优先股发行涉及的公司章程修订情况,例如:

(一)利润分配条款,包括票面股息率、是否强制分红、是否可累积、是否参与剩余利润分配;

(二)剩余财产分配条款;

(三)表决权限制与恢复条款;

(四)回购优先股的具体条件、优先股转换为普通股的具体条件(如有);

(五)与优先股股东权利义务相关的其他内容。

第三章 发行情况报告书

第十八条 发行情况报告书应列表说明本次非公开发行的基本情况。

(一)本次发行履行的相关程序,参考格式如下:

序号	相关程序	相关程序的说明	时间
1	董事会决议	(会议届次、相关议案)	(董事会召开的时间)
2	股东大会决议	(会议届次、相关议案)	(股东大会召开的时间)
3	其他需履行的程序(如国资委批复、主管部门的批复等)	(批复文号、文件名称)	(取得相关批复的时间)
4	发行审核委员会审核	(发审会场次)	(发审会召开的时间)
5	中国证监会核准	(核准文件的文号)	(取得核准批复的时间)
6	募集资金到账	(到账金额、发行费用)	(到账时间)
7	募集资金验资	(验资机构、验资报告)	(验资时间)
8	登记托管	(登记机构)	(登记托管的时间)
9	转让安排	(转让的平台)	(可转让的时间)

(二)各发行对象的名称、类型和认购数量,并备注与发行人的关联方及关联交易情况,参考格式如下:

序号	发行对象名称	性质	认购金额	是否为关联方	最近一年是否存在关联交易
1					
2					
3					
……					

注:①发行对象性质按《优先股试点管理办法》所规定的合格投资者类别列示;

②最近一年存在重大关联交易的,需按照偶发性和经常性进一步披露关联交易的信息。

(三)本次发行优先股的类型及主要条款,参考格式如下:

本次发行方案要点					
1	面 值		2	发行价格	
3	发行数量		4	发行规模	
5	是否累积		6	是否参与	
7	是否调息		8	股息支付方式	

续表

本次发行方案要点		
9	票面股息率的确定原则	
10	股息发放的条件	
11	转换安排	
12	回购安排	
13	评级安排	
14	担保安排	
15	表决权恢复的安排	
16	其他特别条款的说明	(如:为满足行业监管所设定的发行条款)
		(如:本次发行的特别安排等)

(四)本次发行相关机构及经办人员。

第十九条 发行情况报告书应当披露保荐人关于本次非公开发行过程和发行对象合规性报告的结论意见及持续督导责任。内容至少包括:

(一)本次发行定价过程合规性的说明;

(二)发行对象的选择是否公平、公正,是否符合上市公司及其全体股东的利益的说明;

(三)持续督导责任的内容及履行方式。

第二十条 发行情况报告书应当披露发行人律师关于本次非公开发行过程和发行对象合规性报告的结论意见。内容至少包括:

(一)发行对象资格的合规性的说明;

(二)本次发行相关合同等法律文件的合规性的说明;

(三)本次发行涉及资产转让或者其他后续事项的,应当陈述办理资产过户或者其他后续事项的程序、期限,并进行法律风险评估。

第二十一条 发行人全体董事应在发行情况报告书的首页披露声明和承诺:

"本公司全体董事承诺本发行情况报告书不存在虚假记载、误导性陈述或重大遗漏,并对其真实性、准确性、完整性承担个别和连带的法律责任。"

本次发行摊薄即期回报的,董事会关于填补回报具体措施的承诺。

声明和承诺应由全体董事签名,并由发行人加盖公章。

第二十二条 发行情况报告书应将募集说明书作为备查文件,并在指定网站上披露。

公开发行证券的公司信息披露内容与格式准则第34号——发行优先股募集说明书

2014年4月1日中国证券监督管理委员会公告〔2014〕14号公布施行

第一章 总 则

第一条 为规范上市公司发行优先股的信息披露行为,保护投资者合法权益,根据《公司法》、《证券法》、《优先股试点管理办法》等法律、法规及中国证券监督管理委员会(以下简称中国证监会)的有关规定,制定本准则。

第二条 申请发行优先股的上市公司(以下简称发行人),应当按照本准则的要求编制优先股募集说明书(以下简称募集说明书),作为向中国证监会申请发行优先股的必备文件。公开发行优先股,募集说明书应按规定披露;非公开发行优先股,募集说明书在发行结束之前不能公开披露。

第三条 募集说明书的信息披露应当以投资者需求为导向,本准则的规定是对募集说明书信息披露的最低要求。不论本准则是否有明确规定,凡对投资者做出投资决策有重大影响的信息,均应披露。本准则某些具体要求对发行人确不适用的,发行人可以根据实际情况调整,并在申报时作书面说明。

募集说明书涉及未公开重大信息的,发行人应按有关规定及时履行信息披露义务。

本次发行涉及重大资产重组的,募集说明书的信息披露还应当符合中国证监会有关重大资产重组的规定。

第四条　募集说明书的编制应遵循以下要求：

（一）表述通俗易懂，并采用表格或其他较为直观的方式披露公司及其产品、财务等情况，定性分析与定量分析方法应相互结合；

（二）引用的资料应注明来源，事实依据应充分、客观；

（三）引用的数字应采用阿拉伯数字，货币金额除特别说明外，应指人民币金额，并以元、千元、万元或百万元为单位；

（四）涉及财务数据或财务指标的，应注明相关报表口径；

（五）发行人可编制募集说明书外文译本，但应保证中、外文文本的一致性，在对中外文本的理解上发生歧义时，以中文文本为准；

（六）募集说明书概览的内容，应摘自募集说明书，并与其保持一致。

第五条　在不影响信息披露的完整性并保证阅读方便的前提下，发行人可以采用相互引征的方法，对各相关部分的内容进行适当的技术处理。对于已在本次优先股发行预案及公司日常信息披露文件中披露过的信息，如事实未发生变化，发行人可以采用索引的方法进行披露，并须提供查询网址。

发行人在募集说明书中索引公司其他信息披露文件的内容，为募集说明书的有效组成部分，发行人及中介机构应承担相应的法律责任。

第二章　募集说明书

第一节　封面、书脊、扉页、目录、释义

第六条　募集说明书文本封面及书脊应标明“×××公司公开发行（或非公开发行）优先股募集说明书”字样，封面还应载明已经上市普通股简称和代码、发行人注册地、保荐机构、主承销商、募集说明书公告时间（公开发行适用）。

非公开发行优先股的，募集说明书文本封面还应注明：“本募集说明书仅供拟认购的合格投资者使用，不得利用本募集说明书及申购从事内幕交易或操纵证券市场”。

第七条　募集说明书文本扉页应当刊载如下声明：

“本公司全体董事、监事、高级管理人员承诺募集说明书及其概览不存在任何虚假记载、误导性陈述或重大遗漏，并保证所披露信息的真实、准确、完整。

“公司负责人、主管会计工作负责人及会计机构负责人（会计主管人员）保证募集说明书及其概览中财务会计报告真实、完整。

“中国证监会对本次证券发行的核准，不表明其对上市公司所披露信息的真实性、准确性和完整性作出实质性判断或保证，也不表明其对本次优先股的价值或投资者的收益作出实质性判断或者保证。任何与之相反的声明均属虚假不实陈述。

“根据《证券法》的规定，证券依法发行后，发行人经营与收益的变化，由发行人自行负责，由此变化引致的投资风险，由投资者自行负责。”

第八条　发行人应针对实际情况在募集说明书文本扉页作“重大事项提示”，提醒投资者需特别关注的与本次发行相关的重大风险或重大事项，例如：

（一）本次发行的优先股是否上市交易。如果上市交易的，其与公司普通股分属不同的股份类别，将以不同股份代码进行交易，存在交易不活跃或价格大幅波动的风险；如果不上市交易的，存在交易受限的风险；

（二）本次发行的优先股的票面股息率或其确定原则、股息发放条件、股息是否累积、是否参与剩余利润分配；

（三）是否设有回购或强制转换为普通股的条款；

（四）本次发行的优先股的会计处理方法；

（五）表决权限制与恢复的约定；

（六）公司生产经营中存在的其他重大事项。

第九条　募集说明书目录应标明各章、节的标题及其对应的页码。发行人应对投资者理解可能有障碍及有特定含意的术语作出释义。募集说明书释义应在目录次页排印。

第十条　特殊行业的发行人编制募集说明书及其概览，还应遵循中国证监会关于该行业的信息披露特别规定。

第二节　本次发行概况

第十一条　发行人应披露本次发行的基本情况，主要包括：

（一）发行的核准文件、核准规模和本次优先股的名称和发行总额。如发行人分次发行的，披露各次发行安排；

（二）本次发行优先股的种类和数量；

（三）发行方式、发行对象或发行对象范围及向原股东配售的安排；

（四）票面金额、发行价格或定价原则；

（五）票面股息率或其确定原则；

（六）承销方式；

(七)发行费用概算。

第十二条 发行人应披露本次优先股发行和上市交易或转让的时间安排,披露至上市交易或转让前的有关重要日期,主要包括:

(一)发行公告刊登日期(公开发行适用);

(二)预计发行日期;

(三)申购日期;

(四)资金冻结日期(如有);

(五)上市交易或转让安排。

第十三条 发行人应披露本次发行涉及的下列机构的名称、法定代表人、经办人员、住所、联系电话、传真:

(一)发行人;

(二)保荐机构和承销团成员;

(三)发行人律师事务所;

(四)审计机构;

(五)申请上市交易或转让的证券交易所;

(六)股票登记机构;

(七)收款银行;

(八)资产评估机构(如有);

(九)资信评级机构(如有);

(十)担保人(如有);

(十一)其他与本次发行相关的机构。

第十四条 发行人应披露其与本次发行有关的中介机构及其负责人、高级管理人员及经办人员之间存在的直接或间接的股权关系或其他利害关系。

第三节 风险因素

第十五条 发行人应当遵循重要性原则,披露可能直接或间接对优先股投资者、发行人及原股东、公司生产经营产生重大不利影响的所有因素。发行人应当结合自身的实际情况及优先股的条款设置,充分、准确、具体地揭示相关风险因素,可以量化分析的,应披露具体影响程度。例如:

(一)本次优先股的投资风险

1. 股息不可累积,或者不参与剩余利润分配;

2. 不能足额派息的风险。发行人应列明可能导致实际股息率低于票面股息率的各种影响因素;

3. 表决权限制的风险;

4. 市价波动风险和交易风险。因价格波动或交易不活跃而可能受到的不利影响;

5. 回购风险。发行人应列明可能导致公司赎回优先股的各种影响因素;

6. 强制转换风险。商业银行在触发事件发生时强制将优先股转为普通股的风险;

7. 优先股股东的清偿顺序风险;

8. 提供信用评级的,评级下降的风险;

9. 提供担保的,担保资产或担保人财务状况发生重大不利变化的风险。

(二)发行人及原股东面临的与本次发行有关的风险

1. 分红减少的风险。量化分析本次优先股股息发放对普通股及已发行优先股股息发放的影响;

2. 表决权被摊薄的风险。优先股表决权恢复导致的原股东表决权被摊薄的风险,特别是可能发生控制权变更的风险;

3. 普通股股东的清偿顺序风险;

4. 税务风险;

5. 其他风险。例如:利率风险、流动性风险、与本次优先股相关的公允价值波动风险。

(三)与发行人生产经营有关的风险

1. 行业风险。例如,可能涉及行业前景、行业经营环境的不利变化,公司行业地位下降的风险;

2. 财务风险。应结合公司财务状况具体分析面临的风险因素;

3. 管理风险。例如,内部控制存在的缺陷;因营业规模、营业范围扩大或者业务转型而导致的管理风险;

4. 政策风险。例如,产业政策、行业管理、环境保护、税收制度等发生变化对公司的影响。

第四节 本次发行的优先股与已发行的优先股

第十六条 发行人应披露本次发行方案的主要内容,包括:

(一)本次发行优先股的种类和数量;

(二)发行方式、发行对象或发行对象范围及向原股东配售的安排、发行对象资格要求;

(三)票面金额、发行价格或定价原则;

(四)票面股息率或其确定原则;

(五)优先股股东参与分配利润的方式,包括:股息发放的条件、股息支付方式、股息是否累积、是否可以参与剩余利润分配等;

(六)回购条款,包括发行人要求赎回和投资者要求回售的条件、期间、价格或其确定原则、回购选择权的行使主体等;

(七)商业银行在触发事件发生时,将优先股强制转换为普通股的转换价格确定方式(如有);

(八)表决权的限制和恢复,包括表决权恢复的情形及恢复的具体计算方法;

(九)清偿顺序及清算方法;

(十)信用评级情况及跟踪评级安排(如有);

（十一）担保方式及担保主体（如有）；

（十二）本次优先股发行后上市交易或转让的安排。

第十七条 发行人应披露本次发行优先股相关的会计处理方法。

第十八条 发行人应披露本次发行的优先股发放的股息能否在所得税前列支及政策依据。

第十九条 发行人应披露本次发行对公司股本、净资产（净资本）、营运资金、资产负债率、净资产收益率、归属于普通股股东的每股收益等主要财务数据和财务指标的影响。

第二十条 金融行业发行人应披露本次发行对公司资本监管指标的影响及相关行业资本监管要求。

第二十一条 发行人应披露投资者与本次发行的优先股交易、股息发放、回购、转换等相关的税费、征收依据及缴纳方式。

第二十二条 发行人应披露已发行在外的优先股的简要情况，包括发行时间、发行总量及融资总额、现有发行在外数量、已回购或转换为普通股的数量、各期股息实际发放情况等。

发行人应列表披露本次发行的优先股与已发行在外优先股主要条款的差异比较。

第二十三条 发行人聘请资信评级机构对本次发行的优先股进行信用评级的，应披露其信用评级情况及跟踪评级安排。

第二十四条 本次发行的优先股提供担保的，应披露担保及授权情况。

第五节 发行人基本情况及主要业务

第二十五条 发行人应提请投资者可在公司日常信息披露文件中查阅公司的基本情况，包括股本变动及股东情况、董事、监事、高级管理人员及其持股情况等。

第二十六条 发行人应披露控股股东和实际控制人的基本情况、发行人组织架构和管理模式以及发行人董事、监事、高级管理人员名单。实际控制人应披露到最终的国有控股主体、集体企业或自然人为止。

第二十七条 发行人应结合所处的行业特点、财务信息、分部报告、主要对外投资等情况披露公司从事的主要业务、主要产品及各业务板块的经营状况。

第六节 财务会计信息及管理层讨论与分析

第二十八条 发行人应提请投资者，欲完整了解公司财务会计信息，应查阅公司日常信息披露文件。

第二十九条 审计机构曾对发行人最近三年财务报表出具非标准审计报告的，发行人应披露董事会和审计机构关于非标准审计报告涉及事项对公司是否有重大不利影响或重大不利影响是否已经消除的说明。

第三十条 发行人应简要披露财务会计信息，主要包括：

（一）最近三年及一期的资产负债表、利润表及现金流量表。编制合并财务报表的，仅需披露合并财务报表。最近三年及一期合并财务报表范围发生重大变化的，应披露具体变化情况。最近三年内发生重大资产重组的，披露的最近三年及一期财务报表应包括：重组完成后各年的资产负债表、利润表和现金流量表，以及重组时编制的重组前模拟利润表和模拟报表的编制基础；

（二）最近三年及一期的主要财务指标。

第三十一条 发行人应主要依据最近三年及一期的合并财务报表分析公司财务状况、盈利能力和现金流量。

第三十二条 发行人在分析财务状况时，应披露最近三年及一期末资产、负债的重要项目和重大变化情况及原因。

第三十三条 发行人在分析盈利能力时，应披露以下内容：

（一）最近三年及一期营业收入、营业成本、营业利润、利润总额和净利润的重大变化情况及原因；

（二）最近三年及一期综合毛利率和分产品或服务的毛利率的重大变化情况及原因；

（三）最近三年及一期非经常性损益和投资收益的主要构成、重大变化情况及原因；上述项目金额及占净利润比重较高的，还应分析对公司盈利能力的影响；

（四）最近三年及一期税收政策及变化对公司盈利能力的影响。

第三十四条 发行人在分析现金流量时，应披露最近三年及一期经营活动产生的现金流量净额的构成、变动情况及原因。经营活动产生的现金流量净额为负数或者远低于当期净利润的，应披露原因及对公司盈利能力的影响。

第三十五条 发行人应披露最近三年现金分红情况。并应结合母公司及重要子公司的现金分红政策、发行人股东依法享有的未分配利润、已发行优先股的票面股息率及历史实际支付情况、未来需要偿还的大额债务和重大资本支出计划等，分析披露发行人本次优先股股息或优先股回购的支付能力。

第三十六条 发行人披露盈利预测报告的，应在募集说明书中简要披露预测数，同时应声明："本公司盈利预测报告是管理层在最佳估计假设的基础上编制的，但所依据的各种假设具有不确定性，投资者进行投资决策时应谨慎使用"。

第七节 募集资金运用

第三十七条 发行人应提请投资者，欲完整了解公司募集资金运用情况,应查阅公司本次优先股发行预案。

第三十八条 发行人应列表披露本次募集资金的用途。

第三十九条 发行人应披露本次优先股发行预案公布后的募集资金投资项目的进展情况。

第八节 其他重要事项

第四十条 发行人应披露公司最近一期末的对外担保情况,并披露对公司财务状况、经营成果、声誉、业务活动、未来前景等可能产生较大影响的未决诉讼或仲裁事项,可能出现的处理结果或已生效法律文书的执行情况。

第四十一条 发行人应披露与本次发行相关的董事会声明及承诺事项。例如:

(一)董事会关于除本次发行外未来十二个月内是否有其他股权融资计划的声明;

(二)本次发行摊薄即期回报的,发行人董事会按照国务院和中国证监会有关规定作出的关于承诺并兑现填补回报的具体措施。

第九节 董事、监事、高级管理人员及有关中介机构声明

第四十二条 发行人全体董事、监事及高级管理人员应在募集说明书正文的尾页声明:

"本公司全体董事、监事及高级管理人员承诺本募集说明书及其概览不存在虚假记载、误导性陈述或重大遗漏,并对其真实性、准确性、完整性承担个别和连带的法律责任。"

声明应由全体董事、监事及高级管理人员签名,并由发行人加盖公章。

第四十三条 保荐机构(主承销商)应在募集说明书正文后声明:

"本公司已对募集说明书及其概览进行了核查,确认不存在虚假记载、误导性陈述或重大遗漏,并对其真实性、准确性和完整性承担相应的法律责任。"

声明应由项目协办人、保荐代表人、法定代表人或其授权代表签名,并由保荐机构加盖公章。

第四十四条 发行人律师应在募集说明书正文后声明:

"本所及签字的律师已阅读募集说明书及其概览,确认募集说明书及其概览与本所出具的法律意见书不存在矛盾。本所及签字律师对发行人在募集说明书及其概览中引用的法律意见书的内容无异议,确认募集说明书及其概览不致因所引用内容出现虚假记载、误导性陈述或重大遗漏,并对其真实性、准确性和完整性承担相应的法律责任。"

声明应由签字的律师、所在律师事务所负责人签名,并由律师事务所加盖公章。

第四十五条 承担审计业务的会计师事务所应在募集说明书正文后声明:

"本所及签字注册会计师已阅读募集说明书及其概览,确认募集说明书及其概览与本所出具的报告不存在矛盾。本所及签字注册会计师对发行人在募集说明书及其概览中引用的审计报告的内容无异议(或盈利预测已经本所审核),确认募集说明书及其概览不致因所引用内容而出现虚假记载、误导性陈述或重大遗漏,并对其真实性、准确性和完整性承担相应的法律责任。"

声明应由签字注册会计师及所在会计师事务所负责人签名,并由会计师事务所加盖公章。

第四十六条 承担资信评级业务或者资产评估业务的机构(如有)应在募集说明书正文后声明:

"本机构及签字的资信评级人员(或资产评估人员)已阅读募集说明书及其概览,确认募集说明书及其概览与本机构出具的报告不存在矛盾。本机构及签字的资信评级人员(或资产评估人员)对发行人在募集说明书及其概览中引用的报告的内容无异议,确认募集说明书及其概览不致因所引用内容而出现虚假记载、误导性陈述或重大遗漏,并对其真实性、准确性和完整性承担相应的法律责任。"

声明应由签字的资信评级人员(或资产评估人员)及单位负责人签名,并由资信评级机构或者资产评估机构加盖公章。

第十节 备查文件

第四十七条 募集说明书结尾应列明备查文件,并在指定网站上披露备查文件。

第四十八条 备查文件包括下列文件:

(一)最近三年的财务报告、审计报告及最近一期的财务报告;

(二)本次优先股发行预案;

(三)保荐机构出具的发行保荐书;

(四)法律意见书;

(五)公司章程;

(六)发行人对本次发行优先股作出的有关声明和承诺;

(七)中国证监会核准本次发行的文件。

如有下列文件,应作为备查文件披露:

(一)发行人董事会、审计机构关于报告期内非标准审计报告涉及事项对公司是否有重大不利影响或重大不利影响是否已经消除的说明;

(二)最近三年内发生重大资产重组的,重组时编制的重组前模拟财务报告及审计报告;

（三）盈利预测及审核报告；

（四）资信评级报告；

（五）担保合同；

（六）拟收购资产的资产评估报告及有关批复文件；

（七）其他与本次发行有关的重要文件。

第三章 募集说明书概览

第四十九条 发行人公开发行优先股的，应当将募集说明书概览刊登在中国证监会指定的报刊，并提示可以查询募集说明全文的网址。

第五十条 发行人应在募集说明书概览的显要位置声明本准则第七条的内容及以下内容：

“本概览的编制主是为了方便投资者快速浏览，投资者如欲申购，务请在申购前认真阅读募集说明书全文及发行人的日常信息披露文件。”

第五十一条 募集说明书概览的内容至少包括下列各部分：

（一）发行人及本次发行的中介机构基本情况，参考格式如下：

（一）发行人基本情况			
发行人名称		股票简称	
注册资本		法定代表人	
注册地址		控股股东或实际控制人	
行业分类		主要产品及服务	
（二）本次发行的有关中介机构			
保荐机构、主承销商		承销团成员	
发行人律师		审计机构	
评估机构（如有）		评级机构（如有）	
（三）发行人的重大事项			
未决诉讼、未决仲裁、对外担保等重大事项			

（二）本次发行方案要点、重大事项提示、发行安排、本次优先股的会计处理及税项安排，参考格式如下：

（一）本次发行方案要点					
1	面　值		2	发行价格	
3	发行数量		4	发行规模	
5	是否累积		6	是否参与	
7	是否调息		8	股息支付方式	
9	票面股息率的确定原则				
10	股息发放的条件				
11	转换安排				
12	回购安排				
13	评级安排				
14	担保安排				
15	向原股东配售的安排	（适用于公开发行）			
16	交易或转让安排				

续表

(一)本次发行方案要点		
17	表决权恢复的安排	
18	募集资金投资项目	
19	其他特别条款的说明	(如:为满足行业监管所设定的发行条款)
		(如:本次发行的特别安排等)
(二)本次发行的重大事项提示(除已在本概览中专门披露的事项外,此处须与募集说明书正文中的重大事项提示保持一致,具体描述可适当简化)		
1	交易安排的风险、交易不活跃的风险	
2	影响股息支付的因素	
3	设置回购条款或强制转换为普通股条款带来的风险	
4	本次发行的其他重大事项	
(三)本次发行的时间安排		
1	发行公告刊登日期(适用于公开发行)	
2	预计发行日期	
3	申购日期	
4	资金冻结日期(如有)	
5	上市交易或转让的安排	
(四)本次优先股的会计处理及税项安排		
1	本次优先股的会计处理	
2	本次优先股股息的税务处理及相关税项安排	

注:金融行业发行人可根据行业监管的要求和行业特点对本概览进行适当调整。

(三)发行人最近三年及一期的主要财务数据及财务指标,参考格式如下:

项　目				
资产总额(万元)				
归属于母公司所有者权益(万元)				
资产负债率(母公司)				
项　目				
营业收入(万元)				
净利润(万元)				
归属于母公司所有者的净利润(万元)				
扣除非经常性损益后归属于母公司所有者的净利润(万元)				

续表

项　目				
基本每股收益(元)				
稀释每股收益(元)				
加权平均净资产收益率(%)				
经营活动产生的现金流量净额(万元)				
现金分红(万元)				

注:需注明财务数据及财务指标的相关报表口径。

第四章　附　　则

第五十二条　本准则由中国证监会负责解释。

第五十三条　本准则自公布之日起施行。

公开发行证券的公司信息披露内容与格式准则第35号——创业板上市公司公开发行证券募集说明书

2014年6月11日中国证券监督管理委员会公告〔2014〕30号公布施行

第一章　总　　则

第一条　为规范创业板上市公司(以下简称上市公司或发行人)发行证券的信息披露行为,保护投资者的合法权益,根据《公司法》、《证券法》、《创业板上市公司证券发行管理暂行办法》(证监会令第100号),制定本准则。

第二条　发行人因配股、增发、发行可转换公司债券等编制募集说明书,应当符合本准则的要求。

第三条　募集说明书的信息披露应当以投资者需求为导向,本准则的规定是对募集说明书信息披露的最低要求。不论本准则是否有明确规定,凡对投资者做出投资决策有重大影响的信息,均应披露。本准则某些具体要求对发行人确不适用的,发行人可以根据实际情况调整,并在申报时作书面说明。

募集说明书涉及未公开重大信息的,发行人应按有关规定及时履行信息披露义务。

本次发行涉及重大资产重组的,募集说明书的信息披露还应当符合中国证监会有关重大资产重组的规定。

第四条　募集说明书的编制应遵循以下要求:

(一)使用通俗易懂的事实描述性语言,并采用表格或其他较为直观的方式披露公司及其产品、财务等情况;

(二)引用的资料应注明来源,事实依据应充分、客观;

(三)引用的数字应采用阿拉伯数字,有关金额的资料除特别说明之外,应指人民币金额,并以元、千元或万元为单位;

(四)发行人可编制募集说明书外文译本,但应保证中外文文本的一致性,在对中外文本的理解上发生歧义时,以中文文本为准。

第五条　在不影响信息披露的完整并保证阅读方便的前提下,发行人可采用相互引征的方法,对各相关部分的内容进行适当的技术处理;对于曾在募集说明书、上市公告书和定期报告、临时报告中披露过的信息,如事实未发生变化,发行人可采用索引的方法进行披露,以免重复。

第六条　发行人将募集说明书披露于公司网站的,其内容应当与在中国证监会指定网站披露的一致。

第七条　增发招股意向书除发行数量、发行价格及筹资金额等内容可不确定外,其内容和格式应与增发招股说明书一致。

增发招股意向书应载明"本招股意向书的所有内容均构成招股说明书不可撤销的组成部分,与招股说明书具有同等法律效力"。

发行价格确定后,发行人应编制增发招股说明书,刊登于中国证监会指定的互联网网站,并报中国证监会备案。

第八条　发行人应在中国证监会指定网站披露公开发行证券募集说明书,并在中国证监会指定报刊上作创业板上市公司发行证券提示性公告:"本公司发行证券申请已获中国证监会核准,募集说明书及附件披露于中国证监会指定网站(www.××××.×××)和公司网站(www.××××.×××),并置备于本公司、证券交易所、保荐人、主承销商和其他承销机构的住所,供公众查阅。"

提示性公告还应当载有下列内容:

(一)发行证券的类型;

(二)发行数量;

(三)面值;

(四)发行方式与发行对象;

(五)承销方式(如有);

(六)(预计)发行日期;

(七)发行人、保荐人、主承销商的联系地址及联系电话。

第九条　特殊行业的发行人编制募集说明书,还应遵循中国证监会关于该行业的信息披露特别规定。

第二章　募集说明书

第一节　封面、书脊、扉页、目录、释义

第十条　募集说明书文本封面及书脊应标明“×××股份有限公司×××说明书”字样,封面还应载明已经上市股票简称和代码、发行人注册地、保荐机构、主承销商、募集说明书公告时间。

第十一条　募集说明书文本扉页应当刊载如下声明:

“本公司全体董事、监事、高级管理人员承诺募集说明书不存在任何虚假、误导性陈述或重大遗漏,并保证所披露信息的真实、准确、完整。

“公司负责人、主管会计工作负责人及会计机构负责人(会计主管人员)保证募集说明书中财务会计报告真实、完整。

“证券监督管理机构及其他政府部门对本次发行所作的任何决定,均不表明其对发行人所发行证券的价值或者投资者的收益作出实质性判断或者保证。任何与之相反的声明均属虚假不实陈述。

“根据《证券法》的规定,证券依法发行后,发行人经营与收益的变化,由发行人自行负责,由此变化引致的投资风险,由投资者自行负责。”

第十二条　发行人认为对投资者有重大影响的事项,应在募集说明书文本扉页中作“重大事项提示”,提醒投资者关注。

第十三条　募集说明书目录应标明各章、节的标题及其对应的页码。发行人应对可能对投资者理解有障碍及有特定含意的术语作出释义。募集说明书释义应在目录次页排印。

第二节　本次发行概况

第十四条　本节披露本次发行的基本情况:

(一)发行人中英文名称及注册地、境内上市股票简称和代码、上市地;

(二)本次发行的核准文件、证券类型、发行数量、证券面值、定价方式或发行价格、预计募集资金量(含发行费用)及募集资金净额、募集资金专项存储的账户;

(三)发行方式与发行对象;

(四)承销方式及承销期;

(五)发行费用;

(六)承销期间的停牌、复牌及本次发行证券上市的时间安排、申请上市证券交易所;

(七)本次发行证券的上市流通,包括各类投资者持有期的限制或承诺。

发行可转换公司债券的,应载明主要发行条款、评级或担保情况。

第十五条　本节应披露本次发行涉及的下列机构的名称、法定代表人、经办人员、办公地址、联系电话、传真:

(一)发行人;

(二)保荐机构和承销团成员;

(三)发行人律师事务所;

(四)审计机构;

(五)资产评估机构;

(六)申请上市的证券交易所;

(七)收款银行;

(八)资信评级机构;

(九)债券担保人。

第十六条　发行人应披露其与本次发行有关的中介机构及其负责人、高级管理人员及经办人员之间存在的直接或间接的股权关系或其他利害关系。

第三节　风险因素

第十七条　发行人应当遵循重要性原则,按顺序披露可能直接或间接对发行人生产经营状况和持续盈利能力产生重大不利影响的所有因素。

发行人应针对自身的实际情况,充分、准确、具体地描述相关风险因素。

发行人应对所披露的风险因素做定量分析,无法进行定量分析的,应有针对性地作出定性描述。

有关风险因素对发行人生产经营状况和持续盈利能力有严重不利影响的,应做“重大事项提示”。

第十八条　发行人应披露的风险因素包括但不限于下列内容:

(一)产品或服务的市场前景、行业经营环境的变化、商业周期或产品生命周期的影响、市场饱和或市场分割、过度依赖单一市场、市场占有率下降;

(二)经营模式发生变化、经营业绩不稳定、主要产品或主要原材料价格波动、过度依赖某一重要原材料、产品或服务、经营场所过度集中或分散;

(三)资产周转能力较差导致的资产流动性风险、现金流状况不佳及债务结构不合理导致的偿债风险、各项主要资产减值准备计提不足的风险、重大对外投资和境外投资管理不善或财务失控的风险、非经常性损益比重较大等因素导致发行人盈利来源不稳定的风

险、发行人未来资本性支出计划存在的投资风险；

（四）技术不成熟、技术尚未产业化、技术缺乏有效保护或保护期限短、缺乏核心技术或核心技术依赖他人、产品或技术面临被淘汰；

（五）投资项目在市场前景、技术保障、产业政策、环境保护、土地使用、融资安排、与他人合作等方面存在的问题，因营业规模、营业范围扩大或者业务转型而导致的管理风险、业务转型风险，因固定资产折旧大量增加而导致的利润下滑风险，以及因产能扩大而导致的产品销售风险；

（六）由于财政、金融、税收、土地使用、产业政策、行业管理、环境保护等方面法律、法规、政策变化引致的风险；

（七）因发行新股导致原股东分红减少、表决权被摊薄的风险；

（八）可能严重影响公司持续经营的其他因素，如自然灾害、安全生产、汇率变化、外贸环境、担保、诉讼和仲裁等。

第四节　发行人基本情况

第十九条　发行人应披露本次发行前股本总额及前10名股东持股数量、股份性质及其股份限售情况。

第二十条　发行人应以图表方式概要披露首次公开发行股票并在创业板上市以来（上市超过三年的为最近三年）派发股份股利、资本公积金转增股本、发行新股、可转换债券等引致的股权结构变化情况。

第二十一条　发行人应以图表方式披露其组织结构和对其他企业的重要权益投资情况。

列表披露发行人直接或间接控股企业的成立时间、注册资本、实收资本、发行人持有的权益比例、主要业务及主要生产经营地、最近一年该企业总资产、净资产、营业收入、净利润等财务数据，并注明有关财务数据是否经过审计及审计机构名称。

第二十二条　发行人应披露控股股东和实际控制人的基本情况及首次公开发行股票并在创业板上市以来（上市超过三年的为最近三年）的变化情况。实际控制人应披露到最终的国有控股主体或自然人为止。

若发行人的控股股东或实际控制人为自然人，应披露其姓名、简要背景及所持有的发行人股票被质押的情况，同时披露该自然人对其他企业的投资情况。

若发行人的控股股东或实际控制人为法人，应披露该法人的名称及其股东。披露该法人的成立日期、注册资本、主要业务、主要资产的规模及分布、最近一年母公司财务报表的主要财务数据、所持有的发行人股票被质押的情况。

第二十三条　发行人应披露其所从事的主要业务、主要产品（或服务）的用途。

发行人从事多种业务和产品（或服务）生产经营的，关于业务和产品（或服务）分类的披露应前后一致，不得采用多种统计口径进行披露。

如果发行人的主要业务和产品（或服务）分属不同行业，应分行业披露相关信息。

第二十四条　发行人应结合其主要业务和主要产品（或服务）披露所处行业的基本情况，包括但不限于：

（一）行业的主管部门、监管体制、主要法律法规及政策等；

（二）行业竞争格局和市场化程度、行业内的主要企业及其市场份额、进入本行业的主要障碍、市场供求状况及变动原因、行业利润水平的变动趋势及变动原因等；

（三）行业技术水平及技术特点、行业特有的经营模式、行业的周期性、区域性或季节性特征等；

（四）发行人所处行业与上、下游行业之间的关联性及上下游行业发展状况；

（五）出口业务比例较大的发行人，还应披露产品进口国的有关进出口政策，贸易摩擦对产品进口的影响，以及进口国同类产品的竞争格局等情况。

第二十五条　发行人应披露在行业中的竞争地位，包括发行人的市场占有率、近三年的变化情况及未来变化趋势，主要竞争对手的简要情况等。

第二十六条　发行人应根据重要性原则披露主要业务的具体情况，主要包括：

（一）分别按主要产品、销售区域、销售模式披露最近三年及一期的营业收入构成；

（二）主要产品的工艺流程或服务的流程图；

（三）主要经营模式，包括生产模式、采购模式、销售模式；发行人的业务及其模式具有创新性的，应披露其独特性、创新性以及持续创新机制；

（四）列表披露报告期主要产品（或服务）的产能、产量、销量，产品或服务的主要消费群体、销售价格的基本情况；报告期内各年度向前5名客户合计的销售额占各年度销售总额的百分比，如向单个客户的销售比例超过总额的50%或严重依赖于少数客户的，则应披露其名称及销售比例，如该等客户为发行人的关联人的，则应披露产品最终实现销售的情况。对于销售客户存在同属相同的实际控制人情形的，则应合并计算销售额；

（五）报告期主要产品所需的主要原材料和能源及其供应情况；报告期内各年度向前5名供应商合计

的采购额占各年度采购总额的百分比,如向单个供应商的采购比例超过总额的50%或严重依赖于少数客户的,则应披露其名称及采购比例。对于供应商存在同属相同的实际控制人情形的,则应合并计算采购额;

(六)发行人应披露董事、监事、高级管理人员和核心技术人员,主要关联方或持有发行人5%以上股份的股东在上述供应商或客户中所占的权益。若无,亦应说明;

(七)存在高危险、重污染情况的,应披露安全生产及污染治理情况、因安全生产及环境保护原因受到处罚的情况、近三年相关费用或成本支出及未来支出情况,说明是否符合国家关于安全生产和环境保护的要求。

第二十七条 发行人应概要披露首次公开发行股票并在创业板上市以来(上市超过三年的为最近三年)发生的重大资产重组情况,包括其具体内容、进展程度,以及对发行人业务、管理层、股权结构、实际控制人及经营业绩的影响。

第二十八条 发行人应列表披露与其业务相关的主要固定资产及无形资产,主要包括:

(一)生产经营所需的主要生产设备、房屋及其取得和使用情况、成新率或尚可使用年限、在发行人及下属公司中分布情况等;

(二)商标、专利、非专利技术、土地使用权、水面养殖权、探矿权、采矿权等主要无形资产的价值、取得方式和时间、使用情况、使用期限或保护期,以及对发行人生产经营的重大影响。

发行人允许他人使用自己所有的资产,或作为被许可方使用他人资产的,应简介许可合同的主要内容,主要包括许可人、被许可人、许可使用的具体资产内容、许可方式、许可年限、许可使用费等。若发行人所有或使用的资产存在纠纷或潜在纠纷的,应明确提示。

第二十九条 发行人应披露拥有的特许经营权的情况,主要包括特许经营权的取得、特许经营权的期限、费用标准,对发行人持续生产经营的影响。

第三十条 发行人应披露其主要产品或服务的核心技术及技术来源,说明技术属于原始创新、集成创新或引进消化吸收再创新的情况,披露核心技术与已取得的专利及非专利技术的对应关系,以及在主营业务及产品或服务中的应用,并披露核心技术产品收入占营业收入的比例。

发行人应披露最近三年及一期研发费用的构成、占营业收入的比例。与其他单位合作研发的,还需说明合作协议的主要内容、研究成果的分配方案及采取的保密措施等。

发行人应披露其核心技术人员、研发人员占员工总数的比例,所取得的专业资质及重要科研成果和获得的奖项,披露最近两年核心技术人员的主要变动情况及对发行人的影响。

第三十一条 发行人若在中华人民共和国境外进行生产经营,应对有关业务活动进行地域性分析。若发行人在境外拥有资产,应详细披露该资产规模、所在地、经营管理、盈利情况等。

第三十二条 发行人应列表披露自上市以来历次筹资、派现及净资产额变化情况。

第三十三条 发行人应披露最近三年及一期发行人、控股股东、实际控制人、发行人董事、监事、高级管理人员等责任主体所作出的重要承诺及承诺的履行情况,说明本次发行涉及的限售安排和自愿锁定股份的承诺,以及其他与本次发行相关的承诺事项,如避免同业竞争承诺、利润补偿承诺、减持意向或价格承诺、稳定公司股价预案以及相关约束措施等。

第三十四条 发行人应披露本次发行前后发行人的股利分配政策是否存在重大变化,包括最近三年现金分红情况、母公司及重要子公司的现金分红政策、发行人股东依法享有的未分配利润。

第三十五条 发行人发行可转换公司债券的,还应当披露最近三年发行的债券和债券偿还情况以及各年度利息保障倍数、贷款偿还率、利息偿付率等财务指标和资信评级情况。

第三十六条 发行人应列表披露现任董事、监事、高级管理人员及其他核心人员的基本情况。至少包括姓名、性别、年龄、从业简历、兼职情况、薪酬情况、持有本公司股份情况及最近三年的历次股份变动情况。

发行人应披露对管理层的激励情况。

第五节 同业竞争与关联交易

第三十七条 发行人应披露是否存在与控股股东、实际控制人及其控制的企业从事相同、相似业务的情况,说明上市以来是否发生新的同业竞争或影响发行人独立性的关联交易,说明首次公开发行招股说明书中及历次作出的相关承诺的履行情况。对存在相同、相似业务的,发行人应对是否存在同业竞争做出合理解释。

第三十八条 对于已存在或可能存在的同业竞争,发行人应披露解决同业竞争的具体措施。

第三十九条 发行人应披露独立董事对发行人是否存在同业竞争和避免同业竞争有关措施的有效性所发表的意见。

第四十条 发行人应根据《公司法》、《企业会计准则》、《上市公司信息披露管理办法》和证券交易所颁布的相关业务规则的有关规定进行关联方认定，充分披露关联方关系及关联交易。

第四十一条 发行人应按经常性关联交易和偶发性关联交易分类披露最近三年及一期关联交易情况。

对经常性的关联交易，发行人应披露关联交易方、交易内容、交易金额、交易价格的确定方法、占营业收入或营业成本的比重、占同类型交易的比重以及关联交易增减变化的趋势，与交易相关的应收应付款项余额及增减变化的原因。

对偶发性的关联交易，发行人应披露关联交易方、交易内容、交易金额、交易价格的确定方法、资金的结算情况、交易产生利润及对发行人当期利润的影响程度、关联交易对公司主要业务的影响。

第四十二条 发行人应披露明确的减少和规范关联交易的措施。

发行人应披露独立董事对关联交易的必要性、关联交易价格的公允性、批准程序的合规性以及减少和规范关联交易措施的有效性发表的意见。

第六节 财务会计信息

第四十三条 如未作特别说明，本节信息应摘自经有证券期货相关业务资格会计师事务所审计的财务报告及审核的盈利预测报告。

第四十四条 发行人应披露最近三年审计意见的类型；被出具保留意见或者带强调事项段的无保留意见的，还应披露审计报告正文以及董事会对相关事项的详细解释，并说明相关事项是否对公司有重大影响或影响是否已经消除，会计师事务所及注册会计师关于相关事项对发行人是否有重大影响或影响是否已经消除所发表的意见。

第四十五条 发行人应披露最近三年及一期的资产负债表、利润表、现金流量表及所有者权益变动表。发行人编制合并财务报表的，应同时披露合并财务报表和母公司财务报表。最近三年及一期合并财务报表范围发生重大变化的，还应披露合并财务报表范围的具体变化情况、变化原因及其影响。

最近三年内进行过导致公司主营业务和经营性资产发生实质变更的重大资产购买、出售、置换的发行人，披露的最近三年及一期的财务报表应包括：重组完成后各年的资产负债表、利润表、现金流量表和所有者权益变动表，以及重组时编制的重组前模拟利润表和模拟报表的编制基础。

发行人本次募集资金拟用于重大资产购买的，即拟购买的总资产或净资产占发行人最近一年末合并财务报表总资产或净资产的50%以上或拟购买的资产在前一年产生的营业收入占发行人前一年合并财务报表营业收入的50%以上，还应披露假设前三年已完成购买并据此编制的前三年备考合并利润表、前一年末备考合并资产负债表。

第四十六条 发行人应列表披露最近三年及一期的流动比率、速动比率、资产负债率（母公司）、应收账款周转率、存货周转率、每股经营活动现金流量、每股净现金流量、研发费用占营业收入的比重等财务指标以及非经常性损益明细表。除特别说明，上述财务指标以合并财务报表的数据为基础进行计算，其中扣除非经常性损益前后的净资产收益率和每股收益的计算应执行财政部、证监会的有关规定。

第四十七条 发行人本次募集资金拟用于重大资产购买的，应当披露发行人假设按预计购买基准日完成购买的盈利预测报告及假设发行当年1月1日完成购买的盈利预测报告及会计师事务所的审核意见。其他发行人认为提供盈利预测报告将有助于投资者对发行人及投资于发行人的证券作出正确判断，且发行人确信有能力对最近的未来期间的盈利情况作出切合实际的预测，可以披露盈利预测报告及会计师事务所的审核意见。

第四十八条 发行人披露盈利预测报告的，应声明："本公司盈利预测报告是管理层在最佳估计假设的基础上编制的，但所依据的各种假设具有不确定性，投资者进行投资决策时应谨慎使用"。

第四十九条 发行人披露的盈利预测报告应包括盈利预测表及其说明。

盈利预测表的格式应与利润表一致，其中预测数应分栏列示已审实现数、未审实现数、预测数和合计数。需要编制合并财务报表的发行人，应分别编制母公司盈利预测表和合并盈利预测表。

盈利预测说明应包括编制基准、所依据的基本假设及其合理性、与盈利预测数据相关的背景及分析资料等。盈利预测数据包含特定的财政税收优惠政策或非经常性损益项目的，应特别说明。

第七节 管理层讨论与分析

第五十条 发行人应主要依据最近三年及一期的合并财务报表分析影响发行人财务状况、经营业绩、现金流量的财务与非财务因素，并审慎披露未来变动趋势。为有助于理解分析过程和结论，发行人应提供分部信息。

发行人不应仅以引述方式重复财务报告的内容，应选择使用逐年比较、与同行业对比分析等便于理解的形式对最近三年及一期的上述情况进行分析。

第五十一条 发行人对财务状况、盈利能力及现金流量的分析一般应包括但不限于第五十二条至第五十七条的内容,但发行人可视实际情况并根据重要性原则有选择地进行增减。

第五十二条 财务状况分析一般应包括:

(一)发行人应披露公司资产、负债的主要构成,分析说明其主要资产的减值准备提取情况是否与资产质量实际状况相符;最近三年及一期资产结构、负债结构发生重大变化的,发行人还应分析说明导致变化的主要因素;

(二)发行人应分析披露最近三年及一期流动比率、速动比率、资产负债率以及利息保障倍数的变动趋势,并结合公司的现金流量状况、在银行的资信状况、可利用的融资渠道及授信额度、表内负债、表外融资情况及或有负债等情况,分析说明公司的偿债能力。发行人最近三年及一期经营活动产生的现金流量净额为负数或者远低于同期净利润的,应分析披露原因;

(三)发行人应披露最近三年及一期应收账款周转率、存货周转率等反映资产周转能力的财务指标的变动趋势,并结合市场发展、行业竞争状况、公司生产模式及物流管理、销售模式及赊销政策等情况,分析说明影响公司的资产周转能力;

(四)发行人最近一期末持有金额较大的交易性金融资产、可供出售的金融资产、借予他人款项、委托理财等财务性投资的,应分析其投资目的、对发行人资金安排的影响、投资期限、发行人对投资的监管方案、投资的可回收性及减值准备的计提是否充足。

第五十三条 盈利能力分析一般应包括:

(一)发行人应列表披露最近三年及一期营业收入的构成及比例,分别按产品(或服务)类别及业务、地区分部列示,分析营业收入增减变化的情况及原因;营业收入存在季节性波动的,应分析季节性因素对各季度经营成果的影响;

(二)发行人应依据所从事的主要业务、采用的经营模式及行业竞争情况,分析公司最近三年一期利润的主要来源、可能影响发行人盈利能力连续性和稳定性的主要因素;

(三)发行人应按照利润表项目逐项分析最近三年及一期经营成果变化的原因,对于变动幅度较大的项目应重点说明;

(四)发行人主要产品价格或主要原材料、燃料价格频繁变动且影响较大的,应对价格变动对公司利润的影响作敏感性分析;

(五)发行人应列表披露最近三年及一期公司综合毛利率、分行业毛利率的数据及变动情况;最近三年及一期毛利率发生重大变化的,还应用数据说明相关因素对毛利率变动的影响程度;

(六)发行人最近三年及一期投资收益及非经常性损益对公司经营成果有重大影响的,应当分析原因及对公司盈利能力稳定性的影响。

第五十四条 资本性支出分析一般应包括:

(一)发行人应披露最近三年及一期的重大的资本性支出情况;如果资本性支出导致公司固定资产大规模增加或进行跨行业投资的,应当分析资本性支出对公司主要业务和经营成果的影响;

(二)发行人应披露未来可预见的重大资本性支出计划及资金需求量,资本性支出计划涉及跨行业投资的,应说明其与发行人业务发展规划的关系。

第五十五条 发行人最近三年及一期存在会计政策变更、会计估计变更的,应披露变更的性质、内容、原因、变更影响数的处理方法及对发行人财务状况、经营成果的影响;发行人最近三年及一期存在会计差错更正的,应披露前期差错的性质。

第五十六条 发行人目前存在重大担保、诉讼、其他或有事项和重大期后事项的,应说明其对发行人财务状况、盈利能力及持续经营的影响。

第五十七条 发行人应结合其在业务经营方面存在的主要优势及困难,谨慎、客观地对公司财务状况和盈利能力的未来发展趋势进行分析。

第八节 本次募集资金运用

第五十八条 发行人应披露:

(一)预计募集资金数额;

(二)按投资项目的轻重缓急顺序,列表披露募集资金投资项目内容、时间进度、项目的审批、核准或备案情况;

(三)若所筹资金不能满足规划中项目资金需求的,应详细说明其缺口部分的资金来源及落实情况。

第五十九条 募集资金用于扩大现有产品产能的,发行人应结合现有各类产品在报告期内的产能、产量、销量、产销率、销售区域,项目达产后各类产品年新增的产能、产量、销售区域,以及本行业的发展趋势、有关产品的市场容量、主要竞争对手等情况对项目的市场前景进行详细的分析论证。

募集资金用于新产品开发生产或用于跨行业发展的,发行人应披露相关新产品的市场容量、主要竞争对手、行业发展趋势、技术保障、项目投产后新增产能情况,对项目的市场前景进行详细的分析论证。

第六十条 募集资金投入导致发行人生产经营模式发生变化的,发行人应结合其在新模式下的经营管理能力、技术准备情况、产品市场开拓情况等,对项目的可行性进行分析。

第六十一条 发行人原固定资产投资和研发支出较少、本次募集资金将大规模增加固定资产投资或研发支出的，应充分说明固定资产变化与产能变动的匹配关系，并充分披露新增固定资产折旧、研发支出对发行人未来经营成果的影响。

第六十二条 募集资金直接投资于固定资产项目的，发行人可视实际情况并根据重要性原则披露以下内容：

（一）投资概算情况，预计投资规模，募集资金的具体用项，包括用于购置设备、土地、技术以及补充流动资金等方面的具体支出；

（二）产品的质量标准和技术水平，生产方法、工艺流程和生产技术选择，主要设备选择，核心技术及其取得方式；

（三）主要原材料、辅助材料及燃料等的供应情况；

（四）投资项目的竣工时间、产量、产品销售方式及营销措施；

（五）投资项目可能存在的环保问题、采取的措施及资金投入情况；

（六）投资项目的选址，拟占用土地的面积、取得方式；

（七）项目的组织方式，项目的实施进展情况。

第六十三条 募集资金拟用于对外投资或合作经营的，还应披露：

（一）合资或合作方的基本情况，包括名称、法定代表人、住所、注册资本、主要股东、主要业务，与发行人是否存在关联关系；投资规模及各方投资比例；合资或合作方的出资方式；合资协议的主要条款以及可能对发行人不利的条款；

（二）拟组建的企业法人的基本情况，包括设立、注册资本、主要业务；组织管理和发行人对其的控制情况。

第六十四条 募集资金拟用于向其他企业增资或收购其他企业股份的，应披露：

（一）拟增资或收购的企业的基本情况及最近一年及一期经具有证券期货相关业务资格的会计师事务所审计的资产负债表和利润表；

（二）增资资金折合股份或收购股份的评估、定价情况；

（三）增资或收购前后持股比例及控制情况；

（四）增资或收购行为与发行人业务发展规划的关系。

第六十五条 募集资金拟用于收购资产的，应披露：

（一）拟收购资产的内容；

（二）拟收购资产的评估、定价情况；

（三）拟收购资产与发行人主要业务的关系。

若收购的资产为在建工程的，还应披露在建工程的已投资情况、还需投资的金额、负债情况、建设进度、计划完成时间等。

第六十六条 发行人募集资金拟投入其他用途的，应披露具体的内容。

第九节 历次募集资金运用

第六十七条 披露最近五年内募集资金运用的基本情况。

第六十八条 列表披露前次募集资金实际使用情况，说明前次募集资金是否已基本使用完毕，且使用进度和效果与披露情况一致。

第六十九条 发行人对前次募集资金投资项目的效益作出承诺并披露的，列表披露投资项目效益情况；项目实际效益与承诺效益存在重大差异的，还应披露原因。

第七十条 发行人最近五年内募集资金的运用发生变更的，应列表披露历次变更情况，并披露募集资金的变更金额及占所募集资金净额的比例；发行人募集资金所投资的项目被以资产置换等方式置换出公司的，应予以单独披露。

第七十一条 发行人应披露会计师事务所对前次募集资金运用所出具的专项报告结论。

第十节 董事、监事、高级管理人员及有关中介机构声明与承诺

第七十二条 发行人全体董事、监事、高级管理人员应在募集说明书正文的尾页声明：

“本公司全体董事、监事、高级管理人员承诺本募集说明书不存在虚假记载、误导性陈述或重大遗漏，并对其真实性、准确性、完整性承担个别和连带的法律责任。”

声明应由全体董事、监事、高级管理人员签名，并由发行人加盖公章。

第七十三条 保荐机构、主承销商应对募集说明书的真实性、准确性、完整性进行核查，并在募集说明书正文后声明：

“本公司已对募集说明书进行了核查，确认不存在虚假记载、误导性陈述或重大遗漏，并对其真实性、准确性和完整性承担相应的法律责任。”

声明应由项目主办人、保荐代表人、法定代表人签名，并由公司加盖公章。

第七十四条 发行人律师应在募集说明书正文后声明：

“本所及签字的律师已阅读募集说明书，确认募集说明书与本所出具的法律意见书和律师工作报告不

存在矛盾。本所及签字的律师对发行人在募集说明书中引用的法律意见书和律师工作报告的内容无异议,确认募集说明书不致因所引用内容出现虚假记载、误导性陈述或重大遗漏,并对其真实性、准确性和完整性承担相应的法律责任。”

声明应由签字的律师、所在律师事务所负责人签名,并由律师事务所加盖公章。

第七十五条　承担审计业务的会计师事务所应在募集说明书正文后声明:

“本所及签字注册会计师已阅读募集说明书,确认募集说明书与本所出具的报告不存在矛盾。本所及签字注册会计师对发行人在募集说明书中引用的财务报告的内容无异议(或盈利预测已经本所审核),确认募集说明书不致因所引用内容而出现虚假记载、误导性陈述或重大遗漏,并对其真实性、准确性和完整性承担相应的法律责任。”

声明应由签字注册会计师及所在会计师事务所负责人签名,并由会计师事务所加盖公章。

第七十六条　承担评估业务的资产评估机构应在募集说明书正文后声明:

“本机构及签字的资产评估师已阅读募集说明书,确认募集说明书与本机构出具的评估报告不存在矛盾。本机构及签字的评估师对发行人在募集说明书中引用的评估报告的内容无异议,确认募集说明书不致因所引用内容出现虚假记载、误导性陈述或重大遗漏,并对其真实性、准确性和完整性承担相应的法律责任。”

声明应由签字的资产评估师及单位负责人签名,并由资产评估机构加盖公章。

第七十七条　承担债券信用评级业务的机构应在募集说明书正文后声明:

“本机构及签字的评级人员已阅读募集说明书,确认募集说明书与本机构出具的资信评级报告不存在矛盾。本机构及签字的评级人员对发行人在募集说明书中引用的资信评级报告的内容无异议,确认募集说明书不致因所引用内容出现虚假记载、误导性陈述或重大遗漏,并对其真实性、准确性和完整性承担相应的法律责任。”

声明应由签字的评级人员及单位负责人签名,并由评级机构加盖公章。

第七十八条　发行人应披露与本次发行相关的董事会声明及承诺等事项,主要包括:

(一)董事会关于除本次发行外未来十二个月内是否有其他股权融资计划的声明;

(二)本次发行摊薄即期回报的,发行人董事会按照国务院和中国证监会有关规定作出的有关承诺并兑现填补回报的具体措施。

第七十九条　有关人员的签名应使用楷体。

第十一节　备查文件

第八十条　募集说明书结尾应列明备查文件,并在指定网站上披露。

第八十一条　备查文件包括下列文件:

(一)发行人最近三年的财务报告及审计报告和已披露的中期报告;

(二)保荐机构出具的发行保荐书和发行保荐工作报告;

(三)法律意见书和律师工作报告;

(四)注册会计师关于前次募集资金使用情况的专项报告;

(五)中国证监会核准本次发行的文件。

如有下列文件,应作为备查文件披露:

(一)资信评级报告;

(二)担保合同和担保函;

(三)盈利预测报告及盈利预测报告的审核报告;

(四)发行人董事会关于非标准无保留意见审计报告涉及事项处理情况的说明;

(五)会计师事务所及注册会计师关于非标准无保留意见审计报告的补充意见;

(六)最近三年内发生重大资产重组的发行人提供的模拟财务报告及审计报告和重组进入公司的资产的财务报告、资产评估报告和/或审计报告;

(七)拟收购资产的资产评估报告及有关审核文件;

(八)其他与本次发行有关的重要文件。

第三章　附　　则

第八十二条　本准则由中国证监会负责解释。

第八十三条　本准则自公布之日起施行。

公开发行证券的公司信息披露内容与格式准则第36号——创业板上市公司非公开发行股票预案和发行情况报告书

2014年6月11日中国证券监督管理委员会公告〔2014〕31号公布施行

第一章　总　　则

第一条　为规范创业板上市公司(以下简称上市公司或发行人)非公开发行股票的信息披露行为,保护投资者合法权益，根据《创业板上市公司证券发行管理暂行办法》（证监会令第100号），制定本准则。

第二条　上市公司非公开发行股票，应当按照本准则第二章的要求编制非公开发行股票预案，作为董事会决议的附件。非公开发行股票预案应在中国证监会指定网站披露，相关提示性公告应与董事会决议同时刊登。

第三条　上市公司非公开发行股票结束后，应当按照本准则第三章的要求编制发行情况报告书，并在中国证监会指定网站披露，同时在中国证监会指定报刊上刊登相关提示性公告。

第四条　在不影响信息披露的完整并保证阅读方便的前提下，对于曾在定期报告、临时公告或者其他信息披露文件中披露过的信息，如事实未发生变化，发行人可以采用索引的方法进行披露，并须提供查询网址。

本准则某些具体要求对发行人确不适用的，发行人可以根据实际情况调整，并在发行预案中作出说明。

本次发行涉及重大资产重组的，发行预案的信息披露内容还应当符合中国证监会有关重大资产重组的规定。

第二章　非公开发行股票预案

第五条　非公开发行股票预案应当包括以下内容：

（一）本次非公开发行股票方案概要；

（二）董事会关于本次募集资金使用的可行性分析；

（三）董事会关于本次发行对公司影响的讨论与分析；

（四）其他有必要披露的事项。

第六条　发行对象为上市公司控股股东、实际控制人及其控制的关联人、境内外战略投资者，或者发行对象认购本次发行的股份将导致公司实际控制权发生变化的，非公开发行股票预案除应当包括本准则第五条规定的内容外，还应当披露以下内容：

（一）发行对象的基本情况；

（二）附条件生效的股份认购合同的内容摘要。

第七条　本次募集资金用于收购资产的，非公开发行股票预案除应当包括本准则第五条、第六条规定的内容外，还应当披露以下内容：

（一）目标资产的基本情况；

（二）附条件生效的资产转让合同的内容摘要；

（三）董事会关于资产定价合理性的讨论与分析。

第八条　上市公司拟收购的资产在首次董事会前尚未进行审计、评估，以及相关盈利预测数据尚未经注册会计师审核的，在首次董事会决议公告中应披露相关资产的主要历史财务数据，注明未经审计，并作出关于“目标资产经审计的历史财务数据、资产评估结果以及经审核的盈利预测数据将在发行预案补充公告中予以披露”的特别提示。

上市公司应当在审计、评估或者盈利预测审核完成后再次召开董事会，对相关事项作出补充决议，并编制非公开发行股票预案的补充公告。

第九条　本次非公开发行股票方案概要应当根据情况说明以下内容：

（一）本次非公开发行的背景和目的；

（二）发行对象及其与公司的关系；

（三）发行股份的价格及定价原则、发行数量、限售期；

（四）募集资金投向；

（五）本次发行是否构成关联交易；

（六）本次发行是否导致公司控制权发生变化；

（七）本次发行方案已经取得有关主管部门批准的情况以及尚需呈报批准的程序。

第十条　董事会关于本次募集资金使用的可行性分析应当包括以下内容：

（一）简要说明本次募集资金的使用计划、投资项目基本情况、项目发展前景，以及本次发行对公司经营管理、财务状况等的影响；

（二）募集资金用于补充流动资金或者偿还银行贷款的，应当说明补充流动资金或者偿还银行贷款的具体数额，并详细分析其必要性和对公司财务状况的影响；

（三）募集资金用于收购他人资产的，应当披露相关资产的信息；

（四）本次募集资金投资项目涉及立项、土地、环保等有关报批事项的，应当说明已经取得有关主管部门批准的情况以及尚需呈报批准的程序。

第十一条　发行对象属于本准则第六条、第七条规定的情况的，发行对象的基本情况说明应当包括：

（一）发行对象是法人的，应披露发行对象名称、注册地、法定代表人，与其控股股东、实际控制人之间的股权控制关系结构图，主营业务情况，最近三年主要业务的发展状况和经营成果，并披露其最近一年简要财务会计报表，注明是否已经审计；

（二）发行对象是自然人的，应披露姓名、住所，最近五年内的职业、职务，应注明每份职业的起止日期以及所任职单位、是否与所任职单位存在产权关系，以及其所控制的核心企业和核心业务、关联企业的主营业务情况；

（三）发行对象及其董事、监事、高级管理人员（或者主要负责人)最近五年受过行政处罚(与证券市场明显无关的除外)、刑事处罚或者涉及与经济纠纷有关的重大民事诉讼或者仲裁的,应当披露处罚机关或者受理机构的名称、处罚种类、诉讼或者仲裁结果以及日期、原因和执行情况;

(四)本次发行完成后,发行对象及其控股股东、实际控制人所从事的业务与上市公司的业务是否存在同业竞争或者潜在的同业竞争,是否存在关联交易;如存在,是否已做出相应的安排确保发行对象及其关联方与上市公司之间避免同业竞争以及保持上市公司的独立性;

(五)本次非公开发行股票预案披露前二十四个月内发行对象及其控股股东、实际控制人与上市公司之间的重大交易情况。

第十二条 通过本次发行拟进入的资产为非股权资产的,应当重点说明相关资产的下列基本情况:

(一)相关的资产名称、类别以及所有者和经营管理者的基本情况;

(二)资产权属是否清晰、是否存在权利受限、权属争议或者妨碍权属转移的其他情况;

(三)相关资产独立运营和核算的情况。披露最近一年一期主营业务发展情况和经审计的财务信息摘要。分析其财务状况、经营成果、现金流量状况及其发展趋势;

(四)资产的交易价格及定价依据。披露相关资产经审计的账面值;交易价格以资产评估结果作为依据的,应当披露资产评估方法和资产评估结果;相关资产在最近三年曾进行资产评估或者交易的,还应当说明评估价值和交易价格、交易对方。

第十三条 拟进入的资产为股权的,还应当重点说明相关股权的下列基本情况:

(一)股权所在公司的名称、企业性质、注册地、主要办公地点、法定代表人、注册资本;股权及控制关系,包括公司的主要股东及其持股比例、股东出资协议及公司章程中可能对本次交易产生影响的主要内容、原高管人员的安排;

(二)股权所在公司主要资产的权属状况及对外担保和主要负债情况;

(三)股权所在公司最近一年一期主营业务发展情况和经审计的财务信息摘要。分析其主要财务指标状况及其发展趋势。

第十四条 拟进入的资产将增加上市公司的债务或者或有负债的,披露内容还应包括:

(一)债务的本息、期限、债权人等基本情况;

(二)上市公司承担该债务的必要性;

(三)交易完成后上市公司是否存在偿债风险和其他或有风险;

(四)是否已取得债权人的书面同意,对未获得同意部分的债务处理安排等。

第十五条 附生效条件的股份认购合同的内容摘要应当包括:

(一)合同主体、签订时间;

(二)认购方式、支付方式;

(三)合同的生效条件和生效时间;

(四)合同附带的任何保留条款、前置条件;

(五)违约责任条款。

附生效条件的资产转让合同的内容摘要除前款内容外,至少还应当包括:

(一)目标资产及其价格或定价依据;

(二)资产交付或过户时间安排;

(三)资产自评估截止日至资产交付日所产生收益的归属;

(四)与资产相关的人员安排。

第十六条 董事会关于资产定价合理性的讨论与分析,应当分别对资产交易价格或者资产评估价格的合理性进行说明。

资产交易价格以经审计的账面值为依据的,上市公司董事会应当结合相关资产的盈利能力说明定价的公允性。

本次资产交易根据资产评估结果定价的,在评估机构出具资产评估报告后,应当补充披露上市公司董事会及独立董事对评估机构的独立性、评估假设前提和评估结论的合理性、评估方法的适用性等问题发表的意见。采取收益现值法等基于对未来收益预测的评估方法进行评估的,应当披露评估机构对评估方法的适用性、评估假设前提及相关参数的合理性、未来收益预测的谨慎性的说明。

第十七条 董事会关于本次发行对公司影响的讨论与分析部分,应当根据情况说明以下内容:

(一)本次发行后上市公司业务及资产是否存在整合计划,公司章程等是否进行调整;预计股东结构、高管人员结构、业务结构的变动情况;

(二)本次发行后上市公司财务状况、盈利能力及现金流量的变动情况;

(三)上市公司与控股股东及其关联人之间的业务关系、管理关系、关联交易及同业竞争等变化情况;

(四)本次发行完成后,上市公司是否存在资金、资产被控股股东及其关联人占用的情形,或上市公司为控股股东及其关联人提供担保的情形;

(五)上市公司负债结构是否合理,是否存在通过本次发行大量增加负债（包括或有负债）的情况，是否存在负债比例过低、财务成本不合理的情况；

（六）本次股票发行相关的风险说明。如市场风险、业务与经营风险、财务风险、管理风险、政策风险、因发行新股导致原股东分红减少、表决权被摊薄的风险和其他风险；

（七）本次发行前后发行人的股利分配政策是否存在重大变化，包括最近三年现金分红情况、母公司及重要子公司的现金分红政策、发行人股东依法享有的未分配利润等；

（八）与本次发行相关的董事会声明及承诺事项：

1. 董事会关于除本次发行外未来十二个月内是否有其他股权融资计划的声明；

2. 本次发行摊薄即期回报的，发行人董事会按照国务院和中国证监会有关规定作出的有关承诺并兑现填补回报的具体措施。

第三章 发行情况报告书

第十八条 发行情况报告书至少应当包括以下内容：

（一）本次发行的基本情况；

（二）发行前后相关情况对比；

（三）保荐人关于本次发行过程和发行对象合规性的结论意见（按规定适用简易程序且采取自行销售的，不适用本项要求，但应当披露董事会关于本次非公开发行过程和发行对象合规性的结论意见）；

（四）发行人律师关于本次发行过程和发行对象合规性的结论意见；

（五）发行人全体董事的公开声明；

（六）备查文件。

第十九条 由于情况发生变化，导致董事会决议中关于本次发行的讨论与分析需要修正或者补充说明的，董事会应当在发行情况报告书中作出专项的讨论与分析。

第二十条 本次发行的基本情况应当包括：

（一）本次发行履行的相关程序，包括但不限于董事会和股东大会表决的时间、监管部门审核发行申请的发审会场次及时间、取得核准批文的时间、核准文件的文号、资金到账和验资时间、办理股权登记的时间等内容；

（二）本次发行证券的类型、发行数量、证券面值、发行价格、募集资金量、发行费用等，其中，应当公告各发行对象的申购报价情况及其获得配售的情况，发行价格与发行期首日前二十个交易日均价的比率；

（三）各发行对象的名称、企业性质、注册地、注册资本、主要办公地点、法定代表人、主要经营范围及其认购数量与限售期，应明示限售期的截止日；与发行人的关联关系，该发行对象及其关联方与发行人最近一年重大交易情况（按照偶发性和经常性分别列示）以及未来交易的安排。发行对象是自然人的，应当披露其姓名、住所；

（四）本次发行相关机构名称、法定代表人、经办人员、办公地址、联系电话、传真。包括：保荐人和承销团成员、发行人律师事务所、审计机构、资产评估机构等。

第二十一条 发行前后相关情况对比，发行人应着重披露以下内容：

（一）本次发行前后前10名股东持股数量、持股比例、股份性质及其股份限售比较情况；

（二）本次发行对公司的影响，包括股本结构、资产结构、业务结构、公司治理、高管人员结构、关联交易和同业竞争等的变动情况。

第二十二条 发行情况报告书应当披露保荐人关于本次非公开发行过程和发行对象合规性报告的结论意见。内容至少包括：

（一）关于本次发行定价过程合规性的说明；

（二）关于发行对象的选择是否公平、公正，是否符合上市公司及其全体股东的利益的说明。

按规定适用简易程序且采取自行销售的，不适用前款规定，但应当披露董事会关于本次非公开发行过程和发行对象合规性的结论意见。

第二十三条 发行情况报告书应当披露发行人律师关于本次非公开发行过程和发行对象合规性报告的结论意见。内容至少包括：

（一）关于发行对象资格的合规性的说明；

（二）关于本次发行相关合同等法律文件的合规性的说明；

（三）本次发行涉及资产转让或者其他后续事项的，应当陈述办理资产过户或者其他后续事项的程序、期限，并进行法律风险评估。

第二十四条 发行人全体董事应在发行情况报告书的首页声明：

"本公司全体董事承诺本发行情况报告书不存在虚假记载、误导性陈述或重大遗漏，并对其真实性、准确性、完整性承担个别和连带的法律责任。"

声明应由全体董事签名，并由发行人加盖公章。

第二十五条 发行情况报告书的备查文件包括：

（一）保荐机构出具的发行保荐书和发行保荐工作报告（按规定适用简易程序且采取自行销售的除外）；

（二）发行人律师出具的法律意见书和律师工作

报告。

第四章　附　　则

第二十六条　依照法律法规、规章和证券交易所规则的规定,本次非公开发行股票需要披露其他信息的,应当按照各有关规定予以披露。

第二十七条　本准则自公布之日起施行。

公开发行证券的公司信息披露内容与格式准则第37号——创业板上市公司发行证券申请文件

2014年6月11日中国证券监督管理委员会公告〔2014〕32号公布施行

第一条　为规范创业板上市公司(以下简称发行人)发行证券申请文件的报送行为,根据《证券法》、《创业板上市公司证券发行管理暂行办法》(证监会令第100号)制定本准则。

第二条　发行人申请发行证券的,应按本准则的规定制作申请文件。发行人配股、公开增发、发行可转换公司债券的,适用本准则附件1;发行人非公开发行股票的,适用本准则附件2。

第三条　本准则规定的申请文件目录是对发行申请文件的最低要求,中国证监会根据审核需要,可以要求发行人和中介机构补充材料。如果某些材料对发行人不适用,可不必提供,但应向中国证监会作出书面说明。

第四条　申请文件一经受理,未经中国证监会同意不得增加、撤回或更换。

第五条　发行人应根据中国证监会对发行申请文件的反馈意见提供补充材料。有关中介机构应对反馈意见相关问题进行尽职调查或补充出具专业意见。

第六条　保荐机构报送申请文件,初次报送应提交原件一份,复印件两份;在提交创业板发行审核委员会审核之前,根据中国证监会要求的份数补报申请文件。

第七条　发行人不能提供有关文件的原件的,应由发行人律师提供鉴证意见,或由出文单位盖章,以保证与原件一致。如原出文单位不再存续,由承继其职权的单位或作出撤销决定的单位出文证明文件的真实性。

所有需要签名处,均应为签名人亲笔签名,不得以名章、签名章等代替。

需要由发行人律师鉴证的文件,发行人律师应在该文件首页注明“以下第××页至第×××页与原件一致”,并签名和签署鉴证日期,律师事务所应在该文件首页加盖公章,并在第××页至第×××页侧面以公章加盖骑缝章。

第八条　申请文件应采用幅面为209毫米×295毫米规格的纸张(相当于标准A4纸张规格),双面印刷(需提供原件的历史文件除外)。

第九条　申请文件的封面和侧面应标明“×××公司(配股/公开增发/可转换公司债券/非公开发行股票)申请文件”字样。

发行申请文件的扉页上应标明发行人董事会秘书及有关中介机构项目负责人的姓名、电话、传真及其他有效的联系方式。

第十条　申请文件章与章之间、节与节之间应有明显的分隔标识。

申请文件中的页码必须与目录中的页码相符。页码标注的举例,如第四章4－1的页码标注为:4－1－1,4－1－2,4－1－3,…,4－1－n。

第十一条　在每次报送书面文件的同时,发行人应报两份相应的电子文件(应为标准.doc或.rtf格式文件)。

发行结束后,发行人应将募集说明书的电子文件及历次报送的电子文件汇总报送中国证监会备案。

第十二条　未按本准则的要求制作和报送发行申请文件的,中国证监会可不予受理。

第十三条　本准则自公布之日起施行。

附件:1. 创业板上市公司发行证券申请文件目录(适用于配股、公开增发、可转换公司债券)

2. 创业板上市公司非公开发行股票申请文件目录(适用于非公开发行股票)

附件1

创业板上市公司发行证券申请文件目录

(适用于配股、公开增发、可转换公司债券)

第一章　本次证券发行的募集文件

1－1　募集说明书(申报稿)

1－2　发行公告(发审会后按中国证监会要求提供)

第二章　发行人关于本次证券发行的申请与授权文件

2－1　发行人关于本次证券发行的申请报告

2－2　发行人董事会决议

2－3　发行人股东大会决议

2－4　关于本次发行涉及/不涉及重大资产重组的说明

2－5　公告的其他相关信息披露文件

第三章 保荐机构关于本次证券发行的文件

3-1 证券发行保荐书

3-2 发行保荐工作报告

第四章 发行人律师关于本次证券发行的文件

4-1 法律意见书

4-2 律师工作报告

第五章 关于本次证券发行募集资金运用的文件

5-1 募集资金投资项目的审批、核准或备案文件

5-2 发行人拟收购资产(包括权益)有关的财务报告、审计报告、资产评估报告

5-3 发行人拟收购资产(包括权益)的合同或其草案

第六章 其他文件

6-1 发行人最近三年的财务报告和审计报告及最近一期的财务报告

6-2 会计师事务所关于发行人内部控制制度的鉴证报告

6-3 会计师事务所关于前次募集资金使用情况的专项报告

6-4 经注册会计师核验的发行人非经常性损益明细表

6-5 发行人董事会、会计师事务所及注册会计师关于非标准无保留意见审计报告的补充意见

6-6 盈利预测报告及盈利预测报告审核报告

6-7 最近三年内发生重大资产重组的发行人提供的模拟财务报告及审计报告和重组进入公司的资产的财务报告、资产评估报告和/或审计报告

6-8 控股股东(企业法人)最近一年的财务报告、审计报告以及保荐机构出具的关于实际控制人情况的说明

6-9 发行人公司章程(限于电子文件)

6-10 资信评级机构为本次发行可转换公司债券出具的资信评级报告

6-11 本次发行可转换公司债券的担保合同、担保函、担保人就提供担保获得的授权文件

6-12 特定行业(或企业)主管部门出具的监管意见书

6-13 承销协议(发行前按中国证监会要求提供)

6-14 发行人全体董事、监事、高级管理人员对发行申请文件真实性、准确性和完整性的承诺书

附件2

创业板上市公司非公开发行股票申请文件目录

(适用于非公开发行股票)

第一章 发行人的申请报告及相关文件

1-1 发行人申请报告

1-2 本次发行的董事会决议

1-3 股东大会决议,或最近一年年度股东大会授权董事会决定发行融资总额不超过最近一年末净资产百分之十的股票的决议

1-4 发行申请如适用简易程序是否符合相关条件的专项说明

1-5 本次非公开发行股票预案

1-6 关于本次发行涉及/不涉及重大资产重组的说明

1-7 公告的其他相关信息披露文件

第二章 保荐人和律师出具的文件

2-1 保荐人出具的证券发行保荐书(按规定适用简易程序且采取自行销售的除外)

2-2 发行保荐工作报告(按规定适用简易程序且采取自行销售的除外)

2-3 发行人律师出具的法律意见书

2-4 发行人律师工作报告

第三章 财务信息相关文件

3-1 发行人最近二年的财务报告和审计报告及最近一期的财务报告

3-2 最近三年一期的比较式财务报表(包括合并报表和母公司报表)

3-3 本次收购资产相关的最近一年一期的财务报告及其审计报告、资产评估报告

3-4 发行人董事会、会计师事务所及注册会计师关于上市公司最近一年及一期的非标准无保留意见审计报告的补充意见

3-5 会计师事务所关于前次募集资金使用情况的专项报告

第四章 其他文件

4-1 有关部门对募集资金投资项目的审批、核准或备案文件

4-2 特定行业主管部门出具的监管意见书

4-3 国务院相关主管部门关于引入境外战略投资者的批准文件

4-4 附条件生效的股份认购合同

4－5　附条件生效的资产转让合同

4－6　发行人全体董事、监事、高级管理人员对相关申请文件真实性、准确性和完整性的承诺书

（2）上市公司信息披露编报规则

公开发行证券的公司信息披露编报规则第9号——净资产收益率和每股收益的计算及披露（2010年修订）

2010年1月11日中国证券监督管理委员会公告〔2010〕2号公布施行

第一条　为规范公开发行证券的公司（以下简称“公司”）的信息披露行为，真实反映公司的盈利能力，提高净资产收益率和每股收益指标计算的合理性和可比性，特制订本规则。

第二条　公司招股说明书、年度财务报告、中期财务报告等公开披露信息中的净资产收益率和每股收益应按本规则进行计算或披露。

第三条　公司编制以上报告时，应以如下表格形式，列示按加权平均法计算的净资产收益率，以及基本每股收益和稀释每股收益。

报告期利润	加权平均净资产收益率	每股收益	
		基本每股收益	稀释每股收益
归属于公司普通股股东的净利润			
扣除非经常性损益后归属于公司普通股股东的净利润			

公司编制和披露合并财务报表的，“扣除非经常性损益后归属于公司普通股股东的净利润”以扣除少数股东损益后的合并净利润为基础，扣除母公司非经常性损益（应考虑所得税影响）、各子公司非经常性损益（应考虑所得税影响）中母公司普通股股东所占份额；“归属于公司普通股股东的期末净资产”不包括少数股东权益金额。

第四条　加权平均净资产收益率的计算公式如下：

加权平均净资产收益率 $= P_0/(E_0 + NP \div 2 + E_i \times M_i \div M_0 - E_j \times M_j \div M_0 \pm E_k \times M_k \div M_0)$

其中：P_0 分别对应于归属于公司普通股股东的净利润、扣除非经常性损益后归属于公司普通股股东的净利润；NP 为归属于公司普通股股东的净利润；E_0 为归属于公司普通股股东的期初净资产；E_i 为报告期发行新股或债转股等新增的、归属于公司普通股股东的净资产；E_j 为报告期回购或现金分红等减少的、归属于公司普通股股东的净资产；M_0 为报告期月份数；M_i 为新增净资产次月起至报告期期末的累计月数；M_j 为减少净资产次月起至报告期期末的累计月数；E_k 为因其他交易或事项引起的、归属于公司普通股股东的净资产增减变动；M_k 为发生其他净资产增减变动次月起至报告期期末的累计月数。

报告期发生同一控制下企业合并的，计算加权平均净资产收益率时，被合并方的净资产从报告期期初起进行加权；计算扣除非经常性损益后的加权平均净资产收益率时，被合并方的净资产从合并日的次月起进行加权。计算比较期间的加权平均净资产收益率时，被合并方的净利润、净资产均从比较期间期初起进行加权；计算比较期间扣除非经常性损益后的加权平均净资产收益率时，被合并方的净资产不予加权计算（权重为零）。

第五条　基本每股收益可参照如下公式计算：

基本每股收益 $= P_0 \div S$

$S = S_0 + S_1 + S_i \times M_i \div M_0 - S_j \times M_j \div M_0 - S_k$

其中：P_0 为归属于公司普通股股东的净利润或扣除非经常性损益后归属于普通股股东的净利润；S 为发行在外的普通股加权平均数；S_0 为期初股份总数；S_1 为报告期因公积金转增股本或股票股利分配等增加股份数；S_i 为报告期因发行新股或债转股等增加股份数；S_j 为报告期因回购等减少股份数；S_k 为报告期缩股数；M_0 报告期月份数；M_i 为增加股份次月起至报告期期末的累计月数；M_j 为减少股份次月起至报告期期末的累计月数。

第六条　公司存在稀释性潜在普通股的，应当分别调整归属于普通股股东的报告期净利润和发行在外普通股加权平均数，并据以计算稀释每股收益。

在发行可转换债券、股份期权、认股权证等稀释性潜在普通股情况下，稀释每股收益可参照如下公式计算：

稀释每股收益 $= P_1/(S_0 + S_1 + S_i \times M_i \div M_0 - S_j \times M_j \div M_0 - S_k +$ 认股权证、股份期权、可转换债券等增加的普通股加权平均数）

其中：P_1 为归属于公司普通股股东的净利润或扣除非经常性损益后归属于公司普通股股东的净利润，并考虑稀释性潜在普通股对其影响，按《企业会计准则》及有关规定进行调整。公司在计算稀释每股收益时，应考虑所有稀释性潜在普通股对归属于公司普通

股股东的净利润或扣除非经常性损益后归属于公司普通股股东的净利润和加权平均股数的影响,按照其稀释程度从大到小的顺序计入稀释每股收益,直至稀释每股收益达到最小值。

第七条 在资产负债表日至财务报告批准报出日之间发生派发股票股利、公积金转增股本、拆股或并股,影响发行在外普通股或潜在普通股数量,但不影响所有者权益金额的,应当按调整后的股数重新计算各比较期间的每股收益。

第八条 报告期内发生同一控制下企业合并,合并方在合并日发行新股份并作为对价的,计算报告期末的基本每股收益时,应把该股份视同在合并期初即已发行在外的普通股处理(按权重为1进行加权平均)。计算比较期间的基本每股收益时,应把该股份视同在比较期间期初即已发行在外的普通股处理。计算报告期末扣除非经常性损益后的每股收益时,合并方在合并日发行的新股份从合并日起次月进行加权。计算比较期间扣除非经常性损益后的每股收益时,合并方在合并日发行的新股份不予加权计算(权重为零)。

报告期发生同一控制下企业合并,合并方在合并日发行新股份并作为对价的,计算报告期和比较期间的稀释每股收益时,比照计算基本每股收益的原则处理。

第九条 报告期公司以发行股份购买资产等方式实现非上市公司间接上市且构成反向购买的,计算报告期的每股收益时:

报告期的普通股加权平均股数 = 报告期期初至购买日所处当月的加权平均股数 + 购买日起次月至报告期期末的加权平均股数

报告期期初至购买日所处当月的加权平均股数 = 购买方(法律上子公司)加权平均股数 × 收购协议中的换股比例 × 期初至购买日所处当月的累计月数 ÷ 报告期月份数

购买日起次月至报告期期末的加权平均股数 = 被购买方(法律上母公司)加权平均股数 × 购买日起次月到报告期期末的累计月数 ÷ 报告期月份数

报告期公司以发行股份购买资产等方式实现非上市公司间接上市的,计算比较期间的每股收益时:

比较期间的普通股加权平均股数 = 购买方(法律上子公司)加权平均股数 × 收购协议中的换股比例

第十条 公司在编制比较财务数据时,上期净资产收益率和每股收益应按本规则进行计算。公司招股说明书、年度财务报告、中期财务报告等公开披露文件正文应包括这些指标的计算过程,摘要可省略计算过程。

第十一条 公司公开列示的净资产收益率或每股收益指标若引自经审计或审核(若规定需要)的财务报告,注册会计师应检查这些指标计算的准确性。

第十二条 本规则自公布之日起施行。

公开发行证券的公司信息披露编报规则第10号——从事房地产开发业务的公司招股说明书内容与格式特别规定

1. 2001年2月6日中国证券监督管理委员会发布
2. 证监发〔2001〕17号

第一条 为规范从事房地产开发业务的公司(包括专营房地产业务公司及兼营房地产业务公司,以下简称发行人)公开发行股票的信息披露行为,保护投资者的合法权益,依据《中华人民共和国公司法》、《中华人民共和国证券法》等法律法规,制定本规定。

第二条 发行人为首次公开发行股票而编制招股说明书时、除应遵循中国证券监督管理委员会(以下简称中国证监会)有关招股说明书内容与格式准则的一般规定外,还应遵循本规定的要求。

第三条 发行人应针对自身实际情况披露风险因素。对这些风险因素能够作出定量分析的,应进行定量分析;不能作出定量分析的,应进行定性描述。

(一)结合自身具体情况,披露以下风险因素,包括但不限于:

项目开发风险。应披露在房地产开发过程中,因为设计、施工条件,环境条件变化等因素导致开发成本提高的风险。

筹资风险。应披露公司筹措资金时,受经济周期、产业政策、银行贷款政策、预售情况等因素影响的风险。

销售风险。应披露开发项目销售受项目定位、销售价格变动、竞争楼盘供应情况等因素影响的风险。

土地风险。应披露土地开发时面临的各种风险,包括市政规划调整的风险、土地闲置风险、地价变化的风险。

合作和合资项目的控制风险。应披露对合作、合资开发项目,如果没有实际控制权将增加不确定性的风险。

工程质量风险。应披露已完工项目或在建项目如果存在质量缺陷,将会对公司产生不利影响的风险。

其他风险。应披露税收制度、房改制度和购房贷款政策、对房地产投资开发方面的其他政策变化对公司的不利影响的风险。

(二)项目开发中如存在"停工""烂尾""空置"的情况,应做特别风险提示。

(三)披露的风险对策应是已采取的或拟采取的切实可行的具体措施。

第四条 发行人应专节披露公司资质等级取得情况和相关证书,持有房地产专业或建筑工程专业资格专职技术人员数目,公司开发建设中采用的新工艺和新技术等情况。

第五条 发行人应披露公司的主要经营策略及市场推广模式,包括但不限于:

(一)房地产经营的市场定位及主要消费者群体;

(二)主要从事房地产项目的类型:如主要是以出售为主,还是以出租为主;经营模式是自主经营开发,还是合作、合资开发;主要从事住宅开发还是办公楼开发等;

(三)房地产项目的定价模式和销售理念;

(四)采用的主要融资方式;

(五)采用的主要销售模式;

(六)采用的物业管理模式;

(七)公司经营管理、品牌建设、员工素质、企业文化等方面的竞争力。

第六条 发行人应专节披露公司经营管理体制及内控制度。包括但不限于:

(一)房地产开发项目决策程序;

(二)开发项目管理架构的设置;

(三)公司质量控制体系,包括对施工单位的质量考核办法;采用新材料、新工艺的质量控制办法;对特殊环境的项目的质量控制。

第七条 发行人应专节披露房地产行业概况及业务特点,包括但不限于:

(一)房地产行业概况;

(二)房地产业务的性质和特点;

(三)主要开发项目所处地区的市场分析;

(四)房地产开发流程图。

第八条 发行人应专节详细披露在开发过程中涉及的各项具体业务的运行情况,包括但不限于:

(一)如何选择房地产项目的设计单位、设计方案;

(二)如何选择施工单位,如何管理、监督施工单位;

(三)如何选择监理单位;

(四)对出租物业的经营方式。

第九条 发行人应专节披露公司所开发的主要房地产业务项目的情况。可按照已开发完工项目、开发建设中项目、拟开发项目的顺序披露各项目基本情况,包括但不限于下列情况:

(一)项目应具备的资格文件(含土地使用证、建设用地规划许可证、建设工程规划许可证、建设工程开工证、商品房销售许可证、房产证等)取得情况;

(二)项目经营模式,如属合作、合资开发,应简要说明合作方情况、合作方式、协议履行情况等;

(三)披露项目位置及土地的取得手续是否完备;

(四)对完工或开工项目应披露主体工程施工是自建还是出包方式,承包方是否分包。并披露施工单位的资质等级及基本情况;

(五)对在建项目应披露预计总投资和已投资额,工程进度(包括开工时间、预计竣工时间,实际进度与计划进度出现的较大差异及原因,项目是否存在停工可能);

(六)工程质量情况,如监理单位的意见及质量监管部门的验收报告。对已交付使用的商品房是否有质量纠纷;

(七)项目的销售情况,对采用预售方式的,应披露预售比例;

(八)代为收取的住宅共用部分、共用设施设备维修基金的执行情况。

第十条 发行人应参照第十条的要求披露募股资金拟投资项目,及募股资金占项目总投资的比例,缺口资金的解决方式。

第十一条 发行人应专节披露公司的土地资源。包括但不限于项目名称、所处地理位置、占地面积、规划建筑面积、土地用途、相关法律手续是否完备等。

第十二条 发行人发行上市前应聘请具有证券从业资格的资产评估机构对公司存货,包括开发成本及开发产品(但不包括代建工程)、出租开发产品、周转房等进行资产评估。在招股说明书中披露资产评估结果和主要项目的资产评估方法,并注明本次资产评估仅为投资者提供参考,有关评估结果不进行账务调整。

第十三条 发行人应根据本规定编制招股说明书概要。

第十四条 本规定由中国证监会负责解释。

第十五条 本规定自发布之日起施行。

公开发行证券的公司信息披露编报规则第11号——从事房地产开发业务的公司财务报表附注特别规定

1. 2001年2月6日中国证券监督管理委员会发布

2. 证监发〔2001〕17号

第一条 为规范从事房地产开发业务的公司(包括专营房地产业务公司及兼营房地产业务公司,以下简称发行人)公开发行股票的信息披露行为,保护投资者的合法权益,依据《中华人民共和国公司法》、《中华人民共和国证券法》等法律法规,制定本规定。

第二条 发行人编制财务报表附注时,除应遵循中国证券监督管理委员会(以下简称中国证监会)有关财务报表附注的一般规定外,还应遵循本规定的要求。

第三条 发行人在主要会计政策中披露如下内容:

(一)在合并会计报表编制方法中说明对合作开发项目编制合并报表时采用的方法。

(二)在存货的核算方法中增加披露:

开发用土地的核算方法;

披露公共配套设施费用的核算方法;

披露出租开发产品、周转房的摊销方法;

对不同类别存货(如:库存设备、开发成本、开发产品、出租开发产品、周转房)计提跌价准备的比例及依据。

(三)披露维修基金的核算方法。

(四)披露质量保证金的核算方法。

(五)披露各类型业务收入的确认原则及方法:

房地产销售收入的确认原则及方法。应根据行业特点确定具体的确认标准。对采用分期收款方式销售、出售自用房屋、代建房屋和工程业务,应单独披露有关收入确认方法。

出租物业收入的确认原则及方法。

建筑施工收入的确认原则及方法。

物业管理收入的确认原则及方法。

其他业务收入的确认原则及方法。

(六)为房地产开发项目借入资金所发生的利息及有关费用的会计处理方法。

第四条 发行人在存货项目注释中应披露:

(一)按性质(如:库存设备、开发成本、开发产品、分期收款开发产品、出租开发产品、周转房)分类列示存货余额。

(二)按下列格式分项目披露"开发成本":

项目名称	开工时间	预计竣工时间	预计总投资	期初余额	期末余额
合　计					

注:对尚未开发的土地,应披露预计开工时间。

(三)按下列格式分项目披露"开发产品":

项目名称	竣工时间	期初余额	本期增加	本期减少	期末余额
合　计					

(四)按下列格式分项目披露"分期收款开发产品"、"出租开发产品"、"周转房":

项目名称	期初余额	本期增加	本期减少	期末余额
合　计				

(五)应按下列格式披露存货跌价准备金计提情况:对于开发中项目,可以合并列示。对"停工"、"烂尾"、"空置"项目,如果不计提或计提跌价比例较低,应详细说明理由。

项目名称	期初余额	本期增加	本期减少	期末余额	备　注
合　计					

第五条 发行人在预收账款项目注释中,除按账龄列示余额外,对预售房产收款,应按下列格式分项目披露。

项目名称	期初余额	期末余额	预计竣工时间	预售比例
合　　计				

第六条 发行人在主营业务收入项目注释中,应分项目披露报告期内各期间金额。

第七条 发行人的经营业务涉及不同行业和地区时,应按行业和地区披露收入、营业利润、资产的分部资料。行业可以按照房地产、施工、物业管理、商业等分类;地区可以按境内、境外披露,对经营环境存在差异的省、直辖市,也应分别披露。

第八条 发行人为商品房承购人向银行提供抵押贷款担保的,应披露尚未结清的担保金额,并说明风险程度。

第九条 本规则由中国证监会负责解释。

第十条 本规则自发布之日起施行。

公开发行证券的公司信息披露编报规则第12号——公开发行证券的法律意见书和律师工作报告

1. 2001年3月1日中国证券监督管理委员会发布

2. 证监发[2001]37号

第一章　法律意见书和律师工作报告的基本要求

第一条 根据《中华人民共和国证券法》(以下简称《证券法》)、《中华人民共和国公司法》(以下简称《公司法》)等法律、法规的规定,制定本规则。

第二条 拟首次公开发行股票公司和已上市公司增发股份、配股,以及已上市公司发行可转换公司债券等,拟首次公开发行股票公司或已上市公司(以下简称"发行人")所聘请的律师事务所及其委派的律师(以下"律师"均指签名律师及其所任职的律师事务所)应按本规则的要求出具法律意见书、律师工作报告并制作工作底稿。本规则的部分内容不适用于增发股份、配股、发行可转换公司债券等的,发行人律师应结合实际情况,根据有关规定进行调整,并提供适当的补充法律意见。

第三条 法律意见书和律师工作报告是发行人向中国证券监督管理委员会(以下简称"中国证监会")申请公开发行证券的必备文件。

第四条 律师在法律意见书中应对本规则规定的事项及其他任何与本次发行有关的法律问题明确发表结论性意见。

第五条 律师在律师工作报告中应详尽、完整地阐述所履行尽职调查的情况,在法律意见书中所发表意见或结论的依据、进行有关核查验证的过程、所涉及的必要资料或文件。

第六条 法律意见书和律师工作报告的内容应符合本规则的规定。本规则的某些具体规定确实对发行人不适用的,律师可根据实际情况作适当变更,但应向中国证监会书面说明变更的原因。本规则未明确要求,但对发行人发行上市有重大影响的法律问题,律师应发表法律意见。

第七条 律师签署的法律意见书和律师工作报告报送后,不得进行修改。如律师认为需补充或更正,应另行出具补充法律意见书和律师工作报告。

第八条 律师出具法律意见书和律师工作报告所用的语词应简洁明晰,不得使用"基本符合条件"或"除×××以外,基本符合条件"一类的措辞。对不符合有关法律、法规和中国证监会有关规定的事项,或已勤勉尽责仍不能对其法律性质或其合法性作出准确判断的事项,律师应发表保留意见,并说明相应的理由。

第九条 提交中国证监会的法律意见书和律师工作报告应是经二名以上具有执行证券期货相关业务资格的经办律师和其所在律师事务所的负责人签名,并经该律师事务所加盖公章、签署日期的正式文本。

第十条 发行人申请文件报送后,律师应关注申请文件的任何修改和中国证监会的反馈意见,发行人和主承销商也有义务及时通知律师。上述变动和意见如对法律意见书和律师工作报告有影响的,律师应出具补充法律意见书。

第十一条 发行人向中国证监会报送申请文件前,或在报送申请文件后且证券尚未发行前更换为本次发行证券所聘请的律师或律师事务所的,更换后的律师或律师事务所及发行人应向中国证监会分别说明。

更换后的律师或律师事务所应对原法律意见书和律师工作报告的真实性和合法性发表意见。如有保留意见,应明确说明。在此基础上更换后的律师或律师事务所应出具新的法律意见书和律师工作报告。

第十二条 律师应在法律意见书和律师工作报告中承诺对发行人的行为以及本次申请的合法、合规进行了充分的核查验证,并对招股说明书及其摘要进行审慎审阅,并在招股说明书及其概要中发表声明:"本所及经办律师保证由本所同意发行人在招股说明书及其摘要中引用的法律意见书和律师工作报告的内容已经本所审阅,确认招股说明书及其摘要不致因上述内容出现虚假记载、误导性陈述及重大遗漏引致的法律风险,并对其真实性、准确性和完整性承担相应的法律责任"。

第十三条 律师在制作法律意见书和律师工作报告的同时,应制作工作底稿。

前款所称工作底稿是指律师在为证券发行人制作法律意见书和律师工作报告过程中形成的工作记录及在工作中获取的所有文件、会议纪要、谈话记录等资料。

第十四条 律师应及时、准确、真实地制作工作底稿,工作底稿的质量是判断律师是否勤勉尽责的重要依据。

第十五条 工作底稿的正式文本应由两名以上律师签名,其所在的律师事务所加盖公章,其内容应真实、完整、记录清晰,并标明索引编号及顺序号码。

第十六条 工作底稿应包括(但不限于)以下内容:

(一)律师承担项目的基本情况,包括委托单位名称、项目名称、制作项目的时间或期间、工作量统计。

(二)为制作法律意见书和律师工作报告制定的工作计划及其操作程序的记录。

(三)与发行人(包括发起人)设立及历史沿革有关的资料,如设立批准证书、营业执照、合同、章程等文件或变更文件的复印件。

(四)重大合同、协议及其他重要文件和会议记录的摘要或副本。

(五)与发行人及相关人员相互沟通情况的记录,对发行人提供资料的检查、调查访问记录、往来函件、现场勘察记录、查阅文件清单等相关的资料及详细说明。

(六)发行人及相关人员的书面保证或声明书的复印件。

(七)对保留意见及疑难问题所作的说明。

（八）其他与出具法律意见书和律师工作报告相关的重要资料。

上述资料应注明来源。凡涉及律师向有关当事人调查所作的记录，应由当事人和律师本人签名。

第十七条 工作底稿由制作人所在的律师事务所保存，保存期限至少7年。中国证监会根据需要可随时调阅、检查工作底稿。

第二章 法律意见书的必备内容

第十八条 法律意见书开头部分应载明，律师是否根据《证券法》、《公司法》等有关法律、法规和中国证监会的有关规定，按照律师行业公认的业务标准、道德规范和勤勉尽责精神，出具法律意见书。

第一节 律师应声明的事项

第十九条 律师应承诺已依据本规则的规定及本法律意见书出具日以前已发生或存在的事实和我国现行法律、法规和中国证监会的有关规定发表法律意见。

第二十条 律师应承诺已严格履行法定职责，遵循了勤勉尽责和诚实信用原则，对发行人的行为以及本次申请的合法、合规、真实、有效进行了充分的核查验证，保证法律意见书和律师工作报告不存在虚假记载、误导性陈述及重大遗漏。

第二十一条 律师应承诺同意将法律意见书和律师工作报告作为发行人申请公开发行股票所必备的法律文件，随同其他材料一同上报，并愿意承担相应的法律责任。

第二十二条 律师应承诺同意发行人部分或全部在招股说明书中自行引用或按中国证监会审核要求引用法律意见书或律师工作报告的内容，但发行人作上述引用时，不得因引用而导致法律上的歧义或曲解，律师应对有关招股说明书的内容进行再次审阅并确认。

第二十三条 律师可作出其他适当声明，但不得做出违反律师行业公认的业务标准、道德规范和勤勉尽责精神的免责声明。

第二节 法律意见书正文

第二十四条 律师应在进行充分核查验证的基础上，对本次股票发行上市的下列（包括但不限于）事项明确发表结论性意见。所发表的结论性意见应包括是否合法合规、是否真实有效，是否存在纠纷或潜在风险。

（一）本次发行上市的批准和授权

（二）发行人本次发行上市的主体资格

（三）本次发行上市的实质条件

（四）发行人的设立

（五）发行人的独立性

（六）发起人或股东（实际控制人）

（七）发行人的股本及其演变

（八）发行人的业务

（九）关联交易及同业竞争

（十）发行人的主要财产

（十一）发行人的重大债权债务

（十二）发行人的重大资产变化及收购兼并

（十三）发行人公司章程的制定与修改

（十四）发行人股东大会、董事会、监事会议事规则及规范运作

（十五）发行人董事、监事和高级管理人员及其变化

（十六）发行人的税务

（十七）发行人的环境保护和产品质量、技术等标准

（十八）发行人募集资金的运用

（十九）发行人业务发展目标

（二十）诉讼、仲裁或行政处罚

（二十一）原定向募集公司增资发行的有关问题（如有）

（二十二）发行人招股说明书法律风险的评价

（二十三）律师认为需要说明的其他问题

第三节 本次发行上市的总体结论性意见

第二十五条 律师应对发行人是否符合股票发行上市条件、发行人行为是否存在违法违规、以及招股说明书及其摘要引用的法律意见书和律师工作报告的内容是否适当，明确发表总体结论性意见。

第二十六条 律师已勤勉尽责仍不能发表肯定性意见的，应发表保留意见，并说明相应的理由及其对本次发行上市的影响程度。

第三章 律师工作报告的必备内容

第二十七条 律师工作报告开头部分应载明，律师是否根据《证券法》、《公司法》等有关法律、法规和中国证监会的有关规定，按照律师行业公认的业务标准、道德规范和勤勉尽责精神，出具律师工作报告。

第一节 律师工作报告引言

第二十八条 简介律师及律师事务所，包括（但不限于）注册地及时间、业务范围、证券执业律师人数、本次签名律师的证券业务执业记录及其主要经历、联系方式等。

第二十九条 说明律师制作法律意见书的工作过程，包括（但不限于）与发行人相互沟通的情况，对发行人提供材料的查验、走访、谈话记录、现场勘查记录、查阅文件的情况，以及工作时间等。

第二节 律师工作报告正文

第三十条 本次发行上市的批准和授权

（一）股东大会是否已依法定程序作出批准发行上市的决议。

（二）根据有关法律、法规、规范性文件以及公司章程等规定，上述决议的内容是否合法有效。

（三）如股东大会授权董事会办理有关发行上市事宜，上述授权范围、程序是否合法有效。

第三十一条 发行人发行股票的主体资格

（一）发行人是否具有发行上市的主体资格。

（二）发行人是否依法有效存续，即根据法律、法规、规范性文件及公司章程，发行人是否有终止的情形出现。

第三十二条 本次发行上市的实质条件

分别就不同类别或特征的发行人，对照《证券法》、《公司法》等法律、法规和规范性文件的规定，逐条核查发行人是否符合发行上市条件。

第三十三条 发行人的设立

（一）发行人设立的程序、资格、条件、方式等是否符合当时法律、法规和规范性文件的规定，并得到有权部门的批准。

（二）发行人设立过程中所签定的改制重组合同是否符合有关法律、法规和规范性文件的规定，是否因此引致发行人设立行为存在潜在纠纷。

（三）发行人设立过程中有关资产评估、验资等是否履行了必要程序，是否符合当时法律、法规和规范性文件的规定。

（四）发行人创立大会的程序及所议事项是否符合法律、法规和规范性文件的规定。

第三十四条 发行人的独立性

（一）发行人业务是否独立于股东单位及其他关联方。

（二）发行人的资产是否独立完整。

（三）如发行人属于生产经营企业，是否具有独立完整的供应、生产、销售系统。

（四）发行人的人员是否独立。

（五）发行人的机构是否独立。

（六）发行人的财务是否独立。

（七）概括说明发行人是否具有面向市场自主经营的能力。

第三十五条 发起人和股东（追溯至发行人的实际控制人）

（一）发起人或股东是否依法存续，是否具有法律、法规和规范性文件规定担任发起人或进行出资的资格。

（二）发行人的发起人或股东人数、住所、出资比例是否符合有关法律、法规和规范性文件的规定。

（三）发起人已投入发行人的资产的产权关系是否清晰，将上述资产投入发行人是否存在法律障碍。

（四）若发起人将其全资附属企业或其他企业先注销再以其资产折价入股，应说明发起人是否已通过履行必要的法律程序取得了上述资产的所有权，是否已征得相关债权人同意，对其原有债务的处置是否合法、合规、真实、有效。

（五）若发起人以在其他企业中的权益折价入股，是否已征得该企业其他出资人的同意，并已履行了相应的法律程序。

（六）发起人投入发行人的资产或权利的权属证书是否已由发起人转移给发行人，是否存在法律障碍或风险。

第三十六条 发行人的股本及演变

（一）发行人设立时的股权设置、股本结构是否合法有效，产权界定和确认是否存在纠纷及风险。

（二）发行人历次股权变动是否合法、合规、真实、有效。

（三）发起人所持股份是否存在质押，如存在，说明质押的合法性及可能引致的风险。

第三十七条 发行人的业务

（一）发行人的经营范围和经营方式是否符合有关法律、法规和规范性文件的规定。

（二）发行人是否在中国大陆以外经营，如存在，应说明其经营的合法、合规、真实、有效。

（三）发行人的业务是否变更过，如变更过，应说明具体情况及其可能存在的法律问题。

（四）发行人主营业务是否突出。

（五）发行人是否存在持续经营的法律障碍。

第三十八条 关联交易及同业竞争

（一）发行人是否存在持有发行人股份5%以上的关联方，如存在，说明发行人与关联方之间存在何种关联关系。

（二）发行人与关联方之间是否存在重大关联交易，如存在，应说明关联交易的内容、数量、金额，以及关联交易的相对比重。

（三）上述关联交易是否公允，是否存在损害发行人及其他股东利益的情况。

（四）若上述关联交易的一方是发行人股东，还需说明是否已采取必要措施对其他股东的利益进行保护。

（五）发行人是否在章程及其他内部规定中明确了关联交易公允决策的程序。

（六）发行人与关联方之间是否存在同业竞争。如存在，说明同业竞争的性质。

（七）有关方面是否已采取有效措施或承诺采取有效措施避免同业竞争。

（八）发行人是否对有关关联交易和解决同业竞争的承诺或措施进行了充分披露，以及有无重大遗漏或重大隐瞒，如存在，说明对本次发行上市的影响。

第三十九条 发行人的主要财产

（一）发行人拥有房产的情况。

（二）发行人拥有土地使用权、商标、专利、特许经营权等无形资产的情况。

（三）发行人拥有主要生产经营设备的情况。

（四）上述财产是否存在产权纠纷或潜在纠纷，如有，应说明对本次发行上市的影响。

（五）发行人以何种方式取得上述财产的所有权或使用权，是否已取得完备的权属证书，若未取得，还需说明取得这些权属证书是否存在法律障碍。

（六）发行人对其主要财产的所有权或使用权的行使有无限制，是否存在担保或其他权利受到限制的情况。

（七）发行人有无租赁房屋、土地使用权等情况，如有，应说明租赁是否合法有效。

第四十条 发行人的重大债权债务

（一）发行人将要履行、正在履行以及虽已履行完毕但可能存在潜在纠纷的重大合同的合法性、有效性，是否存在潜在风险，如有风险和纠纷，应说明对本次发行上市的影响。

（二）上述合同的主体是否变更为发行人，合同履行是否存在法律障碍。

（三）发行人是否有因环境保护、知识产权、产品质量、劳动安全、人身权等原因产生的侵权之债，如有，应说明对本次发行上市的影响。

（四）发行人与关联方之间是否存在重大债权债务关系及相互提供担保的情况。

（五）发行人金额较大的其他应收、应付款是否因正常的生产经营活动发生，是否合法有效。

第四十一条 发行人重大资产变化及收购兼并

（一）发行人设立至今有无合并、分立、增资扩股、减少注册资本、收购或出售资产等行为，如有，应说明是否符合当时法律、法规和规范性文件的规定，是否已履行必要的法律手续。

（二）发行人是否拟进行资产置换、资产剥离、资产出售或收购等行为，如拟进行，应说明其方式和法律依据，以及是否履行了必要的法律手续，是否对发行人发行上市的实质条件及本规定的有关内容产生实质性影响。

第四十二条 发行人章程的制定与修改

（一）发行人章程或章程草案的制定及近三年的修改是否已履行法定程序。

（二）发行人的章程或章程草案的内容是否符合现行法律、法规和规范性文件的规定。

（三）发行人的章程或章程草案是否按有关制定上市公司章程的规定起草或修订。如无法执行有关规定的，应说明理由。发行人已在香港或境外上市的，应说明是否符合到境外上市公司章程的有关规定。

第四十三条 发行人股东大会、董事会、监事会议事规则及规范运作

（一）发行人是否具有健全的组织机构。

（二）发行人是否具有健全的股东大会、董事会、监事会议事规则，该议事规则是否符合相关法律、法规和规范性文件的规定。

（三）发行人历次股东大会、董事会、监事会的召开、决议内容及签署是否合法、合规、真实、有效。

（四）股东大会或董事会历次授权或重大决策等行为是否合法、合规、真实、有效。

第四十四条 发行人董事、监事和高级管理人员及其变化

（一）发行人的董事、监事和高级管理人员的任职是否符合法律、法规和规范性文件以及公司章程的规定。

（二）上述人员在近三年尤其是企业发行上市前一年是否发生过变化，若存在，应说明这种变化是否符合有关规定，履行了必要的法律程序。

（三）发行人是否设立独立董事，其任职资格是否符合有关规定，其职权范围是否违反有关法律、法规和规范性文件的规定。

第四十五条 发行人的税务

（一）发行人及其控股子公司执行的税种、税率是否符合现行法律、法规和规范性文件的要求。若发行人享受优惠政策、财政补贴等政策，该政策是否合法、合规、真实、有效。

（二）发行人近三年是否依法纳税，是否存在被税务部门处罚的情形。

第四十六条 发行人的环境保护和产品质量、技术等标准

(一)发行人的生产经营活动和拟投资项目是否符合有关环境保护的要求,有权部门是否出具意见。

(二)近三年是否因违反环境保护方面的法律、法规和规范性文件而被处罚。

(三)发行人的产品是否符合有关产品质量和技术监督标准。近三年是否因违反有关产品质量和技术监督方面的法律法规而受到处罚。

第四十七条 发行人募股资金的运用

(一)发行人募股资金用于哪些项目,是否需要得到有权部门的批准或授权。如需要,应说明是否已经得到批准或授权。

(二)若上述项目涉及与他人进行合作的,应说明是否已依法订立相关的合同,这些项目是否会导致同业竞争。

(三)如发行人是增资发行的,应说明前次募集资金的使用是否与原募集计划一致。如发行人改变前次募集资金的用途,应说明该改变是否依法定程序获得批准。

第四十八条 发行人业务发展目标

(一)发行人业务发展目标与主营业务是否一致。

(二)发行人业务发展目标是否符合国家法律、法规和规范性文件的规定,是否存在潜在的法律风险。

第四十九条 诉讼、仲裁或行政处罚

(一)发行人、持有发行人5%以上(含5%)的主要股东(追溯至实际控制人)、发行人的控股公司是否存在尚未了结的或可预见的重大诉讼、仲裁及行政处罚案件。如存在,应说明对本次发行、上市的影响。

(二)发行人董事长、总经理是否存在尚未了结的或可预见的重大诉讼、仲裁及行政处罚案件。如存在,应说明对发行人生产经营的影响。

(三)如上述案件存在,还应对案件的简要情况作出说明(包括但不限于受理该案件的法院名称、提起诉讼的日期、诉讼的当事人和代理人、案由、诉讼请求、可能出现的处理结果或已生效法律文书的主要内容等)。

第五十条 原定向募集公司增资发行的有关问题

(一)公司设立及内部职工股的设置是否得到合法批准。

(二)内部职工股是否按批准的比例、范围及方式发行。

(三)内部职工股首次及历次托管是否合法、合规、真实、有效。

(四)内部职工股的演变是否合法、合规、真实、有效。

(五)如内部职工股涉及违法违规行为,是否该行为已得到清理,批准内部职工股的部门是否出具对有关情况及对有关责任和潜在风险承担责任进行确认的文件。

第五十一条 发行人招股说明书法律风险的评价

是否参与招股说明书的编制及讨论,是否已审阅招股说明书,特别对发行人引用法律意见书和律师工作报告相关内容是否已审阅,对发行人招股说明书及其摘要是否存在虚假记载、误导性陈述或重大遗漏引致的法律风险进行评价。

第五十二条 律师认为需要说明的其他问题

本规则未明确要求,但对发行上市有重大影响的法律问题,律师应当发表法律意见。

第四章 附 则

第五十三条 本规则由中国证监会负责解释。

第五十四条 本规则自公布之日起施行。1999年6月15日发布的《公开发行股票公司信息披露的内容与格式准则第六号——法律意见书的内容与格式(修订)》(证监法律字〔1999〕2号)同时废止。

公开发行证券的公司信息披露编报规则第13号——季度报告内容与格式特别规定(2014年修订)

2014年5月28日中国证券监督管理委员会公告〔2014〕23号公布施行

第一章 总 则

第一条 为规范上市公司季度报告的编制及信息披露行为,保护投资者合法权益,根据《公司法》、《证券法》等法律、法规及中国证券监督管理委员会(以下简称中国证监会)的有关规定,制定本规则。

第二条 根据《公司法》、《证券法》在中华人民共和国境内公开发行股票并在证券交易所主板(含中小企业板)上市的股份有限公司(以下简称公司)应当按照本规则的要求编制和披露季度报告。

第三条 公司应当在会计年度前3个月、9个月结束后的1个月内将季度报告正文刊登于至少一种中国证监会指定的报纸上,并将季度报告全文(包括正文及附录)刊登于中国证监会指定网站上。季度报告正文应当按照本规则第二章要求编制,并按照附件的格式披露。

季度报告的报告期是指季度初至季度末3个月期间。

第一季度季度报告的披露时间不得早于上一年度

年度报告。

第四条 公司季度报告中的财务报表可以不经审计，但中国证监会和证券交易所另有规定的除外。

第二章 季度报告正文

第一节 重要提示

第五条 公司应当在季度报告正文的显要位置刊登如下重要提示：公司董事会、监事会及董事、监事、高级管理人员保证季度报告内容的真实、准确、完整，不存在虚假记载、误导性陈述或者重大遗漏，并承担个别和连带的法律责任。

如有董事、监事、高级管理人员对季度报告内容存在异议或无法保证其真实、准确、完整的，公司应当在季度报告中声明×××无法保证本报告内容的真实、准确、完整，并说明理由，请投资者特别关注。同时，单独列示未出席董事会审议季度报告的董事姓名及原因。

公司负责人、主管会计工作负责人及会计机构负责人（会计主管人员）应当声明并保证季度报告中财务报表的真实、准确、完整。

第六条 如季度报告中的财务报表已经审计并被出具非标准审计报告，重要提示中应当声明×××会计师事务所为本公司出具了带强调事项段或其他事项段的无保留意见、保留意见、否定意见或无法表示意见的审计报告，本公司董事会、监事会对相关事项已有详细说明，请投资者注意阅读。

第二节 主要财务数据及股东变化

第七条 公司应当采用数据列表方式，提供报告期末和上年末（或年初至报告期末和上年相同期间）公司主要会计数据和财务指标及变动比率，包括但不限于：总资产、营业收入、归属于上市公司股东的净利润、归属于上市公司股东的扣除非经常性损益的净利润、归属于上市公司股东的净资产、经营活动产生的现金流量净额、净资产收益率、每股收益。

公司在披露"归属于上市公司股东的扣除非经常性损益后的净利润"时，应当同时说明报告期内非经常性损益的项目及金额。

上述会计数据和财务指标应当按照《公开发行证券的公司信息披露内容与格式准则第2号——年度报告的内容与格式（2014年修订）》以及中国证监会颁布的其他有关信息披露规范的相关规定计算和披露。

第八条 公司应当按照中国证监会对公司股份变动报告规定的格式披露截至报告期末的普通股和优先股股东总数，前10名普通股股东和前10名优先股股东、前10名无限售条件的普通股股东和前10名无限售条件的优先股股东的持股情况。

第三节 重要事项

第九条 报告期主要会计报表项目、财务指标发生重大变动的，应当说明情况及主要原因。

第十条 报告期内发生或将要发生或以前期间发生但延续到报告期的重要事项，若对本报告期或以后期间的公司财务状况和经营成果产生重大影响，对投资者投资决策产生重大影响，应当披露该重要事项进展情况，并说明其影响和解决方案。公司已在临时报告披露且无后续进展的，仅需披露该事项概述，并提供临时报告披露网站的查询索引。

第十一条 公司以及持股5%以上的股东如在报告期内发生或存在以前期间发生但持续到报告期的承诺事项，公司应当说明该承诺事项在报告期内的履行情况。

第十二条 公司如果预测年初至下一报告期期末的累计净利润可能为亏损或者与上年同期相比发生重大变动，应当予以警示并说明原因。

第三章 附　录

第十三条 公司应当编制季度报告的附录部分。公司应当在该部分按照《企业会计准则》以及中国证监会颁布的有关信息披露规范要求披露截至报告期末的比较式合并资产负债表以及年初至报告期末的比较式合并利润表和比较式现金流量表，并注明是否已经审计。

季度报告中的财务报表已经审计的，公司应当披露审计意见类型；若被注册会计师出具非标准审计报告，公司还应当披露审计报告正文。

第四章 附　则

第十四条 本规则自公布之日起施行。《公开发行证券的公司信息披露编报规则第13号——季度报告内容与格式特别规定（2013修订）》（证监会公告〔2013〕23号）同时废止。

附件：×××股份有限公司季度报告格式

附件

×××股份有限公司季度报告格式

一、重要提示

1.1 公司董事会、监事会及董事、监事、高级管理人员应当保证季度报告内容的真实、准确、完整，不存在虚假记载、误导性陈述或者重大遗漏，并承担个别和连带的法律责任。

1.2 如有董事、监事、高级管理人员对季度报告内容存在异议或无法保证其真实、准确、完整的，应当声明

×××无法保证本报告内容的真实、准确、完整,并说明理由,请投资者特别关注。

1.3　如有董事未出席董事会审议季度报告,应当单独列示该董事姓名及未出席原因。

1.4　公司负责人、主管会计工作负责人及会计机构负责人(会计主管人员)应当声明并保证季度报告中财务报表的真实、准确、完整。

1.5　如季度报告中的财务报表已经审计并被出具非标准审计报告,应当声明×××会计师事务所为本公司出具了带强调事项段或其他事项段的无保留意见、保留意见、否定意见或无法表示意见的审计报告,本公司董事会、监事会对相关事项已有详细说明,请投资者注意阅读。

二、公司主要财务数据和股东变化

2.1　主要财务数据

单位:

	本报告期末	上年度末	本报告期末比上年度末增减(%)
总资产			
归属于上市公司股东的净资产			
	年初至报告期末		比上年同期增减(%)
经营活动产生的现金流量净额			
	年初至报告期末		比上年同期增减(%)
营业收入			
归属于上市公司股东的净利润			
归属于上市公司股东的扣除非经常性损益的净利润			
加权平均净资产收益率			
基本每股收益(元/股)			
稀释每股收益(元/股)			

注:1.在报告期内公司因派发股票股利、公积金转增股本、拆股而增加或因并股而减少公司总股本,但不影响股东权益金额的,应当根据相关会计准则的规定按最新股本调整并列报基本每股收益和稀释每股收益。

2.如果报告期末至季度报告披露日,公司股本因送红股、资本公积转增股本的原因发生变化且不影响股东权益金额的,应当根据相关会计准则的规定按最新股本调整并列报基本每股收益和稀释每股收益。

3.本报告期对以前期间财务数据进行了追溯调整或重述的,应当同时列示追溯调整或重述前后的数据。

2.2　截至报告期末的普通股和优先股股东总数,前10名普通股股东和前10名优先股股东、前10名无限售条件的普通股股东和前10名无限售条件的优先股股东的持股情况。

三、重要事项

3.1　公司主要会计报表项目、财务指标重大变动的情况及原因

□适用　□不适用

3.2　重要事项进展情况及其影响和解决方案的分析说明

□适用　□不适用

3.3　公司及持股5%以上的股东承诺事项履行情况

□适用　□不适用

3.4　预测年初至下一报告期期末的累计净利润可能为亏损或者与上年同期相比发生重大变动的警示及原因说明

□适用　□不适用

公开发行证券的公司信息披露编报规则第14号——非标准无保留审计意见及其涉及事项的处理

1. 2001年12月22日中国证券监督管理委员会发布
2. 证监发〔2001〕157号

第一条　为进一步提高上市公司信息披露质量，规范同上市公司非标准无保留审计意见及涉及事项有关的信息披露行为，保护投资者合法权益，根据《中华人民共和国公司法》、《中华人民共和国证券法》，制定本规定。

第二条　本规定所称非标准无保留审计意见是指注册会计师出具的除标准无保留审计意见外的其他类型审计意见，包括带解释性说明的无保留意见、保留意见（含带解释性说明的保留意见）、无法表示意见和否定意见。

第三条　具有执行证券、期货相关业务资格的会计师事务所应当建立健全完善的内部质量控制机制，以保证注册会计师出具恰当的审计意见。

第四条　具有执行证券、期货相关业务资格的注册会计师应当恪守专业标准，保持必要的执业谨慎，结合审计业务的具体情况，出具恰当的审计意见。

第五条　注册会计师不得以解释性说明代替保留意见，或者以保留意见代替否定意见。凡注册会计师对上市公司的财务报告出具非标准无保留审计意见的，应当根据中国注册会计师独立审计准则的要求，在其审计报告中清楚地说明出具该意见的原因及依据，并对该意见涉及事项对上市公司财务报告的影响做出估计，无法估计的应当说明原因。

第六条　上市公司应当严格执行会计准则、制度及相关信息披露规范性的规定。凡上市公司的财务报告因明显违反上述规定，导致注册会计师出具非标准无保留审计意见的，注册会计师应当指出并要求公司就相关事项做出必要的调整。

第七条　如上市公司拒绝就明显违反会计准则、制度及相关信息披露规范规定的事项做出调整，或者调整后注册会计师认为其仍然明显违反会计准则、制度及相关信息披露规范规定，进而出具了非标准无保留审计意见的，证券交易所应当在上市公司定期报告披露后，立即对其股票实行停牌处理，并要求上市公司限期纠正。

第八条　由于本规定第七条的原因导致上市公司股票停牌的，停牌期间中国证券监督管理委员会将对有关事项进行调查，并依法做出处理。股票停牌期间上市公司应当继续履行法定的信息披露义务。

第九条　如上市公司的财务报告被注册会计师出具非标准无保留审计意见，其涉及事项不属于明显违反会计准则、制度及相关信息披露规范规定的，上市公司董事会应当在相应的定期报告中针对该审计意见涉及的事项做出详细说明，包括（但不限于）：

（一）非标准无保留审计意见涉及事项的基本情况；

（二）注册会计师对该事项的基本意见；

（三）公司董事会、监事会和管理层等对该事项的意见；

（四）该事项对上市公司的影响程度；

（五）消除该事项及其影响的可能性；

（六）消除该事项及其影响的具体措施。

第十条　如保留意见或否定意见涉及事项对上市公司利润产生影响，注册会计师估计了该事项对利润影响数的，上市公司应当在制定利润分配方案时扣除上述审计意见的影响数，待该审计意见涉及事项及其对利润的影响消除后再行分配；如果注册会计师出具了无法表示意见的审计报告，上市公司当年不得进行利润分配。

第十一条　本规定自发布之日起施行。

公开发行证券的公司信息披露编报规则第15号——财务报告的一般规定（2014年修订）

2014年12月25日中国证券监督管理委员会公告〔2014〕54号公布施行

第一章　总　　则

第一条　为规范公开发行证券的公司财务信息披露行为，保护投资者合法权益，根据《公司法》、《证券法》、《企业会计准则》及中国证券监督管理委员会（以下简称中国证监会）的有关规定，制定本规则。

第二条　在中华人民共和国境内公开发行股票并在证券交易所上市的公司披露年度财务报告、首次公开发行股票的公司（以下均简称公司）申报财务报告、以及按照有关规定需要参照年度财务报告披露有关财务信息时，应遵循本规则。

第三条　凡对投资者进行投资决策有重要影响的财务信息，不论本规则是否有明确规定，公司均应充分披露。

第四条　公司在编制和披露财务报告时应遵循重要性

原则,并根据实际情况从性质和金额两方面判断重要性。

第五条 对于需要根据实质重于形式原则作出专业判断的相关交易和事项,公司应充分披露具体情况、相关专业判断的理由及依据、以及与之相关的具体会计处理。

第六条 特殊行业财务报告披露另有规定的,公司还应当遵循其规定。本规则的某些具体要求对特殊行业确实不适用的,公司应予以说明。

第二章 财务报表

第七条 公司应根据实际发生的交易和事项,按照《企业会计准则》的规定进行确认和计量,在此基础上编制财务报表。公司不应以披露代替确认和计量,不恰当的确认和计量不能通过充分披露来纠正。

第八条 本规则要求披露的财务报表包括资产负债表、利润表、现金流量表和所有者权益变动表。

第九条 编制合并财务报表的公司,除提供合并财务报表外,还应提供母公司财务报表。

第十条 财务报表中会计数据的排列应自左至右,最左侧为最近一期数据。表内各重要报表项目应标有附注编号,并与财务报表附注编号一致。

第三章 财务报表附注

第十一条 公司应按照本规则的要求,编制和披露财务报表附注。财务报表附注应当对财务报表中相关数据涉及的交易和事项作出真实、充分、明晰的说明。除特别提及母公司财务报表附注披露事项外,均为合并财务报表附注披露的事项。

第一节 公司的基本情况

第十二条 公司应简要披露基本情况,包括注册地、总部地址、业务性质、主要经营活动以及财务报告批准报出日。

第十三条 需要编制合并财务报表的公司,应说明本期的合并财务报表范围及其变化情况。

第二节 财务报表的编制基础

第十四条 公司应披露财务报表的编制基础。

第十五条 公司应评价自报告期末起至少 12 个月的持续经营能力。评价结果表明对持续经营能力产生重大怀疑的,公司应披露导致对持续经营能力产生重大怀疑的因素,以及公司拟采取的改善措施。

第三节 重要会计政策及会计估计

第十六条 公司应制定与实际生产经营特点相适应的具体会计政策,并充分披露报告期内采用的重要会计政策和会计估计。公司根据实际生产经营特点制定的具体会计政策和会计估计,应在本节开始部分对相关事项进行提示。

(一)遵循企业会计准则的声明。

(二)会计期间。

(三)营业周期。公司对营业周期不同于 12 个月,并以营业周期作为资产和负债的流动性划分标准的,应披露营业周期及确定依据。

(四)记账本位币。

(五)同一控制下和非同一控制下企业合并的会计处理方法。

(六)合并财务报表的编制方法。

(七)合营安排的分类及共同经营的会计处理方法。

(八)编制现金流量表时现金及现金等价物的确定标准。

(九)发生外币交易时折算汇率的确定方法,在资产负债表日对外币货币性项目采用的折算方法,汇兑损益的处理方法以及外币报表折算的会计处理方法。

(十)金融工具的分类、确认依据和计量方法,金融资产转移的确认依据和计量方法,金融负债终止确认条件,金融资产和金融负债的公允价值确定方法,金融资产减值的测试方法及会计处理方法。

(十一)应收款项坏账准备的确认标准和计提方法。

(十二)存货类别,发出存货的计价方法,确定不同类别存货可变现净值的依据,存货的盘存制度以及低值易耗品和包装物的摊销方法。

(十三)划分为持有待售资产的确认标准。

(十四)共同控制、重大影响的判断标准,长期股权投资的初始投资成本确定、后续计量及损益确认方法。

(十五)投资性房地产计量模式。采用成本模式的,披露各类投资性房地产的折旧或摊销方法;采用公允价值模式的,披露选择公允价值计量的依据。

(十六)固定资产的确认条件、公司根据自身实际情况确定的分类、折旧方法,各类固定资产的折旧年限、估计残值率和年折旧率。融资租入固定资产的认定依据、计价和折旧方法。

(十七)在建工程结转为固定资产的标准和时点。

(十八)借款费用资本化的确认原则、资本化期间、暂停资本化期间、借款费用资本化率以及资本化金额的计算方法。

(十九)生物资产的分类及确定标准。各类生产性生物资产的使用寿命和预计净残值及其确定依据、折旧方法。采用公允价值模式的,披露选择公允价值计量的依据。

（二十）各类油气资产相关支出的资本化标准，各类油气资产的折耗或摊销方法，采矿许可证等执照费用的会计处理方法以及油气储量估计的判断依据等。

（二十一）无形资产的计价方法。使用寿命有限的无形资产，应披露其使用寿命估计情况；使用寿命不确定的无形资产，应披露其使用寿命不确定的判断依据以及对其使用寿命进行复核的程序。

结合公司内部研究开发项目特点，披露划分研究阶段和开发阶段的具体标准，以及开发阶段支出资本化的具体条件。

（二十二）长期股权投资、采用成本模式计量的投资性房地产、固定资产、在建工程、采用成本模式计量的生产性生物资产、油气资产、无形资产、商誉等长期资产的减值测试方法及会计处理方法。

（二十三）长期待摊费用的性质、摊销方法及摊销年限。

（二十四）职工薪酬的分类及会计处理方法。

（二十五）预计负债的确认标准和各类预计负债的计量方法。

（二十六）股份支付计划的会计处理方法，包括修改或终止股份支付计划的相关会计处理。

（二十七）优先股、永续债等其他金融工具的会计处理方法。

（二十八）收入确认原则和计量方法。公司应结合实际生产经营特点制定收入确认会计政策，披露具体收入确认时点及计量方法，同类业务采用不同经营模式在不同时点确认收入的，应当分别披露。按完工百分比法确认提供劳务收入和建造合同收入的，应披露确定完工进度的依据和方法。

（二十九）政府补助的类型及会计处理方法。

（三十）递延所得税资产和递延所得税负债的确认依据。

（三十一）经营租赁和融资租赁的会计处理方法。

（三十二）其他重要的会计政策和会计估计，包括但不限于：

终止经营的确认标准、会计处理方法，采用套期会计的依据、会计处理方法，与回购公司股份相关的会计处理方法，资产证券化业务的会计处理方法等。

（三十三）本期发生重要会计政策和会计估计变更的，公司应充分披露变更的内容和原因、受重要影响的报表项目名称和金额、相关审批程序，以及会计估计变更开始适用的时点。

第四节　税　　项

第十七条　公司应按税种分项说明报告期执行的税率。存在执行不同企业所得税税率纳税主体的，应按纳税主体分别披露。

第十八条　公司应披露重要的税收优惠政策及依据。

第五节　合并财务报表项目附注

第十九条　资产项目应按以下要求进行披露：

（一）按库存现金、银行存款、其他货币资金等分类列示货币资金期初余额、期末余额。披露因抵押、质押或冻结等对使用有限制的款项，以及存放在境外的款项总额。公司应单独披露存放在境外且资金汇回受到限制的款项。

（二）分类列示以公允价值计量且其变动计入当期损益的金融资产期初余额、期末余额。

（三）分类列示衍生金融资产期初余额、期末余额，披露其产生的原因以及相关会计处理。

（四）分类列示应收票据期初余额、期末余额。

列示期末已质押的应收票据金额。区分终止确认和未终止确认列示已背书或贴现但在资产负债表日尚未到期的应收票据金额。列示出票人未履约而将票据转应收账款的金额。

（五）区分单项金额重大并单独计提坏账准备的应收款项、按信用风险特征组合计提坏账准备的应收款项、单项金额不重大但单独计提坏账准备的应收款项，列示各类应收款项期初余额、期末余额，分别占应收款项期初余额合计数、期末余额合计数的比例，以及对应各类应收款项的坏账准备期初余额、期末余额和计提比例。

对应收款项应说明以下事项：

1. 单项金额重大并单独计提坏账准备的应收款项，应逐项披露应收款项期末余额、坏账准备期末余额、坏账准备计提比例及其理由。按信用风险特征组合计提坏账准备的应收款项，应区分不同组合方式披露确定该组合的依据、该组合中各类应收款项期末余额、坏账准备期末余额，以及坏账准备的计提比例；

2. 本期计提、收回或转回的坏账准备金额。本期坏账准备收回或转回金额重要的，应披露转回原因、收回方式、确定原坏账准备计提比例的依据及其合理性；

3. 本期实际核销的应收款项金额。对于其中重要的应收款项，应逐项披露款项性质、核销原因、履行的核销程序及核销金额。实际核销的款项由关联交易产生的，应单独披露；

4. 按欠款方集中度，汇总或分别披露期末余额前五名的应收账款的期末余额及占应收账款期末余额合

计数的比例,以及相应计提的坏账准备期末余额;

5. 按款项性质列示其他应收款期初、期末账面余额。按欠款方归集的期末余额前五名的其他应收款,应分别披露欠款方名称、期末余额及占其他应收款期末余额合计数的比例、款项的性质、对应的账龄、坏账准备期末余额;

6. 因金融资产转移而终止确认的应收款项,应列示金融资产转移的方式、终止确认的应收款项金额,及与终止确认相关的利得或损失;

7. 转移应收款项且继续涉入的,应披露资产转移方式、分项列示继续涉入形成的资产、负债的金额。

(六)按账龄区间列示预付款项期初余额、期末余额及各账龄区间预付款项余额占预付款项余额合计数的比例。账龄超过1年且金额重要的预付款项,应说明未及时结算的原因。

按预付对象集中度,汇总或分别披露期末余额前五名的预付款项的期末余额及占预付款项期末余额合计数的比例。

(七)分类列示应收利息期初余额、期末余额。对于重要的逾期应收利息,应按借款单位披露应收利息的期末余额、逾期时间和逾期原因、是否发生减值的判断。

(八)按被投资单位或投资项目列示应收股利期初余额、期末余额。对于重要的账龄超过1年的应收股利,应披露未收回的原因和对相关款项是否发生减值的判断。

(九)按存货类别列示存货期初余额、期末余额,以及对应的跌价准备的期初余额、期末余额及本期计提、转回或转销金额。

披露确定可变现净值的具体依据及本期转回或转销存货跌价准备的原因。披露存货期末余额中含有的借款费用资本化金额。存货期末余额中含有建造合同形成的已完工未结算资产的,应汇总披露累计已发生成本、累计已确认毛利、预计损失、已办理结算的金额。

(十)披露划分为持有待售的资产的原因。列示划分为持有待售的资产类别、期末账面价值、公允价值、预计处置费用及预计处置时间等。存在持有待售负债的,应参照本款披露。

(十一)按可供出售权益工具、债务工具等分别列示可供出售金融资产期初余额、期末余额。按照中国证监会的有关规定,披露可供出售金融资产的减值信息。对划分为可供出售类别且采用成本计量的权益工具投资,应分项披露相关信息。

(十二)分类列示持有至到期投资期初余额、期末余额。对于重要的持有至到期投资,应分别列示其面值、票面利率、实际利率、到期日。本期存在重分类的,应披露重分类的原因和具体情况。

(十三)按款项性质列示长期应收款期初余额、期末余额,对应的坏账准备期初余额、期末余额,采用的折现率区间。

因资产转移而终止确认的长期应收款,列示资产转移的方式、终止确认的长期应收款金额,以及与终止确认相关的利得或损失。

转移长期应收款且继续涉入的,应披露资产转移方式、分项列示继续涉入形成的资产、负债的金额。

(十四)按被投资单位披露长期股权投资的期初余额、本期增减变动情况、期末余额、减值情况。

(十五)采用成本计量模式的投资性房地产,分类列示其账面原值、累计折旧、减值准备累计金额以及账面价值的期初余额、期末余额和本期增减变动情况。

采用公允价值计量模式的投资性房地产,分类列示期初余额、期末余额和本期增减变动情况。

公司应披露未办妥产权证书的投资性房地产账面价值及原因。

(十六)分类列示固定资产的账面原值、累计折旧、减值准备累计金额以及账面价值的期初余额、期末余额和本期增减变动情况。

公司应披露本期在建工程完工转入固定资产的情况,期末暂时闲置固定资产的账面原值、累计折旧、减值准备累计金额以及账面价值,期末未办妥产权证书的固定资产账面价值及原因。

通过融资租赁租入的固定资产应披露各类租入资产的期末账面原值、累计折旧、减值准备累计金额以及账面价值。通过经营租赁租出的固定资产应披露各类租出资产的期末账面价值。

(十七)分项列示在建工程账面余额、减值准备累计金额以及账面价值的期初余额、期末余额。

列示重要在建工程项目的本期变动情况,包括在建工程名称、预算数、期初余额、本期增加金额、本期转入固定资产金额、本期其他减少金额、期末余额、工程累计投入占预算的比例、工程进度和工程资金来源。其中工程资金来源应区分募股资金、金融机构贷款和其他来源等。在建工程账面价值中包含资本化利息的,应披露利息资本化累计金额、本期利息资本化率及资本化金额。

分项列示本期计提的在建工程减值准备金额及计提原因。

(十八)分类列示工程物资的期初余额、期末余额。

(十九)采用成本计量模式的生产性生物资产,分类列示账面原值、累计折旧、减值准备累计金额以及账面价值的期初余额、期末余额和本期增减变动情况。

采用公允价值计量模式的生产性生物资产，分类列示期初余额、期末余额和本期增减变动情况。

（二十）分类列示油气资产的账面原值、累计折旧、减值准备累计金额以及账面价值的期初余额、期末余额和本期增减变动情况。

（二十一）分类披露无形资产账面原值、累计摊销、减值准备累计金额以及账面价值的期初余额、期末余额和本期增减变动情况。披露期末无形资产中通过公司内部研发形成的无形资产占无形资产余额的比例。

公司应披露未办妥产权证书的土地使用权账面价值及原因。

（二十二）分项披露开发支出期初余额、期末余额和本期增减变动情况，并披露资本化开始时点、资本化的具体依据、截至期末的研发进度等。

（二十三）按被投资单位或项目列示产生商誉的事项，对应商誉的期初余额、期末余额和本期增减变动情况，以及减值准备的期初余额、期末余额和本期增减变动情况。披露商誉减值测试过程、参数及商誉减值损失的确认方法。

（二十四）分类列示长期待摊费用的期初余额、期末余额和本期增减变动情况。

（二十五）按暂时性差异的类别列示未经抵销的递延所得税资产或递延所得税负债期初余额、期末余额，以及相应的暂时性差异金额。

以抵销后净额列示的，还应披露递延所得税资产和递延所得税负债期初、期末互抵金额及抵销后期初余额、期末余额。

存在未确认为递延所得税资产的可抵扣暂时性差异和可抵扣亏损的，应列示期初余额、期末余额及可抵扣亏损到期年度。

第二十条 负债项目应按以下要求进行披露：

（一）按借款条件分类列示短期借款期初余额、期末余额。汇总披露逾期借款（包括从长期借款转入的）的期末余额。对于重要的逾期借款，还应按借款单位列示借款期末余额、借款利率、逾期时间、逾期利率。

（二）分类列示以公允价值计量且其变动计入当期损益的金融负债期初余额、期末余额。

（三）分类列示衍生金融负债期初余额、期末余额，披露其形成的原因以及相关会计处理。

（四）分类列示应付票据期初余额、期末余额，以及到期未付的应付票据期末余额的汇总金额。

（五）披露应付账款、预收款项期初余额、期末余额。按款项性质列示其他应付款期初余额、期末余额。

账龄超过1年的重要应付账款、预收款项及其他应付款，应披露未偿还或未结转的原因。

预收款项期末余额中含有建造合同形成的已结算未完工项目的，应汇总披露累计已发生成本、累计已确认毛利、预计损失、已办理结算的金额。

（六）按薪酬类别列示应付职工薪酬期初余额、本期增加金额、本期减少金额及期末余额。

（七）按税种列示应交税费期初余额、期末余额。

（八）分类列示应付利息期初余额、期末余额。对于重要的逾期未付利息，应披露逾期金额及原因。

（九）分项披露应付股利期初余额、期末余额。对于重要的超过1年未支付的应付股利，应披露未支付原因。

（十）分项列示1年内到期的非流动负债期初余额、期末余额。

（十一）按借款条件分类列示长期借款期初余额、期末余额及利率区间。

（十二）分项列示应付债券期初余额、期末余额。

按应付债券名称（不包括划分为金融负债的优先股、永续债等其他金融工具），分别列示其面值、发行日期、债券期限、发行金额、期初余额、期末余额和本期增减变动情况。披露可转换公司债券的转股条件、转股时间。

公司发行其他金融工具并划分为金融负债的，应分项披露其基本情况、期初余额、期末余额和本期增减变动情况，以及划分至金融负债的依据。

存在短期应付债券的，公司应在其他流动负债中参照本款进行披露。

（十三）按款项性质列示长期应付款期初余额、期末余额。

（十四）分类列示长期应付职工薪酬期初余额、期末余额。

存在设定受益计划的，公司应说明设定受益计划的内容及相关风险，在财务报表中确认的期初余额、期末余额及本期各类增减变动金额，设定受益计划对公司未来现金流量的金额、时间和不确定性的影响，以及义务现值所依赖的重要精算假设和有关敏感性分析的结果。

（十五）分项披露专项应付款期初余额、期末余额和本期增减变动情况，以及形成专项应付款的原因。

（十六）分类列示预计负债期初余额、期末余额以及形成原因。重要的预计负债，应披露相关重要假设、估计。

(十七)分类列示递延收益期初余额、期末余额和本期增减变动情况,以及形成递延收益的原因。

第二十一条　所有者权益项目应按以下要求进行披露:

(一)列示股本期初余额、期末余额和本期各类增减变动金额。

(二)分项披露其他权益工具的基本情况、期初余额、期末余额和本期增减变动情况、变动原因,以及相关会计处理依据。

(三)分类列示资本公积期初余额、期末余额、本期增减变动情况和变动原因。

(四)存在库存股的,应列示期初余额、期末余额、本期增减变动情况和变动原因。

(五)分类列示其他综合收益期初余额、期末余额和本期增减变动情况。

(六)分类列示专项储备期初余额、期末余额、本期增减变动情况和变动原因。

(七)分类列示盈余公积期初余额、期末余额、本期增减变动情况和变动原因。

(八)列示未分配利润期初余额、期末余额和本期各类增减变动金额。对期初未分配利润进行调整的,应披露调整前、调整后金额,各项调整原因及金额。

第二十二条　利润表项目应按以下要求进行披露:

(一)按主营业务收入和其他业务收入分别列示营业收入、营业成本本期发生额、上期发生额。

(二)按费用性质列示管理费用、销售费用及财务费用本期发生额、上期发生额。

(三)按主营业务税金及附加项目列示各项营业税金及附加本期发生额、上期发生额。

(四)按产生公允价值变动收益的来源分类列示本期发生额、上期发生额。

(五)分类列示投资收益本期发生额、上期发生额。

(六)按照资产减值损失项目分别列示资产减值损失本期发生额、上期发生额。

(七)分项列示营业外收入和营业外支出本期发生额、上期发生额。

(八)披露所得税费用的相关信息,包括按税法及相关规定计算的当期企业所得税费用,递延所得税费用本期发生额、上期发生额,以及本期会计利润与所得税费用的调整过程。

(九)按以后不能重分类进损益的其他综合收益和以后将重分类进损益的其他综合收益,分类列示本期其他综合收益的税前金额、所得税金额及税后金额,以及前期计入其他综合收益当期转出计入当期损益的金额。

第二十三条　现金流量表项目应披露:

(一)分项列示收到或支付的其他与经营活动、投资活动、筹资活动有关的现金性质、本期发生额、上期发生额。

(二)将净利润调节为经营活动现金流量的信息,本期支付或收到的取得或处置子公司的现金净额,本期及上期现金和现金等价物的构成情况。

第二十四条　披露所有者权益变动表中对上年年末余额进行调整的"其他"项目的性质及调整金额。

第二十五条　合并财务报表项目附注中应披露的其他信息:

(一)外币货币性项目,应列示其原币金额以及折算汇率。

合并财务报表中包含重要境外经营实体的,应披露其境外主要经营地、记账本位币及选择依据。记账本位币发生变化的还应披露原因及其会计处理。

(二)根据中国证监会的有关规定,披露政府补助的相关信息。

(三)按照套期类别披露套期项目及相关套期工具、被套期风险的定性和定量信息。

第六节　合并范围的变动

第二十六条　本期发生非同一控制下企业合并的公司应披露以下信息:

(一)被购买方的名称、企业合并中取得的被购买方的权益比例。

(二)购买日的确定依据。

(三)购买日至报告期末被购买方的收入及净利润。

(四)合并成本的构成、公允价值及公允价值的确定方法。

(五)或有对价的安排、购买日确认的或有对价的金额及其确定方法和依据,购买日后或有对价的变动及原因。被购买方未达到业绩承诺的,应说明该事项对相关商誉减值测试的影响。

(六)商誉的金额、因合并成本小于合并中取得被购买方可辨认净资产公允价值的份额计入当期损益的金额,以及上述金额的计算过程。对于合并中形成的大额商誉,应说明形成的主要原因。

(七)购买日被购买方可辨认资产、负债的账面价值及公允价值,公允价值的确定方法,以及承担的被购买方或有负债的情况。

(八)购买日或合并当期期末无法合理确定合并对价或被购买方可辨认资产、负债公允价值的,应披露该事实和原因、按照暂估价值入账的项目,以及本期对以前期间企业合并相关项目暂估价值进行的调整和相关会计处理。

（九）按照中国证监会的有关规定，披露分步实现企业合并的相关信息。

第二十七条 本期发生同一控制下企业合并的公司应披露以下信息：

（一）被合并方的名称、企业合并中取得的被合并方的权益比例。

（二）参与合并的企业在合并前后均受同一方或相同的多方最终控制，以及该控制是非暂时性的依据。

（三）合并日的确定依据。

（四）合并当期期初至合并日以及比较期间被合并方的收入及净利润。

（五）合并成本的构成及其账面价值。

（六）或有对价的安排、合并日确认的或有对价的金额及其确定方法和依据，合并日后或有对价的变动及其原因。

（七）被合并方的资产、负债在比较期间期末及合并日的账面价值，以及承担的被合并方或有负债的情况。

第二十八条 公司以发行股份购买资产等方式实现非上市公司或业务借壳上市并构成反向购买的，还应说明构成反向购买的依据、交易之前公司的资产是否构成业务及其判断依据、合并成本的确定方法、交易中确认的商誉或计入当期的损益或调整权益的金额及其计算过程。

第二十九条 本期发生丧失子公司控制权交易的，应根据中国证监会的有关规定披露相关信息。

第三十条 对于其他原因导致的合并范围的变动，公司应说明相关情况。

第七节 在其他主体中的权益

第三十一条 公司应披露企业集团的构成，包括子公司的名称、主要经营地及注册地、业务性质、公司的持股比例、取得方式。子公司的持股比例不同于表决权比例的，应说明表决权比例及差异原因。

公司持有其他主体半数或以下表决权但仍控制该主体、以及公司持有其他主体半数以上表决权但不控制该主体的，公司应披露相关判断和依据。披露确定公司是代理人还是委托人的判断和依据。对于纳入合并范围的重要的结构化主体，应披露控制的相关判断和依据。

第三十二条 子公司少数股东持有的权益对公司重要的，应按子公司披露以下信息：

（一）子公司少数股东的持股比例。持股比例不同于表决权比例的，应说明表决权比例及差异原因。

（二）当期归属于子公司少数股东的损益、当期向少数股东宣告分派的股利、当期期末少数股东权益余额。

（三）子公司（划分为持有待售的除外）的重要财务信息。

第三十三条 公司应披露使用资产和清偿债务存在的重大限制，以及该限制涉及的资产和负债的金额。

第三十四条 公司向纳入合并财务报表范围的结构化主体提供了财务支持或其他支持，或者有提供此类支持意向的，应披露相关信息。

第三十五条 公司在子公司的所有者权益份额发生变化且该变化未影响公司对子公司的控制权的，应披露在子公司所有者权益份额的变化情况、对归属于母公司所有者权益和少数股东权益的影响金额，以及上述金额的计算依据。

第三十六条 对于重要的合营企业或联营企业，公司应披露以下信息：

（一）合营企业或联营企业的名称、主要经营地及注册地、业务性质、公司的持股比例。持股比例不同于表决权比例的，应说明表决权比例及差异原因。

（二）公司持有其他主体20%以下表决权但具有重大影响，或者持有其他主体20%或以上表决权但不具有重大影响的，应披露相关判断和依据。

（三）公司对合营企业或联营企业投资的会计处理方法。

（四）本期从合营企业或联营企业收到的股利。

（五）合营企业或联营企业的重要财务信息（划分为持有待售的除外）。对于按照权益法进行会计处理的合营企业或联营企业，应披露上述财务信息调整至公司对合营企业或联营企业投资账面价值的调节过程。

（六）对合营企业或联营企业投资存在公开报价的，应披露相关信息。

第三十七条 对于不重要的合营企业或联营企业，公司应区分合营企业和联营企业，披露汇总财务信息。

第三十八条 合营企业或联营企业向公司转移资金的能力存在重大限制的，公司应披露该限制的具体情况。

第三十九条 采用权益法核算的合营企业或联营企业发生超额亏损且公司未予以确认的，公司应披露未确认的合营企业或联营企业的超额亏损份额，包括当期份额和累积份额。

第四十条 公司应披露与其对合营企业或联营企业投资相关的未确认承诺，以及与其对合营企业或联营企业投资相关的或有负债。

第四十一条 对于重要的共同经营,公司应披露共同经营的名称、主要经营地及注册地、业务性质、公司的持股比例或享有的份额。持股比例或享有的份额不同于表决权比例的,应说明表决权比例及差异原因。

共同经营为单独主体的,应披露判断为共同经营的依据。

第四十二条 对于未纳入合并财务报表范围的结构化主体,公司应披露结构化主体的基础信息、财务报表中确认的与在结构化主体中权益相关的资产及负债的账面价值及列报项目、在结构化主体中权益的最大损失敞口及其确定方法,并分析该最大损失敞口与财务报表中确认的资产和负债的差异及原因。

公司发起设立未纳入合并财务报表范围的结构化主体,且资产负债表日在该结构化主体中没有权益的,公司应披露相关原因,以及当期从结构化主体获得的收益及收益类型、当期转移至结构化主体的所有资产在转移时的账面价值。

公司有向未纳入合并报表范围的结构化主体提供财务支持或其他支持的意向的,或者在没有合同约定的情况下向未纳入合并财务报表范围的结构化主体提供了支持,应披露提供支持的相关信息。

公司应披露有助于投资者充分理解未纳入合并财务报表范围的结构化主体相关的风险及对公司影响的其他信息。

第八节 与金融工具相关的风险

第四十三条 公司应披露金融工具产生的信用风险、流动性风险、市场风险等各类风险,包括风险敞口及其形成原因、风险管理目标、政策和程序、计量风险的方法,以及上述信息在本期发生的变化;期末风险敞口的量化信息,以及有助于投资者评估风险敞口的其他数据。

第九节 公允价值的披露

第四十四条 公司应按持续和非持续的公允价值计量,分项披露期末公允价值金额和公允价值计量的层次。

第四十五条 对于持续和非持续的第一层次公允价值计量,公司应披露相关市价依据。

第四十六条 对于持续和非持续的第二、三层次的公允价值计量,公司应披露使用的估值技术和重要参数的定性和定量信息。

第四十七条 对于持续的第三层次公允价值计量,公司应披露期初余额与期末余额之间的调节信息。改变不可观察参数可能导致公允价值显著变化的,公司应分项披露相关的敏感性分析。

第四十八条 对于持续的公允价值计量,公司应披露公允价值计量各层次之间转换的金额、原因及确定转换时点的政策。

第四十九条 对于涉及估值技术变更的,公司应披露该变更及其原因。

第五十条 对于未以公允价值计量的金融资产和金融负债,分类披露其账面价值和公允价值的期初和期末金额、公允价值所属的层次。对于第二层次和第三层次的公允价值,披露使用的估值技术和输入值的信息。对于涉及估值技术变更的,披露该变更及其原因。

第十节 关联方及关联交易

第五十一条 公司应按照《企业会计准则》及中国证监会有关规定中界定的关联方,披露关联方情况。

第五十二条 按照购销商品、提供和接受劳务、关联托管、关联承包、关联租赁、关联担保、关联方资金拆借、关联方资产转让、债务重组、关键管理人员薪酬、关联方承诺等关联交易类型,分别披露各类关联交易的金额。披露应收、应付关联方款项情况,以及未结算应收项目的坏账准备计提情况。

第十一节 股份支付

第五十三条 公司应披露本期授予、行权和失效的各项权益工具总额,期末发行在外的股票期权或其他权益工具行权价格的范围和合同剩余期限。

第五十四条 以权益结算的股份支付,公司应披露授予日权益工具公允价值的确定方法,等待期内每个资产负债表日可行权权益工具数量的确定依据。本期估计与上期估计有重要差异的,应说明原因。公司还应披露以权益结算的股份支付计入资本公积的累计金额。

第五十五条 以现金结算的股份支付,公司应披露承担的、以股份或其他权益工具为基础计算确定的负债的公允价值确定方法。公司应披露负债中以现金结算的股份支付产生的累计负债金额。

第五十六条 公司应披露本期以权益结算的股份支付和以现金结算的股份支付确认的费用总额。

第五十七条 公司对股份支付进行修改的,应披露修改原因、内容及其财务影响。公司终止股份支付计划的,应披露终止原因、内容及其财务影响。

第十二节 或有事项

第五十八条 公司应披露资产负债表日存在的重要或有事项。

第五十九条 公司没有重要或有事项的,也应说明。

第十三节 资产负债表日后事项

第六十条 公司应披露资产负债表日后存在的股票和债券的发行、重要的对外投资、重要的债务重组、自然灾害导致的资产损失以及外汇汇率发生重要变动等非调整事项，分析其对财务状况、经营成果的影响。无法作出量化分析的，应说明原因。

第六十一条 公司应披露资产负债表日后利润分配情况，包括拟分配的利润或股利、经审议批准宣告发放的利润或股利金额等。

第六十二条 在资产负债表日后发生重要销售退回的，公司应披露相关情况及对报表的影响。

第十四节 其他重要事项

第六十三条 本期发现的前期会计差错，采用追溯重述法处理的，公司应披露前期会计差错内容、处理程序、受影响的各比较期间报表项目名称、累积影响数。采用未来适用法处理的，公司应披露重要会计差错更正的内容、批准程序、采用未来适用法的原因。

第六十四条 本期发生重要债务重组的公司，应披露债务重组的详细情况，包括：债务重组方式、确认的债务重组利得（或损失）金额、债务转为资本导致的股本增加额（或债权转为股份导致的投资增加额及该投资占债务人股份总额的比例）、或有应付（或有应收）金额，以及债务重组中公允价值的确定方法和依据。

第六十五条 公司本期发生重要资产置换（包括非货币性资产交换）、重要资产转让及出售的，应披露相关交易的详细情况，包括资产账面价值、转让金额、转让原因以及对公司财务状况、经营成果的影响等。

公司本期发生非货币性资产交换的，应披露换入资产的类别、成本确定方式和公允价值，换出资产的类别、账面价值和公允价值，以及非货币性资产交换确认的损益。

第六十六条 公司应披露年金计划的主要内容及重要变化。

第六十七条 公司应披露终止经营的收入、费用、利润总额、所得税费用和净利润，以及归属于母公司所有者的终止经营利润。

第六十八条 公司应披露报告分部的确定依据、分部会计政策、报告分部的财务信息（包括主营业务收入、主营业务成本等），以及分部财务信息合计金额与对应合并财务报表项目的调节过程。公司无报告分部的，应说明原因。

第六十九条 其他对投资者决策有影响的重要交易和事项，公司应披露具体情况、判断依据及相关会计处理。

第十五节 母公司财务报表的重要项目附注

第七十条 公司应披露母公司财务报表的重要项目附注，包括但不限于应收账款、其他应收款、长期股权投资、营业收入和营业成本、投资收益等。母公司财务报表的项目附注应参照本规则第五节进行披露。

第四章 补充资料

第七十一条 公司应根据中国证监会的有关规定，披露非经常性损益相关信息。

第七十二条 公司应根据中国证监会的有关规定，披露净资产收益率及每股收益。

第七十三条 同时适用境内外会计准则的公司，应分项披露适用境内外准则产生差异的事项和原因，及其对净资产、净利润的影响。

第五章 附 则

第七十四条 本规则自公布之日起施行。2010 年 1 月 11 日发布的《公开发行证券的公司信息披露编报规则第 15 号——财务报告的一般规定（2010 年修订）》（证监会公告〔2010〕1 号）同时废止。

公开发行证券的公司信息披露编报规则
第 17 号——外商投资股份有限公司
招股说明书内容与格式特别规定

1. 2002 年 3 月 19 日中国证券监督管理委员会发布
2. 证监发〔2002〕17 号

第一条 为规范公开发行证券的外商投资股份有限公司（以下简称“发行人”）的信息披露行为，保护投资者的合法权益，依据《中华人民共和国公司法》、《中华人民共和国证券法》等法律法规，制定本规定。

第二条 发行人为公开发行股票而编制招股说明书时，除应遵循中国证监会有关招股说明书内容与格式准则的一般规定外，还应遵循本规定的要求。

第三条 发行人应详细披露以下可能存在的风险：

（一）依赖境外原材料供应商、境外客户以及境外技术服务的风险。

（二）国家有关外商投资企业税收优惠的法律、法规、政策可能发生变化的风险。

（三）外国股东住所地、总部所在国家或地区向中国境内投资或技术转让的法律、法规可能发生变化的风险。

（四）汇率风险。

第四条 发行人应披露持股 5%（含）以上的外国股东的住所地、外国股东总部所在国家或地区对于向中国投资和技术转让的法律、法规。

若公司章程中对股东转让股份作出限制的，发行人应作出披露。

第五条 发行人应详细披露其与股东的关联交易情况，

包括但不限于:

(一)发行人的业务与技术是否依赖外国股东,是否存在商标、专利及专有技术使用方面的限制。存在上述情况的,还应说明保护公众投资者利益的措施。

(二)过去三年与外国股东之间的关联交易情况,包括但不限于原材料供应、产品销售、技术转让费的提取、管理费用和销售费用的分摊情况及有关价格的确定标准、执行本次发行审计业务的会计师事务所对关联交易公允性出具的意见、保证关联交易公允的具体措施,并在管理层讨论与分析中,说明下一年的关联交易总量。属于生产加工型的发行人,还应披露原材料来源、产品销售渠道。

(三)发行人与其外国股东签定的市场分割协议的主要内容及具体执行情况。

第六条 发行人应详细披露董事和高级管理人员的国籍、境外永久居留权的情况,在境内、境外其他机构担任的职务。

第七条 香港、澳门、台湾地区投资者在大陆设立的股份有限公司,参照本规定执行。

第八条 本规定自发布之日起实施。

公开发行证券的公司信息披露编报规则第19号——财务信息的更正及相关披露

1. 2003年12月1日中国证券监督管理委员会发布
2. 证监会计字〔2003〕16号

第一条 为规范公开发行证券的公司(以下简称“公司”)披露其更正后财务信息的行为,提高财务信息披露的可靠性和及时性,保护投资者的合法权益,根据《中华人民共和国公司法》、《中华人民共和国证券法》等法律、法规及中国证券监督管理委员会(以下简称“中国证监会”)的有关规定,制定本规定。

第二条 本规定适用于下列情形:

(一)公司因前期已公开披露的定期报告存在差错被责令改正;

(二)公司已公开披露的定期报告存在差错,经董事会决定更正的;

(三)中国证监会认定的其他情形。

第三条 符合第二条的公司应当以重大事项临时报告的方式及时披露更正后的财务信息。

第四条 更正后财务信息的格式应当符合中国证监会有关信息披露规范和证券交易所股票上市规则的要求。

第五条 公司对以前年度已经公布的年度财务报告进行更正,需要聘请具有执行证券、期货相关业务资格的会计师事务所对更正后的年度报告进行审计。

第六条 公司在临时报告中应当披露的内容包括:

(一)公司董事会和管理层对更正事项的性质及原因的说明;

(二)更正事项对公司财务状况和经营成果的影响及更正后的财务指标;

(三)更正后经审计的年度财务报表及涉及更正事项的相关财务报表附注以及出具审计报告的会计师事务所名称;

如果更正后年度财务报告被出具了无保留意见加强调事项段、保留意见、否定意见、无法表示意见的审计报告,则应当同时披露审计意见全文。

如果公司对最近一期年度财务报告进行更正,但不能及时披露更正后经审计的年度财务报表及相关附注,公司应就此更正事项及时刊登“提示性公告”,并应当在该临时公告公布之日起45天内披露经具有执行证券、期货相关业务资格的会计师事务所审计的更正后的年度报告。

(四)更正后未经审计的中期财务报表及涉及更正事项的相关财务报表附注。

第七条 第六条所指更正后的财务报表包括三种情况:

(一)若公司对已披露的以前期间财务信息(包括年度、半年度、季度财务信息)作出更正,应披露受更正事项影响的最近一个完整会计年度更正后的年度财务报表以及受更正事项影响的最近一期更正后的中期财务报表;

(二)若公司仅对本年度已披露的中期财务信息作出更正,应披露更正后的本年度受到更正事项影响的中期财务报表(包括季度财务报表、半年度财务报表);

(三)若公司对上一会计年度已披露的中期财务信息作出更正,且上一会计年度财务报表尚未公开披露,应披露更正后的受到更正事项影响的中期财务报表(包括季度财务报表、半年度财务报表)。

第八条 更正后的财务报表中受更正事项影响的数据应以黑体字显示。

第九条 如果公司对三年以前年度财务信息作出更正,且更正事项对最近三年财务报告没有影响,可以不披露相关年度更正后的财务信息。

第十条 本规定由中国证监会负责解释。

公开发行证券的公司信息披露编报规则第 20 号——创业板上市公司季度报告的内容与格式（2013 年修订）

2013 年 3 月 25 日中国证券监督管理委员会公告〔2013〕21 号公布施行

第一章　总　　则

第一条　为规范创业板上市公司季度报告的编制及信息披露行为，保护投资者合法权益，根据《公司法》、《证券法》等法律、法规及中国证券监督管理委员会（以下简称中国证监会）的有关规定，制定本规则。

第二条　凡根据《公司法》和《证券法》在中华人民共和国境内公开发行股票并在深圳证券交易所创业板市场上市的股份有限公司（以下简称公司）应当按照本规则的要求编制和披露季度报告。

第三条　公司应在会计年度前 3 个月以及前 9 个月结束后的 1 个月内编制季度报告（包括正文及附录）并刊登于中国证监会指定的网站和公司网站上；同时在至少一种中国证监会指定的报纸上刊登“本公司×××× 年第×季度报告已于×年×月×日在中国证监会指定的创业板信息披露网站上披露，请投资者注意查阅”的提示性公告。季度报告正文应按照本规则第二章要求编制，并按照附件的格式披露。

季度报告报告期系指季度初至季度末的 3 个月期间。

第一季度季度报告的披露时间不得早于上一年度年度报告的披露时间。

第四条　公司季度报告中的财务报告可以不经审计，但中国证监会和证券交易所另有规定的除外。

第二章　季度报告正文

第一节　重要提示

第五条　公司应在季度报告正文刊登如下重要提示：

本公司董事会、监事会及其董事、监事、高级管理人员保证本报告所载资料不存在任何虚假记载、误导性陈述或者重大遗漏，并对其内容的真实性、准确性和完整性承担个别及连带责任。

如个别董事、监事、高级管理人员对季度报告内容的真实性、准确性、完整性无法保证或存在异议的，应当声明：××董事、监事、高级管理人员无法保证本报告内容的真实性、准确性和完整性，理由是：……，请投资者特别关注。如有董事未出席董事会，应当单独列示其姓名、职务以及未出席原因。

第六条　如季度财务报告经审计被出具带强调事项段的无保留意见、保留意见、否定意见或无法表示意见的审计报告（以下简称非标准审计报告），重要提示中应增加下列特别提示：

××会计师事务所为本公司出具了带强调事项段的无保留意见（或保留意见、否定意见、无法表示意见）的审计报告，本公司董事会、独立董事、监事会对相关事项亦有详细说明，请投资者注意阅读。

第七条　公司负责人、主管会计工作负责人以及会计机构负责人（会计主管人员）应当声明：保证季度报告中财务报告的真实、完整。

第二节　公司基本情况

第八条　公司应采用数据列表方式，提供截至报告期末及报告期公司主要会计数据和财务指标，包括但不限于以下各项：营业总收入、净利润、基本每股收益和稀释每股收益、净资产收益率、扣除非经常性损益后的净资产收益率、总资产、所有者权益（或股东权益）、每股净资产、经营活动产生的现金流量净额、每股经营活动产生的现金流量净额等。同时说明扣除的非经常性损益项目及其金额和所得税影响额。

上述会计数据及财务指标应按照《公开发行证券的公司信息披露内容与格式准则第 30 号——创业板上市公司年度报告的内容与格式》（2012 年修订）以及中国证监会颁布的其他有关信息披露规章或规范性文件计算填列，涉及股东权益的数据及指标，应采用归属于公司普通股股东的股东权益；涉及利润的数据及指标，应采用归属于公司普通股股东的净利润。

第九条　公司应在主要会计数据和财务指标之后刊登重大风险提示。公司对风险因素的描述应当围绕公司的经营情况，遵循重要性原则，着重披露报告期新增的、可能对公司下一报告期经营产生不利影响的重大风险，并根据实际情况，披露已经或将要采取的措施。

第十条　公司应参照《公开发行证券的公司信息披露内容与格式准则第 5 号——公司股份变动报告的内容与格式》表 6 和《公开发行证券的公司信息披露内容与格式准则第 30 号——创业板上市公司年度报告的内容与格式》（2012 年修订）第四十五条规定的格式披露报告期末股东总数、前 10 名流通股股东或前 10 名无限售条件股东的持股情况、限售股份变动情况。

第三节　管理层讨论与分析

第十一条　报告期主要财务报表项目、财务指标发生重大变动的,应当说明变动情况及其主要原因。

第十二条　公司应回顾报告期内主营业务的经营情况,包括但不限于以下内容:

(一)公司应分析说明驱动业务收入变化的具体因素,例如产销量、订单或劳务的结算比例等因素。

公司应披露报告期重大的已签订单情况,以及前期订单在本报告期的进展和本报告期新增订单的完成比例。对前期订单分散且数量较多的,可以按行业或其他口径归类披露。临时报告已经披露过的情况,公司可只提供相关披露索引。

(二)若报告期内产品或服务发生重大变化或调整,公司应介绍已推出或宣布将推出的新产品及服务,并说明可能对公司未来经营及业绩的影响。

(三)公司应披露重要研发项目在本报告期的进展情况并预计对公司未来发展的影响。

(四)如果报告期内公司的无形资产、核心竞争能力、核心技术团队或关键技术人员(非董事、监事、高级管理人员)等发生重大变化,公司应加以说明并披露其对公司的影响,可能对公司产生严重不利影响的,还应披露公司拟采取的应对措施。

(五)报告期内公司前5大供应商或客户发生变化的,公司应说明变化的具体情况并分析对公司未来经营的影响。

(六)公司应披露年度经营计划在报告期内的执行情况,年度经营计划发生重大变更的,应说明变更的具体原因、变更的内容及对公司年度经营业绩可能产生的影响。

(七)公司应分析可能对公司未来经营产生不利影响的重要风险因素及公司经营存在的主要困难,并说明公司拟采取的应对措施。

第四节　重 要 事 项

第十三条　公司、股东及实际控制人如有报告期内发生或报告期之前发生但延续到报告期内的承诺事项,应说明该承诺事项及其履行情况。如公司或相关义务人不能履行承诺事项,公司应及时披露具体原因及拟采取的措施。

第十四条　在报告期内募集资金或报告期之前募集资金的使用延续到报告期内的,公司应就募集资金的使用情况加以披露。公司应列表披露报告期内募集资金投资项目的资金投入、项目进度、预计收益、已产生的收益、项目变更、其他与主营业务相关的营运资金的使用、募集资金结余等情况。

第十五条　报告期内发生或将要发生、或之前期间发生但延续到报告期的重大事项,若对本报告期或以后期间的公司财务状况、经营成果产生重大影响,对投资者决策产生重大影响,应披露该重大事项进展情况,并说明其影响和解决方案。公司已在临时公告披露过的信息,则可只披露事项概述,并提供临时报告网站链接。

第十六条　公司应当说明本报告期内现金分红政策的执行情况。

第十七条　公司如果预测年初至下一报告期期末的累计净利润可能为亏损、实现扭亏为盈或者与上年同期相比发生大幅度变动,应当予以警示并说明原因。

第三章　附　　录

第十八条　公司应编制季度报告的附录部分。附录部分应包括公司按照《企业会计准则第32号——中期财务报告》以及中国证监会颁布的信息披露有关规章或规范要求披露的比较式财务报表,至少包括资产负债表、利润表和现金流量表。若季度财务报表经过注册会计师审计,则附录应披露审计报告正文。

第四章　附　　则

第十九条　本规则自公布之日起施行。《公开发行证券的公司信息披露编报规则第20号——创业板上市公司季度报告的内容与格式》(证监会公告〔2010〕10号)同时废止。

附件:季度报告正文披露格式

附件

季度报告正文披露格式
××××股份有限公司季度报告

§1　重要提示

1.1　本公司董事会、监事会及董事、监事、高级管理人员保证本报告所载资料不存在任何虚假记载、误导性陈述或者重大遗漏,并对其内容的真实性、准确性和完整性承担个别及连带责任。

如个别董事、监事、高级管理人员对季度报告内容的真实性、准确性、完整性无法保证或存在异议的,应当声明:××董事、监事、高级管理人员无法保证本报告内容的真实性、准确性、完整性,理由是:……,请投资者特别关注。

如有董事未出席董事会,应当单独列示其姓名、职务以及未出席原因。

1.2　如果季度报告中的财务报告经审计被出具非标准审计报告,应当特别提示:

××会计师事务所为本公司出具了带强调事项段的无保留意见(或保留意见、否定意见、无法表示意见)的审计报告,本公司董事会、独立董事、监事会对相关事项亦有详细说明,请投资者注意阅读。

1.3 公司负责人、主管会计工作负责人以及会计机构负责人(会计主管人员)应当声明:保证季度报告中财务报告的真实、完整。

§2 公司基本情况

2.1 主要会计数据及财务指标

项目	报告期	年初至报告期期末	本报告期比上年同期增减(%)
营业总收入			
归属于公司普通股股东的净利润			
基本每股收益			
稀释每股收益			
净资产收益率			
扣除非经常性损益后的净资产收益率			
项目	本报告期末	上年度期末	本报告期末比上年度期末增减(%)
总资产			
归属于公司普通股股东的所有者权益(或股东权益)			
归属于公司普通股股东的每股净资产			
项目	年初至报告期期末		比上年同期增减(%)
经营活动产生的现金流量净额			
每股经营活动产生的现金流量净额			
非经常性损益项目	年初至报告期期末金额		
……			
非经常性损益对所得税的影响合计			
合计			

2.2 重大风险提示

2.3 报告期末股东总数及前十名流通股东(或无限售条件股东)持股情况表

2.4 限售股份变动情况表

§3 管理层讨论与分析

3.1 公司主要财务报表项目、财务指标重大变动的情况及原因

□适用 □不适用

3.2 业务回顾和展望

§4 重要事项

4.1 公司、股东及实际控制人承诺事项履行情况

□适用 □不适用

4.2 募集资金使用情况

□适用 □不适用

<table>
<tr><td colspan="3">募集资金总额</td><td colspan="3"></td><td colspan="3">本季度投入募集资金总额</td><td colspan="4"></td></tr>
<tr><td colspan="3">变更用途的募集资金总额</td><td colspan="3"></td><td colspan="3" rowspan="2">已累计投入募集资金总额</td><td colspan="4" rowspan="2"></td></tr>
<tr><td colspan="3">变更用途的募集资金总额比例</td><td colspan="3"></td></tr>
<tr><td>承诺投资项目</td><td>是否已变更项目(含部分变更)</td><td>募集资金承诺投资总额</td><td>调整后投资总额</td><td>截至期末承诺投入金额(1)</td><td>本季度实际投入金额</td><td>截至期末累计投入金额(2)</td><td>截至期末累计投入金额与承诺投入金额的差额(3)=(2)-(1)</td><td>截至期末投入进度(%)(4)=(2)/(1)</td><td>项目达到预定可使用状态日期</td><td>本季度实现的效益</td><td>是否达到预计效益</td><td>项目可行性是否发生重大变化</td></tr>
<tr><td></td><td></td><td></td><td></td><td></td><td></td><td></td><td></td><td></td><td></td><td></td><td></td><td></td></tr>
<tr><td></td><td></td><td></td><td></td><td></td><td></td><td></td><td></td><td></td><td></td><td></td><td></td><td></td></tr>
<tr><td></td><td></td><td></td><td></td><td></td><td></td><td></td><td></td><td></td><td></td><td></td><td></td><td></td></tr>
<tr><td></td><td></td><td></td><td></td><td></td><td></td><td></td><td></td><td></td><td></td><td></td><td></td><td></td></tr>
<tr><td>合计</td><td></td><td></td><td></td><td></td><td></td><td></td><td></td><td></td><td></td><td></td><td></td><td></td></tr>
<tr><td colspan="3">未达到计划进度或预计收益的情况和原因(分具体项目)</td><td colspan="10">当“是否达到预计效益”列存在“否”值时,此项必填</td></tr>
<tr><td colspan="3">项目可行性发生重大变化的情况说明</td><td colspan="10">当“项目可行性是否发生重大变化”列存在“是”值时,此项必填</td></tr>
<tr><td colspan="3">募集资金投资项目实施地点变更情况</td><td colspan="10"></td></tr>
<tr><td colspan="3">募集资金投资项目实施方式调整情况</td><td colspan="10"></td></tr>
<tr><td colspan="3">募集资金投资项目先期投入及置换情况</td><td colspan="10"></td></tr>
<tr><td colspan="3">项目实施出现募集资金结余的金额及原因</td><td colspan="10"></td></tr>
<tr><td colspan="3">其他与主营业务相关的营运资金的使用情况</td><td colspan="10"></td></tr>
<tr><td colspan="3">尚未使用的募集资金用途及去向</td><td colspan="10"></td></tr>
<tr><td colspan="3">募集资金使用及披露中存在的问题或其他情况</td><td colspan="10"></td></tr>
</table>

4.3 其他重大事项

4.4 报告期内现金分红政策的执行情况

4.5 预测年初至下一报告期期末的累计净利润可能为亏损、实现扭亏为盈或者与上年同期相比发生大幅度变动的警示及原因说明

□适用 □不适用

公开发行证券的公司信息披露编报规则第21号——年度内部控制评价报告的一般规定

2014年1月3日中国证券监督管理委员会公告〔2014〕1号公布施行

第一条 为规范公开发行证券的公司内部控制信息披露行为,保护投资者的合法权益,依据《公司法》、《证券法》、《企业内部控制基本规范》及其配套指引,以及中国证券监督管理委员会有关规定,制定本规则。

第二条 凡在中华人民共和国境内公开发行证券并在证券交易所上市的股份有限公司(以下简称公司),按照有关规定需要披露年度内部控制评价报告或需要参照年度内部控制评价报告披露有关内部控制信息时,应遵循本规则。

第三条 本规则是对年度内部控制评价报告披露的最低要求。不论本规则是否有明确要求,凡对投资者投资决策有重大影响的内部控制信息,公司均应充分披露。

第四条 公司应当以内部控制评价工作获取的测试、评价证据为基础,如实编制和对外提供年度内部控制评价报告,不得含有虚假的信息或者隐瞒重要事实。公司董事会及全体董事应保证提供的年度内部控制评价报告不存在虚假记载、误导性陈述或重大遗漏,并就年度内部控制评价报告的真实性、准确性、完整性承担个别和连带的法律责任。

第五条 公司编制的年度内部控制评价报告经董事会审议通过,并按定期报告相关要求审核后,与年度报告一并对外披露。

第六条 公司内部控制评价结论认定公司于内部控制评价报告基准日存在内部控制重大缺陷,或者公司内部控制被会计师事务所出具了非标准内部控制审计报告,以及标准内部控制审计报告披露了非财务报告内部控制重大缺陷的,公司应当在年度报告"重要提示"中对以上情况作出声明,并提示投资者注意阅读年度报告内部控制相关章节中内部控制评价和审计的相关信息。

第七条 公司年度内部控制评价报告应包括以下要素:

(一)标题

(二)收件人

(三)引言段

(四)重要声明

(五)内部控制评价结论

(六)内部控制评价工作情况

(七)其他内部控制相关重大事项说明

第八条 年度内部控制评价报告标题统一为"××股份有限公司××年度内部控制评价报告"。

第九条 年度内部控制评价报告收件人统一为"××股份有限公司全体股东"。

第十条 年度内部控制评价报告引言段应当说明评价工作主要依据、内部控制评价报告基准日等内部控制评价基本信息。

第十一条 年度内部控制评价报告重要声明应当说明董事会、监事会及董事、监事、高级管理人员对内部控制及年度内部控制评价报告的相关责任,以及内部控制的目标和固有的局限性。

第十二条 年度内部控制评价报告内部控制评价结论应当分别披露对财务报告内部控制有效性的评价结论,以及是否发现非财务报告内部控制重大缺陷,并披露自内部控制评价报告基准日至内部控制评价报告发出日之间是否发生影响内部控制有效性评价结论的因素。

公司对财务报告内部控制有效性的评价结论与注册会计师对财务报告内部控制有效性的审计意见存在差异的,以及公司与注册会计师对非财务报告内部控制重大缺陷的披露存在差异的,公司应在年度报告内部控制的相关章节中予以说明,并解释差异原因。

第十三条 年度内部控制评价报告内部控制评价工作情况应当披露内部控制评价范围、内部控制评价工作依据及内部控制缺陷认定标准,以及内部控制缺陷认定及整改情况。

第十四条 内部控制评价范围应当从纳入评价范围的主要单位、业务和事项以及高风险领域三个方面进行披露,并对评价范围是否存在重大遗漏形成明确结论。如果评价范围存在重大遗漏或法定豁免,则应当披露评价范围重大遗漏的具体情况及对评价结论产生的影响以及法定豁免的相关情况。

第十五条 内部控制评价工作依据及缺陷认定标准应当披露公司开展内部控制评价工作的具体依据以及进行缺陷认定的具体标准及其变化情况。公司应当区分财务报告内部控制和非财务报告内部控制,分别披露重大缺陷、重要缺陷和一般缺陷的认定标准。

第十六条 内部控制缺陷认定及整改情况应当区分财务报告内部控制和非财务报告内部控制,分别披露报告期内部控制重大缺陷和重要缺陷的认定结果及缺陷的性质、影响、整改情况、整改计划等内容。

第十七条 公司应当在年度内部控制评价报告其他内部控制相关重大事项说明段中披露可能对投资者理解内部控制评价报告、评价内部控制情况或进行投资决策产生重大影响的其他内部控制信息。

第十八条 本规则自发布之日起施行。

附件:年度内部控制评价报告披露参考格式

附件:

年度内部控制评价报告披露参考格式

××股份有限公司××年度内部控制评价报告

××股份有限公司全体股东:

根据《企业内部控制基本规范》及其配套指引的规定和其他内部控制监管要求(以下简称企业内部控制规范体系),结合本公司(以下简称公司)内部控制制度和评价办法,在内部控制日常监督和专项监督的基础上,我们对公司20××年12月31日(内部控制评价报告基准日)的内部控制有效性进行了评价。

一、重要声明

按照企业内部控制规范体系的规定,建立健全和有效实施内部控制,评价其有效性,并如实披露内部控制评价报告是公司董事会的责任。监事会对董事会建立和实施内部控制进行监督。经理层负责组织领导企业内部控制的日常运行。公司董事会、监事会及董事、监事、高级管理人员保证本报告内容不存在任何虚假记载、误导性陈述或重大遗漏,并对报告内容的真实性、准确性和完整性承担个别及连带法律责任。

公司内部控制的目标是合理保证经营管理合法合规、资产安全、财务报告及相关信息真实完整,提高经营效率和效果,促进实现发展战略。由于内部控制存在的固有局限性,故仅能为实现上述目标提供合理保证。此外,由于情况的变化可能导致内部控制变得不恰当,或对控制政策和程序遵循的程度降低,根据内部控制评价结果推测未来内部控制的有效性具有一定的风险。

二、内部控制评价结论

根据公司财务报告内部控制重大缺陷的认定情况,于内部控制评价报告基准日,不存在财务报告内部控制重大缺陷〔由于存在财务报告内部控制重大缺陷〕,董事会认为,公司已按照企业内部控制规范体系和相关规定的要求在所有重大方面保持了有效的财务报告内部控制〔公司未能按照企业内部控制规范体系和相关规定的要求在所有重大方面保持有效的财务报告内部控制〕。

根据公司非财务报告内部控制重大缺陷认定情况,于内部控制评价报告基准日,公司未发现〔发现 个〕非财务报告内部控制重大缺陷。

自内部控制评价报告基准日至内部控制评价报告发出日之间未发生影响内部控制有效性评价结论的因素。〔若发生影响内部控制有效性评价结论的因素,则需描述相关因素的性质、对评价结论的影响及董事会拟采取的应对措施〕。

三、内部控制评价工作情况

(一)内部控制评价范围

公司按照风险导向原则确定纳入评价范围的主要单位、业务和事项以及高风险领域。纳入评价范围的主要单位包括:〔若单位或级次众多,可以考虑按照层级、业务分部、板块等形式披露〕,纳入评价范围单位资产总额占公司合并财务报表资产总额的 %,营业收入合计占公司合并财务报表营业收入总额的 %;纳入评价范围的主要业务和事项包括:〔具体描述纳入评价范围的主要业务和事项〕;重点关注的高风险领域主要包括〔具体描述重点关注的高风险领域〕。

上述纳入评价范围的单位、业务和事项以及高风险领域涵盖了公司经营管理的主要方面,不存在重大遗漏。〔如存在重大遗漏〕公司本年度由于〔原因〕未能对构成内部控制重要方面的〔具体描述应纳入而未纳入评价范围的主要单位/业务/事项/高风险领域的名称〕进行内部控制评价,由于上述评价范围的重大遗漏,〔描述对内部控制评价范围完整性及对评价结论的影响〕。〔如存在法定豁免〕本年度,公司根据〔法律法规的相关豁免规定〕,未将〔具体描述未纳入评价范围的缘由及涉及单位/业务/事项/高风险领域的名称〕纳入内部控制评价范围。

(二)内部控制评价工作依据及内部控制缺陷认定标准

公司依据企业内部控制规范体系及〔具体描述除企业内部控制规范体系之外的其他内部控制评价的依据〕组织开展内部控制评价工作。

公司董事会根据企业内部控制规范体系对重大缺陷、重要缺陷和一般缺陷的认定要求,结合公司规模、行业特征、风险偏好和风险承受度等因素,区分财务报告内部控制和非财务报告内部控制,研究确定了适用于本公司的内部控制缺陷具体认定标准,并与以前年

度保持一致〔作出调整的,应描述调整原因,具体调整情况,及调整后标准〕。公司确定的内部控制缺陷认定标准如下:

1. 财务报告内部控制缺陷认定标准

公司确定的财务报告内部控制缺陷评价的定量标准如下:

〔按照重大缺陷、重要缺陷和一般缺陷分别描述公司财务报告内部控制缺陷的定量标准,若定量标准包括多个量化指标,需指出具体如何应用这些指标,如孰低原则或分别情形适用〕

公司确定的财务报告内部控制缺陷评价的定性标准如下:

〔按照重大缺陷、重要缺陷和一般缺陷分别描述公司财务报告内部控制缺陷的定性标准〕

2. 非财务报告内部控制缺陷认定标准

公司确定的非财务报告内部控制缺陷评价的定量标准如下:

〔按照重大缺陷、重要缺陷和一般缺陷分别描述公司非财务报告内部控制缺陷的定量标准,若定量标准包括多个量化指标,需指出具体如何应用这些指标,如孰低原则或分别情形适用〕

公司确定的非财务报告内部控制缺陷评价的定性标准如下:

〔按照重大缺陷、重要缺陷和一般缺陷分别描述公司非财务报告内部控制缺陷的定性标准〕

(三)内部控制缺陷认定及整改情况

1. 财务报告内部控制缺陷认定及整改情况

根据上述财务报告内部控制缺陷的认定标准,报告期内公司存在〔不存在〕财务报告内部控制重大缺陷〔数量　个〕、重要缺陷〔数量　个〕〔若适用〕(含上年度末未完成整改的财务报告内部控制重大缺陷、重要缺陷)。

具体的重大和重要缺陷分别为〔若适用,重大缺陷与重要缺陷分别披露〕:

缺陷1:

(1)缺陷性质及影响

〔具体描述重大缺陷的具体内容,缺陷分类(设计缺陷/运行缺陷),发生时间、产生原因及对实现控制目标的影响〕

(2)缺陷整改情况

〔整改开始时间、已采取的整改措施、整改后运行时间、整改后运行有效性的评价结论〕

(3)整改计划(适用于内部控制评价报告基准日未完成整改的情况)

〔拟采取的具体整改计划、整改责任人、预计完成时间〕

经过上述整改,于内部控制评价报告基准日,公司发现〔未发现〕未完成整改的财务报告内部控制重大缺陷〔数量　个〕、重要缺陷〔数量　个〕。

2. 非财务报告内部控制缺陷认定及整改情况

根据上述非财务报告内部控制缺陷的认定标准,报告期内发现〔未发现〕公司非财务报告内部控制重大缺陷〔数量　个〕、重要缺陷〔数量　个〕〔若适用〕(含上年度末未完成整改的非财务报告内部控制重大缺陷、重要缺陷)。

具体的重大和重要缺陷分别为〔若适用,重大缺陷与重要缺陷分别披露〕:

缺陷1:

(1)缺陷性质及影响

〔具体描述重大缺陷的具体内容,缺陷分类(设计缺陷/运行缺陷),发生时间、产生原因及对实现控制目标的影响〕

(2)缺陷整改情况

〔整改开始时间、已采取的整改措施、整改后运行时间、整改后运行有效性的评价结论〕

(3)整改计划(适用于内部控制评价报告基准日未完成整改的情况)

〔拟采取的具体整改计划、整改责任人、预计完成时间〕

经过上述整改,于内部控制评价报告基准日,公司存在〔不存在〕未完成整改的非财务报告内部控制重大缺陷〔数量　个〕、重要缺陷〔数量　个〕。

四、其他内部控制相关重大事项说明

〔若适用,需披露可能对投资者理解内部控制评价报告、评价内部控制情况或进行投资决策产生重大影响的其他内部控制信息。与内部控制无关的重大事项不需要在此披露〕

(3)上市公司信息披露解释性公告/规范问答

公开发行证券的公司信息披露解释性公告第1号——非经常性损益(2008年修订)

1. 2008年10月31日中国证券监督管理委员会公告〔2008〕43号公布
2. 自2008年12月1日起施行

一、非经常性损益的定义

非经常性损益是指与公司正常经营业务无直接关

系,以及虽与正常经营业务相关,但由于其性质特殊和偶发性,影响报表使用人对公司经营业绩和盈利能力做出正常判断的各项交易和事项产生的损益。

二、非经常性损益通常包括以下项目:

(一)非流动性资产处置损益,包括已计提资产减值准备的冲销部分;

(二)越权审批,或无正式批准文件,或偶发性的税收返还、减免;

(三)计入当期损益的政府补助,但与公司正常经营业务密切相关,符合国家政策规定、按照一定标准定额或定量持续享受的政府补助除外;

(四)计入当期损益的对非金融企业收取的资金占用费;

(五)企业取得子公司、联营企业及合营企业的投资成本小于取得投资时应享有被投资单位可辨认净资产公允价值产生的收益;

(六)非货币性资产交换损益;

(七)委托他人投资或管理资产的损益;

(八)因不可抗力因素,如遭受自然灾害而计提的各项资产减值准备;

(九)债务重组损益;

(十)企业重组费用,如安置职工的支出、整合费用等;

(十一)交易价格显失公允的交易产生的超过公允价值部分的损益;

(十二)同一控制下企业合并产生的子公司期初至合并日的当期净损益;

(十三)与公司正常经营业务无关的或有事项产生的损益;

(十四)除同公司正常经营业务相关的有效套期保值业务外,持有交易性金融资产、交易性金融负债产生的公允价值变动损益,以及处置交易性金融资产、交易性金融负债和可供出售金融资产取得的投资收益;

(十五)单独进行减值测试的应收款项减值准备转回;

(十六)对外委托贷款取得的损益;

(十七)采用公允价值模式进行后续计量的投资性房地产公允价值变动产生的损益;

(十八)根据税收、会计等法律、法规的要求对当期损益进行一次性调整对当期损益的影响;

(十九)受托经营取得的托管费收入;

(二十)除上述各项之外的其他营业外收入和支出;

(二十一)其他符合非经常性损益定义的损益项目。

三、公司在编报招股说明书、定期报告或发行证券的申报材料时,应对照非经常性损益的定义,综合考虑相关损益同公司正常经营业务的关联程度以及可持续性,结合自身实际情况做出合理判断,并做出充分披露。

四、公司除应披露非经常性损益项目和金额外,还应当对重大非经常性损益项目的内容增加必要的附注说明。

五、公司对"其他符合非经常性损益定义的损益项目"以及根据自身正常经营业务的性质和特点将本规定列举的非经常性损益项目界定为经常性损益的项目,应当在附注中单独做出说明。

六、公司计算同非经常性损益相关的财务指标时,如涉及少数股东损益和所得税影响的,应当予以扣除。

七、注册会计师为公司招股说明书、定期报告、申请发行证券材料中的财务报告出具审计报告或审核报告时,应对非经常性损益项目、金额和附注说明予以充分关注,并对公司披露的非经常性损益及其说明的真实性、准确性、完整性及合理性进行核实。

八、上市公司自2008年12月1日起执行,在编制2008年度财务报告时应按照本公告要求披露非经常性损益。拟上市公司自公告之日起执行。

公开发行证券的公司信息披露解释性公告第2号——财务报表附注中政府补助相关信息的披露

2013年9月12日中国证券监督管理委员会公告〔2013〕38号公布施行

为规范上市公司、拟首次公开发行股票并上市的公司和其他公开发行证券的公司(以下简称公司)在年度财务报表附注中涉及政府补助的信息披露,进一步提高公司关于政府补助的财务信息披露质量,根据《公开发行证券的公司信息披露编报规则第15号——财务报告的一般规定》的相关规定,制订本解释性公告。

一、公司应在财务报表附注的会计政策部分披露下列与政府补助相关的具体会计政策:

(一)区分与资产相关政府补助和与收益相关政府补助的具体标准。若政府文件未明确规定补助对象,还需说明将该政府补助划分为与资产相关或与收益相关的判断依据;

(二)与政府补助相关的递延收益的摊销方法以及摊销期限的确认方法;

(三)政府补助的确认时点。

二、对于报告期末按应收金额确认的政府补助,公司应按补助单位和补助项目逐项披露应收款项的期末余额、账龄以及预计收取的时间、金额及依据。如公司未能在预计时点收到预计金额的政府补助,公司应披露原因。

单位名称	政府补助项目名称	期末余额	期末账龄	预计收取的时间、金额及依据
合计				

三、公司应当遵循重要性原则,对涉及政府补助的负债项目,在财务报表附注的相关项目下,逐项披露相关期初余额、本期新增补助金额、本期计入营业外收入金额、本期转入资本公积金额以及期末余额。对于相关文件未明确规定补助对象的政府补助项目,公司还应单独说明其划分依据。

负债项目	期初余额	本期新增补助金额	本期计入营业外收入金额	其他变动	期末余额	与资产相关/与收益相关
合计						

四、公司应当遵循重要性原则,对于计入当期损益的政府补助,分项披露本期发生额及上期发生额。对于相关文件未明确规定补助对象的政府补助项目,公司还应单独说明其划分依据。

补助项目	本期发生额	上期发生额	与资产相关/与收益相关
合计			

五、公司应根据《公开发行证券的公司信息披露解释性公告第1号——非经常性损益》的相关规定披露计入当期损益的政府补助是否属于非经常性损益,如作为经常性损益,则应在财务报表补充资料中逐项披露理由。

六、本解释性公告自公布之日起施行。

公开发行证券的公司信息披露解释性公告第3号——财务报表附注中可供出售金融资产减值的披露

2013年9月12日中国证券监督管理委员会公告〔2013〕38号公布施行

为规范上市公司、拟首次公开发行股票并上市的公司和其他公开发行证券的公司(以下简称公司)年度财务报表中可供出售金融资产减值相关信息的披露,进一步提高财务信息披露质量,根据《公开发行证券的公司信息披露编报规则第15号——财务报告的一般规定》的相关规定,制订本解释性公告。

一、公司应在年度财务报告的财务报表附注的会计政策部分明确披露各类可供出售金融资产减值的各项认定标准。其中,对于权益工具投资,还应明确披露判断其公允价值发生"严重"或"非暂时性"下跌的具体量化标准、成本的计算方法、期末公允价值的确定方法,以及持续下跌期间的确定依据。

二、公司应在年度财务报表附注的项目附注部分充分披露有关可供出售金融资产减值的信息,包括:

(一)截至报告期末可供出售金融资产的成本(摊余成本)、公允价值、累计计入其他综合收益的公允价值变动金额,以及已计提减值金额。

可供出售金融资产分类	可供出售权益工具	可供出售债务工具	合计
权益工具的成本/债务工具的摊余成本			
公允价值			
累计计入其他综合收益的公允价值变动金额			
已计提减值金额			

(二)报告期内可供出售金融资产减值的变动情况。

可供出售金融资产分类	可供出售权益工具	可供出售债务工具	合计
期初已计提减值金额			
本年计提			
其中:从其他综合收益转入			
本年减少			
其中:期后公允价值回升转回	/		
期末已计提减值金额			

（三）对于期末公允价值相对于成本的下跌幅度已达到或超过50%，或者持续下跌时间已达到或超过12个月，尚未根据成本与期末公允价值差额计提减值的可供出售权益工具，公司应详细披露各项投资的成本和公允价值的金额、公允价值相对于成本的下跌幅度、持续下跌时间、已计提减值金额，以及未根据成本与期末公允价值的差额计提减值的理由。

三、本解释性公告自公布之日起施行。

公开发行证券的公司信息披露解释性公告第4号——财务报表附注中分步实现企业合并相关信息的披露

2013年12月23日中国证券监督管理委员会公告〔2013〕48号公布施行

为规范上市公司、拟首次公开发行股票并上市的公司和其他公开发行证券的公司（以下统称公司）分步实现企业合并的交易在年度财务报表附注中的信息披露，进一步提高财务信息披露质量，根据《公开发行证券的公司信息披露编报规则第15号——财务报告的一般规定》的相关规定，制订本解释性公告。

公司通过多次交易分步实现企业合并的，除应满足《公开发行证券的公司信息披露编报规则第15号——财务报告的一般规定》中，关于企业合并及合并财务报表的一般披露要求外，还应在取得控制权的报告期补充披露以下信息：

一、公司应在财务报表附注的会计政策部分，区分非同一控制下企业合并和同一控制下企业合并，分别披露在母公司财务报表和合并财务报表中的会计处理方法。

二、对于分步实现的非同一控制下企业合并，公司应当遵循重要性原则，在财务报表附注中与企业合并及合并财务报表相关的附注部分，披露以下信息：

（一）前期和本期取得股权的取得时点、取得成本、取得比例和取得方式；

（二）取得控制权的时点及判断依据；

（三）购买日之前原持有股权在购买日的账面价值、公允价值，以及按照公允价值重新计量所产生的利得或损失的金额；

（四）购买日之前原持有股权在购买日的公允价值的确定方法及主要假设；

（五）购买日之前与原持有股权相关的其他综合收益转入投资收益的金额。

三、本解释性公告自公布之日起施行。

公开发行证券的公司信息披露解释性公告第5号——财务报表附注中分步处置对子公司投资至丧失控制权相关信息的披露

2013年12月23日中国证券监督管理委员会公告〔2013〕48号公布施行

为规范上市公司、拟首次公开发行股票并上市的公司和其他公开发行证券的公司（以下统称公司）分步处置对子公司投资至丧失控制权的交易在年度财务报表附注中的信息披露，进一步提高财务信息披露质量，根据《公开发行证券的公司信息披露编报规则第15号——财务报告的一般规定》的相关规定，制订本解释性公告。

公司通过多次交易分步处置对子公司投资至丧失控制权的，除应满足《公开发行证券的公司信息披露编报规则第15号——财务报告的一般规定》中，关于处置子公司股权和合并范围发生变化的一般披露要求外，还应在丧失控制权的报告期补充披露以下信息：

一、公司应在财务报表附注的会计政策部分，披露下列与分步处置股权至丧失控制权相关的具体会计政策：

（一）判断分步处置股权至丧失控制权过程中的各项交易是否属于"一揽子交易"的原则；

（二）对于属于"一揽子交易"的，在母公司财务报表和合并财务报表中的会计处理方法；

（三）对于不属于"一揽子交易"的，在母公司财务报表和合并财务报表中的会计处理方法。

二、公司应当遵循重要性原则，在财务报表附注中与企业合并及合并财务报表相关的附注部分，区分是否属于"一揽子交易"分别进行披露。

（一）属于"一揽子交易"的，至少应披露判断为"一揽子交易"的理由及以下信息：

1. 前期和本期所处置股权的处置时点、处置价款、处置比例、处置方式，以及处置价款与处置投资所对应的合并财务报表层面享有该子公司净资产份额的差额；

2. 丧失控制权的时点及判断依据；

3. 在丧失控制权之日，合并财务报表层面剩余股权的账面价值、公允价值，以及按照公允价值重新计量所产生的利得或损失的金额；

4. 在丧失控制权之日，合并财务报表层面剩余股权的公允价值的确定方法及主要假设；

5. 与原先子公司股权投资相关的其他综合收益转

入投资损益的金额，以及上述金额中属于丧失控制权之前的各步交易中，处置价款与处置投资所对应的合并财务报表层面享有该子公司净资产份额之间差额的金额。

（二）不属于"一揽子交易"的，至少应披露判断不属于"一揽子交易"的理由及以下信息：

1. 前期和本期所处置股权的处置时点、处置价款、处置比例、处置方式，以及处置价款与处置投资所对应的合并财务报表层面享有该子公司净资产份额的差额；

2. 丧失控制权的时点及判断依据；

3. 在丧失控制权之日，合并财务报表层面剩余股权的账面价值、公允价值，以及按照公允价值重新计量所产生的利得或损失的金额；

4. 在丧失控制权之日，合并财务报表层面剩余股权的公允价值的确定方法及主要假设；

5. 与原先子公司股权投资相关的其他综合收益转入投资损益的金额。

三、本解释性公告自公布之日起施行。

公开发行证券的公司信息披露规范问答第3号——弥补累计亏损的来源、程序及信息披露（2006年修订）

1. 2006年4月10日中国证券监督管理委员会发布
2. 证监会计字〔2006〕8号

背景

《公司法》（2005年修订）中规定："公司的公积金用于弥补公司的亏损，扩大公司生产经营或者转为增加公司资本"以及"资本公积金不得用于弥补公司的亏损"，但未说明弥补亏损的程序等。其他有关法规对此也只是作了原则性的规定。上市公司在实际弥补累计亏损时做法不一。

相关规定

《公司法》第一百六十七条、一百六十九条等。

问题

上市公司当年可用以弥补累计亏损的来源包括哪些？弥补时应履行什么程序？在这一过程中应如何履行信息披露义务？

解答

根据《公司法》等法律法规，上市公司弥补累计亏损的来源、履行的程序以及相关的信息披露除遵循法律法规的相关规定外，应遵循如下规定：

一、上市公司弥补累计亏损的来源：

（一）公司当年对累计亏损的弥补，应按照任意盈余公积、法定盈余公积的顺序依次弥补。法定公益金不得用于弥补亏损。

（二）公司应根据经审计的财务报告拟定累计亏损弥补方案。

二、公司以任意盈余公积、法定盈余公积弥补累计亏损的，应履行以下程序及信息披露义务：

（一）董事会制定弥补亏损的方案，说明弥补亏损的原因、方式和金额等，并形成董事会决议，提交股东大会表决。

（二）董事会发布董事会决议公告和召开股东大会公告。

（三）召开股东大会，讨论弥补亏损的方案，形成决议，并予公告。

（四）依据股东大会决议进行会计处理，并公告股东权益变动表。

三、公司累计亏损未经全额弥补之前，不得向股东派发股利。

四、公司以资本公积转增股本时应履行的程序及有关信息披露义务，参照公司以任意盈余公积、法定盈余公积弥补累计亏损的程序和信息披露义务执行。

公开发行证券的公司信息披露规范问答第6号——支付会计师事务所报酬及其披露

1. 2001年12月24日中国证券监督管理委员会发布
2. 证监会计字〔2001〕67号

背景

我会在《上市公司股东大会规范意见》等文件中明确指出，会计师事务所的聘任，由董事会提出提案，股东大会表决通过。因此，聘任会计师事务所并知晓其报酬应当作为股东的一项权利予以保障，向股东报告支付给会计师事务所的费用是公司管理当局应尽的责任。美国、英国、澳大利亚、我国香港等国家和地区都要求上市公司披露支付给会计师事务所的报酬，以便考察会计师事务所独立性和遵守职业道德的情况。《中国注册会计师职业道德基本准则》中也对注册会计师及其所在的会计师事务所向客户收取费用时可能有损职业道德的行为做出了相应的禁止性规定。我会2001年修订的上市公司年度报告内容与格式准则中，明确要求上市公司在年度报告中将支付给会计师事务所的报酬作为重要事项加以披露。

相关规定

《上市公司股东大会规范意见（2000年修订）》、《公开发行证券的公司信息披露内容与格式准则第2号——年度报告的内容与格式（2001年修订稿）》、《中国注册会计师职业道德基本准则》等。

问题

上市公司在支付会计师事务所报酬并在年度报告中披露这一报酬时，应注意哪些方面？

解答

一、按照我国有关法律、行政法规以及注册会计师行业执业标准的要求，注册会计师及其会计师事务所在向客户收取费用方面不得采取有损职业道德和质量控制的做法，例如以或有收费的方式为客户提供鉴证服务，以向他人支付佣金等方式招揽业务，获取客户股票及服务费之外的其他利益，采用内部承包分成等做法。

二、上市公司应当在披露支付会计师事务所报酬前，披露确定会计师事务所报酬的决策程序，以及公司审计委员会或类似机构、独立董事对这一决策程序的相应意见。

三、上市公司在年度报告中披露支付给会计师事务所的报酬时，应当遵循如下规定：

（一）对于支付给会计师事务所的报酬，上市公司应当分别按照财务审计费用和财务审计以外的其他费用进行披露。

（二）上市公司支付给会计师事务所的财务审计费用，是指上市公司根据法律、行政法规和规范性文件的要求，聘请会计师事务所对其财务报告或其他事项进行审计、审核或审阅而支付给会计师事务所的费用。财务审计以外的其他费用，是指除上述费用外，上市公司因资产评估或聘请会计师事务所提供咨询服务等情况下支付给会计师事务所的费用。

（三）上市公司披露支付给会计师事务所的报酬，应列明差旅费等费用的承担方式，支付会计师事务所的报酬中包括应付未付款项的也应同时列明。

（四）上市公司披露支付给会计师事务所的报酬，应当以表格或其他适当的方式披露报告年度和前一会计年度的比较数字，在上述期间内曾更换过会计师事务所的应当分别披露。

（五）如果上市公司和其子公司聘任了不同的会计师事务所，应当分别披露支付给不同会计师事务所的报酬。

（六）上市公司披露支付给会计师事务所的报酬，应当取得该会计师事务所的确认。

（七）为上市公司担任财务审计业务的会计师事务所，如同时为上市公司提供了其他收费服务（如咨询服务），上市公司董事会应当在披露支付会计师事务所报酬后，同时披露董事会关于其他服务收费是否影响注册会计师审计独立性的意见。

（4）发行人信息披露指引

关于首次公开发行股票并上市公司招股说明书财务报告审计截止日后主要财务信息及经营状况信息披露指引

2013年12月6日中国证券监督管理委员会公告〔2013〕45号公布施行

为进一步提高信息披露质量，增强信息披露的及时性，保护投资者的合法权益，依据《首次公开发行股票并上市管理办法》、《首次公开发行股票并在创业板上市管理暂行办法》等规定，制定本指引。

申请首次公开发行股票并上市的公司（以下简称发行人）在刊登招股说明书时，应充分披露财务报告审计截止日后的财务信息及主要经营状况，保荐机构应关注发行人在财务报告审计截止日后经营状况是否发生重大变化，并督促发行人做好信息披露工作。

一、总体要求

为便于投资者充分了解和掌握发行人的财务信息及经营状况，发行人财务报告审计截止日至招股说明书签署日之间超过1个月的，应在招股说明书中披露审计截止日后的主要经营状况。发行人财务报告审计截止日至招股说明书签署日之间超过4个月的，还应补充提供期间季度的未经审计的财务报表，并在招股说明书中披露审计截止日后的主要财务信息。

发行人提供并披露未经审计财务报表的，发行人董事会、监事会及其董事、监事、高级管理人员需出具专项声明，保证该等财务报表所载资料不存在虚假记载、误导性陈述或者重大遗漏，并对其内容的真实性、准确性及完整性承担个别及连带责任。发行人负责人、主管会计工作负责人及会计机构负责人（会计主管人员）应出具专项声明，保证该等财务报表的真实、准确、完整。会计师事务所应就该等财务报表出具审阅意见。

二、主要财务信息的披露

发行人提供季度未经审计的财务报表的，应在招股说明书中以列表方式披露该季度末和上年末（或该季度和上年同期及年初至该季度末和上年同期）的主要财务信息,包括但不限于:总资产、所有者权益、营业收入、营业利润、利润总额、净利润、归属于母公司股东的净利润、扣除非经常性损益后的归属于母公司股东的净利润、经营活动产生的现金流量净额等,并披露纳入非经常性损益的主要项目和金额。应注明相关财务信息未经审计,但已经会计师事务所审阅。

若该季度的主要会计报表项目与财务报告审计截止日或上年同期相比发生较大变化的,应披露变化情况、变化原因以及由此可能产生的影响。如发行人报告期内最近一期营业收入或营业利润呈现下滑趋势的,应进一步披露申报财务报告中最近一年及一期各季度的简要经营业绩,并与最近一季度未经审计的数据进行比较分析,同时充分披露由此可能带来的风险。

发行人如果预计年初至发行上市后第一个报告期期末的累计净利润以及扣除非经常性损益后孰低的净利润可能较上年同期发生重大变动的,应分析披露可能出现的情况及主要原因。

三、主要经营状况的披露

发行人应结合自身经营业绩波动的周期性和季节性特点,以及财务报告审计截止日后未经审计的财务信息(如有),在招股说明书中简要披露审计截止日后的主要经营状况。相关情况披露的截止时点应尽量接近招股说明书签署日。

发行人还应结合自身所处行业在过去若干年内出现的波动情况,分析披露该行业是否具备较强的周期性特征。如果属于强周期性行业,应进一步披露行业当前的发展状况。如果有明显迹象显示行业的景气指数已接近或处于顶峰,或已出现下滑趋势,且短期内主要影响因素将持续存在,应就该情况及可能对发行人未来经营业绩产生的不利影响作重大事项提示。

保荐机构应关注发行人在以下方面是否发生重大变化:发行人经营模式,主要原材料的采购规模及采购价格,主要产品的生产、销售规模及销售价格,主要客户及供应商的构成,税收政策以及其他可能影响投资者判断的重大事项。保荐机构应在发行保荐书中说明相关结论,并在发行保荐工作报告中详细说明核查的过程、了解并收集到的相关情况,得出结论的依据。如果发行人经营状况存在重大变化,保荐机构应督促发行人在招股说明书中予以充分披露。

四、重大事项提示

发行人应在招股说明书重大事项提示中提醒投资者,发行人已披露财务报告审计截止日后的主要财务信息(如有)及经营状况。需注明相关财务信息未经审计,但已经会计师事务所审阅。

发行人应结合财务报告审计截止日后的财务信息及经营状况,及时评估可能对发行人未来经营产生不利影响的风险因素,以及发行人经营中可能存在的主要困难,关注可能导致发行人经营业绩出现较大下降的因素。若审计截止日后发行人经营状况发生了较大不利变化,或延续之前即已存在的经营业绩下降趋势,应在重大事项提示中披露相关风险。预计年初至发行上市后第一个报告期期末的累计净利润可能较上年同期发生较大下降的,应在重大事项提示中明确披露可能出现的情况及主要原因。

关于首次公开发行股票并上市公司招股说明书中与盈利能力相关的信息披露指引

2013年12月6日中国证券监督管理委员会公告〔2013〕46号公布施行

为进一步强化首次公开发行股票并上市公司(以下简称发行人)信息披露的真实、准确、完整和及时,依据《首次公开发行股票并上市管理办法》、《首次公开发行股票并在创业板上市管理暂行办法》等规定,制定本指引。

发行人在披露与盈利能力相关的信息时,除应遵守招股说明书准则的一般规定外,应结合自身情况,有针对性地分析和披露盈利能力。相关中介机构应结合发行人所处的行业、经营模式等,制定符合发行人业务特点的尽职调查方案,尽职调查的内容、程序、过程及结论应在各自工作底稿中予以反映,保荐机构还应在保荐工作报告中说明其尽职调查情况及结论。

一、收入方面

(一)发行人应在招股说明书中披露下列对其收入有重大影响的信息,包括但不限于:

按产品或服务类别及业务、地区分部列表披露报告期各期营业收入的构成及比例。发行人主要产品或服务的销售价格、销售量的变化情况及原因。报告期营业收入增减变化情况及原因。

发行人采用的销售模式及销售政策。按业务类别披露发行人所采用的收入确认的具体标准、收入确认时点。发行人应根据会计准则的要求,结合自身业务特点、操作流程等因素详细说明其收入确认标准的合理性。

报告期各期发行人对主要客户的销售金额、占比及变化情况,主要客户中新增客户的销售金额及占比情况。报告期各期末发行人应收账款中主要客户的应收账款金额、占比及变化情况，新增主要客户的应收账款金额及占比情况。

（二）保荐机构和会计师事务所应核查发行人收入的真实性和准确性，包括但不限于：

发行人收入构成及变化情况是否符合行业和市场同期的变化情况。发行人产品或服务价格、销量及变动趋势与市场上相同或相近产品或服务的信息及其走势相比是否存在显著异常。

发行人属于强周期性行业的，发行人收入变化情况与该行业是否保持一致。发行人营业收入季节性波动显著的，季节性因素对发行人各季度收入的影响是否合理。

不同销售模式对发行人收入核算的影响，经销商或加盟商销售占比较高的，经销或加盟商最终销售的大致去向。发行人收入确认标准是否符合会计准则的规定，是否与行业惯例存在显著差异及原因。发行人合同收入确认时点的恰当性，是否存在提前或延迟确认收入的情况。

发行人主要客户及变化情况，与新增和异常客户交易的合理性及持续性，会计期末是否存在突击确认销售以及期后是否存在大量销售退回的情况。发行人主要合同的签订及履行情况，发行人各期主要客户的销售金额与销售合同金额之间是否匹配。报告期发行人应收账款主要客户与发行人主要客户是否匹配，新增客户的应收账款金额与其营业收入是否匹配。大额应收款项是否能够按期收回以及期末收到的销售款项是否存在期后不正常流出的情况。

发行人是否利用与关联方或其他利益相关方的交易实现报告期收入的增长。报告期关联销售金额及占比大幅下降的原因及合理性，是否存在隐匿关联交易或关联交易非关联化的情形。

二、成本方面

（一）发行人应在招股说明书中披露下列对其成本有重大影响的信息，包括但不限于：

结合报告期各期营业成本的主要构成情况，主要原材料和能源的采购数量及采购价格等，披露报告期各期发行人营业成本增减变化情况及原因。

报告期各期发行人对主要供应商的采购金额、占比及变化情况，对主要供应商中新增供应商的采购金额及占比情况。

报告期各期发行人存货的主要构成及变化情况。如发行人期末存货余额较大，周转率较低，应结合其业务模式、市场竞争情况和行业发展趋势等因素披露原因，同时分析并披露发行人的存货减值风险。

（二）保荐机构和会计师事务所应核查发行人成本的准确性和完整性，包括但不限于：

发行人主要原材料和能源的价格及其变动趋势与市场上相同或相近原材料和能源的价格及其走势相比是否存在显著异常。报告期各期发行人主要原材料及单位能源耗用与产能、产量、销量之间是否匹配。报告期发行人料、工、费的波动情况及其合理性。

发行人成本核算方法是否符合实际经营情况和会计准则的要求，报告期成本核算的方法是否保持一贯性。

发行人主要供应商变动的原因及合理性，是否存在与原有主要供应商交易额大幅减少或合作关系取消的情况。发行人主要采购合同的签订及实际履行情况。是否存在主要供应商中的外协或外包方占比较高的情况，外协或外包生产方式对发行人营业成本的影响。

发行人存货的真实性，是否存在将本应计入当期成本费用的支出混入存货项目以达到少计当期成本费用的情况。发行人存货盘点制度的建立和报告期实际执行情况，异地存放、盘点过程存在特殊困难或由第三方保管或控制的存货的盘存方法以及履行的替代盘点程序。

三、期间费用方面

（一）发行人应在招股说明书中披露下列对其期间费用有重大影响的信息，包括但不限于：

报告期各期发行人销售费用、管理费用和财务费用的构成及变化情况。

报告期各期发行人的销售费用率，如果与同行业上市公司的销售费用率存在显著差异，应披露差异情况，并结合发行人的销售模式和业务特点，披露存在差异的原因。

报告期各期发行人管理费用、财务费用占销售收入的比重，如报告期内存在异常波动，应披露原因。

（二）保荐机构和会计师事务所应核查发行人期间费用的准确性和完整性，包括但不限于：

发行人销售费用、管理费用和财务费用构成项目是否存在异常或变动幅度较大的情况及其合理性。

发行人销售费用率与同行业上市公司销售费用率相比，是否合理。发行人销售费用的变动趋势与营业收入的变动趋势的一致性，销售费用的项目和金额与当期发行人与销售相关的行为是否匹配，是否存在相关支出由其他利益相关方支付的情况。

发行人报告期管理人员薪酬是否合理，研发费用的规模与列支与发行人当期的研发行为及工艺进展是否匹配。

发行人报告期是否足额计提各项贷款利息支出，

是否根据贷款实际使用情况恰当进行利息资本化，发行人占用相关方资金或资金被相关方占用是否支付或收取资金占用费，费用是否合理。

报告期各期发行人员工工资总额、平均工资及变动趋势与发行人所在地区平均水平或同行业上市公司平均水平之间是否存在显著差异及差异的合理性。

四、净利润方面

（一）发行人应在招股说明书中披露下列对其净利润有重大影响的信息，包括但不限于：

报告期各期发行人的营业利润、利润总额和净利润金额，分析发行人净利润的主要来源以及净利润增减变化情况及原因。

报告期各期发行人的综合毛利率、分产品或服务的毛利率，同行业上市公司中与发行人相同或相近产品或服务的毛利率对比情况。如存在显著差异，应结合发行人经营模式、产品销售价格和产品成本等，披露原因及对发行人净利润的影响。

报告期内发行人的各项会计估计，如坏账准备计提比例、固定资产折旧年限等与同行业上市公司同类资产相比存在显著差异的，应披露原因及对发行人净利润的累计影响。

根据《公开发行证券的公司信息披露解释性公告第2号——财务报表附注中政府补助相关信息的披露》的相关规定，应在报表附注中作完整披露；政府补助金额较大的项目，应在招股说明书中披露主要信息。

报告期内税收政策的变化及对发行人的影响，是否面临即将实施的重大税收政策调整及对发行人可能存在的影响。

（二）保荐机构和会计师事务所应核查影响发行人净利润的项目，包括但不限于：

发行人政府补助项目的会计处理合规性。其中按应收金额确认的政府补助，是否满足确认标准，以及确认标准的一致性；与资产相关和与收益相关政府补助的划分标准是否恰当，政府补助相关递延收益分配期限确定方式是否合理等。

发行人是否符合所享受的税收优惠的条件，相关会计处理的合规性，如果存在补缴或退回的可能，是否已充分提示相关风险。

五、公司治理

《上市公司治理准则》导读：

证监会2002年1月7日出台的《上市公司治理准则》，进一步加强了董事责任和对控股股东行为的规范，重点突出以下内容：上市公司应确保所有股东，特别是中小股东享有平等地位；董事会决议致使公司遭受损失的，参与董事应承担赔偿责任；上市公司要保证所有股东有平等的机会获得相关信息；控股股东与上市公司应各自独立核算、独立承担责任和风险；不得利用资产重组等方式损害上市公司和其他股东的合法权益。

本准则阐明了我国上市公司治理的基本原则，投资者权利保护的实现方式，以及上市公司董事、监事、经理等高级管理人员所应当遵循的基本的行为准则和职业道德等内容。适用于中国境内的上市公司。上市公司改善公司治理，应当贯彻本准则所阐述的精神。上市公司制定或者修改公司章程及治理细则，应当体现本准则所列明的内容。本准则是评判上市公司是否具有良好的公司治理结构的主要衡量标准，对公司治理存在重大问题的上市公司，证券监管机构将责令其按照本准则的要求进行整改。

资料补充栏

1. 治理准则

上市公司治理准则

1. 2002年1月7日中国证券监督管理委员会、国家经济贸易委员会发布
2. 证监发〔2002〕1号

导　言

为推动上市公司建立和完善现代企业制度，规范上市公司运作，促进我国证券市场健康发展，根据《公司法》、《证券法》及其它相关法律、法规确定的基本原则，并参照国外公司治理实践中普遍认同的标准，制订本准则。

本准则阐明了我国上市公司治理的基本原则、投资者权利保护的实现方式，以及上市公司董事、监事、经理等高级管理人员所应当遵循的基本的行为准则和职业道德等内容。

本准则适用于中国境内的上市公司。上市公司改善公司治理，应当贯彻本准则所阐述的精神。上市公司制定或者修改公司章程及治理细则，应当体现本准则所列明的内容。本准则是评判上市公司是否具有良好的公司治理结构的主要衡量标准，对公司治理存在重大问题的上市公司，证券监管机构将责令其按照本准则的要求进行整改。

第一章　股东与股东大会

第一节　股东权利

第一条　股东作为公司的所有者，享有法律、行政法规和公司章程规定的合法权利。上市公司应建立能够确保股东充分行使权利的公司治理结构。

第二条　上市公司的治理结构应确保所有股东，特别是中小股东享有平等地位。股东按其持有的股份享有平等的权利，并承担相应的义务。

第三条　股东对法律、行政法规和公司章程规定的公司重大事项，享有知情权和参与权。上市公司应建立和股东沟通的有效渠道。

第四条　股东有权按照法律、行政法规的规定，通过民事诉讼或其他法律手段保护其合法权利。股东大会、董事会的决议违反法律、行政法规的规定，侵犯股东合法权益，股东有权依法提起要求停止上述违法行为或侵害行为的诉讼。董事、监事、经理执行职务时违反法律、行政法规或者公司章程的规定，给公司造成损害的，应承担赔偿责任。股东有权要求公司依法提起要求赔偿的诉讼。

第二节　股东大会的规范

第五条　上市公司应在公司章程中规定股东大会的召开和表决程序，包括通知、登记、提案的审议、投票、计票、表决结果的宣布、会议决议的形成、会议记录及其签署、公告等。

第六条　董事会应认真审议并安排股东大会审议事项。股东大会应给予每个提案合理的讨论时间。

第七条　上市公司应在公司章程中规定股东大会对董事会的授权原则，授权内容应明确具体。

第八条　上市公司应在保证股东大会合法、有效的前提下，通过各种方式和途径，包括充分运用现代信息技术手段，扩大股东参与股东大会的比例。股东大会时间、地点的选择应有利于让尽可能多的股东参加会议。

第九条　股东既可以亲自到股东大会现场投票，也可以委托代理人代为投票，两者具有同样的法律效力。

第十条　上市公司董事会、独立董事和符合有关条件的股东可向上市公司股东征集其在股东大会上的投票权。投票权征集应采取无偿的方式进行，并应向被征集人充分披露信息。

第十一条　机构投资者应在公司董事选任、经营者激励与监督、重大事项决策等方面发挥作用。

第三节　关 联 交 易

第十二条　上市公司与关联人之间的关联交易应签订书面协议。协议的签订应当遵循平等、自愿、等价、有偿的原则，协议内容应明确、具体。公司应将该协议的订立、变更、终止及履行情况等事项按照有关规定予以披露。

第十三条　上市公司应采取有效措施防止关联人以垄断采购和销售业务渠道等方式干预公司的经营，损害公司利益。关联交易活动应遵循商业原则，关联交易的价格原则上应不偏离市场独立第三方的价格或收费的标准。公司应对关联交易的定价依据予以充分披露。

第十四条　上市公司的资产属于公司所有。上市公司应采取有效措施防止股东及其关联方以各种形式占用或转移公司的资金、资产及其他资源。上市公司不得为股东及其关联方提供担保。

第二章　控股股东与上市公司

第一节　控股股东行为的规范

第十五条　控股股东对拟上市公司改制重组时应遵循先改制、后上市的原则，并注重建立合理制衡的股权结构。

第十六条　控股股东对拟上市公司改制重组时应分离其

社会职能，剥离非经营性资产，非经营性机构、福利性机构及其设施不得进入上市公司。

第十七条　控股股东为上市公司主业服务的存续企业或机构可以按照专业化、市场化的原则改组为专业化公司，并根据商业原则与上市公司签订有关协议。从事其他业务的存续企业应增强其独立发展的能力。无继续经营能力的存续企业，应按有关法律、法规的规定，通过实施破产等途径退出市场。企业重组时具备一定条件的，可以一次性分离其社会职能及分流富余人员，不保留存续企业。

第十八条　控股股东应支持上市公司深化劳动、人事、分配制度改革，转换经营管理机制，建立管理人员竞聘上岗、能上能下，职工择优录用、能进能出，收入分配能增能减、有效激励的各项制度。

第十九条　控股股东对上市公司及其他股东负有诚信义务。控股股东对其所控股的上市公司应严格依法行使出资人的权利，控股股东不得利用资产重组等方式损害上市公司和其他股东的合法权益，不得利用其特殊地位谋取额外的利益。

第二十条　控股股东对上市公司董事、监事候选人的提名，应严格遵循法律、法规和公司章程规定的条件和程序。控股股东提名的董事、监事候选人应当具备相关专业知识和决策、监督能力。控股股东不得对股东大会人事选举决议和董事会人事聘任决议履行任何批准手续；不得越过股东大会、董事会任免上市公司的高级管理人员。

第二十一条　上市公司的重大决策应由股东大会和董事会依法作出。控股股东不得直接或间接干预公司的决策及依法开展的生产经营活动，损害公司及其他股东的权益。

第二节　上市公司的独立性

第二十二条　控股股东与上市公司应实行人员、资产、财务分开，机构、业务独立，各自独立核算、独立承担责任和风险。

第二十三条　上市公司人员应独立于控股股东。上市公司的经理人员、财务负责人、营销负责人和董事会秘书在控股股东单位不得担任除董事以外的其他职务。控股股东高级管理人员兼任上市公司董事的，应保证有足够的时间和精力承担上市公司的工作。

第二十四条　控股股东投入上市公司的资产应独立完整、权属清晰。控股股东以非货币性资产出资的，应办理产权变更手续，明确界定该资产的范围。上市公司应当对该资产独立登记、建帐、核算、管理。控股股东不得占用、支配该资产或干预上市公司对该资产的经营管理。

第二十五条　上市公司应按照有关法律、法规的要求建立健全的财务、会计管理制度，独立核算。控股股东应尊重公司财务的独立性，不得干预公司的财务、会计活动。

第二十六条　上市公司的董事会、监事会及其他内部机构应独立运作。控股股东及其职能部门与上市公司及其职能部门之间没有上下级关系。控股股东及其下属机构不得向上市公司及其下属机构下达任何有关上市公司经营的计划和指令，也不得以其他任何形式影响其经营管理的独立性。

第二十七条　上市公司业务应完全独立于控股股东。控股股东及其下属的其他单位不应从事与上市公司相同或相近的业务。控股股东应采取有效措施避免同业竞争。

第三章　董事与董事会

第一节　董事的选聘程序

第二十八条　上市公司应在公司章程中规定规范、透明的董事选聘程序，保证董事选聘公开、公平、公正、独立。

第二十九条　上市公司应在股东大会召开前披露董事候选人的详细资料，保证股东在投票时对候选人有足够的了解。

第三十条　董事候选人应在股东大会召开之前作出书面承诺，同意接受提名，承诺公开披露的董事候选人的资料真实、完整并保证当选后切实履行董事职责。

第三十一条　在董事的选举过程中，应充分反映中小股东的意见。股东大会在董事选举中应积极推行累积投票制度。控股股东控股比例在30%以上的上市公司，应当采用累积投票制。采用累积投票制度的上市公司应在公司章程里规定该制度的实施细则。

第三十二条　上市公司应和董事签订聘任合同，明确公司和董事之间的权利义务、董事的任期、董事违反法律法规和公司章程的责任以及公司因故提前解除合同的补偿等内容。

第二节　董事的义务

第三十三条　董事应根据公司和全体股东的最大利益，忠实、诚信、勤勉地履行职责。

第三十四条　董事应保证有足够的时间和精力履行其应尽的职责。

第三十五条　董事应以认真负责的态度出席董事会，对所议事项表达明确的意见。董事确实无法亲自出席董事会的，可以书面形式委托其他董事按委托人的意愿代为投票，委托人应独立承担法律责任。

第三十六条　董事应遵守有关法律、法规及公司章程的规定,严格遵守其公开作出的承诺。

第三十七条 董事应积极参加有关培训,以了解作为董事的权利、义务和责任,熟悉有关法律法规,掌握作为董事应具备的相关知识。

第三十八条 董事会决议违反法律、法规和公司章程的规定,致使公司遭受损失的,参与决议的董事对公司承担赔偿责任。但经证明在表决时曾表明异议并记载于会议记录的董事除外。

第三十九条 经股东大会批准,上市公司可以为董事购买责任保险。但董事因违反法律法规和公司章程规定而导致的责任除外。

第三节 董事会的构成和职责

第四十条 董事会的人数及人员构成应符合有关法律、法规的要求,确保董事会能够进行富有成效的讨论,作出科学、迅速和谨慎的决策。

第四十一条 董事会应具备合理的专业结构,其成员应具备履行职务所必需的知识、技能和素质。

第四十二条 董事会向股东大会负责。上市公司治理结构应确保董事会能够按照法律、法规和公司章程的规定行使职权。

第四十三条 董事会应认真履行有关法律、法规和公司章程规定的职责,确保公司遵守法律、法规和公司章程的规定,公平对待所有股东,并关注其他利益相关者的利益。

第四节 董事会议事规则

第四十四条 上市公司应在公司章程中规定规范的董事会议事规则,确保董事会高效运作和科学决策。

第四十五条 董事会应定期召开会议,并根据需要及时召开临时会议。董事会会议应有事先拟定的议题。

第四十六条 上市公司董事会会议应严格按照规定的程序进行。董事会应按规定的时间事先通知所有董事,并提供足够的资料,包括会议议题的相关背景材料和有助于董事理解公司业务进展的信息和数据。当2名或2名以上独立董事认为资料不充分或论证不明确时,可联名以书面形式向董事会提出延期召开董事会会议或延期审议该事项,董事会应予以采纳。

第四十七条 董事会会议记录应完整、真实。董事会秘书对会议所议事项要认真组织记录和整理。出席会议的董事、董事会秘书和记录人应在会议记录上签名。董事会会议记录应作为公司重要档案妥善保存,以作为日后明确董事责任的重要依据。

第四十八条 董事会授权董事长在董事会闭会期间行使董事会部分职权的,上市公司应在公司章程中明确规定授权原则和授权内容,授权内容应当明确、具体。凡涉及公司重大利益的事项应由董事会集体决策。

第五节 独立董事制度

第四十九条 上市公司应按照有关规定建立独立董事制度。独立董事应独立于所受聘的公司及其主要股东。独立董事不得在上市公司担任除独立董事外的其他任何职务。

第五十条 独立董事对公司及全体股东负有诚信与勤勉义务。独立董事应按照相关法律、法规、公司章程的要求,认真履行职责,维护公司整体利益,尤其要关注中小股东的合法权益不受损害。独立董事应独立履行职责,不受公司主要股东、实际控制人、以及其他与上市公司存在利害关系的单位或个人的影响。

第五十一条 独立董事的任职条件、选举更换程序、职责等,应符合有关规定。

第六节 董事会专门委员会

第五十二条 上市公司董事会可以按照股东大会的有关决议,设立战略、审计、提名、薪酬与考核等专门委员会。专门委员会成员全部由董事组成,其中审计委员会、提名委员会、薪酬与考核委员会中独立董事应占多数并担任召集人,审计委员会中至少应有一名独立董事是会计专业人士。

第五十三条 战略委员会的主要职责是对公司长期发展战略和重大投资决策进行研究并提出建议。

第五十四条 审计委员会的主要职责是:(1)提议聘请或更换外部审计机构;(2)监督公司的内部审计制度及其实施;(3)负责内部审计与外部审计之间的沟通;(4)审核公司的财务信息及其披露;(5)审查公司的内控制度。

第五十五条 提名委员会的主要职责是:(1)研究董事、经理人员的选择标准和程序并提出建议;(2)广泛搜寻合格的董事和经理人员的人选;(3)对董事候选人和经理人选进行审查并提出建议。

第五十六条 薪酬与考核委员会的主要职责是:(1)研究董事与经理人员考核的标准,进行考核并提出建议;(2)研究和审查董事、高级管理人员的薪酬政策与方案。

第五十七条 各专门委员会可以聘请中介机构提供专业意见,有关费用由公司承担。

第五十八条 各专门委员会对董事会负责,各专门委员会的提案应提交董事会审查决定。

第四章 监事与监事会

第一节 监事会的职责

第五十九条 上市公司监事会应向全体股东负责,对公司财务以及公司董事、经理和其他高级管理人员履行职责的合法合规性进行监督,维护公司及股东的合法权益。

第六十条　监事有了解公司经营情况的权利,并承担相应的保密义务。监事会可以独立聘请中介机构提供专业意见。

第六十一条　上市公司应采取措施保障监事的知情权,为监事正常履行职责提供必要的协助,任何人不得干预、阻挠。监事履行职责所需的合理费用应由公司承担。

第六十二条　监事会的监督记录以及进行财务或专项检查的结果应成为对董事、经理和其他高级管理人员绩效评价的重要依据。

第六十三条　监事会发现董事、经理和其他高级管理人员存在违反法律、法规或公司章程的行为,可以向董事会、股东大会反映,也可以直接向证券监管机构及其他有关部门报告。

第二节　监事会的构成和议事规则

第六十四条　监事应具有法律、会计等方面的专业知识或工作经验。监事会的人员和结构应确保监事会能够独立有效地行使对董事、经理和其他高级管理人员及公司财务的监督和检查。

第六十五条　上市公司应在公司章程中规定规范的监事会议事规则。监事会会议应严格按规定程序进行。

第六十六条　监事会应定期召开会议,并根据需要及时召开临时会议。监事会会议因故不能如期召开,应公告说明原因。

第六十七条　监事会可要求公司董事、经理及其他高级管理人员、内部及外部审计人员出席监事会会议,回答所关注的问题。

第六十八条　监事会会议应有记录,出席会议的监事和记录人应当在会议记录上签字。监事有权要求在记录上对其在会议上的发言作出某种说明性记载。监事会会议记录应作为公司重要档案妥善保存。

第五章　绩效评价与激励约束机制

第一节　董事、监事、经理人员的绩效评价

第六十九条　上市公司应建立公正透明的董事、监事和经理人员的绩效评价标准和程序。

第七十条　董事和经理人员的绩效评价由董事会或其下设的薪酬与考核委员会负责组织。独立董事、监事的评价应采取自我评价与相互评价相结合的方式进行。

第七十一条　董事报酬的数额和方式由董事会提出方案报请股东大会决定。在董事会或薪酬与考核委员会对董事个人进行评价或讨论其报酬时,该董事应当回避。

第七十二条　董事会、监事会应当向股东大会报告董事、监事履行职责的情况、绩效评价结果及其薪酬情况,并予以披露。

第二节　经理人员的聘任

第七十三条　上市公司经理人员的聘任,应严格按照有关法律、法规和公司章程的规定进行。任何组织和个人不得干预公司经理人员的正常选聘程序。

第七十四条　上市公司应尽可能采取公开、透明的方式,从境内外人才市场选聘经理人员,并充分发挥中介机构的作用。

第七十五条　上市公司应和经理人员签订聘任合同,明确双方的权利义务关系。

第七十六条　经理的任免应履行法定的程序,并向社会公告。

第三节　经理人员的激励与约束机制

第七十七条　上市公司应建立经理人员的薪酬与公司绩效和个人业绩相联系的激励机制,以吸引人才,保持经理人员的稳定。

第七十八条　上市公司对经理人员的绩效评价应当成为确定经理人员薪酬以及其它激励方式的依据。

第七十九条　经理人员的薪酬分配方案应获得董事会的批准,向股东大会说明,并予以披露。

第八十条　上市公司应在公司章程中明确经理人员的职责。经理人员违反法律、法规和公司章程规定,致使公司遭受损失的,公司董事会应积极采取措施追究其法律责任。

第六章　利益相关者

第八十一条　上市公司应尊重银行及其它债权人、职工、消费者、供应商、社区等利益相关者的合法权利。

第八十二条　上市公司应与利益相关者积极合作,共同推动公司持续、健康地发展。

第八十三条　上市公司应为维护利益相关者的权益提供必要的条件,当其合法权益受到侵害时,利益相关者应有机会和途径获得赔偿。

第八十四条　上市公司应向银行及其它债权人提供必要的信息,以便其对公司的经营状况和财务状况作出判断和进行决策。

第八十五条　上市公司应鼓励职工通过与董事会、监事会和经理人员的直接沟通和交流,反映职工对公司经营、财务状况以及涉及职工利益的重大决策的意见。

第八十六条　上市公司在保持公司持续发展、实现股东利益最大化的同时,应关注所在社区的福利、环境保

护、公益事业等问题，重视公司的社会责任。

第七章 信息披露与透明度

第一节 上市公司的持续信息披露

第八十七条 持续信息披露是上市公司的责任。上市公司应严格按照法律、法规和公司章程的规定，真实、准确、完整、及时地披露信息。

第八十八条 上市公司除按照强制性规定披露信息外，应主动、及时地披露所有可能对股东和其它利益相关者决策产生实质性影响的信息，并保证所有股东有平等的机会获得信息。

第八十九条 上市公司披露的信息应当便于理解。上市公司应保证使用者能够通过经济、便捷的方式（如互联网）获得信息。

第九十条 上市公司董事会秘书负责信息披露事项，包括建立信息披露制度、接待来访、回答咨询、联系股东，向投资者提供公司公开披露的资料等。董事会及经理人员应对董事会秘书的工作予以积极支持。任何机构及个人不得干预董事会秘书的工作。

第二节 公司治理信息的披露

第九十一条 上市公司应按照法律、法规及其他有关规定，披露公司治理的有关信息，包括但不限于：(1)董事会、监事会的人员及构成；(2)董事会、监事会的工作及评价；(3)独立董事工作情况及评价，包括独立董事出席董事会的情况、发表独立意见的情况及对关联交易、董事及高级管理人员的任免等事项的意见；(4)各专门委员会的组成及工作情况；(5)公司治理的实际状况，及与本准则存在的差异及其原因；(6)改进公司治理的具体计划和措施。

第三节 股东权益的披露

第九十二条 上市公司应按照有关规定，及时披露持有公司股份比例较大的股东以及一致行动时可以实际控制公司的股东或实际控制人的详细资料。

第九十三条 上市公司应及时了解并披露公司股份变动的情况以及其它可能引起股份变动的重要事项。

第九十四条 当上市公司控股股东增持、减持或质押公司股份，或上市公司控制权发生转移时，上市公司及其控股股东应及时、准确地向全体股东披露有关信息。

第八章 附 则

第九十五条 本准则自发布之日起施行。

2. 股东与股东大会

关于加强社会公众股股东权益保护的若干规定

1. 2004年12月7日中国证券监督管理委员会发布

2. 证监发〔2004〕118号

3. 根据2008年10月9日中国证券监督管理委员会令第57号《关于修改上市公司现金分红若干规定的决定》修订

为进一步贯彻落实《国务院关于推进资本市场改革开放和稳定发展的若干意见》（国发〔2004〕3号），形成抑制滥用上市公司控制权的制约机制，把保护投资者特别是社会公众投资者的合法权益落在实处，现规定如下：

一、试行公司重大事项社会公众股股东表决制度

（一）在股权分置情形下，作为一项过渡性措施，上市公司应建立和完善社会公众股股东对重大事项的表决制度。下列事项按照法律、行政法规和公司章程规定，经全体股东大会表决通过，并经参加表决的社会公众股股东所持表决权的半数以上通过，方可实施或提出申请：

1. 上市公司向社会公众增发新股（含发行境外上市外资股或其他股份性质的权证）、发行可转换公司债券、向原有股东配售股份（但具有实际控制权的股东在会议召开前承诺全额现金认购的除外）；

2. 上市公司重大资产重组，购买的资产总价较所购买资产经审计的账面净值溢价达到或超过20%的；

3. 股东以其持有的上市公司股权偿还其所欠该公司的债务；

4. 对上市公司有重大影响的附属企业到境外上市；

5. 在上市公司发展中对社会公众股股东利益有重大影响的相关事项。

上市公司发布股东大会通知后，应当在股权登记日后三日内再次公告股东大会通知。

上市公司公告股东大会决议时，应当说明参加表决的社会公众股股东人数、所持股份总数、占公司社会公众股股份的比例和表决结果，并披露参加表决的前十大社会公众股股东的持股和表决情况。

（二）上市公司应积极采取措施，提高社会公众股股东参加股东大会的比例。鼓励上市公司在召开股东大会时，除现场会议外，向股东提供网络形式的投票平台。上市公司召开股东大会审议上述第(一)项所列事项的,应当向股东提供网络形式的投票平台。

上市公司股东大会实施网络投票,应按有关实施办法办理。

(三)上市公司应切实保障社会公众股股东参与股东大会的权利。股东可以亲自投票,也可以委托他人代为投票。董事会、独立董事和符合一定条件的股东可以向上市公司股东征集其在股东大会上的投票权。

征集人公开征集上市公司股东投票权,应按有关实施办法办理。

(四)上市公司应切实保障社会公众股股东选择董事、监事的权利。在股东大会选举董事、监事的过程中,应充分反映社会公众股股东的意见,积极推行累积投票制。

本规定所称累积投票制是指上市公司股东大会选举董事或监事时,有表决权的每一股份拥有与拟选出的董事或监事人数相同的表决权,股东拥有的表决权可以集中使用。

(五)上市公司制定或修改章程应贯彻上述规定及有关实施办法的精神,列明有关条款。

二、完善独立董事制度,充分发挥独立董事的作用

(一)上市公司应当建立独立董事制度。独立董事应当忠实履行职务,维护公司利益,尤其要关注社会公众股股东的合法权益不受损害。

(二)独立董事应当独立履行职责,不受上市公司主要股东、实际控制人或者与上市公司及其主要股东、实际控制人存在利害关系的单位或个人的影响。

(三)重大关联交易、聘用或解聘会计师事务所,应由二分之一以上独立董事同意后,方可提交董事会讨论。经全体独立董事同意,独立董事可独立聘请外部审计机构和咨询机构,对公司的具体事项进行审计和咨询,相关费用由公司承担。

(四)上市公司应当建立独立董事工作制度,董事会秘书应当积极配合独立董事履行职责。上市公司应当保证独立董事享有与其他董事同等的知情权,及时向独立董事提供相关材料和信息,定期通报公司运营情况,必要时可组织独立董事实地考察。

(五)独立董事应当按时出席董事会会议,了解上市公司的生产经营和运作情况,主动调查、获取做出决策所需要的情况和资料。独立董事应当向公司股东大会提交年度述职报告,对其履行职责的情况进行说明。

(六)独立董事任期届满前,无正当理由不得被免职。提前免职的,上市公司应将其作为特别披露事项予以披露。

三、加强投资者关系管理,提高上市公司信息披露质量

(一)上市公司应严格按照法律、行政法规和上市规则的规定,及时、准确、完整、充分地披露信息。上市公司披露信息的内容和方式应方便公众投资者阅读、理解和获得。

(二)上市公司应积极开展投资者关系管理工作,建立健全投资者关系管理工作制度,董事会秘书具体负责公司投资者关系管理工作。

(三)上市公司应积极主动地披露信息,公平对待公司的所有股东,不得进行选择性信息披露。

(四)上市公司应通过多种形式主动加强与投资者特别是社会公众投资者的沟通和交流,设立专门的投资者咨询电话,在公司网站开设投资者关系专栏,定期举行与公众投资者见面活动,及时答复公众投资者关心的问题。

四、上市公司应实施积极的利润分配办法

(一)上市公司可以进行中期现金分红。上市公司的利润分配应重视对投资者的合理投资回报。

(二)上市公司应当将其利润分配办法载明于公司章程。

(三)上市公司董事会未做出现金利润分配预案的,应当在定期报告中披露原因,独立董事应当对此发表独立意见;上市公司最近三年未进行现金利润分配的,不得向社会公众增发新股、发行可转换公司债券或向原有股东配售股份。

(四)存在股东违规占用上市公司资金情况的,上市公司应当扣减该股东所分配的现金红利,以偿还其占用的资金。

五、加强对上市公司和高级管理人员的监督

(一)上市公司控股股东及实际控制人对上市公司和社会公众股股东负有诚信义务。控股股东及实际控制人不得违规占用上市公司资金,不得违规为关联方提供担保,不得利用关联交易、利润分配、资产重组、对外投资等方式损害上市公司和社会公众股股东的合法权益。控股股东或实际控制人利用其控制地位,对上市公司和社会公众股股东利益造成损害的,将依法追究其责任。

(二)上市公司被控股股东或实际控制人违规占用资金,或上市公司违规为关联方提供担保的,在上述行为未纠正前,中国证监会不受理其再融资申请;控股股东或实际控制人违规占用上市公司资金的,在其行为未纠正前,中国证监会不受理其公开发行证券的申请或其他审批事项。

(三)上市公司的高级管理人员应当忠实履行职务,维护公司和全体股东的最大利益。上市公司高级管理人员未能忠实履行职务，违背诚信义务的，其行为将被记入诚信档案，并适时向社会公布；违规情节严重的，将实施市场禁入；给上市公司和社会公众股股东的利益造成损害的，应当依法承担赔偿责任。

（四）上市公司不得聘用《中华人民共和国公司法》规定的不得担任董事、监事、经理情形的人员，被中国证监会宣布为市场禁入且尚在禁入期的人员，被证券交易所宣布为不适当人选未满两年的人员担任公司高级管理人员职务。

六、本规定适用于股票在上海、深圳证券交易所挂牌交易的上市公司。

七、本规定自发布之日起实施。

上市公司与投资者关系工作指引

1. 2005年7月11日中国证券监督管理委员会发布

2. 证监公司字〔2005〕52号

第一章　总　　则

第一条　为进一步贯彻落实《国务院关于推进资本市场改革开放和稳定发展的若干意见》，加强上市公司（以下简称“公司”）与投资者之间的信息沟通，完善公司治理结构，切实保护投资者特别是社会公众投资者的合法权益，根据《中华人民共和国公司法》、《中华人民共和国证券法》及其他有关法律、法规，制定本指引。

第二条　投资者关系工作是指公司通过信息披露与交流，加强与投资者及潜在投资者之间的沟通，增进投资者对公司的了解和认同，提升公司治理水平，以实现公司整体利益最大化和保护投资者合法权益的重要工作。

第三条　投资者关系工作的目的是：

（一）促进公司与投资者之间的良性关系，增进投资者对公司的进一步了解和熟悉。

（二）建立稳定和优质的投资者基础，获得长期的市场支持。

（三）形成服务投资者、尊重投资者的企业文化。

（四）促进公司整体利益最大化和股东财富增长并举的投资理念。

（五）增加公司信息披露透明度，改善公司治理。

第四条　投资者关系工作的基本原则是：

（一）充分披露信息原则。除强制的信息披露以外，公司可主动披露投资者关心的其他相关信息。

（二）合规披露信息原则。公司应遵守国家法律、法规及证券监管部门、证券交易所对上市公司信息披露的规定，保证信息披露真实、准确、完整、及时。在开展投资者关系工作时应注意尚未公布信息及其他内部信息的保密，一旦出现泄密的情形，公司应当按有关规定及时予以披露。

（三）投资者机会均等原则。公司应公平对待公司的所有股东及潜在投资者，避免进行选择性信息披露。

（四）诚实守信原则。公司的投资者关系工作应客观、真实和准确，避免过度宣传和误导。

（五）高效低耗原则。选择投资者关系工作方式时，公司应充分考虑提高沟通效率，降低沟通成本。

（六）互动沟通原则。公司应主动听取投资者的意见、建议，实现公司与投资者之间的双向沟通，形成良性互动。

第五条　本指引是公司投资者关系工作的基本行为指南，鼓励公司按照本指引的精神和要求，积极、主动地开展投资者关系工作。公司特别是管理层应当高度重视投资者关系工作。

第二章　投资者关系工作的内容和方式

第六条　投资者关系工作中公司与投资者沟通的内容主要包括：

（一）公司的发展战略，包括公司的发展方向、发展规划、竞争战略和经营方针等；

（二）法定信息披露及其说明，包括定期报告和临时公告等；

（三）公司依法可以披露的经营管理信息，包括生产经营状况、财务状况、新产品或新技术的研究开发、经营业绩、股利分配等；

（四）公司依法可以披露的重大事项，包括公司的重大投资及其变化、资产重组、收购兼并、对外合作、对外担保、重大合同、关联交易、重大诉讼或仲裁、管理层变动以及大股东变化等信息；

（五）企业文化建设；

（六）公司的其他相关信息。

第七条　公司可多渠道、多层次地与投资者进行沟通，沟通方式应尽可能便捷、有效，便于投资者参与。

第八条　根据法律、法规和证券监管部门、证券交易所规定应进行披露的信息必须于第一时间在公司信息披露指定报纸和指定网站公布。

第九条　公司在其他公共传媒披露的信息不得先于指定报纸和指定网站，不得以新闻发布或答记者问等其他形式代替公司公告。

公司应明确区分宣传广告与媒体的报道，不应以宣传广告材料以及有偿手段影响媒体的客观独立报道。

公司应及时关注媒体的宣传报道,必要时可适当回应。

第十条　公司应充分重视网络沟通平台建设,可在公司网站开设投资者关系专栏,通过电子信箱或论坛接受投资者提出的问题和建议,并及时答复。

第十一条　公司应丰富和及时更新公司网站的内容,可将新闻发布、公司概况、经营产品或服务情况、法定信息披露资料、投资者关系联系方法、专题文章、行政人员演说、股票行情等投资者关心的相关信息放置于公司网站。

第十二条　公司应设立专门的投资者咨询电话和传真,咨询电话由熟悉情况的专人负责,保证在工作时间线路畅通、认真接听。咨询电话号码如有变更应尽快公布。

公司可利用网络等现代通讯工具定期或不定期开展有利于改善投资者关系的交流活动。

第十三条　公司可安排投资者、分析师等到公司现场参观、座谈沟通。

公司应合理、妥善地安排参观过程,使参观人员了解公司业务和经营情况,同时注意避免参观者有机会得到未公开的重要信息。

第十四条　公司应努力为中小股东参加股东大会创造条件,充分考虑召开的时间和地点以便于股东参加。

第十五条　公司可在定期报告结束后,举行业绩说明会,或在认为必要时与投资者、基金经理、分析师就公司的经营情况、财务状况及其他事项进行一对一的沟通,介绍情况、回答有关问题并听取相关建议。

公司不得在业绩说明会或一对一的沟通中发布尚未披露的公司重大信息。对于所提供的相关信息,公司应平等地提供给其他投资者。

第十六条　公司可在实施融资计划时按有关规定举行路演。

第十七条　公司可将包括定期报告和临时报告在内的公司公告寄送给投资者或分析师等相关机构和人员。

第十八条　鼓励公司在遵守信息披露规则的前提下,建立与投资者的重大事项沟通机制,在制定涉及股东权益的重大方案时,通过多种方式与投资者进行充分沟通和协商。

公司可在按照信息披露规则作出公告后至股东大会召开前,通过现场或网络投资者交流会、说明会,走访机构投资者,发放征求意见函,设立热线电话、传真及电子信箱等多种方式与投资者进行充分沟通,广泛征询意见。

公司在与投资者进行沟通时,所聘请的相关中介机构也可参与相关活动。

第三章　投资者关系工作的组织与实施

第十九条　公司应确定由董事会秘书负责投资者关系工作。

第二十条　公司可视情况指定或设立投资者关系工作专职部门,负责公司投资者关系工作事务。

第二十一条　公司可结合本公司实际制订投资者关系工作制度和工作规范。

第二十二条　投资者关系工作包括的主要职责是:

(一)分析研究。统计分析投资者和潜在投资者的数量、构成及变动情况;持续关注投资者及媒体的意见、建议和报道等各类信息并及时反馈给公司董事会及管理层。

(二)沟通与联络。整合投资者所需信息并予以发布;举办分析师说明会等会议及路演活动,接受分析师、投资者和媒体的咨询;接待投资者来访,与机构投资者及中小投资者保持经常联络,提高投资者对公司的参与度。

(三)公共关系。建立并维护与证券交易所、行业协会、媒体以及其他上市公司和相关机构之间良好的公共关系;在涉讼、重大重组、关键人员的变动、股票交易异动以及经营环境重大变动等重大事项发生后配合公司相关部门提出并实施有效处理方案,积极维护公司的公共形象。

(四)有利于改善投资者关系的其他工作。

第二十三条　公司应建立良好的内部协调机制和信息采集制度。负责投资者关系工作的部门或人员应及时归集各部门及下属公司的生产经营、财务、诉讼等信息,公司各部门及下属公司应积极配合。

第二十四条　除非得到明确授权,公司高级管理人员和其他员工不得在投资者关系活动中代表公司发言。

第二十五条　公司可聘请专业的投资者关系工作机构协助实施投资者关系工作。

第二十六条　公司从事投资者关系工作的人员需要具备以下素质和技能:

(一)全面了解公司各方面情况。

(二)具备良好的知识结构,熟悉公司治理、财务会计等相关法律、法规和证券市场的运作机制。

(三)具有良好的沟通和协调能力。

(四)具有良好的品行,诚实信用。

第二十七条　公司可采取适当方式对全体员工特别是高级管理人员和相关部门负责人进行投资者关系工作相关知识的培训。在开展重大的投资者关系促进活动时,还可做专题培训。

第四章 附 则

第二十八条 本指引由中国证监会负责解释。

第二十九条 本指引自发布之日起施行。

上市公司股东大会规则（2014年修订）

2014年10月20日中国证券监督管理委员会公告〔2014〕46号公布施行

第一章 总 则

第一条 为规范上市公司行为，保证股东大会依法行使职权，根据《中华人民共和国公司法》（以下简称《公司法》）、《中华人民共和国证券法》（以下简称《证券法》）的规定，制定本规则。

第二条 上市公司应当严格按照法律、行政法规、本规则及公司章程的相关规定召开股东大会，保证股东能够依法行使权利。

公司董事会应当切实履行职责，认真、按时组织股东大会。公司全体董事应当勤勉尽责，确保股东大会正常召开和依法行使职权。

第三条 股东大会应当在《公司法》和公司章程规定的范围内行使职权。

第四条 股东大会分为年度股东大会和临时股东大会。年度股东大会每年召开一次，应当于上一会计年度结束后的6个月内举行。临时股东大会不定期召开，出现《公司法》第一百零一条规定的应当召开临时股东大会的情形时，临时股东大会应当在2个月内召开。

公司在上述期限内不能召开股东大会的，应当报告公司所在地中国证监会派出机构和公司股票挂牌交易的证券交易所（以下简称“证券交易所”），说明原因并公告。

第五条 公司召开股东大会，应当聘请律师对以下问题出具法律意见并公告：

（一）会议的召集、召开程序是否符合法律、行政法规、本规则和公司章程的规定；

（二）出席会议人员的资格、召集人资格是否合法有效；

（三）会议的表决程序、表决结果是否合法有效；

（四）应公司要求对其他有关问题出具的法律意见。

第二章 股东大会的召集

第六条 董事会应当在本规则第四条规定的期限内按时召集股东大会。

第七条 独立董事有权向董事会提议召开临时股东大会。对独立董事要求召开临时股东大会的提议，董事会应当根据法律、行政法规和公司章程的规定，在收到提议后10日内提出同意或不同意召开临时股东大会的书面反馈意见。

董事会同意召开临时股东大会的，应当在作出董事会决议后的5日内发出召开股东大会的通知；董事会不同意召开临时股东大会的，应当说明理由并公告。

第八条 监事会有权向董事会提议召开临时股东大会，并应当以书面形式向董事会提出。董事会应当根据法律、行政法规和公司章程的规定，在收到提议后10日内提出同意或不同意召开临时股东大会的书面反馈意见。

董事会同意召开临时股东大会的，应当在作出董事会决议后的5日内发出召开股东大会的通知，通知中对原提议的变更，应当征得监事会的同意。

董事会不同意召开临时股东大会，或者在收到提议后10日内未作出书面反馈的，视为董事会不能履行或者不履行召集股东大会会议职责，监事会可以自行召集和主持。

第九条 单独或者合计持有公司10%以上股份的普通股股东（含表决权恢复的优先股股东）有权向董事会请求召开临时股东大会，并应当以书面形式向董事会提出。董事会应当根据法律、行政法规和公司章程的规定，在收到请求后10日内提出同意或不同意召开临时股东大会的书面反馈意见。

董事会同意召开临时股东大会的，应当在作出董事会决议后的5日内发出召开股东大会的通知，通知中对原请求的变更，应当征得相关股东的同意。

董事会不同意召开临时股东大会，或者在收到请求后10日内未作出反馈的，单独或者合计持有公司10%以上股份的普通股股东（含表决权恢复的优先股股东）有权向监事会提议召开临时股东大会，并应当以书面形式向监事会提出请求。

监事会同意召开临时股东大会的，应在收到请求5日内发出召开股东大会的通知，通知中对原请求的变更，应当征得相关股东的同意。

监事会未在规定期限内发出股东大会通知的，视为监事会不召集和主持股东大会，连续90日以上单独或者合计持有公司10%以上股份的普通股股东（含表决权恢复的优先股股东）可以自行召集和主持。

第十条 监事会或股东决定自行召集股东大会的，应当书面通知董事会，同时向公司所在地中国证监会派出机构和证券交易所备案。

在股东大会决议公告前，召集普通股股东（含表决权恢复的优先股股东）持股比例不得低于10%。

监事会和召集股东应在发出股东大会通知及发布股东大会决议公告时,向公司所在地中国证监会派出机构和证券交易所提交有关证明材料。

第十一条 对于监事会或股东自行召集的股东大会,董事会和董事会秘书应予配合。董事会应当提供股权登记日的股东名册。董事会未提供股东名册的,召集人可以持召集股东大会通知的相关公告,向证券登记结算机构申请获取。召集人所获取的股东名册不得用于除召开股东大会以外的其他用途。

第十二条 监事会或股东自行召集的股东大会,会议所必需的费用由公司承担。

第三章 股东大会的提案与通知

第十三条 提案的内容应当属于股东大会职权范围,有明确议题和具体决议事项,并且符合法律、行政法规和公司章程的有关规定。

第十四条 单独或者合计持有公司3%以上股份的普通股股东(含表决权恢复的优先股股东),可以在股东大会召开10日前提出临时提案并书面提交召集人。召集人应当在收到提案后2日内发出股东大会补充通知,公告临时提案的内容。

除前款规定外,召集人在发出股东大会通知后,不得修改股东大会通知中已列明的提案或增加新的提案。

股东大会通知中未列明或不符合本规则第十三条规定的提案,股东大会不得进行表决并作出决议。

第十五条 召集人应当在年度股东大会召开20日前以公告方式通知各普通股股东(含表决权恢复的优先股股东),临时股东大会应当于会议召开15日前以公告方式通知各普通股股东(含表决权恢复的优先股股东)。

第十六条 股东大会通知和补充通知中应当充分、完整披露所有提案的具体内容,以及为使股东对拟讨论的事项作出合理判断所需的全部资料或解释。拟讨论的事项需要独立董事发表意见的,发出股东大会通知或补充通知时应当同时披露独立董事的意见及理由。

第十七条 股东大会拟讨论董事、监事选举事项的,股东大会通知中应当充分披露董事、监事候选人的详细资料,至少包括以下内容:

(一)教育背景、工作经历、兼职等个人情况;

(二)与公司或其控股股东及实际控制人是否存在关联关系;

(三)披露持有上市公司股份数量;

(四)是否受过中国证监会及其他有关部门的处罚和证券交易所惩戒。

除采取累积投票制选举董事、监事外,每位董事、监事候选人应当以单项提案提出。

第十八条 股东大会通知中应当列明会议时间、地点,并确定股权登记日。股权登记日与会议日期之间的间隔应当不多于7个工作日。股权登记日一旦确认,不得变更。

第十九条 发出股东大会通知后,无正当理由,股东大会不得延期或取消,股东大会通知中列明的提案不得取消。一旦出现延期或取消的情形,召集人应当在原定召开日前至少2个工作日公告并说明原因。

第四章 股东大会的召开

第二十条 公司应当在公司住所地或公司章程规定的地点召开股东大会。

股东大会应当设置会场,以现场会议形式召开,并应当按照法律、行政法规、中国证监会或公司章程的规定,采用安全、经济、便捷的网络和其他方式为股东参加股东大会提供便利。股东通过上述方式参加股东大会的,视为出席。

股东可以亲自出席股东大会并行使表决权,也可以委托他人代为出席和在授权范围内行使表决权。

第二十一条 公司股东大会采用网络或其他方式的,应当在股东大会通知中明确载明网络或其他方式的表决时间以及表决程序。

股东大会网络或其他方式投票的开始时间,不得早于现场股东大会召开前一日下午3:00,并不得迟于现场股东大会召开当日上午9:30,其结束时间不得早于现场股东大会结束当日下午3:00。

第二十二条 董事会和其他召集人应当采取必要措施,保证股东大会的正常秩序。对于干扰股东大会、寻衅滋事和侵犯股东合法权益的行为,应当采取措施加以制止并及时报告有关部门查处。

第二十三条 股权登记日登记在册的所有普通股股东(含表决权恢复的优先股股东)或其代理人,均有权出席股东大会,公司和召集人不得以任何理由拒绝。

优先股股东不出席股东大会会议,所持股份没有表决权,但出现以下情况之一的,公司召开股东大会会议应当通知优先股股东,并遵循《公司法》及公司章程通知普通股股东的规定程序。优先股股东出席股东大会会议时,有权与普通股股东分类表决,其所持每一优先股有一表决权,但公司持有的本公司优先股没有表决权:

(一)修改公司章程中与优先股相关的内容;

(二)一次或累计减少公司注册资本超过百分之十;

（三）公司合并、分立、解散或变更公司形式；

（四）发行优先股；

（五）公司章程规定的其他情形。

上述事项的决议，除须经出席会议的普通股股东（含表决权恢复的优先股股东）所持表决权的三分之二以上通过之外，还须经出席会议的优先股股东（不含表决权恢复的优先股股东）所持表决权的三分之二以上通过。

第二十四条 股东应当持股票账户卡、身份证或其他能够表明其身份的有效证件或证明出席股东大会。代理人还应当提交股东授权委托书和个人有效身份证件。

第二十五条 召集人和律师应当依据证券登记结算机构提供的股东名册共同对股东资格的合法性进行验证，并登记股东姓名或名称及其所持有表决权的股份数。在会议主持人宣布现场出席会议的股东和代理人人数及所持有表决权的股份总数之前，会议登记应当终止。

第二十六条 公司召开股东大会，全体董事、监事和董事会秘书应当出席会议，经理和其他高级管理人员应当列席会议。

第二十七条 股东大会由董事长主持。董事长不能履行职务或不履行职务时，由副董事长主持；副董事长不能履行职务或者不履行职务时，由半数以上董事共同推举的一名董事主持。

监事会自行召集的股东大会，由监事会主席主持。监事会主席不能履行职务或不履行职务时，由监事会副主席主持；监事会副主席不能履行职务或者不履行职务时，由半数以上监事共同推举的一名监事主持。

股东自行召集的股东大会，由召集人推举代表主持。

公司应当制定股东大会议事规则。召开股东大会时，会议主持人违反议事规则使股东大会无法继续进行的，经现场出席股东大会有表决权过半数的股东同意，股东大会可推举一人担任会议主持人，继续开会。

第二十八条 在年度股东大会上，董事会、监事会应当就其过去一年的工作向股东大会作出报告，每名独立董事也应作出述职报告。

第二十九条 董事、监事、高级管理人员在股东大会上应就股东的质询作出解释和说明。

第三十条 会议主持人应当在表决前宣布现场出席会议的股东和代理人人数及所持有表决权的股份总数，现场出席会议的股东和代理人人数及所持有表决权的股份总数以会议登记为准。

第三十一条 股东与股东大会拟审议事项有关联关系时，应当回避表决，其所持有表决权的股份不计入出席股东大会有表决权的股份总数。

股东大会审议影响中小投资者利益的重大事项时，对中小投资者的表决应当单独计票。单独计票结果应当及时公开披露。

公司持有自己的股份没有表决权，且该部分股份不计入出席股东大会有表决权的股份总数。

公司董事会、独立董事和符合相关规定条件的股东可以公开征集股东投票权。征集股东投票权应当向被征集人充分披露具体投票意向等信息。禁止以有偿或者变相有偿的方式征集股东投票权。公司不得对征集投票权提出最低持股比例限制。

第三十二条 股东大会就选举董事、监事进行表决时，根据公司章程的规定或者股东大会的决议，可以实行累积投票制。

前款所称累积投票制是指股东大会选举董事或者监事时，每一普通股（含表决权恢复的优先股）股份拥有与应选董事或者监事人数相同的表决权，股东拥有的表决权可以集中使用。

第三十三条 除累积投票制外，股东大会对所有提案应当逐项表决。对同一事项有不同提案的，应当按提案提出的时间顺序进行表决。除因不可抗力等特殊原因导致股东大会中止或不能作出决议外，股东大会不得对提案进行搁置或不予表决。

股东大会就发行优先股进行审议，应当就下列事项逐项进行表决：

（一）本次发行优先股的种类和数量；

（二）发行方式、发行对象及向原股东配售的安排；

（三）票面金额、发行价格或定价区间及其确定原则；

（四）优先股股东参与分配利润的方式，包括：股息率及其确定原则、股息发放的条件、股息支付方式、股息是否累积、是否可以参与剩余利润分配等；

（五）回购条款，包括回购的条件、期间、价格及其确定原则、回购选择权的行使主体等（如有）；

（六）募集资金用途；

（七）公司与相应发行对象签订的附条件生效的股份认购合同；

（八）决议的有效期；

（九）公司章程关于优先股股东和普通股股东利润分配政策相关条款的修订方案；

（十）对董事会办理本次发行具体事宜的授权；

（十一）其他事项。

第三十四条 股东大会审议提案时，不得对提案进行修改，否则，有关变更应当被视为一个新的提案，不得在本次股东大会上进行表决。

第三十五条　同一表决权只能选择现场、网络或其他表决方式中的一种。同一表决权出现重复表决的以第一次投票结果为准。

第三十六条　出席股东大会的股东,应当对提交表决的提案发表以下意见之一:同意、反对或弃权。证券登记结算机构作为沪港通股票的名义持有人,按照实际持有人意思表示进行申报的除外。

未填、错填、字迹无法辨认的表决票或未投的表决票均视为投票人放弃表决权利,其所持股份数的表决结果应计为"弃权"。

第三十七条　股东大会对提案进行表决前,应当推举两名股东代表参加计票和监票。审议事项与股东有关联关系的,相关股东及代理人不得参加计票、监票。

股东大会对提案进行表决时,应当由律师、股东代表与监事代表共同负责计票、监票。

通过网络或其他方式投票的公司股东或其代理人,有权通过相应的投票系统查验自己的投票结果。

第三十八条　股东大会会议现场结束时间不得早于网络或其他方式,会议主持人应当在会议现场宣布每一提案的表决情况和结果,并根据表决结果宣布提案是否通过。

在正式公布表决结果前,股东大会现场、网络及其他表决方式中所涉及的公司、计票人、监票人、主要股东、网络服务方等相关各方对表决情况均负有保密义务。

第三十九条　股东大会决议应当及时公告,公告中应列明出席会议的股东和代理人人数、所持有表决权的股份总数及占公司有表决权股份总数的比例、表决方式、每项提案的表决结果和通过的各项决议的详细内容。

发行优先股的公司就本规则第二十三条第二款所列情形进行表决的,应当对普通股股东(含表决权恢复的优先股股东)和优先股股东(不含表决权恢复的优先股股东)出席会议及表决的情况分别统计并公告。

发行境内上市外资股的公司,应当对内资股股东和外资股股东出席会议及表决情况分别统计并公告。

第四十条　提案未获通过,或者本次股东大会变更前次股东大会决议的,应当在股东大会决议公告中作特别提示。

第四十一条　股东大会会议记录由董事会秘书负责,会议记录应记载以下内容:

(一)会议时间、地点、议程和召集人姓名或名称;

(二)会议主持人以及出席或列席会议的董事、监事、董事会秘书、经理和其他高级管理人员姓名;

(三)出席会议的股东和代理人人数、所持有表决权的股份总数及占公司股份总数的比例;

(四)对每一提案的审议经过、发言要点和表决结果;

(五)股东的质询意见或建议以及相应的答复或说明;

(六)律师及计票人、监票人姓名;

(七)公司章程规定应当载入会议记录的其他内容。

出席会议的董事、董事会秘书、召集人或其代表、会议主持人应当在会议记录上签名,并保证会议记录内容真实、准确和完整。会议记录应当与现场出席股东的签名册及代理出席的委托书、网络及其他方式表决情况的有效资料一并保存,保存期限不少于10年。

第四十二条　召集人应当保证股东大会连续举行,直至形成最终决议。因不可抗力等特殊原因导致股东大会中止或不能作出决议的,应采取必要措施尽快恢复召开股东大会或直接终止本次股东大会,并及时公告。同时,召集人应向公司所在地中国证监会派出机构及证券交易所报告。

第四十三条　股东大会通过有关董事、监事选举提案的,新任董事、监事按公司章程的规定就任。

第四十四条　股东大会通过有关派现、送股或资本公积转增股本提案的,公司应当在股东大会结束后2个月内实施具体方案。

第四十五条　公司以减少注册资本为目的回购普通股公开发行优先股,以及以非公开发行优先股为支付手段向公司特定股东回购普通股的,股东大会就回购普通股作出决议,应当经出席会议的普通股股东(含表决权恢复的优先股股东)所持表决权的三分之二以上通过。

公司应当在股东大会作出回购普通股决议后的次日公告该决议。

第四十六条　公司股东大会决议内容违反法律、行政法规的无效。

公司控股股东、实际控制人不得限制或者阻挠中小投资者依法行使投票权,不得损害公司和中小投资者的合法权益。

股东大会的会议召集程序、表决方式违反法律、行政法规或者公司章程,或者决议内容违反公司章程的,股东可以自决议作出之日起60日内,请求人民法院撤销。

第五章　监管措施

第四十七条　在本规则规定期限内,上市公司无正当理由不召开股东大会的,证券交易所有权对该公司挂牌交易的股票及衍生品种予以停牌，并要求董事会作出解释并公告。

第四十八条 股东大会的召集、召开和相关信息披露不符合法律、行政法规、本规则和公司章程要求的，中国证监会及其派出机构有权责令公司或相关责任人限期改正，并由证券交易所予以公开谴责。

第四十九条 董事、监事或董事会秘书违反法律、行政法规、本规则和公司章程的规定，不切实履行职责的，中国证监会及其派出机构有权责令其改正，并由证券交易所予以公开谴责；对于情节严重或不予改正的，中国证监会可对相关人员实施证券市场禁入。

第六章 附 则

第五十条 对发行外资股的公司的股东大会，相关法律、行政法规或文件另有规定的，从其规定。

第五十一条 本规则所称公告或通知，是指在中国证监会指定报刊上刊登有关信息披露内容。公告或通知篇幅较长的，公司可以选择在中国证监会指定报刊上对有关内容作摘要性披露，但全文应当同时在中国证监会指定的网站上公布。

本规则所称的股东大会补充通知应当在刊登会议通知的同一指定报刊上公告。

第五十二条 本规则所称"以上"、"内"，含本数；"过"、"低于"、"多于"，不含本数。

第五十三条 本规则由中国证监会负责解释。

第五十四条 本规则自公布之日起施行。《上市公司股东大会规则（2014 年修订）》（证监会公告〔2014〕20 号）同时废止。

国务院国有资产监督管理委员会关于规范上市公司国有股东行为的若干意见

1. 2006年6月16日

2. 国资发产权〔2009〕123号

为维护证券市场健康发展，保护各类投资者合法权益，促进国有资产的合理配置和有序流转，根据《中华人民共和国公司法》、《中华人民共和国证券法》、《中华人民共和国企业国有资产法》、《企业国有资产监督管理暂行条例》（国务院令第 378 号）等有关法律法规规定，现就规范上市公司国有股东（以下简称国有股东）行为有关问题提出以下意见：

一、做维护资本市场健康发展的表率。国有股东要坚持守法诚信，规范运作，切实履行企业社会责任，积极支持上市公司做强做优，维护资本市场健康发展。

二、切实强化信息披露责任。因自身行为可能引起上市公司证券及其衍生产品价格异动的重要信息，国有股东应当及时书面通知上市公司，并保证相关信息公开的及时与公平，信息内容的真实、准确、完整，无虚假记载、误导性陈述或者重大遗漏。在相关信息依法披露前，严禁国有股东相关人员以内部讲话、接受访谈、发表文章等形式违规披露。

三、依法行使股东权利，严格履行股东义务。在涉及上市公司事项的相关行为决策或实施过程中，国有股东要依法处理与上市公司的关系，切实维护上市公司在人员、资产、财务、机构和业务方面的独立性。同时，应当按照相关法律法规和公司治理规则要求，严格履行内部决策、信息披露、申请报告等程序，不得暗箱操作、违规运作。

四、积极推进国有企业整体改制上市，有序推动现有上市公司资源整合。国有股东应当按照企业发展规划，因企、因地制宜，选择适当时机，以适当方式，实现公司整体业务上市或按业务板块整体上市，做到主营业务突出；要按照加强产业集中度，以及主业发展要求，推动现有上市公司资源优化整合，不断提高资源配置效益。

五、促进提高上市公司质量，增强上市公司核心竞争力。国有股东应当支持上市公司通过技术创新、资产重组、引进战略投资者等多种途径，不断做强做优；要严格规范与上市公司间的关联交易，推动解决同业竞争问题；要支持有退市风险及业绩较差的上市公司研究解决经营发展中存在的问题。

六、规范国有股东所持上市公司股份变动行为。国有股东应当严格按照相关证券监管法律法规，以及《国有股东转让上市公司股份管理暂行办法》（国资委证监会令第 19 号）、《关于印发〈国有单位受让上市公司股份管理暂行规定〉的通知》（国资发产权〔2007〕109 号）的有关要求，规范所持上市公司股份变动行为，防止内幕交易、操纵股价、损害其他投资者合法权益等行为的发生。国有股东拟通过证券交易系统出售超过规定比例股份的，应当将包括出售股份数量、价格下限、出售时限等情况的出售股份方案报经国有资产监督管理机构批准。

国有股东转让全部或部分股份致使国家对该上市公司不再具有控股地位的，国有资产监督管理机构应当报经本级人民政府批准。

七、合理确定在上市公司的持股比例。对于关系国家安全和国民经济命脉的重要行业和关键领域中的上市公司，具有实际控制力的国有股东应当采取有效措施，切实保持在上市公司中的控制力。必要时，可通过资本市场增持股份，增持行为须遵守证券市场法律法规，符合中国证监会及证券交易所关于增持行为时间“窗口期”和信息披露的相关规定。

八、规范股份质押行为。国有股东将其持有的上市公司股份用于质押的,要做好可行性论证,明确资金用途,制订还款计划,并严格按照内部决策程序进行审议。

国有股东用于质押的股份数量不得超过其所持上市公司股份总额的50%,且仅限于为本单位及其全资或控股子公司提供质押,质押股份的价值应以上市公司股票价格为基础合理确定。

九、切实加强国有股东账户监管。国有股东应当按照《关于印发〈上市公司国有股东标识管理暂行规定〉的通知》(国资发产权〔2007〕108 号)的有关要求,加强对本企业及所控股企业证券账户的清理和监管工作。对于因业务开展需要,确需在证券交易机构新开证券账户或多头开设证券账户的,须得到有权批准机构的批准;要通过建立健全证券账户监测系统,构建对所持上市公司股份的动态监管体系。

十、支持上市公司分配股利。国有股东要按照证券监管的有关法律法规要求,鼓励、支持上市公司在具备条件的前提下,通过包括现金分红在内的多种分配方式回报投资者。

中国证券监督管理委员会关于进一步落实上市公司现金分红有关事项的通知

1. 2012年5月4日
2. 证监发〔2012〕37号

中国证监会各省、自治区、直辖市、计划单列市监管局,上海、深圳专员办,各证券、期货交易所,中国证券登记结算公司,中国证券投资者保护基金公司,中国证券金融公司,中国期货保证金监控中心公司,中国证券业、期货业、上市公司协会,会内各部门:

上市公司是资本市场发展的基石。随着上市公司的成长和发展,给予投资者合理的投资回报,为投资者提供分享经济增长成果的机会,是上市公司应尽的责任和义务。现金分红是实现投资回报的重要形式,更是培育资本市场长期投资理念,增强资本市场活力和吸引力的重要途径。为进一步增强上市公司现金分红的透明度,便于投资者形成稳定的回报预期,现就进一步落实上市公司现金分红有关事项通知如下:

一、上市公司应当进一步强化回报股东的意识,严格依照《公司法》和公司章程的规定,自主决策公司利润分配事项,制定明确的回报规划,充分维护公司股东依法享有的资产收益等权利,不断完善董事会、股东大会对公司利润分配事项的决策程序和机制。

二、上市公司制定利润分配政策尤其是现金分红政策时,应当履行必要的决策程序。董事会应当就股东回报事宜进行专项研究论证,详细说明规划安排的理由等情况。上市公司应当通过多种渠道充分听取独立董事以及中小股东的意见,做好现金分红事项的信息披露,并在公司章程中载明以下内容:

(一)公司董事会、股东大会对利润分配尤其是现金分红事项的决策程序和机制,对既定利润分配政策尤其是现金分红政策作出调整的具体条件、决策程序和机制,以及为充分听取独立董事和中小股东意见所采取的措施。

(二)公司的利润分配政策尤其是现金分红政策的具体内容,利润分配的形式,利润分配尤其是现金分红的期间间隔,现金分红的具体条件,发放股票股利的条件,各期现金分红最低金额或比例(如有)等。

首次公开发行股票公司应当合理制定和完善利润分配政策,并按照本通知的要求在公司章程(草案)中载明相关内容。保荐机构在从事首次公开发行股票保荐业务中,应当督促首次公开发行股票公司落实本通知的要求。

三、上市公司在制定现金分红具体方案时,董事会应当认真研究和论证公司现金分红的时机、条件和最低比例、调整的条件及其决策程序要求等事宜,独立董事应当发表明确意见。股东大会对现金分红具体方案进行审议时,应当通过多种渠道主动与股东特别是中小股东进行沟通和交流,充分听取中小股东的意见和诉求,并及时答复中小股东关心的问题。

四、上市公司应当严格执行公司章程确定的现金分红政策以及股东大会审议批准的现金分红具体方案。确有必要对公司章程确定的现金分红政策进行调整或者变更的,应当满足公司章程规定的条件,经过详细论证后,履行相应的决策程序,并经出席股东大会的股东所持表决权的2/3以上通过。

五、上市公司应当在定期报告中详细披露现金分红政策的制定及执行情况,说明是否符合公司章程的规定或者股东大会决议的要求,分红标准和比例是否明确和清晰,相关的决策程序和机制是否完备,独立董事是否尽职履责并发挥了应有的作用,中小股东是否有充分表达意见和诉求的机会,中小股东的合法权益是否得到充分维护等。对现金分红政策进行调整或变更的,还要详细说明调整或变更的条件和程序是否合规和透明等。

六、首次公开发行股票公司应当在招股说明书中做好利润分配相关信息披露工作：

（一）披露公司章程（草案）中利润分配相关内容。

（二）披露董事会关于股东回报事宜的专项研究论证情况以及相应的规划安排理由等信息。

（三）披露公司利润分配政策制定时的主要考虑因素及已经履行的决策程序。利润分配政策中明确不采取现金分红或者有现金分红最低比例安排的，应当进一步披露制定相关政策或者比例时的主要考虑因素。发行人利润主要来源于控股子公司的，应当披露控股子公司的财务管理制度、章程中利润分配条款内容以及能否保证发行人未来具备现金分红能力。发行人应结合自身生产经营情况详细说明未分配利润的使用安排情况。

（四）披露公司是否有未来3年具体利润分配计划。如有，应当进一步披露计划的具体内容、制定的依据和可行性。发行人应结合自身生产经营情况详细说明未分配利润的使用安排情况。

（五）披露公司长期回报规划的具体内容，以及规划制定时主要考虑因素。分红回报规划应当着眼于公司的长远和可持续发展，在综合分析企业经营发展实际、股东要求和意愿、社会资金成本、外部融资环境等因素的基础上，充分考虑公司目前及未来盈利规模、现金流量状况、发展所处阶段、项目投资资金需求、本次发行融资、银行信贷及债权融资环境等情况，建立对投资者持续、稳定、科学的回报机制，保持利润分配政策的连续性和稳定性。

（六）在招股说明书中作"重大事项提示"，提醒投资者关注公司发行上市后的利润分配政策、现金分红的最低比例（如有）、未来3年具体利润分配计划（如有）和长期回报规划，并提示详细参阅招股说明书中的具体内容。

保荐机构应当在保荐工作报告中反映发行人利润分配政策的完善情况，对发行人利润分配的决策机制是否符合本规定，对发行人利润分配政策和未来分红规划是否注重给予投资者合理回报、是否有利于保护投资者合法权益等发表明确意见。

七、拟发行证券的上市公司应制定对股东回报的合理规划，对经营利润用于自身发展和回报股东要合理平衡，要重视提高现金分红水平，提升对股东的回报。

上市公司应当在募集说明书或发行预案中增加披露利润分配政策尤其是现金分红政策的制定及执行情况、最近3年现金分红金额及比例、未分配利润使用安排情况，并作"重大事项提示"，提醒投资者关注上述情况。保荐机构应当在保荐工作报告中对上市公司利润分配政策的决策机制是否合规，是否建立了对投资者持续、稳定、科学的回报机制，现金分红的承诺是否履行，本通知的要求是否已经落实发表明确意见。

对于最近3年现金分红水平较低的上市公司，发行人及保荐机构应结合不同行业和不同类型公司的特点和经营模式、公司所处发展阶段、盈利水平、资金需求等因素说明公司现金分红水平较低的原因，并对公司是否充分考虑了股东要求和意愿、是否给予了投资者合理回报以及公司的现金分红政策是否符合上市公司股东利益最大化原则发表明确意见。

八、当事人进行借壳上市、重大资产重组、合并分立或者因收购导致上市公司控制权发生变更的，应当按照本通知的要求，在重大资产重组报告书、权益变动报告书或者收购报告书中详细披露重组或者控制权发生变更后上市公司的现金分红政策及相应的规划安排、董事会的情况说明等信息。

九、各证监局应当将本通知传达至辖区内各上市公司，督促其遵照执行。各证监局、上海及深圳证券交易所、会内相关部门应当加强对上市公司现金分红政策的决策过程、执行情况以及信息披露等事项的监管。

资本市场各参与主体要齐心协力，提升上市公司经营管理和规范运作水平，增强市场运行的诚信度和透明度，提高上市公司盈利能力和持续发展能力，不断提高上市公司质量，夯实分红回报的基础，共同促进资本市场健康稳定发展。

3. 董事、监事和高级管理人员

中国证券监督管理委员会关于上市公司总经理及高层管理人员不得在控股股东单位兼职的通知

1. 1999年5月6日
2. 证监公司字〔1999〕22号

各证券监管办公室（直属办）、证券监管特派员办事处：

为保证上市公司与控股股东在人员、资产、财务上严格分开，现就上市公司总经理及高层管理人员不得在控股股东单位兼职等问题通知如下：

一、上市公司的总经理必须专职，总经理在集团等控股股东单位不得担任除董事以外的其他职务。

二、总经理及高层管理人员（副总经理、财务主管和董事会秘书）必须在上市公司领薪，不得由控股股东代发薪水。

请你们督促辖区内上市公司照此执行。

中国证券监督管理委员会关于在上市公司建立独立董事制度的指导意见

1. 2001年8月16日

2. 证监发〔2001〕102号

为进一步完善上市公司治理结构，促进上市公司规范运作，现就上市公司建立独立的外部董事（以下简称独立董事）制度提出以下指导意见：

一、上市公司应当建立独立董事制度

（一）上市公司独立董事是指不在公司担任除董事外的其他职务，并与其所受聘的上市公司及其主要股东不存在可能妨碍其进行独立客观判断的关系的董事。

（二）独立董事对上市公司及全体股东负有诚信与勤勉义务。独立董事应当按照相关法律法规、本指导意见和公司章程的要求，认真履行职责，维护公司整体利益，尤其要关注中小股东的合法权益不受损害。独立董事应当独立履行职责，不受上市公司主要股东、实际控制人、或者其他与上市公司存在利害关系的单位或个人的影响。独立董事原则上最多在5家上市公司兼任独立董事，并确保有足够的时间和精力有效地履行独立董事的职责。

（三）各境内上市公司应当按照本指导意见的要求修改公司章程，聘任适当人员担任独立董事，其中至少包括一名会计专业人士（会计专业人士是指具有高级职称或注册会计师资格的人士）。在2002年6月30日前，董事会成员中应当至少包括2名独立董事；在2003年6月30日前，上市公司董事会成员中应当至少包括三分之一独立董事。

（四）独立董事出现不符合独立性条件或其他不适宜履行独立董事职责的情形，由此造成上市公司独立董事达不到本《指导意见》要求的人数时，上市公司应按规定补足独立董事人数。

（五）独立董事及拟担任独立董事的人士应当按照中国证监会的要求，参加中国证监会及其授权机构所组织的培训。

二、独立董事应当具备与其行使职权相适应的任职条件，担任独立董事应当符合下列基本条件：

（一）根据法律、行政法规及其他有关规定，具备担任上市公司董事的资格；

（二）具有本《指导意见》所要求的独立性；

（三）具备上市公司运作的基本知识，熟悉相关法律、行政法规、规章及规则；

（四）具有五年以上法律、经济或者其他履行独立董事职责所必需的工作经验；

（五）公司章程规定的其他条件。

三、独立董事必须具有独立性

下列人员不得担任独立董事：

（一）在上市公司或者其附属企业任职的人员及其直系亲属、主要社会关系（直系亲属是指配偶、父母、子女等；主要社会关系是指兄弟姐妹、岳父母、儿媳女婿、兄弟姐妹的配偶、配偶的兄弟姐妹等）；

（二）直接或间接持有上市公司已发行股份1%以上或者是上市公司前十名股东中的自然人股东及其直系亲属；

（三）在直接或间接持有上市公司已发行股份5%以上的股东单位或者在上市公司前五名股东单位任职的人员及其直系亲属；

（四）最近一年内曾经具有前三项所列举情形的人员；

（五）为上市公司或者其附属企业提供财务、法律、咨询等服务的人员；

（六）公司章程规定的其他人员；

（七）中国证监会认定的其他人员。

四、独立董事的提名、选举和更换应当依法、规范地进行

（一）上市公司董事会、监事会、单独或者合并持有上市公司已发行股份1%以上的股东可以提出独立董事候选人，并经股东大会选举决定。

（二）独立董事的提名人在提名前应当征得被提名人的同意。提名人应当充分了解被提名人职业、学历、职称、详细的工作经历、全部兼职等情况，并对其担任独立董事的资格和独立性发表意见，被提名人应当就其本人与上市公司之间不存在任何影响其独立客观判断的关系发表公开声明。

在选举独立董事的股东大会召开前，上市公司董事会应当按照规定公布上述内容。

（三）在选举独立董事的股东大会召开前，上市公司应将所有被提名人的有关材料同时报送中国证监会、公司所在地中国证监会派出机构和公司股票挂牌交易的证券交易所。上市公司董事会对被提名人的有关情况有异议的，应同时报送董事会的书面意见。

中国证监会在15个工作日内对独立董事的任职资格和独立性进行审核。对中国证监会持有异议的被提名人，可作为公司董事候选人，但不作为独立董事候选人。

在召开股东大会选举独立董事时，上市公司董事会应对独立董事候选人是否被中国证监会提出异议的情况进行说明。

对于本《指导意见》发布前已担任上市公司独立董事的人士，上市公司应将前述材料在本《指导意见》发布实施起一个月内报送中国证监会、公司所在地中国证监会派出机构和公司股票挂牌交易的证券交易所。

（四）独立董事每届任期与该上市公司其他董事任期相同，任期届满，连选可以连任，但是连任时间不得超过六年。

（五）独立董事连续3次未亲自出席董事会会议的，由董事会提请股东大会予以撤换。

除出现上述情况及《公司法》中规定的不得担任董事的情形外，独立董事任期届满前不得无故被免职。提前免职的，上市公司应将其作为特别披露事项予以披露，被免职的独立董事认为公司的免职理由不当的，可以作出公开的声明。

（六）独立董事在任期届满前可以提出辞职。独立董事辞职应向董事会提交书面辞职报告，对任何与其辞职有关或其认为有必要引起公司股东和债权人注意的情况进行说明。

如因独立董事辞职导致公司董事会中独立董事所占的比例低于本《指导意见》规定的最低要求时，该独立董事的辞职报告应当在下任独立董事填补其缺额后生效。

五、上市公司应当充分发挥独立董事的作用

（一）为了充分发挥独立董事的作用，独立董事除应当具有公司法和其他相关法律、法规赋予董事的职权外，上市公司还应当赋予独立董事以下特别职权：

1. 重大关联交易（指上市公司拟与关联人达成的总额高于300万元或高于上市公司最近经审计净资产值的5%的关联交易）应由独立董事认可后，提交董事会讨论；独立董事作出判断前，可以聘请中介机构出具独立财务顾问报告，作为其判断的依据。

2. 向董事会提议聘用或解聘会计师事务所；

3. 向董事会提请召开临时股东大会；

4. 提议召开董事会；

5. 独立聘请外部审计机构和咨询机构；

6. 可以在股东大会召开前公开向股东征集投票权。

（二）独立董事行使上述职权应当取得全体独立董事的二分之一以上同意。

（三）如上述提议未被采纳或上述职权不能正常行使，上市公司应将有关情况予以披露。

（四）如果上市公司董事会下设薪酬、审计、提名等委员会的，独立董事应当在委员会成员中占有二分之一以上的比例。

六、独立董事应当对上市公司重大事项发表独立意见

（一）独立董事除履行上述职责外，还应当对以下事项向董事会或股东大会发表独立意见：

1. 提名、任免董事；

2. 聘任或解聘高级管理人员；

3. 公司董事、高级管理人员的薪酬；

4. 上市公司的股东、实际控制人及其关联企业对上市公司现有或新发生的总额高于300万元或高于上市公司最近经审计净资产值的5%的借款或其他资金往来，以及公司是否采取有效措施回收欠款；

5. 独立董事认为可能损害中小股东权益的事项；

6. 公司章程规定的其他事项。

（二）独立董事应当就上述事项发表以下几类意见之一：同意；保留意见及其理由；反对意见及其理由；无法发表意见及其障碍。

（三）如有关事项属于需要披露的事项，上市公司应当将独立董事的意见予以公告，独立董事出现意见分歧无法达成一致时，董事会应将各独立董事的意见分别披露。

七、为了保证独立董事有效行使职权，上市公司应当为独立董事提供必要的条件

（一）上市公司应当保证独立董事享有与其他董事同等的知情权。凡须经董事会决策的事项，上市公司必须按法定的时间提前通知独立董事并同时提供足够的资料，独立董事认为资料不充分的，可以要求补充。当2名或2名以上独立董事认为资料不充分或论证不明确时，可联名书面向董事会提出延期召开董事会会议或延期审议该事项，董事会应予以采纳。

上市公司向独立董事提供的资料，上市公司及独立董事本人应当至少保存5年。

（二）上市公司应提供独立董事履行职责所必需的工作条件。上市公司董事会秘书应积极为独立董事履行职责提供协助，如介绍情况、提供材料等。独立董事发表的独立意见、提案及书面说明应当公告的，董事会秘书应及时到证券交易所办理公告事宜。

（三）独立董事行使职权时，上市公司有关人员应当积极配合，不得拒绝、阻碍或隐瞒，不得干预其独立行使职权。

（四）独立董事聘请中介机构的费用及其他行使职权时所需的费用由上市公司承担。

（五）上市公司应当给予独立董事适当的津贴。

津贴的标准应当由董事会制订预案,股东大会审议通过,并在公司年报中进行披露。

除上述津贴外,独立董事不应从该上市公司及其主要股东或有利害关系的机构和人员取得额外的、未予披露的其他利益。

(六)上市公司可以建立必要的独立董事责任保险制度,以降低独立董事正常履行职责可能引致的风险。

上市公司董事、监事和高级管理人员所持本公司股份及其变动管理规则

1. 2007年4月5日中国证券监督管理委员会发布
2. 证监公司字[2007]56号

第一条 为加强对上市公司董事、监事和高级管理人员所持本公司股份及其变动的管理,维护证券市场秩序,根据《公司法》、《证券法》等法律、行政法规和规章的规定,制定本规则。

第二条 上海证券交易所、深圳证券交易所(以下统称"证券交易所")的上市公司及其董事、监事和高级管理人员,应当遵守本规则。

第三条 上市公司董事、监事和高级管理人员所持本公司股份,是指登记在其名下的所有本公司股份。

上市公司董事、监事和高级管理人员从事融资融券交易的,还包括记载在其信用账户内的本公司股份。

第四条 上市公司董事、监事和高级管理人员所持本公司股份在下列情形下不得转让:

(一)本公司股票上市交易之日起1年内;

(二)董事、监事和高级管理人员离职后半年内;

(三)董事、监事和高级管理人员承诺一定期限内不转让并在该期限内的;

(四)法律、法规、中国证监会和证券交易所规定的其他情形。

第五条 上市公司董事、监事和高级管理人员在任职期间,每年通过集中竞价、大宗交易、协议转让等方式转让的股份不得超过其所持本公司股份总数的25%,因司法强制执行、继承、遗赠、依法分割财产等导致股份变动的除外。

上市公司董事、监事和高级管理人员所持股份不超过1000股的,可一次全部转让,不受前款转让比例的限制。

第六条 上市公司董事、监事和高级管理人员以上年末其所持有本公司发行的股份为基数,计算其中可转让股份的数量。

上市公司董事、监事和高级管理人员在上述可转让股份数量范围内转让其所持有本公司股份的,还应遵守本规则第四条的规定。

第七条 因上市公司公开或非公开发行股份、实施股权激励计划,或因董事、监事和高级管理人员在二级市场购买、可转债转股、行权、协议受让等各种年内新增股份,新增无限售条件股份当年可转让25%,新增有限售条件的股份计入次年可转让股份的计算基数。

因上市公司进行权益分派导致董事、监事和高级管理人所持本公司股份增加的,可同比例增加当年可转让数量。

第八条 上市公司董事、监事和高级管理人员当年可转让但未转让的本公司股份,应当计入当年末其所持有本公司股份的总数,该总数作为次年可转让股份的计算基数。

第九条 上市公司章程可对董事、监事和高级管理人员转让其所持本公司股份规定比本规则更长的禁止转让期间、更低的可转让股份比例或者附加其他限制转让条件。

第十条 上市公司董事、监事和高级管理人员应在下列时点或期间内委托上市公司通过证券交易所网站申报其个人信息(包括但不限于姓名、职务、身份证号、证券账户、离任职时间等):

(一)新上市公司的董事、监事和高级管理人员在公司申请股票初始登记时;

(二)新任董事、监事在股东大会(或职工代表大会)通过其任职事项、新任高级管理人员在董事会通过其任职事项后2个交易日内;

(三)现任董事、监事和高级管理人员在其已申报的个人信息发生变化后的2个交易日内;

(四)现任董事、监事和高级管理人员在离任后2个交易日内;

(五)证券交易所要求的其他时间。

第十一条 上市公司董事、监事和高级管理人员所持本公司股份发生变动的,应当自该事实发生之日起2个交易日内,向上市公司报告并由上市公司在证券交易所网站进行公告。公告内容包括:

(一)上年末所持本公司股份数量;

(二)上年末至本次变动前每次股份变动的日期、数量、价格;

(三)本次变动前持股数量;

(四)本次股份变动的日期、数量、价格;

(五)变动后的持股数量;

(六)证券交易所要求披露的其他事项。

第十二条 上市公司董事、监事、高级管理人员应当遵守《证券法》第四十七条规定,违反该规定将其所持本公司股票在买入后6个月内卖出,或者在卖出后6个月内又买入的,由此所得收益归该上市公司所有,公司董事会应当收回其所得收益并及时披露相关情况。

上述“买入后6个月内卖出”是指最后一笔买入时点起算6个月内卖出的;“卖出后6个月内又买入”是指最后一笔卖出时点起算6个月内又买入的。

第十三条 上市公司董事、监事和高级管理人员在下列期间不得买卖本公司股票:

(一)上市公司定期报告公告前30日内;

(二)上市公司业绩预告、业绩快报公告前10日内;

(三)自可能对本公司股票交易价格产生重大影响的重大事项发生之日或在决策过程中,至依法披露后2个交易日内;

(四)证券交易所规定的其他期间。

第十四条 上市公司董事、监事和高级管理人员应当保证本人申报数据的及时、真实、准确、完整。

第十五条 上市公司应当制定专项制度,加强对董事、监事和高级管理人员持有本公司股份及买卖本公司股票行为的申报、披露与监督。

上市公司董事会秘书负责管理公司董事、监事和高级管理人员的身份及所持本公司股份的数据和信息,统一为董事、监事和高级管理人员办理个人信息的网上申报,并定期检查董事、监事和高级管理人员买卖本公司股票的披露情况。

第十六条 上市公司董事、监事和高级管理人员买卖本公司股票违反本规则,中国证监会依照《证券法》的有关规定予以处罚。

第十七条 持有上市公司股份5%以上的股东买卖股票的,参照本规则第十二条规定执行。

第十八条 本规则自公布之日起施行。

4. 股权激励

上市公司股权激励管理办法(试行)

1. 2005年12月31日中国证券监督管理委员会发布
2. 证监公司字〔2005〕151号
3. 自2006年1月1日起施行

第一章 总 则

第一条 为进一步促进上市公司建立、健全激励与约束机制,依据《中华人民共和国公司法》、《中华人民共和国证券法》及其他有关法律、行政法规的规定,制定本办法。

第二条 本办法所称股权激励是指上市公司以本公司股票为标的,对其董事、监事、高级管理人员及其他员工进行的长期性激励。

上市公司以限制性股票、股票期权及法律、行政法规允许的其他方式实行股权激励计划的,适用本办法的规定。

第三条 上市公司实行的股权激励计划,应当符合法律、行政法规、本办法和公司章程的规定,有利于上市公司的持续发展,不得损害上市公司利益。

上市公司的董事、监事和高级管理人员在实行股权激励计划中应当诚实守信,勤勉尽责,维护公司和全体股东的利益。

第四条 上市公司实行股权激励计划,应当严格按照有关规定和本办法的要求履行信息披露义务。

第五条 为上市公司股权激励计划出具意见的专业机构,应当诚实守信、勤勉尽责,保证所出具的文件真实、准确、完整。

第六条 任何人不得利用股权激励计划进行内幕交易、操纵证券交易价格和进行证券欺诈活动。

第二章 一般规定

第七条 上市公司具有下列情形之一的,不得实行股权激励计划:

(一)最近一个会计年度财务会计报告被注册会计师出具否定意见或者无法表示意见的审计报告;

(二)最近一年内因重大违法违规行为被中国证监会予以行政处罚;

(三)中国证监会认定的其他情形。

第八条 股权激励计划的激励对象可以包括上市公司的董事、监事、高级管理人员、核心技术(业务)人员,以及公司认为应当激励的其他员工,但不应当包括独立董事。

下列人员不得成为激励对象:

(一)最近3年内被证券交易所公开谴责或宣布为不适当人选的;

(二)最近3年内因重大违法违规行为被中国证监会予以行政处罚的;

(三)具有《中华人民共和国公司法》规定的不得担任公司董事、监事、高级管理人员情形的。

股权激励计划经董事会审议通过后,上市公司监事会应当对激励对象名单予以核实,并将核实情况在股东大会上予以说明。

第九条　激励对象为董事、监事、高级管理人员的,上市公司应当建立绩效考核体系和考核办法,以绩效考核指标为实施股权激励计划的条件。

第十条　上市公司不得为激励对象依股权激励计划获取有关权益提供贷款以及其他任何形式的财务资助,包括为其贷款提供担保。

第十一条　拟实行股权激励计划的上市公司,可以根据本公司实际情况,通过以下方式解决标的股票来源:

(一)向激励对象发行股份;

(二)回购本公司股份;

(三)法律、行政法规允许的其他方式。

第十二条　上市公司全部有效的股权激励计划所涉及的标的股票总数累计不得超过公司股本总额的10%。

非经股东大会特别决议批准,任何一名激励对象通过全部有效的股权激励计划获授的本公司股票累计不得超过公司股本总额的1%。

本条第一款、第二款所称股本总额是指股东大会批准最近一次股权激励计划时公司已发行的股本总额。

第十三条　上市公司应当在股权激励计划中对下列事项做出明确规定或说明:

(一)股权激励计划的目的;

(二)激励对象的确定依据和范围;

(三)股权激励计划拟授予的权益数量、所涉及的标的股票种类、来源、数量及占上市公司股本总额的百分比;若分次实施的,每次拟授予的权益数量、所涉及的标的股票种类、来源、数量及占上市公司股本总额的百分比;

(四)激励对象为董事、监事、高级管理人员的,其各自可获授的权益数量、占股权激励计划拟授予权益总量的百分比;其他激励对象(各自或按适当分类)可获授的权益数量及占股权激励计划拟授予权益总量的百分比;

(五)股权激励计划的有效期、授权日、可行权日、标的股票的禁售期;

(六)限制性股票的授予价格或授予价格的确定方法,股票期权的行权价格或行权价格的确定方法;

(七)激励对象获授权益、行权的条件,如绩效考核体系和考核办法,以绩效考核指标为实施股权激励计划的条件;

(八)股权激励计划所涉及的权益数量、标的股票数量、授予价格或行权价格的调整方法和程序;

(九)公司授予权益及激励对象行权的程序;

(十)公司与激励对象各自的权利义务;

(十一)公司发生控制权变更、合并、分立、激励对象发生职务变更、离职、死亡等事项时如何实施股权激励计划;

(十二)股权激励计划的变更、终止;

(十三)其他重要事项。

第十四条　上市公司发生本办法第七条规定的情形之一时,应当终止实施股权激励计划,不得向激励对象继续授予新的权益,激励对象根据股权激励计划已获授但尚未行使的权益应当终止行使。

在股权激励计划实施过程中,激励对象出现本办法第八条规定的不得成为激励对象的情形的,上市公司不得继续授予其权益,其已获授但尚未行使的权益应当终止行使。

第十五条　激励对象转让其通过股权激励计划所得股票的,应当符合有关法律、行政法规及本办法的规定。

第三章　限制性股票

第十六条　本办法所称限制性股票是指激励对象按照股权激励计划规定的条件,从上市公司获得的一定数量的本公司股票。

第十七条　上市公司授予激励对象限制性股票,应当在股权激励计划中规定激励对象获授股票的业绩条件、禁售期限。

第十八条　上市公司以股票市价为基准确定限制性股票授予价格的,在下列期间内不得向激励对象授予股票:

(一)定期报告公布前30日;

(二)重大交易或重大事项决定过程中至该事项公告后2个交易日;

(三)其他可能影响股价的重大事件发生之日起至公告后2个交易日。

第四章　股票期权

第十九条　本办法所称股票期权是指上市公司授予激励对象在未来一定期限内以预先确定的价格和条件购买本公司一定数量股份的权利。

激励对象可以其获授的股票期权在规定的期间内以预先确定的价格和条件购买上市公司一定数量的股份,也可以放弃该种权利。

第二十条　激励对象获授的股票期权不得转让、用于担保或偿还债务。

第二十一条　上市公司董事会可以根据股东大会审议批准的股票期权计划,决定一次性授出或分次授出股票期权,但累计授出的股票期权涉及的标的股票总额不得超过股票期权计划所涉及的标的股票总额。

第二十二条　股票期权授权日与获授股票期权首次可以行权日之间的间隔不得少于1年。

股票期权的有效期从授权日计算不得超过10年。

第二十三条 在股票期权有效期内,上市公司应当规定激励对象分期行权。

股票期权有效期过后,已授出但尚未行权的股票期权不得行权。

第二十四条 上市公司在授予激励对象股票期权时,应当确定行权价格或行权价格的确定方法。行权价格不应低于下列价格较高者:

(一)股权激励计划草案摘要公布前一个交易日的公司标的股票收盘价;

(二)股权激励计划草案摘要公布前30个交易日内的公司标的股票平均收盘价。

第二十五条 上市公司因标的股票除权、除息或其他原因需要调整行权价格或股票期权数量的,可以按照股票期权计划规定的原则和方式进行调整。

上市公司依据前款调整行权价格或股票期权数量的,应当由董事会做出决议并经股东大会审议批准,或者由股东大会授权董事会决定。

律师应当就上述调整是否符合本办法、公司章程和股票期权计划的规定向董事会出具专业意见。

第二十六条 上市公司在下列期间内不得向激励对象授予股票期权:

(一)定期报告公布前30日;

(二)重大交易或重大事项决定过程中至该事项公告后2个交易日;

(三)其他可能影响股价的重大事件发生之日起至公告后2个交易日。

第二十七条 激励对象应当在上市公司定期报告公布后第2个交易日,至下一次定期报告公布前10个交易日内行权,但不得在下列期间内行权:

(一)重大交易或重大事项决定过程中至该事项公告后2个交易日;

(二)其他可能影响股价的重大事件发生之日起至公告后2个交易日。

第五章 实施程序和信息披露

第二十八条 上市公司董事会下设的薪酬与考核委员会负责拟定股权激励计划草案。薪酬与考核委员会应当建立完善的议事规则,其拟订的股权激励计划草案应当提交董事会审议。

第二十九条 独立董事应当就股权激励计划是否有利于上市公司的持续发展,是否存在明显损害上市公司及全体股东利益发表独立意见。

第三十条 上市公司应当在董事会审议通过股权激励计划草案后的2个交易日内,公告董事会决议、股权激励计划草案摘要、独立董事意见。

股权激励计划草案摘要至少应当包括本办法第十三条第(一)至(八)项、第(十二)项的内容。

第三十一条 上市公司应当聘请律师对股权激励计划出具法律意见书,至少对以下事项发表专业意见:

(一)股权激励计划是否符合本办法的规定;

(二)股权激励计划是否已经履行了法定程序;

(三)上市公司是否已经履行了信息披露义务;

(四)股权激励计划是否存在明显损害上市公司及全体股东利益和违反有关法律、行政法规的情形;

(五)其他应当说明的事项。

第三十二条 上市公司董事会下设的薪酬与考核委员会认为必要时,可以要求上市公司聘请独立财务顾问,对股权激励计划的可行性、是否有利于上市公司的持续发展、是否损害上市公司利益以及对股东利益的影响发表专业意见。

独立财务顾问应当出具独立财务顾问报告,至少对以下事项发表专业意见:

(一)股权激励计划是否符合本办法的规定;

(二)公司实行股权激励计划的可行性;

(三)对激励对象范围和资格的核查意见;

(四)对股权激励计划权益授出额度的核查意见;

(五)公司实施股权激励计划的财务测算;

(六)公司实施股权激励计划对上市公司持续经营能力、股东权益的影响;

(七)对上市公司是否为激励对象提供任何形式的财务资助的核查意见;

(八)股权激励计划是否存在明显损害上市公司及全体股东利益的情形;

(九)上市公司绩效考核体系和考核办法的合理性;

(十)其他应当说明的事项。

第三十三条 董事会审议通过股权激励计划后,上市公司应将有关材料报中国证监会备案,同时抄报证券交易所及公司所在地证监局。

上市公司股权激励计划备案材料应当包括以下文件:

(一)董事会决议;

(二)股权激励计划;

(三)法律意见书;

(四)聘请独立财务顾问的,独立财务顾问报告;

(五)上市公司实行股权激励计划依照规定需要取得有关部门批准的,有关批复文件;

(六)中国证监会要求报送的其他文件。

第三十四条 中国证监会自收到完整的股权激励计划备案申请材料之日起20个工作日内未提出异议的,上市公司可以发出召开股东大会的通知,审议并实施股权激励计划。在上述期限内,中国证监会提出异议的,上市公司不得发出召开股东大会的通知审议及实施该计划。

第三十五条 上市公司在发出召开股东大会通知时,应当同时公告法律意见书;聘请独立财务顾问的,还应当同时公告独立财务顾问报告。

第三十六条 独立董事应当就股权激励计划向所有的股东征集委托投票权。

第三十七条 股东大会应当对股权激励计划中的如下内容进行表决:

(一)股权激励计划所涉及的权益数量、所涉及的标的股票种类、来源和数量;

(二)激励对象的确定依据和范围;

(三)股权激励计划中董事、监事各自被授予的权益数额或权益数额的确定方法;高级管理人员和其他激励对象(各自或按适当分类)被授予的权益数额或权益数额的确定方法;

(四)股权激励计划的有效期、标的股票禁售期;

(五)激励对象获授权益、行权的条件;

(六)限制性股票的授予价格或授予价格的确定方法,股票期权的行权价格或行权价格的确定方法;

(七)股权激励计划涉及的权益数量、标的股票数量、授予价格及行权价格的调整方法和程序;

(八)股权激励计划的变更、终止;

(九)对董事会办理有关股权激励计划相关事宜的授权;

(十)其他需要股东大会表决的事项。

股东大会就上述事项作出决议,必须经出席会议的股东所持表决权的2/3以上通过。

第三十八条 股权激励计划经股东大会审议通过后,上市公司应当持相关文件到证券交易所办理信息披露事宜,到证券登记结算机构办理有关登记结算事宜。

第三十九条 上市公司应当按照证券登记结算机构的业务规则,在证券登记结算机构开设证券账户,用于股权激励计划的实施。

尚未行权的股票期权,以及不得转让的标的股票,应当予以锁定。

第四十条 激励对象的股票期权的行权申请以及限制性股票的锁定和解锁,经董事会或董事会授权的机构确认后,上市公司应当向证券交易所提出行权申请,经证券交易所确认后,由证券登记结算机构办理登记结算事宜。

已行权的股票期权应当及时注销。

第四十一条 除非得到股东大会明确授权,上市公司变更股权激励计划中本办法第三十七条所列事项的,应当提交股东大会审议批准。

第四十二条 上市公司应在定期报告中披露报告期内股权激励计划的实施情况,包括:

(一)报告期内激励对象的范围;

(二)报告期内授出、行使和失效的权益总额;

(三)至报告期末累计已授出但尚未行使的权益总额;

(四)报告期内授予价格与行权价格历次调整的情况以及经调整后的最新授予价格与行权价格;

(五)董事、监事、高级管理人员各自的姓名、职务以及在报告期内历次获授和行使权益的情况;

(六)因激励对象行权所引起的股本变动情况;

(七)股权激励的会计处理方法。

第四十三条 上市公司应当按照有关规定在财务报告中披露股权激励的会计处理。

第四十四条 证券交易所应当在其业务规则中明确股权激励计划所涉及的信息披露要求。

第四十五条 证券登记结算机构应当在其业务规则中明确股权激励计划所涉及的登记结算业务的办理要求。

第六章 监管和处罚

第四十六条 上市公司的财务会计文件有虚假记载的,负有责任的激励对象自该财务会计文件公告之日起12个月内由股权激励计划所获得的全部利益应当返还给公司。

第四十七条 上市公司不符合本办法的规定实行股权激励计划的,中国证监会责令其改正,对公司及相关责任人依法予以处罚;在责令改正期间,中国证监会不受理该公司的申请文件。

第四十八条 上市公司未按照本办法及其他相关规定披露股权激励计划相关信息或者所披露的信息有虚假记载、误导性陈述或者重大遗漏的,中国证监会责令其改正,对公司及相关责任人依法予以处罚。

第四十九条 利用股权激励计划虚构业绩、操纵市场或者进行内幕交易,获取不正当利益的,中国证监会依法没收违法所得,对相关责任人员采取市场禁入等措施;构成犯罪的,移交司法机关依法查处。

第五十条 为上市公司股权激励计划出具意见的相关专业机构未履行勤勉尽责义务,所发表的专业意见存在虚假记载、误导性陈述或者重大遗漏的,中国证监会对相关专业机构及签字人员采取监管谈话、出具警示函、责令整改等措施,并移交相关专业机构主管部门处理;情节严重的,处以警告、罚款等处罚;构成证券违法行为的,依法追究法律责任。

第七章 附 则

第五十一条 本办法下列用语具有如下含义：

高级管理人员：指上市公司经理、副经理、财务负责人、董事会秘书和公司章程规定的其他人员。

标的股票：指根据股权激励计划，激励对象有权获授或购买的上市公司股票。

权益：指激励对象根据股权激励计划获得的上市公司股票、股票期权。

授权日：指上市公司向激励对象授予股票期权的日期。授权日必须为交易日。

行权：指激励对象根据股票期权激励计划，在规定的期间内以预先确定的价格和条件购买上市公司股份的行为。

可行权日：指激励对象可以开始行权的日期。可行权日必须为交易日。

行权价格：上市公司向激励对象授予股票期权时所确定的、激励对象购买上市公司股份的价格。

授予价格：上市公司向激励对象授予限制性股票时所确定的、激励对象获得上市公司股份的价格。

本办法所称的"超过"、"少于"不含本数。

第五十二条 本办法适用于股票在上海、深圳证券交易所上市的公司。

第五十三条 本办法自2006年1月1日起施行。

国务院国有资产监督管理委员会、财政部关于印发《国有控股上市公司（境内）实施股权激励试行办法》的通知

1. 2006年9月30日
2. 国资发分配〔2006〕175号

各省、自治区、直辖市及计划单列市、新疆生产建设兵团国资委、财政厅（局），各中央企业：

为指导国有控股上市公司（境内，以下简称上市公司）规范实施股权激励制度，建立健全激励与约束相结合的中长期激励机制，进一步完善公司法人治理结构，充分调动上市公司高级管理人员和科技人员的积极性、创造性，规范上市公司拟订和实施股权激励计划，根据《中华人民共和国公司法》、《中华人民共和国证券法》、《企业国有资产监督管理暂行条例》（国务院令第378号），我们制定了《国有控股上市公司（境内）实施股权激励试行办法》（以下简称《试行办法》）。现印发给你们，请结合实际，认真遵照执行。现将有关事项通知如下：

一、国有控股上市公司实施股权激励是一项重大制度创新，政策性强，操作难度大。为规范实施股权激励制度，对国有控股上市公司试行股权激励实施分类指导。对中央企业及其所出资企业控股的上市公司，其股权激励计划在报股东大会审议表决前，由集团公司按照《试行办法》规定的程序报履行国有资产出资人职责的机构或部门审核；对中央企业所出资三级以下企业控股的上市公司，其股权激励计划在上市公司股东大会审议前，报履行国有资产出资人职责的机构或部门备案。履行国有资产出资人职责的机构或部门自收到完整的股权激励计划申报材料之日起，20个工作日内出具审核意见，未提出异议的，国有控股股东可按申报意见参与股东大会审议股权激励计划。

二、地方国有控股上市公司试行股权激励办法，应严格按《试行办法》规定的条件执行。在试点期间，上市公司股权激励计划由各省、自治区、直辖市、计划单列市及新疆生产建设兵团国资委或财政厅（局）统一审核批准后，报国务院国资委和财政部备案。

三、对在《试行办法》出台之前已经公告或实施了股权激励的国有控股上市公司，要按照《试行办法》予以规范，对股权激励计划修订完善并履行相应的审核或备案程序。

四、政企尚未分开的部门以及国家授权投资的其他国有资产经营管理机构（以下简称其他单位），按照《试行办法》的规定审核批准所管理的集团公司及其所出资企业控股的上市公司股权激励计划。

国务院国资委和其他单位对集团公司及其所出资企业控股的上市公司股权激励计划的批复文件抄送财政部。

上市公司在试行过程中的做法及遇到的问题，请及时报告国务院国资委和财政部。

国有控股上市公司（境内）实施股权激励试行办法

1. 2006年9月30日国务院国有资产监督管理委员会、财政部发布
2. 国资发分配〔2006〕175号

第一章 总 则

第一条 为指导国有控股上市公司（境内）规范实施股权激励制度，建立健全激励与约束相结合的中长期激励机制，进一步完善公司法人治理结构，依据《中华人民共和国公司法》、《中华人民共和国证券法》、《企业国有资产监督管理暂行条例》等有关法律、行政法规

的规定,制定本办法。

第二条 本办法适用于股票在中华人民共和国境内上市的国有控股上市公司(以下简称上市公司)。

第三条 本办法主要用于指导上市公司国有控股股东依法履行相关职责,按本办法要求申报上市公司股权激励计划,并按履行国有资产出资人职责的机构或部门意见,审议表决上市公司股权激励计划。

第四条 本办法所称股权激励,主要是指上市公司以本公司股票为标的,对公司高级管理等人员实施的中长期激励。

第五条 实施股权激励的上市公司应具备以下条件:

(一)公司治理结构规范,股东会、董事会、经理层组织健全,职责明确。外部董事(含独立董事,下同)占董事会成员半数以上;

(二)薪酬委员会由外部董事构成,且薪酬委员会制度健全,议事规则完善,运行规范;

(三)内部控制制度和绩效考核体系健全,基础管理制度规范,建立了符合市场经济和现代企业制度要求的劳动用工、薪酬福利制度及绩效考核体系;

(四)发展战略明确,资产质量和财务状况良好,经营业绩稳健;近三年无财务违法违规行为和不良记录;

(五)证券监管部门规定的其他条件。

第六条 实施股权激励应遵循以下原则:

(一)坚持激励与约束相结合,风险与收益相对称,强化对上市公司管理层的激励力度;

(二)坚持股东利益、公司利益和管理层利益相一致,有利于促进国有资本保值增值,有利于维护中小股东利益,有利于上市公司的可持续发展;

(三)坚持依法规范,公开透明,遵循相关法律法规和公司章程规定;

(四)坚持从实际出发,审慎起步,循序渐进,不断完善。

第二章 股权激励计划的拟订

第七条 股权激励计划应包括股权激励方式、激励对象、激励条件、授予数量、授予价格及其确定的方式、行权时间限制或解锁期限等主要内容。

第八条 股权激励的方式包括股票期权、限制性股票以及法律、行政法规允许的其他方式。上市公司应以期权激励机制为导向,根据实施股权激励的目的,结合本行业及本公司的特点确定股权激励的方式。

第九条 实施股权激励计划所需标的股票来源,可以根据本公司实际情况,通过向激励对象发行股份、回购本公司股份及法律、行政法规允许的其他方式确定,不得由单一国有股股东支付或擅自无偿量化国有股权。

第十条 实施股权激励计划应当以绩效考核指标完成情况为条件,建立健全绩效考核体系和考核办法。绩效考核目标应由股东大会确定。

第十一条 股权激励对象原则上限于上市公司董事、高级管理人员以及对上市公司整体业绩和持续发展有直接影响的核心技术人员和管理骨干。

上市公司监事、独立董事以及由上市公司控股公司以外的人员担任的外部董事,暂不纳入股权激励计划。

证券监管部门规定的不得成为激励对象的人员,不得参与股权激励计划。

第十二条 实施股权激励的核心技术人员和管理骨干,应根据上市公司发展的需要及各类人员的岗位职责、绩效考核等相关情况综合确定,并须在股权激励计划中就确定依据、激励条件、授予范围及数量等情况作出说明。

第十三条 上市公司母公司(控股公司)的负责人在上市公司担任职务的,可参加股权激励计划,但只能参与一家上市公司的股权激励计划。

在股权授予日,任何持有上市公司5%以上有表决权的股份的人员,未经股东大会批准,不得参加股权激励计划。

第十四条 在股权激励计划有效期内授予的股权总量,应结合上市公司股本规模的大小和股权激励对象的范围、股权激励水平等因素,在0.1% -10%之间合理确定。但上市公司全部有效的股权激励计划所涉及的标的股票总数累计不得超过公司股本总额的10%。

上市公司首次实施股权激励计划授予的股权数量原则上应控制在上市公司股本总额的1%以内。

第十五条 上市公司任何一名激励对象通过全部有效的股权激励计划获授的本公司股权,累计不得超过公司股本总额的1%,经股东大会特别决议批准的除外。

第十六条 授予高级管理人员的股权数量按下列办法确定:

(一)在股权激励计划有效期内,高级管理人员个人股权激励预期收益水平,应控制在其薪酬总水平(含预期的期权或股权收益)的30%以内。高级管理人员薪酬总水平应参照国有资产监督管理机构或部门的原则规定,依据上市公司绩效考核与薪酬管理办法确定。

(二)参照国际通行的期权定价模型或股票公平市场价,科学合理测算股票期权的预期价值或限制性股票的预期收益。

按照上述办法预测的股权激励收益和股权授予价

格(行权价格),确定高级管理人员股权授予数量。

第十七条 授予董事、核心技术人员和管理骨干的股权数量比照高级管理人员的办法确定。各激励对象薪酬总水平和预期股权激励收益占薪酬总水平的比例应根据上市公司岗位分析、岗位测评和岗位职责按岗位序列确定。

第十八条 根据公平市场价原则,确定股权的授予价格(行权价格)。

(一)上市公司股权的授予价格应不低于下列价格较高者:

1. 股权激励计划草案摘要公布前一个交易日的公司标的股票收盘价;

2. 股权激励计划草案摘要公布前30个交易日内的公司标的股票平均收盘价。

(二)上市公司首次公开发行股票时拟实施的股权激励计划,其股权的授予价格在上市公司首次公开发行上市满30个交易日以后,依据上述原则规定的市场价格确定。

第十九条 股权激励计划的有效期自股东大会通过之日起计算,一般不超过10年。股权激励计划有效期满,上市公司不得依据此计划再授予任何股权。

第二十条 在股权激励计划有效期内,应采取分次实施的方式,每期股权授予方案的间隔期应在一个完整的会计年度以上。

第二十一条 在股权激励计划有效期内,每期授予的股票期权,均应设置行权限制期和行权有效期,并按设定的时间表分批行权:

(一)行权限制期为股权自授予日(授权日)至股权生效日(可行权日)止的期限。行权限制期原则上不得少于2年,在限制期内不可以行权。

(二)行权有效期为股权生效日至股权失效日止的期限,由上市公司根据实际确定,但不得低于3年。在行权有效期内原则上采取匀速分批行权办法。超过行权有效期的,其权利自动失效,并不可追溯行使。

第二十二条 在股权激励计划有效期内,每期授予的限制性股票,其禁售期不得低于2年。禁售期满,根据股权激励计划和业绩目标完成情况确定激励对象可解锁(转让、出售)的股票数量。解锁期不得低于3年,在解锁期内原则上采取匀速解锁办法。

第二十三条 高级管理人员转让、出售其通过股权激励计划所得的股票,应符合有关法律、行政法规的相关规定。

第二十四条 在董事会讨论审批或公告公司定期业绩报告等影响股票价格的敏感事项发生时不得授予股权或行权。

第三章 股权激励计划的申报

第二十五条 上市公司国有控股股东在股东大会审议批准股权激励计划之前,应将上市公司拟实施的股权激励计划报履行国有资产出资人职责的机构或部门审核(控股股东为集团公司的由集团公司申报),经审核同意后提请股东大会审议。

第二十六条 国有控股股东申报的股权激励报告应包括以下内容:

(一)上市公司简要情况,包括公司薪酬管理制度、薪酬水平等情况;

(二)股权激励计划和股权激励管理办法等应由股东大会审议的事项及其相关说明;

(三)选择的期权定价模型及股票期权的公平市场价值的测算、限制性股票的预期收益等情况的说明;

(四)上市公司绩效考核评价制度及发展战略和实施计划的说明等。绩效考核评价制度应当包括岗位职责核定、绩效考核评价指标和标准、年度及任期绩效考核目标、考核评价程序以及根据绩效考核评价办法对高管人员股权的授予和行权的相关规定。

第二十七条 国有控股股东应将上市公司按股权激励计划实施的分期股权激励方案,事前报履行国有资产出资人职责的机构或部门备案。

第二十八条 国有控股股东在下列情况下应按本办法规定重新履行申报审核程序:

(一)上市公司终止股权激励计划并实施新计划或变更股权激励计划相关事项的;

(二)上市公司因发行新股、转增股本、合并、分立、回购等原因导致总股本发生变动或其他原因需要调整股权激励对象范围、授予数量等股权激励计划主要内容的。

第二十九条 股权激励计划应就公司控制权变更、合并、分立,以及激励对象辞职、调动、被解雇、退休、死亡、丧失民事行为能力等事项发生时的股权处理依法作出行权加速、终止等相应规定。

第四章 股权激励计划的考核、管理

第三十条 国有控股股东应依法行使股东权利,要求和督促上市公司制定严格的股权激励管理办法,并建立与之相适应的绩效考核评价制度,以绩效考核指标完成情况为基础对股权激励计划实施动态管理。

第三十一条 按照上市公司股权激励管理办法和绩效考核评价办法确定对激励对象股权的授予、行权或解锁。

对已经授予的股票期权,在行权时可根据年度绩效考核情况进行动态调整。

对已经授予的限制性股票,在解锁时可根据年度绩效考核情况确定可解锁的股票数量,在设定的解锁期内未能解锁,上市公司应收回或以激励对象购买时的价格回购已授予的限制性股票。

第三十二条　参与上市公司股权激励计划的上市公司母公司(控股公司)的负责人,其股权激励计划的实施应符合《中央企业负责人经营业绩考核暂行办法》或相应国有资产监管机构或部门的有关规定。

第三十三条　授予董事、高级管理人员的股权,应根据任期考核或经济责任审计结果行权或兑现。授予的股票期权,应有不低于授予总量的20%留至任职(或任期)考核合格后行权;授予的限制性股票,应将不低于20%的部分锁定至任职(或任期)期满后兑现。

第三十四条　国有控股股东应依法行使股东权利,要求上市公司在发生以下情形之一时,中止实施股权激励计划,自发生之日起一年内不得向激励对象授予新的股权,激励对象也不得根据股权激励计划行使权利或获得收益:

(一)企业年度绩效考核达不到股权激励计划规定的绩效考核标准;

(二)国有资产监督管理机构或部门、监事会或审计部门对上市公司业绩或年度财务会计报告提出重大异议;

(三)发生重大违规行为,受到证券监管及其他有关部门处罚。

第三十五条　股权激励对象有以下情形之一的,上市公司国有控股股东应依法行使股东权利,提出终止授予新的股权并取消其行权资格:

(一)违反国家有关法律法规、上市公司章程规定的;

(二)任职期间,由于受贿索贿、贪污盗窃、泄露上市公司经营和技术秘密、实施关联交易损害上市公司利益、声誉和对上市公司形象有重大负面影响等违法违纪行为,给上市公司造成损失的。

第三十六条　实施股权激励计划的财务、会计处理及其税收等问题,按国家有关法律、行政法规、财务制度、会计准则、税务制度规定执行。

上市公司不得为激励对象按照股权激励计划获取有关权益提供贷款以及其他任何形式的财务资助,包括为其贷款提供担保。

第三十七条　国有控股股东应按照有关规定和本办法的要求,督促和要求上市公司严格履行信息披露义务,及时披露股权激励计划及董事、高级管理人员薪酬管理等相关信息。

第三十八条　国有控股股东应在上市公司年度报告披露后5个工作日内将以下情况报履行国有资产出资人职责的机构或部门备案:

(一)公司股权激励计划的授予、行权或解锁等情况;

(二)公司董事、高级管理等人员持有股权的数量、期限、本年度已经行权(或解锁)和未行权(或解锁)的情况及其所持股权数量与期初所持数量的变动情况;

(三)公司实施股权激励绩效考核情况、实施股权激励对公司费用及利润的影响等。

第五章　附　　则

第三十九条　上市公司股权激励的实施程序和信息披露、监管和处罚应符合中国证监会《上市公司股权激励管理办法》(试行)的有关规定。上市公司股权激励计划应经履行国有资产出资人职责的机构或部门审核同意后,报中国证监会备案以及在相关机构办理信息披露、登记结算等事宜。

第四十条　本办法下列用语的含义:

(一)国有控股上市公司,是指政府或国有企业(单位)拥有50%以上股本,以及持有股份的比例虽然不足50%,但拥有实际控制权或依其持有的股份已足以对股东大会的决议产生重大影响的上市公司。

其中控制权,是指根据公司章程或协议,能够控制企业的财务和经营决策。

(二)股票期权,是指上市公司授予激励对象在未来一定期限内以预先确定的价格和条件购买本公司一定数量股票的权利。激励对象有权行使这种权利,也有权放弃这种权利,但不得用于转让、质押或者偿还债务。

(三)限制性股票,是指上市公司按照预先确定的条件授予激励对象一定数量的本公司股票,激励对象只有在工作年限或业绩目标符合股权激励计划规定条件的,才可出售限制性股票并从中获益。

(四)高级管理人员,是指对公司决策、经营、管理负有领导职责的人员,包括经理、副经理、财务负责人(或其他履行上述职责的人员)、董事会秘书和公司章程规定的其他人员。

(五)外部董事,是指由国有控股股东依法提名推荐、由任职公司或控股公司以外的人员(非本公司或控股公司员工的外部人员)担任的董事。对主体业务全部或大部分进入上市公司的企业,其外部董事应为任职公司或控股公司以外的人员;对非主业部分进入上市公司或只有一部分主业进入上市公司的子公司,以及二级以下的上市公司,其外部董事应为任职公司以外的人员。

外部董事不在公司担任除董事和董事会专门委员会有关职务外的其他职务，不负责执行层的事务，与其担任董事的公司不存在可能影响其公正履行外部董事职务的关系。

外部董事含独立董事。独立董事是指与所受聘的公司及其主要股东没有任何经济上的利益关系且不在上市公司担任除独立董事外的其他任何职务。

（六）股权激励预期收益，是指实行股票期权的预期收益为股票期权的预期价值，单位期权的预期价值参照国际通行的期权定价模型进行测算；实行限制性股票的预期收益为获授的限制性股票的价值，单位限制性股票的价值为其授予价格扣除激励对象的购买价格。

第四十一条 本办法自印发之日起施行。

国务院国有资产监督管理委员会、财政部关于规范国有控股上市公司实施股权激励制度有关问题的通知

1. 2008年10月21日
2. 国资发分配〔2008〕171号

各省、自治区、直辖市及计划单列市和新疆生产建设兵团国资委、财政厅（局），各中央企业：

国资委、财政部《关于印发〈国有控股上市公司（境外）实施股权激励试行办法〉的通知》（国资发分配〔2006〕8号）和《关于印发〈国有控股上市公司（境内）实施股权激励试行办法〉的通知》（国资发分配〔2006〕175号）印发后，境内、外国有控股上市公司（以下简称上市公司）积极探索试行股权激励制度。由于上市公司外部市场环境和内部运行机制尚不健全，公司治理结构有待完善，股权激励制度尚处于试点阶段，为进一步规范实施股权激励，现就有关问题通知如下：

一、严格股权激励的实施条件，加快完善公司法人治理结构

上市公司国有控股股东必须切实履行出资人职责，并按照国资发分配〔2006〕8号、国资发分配〔2006〕175号文件的要求，建立规范的法人治理结构。上市公司在达到外部董事（包括独立董事）占董事会成员一半以上、薪酬委员会全部由外部董事组成的要求之后，要进一步优化董事会的结构，健全通过股东大会选举和更换董事的制度，按专业化、职业化、市场化的原则确定董事会成员人选，逐步减少国有控股股东的负责人、高级管理人员及其他人员担任上市公司董事的数量，增加董事会中由国有资产出资人代表提名的、由公司控股股东以外人员任职的外部董事或独立董事数量，督促董事提高履职能力，恪守职业操守，使董事会真正成为各类股东利益的代表和重大决策的主体，董事会选聘、考核、激励高级管理人员的职能必须到位。

二、完善股权激励业绩考核体系，科学设置业绩指标和水平

（一）上市公司实施股权激励，应建立完善的业绩考核体系和考核办法。业绩考核指标应包含反映股东回报和公司价值创造等综合性指标，如净资产收益率（ROE）、经济增加值（EVA）、每股收益等；反映公司赢利能力及市场价值等成长性指标，如净利润增长率、主营业务收入增长率、公司总市值增长率等；反映企业收益质量的指标，如主营业务利润占利润总额比重、现金营运指数等。上述三类业绩考核指标原则上至少各选一个。相关业绩考核指标的计算应符合现行会计准则等相关要求。

（二）上市公司实施股权激励，其授予和行使（指股票期权和股票增值权的行权或限制性股票的解锁，下同）环节均应设置应达到的业绩目标，业绩目标的设定应具有前瞻性和挑战性，并切实以业绩考核指标完成情况作为股权激励实施的条件。

1. 上市公司授予激励对象股权时的业绩目标水平，应不低于公司近3年平均业绩水平及同行业（或选取的同行业境内、外对标企业，行业参照证券监管部门的行业分类标准确定，下同）平均业绩（或对标企业50分位值）水平。

2. 上市公司激励对象行使权利时的业绩目标水平，应结合上市公司所处行业特点和自身战略发展定位，在授予时业绩水平的基础上有所提高，并不得低于公司同行业平均业绩（或对标企业75分位值）水平。凡低于同行业平均业绩（或对标企业75分位值）水平以下的不得行使。

（三）完善上市公司股权激励对象业绩考核体系，切实将股权的授予、行使与激励对象业绩考核结果紧密挂钩，并根据业绩考核结果分档确定不同的股权行使比例。

（四）对科技类上市公司实施股权激励的业绩指标，可以根据企业所处行业的特点及成长规律等实际情况，确定授予和行使的业绩指标及其目标水平。

（五）对国有经济占控制地位的、关系国民经济命脉和国家安全的行业以及依法实行专营专卖的行业，相关企业的业绩指标，应通过设定经营难度系数等方式，剔除价格调整、宏观调控等政策因素对业绩的影响。

三、合理控制股权激励收益水平,实行股权激励收益与业绩指标增长挂钩浮动

按照上市公司股价与其经营业绩相关联、激励对象股权激励收益增长与公司经营业绩增长相匹配的原则,实行股权激励收益兑现与业绩考核指标完成情况挂钩的办法。即在达到实施股权激励业绩考核目标要求的基础上,以期初计划核定的股权激励预期收益为基础,按照股权行使时间限制表,综合上市公司业绩和股票价格增长情况,对股权激励收益增幅进行合理调控。具体方法如下:

(一)对股权激励收益在计划期初核定收益水平以内且达到考核标准的,可按计划予以行权。

(二)对行权有效期内股票价格偏高,致使股票期权(或股票增值权)的实际行权收益超出计划核定的预期收益水平的上市公司,根据业绩考核指标完成情况和股票价格增长情况合理控制股权激励实际收益水平。即在行权有效期内,激励对象股权激励收益占本期股票期权(或股票增值权)授予时薪酬总水平(含股权激励收益,下同)的最高比重,境内上市公司及境外H股公司原则上不得超过40%,境外红筹股公司原则上不得超过50%。股权激励实际收益超出上述比重的,尚未行权的股票期权(或股票增值权)不再行使或将行权收益上交公司。

(三)上述条款应在上市公司股权激励管理办法或股权授予协议上予以载明。随着资本市场的逐步完善以及上市公司市场化程度和竞争性的不断提高,将逐步取消股权激励收益水平限制。

四、进一步强化股权激励计划的管理,科学规范实施股权激励

(一)完善限制性股票授予方式,以业绩考核结果确定限制性股票的授予水平。

1. 上市公司应以严格的业绩考核作为实施限制性股票激励计划的前提条件。上市公司授予限制性股票时的业绩目标应不低于下列业绩水平的高者:公司前3年平均业绩水平;公司上一年度实际业绩水平;公司同行业平均业绩(或对标企业50分位值)水平。

2. 强化对限制性股票激励对象的约束。限制性股票激励的重点应限于对公司未来发展有直接影响的高级管理人员。限制性股票的来源及价格的确定应符合证券监管部门的相关规定,且股权激励对象个人出资水平不得低于按证券监管规定确定的限制性股票价格的50%。

3. 限制性股票收益(不含个人出资部分的收益)的增长幅度不得高于业绩指标的增长幅度(以业绩目标为基础)。

(二)严格股权激励对象范围,规范股权激励对象离职、退休等行为的处理方法。

上市公司股权激励的重点应是对公司经营业绩和未来发展有直接影响的高级管理人员和核心技术骨干,不得随意扩大范围。未在上市公司任职、不属于上市公司的人员(包括控股股东公司的员工)不得参与上市公司股权激励计划。境内、境外上市公司监事不得成为股权激励的对象。

股权激励对象正常调动、退休、死亡、丧失民事行为能力时,授予的股权当年已达到可行使时间限制和业绩考核条件的,可行使的部分可在离职之日起的半年内行使,尚未达到可行使时间限制和业绩考核条件的不再行使。股权激励对象辞职、被解雇时,尚未行使的股权不再行使。

(三)规范股权激励公允价值计算参数,合理确定股权激励预期收益。

对实行股票期权(或股票增值权)激励方式的,上市公司应根据企业会计准则等有关规定,结合国际通行做法,选取适当的期权定价模型进行合理估值。其相关参数的选择或计算应科学合理。

对实行限制性股票激励方式的,在核定股权激励预期收益时,除考虑限制性股票赠与部分价值外,还应参考期权估值办法考虑赠与部分未来增值收益。

(四)规范上市公司配股、送股、分红后股权激励授予数量的处理。

上市公司因发行新股、转增股本、合并、分立、回购等原因导致总股本发生变动或其他原因需要调整股权授予数量或行权价格的,应重新报国有资产监管机构备案后由股东大会或授权董事会决定。对于其他原因调整股票期权(或股票增值权)授予数量、行权价格或其他条款的,应由董事会审议后经股东大会批准;同时,上市公司应聘请律师就上述调整是否符合国家相关法律法规、公司章程以及股权激励计划规定出具专业意见。

(五)规范履行相应程序,建立社会监督和专家评审工作机制。

建立上市公司国有控股股东与国有资产监管机构沟通协调机制。上市公司国有控股股东在上市公司董事会审议其股权激励计划之前,应与国有资产监管机构进行沟通协调,并应在上市公司股东大会审议公司股权激励计划之前,将上市公司董事会审议通过的股权激励计划及相应的管理考核办法等材料报国有资产监管机构审核,经股东大会审议通过后实施。

建立社会监督和专家评审工作机制。上市公司董事会审议通过的股权激励计划草案除按证券监管部门

的要求予以公告外,同时还应在国有资产监管机构网站上予以公告,接受社会公众的监督和评议。同时国有资产监管机构将组织有关专家对上市公司股权激励方案进行评审。社会公众的监督、评议意见与专家的评审意见,将作为国有资产监管机构审核股权激励计划的重要依据。

建立中介服务机构专业监督机制。为上市公司拟订股权激励计划的中介咨询机构,应对股权激励计划的规范性、合规性、是否有利于上市公司的持续发展、以及对股东利益的影响发表专业意见。

(六)规范国有控股股东行为,完善股权激励报告、监督制度。

国有控股股东应增强法制观念和诚信意识,带头遵守法律法规,规范执行国家政策,维护出资人利益。

国有控股股东应按照国资发分配〔2006〕8号、国资发分配〔2006〕175号文件及本通知的要求,完善股权激励报告制度。国有控股股东向国有资产监管机构报送上市公司股东大会审议通过的股权激励计划时,应同时抄送财政部门。国有控股股东应当及时将股权激励计划的实施进展情况以及激励对象年度行使情况等报国有资产监管机构备案;国有控股股东有监事会的,应同时报送公司控股企业监事会。

国有控股股东应监督上市公司按照《企业财务通则》和企业会计准则的规定,为股权激励的实施提供良好的财务管理和会计核算基础。

国有资产监管机构将对上市公司股权激励的实施进展情况,包括公司的改革发展、业绩指标完成情况以及激励对象薪酬水平、股权行使及其股权激励收益、绩效考核等信息实行动态管理和对外披露。

在境外和境内同时上市的公司,原则上应当执行国资发分配〔2006〕175号文件。公司高级管理人员和管理技术骨干应在同一个资本市场(境外或境内)实施股权激励。

对本通知印发之前已经实施股权激励的国有控股上市公司,其国有控股股东应按照本通知要求,督促和要求上市公司对股权激励计划进行修订完善并报国资委备案,经股东大会(或董事会)审议通过后实施。

5. 企业内部控制

企业内部控制基本规范

1. *2008年5月22日财政部、中国证券监督管理委员会、审计署、中国银行业监督管理委员会、中国保险监督管理委员会发布*
2. *财会〔2008〕7号*
3. *自2009年7月1日起施行*

第一章　总　　则

第一条　为了加强和规范企业内部控制,提高企业经营管理水平和风险防范能力,促进企业可持续发展,维护社会主义市场经济秩序和社会公众利益,根据《中华人民共和国公司法》、《中华人民共和国证券法》、《中华人民共和国会计法》和其他有关法律法规,制定本规范。

第二条　本规范适用于中华人民共和国境内设立的大中型企业。

小企业和其他单位可以参照本规范建立与实施内部控制。

大中型企业和小企业的划分标准根据国家有关规定执行。

第三条　本规范所称内部控制,是由企业董事会、监事会、经理层和全体员工实施的、旨在实现控制目标的过程。

内部控制的目标是合理保证企业经营管理合法合规、资产安全、财务报告及相关信息真实完整,提高经营效率和效果,促进企业实现发展战略。

第四条　企业建立与实施内部控制,应当遵循下列原则:

(一)全面性原则。内部控制应当贯穿决策、执行和监督全过程,覆盖企业及其所属单位的各种业务和事项。

(二)重要性原则。内部控制应当在全面控制的基础上,关注重要业务事项和高风险领域。

(三)制衡性原则。内部控制应当在治理结构、机构设置及权责分配、业务流程等方面形成相互制约、相互监督,同时兼顾运营效率。

(四)适应性原则。内部控制应当与企业经营规模、业务范围、竞争状况和风险水平等相适应,并随着情况的变化及时加以调整。

(五)成本效益原则。内部控制应当权衡实施成本与预期效益,以适当的成本实现有效控制。

第五条　企业建立与实施有效的内部控制,应当包括下列要素：

（一）内部环境。内部环境是企业实施内部控制的基础，一般包括治理结构、机构设置及权责分配、内部审计、人力资源政策、企业文化等。

（二）风险评估。风险评估是企业及时识别、系统分析经营活动中与实现内部控制目标相关的风险，合理确定风险应对策略。

（三）控制活动。控制活动是企业根据风险评估结果，采用相应的控制措施，将风险控制在可承受度之内。

（四）信息与沟通。信息与沟通是企业及时、准确地收集、传递与内部控制相关的信息，确保信息在企业内部、企业与外部之间进行有效沟通。

（五）内部监督。内部监督是企业对内部控制建立与实施情况进行监督检查，评价内部控制的有效性，发现内部控制缺陷，应当及时加以改进。

第六条　企业应当根据有关法律法规、本规范及其配套办法，制定本企业的内部控制制度并组织实施。

第七条　企业应当运用信息技术加强内部控制，建立与经营管理相适应的信息系统，促进内部控制流程与信息系统的有机结合，实现对业务和事项的自动控制，减少或消除人为操纵因素。

第八条　企业应当建立内部控制实施的激励约束机制，将各责任单位和全体员工实施内部控制的情况纳入绩效考评体系，促进内部控制的有效实施。

第九条　国务院有关部门可以根据法律法规、本规范及其配套办法，明确贯彻实施本规范的具体要求，对企业建立与实施内部控制的情况进行监督检查。

第十条　接受企业委托从事内部控制审计的会计师事务所，应当根据本规范及其配套办法和相关执业准则，对企业内部控制的有效性进行审计，出具审计报告。会计师事务所及其签字的从业人员应当对发表的内部控制审计意见负责。

为企业内部控制提供咨询的会计师事务所，不得同时为同一企业提供内部控制审计服务。

第二章　内部环境

第十一条　企业应当根据国家有关法律法规和企业章程，建立规范的公司治理结构和议事规则，明确决策、执行、监督等方面的职责权限，形成科学有效的职责分工和制衡机制。

股东（大）会享有法律法规和企业章程规定的合法权利，依法行使企业经营方针、筹资、投资、利润分配等重大事项的表决权。

董事会对股东（大）会负责，依法行使企业的经营决策权。

监事会对股东（大）会负责，监督企业董事、经理和其他高级管理人员依法履行职责。

经理层负责组织实施股东（大）会、董事会决议事项，主持企业的生产经营管理工作。

第十二条　董事会负责内部控制的建立健全和有效实施。监事会对董事会建立与实施内部控制进行监督。经理层负责组织领导企业内部控制的日常运行。

企业应当成立专门机构或者指定适当的机构具体负责组织协调内部控制的建立实施及日常工作。

第十三条　企业应当在董事会下设立审计委员会。审计委员会负责审查企业内部控制，监督内部控制的有效实施和内部控制自我评价情况，协调内部控制审计及其他相关事宜等。

审计委员会负责人应当具备相应的独立性、良好的职业操守和专业胜任能力。

第十四条　企业应当结合业务特点和内部控制要求设置内部机构，明确职责权限，将权利与责任落实到各责任单位。

企业应当通过编制内部管理手册，使全体员工掌握内部机构设置、岗位职责、业务流程等情况，明确权责分配，正确行使职权。

第十五条　企业应当加强内部审计工作，保证内部审计机构设置、人员配备和工作的独立性。

内部审计机构应当结合内部审计监督，对内部控制的有效性进行监督检查。内部审计机构对监督检查中发现的内部控制缺陷，应当按照企业内部审计工作程序进行报告；对监督检查中发现的内部控制重大缺陷，有权直接向董事会及其审计委员会、监事会报告。

第十六条　企业应当制定和实施有利于企业可持续发展的人力资源政策。人力资源政策应当包括下列内容：

（一）员工的聘用、培训、辞退与辞职。

（二）员工的薪酬、考核、晋升与奖惩。

（三）关键岗位员工的强制休假制度和定期岗位轮换制度。

（四）掌握国家秘密或重要商业秘密的员工离岗的限制性规定。

（五）有关人力资源管理的其他政策。

第十七条　企业应当将职业道德修养和专业胜任能力作为选拔和聘用员工的重要标准，切实加强员工培训和继续教育，不断提升员工素质。

第十八条　企业应当加强文化建设，培育积极向上的价值观和社会责任感，倡导诚实守信、爱岗敬业、开拓创新和团队协作精神，树立现代管理理念，强化风险意识。

董事、监事、经理及其他高级管理人员应当在企业文化建设中发挥主导作用。

企业员工应当遵守员工行为守则，认真履行岗位职责。

第十九条 企业应当加强法制教育，增强董事、监事、经理及其他高级管理人员和员工的法制观念，严格依法决策、依法办事、依法监督，建立健全法律顾问制度和重大法律纠纷案件备案制度。

第三章 风险评估

第二十条 企业应当根据设定的控制目标，全面系统持续地收集相关信息，结合实际情况，及时进行风险评估。

第二十一条 企业开展风险评估，应当准确识别与实现控制目标相关的内部风险和外部风险，确定相应的风险承受度。

风险承受度是企业能够承担的风险限度，包括整体风险承受能力和业务层面的可接受风险水平。

第二十二条 企业识别内部风险，应当关注下列因素：

（一）董事、监事、经理及其他高级管理人员的职业操守、员工专业胜任能力等人力资源因素。

（二）组织机构、经营方式、资产管理、业务流程等管理因素。

（三）研究开发、技术投入、信息技术运用等自主创新因素。

（四）财务状况、经营成果、现金流量等财务因素。

（五）营运安全、员工健康、环境保护等安全环保因素。

（六）其他有关内部风险因素。

第二十三条 企业识别外部风险，应当关注下列因素：

（一）经济形势、产业政策、融资环境、市场竞争、资源供给等经济因素。

（二）法律法规、监管要求等法律因素。

（三）安全稳定、文化传统、社会信用、教育水平、消费者行为等社会因素。

（四）技术进步、工艺改进等科学技术因素。

（五）自然灾害、环境状况等自然环境因素。

（六）其他有关外部风险因素。

第二十四条 企业应当采用定性与定量相结合的方法，按照风险发生的可能性及其影响程度等，对识别的风险进行分析和排序，确定关注重点和优先控制的风险。

企业进行风险分析，应当充分吸收专业人员，组成风险分析团队，按照严格规范的程序开展工作，确保风险分析结果的准确性。

第二十五条 企业应当根据风险分析的结果，结合风险承受度，权衡风险与收益，确定风险应对策略。

企业应当合理分析、准确掌握董事、经理及其他高级管理人员、关键岗位员工的风险偏好，采取适当的控制措施，避免因个人风险偏好给企业经营带来重大损失。

第二十六条 企业应当综合运用风险规避、风险降低、风险分担和风险承受等风险应对策略，实现对风险的有效控制。

风险规避是企业对超出风险承受度的风险，通过放弃或者停止与该风险相关的业务活动以避免和减轻损失的策略。

风险降低是企业在权衡成本效益之后，准备采取适当的控制措施降低风险或者减轻损失，将风险控制在风险承受度之内的策略。

风险分担是企业准备借助他人力量，采取业务分包、购买保险等方式和适当的控制措施，将风险控制在风险承受度之内的策略。

风险承受是企业对风险承受度之内的风险，在权衡成本效益之后，不准备采取控制措施降低风险或者减轻损失的策略。

第二十七条 企业应当结合不同发展阶段和业务拓展情况，持续收集与风险变化相关的信息，进行风险识别和风险分析，及时调整风险应对策略。

第四章 控制活动

第二十八条 企业应当结合风险评估结果，通过手工控制与自动控制、预防性控制与发现性控制相结合的方法，运用相应的控制措施，将风险控制在可承受度之内。

控制措施一般包括：不相容职务分离控制、授权审批控制、会计系统控制、财产保护控制、预算控制、运营分析控制和绩效考评控制等。

第二十九条 不相容职务分离控制要求企业全面系统地分析、梳理业务流程中所涉及的不相容职务，实施相应的分离措施，形成各司其职、各负其责、相互制约的工作机制。

第三十条 授权审批控制要求企业根据常规授权和特别授权的规定，明确各岗位办理业务和事项的权限范围、审批程序和相应责任。

企业应当编制常规授权的权限指引，规范特别授权的范围、权限、程序和责任，严格控制特别授权。常规授权是指企业在日常经营管理活动中按照既定的职责和程序进行的授权。特别授权是指企业在特殊情况、特定条件下进行的授权。

企业各级管理人员应当在授权范围内行使职权和承担责任。

企业对于重大的业务和事项,应当实行集体决策审批或者联签制度,任何个人不得单独进行决策或者擅自改变集体决策。

第三十一条 会计系统控制要求企业严格执行国家统一的会计准则制度,加强会计基础工作,明确会计凭证、会计账簿和财务会计报告的处理程序,保证会计资料真实完整。

企业应当依法设置会计机构,配备会计从业人员。从事会计工作的人员,必须取得会计从业资格证书。会计机构负责人应当具备会计师以上专业技术职务资格。

大中型企业应当设置总会计师。设置总会计师的企业,不得设置与其职权重叠的副职。

第三十二条 财产保护控制要求企业建立财产日常管理制度和定期清查制度,采取财产记录、实物保管、定期盘点、账实核对等措施,确保财产安全。

企业应当严格限制未经授权的人员接触和处置财产。

第三十三条 预算控制要求企业实施全面预算管理制度,明确各责任单位在预算管理中的职责权限,规范预算的编制、审定、下达和执行程序,强化预算约束。

第三十四条 运营分析控制要求企业建立运营情况分析制度,经理层应当综合运用生产、购销、投资、筹资、财务等方面的信息,通过因素分析、对比分析、趋势分析等方法,定期开展运营情况分析,发现存在的问题,及时查明原因并加以改进。

第三十五条 绩效考评控制要求企业建立和实施绩效考评制度,科学设置考核指标体系,对企业内部各责任单位和全体员工的业绩进行定期考核和客观评价,将考评结果作为确定员工薪酬以及职务晋升、评优、降级、调岗、辞退等的依据。

第三十六条 企业应当根据内部控制目标,结合风险应对策略,综合运用控制措施,对各种业务和事项实施有效控制。

第三十七条 企业应当建立重大风险预警机制和突发事件应急处理机制,明确风险预警标准,对可能发生的重大风险或突发事件,制定应急预案、明确责任人员、规范处置程序,确保突发事件得到及时妥善处理。

第五章 信息与沟通

第三十八条 企业应当建立信息与沟通制度,明确内部控制相关信息的收集、处理和传递程序,确保信息及时沟通,促进内部控制有效运行。

第三十九条 企业应当对收集的各种内部信息和外部信息进行合理筛选、核对、整合,提高信息的有用性。

企业可以通过财务会计资料、经营管理资料、调研报告、专项信息、内部刊物、办公网络等渠道,获取内部信息。

企业可以通过行业协会组织、社会中介机构、业务往来单位、市场调查、来信来访、网络媒体以及有关监管部门等渠道,获取外部信息。

第四十条 企业应当将内部控制相关信息在企业内部各管理级次、责任单位、业务环节之间,以及企业与外部投资者、债权人、客户、供应商、中介机构和监管部门等有关方面之间进行沟通和反馈。信息沟通过程中发现的问题,应当及时报告并加以解决。

重要信息应当及时传递给董事会、监事会和经理层。

第四十一条 企业应当利用信息技术促进信息的集成与共享,充分发挥信息技术在信息与沟通中的作用。

企业应当加强对信息系统开发与维护、访问与变更、数据输入与输出、文件储存与保管、网络安全等方面的控制,保证信息系统安全稳定运行。

第四十二条 企业应当建立反舞弊机制,坚持惩防并举、重在预防的原则,明确反舞弊工作的重点领域、关键环节和有关机构在反舞弊工作中的职责权限,规范舞弊案件的举报、调查、处理、报告和补救程序。

企业至少应当将下列情形作为反舞弊工作的重点:

(一)未经授权或者采取其他不法方式侵占、挪用企业资产,牟取不当利益。

(二)在财务会计报告和信息披露等方面存在的虚假记载、误导性陈述或者重大遗漏等。

(三)董事、监事、经理及其他高级管理人员滥用职权。

(四)相关机构或人员串通舞弊。

第四十三条 企业应当建立举报投诉制度和举报人保护制度,设置举报专线,明确举报投诉处理程序、办理时限和办结要求,确保举报、投诉成为企业有效掌握信息的重要途径。

举报投诉制度和举报人保护制度应当及时传达至全体员工。

第六章 内部监督

第四十四条 企业应当根据本规范及其配套办法,制定内部控制监督制度,明确内部审计机构(或经授权的其他监督机构)和其他内部机构在内部监督中的职责权限,规范内部监督的程序、方法和要求。

内部监督分为日常监督和专项监督。日常监督是指企业对建立与实施内部控制的情况进行常规、持续的监督检查;专项监督是指在企业发展战略、组织结构、经营活动、业务流程、关键岗位员工等发生较大调整或变化的情况下,对内部控制的某一或者某些方面进行有针对性的监督检查。

专项监督的范围和频率应当根据风险评估结果以及日常监督的有效性等予以确定。

第四十五条 企业应当制定内部控制缺陷认定标准,对监督过程中发现的内部控制缺陷,应当分析缺陷的性质和产生的原因,提出整改方案,采取适当的形式及时向董事会、监事会或者经理层报告。

内部控制缺陷包括设计缺陷和运行缺陷。企业应当跟踪内部控制缺陷整改情况,并就内部监督中发现的重大缺陷,追究相关责任单位或者责任人的责任。

第四十六条 企业应当结合内部监督情况,定期对内部控制的有效性进行自我评价,出具内部控制自我评价报告。

内部控制自我评价的方式、范围、程序和频率,由企业根据经营业务调整、经营环境变化、业务发展状况、实际风险水平等自行确定。

国家有关法律法规另有规定的,从其规定。

第四十七条 企业应当以书面或者其他适当的形式,妥善保存内部控制建立与实施过程中的相关记录或者资料,确保内部控制建立与实施过程的可验证性。

第七章 附　　则

第四十八条 本规范由财政部会同国务院其他有关部门解释。

第四十九条 本规范的配套办法由财政部会同国务院其他有关部门另行制定。

第五十条 本规范自2009年7月1日起实施。

财政部等关于印发企业内部控制配套指引的通知

1. 2010年4月15日财政部、中国证券监督管理委员会、审计署、中国银行业监督管理委员会、中国保险监督管理委员会发布
2. 财会〔2010〕11号

中直管理局,铁道部、国管局,总后勤部、武警总部,各省、自治区、直辖市、计划单列市财政厅(局)、审计厅(局),新疆生产建设兵团财务局、审计局,中国证监会各省、自治区、直辖市、计划单列市监管局,中国证监会上海、深圳专员办,各保监局、保险公司,各银监局、政策性银行、国有商业银行、股份制商业银行、邮政储蓄银行、资产管理公司,各省级农村信用联社,银监会直接管理的信托公司、财务公司、租赁公司,有关中央管理企业:

为了促进企业建立、实施和评价内部控制,规范会计师事务所内部控制审计行为,根据国家有关法律法规和《企业内部控制基本规范》(财会〔2008〕7号),财政部会同证监会、审计署、银监会、保监会制定了《企业内部控制应用指引第1号——组织架构》等18项应用指引、《企业内部控制评价指引》和《企业内部控制审计指引》(以下简称企业内部控制配套指引),现予印发,自2011年1月1日起在境内外同时上市的公司施行,自2012年1月1日起在上海证券交易所、深圳证券交易所主板上市公司施行;在此基础上,择机在中小板和创业板上市公司施行。鼓励非上市大中型企业提前执行。请各上市公司及相关非上市大中型企业切实做好执行前的各项准备工作。

执行《企业内部控制基本规范》及企业内部控制配套指引的上市公司和非上市大中型企业,应当对内部控制的有效性进行自我评价,披露年度自我评价报告,同时应当聘请会计师事务所对财务报告内部控制的有效性进行审计并出具审计报告。上市公司聘请的会计师事务所应当具有证券、期货业务资格;非上市大中型企业聘请的会计师事务所也可以是不具有证券、期货业务资格的大中型会计师事务所。

执行中有何问题,请及时反馈我们。

附件:1. 企业内部控制应用指引
　　2. 企业内部控制评价指引
　　3. 企业内部控制审计指引

企业内部控制应用指引第1号——组织架构

1. 2010年4月15日财政部、中国证券监督管理委员会、审计署、中国银行业监督管理委员会、中国保险监督管理委员会发布
2. 财会〔2010〕11号

第一章 总　　则

第一条 为了促进企业实现发展战略,优化治理结构、管理体制和运行机制,建立现代企业制度,根据《中华人民共和国公司法》等有关法律法规和《企业内部控制基本规范》,制定本指引。

第二条 本指引所称组织架构,是指企业按照国家有关法律法规、股东(大)会决议和企业章程,结合本企业实际,明确股东(大)会、董事会、监事会、经理层和企业内部各层级机构设置、职责权限、人员编制、工作程序和相关要求的制度安排。

第三条 企业至少应当关注组织架构设计与运行中的下列风险:

(一)治理结构形同虚设,缺乏科学决策、良性运行机制和执行力,可能导致企业经营失败,难以实现发展战略。

(二)内部机构设计不科学,权责分配不合理,可能导致机构重叠、职能交叉或缺失、推诿扯皮,运行效率低下。

第二章 组织架构的设计

第四条 企业应当根据国家有关法律法规的规定,明确董事会、监事会和经理层的职责权限、任职条件、议事规则和工作程序,确保决策、执行和监督相互分离,形成制衡。

董事会对股东(大)会负责,依法行使企业的经营决策权。可按照股东(大)会的有关决议,设立战略、审计、提名、薪酬与考核等专门委员会,明确各专门委员会的职责权限、任职资格、议事规则和工作程序,为董事会科学决策提供支持。

监事会对股东(大)会负责,监督企业董事、经理和其他高级管理人员依法履行职责。

经理层对董事会负责,主持企业的生产经营管理工作。经理和其他高级管理人员的职责分工应当明确。

董事会、监事会和经理层的产生程序应当合法合规,其人员构成、知识结构、能力素质应当满足履行职责的要求。

第五条 企业的重大决策、重大事项、重要人事任免及大额资金支付业务等,应当按照规定的权限和程序实行集体决策审批或者联签制度。任何个人不得单独进行决策或者擅自改变集体决策意见。

重大决策、重大事项、重要人事任免及大额资金支付业务的具体标准由企业自行确定。

第六条 企业应当按照科学、精简、高效、透明、制衡的原则,综合考虑企业性质、发展战略、文化理念和管理要求等因素,合理设置内部职能机构,明确各机构的职责权限,避免职能交叉、缺失或权责过于集中,形成各司其职、各负其责、相互制约、相互协调的工作机制。

第七条 企业应当对各机构的职能进行科学合理的分解,确定具体岗位的名称、职责和工作要求等,明确各个岗位的权限和相互关系。

企业在确定职权和岗位分工过程中,应当体现不相容职务相互分离的要求。不相容职务通常包括:可行性研究与决策审批;决策审批与执行;执行与监督检查等。

第八条 企业应当制定组织结构图、业务流程图、岗(职)位说明书和权限指引等内部管理制度或相关文件,使员工了解和掌握组织架构设计及权责分配情况,正确履行职责。

第三章 组织架构的运行

第九条 企业应当根据组织架构的设计规范,对现有治理结构和内部机构设置进行全面梳理,确保本企业治理结构、内部机构设置和运行机制等符合现代企业制度要求。

企业梳理治理结构,应当重点关注董事、监事、经理及其他高级管理人员的任职资格和履职情况,以及董事会、监事会和经理层的运行效果。治理结构存在问题的,应当采取有效措施加以改进。

企业梳理内部机构设置,应当重点关注内部机构设置的合理性和运行的高效性等。内部机构设置和运行中存在职能交叉、缺失或运行效率低下的,应当及时解决。

第十条 企业拥有子公司的,应当建立科学的投资管控制度,通过合法有效的形式履行出资人职责、维护出资人权益,重点关注子公司特别是异地、境外子公司的发展战略、年度财务预决算、重大投融资、重大担保、大额资金使用、主要资产处置、重要人事任免、内部控制体系建设等重要事项。

第十一条 企业应当定期对组织架构设计与运行的效率和效果进行全面评估,发现组织架构设计与运行中存在缺陷的,应当进行优化调整。

企业组织架构调整应当充分听取董事、监事、高级管理人员和其他员工的意见,按照规定的权限和程序进行决策审批。

企业内部控制应用指引第2号——发展战略

1. 2010年4月15日财政部、中国证券监督管理委员会、审计署、中国银行业监督管理委员会、中国保险监督管理委员会发布
2. 财会〔2010〕11号

第一章 总 则

第一条 为了促进企业增强核心竞争力和可持续发展能力,根据有关法律法规和《企业内部控制基本规范》,制定本指引。

第二条 本指引所称发展战略,是指企业在对现实状况和未来趋势进行综合分析和科学预测的基础上,制定并实施的长远发展目标与战略规划。

第三条 企业制定与实施发展战略至少应当关注下列风险:

（一）缺乏明确的发展战略或发展战略实施不到位，可能导致企业盲目发展，难以形成竞争优势，丧失发展机遇和动力。

（二）发展战略过于激进，脱离企业实际能力或偏离主业，可能导致企业过度扩张，甚至经营失败。

（三）发展战略因主观原因频繁变动，可能导致资源浪费，甚至危及企业的生存和持续发展。

第二章　发展战略的制定

第四条　企业应当在充分调查研究、科学分析预测和广泛征求意见的基础上制定发展目标。

企业在制定发展目标过程中，应当综合考虑宏观经济政策、国内外市场需求变化、技术发展趋势、行业及竞争对手状况、可利用资源水平和自身优势与劣势等影响因素。

第五条　企业应当根据发展目标制定战略规划。战略规划应当明确发展的阶段性和发展程度，确定每个发展阶段的具体目标、工作任务和实施路径。

第六条　企业应当在董事会下设立战略委员会，或指定相关机构负责发展战略管理工作，履行相应职责。

企业应当明确战略委员会的职责和议事规则，对战略委员会会议的召开程序、表决方式、提案审议、保密要求和会议记录等作出规定，确保议事过程规范透明、决策程序科学民主。

战略委员会应当组织有关部门对发展目标和战略规划进行可行性研究和科学论证，形成发展战略建议方案；必要时，可借助中介机构和外部专家的力量为其履行职责提供专业咨询意见。

战略委员会成员应当具有较强的综合素质和实践经验，其任职资格和选任程序应当符合有关法律法规和企业章程的规定。

第七条　董事会应当严格审议战略委员会提交的发展战略方案，重点关注其全局性、长期性和可行性。董事会在审议方案中如果发现重大问题，应当责成战略委员会对方案作出调整。

企业的发展战略方案经董事会审议通过后，报经股东（大）会批准实施。

第三章　发展战略的实施

第八条　企业应当根据发展战略，制定年度工作计划，编制全面预算，将年度目标分解、落实；同时完善发展战略管理制度，确保发展战略有效实施。

第九条　企业应当重视发展战略的宣传工作，通过内部各层级会议和教育培训等有效方式，将发展战略及其分解落实情况传递到内部各管理层级和全体员工。

第十条　战略委员会应当加强对发展战略实施情况的监控，定期收集和分析相关信息，对于明显偏离发展战略的情况，应当及时报告。

第十一条　由于经济形势、产业政策、技术进步、行业状况以及不可抗力等因素发生重大变化，确需对发展战略作出调整的，应当按照规定权限和程序调整发展战略。

企业内部控制应用指引第3号——人力资源

1. 2010年4月15日财政部、中国证券监督管理委员会、审计署、中国银行业监督管理委员会、中国保险监督管理委员会发布

2. 财会〔2010〕11号

第一章　总　　则

第一条　为了促进企业加强人力资源建设，充分发挥人力资源对实现企业发展战略的重要作用，根据有关法律法规和《企业内部控制基本规范》，制定本指引。

第二条　本指引所称人力资源，是指企业组织生产经营活动而录（任）用的各种人员，包括董事、监事、高级管理人员和全体员工。

第三条　企业人力资源管理至少应当关注下列风险：

（一）人力资源缺乏或过剩、结构不合理、开发机制不健全，可能导致企业发展战略难以实现。

（二）人力资源激励约束制度不合理、关键岗位人员管理不完善，可能导致人才流失、经营效率低下或关键技术、商业秘密和国家机密泄露。

（三）人力资源退出机制不当，可能导致法律诉讼或企业声誉受损。

第四条　企业应当重视人力资源建设，根据发展战略，结合人力资源现状和未来需求预测，建立人力资源发展目标，制定人力资源总体规划和能力框架体系，优化人力资源整体布局，明确人力资源的引进、开发、使用、培养、考核、激励、退出等管理要求，实现人力资源的合理配置，全面提升企业核心竞争力。

第二章　人力资源的引进与开发

第五条　企业应当根据人力资源总体规划，结合生产经营实际需要，制定年度人力资源需求计划，完善人力资源引进制度，规范工作流程，按照计划、制度和程序组织人力资源引进工作。

第六条　企业应当根据人力资源能力框架要求，明确各岗位的职责权限、任职条件和工作要求，遵循德才兼备、以德为先和公开、公平、公正的原则，通过公开招聘、竞争上岗等多种方式选聘优秀人才，重点关注选聘对象的价值取向和责任意识。

企业选拔高级管理人员和聘用中层及以下员工，应当切实做到因事设岗、以岗选人，避免因人设事或设岗，确保选聘人员能够胜任岗位职责要求。

企业选聘人员应当实行岗位回避制度。

第七条 企业确定选聘人员后，应当依法签订劳动合同，建立劳动用工关系。

企业对于在产品技术、市场、管理等方面掌握或涉及关键技术、知识产权、商业秘密或国家机密的工作岗位，应当与该岗位员工签订有关岗位保密协议，明确保密义务。

第八条 企业应当建立选聘人员试用期和岗前培训制度，对试用人员进行严格考察，促进选聘员工全面了解岗位职责，掌握岗位基本技能，适应工作要求。试用期满考核合格后，方可正式上岗；试用期满考核不合格者，应当及时解除劳动关系。

第九条 企业应当重视人力资源开发工作，建立员工培训长效机制，营造尊重知识、尊重人才和关心员工职业发展的文化氛围，加强后备人才队伍建设，促进全体员工的知识、技能持续更新，不断提升员工的服务效能。

第三章　人力资源的使用与退出

第十条 企业应当建立和完善人力资源的激励约束机制，设置科学的业绩考核指标体系，对各级管理人员和全体员工进行严格考核与评价，以此作为确定员工薪酬、职级调整和解除劳动合同等的重要依据，确保员工队伍处于持续优化状态。

第十一条 企业应当制定与业绩考核挂钩的薪酬制度，切实做到薪酬安排与员工贡献相协调，体现效率优先，兼顾公平。

第十二条 企业应当制定各级管理人员和关键岗位员工定期轮岗制度，明确轮岗范围、轮岗周期、轮岗方式等，形成相关岗位员工的有序持续流动，全面提升员工素质。

第十三条 企业应当按照有关法律法规规定，结合企业实际，建立健全员工退出(辞职、解除劳动合同、退休等)机制，明确退出的条件和程序，确保员工退出机制得到有效实施。

企业对考核不能胜任岗位要求的员工，应当及时暂停其工作，安排再培训，或调整工作岗位，安排转岗培训；仍不能满足岗位职责要求的，应当按照规定的权限和程序解除劳动合同。

企业应当与退出员工依法约定保守关键技术、商业秘密、国家机密和竞业限制的期限，确保知识产权、商业秘密和国家机密的安全。

企业关键岗位人员离职前，应当根据有关法律法规的规定进行工作交接或离任审计。

第十四条 企业应当定期对年度人力资源计划执行情况进行评估，总结人力资源管理经验，分析存在的主要缺陷和不足，完善人力资源政策，促进企业整体团队充满生机和活力。

企业内部控制应用指引第4号
——社会责任

1. 2010年4月15日财政部、中国证券监督管理委员会、审计署、中国银行业监督管理委员会、中国保险监督管理委员会发布
2. 财会〔2010〕11号

第一章　总　　则

第一条 为了促进企业履行社会责任，实现企业与社会的协调发展，根据国家有关法律法规和《企业内部控制基本规范》，制定本指引。

第二条 本指引所称社会责任，是指企业在经营发展过程中应当履行的社会职责和义务，主要包括安全生产、产品质量(含服务，下同)、环境保护、资源节约、促进就业、员工权益保护等。

第三条 企业至少应当关注在履行社会责任方面的下列风险：

(一)安全生产措施不到位，责任不落实，可能导致企业发生安全事故。

(二)产品质量低劣，侵害消费者利益，可能导致企业巨额赔偿、形象受损，甚至破产。

(三)环境保护投入不足，资源耗费大，造成环境污染或资源枯竭，可能导致企业巨额赔偿、缺乏发展后劲，甚至停业。

(四)促进就业和员工权益保护不够，可能导致员工积极性受挫，影响企业发展和社会稳定。

第四条 企业应当重视履行社会责任，切实做到经济效益与社会效益、短期利益与长远利益、自身发展与社会发展相互协调，实现企业与员工、企业与社会、企业与环境的健康和谐发展。

第二章　安 全 生 产

第五条 企业应当根据国家有关安全生产的规定，结合本企业实际情况，建立严格的安全生产管理体系、操作规范和应急预案，强化安全生产责任追究制度，切实做到安全生产。

企业应当设立安全管理部门和安全监督机构，负责企业安全生产的日常监督管理工作。

第六条 企业应当重视安全生产投入，在人力、物力、资金、技术等方面提供必要的保障，健全检查监督机制，确保各项安全措施落实到位，不得随意降低保障标准和要求。

第七条 企业应当贯彻预防为主的原则，采用多种形式增强员工安全意识，重视岗位培训，对于特殊岗位实行资格认证制度。

企业应当加强生产设备的经常性维护管理，及时排除安全隐患。

第八条 企业如果发生生产安全事故，应当按照安全生产管理制度妥善处理，排除故障，减轻损失，追究责任。

重大生产安全事故应当启动应急预案，同时按照国家有关规定及时报告，严禁迟报、谎报和瞒报。

第三章 产 品 质 量

第九条 企业应当根据国家和行业相关产品质量的要求，从事生产经营活动，切实提高产品质量和服务水平，努力为社会提供优质安全健康的产品和服务，最大限度地满足消费者的需求，对社会和公众负责，接受社会监督，承担社会责任。

第十条 企业应当规范生产流程，建立严格的产品质量控制和检验制度，严把质量关，禁止缺乏质量保障、危害人民生命健康的产品流向社会。

第十一条 企业应当加强产品的售后服务。售后发现存在严重质量缺陷、隐患的产品，应当及时召回或采取其他有效措施，最大限度地降低或消除缺陷、隐患产品的社会危害。

企业应当妥善处理消费者提出的投诉和建议，切实保护消费者权益。

第四章 环境保护与资源节约

第十二条 企业应当按照国家有关环境保护与资源节约的规定，结合本企业实际情况，建立环境保护与资源节约制度，认真落实节能减排责任，积极开发和使用节能产品，发展循环经济，降低污染物排放，提高资源综合利用效率。

企业应当通过宣传教育等有效形式，不断提高员工的环境保护和资源节约意识。

第十三条 企业应当重视生态保护，加大对环保工作的人力、物力、财力的投入和技术支持，不断改进工艺流程，降低能耗和污染物排放水平，实现清洁生产。

企业应当加强对废气、废水、废渣的综合治理，建立废料回收和循环利用制度。

第十四条 企业应当重视资源节约和资源保护，着力开发利用可再生资源，防止对不可再生资源进行掠夺性或毁灭性开发。

企业应当重视国家产业结构相关政策，特别关注产业结构调整的发展要求，加快高新技术开发和传统产业改造，切实转变发展方式，实现低投入、低消耗、低排放和高效率。

第十五条 企业应当建立环境保护和资源节约的监控制度，定期开展监督检查，发现问题，及时采取措施予以纠正。污染物排放超过国家有关规定的，企业应当承担治理或相关法律责任。

发生紧急、重大环境污染事件时，应当启动应急机制，及时报告和处理，并依法追究相关责任人的责任。

第五章 促进就业与员工权益保护

第十六条 企业应当依法保护员工的合法权益，贯彻人力资源政策，保护员工依法享有劳动权利和履行劳动义务，保持工作岗位相对稳定，积极促进充分就业，切实履行社会责任。

企业应当避免在正常经营情况下批量辞退员工，增加社会负担。

第十七条 企业应当与员工签订并履行劳动合同，遵循按劳分配、同工同酬的原则，建立科学的员工薪酬制度和激励机制，不得克扣或无故拖欠员工薪酬。

企业应当建立高级管理人员与员工薪酬的正常增长机制，切实保持合理水平，维护社会公平。

第十八条 企业应当及时办理员工社会保险，足额缴纳社会保险费，保障员工依法享受社会保险待遇。

企业应当按照有关规定做好健康管理工作，预防、控制和消除职业危害；按期对员工进行非职业性健康监护，对从事有职业危害作业的员工进行职业性健康监护。

企业应当遵守法定的劳动时间和休息休假制度，确保员工的休息休假权利。

第十九条 企业应当加强职工代表大会和工会组织建设，维护员工合法权益，积极开展员工职业教育培训，创造平等发展机会。

企业应当尊重员工人格，维护员工尊严，杜绝性别、民族、宗教、年龄等各种歧视，保障员工身心健康。

第二十条 企业应当按照产学研用相结合的社会需求，积极创建实习基地，大力支持社会有关方面培养、锻炼社会需要的应用型人才。

第二十一条 企业应当积极履行社会公益方面的责任和义务，关心帮助社会弱势群体，支持慈善事业。

企业内部控制应用指引第5号
——企业文化

1. 2010年4月15日财政部、中国证券监督管理委员会、审计署、中国银行业监督管理委员会、中国保险监督管理委员会发布
2. 财会〔2010〕11号

第一章　总　　则

第一条　为了加强企业文化建设,发挥企业文化在企业发展中的重要作用,根据《企业内部控制基本规范》,制定本指引。

第二条　本指引所称企业文化,是指企业在生产经营实践中逐步形成的、为整体团队所认同并遵守的价值观、经营理念和企业精神,以及在此基础上形成的行为规范的总称。

第三条　加强企业文化建设至少应当关注下列风险:

(一)缺乏积极向上的企业文化,可能导致员工丧失对企业的信心和认同感,企业缺乏凝聚力和竞争力。

(二)缺乏开拓创新、团队协作和风险意识,可能导致企业发展目标难以实现,影响可持续发展。

(三)缺乏诚实守信的经营理念,可能导致舞弊事件的发生,造成企业损失,影响企业信誉。

(四)忽视企业间的文化差异和理念冲突,可能导致并购重组失败。

第二章　企业文化的建设

第四条　企业应当采取切实有效的措施,积极培育具有自身特色的企业文化,引导和规范员工行为,打造以主业为核心的企业品牌,形成整体团队的向心力,促进企业长远发展。

第五条　企业应当培育体现企业特色的发展愿景、积极向上的价值观、诚实守信的经营理念、履行社会责任和开拓创新的企业精神,以及团队协作和风险防范意识。

企业应当重视并购重组后的企业文化建设,平等对待被并购方的员工,促进并购双方的文化融合。

第六条　企业应当根据发展战略和实际情况,总结优良传统,挖掘文化底蕴,提炼核心价值,确定文化建设的目标和内容,形成企业文化规范,使其构成员工行为守则的重要组成部分。

第七条　董事、监事、经理和其他高级管理人员应当在企业文化建设中发挥主导和垂范作用,以自身的优秀品格和脚踏实地的工作作风,带动影响整个团队,共同营造积极向上的企业文化环境。

企业应当促进文化建设在内部各层级的有效沟通,加强企业文化的宣传贯彻,确保全体员工共同遵守。

第八条　企业文化建设应当融入生产经营全过程,切实做到文化建设与发展战略的有机结合,增强员工的责任感和使命感,规范员工行为方式,使员工自身价值在企业发展中得到充分体现。

企业应当加强对员工的文化教育和熏陶,全面提升员工的文化修养和内在素质。

第三章　企业文化的评估

第九条　企业应当建立企业文化评估制度,明确评估的内容、程序和方法,落实评估责任制,避免企业文化建设流于形式。

第十条　企业文化评估,应当重点关注董事、监事、经理和其他高级管理人员在企业文化建设中的责任履行情况、全体员工对企业核心价值观的认同感、企业经营管理行为与企业文化的一致性、企业品牌的社会影响力、参与企业并购重组各方文化的融合度,以及员工对企业未来发展的信心。

第十一条　企业应当重视企业文化的评估结果,巩固和发扬文化建设成果,针对评估过程中发现的问题,研究影响企业文化建设的不利因素,分析深层次的原因,及时采取措施加以改进。

企业内部控制应用指引第6号
——资金活动

1. 2010年4月15日财政部、中国证券监督管理委员会、审计署、中国银行业监督管理委员会、中国保险监督管理委员会发布
2. 财会〔2010〕11号

第一章　总　　则

第一条　为了促进企业正常组织资金活动,防范和控制资金风险,保证资金安全,提高资金使用效益,根据有关法律法规和《企业内部控制基本规范》,制定本指引。

第二条　本指引所称资金活动,是指企业筹资、投资和资金营运等活动的总称。

第三条　企业资金活动至少应当关注下列风险:

(一)筹资决策不当,引发资本结构不合理或无效融资,可能导致企业筹资成本过高或债务危机。

(二)投资决策失误,引发盲目扩张或丧失发展机遇,可能导致资金链断裂或资金使用效益低下。

(三)资金调度不合理、营运不畅,可能导致企业陷入财务困境或资金冗余。

（四）资金活动管控不严，可能导致资金被挪用、侵占、抽逃或遭受欺诈。

第四条 企业应当根据自身发展战略，科学确定投融资目标和规划，完善严格的资金授权、批准、审验等相关管理制度，加强资金活动的集中归口管理，明确筹资、投资、营运等各环节的职责权限和岗位分离要求，定期或不定期检查和评价资金活动情况，落实责任追究制度，确保资金安全和有效运行。

企业财会部门负责资金活动的日常管理，参与投融资方案等可行性研究。总会计师或分管会计工作的负责人应当参与投融资决策过程。

企业有子公司的，应当采取合法有效措施，强化对子公司资金业务的统一监控。有条件的企业集团，应当探索财务公司、资金结算中心等资金集中管控模式。

第二章 筹 资

第五条 企业应当根据筹资目标和规划，结合年度全面预算，拟订筹资方案，明确筹资用途、规模、结构和方式等相关内容，对筹资成本和潜在风险作出充分估计。

境外筹资还应考虑所在地的政治、经济、法律、市场等因素。

第六条 企业应当对筹资方案进行科学论证，不得依据未经论证的方案开展筹资活动。重大筹资方案应当形成可行性研究报告，全面反映风险评估情况。

企业可以根据实际需要，聘请具有相应资质的专业机构进行可行性研究。

第七条 企业应当对筹资方案进行严格审批，重点关注筹资用途的可行性和相应的偿债能力。重大筹资方案，应当按照规定的权限和程序实行集体决策或者联签制度。

筹资方案需经有关部门批准的，应当履行相应的报批程序。筹资方案发生重大变更的，应当重新进行可行性研究并履行相应审批程序。

第八条 企业应当根据批准的筹资方案，严格按照规定权限和程序筹集资金。银行借款或发行债券，应当重点关注利率风险、筹资成本、偿还能力以及流动性风险等；发行股票应当重点关注发行风险、市场风险、政策风险以及公司控制权风险等。

企业通过银行借款方式筹资的，应当与有关金融机构进行洽谈，明确借款规模、利率、期限、担保、还款安排、相关的权利义务和违约责任等内容。双方达成一致意见后签署借款合同，据此办理相关借款业务。

企业通过发行债券方式筹资的，应当合理选择债券种类，对还本付息方案作出系统安排，确保按期、足额偿还到期本金和利息。

企业通过发行股票方式筹资的，应当依照《中华人民共和国证券法》等有关法律法规和证券监管部门的规定，优化企业组织架构，进行业务整合，并选择具备相应资质的中介机构协助企业做好相关工作，确保符合股票发行条件和要求。

第九条 企业应当严格按照筹资方案确定的用途使用资金。筹资用于投资的，应当分别按照本指引第三章和《企业内部控制应用指引第 11 号——工程项目》规定，防范和控制资金使用的风险。

由于市场环境变化等确需改变资金用途的，应当履行相应的审批程序。严禁擅自改变资金用途。

第十条 企业应当加强债务偿还和股利支付环节的管理，对偿还本息和支付股利等作出适当安排。

企业应当按照筹资方案或合同约定的本金、利率、期限、汇率及币种，准确计算应付利息，与债权人核对无误后按期支付。

企业应当选择合理的股利分配政策，兼顾投资者近期和长远利益，避免分配过度或不足。股利分配方案应当经过股东（大）会批准，并按规定履行披露义务。

第十一条 企业应当加强筹资业务的会计系统控制，建立筹资业务的记录、凭证和账簿，按照国家统一会计准则制度，正确核算和监督资金筹集、本息偿还、股利支付等相关业务，妥善保管筹资合同或协议、收款凭证、入库凭证等资料，定期与资金提供方进行账务核对，确保筹资活动符合筹资方案的要求。

第三章 投 资

第十二条 企业应当根据投资目标和规划，合理安排资金投放结构，科学确定投资项目，拟订投资方案，重点关注投资项目的收益和风险。企业选择投资项目应当突出主业，谨慎从事股票投资或衍生金融产品等高风险投资。

境外投资还应考虑政治、经济、法律、市场等因素的影响。

企业采用并购方式进行投资的，应当严格控制并购风险，重点关注并购对象的隐性债务、承诺事项、可持续发展能力、员工状况及其与本企业治理层及管理层的关联关系，合理确定支付对价，确保实现并购目标。

第十三条 企业应当加强对投资方案的可行性研究，重点对投资目标、规模、方式、资金来源、风险与收益等作出客观评价。

企业根据实际需要，可以委托具备相应资质的专业机构进行可行性研究，提供独立的可行性研究报告。

第十四条　企业应当按照规定的权限和程序对投资项目进行决策审批,重点审查投资方案是否可行、投资项目是否符合国家产业政策及相关法律法规的规定,是否符合企业投资战略目标和规划、是否具有相应的资金能力、投入资金能否按时收回、预期收益能否实现,以及投资和并购风险是否可控等。重大投资项目,应当按照规定的权限和程序实行集体决策或者联签制度。

投资方案需经有关管理部门批准的,应当履行相应的报批程序。投资方案发生重大变更的,应当重新进行可行性研究并履行相应审批程序。

第十五条　企业应当根据批准的投资方案,与被投资方签订投资合同或协议,明确出资时间、金额、方式、双方权利义务和违约责任等内容,按规定的权限和程序审批后履行投资合同或协议。

企业应当指定专门机构或人员对投资项目进行跟踪管理,及时收集被投资方经审计的财务报告等相关资料,定期组织投资效益分析,关注被投资方的财务状况、经营成果、现金流量以及投资合同履行情况,发现异常情况,应当及时报告并妥善处理。

第十六条　企业应当加强对投资项目的会计系统控制,根据对被投资方的影响程度,合理确定投资会计政策,建立投资管理台账,详细记录投资对象、金额、持股比例、期限、收益等事项,妥善保管投资合同或协议、出资证明等资料。

企业财会部门对于被投资方出现财务状况恶化、市价当期大幅下跌等情形的,应当根据国家统一的会计准则制度规定,合理计提减值准备、确认减值损失。

第十七条　企业应当加强投资收回和处置环节的控制,对投资收回、转让、核销等决策和审批程序作出明确规定。

企业应当重视投资到期本金的回收。转让投资应当由相关机构或人员合理确定转让价格,报授权批准部门批准,必要时可委托具有相应资质的专门机构进行评估。核销投资应当取得不能收回投资的法律文书和相关证明文件。

企业对于到期无法收回的投资,应当建立责任追究制度。

第四章　营　　运

第十八条　企业应当加强资金营运全过程的管理,统筹协调内部各机构在生产经营过程中的资金需求,切实做好资金在采购、生产、销售等各环节的综合平衡,全面提升资金营运效率。

第十九条　企业应当充分发挥全面预算管理在资金综合平衡中的作用,严格按照预算要求组织协调资金调度,确保资金及时收付,实现资金的合理占用和营运良性循环。

企业应当严禁资金的体外循环,切实防范资金营运中的风险。

第二十条　企业应当定期组织召开资金调度会或资金安全检查,对资金预算执行情况进行综合分析,发现异常情况,及时采取措施妥善处理,避免资金冗余或资金链断裂。

企业在营运过程中出现临时性资金短缺的,可以通过短期融资等方式获取资金。资金出现短期闲置的,在保证安全性和流动性的前提下,可以通过购买国债等多种方式,提高资金效益。

第二十一条　企业应当加强对营运资金的会计系统控制,严格规范资金的收支条件、程序和审批权限。

企业在生产经营及其他业务活动中取得的资金收入应当及时入账,不得账外设账,严禁收款不入账、设立"小金库"。

企业办理资金支付业务,应当明确支出款项的用途、金额、预算、限额、支付方式等内容,并附原始单据或相关证明,履行严格的授权审批程序后,方可安排资金支出。

企业办理资金收付业务,应当遵守现金和银行存款管理的有关规定,不得由一人办理货币资金全过程业务,严禁将办理资金支付业务的相关印章和票据集中一人保管。

企业内部控制应用指引第7号
——采购业务

1. 2010年4月15日财政部、中国证券监督管理委员会、审计署、中国银行业监督管理委员会、中国保险监督管理委员会发布
2. 财会〔2010〕11号

第一章　总　　则

第一条　为了促进企业合理采购,满足生产经营需要,规范采购行为,防范采购风险,根据有关法律法规和《企业内部控制基本规范》,制定本指引。

第二条　本指引所称采购,是指购买物资(或接受劳务)及支付款项等相关活动。

第三条　企业采购业务至少应当关注下列风险:

(一)采购计划安排不合理,市场变化趋势预测不准确,造成库存短缺或积压,可能导致企业生产停滞或资源浪费。

(二)供应商选择不当,采购方式不合理,招投标或定价机制不科学,授权审批不规范,可能导致采购物资质次价高,出现舞弊或遭受欺诈。

(三)采购验收不规范,付款审核不严,可能导致采购物资、资金损失或信用受损。

第四条　企业应当结合实际情况,全面梳理采购业务流程,完善采购业务相关管理制度,统筹安排采购计划,明确请购、审批、购买、验收、付款、采购后评估等环节的职责和审批权限,按照规定的审批权限和程序办理采购业务,建立价格监督机制,定期检查和评价采购过程中的薄弱环节,采取有效控制措施,确保物资采购满足企业生产经营需要。

第二章　购　　买

第五条　企业的采购业务应当集中,避免多头采购或分散采购,以提高采购业务效率,降低采购成本,堵塞管理漏洞。企业应当对办理采购业务的人员定期进行岗位轮换。重要和技术性较强的采购业务,应当组织相关专家进行论证,实行集体决策和审批。

企业除小额零星物资或服务外,不得安排同一机构办理采购业务全过程。

第六条　企业应当建立采购申请制度,依据购买物资或接受劳务的类型,确定归口管理部门,授予相应的请购权,明确相关部门或人员的职责权限及相应的请购和审批程序。

企业可以根据实际需要设置专门的请购部门,对需求部门提出的采购需求进行审核,并进行归类汇总,统筹安排企业的采购计划。

具有请购权的部门对于预算内采购项目,应当严格按照预算执行进度办理请购手续,并根据市场变化提出合理采购申请。对于超预算和预算外采购项目,应先履行预算调整程序,由具备相应审批权限的部门或人员审批后,再行办理请购手续。

第七条　企业应当建立科学的供应商评估和准入制度,确定合格供应商清单,与选定的供应商签订质量保证协议,建立供应商管理信息系统,对供应商提供物资或劳务的质量、价格、交货及时性、供货条件及其资信、经营状况等进行实时管理和综合评价,根据评价结果对供应商进行合理选择和调整。

企业可委托具有相应资质的中介机构对供应商进行资信调查。

第八条　企业应当根据市场情况和采购计划合理选择采购方式。大宗采购应当采用招标方式,合理确定招投标的范围、标准、实施程序和评标规则;一般物资或劳务等的采购可以采用询价或定向采购的方式并签订合同协议;小额零星物资或劳务等的采购可以采用直接购买等方式。

第九条　企业应当建立采购物资定价机制,采取协议采购、招标采购、谈判采购、询比价采购等多种方式合理确定采购价格,最大限度地减小市场变化对企业采购价格的影响。

大宗采购等应当采用招投标方式确定采购价格,其他商品或劳务的采购,应当根据市场行情制定最高采购限价,并对最高采购限价适时调整。

第十条　企业应当根据确定的供应商、采购方式、采购价格等情况拟订采购合同,准确描述合同条款,明确双方权利、义务和违约责任,按照规定权限签订采购合同。

企业应当根据生产建设进度和采购物资特性,选择合理的运输工具和运输方式,办理运输、投保等事宜。

第十一条　企业应当建立严格的采购验收制度,确定检验方式,由专门的验收机构或验收人员对采购项目的品种、规格、数量、质量等相关内容进行验收,出具验收证明。涉及大宗和新、特物资采购的,还应进行专业测试。

对验收过程中发现的异常情况,负责验收的机构或人员应当立即向企业有权管理的相关机构报告,相关机构应当查明原因并及时处理。

第十二条　企业应当加强物资采购供应过程的管理,依据采购合同中确定的主要条款跟踪合同履行情况,对有可能影响生产或工程进度的异常情况,应出具书面报告并及时提出解决方案。

企业应当做好采购业务各环节的记录,实行全过程的采购登记制度或信息化管理,确保采购过程的可追溯性。

第三章　付　　款

第十三条　企业应当加强采购付款的管理,完善付款流程,明确付款审核人的责任和权力,严格审核采购预算、合同、相关单据凭证、审批程序等相关内容,审核无误后按照合同规定及时办理付款。

企业在付款过程中,应当严格审查采购发票的真实性、合法性和有效性。发现虚假发票的,应查明原因,及时报告处理。

企业应当重视采购付款的过程控制和跟踪管理,发现异常情况的,应当拒绝付款,避免出现资金损失和信用受损。

企业应当合理选择付款方式,并严格遵循合同规定,防范付款方式不当带来的法律风险,保证资金安全。

第十四条　企业应当加强预付账款和定金的管理。涉及大额或长期的预付款项,应当定期进行追踪核查,综合分析预付账款的期限、占用款项的合理性、不可收回风险等情况,发现有疑问的预付款项,应当及时采取措施。

第十五条　企业应当加强对购买、验收、付款业务的会计系统控制,详细记录供应商情况、请购申请、采购合同、采购通知、验收证明、入库凭证、商业票据、款项支付等情况,确保会计记录、采购记录与仓储记录核对一致。

企业应当指定专人通过函证等方式,定期与供应商核对应付账款、应付票据、预付账款等往来款项。

第十六条　企业应当建立退货管理制度,对退货条件、退货手续、货物出库、退货货款回收等作出明确规定,并在与供应商的合同中明确退货事宜,及时收回退货货款。涉及符合索赔条件的退货,应在索赔期内及时办理索赔。

企业内部控制应用指引第8号
——资产管理

1. 2010年4月15日财政部、中国证券监督管理委员会、审计署、中国银行业监督管理委员会、中国保险监督管理委员会发布

2. 财会〔2010〕11号

第一章　总　　则

第一条　为了提高资产使用效能,保证资产安全,根据有关法律法规和《企业内部控制基本规范》,制定本指引。

第二条　本指引所称资产,是指企业拥有或控制的存货、固定资产和无形资产。

第三条　企业资产管理至少应当关注下列风险:

(一)存货积压或短缺,可能导致流动资金占用过量、存货价值贬损或生产中断。

(二)固定资产更新改造不够、使用效能低下、维护不当、产能过剩,可能导致企业缺乏竞争力、资产价值贬损、安全事故频发或资源浪费。

(三)无形资产缺乏核心技术、权属不清、技术落后、存在重大技术安全隐患,可能导致企业法律纠纷、缺乏可持续发展能力。

第四条　企业应当加强各项资产管理,全面梳理资产管理流程,及时发现资产管理中的薄弱环节,切实采取有效措施加以改进,并关注资产减值迹象,合理确认资产减值损失,不断提高企业资产管理水平。

企业应当重视和加强各项资产的投保工作,采用招标等方式确定保险人,降低资产损失风险,防范资产投保舞弊。

第二章　存　　货

第五条　企业应当采用先进的存货管理技术和方法,规范存货管理流程,明确存货取得、验收入库、原料加工、仓储保管、领用发出、盘点处置等环节的管理要求,充分利用信息系统,强化会计、出入库等相关记录,确保存货管理全过程的风险得到有效控制。

第六条　企业应当建立存货管理岗位责任制,明确内部相关部门和岗位的职责权限,切实做到不相容岗位相互分离、制约和监督。

企业内部除存货管理、监督部门及仓储人员外,其他部门和人员接触存货,应当经过相关部门特别授权。

第七条　企业应当重视存货验收工作,规范存货验收程序和方法,对入库存货的数量、质量、技术规格等方面进行查验,验收无误方可入库。

外购存货的验收,应当重点关注合同、发票等原始单据与存货的数量、质量、规格等核对一致。涉及技术含量较高的货物,必要时可委托具有检验资质的机构或聘请外部专家协助验收。

自制存货的验收,应当重点关注产品质量,通过检验合格的半成品、产成品才能办理入库手续,不合格品应及时查明原因、落实责任、报告处理。

其他方式取得存货的验收,应当重点关注存货来源、质量状况、实际价值是否符合有关合同或协议的约定。

第八条　企业应当建立存货保管制度,定期对存货进行检查,重点关注下列事项:

(一)存货在不同仓库之间流动时应当办理出入库手续。

(二)应当按仓储物资所要求的储存条件贮存,并健全防火、防洪、防盗、防潮、防病虫害和防变质等管理规范。

(三)加强生产现场的材料、周转材料、半成品等物资的管理,防止浪费、被盗和流失。

(四)对代管、代销、暂存、受托加工的存货,应单独存放和记录,避免与本单位存货混淆。

(五)结合企业实际情况,加强存货的保险投保,保证存货安全,合理降低存货意外损失风险。

第九条　企业应当明确存货发出和领用的审批权限,大批存货、贵重商品或危险品的发出应当实行特别授权。仓储部门应当根据经审批的销售(出库)通知单发出货物。

第十条　企业仓储部门应当详细记录存货入库、出库及库存情况,做到存货记录与实际库存相符,并定期与财会部门、存货管理部门进行核对。

第十一条　企业应当根据各种存货采购间隔期和当前库

存,综合考虑企业生产经营计划、市场供求等因素,充分利用信息系统,合理确定存货采购日期和数量,确保存货处于最佳库存状态。

第十二条 企业应当建立存货盘点清查制度,结合本企业实际情况确定盘点周期、盘点流程等相关内容,核查存货数量,及时发现存货减值迹象。企业至少应当于每年年度终了开展全面盘点清查,盘点清查结果应当形成书面报告。

盘点清查中发现的存货盘盈、盘亏、毁损、闲置以及需要报废的存货,应当查明原因、落实并追究责任,按照规定权限批准后处置。

第三章 固定资产

第十三条 企业应当加强房屋建筑物、机器设备等各类固定资产的管理,重视固定资产维护和更新改造,不断提升固定资产的使用效能,积极促进固定资产处于良好运行状态。

第十四条 企业应当制定固定资产目录,对每项固定资产进行编号,按照单项资产建立固定资产卡片,详细记录各项固定资产的来源、验收、使用地点、责任单位和责任人、运转、维修、改造、折旧、盘点等相关内容。

企业应当严格执行固定资产日常维修和大修理计划,定期对固定资产进行维护保养,切实消除安全隐患。

企业应当强化对生产线等关键设备运转的监控,严格操作流程,实行岗前培训和岗位许可制度,确保设备安全运转。

第十五条 企业应当根据发展战略,充分利用国家有关自主创新政策,加大技改投入,不断促进固定资产技术升级,淘汰落后设备,切实做到保持本企业固定资产技术的先进性和企业发展的可持续性。

第十六条 企业应当严格执行固定资产投保政策,对应投保的固定资产项目按规定程序进行审批,及时办理投保手续。

第十七条 企业应当规范固定资产抵押管理,确定固定资产抵押程序和审批权限等。

企业将固定资产用作抵押的,应由相关部门提出申请,经企业授权部门或人员批准后,由资产管理部门办理抵押手续。

企业应当加强对接收的抵押资产的管理,编制专门的资产目录,合理评估抵押资产的价值。

第十八条 企业应当建立固定资产清查制度,至少每年进行全面清查。对固定资产清查中发现的问题,应当查明原因,追究责任,妥善处理。

企业应当加强固定资产处置的控制,关注固定资产处置中的关联交易和处置定价,防范资产流失。

第四章 无形资产

第十九条 企业应当加强对品牌、商标、专利、专有技术、土地使用权等无形资产的管理,分类制定无形资产管理办法,落实无形资产管理责任制,促进无形资产有效利用,充分发挥无形资产对提升企业核心竞争力的作用。

第二十条 企业应当全面梳理外购、自行开发以及其他方式取得的各类无形资产的权属关系,加强无形资产权益保护,防范侵权行为和法律风险。无形资产具有保密性质的,应当采取严格保密措施,严防泄露商业秘密。

企业购入或者以支付土地出让金等方式取得的土地使用权,应当取得土地使用权有效证明文件。

第二十一条 企业应当定期对专利、专有技术等无形资产的先进性进行评估,淘汰落后技术,加大研发投入,促进技术更新换代,不断提升自主创新能力,努力做到核心技术处于同行业领先水平。

第二十二条 企业应当重视品牌建设,加强商誉管理,通过提供高质量产品和优质服务等多种方式,不断打造和培育主业品牌,切实维护和提升企业品牌的社会认可度。

企业内部控制应用指引第9号
——销售业务

1. 2010年4月15日财政部、中国证券监督管理委员会、审计署、中国银行业监督管理委员会、中国保险监督管理委员会发布
2. 财会〔2010〕11号

第一章 总 则

第一条 为了促进企业销售稳定增长,扩大市场份额,规范销售行为,防范销售风险,根据有关法律法规和《企业内部控制基本规范》,制定本指引。

第二条 本指引所称销售,是指企业出售商品(或提供劳务)及收取款项等相关活动。

第三条 企业销售业务至少应当关注下列风险:

(一)销售政策和策略不当,市场预测不准确,销售渠道管理不当等,可能导致销售不畅、库存积压、经营难以为继。

(二)客户信用管理不到位,结算方式选择不当,账款回收不力等,可能导致销售款项不能收回或遭受欺诈。

(三)销售过程存在舞弊行为,可能导致企业利益受损。

第四条　企业应当结合实际情况，全面梳理销售业务流程，完善销售业务相关管理制度，确定适当的销售政策和策略，明确销售、发货、收款等环节的职责和审批权限，按照规定的权限和程序办理销售业务，定期检查分析销售过程中的薄弱环节，采取有效控制措施，确保实现销售目标。

第二章　销　　售

第五条　企业应当加强市场调查，合理确定定价机制和信用方式，根据市场变化及时调整销售策略，灵活运用销售折扣、销售折让、信用销售、代销和广告宣传等多种策略和营销方式，促进销售目标实现，不断提高市场占有率。

企业应当健全客户信用档案，关注重要客户资信变动情况，采取有效措施，防范信用风险。

企业对于境外客户和新开发客户，应当建立严格的信用保证制度。

第六条　企业在销售合同订立前，应当与客户进行业务洽谈、磋商或谈判，关注客户信用状况、销售定价、结算方式等相关内容。

重大的销售业务谈判应当吸收财会、法律等专业人员参加，并形成完整的书面记录。

销售合同应当明确双方的权利和义务，审批人员应当对销售合同草案进行严格审核。重要的销售合同，应当征询法律顾问或专家的意见。

第七条　企业销售部门应当按照经批准的销售合同开具相关销售通知。发货和仓储部门应当对销售通知进行审核，严格按照所列项目组织发货，确保货物的安全发运。企业应当加强销售退回管理，分析销售退回原因，及时妥善处理。

企业应当严格按照发票管理规定开具销售发票。严禁开具虚假发票。

第八条　企业应当做好销售业务各环节的记录，填制相应的凭证，设置销售台账，实行全过程的销售登记制度。

第九条　企业应当完善客户服务制度，加强客户服务和跟踪，提升客户满意度和忠诚度，不断改进产品质量和服务水平。

第三章　收　　款

第十条　企业应当完善应收款项管理制度，严格考核，实行奖惩。销售部门负责应收款项的催收，催收记录（包括往来函电）应妥善保存；财会部门负责办理资金结算并监督款项回收。

第十一条　企业应当加强商业票据管理，明确商业票据的受理范围，严格审查商业票据的真实性和合法性，防止票据欺诈。

企业应当关注商业票据的取得、贴现和背书，对已贴现但仍承担收款风险的票据以及逾期票据，应当进行追索监控和跟踪管理。

第十二条　企业应当加强对销售、发货、收款业务的会计系统控制，详细记录销售客户、销售合同、销售通知、发运凭证、商业票据、款项收回等情况，确保会计记录、销售记录与仓储记录核对一致。

企业应当指定专人通过函证等方式，定期与客户核对应收账款、应收票据、预收账款等往来款项。

企业应当加强应收款项坏账的管理。应收款项全部或部分无法收回的，应当查明原因，明确责任，并严格履行审批程序，按照国家统一的会计准则制度进行处理。

企业内部控制应用指引第10号
——研究与开发

1. 2010年4月15日财政部、中国证券监督管理委员会、审计署、中国银行业监督管理委员会、中国保险监督管理委员会发布
2. 财会〔2010〕11号

第一章　总　　则

第一条　为了促进企业自主创新，增强核心竞争力，有效控制研发风险，实现发展战略，根据有关法律法规和《企业内部控制基本规范》，制定本指引。

第二条　本指引所称研究与开发，是指企业为获取新产品、新技术、新工艺等所开展的各种研发活动。

第三条　企业开展研发活动至少应当关注下列风险：

（一）研究项目未经科学论证或论证不充分，可能导致创新不足或资源浪费。

（二）研发人员配备不合理或研发过程管理不善，可能导致研发成本过高、舞弊或研发失败。

（三）研究成果转化应用不足、保护措施不力，可能导致企业利益受损。

第四条　企业应当重视研发工作，根据发展战略，结合市场开拓和技术进步要求，科学制定研发计划，强化研发全过程管理，规范研发行为，促进研发成果的转化和有效利用，不断提升企业自主创新能力。

第二章　立项与研究

第五条　企业应当根据实际需要，结合研发计划，提出研究项目立项申请，开展可行性研究，编制可行性研究报告。

企业可以组织独立于申请及立项审批之外的专业

机构和人员进行评估论证,出具评估意见。

第六条 研究项目应当按照规定的权限和程序进行审批,重大研究项目应当报经董事会或类似权力机构集体审议决策。审批过程中,应当重点关注研究项目促进企业发展的必要性、技术的先进性以及成果转化的可行性。

第七条 企业应当加强对研究过程的管理,合理配备专业人员,严格落实岗位责任制,确保研究过程高效、可控。

企业应当跟踪检查研究项目进展情况,评估各阶段研究成果,提供足够的经费支持,确保项目按期、保质完成,有效规避研究失败风险。

企业研究项目委托外单位承担的,应当采用招标、协议等适当方式确定受托单位,签订外包合同,约定研究成果的产权归属、研究进度和质量标准等相关内容。

第八条 企业与其他单位合作进行研究的,应当对合作单位进行尽职调查,签订书面合作研究合同,明确双方投资、分工、权利义务、研究成果产权归属等。

第九条 企业应当建立和完善研究成果验收制度,组织专业人员对研究成果进行独立评审和验收。

企业对于通过验收的研究成果,可以委托相关机构进行审查,确认是否申请专利或作为非专利技术、商业秘密等进行管理。企业对于需要申请专利的研究成果,应当及时办理有关专利申请手续。

第十条 企业应当建立严格的核心研究人员管理制度,明确界定核心研究人员范围和名册清单,签署符合国家有关法律法规要求的保密协议。

企业与核心研究人员签订劳动合同时,应当特别约定研究成果归属、离职条件、离职移交程序、离职后保密义务、离职后竞业限制年限及违约责任等内容。

第三章 开发与保护

第十一条 企业应当加强研究成果的开发,形成科研、生产、市场一体化的自主创新机制,促进研究成果转化。

研究成果的开发应当分步推进,通过试生产充分验证产品性能,在获得市场认可后方可进行批量生产。

第十二条 企业应当建立研究成果保护制度,加强对专利权、非专利技术、商业秘密及研发过程中形成的各类涉密图纸、程序、资料的管理,严格按照制度规定借阅和使用。禁止无关人员接触研究成果。

第十三条 企业应当建立研发活动评估制度,加强对立项与研究、开发与保护等过程的全面评估,认真总结研发管理经验,分析存在的薄弱环节,完善相关制度和办法,不断改进和提升研发活动的管理水平。

企业内部控制应用指引第11号——工程项目

1. 2010年4月15日财政部、中国证券监督管理委员会、审计署、中国银行业监督管理委员会、中国保险监督管理委员会发布
2. 财会〔2010〕11号

第一章 总 则

第一条 为了加强工程项目管理,提高工程质量,保证工程进度,控制工程成本,防范商业贿赂等舞弊行为,根据有关法律法规和《企业内部控制基本规范》,制定本指引。

第二条 本指引所称工程项目,是指企业自行或者委托其他单位所进行的建造、安装工程。

第三条 企业工程项目至少应当关注下列风险:

(一)立项缺乏可行性研究或者可行性研究流于形式,决策不当,盲目上马,可能导致难以实现预期效益或项目失败。

(二)项目招标暗箱操作,存在商业贿赂,可能导致中标人实质上难以承担工程项目、中标价格失实及相关人员涉案。

(三)工程造价信息不对称,技术方案不落实,概预算脱离实际,可能导致项目投资失控。

(四)工程物资质次价高,工程监理不到位,项目资金不落实,可能导致工程质量低劣,进度延迟或中断。

(五)竣工验收不规范,最终把关不严,可能导致工程交付使用后存在重大隐患。

第四条 企业应当建立和完善工程项目各项管理制度,全面梳理各个环节可能存在的风险点,规范工程立项、招标、造价、建设、验收等环节的工作流程,明确相关部门和岗位的职责权限,做到可行性研究与决策、概预算编制与审核、项目实施与价款支付、竣工决算与审计等不相容职务相互分离,强化工程建设全过程的监控,确保工程项目的质量、进度和资金安全。

第二章 工 程 立 项

第五条 企业应当指定专门机构归口管理工程项目,根据发展战略和年度投资计划,提出项目建议书,开展可行性研究,编制可行性研究报告。

项目建议书的主要内容包括:项目的必要性和依据、产品方案、拟建规模、建设地点、投资估算、资金筹措、项目进度安排、经济效果和社会效益的估计、环境影响的初步评价等。

可行性研究报告的内容主要包括:项目概况,项目建设的必要性,市场预测,项目建设选址及建设条件论证,建设规模和建设内容,项目外部配套建设,环境保护,劳动保护与卫生防疫,消防、节能、节水,总投资及资金来源,经济、社会效益,项目建设周期及进度安排,招投标法规定的相关内容等。

企业可以委托具有相应资质的专业机构开展可行性研究,并按照有关要求形成可行性研究报告。

第六条 企业应当组织规划、工程、技术、财会、法律等部门的专家对项目建议书和可行性研究报告进行充分论证和评审,出具评审意见,作为项目决策的重要依据。

在项目评审过程中,应当重点关注项目投资方案、投资规模、资金筹措、生产规模、投资效益、布局选址、技术、安全、设备、环境保护等方面,核实相关资料的来源和取得途径是否真实、可靠和完整。

企业可以委托具有相应资质的专业机构对可行性研究报告进行评审,出具评审意见。从事项目可行性研究的专业机构不得再从事可行性研究报告的评审。

第七条 企业应当按照规定的权限和程序对工程项目进行决策,决策过程应有完整的书面记录。重大工程项目的立项,应当报经董事会或类似权力机构集体审议批准。总会计师或分管会计工作的负责人应当参与项目决策。

任何个人不得单独决策或者擅自改变集体决策意见。工程项目决策失误应当实行责任追究制度。

第八条 企业应当在工程项目立项后、正式施工前,依法取得建设用地、城市规划、环境保护、安全、施工等方面的许可。

第三章 工 程 招 标

第九条 企业的工程项目一般应当采用公开招标的方式,择优选择具有相应资质的承包单位和监理单位。

在选择承包单位时,企业可以将工程的勘察、设计、施工、设备采购一并发包给一个项目总承包单位,也可以将其中的一项或者多项发包给一个工程总承包单位,但不得违背工程施工组织设计和招标设计计划,将应由一个承包单位完成的工程肢解为若干部分发包给几个承包单位。

企业应当依照国家招投标法的规定,遵循公开、公正、平等竞争的原则,发布招标公告,提供载有招标工程的主要技术要求、主要合同条款、评标的标准和方法,以及开标、评标、定标的程序等内容的招标文件。

企业可以根据项目特点决定是否编制标底。需要编制标底的,标底编制过程和标底应当严格保密。

在确定中标人前,企业不得与投标人就投标价格、投标方案等实质性内容进行谈判。

第十条 企业应当依法组织工程招标的开标、评标和定标,并接受有关部门的监督。

第十一条 企业应当依法组建评标委员会。评标委员会由企业的代表和有关技术、经济方面的专家组成。评标委员会应当客观、公正地履行职务、遵守职业道德,对所提出的评审意见承担责任。

企业应当采取必要的措施,保证评标在严格保密的情况下进行。评标委员会应当按照招标文件确定的标准和方法,对投标文件进行评审和比较,择优选择中标候选人。

第十二条 评标委员会成员和参与评标的有关工作人员不得透露对投标文件的评审和比较、中标候选人的推荐情况以及与评标有关的其他情况,不得私下接触投标人,不得收受投标人的财物或者其他好处。

第十三条 企业应当按照规定的权限和程序从中标候选人中确定中标人,及时向中标人发出中标通知书,在规定的期限内与中标人订立书面合同,明确双方的权利、义务和违约责任。

企业和中标人不得再行订立背离合同实质性内容的其他协议。

第四章 工 程 造 价

第十四条 企业应当加强工程造价管理,明确初步设计概算和施工图预算的编制方法,按照规定的权限和程序进行审核批准,确保概预算科学合理。

企业可以委托具备相应资质的中介机构开展工程造价咨询工作。

第十五条 企业应当向招标确定的设计单位提供详细的设计要求和基础资料,进行有效的技术、经济交流。

初步设计应当在技术、经济交流的基础上,采用先进的设计管理实务技术,进行多方案比选。

施工图设计深度及图纸交付进度应当符合项目要求,防止因设计深度不足、设计缺陷,造成施工组织、工期、工程质量、投资失控以及生产运行成本过高等问题。

第十六条 企业应当建立设计变更管理制度。设计单位应当提供全面、及时的现场服务。因过失造成设计变更的,应当实行责任追究制度。

第十七条 企业应当组织工程、技术、财会等部门的相关专业人员或委托具有相应资质的中介机构对编制的概预算进行审核,重点审查编制依据、项目内容、工程量的计算、定额套用等是否真实、完整和准确。

工程项目概预算按照规定的权限和程序审核批准后执行。

第五章 工 程 建 设

第十八条 企业应当加强对工程建设过程的监控，实行严格的概预算管理，切实做到及时备料，科学施工，保障资金，落实责任，确保工程项目达到设计要求。

第十九条 按照合同约定，企业自行采购工程物资的，应当按照《企业内部控制应用指引第7号——采购业务》等相关指引的规定，组织工程物资采购、验收和付款；由承包单位采购工程物资的，企业应当加强监督，确保工程物资采购符合设计标准和合同要求。严禁不合格工程物资投入工程项目建设。

重大设备和大宗材料的采购应当根据有关招标采购的规定执行。

第二十条 企业应当实行严格的工程监理制度，委托经过招标确定的监理单位进行监理。工程监理单位应当依照国家法律法规及相关技术标准、设计文件和工程承包合同，对承包单位在施工质量、工期、进度、安全和资金使用等方面实施监督。

工程监理人员应当具备良好的职业操守，客观公正地执行监理任务，发现工程施工不符合设计要求、施工技术标准和合同约定的，应当要求承包单位改正；发现工程设计不符合建筑工程质量标准或者合同约定的质量要求的，应当报告企业要求设计单位改正。

未经工程监理人员签字，工程物资不得在工程上使用或者安装，不得进行下一道工序施工，不得拨付工程价款，不得进行竣工验收。

第二十一条 企业财会部门应当加强与承包单位的沟通，准确掌握工程进度，根据合同约定，按照规定的审批权限和程序办理工程价款结算，不得无故拖欠。

第二十二条 企业应当严格控制工程变更，确需变更的，应当按照规定的权限和程序进行审批。

重大的项目变更应当按照项目决策和概预算控制的有关程序和要求重新履行审批手续。

因工程变更等原因造成价款支付方式及金额发生变动的，应当提供完整的书面文件和其他相关资料，并对工程变更价款的支付进行严格审核。

第六章 工 程 验 收

第二十三条 企业收到承包单位的工程竣工报告后，应当及时编制竣工决算，开展竣工决算审计，组织设计、施工、监理等有关单位进行竣工验收。

第二十四条 企业应当组织审核竣工决算，重点审查决算依据是否完备，相关文件资料是否齐全，竣工清理是否完成，决算编制是否正确。

企业应当加强竣工决算审计，未实施竣工决算审计的工程项目，不得办理竣工验收手续。

第二十五条 企业应当及时组织工程项目竣工验收。交付竣工验收的工程项目，应当符合规定的质量标准，有完整的工程技术经济资料，并具备国家规定的其他竣工条件。

验收合格的工程项目，应当编制交付使用财产清单，及时办理交付使用手续。

第二十六条 企业应当按照国家有关档案管理的规定，及时收集、整理工程建设各环节的文件资料，建立完整的工程项目档案。

第二十七条 企业应当建立完工项目后评估制度，重点评价工程项目预期目标的实现情况和项目投资效益等，并以此作为绩效考核和责任追究的依据。

企业内部控制应用指引第12号
——担保业务

1. 2010年4月15日财政部、中国证券监督管理委员会、审计署、中国银行业监督管理委员会、中国保险监督管理委员会发布

2. 财会〔2010〕11号

第一章 总 则

第一条 为了加强企业担保业务管理，防范担保业务风险，根据《中华人民共和国担保法》等有关法律法规和《企业内部控制基本规范》，制定本指引。

第二条 本指引所称担保，是指企业作为担保人按照公平、自愿、互利的原则与债权人约定，当债务人不履行债务时，依照法律规定和合同协议承担相应法律责任的行为。

第三条 企业办理担保业务至少应当关注下列风险：

（一）对担保申请人的资信状况调查不深，审批不严或越权审批，可能导致企业担保决策失误或遭受欺诈。

（二）对被担保人出现财务困难或经营陷入困境等状况监控不力，应对措施不当，可能导致企业承担法律责任。

（三）担保过程中存在舞弊行为，可能导致经办审批等相关人员涉案或企业利益受损。

第四条 企业应当依法制定和完善担保业务政策及相关管理制度，明确担保的对象、范围、方式、条件、程序、担保限额和禁止担保等事项，规范调查评估、审核批准、担保执行等环节的工作流程，按照政策、制度、流程办理担保业务，定期检查担保政策的执行情况及效果，切实防范担保业务风险。

第二章 调查评估与审批

第五条 企业应当指定相关部门负责办理担保业务,对担保申请人进行资信调查和风险评估,评估结果应出具书面报告。企业也可委托中介机构对担保业务进行资信调查和风险评估工作。

企业在对担保申请人进行资信调查和风险评估时,应当重点关注以下事项:

(一)担保业务是否符合国家法律法规和本企业担保政策等相关要求。

(二)担保申请人的资信状况,一般包括:基本情况、资产质量、经营情况、偿债能力、盈利水平、信用程度、行业前景等。

(三)担保申请人用于担保和第三方担保的资产状况及其权利归属。

(四)企业要求担保申请人提供反担保的,还应当对与反担保有关的资产状况进行评估。

第六条 企业对担保申请人出现以下情形之一的,不得提供担保:

(一)担保项目不符合国家法律法规和本企业担保政策的。

(二)已进入重组、托管、兼并或破产清算程序的。

(三)财务状况恶化、资不抵债、管理混乱、经营风险较大的。

(四)与其他企业存在较大经济纠纷,面临法律诉讼且可能承担较大赔偿责任的。

(五)与本企业已经发生过担保纠纷且仍未妥善解决的,或不能及时足额交纳担保费用的。

第七条 企业应当建立担保授权和审批制度,规定担保业务的授权批准方式、权限、程序、责任和相关控制措施,在授权范围内进行审批,不得超越权限审批。重大担保业务,应当报经董事会或类似权力机构批准。

经办人员应当在职责范围内,按照审批人员的批准意见办理担保业务。对于审批人超越权限审批的担保业务,经办人员应当拒绝办理。

第八条 企业应当采取合法有效的措施加强对子公司担保业务的统一监控。企业内设机构未经授权不得办理担保业务。

企业为关联方提供担保的,与关联方存在经济利益或近亲属关系的有关人员在评估与审批环节应当回避。

对境外企业进行担保的,应当遵守外汇管理规定,并关注被担保人所在国家的政治、经济、法律等因素。

第九条 被担保人要求变更担保事项的,企业应当重新履行调查评估与审批程序。

第三章 执行与监控

第十条 企业应当根据审核批准的担保业务订立担保合同。担保合同应明确被担保人的权利、义务、违约责任等相关内容,并要求被担保人定期提供财务报告与有关资料,及时通报担保事项的实施情况。

担保申请人同时向多方申请担保的,企业应当在担保合同中明确约定本企业的担保份额和相应的责任。

第十一条 企业担保经办部门应当加强担保合同的日常管理,定期监测被担保人的经营情况和财务状况,对被担保人进行跟踪和监督,了解担保项目的执行、资金的使用、贷款的归还、财务运行及风险等情况,确保担保合同有效履行。

担保合同履行过程中,如果被担保人出现异常情况,应当及时报告,妥善处理。

对于被担保人未按有法律效力的合同条款偿付债务或履行相关合同项下的义务的,企业应当按照担保合同履行义务,同时主张对被担保人的追索权。

第十二条 企业应当加强对担保业务的会计系统控制,及时足额收取担保费用,建立担保事项台账,详细记录担保对象、金额、期限、用于抵押和质押的物品或权利以及其他有关事项。

企业财会部门应当及时收集、分析被担保人担保期内经审计的财务报告等相关资料,持续关注被担保人的财务状况、经营成果、现金流量以及担保合同的履行情况,积极配合担保经办部门防范担保业务风险。

对于被担保人出现财务状况恶化、资不抵债、破产清算等情形的,企业应当根据国家统一的会计准则制度规定,合理确认预计负债和损失。

第十三条 企业应当加强对反担保财产的管理,妥善保管被担保人用于反担保的权利凭证,定期核实财产的存续状况和价值,发现问题及时处理,确保反担保财产安全完整。

第十四条 企业应当建立担保业务责任追究制度,对在担保中出现重大决策失误、未履行集体审批程序或不按规定管理担保业务的部门及人员,应当严格追究相应的责任。

第十五条 企业应当在担保合同到期时,全面清查用于担保的财产、权利凭证,按照合同约定及时终止担保关系。

企业应当妥善保管担保合同、与担保合同相关的主合同、反担保函或反担保合同,以及抵押、质押的权利凭证和有关原始资料,切实做到担保业务档案完整无缺。

企业内部控制应用指引第13号
——业务外包

1. 2010年4月15日财政部、中国证券监督管理委员会、审计署、中国银行业监督管理委员会、中国保险监督管理委员会发布
2. 财会〔2010〕11号

第一章　总　　则

第一条　为了加强业务外包管理，规范业务外包行为，防范业务外包风险，根据有关法律法规和《企业内部控制基本规范》，制定本指引。

第二条　本指引所称业务外包，是指企业利用专业化分工优势，将日常经营中的部分业务委托给本企业以外的专业服务机构或其他经济组织（以下简称承包方）完成的经营行为。

本指引不涉及工程项目外包。

第三条　企业应当对外包业务实施分类管理，通常划分为重大外包业务和一般外包业务。重大外包业务是指对企业生产经营有重大影响的外包业务。

外包业务通常包括：研发、资信调查、可行性研究、委托加工、物业管理、客户服务、IT服务等。

第四条　企业的业务外包至少应当关注下列风险：

（一）外包范围和价格确定不合理，承包方选择不当，可能导致企业遭受损失。

（二）业务外包监控不严、服务质量低劣，可能导致企业难以发挥业务外包的优势。

（三）业务外包存在商业贿赂等舞弊行为，可能导致企业相关人员涉案。

第五条　企业应当建立和完善业务外包管理制度，规定业务外包的范围、方式、条件、程序和实施等相关内容，明确相关部门和岗位的职责权限，强化业务外包全过程的监控，防范外包风险，充分发挥业务外包的优势。

企业应当权衡利弊，避免核心业务外包。

第二章　承包方选择

第六条　企业应当根据年度生产经营计划和业务外包管理制度，结合确定的业务外包范围，拟定实施方案，按照规定的权限和程序审核批准。

总会计师或分管会计工作的负责人应当参与重大业务外包的决策。

重大业务外包方案应当提交董事会或类似权力机构审批。

第七条　企业应当按照批准的业务外包实施方案选择承包方。承包方至少应当具备下列条件：

（一）承包方是依法成立和合法经营的专业服务机构或其他经济组织，具有相应的经营范围和固定的办公场所。

（二）承包方应当具备相应的专业资质，其从业人员符合岗位要求和任职条件，并具有相应的专业技术资格。

（三）承包方的技术及经验水平符合本企业业务外包的要求。

第八条　企业应当综合考虑内外部因素，合理确定外包价格，严格控制业务外包成本，切实做到符合成本效益原则。

第九条　企业应当引入竞争机制，遵循公开、公平、公正的原则，采用适当方式，择优选择外包业务的承包方。采用招标方式选择承包方的，应当符合招投标法的相关规定。

企业及相关人员在选择承包方的过程中，不得收受贿赂、回扣或者索取其他好处。承包方及其工作人员不得利用向企业及其工作人员行贿、提供回扣或者给予其他好处等不正当手段承揽业务。

第十条　企业应当按照规定的权限和程序从候选承包方中确定最终承包方，并签订业务外包合同。业务外包合同内容主要包括：外包业务的内容和范围，双方权利和义务，服务和质量标准，保密事项，费用结算标准和违约责任等事项。

第十一条　企业外包业务需要保密的，应当在业务外包合同或者另行签订的保密协议中明确规定承包方的保密义务和责任，要求承包方向其从业人员提示保密要求和应承担的责任。

第三章　业务外包实施

第十二条　企业应当加强业务外包实施的管理，严格按照业务外包制度、工作流程和相关要求，组织开展业务外包，并采取有效的控制措施，确保承包方严格履行业务外包合同。

第十三条　企业应当做好与承包方的对接工作，加强与承包方的沟通与协调，及时搜集相关信息，发现和解决外包业务日常管理中存在的问题。

对于重大业务外包，企业应当密切关注承包方的履约能力，建立相应的应急机制，避免业务外包失败造成本企业生产经营活动中断。

第十四条　企业应当根据国家统一的会计准则制度，加强对外包业务的核算与监督，做好业务外包费用结算工作。

第十五条　企业应当对承包方的履约能力进行持续评估，有确凿证据表明承包方存在重大违约行为，导致业务外包合同无法履行的,应当及时终止合同。

承包方违约并造成企业损失的,企业应当按照合同对承包方进行索赔,并追究责任人责任。

第十六条　业务外包合同执行完成后需要验收的,企业应当组织相关部门或人员对完成的业务外包合同进行验收,出具验收证明。

验收过程中发现异常情况,应当立即报告,查明原因,及时处理。

企业内部控制应用指引第14号——财务报告

1. 2010年4月15日财政部、中国证券监督管理委员会、审计署、中国银行业监督管理委员会、中国保险监督管理委员会发布
2. 财会〔2010〕11号

第一章　总　　则

第一条　为了规范企业财务报告,保证财务报告的真实、完整,根据《中华人民共和国会计法》等有关法律法规和《企业内部控制基本规范》,制定本指引。

第二条　本指引所称财务报告,是指反映企业某一特定日期财务状况和某一会计期间经营成果、现金流量的文件。

第三条　企业编制、对外提供和分析利用财务报告,至少应当关注下列风险:

(一)编制财务报告违反会计法律法规和国家统一的会计准则制度,可能导致企业承担法律责任和声誉受损。

(二)提供虚假财务报告,误导财务报告使用者,造成决策失误,干扰市场秩序。

(三)不能有效利用财务报告,难以及时发现企业经营管理中存在的问题,可能导致企业财务和经营风险失控。

第四条　企业应当严格执行会计法律法规和国家统一的会计准则制度,加强对财务报告编制、对外提供和分析利用全过程的管理,明确相关工作流程和要求,落实责任制,确保财务报告合法合规、真实完整和有效利用。总会计师或分管会计工作的负责人负责组织领导报告的编制、对外提供和分析利用等相关工作。

企业负责人对报告的真实性、完整性负责。

第二章　财务报告的编制

第五条　企业编制财务报告,应当重点关注会计政策和会计估计,对财务报告产生重大影响的交易和事项的处理应当按照规定的权限和程序进行审批。

企业在编制年度财务报告前,应当进行必要的资产清查、减值测试和债权债务核实。

第六条　企业应当按照国家统一的会计准则制度规定,根据登记完整、核对无误的会计账簿记录和其他有关资料编制报告,做到内容完整、数字真实、计算准确,不得漏报或者随意进行取舍。

第七条　企业报告列示的资产、负债、所有者权益金额应当真实可靠。

各项资产计价方法不得随意变更,如有减值,应当合理计提减值准备,严禁虚增或虚减资产。

各项负债应当反映企业的现时义务,不得提前、推迟或不确认负债,严禁虚增或虚减负债。

所有者权益应当反映企业资产扣除负债后由所有者享有的剩余权益,由实收资本、资本公积、留存收益等构成。企业应当做好所有者权益保值增值工作,严禁虚假出资、抽逃出资、资本不实。

第八条　企业报告应当如实列示当期收入、费用和利润。

各项收入的确认应当遵循规定的标准,不得虚列或者隐瞒收入,推迟或提前确认收入。

各项费用、成本的确认应当符合规定,不得随意改变费用、成本的确认标准或计量方法,虚列、多列、不列或者少列费用、成本。

利润由收入减去费用后的净额、直接计入当期利润的利得和损失等构成。不得随意调整利润的计算、分配方法,编造虚假利润。

第九条　企业财务报告列示的各种现金流量由经营活动、投资活动和筹资活动的现金流量构成,应当按照规定划清各类交易和事项的现金流量的界限。

第十条　附注是财务报告的重要组成部分,对反映企业状况、经营成果、现金流量的报表中需要说明的事项,作出真实、完整、清晰的说明。

企业应当按照国家统一的会计准则制度编制附注。

第十一条　企业集团应当编制合并财务报表,明确合并财务报表的合并范围和合并方法,如实反映企业集团的财务状况、经营成果和现金流量。

第十二条　企业编制财务报告,应当充分利用信息技术,提高工作效率和工作质量,减少或避免编制差错和人为调整因素。

第三章　财务报告的对外提供

第十三条　企业应当依照法律法规和国家统一的会计准则制度的规定,及时对外提供财务报告。

第十四条　企业财务报告编制完成后,应当装订成册,加盖公章,由企业负责人、总会计师或分管会计工作的负责人、财会部门负责人签名并盖章。

第十五条　财务报告须经注册会计师审计的，注册会计师及其所在的事务所出具的审计报告，应当随同报告一并提供。

企业对外提供的财务报告应当及时整理归档，并按有关规定妥善保存。

第四章　财务报告的分析利用

第十六条　企业应当重视财务报告分析工作，定期召开财务分析会议，充分利用财务报告反映的综合信息，全面分析企业的经营管理状况和存在的问题，不断提高经营管理水平。

企业财务分析会议应吸收有关部门负责人参加。总会计师或分管会计工作的负责人应当在财务分析和利用工作中发挥主导作用。

第十七条　企业应当分析企业的资产分布、负债水平和所有者权益结构，通过资产负债率、流动比率、资产周转率等指标分析企业的偿债能力和营运能力；分析企业净资产的增减变化，了解和掌握企业规模和净资产的不断变化过程。

第十八条　企业应当分析各项收入、费用的构成及其增减变动情况，通过净资产收益率、每股收益等指标，分析企业的盈利能力和发展能力，了解和掌握当期利润增减变化的原因和未来发展趋势。

第十九条　企业应当分析经营活动、投资活动、筹资活动现金流量的运转情况，重点关注现金流量能否保证生产经营过程的正常运行，防止现金短缺或闲置。

第二十条　企业定期的分析应当形成分析报告，构成内部报告的组成部分。

财务分析报告结果应当及时传递给企业内部有关管理层级，充分发挥财务报告在企业生产经营管理中的重要作用。

企业内部控制应用指引第15号
——全面预算

1. 2010年4月15日财政部、中国证券监督管理委员会、审计署、中国银行业监督管理委员会、中国保险监督管理委员会发布

2. 财会〔2010〕11号

第一章　总　　则

第一条　为了促进企业实现发展战略，发挥全面预算管理作用，根据有关法律法规和《企业内部控制基本规范》，制定本指引。

第二条　本指引所称全面预算，是指企业对一定期间经营活动、投资活动、财务活动等作出的预算安排。

第三条　企业实行全面预算管理，至少应当关注下列风险：

（一）不编制预算或预算不健全，可能导致企业经营缺乏约束或盲目经营。

（二）预算目标不合理、编制不科学，可能导致企业资源浪费或发展战略难以实现。

（三）预算缺乏刚性、执行不力、考核不严，可能导致预算管理流于形式。

第四条　企业应当加强全面预算工作的组织领导，明确预算管理体制以及各预算执行单位的职责权限、授权批准程序和工作协调机制。

企业应当设立预算管理委员会履行全面预算管理职责，其成员由企业负责人及内部相关部门负责人组成。

预算管理委员会主要负责拟定预算目标和预算政策，制定预算管理的具体措施和办法，组织编制、平衡预算草案，下达经批准的预算，协调解决预算编制和执行中的问题，考核预算执行情况，督促完成预算目标。预算管理委员会下设预算管理工作机构，由其履行日常管理职责。预算管理工作机构一般设在财会部门。

总会计师或分管会计工作的负责人应当协助企业负责人负责企业全面预算管理工作的组织领导。

第二章　预 算 编 制

第五条　企业应当建立和完善预算编制工作制度，明确编制依据、编制程序、编制方法等内容，确保预算编制依据合理、程序适当、方法科学，避免预算指标过高或过低。

企业应当在预算年度开始前完成全面预算草案的编制工作。

第六条　企业应当根据发展战略和年度生产经营计划，综合考虑预算期内经济政策、市场环境等因素，按照上下结合、分级编制、逐级汇总的程序，编制年度全面预算。

企业可以选择或综合运用固定预算、弹性预算、滚动预算等方法编制预算。

第七条　企业预算管理委员会应当对预算管理工作机构在综合平衡基础上提交的预算方案进行研究论证，从企业发展全局角度提出建议，形成全面预算草案，并提交董事会。

第八条　企业董事会审核全面预算草案，应当重点关注预算科学性和可行性，确保全面预算与企业发展战略、年度生产经营计划相协调。

企业全面预算应当按照相关法律法规及企业章程的规定报经审议批准。批准后，应当以文件形式下达执行。

第三章　预算执行

第九条　企业应当加强对预算执行的管理,明确预算指标分解方式、预算执行审批权限和要求、预算执行情况报告等,落实预算执行责任制,确保预算刚性,严格预算执行。

第十条　企业全面预算一经批准下达,各预算执行单位应当认真组织实施,将预算指标层层分解,从横向和纵向落实到内部各部门、各环节和各岗位,形成全方位的预算执行责任体系。

企业应当以年度预算作为组织、协调各项生产经营活动的基本依据,将年度预算细分为季度、月度预算,通过实施分期预算控制,实现年度预算目标。

第十一条　企业应当根据全面预算管理要求,组织各项生产经营活动和投融资活动,严格预算执行和控制。

企业应当加强资金收付业务的预算控制,及时组织资金收入,严格控制资金支付,调节资金收付平衡,防范支付风险。对于超预算或预算外的资金支付,应当实行严格的审批制度。

企业办理采购与付款、销售与收款、成本费用、工程项目、对外投融资、研究与开发、信息系统、人力资源、安全环保、资产购置与维护等业务和事项,均应符合预算要求。涉及生产过程和成本费用的,还应执行相关计划、定额、定率标准。

对于工程项目、对外投融资等重大预算项目,企业应当密切跟踪其实施进度和完成情况,实行严格监控。

第十二条　企业预算管理工作机构应当加强与各预算执行单位的沟通,运用财务信息和其他相关资料监控预算执行情况,采用恰当方式及时向决策机构和各预算执行单位报告、反馈预算执行进度、执行差异及其对预算目标的影响,促进企业全面预算目标的实现。

第十三条　企业预算管理工作机构和各预算执行单位应当建立预算执行情况分析制度,定期召开预算执行分析会议,通报预算执行情况,研究、解决预算执行中存在的问题,提出改进措施。

企业分析预算执行情况,应当充分收集有关财务、业务、市场、技术、政策、法律等方面的信息资料,根据不同情况分别采用比率分析、比较分析、因素分析等方法,从定量与定性两个层面充分反映预算执行单位的现状、发展趋势及其存在的潜力。

第十四条　企业批准下达的预算应当保持稳定,不得随意调整。由于市场环境、国家政策或不可抗力等客观因素,导致预算执行发生重大差异确需调整预算的,应当履行严格的审批程序。

第四章　预算考核

第十五条　企业应当建立严格的预算执行考核制度,对各预算执行单位和个人进行考核,切实做到有奖有惩、奖惩分明。

第十六条　企业预算管理委员会应当定期组织预算执行情况考核,将各预算执行单位负责人签字上报的预算执行报告和已掌握的动态监控信息进行核对,确认各执行单位预算完成情况。必要时,实行预算执行情况内部审计制度。

第十七条　企业预算执行情况考核工作,应当坚持公开、公平、公正的原则,考核过程及结果应有完整的记录。

企业内部控制应用指引第16号
——合同管理

1. 2010年4月15日财政部、中国证券监督管理委员会、审计署、中国银行业监督管理委员会、中国保险监督管理委员会发布
2. 财会〔2010〕11号

第一章　总　　则

第一条　为了促进企业加强合同管理,维护企业合法权益,根据《中华人民共和国合同法》等有关法律法规和《企业内部控制基本规范》,制定本指引。

第二条　本指引所称合同,是指企业与自然人、法人及其他组织等平等主体之间设立、变更、终止民事权利义务关系的协议。

企业与职工签订的劳动合同,不适用本指引。

第三条　企业合同管理至少应当关注下列风险:

(一)未订立合同、未经授权对外订立合同、合同对方主体资格未达要求、合同内容存在重大疏漏和欺诈,可能导致企业合法权益受到侵害。

(二)合同未全面履行或监控不当,可能导致企业诉讼失败、经济利益受损。

(三)合同纠纷处理不当,可能损害企业利益、信誉和形象。

第四条　企业应当加强合同管理,确定合同归口管理部门,明确合同拟定、审批、执行等环节的程序和要求,定期检查和评价合同管理中的薄弱环节,采取相应控制措施,促进合同有效履行,切实维护企业的合法权益。

第二章　合同的订立

第五条　企业对外发生经济行为,除即时结清方式外,应当订立书面合同。合同订立前,应当充分了解合同对方的主体资格、信用状况等有关内容,确保对方当事人具备履约能力。

对于影响重大、涉及较高专业技术或法律关系复杂的合同，应当组织法律、技术、财会等专业人员参与谈判，必要时可聘请外部专家参与相关工作。

谈判过程中的重要事项和参与谈判人员的主要意见，应当予以记录并妥善保存。

第六条 企业应当根据协商、谈判等的结果，拟订合同文本，按照自愿、公平原则，明确双方的权利义务和违约责任，做到条款内容完整，表述严谨准确，相关手续齐备，避免出现重大疏漏。

合同文本一般由业务承办部门起草、法律部门审核。重大合同或法律关系复杂的特殊合同应当由法律部门参与起草。国家或行业有合同示范文本的，可以优先选用，但对涉及权利义务关系的条款应当进行认真审查，并根据实际情况进行适当修改。

合同文本须报经国家有关主管部门审查或备案的，应当履行相应程序。

第七条 企业应当对合同文本进行严格审核，重点关注合同的主体、内容和形式是否合法，合同内容是否符合企业的经济利益，对方当事人是否具有履约能力，合同权利和义务、违约责任和争议解决条款是否明确等。

企业对影响重大或法律关系复杂的合同文本，应当组织内部相关部门进行审核。相关部门提出不同意见的，应当认真分析研究，慎重对待，并准确无误地加以记录；必要时应对合同条款作出修改。内部相关部门应当认真履行职责。

第八条 企业应当按照规定的权限和程序与对方当事人签署合同。正式对外订立的合同，应当由企业法定代表人或由其授权的代理人签名或加盖有关印章。授权签署合同的，应当签署授权委托书。

属于上级管理权限的合同，下级单位不得签署。下级单位认为确有需要签署涉及上级管理权限的合同，应当提出申请，并经上级合同管理机构批准后办理。上级单位应当加强对下级单位合同订立、履行情况的监督检查。

第九条 企业应当建立合同专用章保管制度。合同经编号、审批及企业法定代表人或由其授权的代理人签署后，方可加盖合同专用章。

第十条 企业应当加强合同信息安全保密工作，未经批准，不得以任何形式泄露合同订立与履行过程中涉及的商业秘密或国家机密。

第三章 合同的履行

第十一条 企业应当遵循诚实信用原则严格履行合同，对合同履行实施有效监控，强化对合同履行情况及效果的检查、分析和验收，确保合同全面有效履行。

合同生效后，企业就质量、价款、履行地点等内容与合同对方没有约定或者约定不明确的，可以协议补充；不能达成补充协议的，按照国家相关法律法规、合同有关条款或者交易习惯确定。

第十二条 在合同履行过程中发现有显失公平、条款有误或对方有欺诈行为等情形，或因政策调整、市场变化等客观因素，已经或可能导致企业利益受损，应当按规定程序及时报告，并经双方协商一致，按照规定权限和程序办理合同变更或解除事宜。

第十三条 企业应当加强合同纠纷管理，在履行合同过程中发生纠纷的，应当依据国家相关法律法规，在规定时效内与对方当事人协商并按规定权限和程序及时报告。

合同纠纷经协商一致的，双方应当签订书面协议。合同纠纷经协商无法解决的，应当根据合同约定选择仲裁或诉讼方式解决。

企业内部授权处理合同纠纷的，应当签署授权委托书。纠纷处理过程中，未经授权批准，相关经办人员不得向对方当事人作出实质性答复或承诺。

第十四条 企业财会部门应当根据合同条款审核后办理结算业务。未按合同条款履约的，或应签订书面合同而未签订的，财会部门有权拒绝付款，并及时向企业有关负责人报告。

第十五条 合同管理部门应当加强合同登记管理，充分利用信息化手段，定期对合同进行统计、分类和归档，详细登记合同的订立、履行和变更等情况，实行合同的全过程封闭管理。

第十六条 企业应当建立合同履行情况评估制度，至少于每年年末对合同履行的总体情况和重大合同履行的具体情况进行分析评估，对分析评估中发现合同履行中存在的不足，应当及时加以改进。

企业应当健全合同管理考核与责任追究制度。对合同订立、履行过程中出现的违法违规行为，应当追究有关机构或人员的责任。

企业内部控制应用指引第17号
——内部信息传递

1. 2010年4月15日财政部、中国证券监督管理委员会、审计署、中国银行业监督管理委员会、中国保险监督管理委员会发布

2. 财会〔2010〕11号

第一章 总　　则

第一条 为了促进企业生产经营管理信息在内部各管理层级之间的有效沟通和充分利用，根据《企业内部控制基本规范》,制定本指引。

第二条　本指引所称内部信息传递,是指企业内部各管理层级之间通过内部报告形式传递生产经营管理信息的过程。

第三条　企业内部信息传递至少应当关注下列风险:

(一)内部报告系统缺失、功能不健全、内容不完整,可能影响生产经营有序运行。

(二)内部信息传递不通畅、不及时,可能导致决策失误、相关政策措施难以落实。

(三)内部信息传递中泄露商业秘密,可能削弱企业核心竞争力。

第四条　企业应当加强内部报告管理,全面梳理内部信息传递过程中的薄弱环节,建立科学的内部信息传递机制,明确内部信息传递的内容、保密要求及密级分类、传递方式、传递范围以及各管理层级的职责权限等,促进内部报告的有效利用,充分发挥内部报告的作用。

第二章　内部报告的形成

第五条　企业应当根据发展战略、风险控制和业绩考核要求,科学规范不同级次内部报告的指标体系,采用经营快报等多种形式,全面反映与企业生产经营管理相关的各种内外部信息。

内部报告指标体系的设计应当与全面预算管理相结合,并随着环境和业务的变化不断进行修订和完善。设计内部报告指标体系时,应当关注企业成本费用预算的执行情况。

内部报告应当简洁明了、通俗易懂、传递及时,便于企业各管理层级和全体员工掌握相关信息,正确履行职责。

第六条　企业应当制定严密的内部报告流程,充分利用信息技术,强化内部报告信息集成和共享,将内部报告纳入企业统一信息平台,构建科学的内部报告网络体系。

企业内部各管理层级均应当指定专人负责内部报告工作,重要信息应及时上报,并可以直接报告高级管理人员。

企业应当建立内部报告审核制度,确保内部报告信息质量。

第七条　企业应当关注市场环境、政策变化等外部信息对企业生产经营管理的影响,广泛收集、分析、整理外部信息,并通过内部报告传递到企业内部相关管理层级,以便采取应对策略。

第八条　企业应当拓宽内部报告渠道,通过落实奖励措施等多种有效方式,广泛收集合理化建议。

企业应当重视和加强反舞弊机制建设,通过设立员工信箱、投诉热线等方式,鼓励员工及企业利益相关方举报和投诉企业内部的违法违规、舞弊和其他有损企业形象的行为。

第三章　内部报告的使用

第九条　企业各级管理人员应当充分利用内部报告管理和指导企业的生产经营活动,及时反映全面预算执行情况,协调企业内部相关部门和各单位的运营进度,严格绩效考核和责任追究,确保企业实现发展目标。

第十条　企业应当有效利用内部报告进行风险评估,准确识别和系统分析企业生产经营活动中的内外部风险,确定风险应对策略,实现对风险的有效控制。

企业对于内部报告反映出的问题应当及时解决;涉及突出问题和重大风险的,应当启动应急预案。

第十一条　企业应当制定严格的内部报告保密制度,明确保密内容、保密措施、密级程度和传递范围,防止泄露商业秘密。

第十二条　企业应当建立内部报告的评估制度,定期对内部报告的形成和使用进行全面评估,重点关注内部报告的及时性、安全性和有效性。

企业内部控制应用指引第18号——信息系统

1. 2010年4月15日财政部、中国证券监督管理委员会、审计署、中国银行业监督管理委员会、中国保险监督管理委员会发布

2. 财会〔2010〕11号

第一章　总　　则

第一条　为了促进企业有效实施内部控制,提高企业现代化管理水平,减少人为因素,根据有关法律法规和《企业内部控制基本规范》,制定本指引。

第二条　本指引所称信息系统,是指企业利用计算机和通信技术,对内部控制进行集成、转化和提升所形成的信息化管理平台。

第三条　企业利用信息系统实施内部控制至少应当关注下列风险:

(一)信息系统缺乏或规划不合理,可能造成信息孤岛或重复建设,导致企业经营管理效率低下。

(二)系统开发不符合内部控制要求,授权管理不当,可能导致无法利用信息技术实施有效控制。

(三)系统运行维护和安全措施不到位,可能导致信息泄漏或毁损,系统无法正常运行。

第四条　企业应当重视信息系统在内部控制中的作用,

根据内部控制要求，结合组织架构、业务范围、地域分布、技术能力等因素，制定信息系统建设整体规划，加大投入力度，有序组织信息系统开发、运行与维护，优化管理流程，防范经营风险，全面提升企业现代化管理水平。

企业应当指定专门机构对信息系统建设实施归口管理，明确相关单位的职责权限，建立有效工作机制。企业可委托专业机构从事信息系统的开发、运行和维护工作。

企业负责人对信息系统建设工作负责。

第二章 信息系统的开发

第五条 企业应当根据信息系统建设整体规划提出项目建设方案，明确建设目标、人员配备、职责分工、经费保障和进度安排等相关内容，按照规定的权限和程序审批后实施。

企业信息系统归口管理部门应当组织内部各单位提出开发需求和关键控制点，规范开发流程，明确系统设计、编程、安装调试、验收、上线等全过程的管理要求，严格按照建设方案、开发流程和相关要求组织开发工作。

企业开发信息系统，可以采取自行开发、外购调试、业务外包等方式。选定外购调试或业务外包方式的，应当采用公开招标等形式择优确定供应商或开发单位。

第六条 企业开发信息系统，应当将生产经营管理业务流程、关键控制点和处理规则嵌入系统程序，实现手工环境下难以实现的控制功能。

企业在系统开发过程中，应当按照不同业务的控制要求，通过信息系统中的权限管理功能控制用户的操作权限，避免将不相容职责的处理权限授予同一用户。

企业应当针对不同数据的输入方式，考虑对进入系统数据的检查和校验功能。对于必需的后台操作，应当加强管理，建立规范的流程制度，对操作情况进行监控或者审计。

企业应当在信息系统中设置操作日志功能，确保操作的可审计性。对异常的或者违背内部控制要求的交易和数据，应当设计由系统自动报告并设置跟踪处理机制。

第七条 企业信息系统归口管理部门应当加强信息系统开发全过程的跟踪管理，组织开发单位与内部各单位的日常沟通和协调，督促开发单位按照建设方案、计划进度和质量要求完成编程工作，对配备的硬件设备和系统软件进行检查验收，组织系统上线运行等。

第八条 企业应当组织独立于开发单位的专业机构对开发完成的信息系统进行验收测试，确保在功能、性能、控制要求和安全性等方面符合开发需求。

第九条 企业应当切实做好信息系统上线的各项准备工作，培训业务操作和系统管理人员，制定科学的上线计划和新旧系统转换方案，考虑应急预案，确保新旧系统顺利切换和平稳衔接。系统上线涉及数据迁移的，还应制定详细的数据迁移计划。

第三章 信息系统的运行与维护

第十条 企业应当加强信息系统运行与维护的管理，制定信息系统工作程序、信息管理制度以及各模块子系统的具体操作规范，及时跟踪、发现和解决系统运行中存在的问题，确保信息系统按照规定的程序、制度和操作规范持续稳定运行。

企业应当建立信息系统变更管理流程，信息系统变更应当严格遵照管理流程进行操作。信息系统操作人员不得擅自进行系统软件的删除、修改等操作；不得擅自升级、改变系统软件版本；不得擅自改变软件系统环境配置。

第十一条 企业应当根据业务性质、重要性程度、涉密情况等确定信息系统的安全等级，建立不同等级信息的授权使用制度，采用相应技术手段保证信息系统运行安全有序。

企业应当建立信息系统安全保密和泄密责任追究制度。委托专业机构进行系统运行与维护管理的，应当审查该机构的资质，并与其签订服务合同和保密协议。

企业应当采取安装安全软件等措施防范信息系统受到病毒等恶意软件的感染和破坏。

第十二条 企业应当建立用户管理制度，加强对重要业务系统的访问权限管理，定期审阅系统账号，避免授权不当或存在非授权账号，禁止不相容职务用户账号的交叉操作。

第十三条 企业应当综合利用防火墙、路由器等网络设备，漏洞扫描、入侵检测等软件技术以及远程访问安全策略等手段，加强网络安全，防范来自网络的攻击和非法侵入。

企业对于通过网络传输的涉密或关键数据，应当采取加密措施，确保信息传递的保密性、准确性和完整性。

第十四条 企业应当建立系统数据定期备份制度，明确备份范围、频度、方法、责任人、存放地点、有效性检查等内容。

第十五条 企业应当加强服务器等关键信息设备的管

理,建立良好的物理环境,指定专人负责检查,及时处理异常情况。未经授权,任何人不得接触关键信息设备。

企业内部控制评价指引

1. 2010年4月15日财政部、中国证券监督管理委员会、审计署、中国银行业监督管理委员会、中国保险监督管理委员会发布
2. 财会〔2010〕11号

第一章　总　　则

第一条　为了促进企业全面评价内部控制的设计与运行情况,规范内部控制评价程序和评价报告,揭示和防范风险,根据有关法律法规和《企业内部控制基本规范》,制定本指引。

第二条　本指引所称内部控制评价,是指企业董事会或类似权力机构对内部控制的有效性进行全面评价、形成评价结论、出具评价报告的过程。

第三条　企业实施内部控制评价至少应当遵循下列原则:

(一)全面性原则。评价工作应当包括内部控制的设计与运行,涵盖企业及其所属单位的各种业务和事项。

(二)重要性原则。评价工作应当在全面评价的基础上,关注重要业务单位、重大业务事项和高风险领域。

(三)客观性原则。评价工作应当准确地揭示经营管理的风险状况,如实反映内部控制设计与运行的有效性。

第四条　企业应当根据本评价指引,结合内部控制设计与运行的实际情况,制定具体的内部控制评价办法,规定评价的原则、内容、程序、方法和报告形式等,明确相关机构或岗位的职责权限,落实责任制,按照规定的办法、程序和要求,有序开展内部控制评价工作。

企业董事会应当对内部控制评价报告的真实性负责。

第二章　内部控制评价的内容

第五条　企业应当根据《企业内部控制基本规范》、应用指引以及本企业的内部控制制度,围绕内部环境、风险评估、控制活动、信息与沟通、内部监督等要素,确定内部控制评价的具体内容,对内部控制设计与运行情况进行全面评价。

第六条　企业组织开展内部环境评价,应当以组织架构、发展战略、人力资源、企业文化、社会责任等应用指引为依据,结合本企业的内部控制制度,对内部环境的设计及实际运行情况进行认定和评价。

第七条　企业组织开展风险评估机制评价,应当以《企业内部控制基本规范》有关风险评估的要求,以及各项应用指引中所列主要风险为依据,结合本企业的内部控制制度,对日常经营管理过程中的风险识别、风险分析、应对策略等进行认定和评价。

第八条　企业组织开展控制活动评价,应当以《企业内部控制基本规范》和各项应用指引中的控制措施为依据,结合本企业的内部控制制度,对相关控制措施的设计和运行情况进行认定和评价。

第九条　企业组织开展信息与沟通评价,应当以内部信息传递、财务报告、信息系统等相关应用指引为依据,结合本企业的内部控制制度,对信息收集、处理和传递的及时性、反舞弊机制的健全性、财务报告的真实性、信息系统的安全性,以及利用信息系统实施内部控制的有效性等进行认定和评价。

第十条　企业组织开展内部监督评价,应当以《企业内部控制理本规范》有关内部监督的要求,以及各项应用指引中有关日常管控的规定为依据,结合本企业的内部控制制度,对内部监督机制的有效性进行认定和评价,重点关注监事会、审计委员会、内部审计机构等是否在内部控制设计和运行中有效发挥监督作用。

第十一条　内部控制评价工作应当形成工作底稿,详细记录企业执行评价工作的内容,包括评价要素、主要风险点、采取的控制措施、有关证据资料以及认定结果等。

评价工作底稿应当设计合理、证据充分、简便易行、便于操作。

第三章　内部控制评价的程序

第十二条　企业应当按照内部控制评价办法规定的程序,有序开展内部控制评价工作。

内部控制评价程序一般包括:制定评价工作方案、组成评价工作组、实施现场测试、认定控制缺陷、汇总评价结果、编报评价报告等环节。

企业可以授权内部审计部门或专门机构(以下简称内部控制评价部门)负责内部控制评价的具体组织实施工作。

第十三条　企业内部控制评价部门应当拟订评价工作方案,明确评价范围、工作任务、人员组织、进度安排和费用预算等相关内容,报经董事会或其授权机构审批后实施。

第十四条　企业内部控制评价部门应当根据经批准的评

价方案,组成内部控制评价工作组,具体实施内部控制评价工作。评价工作组应当吸收企业内部相关机构熟悉情况的业务骨干参加。评价工作组成员对本部门的内部控制评价工作应当实行回避制度。

企业可以委托中介机构实施内部控制评价。为企业提供内部控制审计服务的会计师事务所,不得同时为同一企业提供内部控制评价服务。

第十五条 内部控制评价工作组应当对被评价单位进行现场测试,综合运用个别访谈、调查问卷、专题讨论、穿行测试、实地查验、抽样和比较分析等方法,充分收集被评价单位内部控制设计和运行是否有效的证据,按照评价的具体内容,如实填写评价工作底稿,研究分析内部控制缺陷。

第四章 内部控制缺陷的认定

第十六条 内部控制缺陷包括设计缺陷和运行缺陷。企业对内部控制缺陷的认定,应当以日常监督和专项监督为基础,结合年度内部控制评价,由内部控制评价部门进行综合分析后提出认定意见,按照规定的权限和程序进行审核后予以最终认定。

第十七条 企业在日常监督、专项监督和年度评价工作中,应当充分发挥内部控制评价工作组的作用。内部控制评价工作组应当根据现场测试获取的证据,对内部控制缺陷进行初步认定,并按其影响程度分为重大缺陷、重要缺陷和一般缺陷。

重大缺陷,是指一个或多个控制缺陷的组合,可能导致企业严重偏离控制目标。

重要缺陷,是指一个或多个控制缺陷的组合,其严重程度和经济后果低于重大缺陷,但仍有可能导致企业偏离控制目标。

一般缺陷,是指除重大缺陷、重要缺陷之外的其他缺陷。

重大缺陷、重要缺陷和一般缺陷的具体认定标准,由企业根据上述要求自行确定。

第十八条 企业内部控制评价工作组应当建立评价质量交叉复核制度,评价工作组负责人应当对评价工作底稿进行严格审核,并对所认定的评价结果签字确认后,提交企业内部控制评价部门。

第十九条 企业内部控制评价部门应当编制内部控制缺陷认定汇总表,结合日常监督和专项监督发现的内部控制缺陷及其持续改进情况,对内部控制缺陷及其成因、表现形式和影响程度进行综合分析和全面复核,提出认定意见,并以适当的形式向董事会、监事会或者经理层报告。重大缺陷应当由董事会予以最终认定。

企业对于认定的重大缺陷,应当及时采取应对策略,切实将风险控制在可承受度之内,并追究有关部门或相关人员的责任。

第五章 内部控制评价报告

第二十条 企业应当根据《企业内部控制基本规范》、应用指引和本指引,设计内部控制评价报告的种类、格式和内容,明确内部控制评价报告编制程序和要求,按照规定的权限报经批准后对外报出。

第二十一条 内部控制评价报告应当分别内部环境、风险评估、控制活动、信息与沟通、内部监督等要素进行设计,对内部控制评价过程、内部控制缺陷认定及整改情况、内部控制有效性的结论等相关内容作出披露。

第二十二条 内部控制评价报告至少应当披露下列内容:

(一)董事会对内部控制报告真实性的声明。

(二)内部控制评价工作的总体情况。

(三)内部控制评价的依据。

(四)内部控制评价的范围。

(五)内部控制评价的程序和方法。

(六)内部控制缺陷及其认定情况。

(七)内部控制缺陷的整改情况及重大缺陷拟采取的整改措施。

(八)内部控制有效性的结论。

第二十三条 企业应当根据年度内部控制评价结果,结合内部控制评价工作底稿和内部控制缺陷汇总表等资料,按照规定的程序和要求,及时编制内部控制评价报告。

第二十四条 内部控制评价报告应当报经董事会或类似权力机构批准后对外披露或报送相关部门。

企业内部控制评价部门应当关注自内部控制评价报告基准日至内部控制评价报告发出日之间是否发生影响内部控制有效性的因素,并根据其性质和影响程度对评价结论进行相应调整。

第二十五条 企业内部控制审计报告应当与内部控制评价报告同时对外披露或报送。

第二十六条 企业应当以 12 月 31 日作为年度内部控制评价报告的基准日。

内部控制评价报告应于基准日后 4 个月内报出。

第二十七条 企业应当建立内部控制评价工作档案管理制度。内部控制评价的有关文件资料、工作底稿和证明材料等应当妥善保管。

企业内部控制审计指引

1. 2010年4月15日财政部、中国证券监督管理委员会、审计署、中国银行业监督管理委员会、中国保险监督管理委员会发布
2. 财会〔2010〕11号

第一章　总　　则

第一条　为了规范注册会计师执行企业内部控制审计业务，明确工作要求，保证执业质量，根据《企业内部控制基本规范》、《中国注册会计师鉴证业务基本准则》及相关执业准则，制定本指引。

第二条　本指引所称内部控制审计，是指会计师事务所接受委托，对特定基准日内部控制设计与运用的有效性进行审计。

第三条　建立健全和有效实施内部控制，评价内部控制的有效性是企业董事会的责任。按照本指引的要求，在实施审计工作的基础上对内部控制的有效性发表审计意见，是注册会计师的责任。

第四条　注册会计师执行内部控制审计工作，应当获取充分、适当的证据，为发布内部控制审计意见提供合理保证。

注册会计师应当对财务报告内部控制的有效性发表审计意见，并对内部控制审计过程中注意到的非财务报告内部控制的重大缺陷，在内部控制审计报告中增加“非财务报告内部控制重大缺陷描述段”予以披露。

第五条　注册会计师可以单独进行内部控制审计，也可将内部控制审计与财务报表审计整合进行（以下简称整合审计）。

在整合审计中，注册会计师应当对内部控制设计和运行的有效性进行测试，以同时实现下列目标：

（一）获取充分、适当的证据，支持其在内部控制审计中对内部控制有效性发表的意见；

（二）获取充分、适当的证据，支持其在财务报表审计中对控制风险的评估结果。

第二章　计划审计工作

第六条　注册会计师应当恰当地计划内部控制审计工作，配备具有专业胜任能力的项目组，并对助理人员进行适当的督导。

第七条　在计划审计工作时，注册会计师应当评价下列事项对内部控制、财务报表以及审计工作的影响：

（一）与企业相关的风险。

（二）相关法律法规和行业概况。

（三）企业组织结构、经营特征和资本结构等相关重要事项。

（四）企业内部控制最近发生变化的程度。

（五）与企业沟通过的内部控制缺陷。

（六）重要性、风险等与确定内部控制重大缺陷相关的因素。

（七）对内部控制有效性的初步判断。

（八）可获取的、与内部控制有效性相关的证据的类型和范围。

第八条　注册会计师应当以风险评估为基础，选择拟测试的控制，确定测试所需收集的证据。

内部控制的特定领域存在重大缺陷的风险越高，给予该领域的审计关注就越多。

第九条　注册会计师应当对企业内部控制自我评价工作进行评估，判断是否利用企业内部审计人员、内部控制评价人员和其他相关人员的工作以及利用的程度，相应减少可能本应由注册会计师执行的工作。

注册会计师利用企业内部审计人员、内部控制评价人员和其他相关人员的工作，应当对其专业胜任能力和客观性进行充分评价。

与某项控制相关的风险越高，可利用程度就越低，注册会计师应当更多地对该项控制亲自进行测试。

注册会计师应当对发表的审计意见独立承担责任，其责任不因为利用企业内部审计人员、内部控制评价人员和其他相关人员的工作而减轻。

第三章　实施审计工作

第十条　注册会计师应当按照自上而下的方法实施审计工作。自上而下的方法是注册会计师识别风险、选择拟测试控制的基本思路。注册会计师在实施审计工作时，可以将企业层面控制和业务层面控制的测试结合进行。

第十一条　注册会计师测试企业层面控制，应当把握重要性原则，至少应当关注：

（一）与内部环境相关的控制。

（二）针对董事会、管理层凌驾于控制之上的风险而设计的控制。

（三）企业的风险评估过程。

（四）对内部信息传递和财务报告流程的控制。

（五）对控制有效性的内部监督和自我评价。

第十二条　注册会计师测试业务层面控制，应当把握重要性原则，结合企业实际、企业内部控制各项应用指引的要求和企业层面控制的测试情况，重点对企业生产经营活动中的重要业务与事项的控制进行测试。

注册会计师应当关注信息系统对内部控制及风险

评估的影响。

第十三条 注册会计师在测试企业层面控制和业务层面控制时,应当评价内部控制是否足以应对舞弊风险。

第十四条 注册会计师应当测试内部控制设计与运行的有效性。

如果某项控制由拥有必要授权和专业胜任能力的人员按照规定的程序与要求执行,能够实现控制目标,表明该项控制的设计是有效的。

如果某项控制正在按照设计运行,执行人员拥有必要授权和专业胜任能力,能够实现控制目标,表明该项控制的运行是有效的。

第十五条 注册会计师应当根据与内部控制相关的风险,确定拟实施审计程序的性质、时间安排和范围,获取充分、适当的证据。与内部控制相关的风险越高,注册会计师需要获取的证据应越多。

第十六条 注册会计师在测试控制设计与运行的有效性时,应当综合运用询问适当人员、观察经营活动、检查相关文件、穿行测试和重新执行等等方法。

询问本身并不足以提供充分、适当的证据。

第十七条 注册会计师在确定测试的时间安排时,应当在下列两个因素之间作出平衡,以获取充分、适当的证据:

(一)尽量在接近企业内部控制自我评价基准日实施测试。

(二)实施的测试需要涵盖足够长的期间。

第十八条 注册会计师对于内部控制运行偏离设计的情况(即控制偏差),应当确定该偏差对相关风险评估、需要获取的证据以及控制运行有效性结论的影响。

第十九条 在连续审计中,注册会计师在确定测试的性质、时间安排和范围时,应当考虑以前年度执行内部控制审计时了解的情况。

第四章 评价控制缺陷

第二十条 内部控制缺陷按其成因分为设计缺陷和运行缺陷,按其影响程度分为重大缺陷、重要缺陷和一般缺陷。

注册会计师应当评价其识别的各项内部控制缺陷的严重程度,以确定这些缺陷单独或组合起来,是否构成重大缺陷。

第二十一条 在确定一项内部控制缺陷或多项内部控制缺陷的组合是否构成重大缺陷时,注册会计师应当评价补偿性控制(替代性控制)的影响。企业执行的补偿性控制应当具有同样的效果。

第二十二条 表明内部控制可能存在重大缺陷的迹象,主要包括:

(一)注册会计师发现董事、监事和高级管理人员舞弊。

(二)企业更正已经公布的财务报表。

(三)注册会计师发现当期财务报表存在重大错报,而内部控制在运行过程中未能发现该错报。

(四)企业审计委员会和内部审计机构对内部控制的监督无效。

第五章 完成审计工作

第二十三条 注册会计师完成审计工作后,应当取得经企业签署的书面声明。书面声明应当包括下列内容:

(一)企业董事会认可其对建立健全和有效实施内部控制负责。

(二)企业已对内部控制的有效性作出自我评价,并说明评价时采用的标准以及得出的结论。

(三)企业没有利用注册会计师执行的审计程序及其结果作为自我评价的基础。

(四)企业已向注册会计师披露识别出的所有内部控制缺陷,并单独披露其中的重大缺陷和重要缺陷。

(五)企业对于注册会计师在以前年度审计中识别的重大缺陷和重要缺陷,是否已经采取措施予以解决。

(六)企业在内部控制自我评价基准日后,内部控制是否发生重大变化,或者存在对内部控制具有重要影响的其他因素。

第二十四条 企业如果拒绝提供或以其他不当理由回避书面声明,注册会计师应当将其视为审计范围受到限制,解除业务约定或出具无法表示意见的审计报告。

第二十五条 注册会计师应当与企业沟通审计过程中识别的所有控制缺陷。对于其中的重大缺陷和重要缺陷,应当以书面形式与董事会和经理层沟通。

注册会计师认为审计委员会和内部审计机构对内部控制的监督无效的,应当就此以书面形式直接与董事会和经理层沟通。

书面沟通应当在注册会计师出具内部控制审计报告之前进行。

第二十六条 注册会计师应当对获取的证据进行评价,形成对内部控制有效性的意见。

第六章 出具审计报告

第二十七条 注册会计师在完成内部控制审计工作后,应当出具内部控制审计报告。标准内部控制审计报告应当包括下列要素:

(一)标题。

(二)收件人。

(三)引言段。

（四）企业对内部控制的责任段。

（五）注册会计师的责任段。

（六）内部控制固有局限性的说明段。

（七）财务报告内部控制审计意见段。

（八）非财务报告内部控制重大缺陷描述段。

（九）注册会计师的签名和盖章。

（十）会计师事务所的名称、地址及盖章。

（十一）报告日期。

第二十八条 符合下列所有条件的，注册会计师应当对财务报告内部控制出具无保留意见的内部控制审计报告：

（一）企业按照《企业内部控制基本规范》、《企业内部控制应用指引》、《企业内部控制评价指引》以及企业自身内部控制制度的要求，在所有重大方面保持了有效的内部控制。

（二）注册会计师已经按照《企业内部控制审计指引》的要求计划和实施审计工作，在审计过程中未受到限制。

第二十九条 注册会计师认为财务报告内部控制虽不存在重大缺陷，但仍有一项或者多项重大事项需要提请内部控制审计报告使用者注意的，应当在内部控制审计报告中增加强调事项段予以说明。

注册会计师应当在强调事项段中指明，该段内容仅用于提醒内部控制审计报告使用者关注，并不影响对财务报告内部控制发表的审计意见。

第三十条 注册会计师认为财务报告内部控制存在一项或多项重大缺陷的，除非审计范围受到限制，应当对财务报告内部控制发表否定意见。

注册会计师出具否定意见的内部控制审计报告，还应当包括下列内容：

（一）重大缺陷的定义。

（二）重大缺陷的性质及其对财务报告内部控制的影响程度。

第三十一条 注册会计师审计范围受到限制的，应当解除业务约定或出具无法表示意见的内部控制审计报告，并就审计范围受到限制的情况，以书面形式与董事会进行沟通。

注册会计师在出具无法表示意见的内部控制审计报告时，应当在内部控制审计报告中指明审计范围受到限制，无法对内部控制的有效性发表意见。

注册会计师在已执行的有限程序中发现财务报告内部控制存在重大缺陷的，应当在内部控制审计报告中对重大缺陷作出详细说明。

第三十二条 注册会计师对在审计过程中注意到的非财务报告内部控制缺陷，应当区别具体情况予以处理：

（一）注册会计师认为非财务报告内部控制缺陷为一般缺陷的，应当与企业进行沟通，提醒企业加以改进，但无需在内部控制审计报告中说明。

（二）注册会计师认为非财务报告内部控制缺陷为重要缺陷的，应当以书面形式与企业董事会和经理层沟通，提醒企业加以改进，但无需在内部控制审计报告中说明。

（三）注册会计师认为非财务报告内部控制缺陷为重大缺陷的，应当以书面形式与企业董事会和经理层沟通，提醒企业加以改进；同时应当在内部控制审计报告中增加非财务报告内部控制重大缺陷描述段，对重大缺陷的性质及其对实现相关控制目标的影响程度进行披露，提示内部控制审计报告使用者注意相关风险。

第三十三条 在企业内部控制自我评价基准日并不存在，但在该基准日之后至审计报告日之前（以下简称期后期间）内部控制可能发生变化，或出现其他可能在内部控制产生重要影响的因素。注册会计师应当询问是否存在这类变化或影响因素，并获取企业关于这些情况的书面声明。

注册会计师知悉对企业内部控制自我评价基准日内部控制有效性有重大负面影响的期后事项的，应当对财务报告内部控制发表否定意见。

注册会计师不能确定期后事项对内部控制有效性的影响程度的，应当出具无法表示意见的内部控制审计报告。

第七章 记录审计工作

第三十四条 注册会计师应当按照《中国注册会计师审计准则第 1131 号——审计工作底稿》的规定，编制内部控制审计工作底稿，完整记录审计工作情况。

第三十五条 注册会计师应当在审计工作底稿中记录下列内容：

（一）内部控制审计计划及重大修改情况。

（二）相关风险评估和选择拟测试的内部控制的主要过程及结果。

（三）测试内部控制设计和运行有效性的程序及结果。

（四）对识别的控制缺陷的评价。

（五）形成的审计结论和意见。

（六）其他重要事项。

附录：

内部控制审计报告的参考格式

1. 标准内部控制审计报告

内部控制审计报告

××股份有限公司全体股东：

按照《企业内部控制审计指引》及中国注册会计师执业准则的相关要求，我们审计了××股份有限公司（以下简称××公司）××年×月×日的财务报告内部控制的有效性。

一、企业对内部控制的责任

按照《企业内部控制基本规范》、《企业内部控制应用指引》、《企业内部控制评价指引》的规定，建立健全和有效实施内部控制，并评价其有效性是企业董事会的责任。

二、注册会计师的责任

我们的责任是在实施审计工作的基础上，对财务报告内部控制的有效性发表审计意见，并对注意到的非财务报告内部控制的重大缺陷进行披露。

三、内部控制的固有局限性

内部控制具有固有局限性，存在不能防止和发现错报的可能性。此外，由于情况的变化可能导致内部控制变得不恰当，或对控制政策和程序遵循的程度降低，根据内部控制审计结果推测未来内部控制的有效性具有一定风险。

四、财务报告内部控制审计意见

我们认为，××公司按照《企业内部控制基本规范》和相关规定在所有重大方面保持了有效的财务报告内部控制。

五、非财务报告内部控制的重大缺陷

在内部控制审计过程中，我们注意到××公司的非财务报告内部控制存在重大缺陷[描述该缺陷的性质及其对实现相关控制目标的影响程度]。由于存在上述重大缺陷，我们提醒本报告使用者注意相关风险。需要指出的是，我们并不对××公司的非财务报告内部控制发表意见或提供保证。本段内容不影响对财务报告内部控制有效性发表的审计意见。

××会计师事务所　中国注册会计师：×××（签名并盖章）
（盖章）　中国注册会计师：×××（签名并盖章）
中国××市　××年×月×日

2. 带强调事项段的无保留意见内部控制审计报告

内部控制审计报告

××股份有限公司全体股东：

按照《企业内部控制审计指引》及中国注册会计师执业准则的相关要求，我们审计了××股份有限公司（以下简称××公司）××年×月×日的财务报告内部控制的有效性。

[“一、企业对内部控制的责任”至“五、非财务报表内部控制的重大缺陷”参见标准内部控制审计报告相关段落表述。]

六、强调事项

我们提醒内部控制审计报告使用者关注，（描述强调事项的性质及其对内部控制的重大影响）。本段内容不影响已对财务报告内部控制发表的审计意见。

××会计师事务所　中国注册会计师：×××（签名并盖章）
（盖章）　中国注册会计师：×××（签名并盖章）
中国××市　××年×月×日

3. 否定意见内部控制审计报告

内部控制审计报告

××股份有限公司全体股东：

按照《企业内部控制审计指引》及中国注册会计师执业准则的相关要求，我们审计了××股份有限公司（以下简称××公司）××年×月×日的财务报告内部控制的有效性。

[“一、企业对内部控制的责任”至“三、内部控制的固有局限性”参见标准内部控制审计报告相关段落表述。]

四、导致否定意见的事项

重大缺陷，是指一个或多个控制缺陷的组合，可能导致企业严重偏离控制目标。

[指出注册会计师已识别出的重大缺陷，并说明重大缺陷的性质及其对财务报告内部控制的影响程度。]

有效的内部控制能够为财务报告及相关信息的真实完整提供合理保证，而上述重大缺陷使××公司内部控制失去这一功能。

五、财务报告内部控制审计意见

我们认为，由于存在上述重大缺陷及其对实现控制目标的影响，××公司未能按照《企业内部控制基本规范》和相关规定在所有重大方面保持有效的财务报告内部控制。

六、非财务报告内部控制的重大缺陷

[参见标准内部控制审计报告相关段落表述。]

××会计师事务所　中国注册会计师:×××(签名并盖章)
（盖章）　中国注册会计师:×××(签名并盖章)
中国××市　××年×月×日

4. 无法表示意见内部控制审计报告

内部控制审计报告

××股份有限公司全体股东:

我们接受委托,对××股份有限公司(以下简称××公司)××年×月×日的财务报告内部控制进行审计。

[删除注册会计师的责任段,"一、企业对内部控制的责任"和"二、内部控制的固有局限性"参见标准内部控制审计报告相关段落表述。]

三、导致无法表示意见的事项

[描述审计范围受到限制的具体情况。]

四、财务报告内部控制审计意见

由于审计范围受到上述限制,我们未能实施必要的审计程序以获取发表意见所需的充分、适当证据,因此,我们无法对××公司财务报告内部控制的有效性发表意见。

五、识别的财务报告内部控制重大缺陷(如在审计范围受到限制前,执行有限程序未能识别出重大缺陷,则应删除本段)

重大缺陷,是指一个或多个控制缺陷的组合,可能导致企业严重偏离控制目标。

尽管我们无法对××公司财务报告内部控制的有效性发表意见,但在我们实施的有限程序的过程中,发现了以下重大缺陷:

[指出注册会计师已识别出的重大缺陷,并说明重大缺陷的性质及其对财务报告内部控制的影响程度。]

有效的内部控制能够为财务报告及相关信息的真实完整提供合理保证,而上述重大缺陷使××公司内部控制失去这一功能。

六、非财务报告内部控制的重大缺陷

[参见标准内部控制审计报告相关段落表述。]

××会计师事务所　中国注册会计师:×××(签名并盖章)
（盖章）　中国注册会计师:×××(签名并盖章)
中国××市　××年×月×日

六、境外上市公司

资料补充栏

国务院关于股份有限公司境外募集股份及上市的特别规定

1994年8月4日国务院令第160号公布施行

第一条　为适应股份有限公司境外募集股份及境外上市的需要，根据《中华人民共和国公司法》第八十五条、第一百五十五条，制定本规定。

第二条　股份有限公司经国务院证券委员会批准，可以向境外特定的、非特定的投资人募集股份，其股票可以在境外上市。

本规定所称境外上市，是指股份有限公司向境外投资人发行的股票，在境外公开的证券交易场所流通转让。

第三条　股份有限公司向境外投资人募集并在境外上市的股份（以下简称境外上市外资股），采取记名股票形式，以人民币标明面值的，以外币认购。

境外上市外资股在境外上市，可以采取境外存股证形式或者股票的其他派生形式。

第四条　国务院证券委员会或者其监督管理执行机构中国证券监督管理委员会，可以与境外证券监督管理机构达成谅解、协议，对股份有限公司向境外投资人募集股份并在境外上市及相关活动进行合作监督管理。

第五条　股份有限公司向境外投资人募集股份并在境外上市，应当按照国务院证券委员会的要求提出书面申请并附有关材料，报经国务院证券委员会批准。

第六条　国有企业或者国有资产占主导地位的企业按照国家有关规定改建为向境外投资人募集股份并在境外上市的股份有限公司，以发起方式设立的，发起人可以少于5人；该股份有限公司一经成立，即可以发行新股。

第七条　向境外投资人募集股份并在境外上市的股份有限公司（以下简称公司）向境内投资人发行的股份（以下简称内资股），采取记名股票形式。

第八条　经国务院证券委员会批准的公司发行境外上市外资股和内资股的计划，公司董事会可以作出分别发行的实施安排。公司依照前款规定分别发行境外上市外资股和内资股的计划，可以自国务院证券委员会批准之日起15个月内分别实施。

第九条　公司在发行计划确定的股份总数内，分别发行境外上市外资股和内资股的，应当分别一次募足；有特殊情况不能一次募足的，经国务院证券委员会批准，也可以分次发行。

第十条　公司发行计划确定的股份未募足的，不得在该发行计划外发行新股。公司需要调整发行计划的，由股东大会作出决议，经国务院授权的公司审批部门核准后，报国国务院证券委员会审批。

公司增资发行境外上市外资股与前一次发行股份的间隔期间，可以少于12个月。

第十一条　公司在发行计划确定的股份总数内发行境外上市外资股，经国务院证券委员会批准，可以与包销商在包销协议中约定，在包销数额之外预留不超过该次拟募集境外上市外资股数额15%的股份。预留股份的发行，视为该次发行的一部分。

第十二条　公司分别发行境外上市外资股和内资股的计划，应当在公司各次募集股份的招股说明材料中全面、详尽披露。对已经批准并披露的发行计划进行调整的，必须重新披露。

第十三条　国务院证券委员会会同国务院授权的公司审批部门，可以对公司章程必备条款作出规定。

公司章程应当载明公司章程必备条款所要求的内容；公司不得擅自修改或者删除公司章程中有关公司章程必备条款的内容。

第十四条　公司应当在公司章程载明公司的营业期限。公司的营业期限，可以为永久存续。

第十五条　公司章程对公司及其股东、董事、监事、经理和其他高级管理人员具有约束力。公司及其股东、董事、监事、经理和其他高级管理人员均可以依据公司章程主张权利，提出仲裁或者提起诉讼。

本条第一款、第二款所称其他高级管理人员包括公司财务负责人、董事会秘书和公司章程规定的其他人员。

第十六条　依法持有境外上市外资股、其姓名或者名称登记在公司的股东名册上的境外投资人，为公司的境外上市外资股股东。

境外上市外资股的权益拥有人可以依照境外上市外资股股东名册正本存放地或者境外上市地的法律规定，将其股份登记在股份的名义持有人名下。

境外上市外资股股东名册为证明境外上市外资股股东持有公司股份的充分证据；但是有相反证据的除外。

第十七条　依据本规定第四条所指的谅解、协议，公司可以将境外上市外资股股东名册正本存放在境外，委托境外代理机构管理；公司应当将境外代理机构制作的境外上市外资股股东名册的副本备置于公司的住所。受委托的境外代理机构应当随时保证境外上市外资股股东名册正本、副本的一致性。

第十八条　境外上市外资股股东名册正本的更正需要依

据司法裁定作出的,可以由名册正本存放地有管辖权的法院裁定。

第十九条 境外上市外资股股东遗失股票,申请补发的,可以依照境外上市外资股股东名册正本存放地的法律、证券交易场所规则或者其他有关规定处理。

第二十条 公司召开股东大会,应当于会议召开45日前发出书面通知,将会议拟审议的事项以及会议日期和地点告知所有在册股东。

拟出席股东大会的股东应当于会议召开20日前,将出席会议的书面回复送达公司。

书面通知和书面回复的具体形式由公司在公司章程中作出规定。

第二十一条 公司召开股东大会年会,持有公司有表决权的股份5%以上的股东有权以书面形式向公司提出新的提案,公司应当将提案中属于股东大会职责范围内的事项,列入该次会议的议程。

第二十二条 公司根据股东大会召开前20日时收到的书面回复,计算拟出席会议的股东所代表的有表决权的股份数。拟出席会议的股东所代表的有表决权的股份数达到公司有表决权的股份总数1/2的,公司可以召开股东大会;达不到的,公司应当于5日内将会议拟审的事项、会议日期和地点以公告形式再次通知股东,经公告通知,公司可以召开股东大会。

第二十三条 公司的董事、监事、经理和其他高级管理人员对公司负有诚信和勤勉的义务。

前款所列人员应当遵守公司章程,忠实履行职务,维护公司利益,不得利用在公司的地位和职权为自己谋取私利。

第二十四条 公司应当聘用符合国家有关规定的、独立的会计师事务所,审计公司的年度报告,并复核公司的其他财务报告。公司应当向其聘用的会计师事务所提供有关资料和答复询问。

公司聘用会计师事务所的聘期,自公司本次股东年会结束时起至下年股东年会结束时止。

第二十五条 公司解聘或者不再续聘会计师事务所,应当事先通知会计师事务所,会计师事务所有权向股东大会陈述意见。会计师事务所提出辞聘的,应当向股东大会说明公司有无不当情事。

第二十六条 公司聘用、解聘或者不再续聘会计师事务所由股东大会作出决定,并报中国证券监督管理委员会备案。

第二十七条 公司向境外上市外资股股东支付股利以及其他款项,以人民币计价和宣布,以外币支付。公司所筹集的外币资本金的结汇和公司向股东支付股利以及其他款项所需的外币,按照国家有关外汇管理的规定办理。

公司章程规定由其他机构代为兑换外币并付给股东的,可以依照公司章程的规定办理。

第二十八条 公司所编制的向境内和境外公布的信息披露文件,内容不得相互矛盾。分别依照境内、境外法律、法规、证券交易场所规则的规定,公司在境内、境外或者境外不同国家和地区披露的信息有差异的,应当将差异在有关的证券交易场所同时披露。

第二十九条 境外上市外资股股东与公司之间,境外上市外资股股东与公司董事、监事和经理之间,境外上市外资股股东与内资股股东之间发生的与公司章程规定的内容以及公司其他事务有关的争议,依照公司章程规定的解决方式处理。解决前款所述争议,适用中华人民共和国法律。

第三十条 本规定自发布之日起施行。

国务院关于进一步加强在境外发行股票和上市管理的通知

1. 1997年6月20日
2. 国发〔1997〕21号

各省、自治区、直辖市人民政府,国务院各部委、各直属机构:

1992年以来,国务院和国务院证券主管部门在一系列法规和文件中,对在境外发行股票和上市的有关政策作了明确规定。但最近一个时期,一些机构和企业违反规定,未经批准,擅自将境内资产以各种形式转移到境外上市,造成了不良影响。在境外发行股票和上市是一项政策性很强的工作,必须依照国家有关规定有组织、有步骤地进行。针对目前境外上市中存在的问题,为进一步加强管理,保证境外发行股票和上市工作有序进行,现将有关规定通知如下:

一、在境外注册、中资控股(包括中资为最大股东,下同)的境外上市公司(以下称境外中资控股上市公司),进行分拆上市、增发股份等活动,受当地证券监管机构监管,但其中资控股股东的境内股权持有单位应当事后将有关情况报中国证监会备案,并加强对股权的监督管理。

二、在境外注册的中资非上市公司和中资控股的上市公司,以其拥有的境外资产和由其境外资产在境内投资形成并实际拥有三年以上的境内资产,在境外申请发行股票和上市,依照当地法律进行,但其境内股权持有单位应当按照隶属关系事先征得省级人民政府或者国务院有关主管部门同意;其不满三年的境内资产,不得在境外申请发行股票和上市,如有特殊需要的,报中国证监会审核后,由国务院证券委审批。上市活动结束后,境内股权持有单位应当将有关情况报中国证监会备案。

三、凡将境内企业资产通过收购、换股、划转以及其他任何形式转移到境外中资非上市公司或者境外中资控股上市公司在境外上市,以及将境内资产通过先转移到境外中资非上市公司再注入境外中资控股上市公司在境外上市,境内企业或者中资控股股东的境内股权持有单位应按照隶属关系事先经省级人民政府或者国务院有关主管部门同意,并报中国证监会审核后,由国务院证券委按国家产业政策、国务院有关规定和年度总规模审批。

四、重申《国务院关于暂停收购境外企业和进一步加强境外投资管理的通知》(国发〔1993〕69 号)规定的精神,禁止境内机构和企业通过购买境外上市公司控股股权的方式,进行买壳上市。

五、对违反上述规定的,以擅自发行股票论处,对负有责任的主管部门领导,由有关部门给予行政处分;对当事单位的主管人员和直接责任人员由该单位上级主管部门给予撤职直至开除的处分;对构成犯罪的,移交司法机关依法追究刑事责任;对当事单位和有关中介机构及责任人员由中国证监会按照《股票发行与交易管理暂行条例》等有关规定,给以处罚。

各地方、各部门要严格执行本通知的规定,采取切实有效措施,监督所属企业认真遵守国家有关法规和政策。境内企业到境外证券市场融资应主要采取直接上市的方式,国务院证券委要继续指导好这项工作,选择符合国家产业政策和境外上市条件的国有企业到境外直接上市。

本通知自发布之日起施行。

国务院证券委员会关于批转证监会《关于境内企业到境外公开发行股票和上市存在的问题的报告》的通知

1. 1993 年 4 月 9 日

2. 证委发〔1993〕18 号

各省、自治区、直辖市人民政府,国务院各部委、各直属机构:

国务院证券委员会同意中国证券监督管理委员会《关于境内企业到境外公开发行股票和上市存在的问题的报告》。现将证监会报告转发给你们,请认真贯彻执行。

附件:关于境内企业到境外公开发行股票和上市存在的问题的报告

附件:

关于境内企业到境外公开发行股票和上市存在的问题的报告

国务院证券委:

最近一段时间,特别是国务院《关于进一步加强证券市场宏观管理的通知》(国发〔1992〕68 号文)公布以来,一些境内企业未经批准自行联系到境外发行股票和上市,一些单位和个人还组织研讨会,鼓动和引导企业通过在境外成立控股公司等途径,在境外发行股票和上市。我们认为,这些作法是违反国家规定的,应加以制止。

境内企业直接或者间接到境外发行股票和上市主要包括以下几种方式:

1. 境内企业直接到境外发行股票和上市(包括到境外公开发行 B 股的形式);

2. 境内企业利用境外设立的公司的名义在境外发行股票和上市;

3. 境内上市的公司到境外的交易所上市交易;

4. 境内上市的公司在境外发行存券证(DR)或者股票的其它派生形式。

境内企业到境外发行股票和上市,是一项政策性很强的工作。为了防止境内企业一哄而上到境外发行股票和上市,避免国有资产产权受到侵害,保护国家和投资者的利益,对境内企业到境外发行股票和上市,必须加强统一管理,按照国务院国发〔1992〕68 号文关于"选择若干家企业到海外公开发行股票和上市,必须在证券委统一安排下,并经证券委审批,各地各部门不得自行其是"的规定严格审批。

为此,建议再次重申:今后凡是企业采取上述方式到境外公开发行股票和上市,均应事先报证券委审批。证监会对获得批准到境外发行股票和上市的企业及其业务活动进行监管。

以上报告,如无不妥,请批转各地执行。

国务院证券委员会、国家经济体制改革委员会关于执行《到境外上市公司章程必备条款》的通知

1. 1994年8月27日
2. 证委发〔1994〕21号

各省、自治区、直辖市及计划单列市人民政府，国务院各部委、各直属机构：

为适应股份有限公司向境外募集股份和到境外上市的需要，规范到境外上市的股份有限公司的行为，国务院证券委、国家体改委根据《国务院关于股份有限公司境外募集股份及上市的特别规定》第十三条，制定了《到境外上市公司章程必备条款》（以下简称《必备条款》），现印发给你们，请遵照执行。

到境外上市的股份有限公司（以下简称"到境外上市公司"），应当在其公司章程中载明《必备条款》所要求的内容，并不得擅自修改或者删除《必备条款》的内容。到境外上市公司可以根据具体情况，在其公司章程中规定《必备条款》要求载明以外的、适合本公司实际需要的其他内容，也可以在不改变《必备条款》规定含意的前提下，对《必备条款》作文字和条文顺序的变动。《必备条款》中明确规定到香港上市的股份有限公司章程所应当载明的内容，无须载入到香港以外的其他地区或者国家上市的股份有限公司的公司章程。

《必备条款》自本通知印发之日起执行。在此之前已经获得批准的到境外上市公司的公司章程不符合《必备条款》规定要求的，有关公司应当在本通知发出后的第一次股东年会上，对其公司章程作出相应修改。

到境外上市公司章程必备条款

1. 1994年8月27日国务院证券委员会、国家经济体制改革委员会发布
2. 证委发〔1994〕21号

第一章　总　　则

第一条　本公司系依照《中华人民共和国公司法》（简称《公司法》）、《国务院关于股份有限公司境外募集股份及上市的特别规定》（简称《特别规定》）和国家其他有关法律、行政法规成立的股份有限公司。

公司经〔批准机关和批准文件名称〕批准，于〔设立日期〕，以发起方式〔或募集方式〕设立，于〔登记日期〕在〔公司登记机关所在地名〕工商行政管理局注册登记，取得公司营业执照。公司的营业执照号码为：〔号码数字〕

公司的发起人为：〔发起人全称〕

第二条　公司注册名称：〔中文全称〕
〔英文全称〕

第三条　公司住所：〔公司住所全称，邮政编码，电话、电传号码〕

第四条　公司的法定代表人是公司董事长。

第五条　公司的营业期限为〔年数〕年〔或公司为永久存续的股份有限公司〕。

第六条　公司章程自公司成立之日起生效。

自公司章程生效之日起，公司章程即成为规范公司的组织与行为、公司与股东之间、股东与股东之间权利义务的，具有法律约束力的文件。

第七条　公司章程对公司及其股东、董事、监事、经理和其他高级管理人员均有约束力；前述人员均可以依据公司章程提出与公司事宜有关的权利主张。

股东可以依据公司章程起诉公司；公司可以依据公司章程起诉股东；股东可以依据公司章程起诉股东；股东可以依据公司章程起诉公司的董事、监事、经理和其他高级管理人员。

前款所称起诉，包括向法院提起诉讼或者向仲裁机构申请仲裁。

第八条　公司可以向其他有限责任公司、股份有限公司投资，并以该出资额为限对所投资公司承担责任。

经国务院授权的公司审批部门批准，公司可以根据经营管理的需要，按照《公司法》第十二条第二款所述控股公司运作。

第二章　经营宗旨和范围

第九条　公司的经营宗旨是：〔宗旨内容〕。

第十条　公司的经营范围以公司登记机关核准的项目为准。

公司的主营范围包括〔公司登记机关核准的项目〕。

公司的兼营范围包括〔公司登记机关核准的项目〕。

第三章　股份和注册资本

第十一条　公司在任何时候均设置普通股；公司根据需要，经国务院授权的公司审批部门批准，可以设置其他种类的股份。

第十二条　公司发行的股票，均为有面值股票，每股面值人民币一元。

第十三条 经国务院证券主管机构批准，公司可以向境内投资人和境外投资人发行股票。

前款所称境外投资人是指认购公司发行股份的外国和香港、澳门、台湾地区的投资人；境内投资人是指认购公司发行股份的，除前述地区以外的中华人民共和国境内的投资人。

第十四条 公司向境内投资人发行的以人民币认购的股份，称为内资股。公司向境外投资人发行的以外币认购的股份，称为外资股。外资股在境外上市的，称为境外上市外资股。

第十五条 经国务院授权的公司审批部门批准，公司可以发行的普通股总数为〔股份数额〕股，成立时向发起人发行〔股份数额〕股，占公司可发行的普通股总数的百分之〔百分比数〕。

第十六条 公司成立后发行普通股〔股份数额〕股，包括不少于〔股份数额〕股，不超过〔股份数额〕股的境外上市外资股，占公司可发行的普通股总数的百分之〔百分比数〕，以及向社会公众发行的〔股份数额〕股的内资股。

公司的股本结构为：普通股〔股份数额〕股，其中发起人〔各发起人姓名或者名称〕持有〔股份数额〕股，其他内资股股东持有〔股份数额〕股，境外上市外资股股东持有〔股份数额〕股。

第十七条 经国务院证券主管机构批准的公司发行境外上市外资股和内资股的计划，公司董事会可以作出分别发行的实施安排。

公司依照前款规定分别发行境外上市外资股和内资股的计划，可以自国务院证券委员会批准之日起15个月内分别实施。

第十八条 公司在发行计划确定的股份总数内，分别发行境外上市外资股和内资股的，应当分别一次募足；有特殊情况不能一次募足的，经国务院证券委员会批准，也可以分次发行。

第十九条 公司的注册资本为人民币〔资本数额〕元。

第二十条 公司根据经营和发展的需要，可以按照公司章程的有关规定批准增加资本。

公司增加资本可以采取下列方式：

（一）向非特定投资人募集新股；

（二）向现有股东配售新股；

（三）向现有股东派送新股；

（四）法律、行政法规许可的其他方式。

公司增资发行新股，按照公司章程的规定批准后，根据国家有关法律、行政法规规定的程序办理。

第二十一条 除法律、行政法规另有规定外，公司股份可以自由转让，并不附带任何留置权。

第四章 减资和购回股份

第二十二条 根据公司章程的规定，公司可以减少其注册资本。

第二十三条 公司减少注册资本时，必须编制资产负债表及财产清单。

公司应当自作出减少注册资本决议之日起10日内通知债权人，并于30日内在报纸上至少公告3次。债权人自接到通知书之日起30日内，未接到通知书的自第一次公告之日起90日内，有权要求公司清偿债务或者提供相应的偿债担保。

公司减少资本后的注册资本，不得低于法定的最低限额。

第二十四条 公司在下列情况下，可以经公司章程规定的程序通过，报国家有关主管机构批准，购回其发行在外的股份：

（一）为减少公司资本而注销股份；

（二）与持有本公司股票的其他公司合并；

（三）法律、行政法规许可的其他情况。

第二十五条 公司经国家有关主管机构批准购回股份，可以下列方式之一进行：

（一）向全体股东按照相同比例发出购回要约；

（二）在证券交易所通过公开交易方式购回；

（三）在证券交易所外以协议方式购回。

第二十六条 公司在证券交易所外以协议方式购回股份时，应当事先经股东大会按公司章程的规定批准。经股东大会以同一方式事先批准，公司可以解除或者改变经前述方式已订立的合同，或者放弃其合同中的任何权利。

前款所称购回股份的合同，包括（但不限于）同意承担购回股份义务和取得购回股份权利的协议。

公司不得转让购回其股份的合同或者合同中规定的任何权利。

第二十七条 公司依法购回股份后，应当在法律、行政法规规定的期限内，注销该部分股份，并向原公司登记机关申请办理注册资本变更登记。

被注销股份的票面总值应当从公司的注册资本中核减。

第二十八条 到香港上市公司，应当将下列内容载入公司章程：

除非公司已经进入清算阶段，公司购回其发行在外的股份，应当遵守下列规定：

（一）公司以面值价格购回股份的，其款项应当从公司的可分配利润账面余额、为购回旧股而发行的新股所得中减除；

（二）公司以高于面值价格购回股份的，相当于面

值的部分从公司的可分配利润账面余额、为购回旧股而发行的新股所得中减除;高出面值的部分,按照下述办法办理:

(1)购回的股份是以面值价格发行的,从公司的可分配利润账面余额中减除;

(2)购回的股份是以高于面值的价格发行的,从公司的可分配利润账面余额、为购回旧股而发行的新股所得中减除;但是从发行新股所得中减除的金额,不得超过购回的旧股发行时所得的溢价总额,也不得超过购回时公司溢价账户〔或资本公积金账户〕上的金额(包括发行新股的溢价金额)。

(三)公司为下列用途所支付的款项,应当从公司的可分配利润中支出:

(1)取得购回其股份的购回权;

(2)变更购回其股份的合同;

(3)解除其在购回合同中的义务。

(四)被注销股份的票面总值根据有关规定从公司的注册资本中核减后,从可分配的利润中减除的用于购回股份面值部分的金额,应当计入公司的溢价账户〔或资本公积金账户〕中。

第五章 购回公司股份的财务资助

第二十九条 公司或者其子公司在任何时候均不应当以任何方式,对购买或者拟购买公司股份的人提供任何财务资助。前述购买公司股份的人,包括因购买公司股份而直接或者间接承担义务的人。

公司或者其子公司在任何时候均不应当以任何方式,为减少或者解除前述义务人的义务向其提供财务资助。

本条规定不适用于本章第三十一条所述的情形。

第三十条 本章所称财务资助,包括(但不限于)下列方式:

(一)馈赠;

(二)担保(包括由保证人承担责任或者提供财产以保证义务人履行义务)、补偿(但是不包括因公司本身的过错所引起的补偿)、解除或者放弃权利;

(三)提供贷款或者订立由公司先于他方履行义务的合同,以及该贷款、合同当事方的变更和该贷款、合同中权利的转让等;

(四)公司在无力偿还债务、没有净资产或者将会导致净资产大幅度减少的情形下,以任何其他方式提供的财务资助。

本章所称承担义务,包括义务人因订立合同或者作出安排(不论该合同或者安排是否可以强制执行,也不论是由其个人或者与任何其他人共同承担),或者以任何其他方式改变了其财务状况而承担的义务。

第三十一条 下列行为不视为本章第二十九条禁止的行为:

(一)公司提供的有关财务资助是诚实地为了公司利益,并且该项财务资助的主要目的不是为购买本公司股份,或者该项财务资助是公司某项总计划中附带的一部分;

(二)公司依法以其财产作为股利进行分配;

(三)以股份的形式分配股利;

(四)依据公司章程减少注册资本、购回股份、调整股权结构等;

(五)公司在其经营范围内,为其正常的业务活动提供贷款(但是不应当导致公司的净资产减少,或者即使构成了减少,但该项财务资助是从公司的可分配利润中支出的);

(六)公司为职工持股计划提供款项(但是不应当导致公司的净资产减少,或者即使构成了减少,但该项财务资助是从公司的可分配利润中支出的)。

第六章 股票和股东名册

第三十二条 公司股票采用记名式。

公司股票应当载明的事项,除《公司法》规定的外,还应当包括公司股票上市的证券交易所要求载明的其他事项。

第三十三条 股票由董事长签署。公司股票上市的证券交易所要求公司其他高级管理人员签署的,还应当由其他有关高级管理人员签署。股票经加盖公司印章或者以印刷形式加盖印章后生效。公司董事长或者其他有关高级管理人员在股票上的签字也可以采取印刷形式。

第三十四条 公司应当设立股东名册,登记以下事项:

(一)各股东的姓名(名称)、地址(住所)、职业或性质;

(二)各股东所持股份的类别及其数量;

(三)各股东所持股份已付或者应付的款项;

(四)各股东所持股份的编号;

(五)各股东登记为股东的日期;

(六)各股东终止为股东的日期。

股东名册为证明股东持有公司股份的充分证据;但是有相反证据的除外。

第三十五条 公司可以依据国务院证券主管机构与境外证券监管机构达成的谅解、协议,将境外上市外资股股东名册存放在境外,并委托境外代理机构管理。公司应当将境外上市外资股股东名册的副本备置于公司住所;受委托的境外代理机构应当随时保证境外上市外资股股东名册正、副本的一致性。

境外上市外资股股东名册正、副本的记载不一致时,以正本为准。

第三十六条　公司应当保存有完整的股东名册。

股东名册包括下列部分:

(一)存放在公司住所的、除本款(二)、(三)项规定以外的股东名册;

(二)存放在境外上市的证券交易所所在地的公司境外上市外资股股东名册;

(三)董事会为公司股票上市的需要而决定存放在其他地方的股东名册。

第三十七条　股东名册的各部分应当互不重叠。在股东名册某一部分注册的股份的转让,在该股份注册存续期间不得注册到股东名册的其他部分。

股东名册各部分的更改或者更正,应当根据股东名册各部分存放地的法律进行。

第三十八条　股东大会召开前30日内或者公司决定分配股利的基准日前5日内,不得进行因股份转让而发生的股东名册的变更登记。

第三十九条　公司召开股东大会、分配股利、清算及从事其他需要确认股权的行为时,应当由董事会决定某一日为股权确定日,股权确定日终止时,在册股东为公司股东。

第四十条　任何人对股东名册持有异议而要求将其姓名(名称)登记在股东名册上,或者要求将其姓名(名称)从股东名册中删除的,均可以向有管辖权的法院申请更正股东名册。

第四十一条　任何登记在股东名册上的股东或者任何要求将其姓名(名称)登记在股东名册上的人,如果其股票(即"原股票")遗失,可以向公司申请就该股份(即"有关股份")补发新股票。

内资股股东遗失股票,申请补发的,依照《公司法》第一百五十条的规定处理。

境外上市外资股股东遗失股票,申请补发的,可以依照境外上市外资股股东名册正本存放地的法律、证券交易场所规则或者其他有关规定处理。

到香港上市公司的境外上市外资股股东遗失股票申请补发的,其股票的补发应当符合下列要求:

(一)申请人应当用公司指定的标准格式提出申请并附上公证书或者法定声明文件。公证书或者法定声明文件的内容应当包括申请人申请的理由、股票遗失的情形及证据,以及无其他任何人可就有关股份要求登记为股东的声明。

(二)公司决定补发新股票之前,没有收到申请人以外的任何人对该股份要求登记为股东的声明。

(三)公司决定向申请人补发新股票,应当在董事会指定的报刊上刊登准备补发新股票的公告;公告期间为90日,每30日至少重复刊登一次。

(四)公司在刊登准备补发新股票的公告之前,应当向其挂牌上市的证券交易所提交一份拟刊登的公告副本,收到该证券交易所的回复,确认已在证券交易所内展示该公告后,即可刊登。公告在证券交易所内展示的期间为90日。

如果补发股票的申请未得到有关股份的登记在册股东的同意,公司应当将拟刊登的公告的复印件邮寄给该股东。

(五)本条(三)、(四)项所规定的公告、展示的90日期限届满,如公司未收到任何人对补发股票的异议,即可以根据申请人的申请补发新股票。

(六)公司根据本条规定补发新股票时,应当立即注销原股票,并将此注销和补发事项登记在股东名册上。

(七)公司为注销原股票和补发新股票的全部费用,均由申请人负担。在申请人未提供合理的担保之前,公司有权拒绝采取任何行动。

第四十二条　公司根据公司章程的规定补发新股票后,获得前述新股票的善意购买者或者其后登记为该股份的所有者的股东(如属善意购买者),其姓名(名称)均不得从股东名册中删除。

第四十三条　公司对于任何由于注销原股票或者补发新股票而受到损害的人均无赔偿义务,除非该当事人能证明公司有欺诈行为。

第七章　股东的权利和义务

第四十四条　公司股东为依法持有公司股份并且其姓名(名称)登记在股东名册上的人。

股东按其持有股份的种类和份额享有权利,承担义务;持有同一种类股份的股东,享有同等权利,承担同种义务。

第四十五条　公司普通股股东享有下列权利:

(一)依照其所持有的股份份额领取股利和其他形式的利益分配;

(二)参加或者委派股东代理人参加股东会议,并行使表决权;

(三)对公司的业务经营活动进行监督管理,提出建议或者质询;

(四)依照法律、行政法规及公司章程的规定转让股份;

(五)依照公司章程的规定获得有关信息,包括:

1. 在缴付成本费用后得到公司章程;

2. 在缴付了合理费用后有权查阅和复印:

(1)所有各部分股东的名册;

(2)公司董事、监事、经理和其他高级管理人员的个人资料,包括:

(a)现在及以前的姓名、别名;

(b)主要地址(住所);

(c)国籍;

(d)专职及其他全部兼职的职业、职务;

(e)身份证明文件及其号码。

(3)公司股本状况;

(4)自上一会计年度以来公司购回自己每一类别股份的票面总值、数值、最高价和最低价,以及公司为此支付的全部费用的报告;

(5)股东会议的会议记录。

(六)公司终止或者清算时,按其所持有的股份份额参加公司剩余财产的分配;

(七)法律、行政法规及公司章程所赋予的其他权利。

第四十六条 公司普通股股东承担下列义务:

(一)遵守公司章程;

(二)依其所认购股份和入股方式缴纳股金;

(三)法律、行政法规及公司章程规定应当承担的其他义务。

股东除了股份的认购人在认购时所同意的条件外,不承担其后追加任何股本的责任。

第四十七条 除法律、行政法规或者公司股份上市的证券交易所的上市规则所要求的义务外,控股股东在行使其股东的权力时,不得因行使其表决权在下列问题上作出有损于全体或者部分股东的利益的决定:

(一)免除董事、监事应当真诚地以公司最大利益为出发点行事的责任;

(二)批准董事、监事(为自己或者他人利益)以任何形式剥夺公司财产,包括(但不限于)任何对公司有利的机会;

(三)批准董事、监事(为自己或者他人利益)剥夺其他股东的个人权益,包括(但不限于)任何分配权、表决权,但不包括根据公司章程提交股东大会通过的公司改组。

第四十八条 前条所称控股股东是具备以下条件之一的人:

(一)该人单独或者与他人一致行动时,可以选出半数以上的董事;

(二)该人单独或者与他人一致行动时,可以行使公司30%以上(含30%)的表决权或者可以控制公司的30%以上(含30%)表决权的行使;

(三)该人单独或者与他人一致行动时,持有公司发行在外30%以上(含30%)的股份;

(四)该人单独或者与他人一致行动时,以其他方式在事实上控制公司。

第八章 股东大会

第四十九条 股东大会是公司的权力机构,依法行使职权。

第五十条 股东大会行使下列职权:

(一)决定公司的经营方针和投资计划;

(二)选举和更换董事,决定有关董事的报酬事项;

(三)选举和更换由股东代表出任的监事,决定有关监事的报酬事项;

(四)审议批准董事会的报告;

(五)审议批准监事会的报告;

(六)审议批准公司的年度财务预算方案、决算方案;

(七)审议批准公司的利润分配方案和弥补亏损方案;

(八)对公司增加或者减少注册资本作出决议;

(九)对公司合并、分立、解散和清算等事项作出决议;

(十)对公司发行债券作出决议;

(十一)对公司聘用、解聘或者不再续聘会计师事务所作出决议;

(十二)修改公司章程;

(十三)审议代表公司有表决权的股份5%以上(含5%)的股东的提案;

(十四)法律、行政法规及公司章程规定应当由股东大会作出决议的其他事项。

第五十一条 非经股东大会事前批准,公司不得与董事、监事、经理和其他高级管理人员以外的人订立将公司全部或者重要业务的管理交予该人负责的合同。

第五十二条 股东大会分为股东年会和临时股东大会。股东大会由董事会召集。股东年会每年召开一次,并应于上一会计年度完结之后的6个月之内举行。

有下列情形之一的,董事会应当在两个月内召开临时股东大会:

(一)董事人数不足《公司法》规定的人数或者少于公司章程要求的数额的2/3时;

(二)公司未弥补亏损达股本总额的1/3时;

(三)持有公司发行在外的有表决权的股份10%以上(含10%)的股东以书面形式要求召开临时股东

大会时；

（四）董事会认为必要或者监事会提出召开时。

第五十三条 公司召开股东大会，应当于会议召开45日前发出书面通知，将会议拟审议的事项以及开会的日期和地点告知所有在册股东。拟出席股东大会的股东，应当于会议召开20日前，将出席会议的书面回复送达公司。

第五十四条 公司召开股东大会年会，持有公司有表决权的股份总数5%以上（含5%）的股东，有权以书面形式向公司提出新的提案，公司应当将提案中属于股东大会职责范围内的事项，列入该次会议的议程。

第五十五条 公司根据股东大会召开前20日时收到的书面回复，计算拟出席会议的股东所代表的有表决权的股份数。拟出席会议的股东所代表的有表决权的股份数达到公司有表决权的股份总数1/2以上的，公司可以召开股东大会；达不到的，公司应当在5日内将会议拟审议的事项、开会日期和地点以公告形式再次通知股东，经公告通知，公司可以召开股东大会。

临时股东大会不得决定通知未载明的事项。

第五十六条 股东会议的通知应当符合下列要求：

（一）以书面形式作出；

（二）指定会议的地点、日期和时间；

（三）说明会议将讨论的事项；

（四）向股东提供为使股东对将讨论的事项作出明智决定所需要的资料及解释；此原则包括（但不限于）在公司提出合并、购回股份、股本重组或者其他改组时，应当提供拟议中的交易的具体条件和合同（如果有的话），并对其起因和后果作出认真的解释；

（五）如任何董事、监事、经理和其他高级管理人员与将讨论的事项有重要利害关系，应当披露其利害关系的性质和程度；如果将讨论的事项对该董事、监事、经理和其他高级管理人员作为股东的影响有别于对其他同类别股东的影响，则应当说明其区别；

（六）载有任何拟在会议上提议通过的特别决议的全文；

（七）以明显的文字说明，有权出席和表决的股东有权委任一位或者一位以上的股东代理人代为出席和表决，而该股东代理人不必为股东；

（八）载明会议投票代理委托书的送达时间和地点。

第五十七条 股东大会通知应当向股东（不论在股东大会上是否有表决权）以专人送出或者以邮资已付的邮件送出，受件人地址以股东名册登记的地址为准。对内资股股东，股东大会通知也可以用公告方式进行。

前款所称公告，应当于会议召开前45日至50日的期间内，在国务院证券主管机构指定的一家或者多家报刊上刊登，一经公告，视为所有内资股股东已收到有关股东会议的通知。

第五十八条 因意外遗漏未向某有权得到通知的人送出会议通知或者该等人没有收到会议通知，会议及会议作出的决议并不因此无效。

第五十九条 任何有权出席股东会议并有权表决的股东，有权委任一人或者数人（该人可以不是股东）作为其股东代理人，代为出席和表决。该股东代理人依照该股东的委托，可以行使下列权利：

（一）该股东在股东大会上的发言权；

（二）自行或者与他人共同要求以投票方式表决；

（三）以举手或者投票方式行使表决权，但是委任的股东代理人超过一人时，该等股东代理人只能以投票方式行使表决权。

第六十条 股东应当以书面形式委托代理人，由委托人签署或者由其以书面形式委托的代理人签署；委托人为法人的，应当加盖法人印章或者由其董事或者正式委任的代理人签署。

第六十一条 表决代理委托书至少应当在该委托书委托表决的有关会议召开前24小时，或者在指定表决时间前24小时，备置于公司住所或者召集会议的通知中指定的其他地方。委托书由委托人授权他人签署的，授权签署的授权书或者其他授权文件应当经过公证。经公证的授权书或者其他授权文件，应当和表决代理委托书同时备置于公司住所或者召集会议的通知中指定的其他地方。

委托人为法人的，其法定代表人或者董事会、其他决策机构决议授权的人作为代表出席公司的股东会议。

第六十二条 任何由公司董事会发给股东用于任命股东代理人的委托书的格式，应当让股东自由选择指示股东代理人投赞成票或者反对票，并就会议每项议题所要作出表决的事项分别作出指示。委托书应当注明如果股东不作指示，股东代理人可以按自己的意思表决。

第六十三条 表决前委托人已经去世、丧失行为能力、撤回委任、撤回签署委任的授权或者有关股份已被转让的，只要公司在有关会议开始前没有收到该等事项的书面通知，由股东代理人依委托书所作出的表决仍然有效。

第六十四条 股东大会决议分为普通决议和特别决议。

股东大会作出普通决议，应当由出席股东大会的股东（包括股东代理人）所持表决权的1/2以上通过。

股东大会作出特别决议，应当由出席股东大会的股东（包括股东代理人）所持表决权的2/3以上通过。

第六十五条 股东(包括股东代理人)在股东大会表决时,以其所代表的有表决权的股份数额行使表决权,每一股份有一票表决权。

第六十六条 除非下列人员在举手表决以前或者以后,要求以投票方式表决,股东大会以举手方式进行表决:

(一)会议主席;

(二)至少两名有表决权的股东或者有表决权的股东的代理人;

(三)单独或者合并计算持有在该会议上有表决权的股份10%以上(含10%)的一个或者若干股东(包括股东代理人)。

除非有人提出以投票方式表决,会议主席根据举手表决的结果,宣布提议通过情况,并将此记载在会议记录中,作为最终的依据,无须证明该会议通过的决议中支持或者反对的票数或者其比例。

以投票方式表决的要求可以由提出者撤回。

第六十七条 如果要求以投票方式表决的事项是选举主席或者中止会议,则应当立即进行投票表决;其他要求以投票方式表决的事项,由主席决定何时举行投票,会议可以继续进行,讨论其他事项,投票结果仍被视为在该会议上所通过的决议。

第六十八条 在投票表决时,有两票或者两票以上的表决权的股东(包括股东代理人),不必把所有表决权全部投赞成票或者反对票。

第六十九条 当反对和赞成票相等时,无论是举手还是投票表决,会议主席有权多投一票。

第七十条 下列事项由股东大会的普通决议通过:

(一)董事会和监事会的工作报告;

(二)董事会拟订的利润分配方案和亏损弥补方案;

(三)董事会和监事会成员的罢免及其报酬和支付方法;

(四)公司年度预、决算报告,资产负债表、利润表及其他财务报表;

(五)除法律、行政法规规定或者公司章程规定应当以特别决议通过以外的其他事项。

第七十一条 下列事项由股东大会以特别决议通过:

(一)公司增、减股本和发行任何种类股票、认股证和其他类似证券;

(二)发行公司债券;

(三)公司的分立、合并、解散和清算;

(四)公司章程的修改;

(五)股东大会以普通决议通过认为会对公司产生重大影响的、需要以特别决议通过的其他事项。

第七十二条 股东要求召集临时股东大会或者类别股东会议,应当按照下列程序办理:

(一)合计持有在该拟举行的会议上有表决权的股份10%以上(含10%)的两个或者两个以上的股东,可以签署一份或者数份同样格式内容的书面要求,提请董事会召集临时股东大会或者类别股东会议,并阐明会议的议题。董事会在收到前述书面要求后应当尽快召集临时股东大会或者类别股东会议。前述持股数按股东提出书面要求日计算。

(二)如果董事会在收到前述书面要求后30日内没有发出召集会议的通告,提出该要求的股东可以在董事会收到该要求后4个月内自行召集会议,召集的程序应当尽可能与董事会召集股东会议的程序相同。

股东因董事会未应前述要求举行会议而自行召集并举行会议的,其所发生的合理费用,应当由公司承担,并从公司欠付失职董事的款项中扣除。

第七十三条 股东大会由董事会召集并担任会议主席;董事长因故不能出席会议的,应当由副董事长召集会议并担任会议主席;董事长和副董事长均无法出席会议的,董事会可以指定一名公司董事代其召集会议并且担任会议主席;未指定会议主席的,出席会议的股东可以选举一人担任主席;如果因任何理由,股东无法选举主席,应当由出席会议的持有最多表决权股份的股东(包括股东代理人)担任会议主席。

第七十四条 会议主席负责决定股东大会的决议是否通过,其决定为终局决定,并应当在会上宣布和载入会议记录。

第七十五条 会议主席如果对提交表决的决议结果有任何怀疑,可以对所投票数进行点算;如果会议主席未进行点票,出席会议的股东或者股东代理人对会议主席宣布结果有异议的,有权在宣布后立即要求点票,会议主席应当即时进行点票。

第七十六条 股东大会如果进行点票,点票结果应当记入会议记录。

会议记录连同出席股东的签名簿及代理出席的委托书,应当在公司住所保存。

第七十七条 股东可以在公司办公时间免费查阅会议记录复印件。任何股东向公司索取有关会议记录的复印件,公司应当在收到合理费用后7日内把复印件送出。

第九章 类别股东表决的特别程序

第七十八条 持有不同种类股份的股东,为类别股东。

类别股东依据法律、行政法规和公司章程的规定,享有权利和承担义务。

第七十九条 公司拟变更或者废除类别股东的权利,应当经股东大会以特别决议通过和经受影响的类别股东在按第八十一条至第八十五条分别召集的股东会议上通过,方可进行。

第八十条 下列情形应当视为变更或者废除某类别股东的权利:

(一)增加或者减少该类别股份的数目,或者增加或减少与该类别股份享有同等或者更多的表决权、分配权、其他特权的类别股份的数目;

(二)将该类别股份的全部或者部分换作其他类别,或者将另一类别的股份的全部或者部分换作该类别股份或者授予该等转换权;

(三)取消或者减少该类别股份所具有的、取得已产生的股利或者累积股利的权利;

(四)减少或者取消该类别股份所具有的优先取得股利或者在公司清算中优先取得财产分配的权利;

(五)增加、取消或者减少该类别股份所具有的转换股份权、选择权、表决权、转让权、优先配售权、取得公司证券的权利;

(六)取消或者减少该类别股份所具有的,以特定货币收取公司应付款项的权利;

(七)设立与该类别股份享有同等或者更多表决权、分配权或者其他特权的新类别;

(八)对该类别股份的转让或所有权加以限制或者增加该等限制;

(九)发行该类别或者另一类别的股份认购权或者转换股份的权利;

(十)增加其他类别股份的权利和特权;

(十一)公司改组方案会构成不同类别股东在改组中不按比例地承担责任;

(十二)修改或者废除本章所规定的条款。

第八十一条 受影响的类别股东,无论原来在股东大会上是否有表决权,在涉及第八十条(二)至(八)、(十一)至(十二)项的事项时,在类别股东会上具有表决权,但有利害关系的股东在类别股东会上没有表决权。

前款所述有利害关系股东的含义如下:

(一)在公司按本章程第二十五条的规定向全体股东按照相同比例发出购回要约或者在证券交易所通过公开交易方式购回自己股份的情况下,"有利害关系的股东"是指本章程第四十八条所定义的控股股东;

(二)在公司按照本章程第二十五条的规定在证券交易所外以协议方式购回自己股份的情况下,"有利害关系的股东"是指与该协议有关的股东;

(三)在公司改组方案中,"有利害关系股东"是指以低于本类别其他股东的比例承担责任的股东或者与该类别中的其他股东拥有不同利益的股东。

第八十二条 类别股东会的决议,应当经根据第八十一条由出席类别股东会议的有表决权的2/3以上的股权表决通过,方可作出。

第八十三条 公司召开类别股东会议,应当于会议召开45日前发出书面通知,将会议拟审议的事项以及开会日期和地点告知所有该类别股份的在册股东。拟出席会议的股东,应当于会议召开20日前,将出席会议的书面回复送达公司。

拟出席会议的股东所代表的在该会议上有表决权的股份数,达到在该会议上有表决权的该类别股份总数1/2以上的,公司可以召开类别股东会议;达不到的,公司应当在5日内将会议拟审议的事项、开会日期和地点以公告形式再次通知股东,经公告通知,公司可以召开类别股东会议。

第八十四条 类别股东会议的通知只须送给有权在该会议上表决的股东。

类别股东会议应当以与股东大会尽可能相同的程序举行,公司章程中有关股东大会举行程序的条款适用于类别股东会议。

第八十五条 如果公司股票上市的证券交易所的规则有要求,公司章程应当载入"除其他类别股份股东外,内资股股东和境外上市外资股股东视为不同类别股东"的内容。

载有前款规定内容的公司章程,应当同时规定"下列情形不适用类别股东表决的特别程序:(一)经股东大会以特别决议批准,公司每间隔12个月单独或者同时发行内资股、境外上市外资股,并且拟发行的内资股、境外上市外资股的数量各自不超过该类已发行在外股份的20%的;(二)公司设立时发行内资股、境外上市外资股的计划,自国务院证券委员会批准之日起15个月内完成的。"

第十章 董 事 会

第八十六条 公司设董事会,董事会由〔人数〕名董事组成,设董事长一人,副董事长〔人数〕人,董事〔人数〕人。

第八十七条 董事由股东大会选举产生,任期〔年数〕年。董事任期届满,可以连选连任。

董事长、副董事长由全体董事的过半数选举和罢免,董事长、副董事长任期〔年数〕年,可以连选连任。

董事无须持有公司股份。

第八十八条 董事会对股东大会负责,行使下列职权:

(一)负责召集股东大会,并向股东大会报告工作;

(二)执行股东大会的决议;

(三)决定公司的经营计划和投资方案;

(四)制定公司的年度财务预算方案、决算方案;

(五)制定公司的利润分配方案和弥补亏损方案;

(六)制定公司增加或者减少注册资本的方案以及发行公司债券的方案;

(七)拟定公司合并、分立、解散的方案;

(八)决定公司内部管理机构的设置;

(九)聘任或者解聘公司经理,根据经理的提名,聘任或者解聘公司副经理、财务负责人,决定其报酬事项;

(十)制定公司的基本管理制度;

(十一)制订公司章程修改方案。

董事会作出前款决议事项,除第(六)、(七)、(十一)项必须由2/3以上的董事表决同意外,其余可以由半数以上的董事表决同意。

第八十九条 董事会在处置固定资产时,如拟处置固定资产的预期价值,与此项处置建议前4个月内已处置了的固定资产所得到的价值的总和,超过股东大会最近审议的资产负债表所显示的固定资产价值的33%,则董事会在未经股东大会批准前不得处置或者同意处置该固定资产。

本条所指对固定资产的处置,包括转让某些资产权益的行为,但不包括以固定资产提供担保的行为。

公司处置固定资产进行的交易的有效性,不因违反本条第一款而受影响。

第九十条 董事长行使下列职权:

(一)主持股东大会和召集、主持董事会会议;

(二)检查董事会决议的实施情况;

(三)签署公司发行的证券;

(四)董事会授予的其他职权。

董事长不能履行职权时,可以由董事长指定副董事长代行其职权。

第九十一条 董事会每年至少召开两次会议,由董事长召集,于会议召开〔日数〕日以前通知全体董事。有紧急事项时,经〔人数〕名以上董事或者公司经理提议,可以召开临时董事会会议。

第九十二条 董事会及临时董事会会议召开的通知方式为:〔具体通知方式〕;通知时限为:〔具体通知时限〕。

第九十三条 董事会会议应当由1/2以上的董事出席方可举行。

每名董事有一票表决权。董事会作出决议,必须经全体董事的过半数通过。

当反对票和赞成票相等时,董事长有权多投一票。

第九十四条 董事会会议,应当由董事本人出席。董事因故不能出席,可以书面委托其他董事代为出席董事会,委托书中应当载明授权范围。

代为出席会议的董事应当在授权范围内行使董事的权利。董事未出席某次董事会会议,亦未委托代表出席的,应当视作已放弃在该次会议上的投票权。

第九十五条 董事会应当对会议所议事项的决定作成会议记录,出席会议的董事和记录员应当在会议记录上签名。董事应当对董事会的决议承担责任。董事会的决议违反法律、行政法规或者公司章程,致使公司遭受严重损失的,参与决议的董事对公司负赔偿责任;但经证明在表决时曾表明异议并记载于会议记录的,该董事可以免除责任。

第十一章 公司董事会秘书

第九十六条 公司设董事会秘书。董事会秘书为公司的高级管理人员。

第九十七条 公司董事会秘书应当是具有必备的专业知识和经验的自然人,由董事会委任。其主要职责是:

(一)保证公司有完整的组织文件和记录;

(二)确保公司依法准备和递交有权机构所要求的报告和文件;

(三)保证公司的股东名册妥善设立,保证有权得到公司有关记录和文件的人及时得到有关记录和文件。

第九十八条 公司董事或者其他高级管理人员可以兼任公司董事会秘书。公司聘请的会计师事务所的会计师不得兼任公司董事会秘书。

当公司董事会秘书由董事兼任时,如某一行为应当由董事及公司董事会秘书分别作出,则该兼任董事及公司董事会秘书的人不得以双重身份作出。

第十二章 公司经理

第九十九条 公司设经理一名,由董事会聘任或者解聘。

第一百条 公司经理对董事会负责,行使下列职权:

(一)主持公司的生产经营管理工作,组织实施董事会决议;

(二)组织实施公司年度经营计划和投资方案;

(三)拟订公司内部管理机构设置方案;

(四)拟订公司的基本管理制度;

(五)制定公司的基本规章;

(六)提请聘任或者解聘公司副经理、财务负责人;

(七)聘任或者解聘除应由董事会聘任或者解聘以外的负责管理人员;

(八)公司章程和董事会授予的其他职权。

第一百零一条 公司经理列席董事会会议;非董事经理

在董事会会议上没有表决权。

第一百零二条 公司经理在行使职权时,应当根据法律、行政法规和公司章程的规定,履行诚信和勤勉的义务。

第十三章 监 事 会

第一百零三条 公司设监事会。

第一百零四条 监事会由〔人数〕人组成,其中一人出任监事会主席。监事任期〔年数〕年,可以连选连任。

第一百零五条 监事会成员由〔人数〕名股东代表和〔人数〕名公司职工代表组成。股东代表由股东大会选举和罢免,职工代表由公司职工民主选举和罢免。

第一百零六条 公司董事、经理和财务负责人不得兼任监事。

第一百零七条 监事会每年至少召开〔次数〕次会议,由监事会主席负责召集。

第一百零八条 监事会向股东大会负责,并依法行使下列职权:

(一)检查公司的财务;

(二)对公司董事、经理和其他高级管理人员执行公司职务时违反法律、行政法规或者公司章程的行为进行监督;

(三)当公司董事、经理和其他高级管理人员的行为损害公司的利益时,要求前述人员予以纠正;

(四)核对董事会拟提交股东大会的财务报告、营业报告和利润分配方案等财务资料,发现疑问的,可以公司名义委托注册会计师、执业审计师帮助复审;

(五)提议召开临时股东大会;

(六)代表公司与董事交涉或者对董事起诉;

(七)公司章程规定的其他职权。

监事列席董事会会议。

第一百零九条 监事会的议事方式为:〔具体议事方式〕;表决程序为:〔具体表决程序〕。

第一百一十条 监事会行使职权时聘请律师、注册会计师、执业审计师等专业人员所发生的合理费用,应当由公司承担。

第一百一十一条 监事应当依照法律、行政法规及公司章程的规定,忠实履行监督职责。

第十四章 公司董事、监事、经理和其他高级管理人员的资格和义务

第一百一十二条 有下列情况之一的,不得担任公司的董事、监事、经理或者其他高级管理人员:

(一)无民事行为能力或者限制民事行为能力;

(二)因犯有贪污、贿赂、侵占财产、挪用财产罪或者破坏社会经济秩序罪,被判处刑罚,执行期满未逾5年,或者因犯罪被剥夺政治权利,执行期满未逾5年;

(三)担任因经营管理不善破产清算的公司、企业的董事或者厂长、经理,并对该公司、企业的破产负有个人责任的,自该公司、企业破产清算完结之日起未逾3年;

(四)担任因违法被吊销营业执照的公事、企业的法定代表人,并负有个人责任的,自该公司、企业被吊销营业执照之日起未逾3年;

(五)个人所负数额较大的债务到期未清偿;

(六)因触犯刑法被司法机关立案调查,尚未结案;

(七)法律、行政法规规定不能担任企业领导;

(八)非自然人;

(九)被有关主管机构裁定违反有关证券法规的规定,且涉及有欺诈或者不诚实的行为,自该裁定之日起未逾5年。

第一百一十三条 公司董事、经理和其他高级管理人员代表公司的行为对善意第三人的有效性,不因其在任职、选举或者资格上有任何不合规行为而受影响。

第一百一十四条 除法律、行政法规或者公司股票上市的证券交易所的上市规则要求的义务外,公司董事、监事、经理和其他高级管理人员在行使公司赋予他们的职权时,还应当对每个股东负有下列义务:

(一)不得使公司超越其营业执照规定的营业范围;

(二)应当真诚地以公司最大利益为出发点行事;

(三)不得以任何形式剥夺公司财产,包括(但不限于)对公司有利的机会;

(四)不得剥夺股东的个人权益,包括(但不限于)分配权、表决权,但不包括根据公司章程提交股东大会通过的公司改组。

第一百一十五条 公司董事、监事、经理和其他高级管理人员都有责任在行使其权利或者履行其义务时,以一个合理的谨慎的人在相似情形下所应表现的谨慎、勤勉和技能为其所应为的行为。

第一百一十六条 公司董事、监事、经理和其他高级管理人员在履行职责时,必须遵守诚信原则,不应当置自己于自身的利益与承担的义务可能发生冲突的处境。此原则包括(但不限于)履行下列义务:

(一)真诚地以公司最大利益为出发点行事;

(二)在其职权范围内行使权力,不得越权;

(三)亲自行使所赋予他的酌量处理权,不得受他人操纵;非经法律、行政法规允许或者得到股东大会在知情的情况下的同意,不得将其酌量处理权转给他人行使;

(四)对同类别的股东应当平等,对不同类别的股东应当公平;

(五)除公司章程另有规定或者由股东大会在知情的情况下另有批准外,不得与公司订立合同、交易或者安排;

(六)未经股东大会在知情的情况下同意,不得以任何形式利用公司财产为自己谋取利益;

(七)不得利用职权收受贿赂或者其他非法收入,不得以任何形式侵占公司的财产,包括(但不限于)对公司有利的机会;

(八)未经股东大会在知情的情况下同意,不得接受与公司交易有关的佣金;

(九)遵守公司章程,忠实履行职责,维护公司利益,不得利用其在公司的地位和职权为自己谋取私利;

(十)未经股东大会在知情的情况下同意,不得以任何形式与公司竞争;

(十一)不得挪用公司资金或者将公司资金借贷给他人,不得将公司资产以其个人名义或者以其他名义开立账户存储,不得以公司资产为本公司的股东或者其他个人债务提供担保;

(十二)未经股东大会在知情的情况下同意,不得泄露其在任职期间所获得的涉及本公司的机密信息;除非以公司利益为目的,亦不得利用该信息;但是,在下列情况下,可以向法院或者其他政府主管机构披露该信息:

1. 法律有规定;

2. 公众利益有要求;

3. 该董事、监事、经理和其他高级管理人员本身的利益有要求。

第一百一十七条 公司董事、监事、经理和其他高级管理人员,不得指使下列人员或者机构("相关人")做出董事、监事、经理和其他高级管理人员不能做的事:

(一)公司董事、监事、经理和其他高级管理人员的配偶或者未成年子女;

(二)公司董事、监事、经理和其他高级管理人员或者本条(一)项所述人员的信托人;

(三)公司董事、监事、经理和其他高级管理人员或者本条(一)、(二)项所述人员的合伙人;

(四)由公司董事、监事、经理和其他高级管理人员在事实上单独控制的公司,或者与本条(一)、(二)、(三)项所提及的人员或者公司其他董事、监事、经理和其他高级管理人员在事实上共同控制的公司;

(五)本条(四)项所指被控制的公司的董事、监事、经理和其他高级管理人员。

第一百一十八条 公司董事、监事、经理和其他高级管理人员所负的诚信义务不一定因其任期结束而终止,其对公司商业秘密保密的义务在其任期结束后仍有效。其他义务的持续期应当根据公平的原则决定,取决于事件发生时与离任之间时间的长短,以及与公司的关系在何种情况和条件下结束。

第一百一十九条 公司董事、监事、经理和其他高级管理人员因违反某项具体义务所负的责任,可以由股东大会在知情的情况下解除,但是本章程第四十七条所规定的情形除外。

第一百二十条 公司董事、监事、经理和其他高级管理人员,直接或者间接与公司已订立的或者计划中的合同、交易、安排有重要利害关系时(公司与董事、监事、经理和其他高级管理人员的聘任合同除外),不论有关事项在正常情况下是否需要董事会批准同意,均应当尽快向董事会披露其利害关系的性质和程度。

除非有利害关系的公司董事、监事、经理和其他高级管理人员按照本条前款的要求向董事会做了披露,并且董事会在不将其计入法定人数,亦未参加表决的会议上批准了该事项,公司有权撤销该合同、交易或者安排,但在对方是对有关董事、监事、经理和其他高级管理人员违反其义务的行为不知情的善意当事人的情形下除外。

公司董事、监事、经理和其他高级管理人员的相关人与某合同、交易、安排有利害关系的,有关董事、监事、经理和其他高级管理人员也应被视为有利害关系。

第一百二十一条 如果公司董事、监事、经理和其他高级管理人员在公司首次考虑订立有关合同、交易、安排前以书面形式通知董事会,声明由于通知所列的内容,公司日后达成的合同、交易、安排与其有利害关系,则在通知阐明的范围内,有关董事、监事、经理和其他高级管理人员视为做了本章前条所规定的披露。

第一百二十二条 公司不得以任何方式为其董事、监事、经理和其他高级管理人员缴纳税款。

第一百二十三条 公司不得直接或者间接向本公司和其母公司的董事、监事、经理和其他高级管理人员提供贷款、贷款担保;亦不得向前述人员的相关人提供贷款、贷款担保。

前款规定不适用于下列情形:

(一)公司向其子公司提供贷款或者为子公司提供贷款担保;

(二)公司根据经股东大会批准的聘任合同,向公司的董事、监事、经理和其他高级管理人员提供贷款、贷款担保或者其他款项,使之支付为了公司目的或者为了履行其公司职责所发生的费用;

(三)如公司的正常业务范围包括提供贷款、贷款担保，公司可以向有关董事、监事、经理和其他高级管理人员及其相关人提供贷款、贷款担保，但提供贷款、贷款担保的条件应当是正常商务条件。

第一百二十四条　公司违反前条规定提供贷款的，不论其贷款条件如何，收到款项的人应当立即偿还。

第一百二十五条　公司违反第一百二十三条第一款的规定所提供的贷款担保，不得强制公司执行；但下列情况除外：

（一）向公司或者其母公司的董事、监事、经理和其他高级管理人员的相关人提供贷款时，提供贷款人不知情的；

（二）公司提供的担保物已由提供贷款人合法地售予善意购买者的。

第一百二十六条　本章前述条款中所称担保，包括由保证人承担责任或者提供财产以保证义务人履行义务的行为。

第一百二十七条　公司董事、监事、经理和其他高级管理人员违反对公司所负的义务时，除法律、行政法规规定的各种权利、补救措施外，公司有权采取以下措施：

（一）要求有关董事、监事、经理和其他高级管理人员赔偿由于其失职给公司造成的损失；

（二）撤销任何由公司与有关董事、监事、经理和其他高级管理人员订立的合同或者交易，以及由公司与第三人（当第三人明知或者理应知道代表公司的董事、监事、经理和其他高级管理人员违反了对公司应负的义务）订立的合同或者交易；

（三）要求有关董事、监事、经理和其他高级管理人员交出因违反义务而获得的收益；

（四）追回有关董事、监事、经理和其他高级管理人员收受的本应为公司所收取的款项，包括（但不限于）佣金；

（五）要求有关董事、监事、经理和其他高级管理人员退还因本应交予公司的款项所赚取的、或者可能赚取的利息。

第一百二十八条　公司应当就报酬事项与公司董事、监事订立书面合同，并经股东大会事先批准。前述报酬事项包括：

（一）作为公司的董事、监事或者高级管理人员的报酬；

（二）作为公司的子公司的董事、监事或者高级管理人员的报酬；

（三）为公司及其子公司的管理提供其他服务的报酬；

（四）该董事或者监事因失去职位或者退休所获补偿的款项。

除按前述合同外，董事、监事不得因前述事项为其应获取的利益向公司提出诉讼。

第一百二十九条　公司在与公司董事、监事订立的有关报酬事项的合同中应当规定，当公司将被收购时，公司董事、监事在股东大会事先批准的条件下，有权取得因失去职位或者退休而获得的补偿或者其他款项。前款所称公司被收购是指下列情况之一：

（一）任何人向全体股东提出收购要约；

（二）任何人提出收购要约，旨在使要约人成为控股股东。控股股东的定义与本章程第四十八条中的定义相同。

如果有关董事、监事不遵守本条规定，其收到的任何款项，应当归那些由于接受前述要约而将其股份出售的人所有，该董事、监事应当承担因按比例分发该等款项所产生的费用，该费用不得从该等款项中扣除。

第十五章　财务会计制度与利润分配

第一百三十条　公司依照法律、行政法规和国务院财政主管部门制定的中国会计准则的规定，制定本公司的财务会计制度。

第一百三十一条　公司应当在每一会计年度终了时制作财务报告，并依法经审查验证。

第一百三十二条　公司董事会应当在每次股东年会上，向股东呈交有关法律、行政法规、地方政府及主管部门颁布的规范性文件所规定由公司准备的财务报告。

第一百三十三条　公司的财务报告应当在召开股东大会年会的20日以前备置于本公司，供股东查阅。公司的每个股东都有权得到本章中所提及的财务报告。

到香港上市的公司至少应当将前述报告以邮资已付的邮件寄给每个境外上市外资股股东，收件人地址以股东的名册登记的地址为准。

第一百三十四条　公司的财务报表除应当按中国会计准则及法规编制外，还应当按国际或者境外上市地会计准则编制。如按两种会计准则编制的财务报表有重要出入，应当在财务报表附注中加以注明。公司在分配有关会计年度的税后利润时，以前述两种财务报表中税后利润数较少者为准。

第一百三十五条　公司公布或者披露的中期业绩或者财务资料应当按中国会计准则及法规编制，同时按国际或者境外上市地会计准则编制。

第一百三十六条　公司每一会计年度公布两次财务报告，即在一会计年度的前6个月结束后的60天内公布中期财务报告，会计年度结束后的120天内公布年度财务报告。

第一百三十七条　公司除法定的会计账册外,不得另立会计账册。

第一百三十八条　资本公积金包括下列款项:

(一)超过股票面额发行所得的溢价款;

(二)国务院财政主管部门规定列入资本公积金的其他收入。

第一百三十九条　公司可以下列形式分配股利:

(一)现金;

(二)股票。

第一百四十条　公司应当为持有境外上市外资股股份的股东委任收款代理人。收款代理人应当代有关股东收取公司就境外上市外资股股份分配的股利及其他应付的款项。

公司委任的收款代理人应当符合上市地法律或者证券交易所有关规定的要求。

第十六章　会计师事务所的聘任

第一百四十一条　公司应当聘用符合国家有关规定的、独立的会计师事务所,审计公司的年度财务报告,并审核公司的其他财务报告。

公司的首任会计师事务所可以由创立大会在首次股东年会前聘任,该会计师事务所的任期在首次股东年会结束时终止。

创立大会不行使前款规定的职权时,由董事会行使该职权。

第一百四十二条　公司聘用会计师事务所的聘期,自公司本次股东年会结束时起至下次股东年会结束时为止。

第一百四十三条　经公司聘用的会计师事务所享有下列权利:

(一)随时查阅公司的账簿、记录或者凭证,并有权要求公司的董事、经理或者其他高级管理人员提供有关资料和说明;

(二)要求公司采取一切合理措施,从其子公司取得该会计师事务所为履行职务而必需的资料和说明;

(三)出席股东会议,得到任何股东有权收到的会议通知或者与会议有关的其他信息,在任何股东会议上就涉及其作为公司的会计师事务所的事宜发言。

第一百四十四条　如果会计师事务所职位出现空缺,董事会在股东大会召开前,可以委任会计师事务所填补该空缺。但在空缺持续期间,公司如有其他在任的会计师事务所,该等会计师事务所仍可行事。

第一百四十五条　不论会计师事务所与公司订立的合同条款如何规定,股东大会可以在任何会计师事务所任期届满前,通过普通决议决定将该会计师事务所解聘。有关会计师事务所如有因被解聘而向公司索偿的权利,有关权利不因此而受影响。

第一百四十六条　会计师事务所的报酬或者确定报酬的方式由股东大会决定。由董事会聘任的会计师事务所的报酬由董事会确定。

第一百四十七条　公司聘用、解聘或者不再续聘会计师事务所由股东大会作出决定,并报国务院证券主管机构备案。

第一百四十八条　公司解聘或者不再续聘会计师事务所,应当事先通知会计师事务所,会计师事务所有权向股东大会陈述意见。会计师事务所提出辞聘的,应当向股东大会说明公司有无不当情事。

第十七章　公司的合并与分立

第一百四十九条　公司合并或者分立,应当由公司董事会提出方案,按公司章程规定的程序通过后,依法办理有关审批手续。反对公司合并、分立方案的股东,有权要求公司或者同意公司合并、分立方案的股东,以公平价格购买其股份。公司合并、分立决议的内容应当作成专门文件,供股东查阅。

对到香港上市公司的境外上市外资股股东,前述文件还应当以邮件方式送达。

第一百五十条　公司合并可以采取吸收合并和新设合并两种形式。

公司合并,应当由合并各方签订合并协议,并编制资产负债表及财产清单。公司应当自作出合并决议之日起 10 日内通知债权人,并于 30 日内在报纸上至少公告 3 次。

公司合并后,合并各方的债权、债务,由合并后存续的公司或者新设的公司承继。

第一百五十一条　公司分立,其财产应当作相应的分割。

公司分立,应当由分立各方签订分立协议,并编制资产负债表及财产清单。公司应当自作出分立决议之日起 10 日内通知债权人,并于 30 日内在报纸上至少公告 3 次。

公司分立前的债务按所达成的协议由分立后的公司承担。

第一百五十二条　公司合并或者分立,登记事项发生变更的,应当依法向公司登记机关办理变更登记;公司解散的,依法办理公司注销登记;设立新公司的,依法办理公司设立登记。

第十八章　公司解散的清算

第一百五十三条　公司有下列情形之一的,应当解散并依法进行清算:

(一)营业期限届满;

（二）股东大会决议解散；

（三）因公司合并或者分立需要解散；

（四）公司因不能清偿到期债务被依法宣告破产；

（五）公司违反法律、行政法规被依法责令关闭。

第一百五十四条 公司因前条（一）、（二）项规定解散的，应当在15日之内成立清算组，并由股东大会以普通决议的方式确定其人选。

公司因前条（四）项规定解散的，由人民法院依照有关法律的规定，组织股东、有关机关及有关专业人员成立清算组，进行清算。

公司因前条（五）项规定解散的，由有关主管机关组织股东、有关机关及有关专业人员成立清算组，进行清算。

第一百五十五条 如董事会决定公司进行清算（因公司宣告破产而清算的除外），应当在为此召集的股东大会的通知中，声明董事会对公司的状况已经做了全面的调查，并认为公司可以在清算开始后12个月内全部清偿公司债务。

股东大会进行清算的决议通过之后，公司董事会的职权立即终止。

清算组应当遵循股东大会的指示，每年至少向股东大会报告一次清算组的收入和支出，公司的业务和清算的进展，并在清算结束时向股东大会作最后报告。

第一百五十六条 清算组应当自成立之日起10日内通知债权人，并于60日内在报纸上至少公告3次。清算组应当对债权进行登记。

第一百五十七条 清算组在清算期间行使下列职权：

（一）清理公司财产，分别编制资产负债表和财产清单；

（二）通知或者公告债权人；

（三）处理与清算有关的公司未了结的业务；

（四）清缴所欠税款；

（五）清理债权、债务；

（六）处理公司清偿债务后的剩余财产；

（七）代表公司参与民事诉讼活动。

第一百五十八条 清算组在清理公司财产、编制资产负债表和财产清单后，应当制定清算方案，并报股东大会或者有关主管机关确认。

公司财产按下列顺序清偿：〔清偿顺序〕。

公司财产按前款规定清偿后的剩余财产，由公司股东按其持有股份的种类和比例进行分配。

清算期间，公司不得开展新的经营活动。

第一百五十九条 因公司解散而清算，清算组在清理公司财产、编制资产负债表和财产清单后，发现公司财产不足清偿债务的，应当立即向人民法院申请宣告破产。

公司经人民法院裁定宣告破产后，清算组应当制作清算事务移交给人民法院。

第一百六十条 公司清算结束后，清算组应当制作清算报告以及清算期内收支报表和财务账册，经中国注册会计师验证后，报股东大会或者有关主管机关确认。

清算组应当自股东大会或者有关主管机关确认之日起30日内，将前述文件报送公司登记机关，申请注销公司登记，公告公司终止。

第十九章 公司章程的修订程序

第一百六十一条 公司根据法律、行政法规及公司章程的规定，可以修改公司章程。

第一百六十二条 公司章程的修改，涉及《到境外上市公司章程必备条款》（简称《必备条款》）内容的，经国务院授权的公司审批部门和国务院证券委员会批准后生效；涉及公司登记事项的，应当依法办理变更登记。

第二十章 争议的解决

第一百六十三条 凡境外上市外资股股东与公司之间，境外上市外资股股东与公司董事、监事、经理或者其他高级管理人员之间，境外上市外资股股东与内资股股东之间，基于公司章程及有关法律、行政法规所规定的权利义务发生的与公司事务有关的争议或者权利主张，国务院证券主管机构未就争议解决方式与境外有关证券监管机构达成谅解、协议的，有关当事人可以依照法律、行政法规规定的方式解决，也可以双方协议确定的方式解决。

到香港上市的公司，应当将下列内容载入公司章程：

（一）凡境外上市外资股股东与公司之间，境外上市外资股股东与公司董事、监事、经理或者其他高级管理人员之间，境外上市外资股股东与同资股股东之间，基于公司章程、《公司法》及其他有关法律、行政法规所规定的权利义务发生的与公司事务有关的争议或者权利主张，有关当事人应当将此类争议或者权利主张提交仲裁解决。

前述争议或者权利主张提交仲裁时，应当是全部权利主张或者争议整体；所有由于同一事由有诉因的人或者该争议或权利主张的解决需要其参与的人，如果其身份为公司或公司股东、董事、监事、经理或者其他高级管理人员，应当服从仲裁。

有关股东界定、股东名册的争议，可以不用仲裁方式解决。

（二）申请仲裁者可以选择中国国际经济贸易仲裁委员会按其仲裁规则进行仲裁，也可以选择香港国际仲裁中心按其证券仲裁规则进行仲裁。申请仲裁者将争议或者权利主张提交仲裁后,对方必须在申请者选择的仲裁机构进行仲裁。

如申请仲裁者选择香港国际仲裁中心进行仲裁,则任何一方可以按香港国际仲裁中心的证券仲裁规则的规定请求该仲裁在深圳进行。

(三)以仲裁方式解决因(一)项所述争议或者权利主张,适用中华人民共和国的法律;但法律、行政法规另有规定的除外。

(四)仲裁机构作出的裁决是终局裁决,对各方均具有约束力。

第二十一章　附　则

第一百六十四条　《必备条款》中明确规定到香港上市的股份有限公司章程所应当载明的内容,无须载入到香港以外的其他地区或者国家上市的股份有限公司的章程。

第一百六十五条　对于到香港上市的公司,《必备条款》中所称会计师事务所的含义与"核数师"相同。

第一百六十六条　《必备条款》中,以"〔　〕"标示的内容,由公司按照实际情况填入;以"(　)"标示的内容,必须载入公司章程。

中国证券监督管理委员会关于落实国务院《关于进一步加强在境外发行股票和上市管理的通知》若干问题的通知

1. 1998年2月27日
2. 证监〔1998〕5号

各省、自治区、直辖市、计划单列市证管办(证监会),国务院有关部委及直属机构办公厅:

1997年6月20日国务院发布了《关于进一步加强在境外发行股票和上市管理的通知》(以下简称《通知》),进一步明确并重申了我国对在境外发行股票和上市管理的有关政策。为了贯彻落实《通知》精神,现将监管工作中的有关问题进一步明确如下:

一、对境外中资控股上市公司进行一次普查建档工作。近期我会将对境外中资控股上市公司进行一次摸底调查,请你们接到本通知后,责成有关境内股权持有单位,在1998年3月31日前,将所属境外中资控股上市公司的基本情况补报中国证监会。补报材料的内容要求参见附件一。

二、对按《通知》规定属于事后报中国证监会备案的境外间接上市或注资,各地区、各部门应严格审批。依据《通知》第一条及第二条前款规定,属于事先由国内股权持有单位按照隶属关系征求省级人民政府和国务院有关主管部门同意、事后报中国证监会备案的境外间接上市或注资,各地区、各部门应严格审批,注意防止违规及越权或变相越权审批,并督促有关境内股权持有单位在上市或注资活动完成后及时向中国证监会备案。具体要求是:上市或注资活动完成后3个工作日内将简要情况及有关公告传真至中国证监会国际业务部,15个工作日内将有关备案材料报送中国证监会备案。备案材料的内容要求参见附件二。

上市筹集资金使用如属于《通知》第三条规定的情况,涉及将境内资产向境外转移的,应事先经中国证监会审核后报国务院证券委审批。

三、由中国证监会审核并经国务院证券委批准上市或注资的境外中资控股上市公司,上市或注资活动完成后15个工作日内,其国内股权持有单位应将发行上市或注资的有关情况报国务院证券委和中国证监会。报送材料的内容要求参见附件三。

四、各地区、各部门不得以政府名义就有关企业境外上市向境内、境外机构出具承诺函或类似函件。有特殊情况的,应事先征求中国证监会意见。

五、严禁中方驻外人员利用内幕消息在境外股市违法、违规牟利。境外中资控股上市公司应遵守上市地的有关法律法规,规范运作,严禁中方驻外人员进行内幕交易;凡涉及境内的资产经营和业务活动,应遵守境内的有关法律法规。各地区、各部门应采取切实有效的保密措施,防止内幕消息泄露,严禁境内参与决策人员将内幕消息透露给境外第三方进行内幕交易;有关部门应按照国家有关法规对泄露内幕消息及进行内幕交易的驻外人员严加惩处。

六、境外中资控股上市公司股权结构若发生重大变动,对中资控股地位有影响的,其境内股权持有单位应在事后按本通知第二条规定的时间要求将有关情况报中国证监会备案。

七、各地区、各部门应督促有关境内股权持有单位将所属境外中资控股上市公司每年的年报在其公布后15个工作日内报送中国证监会备案。

附件:一、已上市境外中资控股上市公司补报材料内容要求
二、境外中资控股上市公司上市或注资事后备案材料内容要求
三、境外中资控股上市公司发行上市或注资总结材料内容要求

附件一：

已上市境外中资控股上市公司
补报材料内容要求

一、国内股权持有单位报告

二、公司发行上市及注资等活动的有关法律文件

1. 公司境外发行上市申请及地方政府或国务院主管部门的批复；

2. 外经贸部同意公司设立的批复、公司的注册证书、公司章程；

3. 境内律师出具的法律意见书；

4. 政府部门有关公司发行上市向境内、境外机构所作的承诺函或其他类似文件（如有）；

5. 若属买壳或分拆上市，应报送有关收购或分拆的申请及批复；

6. 省级人民政府或国务院有关主管部门、境内股权持有单位关于境外中资机构股权管理的规定；

7. 历次注资的申请和批复情况，涉及境内资产转移的有关审批文件。

三、公开披露材料

包括公司的招股书（若属买壳上市，请报送有关收购公告），历次注资、扩股、分拆上市的有关公告，公司历年年报等。

四、境外中资控股上市公司补报情况统计表1

五、要求

以上材料需在1998年3月31日以前报送中国证监会，所有材料应采用A4纸张装订成册，一式2份。

附件二：

境外中资控股上市公司上市或
注资事后备案材料内容要求

一、国内股权持有单位报告

包括：上市公司的演变和重组；上市（或注资）主要资产；上市（或注资）所涉及境内资产的投资时间和方式、股权变动情况，境内资产转移存在的问题和解决的办法，境内资产评估情况等。

二、公司发行上市（或注资）有关法律文件

1. 公司在境外发行股票及上市（或注资）的申请及地方政府或国务院有关主管部门的批复；

2. 外经贸部的有关批复、公司的注册证书、公司章程；

3. 境内律师出具的法律意见书；

4. 政府部门有关公司发行上市向境内、境外机构所作的承诺函或其他文件（如有）；

5. 发行上市（注资）所涉及境内资产有关的外商投资审批文件。

三、公开披露的材料

1. 招股说明书（或有关注资的公告）（2套）

2. 有关投资银行所做的公司研究报告（2套）

3. 募股碑铭（Tomestone，2块）

四、境外中资控股上市公司上市（注资）备案情况统计表2

五、要求

1. 以上备案材料需在上市或注资活动完成后15个工作日内报送中国证监会，所有材料需采用A4纸张装订成册，一式2份。

2. 在上市或注资活动完成后3个工作日内需将以下材料传真快报中国证监会国际业务部：发行上市（注资）简介，包括：发行量、公司股本结构、发行价（收购价）、市盈率、筹资量等；发行上市（或注资）的有关公告。

附件三：

境外中资控股上市公司发行上市
或注资总结材料内容要求

一、发行上市（或注资）工作总结

包括：公司演变与重组、公司股本结构（注资后股本变动）、主要业务及筹资用途、发行推介情况、股票上市后（注资后）的交易情况、公司认为需要说明的其他情况。

二、境外中资控股上市公司总结情况统计表3

三、公开披露材料

1. 招股说明书（5套）（或注资有关公告）

2. 有关投资银行所做的公司研究报告（2套）

3. 募股碑铭（Tomestone，2块）

四、要求

以上材料需在上市或注资活动完成后15个工作日内报送国务院证券委和中国证监会，所有材料应采用A4纸张装订成册，一式2份。

中国证券监督管理委员会关于境外上市公司进一步做好信息披露工作的若干意见

1. 1999年3月26日
2. 证监发[1999]18号

为了规范境外上市公司(以下简称“公司”)信息披露行为,进一步增加公司透明度,切实保护投资者利益及公司的长远利益,树立公司在国际资本市场的良好形象,现就境外上市公司进一步做好信息披露工作问题提出以下意见:

一、要严格按照境内及境外上市地的要求履行信息披露义务

公司全体董事承担诚信义务,须熟悉境内外上市法规,努力增加公司透明度,取得投资者的信任。为此,必须严格履行所签订《上市协议》、《董事的声明及承诺》等的义务及境内外上市法规、规则的相关责任,切实搞好信息披露,保证公司发布的信息没有虚假、严重误导性陈述或重大遗漏,并对此承担相应的法律责任。公司要向聘请的境内外会计师事务所、律师事务所、资产评估公司等中介机构提供全面、及时、准确的资料,上述机构也要做好尽职调查,对其出具文件和内容没有虚假、严重误导性陈述或者重大遗漏承担相应的法律责任。公司与有关中介机构在发行上市和上市后持续经营过程中应严格执行所签定的协议。公司董事及上述相关人士有责任不断推动公司改进信息披露工作,提高信息披露质量。

二、要重视对重大事件及关联交易的信息披露

公司发生重大事件,或发生上市地法规及上市规则要求公布的事件(如香港联交所《上市规则》所涉及的五类“须予公布的交易”以及会影响证券价格的资料),要做到全面、及时、准确地进行信息披露,并同时报中国证监会备案。上述重大事件至少应包括以下内容:(1)公司签署包括进行收购或变卖重要资产等方面内容的重要合约;(2)公司发生重大经营性或者非经营性亏损;(3)公司资产遭受重大损失;(4)涉及公司的重大诉讼事项;(5)公司通过发行债券等进行的融资活动;(6)公司用营运资产、股权进行抵押的活动;(7)公司发生的重大关联交易;(8)公司董事长、总经理、财务负责人、独立董事及董事会秘书发生人事变动,或者百分之三十以上的董事发生变动;(9)公司或控股公司重组对公司业务存在重大影响的事项;(10)其他证券监管机构认定的重大事件。当公司进行重大资产和股权的收购和兼并时,在磋商洽谈阶段应注意保守秘密,消息一旦外泄,应及时披露。公司在董事长、监事会主席、总经理、财务负责人、独立董事或监事、董事会秘书发生变动之前,应通告中国证监会。上述人员的简历要送中国证监会备案,并履行有关的信息披露义务。

三、要审慎对待预测性的信息披露,适时披露公司重大风险及潜在风险

公司要对预测(计划)性信息及承诺持审慎负责的态度,在定期报告、临时报告及其它各种场合对公司发展前景、财务和经营状况进行预测及发布时,要充分考虑有关政策及市场风险因素。凡已公开披露的预测性信息和承诺,一旦认为不能实现或对市场可能产生误导,公司应及时披露,并予以必要的解释和说明。

公司在生产经营和资产交易过程中,发现存在重大风险,或者正在发生重大经营亏损或资产损失,或出现其他对股价有重大影响的事件,均应在适当时机发出正式公告提醒投资者,并通知境外监管机构及中国证监会,也可以与上市保荐人等协商披露。对于其他在生产经营和资产交易中出现的非重大事件,公司也可在适当时机采取适当方式告知投资者,以增加公司透明度。公司要学习对股价敏感性信息披露的处理技巧,尽量平缓释放在经营过程中可能对股价有重大影响的因素。

在公司处于困难或逆境的时候,公司领导和董事会秘书尤其要重视信息披露,加强与投资者的沟通。

四、要严格按照境内外上市要求继续做好定期报告的披露,协调好不同上市地的信息披露工作

对于在境内、外以及境外不同市场同时发行股票并上市的公司,公开披露的信息要同时公告,并遵从报告内容从多不从少、报告编制时间从短不从长、报告要求从严不从宽的原则。对于因会计制度不同而出现的差异,要在各自披露的信息中加以解释和说明。年度报告、中期报告在报纸公布的当天,须将内容摘要传真至中国证监会,并于公布后10个工作日内将报告一式5套报中国证监会备案。

五、要建立健全公司信息披露的责任和内部协调制度

公司董事、经理及董事会秘书对公司全面、及时和准确地履行信息披露义务负有直接责任。公司可以建立信息披露发言人制度,董事会秘书承担协调和组织公司信息披露的责任,负责与境内外证券监管机构、新闻媒体及投资者的联系。公司要注意协调对外宣传和披露事宜,适时研究和协调对外发言的口径。

公司董事及管理层要为信息披露工作提供必要的

条件,在机构设置、人员配备等方面予以支持。董事会秘书要通过列席董事会会议、参加公司管理层会议及其他涉及信息披露的有关会议,充分把握和协调有关信息披露事宜。公司各部门要积极配合董事会秘书开展工作,提供为履行信息披露所需的资料和信息。公司内设机构在进行有关财务、生产、投资、重大人事变动等宣传报道时,应主动与董事会秘书协商。

公司董事、管理层、协助公司处理有关事务的投资银行、律师、会计师及其他中介咨询人士,以及因工作关系触及公司敏感信息的其他人士,必须保守公司资料秘密,并制定行之有效的保密措施。对于各种原因引致的公司股价敏感资料外泄,公司领导及董事会秘书要及时研究采取补救措施,及时加以解释和澄清,并通告境外上市地监管机构及中国证监会。

六、加强公司推介,重视来访接待

公司董事长、总经理等主要负责人应主动保持与投资者及市场分析人士的接触和沟通,加强与资本市场的联系。公司应从实际出发,多渠道接触投资者,每年举办一至两次境内或境外推介活动。在出现或可能出现公司股价异常波动特别是市场出现消极预期的情况下,公司主要负责人要主动与市场人士见面。对投资者和市场分析人士来访,要热情接待,同时应小心谨慎,避免造成不平等的信息披露。公司管理层及董事会秘书要重视和关心市场各界提出的问题和意见,保证有畅通的渠道及必要的人员接受投资者的问询。董事会秘书要密切跟踪和搜集有关公司的市场信息,及时向公司董事和管理层报告,并根据情况加以利导。对市场推介和重要来访等活动要健全记录,形成总结报告。公司对外推介的总结报告要书面抄送中国证监会。

七、公司控股单位要支持公司履行信息披露义务

公司依法按境内外法规及监管机构的要求披露信息,要主动向公司控股单位、有关政府部门和机构说明并解释有关信息披露的法律法规,汇报对敏感信息披露的工作安排。公司控股单位、有关政府部门和机构不得干预公司按有关规定披露信息。

公司要及时了解并积极研究有关重大政策信息,注意协调相关矛盾。公司控股单位及有关政府部门要充分考虑公司信息披露的特殊性,及时将可能对公司生产经营发生重大影响的政策通告公司,以保证公司全面履行信息披露义务。凡涉及对公司有影响的消息应由公司发表,非公司指定的任何人士不得就在香港等地上市的公司随便发表讲话。

八、加强对境外上市公司信息披露的监管

中国证监会支持公司积极进行信息披露,可以帮助协调公司与有关政府部门、控股单位等在信息披露过程中出现的矛盾和需解决的问题。公司在遇到难以协调的问题时,可及时通报中国证监会。中国证监会督促公司严格按照有关要求履行信息披露义务,保持与境外监管机构在信息披露监管方面的交流,协调处理公司在信息披露过程中与境外证券监管机构之间的矛盾。对公司及有关投资银行、会计师、律师及其他中介机构未能履行有关信息披露义务,出现敏感信息泄露并产生重大危害,出现投资者投诉等,中国证监会将及时组织调查,提出协调解决问题的意见或建议。中国证监会对执行本《意见》的公司及有关责任人给予或建议给予必要的奖励或处分。各证券监管机构受中国证监会委托配合督促公司做好信息披露工作,协助调查处理有关问题。

国家经济贸易委员会、中国证券监督管理委员会关于进一步促进境外上市公司规范运作和深化改革的意见

1. *1999年3月29日*
2. *国经贸企改〔1999〕230号*

境外上市公司(以下简称公司)是到境外募集资本的公司,是现代企业制度的一种组织形式,在公司治理结构和信息披露等方面有较高的要求。目前,大多数公司在制度创新和转换经营机制方面取得了进展,但也有一些公司的经营机制转换没有完全到位,在规范运作及内部管理等方面存在问题。为进一步促进公司严格遵循境内外有关法律和法规,切实履行对投资者的持续责任,树立公司在境内外资本市场的良好形象,现对公司规范运作和深化改革提出以下意见:

一、公司的经营机构与控股机构必须分开

公司必须按现代企业制度的要求理顺公司管理体制。公司和控股机构(指对公司控股的具有法人资格的公司、企事业单位,下同)必须各自独立核算,独立承担责任和风险。控股机构主要通过股东会以法定程序对公司行使股东权利。公司的机构,特别是董事会、经理层、财务、营销等机构应独立于控股机构;凡是目前没有独立的,必须在1999年底前分开。控股机构的内设机构与公司的相应部门没有上下级关系,前者不得通过下发文件等形式影响公司机构的独立性。

控股机构向公司派出股权代表依法进入董事会。控股机构的高级管理人员(董事长、副董事长、执行董

事)兼任公司董事长、副董事长、执行董事职务的人数不得超过二名,且必须分清各自职务的职责,承担所兼职务的法定责任和行使所兼职务的法定权利,并保证有足够的时间和必要的知识能力承担公司的工作。控股机构的管理人员不得兼任公司经理、副经理、财务主管、营销主管和董事会秘书。

二、进一步深化控股机构和公司的改组工作

国有控股机构的主要业务和资产已纳入公司的,控股机构的职能要逐步划转或合并到其他国有法人实体。除公司业务外还拥有其它资产和业务的控股机构,应减少与公司的关联交易,避免同业竞争。

要逐步分离控股机构的办社会职能以及非经营性资产,通过拍卖、并购、移交地方政府、纳入当地社会保障体系等方式实现社会化经营。对于目前难以彻底分离的,要制定严格的管理办法,保证在财务和人员等方面与公司分开。

分离公司办社会职能以及非经营性资产,要严格执行上市重组时公司与控股机构所签订的协议;对分离不彻底的,要继续分离,限期完成。新上市的公司应在上市前制订分离办社会职能以及非经营性资产的具体方案,有关遗留问题要明确解决的办法和责任,否则不予批准上市。各级政府及有关部门要采取积极措施,支持公司和控股机构的改组工作。

三、明确公司决策程序,强化董事责任

公司必须在公司章程中明确决策程序,不能以非股东大会的任何形式代替股东大会进行决策。公司也不得以其他形式(如联席会议等)代替董事会进行决策。凡须经公司董事会决策的重大事项,必须按法定时间事先通知所有执行董事及外部董事(指不在公司内部任职的董事,下同),并同时提供足够的资料,严格按照规定的程序进行。董事可要求提出补充材料。当1/4以上董事或2名以上外部董事认为资料不充分或论证不明确时,可联名提出缓开董事会或缓议董事会所议的部分事项,董事会应予以采纳。

公司董事负有诚信义务,应当勤勉尽责。董事应当以认真负责的态度出席董事会,对所议事项表达明确的意见。董事无法出席董事会,不得转让其表决权,可以书面形式委托其他董事代为出席,但要独立承担法律责任。凡未按法定程序形成经董事签字的书面决议,即使每一位董事都以不同方式表示过意见,亦不具有董事会决议的法律效力。董事会的决议违反法律、行政法规和公司章程,投赞成票的董事应承担直接责任;对经证明在表决时曾表明异议并记载于会议记录的投反对票的董事,可以免除责任;对在表决中投弃权票或未出席也未委托他人出席的董事不得免除责任;对在讨论中明确提出异议但在表决中未明确投反对票的董事,也不得免除责任。董事会要对会议所议事项及决议进行完整记录。董事会秘书要认真组织记录和整理会议所议事项,并在决议上签字,承担准确记录的责任。

四、强化董事会的战略决策功能,积极利用好社会咨询力量

公司董事会要集中精力组织研究公司的长远发展战略,可根据需要成立战略决策、审计等专业性的委员会。公司在作出有关市场开发、兼并收购、新领域投资等方面的决策前,对投资额或兼并收购资产额达到公司总资产10%以上的项目,应聘请社会咨询机构提供专业意见,作为董事会决策的重要依据。

五、保持公司高级管理人员的稳定,提高公司高级管理人员素质

公司高级管理人员(指董事、监事、经理、副经理、财务主管和董事会秘书,下同)的选举、委派或聘任,应严格按照《中华人民共和国公司法》(以下简称《公司法》)和《到境外上市公司章程必备条款》(以下简称《必备条款》)的有关规定执行。如无特殊原因,有关高级管理人员在公司章程要求的任期内不得随意变动;若变动,必须履行法定的手续和程序,向社会公众披露,并报中国证监会备案。对经营业绩突出的公司,董事长、经理应相对稳定。

公司董事会和经理层应具备合理的知识结构,应吸收在发展战略、财务、营销、技术开发以及法律等方面的专业人才。公司董事长、经理、财务主管、董事会秘书应参加中国证监会认定的境外上市相关知识的培训并通过任职资格考试。公司要立足境内和境外人才市场,择优聘任财务、市场开拓、技术开发等高级管理人员。

六、逐步建立健全外部董事和独立董事制度

公司应增加外部董事的比重。董事会换届时,外部董事应占董事会人数的1/2以上,并应有2名以上的独立董事(独立于公司股东且不在公司内部任职的董事,下同)。外部董事应有足够的时间和必要的知识能力以履行其职责。外部董事履行职责时,公司必须提供必要的信息资料。独立董事所发表的意见应在董事会决议中列明。公司的关联交易必须由独立董事签字后方能生效。2名以上的独立董事可提议召开临时股东大会。独立董事可直接向股东大会、中国证监会和其他有关部门报告情况。

七、加强公司监事会的建设

公司要不断强化监事会的功能,明确监事会的职责和权限,制定监事会的具体工作规则和议事程序,避免监事会流于形式。公司监事会的首要职责是检查公司财务，有了解和查询公司经营情况的权利，可按规定程序向董事会秘书及财务部门索要有关材料，并承担相应的保密义务。监事会可对公司聘用会计师事务所发表建议，可在必要时以公司名义另行委托会计师事务所独立审查公司财务，可直接向中国证监会及其他有关部门报告情况。国家有关部门可委托公司监事会对特定的事项进行调查。公司应增加外部监事（不在公司内部任职的监事，下同）的比重。如果公司监事会换届，外部监事应占监事会人数的1/2以上，并应有2名以上的独立监事（独立于公司股东且不在公司内部任职的监事）。公司外部监事应向股东大会独立报告公司高级管理人员的诚信及勤勉尽责表现。

八、充分发挥董事会秘书的作用

公司董事会秘书由董事会委任，经董事会授权负责协调和组织公司的信息披露工作，负责与投资者、证券监管机构、新闻媒体的联络工作。公司董事会及经理层要注意增强公司透明度，积极支持董事会秘书履行职责，并在工作机构及人员配备方面给予必要的保证。

九、探索对公司高级管理人员的激励办法

公司可从自身经营特点出发，将公司高级管理人员的物质利益与公司业绩联系起来，根据收入公开、提高透明度的原则，设计各具特色的分配和奖励办法。经股东大会同意，公司可采取适当的形式，对公司高级管理人员及在技术创新、经营风险大、挑战性强且绩效易于考核的岗位上的有特殊贡献的人员进行奖励。

十、深化公司内部改革

公司要防止和改变重筹资、轻转制的倾向，要根据市场竞争的要求，组织生产经营活动，深化内部改革，转换经营机制，建立科学有效的管理制度。

公司可自主决定内部机构设置和招工的条件、方式、数量与时间。公司依照法律、法规和公司章程，可实行经济性裁员，解除与职工签订的劳动合同；可辞退、开除职工。

公司要取消“干部”和“工人”的称谓，打破“干部”和“工人”的身份界限和岗位界限，不得套用政府机关的行政级别。对管理人员要实行竞争上岗、淘汰下岗。

公司自主决定年度工资总额和内部分配办法。

公司必须按照国家有关规定实行住房制度改革，停止对职工福利分房。公司要参加社会保障制度的改革，按照国家有关规定办理职工的养老、失业、医疗等项保险。

十一、政企分开，规范股东与公司的出资关系

解除公司与政府部门的行政隶属关系，公司与政府部门在资产、财务、人员管理等方面要彻底脱钩。政府部门不得干预公司的生产经营管理，不得向公司收缴任何形式的管理费或监管费。

行使公司国家股股权的机构或公司国有法人股的持股机构委派的股东代表，要按照法律规定的程序出席股东大会，依法行使权利。任何股东机构及其委派的代表不得越过股东大会干预公司的生产经营管理、任免公司的高级管理人员，不得对公司股东大会人事选举决议和董事会人事聘任决议履行批准手续。

境外上市公司董事会秘书工作指引

1. 1999年4月8日中国证券监督管理委员会发布
2. 证监发行字〔1999〕39号

为了促进境外上市公司（以下简称“公司”）规范运作，充分发挥董事会秘书的作用，加强对董事会秘书工作的指导，根据《国务院关于股份有限公司境外募集股份及上市的特别规定》、《到境外上市公司章程必备条款》等有关境外发行上市法规和规则，并参照境内外有关董事会秘书管理办法，现就公司董事会秘书工作提出如下要求：

第一章 董事会秘书的地位、主要任务及任职资格

第一条 董事会秘书是公司高级管理人员，承担法律、法规及公司章程对公司高级管理人员所要求的义务，享有相应的工作职权，并获取相应的报酬。

第二条 董事会秘书的主要任务是协助董事处理董事会的日常工作，持续向董事提供、提醒并确保其了解境内外监管机构有关公司运作的法规、政策及要求，协助董事及经理在行使职权时切实履行境内外法律、法规、公司章程及其他有关规定；负责董事会、股东大会文件的有关组织和准备工作，作好会议记录，保证会议决策符合法定程序，并掌握董事会决议执行情况；负责组织协调信息披露，协调与投资者关系，增强公司透明度；参与组织资本市场融资；处理与中介机构、监管部门、媒体的关系，搞好公共关系。

第三条 公司董事会秘书应具备境外上市的专业知识和有关法律法规知识，原则上应懂外语，熟悉公司经营情况和行业知识，掌握履行其职责所应具备的相关知识，具备良好的个人品质和职业道德，具有较强的公关能力和协调能力。

第四条　董事会秘书必须符合境外监管机构及有关上市规则的要求。应具有大学专科以上学历,具有 3 年以上从事金融或财务审计、工商管理或法律等方面的工作经历,参加过中国证监会及其他机构组织的董事会秘书任职资格培训并考核合格。

具有《到境外上市公司章程必备条款》第 112 条规定情形之一的自然人不得担任董事会秘书。

第五条　公司董事会聘任董事会秘书前应报中国证监会备案,应予公开披露。备案的主要资料包括:(1)董事会秘书的履历、学历证明(复印件)、相关工作经历;(2)有关培训及任职资格证书;(3)董事会出具的董事会秘书聘任文件;(4)监管部门要求的其他资料。

第六条　公司董事会秘书原则上应由专职人员担任。如果公司董事或其他高级管理人员兼任,必须保证能有足够的精力和时间承担董事会秘书的职责。公司总经理(不含副职)、财务负责人不得兼任董事会秘书。

第二章　董事会秘书的职权范围

第七条　组织筹备董事会会议和股东大会,准备会议文件,安排有关会务,负责会议记录,保障记录的准确性,保管会议文件和记录,主动掌握有关决议的执行情况。对实施中的重要问题,应向董事会报告并提出建议。

第八条　为强化公司董事会的战略决策和导向功能,董事会秘书应确保公司董事会决策的重大事项严格按规定的程序进行。根据董事会要求,参加组织董事会决策事项的咨询、分析,提出相应的意见和建议。受委托承办董事会及其有关委员会的日常工作。

第九条　董事会秘书作为公司与证券监管部门的联络人,负责组织准备和及时递交监管部门所要求的文件,负责接受监管部门下达的有关任务并组织完成。

第十条　负责协调和组织公司信息披露事宜,建立健全有关信息披露的制度,参加公司所有涉及信息披露的有关会议,及时知晓公司重大经营决策及有关信息资料。

第十一条　负责公司股价敏感资料的保密工作,并制定行之有效的保密制度和措施。对于各种原因引致公司股价敏感资料外泄,要采取必要的补救措施,及时加以解释和澄清,并通告境外上市地监管机构及中国证监会。

第十二条　负责协调组织市场推介,协调来访接待,处理投资者关系,保持与投资者、中介机构及新闻媒体的联系,负责协调解答社会公众的提问,确保投资人及时得到公司披露的资料。组织筹备公司境内外推介宣传活动,对市场推介和重要来访等活动形成总结报告,并组织向中国证监会报告有关事宜。

第十三条　负责管理和保存公司股东名册资料、董事名册、大股东的持股数量和董事股份的记录资料,以及公司发行在外的债券权益人名单。可以保管公司印章,并建立健全公司印章的管理办法。

第十四条　协助董事及经理在行使职权时切实履行境内外法律、法规、公司章程及其他有关规定。在知悉公司作出或可能作出违反有关规定的决议时,有义务及时提醒,并有权如实向中国证监会及其他监管机构反映情况。

第十五条　协调向公司监事会及其他审核机构履行监督职能提供必须的信息资料,协助做好对有关公司财务主管、公司董事和经理履行诚信责任的调查。

履行董事会授予的其他职权以及境外上市地要求具有的其他职权。

第三章　董事会秘书的法律责任

第十六条　董事会秘书对公司负有诚信和勤勉的义务,应当遵守公司章程,忠实履行职责,维护公司利益,不得利用在公司的地位和职权为自己谋私利。董事会秘书在需要把部分职责交与他人行使时,必须经董事会同意,并确保所委托的职责得到依法执行,一旦发生违法行为,董事会秘书应承担相应的责任。中国证监会对董事会秘书的工作,可给予或建议给予必要的鼓励或处分。

第十七条　董事会秘书在任职期间出现下列情形之一时,董事会应终止对其聘任:(1)未能履行有关职责和义务,对公司造成重大损失;(2)在执行职务时违反法律、法规、公司章程及其他有关规定,造成严重后果或恶劣影响;(3)泄露公司机密,造成严重后果或恶劣影响;(4)监管机构认为其不具备继续出任董事会秘书的条件;(5)董事会认定的其他情形。中国证监会对董事会秘书的工作可给予或建议给予必要的鼓励或处分。

第十八条　被解聘的董事会秘书离任前应接受公司监事会的离任审查,并在公司监事会的监督下,将有关档案材料、尚未了结的事务、遗留问题,完整移交给继任的董事会秘书。董事会秘书在离任时应签订必要的保密协议,履行持续保密义务。

第四章　其　　他

第十九条　公司董事、经理及公司内部有关部门要支持董事会秘书依法履行职责,在机构设置、工作人员配备以及经费等方面予以必要的保证。公司各有关部门要积极配合董事会秘书工作机构的工作。

第二十条　公司不得无故解聘董事会秘书,董事会秘书的变动必须事先报中国证监会备案并通知境外上市地有关监管机构。公司董事会终止聘任前任董事会秘书的同时，须按规定的程序和手续重新聘任董事会秘书。

第二十一条　本指引由中国证监会负责解释或补充修订。

中国证券监督管理委员会关于规范境内上市公司所属企业到境外上市有关问题的通知

1. 2004年7月21日

2. 证监发〔2004〕67号

各上市公司：

根据《公司法》、《证券法》、《国务院关于股份有限公司境外募集股份及上市的特别规定》等法律、行政法规的规定，现就规范境内上市公司（以下简称“上市公司”）所属企业到境外上市有关问题通知如下：

一、上市公司所属企业到境外上市，是指上市公司有控制权的所属企业（以下简称“所属企业”）到境外证券市场公开发行股票并上市的行为。

二、所属企业申请到境外上市，上市公司应当符合下列条件：

（一）上市公司在最近三年连续盈利。

（二）上市公司最近三个会计年度内发行股份及募集资金投向的业务和资产不得作为对所属企业的出资申请境外上市。

（三）上市公司最近一个会计年度合并报表中按权益享有的所属企业的净利润不得超过上市公司合并报表净利润的50%。

（四）上市公司最近一个会计年度合并报表中按权益享有的所属企业净资产不得超过上市公司合并报表净资产的30%。

（五）上市公司与所属企业不存在同业竞争，且资产、财务独立，经理人员不存在交叉任职。

（六）上市公司及所属企业董事、高级管理人员及其关联人员持有所属企业的股份，不得超过所属企业到境外上市前总股本的10%。

（七）上市公司不存在资金、资产被具有实际控制权的个人、法人或其他组织及其关联人占用的情形，或其他损害公司利益的重大关联交易。

（八）上市公司最近三年无重大违法违规行为。

三、所属企业到境外上市事项，上市公司应当按照本通知的要求，依法就下列事项做出决议：

（一）董事会应当就所属企业到境外上市是否符合本通知、所属企业到境外上市方案、上市公司维持独立上市地位承诺及持续盈利能力的说明与前景做出决议，并提请股东大会批准。

（二）股东大会应当就董事会提案中有关所属企业境外上市方案、上市公司维持独立上市地位及持续盈利能力的说明与前景进行逐项审议并表决。

（三）上市公司董事、高级管理人员在所属企业安排持股计划的，独立董事应当就该事项向流通股（社会公众股）股东征集投票权，该事项独立表决并须获得出席股东大会的流通股（社会公众股）股东所持表决权的半数以上通过。

四、上市公司应当聘请经中国证监会注册登记并列入保荐机构名单的证券经营机构担任其维持持续上市地位的财务顾问（以下简称“财务顾问”）。财务顾问承担以下职责：

（一）财务顾问应当按照本通知，对上市公司所属企业到境外上市申请文件进行尽职调查、审慎核查，出具财务顾问报告，承诺有充分理由确信上市公司申请文件不存在虚假记载、误导性陈述或者重大遗漏，确信上市公司在所属企业到境外上市后仍然具备独立的持续上市地位、保留的核心资产与业务具有持续经营能力。

（二）财务顾问应当在所属企业到境外上市当年剩余时间及其后一个完整会计年度，持续督导上市公司维持独立上市地位，并承担下列工作：

1. 持续关注上市公司核心资产与业务的独立经营状况、持续经营能力等情况；

2. 针对所属企业发生的对上市公司权益有重要影响的资产、财务状况变化，以及其他影响上市公司股票价格的重要信息，督导上市公司依法履行信息披露义务；

3. 财务顾问应当自持续督导工作结束后十个工作日内向中国证监会、证券交易所报送“持续上市总结报告书”。

五、所属企业到境外上市，上市公司应当在下述事件发生后次日履行信息披露义务：

（一）所属企业到境外上市的董事会、股东大会决议。

（二）所属企业向中国证监会提交的境外上市申请获得受理。

（三）所属企业获准境外发行上市。

（四）上市公司应当及时向境内投资者披露所属企业向境外投资者披露的任何可能引起股价异常波动的重大事件。上市公司应当在年度报告的重大事项中就所属企业业务发展情况予以说明。

六、财务顾问应当参照《证券发行上市保荐制度暂行办法》的规定,遵守法律、行政法规、中国证监会的规定和行业规范,诚实守信,勤勉尽责,尽职出具相关财务顾问报告,持续督导上市公司维持独立上市地位。中国证监会比照《证券发行上市保荐制度暂行办法》对财务顾问执业情况实施监管。

七、上市公司所属企业申请到境外上市,应当按照中国证监会的要求编制并报送申请文件及相关材料。中国证监会对上市公司所属企业到境外上市申请实施行政许可。

八、同时发行境内上市内资股和境内上市外资股的上市公司不适用本通知。

中国证券监督管理委员会关于境外上市公司非境外上市股份集中登记存管有关事宜的通知

1. 2007年3月28日
2. 证监国合字〔2007〕10号

各境外上市公司:

为保护投资者合法权益,加强对境外上市公司的管理,完善境外上市公司非境外上市股份的股权管理,保证股份的有序转让,现就境外上市公司非境外上市股份集中登记存管有关事宜通知如下:

一、本通知适用于尚未在境内公开发行人民币普通股的境外上市公司非境外上市股份的集中登记存管业务。境外上市公司在境内公开发行人民币普通股的,其非境外上市股份的登记存管业务按照人民币普通股登记存管的规定执行。

二、境外上市公司的非境外上市股份应由中国证券登记结算有限责任公司(以下简称中登公司)集中登记存管。中登公司根据其业务规则,办理境外上市公司非境外上市股份的集中登记存管事宜。

三、首次公开发行境外上市外资股的境外上市公司应在境外上市外资股上市后15个工作日内,将其非境外上市股份集中登记存管在中登公司,并将非境外上市股份集中登记存管结果与本次发行上市情况一并书面报告我会。

四、本通知发布前已到境外上市的公司,应在2007年6月30日前办结其非境外上市股份的集中登记存管手续。

五、本通知所称境外上市公司,是指发行境外上市外资股的境内股份有限公司。本通知所称非境外上市股份,是指境外上市公司的内资股、非上市外资股等未在境外上市的股份。

六、本通知自颁布之日起施行。

关于加强在境外发行证券与上市相关保密和档案管理工作的规定

2009年10月20日中国证券监督管理委员会、国家保密局、国家档案局公告〔2009〕29号公布施行

一、为保障国家经济安全,保护社会公共利益,根据《中华人民共和国证券法》、《中华人民共和国保守国家秘密法》和《中华人民共和国档案法》等法律法规的有关规定,制定本规定。

二、在境外发行证券与上市过程中,境外上市公司(包括拟上市公司,下同)以及提供相关证券服务的证券公司、证券服务机构应当严格贯彻执行有关法律法规的规定以及本规定的要求,增强保守国家秘密和加强档案管理的法律意识,建立和完善专项规章制度,加强对有关人员的教育和管理,认真落实各项具体措施,进一步做好保密和档案管理工作。

三、在境外发行证券与上市过程中,境外上市公司向有关证券公司、证券服务机构和境外监管机构提供或者公开披露涉及国家秘密的文件、资料和其他物品的,应当依法报有审批权限的主管部门批准,并报同级保密行政管理部门备案。是否属于国家秘密不明确或者有争议的,应当报有关保密行政管理部门确定。

四、在境外发行证券与上市过程中,境外上市公司向有关证券公司、证券服务机构和境外监管机构提供或者公开披露涉及国家安全或者重大利益的档案的,应当依法报国家档案局批准。

五、境外上市公司在与有关证券公司、证券服务机构签订服务协议时,应当依照《中华人民共和国保守国家秘密法》等法律法规及本规定,对有关证券公司、证券服务机构承担保密义务的范围等事项依法作出明确的约定;服务协议关于适用法律以及有关证券公司和证券服务机构承担保密义务的约定条款与中国有关法律法规的规定以及本规定不符的,应当及时修改。

六、在境外发行证券与上市过程中,提供相关证券服务的证券公司、证券服务机构在境内形成的工作底稿等档案应当存放在境内。

前款所称工作底稿涉及国家秘密、国家安全或者重大利益的,不得在非涉密计算机信息系统中存储、处理和传输;未经有关主管部门批准,也不得将其携带、寄运至境外或者通过信息技术等任何手段传递给境外机构或者个人。

七、证监会、国家保密局和国家档案局等有关主管部门建立协作机制，在各自的职权范围内依法对在境外发行证券与上市过程中涉及保密和档案管理的有关事项进行监督检查。

前款所称检查，包括现场检查和非现场检查。

八、证监会负责就在境外发行证券与上市保密和档案管理工作涉及的跨境证券监管事宜，与境外证券监管机构和其他相关机构开展交流与合作。

境外证券监管机构和其他相关机构提出对境外上市公司以及为境外发行证券与上市提供证券服务的证券公司、证券服务机构（包括境外证券公司和证券服务机构在境内设立的成员机构、代表机构、联营机构、合作机构等关联机构）在境内进行现场检查的，有关境外上市公司、证券公司和证券服务机构应当事先向证监会和有关主管部门报告，涉及需要事先经有关部门批准的事项，应当事先取得有关部门的批准。现场检查应以我国监管机构为主进行，或者依赖我国监管机构的检查结果。

境外证券监管机构和其他相关机构提出对境外上市公司以及为境外发行证券与上市提供证券服务的证券公司、证券服务机构（包括境外证券公司和证券服务机构在境内设立的成员机构、代表机构、联营机构、合作机构等关联机构）进行非现场检查的，涉及国家秘密的事项，有关境外上市公司、证券公司和证券服务机构应当依法报有审批权限的主管部门批准，并报同级保密行政管理部门备案；涉及档案管理的事项，有关境外上市公司、证券公司和证券服务机构应当依法报国家档案局批准。涉及需要事先经其他有关部门批准的事项，有关境外上市公司、证券公司和证券服务机构应当事先取得其他有关部门的批准。

九、在境外发行证券与上市过程中，任何单位和个人违反《中华人民共和国保守国家秘密法》和《中华人民共和国档案法》等法律法规的，由有关部门依法追究法律责任；涉嫌犯罪的，移送司法机关依法追究刑事责任。

十、本规定所称境外上市公司，是指发行境外上市外资股的境内股份有限公司。

十一、境外中资控股上市公司的境内股权持有单位以及为上述公司提供证券服务的证券公司和证券服务机构参照本规定执行。

十二、本规定自公布之日起施行。

关于股份有限公司境外发行股票和上市申报文件及审核程序的监管指引

1. 2012年12月20日中国证券监督管理委员会公告〔2012〕45号公布
2. 自2013年1月1日起施行

为更好地适应境内企业特别是中小企业的融资需求，服务实体经济发展，中国证券监督管理委员会（以下简称中国证监会）将进一步放宽境内企业境外发行股票和上市的条件，简化审核程序，提高监管效率。依照《中华人民共和国公司法》设立的股份有限公司在符合境外上市地上市条件的基础上，可自主向中国证监会提出境外发行股票和上市申请。根据《中华人民共和国证券法》和《国务院关于股份有限公司境外募集股份及上市的特别规定》等法律法规，制定本指引。

一、申报文件

公司申请境外发行股票和上市应提交下列文件：

（一）申请报告，内容包括：公司演变及业务概况、股本结构、公司治理结构、财务状况与经营业绩、经营风险分析、发展战略、筹资用途、符合境外上市地上市条件的说明、发行上市方案；

（二）股东大会及董事会相关决议；

（三）公司章程；

（四）公司营业执照、特殊许可行业的业务许可证明（如适用）；

（五）行业监管部门出具的监管意见书（如适用）；

（六）国有资产管理部门关于国有股权设置以及国有股减（转）持的相关批复文件（如适用）；

（七）募集资金投资项目的审批、核准或备案文件（如适用）；

（八）纳税证明文件；

（九）环保证明文件；

（十）法律意见书；

（十一）财务报表及审计报告；

（十二）招股说明书（草稿）；

（十三）中国证监会规定的其他文件。

二、申请及审核程序

（一）公司申请境外发行股票和上市的，应向中国证监会报送本通知第一部分列明的行政许可申请文件。

（二）中国证监会依照《中国证券监督管理委员会行政许可实施程序规定》（证监会令第66号），对公司提交的行政许可申请文件进行受理、审查，作出行政许可可决定。

(三)中国证监会在收到公司申请文件后,可就涉及的产业政策、利用外资政策和固定资产投资管理规定等事宜征求有关部门意见。

(四)公司收到中国证监会的受理通知后,可向境外证券监管机构或交易所提交发行上市初步申请;收到中国证监会行政许可核准文件后,可向境外证券监管机构或交易所提交发行上市正式申请。

(五)公司应在完成境外发行股票和上市后15个工作日内,就境外发行上市的有关情况向中国证监会提交书面报告。

(六)中国证监会关于公司境外发行股票和上市的核准文件有效期为12个月。

(七)境外上市公司在同一境外交易所转板上市的,应在完成转板上市后15个工作日内,就转板上市的有关情况向中国证监会提交书面报告。

本指引自2013年1月1日起施行。中国证监会1999年7月14日发布的《关于企业申请境外上市有关问题的通知》(证监发行字〔1999〕83号)同时废止。

国家外汇管理局关于境外上市外汇管理有关问题的通知

1. 2013年1月28日
2. 汇发〔2013〕5号

国家外汇管理局各省、自治区、直辖市分局、外汇管理部,深圳、大连、青岛、厦门、宁波市分局:

为规范和完善境外上市外汇管理,根据《中华人民共和国外汇管理条例》等相关法规,现就有关事项通知如下:

一、本通知所称境外上市,是指在境内注册的股份有限公司经中国证券监督管理委员会(以下简称中国证监会)许可,在境外发行股票(含股票派生形式证券)、可转换为股票的公司债券等法律、法规允许的证券,并在境外证券交易所公开上市流通的行为,该类公司以下简称境内公司。

二、国家外汇管理局及其分支机构(以下简称外汇局)对境内公司境外上市涉及的业务登记、账户开立与使用、跨境收支、资金汇兑等行为实施监督、管理与检查。

三、境内公司应在境外上市首次发股结束后的15个工作日内,持下列材料到其注册所在地外汇局(以下简称所在地外汇局)办理境外上市登记:

(一)书面申请,并附《境外上市登记表》(见附件1);

(二)中国证监会许可该境内企业境外上市的证明文件;

(三)境外发股结束的公告文件;

(四)前述材料内容不一致或不能说明交易真实性时,要求提供的补充材料。

外汇局审核上述材料无误后,为境内公司出具境外上市登记证明,境内公司凭该证明办理境外上市有关业务。

四、境内公司境外上市后,其境内股东拟根据有关规定增持或减持境外股份的,应持下列材料到境内股东所在地外汇局办理境外持股登记:

(一)书面申请,并附《境外持股登记表》(见附件2);

(二)关于增持或减持事项的董事会或股东大会决议(如需要);

(三)需经国有资产管理部门等相关部门批准的,另需提供相关部门的批准文件;

(四)前述材料内容不一致或不能说明交易真实性时,要求提供的补充材料。

外汇局审核上述材料无误后,为境内股东出具境外持股登记证明,境内股东凭该证明办理后续增持或减持有关业务。

五、境内公司应当凭境外上市登记证明,针对其首发(或增发)、回购业务,分别在所在地银行开立境内专用账户,用以办理与该项业务对应的资金汇兑与划转(相关账户类型、收支范围及注意事项见附件3)。

六、境内公司的境内股东应当凭境外持股登记证明,针对其增持或减持境外股份业务,分别在所在地银行开立境内专用账户,用以办理与该项业务对应的资金汇兑与划转(相关账户类型、收支范围及注意事项见附件3)。

七、境内公司及其境内股东因办理境外上市相关业务需在境外开立专用账户的,该境外专用账户的收支范围应当符合附件3的相关要求。

八、境内公司境外上市募集资金可调回对应的境内专用账户或存放境外专用账户,资金用途应与招股说明文件或公司债券募集说明文件、股东通函、股东大会决议等公开披露的文件(以下简称公开披露文件)所列相关内容一致。发行可转换为股票的公司债券所募集资金拟调回境内的,应调回其外债专户并按外债管理有关规定使用;发行其他形式证券所募集资金拟调回境内的,应调回对应的境外上市境内专用账户。

九、境内公司申请境外上市境内专用账户资金结汇的,应向所在地外汇局提供以下材料:

(一)书面申请(详细说明境外资金募集及其调回

或留存境外情况、结汇资金数额及用途,前述情况是否与公开披露文件所列相关内容一致等);

(二)境外上市登记证明;

(三)资金调回及结汇用途与公开披露文件所列的资金用途不一致或公开披露文件未予明确的,另需提供关于变更或明确对应资金用途的董事会或股东大会决议;

(四)前述材料内容不一致或不能说明交易真实性时,要求提供的补充材料。

外汇局审核上述材料无误后为境内公司出具结汇核准件,境内公司凭该核准件到银行办理结汇手续。

十、境内公司回购其境外股票,可使用符合有关规定的境外资金,也可境内汇出资金。需由境内汇出的,可凭列明了相关回购信息的境外上市登记证明,到银行办理资金划入其回购境内专用账户及汇出境外的手续。

回购结束后,由境内汇出境外用于回购的资金如有剩余,应汇回回购境内专用账户。其中,原自有外汇部分以内的金额及其利息应划回其原划出的境内外汇账户,原购汇部分以内的金额及其利息可结汇。相关划转及汇兑手续可凭境外上市登记证明到银行直接办理。

十一、境内股东依据有关规定增持境内公司境外股份,可以使用符合有关规定的境外资金,也可以从境内汇出。需由境内汇出的,可凭境外持股登记证明,到银行办理资金划入其增持境内专用账户及汇出境外的手续。

增持结束后,由境内汇出境外用于增持的资金如有剩余,应汇回增持境内专用账户。其中,原自有外汇部分以内的金额及其利息应划回其原划出的境内外汇账户,原购汇部分以内的金额及其利息可结汇。相关划转及汇兑手续可凭境外持股登记证明到银行直接办理。

十二、境内股东因减持、转让境内公司境外股份或境内公司从境外证券市场退市等原因所得的资本项下收入,应当自该收入获得之日起2年内调回其减持境内专用账户。

上述调回资金若需结汇,可凭境外持股登记证明直接到银行办理。

十三、境内公司若发生如下情形,应在15个工作日内持书面申请、原境外上市登记证明、最新填写的《境外上市登记表》及相关交易真实性证明材料,到所在地外汇局办理境外上市登记变更:

(一)境外上市公司名称、注册地址、主要股东信息等基本信息发生变更;

(二)增发股票或资本公积、盈余公积、未分配利润转增股本等资本变动;

(三)回购境外股票或将可转换债券转为股票(需提供外债登记变更或注销凭证);

(四)境内股东减持、增持、转让、受让境外股份计划实施完毕使得境外上市公司股权结构发生变化;

(五)原登记的境外募集资金使用计划和用途发生变更;

(六)需经主管部门审批或备案的变更事项,另需提供主管部门关于变更事项的批复或备案文件;

(七)其他登记证明有关内容的变更。

十四、境内股东应在其持有境内公司境外股份的相关安排发生重大变更(如增持或减持的比例、价格、期限、进度等发生变化等)的15个工作日内,持书面申请、原境外持股登记证明、最新填写的《境外持股登记表》及相关交易真实性证明材料,到所在地外汇局办理变更登记。

十五、境内公司的国有股东按照《减持国有股筹集社会保障资金管理暂行办法》(国发〔2001〕22号)有关规定需将减持收入上缴全国社会保障基金(以下简称社保基金)的,应当由该境内公司代为办理,并通过该境内公司的境内外专用账户办理相应的资金汇兑与划转。

境内公司应持国有股东需上缴社保基金的减持收入情况说明(包括减持应得资金测算说明和应缴、拟缴资金数额等)、境外上市登记证明等材料,向其境内专用账户开户银行申请将国有股东减持收入直接划转(或结汇划转)至财政部在境内银行开立的对应账户。

十六、境内公司向境外的监管部门、交易所、承销机构、律师、会计师等境外机构支付与其境外上市相关的合理费用,原则上应从境外上市募集资金中扣减,确需从境内汇出(含购汇汇出)的,应持下列材料向银行申请办理:

(一)境外上市登记证明;

(二)能够说明汇出(含购汇汇出)境外金额及对应事项的境外上市费用支付清单及相关证明材料;

(三)有关境外机构应向境内税务部门完税的,另需提供代扣境外企业或个人税款等相关税务证明。

十七、境内公司从境外证券市场退市的,应在退市后的15个工作日内持主管部门相关批复复印件、退市公告等真实性证明材料及相关账户及资金处理情况说明到所在地外汇局办理境外上市登记注销。

十八、境内公司及境内股东应在对应的境外专用账户开立、变更或关闭后的10个工作日内,及时将相关情况报外汇局备案(见附件4)。

境内公司及境内股东的开户银行应于每月初3个工作日内向外汇局报送《境外上市境内专用账户开立

及关闭情况表》(见附件5)、《境外上市境内专用账户收支情况表》(见附件6)。

境内公司所在地国家外汇管理局分局、外汇管理部(以下简称分局)应于每月初5个工作日内向国家外汇管理局上报《境外上市业务情况汇总表》(见附件7)。

十九、境内公司、境内股东及相关境内银行应当按照有关规定及时办理国际收支统计申报。

二十、境内公司、境内股东及银行等违反本通知的,外汇局可依法采取相应的监管措施,并依据《中华人民共和国外汇管理条例》相应条款进行行政处罚。

二十一、境内金融机构境外上市外汇管理相关事宜应按照本通知办理,对银行类和保险类金融机构境外上市募集资金调回及结汇等另有规定的除外。

二十二、本通知要求报送的相关申请及登记备案材料均需提供具有法律效力的中文文本;具有中文及其他文字等多种文本的,以具有法律效力的中文文本为准。

二十三、本通知由国家外汇管理局负责解释。

二十四、本通知自发布之日起实施。《国家外汇管理局中国证监会关于进一步完善境外上市外汇管理有关问题的通知》(汇发〔2002〕77号)、《国家外汇管理局资本项目管理司关于做好境外上市外汇管理工作有关事项的通知》(汇资函〔2002〕29号)、《国家外汇管理局关于完善境外上市外汇管理有关问题的通知》(汇发〔2003〕108号)、《国家外汇管理局关于境外减持外汇收入上缴全国社保基金有关问题的通知》(汇发〔2004〕64号)、《国家外汇管理局关于境外上市外汇管理有关问题的通知》(汇发〔2005〕6号)同时废止。

各分局收到本通知后,应尽快转发辖内中心支局、支局、城市商业银行及外资银行。各中资外汇指定银行收到本通知后,应尽快转发所辖分支行。执行中如遇问题,请及时向国家外汇管理局资本项目管理司反馈。

附件:(略)

国家外汇管理局关于境外上市外汇管理有关问题的通知

1. 2014年12月26日

2. 汇发〔2014〕54号

国家外汇管理局各省、自治区、直辖市分局、外汇管理部,深圳、大连、青岛、厦门、宁波市分局,各中资外汇指定银行总行:

为规范和完善境外上市外汇管理,根据《中华人民共和国外汇管理条例》等相关法规,现就有关事项通知如下:

一、本通知所称的境外上市,是指在境内注册的股份有限公司(以下简称境内公司)经中国证券监督管理委员会(以下简称中国证监会)许可,在境外发行股票(含优先股及股票派生形式证券)、可转换为股票的公司债券等法律、法规允许的证券(以下简称境外股份),并在境外证券交易所公开上市流通的行为。

二、国家外汇管理局及其分支局、外汇管理部(以下简称外汇局)对境内公司境外上市涉及的业务登记、账户开立与使用、跨境收支、资金汇兑等行为实施监督、管理与检查。

三、境内公司应在境外上市发行结束之日起15个工作日内,持下列材料到其注册所在地外汇局(以下简称所在地外汇局)办理境外上市登记:

(一)书面申请,并附《境外上市登记表》(见附件1);

(二)中国证监会许可境内公司境外上市的证明文件;

(三)境外发行结束的公告文件;

(四)前述材料内容不一致或不能说明交易真实性时,要求提供的补充材料。

所在地外汇局审核上述材料无误后,在资本项目信息系统(以下简称系统)为境内公司办理登记,并通过系统打印业务登记凭证,加盖业务印章后交境内公司。境内公司凭此登记凭证办理境外上市开户及相关业务。

四、境内公司境外上市后,其境内股东根据有关规定拟增持或减持境外上市公司股份的,应在拟增持或减持前20个工作日内,持下列材料到境内股东所在地外汇局办理境外持股登记:

(一)书面申请,并附《境外持股登记表》(见附件2);

(二)关于增持或减持事项的董事会或股东大会决议(如有);

(三)需经财政部门、国有资产管理部门等相关部门批准的,应提供相关部门的批准文件;

(四)前述材料内容不一致或不能说明交易真实性时,要求提供的补充材料。

所在地外汇局审核上述材料无误后,在系统为境内股东办理登记,并通过系统打印业务登记凭证,加盖业务印章后交境内股东。境内股东凭此登记凭证到银行办理增持或减持境外上市公司股份开户及相关业务。

五、境内公司(银行类金融机构除外)应当凭境外上市业务登记凭证，针对其首发（或增发）、回购业务，在境内银行开立“境内公司境外上市专用外汇账户”（以下简称“境内公司境外上市专户”），办理相关业务的资金汇兑与划转（账户类型、收支范围及注意事项见附件3）。

六、境内公司（银行类金融机构除外）应在其境外上市专户开户银行开立一一对应的结汇待支付账户（人民币账户，以下简称待支付账户），用于存放境外上市专户资金结汇所得的人民币资金、以人民币形式调回的境外上市募集资金，以及以人民币形式汇出的用于回购境外股份的资金和调回回购剩余资金（账户收支范围见附件3）。

七、境外上市公司的境内股东应当凭境外持股业务登记凭证，针对其增持、减持或转让境外上市公司股份等业务，在境内银行开立“境内股东境外持股专用账户”（以下简称“境内股东境外持股专户”），办理相关业务的资金汇兑与划转（账户类型、收支范围及注意事项见附件3）。

八、境内公司及其境内股东因办理境外上市相关业务需要，可在境外开立相应的专用账户（以下简称“境外专户”）。境外专户的收支范围应当符合附件3的相关要求。

九、境内公司境外上市募集资金可调回境内或存放境外，资金用途应与招股说明文件或公司债券募集说明文件、股东通函、董事会或股东大会决议等公开披露的文件（以下简称公开披露文件）所列相关内容一致。

境内公司发行可转换为股票的公司债券所募集资金拟调回境内的，应汇入其境内外债专户并按外债管理有关规定办理相关手续；发行其他形式证券所募集资金拟调回境内的，应汇入其境外上市专户（外汇）或待支付账户（人民币）。

十、境内公司回购其境外股份，可以使用符合有关规定的境外资金和境内资金。境内公司需使用并汇出境内资金的，应凭在所在地外汇局登记回购相关信息（含变更）后取得的境外上市业务登记凭证（回购相关信息未登记的，需在拟回购前20个工作日内办理登记，取得相应业务登记凭证）及回购相关情况说明或证明性材料，到开户银行通过境外上市专户（外汇）或待支付账户（人民币）办理相关资金汇划手续。

回购结束后，由境内汇出境外用于回购的资金如有剩余，应汇回境内公司境外上市专户（外汇）或待支付账户（人民币）。

十一、境内公司根据需要，可持境外上市业务登记凭证向开户银行申请将境外上市专户资金境内划转或支付，或结汇划往待支付账户。

十二、境内公司申请将待支付账户资金境内划转或支付的，应向开户银行提供境外上市公开披露文件中有关资金用途与调回及结汇资金用途是否一致的证明材料，资金用途与公开披露文件中有关资金用途不一致或公开披露文件未予明确的，应提供关于变更或明确对应资金用途的董事会或股东大会决议。其中，境内公司回购境外股份调回的剩余资金可在境内直接划转或支付。

开户银行应在对境内公司境外上市专户或待支付账户资金用途进行严格审核后，为境内公司办理有关账户资金划转及支付手续。

十三、境内股东依据有关规定增持境内公司境外股份，可以使用符合有关规定的境外资金和境内资金。境内股东需使用并汇出境内资金的，应凭境外持股业务登记凭证及增持相关情况说明或证明性材料，到开户银行通过境内股东境外持股专户办理资金汇兑手续。

增持结束后，由境内汇出境外用于增持的资金如有剩余，应汇回境内股东境外持股专户。境内股东可凭境外持股业务登记凭证到银行办理相关资金境内划转或结汇手续。

十四、境内股东因减持、转让境内公司境外股份或境内公司从境外证券市场退市等原因所得的资本项下收入，可留存境外或调回汇入境内股东境外持股专户。调回境内的，境内股东可凭境外持股业务登记凭证到银行办理相关资金境内划转或结汇手续。

十五、境内公司若发生如下变更情形，应在变更之日起15个工作日内持书面申请、最新填写的《境外上市登记表》及相关交易真实性证明材料，到所在地外汇局办理境外上市登记变更。需经主管部门审批或备案的变更事项，另需提供主管部门关于变更事项的批复或备案文件。

（一）境外上市公司名称、注册地址、主要股东信息等发生变更；

（二）增发（含超额配售）股份或资本公积、盈余公积、未分配利润转增股本等资本变动；

（三）回购境外股份；

（四）将可转换债券转为股票（需提供外债登记变更或注销凭证）；

（五）境内股东增持、减持、转让、受让境外股份计划实施完毕使得境外上市公司股权结构发生变化；

（六）原登记的境外募集资金使用计划和用途发生变更；

（七）其他登记有关内容的变更。

十六、境内公司的国有股东按照《减持国有股筹集社会保障资金管理暂行办法》（国发〔2001〕22号）有关规定需将减持收入上缴全国社会保障基金(以下简称社保基金)的,应当由该境内公司代为办理,并通过该境内公司境外上市专户及待支付账户办理相应的资金汇兑与划转。

境内公司应持国有股东需上缴社保基金的减持收入情况说明(包括减持应得资金测算说明和应缴、拟缴资金数额等)、境外上市业务登记凭证等材料,向其境外上市专户及待支付账户开户银行申请将国有股东减持收入直接划转(或结汇至待支付账户后划转)至财政部在境内银行开立的对应账户。

十七、境内公司向境外的监管部门、交易所、承销机构、律师、会计师等境外机构支付与其境外上市相关的合理费用,原则上应从境外上市募集资金中扣减,确需从境内汇出(含购汇汇出)的,应持下列材料向银行申请办理:

(一)境外上市业务登记凭证;

(二)能够说明汇出(含购汇汇出)境外金额及对应事项的境外上市费用支付清单及相关证明材料;

(三)有关境外机构应向境内税务部门完税的,另需提供代扣境外企业或个人税款等相关税务证明。

十八、境内公司从境外证券市场退市的,应在退市之日起15个工作日内持主管部门相关批复复印件、退市公告等真实性证明材料及境外上市业务登记凭证、相关账户和资金处理情况说明到所在地外汇局办理境外上市登记注销。所在地外汇局同时收回该境内公司境外上市业务登记凭证。

十九、境内公司及境内股东的开户银行,应在境内公司及境内股东相关境内账户开立、变更或关闭后,按《国家外汇管理局关于发布〈金融机构外汇业务数据采集规范(1.0版)〉的通知》(汇发〔2014〕18号)要求报送账户信息。

二十、境内公司、境内股东及相关境内银行应当按照有关规定及时办理国际收支统计申报。

二十一、境内公司、境内股东及相关境内银行等违反本通知的,外汇局可依法采取相应的监管措施,并依据《中华人民共和国外汇管理条例》相应条款进行行政处罚。

二十二、境内金融机构境外上市外汇管理相关事宜应按照本通知办理,对银行类和保险类金融机构境外上市募集资金调回结汇等另有规定的除外。

二十三、本通知发布前已办理境外上市登记的境内公司,按以下原则办理:

(一)已开立相关账户,资金尚未全部调回及结汇,或发生配股、增发等涉及资金跨境及结购汇行为的,应凭业务登记凭证在开户银行开立相应的待支付账户,按本通知办理后续业务。

(二)未开立相关账户的,按本通知办理。

二十四、本通知要求报送的相关申请及登记备案材料均需提供具有法律效力的中文文本。具有中文及其他文字等多种文本的,以具有法律效力的中文文本为准。

二十五、本通知由国家外汇管理局负责解释。

二十六、本通知自发布之日起实施。《国家外汇管理局关于境外上市外汇管理有关问题的通知》(汇发〔2013〕5号)同时废止。其他相关外汇管理规定与本通知不一致的,以本通知为准。

各分局收到本通知后,应尽快转发辖内中心支局、支局、城市商业银行及外资银行。各中资外汇指定银行收到本通知后,应尽快转发所辖分支行。执行中如遇问题,请及时向国家外汇管理局资本项目管理司反馈。

附件:1. 境外上市登记表(略)

2. 境外持股登记表(略)

3. 境外上市相关账户管理一览表(略)

七、上市公司监管

《上市公司现场检查办法》导读:

证监会 2010 年 4 月 13 日发布的《上市公司现场检查办法》(以下简称《办法》),是针对全流通形势下上市公司监管工作的需求,对 2001 年发布的《上市公司检查办法》进行全面修订后发布的。

《办法》延伸了现场检查的范围,不仅包括上市公司及其所属企业和机构,还规定,现场检查中发现的问题涉及控股股东或实际控制人、并购重组当事人、证券服务机构等有关单位和个人的,可以一并在检查事项范围内进行检查。并参考《证券期货市场监督管理措施实施办法(试行)》中的有关内容,规定监管部门可采取八项监管措施对违规行为予以震慑,即:责令改正、监管谈话、出具警示函、责令公开说明、责令定期报告、责令参加培训、认定为不适当人选以及中国证监会依法可以采取的其他监督管理措施。同时对上述所采取的监管管理措施按照规定记入诚信档案并在必要时予以公开。

《办法》同时还明确要求,对监管部门发出责令改正决定书的,检查对象应当自收到决定书之日起 30 日内提交整改报告;整改报告报经监管部门无异议后,报送证券交易所予以披露,并同时披露董事会关于整改工作的决议和监事会的意见;公司应在定期报告中披露截至上一报告期末尚未完成的整改工作的进展情况。

资料补充栏

上市公司现场检查办法

1. 2010年4月13日中国证券监督管理委员会公告〔2010〕12号公布
2. 自2010年5月20日起施行

第一章　总　　则

第一条　为了规范上市公司现场检查行为,加强对上市公司及相关各方的监督管理,保护投资者合法权益,维护证券市场秩序,根据《证券法》、《公司法》等法律、行政法规,制定本办法。

第二条　本办法所称现场检查,是指中国证券监督管理委员会及其派出机构(以下统称中国证监会)在上市公司及其所属企业和机构(以下统称检查对象)的生产、经营、管理场所以及其他相关场所,采取查阅、复制文件和资料、查看实物、谈话及询问等方式,对检查对象的信息披露、公司治理等规范运作情况进行监督检查的行为。

第三条　中国证监会依法履行职责,进行现场检查,检查对象及其工作人员应当配合,保证提供的有关文件和资料真实、准确、完整、及时,不得拒绝、阻碍和隐瞒。

第四条　中国证监会实施现场检查的人员(以下简称检查人员)必须忠于职守,依法办事,廉洁自律,确保现场检查独立、客观、公正、高效,不得干预检查对象正常的生产经营活动,不得利用职务便利牟取不正当利益,不得泄露所知悉的检查对象的商业秘密。

前款规定适用于中国证监会根据需要聘请的证券服务机构及相关人员。

第二章　现场检查内容及方式

第五条　现场检查应当重点关注下列内容:

(一)信息披露的真实性、准确性、完整性、及时性和公平性;

(二)公司治理的合规性;

(三)控股股东、实际控制人行使股东权利或控制权的规范性;

(四)会计核算和财务管理的合规性;

(五)中国证监会认定的其他事项。

第六条　根据现场检查内容,检查人员可以采取全面检查、专项检查、现场走访、列席会议、回访检查等方式对检查对象实施检查。

第七条　全面检查是对公司规范运作情况实行的常规性检查。专项检查是针对公司存在的问题或者易发风险的重大事项进行的专门检查。中国证监会可以采取回访检查方式检查公司对监管工作中发现问题的整改落实情况。

第三章　现场检查程序

第八条　中国证监会依法组织实施现场检查工作,现场检查时,检查人员不得少于2人。必要时,可以聘请证券服务机构予以协助。

第九条　检查对象认为检查人员与其存在利害关系的,有权申请检查人员回避。

检查人员认为自己与检查对象有利害关系的,应当回避。

对检查对象提出的回避申请,中国证监会应当在3个工作日内以口头或者书面形式作出决定。

第十条　实施全面检查或者专项检查的,中国证监会应当至少提前5个工作日以书面形式告知检查对象,要求检查对象准备有关文件和资料,要求相关人员在场配合检查。

在出现重大紧急情况或者有显著证据证明提前告知检查对象可能影响检查效果的情况下,经中国证券监督管理委员会或其派出机构的负责人批准,可以不提前告知,实施突击检查。

第十一条　检查人员进行现场检查时,应当出示合法证件和现场检查通知书。

第十二条　实施现场检查时,检查对象应当按照要求及时向检查人员提供检查所需的文件和资料,并对所提供的文件和资料的真实性、准确性、完整性作出书面承诺。

第十三条　现场检查中发现的问题涉及上市公司控股股东或实际控制人、并购重组当事人、证券服务机构等有关单位和个人的,中国证监会可在检查事项范围内一并实施检查,并要求其提供情况说明、工作底稿及其他相关文件和资料。

前款规定的有关单位和个人应当配合检查,保证提供的有关文件和资料真实、准确、完整、及时,不得拒绝、阻碍和隐瞒。

第十四条　中国证监会实施现场检查,发现相关证券服务机构存在执业违规线索的,可以将该证券服务机构纳入检查范围进行检查。

第十五条　检查人员可以采取询问的方式,要求检查对象及相关人员对与检查工作有关的事项作出说明,制作询问笔录并由被询问人签名确认。

第十六条　实施现场检查时,检查人员可以对有关文件、资料和情况进行查阅、复制、记录、录音、录像、照相,相关单位和个人应当确认并保证提供文件和资料的真实、准确、完整。

第十七条　实施现场检查时,检查人员可以对检查对象的生产、经营、管理场所进行查看,并检查有关生产、销售、仓储记录等文件和资料。

第十八条　实施全面检查或者专项检查的,检查人员应当按照要求制作检查工作报告,并在检查工作报告完成后5个工作日内,向检查对象通报检查情况。

实施回访检查的,检查人员应当在检查结束后5个工作日内向检查对象通报检查情况。

第四章　监督管理

第十九条　检查结果公布之前,检查人员、检查对象及其相关人员负有保密义务,不得泄露与检查结果有关的任何信息。

第二十条　现场检查中发现检查对象存在应披露而未披露的重大事项或者披露事项与事实不符的,检查对象应当按照中国证监会的要求及时进行披露。

第二十一条　发现检查对象在规范运作等方面存在问题的,中国证监会可以对检查对象采取责令改正措施。

采取前款措施的,中国证监会应当事先向检查对象及有关人员告知检查认定的事实、理由和依据。检查对象或有关人员有不同意见的,可以申辩、陈述意见并说明理由。中国证监会应当对此进行复核,并在收到申辩、陈述意见之日起10个工作日内告知复核结果。

第二十二条　中国证监会采取前条规定的责令改正措施的,应当向检查对象发出责令改正决定书并抄送证券交易所。检查对象应当在收到责令改正决定书后2个工作日内披露并通报控股股东、实际控制人。

第二十三条　检查对象应当自收到责令改正决定书之日起30日内向中国证监会提交整改报告。

整改报告应当包括对照责令改正决定书逐项落实整改的措施、预计完成时间、整改责任人等内容。

第二十四条　整改报告经报中国证监会无异议后,报送证券交易所予以披露,并同时披露董事会关于整改工作的决议和监事会的意见。

第二十五条　检查对象应当按照要求对存在的问题在限定期限内进行整改,并在定期报告中披露截至上一报告期末尚未完成整改工作的进展情况。

检查对象未按照要求进行整改的,中国证监会依法采取进一步监督管理措施。

第二十六条　中国证监会应当跟踪监督检查对象的整改情况,检查整改措施的落实情况,并对其整改结果出具评价意见。

第二十七条　检查对象以及现场检查中涉及的上市公司控股股东或实际控制人、并购重组当事人、证券服务机构等有关单位和个人(以下统称当事人)存在不配合检查、不如实反映情况或者拒绝检查等违反本办法规定的情形的,中国证监会可以区别情形和视情节轻重,依法采取下列监督管理措施:

(一)责令改正;

(二)监管谈话;

(三)出具警示函;

(四)责令公开说明;

(五)责令参加培训;

(六)责令定期报告;

(七)认定为不适当人选;

(八)中国证监会依法可以采取的其他监督管理措施。

中国证监会按照有关规定,将采取的监督管理措施情况记入诚信档案并在必要时予以公开。

第二十八条　当事人对监督管理措施不服的,可以依法提出行政复议申请或者提起诉讼。复议和诉讼期间,监督管理措施不停止执行。

第二十九条　中国证监会根据现场检查情况对相关证券服务机构的执业情况进行评价,评价结果作为对其执业情况的考核内容。

第三十条　中国证监会在现场检查中发现或者掌握涉嫌违反法律、行政法规及有关规定的证据时,根据法律、行政法规及有关规定在职权范围内进行立案查处。发现其他违法违规线索的,依法移交有关部门处理。

第三十一条　检查人员实施现场检查,有下列情形之一的,由中国证监会责令改正,依法给予行政处分;构成犯罪的,依法移送司法机关追究刑事责任:

(一)玩忽职守造成严重后果;

(二)利用职权打击报复;

(三)利用职务便利谋取不正当利益;

(四)泄露当事人商业秘密或者个人隐私;

(五)依规定应当回避不回避,影响公正执法,造成不良后果;

(六)应当追究法律责任的其他行为。

第五章　附　　则

第三十二条　中国证监会对上市公司的检查结果并不代表对其投资价值的实质性判断,投资者应自行判断投资风险。

第三十三条　本办法自2010年5月20日起施行。2001年3月19日发布的《上市公司检查办法》(证监发〔2001〕46号)同时废止。

行政和解试点实施办法

1. 2015年2月17日中国证券监督管理委员会令第114号公布
2. 自2015年3月29日起施行

第一章 总 则

第一条 为了试点开展证券期货领域行政和解工作，规范行政和解实施行为，保护投资者的合法权益，根据有关法律、行政法规的规定，制定本办法。

第二条 本办法所称行政和解，是指中国证券监督管理委员会（以下简称中国证监会）在对公民、法人或者其他组织（以下简称行政相对人）涉嫌违反证券期货法律、行政法规和相关监管规定行为进行调查执法过程中，根据行政相对人的申请，与其就改正涉嫌违法行为，消除涉嫌违法行为不良后果，交纳行政和解金补偿投资者损失等进行协商达成行政和解协议，并据此终止调查执法程序的行为。

第三条 实施行政和解，应当依照本办法规定的条件、程序和期限。

第四条 实施行政和解，应当遵循公平、自愿、协商、效能原则。中国证监会不得向行政相对人主动或者变相主动提出行政和解建议，或者强制行政相对人进行行政和解。

第五条 行政和解协议的订立和履行，不得损害国家和社会公共利益，不得损害他人合法权益。

第二章 行政和解的适用范围与条件

第六条 行政相对人涉嫌实施虚假陈述、内幕交易、操纵市场或者欺诈客户等违反证券期货法律、行政法规和相关监管规定的行为，案件符合下列情形的，可以适用行政和解程序：

（一）中国证监会已经正式立案，且经过了必要调查程序，但案件事实或者法律关系尚难完全明确；

（二）采取行政和解方式执法有利于实现监管目的，减少争议，稳定和明确市场预期，恢复市场秩序，保护投资者合法权益；

（三）行政相对人愿意采取有效措施补偿因其涉嫌违法行为受到损失的投资者；

（四）以行政和解方式结案不违反法律、行政法规的禁止性规定，不损害社会公共利益和他人合法权益。

中国证监会派出机构负责查处的案件，试点期间不适用行政和解程序。

第七条 案件有下列情形之一的，中国证监会不得与行政相对人进行行政和解：

（一）行政相对人违法行为的事实清楚，证据充分，法律适用明确，依法应当给予行政处罚的；

（二）行政相对人涉嫌犯罪，依法应当移送司法机关处理的；

（三）中国证监会基于审慎监管原则认定不适宜行政和解的。

第三章 行政和解的实施程序

第一节 申请与受理

第八条 中国证监会实施行政和解，由专门的行政和解实施部门（以下简称和解实施部门）负责，与中国证监会的案件调查部门（以下简称案件调查部门）、案件审理部门（以下简称案件审理部门）相互独立。

第九条 行政相对人自收到中国证监会送达的案件调查通知书之日起，至中国证监会作出行政处罚决定前，可以向中国证监会提出行政和解申请。

第十条 行政相对人提出行政和解申请的，应当提交申请书及相关申请材料。申请书应当载明以下事项：

（一）申请人的基本情况；

（二）申请行政和解的主要事实和理由；

（三）申请人就其涉嫌违法行为提出改正或者减轻、消除危害后果的方案；

（四）中国证监会要求载明的其他事项。

行政相对人为法人或者其他组织的，应当提交其依据《中华人民共和国公司法》、《中华人民共和国合伙企业法》等法律、行政法规以及公司章程、合伙协议规定所作出的关于申请行政和解的内部决定。

第十一条 行政相对人申请行政和解，应当如实向中国证监会提交有关材料，并对其申请材料的真实性、准确性负责。

第十二条 对于行政相对人提交的行政和解申请书及相关申请材料，和解实施部门应当办理登记手续，并向行政相对人出具行政和解申请接收凭证。需要行政相对人补正申请材料的，申请人应当按照和解实施部门要求提交全部补正材料，和解实施部门在申请人提交全部补正材料后出具行政和解申请接收凭证。

第十三条 和解实施部门应当在出具行政和解申请接收凭证之日起5个工作日内就案件是否符合本办法第六条规定的条件、是否存在本办法第七条规定的情形等书面征求案件调查部门的意见。

第十四条 案件调查部门应当自收到和解实施部门征求意见书面材料之日起20个工作日内书面反馈意见。反馈意见应当包括以下内容及相关材料：

（一）案件是否符合本办法第六条规定条件、是否存在本办法第七条规定情形的明确意见；

（二）截至反馈意见时，案件调查的具体情况以及是否掌握行政相对人涉嫌违法的部分证据或者证据线索的材料；

(三)其他需要提交的材料。

案件调查部门在向和解实施部门书面反馈意见后，行政和解申请受理前，发现新的事实、证据，认为案件不再符合行政和解受理条件的，应当及时告知和解实施部门。

第十五条　行政相对人在案件移送案件审理部门后，作出行政处罚决定前提出行政和解申请的，和解实施部门除依照本办法第十三条的规定征求案件调查部门意见外，还应当按照相同程序和时限征求案件审理部门的意见。

第十六条　案件审理部门应当在收到和解实施部门征求意见书面材料之日起 20 个工作日内书面反馈意见。反馈意见应当包括以下内容及相关材料：

(一)案件是否符合本办法第六条规定条件、是否存在本办法第七条规定情形的明确意见；

(二)截至反馈意见时，案件审理的具体情况；

(三)其他需要提交的材料。

第十七条　行政相对人的行政和解申请符合本办法第六条规定条件的，由和解实施部门自向行政相对人出具行政和解申请接收凭证之日起 40 个工作日内向行政相对人出具受理通知，并抄送案件调查部门、案件审理部门、行政和解金管理机构。

不符合本办法第六条规定条件，或者存在本办法第七条规定情形的，由和解实施部门自向行政相对人出具行政和解申请接收凭证之日起 40 个工作日内向行政相对人出具不予受理通知，并抄送案件调查部门、案件审理部门。

第十八条　立案调查不满 3 个月的案件，行政相对人提出行政和解申请的，不予受理，但有特殊情况经中国证监会主要负责人批准的除外。

第十九条　中国证监会受理行政和解申请后，在与行政相对人达成行政和解协议之前，不中止对行政相对人所涉案件的调查工作。受理的行政和解申请案件已经移送案件审理部门审理的，案件审理部门应当中止对案件的审理。

第二十条　行政相对人在提交行政和解申请后，中国证监会正式受理前，可以申请撤回行政和解申请。

第二节　和 解 协 商

第二十一条　和解实施部门自作出受理行政和解申请决定之日起，可以与行政相对人就以下事项进行沟通和协商：

(一)行政相对人涉嫌违法行为的情况；

(二)行政相对人涉嫌违法行为可能给社会造成的危害、给投资者造成的损失；

(三)行政相对人愿意承担的行政和解金数额及交纳时限；

(四)行政相对人可以采取的其他纠正涉嫌违法行为以及积极消除、减轻涉嫌违法行为危害后果的措施；

(五)行政和解协议的具体内容；

(六)行政和解协议的执行保障措施；

(七)其他事项。

第二十二条　行政和解协商应当以当面协商的形式进行。中国证监会进行协商的工作人员不得少于两人，并应当向行政相对人出示执法证件。

第二十三条　和解实施部门与行政相对人进行行政和解协商的期限为三个月。经中国证监会主要负责人批准，可以延期。

第二十四条　行政和解协商实行回避制度。实施行政和解的工作人员有下列情形之一的，应当回避：

(一)是行政相对人的配偶、父母、子女等近亲属；

(二)与案件有利害关系；

(三)与行政相对人或者案件有其他关系，可能影响案件的公正处理。

行政相对人有权通过口头或者书面方式申请上述工作人员回避。

第二十五条　中国证监会在与行政相对人进行行政和解协商过程中，可以就所涉及的专业问题征求证券交易所、期货交易所、登记结算机构等相关机构或者有关专家学者的意见。

第三节　行政和解协议的签订和执行

第二十六条　中国证监会与行政相对人就涉嫌违法行为的处理进行沟通、协商，达成一致的，签订行政和解协议。行政和解协议应当载明以下事项：

(一)行政和解的事由；

(二)行政相对人交纳行政和解金的数额、方式；

(三)行政相对人对涉嫌违法行为进行整改以及消除、减轻涉嫌违法行为所造成危害后果的其他具体措施；

(四)行政相对人履行行政和解协议的期限；

(五)需要载明的其他事项。

行政相对人为法人或者其他组织的，其关于签订行政和解协议的决定，应当履行《中华人民共和国公司法》、《中华人民共和国合伙企业法》等相关法律、行政法规规定及公司章程、合伙协议规定的决策程序。

第二十七条　行政和解金数额的确定应当考虑下列情形：

(一)行政相对人涉嫌违法行为如被查实依法可处以罚款或者没收违法所得的金额；

（二）行政相对人因涉嫌违法行为所获收益、所避免的损失；

（三）其他人因涉案违法行为所遭受的损失；

（四）需要考虑的其他情形。

中国证监会在就行政和解金的数额与行政相对人进行协商的过程中，可以采取适当方式，就投资者损失情况听取投资者的意见。

第二十八条 中国证监会应当依照规定公开行政和解协议的主要内容。

达成行政和解协议的行政相对人为上市公司、非上市公众公司及其董事、监事、高级管理人员、控股股东、实际控制人的，应当按照中国证监会及证券交易场所的相关规定履行信息披露义务。

第二十九条 行政和解协议达成后，由和解实施部门监督行政相对人在协议规定的时限内履行协议规定的义务。

和解实施部门应当在行政和解协议达成后2个工作日内将达成行政和解协议的情况书面告知案件调查部门、案件审理部门、行政和解金管理机构。案件调查部门在收到书面告知后应当中止案件调查。

行政相对人履行全部义务后，和解实施部门应当向行政相对人出具行政和解结案通知，并抄送案件调查部门、案件审理部门、行政和解金管理机构。案件调查部门、案件审理部门应当依照规定终止案件的调查、审理。

第四节 行政和解程序的终止

第三十条 有下列情形之一的，中国证监会应当终止行政和解程序：

（一）中国证监会在受理行政相对人的行政和解申请后，达成行政和解协议前，经调查发现新的事实、证据，认为案件不再符合行政和解受理条件的；

（二）未能在本办法第二十三条规定的期限内达成行政和解协议的；

（三）行政和解协议达成后，行政相对人不履行行政和解协议的；

（四）中国证监会在受理行政相对人的行政和解申请后，行政和解协议执行完毕前，发现行政相对人存在所提供的行政和解材料有虚假记载或者重大遗漏等情形的；

（五）中国证监会基于审慎监管原则认为有必要终止行政和解程序的。

有前款规定情形的，和解实施部门应当向行政相对人出具行政和解程序终止通知，并抄送案件调查部门、案件审理部门、行政和解金管理机构。已中止调查、审理的案件，案件调查部门、案件审理部门应当及时恢复调查、审理程序。

第三十一条 行政和解协议达成后，行政相对人不履行行政和解协议的，行政和解协议无效。

第三十二条 行政相对人未能在规定期限内与中国证监会达成行政和解协议的，中国证监会在继续调查、恢复审理时不得再次适用行政和解程序；行政相对人未按照约定履行行政和解协议的，中国证监会在恢复调查、审理后不得再次适用行政和解程序。

第三十三条 中国证监会在向行政相对人出具行政和解结案通知后，发现行政相对人存在所提供的行政和解材料有虚假记载或者重大遗漏等情形的，重新启动案件调查、审理程序。行政相对人已根据行政和解协议交纳的行政和解金，不予返还。

出现前款所规定情形的，和解实施部门应当及时告知行政相对人。

第四章 行政和解金的管理和使用

第三十四条 行政相对人交纳的行政和解金由行政和解金管理机构进行专户管理。

第三十五条 行政相对人因其涉嫌违法行为造成投资者损失的，投资者可以向行政和解金管理机构申请补偿。

投资者可以通过行政和解金补偿程序获得补偿，或者按照《中华人民共和国民事诉讼法》的规定对行政相对人提起民事损害赔偿诉讼请求赔偿。但投资者已通过行政和解金补偿程序获得补偿的，不应就已获得补偿部分再行请求民事损害赔偿。

第三十六条 行政和解金管理和使用的具体办法由中国证监会会同财政部另行制定。

第五章 附 则

第三十七条 中国证监会及其工作人员应当对行政和解工作情况严格保密，但法律、行政法规和本办法另有规定的除外。

第三十八条 中国证监会的工作人员违反本办法相关规定，滥用职权，玩忽职守，利用职务便利牟取不正当利益，泄露所知悉的有关单位或者个人的秘密，或者主动、变相主动提出行政和解、违反程序实施行政和解的，根据情节轻重，给予处分；构成犯罪的，依法追究刑事责任。

第三十九条 本办法自2015年3月29日起施行。

上市公司董事长谈话制度实施办法

1. 2001年3月19日中国证券监督管理委员会发布

2. 证监发〔2001〕47号

第一条 为加强上市公司监管，促进上市公司依法规范运作，保护投资者的合法权益，制定本办法。

第二条 本办法适用于股票在上海证券交易所和深圳证

券交易所上市交易的股份有限公司。

第三条 中国证监会派出机构具体实施辖区内上市公司董事长谈话工作。

中国证监会主管业务部门认为必要时可直接约见上市公司董事长谈话。

(中国证监会派出机构和主管业务部门以下统称为"中国证监会"。)

第四条 上市公司存在下列情形之一的,应当约见上市公司董事长谈话:

(一)严重资不抵债或主要资产被查封、冻结、拍卖导致公司失去持续经营能力的;

(二)控制权发生重大变动的;

(三)未履行招股说明书承诺事项的;

(四)公司或其董事会成员存在不当行为,但不构成违反国家证券法律、法规及中国证监会有关规定的;

(五)中国证监会认为确有必要的。

第五条 中国证监会约见上市公司董事长,按照下列程序进行:

(一)中国证监会认为有必要约见上市公司董事长谈话时,应当履行内部审批程序,经批准后方可进行。

(二)中国证监会约见上市公司董事长谈话时,应确定主谈人员和记录人员,谈话使用专门的谈话记录纸(谈话记录格式附后)。谈话结束时应要求谈话对象复核、签字。

(三)中国证监会根据需要决定谈话时间、地点和谈话对象应提供的书面材料,并提前三天以书面形式通知该上市公司的董事会秘书。谈话对象确因特殊情况不能参加的,应事先报告,经同意后委托相应人员代理。中国证监会认为必要时,可以要求上市公司其他有关人员、上市公司控股股东的高级管理人员、相关中介机构执业人员参加谈话。谈话对象不得无故拒绝、推托。

(四)中国证监会在约见谈话时,主谈人员应确认谈话对象的身份,宣布谈话制度、谈话目的,告知谈话对象应当真实、完整地向主谈人员说明有关情况,并对所说明的情况和作出的保证承担责任。

(五)谈话对象应对有关情况进行说明、解释,并提供相应说明材料,对公司情况说明不清、说明材料欠完备的,应当限期补充,谈话对象不得作出虚假陈述或故意隐瞒事实真相。

第六条 经中国证监会两次书面通知,谈话对象无正当理由不参加谈话,中国证监会将对其进行公开批评。

第七条 谈话对象对谈话所涉及的重要事项说明不清,提供的材料不完整,在限期内又未能进行充分补充的,中国证监会可以对其进行公开批评。

谈话对象在谈话中虚假陈述或故意隐瞒事实真相的,中国证监会将视其情节轻重依据有关规定对其进行处理。

第八条 中国证监会的谈话人员,应遵守法律、法规及有关规定,认真履行职责,对在谈话中知悉的有关单位和个人的商业秘密负有保密义务。未经许可,参加谈话人员不得透露与谈话结果有关的任何信息。

第九条 谈话对象应当根据谈话结果及时整改,纠正不当行为,中国证监会将对整改情况进行监督检查。

第十条 中国证监会为谈话和整改情况建立专项档案,做为上市公司董事长及其他高管人员是否忠实履行职务的记录。

第十一条 在执行谈话制度中发现上市公司或高级管理人员有违法违规行为的,中国证监会将依法查处。谈话记录将作为进一步调查的证据。

第十二条 本制度自发布之日起施行。

证券市场禁入规定

1. 2006年6月7日中国证券监督管理委员会令第33号公布
2. 自2006年7月10日起施行

第一条 为了维护证券市场秩序,保护投资者合法权益和社会公众利益,促进证券市场健康稳定发展,根据《中华人民共和国证券法》等法律、行政法规,制定本规定。

第二条 中国证券监督管理委员会(以下简称"中国证监会")对违反法律、行政法规或者中国证监会有关规定的有关责任人员采取证券市场禁入措施,以事实为依据,遵循公开、公平、公正的原则。

第三条 下列人员违反法律、行政法规或者中国证监会有关规定,情节严重的,中国证监会可以根据情节严重的程度,采取证券市场禁入措施:

(一)发行人、上市公司的董事、监事、高级管理人员,其他信息披露义务人或者其他信息披露义务人的董事、监事、高级管理人员;

(二)发行人、上市公司的控股股东、实际控制人或者发行人、上市公司控股股东、实际控制人的董事、监事、高级管理人员;

(三)证券公司的董事、监事、高级管理人员及其内设业务部门负责人、分支机构负责人或者其他证券从业人员;

(四)证券公司的控股股东、实际控制人或者证券公司控股股东、实际控制人的董事、监事、高级管理人员;

(五)证券服务机构的董事、监事、高级管理人员等从事证券服务业务的人员和证券服务机构的实际控制人或者证券服务机构实际控制人的董事、监事、高级管理人员；

（六）证券投资基金管理人、证券投资基金托管人的董事、监事、高级管理人员及其内设业务部门、分支机构负责人或者其他证券投资基金从业人员；

（七）中国证监会认定的其他违反法律、行政法规或者中国证监会有关规定的有关责任人员。

第四条　被中国证监会采取证券市场禁入措施的人员，在禁入期间内，除不得继续在原机构从事证券业务或者担任原上市公司董事、监事、高级管理人员职务外，也不得在其他任何机构中从事证券业务或者担任其他上市公司董事、监事、高级管理人员职务。

被采取证券市场禁入措施的人员，应当在收到中国证监会作出的证券市场禁入决定后立即停止从事证券业务或者停止履行上市公司董事、监事、高级管理人员职务，并由其所在机构按规定的程序解除其被禁止担任的职务。

第五条　违反法律、行政法规或者中国证监会有关规定，情节严重的，可以对有关责任人员采取3至5年的证券市场禁入措施；行为恶劣、严重扰乱证券市场秩序、严重损害投资者利益或者在重大违法活动中起主要作用等情节较为严重的，可以对有关责任人员采取5至10年的证券市场禁入措施；有下列情形之一的，可以对有关责任人员采取终身的证券市场禁入措施：

（一）严重违反法律、行政法规或者中国证监会有关规定，构成犯罪的；

（二）违反法律、行政法规或者中国证监会有关规定，行为特别恶劣，严重扰乱证券市场秩序并造成严重社会影响，或者致使投资者利益遭受特别严重损害的；

（三）组织、策划、领导或者实施重大违反法律、行政法规或者中国证监会有关规定的活动的；

（四）其他违反法律、行政法规或者中国证监会有关规定，情节特别严重的。

第六条　违反法律、行政法规或者中国证监会有关规定，情节严重的，可以单独对有关责任人员采取证券市场禁入措施，或者一并依法进行行政处罚；涉嫌犯罪的，依法移送公安机关、人民检察院，并可同时采取证券市场禁入措施。

第七条　有下列情形之一的，可以对有关责任人员从轻、减轻或者免予采取证券市场禁入措施：

（一）主动消除或者减轻违法行为危害后果的；

（二）配合查处违法行为有立功表现的；

（三）受他人指使、胁迫有违法行为，且能主动交待违法行为的；

（四）其他可以从轻、减轻或者免予采取证券市场禁入措施的。

第八条　共同违反法律、行政法规或者中国证监会有关规定，需要采取证券市场禁入措施的，对负次要责任的人员，可以比照应负主要责任的人员，适当从轻、减轻或者免予采取证券市场禁入措施。

第九条　中国证监会采取证券市场禁入措施前，应当告知当事人采取证券市场禁入措施的事实、理由及依据，并告知当事人有陈述、申辩和要求举行听证的权利。

第十条　被采取证券市场禁入措施者因同一违法行为同时被认定有罪或者进行行政处罚的，如果对其所作有罪认定或行政处罚决定被依法撤销或者变更，并因此影响证券市场禁入措施的事实基础或者合法性、适当性的，依法撤销或者变更证券市场禁入措施。

第十一条　被中国证监会采取证券市场禁入措施的人员，中国证监会将通过中国证监会网站或指定媒体向社会公布，并记入被认定为证券市场禁入者的诚信档案。

第十二条　中国证监会依法宣布个人或者单位的直接责任人员为期货市场禁止进入者的，可以参照本规定执行。

第十三条　本规定自2006年7月10日起施行。1997年3月3日中国证监会发布施行的《证券市场禁入暂行规定》（证监〔1997〕7号）同时废止。

中国证券监督管理委员会
限制证券买卖实施办法

2007年5月18日中国证券监督管理委员会令第45号公布施行

第一条　为维护证券市场正常秩序，保护投资者合法权益，有效打击证券违法行为，依据《中华人民共和国证券法》第一百八十条第七项，制订本办法。

第二条　限制证券买卖是指中国证券监督管理委员会（以下简称中国证监会）在调查操纵证券市场、内幕交易等重大证券违法行为时，对被调查事件当事人受限账户的证券买卖行为采取的限制措施。

限制证券买卖措施由中国证监会调查部门（以下简称调查部门）具体实施。

第三条　受限账户包括被调查事件当事人及其实际控制的资金账户、证券账户和与当事人有关的其他账户。

与当事人有关的其他账户包括：

（一）有资金往来的；

（二）资金存取人为相同人员或机构的；

(三)交易代理人为相同人员或机构的;

(四)有转托管或交叉指定关系的;

(五)有抵押关系的;

(六)受同一监管协议控制的;

(七)下挂同一个或多个股东账户的;

(八)属同一控制人控制的;

(九)调查部门通过调查认定的其他情况。

第四条　限制证券买卖措施包括:

(一)不得买入指定交易品种,但允许卖出;

(二)不得卖出指定交易品种,但允许买入;

(三)不得买入和卖出指定交易品种;

(四)不得办理转托管或撤销指定交易;

(五)调查部门认为应采取的其他限制措施。

第五条　调查部门限制证券买卖的时间不得超过15个交易日。案情复杂的,经批准可延长15个交易日。

第六条　调查部门实施本措施,应当制作《限制/解除限制证券买卖申请书》,经法律部门审核,报中国证监会主要负责人批准。

第七条　《限制/解除限制证券买卖申请书》应当载明以下事项:

(一)案由;

(二)受限账户的基本情况;

(三)采取限制/解除限制措施的原因;

(四)采取限制/解除限制措施的法律依据;

(五)限制措施的主要内容,包括受限账户名称、代码、限制品种、限制方式和限制期限。

同时,应当附带下列材料:

(一)证明调查部门正在对被调查事件当事人的证券违法行为进行调查的材料;

(二)证明受限账户基本情况的材料;

(三)证明受限账户符合本办法第三条规定的材料;

(四)调查部门认为受限账户符合采取限制/解除限制措施的原因的证据。

《限制/解除限制证券买卖申请书》应当经调查部门主要负责人签字批准、加盖公章。

第八条　实施限制证券买卖措施,调查部门应当向证券交易所、证券登记结算公司、证券经营机构等协助实施限制证券买卖的机构发出《限制/解除限制证券买卖通知书》。

第九条　《限制/解除限制证券买卖通知书》应当载明以下事项:

(一)实施依据;

(二)受限账户;

(三)限制方式;

(四)限制品种;

(五)限制期限;

(六)协助执行单位。

第十条　协助实施限制证券买卖的机构应当按要求及时、有效地执行限制措施。限制期满,应及时解除。

第十一条　调查部门应将实施限制证券买卖措施的情况通知当事人或托管受限账户的证券经营机构。

当事人有权申请复议。复议期间,限制证券买卖措施不停止执行。

第十二条　限制期限届满前,需解除限制证券买卖措施的,经中国证监会主要负责人批准,可予以解除。

第十三条　根据需要,有关部门可对限制证券买卖情况予以公告。

第十四条　协助实施限制证券买卖的机构未按要求及时、有效地执行限制措施,依有关法规追究责任。

第十五条　调查部门未按规定程序实施限制证券买卖措施的,将依法追究责任。

第十六条　本办法自公布之日起施行。

中国证券监督管理委员会
冻结、查封实施办法

1. 2005年12月30日中国证券监督管理委员会令第28号公布

2. 根据2011年5月23日中国证券监督管理委员会令第71号《关于修改〈中国证券监督管理委员会冻结、查封实施办法〉的决定》修订

第一条　为了保护投资者和当事人的合法权益,及时有效查处证券违法行为,规范冻结、查封工作,维护市场秩序,根据《中华人民共和国证券法》及相关法律法规,制定本办法。

第二条　中国证券监督管理委员会及其派出机构依法履行职责,有权冻结、查封涉案当事人的违法资金、证券等涉案财产或者重要证据。

第三条　冻结、查封违法资金、证券等涉案财产或者重要证据,必须依照本办法规定的程序提交申请,经法律部门审查,报中国证券监督管理委员会主要负责人批准,制作决定书、通知书,由执法人员实施。

第四条　中国证券监督管理委员会案件调查部门、案件审理部门及派出机构在对证券违法案件进行调查、审理或者执行时,发现存在下列情形之一的,可以申请冻结、查封:

(一)已经转移、隐匿违法资金、证券等涉案财产的;

(二)可能转移、隐匿违法资金、证券等涉案财产的;

（三）已经隐匿、伪造、毁损重要证据的；

（四）可能隐匿、伪造、毁损重要证据的；

（五）其他需要及时冻结、查封的情形。

第五条 有下列情形之一的，视为可能转移或者隐匿违法资金、证券等涉案财产：

（一）涉案当事人本人开立的资金账户、证券账户和银行账户或由其实际控制的资金账户、证券账户和银行账户，以及与其有关联的资金账户、证券账户和银行账户中存放的违法资金、证券，部分已经被转移或者隐匿的；

（二）被举报的违法资金、证券等涉案财产已经或者将要被转移、隐匿并提供具体的转移或者隐匿线索的；

（三）通过与他人签订合同等形式，拟将违法资金、证券等涉案财产作为合同标的物或者以偿还贷款、支付合同价款等名义转移占有的；

（四）当事人因涉嫌严重违法而被立案调查，且其涉案场所、账户或者人员已经被执法部门调查的；

（五）其他有证据证明有转移或者隐匿违法资金、证券等涉案财产迹象的。

第六条 有下列特征之一的，视为重要证据：

（一）对案件调查有重大影响的；

（二）对案件定性有关键作用的；

（三）不可替代或者具有唯一性的；

（四）其他重要证据。

第七条 中国证券监督管理委员会案件调查部门、案件审理部门及派出机构需要实施冻结、查封时，应当提交申请，经部门或者派出机构主要负责人批准，交法律部门审查。业务监管部门在履行监管职责中发现需要采取冻结、查封措施的，应当及时通报案件调查部门实施冻结、查封。

第八条 冻结、查封申请书应当载明下列事项：

（一）被冻结、查封当事人姓名或者名称、地址等基本情况；

（二）申请冻结、查封的具体事项，包括涉案财产或者重要证据的名称、代码、数量、金额、地址等；

（三）主要违法事实与申请冻结、查封的理由；

（四）其他需要说明的事项。

第九条 负责审查的法律部门应当及时处理冻结、查封申请，出具审核意见，并制作冻结、查封决定书，报中国证券监督管理委员会主要负责人批准。

第十条 冻结、查封决定书应当载明下列事项：

（一）被冻结、查封当事人姓名或者名称、地址等基本情况；

（二）冻结、查封的理由和依据；

（三）冻结、查封财产或者证据的名称、数量和期限；

（四）申请行政复议的途径；

（五）中国证券监督管理委员会公章和日期。

第十一条 申请书、决定书经批准后，由申请部门负责实施。实施冻结、查封的部门应当制作冻结通知书或者查封通知书，通知书应当载明下列事项：

（一）协助冻结、查封的单位名称；

（二）冻结、查封的法律依据；

（三）冻结、查封的财产或者证据所在机构的名称或者地址；

（四）冻结、查封的财产或者证据的名称、数额等；

（五）冻结、查封的起止时间；

（六）其他需要说明的事项；

（七）中国证券监督管理委员会公章和日期。

第十二条 实施冻结，应当依照有关规定，向协助执行部门出示冻结决定书，送达冻结通知书，并在实施冻结后及时向当事人送达冻结决定书。当事人应当将被冻结情况告知其控制的涉案财产的名义持有人。

第十三条 实施查封，应当依照有关规定向当事人送达查封决定书。需要有关部门协助的，还应当向协助执行部门送达查封通知书。

实施查封后，应当制作现场笔录和查封清单。查封清单一式两份，由当事人和实施部门分别保存。

第十四条 冻结或者查封应当由两名以上执法人员实施。

执法人员在实施冻结或者查封时应当出示有效证件。

第十五条 现场笔录应当载明下列事项：

（一）冻结、查封的时间、地点；

（二）实施冻结、查封的单位和个人；

（三）被冻结、查封的单位和个人；

（四）协助冻结、查封的单位和个人；

（五）冻结、查封的具体事项，包括涉案财产或者重要证据的名称、代码、数量、金额、地址等；

（六）当事人的陈述和申辩；

（七）其他应当载明的事项。

现场笔录和清单由当事人、见证人和执法人员签名或者盖章，当事人不在现场或者当事人、见证人拒绝签名或者盖章的，应当在笔录中予以注明。

第十六条 查封可以采取下列方式：

（一）查封动产的，应当在该动产上加贴封条或者采取其他足以公示查封的适当方式；

（二）查封已登记的不动产、特定动产及其他财产权的，应当张贴封条或者公告，并通知有关登记机关办

理查封登记手续;

(三)查封未登记的不动产、特定动产及其他财产权的,应当张贴封条或者公告,并告知法定权属登记机关;

(四)查封重要证据的,应当加贴封条或者采取其他足以公示查封的适当方式;

(五)其他合法的方式。

第十七条　冻结、查封的期限为6个月。因特殊原因需要延长的,应当在冻结、查封期满前10日内办理继续冻结、查封手续。每次继续冻结、查封期限最长不超过6个月。

逾期未办理继续冻结、查封手续的,视为自动撤销冻结、查封。

第十八条　冻结证券,其金额应当以冻结实施日前一交易日收市后的市值计算。

冻结证券时,中国证券监督管理委员会及其派出机构可以明确被冻结的证券是否限制卖出。

限制证券卖出的,由证券公司或者证券登记结算机构协助执行冻结。冻结期间,证券持有人可以提出出售部分或者全部被冻结证券的请求,经申请部门审查认为确有必要的,可以解除卖出限制,并监督证券持有人依法出售,同时将所得资金转入相关资金账户予以冻结。

不限制证券卖出的,由证券公司等控制资金账户的单位协助执行冻结。冻结期间,证券持有人可以依法出售部分或者全部被冻结的证券,同时将所得资金转入相关资金账户予以冻结。

证券公司协助执行冻结的,应当于当日将冻结信息发送证券登记结算机构。

证券被冻结后,不得进行转托管或转指定,不得设定抵押、质押等权利,不得进行非交易过户,不得进行重复冻结。

第十九条　有下列情形之一的,经中国证券监督管理委员会主要负责人批准,应当及时解除冻结、查封措施:

(一)已经完成调查、处罚的;

(二)经查证,确实与案件无关的;

(三)当事人提供相应担保的;

(四)其他应当及时解除冻结、查封的情形。

第二十条　冻结、查封财产的数额应当与违法行为的情节或者行政处罚决定的金额相适应。

第二十一条　案件调查结束后,当事人的违法行为涉嫌犯罪需要移送公安机关的,应当将冻结、查封的证据、材料一并移送。

第二十二条　当事人逾期不履行处罚决定的,中国证券监督管理委员会可以依法申请人民法院强制执行冻结、查封的涉案财产。

第二十三条　解除冻结、查封参照实施冻结、查封程序办理。

第二十四条　当事人对冻结、查封决定不服的,可以依法向中国证券监督管理委员会申请行政复议。

行政复议期间,冻结、查封措施不停止执行,但是有下列情形之一的,可以停止执行:

(一)实施部门认为需要停止执行并批准的;

(二)当事人申请停止执行并批准的;

(三)法律、法规规定应当停止执行的。

第二十五条　未按规定程序实施冻结、查封,给当事人的合法财产造成重大损失的,依法给予赔偿;对直接负责的主管人员和直接责任人员给予行政处分;构成犯罪的,依法追究刑事责任。

第二十六条　当事人和协助执行单位拒绝、阻碍中国证券监督管理委员会执法人员实施冻结、查封措施,未使用暴力、威胁方法的,依法给予治安管理处罚;构成犯罪的,依法追究刑事责任。

第二十七条　本办法由中国证券监督管理委员会负责解释。

第二十八条　本办法自2006年1月1日起施行。

关于上市公司建立内幕信息知情人登记管理制度的规定

1. 2011年10月25日中国证券监督管理委员会公告〔2011〕30号公布
2. 自2011年11月25日起施行

第一条　为完善上市公司内幕信息管理制度,做好内幕信息保密工作,有效防范和打击内幕交易等证券违法违规行为,根据《证券法》、《上市公司信息披露管理办法》等法律法规和规章,制定本规定。

第二条　本规定所称内幕信息知情人,是指《证券法》第七十四条规定的有关人员。

第三条　本规定所称内幕信息,是指根据《证券法》第七十五条规定,涉及上市公司的经营、财务或者对公司证券及其衍生品种交易价格有重大影响的尚未公开的信息。

第四条　内幕信息知情人在内幕信息公开前负有保密义务。

第五条　上市公司应当根据本规定,建立内幕信息知情人登记管理制度,对内幕信息的保密管理及在内幕信息依法公开披露前的内幕信息知情人的登记管理作出规定。

第六条　在内幕信息依法公开披露前,上市公司应当按照本规定填写上市公司内幕信息知情人档案(必备项目见附件),及时记录商议筹划、论证咨询、合同订立等阶段及报告、传递、编制、决议、披露等环节的内幕信息知情人名单,及其知悉内幕信息的时间、地点、依据、方式、内容等信息。

第七条　上市公司董事会应当保证内幕信息知情人档案真实、准确和完整,董事长为主要责任人。董事会秘书负责办理上市公司内幕信息知情人的登记入档事宜。

上市公司监事会应当对内幕信息知情人登记管理制度实施情况进行监督。

第八条　上市公司的股东、实际控制人及其关联方研究、发起涉及上市公司的重大事项,以及发生对上市公司股价有重大影响的其他事项时,应当填写本单位内幕信息知情人的档案。

证券公司、证券服务机构、律师事务所等中介机构接受委托从事证券服务业务,该受托事项对上市公司股价有重大影响的,应当填写本机构内幕信息知情人的档案。

收购人、重大资产重组交易对方以及涉及上市公司并对上市公司股价有重大影响事项的其他发起方,应当填写本单位内幕信息知情人的档案。

上述主体应当根据事项进程将内幕信息知情人档案分阶段送达相关上市公司,但完整的内幕信息知情人档案的送达时间不得晚于内幕信息公开披露的时间。内幕信息知情人档案应当按照本规定第六条的要求进行填写。

上市公司应当做好其所知悉的内幕信息流转环节的内幕信息知情人的登记,并做好第一款至第三款涉及各方内幕信息知情人档案的汇总。

第九条　行政管理部门人员接触到上市公司内幕信息的,应当按照相关行政部门的要求做好登记工作。

上市公司在披露前按照相关法律法规政策要求需经常性向相关行政管理部门报送信息的,在报送部门、内容等未发生重大变化的情况下,可将其视为同一内幕信息事项,在同一张表格中登记行政管理部门的名称,并持续登记报送信息的时间。除上述情况外,内幕信息流转涉及到行政管理部门时,上市公司应当按照一事一记的方式在知情人档案中登记行政管理部门的名称、接触内幕信息的原因以及知悉内幕信息的时间。

第十条　上市公司进行收购、重大资产重组、发行证券、合并、分立、回购股份等重大事项,除按照本规定第六条填写上市公司内幕信息知情人档案外,还应当制作重大事项进程备忘录,内容包括但不限于筹划决策过程中各个关键时点的时间、参与筹划决策人员名单、筹划决策方式等。上市公司应当督促备忘录涉及的相关人员在备忘录上签名确认。

第十一条　上市公司内幕信息知情人登记管理制度中应当包括对公司下属各部门、分公司、控股子公司及上市公司能够对其实施重大影响的参股公司的内幕信息管理的内容,明确上述主体的内部报告义务、报告程序和有关人员的信息披露职责。

上市公司内幕信息知情人登记管理制度中应当明确内幕信息知情人的保密义务、违反保密规定责任和通过签订保密协议、禁止内幕交易告知书等必要方式将上述事项告知有关人员等内容。

第十二条　上市公司根据中国证监会的规定,对内幕信息知情人买卖本公司股票及其衍生品种的情况进行自查。发现内幕信息知情人进行内幕交易、泄露内幕信息或者建议他人利用内幕信息进行交易的,上市公司应当进行核实并依据其内幕信息知情人登记管理制度对相关人员进行责任追究,并在2个工作日内将有关情况及处理结果报送公司注册地中国证监会派出机构。

第十三条　上市公司应当及时补充完善内幕信息知情人档案信息。内幕信息知情人档案自记录(含补充完善)之日起至少保存10年。中国证监会及其派出机构、证券交易所可查询内幕信息知情人档案。

上市公司进行本规定第十条所列重大事项的,应当在内幕信息依法公开披露后及时将内幕信息知情人档案及重大事项进程备忘录报送证券交易所。证券交易所可视情况要求上市公司披露重大事项进程备忘录中的相关内容。

第十四条　中国证监会及其派出机构可以根据《上市公司现场检查办法》的规定,对上市公司内幕信息知情人登记管理制度的建立、执行和上市公司内幕信息知情人档案保管情况进行现场检查。

第十五条　有下列情形之一的,中国证监会可以对上市公司及相关主体采取责令改正、监管谈话、出具警示函等监督管理措施;情节严重的,可以认定相关人员为不适当人选,或者对其采取市场禁入措施:

(一)未按照本规定的要求建立内幕信息知情人登记管理制度;

(二)未按照本规定的要求报送内幕信息知情人档案、重大事项进程备忘录;

(三)内幕信息知情人档案、重大事项进程备忘录有虚假、重大遗漏和重大错误;

(四)拒不配合上市公司进行内幕信息知情人登记。

中国证监会依照前款规定采取监督管理措施,涉及国有控股上市公司或其控股股东的,通报有关国有资产监督管理机构。

发现内幕信息知情人泄露内幕信息、进行内幕交易或者建议他人利用内幕信息进行交易等情形的,中国证监会将对有关单位和个人进行立案稽查,涉嫌犯罪的,依法移送司法机关追究刑事责任。

第十六条 本规定自2011年11月25日起施行。

附件:上市公司内幕信息知情人档案格式

附件:

上市公司内幕信息知情人档案格式(注1):

内幕信息事项(注2):

序号	内幕信息知情人姓名	身份证号码	知悉内幕信息时间	知悉内幕信息地点	知悉内幕信息方式	内幕信息内容	内幕信息所处阶段	登记时间	登记人
					注3	注4	注5		注6

公司简称: 公司代码:

法定代表人签名: 公司盖章:

注:1. 本表所列项目仅为必备项目,上市公司可根据自身内幕信息管理的需要增加内容;涉及行政管理部门的,应按照第九条的要求内容进行登记。具体档案格式由上市公司根据需要确定,并注意保持稳定性。

2. 内幕信息事项应采取一事一记的方式,即每份内幕信息知情人档案仅涉及一个内幕信息事项,不同内幕信息事项涉及的知情人档案应分别记录。

3. 填报获取内幕信息的方式,包括但不限于会谈、电话、传真、书面报告、电子邮件等。

4. 填报各内幕信息知情人所获知的内幕信息的内容,可根据需要添加附页进行详细说明。

5. 填报内幕信息所处阶段,包括商议筹划,论证咨询,合同订立,公司内部的报告、传递、编制、决议等。

6. 如为上市公司登记,填写上市公司登记人名字;如为上市公司汇总,保留所汇总表格中原登记人的姓名。

上市公司监管指引第1号——上市公司实施重大资产重组后存在未弥补亏损情形的监管要求

2012年3月23日中国证券监督管理委员会公告〔2012〕6号公布施行

上市公司发行股份购买资产实施重大资产重组后,新上市公司主体全额承继了原上市公司主体存在的未弥补亏损,根据《公司法》、《上市公司证券发行管理办法》等法律法规的规定,新上市公司主体将由于存在未弥补亏损而长期无法向股东进行现金分红和通过公开发行证券进行再融资。对于上市公司因实施上述重组事项可能导致长期不能弥补亏损,进而影响公司分红和公开发行证券的情形,现明确监管要求如下:

一、相关上市公司应当遵守《公司法》规定,公司的资本公积金不得用于弥补公司的亏损。

二、相关上市公司不得采用资本公积金转增股本同时缩股以弥补公司亏损的方式规避上述法律规定。

三、相关上市公司应当在临时公告和年报中充分披露不能弥补亏损的风险并作出特别风险提示。

四、相关上市公司在实施重大资产重组时,应当在重组报告书中充分披露全额承继亏损的影响并作出特别风险提示。

上市公司监管指引第2号——上市公司募集资金管理和使用的监管要求

2012年12月19日中国证券监督管理委员会公告〔2012〕44号公布施行

为了加强对上市公司募集资金的监管,提高募集资金使用效益，根据《证券法》以及《上市公司证券发行管理办法》、《首次公开发行股票并上市管理办法》、《首次公开发行股票并在创业板上市管理暂行办法》等规定，现明确监管要求如下：

一、上市公司董事会应当对募集资金投资项目的可行性进行充分论证，确信投资项目具有较好的市场前景和盈利能力，有效防范投资风险，提高募集资金使用效益。

二、上市公司的董事、监事和高级管理人员应当勤勉尽责，督促上市公司规范使用募集资金，自觉维护上市公司募集资金安全，不得参与、协助或纵容上市公司擅自或变相改变募集资金用途。

三、上市公司应当建立并完善募集资金存储、使用、变更、监督和责任追究的内部控制制度，明确募集资金使用的分级审批权限、决策程序、风险控制措施及信息披露要求。

四、上市公司应当将募集资金存放于经董事会批准设立的专项账户集中管理和使用，并在募集资金到位后一个月内与保荐机构、存放募集资金的商业银行签订三方监管协议。募集资金专项账户不得存放非募集资金或用作其他用途。

五、上市公司募集资金应当按照招股说明书或募集说明书所列用途使用。上市公司改变招股说明书或募集说明书所列资金用途的，必须经股东大会作出决议。

六、上市公司募集资金原则上应当用于主营业务。除金融类企业外，募集资金投资项目不得为持有交易性金融资产和可供出售的金融资产、借予他人、委托理财等财务性投资，不得直接或间接投资于以买卖有价证券为主要业务的公司。

七、暂时闲置的募集资金可进行现金管理，其投资的产品须符合以下条件：

（一）安全性高，满足保本要求，产品发行主体能够提供保本承诺；

（二）流动性好，不得影响募集资金投资计划正常进行。

投资产品不得质押，产品专用结算账户（如适用）不得存放非募集资金或用作其他用途，开立或注销产品专用结算账户的，上市公司应当及时报交易所备案并公告。

使用闲置募集资金投资产品的，应当经上市公司董事会审议通过，独立董事、监事会、保荐机构发表明确同意意见。上市公司应当在董事会会议后2个交易日内公告下列内容：

（一）本次募集资金的基本情况，包括募集时间、募集资金金额、募集资金净额及投资计划等；

（二）募集资金使用情况；

（三）闲置募集资金投资产品的额度及期限，是否存在变相改变募集资金用途的行为和保证不影响募集资金项目正常进行的措施；

（四）投资产品的收益分配方式、投资范围及安全性；

（五）独立董事、监事会、保荐机构出具的意见。

八、暂时闲置的募集资金可暂时用于补充流动资金。暂时补充流动资金，仅限于与主营业务相关的生产经营使用，不得通过直接或间接安排用于新股配售、申购，或用于股票及其衍生品种、可转换公司债券等的交易。

闲置募集资金暂时用于补充流动资金的，应当经上市公司董事会审议通过，独立董事、监事会、保荐机构发表明确同意意见并披露。单次补充流动资金最长不得超过12个月。

九、上市公司实际募集资金净额超过计划募集资金金额的部分（下称超募资金）可用于永久补充流动资金和归还银行借款，每12个月内累计金额不得超过超募资金总额的30%。

超募资金用于永久补充流动资金和归还银行借款的，应当经上市公司股东大会审议批准，并提供网络投票表决方式，独立董事、保荐机构应当发表明确同意意见并披露。上市公司应当承诺在补充流动资金后的12个月内不进行高风险投资以及为他人提供财务资助并披露。

十、上市公司以自筹资金预先投入募集资金投资项目的，可以在募集资金到账后6个月内，以募集资金置换自筹资金。置换事项应当经董事会审议通过，会计师事务所出具鉴证报告，并由独立董事、监事会、保荐机构发表明确同意意见并披露。

十一、上市公司应当真实、准确、完整地披露募集资金的实际使用情况。董事会应当每半年度全面核查募集资金投资项目的进展情况，出具《公司募集资金存放与实际使用情况的专项报告》并披露。年度审计时，上市公司应聘请会计师事务所对募集资金存放与使用情况出具鉴证报告。

募集资金投资项目实际投资进度与投资计划存在差异的，上市公司应当解释具体原因。当期存在使用闲置募集资金投资产品情况的，上市公司应当披露本报告期的收益情况以及期末的投资份额、签约方、产品名称、期限等信息。

十二、独立董事应当关注募集资金实际使用情况与上市公司信息披露情况是否存在差异。经1/2以上独立董事同意，独立董事可以聘请会计师事务所对募集资金存放与使用情况出具鉴证报告，上市公司应当积极配合，并承担必要的费用。

十三、保荐机构应当按照《证券发行上市保荐业务管理办法》的规定，对上市公司募集资金的管理和使用履行保荐职责，做好持续督导工作。保荐机构应当至少每半年度对上市公司募集资金的存放与使用情况进行一次现场核查。每个会计年度结束后，保荐机构应当对上市公司年度募集资金存放与使用情况出具专项核查报告并披露。

十四、本监管指引自公布之日起施行。中国证监会《关于进一步规范上市公司募集资金使用的通知》（证监公司字〔2007〕25号）同时废止。

上市公司监管指引第3号——上市公司现金分红

2013年11月30日中国证券监督管理委员会公告〔2013〕43号公布施行

第一条　为规范上市公司现金分红，增强现金分红透明度，维护投资者合法权益，根据《公司法》、《证券法》、《上市公司信息披露管理办法》和《上市公司证券发行管理办法》等规定，制定本指引。

第二条　上市公司应当牢固树立回报股东的意识，严格依照《公司法》、《证券法》和公司章程的规定，健全现金分红制度，保持现金分红政策的一致性、合理性和稳定性，保证现金分红信息披露的真实性。

第三条　上市公司制定利润分配政策时，应当履行公司章程规定的决策程序。董事会应当就股东回报事宜进行专项研究论证，制定明确、清晰的股东回报规划，并详细说明规划安排的理由等情况。上市公司应当在公司章程中载明以下内容：

（一）公司董事会、股东大会对利润分配尤其是现金分红事项的决策程序和机制，对既定利润分配政策尤其是现金分红政策作出调整的具体条件、决策程序和机制，以及为充分听取独立董事和中小股东意见所采取的措施。

（二）公司的利润分配政策尤其是现金分红政策的具体内容，利润分配的形式，利润分配尤其是现金分红的期间间隔，现金分红的具体条件，发放股票股利的条件，各期现金分红最低金额或比例（如有）等。

第四条　上市公司应当在章程中明确现金分红相对于股票股利在利润分配方式中的优先顺序。

具备现金分红条件的，应当采用现金分红进行利润分配。

采用股票股利进行利润分配的，应当具有公司成长性、每股净资产的摊薄等真实合理因素。

第五条　上市公司董事会应当综合考虑所处行业特点、发展阶段、自身经营模式、盈利水平以及是否有重大资金支出安排等因素，区分下列情形，并按照公司章程规定的程序，提出差异化的现金分红政策：

（一）公司发展阶段属成熟期且无重大资金支出安排的，进行利润分配时，现金分红在本次利润分配中所占比例最低应达到80%；

（二）公司发展阶段属成熟期且有重大资金支出安排的，进行利润分配时，现金分红在本次利润分配中所占比例最低应达到40%；

（三）公司发展阶段属成长期且有重大资金支出安排的，进行利润分配时，现金分红在本次利润分配中所占比例最低应达到20%。

公司发展阶段不易区分但有重大资金支出安排的，可以按照前项规定处理。

第六条　上市公司在制定现金分红具体方案时，董事会应当认真研究和论证公司现金分红的时机、条件和最低比例、调整的条件及其决策程序要求等事宜，独立董事应当发表明确意见。

独立董事可以征集中小股东的意见，提出分红提案，并直接提交董事会审议。

股东大会对现金分红具体方案进行审议前，上市公司应当通过多种渠道主动与股东特别是中小股东进行沟通和交流，充分听取中小股东的意见和诉求，及时答复中小股东关心的问题。

第七条　上市公司应当严格执行公司章程确定的现金分红政策以及股东大会审议批准的现金分红具体方案。确有必要对公司章程确定的现金分红政策进行调整或者变更的，应当满足公司章程规定的条件，经过详细论证后，履行相应的决策程序，并经出席股东大会的股东所持表决权的2/3以上通过。

第八条　上市公司应当在年度报告中详细披露现金分红政策的制定及执行情况，并对下列事项进行专项说明：

（一）是否符合公司章程的规定或者股东大会决议的要求；

（二）分红标准和比例是否明确和清晰；

（三）相关的决策程序和机制是否完备；

（四）独立董事是否履职尽责并发挥了应有的作用；

（五）中小股东是否有充分表达意见和诉求的机会，中小股东的合法权益是否得到了充分保护等。

对现金分红政策进行调整或变更的，还应对调整或变更的条件及程序是否合规和透明等进行详细说明。

第九条 拟发行证券、借壳上市、重大资产重组、合并分立或者因收购导致上市公司控制权发生变更的，应当在募集说明书或发行预案、重大资产重组报告书、权益变动报告书或者收购报告书中详细披露募集或发行、重组或者控制权发生变更后上市公司的现金分红政策及相应的安排、董事会对上述情况的说明等信息。

第十条 上市公司可以依法发行优先股、回购股份。

支持上市公司在其股价低于每股净资产的情形下（亏损公司除外）回购股份。

第十一条 上市公司应当采取有效措施鼓励广大中小投资者以及机构投资者主动参与上市公司利润分配事项的决策。充分发挥中介机构的专业引导作用。

第十二条 证券监管机构在日常监管工作中，应当对下列情形予以重点关注：

（一）公司章程中没有明确、清晰的股东回报规划或者具体的现金分红政策的，重点关注其中的具体原因，相关决策程序是否合法合规，董事、监事、高级管理人员是否勤勉尽责，独立董事是否出具了明确意见等；

（二）公司章程规定不进行现金分红的，重点关注该等规定是否符合公司的实际情况，是否进行了充分的自我评价，独立董事是否出具了明确意见等；

（三）公司章程规定了现金分红政策，但无法按照既定现金分红政策确定当年利润分配方案的，重点关注公司是否按照要求在年度报告中披露了具体原因，相关原因与实际情况是否相符合，独立董事是否出具了明确意见等；

（四）上市公司在年度报告期内有能力分红但不分红尤其是连续多年不分红或者分红水平较低的，重点关注其有关审议通过年度报告的董事会公告中是否详细披露了未进行现金分红或现金分红水平较低的原因，相关原因与实际情况是否相符合，持续关注留存未分配利润的确切用途以及收益情况，独立董事是否对未进行现金分红或现金分红水平较低的合理性发表独立意见，是否按照规定为中小股东参与决策提供了便利等；

（五）上市公司存在大比例现金分红等情形的，重点关注相关决策程序是否合法合规，董事、监事及高级管理人员是否勤勉尽责，独立董事是否出具了明确意见，是否按照规定为中小股东参与决策提供了便利，是否存在明显不合理或相关股东滥用股东权利不当干预公司决策等情形。

第十三条 上市公司有下列情形的，证券监管机构应采取相应的监管措施：

（一）未按规定制定明确的股东回报规划；

（二）未针对现金分红等利润分配政策制定并履行必要的决策程序；

（三）未在定期报告或其他报告中详细披露现金分红政策的制定及执行情况；

（四）章程有明确规定但未按照规定分红；

（五）现金分红监管中发现的其他违法违规情形。

上市公司在有关利润分配政策的陈述或者说明中有虚假或重大遗漏的，证券监管机构应当采取相应的监管措施；依法应当行政处罚的，依照《证券法》第一百九十三条予以处罚。

第十四条 证券监管机构应当将现金分红监管中的监管措施实施情况按照规定记入上市公司诚信档案。上市公司涉及再融资、资产重组事项时，其诚信状况应当在审核中予以重点关注。

第十五条 本指引由中国证券监督管理委员会负责解释。

第十六条 本指引自公布之日起施行。

上市公司监管指引第4号——上市公司实际控制人、股东、关联方、收购人以及上市公司承诺及履行

2013年12月27日中国证券监督管理委员会公告〔2013〕55号公布施行

为了加强对上市公司实际控制人、股东、关联方、收购人以及上市公司的承诺及履行承诺行为的监管，切实保护中小投资者合法权益，根据《公司法》、《证券法》、《上市公司收购管理办法》、《上市公司重大资产重组管理办法》、《证券期货市场诚信监督管理暂行办法》等有关法律和规定，现就上市公司实际控制人、股东、关联方、收购人以及上市公司承诺及履行承诺行为制定本指引，有关监管要求如下：

一、上市公司实际控制人、股东、关联方、收购人以及上市公司（以下简称承诺相关方）在首次公开发行股票、再融资、股改、并购重组以及公司治理专项活动等过程中作出的解决同业竞争、资产注入、股权激励、解决产权瑕疵等各项承诺事项，必须有明确的履约时限，不得使用“尽快”、“时机成熟时”等模糊性词语，承诺履行涉及行业政策限制的，应当在政策允许的基础上明确履约时限。

上市公司应对承诺事项的具体内容、履约方式及时间、履约能力分析、履约风险及对策、不能履约时的制约措施等方面进行充分的信息披露。

二、承诺相关方在作出承诺前应分析论证承诺事项的可实现性并公开披露相关内容，不得承诺根据当时情况

判断明显不可能实现的事项。

承诺事项需要主管部门审批的,承诺相关方应明确披露需要取得的审批,并明确如无法取得审批的补救措施。

三、承诺相关方已作出的尚未履行完毕的承诺不符合本指引第一、二条规定的,应当在本指引发布之日起6个月内重新规范承诺事项并予以披露。

如相关承诺确已无法履行或履行承诺将不利于维护上市公司权益,承诺相关方无法按照前述规定对已有承诺作出规范的,可将变更承诺或豁免履行承诺事项提请股东大会审议,上市公司应向股东提供网络投票方式,承诺相关方及关联方应回避表决。

超过期限未重新规范承诺事项或未通过股东大会审议的,视同超期未履行承诺。

四、收购人收购上市公司成为新的实际控制人时,如原实际控制人承诺的相关事项未履行完毕,相关承诺义务应予以履行或由收购人予以承接,相关事项应在收购报告书中明确披露。

五、因相关法律法规、政策变化、自然灾害等自身无法控制的客观原因导致承诺无法履行或无法按期履行的,承诺相关方应及时披露相关信息。

除因相关法律法规、政策变化、自然灾害等自身无法控制的客观原因外,承诺确已无法履行或者履行承诺不利于维护上市公司权益的,承诺相关方应充分披露原因,并向上市公司或其他投资者提出用新承诺替代原有承诺或者提出豁免履行承诺义务。上述变更方案应提交股东大会审议,上市公司应向股东提供网络投票方式,承诺相关方及关联方应回避表决。独立董事、监事会应就承诺相关方提出的变更方案是否合法合规、是否有利于保护上市公司或其他投资者的利益发表意见。变更方案未经股东大会审议通过且承诺到期的,视同超期未履行承诺。

六、除因相关法律法规、政策变化、自然灾害等承诺相关方自身无法控制的客观原因外,超期未履行承诺或违反承诺的,我会依据《证券期货市场诚信监督管理暂行办法》将相关情况记入诚信档案,并对承诺相关方采取监管谈话、责令公开说明、责令改正、出具警示函、将承诺相关方主要决策者认定为不适当担任上市公司董事、监事、高管人选等监管措施。

在承诺履行完毕或替代方案经股东大会批准前,我会将依据《证券期货市场诚信监督管理暂行办法》及相关法规的规定,对承诺相关方提交的行政许可申请,以及其作为上市公司交易对手方的行政许可申请(例如上市公司向其购买资产、募集资金等)审慎审核或作出不予许可的决定。

七、有证据表明承诺相关方在作出承诺时已知承诺不可履行的,我会将对承诺相关方依据《证券法》等有关规定予以处理。相关问题查实后,在对责任人作出处理前及按本指引进行整改前,依据《证券法》、《上市公司收购管理办法》的有关规定,限制承诺相关方对其持有或者实际支配的股份行使表决权。

八、承诺相关方所作出的承诺应符合本指引的规定,相关承诺事项应由上市公司进行信息披露,上市公司如发现承诺相关方作出的承诺事项不符合本指引的要求,应及时披露相关信息并向投资者作出风险提示。

上市公司应在定期报告中披露报告期内发生或正在履行中的承诺事项及进展情况。

国务院批转国务院证券委、中国人民银行、国家经贸委《关于严禁国有企业和上市公司炒作股票的规定》的通知

1. 1997年5月21日

2. 国发〔1997〕16号

各省、自治区、直辖市人民政府,国务院各部委、各直属机构:

国务院同意国务院证券委、中国人民银行、国家经贸委《关于严禁国有企业和上市公司炒作股票的规定》,现发给你们,请认真贯彻执行。

关于严禁国有企业和上市公司炒作股票的规定

我国证券市场尚处于发展初期,过度投机和违规现象比较严重。打击违规活动,抑制过度投机,对于促进社会主义市场经济健康发展和维护社会稳定关系重大,必须予以高度重视。最近一段时间以来,国有商业银行资金通过各种渠道,不断流入股市。有的国有企业和上市公司用银行信贷资金炒作股票;有的上市公司把募股用于生产经营的资金投入股市炒作股票;有的国有企业把用于自身发展的自有资金投入股市炒作股票。这种状况一方面助长了股市的投机,另一方面使国有资产处于高风险状态,严重危及国有资产的安全。为了发挥社会主义股票市场为经济建设筹集资金和促进企业转换经营机制的功能,维护正常的市场秩序,必须制止国有企业和上市公司在股票市场上的炒作行为。现作如下规定:

一、国有企业不得炒作股票,不得提供资金给其他机构炒

作股票,也不得动用国家银行信贷资金买卖股票。

本规定所称炒作股票是指在国务院主管部门规定的期限内买入股票又卖出,或者卖出股票又买入的行为。

二、上市公司不得动用银行信贷资金买卖股票,不得用股票发行募集资金炒作股票,也不得提供资金给其它机构炒作股票。

三、国有企业和上市公司为长期投资而持有已上市流通股票(在国务院主管部门规定的期限以上),应向证券交易所报告。交易所应采取措施,加强管理,监督国有企业和上市公司遵守本规定的有关要求。

四、国有企业和上市公司只能在交易所开设一个股票账户(A股),必须用本企业(法人)的名称。严禁国有企业和上市公司以个人名义开设股票账户或者为个人买卖股票提供资金。存在上述问题的单位,必须在本规定发布之日起一个月内纠正;拒不纠正的,将从严处罚并追究法定代表人和直接责任人的责任。

五、证券交易所、证券登记清算机构和证券经营机构,要对已开设的股票账户和资金账户进行检查,如发现国有企业和上市公司炒作股票,或者以个人名义开设股票账户以及为个人股票账户提供资金的,应要求其立即纠正并及时向中国证监会报告。

六、各省、自治区、直辖市人民政府,国务院各部门应立即组织对所属国有企业参与股票炒作的情况进行检查,各地方证券管理部门要组织对辖区内的上市公司参与股票炒作的情况进行检查,检查结果要向国务院证券委报告。对本规定发布后继续炒作股票的国有企业和上市公司,一经查实,其收入一律没收并处以罚款;对挪用银行信贷资金买卖股票的企业,银行要停止新增贷款,限期收回被挪用的贷款;对国有企业的主要负责人和直接责任人,由其主管部门给予撤职或开除的处分;对上市公司的主要负责人和直接责任人,由中国证监会认定并宣布为市场禁入者。

以上规定的实施细则,由国务院主管部门另行发布。

国务院办公厅关于严厉打击以证券期货投资为名进行违法犯罪活动的通知

1. *2001年8月31日*
2. *国办发〔2001〕64号*

各省、自治区、直辖市人民政府,国务院各部委、各直属机构:

近两年来,以证券期货投资为名进行的违法犯罪活动屡有发生,个别地区甚至到了十分猖獗的地步,不但扰乱了国民经济的正常秩序,而且严重影响了社会稳定。今年重点打击的"兰州证券黑市"就是这类违法犯罪活动的典型。该类违法犯罪活动主要有以下三个特点:一是从事违法犯罪活动的机构未经主管部门批准,营业地点和公司名称频繁变更、隐蔽性很强;二是涉案机构并未与证券交易系统联网,而是打着"投资咨询"和"代客理财"等招牌,以高额回报为诱饵,采用在内部系统模拟证券交易等欺诈手法进行诈骗;三是部分入场参与者虽然对这些机构的非法性质有所了解,却仍因心存侥幸涉足其中。据不完全统计,从1999年至2000年,全国共发生此类案件216起,对正常的经济秩序和社会稳定构成了极大的威胁,必须坚决予以打击。为落实《国务院关于整顿和规范市场经济秩序的决定》(国发〔2001〕11号),经国务院同意,现就有关事项通知如下:

一、统一思想,周密部署,尽快遏制以证券期货投资为名进行的违法犯罪活动

打击以证券期货投资为名进行的违法犯罪活动,难度大、敏感度高、涉及面广。各地区、各部门一定要统一思想,充分认识此类违法犯罪活动的严重性和危害性,并按照本通知的要求,立即部署打击以证券期货投资为名进行违法犯罪活动的有关工作。各地区要尽快成立由政府有关负责同志牵头,当地证券监管、工商行政管理部门和公安机关组成的领导小组,统筹安排、周密部署,根据《刑法》、《证券法》和《非法多事机构和非法金融业务活动取缔办法》等法律法规和规章的相关规定,对以证券期货投资为名进行的违法犯罪活动从重、从快地给予严厉打击,发现一起,查处一起,力争在年内使此类违法犯罪活动得到有效遏制。

二、明确职责分工,加强协作配合,形成打击合力

各省、自治区、直辖市人民政府要结合本地实际,制定专项打击工作的具体步骤和方案。各地证券监管、工商行政管理部门和公安机关要树立大局观念,在当地政府的统一领导下,明确职责分工,互相配合,排除干扰,迅速开展查处、取缔工作。证券监管部门和工商行政管理部门要依照各自的职责,做好对非法证券期货经营者违法违规行为的初步调查工作,公安机关要视情况提前介入,对涉嫌犯罪的及时立案查处。证券监管、工商行政管理部门和公安机关的执法工作人员必须恪尽职守、秉公执法、凡因监管不力,执法不严,玩忽职守,徇私舞弊,贻误工作的,应追究责任、严肃处理;构成犯罪的,依法追究刑事责任。

三、正确适用法律,把握政策界限

(一)对超出核准的经营范围,非法从事或变相非法从事证券期货交易活动，非法经营境外期货、外汇期货业务的，以涉嫌非法经营罪立案查处。

(二)对未经证券监管部门批准和工商行政管理部门登记注册，擅自设立证券期货机构的，以涉嫌擅自设立金融机构罪立案查处。

(三)对以“投资咨询”、“代客理财”等为招牌，以高额回报、赠送礼品、虚假融资、减免手续费、提供“免费午餐”等为诱饵吸纳客户资金，采用内部模拟证券期货交易等手法，非法侵占他人财产的，以涉嫌集资诈骗罪立案查处。

(四)非法证券期货经营者对受害人有暴力、威胁、非法拘禁等侵犯公民人身权利的行为，或以暴力、威胁手段阻碍国家机关工作人员依法执行公务，情节严重，构成犯罪的，依法追究刑事责任。

(五)对以证券期货投资为名进行违法犯罪活动的机构，由证券监管部门、工商行政管理部门依法取缔、吊销其营业执照。

四、加强法制宣传和对投资者的教育，把握新闻舆论导向，维护社会稳定

各地区、各部门要根据整顿和规范市场经济秩序形势的需要，通过各种宣传手段，加强正面宣传和证券期货法律法规教育。要运用报刊、电台、电视等多种形式，公布本地区合法证券期货交易机构的名称、地址、电话，提醒投资者到合法的证券经营机构参与证券投资，防止上当受骗。要向社会重申《非法金融机构和非法金融业务活动取缔办法》第十八条有关“因参与非法金融业务活动受到的损失，由参与者自行承担”的规定，各级政府、各有关部门不承担任何赔偿责任。要结合已查处的典型案例，不失时机地做好受骗群众的说服教育工作。各级新闻管理部门，要加强对相关新闻报道的管理和从业人员的职业道德教育，把握正确的舆论导向，防止少数别有用心的人为达到让政府赔偿的目的，恶意炒作，转嫁责任，制造事端，破坏安定团结的大好局面。

以上各项工作，各省、自治区、直辖市人民政府应于10月底以前向国务院报告落实情况，国务院将组织有关部门进行检查。各地区、各部门在执行本通知的过程中如发现重大问题，应及时向国务院报告；同时，要从中吸取经验教训，完善监管措施，进一步加大对以证券期货投资为名进行违法犯罪活动的打击力度，从根本上防止此类违法犯罪活动死灰复燃，坚决维护市场经济的正常秩序。

国务院办公厅关于严厉打击非法发行股票和非法经营证券业务有关问题的通知

1. 2006年12月12日
2. 国办发〔2006〕99号

各省、自治区、直辖市人民政府，国务院各部委、各直属机构：

近年来，非法发行股票和非法经营证券业务(以下简称非法证券活动)在我国部分地区时有发生，个别地区甚至出现蔓延势头，严重危害社会稳定和金融安全。为贯彻落实公司法和证券法有关规定，维护证券市场正常秩序和广大投资者的合法权益，经国务院同意，现就严厉打击非法证券活动有关问题通知如下：

一、提高认识，统一思想，坚决遏制非法证券活动蔓延势头

非法证券活动具有手段隐蔽、欺骗性强、蔓延速度快、易反复等特点，涉及人数众多，投资者多为退休人员、下岗职工等困难群众，容易引发群体事件。当前，非法证券活动的主要形式为：一是编造公司即将在境内外上市或股票发行获得政府部门批准等虚假信息，诱骗社会公众购买所谓“原始股”；二是非法中介机构以“投资咨询机构”、“产权经纪公司”、“外国资本公司或投资公司驻华代表处”的名义，未经法定机关批准，向社会公众非法买卖或代理买卖未上市公司股票；三是不法分子以证券投资为名，以高额回报为诱饵，诈骗群众钱财。

地方各级人民政府、国务院有关部门要进一步统一思想，高度重视，充分认识非法证券活动的危害性，增强政治责任感。要完善打击非法证券活动的政策法规和联合执法机制，查处一批大案要案，依法追究有关人员的责任，建立健全防范和打击非法证券活动的长效机制，从根本上遏制非法证券活动蔓延势头。

二、明确分工，加强配合，形成打击非法证券活动的执法合力

为加强组织领导，由证监会牵头，公安部、工商总局、银监会并邀请高法院、高检院等有关单位参加，成立打击非法证券活动协调小组，负责打击非法证券活动的组织协调、政策解释、性质认定等工作。协调小组办公室设在证监会。证监会要组织专门机构和得力人员，明确职责，加强沟通，与相关部门和省级人民政府建立反应灵敏、配合密切、应对有力的工作机制。

非法证券活动查处和善后处理工作按属地原则由各省、自治区、直辖市及计划单列市人民政府负责。非法证券活动经证监会及其派出机构认定后，省级人民政府要负责做好本地区案件查处和处置善后工作。涉及多个省（区、市）的，由公司注册地的省级人民政府牵头负责，相关省（区、市）要予以积极支持配合。发现涉嫌犯罪的，应及时移送公安机关立案查处，并依法追究刑事责任。未构成犯罪的，由证券监管部门、工商行政管理部门根据各自职责依法作出行政处罚。

地方各级人民政府要高度重视，统筹安排，周密部署，建立起群众举报、媒体监督、日常监管和及时查处相结合的非法证券活动防范和预警机制，制订风险处置预案。对近年来案件多发的地区，有关地方人民政府要迅速开展查处、取缔工作，果断处置，集中查处一批典型案件并公开报道，震慑犯罪分子，教育人民群众，维护社会稳定。

三、明确政策界限，依法进行监管

（一）严禁擅自公开发行股票。向不特定对象发行股票或向特定对象发行股票后股东累计超过200人的，为公开发行，应依法报经证监会核准。未经核准擅自发行的，属于非法发行股票。

（二）严禁变相公开发行股票。向特定对象发行股票后股东累计不超过200人的，为非公开发行。非公开发行股票及其股权转让，不得采用广告、公告、广播、电话、传真、信函、推介会、说明会、网络、短信、公开劝诱等公开方式或变相公开方式向社会公众发行。严禁任何公司股东自行或委托他人以公开方式向社会公众转让股票。向特定对象转让股票，未依法报经证监会核准的，转让后，公司股东累计不得超过200人。

（三）严禁非法经营证券业务。股票承销、经纪（代理买卖）、证券投资咨询等证券业务由证监会依法批准设立的证券机构经营，未经证监会批准，其他任何机构和个人不得经营证券业务。

违反上述三项规定的，应坚决予以取缔，并依法追究法律责任。

证监会要根据公司法和证券法有关规定，尽快研究制订有关公开发行股票但不在证券交易所上市的股份有限公司（以下简称非上市公众公司）管理规定，明确非上市公众公司设立和发行的条件、发行审核程序、登记托管及转让规则等，将非上市公众公司监管纳入法制轨道。

四、加强舆论引导和对投资者教育

证监会、公安部等有关部门要指导地方各级人民政府，广泛利用报纸、电视、广播、互联网等传媒手段，多方位、多角度地宣传非法证券活动的表现形式、特点、典型案例及其严重危害，提高广大投资者对非法证券活动的风险意识和辨别能力，预防非法证券活动的发生，防患于未然。

国务院办公厅转发证监会等部门关于依法打击和防控资本市场内幕交易意见的通知

1. 2010年11月16日
2. 国办发〔2010〕55号

各省、自治区、直辖市人民政府，国务院各部委、各直属机构：

证监会、公安部、监察部、国资委、预防腐败局《关于依法打击和防控资本市场内幕交易的意见》已经国务院同意，现转发给你们，请认真贯彻执行。

关于依法打击和防控资本市场内幕交易的意见

为维护市场秩序，保护投资者合法权益，促进我国资本市场稳定健康发展，现就依法打击和防控资本市场内幕交易提出以下意见：

一、统一思想，提高认识

内幕交易，是指上市公司高管人员、控股股东、实际控制人和行政审批部门等方面的知情人员，利用工作之便，在公司并购、业绩增长等重大信息公布之前，泄露信息或者利用内幕信息买卖证券谋取私利的行为。这种行为严重违反了法律法规，损害投资者和上市公司合法权益。证券法第五条规定，“禁止欺诈、内幕交易和操纵证券市场的行为”，第七十三条规定，“禁止证券交易内幕信息的知情人和非法获取内幕信息的人利用内幕信息从事证券交易活动”。刑法第一百八十条、第一百八十二条对内幕交易、利用信息优势操纵证券交易价格等行为的量刑和处罚作出了明确规定。

当前，打击和防控资本市场内幕交易面临的形势较为严峻。一些案件参与主体复杂，交易方式多样，操作手段隐蔽，查处工作难度很大。随着股指期货的推出，内幕交易更具隐蔽性、复杂性。各地区、各相关部门要充分认识内幕交易的危害性，统一思想，高度重视，根据刑法和证券法等法律法规规定，按照齐抓共管、打防结合、综合防治的原则，采取针对性措施，切实做好有关工作。

打击和防控资本市场内幕交易工作涉及面广，社会关注度高，需要动员各方面力量，促进全社会参与。要通过法制宣传、教育培训等多种形式，普及刑法、证券法等法律知识,帮助相关人员和社会公众提高对内幕交易危害性的认识,增强遵纪守法意识。要坚持正确的舆论导向,增强舆论引导的针对性和实效性,充分发挥社会舆论监督作用,形成依法打击和防控资本市场内幕交易的社会氛围。

二、完善制度,有效防控

内幕信息,是指上市公司经营、财务、分配、投融资、并购重组、重要人事变动等对证券价格有重大影响但尚未正式公开的信息。加强内幕信息管理是防控内幕交易的重要环节,对从源头上遏制内幕交易具有重要意义。各地区、各相关部门要建立完善内幕信息登记管理制度,提高防控工作的制度化、规范化水平。

一是抓紧制定涉及上市公司内幕信息的保密制度,包括国家工作人员接触内幕信息管理办法,明确内幕信息范围、流转程序、保密措施和责任追究要求,并指定负责内幕信息管理的机构和人员。二是尽快建立内幕信息知情人登记制度,要求内幕信息知情人按规定实施登记,落实相关人员的保密责任和义务。三是完善上市公司信息披露和停复牌等相关制度,督促上市公司等信息披露义务人严格依照法律法规,真实、准确、完整、及时地披露信息。四是健全考核评价制度,将内幕交易防控工作纳入企业业绩考核评价体系,明确考核的原则、内容、标准、程序和方式。五是细化、充实依法打击和防控内幕交易的规定,完善内幕交易行为认定和举证规则,积极探索内幕交易举报奖励制度。

所有涉及上市公司重大事项的决策程序,都要符合保密制度要求,简化决策流程,缩短决策时限,尽可能缩小内幕信息知情人范围。研究论证上市公司重大事项,原则上应在相关证券停牌后或非交易时间进行。

三、明确职责,重点打击

证券监督管理部门要切实负起监管责任,对涉嫌内幕交易的行为,要及时立案稽查,从快作出行政处罚;对涉嫌犯罪的,要移送司法机关依法追究刑事责任,做到有法必依,执法必严,违法必究;对已立案稽查的上市公司,要暂停其再融资、并购重组等行政许可;对负有直接责任的中介机构及相关人员,要依法依规采取行政措施,暂停或取消其业务资格。公安机关在接到依法移送的案件后,要及时立案侦查。各级监察机关、各国有资产监督管理部门要依据职责分工,对泄露内幕信息或从事内幕交易的国家工作人员、国有(控股)企业工作人员进行严肃处理。

各地区要按照依法打击和防控资本市场内幕交易工作的部署和要求,加强组织领导,落实责任主体,进一步细化和落实各项制度,完善配套措施和办法,强化监督,严格问责,积极支持和配合有关方面做好相关工作。

各地区、各相关部门要认真按照法律法规规定,各司其职,协同配合,建立和完善案件移送、执法合作、信息管理、情况沟通等工作机制,形成上下联动、部门联动、地区联动的综合防治体系和强大打击合力。证监会要会同公安部、监察部、国资委、预防腐败局等部门抓紧开展一次依法打击和防控内幕交易专项检查,查办一批典型案件并公开曝光,震慑犯罪分子。

中国证券监督管理委员会、中国人民银行关于查询、冻结从事证券交易当事人和与被调查事件有关的单位和个人在金融机构账户的通知

1. *2005年12月30日*
2. *证监发〔2005〕132号*

为加强对证券市场的监管,及时查处证券市场违法违规行为,根据《中华人民共和国证券法》及国务院有关规定,有关金融机构应积极配合中国证券监督管理委员会(以下简称"证监会")及其派出机构查询、冻结从事证券交易当事人和与被调查事件有关的单位和个人在金融机构的资金账户和存款账户。现就有关事项通知如下:

一、证监会及其派出机构依法履行职责,需要对从事证券交易当事人和与被调查事件有关的单位和个人在政策性银行、商业银行、城市和农村信用合作社、邮政储蓄机构、金融资产管理公司、信托投资公司、财务公司、金融租赁公司等金融机构(以下简称"金融机构")开立的资金账户和存款账户进行查询、冻结时,上述金融机构应当积极配合。

二、证监会及其派出机构调查人员可以查阅、复制从事证券交易当事人和与被调查事件有关的单位和个人在金融机构开立的资金账户和存款账户资料,并对知悉的有关单位和个人的商业秘密负有保密义务。

三、证监会及其派出机构调查人员可以依法冻结从事证券交易当事人和与被调查事件有关的单位和个人在金融机构的资金、存款。

四、证监会及其派出机构调查人员依法查询、冻结资金账户、存款账户,应当出示证监会及其派出机构的查询通知书、经证监会主要负责人批准的冻结/解除冻结通知书及本人工作证件。

五、本通知自2006年1月1日起执行。证监会、中国人

民银行《关于查询从事证券交易当事单位和与被调查事件有关单位在金融机构账户的通知》(证监发〔2001〕12号)同时废止。

请中国人民银行上海总部、各分行、营业管理部、省会(首府)城市中心支行将本通知翻印发至辖内相关金融机构。

附件:1. 中国证券监督管理委员会查询资金账户/存款账户通知书(样式)(略)

2. 中国证券监督管理委员会冻结/解除冻结通知书(样式)(略)

中国证券监督管理委员会关于上市公司立案稽查及信息披露有关事项的通知

1. 2007年8月13日

2. 证监发〔2007〕111号

中国证监会各省、自治区、直辖市、计划单列市监管局,上海、深圳证券交易所,会内各部门:

为进一步贯彻落实《国务院批转证监会〈关于提高上市公司质量意见〉的通知》(国发〔2005〕34号,以下简称国发34号文)精神,积极促进上市公司规范运行和健康发展,坚决打击各类违法违规行为,最大限度地保护中小投资者的合法权益,现将上市公司立案稽查及信息披露有关事项通知如下,请遵照执行。

一、上市公司立案调查及信息披露原则

要进一步提高稽查立案的及时性、准确性,有效缩短案件调查周期。在日常监管工作中,要密切关注市场动向,熟悉监管对象,注意收集各种信息,出现异常情况,及时核查了解。一旦发现违法违规线索,应以稽查提前介入的方式,进行非正式调查。在非正式调查阶段,执法人员核实情况,收集材料,固化证据,正常行使调查权力,但不使用强制措施。在非正式调查阶段发现的不当行为,要求当事人立即停止,及时纠正,限期整改,主动消除风险隐患,妥善处置不良后果,建立长效应对机制。

在非正式调查过程中,如果发现违法违规行为,要综合分析判断,按规定程序及时、准确立案,进行立案稽查。立案后,执法人员在非正式调查的基础上,应制定详细调查计划,采取各种执法手段,补充完善证据,查清基本事实,形成调查结论。稽查部门要合理安排力量,严格控制调查进程,尽量缩短调查周期,不断提高查处效率。

在非正式调查阶段,上市公司原则上可不对外披露。调查人员要严格保密,未经允许,不得向他人泄露调查情况。在接到立案稽查通知书时,上市公司应按规定披露,但如果案情特殊,上市公司申请并经监管、执法部门同意,可延期披露。移送司法机关的案件,上市公司在接到司法调查通知书时,应立即披露。

二、通报案情信息,形成监管合力

被立案稽查的上市公司,处于特殊的敏感状态,证券交易所、当地证监局和上市公司监管部门,应根据案件的特点和公司的实际情况,制定应对计划,采取防范措施,予以特别关注。稽查过程中出现重大事项,或相关信息难以保密,一旦泄露会引起股价异动,或会给上市公司带来严重冲击,稽查部门应通报上市公司监管部门和证券交易所,及时采取停牌措施,公开说明或澄清事实,防止内幕交易,确保公平披露。

要按照国发34号文的要求,充分发挥综合监管体系的作用,协调相关各方,形成监管合力。上市公司被立案稽查后,应及时通报地方政府,说明主要原因,报告注意事项。调查处理结束后,应及时将调查结论和处理结果向地方政府报告,请地方政府协调有关部门,积极消除非正常的重大不良影响。查处过程中一旦出现突发、重大事件,如生产经营受到严重影响,上市公司面临退市、破产、关闭等,各证监局应立即报告地方政府,妥善处置突发事件,避免事态恶化,维护正常秩序,确保社会稳定。

各证监局应与其他金融监管部门、国有资产管理部门加强协调配合,相互通报信息,共同维护上市公司的正常经营环境。在立案、调查、处罚过程中,如果上市公司的债权银行、关联公司等相关方面出现过激反应,应及时沟通,说明情况,避免造成不必要的损失。

三、积极支持上市公司健康发展

任何侵害上市公司利益的行为,任何以上市公司为平台进行的违法违规行为,都会严重损害上市公司的健康发展,都是对公司相关各方和全体股东利益的侵害。稽查部门要进一步加大查处力度,严肃处理违法违规的直接责任人。

一些被立案稽查的上市公司,由于种种原因,经营陷入困境,自身发展无望,股东和相关各方的利益难以保障,实施重组是唯一的出路。为了最大限度地保护中小股东和相关各方的利益,本着“惩前毖后、治病救企”的原则,如果重组方提出切实可行的重组方案,在经营管理等方面将发生实质性改变,即“脱胎换骨,更名改姓”,重组完成有助于减轻或消除违法违规行为造成的不良后果,在立案调查期间,并购重组可以同时进行。为保证公平、公正,保证重组取得实效,此类上市公司并购重组工作的启动,由当地证监局提出意见后,报上市公司监管部会商稽查部门,共同研究决定。

最高人民法院等关于整治非法证券活动有关问题的通知

1. 2008年1月2日最高人民法院、最高人民检察院、公安部、中国证券监督管理委员会发布
2. 证监发〔2008〕1号

各省、自治区、直辖市高级人民法院、人民检察院、公安厅(局),解放军军事法院、军事检察院,新疆维吾尔自治区高级人民法院生产建设兵团分院,新疆生产建设兵团人民检察院、公安局,中国证监会各省、自治区、直辖市、计划单列市监管局:

国务院办公厅《关于严厉打击非法发行股票和非法经营证券业务有关问题的通知》(国办发〔2006〕99号,以下简称"国办发99号文")和国务院《关于同意建立整治非法证券活动协调小组工作制度的批复》(国函〔2007〕14号)下发后,整治非法证券活动协调小组(以下简称"协调小组")各成员单位和地方人民政府高度重视,周密部署,重点查处了一批大案要案,初步遏制了非法证券活动的蔓延势头,各类非法证券活动新发量明显减少,打击非法证券活动工作取得了明显成效,相当一部分案件已进入司法程序。但在案件办理过程中,相关单位也遇到了一些分工协作、政策法律界限不够明确等问题。为此,协调小组专门召开会议对这些问题进行了研究。根据协调小组会议精神,现就打击非法证券活动工作中的有关问题通知如下:

一、统一思想,高度重视非法证券类案件办理工作

非法证券活动是一种典型的涉众型的违法犯罪活动,严重干扰正常的经济金融秩序,破坏社会和谐与稳定。从近期办理的一些案件看,非法证券活动具有以下特征:一是按照最高人民检察院、公安部《关于经济犯罪案件追诉标准的规定》(公发〔2001〕11号),绝大多数非法证券活动都涉嫌犯罪。二是花样不断翻新,隐蔽性强,欺骗性大,仿效性高。三是案件涉及地域广,涉案金额大,涉及人员多,同时资产易被转移,证据易被销毁,人员易潜逃,案件办理难度大。四是不少案件涉及到境外资本市场,办理该类案件政策性强,专业水平要求高。五是投资者多为离退休人员、下岗职工等困难群众,承受能力差,极易引发群体事件。各有关部门要进一步统一思想,高度重视,充分认识此类违法犯罪活动的严重性、危害性,增强政治责任感,密切分工协作,提高工作效率,及时查处一批大案要案,维护法律法规权威,维护社会公平正义,维护投资者的合法权益。

二、明确法律政策界限,依法打击非法证券活动

(一)关于公司及其股东向社会公众擅自转让股票行为的性质认定。《证券法》第十条第三款规定:"非公开发行证券,不得采用广告、公开劝诱和变相公开方式。"国办发99号文规定:"严禁任何公司股东自行或委托他人以公开方式向社会公众转让股票。向特定对象转让股票,未依法报经证监会核准的,转让后,公司股东累计不得超过200人。"公司、公司股东违反上述规定,擅自向社会公众转让股票,应当追究其擅自发行股票的责任。公司与其股东合谋,实施上述行为的,公司与其股东共同承担责任。

(二)关于擅自发行证券的责任追究。未经依法核准,擅自发行证券,涉嫌犯罪的,依照《刑法》第一百七十九条之规定,以擅自发行股票、公司、企业债券罪追究刑事责任。未经依法核准,以发行证券为幌子,实施非法证券活动,涉嫌犯罪的,依照《刑法》第一百七十六条、第一百九十二条等规定,以非法吸收公众存款罪、集资诈骗罪等罪名追究刑事责任。未构成犯罪的,依照《证券法》和有关法律的规定给予行政处罚。

(三)关于非法经营证券业务的责任追究。任何单位和个人经营证券业务,必须经证监会批准。未经批准的,属于非法经营证券业务,应予以取缔;涉嫌犯罪的,依照《刑法》第二百二十五条之规定,以非法经营罪追究刑事责任。对于中介机构非法代理买卖非上市公司股票,涉嫌犯罪的,应当依照《刑法》第二百二十五条之规定,以非法经营罪追究刑事责任;所代理的非上市公司涉嫌擅自发行股票,构成犯罪的,应当依照《刑法》第一百七十九条之规定,以擅自发行股票罪追究刑事责任。非上市公司和中介机构共谋擅自发行股票,构成犯罪的,以擅自发行股票罪的共犯论处。未构成犯罪的,依照《证券法》和有关法律的规定给予行政处罚。

(四)关于非法证券活动性质的认定。非法证券活动是否涉嫌犯罪,由公安机关、司法机关认定。公安机关、司法机关认为需要有关行政主管机关进行性质认定的,行政主管机关应当出具认定意见。对因案情复杂、意见分歧,需要进行协调的,协调小组应当根据办案部门的要求,组织有关单位进行研究解决。

(五)关于修订后的《证券法》与修订前的《证券法》中针对擅自发行股票和非法经营证券业务规定的衔接。修订后的《证券法》与修订前的《证券法》针对擅自发行股票和非法经营证券业务的规定是一致的,是相互衔接的,因此在修订后的《证券法》实施之前发生的擅自发行股票和非法经营证券业务行为，也应予以追究。

（六）关于非法证券活动受害人的救济途径。根据1998年3月25日《国务院办公厅转发证监会关于清理整顿场外非法股票交易方案的通知》（国办发〔1998〕10号）的规定，最高人民法院于1998年12月4日发布了《关于中止审理、中止执行涉及场外非法股票交易经济纠纷案件的通知》（法〔1998〕145号），目的是为配合国家当时解决STAQ、NET交易系统发生的问题，而非针对目前非法证券活动所产生的纠纷。如果非法证券活动构成犯罪，被害人应当通过公安、司法机关刑事追赃程序追偿；如果非法证券活动仅是一般违法行为而没有构成犯罪，当事人符合民事诉讼法规定的起诉条件的，可以通过民事诉讼程序请求赔偿。

三、加强协作配合，提高办案效率

涉嫌犯罪的非法证券类案件从调查取证到审理终结，主要涉及证监、公安、检察、法院四个部门。从工作实践看，大部分地区的上述四个部门能够做到既有分工，也有协作，案件办理进展顺利，但也有部分地区的一些案件久拖不决，有的甚至出现"踢皮球"的现象，案件办理周期过长。究其原因，有的是工作不扎实，有的是认识上存在差距，有的是协调沟通不畅。协调小组工作会议高度重视存在的问题，并对各相关部门的工作分工及协调配合做了总体部署。

证监系统要督促、协调、指导各地落实已出台的贯彻国办发99号文实施意见，将打击非法证券活动长效机制落到实处；根据司法机关需要，对非法证券类案件及时出具性质认定意见；创新办案模式，在当地政府的领导下，密切与其他行政执法机关的联合执法，提高快速反应能力；根据工作需要，可组织当地公、检、法等部门相关人员进行业务培训或案情会商；加强对境外资本市场的跟踪研究。

公安机关对涉嫌犯罪的非法证券类案件要及时进行立案侦查，并做好与证监、工商等部门的工作衔接；上级公安机关要加强案件的协调、指导、督办工作，提高办案效率；密切与检察院、法院的协调配合，及时交流信息，通报情况，加大对大要案的侦办力度。

检察机关要及时做好此类案件的批捕、起诉和诉讼监督工作；加强与相关部门的沟通联系，及时处理需要协调的事项。

人民法院要加强与相关部门的沟通协调，及时受理、审理各类涉及非法证券活动的民事、刑事案件，对性质恶劣、社会危害大的案件依法予以严惩。

各相关部门在办理非法证券类案件过程中遇到重大问题的，可提请协调小组协助解决。

国务院国有资产监督管理委员会关于加强上市公司国有股东内幕信息管理有关问题的通知

1. 2011年10月28日
2. 国资发产权〔2011〕158号

国务院各部委、各直属机构，各省、自治区、直辖市、计划单列市和新疆生产建设兵团国有资产监督管理机构，各中央企业：

为进一步加强上市公司国有股东内幕信息管理，防控内幕交易，根据《国务院办公厅转发证监会等部门关于依法打击和防控资本市场内幕交易意见的通知》（国办发〔2010〕55号）及证券和国有资产监督管理有关法律法规的规定，现将有关问题通知如下：

一、上市公司国有股东、实际控制人应明确本单位内幕信息管理机构，负责内幕信息管理，督促、协调上市公司信息披露，配合上市公司实施内幕信息知情人登记等事项。

本通知所称上市公司国有股东，是指直接持有上市公司股份的国有及国有控股企业、有关机构、部门、事业单位等；所称上市公司实际控制人，是指虽不是公司股东，但能够实际支配公司行为的国家出资企业。

二、上市公司国有股东、实际控制人应当建立健全内幕信息管理规章制度，对涉及上市公司重大事项的决策程序、内幕信息的流转与保密、信息披露、内幕信息知情人登记等方面作出明确规定。

三、上市公司国有股东、实际控制人在涉及上市公司重大事项的策划、研究、论证、决策过程中，应当在坚持依法合规的前提下，采取必要且充分的保密措施，严格控制参与人员范围，减少信息知悉及传递环节；简化决策流程，缩短决策时间，并建立责任追究制度。有关事项的决策原则上应在相关股票停牌后或非交易时间进行。

四、上市公司国有股东、实际控制人就涉及内幕信息的相关事项决策后，应当按照相关规定及时书面通知上市公司，由上市公司依法披露。

五、在相关信息披露前，上市公司国有股东、实际控制人中的内幕信息知情人不得在公司内部网站、或以内部讲话、接受访谈、发表文章等形式将信息向外界泄露，也不得利用内幕信息为本人、亲属或他人牟利。一旦出现市场传闻或上市公司证券及其衍生品异常交易等情况，应当及时督促、配合上市公司披露或澄清相关信息。必要时，应当督促上市公司依照有关规定及时申请股票停牌。

六、上市公司国有股东、实际控制人应支持和配合上市公司按规定做好内幕信息知情人登记工作,保证内幕信息知情人登记信息的真实、准确、完整。由上市公司国有股东或实际控制人研究、发起涉及上市公司的重大事项并可能产生内幕信息时,上市公司国有股东或实际控制人应按照证券监管机构要求填写内幕信息知情人档案,及时记录重要信息,并在通知上市公司相关事项时将知情人档案一并抄送。

七、上市公司国有股东、实际控制人就涉及内幕信息的有关事项向有关政府部门、监管机构汇报、沟通时,应告知其保密义务,并将情况记录备查。

八、上市公司国有股东、实际控制人应通过多种形式,加强内幕信息管理及规范股东行为等方面的教育培训工作,强化守法合规意识。

九、国有资产监督管理机构、政府有关部门直接持有上市公司股份的,按照本通知规定执行。

十、国有资产监督管理机构、上市公司国有股东、实际控制人应依据职责分工,对泄露内幕信息或从事内幕交易的相关人员进行处分;涉嫌犯罪的,依法移送司法机关处理。

十一、本通知印发后,上市公司国有股东、实际控制人要按照国办发〔2010〕55 号文件及本通知要求,对本单位内幕信息管理工作开展一次全面梳理与自查,抓紧完善制度、落实责任,并将内幕信息管理制度和负责机构及联系人报省级或省级以上人民政府国有资产监督管理机构。

八、法律责任

资料补充栏

1. 民事责任

最高人民法院关于受理证券市场因虚假陈述引发的民事侵权纠纷案件有关问题的通知

1. 2002年1月15日
2. 法明传〔2001〕43号

各省、自治区、直辖市高级人民法院，解放军军事法院，新疆维吾尔自治区高级人民法院生产建设兵团分院：

经研究决定，人民法院对证券市场因虚假陈述引发的民事侵权赔偿纠纷案件（以下简称虚假陈述民事赔偿案件），凡符合《中华人民共和国民事诉讼法》规定受理条件的，自本通知下发之日起予以受理。现将有关问题通知如下：

一、虚假陈述民事赔偿案件，是指证券市场上证券信息披露义务人违反《中华人民共和国证券法》规定的信息披露义务，在提交或公布的信息披露文件中作出违背事实真相的陈述或记载，侵犯了投资者合法权益而发生的民事侵权索赔案件。

二、人民法院受理的虚假陈述民事赔偿案件，其虚假陈述行为，须经中国证券监督管理委员会及其派出机构调查并作出生效处罚决定。当事人依据查处结果作为提起民事诉讼事实依据的，人民法院方予依法受理。

三、虚假陈述民事赔偿案件的诉讼时效为两年，从中国证券监督管理委员会及其派出机构对虚假陈述行为作出处罚决定之日起计算。

四、对于虚假陈述民事赔偿案件，人民法院应当采取单独或者共同诉讼的形式予以受理，不宜以集团诉讼的形式受理。

五、各直辖市、省会市、计划单列市或经济特区中级人民法院为一审管辖法院；地域管辖采用原告就被告原则，统一规定为：

1. 对凡含有上市公司在内的被告提起的民事诉讼，由上市公司所在直辖市、省会市、计划单列市或经济特区中级人民法院管辖。

2. 对以机构（指作出虚假陈述的证券公司、中介服务机构等，下同）和自然人为共同被告提起的民事诉讼，由机构所在直辖市、省会市、计划单列市或经济特区中级人民法院管辖。

3. 对以数个机构为共同被告提起的民事诉讼，原告可以选择向其中一个机构所在直辖市、省会市、计划单列市或经济特区中级人民法院提起民事诉讼。原告向两个以上中级人民法院提起民事诉讼的，由最先立案的中级人民法院管辖。

六、有关中级人民法院受理此类案件后，应在三日内将受理情况逐级上报至最高人民法院。

最高人民法院关于冻结、拍卖上市公司国有股和社会法人股若干问题的规定

1. 2001年8月28日最高人民法院审判委员会第1188次会议通过
2. 2001年9月21日公布
3. 法释〔2001〕28号
4. 自2001年9月30日起施行

为了保护债权人以及其他当事人的合法权益，维护证券市场的正常交易秩序，根据《中华人民共和国证券法》、《中华人民共和国公司法》、《中华人民共和国民事诉讼法》，参照《中华人民共和国拍卖法》等法律的有关规定，对人民法院在财产保全和执行过程中，冻结、拍卖上市公司国有股和社会法人股（以下均简称股权）等有关问题，作如下规定：

第一条　人民法院在审理民事纠纷案件过程中，对股权采取冻结、评估、拍卖和办理股权过户等财产保全和执行措施，适用本规定。

第二条　本规定所指上市公司国有股，包括国家股和国有法人股。国家股指有权代表国家投资的机构或部门向股份有限公司出资或依据法定程序取得的股份；国有法人股指国有法人单位，包括国有资产比例超过50%的国有控股企业，以其依法占有的法人资产向股份有限公司出资形成或者依据法定程序取得的股份。

本规定所指社会法人股是指非国有法人资产投资于上市公司形成的股份。

第三条　人民法院对股权采取冻结、拍卖措施时，被保全人和被执行人应当是股权的持有人或者所有权人。被冻结、拍卖股权的上市公司非依据法定程序确定为案件当事人或者被执行人，人民法院不得对其采取保全或执行措施。

第四条　人民法院在审理案件过程中，股权持有人或者所有权人作为债务人，如有偿还能力的，人民法院一般不应对其股权采取冻结保全措施。

人民法院已对股权采取冻结保全措施的，股权持有人、所有权人或者第三人提供了有效担保，人民法院经审查符合法律规定的，可以解除对股权的冻结。

第五条　人民法院裁定冻结或者解除冻结股权，除应当

将法律文书送达负有协助执行义务的单位以外，还应当在作出冻结或者解除冻结裁定后7日内，将法律文书送达股权持有人或者所有权人并书面通知上市公司。

人民法院裁定拍卖上市公司股权，应当于委托拍卖之前将法律文书送达股权持有人或者所有权人并书面通知上市公司。

被冻结或者拍卖股权的当事人是国有股份持有人的，人民法院在向该国有股份持有人送达冻结或者拍卖裁定时，应当告其于5日内报主管财政部门备案。

第六条　冻结股权的期限不超过一年。如申请人需要延长期限的，人民法院应当根据申请，在冻结期限届满前办理续冻手续，每次续冻期限不超过6个月。逾期不办理续冻手续的，视为自动撤销冻结。

第七条　人民法院采取保全措施，所冻结的股权价值不得超过股权持有人或者所有权人的债务总额。股权价值应当按照上市公司最近期报表每股资产净值计算。

股权冻结的效力及于股权产生的股息以及红利、红股等孳息，但股权持有人或者所有权人仍可享有因上市公司增发、配售新股而产生的权利。

第八条　人民法院采取强制执行措施时，如果股权持有人或者所有权人在限期内提供了方便执行的其他财产，应当首先执行其他财产。其他财产不足以清偿债务的，方可执行股权。

本规定所称可供方便执行的其他财产，是指存款、现金、成品和半成品、原材料、交通工具等。

人民法院执行股权，必须进行拍卖。

股权的持有人或者所有权人以股权向债权人质押的，人民法院执行时也应当通过拍卖方式进行，不得直接将股权执行给债权人。

第九条　拍卖股权之前，人民法院应当委托具有证券从业资格的资产评估机构对股权价值进行评估。资产评估机构由债权人和债务人协商选定。不能达成一致意见的，由人民法院召集债权人和债务人提出候选评估机构，以抽签方式决定。

第十条　人民法院委托资产评估机构评估时，应当要求资产评估机构严格依照国家规定的标准、程序和方法对股权价值进行评估，并说明其应当对所作出的评估报告依法承担相应责任。

人民法院还应当要求上市公司向接受人民法院委托的资产评估机构如实提供有关情况和资料；要求资产评估机构对上市公司提供的情况和资料保守秘密。

第十一条　人民法院收到资产评估机构作出的评估报告后，须将评估报告分别送达债权人和债务人以及上市公司。债权人和债务人以及上市公司对评估报告有异议的，应当在收到评估报告后7日内书面提出。人民法院应当将异议书交资产评估机构，要求该机构在10日之内作出说明或者补正。

第十二条　对股权拍卖，人民法院应当委托依法成立的拍卖机构进行。拍卖机构的选定，参照本规定第九条规定的方法进行。

第十三条　股权拍卖保留价，应当按照评估值确定。

第一次拍卖最高应价未达到保留价时，应当继续进行拍卖，每次拍卖的保留价应当不低于前次保留价的90%。经三次拍卖仍不能成交时，人民法院应当将所拍卖的股权按第三次拍卖的保留价折价抵偿给债权人。

人民法院可以在每次拍卖未成交后主持调解，将所拍卖的股权参照该次拍卖保留价折价抵偿给债权人。

第十四条　拍卖股权，人民法院应当委托拍卖机构于拍卖日前10天，在《中国证券报》、《证券时报》或者《上海证券报》上进行公告。

第十五条　国有股权竞买人应当具备依法受让国有股权的条件。

第十六条　股权拍卖过程中，竞买人已经持有的该上市公司股份数额和其竞买的股份数额累计不得超过该上市公司已经发行股份数额的30%。如竞买人累计持有该上市公司股份数额已达到30%仍参与竞买的，须依照《中华人民共和国证券法》的相关规定办理，在此期间应当中止拍卖程序。

第十七条　拍卖成交后，人民法院应当向证券交易市场和证券登记结算公司出具协助执行通知书，由买受人持拍卖机构出具的成交证明和财政主管部门对股权性质的界定等有关文件，向证券交易市场和证券登记结算公司办理股权变更登记。

最高人民法院关于审理与企业改制相关的民事纠纷案件若干问题的规定

1. 2002年12月3日最高人民法院审判委员会第1259次会议通过
2. 2003年1月3日公布
3. 法释〔2003〕1号
4. 自2003年2月1日起施行

为了正确审理与企业改制相关的民事纠纷案件，根据《中华人民共和国民法通则》、《中华人民共和国公司法》、《中华人民共和国全民所有制工业企业法》、《中华人民共和国合同法》、《中华人民共和国民事诉讼法》等法律、法规的规定，结合审判实践，制定本规定。

一、案 件 受 理

第一条 人民法院受理以下平等民事主体间在企业产权制度改造中发生的民事纠纷案件：

（一）企业公司制改造中发生的民事纠纷；

（二）企业股份合作制改造中发生的民事纠纷；

（三）企业分立中发生的民事纠纷；

（四）企业债权转股权纠纷；

（五）企业出售合同纠纷；

（六）企业兼并合同纠纷；

（七）与企业改制相关的其他民事纠纷。

第二条 当事人起诉符合本规定第一条所列情形，并符合民事诉讼法第一百零八条规定的起诉条件的，人民法院应当予以受理。

第三条 政府主管部门在对企业国有资产进行行政性调整、划转过程中发生的纠纷，当事人向人民法院提起民事诉讼的，人民法院不予受理。

二、企业公司制改造

第四条 国有企业依公司法整体改造为国有独资有限责任公司的，原企业的债务，由改造后的有限责任公司承担。

第五条 企业通过增资扩股或者转让部分产权，实现他人对企业的参股，将企业整体改造为有限责任公司或者股份有限公司的，原企业债务由改造后的新设公司承担。

第六条 企业以其部分财产和相应债务与他人组建新公司，对所转移的债务债权人认可的，由新组建的公司承担民事责任；对所转移的债务未通知债权人或者虽通知债权人，而债权人不予认可的，由原企业承担民事责任。原企业无力偿还债务，债权人就此向新设公司主张债权的，新设公司在所接收的财产范围内与原企业承担连带民事责任。

第七条 企业以其优质财产与他人组建新公司，而将债务留在原企业，债权人以新设公司和原企业作为共同被告提起诉讼主张债权的，新设公司应当在所接收的财产范围内与原企业共同承担连带责任。

三、企业股份合作制改造

第八条 由企业职工买断企业产权，将原企业改造为股份合作制的，原企业的债务，由改造后的股份合作制企业承担。

第九条 企业向其职工转让部分产权，由企业与职工共同组建股份合作制企业的，原企业的债务由改造后的股份合作制企业承担。

第十条 企业通过其职工投资增资扩股，将原企业改造为股份合作制企业的，原企业的债务由改造后的股份合作制企业承担。

第十一条 企业在进行股份合作制改造时，参照公司法的有关规定，公告通知了债权人。企业股份合作制改造后，债权人就原企业资产管理人（出资人）隐瞒或者遗漏的债务起诉股份合作制企业的，如债权人在公告期内申报过该债权，股份合作制企业在承担民事责任后，可再向原企业资产管理人（出资人）追偿。如债权人在公告期内未申报过该债权，则股份合作制企业不承担民事责任，人民法院可告知债权人另行起诉原企业资产管理人（出资人）。

四、企 业 分 立

第十二条 债权人向分立后的企业主张债权，企业分立时对原企业的债务承担有约定，并经债权人认可的，按照当事人的约定处理；企业分立时对原企业债务承担没有约定或者约定不明，或者虽然有约定但债权人不予认可的，分立后的企业应当承担连带责任。

第十三条 分立的企业在承担连带责任后，各分立的企业间对原企业债务承担有约定的，按照约定处理；没有约定或者约定不明的，根据企业分立时的资产比例分担。

五、企业债权转股权

第十四条 债权人与债务人自愿达成债权转股权协议，且不违反法律和行政法规强制性规定的，人民法院在审理相关的民事纠纷案件中，应当确认债权转股权协议有效。

政策性债权转股权，按照国务院有关部门的规定处理。

第十五条 债务人以隐瞒企业资产或者虚列企业资产为手段，骗取债权人与其签订债权转股权协议，债权人在法定期间内行使撤销权的，人民法院应当予以支持。

债权转股权协议被撤销后，债权人有权要求债务人清偿债务。

第十六条 部分债权人进行债权转股权的行为，不影响其他债权人向债务人主张债权。

六、国有小型企业出售

第十七条 以协议转让形式出售企业，企业出售合同未经有审批权的地方人民政府或其授权的职能部门审批的，人民法院在审理相关的民事纠纷案件时，应当确认该企业出售合同不生效。

第十八条 企业出售中，当事人双方恶意串通，损害国家利益的，人民法院在审理相关的民事纠纷案件时，应当确认该企业出售行为无效。

第十九条　企业出售中,出卖人实施的行为具有合同法第五十四条规定的情形,买受人在法定期限内行使撤销权的,人民法院应当予以支持。

第二十条　企业出售合同约定的履行期限届满,一方当事人拒不履行合同,或者未完全履行合同义务,致使合同目的不能实现,对方当事人要求解除合同并要求赔偿损失的,人民法院应当予以支持。

第二十一条　企业出售合同约定的履行期限届满,一方当事人未完全履行合同义务,对方当事人要求继续履行合同并要求赔偿损失的,人民法院应当予以支持。双方当事人均未完全履行合同义务的,应当根据当事人的过错,确定各自应当承担的民事责任。

第二十二条　企业出售时,出卖人对所售企业的资产负债状况、损益状况等重大事项未履行如实告知义务,影响企业出售价格,买受人就此向人民法院起诉主张补偿的,人民法院应当予以支持。

第二十三条　企业出售合同被确认无效或者被撤销的,企业售出后买受人经营企业期间发生的经营盈亏,由买受人享有或者承担。

第二十四条　企业售出后,买受人将所购企业资产纳入本企业或者将所购企业变更为所属分支机构的,所购企业的债务,由买受人承担。但买卖双方另有约定,并经债权人认可的除外。

第二十五条　企业售出后,买受人将所购企业资产作价入股与他人重新组建新公司,所购企业法人予以注销的,对所购企业出售前的债务,买受人应当以其所有财产,包括在新组建公司中的股权承担民事责任。

第二十六条　企业售出后,买受人将所购企业重新注册为新的企业法人,所购企业法人被注销的,所购企业出售前的债务,应当由新注册的企业法人承担。但买卖双方另有约定,并经债权人认可的除外。

第二十七条　企业售出后,应当办理而未办理企业法人注销登记,债权人起诉该企业的,人民法院应当根据企业资产转让后的具体情况,告知债权人追加责任主体,并判令责任主体承担民事责任。

第二十八条　出售企业时,参照公司法的有关规定,出卖人公告通知了债权人。企业售出后,债权人就出卖人隐瞒或者遗漏的原企业债务起诉买受人的,如债权人在公告期内申报过该债权,买受人在承担民事责任后,可再行向出卖人追偿。如债权人在公告期内未申报过该债权,则买受人不承担民事责任。人民法院可告知债权人另行起诉出卖人。

第二十九条　出售企业的行为具有合同法第七十四条规定的情形,债权人在法定期限内行使撤销权的,人民法院应当予以支持。

七、企 业 兼 并

第三十条　企业兼并协议自当事人签字盖章之日起生效。需经政府主管部门批准的,兼并协议自批准之日起生效;未经批准的,企业兼并协议不生效。但当事人在一审法庭辩论终结前补办报批手续的,人民法院应当确认该兼并协议有效。

第三十一条　企业吸收合并后,被兼并企业的债务应当由兼并方承担。

第三十二条　企业进行吸收合并时,参照公司法的有关规定,公告通知了债权人。企业吸收合并后,债权人就被兼并企业原资产管理人(出资人)隐瞒或者遗漏的企业债务起诉兼并方的,如债权人在公告期内申报过该笔债权,兼并方在承担民事责任后,可再行向被兼并企业原资产管理人(出资人)追偿。如债权人在公告期内未申报过该笔债权,则兼并方不承担民事责任。人民法院可告知债权人另行起诉被兼并企业原资产管理人(出资人)。

第三十三条　企业新设合并后,被兼并企业的债务由新设合并后的企业法人承担。

第三十四条　企业吸收合并或新设合并后,被兼并企业应当办理而未办理工商注销登记,债权人起诉被兼并企业的,人民法院应当根据企业兼并后的具体情况,告知债权人追加责任主体,并判令责任主体承担民事责任。

第三十五条　以收购方式实现对企业控股的,被控股企业的债务,仍由其自行承担。但因控股企业抽逃资金、逃避债务,致被控股企业无力偿还债务的,被控股企业的债务则由控股企业承担。

八、附　　则

第三十六条　本规定自2003年2月1日起施行。在本规定施行前,本院制定的有关企业改制方面的司法解释与本规定相抵触的,不再适用。

最高人民法院关于审理证券市场因虚假陈述引发的民事赔偿案件的若干规定

1. 2002年12月26日最高人民法院审判委员会第1261次会议通过
2. 2003年1月9日公布
3. 法释〔2003〕2号
4. 自2003年2月1日起施行

为正确审理证券市场因虚假陈述引发的民事赔偿

案件，规范证券市场民事行为，保护投资人合法权益，根据《中华人民共和国民法通则》、《中华人民共和国证券法》、《中华人民共和国公司法》以及《中华人民共和国民事诉讼法》等法律、法规的规定，结合证券市场实际情况和审判实践，制定本规定。

一、一 般 规 定

第一条 本规定所称证券市场因虚假陈述引发的民事赔偿案件（以下简称虚假陈述证券民事赔偿案件），是指证券市场投资人以信息披露义务人违反法律规定，进行虚假陈述并致使其遭受损失为由，而向人民法院提起诉讼的民事赔偿案件。

第二条 本规定所称投资人，是指在证券市场上从事证券认购和交易的自然人、法人或者其他组织。

本规定所称证券市场，是指发行人向社会公开募集股份的发行市场，通过证券交易所报价系统进行证券交易的市场，证券公司代办股份转让市场以及国家批准设立的其他证券市场。

第三条 因下列交易发生的民事诉讼，不适用本规定：

（一）在国家批准设立的证券市场以外进行的交易；

（二）在国家批准设立的证券市场上通过协议转让方式进行的交易。

第四条 人民法院审理虚假陈述证券民事赔偿案件，应当着重调解，鼓励当事人和解。

第五条 投资人对虚假陈述行为人提起民事赔偿的诉讼时效期间，适用民法通则第一百三十五条的规定，根据下列不同情况分别起算：

（一）中国证券监督管理委员会或其派出机构公布对虚假陈述行为人作出处罚决定之日；

（二）中华人民共和国财政部、其他行政机关以及有权作出行政处罚的机构公布对虚假陈述行为人作出处罚决定之日；

（三）虚假陈述行为人未受行政处罚，但已被人民法院认定有罪的，作出刑事判决生效之日。

因同一虚假陈述行为，对不同虚假陈述行为人作出两个以上行政处罚；或者既有行政处罚，又有刑事处罚的，以最先作出的行政处罚决定公告之日或者作出的刑事判决生效之日，为诉讼时效起算之日。

二、受理与管辖

第六条 投资人以自己受到虚假陈述侵害为由，依据有关机关的行政处罚决定或者人民法院的刑事裁判文书，对虚假陈述行为人提起的民事赔偿诉讼，符合民事诉讼法第一百零八条规定的，人民法院应当受理。

投资人提起虚假陈述证券民事赔偿诉讼，除提交行政处罚决定或者公告，或者人民法院的刑事裁判文书以外，还须提交以下证据：

（一）自然人、法人或者其他组织的身份证明文件，不能提供原件的，应当提交经公证证明的复印件；

（二）进行交易的凭证等投资损失证据材料。

第七条 虚假陈述证券民事赔偿案件的被告，应当是虚假陈述行为人，包括：

（一）发起人、控股股东等实际控制人；

（二）发行人或者上市公司；

（三）证券承销商；

（四）证券上市推荐人；

（五）会计师事务所、律师事务所、资产评估机构等专业中介服务机构；

（六）上述（二）、（三）、（四）项所涉单位中负有责任的董事、监事和经理等高级管理人员以及（五）项中直接责任人；

（七）其他作出虚假陈述的机构或者自然人。

第八条 虚假陈述证券民事赔偿案件，由省、直辖市、自治区人民政府所在的市、计划单列市和经济特区中级人民法院管辖。

第九条 投资人对多个被告提起证券民事赔偿诉讼的，按下列原则确定管辖：

（一）由发行人或者上市公司所在地有管辖权的中级人民法院管辖。但有本规定第十条第二款规定的情形除外。

（二）对发行人或者上市公司以外的虚假陈述行为人提起的诉讼，由被告所在地有管辖权的中级人民法院管辖。

（三）仅以自然人为被告提起的诉讼，由被告所在地有管辖权的中级人民法院管辖。

第十条 人民法院受理以发行人或者上市公司以外的虚假陈述行为人为被告提起的诉讼后，经当事人申请或者征得所有原告同意后，可以追加发行人或者上市公司为共同被告。人民法院追加后，应当将案件移送发行人或者上市公司所在地有管辖权的中级人民法院管辖。

当事人不申请或者原告不同意追加，人民法院认为确有必要追加的，应当通知发行人或者上市公司作为共同被告参加诉讼，但不得移送案件。

第十一条 人民法院受理虚假陈述证券民事赔偿案件后，受行政处罚当事人对行政处罚不服申请行政复议或者提起行政诉讼的，可以裁定中止审理。

人民法院受理虚假陈述证券民事赔偿案件后，有关行政处罚被撤销的，应当裁定终结诉讼。

三、诉讼方式

第十二条　本规定所涉证券民事赔偿案件的原告可以选择单独诉讼或者共同诉讼方式提起诉讼。

第十三条　多个原告因同一虚假陈述事实对相同被告提起的诉讼，既有单独诉讼也有共同诉讼的，人民法院可以通知提起单独诉讼的原告参加共同诉讼。

多个原告因同一虚假陈述事实对相同被告同时提起两个以上共同诉讼的，人民法院可以将其合并为一个共同诉讼。

第十四条　共同诉讼的原告人数应当在开庭审理前确定。原告人数众多的可以推选二至五名诉讼代表人，每名诉讼代表人可以委托一至二名诉讼代理人。

第十五条　诉讼代表人应当经过其所代表的原告特别授权，代表原告参加开庭审理，变更或者放弃诉讼请求、与被告进行和解或者达成调解协议。

第十六条　人民法院判决被告对人数众多的原告承担民事赔偿责任时，可以在判决主文中对赔偿总额作出判决，并将每个原告的姓名、应获得赔偿金额等列表附于民事判决书后。

四、虚假陈述的认定

第十七条　证券市场虚假陈述，是指信息披露义务人违反证券法律规定，在证券发行或者交易过程中，对重大事件作出违背事实真相的虚假记载、误导性陈述，或者在披露信息时发生重大遗漏、不正当披露信息的行为。

对于重大事件，应当结合证券法第五十九条、第六十条、第六十一条、第六十二条、第七十二条及相关规定的内容认定。

虚假记载，是指信息披露义务人在披露信息时，将不存在的事实在信息披露文件中予以记载的行为。

误导性陈述，是指虚假陈述行为人在信息披露文件中或者通过媒体，作出使投资人对其投资行为发生错误判断并产生重大影响的陈述。

重大遗漏，是指信息披露义务人在信息披露文件中，未将应当记载的事项完全或者部分予以记载。

不正当披露，是指信息披露义务人未在适当期限内或者未以法定方式公开披露应当披露的信息。

第十八条　投资人具有以下情形的，人民法院应当认定虚假陈述与损害结果之间存在因果关系：

（一）投资人所投资的是与虚假陈述直接关联的证券；

（二）投资人在虚假陈述实施日及以后，至揭露日或者更正日之前买入该证券；

（三）投资人在虚假陈述揭露日或者更正日及以后，因卖出该证券发生亏损，或者因持续持有该证券而产生亏损。

第十九条　被告举证证明原告具有以下情形的，人民法院应当认定虚假陈述与损害结果之间不存在因果关系：

（一）在虚假陈述揭露日或者更正日之前已经卖出证券；

（二）在虚假陈述揭露日或者更正日及以后进行的投资；

（三）明知虚假陈述存在而进行的投资；

（四）损失或者部分损失是由证券市场系统风险等其他因素所导致；

（五）属于恶意投资、操纵证券价格的。

第二十条　本规定所指的虚假陈述实施日，是指作出虚假陈述或者发生虚假陈述之日。

虚假陈述揭露日，是指虚假陈述在全国范围发行或者播放的报刊、电台、电视台等媒体上，首次被公开揭露之日。

虚假陈述更正日，是指虚假陈述行为人在中国证券监督管理委员会指定披露证券市场信息的媒体上，自行公告更正虚假陈述并按规定履行停牌手续之日。

五、归责与免责事由

第二十一条　发起人、发行人或者上市公司对其虚假陈述给投资人造成的损失承担民事赔偿责任。

发行人、上市公司负有责任的董事、监事和经理等高级管理人员对前款的损失承担连带赔偿责任。但有证据证明无过错的，应予免责。

第二十二条　实际控制人操纵发行人或者上市公司违反证券法律规定，以发行人或者上市公司名义虚假陈述并给投资人造成损失的，可以由发行人或者上市公司承担赔偿责任。发行人或者上市公司承担赔偿责任后，可以向实际控制人追偿。

实际控制人违反证券法第四条、第五条以及第一百八十八条规定虚假陈述，给投资人造成损失的，由实际控制人承担赔偿责任。

第二十三条　证券承销商、证券上市推荐人对虚假陈述给投资人造成的损失承担赔偿责任。但有证据证明无过错的，应予免责。

负有责任的董事、监事和经理等高级管理人员对证券承销商、证券上市推荐人承担的赔偿责任负连带责任。其免责事由同前款规定。

第二十四条　专业中介服务机构及其直接责任人违反证券法第一百六十一条和第二百零二条的规定虚假陈述，给投资人造成损失的，就其负有责任的部分承担赔偿责任。但有证据证明无过错的，应予免责。

第二十五条 本规定第七条第(七)项规定的其他作出虚假陈述行为的机构或者自然人,违反证券法第五条、第七十二条、第一百八十八条和第一百八十九条规定,给投资人造成损失的,应当承担赔偿责任。

六、共同侵权责任

第二十六条 发起人对发行人信息披露提供担保的,发起人与发行人对投资人的损失承担连带责任。

第二十七条 证券承销商、证券上市推荐人或者专业中介服务机构,知道或者应当知道发行人或者上市公司虚假陈述,而不予纠正或者不出具保留意见的,构成共同侵权,对投资人的损失承担连带责任。

第二十八条 发行人、上市公司、证券承销商、证券上市推荐人负有责任的董事、监事和经理等高级管理人员有下列情形之一的,应当认定为共同虚假陈述,分别与发行人、上市公司、证券承销商、证券上市推荐人对投资人的损失承担连带责任:

(一)参与虚假陈述的;

(二)知道或者应当知道虚假陈述而未明确表示反对的;

(三)其他应当负有责任的情形。

七、损 失 认 定

第二十九条 虚假陈述行为人在证券发行市场虚假陈述,导致投资人损失的,投资人有权要求虚假陈述行为人按本规定第三十条赔偿损失;导致证券被停止发行的,投资人有权要求返还和赔偿所缴股款及银行同期活期存款利率的利息。

第三十条 虚假陈述行为人在证券交易市场承担民事赔偿责任的范围,以投资人因虚假陈述而实际发生的损失为限。投资人实际损失包括:

(一)投资差额损失;

(二)投资差额损失部分的佣金和印花税。

前款所涉资金利息,自买入至卖出证券日或者基准日,按银行同期活期存款利率计算。

第三十一条 投资人在基准日及以前卖出证券的,其投资差额损失,以买入证券平均价格与实际卖出证券平均价格之差,乘以投资人所持证券数量计算。

第三十二条 投资人在基准日之后卖出或者仍持有证券的,其投资差额损失,以买入证券平均价格与虚假陈述揭露日或者更正日起至基准日期间,每个交易日收盘价的平均价格之差,乘以投资人所持证券数量计算。

第三十三条 投资差额损失计算的基准日,是指虚假陈述揭露或者更正后,为将投资人应获赔偿限定在虚假陈述所造成的损失范围内,确定损失计算的合理期间而规定的截止日期。基准日分别按下列情况确定:

(一)揭露日或者更正日起,至被虚假陈述影响的证券累计成交量达到其可流通部分100%之日。但通过大宗交易协议转让的证券成交量不予计算。

(二)按前项规定在开庭审理前尚不能确定的,则以揭露日或者更正日后第30个交易日为基准日。

(三)已经退出证券交易市场的,以摘牌日前一交易日为基准日。

(四)已经停止证券交易的,可以停牌日前一交易日为基准日;恢复交易的,可以本条第(一)项规定确定基准日。

第三十四条 投资人持股期间基于股东身份取得的收益,包括红利、红股、公积金转增所得的股份以及投资人持股期间出资购买的配股、增发股和转配股,不得冲抵虚假陈述行为人的赔偿金额。

第三十五条 已经除权的证券,计算投资差额损失时,证券价格和证券数量应当复权计算。

八、附 则

第三十六条 本规定自2003年2月1日起施行。

第三十七条 本院2002年1月15日发布的《关于受理证券市场因虚假陈述引发的民事侵权纠纷案件有关问题的通知》中与本规定不一致的,以本规定为准。

国务院法制办公室、中国证券监督管理委员会关于依法做好证券、期货合同纠纷仲裁工作的通知

1. *2004年1月18日*
2. *国法〔2004〕5号*

中国证券监督管理委员会各证券监管办公室、办事处特派员办事处,各证券交易所、期货交易所,中国证券登记结算有限责任公司,中国证券业协会,各省、自治区、直辖市人民政府法制办公室,中国国际贸易促进委员会、各仲裁委员会:

为了充分发挥仲裁法律制度解决经济纠纷快捷、方式灵活、成本低廉、不公开进行等独特优势,防范和及时化解证券、期货市场风险,保护证券、期货市场主体的合法权益,保障证券、期货市场的健康发展,根据《中华人民共和国仲裁法》(以下简称仲裁法)、《国务院办公厅关于贯彻实施〈中华人民共和国仲裁法〉需要明确的几个问题的通知》(国办发〔1996〕22号,以下简称国办22号文件)的规定,现就依法做好证券、期货合同纠纷仲裁工作的有关事项通知如下:

一、关于证券、期货合同纠纷的仲裁范围

仲裁是适应社会主义市场经济发展需要的解决民商事纠纷的重要方式。适用仲裁方式解决的证券、期货合同纠纷主要有:

1. 证券发行人与证券公司之间、证券公司与证券公司之间因证券发行、证券承销产生的纠纷;

2. 证券公司、期货经纪公司、证券投资咨询机构、期货投资咨询机构与客户之间因提供服务产生的纠纷;

3. 基金发起人、基金管理公司、基金托管机构之间因基金发行、管理、托管产生的纠纷;

4. 会计师事务所、律师事务所、资信评估机构等中介机构与证券发行人、上市公司之间因提供服务产生的纠纷;

5. 上市公司、证券公司、期货经纪公司、基金管理公司因股权变动产生的纠纷;

6. 证券公司、证券投资咨询机构、期货投资咨询机构、期货经纪公司、上市公司、基金管理公司、登记结算机构及其他证券、期货市场主体之间产生的与证券、期货交易有关的其他合同纠纷。

上市公司与证券市场公众投资人之间纠纷的仲裁,另行研究确定。

二、关于在证券、期货合同中依法订立仲裁协议

根据仲裁法的规定,当事人选择仲裁方式解决纠纷,应当预先在证券、期货合同中订立仲裁条款,或者在纠纷发生前后以其他方式达成仲裁协议。为了充分保障证券、期货交易当事人选择仲裁方式解决纠纷的权利,订立证券、期货合同和制订证券、期货合同示范文本或者格式合同,应当按照仲裁法和国办22号文件的规定,将仲裁解决纠纷的方式载入合同争议解决条款。凡不符合仲裁法和国办22号文件规定的合同示范文本应当在2004年6月30日前依法修订。

根据仲裁法的规定,合法有效的仲裁协议必须选定具体负责纠纷仲裁的仲裁委员会。证券、期货市场主体有权选择任何仲裁机构负责仲裁。各有关方面要根据尊重当事人意愿和便捷的原则,积极为证券、期货市场主体提供就地选定具体仲裁委员会的便利,仲裁委员会要根据便民的原则协助当事人确定适当的仲裁地点。未设立仲裁委员会的地区的证券、期货合同纠纷仲裁工作,由省、自治区人民政府法制机构商中国证券监督管理委员会(以下简称中国证监会)派出机构在邻近的仲裁委员会中,按照从优原则选择具体的仲裁委员会负责,并向有关当事人推荐。

三、关于依法选聘证券、期货专业人士参加仲裁工作

证券、期货合同纠纷仲裁工作专业性较强,应当由符合仲裁法规定条件的证券、期货专业人士(包括证券、期货法律专业人士和熟悉证券、期货市场的其他专业人士)担任仲裁员。证券、期货专业人士是指:(一)经过系统的证券、期货专业教育,从事证券、期货业相关工作五年以上的;(二)具备较丰富的证券、期货专业知识,从事证券、期货相关法律工作五年以上的;(三)熟悉证券、期货市场情况,从事相关领域研究、教学科研工作五年以上或取得高级职称的。

选聘证券、期货专业人士担任仲裁员,由仲裁委员会提出证券、期货专业人士推荐名单,经与所在地的省、自治区、直辖市人民政府法制机构和中国证监会派出机构充分酝酿、协商,并报中国仲裁协会(在中国仲裁协会成立前暂送国务院法制办公室商中国证监会,下同)确认后,由仲裁委员会依法聘任。中国国际经济贸易仲裁委员会提出的推荐人选名单报中国仲裁协会确认后依法聘任。非经中国仲裁协会确认的证券、期货专业人士不得聘任为证券、期货专业仲裁员。仲裁委员会应当编制专门的证券、期货专业仲裁员名册供当事人选择,非证券、期货专业仲裁员不得列入证券、期货专业仲裁员名册。

证券、期货专业仲裁员任期聘满前三个月,所聘任的仲裁委员会应当对其工作情况进行考核,考核结果报中国仲裁协会,并通报所在地中国证监会派出机构。证券、期货专业仲裁员任期未满,本人申请不再继续担任仲裁员或者有不适宜担任仲裁员情形的,由所聘任的仲裁委员会依法解聘。

证券、期货专业仲裁员对涉及所在证券、期货机构或组织的仲裁案件应当依法回避。对在仲裁过程中私自会见当事人、代理人的,或者接受当事人、代理人请客送礼,情节严重的;或者有索贿受贿,徇私舞弊,枉法裁决行为的证券、期货专业仲裁员,由所聘任的仲裁委员会依法予以除名,并报中国仲裁协会通报全国各仲裁委员会。被除名的仲裁员同时受聘于其他仲裁委员会的,所聘任的仲裁委员会在接到通报后亦应予以除名。仲裁员被除名后,终身不得再聘任。被除名的仲裁员由除名的仲裁委员会公告。

四、关于依法开展证券、期货合同纠纷仲裁工作

仲裁委员会必须坚持为社会主义市场经济服务的工作方向,根据证券、期货合同纠纷的特点,积极探索,努力实践,依法公正、及时地处理纠纷,增进证券、期货市场的活力和效益,保护各方当事人的合法权益,保障证券、期货市场正常、公平的交易秩序。

仲裁委员会要严格依照仲裁法的规定,在不违反国家法律、行政法规和有关规章的前提下,善于运用证券、期货市场的规则和惯例解决纠纷。要充分发挥仲裁协商解决纠纷的优势,减少对立,避免对抗,努力通过仲裁活动缓和证券、期货市场主体之间的矛盾,促进证券、期货市场主体长期合作,共同发展。要努力突出仲裁特色,切实提高仲裁证券、期货合同纠纷的快速结案率、自愿和解调调率和裁决自动履行率,不断提高仲裁工作的质量和效率。要依法简化仲裁工作程序,在严格执行国务院办公厅规定的收费办法的同时,合理降低仲裁案件收费,减少当事人解决纠纷的成本。要严格遵守仲裁法关于仲裁不公开进行的规定,为证券、期货市场主体严守商业秘密,保守国家秘密。要始终注重仲裁工作的社会效益,强化维护社会稳定的意识,对群体性、集团性的证券、期货合同纠纷的仲裁,应当高度重视、精心组织、加强指导,做好耐心细致的工作。要严格依法仲裁,确保案件质量,平等对待双方当事人,无论纠纷标的额大小,都要提供优质的仲裁服务。对不能严格依法仲裁或发生重大仲裁案件质量问题的仲裁委员会,要限期整顿。

为了切实保证证券、期货合同纠纷的仲裁质量,各仲裁委员会设立由资深证券、期货专业人士组成的专家组织,负责对仲裁案件提供专业咨询。对重大案件,在作出裁决前要认真听取专家咨询意见;对涉及全国性的重大案件,还应当听取中国证监会组织的专家论证意见。接受咨询和参加论证的专家对案件情况及处理结果负有保密义务。

中国证监会及其派出机构,证券、期货交易所,中国证券登记结算公司,中国证券业协会、中国期货业协会等单位,要为仲裁委员会仲裁证券、期货合同纠纷提供有关了解事实、证据和仲裁依据等各项便利。

五、关于加强证券、期货合同纠纷仲裁工作的指导和监督

证券、期货合同纠纷仲裁依法独立进行,依法接受中国仲裁协会的监督。中国仲裁协会成立前,由国务院法制办公室会同中国证监会对全国证券、期货合同纠纷仲裁工作提供政策法律帮助和专业指导,中国证监会派出机构对所监管区域内证券、期货合同纠纷仲裁工作提供政策法律和行业惯例适用的帮助及专业指导。中国仲裁协会成立后,由证券、期货专业人士为主组成中国仲裁协会的专门机构,具体负责对证券、期货合同纠纷仲裁工作的指导和监督。

2.行政处罚

中国证券监督管理委员会行政处罚听证规则

1. 2007年4月18日中国证券监督管理委员会发布
2. 证监法律字〔2007〕8号

第一条 为了规范中国证券监督管理委员会(以下简称中国证监会)行政处罚听证程序,保障中国证监会依法实施行政处罚,维护公民、法人和其他组织的合法权益,根据《证券法》、《行政处罚法》的有关规定,制定本规则。

第二条 中国证监会对当事人依法作出下述一项或一项以上行政处罚以前,当事人要求举行听证的,应当按照本规则组织听证:

(一)责令停止发行证券;

(二)责令停业整顿;

(三)暂停或者撤销证券、期货业务许可;

(四)撤销任职资格或者证券从业资格;

(五)对个人处以罚款或者没收违法所得人民币5万元以上;

(六)对法人或者其他组织处以罚款或者没收违法所得人民币30万元以上;

(七)法律、法规和规章规定的可以要求听证的其他情形。

第三条 听证应当遵循公正、公开的原则,保障当事人的合法权益。

第四条 中国证监会行政处罚委员会履行中国证监会行政处罚的听证职责,组织听证。

第五条 行政处罚委员会举行听证时,由主审委员与其他委员组成听证会,主审委员担任听证主持人,其他委员作为听证员。主任委员到会听证的,主任委员是听证主持人。

行政处罚委员会举行听证时,可以根据需要邀请有关部门的人员或专家作为听证员,参加听证。

第六条 听证依法实行回避制度。

当事人认为听证主持人、听证员与本案有直接利害关系的,有权申请回避。听证员是否回避,由听证主持人决定;听证主持人是否回避,由主任委员决定;主任委员是否回避,由会分管领导决定。

第七条 案件经行政处罚委员会审理,在作出本规则第二条规定的行政处罚决定前,应当送达《行政处罚事先告知书》,载明认定当事人违法的基本事实和拟作出的行政处罚,并告知当事人有要求举行听证的权利。

第八条 当事人要求听证的,应当在收到告知书后3日内以书面形式向中国证监会提出听证要求。当事人逾期未提出书面听证要求的,视为放弃听证权利。

当事人不要求听证的,也可以在告知书送达后3日内向中国证监会提出书面陈述和申辩,其提出的事实、理由或者证据成立的,中国证监会应予以采纳。

第九条 中国证监会收到当事人的听证要求后,应当进行审查,对符合规定的,应当及时组织听证,并应当在举行听证7日前书面通知当事人举行听证的时间、地点等有关事宜;同时通知案件调查人员。

当事人应当按期参加听证。当事人未按期参加听证的,视为放弃听证权利。

第十条 当事人可以亲自参加听证,也可以委托1至2人代理参加听证。

当事人委托代理人参加听证的,应当在举行听证前向中国证监会提交授权委托书。授权委托书应当具体写明授权范围和权限。

第十一条 当事人在听证中的权利和义务:

(一)有权对案件涉及的事实、适用法律及有关情况进行陈述和申辩;

(二)有权对案件调查人员提出的证据进行质证和提出新的证据;

(三)如实陈述案件事实和回答提问;

(四)遵守听证纪律,服从听证主持人的要求。

第十二条 听证应当按下列程序进行:

(一)听证开始前,书记员应当查明案件当事人及其代理人、案件调查人员等听证参加人是否到场,并宣布听证纪律;

(二)听证主持人核对听证参加人,宣布出席听证的听证员、书记员和案件调查人员名单,告知听证参加人在听证中的权利义务,询问案件当事人是否申请回避;

(三)听证主持人宣布听证开始,宣布案由;

(四)案件调查人员提出当事人违法的具体事实、证据和行政处罚建议、法律依据;

(五)当事人及其代理人陈述申辩意见并质证,提出为自己辩解的证据;

(六)经听证主持人允许,当事人及其代理人和案件调查人员双方可以就案件事实相互进行质证,并均可向证人、鉴定人发问;

(七)主持人、听证员提问;

(八)当事人作补充陈述;

(九)听证主持人宣布听证结束。

第十三条 听证主持人在听证中有权对听证参加人不当的辩论内容及行为予以制止;对不听制止的,可以责令其退出听证会场。

第十四条 听证结束,案件当事人及其代理人应将申辩材料及有关证据提交听证会。

第十五条 书记员应当将听证活动记入笔录。听证笔录应当交由案件当事人及其代理人、本案调查人员、证人及其他有关人员确认无误后签字或者盖章。认为有错误的,可以要求补充或者改正。没有错误又拒绝签名或者盖章的,由书记员在听证笔录上记明情况。

第十六条 听证结束后,听证员应当进行合议,案件调查人员、案件审理人员可以参加合议并发表意见。案件合议情况应当制作《合议纪要》,并由听证员签名。

主审委员根据听证情况,对原拟作出的处罚决定的事实、理由和依据进行复核,提出《复核意见》。《复核意见》由主审委员签署,合议委员附署。合议委员有不同意见的,应当在《复核意见》中单独列明意见及理由。

第十七条 听证的举行,不影响行政处罚决定作出后当事人申请行政复议、提起行政诉讼的权利。

第十八条 中国证监会举行听证,不向当事人收取费用。

第十九条 中国证监会对当事人拟采取市场禁入措施的,当事人可以要求举行听证,听证程序参照本规则的规定执行。

第二十条 本规则自2007年4月18日起施行。《中国证券监督管理委员会行政处罚听证规则(试行)》同时废止。

中国证券监督管理委员会行政复议办法

1. 2010年5月4日中国证券监督管理委员会令第67号公布
2. 自2010年7月1日起施行

第一章 总 则

第一条 为了保护公民、法人或者其他组织的合法权益,保障和监督中国证券监督管理委员会(以下简称中国证监会)依法行使监管职权,进一步发挥行政复议制度在解决证券期货行政争议中的作用,不断提高证券期货监督管理机构的依法行政水平,根据《中华人民共和国行政复议法》(以下简称《行政复议法》)、《中华人民共和国证券法》、《中华人民共和国行政复议法实施条例》(以下简称《行政复议法实施条例》)等法律、行政法规,制定本办法。

第二条 公民、法人或者其他组织认为中国证监会或其派出机构、授权组织的具体行政行为侵犯其合法权益的，依照《行政复议法》、《行政复议法实施条例》和本办法的规定向中国证监会申请行政复议。

中国证监会作为行政复议机关，受理行政复议申请，对被申请行政复议的具体行政行为进行审查并作出决定。

对中国证监会具体行政行为不服申请原级行政复议的，原承办具体行政行为有关事项的部门或者机构（以下简称原承办部门）负责向行政复议机构作出答复。

对中国证监会派出机构或者授权组织的具体行政行为不服申请行政复议的，由派出机构或者授权组织负责向行政复议机构作出答复。

第三条 中国证监会负责法制工作的机构作为行政复议机构具体办理行政复议事项，除应当依照《行政复议法》第三条、《行政复议法实施条例》第三条的规定履行职责外，还应当履行下列职责：

（一）组织行政复议听证；

（二）根据需要提请召开行政复议委员会工作会议；

（三）提出审查意见；

（四）办理行政复议和解、组织行政复议调解等事项；

（五）指导派出机构的行政应诉工作；

（六）法律、行政法规规定的其他职责。

第四条 专职行政复议人员应当具备以下条件：

（一）正直诚实，品行良好；

（二）受过法律专业教育；

（三）从事证券期货业工作2年以上或者取得法律、会计等专业资格；

（四）法律、行政法规规定的其他条件。

第五条 中国证监会设立行政复议委员会，审查重大复杂行政复议案件。

重大行政应诉案件，可以提交行政复议委员会进行讨论。

第六条 中国证监会通过适当的形式，公布中国证监会管辖的行政复议案件受理范围、受理条件、行政复议申请书样式、行政复议案件审理程序，以及接受行政复议申请书的地址、传真号码等事项。

第二章 行政复议范围

第七条 公民、法人或者其他组织对中国证监会或其派出机构、授权组织作出的具体行政行为不服，有下列情形之一的，可以向中国证监会申请行政复议：

（一）对中国证监会或其派出机构作出的警告、罚款、没收违法所得、责令关闭、撤销任职资格或者证券从业资格、暂停或者撤销业务许可、吊销业务许可证等行政处罚决定不服的；

（二）对中国证监会或其派出机构作出的证券、期货市场禁入决定不服的；

（三）对中国证监会或其派出机构作出的冻结、查封、限制交易等行政强制措施不服的；

（四）对中国证监会或其派出机构作出的限制业务活动、限期撤销境内分支机构、限制分配红利、限制转让财产、责令限制股东行使股东权利以及责令更换董事、监事、高级管理人员或者限制其权利等行政监管措施不服的；

（五）认为中国证监会或其派出机构、授权组织侵犯其合法的经营自主权的；

（六）认为符合法定条件，申请办理证券、期货行政许可事项，中国证监会或其派出机构没有依法办理的；

（七）认为中国证监会或其派出机构在政府信息公开工作中的具体行政行为侵犯其合法权益的；

（八）认为中国证监会或其派出机构、授权组织的其他具体行政行为侵犯其合法权益的。

第八条 中国证监会或其派出机构、授权组织的下列行为不属于行政复议申请的范围：

（一）中国证监会或其派出机构、授权组织对其工作人员作出的行政处分以及其他人事处理决定；

（二）中国证监会或其派出机构、授权组织对证券、期货民事争议所作的调解行为；

（三）由中国证监会或其派出机构作出的行政调解和行政和解行为；

（四）不具有强制力的证券、期货行政指导行为；

（五）中国证监会或其派出机构对公民、法人或者其他组织提起申诉的重复处理行为；

（六）证券、期货交易所或证券、期货业协会依据自律规则，对公民、法人或者其他组织作出的决定；

（七）对公民、法人或者其他组织的权利义务不产生实际影响的行为。

第三章 行政复议申请

第九条 依照《行政复议法》、《行政复议法实施条例》以及本办法提起行政复议申请的公民、法人或者其他组织是行政复议的申请人。

第十条 依据《行政复议法实施条例》第七条的规定申请行政复议的，申请人应当同时向行政复议机构提交股份制企业的股东大会、股东代表大会、董事会作出的申请行政复议的决议和授权委托书。

第十一条 向行政复议机构申请作为第三人参加行政复议的,应当证明其与被审查的具体行政行为有利害关系。

经行政复议机构审查同意或者认为第三人有必要参加行政复议的,行政复议机构可以书面通知第三人。

第三人不参加行政复议,不影响行政复议案件的审理。

第十二条 申请人、第三人委托代理人向行政复议机构提交的授权委托书应当载明下列事项:

(一)委托人姓名或者名称,委托人为法人或者其他组织的,还应当载明法定代表人或者主要负责人的姓名、职务;

(二)代理人姓名、身份证号码、工作单位、通讯地址、邮政编码及电话等联系方式;

(三)委托事项和代理期间;

(四)代理人代为提起、变更、撤回行政复议申请、参加行政复议调解、达成行政复议和解、参加行政复议听证、递交证据材料、收受行政复议法律文书等代理权限;

(五)委托日期及委托人签字或者盖章。

提交授权委托书,应当提供委托人和代理人身份证明,以律师身份代理参加行政复议的,还应当提供律师执业证明文件。

第十三条 申请人对中国证监会或其派出机构、授权组织的具体行政行为不服申请行政复议的,作出该具体行政行为的中国证监会或其派出机构、授权组织是被申请人。

中国证监会或其派出机构委托其他组织作出具体行政行为的,中国证监会或其派出机构是被申请人。

第十四条 申请人对两个以上派出机构或授权组织共同作出的具体行政行为不服申请行政复议的,共同作出具体行政行为的机构或组织是共同被申请人。

第十五条 派出机构或者其他组织依照法律、行政法规、规章规定,报经中国证监会批准作出具体行政行为的,中国证监会是被申请人。

第四章 行政复议受理

第十六条 对符合《行政复议法实施条例》第十八条、第二十八条的规定,属于行政复议机关受理的行政复议申请,自行政复议机构收到之日起即为受理。

行政复议机构收到行政复议申请的日期,属于申请人当面递交的,由行政复议机构经办人在申请书上注明收到日期,并且由递交人签字确认;属于直接从邮递渠道收取或者其他单位、部门转来的,由行政复议机构签收确认;属于申请人以传真方式提交的,以行政复议机构接收传真之日为准。

第十七条 依照《行政复议法实施条例》第二十九条的规定,行政复议机构可以自收到该行政复议申请之日起5日内书面通知申请人补正,有下列情形之一的,属于行政复议申请材料不齐全或者表述不清楚:

(一)未依照《行政复议法实施条例》第十九条第(一)项的规定提供申请人基本情况;

(二)无申请人身份证明文件;

(三)无明确的被申请人;

(四)行政复议请求不具体、不明确;

(五)委托代理申请复议的手续不全或者权限不明确;

(六)未依照《行政复议法实施条例》第二十一条的规定提供证明材料;

(七)其他行政复议申请材料不齐全或者表述不清楚的情形。

申请人收到补正通知后,无正当理由逾期不补正的,视为放弃行政复议申请。

第十八条 申请人采取传真方式提出行政复议申请的,行政复议机构可以要求申请人依照《行政复议法实施条例》第二十九条、本办法第十七条的规定补充提交申请材料的原件。

第十九条 行政复议申请材料不齐全或者表述不清楚,或者采取传真方式提出行政复议申请,行政复议机构书面通知申请人补正或者提交原件的,受理的审查期限应当自收到补正后的行政复议申请材料或者原件之日起算。

第二十条 下列情形不视为申请行政复议,行政复议机构可以告知申请人处理结果或者转由其他机构处理并告知申请人:

(一)对中国证监会工作人员的个人违法违纪行为进行举报、控告的;

(二)不涉及中国证监会具体行政行为,只对中国证监会规章或者规范性文件有异议的;

(三)对行政处罚认定的事实、适用的依据、处罚种类、处罚幅度及处罚程序等没有异议,仅因经济困难,请求减、免、缓缴罚款的;

(四)请求解答法律、行政法规、规章的;

(五)其他以行政复议申请名义,进行信访投诉的情形。

第五章 行政复议审理

第一节 行政复议答复

第二十一条 行政复议机构应当自受理行政复议申请之

日起7日内，将行政复议答复通知书、行政复议申请书副本或者行政复议申请笔录复印件以及申请人提交的证据、有关材料的副本发送被申请人或者原承办部门。

第二十二条　被申请人或者原承办部门应当自收到申请书副本或者申请笔录复印件之日起10日内，向行政复议机构提交行政复议答复意见书，并同时提交当初作出具体行政行为的全部证据、依据和其他有关材料。

行政复议答复意见书应当载明下列内容：

（一）被申请人当初作出具体行政行为时所认定的事实、证据及适用的法律、行政法规、规章及规范性文件，对有关事实的陈述应当注明相应的证据及证据的来源；

（二）对申请人行政复议申请中陈述的事实和理由逐条进行答辩并进行相应的举证；

（三）对有关具体行政行为建议维持、变更、撤销或者确认违法，建议驳回行政复议申请，进行行政复议调解等结论；

（四）作出书面答复的时间。

被申请人或者原承办部门应当按照行政执法案卷的要求提交单独装订的行政复议答复证据案卷，并明确申请人、第三人可以查阅的案卷材料范围。

第二节　行政复议审理

第二十三条　一般行政复议案件，由行政复议机构负责审查并提出复议意见；重大复杂的行政复议案件，由行政复议机构提请行政复议委员会进行审查，由行政复议委员会提出复议意见。

行政复议机构审查复议案件，必须有2名以上行政复议人员共同进行。行政复议委员会通过委员会工作会议审查行政复议案件。行政复议委员会的组成和工作规则另行规定。

第二十四条　案件审理人员或者出席会议的复议委员与本案有利害关系或者有其他关系可能影响公正审理行政复议案件的，应当进行回避。

第二十五条　对于案件事实复杂、申请人与被申请人就同一认定事实提交的证据不一致或者行政复议机构认为必要的，行政复议机构可以依照《行政复议法实施条例》第三十四条的规定向有关组织和人员调查取证。

行政复议机构采用询问方式进行调查取证的，应当制作询问笔录，由被调查单位和人员签字或者盖章确认。

第二十六条　行政复议机关提供必要的条件，方便申请人、第三人查阅有关材料。

申请人、第三人查阅有关材料应当遵守下列规定：

（一）申请人、第三人向行政复议机构提出书面阅卷请求，阅卷不得违反相关保密的规定；

（二）申请人、第三人应当按照指定的时间、地点和阅卷范围进行查阅；

（三）查阅时，申请人、第三人应当出示身份证件；

（四）申请人、第三人可以摘抄查阅材料的内容；

（五）申请人、第三人不得有涂改、替换、毁损、隐匿查阅的材料等行为。

申请人、第三人违反前款第（五）项的，行政复议机构应当立即终止其查阅。情节严重的，依法移送公安机关处理。

第三节　行政复议听证

第二十七条　申请人、被申请人或者原承办部门对案件事实争议较大或者案件重大复杂的，行政复议机构可以采取听证的方式审理。

被申请人在作出原具体行政行为时，已经采取听证方式的或者采取书面审查可以查明事实、证据的，行政复议机构不再采取听证方式审理。

第二十八条　行政复议机构决定举行听证的，按照下列程序和要求进行：

（一）行政复议机构应当将听证的时间、地点、具体要求等事项提前3日通知有关当事人；

（二）行政复议听证人员为不得少于3人的单数，由行政复议机构负责人确定，并且指定其中1人为听证主持人；

（三）举行听证时，被申请人或者原承办部门的工作人员应当提供行政复议答复意见书以及相应的证据、依据，申请人、第三人可以提出证据，并进行申辩和质证；

（四）听证应当制作笔录，听证笔录应当交听证参加人确认无误后签字或者盖章。

第六章　行政复议决定

第二十九条　行政复议机关对行政复议机构或者行政复议委员会提出的复议意见进行审查，经行政复议机关的负责人同意或者集体讨论通过后，依法作出行政复议决定。

第三十条　依照《行政复议法》第三十一条的规定，有下列情况之一的，可以视为案件情况复杂，经行政复议机关的负责人批准，行政复议期限可以适当延长，但是延长期限最多不超过30日：

（一）需要举行行政复议听证的；

（二）申请人、第三人提出新的事实、理由或者证据需进一步调查核实的；

（三）申请人与被申请人进行和解或者行政复议机构进行调解的；

(四)情况复杂,不能在规定期限内作出行政复议决定的其他情况。

延长复议期限,应当制作决定延期通知书,告知有关当事人。

第三十一条 行政复议机关作出行政复议决定,应当制作行政复议决定书,送达申请人和第三人,抄送被申请人。

行政复议决定书应当载明下列内容:

(一)申请人、第三人基本情况:自然人姓名、性别、工作单位及职务(原工作单位及职务)、住址;法人或者其他组织的名称、地址、法定代表人或者主要负责人的姓名、职务;

(二)被申请人名称、地址;

(三)申请人申请复议的请求、事实和理由;

(四)被申请人答复的事实、理由、证据和依据;

(五)行政复议认定的事实和相应的证据;

(六)作出行政复议决定的具体理由和法律依据;

(七)行政复议决定的结论;

(八)行政复议决定的救济途径;

(九)作出行政复议决定的日期。

行政复议决定书应当加盖行政复议机关的印章。

第三十二条 行政复议决定书一经送达,即发生法律效力。行政复议机关可以通过中国证监会门户网站、中国证监会公告等方式公布生效的行政复议决定书。

第七章 行政复议和解和调解

第三十三条 经被申请人同意,原承办部门、派出机构或者授权组织和申请人可以依照《行政复议法实施条例》第四十条的规定在作出行政复议决定之前自愿达成和解,并向行政复议机构提交书面和解协议。

和解协议应当载明行政复议请求、事实、理由、和解的条件和达成和解的结果。

和解协议应当由申请人和被申请人或者原承办部门签字或者盖章。

第三十四条 行政复议机构应当对申请人和作出具体行政行为的机构提交的和解协议进行备案。和解确属双方真实意思表示,和解内容不损害社会公共利益和他人合法权益的,行政复议机构应当准许和解,终止行政复议案件的审理。

在行政复议期间内未达成和解协议的,行政复议机关应当及时作出行政复议决定。

第三十五条 经行政复议机构准许和解的,申请人和被申请人应当履行和解协议。

第三十六条 有下列情形之一的,行政复议机关可以进行调解:

(一)公民、法人或者其他组织对中国证监会行使自由裁量权作出的具体行政行为不服申请行政复议的;

(二)行政赔偿或者行政补偿纠纷。

第三十七条 调解应当符合以下要求:

(一)查明案件事实,充分尊重申请人和被申请人的意愿;

(二)调解应当按照自愿、合法的原则,调解结果不得损害国家利益、社会公共利益或者他人合法权益。

第三十八条 申请人和被申请人经调解达成协议的,行政复议机关应当制作行政复议调解书。行政复议调解书应当载明下列内容:

(一)申请人基本情况:自然人姓名、性别、工作单位及职务(原工作单位及职务)、住址;法人或者其他组织的名称、地址、法定代表人或者主要负责人的姓名、职务;

(二)被申请人名称、地址;

(三)申请人申请行政复议的请求、事实和理由;

(四)被申请人答复的事实、理由、证据和依据;

(五)进行调解的基本情况;

(六)调解协议的主要内容和调解结果;

(七)申请人、被申请人履行调解书的义务;

(八)日期。

行政复议调解书应当加盖行政复议专用章。行政复议调解书经申请人、被申请人签字或者盖章,即具有法律效力。申请人和被申请人应当履行生效的行政复议调解书。

第八章 行政复议指导和监督

第三十九条 行政复议机关在行政复议期间发现相关行政行为违法或者需要做好善后工作等情况的,可以向被申请人或者原承办部门制作行政复议意见书,并抄报中国证监会监察部门。

行政复议意见书由行政复议机构具体承办,应当包括具体行政行为存在的问题、认定事实、理由和依据、整改意见等。

被申请人或者原承办部门应当自收到行政复议意见书之日起60日内将纠正相关行政违法行为、改进执法工作或者做好善后工作的情况报告行政复议机构。

对突出问题不予整改导致重复违法的,行政复议机关要予以通报。

第四十条 行政复议机构在行政复议期间发现法律、行政法规、规章的实施中带有普遍性的问题,可以向有关立法机关或其他有关行政机关提出完善立法的建议。

行政复议建议书应包括法律、行政法规、规章等存在的问题,相关事实、理由和依据、工作建议等。

第四十一条 中国证监会应当建立行政复议统计报告制度,定期对行政复议、行政应诉案件情况进行分析、研究,总结工作中的经验及不足,提出改进意见。

第四十二条 行政复议人员应当每年参加至少2次行政复议机构或者中国证监会业务部门组织的监管业务培训,提高行政复议人员的专业素质。

业务培训包括以下内容:

(一)行政复议及行政应诉业务培训;

(二)证券期货案件调查、审理等业务培训;

(三)证券期货日常监管及创新业务培训;

(四)涉及证券期货市场监管的政治、经济理论培训等。

第四十三条 行政复议机构对于在办理行政复议、行政应诉案件过程中成绩显著的单位和个人,可以提请中国证监会依照有关规定给予表彰和奖励。

第九章 附 则

第四十四条 行政复议机关在受理、审查、决定行政复议申请过程中,可使用行政复议专用章。在中国证监会行政复议活动中,行政复议专用章和行政复议机关的印章具有同等法律效力。

第四十五条 外国人、无国籍人、外国组织在中华人民共和国境内向中国证监会申请行政复议,适用本办法。

第四十六条 本办法自2010年7月1日起施行。2002年11月25日发布的《中国证券监督管理委员会行政复议办法》(证监会令第13号)同时废止。

信息披露违法行为行政责任认定规则

2011年4月29日中国证券监督管理委员会公告〔2011〕11号公布施行

第一章 总 则

第一条 为规范信息披露违法行政责任认定工作,引导、督促发行人、上市公司及其控股股东、实际控制人、收购人等信息披露义务人(以下统称信息披露义务人)及其有关责任人员依法履行信息披露义务,保护投资者合法权益,根据《中华人民共和国证券法》(以下简称《证券法》)、《中华人民共和国行政处罚法》(以下简称《行政处罚法》)和其他相关法律、行政法规等,结合证券监管实践,制定本规则。

第二条 《证券法》规定的信息披露违法行为行政责任认定适用本规则。

第三条 信息披露义务人应当按照有关信息披露法律、行政法规、规章和规范性文件,以及证券交易所业务规则等规定,真实、准确、完整、及时、公平披露信息。

发行人、上市公司的董事、监事、高级管理人员应当为公司和全体股东的利益服务,诚实守信,忠实、勤勉地履行职责,独立作出适当判断,保护投资者的合法权益,保证信息披露真实、准确、完整、及时、公平。

第四条 认定信息披露违法行为行政责任,应当根据有关信息披露法律、行政法规、规章和规范性文件,以及证券交易所业务规则等规定,遵循专业标准和职业道德,运用逻辑判断和监管工作经验,审查运用证据,全面、客观、公正地认定事实,依法处理。

第五条 信息披露违法行为情节严重,涉嫌犯罪的,证监会依法移送司法机关追究刑事责任。

依法给予行政处罚或者采取市场禁入措施的,按照规定记入证券期货诚信档案。

依法不予处罚或者市场禁入的,可以根据情节采取相应的行政监管措施并记入证券期货诚信档案。

第六条 在信息披露中保荐人、证券服务机构及其人员未勤勉尽责,或者制作、出具的文件有虚假记载、误导性陈述或者重大遗漏的,证监会依法认定其责任和予以行政处罚。

第二章 信息披露违法行为认定

第七条 信息披露义务人未按照法律、行政法规、规章和规范性文件,以及证券交易所业务规则规定的信息披露(包括报告,下同)期限、方式等要求及时、公平披露信息,应当认定构成未按照规定披露信息的信息披露违法行为。

第八条 信息披露义务人在信息披露文件中对所披露内容进行不真实记载,包括发生业务不入账、虚构业务入账、不按照相关规定进行会计核算和编制财务会计报告,以及其他在信息披露中记载的事实与真实情况不符的,应当认定构成所披露的信息有虚假记载的信息披露违法行为。

第九条 信息披露义务人在信息披露文件中或者通过其他信息发布渠道、载体,作出不完整、不准确陈述,致使或者可能致使投资者对其投资行为发生错误判断的,应当认定构成所披露的信息有误导性陈述的信息披露违法行为。

第十条 信息披露义务人在信息披露文件中未按照法律、行政法规、规章和规范性文件以及证券交易所业务规则关于重大事件或者重要事项信息披露要求披露信息,遗漏重大事项的,应当认定构成所披露的信息有重大遗漏的信息披露违法行为。

第三章 信息披露义务人信息披露违法的责任认定

第十一条 信息披露义务人行为构成信息披露违法的,应当根据其违法行为的客观方面和主观方面等综合审查认定其责任。

第十二条　认定信息披露违法行为的客观方面通常要考虑以下情形：

(一)违法披露信息包括重大差错更正信息中虚增或者虚减资产、营业收入及净利润的数额及其占当期所披露数的比重,是否因此资不抵债,是否因此发生盈亏变化,是否因此满足证券发行、股权激励计划实施、利润承诺条件,是否因此避免被特别处理,是否因此满足取消特别处理要求,是否因此满足恢复上市交易条件等;

(二)未按照规定披露的重大担保、诉讼、仲裁、关联交易以及其他重大事项所涉及的数额及其占公司最近一期经审计总资产、净资产、营业收入的比重,未按照规定及时披露信息时间长短等;

(三)信息披露违法所涉及事项对投资者投资判断的影响大小;

(四)信息披露违法后果,包括是否导致欺诈发行、欺诈上市、骗取重大资产重组许可、收购要约豁免、暂停上市、终止上市,给上市公司、股东、债权人或者其他人造成直接损失数额大小,以及未按照规定披露信息造成该公司证券交易的异动程度等;

(五)信息披露违法的次数,是否多次提供虚假或者隐瞒重要事实的财务会计报告,或者多次对依法应当披露的其他重要信息不按照规定披露;

(六)社会影响的恶劣程度;

(七)其他需要考虑的情形。

第十三条　认定信息披露义务人信息披露违法主观方面通常要考虑以下情形：

(一)信息披露义务人为单位的,在单位内部是否存在违法共谋,信息披露违法所涉及的具体事项是否是经董事会、公司办公会等会议研究决定或者由负责人员决定实施的,是否只是单位内部个人行为造成的;

(二)信息披露义务人的主观状态,信息披露违法是否是故意的欺诈行为,是否是不够谨慎、疏忽大意的过失行为;

(三)信息披露违法行为发生后的态度,公司董事、监事、高级管理人员知道信息披露违法后是否继续掩饰,是否采取适当措施进行补救;

(四)与证券监管机构的配合程度,当发现信息披露违法后,公司董事、监事、高级管理人员是否向证监会报告,是否在调查中积极配合,是否对调查机关欺诈、隐瞒,是否有干扰、阻碍调查情况;

(五)其他需要考虑的情形。

第十四条　其他违法行为引起信息披露义务人信息披露违法的,通常综合考虑以下情形认定责任：

(一)信息披露义务人是否存在过错,有无实施信息披露违法行为的故意,是否存在信息披露违法的过失;

(二)信息披露义务人是否因违法行为直接获益或者以其他方式获取利益,是否因违法行为止损或者避损,公司投资者是否因该项违法行为遭受重大损失;

(三)信息披露违法责任是否能被其他违法行为责任所吸收,认定其他违法行为行政责任、刑事责任是否能更好体现对违法行为的惩处;

(四)其他需要考虑的情形。

前款所称其他违法行为,包括上市公司的董事、监事、高级管理人员违背对公司的忠实义务,利用职务便利,操纵上市公司从事损害公司利益行为;上市公司的控股股东或者实际控制人,指使上市公司董事、监事、高级管理人员从事损害公司利益行为;上市公司董事、监事、高级管理人员和持股5%以上股东违法买卖公司股票行为;公司工作人员挪用资金、职务侵占等行为;配合证券市场内幕交易、操纵市场以及其他可能致使信息披露义务人信息披露违法的行为。

第四章　信息披露违法行为责任人员及其责任认定

第十五条　发生信息披露违法行为的,依照法律、行政法规、规章规定,对负有保证信息披露真实、准确、完整、及时和公平义务的董事、监事、高级管理人员,应当视情形认定其为直接负责的主管人员或者其他直接责任人员承担行政责任,但其能够证明已尽忠实、勤勉义务,没有过错的除外。

第十六条　信息披露违法行为的责任人员可以提交公司章程,载明职责分工和职责履行情况的材料,相关会议纪要或者会议记录以及其他证据来证明自身没有过错。

第十七条　董事、监事、高级管理人员之外的其他人员,确有证据证明其行为与信息披露违法行为具有直接因果关系,包括实际承担或者履行董事、监事或者高级管理人员的职责,组织、参与、实施了公司信息披露违法行为或者直接导致信息披露违法的,应当视情形认定其为直接负责的主管人员或者其他直接责任人员。

第十八条　有证据证明因信息披露义务人受控股股东、实际控制人指使,未按照规定披露信息,或者所披露的信息有虚假记载、误导性陈述或者重大遗漏的,在认定信息披露义务人责任的同时,应当认定信息披露义务人控股股东、实际控制人的信息披露违法责任。信息披露义务人的控股股东、实际控制人是法人的,其负责人应当认定为直接负责的主管人员。

控股股东、实际控制人直接授意、指挥从事信息披露违法行为,或者隐瞒应当披露信息、不告知应当披露信息的,应当认定控股股东、实际控制人指使从事信息披露违法行为。

第十九条 信息披露违法责任人员的责任大小,可以从以下方面考虑责任人员与案件中认定的信息披露违法的事实、性质、情节、社会危害后果的关系,综合分析认定:

(一)在信息披露违法行为发生过程中所起的作用。对于认定的信息披露违法事项是起主要作用还是次要作用,是否组织、策划、参与、实施信息披露违法行为,是积极参加还是被动参加。

(二)知情程度和态度。对于信息披露违法所涉事项及其内容是否知情,是否反映、报告,是否采取措施有效避免或者减少损害后果,是否放任违法行为发生。

(三)职务、具体职责及履行职责情况。认定的信息披露违法事项是否与责任人员的职务、具体职责存在直接关系,责任人员是否忠实、勤勉履行职责,有无懈怠、放弃履行职责,是否履行职责预防、发现和阻止信息披露违法行为发生。

(四)专业背景。是否存在责任人员有专业背景,对于信息披露中与其专业背景有关违法事项应当发现而未予指出的情况,如专业会计人士对于会计问题、专业技术人员对于技术问题等未予指出。

(五)其他影响责任认定的情况。

第二十条 认定从轻或者减轻处罚的考虑情形:

(一)未直接参与信息披露违法行为;

(二)在信息披露违法行为被发现前,及时主动要求公司采取纠正措施或者向证券监管机构报告;

(三)在获悉公司信息披露违法后,向公司有关主管人员或者公司上级主管提出质疑并采取了适当措施;

(四)配合证券监管机构调查且有立功表现;

(五)受他人胁迫参与信息披露违法行为;

(六)其他需要考虑的情形。

第二十一条 认定为不予行政处罚的考虑情形:

(一)当事人对认定的信息披露违法事项提出具体异议记载于董事会、监事会、公司办公会会议记录等,并在上述会议中投反对票的;

(二)当事人在信息披露违法事实所涉及期间,由于不可抗力、失去人身自由等无法正常履行职责的;

(三)对公司信息披露违法行为不负有主要责任的人员在公司信息披露违法行为发生后及时向公司和证券交易所、证券监管机构报告的;

(四)其他需要考虑的情形。

第二十二条 任何下列情形,不得单独作为不予处罚情形认定:

(一)不直接从事经营管理;

(二)能力不足、无相关职业背景;

(三)任职时间短、不了解情况;

(四)相信专业机构或者专业人员出具的意见和报告;

(五)受到股东、实际控制人控制或者其他外部干预。

第二十三条 下列情形认定为应当从重处罚情形:

(一)不配合证券监管机构监管,或者拒绝、阻碍证券监管机构及其工作人员执法,甚至以暴力、威胁及其他手段干扰执法;

(二)在信息披露违法案件中变造、隐瞒、毁灭证据,或者提供伪证,妨碍调查;

(三)两次以上违反信息披露规定并受到行政处罚或者证券交易所纪律处分;

(四)在信息披露上有不良诚信记录并记入证券期货诚信档案;

(五)证监会认定的其他情形。

第五章 附 则

第二十四条 本规则自公布之日起施行。本规则施行前尚未做出处理决定的案件适用本规则。

最高人民法院关于审理证券行政处罚案件证据若干问题的座谈会纪要

1. *2011年7月13日*
2. *法〔2011〕225号*

为进一步完善证券行政处罚案件的证据规则,推动证券监管机构依法行政,保护广大投资者合法权益,促进资本市场健康发展,最高人民法院对证券行政处罚案件证据运用中存在的突出问题进行了专题调研,在充分听取有关法院和部门意见并反复论证的基础上,根据《中华人民共和国行政诉讼法》、《中华人民共和国行政处罚法》和《中华人民共和国证券法》等法律规定,起草了证券行政处罚案件中有关证据问题的意见。2011年6月23日,最高人民法院会同有关部门在北京召开专题座谈会,对证券行政处罚案件中有关证据审查认定等问题形成共识。现将有关内容纪要如下:

一、关于证券行政处罚案件的举证问题

会议认为,监管机构根据行政诉讼法第三十二条、《最高人民法院关于行政诉讼证据若干问题的规定》第一条的规定,对作出的被诉行政处罚决定承担举证责任。人民法院在审理证券行政处罚案件时,也应当考虑到部分类型的证券违法行为的特殊性,由监管机构承担主要违法事实的证明责任,通过推定的方式适当向原告、第三人转移部分特定事实的证明责任。

监管机构在听证程序中书面明确告知行政相对人

享有提供排除其涉嫌违法行为证据的权利,行政相对人能够提供但无正当理由拒不提供,后又在诉讼中提供的,人民法院一般不予采纳。行政处罚相对人在行政程序中未提供但有正当理由,在诉讼中依照《最高人民法院关于行政诉讼证据若干问题的规定》提供的证据,人民法院应当采纳。

监管机构除依法向人民法院提供据以作出被诉行政处罚决定的证据和依据外,还应当提交原告、第三人在行政程序中提供的证据材料。

二、关于电子数据证据

会议认为,证券交易和信息传递电子化、网络化、无线化等特点决定电子交易信息、网络 IP 地址、通讯记录、电子邮件等电子数据证据在证券行政案件中至关重要。但由于电子数据证据具有载体多样,复制简单、容易被删改和伪造等特点,对电子数据证据的证据形式要求和审核认定应较其他证据方法更为严格。根据行政诉讼法第三十一条第一款第(三)项的规定,《最高人民法院关于行政诉讼证据若干问题的规定》第十二条、第六十四条的规定,当事人可以向人民法院提供电子数据证据证明待证事实,相关电子数据证据应当符合下列要求:

(一)无法提取电子数据原始载体或者提取确有困难的,可以提供电子数据复制件,但必须附有不能或者难以提取原始载体的原因、复制过程以及原始载体存放地点或者电子数据网络地址的说明,并由复制件制作人和原始电子数据持有人签名或者盖章,或者以公证等其他有效形式证明电子数据与原始载体的一致性和完整性。

(二)收集电子数据应当依法制作笔录,详细记载取证的参与人员、技术方法、步骤和过程,记录收集对象的事项名称、内容、规格、类别以及时间、地点等,或者将收集电子数据的过程拍照或录像。

(三)收集的电子数据应当使用光盘或者其他数字存储介质备份。监管机构为取证人时,应当妥善保存至少一份封存状态的电子数据备份件,并随案移送,以备法庭质证和认证使用。

(四)提供通过技术手段恢复或者破解的与案件有关的光盘或者其他数字存储介质、电子设备中被删除的数据、隐藏或者加密的电子数据,必须附有恢复或破解对象、过程、方法和结果的专业说明。对方当事人对该专业说明持异议,并且有证据表明上述方式获取的电子数据存在篡改、剪裁、删除和添加等不真实情况的,可以向人民法院申请鉴定,人民法院应予准许。

三、关于专业意见

会议认为,对被诉行政处罚决定涉及的专门性问题,当事人可以向人民法院提供其聘请的专业机构、特定行业专家出具的统计分析意见和规则解释意见;人民法院认为有必要的,也可以聘请相关专业机构、专家出具意见。

专业意见应当在法庭上出示,并经庭审质证。当事人可以申请人民法院通知出具相关意见的专业人员出庭说明,人民法院也可以通知专业人员出庭说明。专业意见之间相互矛盾的,人民法院可以组织专业人员进行对质。

人民法院应当根据案件的具体情况,从以下方面审核认定上述专业意见:(一)专业机构或者专家是否与本案有利害关系;(二)专业机构或者专家是否具有合法资质;(三)专业机构或者专家所得出的意见是否超出指定的范围,形式是否规范,内容是否完整,结论是否明确;(四)行政程序中形成的专业意见是否告知对方当事人,并听取对方当事人的质辩意见。

四、关于上市公司信息披露违法责任人的证明问题

会议认为,根据证券法第六十八条规定,上市公司董事、监事、高级管理人员对上市公司信息披露的真实性、准确性和完整性应当承担较其他人员更严格的法定保证责任。人民法院在审理证券法第一百九十三条违反信息披露义务行政处罚案件时,涉及到对直接负责的主管人员和其他直接责任人员处罚的,应当区分证券法第六十八条规定的人员和该范围之外其他人员的不同责任标准与证明方式。

监管机构根据证券法第六十八条、第一百九十三条规定,结合上市公司董事、监事、高级管理人员与信息披露违法行为之间履行职责的关联程度,认定其为直接负责的主管人员或者其他直接责任人员并给予处罚,被处罚人不服提起诉讼的,应当提供其对该信息披露行为已尽忠实、勤勉义务等证据。

对上市公司董事、监事、高级管理人员之外的人员,监管机构认定其为上市公司信息披露违法行为直接负责的主管人员或者其他直接责任人员并给予处罚的,应当证明被处罚人具有下列情形之一:(一)实际履行董事、监事和高级管理人员的职责,并与信息披露违法行为存在直接关联;(二)组织、参与、实施信息披露违法行为或直接导致信息披露违法。

五、关于内幕交易行为的认定问题

会议认为,监管机构提供的证据能够证明以下情形之一,且被处罚人不能作出合理说明或者提供证据排除其存在利用内幕信息从事相关证券交易活动的,人民法院可以确认被诉处罚决定认定的内幕交易行为成立:(一)证券法第七十四条规定的证券交易内幕信息知情人,进行了与该内幕信息有关的证券交易活动;

（二）证券法第七十四条规定的内幕信息知情人的配偶、父母、子女以及其他有密切关系的人，其证券交易活动与该内幕信息基本吻合；（三）因履行工作职责知悉上述内幕信息并进行了与该信息有关的证券交易活动；（四）非法获取内幕信息，并进行了与该内幕信息有关的证券交易活动；（五）内幕信息公开前与内幕信息知情人或知晓该内幕信息的人联络、接触，其证券交易活动与内幕信息高度吻合。

3. 刑事责任

中华人民共和国刑法（节录）

1. 1979年7月1日第五届全国人民代表大会第二次会议通过
2. 1997年3月14日第八届全国人民代表大会第五次会议修订
3. 根据1998年12月29日第九届全国人民代表大会常务委员会第六次会议通过的《关于惩治骗购外汇、逃汇和非法买卖外汇犯罪的决定》第一次修正
4. 根据1999年12月25日第九届全国人民代表大会常务委员会第十三次会议通过的《中华人民共和国刑法修正案》第二次修正
5. 根据2001年8月31日第九届全国人民代表大会常务委员会第二十三次会议通过的《中华人民共和国刑法修正案（二）》第三次修正
6. 根据2001年12月29日第九届全国人民代表大会常务委员会第二十五次会议通过的《中华人民共和国刑法修正案（三）》第四次修正
7. 根据2002年12月28日第九届全国人民代表大会常务委员会第三十一次会议通过的《中华人民共和国刑法修正案（四）》第五次修正
8. 根据2005年2月28日第十届全国人民代表大会常务委员会第十四次会议通过的《中华人民共和国刑法修正案（五）》第六次修正
9. 根据2006年6月29日第十届全国人民代表大会常务委员会第二十二次会议通过的《中华人民共和国刑法修正案（六）》第七次修正
10. 根据2009年2月28日第十一届全国人民代表大会常务委员会第七次会议通过的《中华人民共和国刑法修正案（七）》第八次修正
11. 根据2009年8月27日第十一届全国人民代表大会常务委员会第十次会议通过的《关于修改部分法律的决定》第九次修正
12. 根据2011年2月25日第十一届全国人民代表大会常务委员会第十九次会议通过的《中华人民共和国刑法修正案（八）》第十次修正

分　则

第三章　破坏社会主义市场经济秩序罪

第三节　妨害对公司、企业的管理秩序罪

第一百五十八条　【虚报注册资本罪】申请公司登记使用虚假证明文件或者采取其他欺诈手段虚报注册资本，欺骗公司登记主管部门，取得公司登记，虚报注册资本数额巨大、后果严重或者有其他严重情节的，处三年以下有期徒刑或者拘役，并处或者单处虚报注册资本金额百分之一以上百分之五以下罚金。

单位犯前款罪的，对单位判处罚金，并对其直接负责的主管人员和其他直接责任人员，处三年以下有期徒刑或者拘役。

第一百五十九条　【虚假出资、抽逃出资罪】公司发起人、股东违反公司法的规定未交付货币、实物或者未转移财产权，虚假出资，或者在公司成立后又抽逃其出资，数额巨大、后果严重或者有其他严重情节的，处五年以下有期徒刑或者拘役，并处或者单处虚假出资金额或者抽逃出资金额百分之二以上百分之十以下罚金。

单位犯前款罪的，对单位判处罚金，并对其直接负责的主管人员和其他直接责任人员，处五年以下有期徒刑或者拘役。

第一百六十条　【欺诈发行股票、债券罪】在招股说明书、认股书、公司、企业债券募集办法中隐瞒重要事实或者编造重大虚假内容，发行股票或者公司、企业债券，数额巨大、后果严重或者有其他严重情节的，处五年以下有期徒刑或者拘役，并处或者单处非法募集资金金额百分之一以上百分之五以下罚金。

单位犯前款罪的，对单位判处罚金，并对其直接负责的主管人员和其他直接责任人员，处五年以下有期徒刑或者拘役。

第一百六十一条　【违规披露、不披露重要信息罪】依法负有信息披露义务的公司、企业向股东和社会公众提供虚假的或者隐瞒重要事实的财务会计报告，或者对依法应当披露的其他重要信息不按照规定披露，严重损害股东或者其他人利益，或者有其他严重情节的，对其直接负责的主管人员和其他直接责任人员，处三年以下有期徒刑或者拘役，并处或者单处二万元以上二十万元以下罚金。

第一百六十二条　【妨碍清算罪】公司、企业进行清算时，隐匿财产，对资产负债表或者财产清单作虚伪记载或者在未清偿债务前分配公司、企业财产，严重损害债权人或者其他人利益的，对其直接负责的主管人员和其他直接责任人员，处五年以下有期徒刑或者拘役，并处或者单处二万元以上二十万元以下罚金。

第一百六十二条之一　【隐匿、故意销毁会计凭证、会计帐簿、财务会计报告罪】隐匿或者故意销毁依法应当保存的会计凭证、会计帐簿、财务会计报告，情节严重的，处五年以下有期徒刑或者拘役，并处或者单处二万元以上二十万元以下罚金。

单位犯前款罪的，对单位判处罚金，并对其直接负

责的主管人员和其他直接责任人员,依照前款的规定处罚。

第一百六十二条之二　【虚假破产罪】公司、企业通过隐匿财产、承担虚构的债务或者以其他方法转移、处分财产,实施虚假破产,严重损害债权人或者其他人利益的,对其直接负责的主管人员和其他直接责任人员,处五年以下有期徒刑或者拘役,并处或者单处二万元以上二十万元以下罚金。

第一百六十三条　【非国家工作人员受贿罪】公司、企业或者其他单位的工作人员利用职务上的便利,索取他人财物或者非法收受他人财物,为他人谋取利益,数额较大的,处五年以下有期徒刑或者拘役;数额巨大的,处五年以上有期徒刑,可以并处没收财产。

公司、企业或者其他单位的工作人员在经济往来中,利用职务上的便利,违反国家规定,收受各种名义的回扣、手续费,归个人所有的,依照前款的规定处罚。

国有公司、企业或者其他国有单位中从事公务的人员和国有公司、企业或者其他国有单位委派到非国有公司、企业以及其他单位从事公务的人员有前两款行为的,依照本法第三百八十五条、第三百八十六条的规定定罪处罚。

第一百六十四条　【对非国家工作人员行贿罪】为谋取不正当利益,给予公司、企业或者其他单位的工作人员以财物,数额较大的,处三年以下有期徒刑或者拘役;数额巨大的,处三年以上十年以下有期徒刑,并处罚金。

【对外国公职人员、国际公共组织官员行贿罪】为谋取不正当商业利益,给予外国公职人员或者国际公共组织官员以财物的,依照前款的规定处罚。

单位犯前两款罪的,对单位判处罚金,并对其直接负责的主管人员和其他直接责任人员,依照第一款的规定处罚。

行贿人在被追诉前主动交待行贿行为的,可以减轻处罚或者免除处罚。

第一百六十五条　【非法经营同类营业罪】国有公司、企业的董事、经理利用职务便利,自己经营或者为他人经营与其所任职公司、企业同类的营业,获取非法利益,数额巨大的,处三年以下有期徒刑或者拘役,并处或者单处罚金;数额特别巨大的,处三年以上七年以下有期徒刑,并处罚金。

第一百六十六条　【为亲友非法牟利罪】国有公司、企业、事业单位的工作人员,利用职务便利,有下列情形之一,使国家利益遭受重大损失的,处三年以下有期徒刑或者拘役,并处或者单处罚金;致使国家利益遭受特别重大损失的,处三年以上七年以下有期徒刑,并处罚金:

(一)将本单位的盈利业务交由自己的亲友进行经营的;

(二)以明显高于市场的价格向自己的亲友经营管理的单位采购商品或者以明显低于市场的价格向自己的亲友经营管理的单位销售商品的;

(三)向自己的亲友经营管理的单位采购不合格商品的。

第一百六十七条　【签订、履行合同失职被骗罪】国有公司、企业、事业单位直接负责的主管人员,在签订、履行合同过程中,因严重不负责任被诈骗,致使国家利益遭受重大损失的,处三年以下有期徒刑或者拘役;致使国家利益遭受特别重大损失的,处三年以上七年以下有期徒刑。

第一百六十八条　【国有公司、企业、事业单位人员失职罪;国有公司、企业、事业单位人员滥用职权罪】国有公司、企业的工作人员,由于严重不负责任或者滥用职权,造成国有公司、企业破产或者严重损失,致使国家利益遭受重大损失的,处三年以下有期徒刑或者拘役;致使国家利益遭受特别重大损失的,处三年以上七年以下有期徒刑。

国有事业单位的工作人员有前款行为,致使国家利益遭受重大损失的,依照前款的规定处罚。

国有公司、企业、事业单位的工作人员,徇私舞弊,犯前两款罪的,依照第一款的规定从重处罚。

第一百六十九条　【徇私舞弊低价折股、出售国有资产罪】国有公司、企业或者其上级主管部门直接负责的主管人员,徇私舞弊,将国有资产低价折股或者低价出售,致使国家利益遭受重大损失的,处三年以下有期徒刑或者拘役;致使国家利益遭受特别重大损失的,处三年以上七年以下有期徒刑。

第一百六十九条之一　【背信损害上市公司利益罪】上市公司的董事、监事、高级管理人员违背对公司的忠实义务,利用职务便利,操纵上市公司从事下列行为之一,致使上市公司利益遭受重大损失的,处三年以下有期徒刑或者拘役,并处或者单处罚金;致使上市公司利益遭受特别重大损失的,处三年以上七年以下有期徒刑,并处罚金:

(一)无偿向其他单位或者个人提供资金、商品、服务或者其他资产的;

(二)以明显不公平的条件,提供或者接受资金、商品、服务或者其他资产的;

(三)向明显不具有清偿能力的单位或者个人提供资金、商品、服务或者其他资产的;

(四)为明显不具有清偿能力的单位或者个人提

供担保,或者无正当理由为其他单位或者个人提供担保的;

(五)无正当理由放弃债权、承担债务的;

(六)采用其他方式损害上市公司利益的。

上市公司的控股股东或者实际控制人,指使上市公司董事、监事、高级管理人员实施前款行为的,依照前款的规定处罚。

犯前款罪的上市公司的控股股东或者实际控制人是单位的,对单位判处罚金,并对其直接负责的主管人员和其他直接责任人员,依照第一款的规定处罚。

第四节　破坏金融管理秩序罪

第一百七十条　【伪造货币罪】伪造货币的,处三年以上十年以下有期徒刑,并处五万元以上五十万元以下罚金;有下列情形之一的,处十年以上有期徒刑、无期徒刑或者死刑,并处五万元以上五十万元以下罚金或者没收财产:

(一)伪造货币集团的首要分子;

(二)伪造货币数额特别巨大的;

(三)有其他特别严重情节的。

第一百七十一条　【出售、购买、运输假币罪】出售、购买伪造的货币或者明知是伪造的货币而运输,数额较大的,处三年以下有期徒刑或者拘役,并处二万元以上二十万元以下罚金;数额巨大的,处三年以上十年以下有期徒刑,并处五万元以上五十万元以下罚金;数额特别巨大的,处十年以上有期徒刑或者无期徒刑,并处五万元以上五十万元以下罚金或者没收财产。

【金融工作人员购买假币、以假币换取货币罪】银行或者其他金融机构的工作人员购买伪造的货币或者利用职务上的便利,以伪造的货币换取货币的,处三年以上十年以下有期徒刑,并处二万元以上二十万元以下罚金;数额巨大或者有其他严重情节的,处十年以上有期徒刑或者无期徒刑,并处二万元以上二十万元以下罚金或者没收财产;情节较轻的,处三年以下有期徒刑或者拘役,并处或者单处一万元以上十万元以下罚金。

伪造货币并出售或者运输伪造的货币的,依照本法第一百七十条的规定定罪从重处罚。

第一百七十二条　【持有、使用假币罪】明知是伪造的货币而持有、使用,数额较大的,处三年以下有期徒刑或者拘役,并处或者单处一万元以上十万元以下罚金;数额巨大的,处三年以上十年以下有期徒刑,并处二万元以上二十万元以下罚金;数额特别巨大的,处十年以上有期徒刑,并处五万元以上五十万元以下罚金或者没收财产。

第一百七十三条　【变造货币罪】变造货币,数额较大的,处三年以下有期徒刑或者拘役,并处或者单处一万元以上十万元以下罚金;数额巨大的,处三年以上十年以下有期徒刑,并处二万元以上二十万元以下罚金。

第一百七十四条　【擅自设立金融机构罪】未经国家有关主管部门批准,擅自设立商业银行、证券交易所、期货交易所、证券公司、期货经纪公司、保险公司或者其他金融机构的,处三年以下有期徒刑或者拘役,并处或者单处二万元以上二十万元以下罚金;情节严重的,处三年以上十年以下有期徒刑,并处五万元以上五十万元以下罚金。

【伪造、变造、转让金融机构经营许可证、批准文件罪】伪造、变造、转让商业银行、证券交易所、期货交易所、证券公司、期货经纪公司、保险公司或者其他金融机构的经营许可证或者批准文件的,依照前款的规定处罚。

单位犯前两款罪的,对单位判处罚金,并对其直接负责的主管人员和其他直接责任人员,依照第一款的规定处罚。

第一百七十五条　【高利转贷罪】以转贷牟利为目的,套取金融机构信贷资金高利转贷他人,违法所得数额较大的,处三年以下有期徒刑或者拘役,并处违法所得一倍以上五倍以下罚金;数额巨大的,处三年以上七年以下有期徒刑,并处违法所得一倍以上五倍以下罚金。

单位犯前款罪的,对单位判处罚金,并对其直接负责的主管人员和其他直接责任人员,处三年以下有期徒刑或者拘役。

第一百七十五条之一　【骗取贷款、票据承兑、金融票证罪】以欺骗手段取得银行或者其他金融机构贷款、票据承兑、信用证、保函等,给银行或者其他金融机构造成重大损失或者有其他严重情节的,处三年以下有期徒刑或者拘役,并处或者单处罚金;给银行或者其他金融机构造成特别重大损失或者有其他特别严重情节的,处三年以上七年以下有期徒刑,并处罚金。

单位犯前款罪的,对单位判处罚金,并对其直接负责的主管人员和其他直接责任人员,依照前款的规定处罚。

第一百七十六条　【非法吸收公众存款罪】非法吸收公众存款或者变相吸收公众存款,扰乱金融秩序的,处三年以下有期徒刑或者拘役,并处或者单处二万元以上二十万元以下罚金;数额巨大或者有其他严重情节的,处三年以上十年以下有期徒刑,并处五万元以上五十万元以下罚金。

单位犯前款罪的,对单位判处罚金,并对其直接负责的主管人员和其他直接责任人员,依照前款的规定处罚。

第一百七十七条　【伪造、变造金融票证罪】有下列情形之一，伪造、变造金融票证的，处五年以下有期徒刑或者拘役，并处或者单处二万元以上二十万元以下罚金；情节严重的，处五年以上十年以下有期徒刑，并处五万元以上五十万元以下罚金；情节特别严重的，处十年以上有期徒刑或者无期徒刑，并处五万元以上五十万元以下罚金或者没收财产：

（一）伪造、变造汇票、本票、支票的；

（二）伪造、变造委托收款凭证、汇款凭证、银行存单等其他银行结算凭证的；

（三）伪造、变造信用证或者附随的单据、文件的；

（四）伪造信用卡的。

单位犯前款罪的，对单位判处罚金，并对其直接负责的主管人员和其他直接责任人员，依照前款的规定处罚。

第一百七十七条之一　【妨害信用卡管理罪】有下列情形之一，妨害信用卡管理的，处三年以下有期徒刑或者拘役，并处或者单处一万元以上十万元以下罚金；数量巨大或者有其他严重情节的，处三年以上十年以下有期徒刑，并处二万元以上二十万元以下罚金：

（一）明知是伪造的信用卡而持有、运输的，或者明知是伪造的空白信用卡而持有、运输，数量较大的；

（二）非法持有他人信用卡，数量较大的；

（三）使用虚假的身份证明骗领信用卡的；

（四）出售、购买、为他人提供伪造的信用卡或者以虚假的身份证明骗领的信用卡的。

【窃取、收买、非法提供信用卡信息罪】窃取、收买或者非法提供他人信用卡信息资料的，依照前款规定处罚。

银行或者其他金融机构的工作人员利用职务上的便利，犯第二款罪的，从重处罚。

第一百七十八条　【伪造、变造国家有价证券罪】伪造、变造国库券或者国家发行的其他有价证券，数额较大的，处三年以下有期徒刑或者拘役，并处或者单处二万元以上二十万元以下罚金；数额巨大的，处三年以上十年以下有期徒刑，并处五万元以上五十万元以下罚金；数额特别巨大的，处十年以上有期徒刑或者无期徒刑，并处五万元以上五十万元以下罚金或者没收财产。

【伪造、变造股票、公司、企业债券罪】伪造、变造股票或者公司、企业债券，数额较大的，处三年以下有期徒刑或者拘役，并处或者单处一万元以上十万元以下罚金；数额巨大的，处三年以上十年以下有期徒刑，并处二万元以上二十万元以下罚金。

单位犯前两款罪的，对单位判处罚金，并对其直接负责的主管人员和其他直接责任人员，依照前两款的规定处罚。

第一百七十九条　【擅自发行股票、公司、企业债券罪】未经国家有关主管部门批准，擅自发行股票或者公司、企业债券，数额巨大、后果严重或者有其他严重情节的，处五年以下有期徒刑或者拘役，并处或者单处非法募集资金金额百分之一以上百分之五以下罚金。

单位犯前款罪的，对单位判处罚金，并对其直接负责的主管人员和其他直接责任人员，处五年以下有期徒刑或者拘役。

第一百八十条　【内幕交易、泄露内幕信息罪】证券、期货交易内幕信息的知情人员或者非法获取证券、期货交易内幕信息的人员，在涉及证券的发行，证券、期货交易或者其他对证券、期货交易价格有重大影响的信息尚未公开前，买入或者卖出该证券，或者从事与该内幕信息有关的期货交易，或者泄露该信息，或者明示、暗示他人从事上述交易活动，情节严重的，处五年以下有期徒刑或者拘役，并处或者单处违法所得一倍以上五倍以下罚金；情节特别严重的，处五年以上十年以下有期徒刑，并处违法所得一倍以上五倍以下罚金。

单位犯前款罪的，对单位判处罚金，并对其直接负责的主管人员和其他直接责任人员，处五年以下有期徒刑或者拘役。

内幕信息、知情人员的范围，依照法律、行政法规的规定确定。

【利用未公开信息交易罪】证券交易所、期货交易所、证券公司、期货经纪公司、基金管理公司、商业银行、保险公司等金融机构的从业人员以及有关监管部门或者行业协会的工作人员，利用因职务便利获取的内幕信息以外的其他未公开的信息，违反规定，从事与该信息相关的证券、期货交易活动，或者明示、暗示他人从事相关交易活动，情节严重的，依照第一款的规定处罚。

第一百八十一条　【编造并传播证券、期货交易虚假信息罪】编造并且传播影响证券、期货交易的虚假信息，扰乱证券、期货交易市场，造成严重后果的，处五年以下有期徒刑或者拘役，并处或者单处一万元以上十万元以下罚金。

【诱骗投资者买卖证券、期货合约罪】证券交易所、期货交易所、证券公司、期货经纪公司的从业人员，证券业协会、期货业协会或者证券期货监督管理部门的工作人员，故意提供虚假信息或者伪造、变造、销毁交易记录，诱骗投资者买卖证券、期货合约，造成严重后果的，处五年以下有期徒刑或者拘役，并处或者单处一万元以上十万元以下罚金；情节特别恶劣的，处五年以上十年以下有期徒刑，并处二万元以上二十万元以下罚金。

单位犯前两款罪的，对单位判处罚金，并对其直接负责的主管人员和其他直接责任人员，处五年以下有期徒刑或者拘役。

第一百八十二条 【**操纵证券、期货市场罪**】有下列情形之一，操纵证券、期货市场，情节严重的，处五年以下有期徒刑或者拘役，并处或者单处罚金；情节特别严重的，处五年以上十年以下有期徒刑，并处罚金：

（一）单独或者合谋，集中资金优势、持股或者持仓优势或者利用信息优势联合或者连续买卖，操纵证券、期货交易价格或者证券、期货交易量的；

（二）与他人串通，以事先约定的时间、价格和方式相互进行证券、期货交易，影响证券、期货交易价格或者证券、期货交易量的；

（三）在自己实际控制的帐户之间进行证券交易，或者以自己为交易对象，自买自卖期货合约，影响证券、期货交易价格或者证券、期货交易量的；

（四）以其他方法操纵证券、期货市场的。

单位犯前款罪的，对单位判处罚金，并对其直接负责的主管人员和其他直接责任人员，依照前款的规定处罚。

第一百八十三条 【**职务侵占罪**】保险公司的工作人员利用职务上的便利，故意编造未曾发生的保险事故进行虚假理赔，骗取保险金归自己所有的，依照本法第二百七十一条的规定定罪处罚。

【**贪污罪**】国有保险公司工作人员和国有保险公司委派到非国有保险公司从事公务的人员有前款行为的，依照本法第三百八十二条、第三百八十三条的规定定罪处罚。

第一百八十四条 【**非国家工作人员受贿罪**】银行或者其他金融机构的工作人员在金融业务活动中索取他人财物或者非法收受他人财物，为他人谋取利益的，或者违反国家规定，收受各种名义的回扣、手续费，归个人所有的，依照本法第一百六十三条的规定定罪处罚。

国有金融机构工作人员和国有金融机构委派到非国有金融机构从事公务的人员有前款行为的，依照本法第三百八十五条、第三百八十六条的规定定罪处罚。

第一百八十五条 【**挪用资金罪**】商业银行、证券交易所、期货交易所、证券公司、期货经纪公司、保险公司或者其他金融机构的工作人员利用职务上的便利，挪用本单位或者客户资金的，依照本法第二百七十二条的规定定罪处罚。

【**挪用公款罪**】国有商业银行、证券交易所、期货交易所、证券公司、期货经纪公司、保险公司或者其他国有金融机构的工作人员和国有商业银行、证券交易所、期货交易所、证券公司、期货经纪公司、保险公司或者其他国有金融机构委派到前款规定中的非国有机构从事公务的人员有前款行为的，依照本法第三百八十四条的规定定罪处罚。

第一百八十五条之一 【**背信运用受托财产罪**】商业银行、证券交易所、期货交易所、证券公司、期货经纪公司、保险公司或者其他金融机构，违背受托义务，擅自运用客户资金或者其他委托、信托的财产，情节严重的，对单位判处罚金，并对其直接负责的主管人员和其他直接责任人员，处三年以下有期徒刑或者拘役，并处三万元以上三十万元以下罚金；情节特别严重的，处三年以上十年以下有期徒刑，并处五万元以上五十万元以下罚金。

【**违法运用资金罪**】社会保障基金管理机构、住房公积金管理机构等公众资金管理机构，以及保险公司、保险资产管理公司、证券投资基金管理公司，违反国家规定运用资金的，对其直接负责的主管人员和其他直接责任人员，依照前款的规定处罚。

第一百八十六条 【**违法发放贷款罪**】银行或者其他金融机构的工作人员违反国家规定发放贷款，数额巨大或者造成重大损失的，处五年以下有期徒刑或者拘役，并处一万元以上十万元以下罚金；数额特别巨大或者造成特别重大损失的，处五年以上有期徒刑，并处二万元以上二十万元以下罚金。

银行或者其他金融机构的工作人员违反国家规定，向关系人发放贷款的，依照前款的规定从重处罚。

单位犯前两款罪的，对单位判处罚金，并对其直接负责的主管人员和其他直接责任人员，依照前两款的规定处罚。

关系人的范围，依照《中华人民共和国商业银行法》和有关金融法规确定。

第一百八十七条 【**吸收客户资金不入帐罪**】银行或者其他金融机构的工作人员吸收客户资金不入帐，数额巨大或者造成重大损失的，处五年以下有期徒刑或者拘役，并处二万元以上二十万元以下罚金；数额特别巨大或者造成特别重大损失的，处五年以上有期徒刑，并处五万元以上五十万元以下罚金。

单位犯前款罪的，对单位判处罚金，并对其直接负责的主管人员和其他直接责任人员，依照前款的规定处罚。

第一百八十八条 【**违规出具金融票证罪**】银行或者其他金融机构的工作人员违反规定，为他人出具信用证或者其他保函、票据、存单、资信证明，情节严重的，处五年以下有期徒刑或者拘役；情节特别严重的，处五年以上有期徒刑。

单位犯前款罪的,对单位判处罚金,并对其直接负责的主管人员和其他直接责任人员,依照前款的规定处罚。

第一百八十九条 【对违法票据承兑、付款、保证罪】银行或者其他金融机构的工作人员在票据业务中,对违反票据法规定的票据予以承兑、付款或者保证,造成重大损失的,处五年以下有期徒刑或者拘役;造成特别重大损失的,处五年以上有期徒刑。

单位犯前款罪的,对单位判处罚金,并对其直接负责的主管人员和其他直接责任人员,依照前款的规定处罚。

第一百九十条 【逃汇罪】公司、企业或者其他单位,违反国家规定,擅自将外汇存放境外,或者将境内的外汇非法转移到境外,数额较大的,对单位判处逃汇数额百分之五以上百分之三十以下罚金,并对其直接负责的主管人员和其他直接责任人员处五年以下有期徒刑或者拘役;数额巨大或者有其他严重情节的,对单位判处逃汇数额百分之五以上百分之三十以下罚金,并对其直接负责的主管人员和其他直接责任人员处五年以上有期徒刑。

第一百九十一条 【洗钱罪】明知是毒品犯罪、黑社会性质的组织犯罪、恐怖活动犯罪、走私犯罪、贪污贿赂犯罪、破坏金融管理秩序犯罪、金融诈骗犯罪的所得及其产生的收益,为掩饰、隐瞒其来源和性质,有下列行为之一的,没收实施以上犯罪的所得及其产生的收益,处五年以下有期徒刑或者拘役,并处或者单处洗钱数额百分之五以上百分之二十以下罚金;情节严重的,处五年以上十年以下有期徒刑,并处洗钱数额百分之五以上百分之二十以下罚金:

(一)提供资金帐户的;

(二)协助将财产转换为现金、金融票据、有价证券的;

(三)通过转帐或者其他结算方式协助资金转移的;

(四)协助将资金汇往境外的;

(五)以其他方法掩饰、隐瞒犯罪所得及其收益的来源和性质的。

单位犯前款罪的,对单位判处罚金,并对其直接负责的主管人员和其他直接责任人员,处五年以下有期徒刑或者拘役;情节严重的,处五年以上十年以下有期徒刑。

第五节 金融诈骗罪

第一百九十二条 【集资诈骗罪】以非法占有为目的,使用诈骗方法非法集资,数额较大的,处五年以下有期徒刑或者拘役,并处二万元以上二十万元以下罚金;数额巨大或者有其他严重情节的,处五年以上十年以下有期徒刑,并处五万元以上五十万元以下罚金;数额特别巨大或者有其他特别严重情节的,处十年以上有期徒刑或者无期徒刑,并处五万元以上五十万元以下罚金或者没收财产。

第一百九十三条 【贷款诈骗罪】有下列情形之一,以非法占有为目的,诈骗银行或者其他金融机构的贷款,数额较大的,处五年以下有期徒刑或者拘役,并处二万元以上二十万元以下罚金;数额巨大或者有其他严重情节的,处五年以上十年以下有期徒刑,并处五万元以上五十万元以下罚金;数额特别巨大或者有其他特别严重情节的,处十年以上有期徒刑或者无期徒刑,并处五万元以上五十万元以下罚金或者没收财产:

(一)编造引进资金、项目等虚假理由的;

(二)使用虚假的经济合同的;

(三)使用虚假的证明文件的;

(四)使用虚假的产权证明作担保或者超出抵押物价值重复担保的;

(五)以其他方法诈骗贷款的。

第一百九十四条 【票据诈骗罪】有下列情形之一,进行金融票据诈骗活动,数额较大的,处五年以下有期徒刑或者拘役,并处二万元以上二十万元以下罚金;数额巨大或者有其他严重情节的,处五年以上十年以下有期徒刑,并处五万元以上五十万元以下罚金;数额特别巨大或者有其他特别严重情节的,处十年以上有期徒刑或者无期徒刑,并处五万元以上五十万元以下罚金或者没收财产:

(一)明知是伪造、变造的汇票、本票、支票而使用的;

(二)明知是作废的汇票、本票、支票而使用的;

(三)冒用他人的汇票、本票、支票的;

(四)签发空头支票或者与其预留印鉴不符的支票,骗取财物的;

(五)汇票、本票的出票人签发无资金保证的汇票、本票或者在出票时作虚假记载,骗取财物的。

【金融凭证诈骗罪】使用伪造、变造的委托收款凭证、汇款凭证、银行存单等其他银行结算凭证的,依照前款的规定处罚。

第一百九十五条 【信用证诈骗罪】有下列情形之一,进行信用证诈骗活动的,处五年以下有期徒刑或者拘役,并处二万元以上二十万元以下罚金;数额巨大或者有其他严重情节的,处五年以上十年以下有期徒刑,并处五万元以上五十万元以下罚金;数额特别巨大或者有其他特别严重情节的，处十年以上有期徒刑或者无期徒刑，并处五万元以上五十万元以下罚金或者没收财产：

（一）使用伪造、变造的信用证或者附随的单据、文件的；

（二）使用作废的信用证的；

（三）骗取信用证的；

（四）以其他方法进行信用证诈骗活动的。

第一百九十六条 **【信用卡诈骗罪】**有下列情形之一，进行信用卡诈骗活动，数额较大的，处五年以下有期徒刑或者拘役，并处二万元以上二十万元以下罚金；数额巨大或者有其他严重情节的，处五年以上十年以下有期徒刑，并处五万元以上五十万元以下罚金；数额特别巨大或者有其他特别严重情节的，处十年以上有期徒刑或者无期徒刑，并处五万元以上五十万元以下罚金或者没收财产：

（一）使用伪造的信用卡，或者使用以虚假的身份证明骗领的信用卡的；

（二）使用作废的信用卡的；

（三）冒用他人信用卡的；

（四）恶意透支的。

前款所称恶意透支，是指持卡人以非法占有为目的，超过规定限额或者规定期限透支，并且经发卡银行催收后仍不归还的行为。

【盗窃罪】盗窃信用卡并使用的，依照本法第二百六十四条的规定定罪处罚。

第一百九十七条 **【有价证券诈骗罪】**使用伪造、变造的国库券或者国家发行的其他有价证券，进行诈骗活动，数额较大的，处五年以下有期徒刑或者拘役，并处二万元以上二十万元以下罚金；数额巨大或者有其他严重情节的，处五年以上十年以下有期徒刑，并处五万元以上五十万元以下罚金；数额特别巨大或者有其他特别严重情节的，处十年以上有期徒刑或者无期徒刑，并处五万元以上五十万元以下罚金或者没收财产。

第一百九十八条 **【保险诈骗罪】**有下列情形之一，进行保险诈骗活动，数额较大的，处五年以下有期徒刑或者拘役，并处一万元以上十万元以下罚金；数额巨大或者有其他严重情节的，处五年以上十年以下有期徒刑，并处二万元以上二十万元以下罚金；数额特别巨大或者有其他特别严重情节的，处十年以上有期徒刑，并处二万元以上二十万元以下罚金或者没收财产：

（一）投保人故意虚构保险标的，骗取保险金的；

（二）投保人、被保险人或者受益人对发生的保险事故编造虚假的原因或者夸大损失的程度，骗取保险金的；

（三）投保人、被保险人或者受益人编造未曾发生的保险事故，骗取保险金的；

（四）投保人、被保险人故意造成财产损失的保险事故，骗取保险金的；

（五）投保人、受益人故意造成被保险人死亡、伤残或者疾病，骗取保险金的。

有前款第（四）项、第（五）项所列行为，同时构成其他犯罪的，依照数罪并罚的规定处罚。

单位犯第一款罪的，对单位判处罚金，并对其直接负责的主管人员和其他直接责任人员，处五年以下有期徒刑或者拘役；数额巨大或者有其他严重情节的，处五年以上十年以下有期徒刑；数额特别巨大或者有其他特别严重情节的，处十年以上有期徒刑。

保险事故的鉴定人、证明人、财产评估人故意提供虚假的证明文件，为他人诈骗提供条件的，以保险诈骗的共犯论处。

第一百九十九条 **【集资诈骗罪】**犯本节第一百九十二条规定之罪，数额特别巨大并且给国家和人民利益造成特别重大损失的，处无期徒刑或者死刑，并处没收财产。

第二百条 **【单位犯金融诈骗罪的处罚规定】**单位犯本节第一百九十二条、第一百九十四条、第一百九十五条规定之罪的，对单位判处罚金，并对其直接负责的主管人员和其他直接责任人员，处五年以下有期徒刑或者拘役，可以并处罚金；数额巨大或者有其他严重情节的，处五年以上十年以下有期徒刑，并处罚金；数额特别巨大或者有其他特别严重情节的，处十年以上有期徒刑或者无期徒刑，并处罚金。

全国人民代表大会常务委员会关于《中华人民共和国刑法》第一百五十八条、第一百五十九条的解释

2014年4月24日第十二届全国人民代表大会常务委员会第八次会议通过

全国人民代表大会常务委员会讨论了公司法修改后刑法第一百五十八条、第一百五十九条对实行注册资本实缴登记制、认缴登记制的公司的适用范围问题，解释如下：

刑法第一百五十八条、第一百五十九条的规定，只适用于依法实行注册资本实缴登记制的公司。

现予公告。

最高人民检察院、公安部关于公安机关管辖的刑事案件立案追诉标准的规定(二)(节录)

1. 2010年5月7日发布
2. 公通字〔2010〕23号

第三条　[**虚报注册资本案(刑法第一百五十八条)**]申请公司登记使用虚假证明文件或者采取其他欺诈手段虚报注册资本,欺骗公司登记主管部门,取得公司登记,涉嫌下列情形之一的,应予立案追诉:

(一)超过法定出资期限,实缴注册资本不足法定注册资本最低限额,有限责任公司虚报数额在三十万元以上并占其应缴出资数额百分之六十以上的,股份有限公司虚报数额在三百万元以上并占其应缴出资数额百分之三十以上的。

(二)超过法定出资期限,实缴注册资本达到法定注册资本最低限额,但仍虚报注册资本,有限责任公司虚报数额在一百万元以上并占其应缴出资数额百分之六十以上的,股份有限公司虚报数额在一千万元以上并占其应缴出资数额百分之三十以上的。

(三)造成投资者或者其他债权人直接经济损失累计数额在十万元以上的。

(四)虽未达到上述数额标准,但具有下列情形之一的:

1. 两年内因虚报注册资本受过行政处罚二次以上,又虚报注册资本的;

2. 向公司登记主管人员行贿的;

3. 为进行违法活动而注册的。

(五)其他后果严重或者有其他严重情节的情形。

第四条　[**虚假出资、抽逃出资案(刑法第一百五十九条)**]公司发起人、股东违反公司法的规定未交付货币、实物或者未转移财产权,虚假出资,或者在公司成立后又抽逃其出资,涉嫌下列情形之一的,应予立案追诉:

(一)超过法定出资期限,有限责任公司股东虚假出资数额在三十万元以上并占其应缴出资数额百分之六十以上的,股份有限公司发起人、股东虚假出资数额在三百万元以上并占其应缴出资数额百分之三十以上的。

(二)有限责任公司股东抽逃出资数额在三十万元以上并占其实缴出资数额百分之六十以上的,股份有限公司发起人、股东抽逃出资数额在三百万元以上并占其实缴出资数额百分之三十以上的。

(三)造成公司、股东、债权人的直接经济损失累计数额在十万元以上的。

(四)虽未达到上述数额标准,但具有下列情形之一的:

1. 致使公司资不抵债或者无法正常经营的;

2. 公司发起人、股东合谋虚假出资、抽逃出资的;

3. 两年内因虚假出资、抽逃出资受过行政处罚二次以上,又虚假出资、抽逃出资的;

4. 利用虚假出资、抽逃出资所得资金进行违法活动的。

(五)其他后果严重或者有其他严重情节的情形。

第五条　[**欺诈发行股票、债券案(刑法第一百六十条)**]在招股说明书、认股书、公司、企业债券募集办法中隐瞒重要事实或者编造重大虚假内容,发行股票或者公司、企业债券,涉嫌下列情形之一的,应予立案追诉:

(一)发行数额在五百万元以上的;

(二)伪造、变造国家机关公文、有效证明文件或者相关凭证、单据的;

(三)利用募集的资金进行违法活动的;

(四)转移或者隐瞒所募集资金的;

(五)其他后果严重或者有其他严重情节的情形。

第六条　[**违规披露、不披露重要信息案(刑法第一百六十一条)**]依法负有信息披露义务的公司、企业向股东和社会公众提供虚假的或者隐瞒重要事实的财务会计报告,或者对依法应当披露的其他重要信息不按照规定披露,涉嫌下列情形之一的,应予立案追诉:

(一)造成股东、债权人或者其他人直接经济损失数额累计在五十万元以上的;

(二)虚增或者虚减资产达到当期披露的资产总额百分之三十以上的;

(三)虚增或者虚减利润达到当期披露的利润总额百分之三十以上的;

(四)未按照规定披露的重大诉讼、仲裁、担保、关联交易或者其他重大事项所涉及的数额或者连续十二个月的累计数额占净资产百分之五十以上的;

(五)致使公司发行的股票、公司债券或者国务院依法认定的其他证券被终止上市交易或者多次被暂停上市交易的;

(六)致使不符合发行条件的公司、企业骗取发行核准并且上市交易的;

(七)在公司财务会计报告中将亏损披露为盈利,或者将盈利披露为亏损的;

(八)多次提供虚假的或者隐瞒重要事实的财务会计报告,或者多次对依法应当披露的其他重要信息不按照规定披露的；

（九）其他严重损害股东、债权人或者其他人利益，或者有其他严重情节的情形。

第七条 ［妨害清算案（刑法第一百六十二条）］公司、企业进行清算时，隐匿财产，对资产负债表或者财产清单作虚伪记载或者在未清偿债务前分配公司、企业财产，涉嫌下列情形之一的，应予立案追诉：

（一）隐匿财产价值在五十万元以上的；

（二）对资产负债表或者财产清单作虚伪记载涉及金额在五十万元以上的；

（三）在未清偿债务前分配公司、企业财产价值在五十万元以上的；

（四）造成债权人或者其他人直接经济损失数额累计在十万元以上的；

（五）虽未达到上述数额标准，但应清偿的职工的工资、社会保险费用和法定补偿金得不到及时清偿，造成恶劣社会影响的；

（六）其他严重损害债权人或者其他人利益的情形。

第八条 ［隐匿、故意销毁会计凭证、会计账簿、财务会计报告案（刑法第一百六十二条之一）］隐匿或者故意销毁依法应当保存的会计凭证、会计账簿、财务会计报告，涉嫌下列情形之一的，应予立案追诉：

（一）隐匿、故意销毁的会计凭证、会计账簿、财务会计报告涉及金额在五十万元以上的；

（二）依法应当向司法机关、行政机关、有关主管部门等提供而隐匿、故意销毁或者拒不交出会计凭证、会计账簿、财务会计报告的；

（三）其他情节严重的情形。

第九条 ［虚假破产案（刑法第一百六十二条之二）］公司、企业通过隐匿财产、承担虚构的债务或者以其他方法转移、处分财产，实施虚假破产，涉嫌下列情形之一的，应予立案追诉：

（一）隐匿财产价值在五十万元以上的；

（二）承担虚构的债务涉及金额在五十万元以上的；

（三）以其他方法转移、处分财产价值在五十万元以上的；

（四）造成债权人或者其他人直接经济损失数额累计在十万元以上的；

（五）虽未达到上述数额标准，但应清偿的职工工资、社会保险费用和法定补偿金得不到及时清偿，造成恶劣社会影响的；

（六）其他严重损害债权人或者其他人利益的情形。

第十条 ［非国家工作人员受贿案（刑法第一百六十三条）］公司、企业或者其他单位的工作人员利用职务上的便利，索取他人财物或者非法收受他人财物，为他人谋取利益，或者在经济往来中，利用职务上的便利，违反国家规定，收受各种名义的回扣、手续费，归个人所有，数额在五千元以上的，应予立案追诉。

第十一条 ［对非国家工作人员行贿案（刑法第一百六十四条）］为谋取不正当利益，给予公司、企业或者其他单位的工作人员以财物，个人行贿数额在一万元以上的，单位行贿数额在二十万元以上的，应予立案追诉。

第十二条 ［非法经营同类营业案（刑法第一百六十五条）］国有公司、企业的董事、经理利用职务便利，自己经营或者为他人经营与其所任职公司、企业同类的营业，获取非法利益，数额在十万元以上的，应予立案追诉。

第十三条 ［为亲友非法牟利案（刑法第一百六十六条）］国有公司、企业、事业单位的工作人员，利用职务便利，为亲友非法牟利，涉嫌下列情形之一的，应予立案追诉：

（一）造成国家直接经济损失数额在十万元以上的；

（二）使其亲友非法获利数额在二十万元以上的；

（三）造成有关单位破产，停业、停产六个月以上，或者被吊销许可证和营业执照、责令关闭、撤销、解散的；

（四）其他致使国家利益遭受重大损失的情形。

第十四条 ［签订、履行合同失职被骗案（刑法第一百六十七条）］国有公司、企业、事业单位直接负责的主管人员，在签订、履行合同过程中，因严重不负责任被诈骗，涉嫌下列情形之一的，应予立案追诉：

（一）造成国家直接经济损失数额在五十万元以上的；

（二）造成有关单位破产，停业、停产六个月以上，或者被吊销许可证和营业执照、责令关闭、撤销、解散的；

（三）其他致使国家利益遭受重大损失的情形。

金融机构、从事对外贸易经营活动的公司、企业的工作人员严重不负责任，造成一百万美元以上外汇被骗购或者逃汇一千万美元以上的，应予立案追诉。

本条规定的“诈骗”，是指对方当事人的行为已经涉嫌诈骗犯罪，不以对方当事人已经被人民法院判决构成诈骗犯罪作为立案追诉的前提。

第十五条 ［国有公司、企业、事业单位人员失职案（刑法第一百六十八条）］国有公司、企业、事业单位的工作人员，严重不负责任，涉嫌下列情形之一的，应予立案追诉：

（一）造成国家直接经济损失数额在五十万元以上的；

（二）造成有关单位破产，停业、停产一年以上，或者被吊销许可证和营业执照、责令关闭、撤销、解散的；

（三）其他致使国家利益遭受重大损失的情形。

第十六条　［国有公司、企业、事业单位人员滥用职权案（刑法第一百六十八条）］国有公司、企业、事业单位的工作人员，滥用职权，涉嫌下列情形之一的，应予立案追诉：

（一）造成国家直接经济损失数额在三十万元以上的；

（二）造成有关单位破产，停业、停产六个月以上，或者被吊销许可证和营业执照、责令关闭、撤销、解散的；

（三）其他致使国家利益遭受重大损失的情形。

第十七条　［徇私舞弊低价折股、出售国有资产案（刑法第一百六十九条）］国有公司、企业或者其上级主管部门直接负责的主管人员，徇私舞弊，将国有资产低价折股或者低价出售，涉嫌下列情形之一的，应予立案追诉：

（一）造成国家直接经济损失数额在三十万元以上的；

（二）造成有关单位破产，停业、停产六个月以上，或者被吊销许可证和营业执照、责令关闭、撤销、解散的；

（三）其他致使国家利益遭受重大损失的情形。

第十八条　［背信损害上市公司利益案（刑法第一百六十九条之一）］上市公司的董事、监事、高级管理人员违背对公司的忠实义务，利用职务便利，操纵上市公司从事损害上市公司利益的行为，以及上市公司的控股股东或者实际控制人，指使上市公司董事、监事、高级管理人员实施损害上市公司利益的行为，涉嫌下列情形之一的，应予立案追诉：

（一）无偿向其他单位或者个人提供资金、商品、服务或者其他资产，致使上市公司直接经济损失数额在一百五十万元以上的；

（二）以明显不公平的条件，提供或者接受资金、商品、服务或者其他资产，致使上市公司直接经济损失数额在一百五十万元以上的；

（三）向明显不具有清偿能力的单位或者个人提供资金、商品、服务或者其他资产，致使上市公司直接经济损失数额在一百五十万元以上的；

（四）为明显不具有清偿能力的单位或者个人提供担保，或者无正当理由为其他单位或者个人提供担保，致使上市公司直接经济损失数额在一百五十万元以上的；

（五）无正当理由放弃债权、承担债务，致使上市公司直接经济损失数额在一百五十万元以上的；

（六）致使公司发行的股票、公司债券或者国务院依法认定的其他证券被终止上市交易或者多次被暂停上市交易的；

（七）其他致使上市公司利益遭受重大损失的情形。

第十九条　［伪造货币案（刑法第一百七十条）］伪造货币，涉嫌下列情形之一的，应予立案追诉：

（一）伪造货币，总面额在二千元以上或者币量在二百张（枚）以上的；

（二）制造货币版样或者为他人伪造货币提供版样的；

（三）其他伪造货币应予追究刑事责任的情形。

本规定中的“货币”是指流通的以下货币：

（一）人民币（含普通纪念币、贵金属纪念币）、港元、澳门元、新台币；

（二）其他国家及地区的法定货币。

贵金属纪念币的面额以中国人民银行授权中国金币总公司的初始发售价格为准。

第二十条　［出售、购买、运输假币案（刑法第一百七十一条第一款）］出售、购买伪造的货币或者明知是伪造的货币而运输，总面额在四千元以上或者币量在四百张（枚）以上的，应予立案追诉。

在出售假币时被抓获的，除现场查获的假币应认定为出售假币的数额外，现场之外在行为人住所或者其他藏匿地查获的假币，也应认定为出售假币的数额。

第二十一条　［金融工作人员购买假币、以假币换取货币案（刑法第一百七十一条第二款）］银行或者其他金融机构的工作人员购买伪造的货币或者利用职务上的便利，以伪造的货币换取货币，总面额在二千元以上或者币量在二百张（枚）以上的，应予立案追诉。

第二十二条　［持有、使用假币案（刑法第一百七十二条）］明知是伪造的货币而持有、使用，总面额在四千元以上或者币量在四百张（枚）以上的，应予立案追诉。

第二十三条　［变造货币案（刑法第一百七十三条）］变造货币，总面额在二千元以上或者币量在二百张（枚）以上的，应予立案追诉。

第二十四条　［擅自设立金融机构案（刑法第一百七十四条第一款）］未经国家有关主管部门批准，擅自设立金融机构，涉嫌下列情形之一的，应予立案追诉：

（一）擅自设立商业银行、证券交易所、期货交易所、证券公司、期货公司、保险公司或者其他金融机构的；

（二）擅自设立商业银行、证券交易所、期货交易所、证券公司、期货公司、保险公司或者其他金融机构筹备组织的。

第二十五条　［伪造、变造、转让金融机构经营许可证、批准文件案（刑法第一百七十四条第二款）］伪造、变造、转让商业银行、证券交易所、期货交易所、证券公司、期货公司、保险公司或者其他金融机构的经营许可证或者批准文件的，应予立案追诉。

第二十六条　［高利转贷案（刑法第一百七十五条）］以转贷牟利为目的，套取金融机构信贷资金高利转贷他人，涉嫌下列情形之一的，应予立案追诉：

（一）高利转贷，违法所得数额在十万元以上的；

（二）虽未达到上述数额标准，但两年内因高利转贷受过行政处罚二次以上，又高利转贷的。

第二十七条　［骗取贷款、票据承兑、金融票证案（刑法第一百七十五条之一）］以欺骗手段取得银行或者其他金融机构贷款、票据承兑、信用证、保函等，涉嫌下列情形之一的，应予立案追诉：

（一）以欺骗手段取得贷款、票据承兑、信用证、保函等，数额在一百万元以上的；

（二）以欺骗手段取得贷款、票据承兑、信用证、保函等，给银行或者其他金融机构造成直接经济损失数额在二十万元以上的；

（三）虽未达到上述数额标准，但多次以欺骗手段取得贷款、票据承兑、信用证、保函等的；

（四）其他给银行或者其他金融机构造成重大损失或者有其他严重情节的情形。

第二十八条　［非法吸收公众存款案（刑法第一百七十六条）］非法吸收公众存款或者变相吸收公众存款，扰乱金融秩序，涉嫌下列情形之一的，应予立案追诉：

（一）个人非法吸收或者变相吸收公众存款数额在二十万元以上的，单位非法吸收或者变相吸收公众存款数额在一百万元以上的；

（二）个人非法吸收或者变相吸收公众存款三十户以上的，单位非法吸收或者变相吸收公众存款一百五十户以上的；

（三）个人非法吸收或者变相吸收公众存款给存款人造成直接经济损失数额在十万元以上的，单位非法吸收或者变相吸收公众存款给存款人造成直接经济损失数额在五十万元以上的；

（四）造成恶劣社会影响的；

（五）其他扰乱金融秩序情节严重的情形。

第二十九条　［伪造、变造金融票证案（刑法第一百七十七条）］伪造、变造金融票证，涉嫌下列情形之一的，应予立案追诉：

（一）伪造、变造汇票、本票、支票，或者伪造、变造委托收款凭证、汇款凭证、银行存单等其他银行结算凭证，或者伪造、变造信用证或者附随的单据、文件，总面额在一万元以上或者数量在十张以上的；

（二）伪造信用卡一张以上，或者伪造空白信用卡十张以上的。

第三十条　［妨害信用卡管理案（刑法第一百七十七条之一第一款）］妨害信用卡管理，涉嫌下列情形之一的，应予立案追诉：

（一）明知是伪造的信用卡而持有、运输的；

（二）明知是伪造的空白信用卡而持有、运输，数量累计在十张以上的；

（三）非法持有他人信用卡，数量累计在五张以上的；

（四）使用虚假的身份证明骗领信用卡的；

（五）出售、购买、为他人提供伪造的信用卡或者以虚假的身份证明骗领的信用卡的。

违背他人意愿，使用其居民身份证、军官证、士兵证、港澳居民往来内地通行证、台湾居民来往大陆通行证、护照等身份证明申领信用卡的，或者使用伪造、变造的身份证明申领信用卡的，应当认定为“使用虚假的身份证明骗领信用卡”。

第三十一条　［窃取、收买、非法提供信用卡信息案（刑法第一百七十七条之一第二款）］窃取、收买或者非法提供他人信用卡信息资料，足以伪造可进行交易的信用卡，或者足以使他人以信用卡持卡人名义进行交易，涉及信用卡一张以上的，应予立案追诉。

第三十二条　［伪造、变造国家有价证券案（刑法第一百七十八条第一款）］伪造、变造国库券或者国家发行的其他有价证券，总面额在二千元以上的，应予立案追诉。

第三十三条　［伪造、变造股票、公司、企业债券案（刑法第一百七十八条第二款）］伪造、变造股票或者公司、企业债券，总面额在五千元以上的，应予立案追诉。

第三十四条　［擅自发行股票、公司、企业债券案（刑法第一百七十九条）］未经国家有关主管部门批准，擅自发行股票或者公司、企业债券，涉嫌下列情形之一的，应予立案追诉：

（一）发行数额在五十万元以上的；

（二）虽未达到上述数额标准，但擅自发行致使三十人以上的投资者购买了股票或者公司、企业债券的；

（三）不能及时清偿或者清退的；

(四)其他后果严重或者有其他严重情节的情形。

第三十五条 [内幕交易、泄露内幕信息案(刑法第一百八十条第一款)]证券、期货交易内幕信息的知情人员、单位或者非法获取证券、期货交易内幕信息的人员、单位,在涉及证券的发行,证券、期货交易或者其他对证券、期货交易价格有重大影响的信息尚未公开前,买入或者卖出该证券,或者从事与该内幕信息有关的期货交易,或者泄露该信息,或者明示、暗示他人从事上述交易活动,涉嫌下列情形之一的,应予立案追诉:

(一)证券交易成交额累计在五十万元以上的;

(二)期货交易占用保证金数额累计在三十万元以上的;

(三)获利或者避免损失数额累计在十五万元以上的;

(四)多次进行内幕交易、泄露内幕信息的;

(五)其他情节严重的情形。

第三十六条 [利用未公开信息交易案(刑法第一百八十条第四款)]证券交易所、期货交易所、证券公司、期货公司、基金管理公司、商业银行、保险公司等金融机构的从业人员以及有关监管部门或者行业协会的工作人员,利用因职务便利获取的内幕信息以外的其他未公开的信息,违反规定,从事与该信息相关的证券、期货交易活动,或者明示、暗示他人从事相关交易活动,涉嫌下列情形之一的,应予立案追诉:

(一)证券交易成交额累计在五十万元以上的;

(二)期货交易占用保证金数额累计在三十万元以上的;

(三)获利或者避免损失数额累计在十五万元以上的;

(四)多次利用内幕信息以外的其他未公开信息进行交易活动的;

(五)其他情节严重的情形。

第三十七条 [编造并传播证券、期货交易虚假信息案(刑法第一百八十一条第一款)]编造并且传播影响证券、期货交易的虚假信息,扰乱证券、期货交易市场,涉嫌下列情形之一的,应予立案追诉:

(一)获利或者避免损失数额累计在五万元以上的;

(二)造成投资者直接经济损失数额在五万元以上的;

(三)致使交易价格和交易量异常波动的;

(四)虽未达到上述数额标准,但多次编造并且传播影响证券、期货交易的虚假信息的;

(五)其他造成严重后果的情形。

第三十八条 [诱骗投资者买卖证券、期货合约案(刑法第一百八十一条第二款)]证券交易所、期货交易所、证券公司、期货公司的从业人员,证券业协会、期货业协会或者证券期货监督管理部门的工作人员,故意提供虚假信息或者伪造、变造、销毁交易记录,诱骗投资者买卖证券、期货合约,涉嫌下列情形之一的,应予立案追诉:

(一)获利或者避免损失数额累计在五万元以上的;

(二)造成投资者直接经济损失数额在五万元以上的;

(三)致使交易价格和交易量异常波动的;

(四)其他造成严重后果的情形。

第三十九条 [操纵证券、期货市场案(刑法第一百八十二条)]操纵证券、期货市场,涉嫌下列情形之一的,应予立案追诉:

(一)单独或者合谋,持有或者实际控制证券的流通股份数达到该证券的实际流通股份总量百分之三十以上,且在该证券连续二十个交易日内联合或者连续买卖股份数累计达到该证券同期总成交量百分之三十以上的;

(二)单独或者合谋,持有或者实际控制期货合约的数量超过期货交易所业务规则限定的持仓量百分之五十以上,且在该期货合约连续二十个交易日内联合或者连续买卖期货合约数累计达到该期货合约同期总成交量百分之三十以上的;

(三)与他人串通,以事先约定的时间、价格和方式相互进行证券或者期货合约交易,且在该证券或者期货合约连续二十个交易日内成交量累计达到该证券或者期货合约同期总成交量百分之二十以上的;

(四)在自己实际控制的账户之间进行证券交易,或者以自己为交易对象,自买自卖期货合约,且在该证券或者期货合约连续二十个交易日内成交量累计达到该证券或者期货合约同期总成交量百分之二十以上的;

(五)单独或者合谋,当日连续申报买入或者卖出同一证券、期货合约并在成交前撤回申报,撤回申报量占当日该种证券总申报量或者该种期货合约总申报量百分之五十以上的;

(六)上市公司及其董事、监事、高级管理人员、实际控制人、控股股东或者其他关联人单独或者合谋,利用信息优势,操纵该公司证券交易价格或者证券交易量的;

(七)证券公司、证券投资咨询机构、专业中介机构或者从业人员,违背有关从业禁止的规定,买卖或者持有相关证券,通过对证券或者其发行人、上市公司公

开作出评价、预测或者投资建议,在该证券的交易中谋取利益,情节严重的;

(八)其他情节严重的情形。

第四十条 [背信运用受托财产案(刑法第一百八十五条之一第一款)]商业银行、证券交易所、期货交易所、证券公司、期货公司、保险公司或者其他金融机构,违背受托义务,擅自运用客户资金或者其他委托、信托的财产,涉嫌下列情形之一的,应予立案追诉:

(一)擅自运用客户资金或者其他委托、信托的财产数额在三十万元以上的;

(二)虽未达到上述数额标准,但多次擅自运用客户资金或者其他委托、信托的财产,或者擅自运用多个客户资金或者其他委托、信托的财产的;

(三)其他情节严重的情形。

第四十一条 [违法运用资金案(刑法第一百八十五条之一第二款)]社会保障基金管理机构、住房公积金管理机构等公众资金管理机构,以及保险公司、保险资产管理公司、证券投资基金管理公司,违反国家规定运用资金,涉嫌下列情形之一的,应予立案追诉:

(一)违反国家规定运用资金数额在三十万元以上的;

(二)虽未达到上述数额标准,但多次违反国家规定运用资金的;

(三)其他情节严重的情形。

第四十二条 [违法发放贷款案(刑法第一百八十六条)]银行或者其他金融机构及其工作人员违反国家规定发放贷款,涉嫌下列情形之一的,应予立案追诉:

(一)违法发放贷款,数额在一百万元以上的;

(二)违法发放贷款,造成直接经济损失数额在二十万元以上的。

第四十三条 [吸收客户资金不入账案(刑法第一百八十七条)]银行或者其他金融机构及其工作人员吸收客户资金不入账,涉嫌下列情形之一的,应予立案追诉:

(一)吸收客户资金不入账,数额在一百万元以上的;

(二)吸收客户资金不入账,造成直接经济损失数额在二十万元以上的。

第四十四条 [违规出具金融票证案(刑法第一百八十八条)]银行或者其他金融机构及其工作人员违反规定,为他人出具信用证或者其他保函、票据、存单、资信证明,涉嫌下列情形之一的,应予立案追诉:

(一)违反规定为他人出具信用证或者其他保函、票据、存单、资信证明,数额在一百万元以上的;

(二)违反规定为他人出具信用证或者其他保函、票据、存单、资信证明,造成直接经济损失数额在二十万元以上的;

(三)多次违规出具信用证或者其他保函、票据、存单、资信证明的;

(四)接受贿赂违规出具信用证或者其他保函、票据、存单、资信证明的;

(五)其他情节严重的情形。

第四十五条 [对违法票据承兑、付款、保证案(刑法第一百八十九条)]银行或者其他金融机构及其工作人员在票据业务中,对违反票据法规定的票据予以承兑、付款或者保证,造成直接经济损失数额在二十万元以上的,应予立案追诉。

第四十六条 [逃汇案(刑法第一百九十条)]公司、企业或者其他单位,违反国家规定,擅自将外汇存放境外,或者将境内的外汇非法转移到境外,单笔在二百万美元以上或者累计数额在五百万美元以上的,应予立案追诉。

第四十七条 [骗购外汇案(全国人民代表大会常务委员会《关于惩治骗购外汇、逃汇和非法买卖外汇犯罪的决定》第一条)]骗购外汇,数额在五十万美元以上的,应予立案追诉。

第四十八条 [洗钱案(刑法第一百九十一条)]明知是毒品犯罪、黑社会性质的组织犯罪、恐怖活动犯罪、走私犯罪、贪污贿赂犯罪、破坏金融管理秩序犯罪、金融诈骗犯罪的所得及其产生的收益,为掩饰、隐瞒其来源和性质,涉嫌下列情形之一的,应予立案追诉:

(一)提供资金账户的;

(二)协助将财产转换为现金、金融票据、有价证券的;

(三)通过转账或者其他结算方式协助资金转移的;

(四)协助将资金汇往境外的;

(五)以其他方法掩饰、隐瞒犯罪所得及其收益的来源和性质的。

第四十九条 [集资诈骗案(刑法第一百九十二条)]以非法占有为目的,使用诈骗方法非法集资,涉嫌下列情形之一的,应予立案追诉:

(一)个人集资诈骗,数额在十万元以上的;

(二)单位集资诈骗,数额在五十万元以上的。

第五十条 [贷款诈骗案(刑法第一百九十三条)]以非法占有为目的,诈骗银行或者其他金融机构的贷款,数额在二万元以上的,应予立案追诉。

第五十一条 [票据诈骗案(刑法第一百九十四条第一款)]进行金融票据诈骗活动,涉嫌下列情形之一的,应予立案追诉:

(一)个人进行金融票据诈骗,数额在一万元以

上的;

(二)单位进行金融票据诈骗,数额在十万元以上的。

第五十二条 [**金融凭证诈骗案(刑法第一百九十四条第二款)**]使用伪造、变造的委托收款凭证、汇款凭证、银行存单等其他银行结算凭证进行诈骗活动,涉嫌下列情形之一的,应予立案追诉:

(一)个人进行金融凭证诈骗,数额在一万元以上的;

(二)单位进行金融凭证诈骗,数额在十万元以上的。

第五十三条 [**信用证诈骗案(刑法第一百九十五条)**]进行信用证诈骗活动,涉嫌下列情形之一的,应予立案追诉:

(一)使用伪造、变造的信用证或者附随的单据、文件的;

(二)使用作废的信用证的;

(三)骗取信用证的;

(四)以其他方法进行信用证诈骗活动的。

第五十四条 [**信用卡诈骗案(刑法第一百九十六条)**]进行信用卡诈骗活动,涉嫌下列情形之一的,应予立案追诉:

(一)使用伪造的信用卡,或者使用以虚假的身份证明骗领的信用卡,或者使用作废的信用卡,或者冒用他人信用卡,进行诈骗活动,数额在五千元以上的;

(二)恶意透支,数额在一万元以上的。

本条规定的"恶意透支",是指持卡人以非法占有为目的,超过规定限额或者规定期限透支,并且经发卡银行两次催收后超过三个月仍不归还的。

恶意透支,数额在一万元以上不满十万元的,在公安机关立案前已偿还全部透支款息,情节显著轻微的,可以依法不追究刑事责任。

第五十五条 [**有价证券诈骗案(刑法第一百九十七条)**]使用伪造、变造的国库券或者国家发行的其他有价证券进行诈骗活动,数额在一万元以上的,应予立案追诉。

第五十六条 [**保险诈骗案(刑法第一百九十八条)**]进行保险诈骗活动,涉嫌下列情形之一的,应予立案追诉:

(一)个人进行保险诈骗,数额在一万元以上的;

(二)单位进行保险诈骗,数额在五万元以上的。

最高人民法院关于审理非法集资刑事案件具体应用法律若干问题的解释

1. 2010年11月22日最高人民法院审判委员会第1502次会议通过
2. 2010年12月13日公布
3. 法释〔2010〕18号
4. 自2011年1月4日起施行

为依法惩治非法吸收公众存款、集资诈骗等非法集资犯罪活动,根据刑法有关规定,现就审理此类刑事案件具体应用法律的若干问题解释如下:

第一条 违反国家金融管理法律规定,向社会公众(包括单位和个人)吸收资金的行为,同时具备下列四个条件的,除刑法另有规定的以外,应当认定为刑法第一百七十六条规定的"非法吸收公众存款或者变相吸收公众存款":

(一)未经有关部门依法批准或者借用合法经营的形式吸收资金;

(二)通过媒体、推介会、传单、手机短信等途径向社会公开宣传;

(三)承诺在一定期限内以货币、实物、股权等方式还本付息或者给付回报;

(四)向社会公众即社会不特定对象吸收资金。

未向社会公开宣传,在亲友或者单位内部针对特定对象吸收资金的,不属于非法吸收或者变相吸收公众存款。

第二条 实施下列行为之一,符合本解释第一条第一款规定的条件的,应当依照刑法第一百七十六条的规定,以非法吸收公众存款罪定罪处罚:

(一)不具有房产销售的真实内容或者不以房产销售为主要目的,以返本销售、售后包租、约定回购、销售房产份额等方式非法吸收资金的;

(二)以转让林权并代为管护等方式非法吸收资金的;

(三)以代种植(养殖)、租种植(养殖)、联合种植(养殖)等方式非法吸收资金的;

(四)不具有销售商品、提供服务的真实内容或者不以销售商品、提供服务为主要目的,以商品回购、寄存代售等方式非法吸收资金的;

(五)不具有发行股票、债券的真实内容,以虚假转让股权、发售虚构债券等方式非法吸收资金的;

(六)不具有募集基金的真实内容,以假借境外基金、发售虚构基金等方式非法吸收资金的;

（七）不具有销售保险的真实内容，以假冒保险公司、伪造保险单据等方式非法吸收资金的；

（八）以投资入股的方式非法吸收资金的；

（九）以委托理财的方式非法吸收资金的；

（十）利用民间“会”、“社”等组织非法吸收资金的；

（十一）其他非法吸收资金的行为。

第三条 非法吸收或者变相吸收公众存款，具有下列情形之一的，应当依法追究刑事责任：

（一）个人非法吸收或者变相吸收公众存款，数额在20万元以上的，单位非法吸收或者变相吸收公众存款，数额在100万元以上的；

（二）个人非法吸收或者变相吸收公众存款对象30人以上的，单位非法吸收或者变相吸收公众存款对象150人以上的；

（三）个人非法吸收或者变相吸收公众存款，给存款人造成直接经济损失数额在10万元以上的，单位非法吸收或者变相吸收公众存款，给存款人造成直接经济损失数额在50万元以上的；

（四）造成恶劣社会影响或者其他严重后果的。

具有下列情形之一的，属于刑法第一百七十六条规定的“数额巨大或者有其他严重情节”：

（一）个人非法吸收或者变相吸收公众存款，数额在100万元以上的，单位非法吸收或者变相吸收公众存款，数额在500万元以上的；

（二）个人非法吸收或者变相吸收公众存款对象100人以上的，单位非法吸收或者变相吸收公众存款对象500人以上的；

（三）个人非法吸收或者变相吸收公众存款，给存款人造成直接经济损失数额在50万元以上的，单位非法吸收或者变相吸收公众存款，给存款人造成直接经济损失数额在250万元以上的；

（四）造成特别恶劣社会影响或者其他特别严重后果的。

非法吸收或者变相吸收公众存款的数额，以行为人所吸收的资金全额计算。案发前后已归还的数额，可以作为量刑情节酌情考虑。

非法吸收或者变相吸收公众存款，主要用于正常的生产经营活动，能够及时清退所吸收资金，可以免予刑事处罚；情节显著轻微的，不作为犯罪处理。

第四条 以非法占有为目的，使用诈骗方法实施本解释第二条规定所列行为的，应当依照刑法第一百九十二条的规定，以集资诈骗罪定罪处罚。

使用诈骗方法非法集资，具有下列情形之一的，可以认定为“以非法占有为目的”：

（一）集资后不用于生产经营活动或者用于生产经营活动与筹集资金规模明显不成比例，致使集资款不能返还的；

（二）肆意挥霍集资款，致使集资款不能返还的；

（三）携带集资款逃匿的；

（四）将集资款用于违法犯罪活动的；

（五）抽逃、转移资金、隐匿财产，逃避返还资金的；

（六）隐匿、销毁账目，或者搞假破产、假倒闭，逃避返还资金的；

（七）拒不交代资金去向，逃避返还资金的；

（八）其他可以认定非法占有目的的情形。

集资诈骗罪中的非法占有目的，应当区分情形进行具体认定。行为人部分非法集资行为具有非法占有目的的，对该部分非法集资行为所涉集资款以集资诈骗罪定罪处罚；非法集资共同犯罪中部分行为人具有非法占有目的，其他行为人没有非法占有集资款的共同故意和行为的，对具有非法占有目的的行为人以集资诈骗罪定罪处罚。

第五条 个人进行集资诈骗，数额在10万元以上的，应当认定为“数额较大”；数额在30万元以上的，应当认定为“数额巨大”；数额在100万元以上的，应当认定为“数额特别巨大”。

单位进行集资诈骗，数额在50万元以上的，应当认定为“数额较大”；数额在150万元以上的，应当认定为“数额巨大”；数额在500万元以上的，应当认定为“数额特别巨大”。

集资诈骗的数额以行为人实际骗取的数额计算，案发前已归还的数额应予扣除。行为人为实施集资诈骗活动而支付的广告费、中介费、手续费、回扣，或者用于行贿、赠与等费用，不予扣除。行为人为实施集资诈骗活动而支付的利息，除本金未归还可予折抵本金以外，应当计入诈骗数额。

第六条 未经国家有关主管部门批准，向社会不特定对象发行、以转让股权等方式变相发行股票或者公司、企业债券，或者向特定对象发行、变相发行股票或者公司、企业债券累计超过200人的，应当认定为刑法第一百七十九条规定的“擅自发行股票、公司、企业债券”。构成犯罪的，以擅自发行股票、公司、企业债券罪定罪处罚。

第七条 违反国家规定，未经依法核准擅自发行基金份额募集基金，情节严重的，依照刑法第二百二十五条的规定，以非法经营罪定罪处罚。

第八条 广告经营者、广告发布者违反国家规定，利用广告为非法集资活动相关的商品或者服务作虚假宣传，

具有下列情形之一的,依照刑法第二百二十二条的规定,以虚假广告罪定罪处罚:

(一)违法所得数额在10万元以上的;

(二)造成严重危害后果或者恶劣社会影响的;

(三)二年内利用广告作虚假宣传,受过行政处罚二次以上的;

(四)其他情节严重的情形。

明知他人从事欺诈发行股票、债券,非法吸收公众存款,擅自发行股票、债券,集资诈骗或者组织、领导传销活动等集资犯罪活动,为其提供广告等宣传的,以相关犯罪的共犯论处。

第九条　此前发布的司法解释与本解释不一致的,以本解释为准。

最高人民法院、最高人民检察院关于办理内幕交易、泄露内幕信息刑事案件具体应用法律若干问题的解释

1. 2011年10月31日最高人民法院审判委员会第1529次会议、2012年2月27日最高人民检察院第十一届检察委员会第72次会议通过

2. 2012年3月29日公布

3. 法释〔2012〕6号

4. 自2012年6月1日起施行

为维护证券、期货市场管理秩序,依法惩治证券、期货犯罪,根据刑法有关规定,现就办理内幕交易、泄露内幕信息刑事案件具体应用法律的若干问题解释如下:

第一条　下列人员应当认定为刑法第一百八十条第一款规定的"证券、期货交易内幕信息的知情人员":

(一)证券法第七十四条规定的人员;

(二)期货交易管理条例第八十五条第十二项规定的人员。

第二条　具有下列行为的人员应当认定为刑法第一百八十条第一款规定的"非法获取证券、期货交易内幕信息的人员":

(一)利用窃取、骗取、套取、窃听、利诱、刺探或者私下交易等手段获取内幕信息的;

(二)内幕信息知情人员的近亲属或者其他与内幕信息知情人员关系密切的人员,在内幕信息敏感期内,从事或者明示、暗示他人从事,或者泄露内幕信息导致他人从事与该内幕信息有关的证券、期货交易,相关交易行为明显异常,且无正当理由或者正当信息来源的;

(三)在内幕信息敏感期内,与内幕信息知情人员联络、接触,从事或者明示、暗示他人从事,或者泄露内幕信息导致他人从事与该内幕信息有关的证券、期货交易,相关交易行为明显异常,且无正当理由或者正当信息来源的。

第三条　本解释第二条第二项、第三项规定的"相关交易行为明显异常",要综合以下情形,从时间吻合程度、交易背离程度和利益关联程度等方面予以认定:

(一)开户、销户、激活资金账户或者指定交易(托管)、撤销指定交易(转托管)的时间与该内幕信息形成、变化、公开时间基本一致的;

(二)资金变化与该内幕信息形成、变化、公开时间基本一致的;

(三)买入或者卖出与内幕信息有关的证券、期货合约时间与内幕信息的形成、变化和公开时间基本一致的;

(四)买入或者卖出与内幕信息有关的证券、期货合约时间与获悉内幕信息的时间基本一致的;

(五)买入或者卖出证券、期货合约行为明显与平时交易习惯不同的;

(六)买入或者卖出证券、期货合约行为,或者集中持有证券、期货合约行为与该证券、期货公开信息反映的基本面明显背离的;

(七)账户交易资金进出与该内幕信息知情人员或者非法获取人员有关联或者利害关系的;

(八)其他交易行为明显异常情形。

第四条　具有下列情形之一的,不属于刑法第一百八十条第一款规定的从事与内幕信息有关的证券、期货交易:

(一)持有或者通过协议、其他安排与他人共同持有上市公司百分之五以上股份的自然人、法人或者其他组织收购该上市公司股份的;

(二)按照事先订立的书面合同、指令、计划从事相关证券、期货交易的;

(三)依据已被他人披露的信息而交易的;

(四)交易具有其他正当理由或者正当信息来源的。

第五条　本解释所称"内幕信息敏感期"是指内幕信息自形成至公开的期间。

证券法第六十七条第二款所列"重大事件"的发生时间,第七十五条规定的"计划"、"方案"以及期货交易管理条例第八十五条第十一项规定的"政策"、"决定"等的形成时间,应当认定为内幕信息的形成之时。

影响内幕信息形成的动议、筹划、决策或者执行人

员，其动议、筹划、决策或者执行初始时间，应当认定为内幕信息的形成之时。

内幕信息的公开，是指内幕信息在国务院证券、期货监督管理机构指定的报刊、网站等媒体披露。

第六条　在内幕信息敏感期内从事或者明示、暗示他人从事或者泄露内幕信息导致他人从事与该内幕信息有关的证券、期货交易，具有下列情形之一的，应当认定为刑法第一百八十条第一款规定的“情节严重”：

（一）证券交易成交额在五十万元以上的；

（二）期货交易占用保证金数额在三十万元以上的；

（三）获利或者避免损失数额在十五万元以上的；

（四）三次以上的；

（五）具有其他严重情节的。

第七条　在内幕信息敏感期内从事或者明示、暗示他人从事或者泄露内幕信息导致他人从事与该内幕信息有关的证券、期货交易，具有下列情形之一的，应当认定为刑法第一百八十条第一款规定的“情节特别严重”：

（一）证券交易成交额在二百五十万元以上的；

（二）期货交易占用保证金数额在一百五十万元以上的；

（三）获利或者避免损失数额在七十五万元以上的；

（四）具有其他特别严重情节的。

第八条　二次以上实施内幕交易或者泄露内幕信息行为，未经行政处理或者刑事处理的，应当对相关交易数额依法累计计算。

第九条　同一案件中，成交额、占用保证金额、获利或者避免损失额分别构成情节严重、情节特别严重的，按照处罚较重的数额定罪处罚。

构成共同犯罪的，按照共同犯罪行为人的成交总额、占用保证金总额、获利或者避免损失总额定罪处罚，但判处各被告人罚金的总额应掌握在获利或者避免损失总额的一倍以上五倍以下。

第十条　刑法第一百八十条第一款规定的“违法所得”，是指通过内幕交易行为所获利益或者避免的损失。

内幕信息的泄露人员或者内幕交易的明示、暗示人员未实际从事内幕交易的，其罚金数额按照因泄露而获悉内幕信息人员或者被明示、暗示人员从事内幕交易的违法所得计算。

第十一条　单位实施刑法第一百八十条第一款规定的行为，具有本解释第六条规定情形之一的，按照刑法第一百八十条第二款的规定定罪处罚。

最高人民法院等关于公安部证券犯罪侦查局直属分局办理经济犯罪案件适用刑事诉讼程序若干问题的通知

1. 2009年11月4日最高人民法院、最高人民检察院、公安部发布
2. 公通字〔2009〕51号

各省、自治区、直辖市高级人民法院，人民检察院，公安厅、局，新疆维吾尔自治区高级人民法院生产建设兵团分院、新疆生产建设兵团人民检察院、公安局：

根据《国务院办公厅关于印发公安部主要职责内设机构和人员编制规定的通知》（国办发〔2008〕59号）要求，公安部证券犯罪侦查局设立第一、第二、第三分局，分别派驻北京、上海、深圳，按管辖区域承办需要公安部侦查的有关经济犯罪案件。为了规范公安部证券犯罪侦查局第一、第二、第三分局（以下简称“直属分局”）的办案工作，进一步加大打击经济犯罪的力度，现就直属分局办理经济犯罪案件适用刑事诉讼程序的若干问题通知如下：

一、直属分局行使《刑事诉讼法》赋予公安机关的刑事侦查权，按管辖区域立案侦查公安部交办的证券领域以及其他领域重大经济犯罪案件。

二、直属分局管辖区域分别是：

第一分局：北京、天津、河北、山西、内蒙古、辽宁、吉林、黑龙江、陕西、甘肃、青海、宁夏、新疆（含生产建设兵团）；

第二分局：上海、江苏、浙江、安徽、福建、江西、山东、河南、湖北、湖南；

第三分局：广东、广西、海南、重庆、四川、贵州、云南、西藏。

经公安部指定，直属分局可以跨区域管辖案件。

三、直属分局依法对本通知第一条规定的案件立案、侦查、预审。对犯罪嫌疑人分别依法决定传唤、拘传、取保候审、监视居住、拘留；认为需要逮捕的，提请人民检察院审查批准；对依法不追究刑事责任的不予立案，已经立案的予以撤销案件；对侦查终结应当起诉的案件，移送人民检察院审查决定。

四、直属分局依照《刑事诉讼法》和《公安机关办理刑事案件程序规定》等有关规定出具和使用刑事法律文书，冠以“公安部证券犯罪侦查局第×分局”字样，加盖“公安部证券犯罪侦查局第×分局”印章，需要加盖直属分局局长印章的，加盖直属分局局长印章。

五、直属分局在侦查办案过程中，需要逮捕犯罪嫌疑人的,应当按照《刑事诉讼法》及《公安机关办理刑事案件程序规定》的有关规定,制作相应的法律文书,连同有关案卷材料、证据,一并移送犯罪地的人民检察院审查批准。如果由犯罪嫌疑人居住地的人民检察院办理更为适宜的,可以移送犯罪嫌疑人居住地的人民检察院审查批准。

六、直属分局对于侦查终结的案件,犯罪事实清楚,证据确实、充分的,应当按照《刑事诉讼法》的有关规定,制作《起诉意见书》,连同案卷材料、证据,一并移送犯罪地的人民检察院审查决定。如果由犯罪嫌疑人居住地的人民检察院办理更为适宜的,可以移送犯罪嫌疑人居住地的人民检察院审查决定。

七、人民检察院认为直属分局移送的案件,犯罪事实已经查清,证据确实、充分,依法应当追究刑事责任的,应当依照《刑事诉讼法》有关管辖的规定向人民法院提起公诉。人民法院应当依法作出判决。

八、案情重大、复杂或者确有特殊情况需要改变管辖的,人民法院可以依照《刑事诉讼法》第二十三条、第二十六条的规定决定。

九、对经侦查不构成犯罪和人民检察院依法决定不起诉或者人民法院依法宣告无罪、免予刑事处罚的刑事案件,需要追究行政责任的,依照有关行政法规的规定,移送有关部门处理。

十、本通知自2010年1月1日起施行。2005年2月28日下发的《关于公安部证券犯罪侦查局直属分局办理证券期货领域刑事案件适用刑事诉讼程序若干问题的通知》(公通字〔2005〕11号)同时废止。

最高人民法院等关于办理证券期货违法犯罪案件工作若干问题的意见

1. 2011年4月27日最高人民法院、最高人民检察院、公安部、中国证券监督管理委员会发布

2. 证监发〔2011〕30号

为加强办理证券期货违法犯罪案件工作,完善行政执法与刑事司法的衔接机制,进一步依法有效惩治证券期货违法犯罪,提出如下意见:

一、证券监管机构依据行政机关移送涉嫌犯罪案件的有关规定,在办理可能移送公安机关查处的证券期货违法案件过程中,经履行批准程序,可商请公安机关协助查询、复制被调查对象的户籍、出入境信息等资料,对有关涉案人员按照相关规定采取边控、报备措施。证券监管机构向公安机关提出请求时,应当明确协助办理的具体事项,提供案件情况及相关材料。

二、证券监管机构办理证券期货违法案件,案情重大、复杂、疑难的,可商请公安机关就案件性质、证据等问题提出参考意见;对有证据表明可能涉嫌犯罪的行为人可能逃匿或者销毁证据的,证券监管机构应当及时通知公安机关;涉嫌犯罪的,公安机关应当及时立案侦查。

三、证券监管机构与公安机关建立和完善协调会商机制。证券监管机构依据行政机关移送涉嫌犯罪案件的有关规定,在向公安机关移送重大、复杂、疑难的涉嫌证券期货犯罪案件前,应当启动协调会商机制,就行为性质认定、案件罪名适用、案件管辖等问题进行会商。

四、公安机关、人民检察院和人民法院在办理涉嫌证券期货犯罪案件过程中,可商请证券监管机构指派专业人员配合开展工作,协助查阅、复制有关专业资料。证券监管机构可以根据司法机关办案需要,依法就案件涉及的证券期货专业问题向司法机关出具认定意见。

五、司法机关对证券监管机构随案移送的物证、书证、鉴定结论、视听资料、现场笔录等证据要及时审查,作出是否立案的决定;随案移送的证据,经法定程序查证属实的,可作为定案的根据。

六、证券监管机构依据行政机关移送涉嫌犯罪案件的有关规定向公安机关移交证据,应当制作证据移交清单,双方经办人员应当签字确认,加盖公章,相关证据随证据移交清单一并移交。

七、对涉众型证券期货犯罪案件,在已收集的证据能够充分证明基本犯罪事实的前提下,公安机关可在被调查对象范围内按一定比例收集和调取书证、被害人陈述、证人证言等相关证据。

八、以证券交易所、期货交易所、证券登记结算机构、期货保证金监控机构以及证券公司、期货公司留存的证券期货委托记录和交易记录、登记存管结算资料等电子数据作为证据的,数据提供单位应以电子光盘或者其他载体记录相关原始数据,并说明制作方法、制作时间及制作人等信息,并由复制件制作人和原始电子数据持有人签名或盖章。

九、发行人、上市公司或者其他信息披露义务人在证券监管机构指定的信息披露媒体、信息披露义务人或证券交易所网站发布的信息披露公告,其打印件或据此制作的电子光盘,经核对无误后,说明其来源、制作人、制作时间、制作地点等的,可作为刑事证据使用,但有其他证据证明打印件或光盘内容与公告信息不一致的除外。

十、涉嫌证券期货犯罪的第一审案件,由中级人民法院管辖,同级人民检察院负责提起公诉,地(市)级以上公安机关负责立案侦查。

最高人民法院、最高人民检察院关于贯彻执行《关于办理证券期货违法犯罪案件工作若干问题的意见》有关问题的通知

1. 2012年3月14日
2. 法发〔2012〕8号

各省、自治区、直辖市高级人民法院、人民检察院，解放军军事法院、军事检察院，新疆维吾尔自治区高级人民法院生产建设兵团分院、新疆生产建设兵团人民检察院：

最高人民法院、最高人民检察院、公安部、中国证监会《关于办理证券期货违法犯罪案件工作若干问题的意见》（证监发〔2011〕30号，以下简称《意见》）已于2011年12月下发各地执行。为正确适用《意见》，做好证券期货犯罪案件起诉审判工作，现就贯彻执行《意见》的有关问题通知如下：

一、《意见》第十条中的"证券期货犯罪"，是指刑法第一百六十条、第一百六十一条、第一百六十九条之一、第一百七十八条第二款、第一百七十九条、第一百八十条、第一百八十一条、第一百八十二条、第一百八十五条之一第一款规定的犯罪。

二、2012年1月1日以后，证券期货犯罪的第一审案件，适用《意见》第十条的规定，由中级人民法院管辖，同级人民检察院负责提起公诉。

三、2011年12月31日以前已经提起公诉的证券期货犯罪案件，不适用《意见》第十条关于级别管辖的规定。

四、各级人民法院、人民检察院在贯彻执行《意见》的过程中，应当注意总结办案经验，加强调查研究。对于贯彻执行过程中遇到的疑难问题，请及时报告最高人民法院、最高人民检察院。最高人民法院、最高人民检察院将在进一步总结司法审判经验的基础上，通过有关工作会议、司法文件、公布典型案例等方式，对证券期货犯罪案件司法审判工作加强指导，以更好地服务经济社会发展和依法惩处证券期货违法犯罪工作的需要。

特此通知。

资料补充栏

图书在版编目(CIP)数据

2015中华人民共和国上市公司法律法规全书：含相关政策／法律出版社法规中心编．—3版．—北京：法律出版社，2015.4
（法律法规全书系列）
ISBN 978-7-5118-7675-1

Ⅰ.①2…　Ⅱ.①法…　Ⅲ.①上市公司—公司法—汇编—中国　Ⅳ.①D922.291.919

中国版本图书馆CIP数据核字(2015)第053199号

责任编辑／张　戢　　**装帧设计**／马　帅

出版／法律出版社　　**编辑统筹**／法规出版分社
总发行／中国法律图书有限公司　　**经销**／新华书店
印刷／北京北苑印刷有限责任公司　　**责任印制**／吕亚莉

开本／787毫米×960毫米　1/16　　**印张**／43.5　　**字数**／1370千
版本／2015年4月第3版　　**印次**／2015年4月第1次印刷

法律出版社／北京市丰台区莲花池西里7号(100073)
电子邮件／info@lawpress.com.cn　　**销售热线**／010-63939792/9779
网址／www.lawpress.com.cn　　**咨询电话**／010-63939796

中国法律图书有限公司／北京市丰台区莲花池西里7号(100073)
全国各地中法图分、子公司电话：
第一法律书店／010-63939781/9782　**西安分公司**／029-85388843　**上海公司**／021-62071010/1636
北京分公司／010-62534456　**深圳公司**／0755-83072995　**重庆公司**／023-65382816/2908

书号：ISBN 978-7-5118-7675-1　　**定价：**88.00元

（如有缺页或倒装，中国法律图书有限公司负责退换）

对本丛书部分读者意见的统一回复

编者按：本套丛书出版以来，收到了大量的读者意见反馈表，网上书店也有大量评论。大部分读者对本丛书表示了肯定和好评，编者在此一并致以诚挚的谢意。读者的批评和差评也是我们改进的动力，编者在此对于一些典型的“差评”统一予以回复，希望能够解答读者的疑虑。

作为工具书是不错了，但是本身没有什么原创性，都是一些资料的集合卖这么贵就有点坑了，资料都是在网上可以下载的

不可否认法规工具书确实存在原创性不足、资料并非独家等问题。本书编辑出版的目的就在于为读者提供查询的便利，避免读者在几百万条的法规库中苦苦寻找自己需要的那几十个文件。因为即使有搜索引擎，是否能搜全、搜到的文本是否准确、有没有遗漏本领域关键条文，也是不少读者担心的问题，而这正是本书出版的价值所在。至于定价，不管是原创也好、汇编也罢，目前国内的图书出版仍然是按照成本定价法，即书越厚越贵，印量越小越贵，因此作为小印量的专业类图书，本书的定价标准可能比小说等大众类高印量图书略贵，但仍然是根据成本测算确定的合理价格，并非暴利。

内容很翔实，但是缺点亦显而易见：没有对重点法条进行详解

如您所见，本书已经很厚了，如果再增加对重点法条的详解，可能维持目前这个定价较为困难。本书的主要功能是在本领域提供便利和全面的查询，如需深入理解学习，建议您购买配套的主体法注释本或者释义，二者定价都不高，相信能满足您的需求。

书拿到了，缺少第17–32页，心情一下子很不好，懒得退了，正版书出这种问题实在无法原谅

图书在装订过程中的确有可能出现缺页的情况，虽然概率极低，但目前确实难以完全避免。如果读者正好购买到缺页的图书，请与本书责任编辑或责任印制联系免费退换。联系方式请见书末读者意见反馈表。

发现有些法规收录不全

本书收录的法规在出版前经过了编者的时效性核实，对于已经失效或废止的法规均未收录在内。如您发现有您需要的、本书编辑出版前已经公布的法律文件未被收录，请通过邮箱或书末所附电话告诉我们。如确系本领域重要文件，我们将在再版时予以添加。对于本书出版后一年内新公布的法律文件，我们将通过电子版的方式为您提供免费增补。

法规不是很全，有很多节选的

同上，请将您需要的法规告知我们。关于节选，本套丛书编纂的原则是尽可能的全文收录。但确实存在一些文件很长，但通篇又只有个别条文与本领域有关（如合同法律法规全书收录的《城市房地产管理法》，其中与房屋租赁合同相关的部分只占很小的比例），为了节省篇幅以尽可能调低定价，我们做了节选处理，请读者谅解。

同事也想买几套，就是到现在还缺货，不知道什么时候能买到

本书为受众群体较小的专业类图书，出于库存压力和成本考虑，每年均限量印刷，印刷的副本销售完后便不再重印，只能等待年底更新。如果网店断货时间较长，建议您去实体店看看有无剩余，或者等来年再购买新版。

2015 版《上市公司法律法规全书(含相关政策)》
读者意见反馈表

读者基本情况	姓　　名		性　　别	
	年　　龄		职业/职务	
	购书时间		购书价格	
	购书地点	□新华书店　□法律书店　□网上书店　□其他________		
读者建议意见	您认为本书的内容质量如何？　□很好　□较好　□一般　□差劲			
	您认为本书的装帧设计如何？　□很好　□较好　□一般　□差劲			
	您认为本书收录的法规还缺少哪些您需要的？(可附页)			
	您认为本书在编校质量上还存在哪些错误？(可附页)			
	您对本书的其他建议:(可附页)			
法规增补服务	□免费增补电子版	向以下电子邮件地址________________发送免费法规增补材料,增补本书出版后一年内更新的内容,需待本书出版时间一年后提供增补		
	□有偿增补纸质版	每 1 年增补一次,全年 100 元 注:有偿增补内容为权威新法规资讯读物《司法业务文选》,内含当年所有新通过或修改的法律、司法解释,以及重要的行政法规、规章、规范性文件。选择有偿增补的读者请从邮局汇款,注明订购增补服务,收款地址:北京市丰台区莲花池西里 7 号法律出版社,收款人:《司法业务文选》编辑部。 有偿增补服务联系人:陶玉霞　电话:010－63939633		

请沿虚线剪下上半页寄回(或拍照/扫描后传至电子邮箱)

地址:北京市丰台区莲花池西里 7 号法律出版社法规中心　邮编:100073
2015 版《上市公司法律法规全书(含相关政策)》编辑电话:(010)63939825
联系人:张　戢　电子邮箱:faguizhongxin@163.com